Schliemann
ArbZG
Kommentar zum Arbeitszeitgesetz mit Nebengesetzen

Reihe Luchterhand Taschenkommentare
- Arbeitsrecht -
Herausgegeben von Hans-Jürgen Dörner,
Vizepräsident des Bundesarbeitsgerichts a.D.

Schliemann

ArbZG

Kommentar zum Arbeitszeitgesetz
mit Nebengesetzen

von

Harald Schliemann
Rechtsanwalt
Thüringer Justizminister a.D.,
Vorsitzender Richter am BAG a.D

2. Auflage

Luchterhand Verlag 2013

Bibliografische Information der Deutschen Nationalbibliothek

Die Deutsche Nationalbibliothek verzeichnet diese Publikation in der Deutschen Nationalbibliografie; detaillierte bibliografische Daten sind im Internet über http://dnb.d-nb.de abrufbar.

ISBN: 978-3-472-08414-3

www.wolterskluwer.de
www. luchterhand-fachverlag.de

Alle Rechte vorbehalten.
© 2013 Wolters Kluwer Deutschland GmbH, Luxemburger Straße 449, 50939 Köln.
Luchterhand – eine Marke von Wolters Kluwer Deutschland GmbH.

Das Werk einschließlich aller seiner Teile ist urheberrechtlich geschützt. Jede Verwertung außerhalb der engen Grenzen des Urheberrechtsgesetzes ist ohne Zustimmung des Verlages unzulässig und strafbar. Das gilt insbesondere für Vervielfältigungen, Übersetzungen, Mikroverfilmungen und die Einspeicherung und Verarbeitung in elektronischen Systemen.

Verlag und Autor übernehmen keine Haftung für inhaltliche oder drucktechnische Fehler.

Umschlagkonzeption: Martina Busch, Grafikdesign, Homburg Kirrberg
Druck und Weiterverarbeitung: Druckerei Skleniarz, Krakau, Polen

Gedruckt auf säurefreiem, alterungsbeständigem und chlorfreiem Papier.

Vorwort

Das Arbeitszeitrecht bildet den klassischen Kern des sozialen Arbeitnehmerschutzrechts. Seinen Kernbereich bildet das Arbeitszeitgesetz; daneben gibt es aber zahlreiche Arbeitszeitschutznormen für bestimmte Gruppen von Arbeitnehmern oder bestimmte Tätigkeiten. Zudem wird die Praxis der Arbeitszeitregelungen wesentlich durch Betriebsräte, Personalräte oder Mitarbeitervertretungen mitbestimmt. Der vorliegende Kommentar beschränkt sich daher nicht auf das Arbeitszeitgesetz, sondern auch mit den wesentlichen Bestimmungen des besonderen Arbeitszeitschutzrechts und den wesentlichen mitbestimmungsrechtlichen Regelungen.

Die Regelungsziele des Arbeitszeitgesetzes sind komplex und heterogen. Einerseits soll es die Sicherheit und den Gesundheitsschutz der Arbeitnehmer bei der Arbeitszeitgestaltung gewährleisten; zugleich soll es die Rahmenbedingungen für flexible Arbeitszeiten verbessern, aber auch den Sonntag und die staatlich anerkannten Feiertage als Tage der Arbeitsruhe und der seelischen Erhebung schützen. Diese Regelungsziele können diametral aufeinander treffen. Die Regelungsziele des besonderen Arbeitszeitschutzrechts gehen z. T. darüber hinaus oder bilden andere Schwerpunkte. Die Regelungsverschiedenheit führt notwendig zu Kollisionsfragen.

Die Komplexität der Rechtsmaterie wird durch den Umstand gesteigert, dass das Arbeitszeitschutzrecht, vor allem das Arbeitszeitgesetz, der Umsetzung europarechtlicher Vorgaben zu dienen hat, aber dem nicht immer gerecht wird. Zudem ist stets zu beachten, dass Kernbegriffe des Arbeitszeitrechts europarechtlich definiert sind; dies weicht zum Teil von den herkömmlichen nationalen Definitionen und Begriffsbildungen und -verwendungen ab.

Das Arbeitszeitschutzrecht ist als öffentliches Recht gestaltet. Es setzt Höchstarbeitszeiten ebenso fest wie das Mindestmaß an Ruhepausen und Ruhezeiten und regelt den Arbeitszeitschutz an Sonntagen und gesetzlichen Feiertagen. Diese Rahmenbedingen dürfen ihrerseits durch privatrechtliche Kollektivregelungen wir Tarifverträge, kirchliche Arbeitsrechtsregelungen, Betriebsvereinbarungen und Dienstvereinbarungen auch zu Lasten der Arbeitnehmer verändert werden.

Die Regelungsziele der gesetzlichen Mitbestimmungsrechte der Arbeitnehmer oder Dienstnehmer bestehen in deren geordneter Teilhabe an den kollektiv wirkenden arbeitszeitrelevanten Entscheidungen der Arbeitgeber oder Dienstgeber.

Der vorliegende Kommentar unternimmt den Versuch der systematischen Sichtung, Darstellung und Erläuterung der angesprochenen Regelungsbereiche. Der Kommentar erläutert unter Beachtung der europarechtlichen Vorgaben das Arbeitszeitgesetz und die arbeitszeitrechtlich relevanten Bestimmungen des Mutterschutzgesetzes und des Jugendarbeitsschutzgesetzes. In der Praxis sind nicht nur die allgemeinen oder besonderen öffentlich-rechtlichen Arbeitszeitschutzbestimmungen zu beachten, sondern ebenso das darauf zielende Mitbestimmungsrecht. Deshalb werden § 87 Abs. 1 Nr. 2 und 3 BetrVG, § 75 Abs. 1 Nr. 3 BPersVG und § 30 SprAuG ebenso kommentiert wie die einschlägigen Regelungen im Mitarbeitervertretungsgesetz der evangelischen Kirche in Deutschland (MVG.EKD) und in der Mitarbeitervertretungsordnung – Rahmenregelung der katholischen Kirche (MAVO).

Isernhagen, im Mai 2013   Harald Schliemann

Inhaltsverzeichnis

Vorwort	V
Inhaltsverzeichnis	VII
Abkürzungsverzeichnis	XI
Literaturverzeichnis	XXI

Teil A Arbeitszeitgesetz ... 1
Vorbemerkung ... 1

Arbeitszeitgesetz (ArbZG) ... 23

Erster Abschnitt Allgemeine Vorschriften ... 23
§ 1	Zweck des Gesetzes	23
§ 2	Begriffsbestimmungen	31

Zweiter Abschnitt Werktägliche Arbeitszeit und arbeitsfreie Zeiten ... 97
§ 3	Arbeitszeit der Arbeitnehmer	97
§ 4	Ruhepausen	146
§ 5	Ruhezeit	163
§ 6	Nacht- und Schichtarbeit	188
§ 7	Abweichende Regelungen	232
§ 8	Gefährliche Arbeiten	274

Dritter Abschnitt Sonn- und Feiertagsruhe ... 275
§ 9	Sonn- und Feiertagsruhe	275
§ 10	Sonn- und Feiertagsbeschäftigung	286
§ 11	Ausgleich für Sonn- und Feiertagsbeschäftigung	332
§ 12	Abweichende Regelungen	343
§ 13	Ermächtigung, Anordnung, Bewilligung	351

Vierter Abschnitt Ausnahmen in besonderen Fällen ... 395
§ 14	Außergewöhnliche Fälle	395

Inhaltsverzeichnis

§ 15	Bewilligung, Ermächtigung	410

Fünfter Abschnitt Durchführung des Gesetzes ... 423
§ 16	Aushang und Arbeitszeitnachweise	423
§ 17	Aufsichtsbehörde	427

Sechster Abschnitt Sonderregelungen ... 438
§ 18	Nichtanwendung des Gesetzes	438
§ 19	Beschäftigung im öffentlichen Dienst	451
§ 20	Beschäftigung in der Luftfahrt	454
§ 21	Beschäftigung in der Binnenschifffahrt	455
§ 21a	Beschäftigung im Straßentransport	456

Siebter Abschnitt Straf- und Bußgeldvorschriften ... 475
§ 22	Bußgeldvorschriften	475
§ 23	Strafvorschriften	480

Achter Abschnitt Schlussvorschriften ... 484
§ 24	Umsetzung von zwischenstaatlichen Vereinbarungen und Rechtsakten der Europäischen Gemeinschaften	484
§ 25	Übergangsvorschriften	485

Teil B.1 Besonderer Arbeitsschutz - Gesetz zum Schutz der erwerbstätigen Mutter (Mutterschutzgesetz – MuSchG) ... 487
§ 1	Geltungsbereich	487
§ 7	Stillzeit	491
§ 8	Mehrarbeit, Nacht- und Sonntagsarbeit	500

Teil B.2 Besonderer Arbeitsschutz - Gesetz zum Schutz der arbeitenden Jugend (Jugendarbeitsschutzgesetz – JArbSchG) ... 517
§ 1	Geltungsbereich	517
§ 4	Arbeitszeit	520
§ 5	Verbot der Beschäftigung von Kindern	522
§ 6	Behördliche Ausnahmen für Veranstaltungen	523
§ 7	Beschäftigung von nicht vollzeitschulpflichtigen Kindern	524

§ 8	Dauer der Arbeitszeit	525
§ 9	Berufsschule	528
§ 10	Prüfungen und außerbetriebliche Ausbildungsmaßnahmen	537
§ 11	Ruhepausen, Aufenthaltsräume	540
§ 12	Schichtzeit	543
§ 13	Tägliche Freizeit	544
§ 14	Nachtruhe	545
§ 15	Fünf-Tage-Woche	551
§ 16	Samstagsruhe	553
§ 17	Sonntagsruhe	559
§ 18	Feiertagsruhe	560
§ 20	Binnenschifffahrt	561
§ 21	Ausnahmen in besonderen Fällen	562
§ 21a	Abweichende Regelungen	562
§ 21b	Ermächtigung	564
§ 48	Aushang über Arbeitszeit und Pausen	564

Teil B.3	Besonderer Arbeitsschutz - Ladenöffnungsrechtlicher Arbeitszeitschutz	565

Teil C.1	Mitbestimmung in Arbeitszeitangelegenheiten – Vorbemerkung	597

Teil C.2	Mitbestimmung in Arbeitszeitangelegenheiten - Betriebsverfassungsgesetz (BetrVG)	599

Teil C.3	Mitbestimmung in Arbeitszeitangelegenheiten - Bundespersonalvertretungsgesetz (BPersVG)	683

Teil C.4	Mitbestimmung in Arbeitszeitangelegenheiten - Gesetz über Sprecherausschüsse der leitenden Angestellten (Sprecherausschussgesetz – SprAuG)	717

Teil C.5	Mitbestimmung in Arbeitszeitangelegenheiten - Kirchliche Mitbestimmungsrechte	721

Inhaltsverzeichnis

Teil D Anhänge		731
Anhang 1	Richtlinie 2003/88/EG über bestimmte Aspekte der Arbeitszeitgestaltung	731
Anhang 2	Verordnung (EG) Nr. 561/2006 zur Harmonisierung bestimmter Sozialvorschriften im Straßenverkehr	750
Anhang 3	Richtlinie 2002/15/EG zur Regelung der Arbeitszeit von Personen, die Fahrtätigkeiten im Bereich des Straßentransports ausüben	773
Anhang 4	Übersicht über die gesetzlichen Feiertage	784
Anhang 5	Verordnung über die Arbeitszeit bei Offshore-Tätigkeiten (Offshore-Arbeitszeitverordnung – Offshore-ArbZV)	786
Stichwortverzeichnis		793

Abkürzungsverzeichnis

a.	auch
a. A.	anderer Ansicht
a. a. O.	am angegebenen Ort
abl.	ablehnend
ABl.	Amtsblatt
ABlEG	Amtsblatt der Europäischen Gemeinschaften
Abs.	Absatz
Abschn.	Abschnitt
abw.	abweichend
a. E.	am Ende
AE	Arbeitsrechtliche Entscheidungen (Zeitschrift)
ähnl.	ähnlich
AETR	Europäisches Übereinkommen über die Arbeit des im internationalen Straßenverkehr beschäftigten Fahrpersonals
a. F.	alte Fassung
AfP	Archiv für Presserecht (Zeitschrift)
AFG	Arbeitsförderungsgesetz
AG	Aktiengesellschaft, Amtsgericht
AGB	Allgemeine Geschäftsbedingungen
AiB	Arbeitsrecht im Betrieb (Zeitschrift)
AktG	Aktiengesetz
allg.	allgemein(e)
Alt.	Alternative
a. M.	anderer Meinung
amtl.	amtlich
Amtl. Begr.	Amtliche Begründung
AN	Arbeitnehmer
Anh.	Anhang
Anl.	Anlage
Anm.	Anmerkung
Anwbl.	Anwaltsblatt
AP	Arbeitsrechtliche Praxis (Entscheidungssammlung)
APS	Ascheid/Preis/Schmidt, Großkommentar zum Kündigungsrecht
AR-Blattei	Arbeitsrecht-Blattei (Loseblattausgabe)
ArbG	Arbeitsgericht
ArbGG	Arbeitsgerichtsgesetz

Abkürzungsverzeichnis

ArbN	Arbeitnehmer
ArbPlSchG	Arbeitsplatzschutzgesetz
ArbuR	Arbeit und Recht (Zeitschrift)
ArbSchG	Arbeitsschutzgesetz
ArbSichG	Arbeitssicherstellungsgesetz
ArbZG	Arbeitszeitgesetz
arg.	argumentum
Art.	Artikel
ASiG	Arbeitssicherheitsgesetz
AuA	Arbeit und Arbeitsrecht (Zeitschrift)
Aufl.	Auflage
AÜG	Arbeitnehmerüberlassungsgesetz
AuR	Arbeit und Recht (Zeitschrift)
AZO	Arbeitszeitordnung
BA	Bundesagentur für Arbeit
BABl.	Bundesarbeitsblatt (Zeitschrift)
BAG	Bundesarbeitsgericht
BAGE	Amtliche Sammlung der Entscheidungen des Bundesarbeitsgerichts
BAnz.	Bundesanzeiger
BArbBl.	Bundesarbeitsblatt
BAT	Bundes-Angestelltentarifvertrag
BB	Betriebs-Berater (Zeitschrift), Brandenburg
BBG	Bundesbeamtengesetz
BbgLöG	Brandenburgisches Ladenöffnungsgesetz
BBiG	Berufsausbildungsgesetz
Bd.	Band
BDA	Bundesverband Deutscher Arbeitgeberverbände
BDI	Bundesverband der Deutschen Industrie
BDSG	Bundesdatenschutzgesetz
BE	Berlin
Bearb.	Bearbeiter
BEEG	Gesetz zum Elterngeld und zur Elternzeit
Begr.	Begründung
Beil.	Beilage
Bek.	Bekanntmachung
Bem.	Bemerkung
ber.	berichtigt
BerlLadÖffG	Berliner Ladenöffnungsgesetz
BErzGG	Gesetz zum Erziehungsgeld und der Elternzeit
bes.	besonders

Abkürzungsverzeichnis

BeschFG	Beschäftigungsförderungsgesetz
BeschSchG	Beschäftigtenschutzgesetz
Beschl.	Beschluss
betr.	betrifft
BetrAVG	Gesetz zur Verbesserung der betrieblichen Altersversorgung
BetrR	Der Betriebsrat (Zeitschrift)
BetrVerf	Die Betriebsverfassung (Zeitschrift)
BetrVG	Betriebsverfassungsgesetz
BGB	Bürgerliches Gesetzbuch
BGBl.	Bundesgesetzblatt
BGG	Gesetz zur Gleichstellung behinderter Menschen (Behindertengleichstellungsgesetz)
BGH	Bundesgerichtshof
BGHZ	Amtliche Sammlung der Entscheidungen des Bundesgerichtshofs in Zivilsachen
BGleiG	Bundesgleichstellungsgesetz
Bl.	Blatt
BPersVG	Bundespersonalvertretungsgesetz
BR	Bremen
BRAGO	Bundesgebührenordnung für Rechtsanwälte
BRAK-Mitt.	»BRAK-Mitteilungen« (früher Mitteilungen der Bundesrechtsanwaltskammer)
BR-Drs.	Bundesrats-Drucksache
BR-Prot.	Bundesratsprotokolle
BSchutzG	Beschäftigtenschutzgesetz
BSG	Bundessozialgericht
BSGE	Amtliche Sammlung der Entscheidungen des Bundessozialgerichts
BSHG	Bundessozialhilfegesetz
Bsp.	Beispiel
BT	Bundestag
BT-Drs.	Drucksache des Deutschen Bundestages
BT-Prot.	Bundestagsprotokolle
Buchst.	Buchstabe
BUrlG	Bundesurlaubsgesetz
BVerfG	Bundesverfassungsgericht
BVerfGE	Amtliche Sammlung der Entscheidungen des Bundesarbeitsgerichts
BVerwG	Bundesverwaltungsgericht
BVwVfG	Verwaltungsverfahrensgesetz des Bundes
BW	Baden-Württemberg

Abkürzungsverzeichnis

BY	Bayern
bzgl.	bezüglich
BZRG	Bundeszentralregistergesetz
bzw.	beziehungsweise
ca.	circa
DAV	Deutscher Anwaltsverein
DB	Der Betrieb (Zeitschrift)
DBAG	Deutsche Bahn AG
ders.	derselbe
dgl.	desgleichen
d. h.	das heißt
dies.	dieselben
Diss.	Dissertation
DKK	Däubler/Kittner/Klebe, Kommentar zum Betriebsverfassungsgesetz
Dok.	Dokument
Drs.	Drucksache
DruckLV	Druckluftverordnung
DStR	Deutsches Steuerrecht (Zeitschrift)
EBRG	Europäisches Betriebsratsgesetz
EFZG	Entgeltfortzahlungsgesetz
EG	Europäische Gemeinschaft
e. G.	eingetragene Genossenschaft
EGBGB	Einführungsgesetz zum Bürgerlichen Gesetzbuch
Einf.	Einführung
EinfG	Einführungsgesetz
EinigungsV	Einigungsvertrag
Einl.	Einlage
einschl.	einschließlich
EMRK	Europäische Menschenrechtskonvention
ErfK	Erfurter Kommentar zum Arbeitsrecht
Erg.	Ergänzung
Erl.	Erlass, Erläuterungen
etc.	et cetera
EU	Europäische Union
EuGH	Europäischer Gerichtshof
EuR	Europarecht (Zeitschrift)
e. V.	eingetragener Verein

Abkürzungsverzeichnis

evt.	eventuell
EWiR	Entscheidungen zum Wirtschaftsrecht (Zeitschrift)
EzA	Entscheidungssammlung zum Arbeitsrecht (Loseblattausgabe)
EzBAT	Entscheidungssammlung zum Bundesangestelltentarifvertrag (Loseblattausgabe)
f.	folgende
FA	Fachanwalt Arbeitsrecht (Zeitschrift)
ff.	fortfolgende
FFG	Frauenförderungsgesetz
FG	Finanzgericht
FGG	Gesetz über die freiwillige Gerichtsbarkeit
FN	Fußnote
FPersG	Fahrpersonalgesetz
FPersV	Fahrpersonalverordnung
FS	Festschrift
GBl.	Gesetzblatt
GbR	Gesellschaft bürgerlichen Rechts
GBR	Gesamtbetriebsrat
GefStoffV	Gefahrstoffverordnung
gem.	gemäß
GewArch	Gewerbearchiv (Zeitschrift)
GG	Grundgesetz
ggf.	gegebenenfalls
GK-BetrVG	Gemeinschaftskommentar zum Betriebsverfassungsgesetz
GK-SGB IX	Gemeinschaftskommentar zum Sozialgesetzbuch IX
GKG	Gerichtskostengesetz
GmbH	Gesellschaft mit beschränkter Haftung
GmbHG	Gesetz betreffend die Gesellschaft mit beschränkter Haftung
GmBl.	Gemeinsames Ministerialblatt
grds.	grundsätzlich
GS	Großer Senat
GVBl.	Gesetz- und Verordnungsblatt
GVG	Gerichtsverfassungsgesetz
HAG	Heimarbeitsgesetz
HandwO	Handwerksordnung

Abkürzungsverzeichnis

HE	Hessen
HGB	Handelsgesetzbuch
HH	Hamburg
HK	Heidelberger Kommentar zum Kündigungsschutzgesetz
h. L.	herrschende Lehre
h. M.	herrschende Meinung
HLöG	Hessisches Ladenöffnungsgesetz
Hrsg.	Herausgeber
Hs.	Halbsatz
HSWGN	Hess/Schlochauer/Worzalla/Glock/Nicolai, Kommentar zum BetrVG
HWK	Henssler/Willemsen/Kalb, Arbeitsrecht Kommentar
HzA	Handbuch zum Arbeitsrecht (Loseblattwerk)
i. d. F.	in der Fassung
i. d. R.	in der Regel
i. E.	im Einzelnen
i. e. S.	im engeren Sinne
IHK	Industrie- und Handelskammer
insbes.	insbesondere
InsO	Insolvenzordnung
IRVAZ	Individuelle regelmäßige Arbeitszeit
i. S.	im Sinne
i. S. d.	im Sinne des/der
i. s. v.	im Sinne von
i. V. m.	in Verbindung mit
JArbSchG	Jugendarbeitsschutzgesetz
JAV	Jugendlichen- und Auszubildendenvertretung
JR	Juristische Rundschau (Zeitschrift)
JW	Juristische Wochenschrift (Zeitschrift)
JZ	Juristenzeitung (Zeitschrift)
Kap.	Kapitel
KAPOVAZ	Kapazitätsorientierte variable Arbeitszeit
KBR	Konzernbetriebsrat
KG	Kommanditgesellschaft
KG aA	Kommanditgesellschaft auf Aktien

Abkürzungsverzeichnis

KR	Gemeinschaftskommentar zum Kündigungsschutzgesetz und zu sonstigen kündigungsschutzrechtlichen Vorschriften
krit.	kritisch
KSchG	Kündigungsschutzgesetz
LadöffnG	Ladenöffnungsgesetz Rheinland-Pfalz
LadÖG	Gesetz über die Ladenöffnung in Baden-Württemberg
LadÖffR	Ladenöffnungsrecht
LadSchlG	Ladenschlussgesetz
LAG	Landesarbeitsgericht
LAGE	Entscheidungssammlung (Landesarbeitsgerichte)
LG	Landgericht
lit.	Litera, Buchstabe(n)
LöffG MV	Gesetz über die Ladenöffnungszeiten für das Land Mecklenburg-Vorpommern
LÖG NRW	Gesetz zur Regelung der Ladenöffnungszeiten NRW
LÖffZeitG LSA	Ladenöffnungszeitengesetz Sachsen-Anhalt
LPVG	Landespersonalvertretungsgesetz
LSG	Landessozialgericht
MAVO	Mitarbeitervertretungsordnung
max.	maximal
MitbestG	Mitbestimmungsgesetz
MDR	Monatsschrift für Deutsches Recht (Zeitschrift)
Min.Bl.	Ministerialblatt
Mio.	Million
MitbestG	Mitbestimmungsgesetz
MitbestR	Mitbestimmungsrecht
Mrd.	Milliarde
MTV	Manteltarifvertrag
MünchArbR	Münchener Handbuch zum Arbeitsrecht
MuSchG	Mutterschutzgesetz
MV	Mecklenburg-Vorpommern
MVG.EKD	Mitarbeitervertretungsgesetz der Evangelischen Kirche in Deutschland
m.w.N.	mit weiteren Nachweisen
m.z.N.	mit zahlreichen Nachweisen
Nachw.	Nachweise
NachwG	Nachweisgesetz

Abkürzungsverzeichnis

Nds.PersVG	Niedersächsisches Personalvertretungsgesetz
n. F.	neue Fassung
NJW	Neue Juristische Wochenschrift (Zeitschrift)
NJW-RR	NJW Rechtsprechungs-Report
NL	Niedersachsen
NLöffVZG	Niedersächsisches Gesetz über Ladenöffnungs- und Verkaufszeiten
Nr.	Nummer
NRW, NW	Nordrhein-Westfalen
n. v.	nicht veröffentlicht
NZA	Neue Zeitschrift für Arbeitsrecht (Zeitschrift)
NZA-RR	NZA Rechtsprechungs-Report
NZS	Neue Zeitschrift für Sozialrecht (Zeitschrift)
o. Ä.	oder Ähnliches
o. g.	oben genannte
oHG	offene Handelsgesellschaft
OLG	Oberlandesgericht
OVG NW	Oberverwaltungsgericht für das Land Nordrhein-Westfalen
OWiG	Gesetz über Ordnungswidrigkeiten
PersVG	Personalvertretungsgesetz
Prot.	Protokoll
PTNeuOG	Postneuordnungsgesetz
RAG	Reichsarbeitsgericht
rd.	rund
RdA	Recht der Arbeit (Zeitschrift)
RDW	Richardi/Dörner/Weber, Personalvertretungsrecht
Rdn.	Randnummer (interner Verweis)
RegBl.	Regierungsblatt
RegE	Regierungsentwurf
RG	Reichsgericht
RGBl.	Reichsgesetzblatt
RGZ	Amtliche Sammlung der Entscheidungen des Reichsgerichts in Zivilsachen
RL	Richtlinie(n)
Rn.	Randnummer (externer Verweis)
RP	Rheinland-Pfalz
Rs.	Rechtssache

Abkürzungsverzeichnis

Rspr.	Rechtsprechung
RVG	Rechtsanwaltsvergütungsgesetz
s.	siehe
S.	Satz, Seite
s. a.	siehe auch
SächsLadÖffG	Sächsisches Ladenöffnungsgesetz
SeeArbG	Seearbeitsgesetz
SeemG	Seemannsgesetz
SG	Sozialgericht
SGB IX	Sozialgesetzbuch, IX. Buch: Rehabilitation und Teilhabe behinderter Menschen
SGG	Sozialgerichtsgesetz
SH	Schleswig-Holstein
SIMAP	EuGH-Entscheidung
SL	Saarland
SN	Sachsen
s. o.	siehe oben
sog.	so genannt(-e, -er, -es)
SprAuG	Sprecherausschussgesetz
ST	Sachsen-Anhalt
StGB	Strafgesetzbuch
StPO	Strafprozeßordnung
str.	streitig
st. Rspr.	ständige Rechtsprechung
TARGET	Trans-European Automated Real-Time Gross Settlement Express Transfer System
teilw.	teilweise
TH	Thüringen
ThürLadÖffG	Thüringer Ladenöffnungsgesetz
TV	Tarifvertrag
TVG	Tarifvertragsgesetz
TzBfG	Gesetz über Teilzeitarbeit und befristete Arbeitsverträge (Teilzeit- und Befristungsgesetz)
u.	und
u. a.	und andere
unstr.	unstreitig
uv.	unveröffentlicht
Urt.	Urteil

Abkürzungsverzeichnis

usw.	und so weiter
u. U.	unter Umständen
UWG	Gesetz gegen den unlauteren Wettbewerb
v.	von, vom
Verf.	Verfassung
VerglO	Vergleichsordnung
VG	Verwaltungsgericht
VGH	Verwaltungsgerichtshof
vgl.	vergleiche
VglO	Vergleichsordnung
v. H.	vom Hundert
VO	Verordnung
VOBl.	Verordnungsblatt
Voraufl.	Vorauflage
Vorb., Vorbem.	Vorbemerkung
WM	Wertpapiermitteilungen
WO	Wahlordnung
WRV	Weimarer Reichsverfassung
ZA-NTS	Zusatzabkommen zum NATO-Gruppenstatut
ZAP	Zeitschrift für die Anwaltspraxis
z. B.	zum Beispiel
ZESAR	Zeitschrift für europäisches Sozial- und Arbeitsrecht
ZfA	Zeitschrift für Arbeitsrecht
ZfPR	Zeitschrift für Personalvertretungsrecht
Ziff.	Ziffer
ZIP	Zeitschrift für Wirtschaftsrecht und Insolvenzpraxis
zit.	zitiert
ZPO	Zivilprozessordnung
ZRP	Zeitschrift für Rechtspolitik
zT	zum Teil
ZTR	Zeitschrift für Tarifrecht
zust.	zustimmend
zutr.	zutreffend
ZVG	Zwangsversteigerungsgesetz
z. Zt.	zurzeit
ZZVV	Zmarzlik/Zipperer/Viethen/Vieß

Literaturverzeichnis

Anzinger/Koberski, Kommentar zum Arbeitszeitgesetz, 3. Auflage 2009

Ascheid/Preis/Schmidt (Hrsg.), Kündigungsrecht, Großkommentar, 4. Auflage 2012 (zit.: APS/Bearbeiter)

Baeck/Deutsch, ArbZG – Arbeitszeitgesetz, 2. Auflage 2004

Bietmann, Rolf, Rahmenordnung für eine Mitarbeitervertretungsordnung der katholischen Kirche, Kurzkommentar, Stuttgart 1982

Buchner/Becker, Mutterschutzgesetz, Bundeselterngeld- und Elternzeitgesetz (MuSchG/BEEG), Kommentar, 8. Auflage 2008

Buschmann/Ulber, Arbeitszeitgesetz, Basiskommentar, 7. Auflage 2011

Däubler/Kittner/Klebe (Hrsg.), BetrVG Betriebsverfassungsgesetz, 13. Auflage 2012 (zit.: DKK/Bearbeiter)

Dietrich/Hanau/Schaub (Hrsg.), Erfurter Kommentar zum Arbeitsrecht, 13. Auflage 2013 (zit.: ErfK/Bearbeiter)

Dobberahn, Das neue Arbeitszeitgesetz in der Praxis, 2. Auflage 1996

Düwell/Stückemann/Wagner, Bewegtes Arbeitsrecht Festschrift für Wolfgang Leinemann zum 70. Geburtstag, 2006

Etzel/Bader/Fischermeier/Friedrich/Griebeling/Lipke/Pfeiffer/Rost/Spilger/Vogt/Weigand/Wolff, KR-Gemeinschaftskommentar zum Kündigungsschutzgesetz und zu sonstigen kündigungsschutzrechtlichen Vorschriften, 10. Auflage 2013 (zit.: KR/Bearbeiter)

Fey/Rehren, Detlev Fey / Olaf Rehren, MVG.EKD – Kirchengesetz über Mitarbeitervertretungen in der Evangelischen Kirche in Deutschland, Praxis-Kommentar Loseblatt, Stuttgart seit 1994

Fitting/Engels/Schmidt/Trebinger/Linsenmaier, Betriebsverfassungsgesetz, 25. Auflage 2012 (zit.: Fitting)

Henssler/Willemsen/Kalb (Hrsg.), Arbeitsrecht Kommentar, 5. Auflage 2012 (zit.: HWK/Bearbeiter)

Hess/Schlochhauer/Worzalla/Glock/Nicolai, Kommentar zum Betriebsverfassungsgesetz, 7. Auflage 2008 (zit.: HSWGN/Bearbeiter)

Kraft/Wiese/Kreutz/Oetker/Raab/Weber/Franzen, Gemeinschaftskommentar zum Betriebsverfassungsgesetz, Band 1 u. 2, 9. Auflage 2010 (zit.: GK-BetrVG/Bearbeiter)

Küttner/Röller, Personalbuch 2008 und Personal DVD, 18. Auflage 2011

Landmann/Rohmer, Gewerbeordnung und ergänzende Vorschriften, Kommentar, Loseblattwerk Stand September 2008

Literaturverzeichnis

Leinemann (Hrsg.), Handbuch zum Arbeitsrecht, Loseblattwerk (zit.: HzA/Bearbeiter)

Meisel/Sowka, Mutterschutz und Erziehungsurlaub, Kommentar, 5. Auflage 1999

Neumann/Biebl, Arbeitszeitgesetz (bis zur. 11. Auflage Denecke/Neumann Arbeitszeitordnung), Kommentar, 15. Auflage 2008

Palandt, Bürgerliches Gesetzbuch, Kommentar, 71. Auflage 2012

Richardi/Dörner/Weber, Personalvertretungsrecht, 3. Auflage 2012 (zit.: RDW/Bearbeiter)

Richardi/Wlotzke/Wissmann/Oetker (Hrsg.), Münchener Handbuch zum Arbeitsrecht, 3. Auflage 2009 (zit.: MünchArbR/Bearbeiter)

Roggendorff, Arbeitszeitgesetz, erläuterte Textausgabe, 1994

Schaub, Arbeitsrechts-Handbuch, 14. Auflage 2011

Schliemann (Hrsg.), Das Arbeitsrecht im BGB, 2. Auflage 2002 (zit.: ArbR-BGB/Bearbeiter)

Wank, Arbeitnehmer und Selbständige, 1988

Wiedemann (Hrsg.), Tarifvertragsgesetz, 7. Auflage 2007

Wolter, Das neue Arbeitszeitrecht, Musterverträge, 1995

Zmarzlik/Anzinger, Jugendarbeitsschutzgesetz, Kommentar, 5. Auflage 1998

Zmarzlik/Zipperer/Viethen/Vieß, Mutterschutzgesetz, Mutterschutzleistungen – mit Mutterschutzverordnung, 9. Auflage 2006 (zit.: ZZVV/Bearbeiter)

Teil A Arbeitszeitgesetz

Vorbemerkung

A. Konzeption des öffentlich-rechtlichen Arbeitszeitschutzes

I. Europäisches Richtlinienrecht

Das Arbeitszeitrecht ist der klassische Kern des sozialen Arbeitnehmerschutzes. Der allgemeine öffentlich-rechtliche **Arbeitszeitschutz für Arbeitnehmer** in Deutschland beruht wesentlich auf der **Umsetzung** des **Arbeits(zeit)schutzrechts der EU, vormals EG**, in nationales Recht. Er ist EU-rechtlich vor allem in der Arbeitszeitrichtlinie RL 2003/88/EG des Europäischen Parlaments und des Rates vom 4. 11. 2003 über bestimmte Aspekte der Arbeitszeitgestaltung, in Kraft getreten am 1. 8. 2004[1] normiert. Sie hat die vorherige Arbeitszeitrichtlinie RL 93/104/EG vom 23. 11. 1993[2] ohne erneute wesentliche Änderungen abgelöst. Daneben gibt es besondere EU-Richtlinien über die Arbeitszeit für bestimmte Berufsgruppen, nämlich die RL 2002/15/EG vom 11. 3. 2002 zur Regelung der Arbeitszeit von Personen, die Fahrtätigkeiten im Bereich des Straßentransports ausüben[3], die RL 1999/63/EG vom 2. 7. 1999 über die Arbeitszeit der Seeleute[4] nebst RL 1999/95 EG vom 13. 12. 1999 zur Durchsetzung von Arbeitszeitregelungen für Seeleute an Bord von Seeschiffen, die Gemeinschaftshäfen anlaufen[5] und die RL 2000/79/EG vom 27. 11. 2000 über die Arbeitszeitorganisation für das fliegende Personal in der Zivilluftfahrt – *ABl. EG Nr. L 302, 57*). Sie sollten gegenüber der (allgemeinen) Arbeitszeitrichtlinie Vorrang haben[6]. Gemäß Art. 1 Abs. 3 Unterabs. 2 RL 2003/88/EG gilt diese Richtlinie nicht für Seeleute i. S. der RL 1999/63 EG; die anderen vorgenannten Richtlinien sind im Normentext der RL 2003/88 nicht erwähnt.

1

---

1 ABl. EG Nr. L 299/9.
2 ABl. Nr. L 307/18, zuletzt geändert durch RL 2000/34/EG vom 22.06.2000, ABl. EG Nr. L 195/41.
3 ABl. Nr. L 80/35.
4 ABl. EG Nr. L 167, 33.
5 ABl. EG 2000 Nr. L 14/29.
6 Erwägung Nr. 14 RL 2003/88/EG.

Vorbemerkung

2   Die **Weiterentwicklung des Arbeitszeitrechts** der EU ist noch **nicht abgeschlossen**, auch wenn sich derzeit keine hinreichende Mehrheit insbesondere zur Änderung bestehender Regelungen findet. Dies betrifft insbesondere die Frage, inwieweit Zeiten der Nichtarbeitsleistung während des Bereitschaftsdienstes – Bereitschaftsdienst ist Arbeitszeit[7] – die Verlängerung der Arbeitszeit ermöglichen dürfen, und Opt-out-Regelungen[8].

II. Anwendungs- und Auslegungsvorrang des EU-Rechts

3   **Rechtsmethodisch** sind der **Anwendungsvorrang**[9] und **Auslegungsvorrang**[10] des **EU-Arbeitszeitrechts vor dem deutschen Arbeitszeitrecht stets zu beachten.** Zwar hat der EuGH in ständiger Rechtsprechung entschieden, dass eine Richtlinie nicht selbst – also ohne Umsetzung in nationales Recht – Verpflichtungen für den privaten Einzelnen begründen kann, sodass sich niemand ihm gegenüber auf die Richtlinie als solche berufen kann[11]. Daraus folgt, dass sogar eine klare, genaue und unbedingte Richtlinienbestimmung, mit der dem Einzelnen Rechte gewährt oder Verpflichtungen auferlegt werden sollen, im Rahmen eines Rechtsstreits, in dem sich ausschließlich Private gegenüberstehen, nicht als solche Anwendung finden kann[12]. Es obliegt vor allem den nationalen Gerichten, den Rechtsschutz zu gewährleisten, der sich für den Einzelnen aus den gemeinschaftsrechtlichen Bestimmungen ergibt, und deren volle Wirkung sicherzustellen[13]. Dabei hat das Gericht in Anbetracht des Art. 249 Abs. 3 EG (nunmehr Art. 288 Abs. 3 AEUV) davon auszugehen, dass der Staat, wenn er von dem ihm durch diese Bestimmung eingeräumten Gestaltungsspielraum Gebrauch gemacht hat, die Absicht hatte, den sich aus

---

7   EuGH in st. Rspr. seit Urt. v. 03.10.2000 – Rs. C-303/98 – SIMAP – EuGHE I 2000, 7963–8034 = EzA § 7 ArbZG Nr. 1 = DB 2001, 818, zuletzt Urt. v. 01.12.2005 – Dellas – Rs. C-17/04 – EuroAS 2006, 6 = ZTR 2005, 2.

8   Vgl. *Schliemann*, FS Leinemann 2006, S. 1929 ff.

9   BVerfG 28.01.1992 AP § 19 AZO Nr. 2; BAG 05.03.1996 AP Art. 3 GG Nr. 226.

10 BAG 05.03.1996 – AP Art. 3 GG Nr. 226.

11 EuGH 05.10.2004 – Rs. C-397/01 bis 403/01 – Pfeiffer – EuGHE I 2004, 8835–8922 = EzA EG-Vertrag 1999 Richtlinie 93/104 Nr. 1 = NZA 2004, 1145, Rz. 108 unter Hinweis auf frühere Entscheidungen.

12 EuGH 05.10.2004 – Rs. C-397/01 bis 403/01 – Pfeiffer –, NZA 2004, 1145, Rz. 109.

13 EuGH 05.10.2004 – Rs. C-397/01 bis 403/01 – Pfeiffer –, NZA 2004, 1145, Rz. 111.

Vorbemerkung

der betreffenden Richtlinie ergebenden Verpflichtungen in vollem Umfang nachzukommen[14]. Bei der Anwendung innerstaatlichen Rechts, insbesondere zur Bestimmung einer speziell zur Umsetzung der Vorgaben einer in einer Richtlinie erlassenen Regelung, muss das nationale Gericht das innerstaatliche Recht außerdem so weit wie möglich anhand des Wortlauts und des Zweckes dieser Richtlinie auslegen, um das in ihr festgelegte Ergebnis zu erreichen und so Art. 249 Abs. 3 EG (nunmehr Art. 288 Abs. 3 AEUV) nachzukommen[15]. Das BAG folgt dieser Rechtsprechung und legt dementsprechend § 25 ArbZG n. F. so aus, dass Tarifverträge den dort normierten Bestandsschutz nur insoweit haben, als deren Inhalt europarechtskonform ist[16]. Zum mitgliedstaatlichen Recht zählen Tarifverträge[17]. Das BAG hat die **tarifliche Arbeitszeit** eines Hausmeisters von 50,5 Stunden wöchentlich wegen Verstoßes gegen Art. 6 RL 93/104 (nunmehr RL 2003/88/EG) als unwirksam erachtet und – im Wege der EU-rechtskonformen »Auslegung« – auf 48 Wochenstunden begrenzt[18]. Strenger sind die Rechtfolgen für den Mitgliedstaat und dessen Untergliederungen. Die sich aus einer Richtlinie ergebende Verpflichtung des Mitgliedstaates, das in der Richtlinie vorgesehene Ziel zu erreichen, sowie die mitgliedstaatliche Pflicht, alle zur Erfüllung geeigneten Maßnahmen allgemeiner oder besonderer Art zu treffen, obliegt den Trägern öffentlicher Gewalt, ggf. auch in ihrer Eigenschaft als Arbeitgeber. Die Verletzung solcher Pflichten kann Schadenersatzfolgen haben[19].

Die vom EuGH aufgestellten Grundsätze für die richtlinienkonforme Auslegung (und damit auch Wirkung) mitgliedstaatlichen Rechts in Rechts-   4

---

14 EuGH 16.12.1993 – Rs. C-334/92 – Wagner Miret – EuGHE I, 6911, Rz. 20; EuGH 05.10.2004 – Rs. C-397/01 bis 403/01 – Pfeiffer – EuGHE I 2004, 8835–8922 = EzA EG-Vertrag 1999 Richtlinie 93/10 l Nr. 1 = NZA 2004, 1145, Rz. 112.
15 EuGH 05.10.2004 – Rs. C-397/01 bis 403/01 – Pfeiffer –, NZA 2004, 1145,Rz. 113, bestätigt durch EuGH [Große Kammer] 04.07.2006 – Rs. C-212/04 – Andeler ./. ELOG – NJW 2006, 2465.
16 BAG 24.01.2006 DB 2006, 1161 = ZTR 2006, 371.
17 Grundlegend: EuGH 31.05.1995 – Royal Copenhagen – EuGHE I, 1275, 1314.
18 BAG 14.10.2004 ZTR 2005, 83.
19 Vgl. EuGH 14.10.2010 – Rs. C-243/09 – Fuß ./. Stadt Halle [I] – NZA 2010, 1344; EuGH 25.11.2010 – Rs. C-429/09 – Fuß ./. Stadt Halle [II] – NZA 2011, 53; vgl. auch *Preis/Ulber*, ZESAR 2011, 147.

Vorbemerkung

streitigkeiten unter Privaten werden im deutschen Schrifttum teils bejaht[20], teils kritisch aufgenommen[21]. Faktisch ist indessen die (rechtliche) Durchsetzungsmacht des EuGH wegen des Anwendungs- und Auslegungsvorrangs des EG-Rechtes nicht zu übersehen, sodass der Streit, inwieweit die auf die Durchsetzung von EG-Recht gerichtete so genannte Auslegungsmethode des EuGH mit nationalen Vorstellungen der Methodenlehre vereinbar ist und wo diese einer Auslegung Grenzen setzt[22], auf längere Sicht den Bereich einer nur noch akademischen Auseinandersetzung nicht mehr verlässt. Der EuGH hat seine Rechtsprechung, wonach Richtlinien nur »vertikal« gegenüber den Mitgliedstaaten, nicht aber »horizontal« zwischen Privaten wirken, zwar formal beibehalten, aber faktisch **zu Gunsten** einer auf »Auslegung« beruhenden **horizontalen Wirkung von Richtlinien** unterlaufen[23].

III. Umsetzung in deutsches Recht

5   In Deutschland wird der allgemeine Arbeitszeitschutz für Arbeitnehmer mitgliedstaatsrechtlich seit dem 01.07.1994 durch das **Arbeitszeitgesetz (ArbZG)** geregelt. Es setzt den EU-rechtlichen Arbeitszeitschutz für Arbeitnehmer (Arbeitszeitrichtlinie RL 2003/88/EG) im Wesentlichen in nationales Recht um. Durch § 21a ArbZG ist die so genannte Fahrpersonalarbeitszeitrichtlinie (RL 2002/15/EG) hinsichtlich der Arbeitnehmer in nationales Recht umgesetzt worden. Alternativ oder vorrangig gelten für bestimmte Arbeitnehmer oder Tätigkeiten oder Wirtschaftsbereiche besondere Regelungen. Für andere, vor allem für nach öffentlichem Recht Beschäftigte, z. B. für Beamte und Soldaten gelten andere nationale Regelungen. Für Religionsgesellschaften, vor allem für die Kirchen und deren Einrichtungen in Caritas und Diakonie, gelten die Regelungen des ArbZG gemäß Art. 140 GG, 137 Abs. 3 WRV als ein

---

20 *Gaul*, Brennpunkte des Arbeitsrechts 2005, 67; *Matthiessen/Shea* DB 2005, 106; *Riesenhuber/Domröse* RIW 2005, 47.

21 *Konzen* ZfA 2005, 33; *Schlachter* RdA 2005, 116; *Staffhorst* GPR 205, 89; *Thüsing* ZIP 2004, 2301.

22 Vgl. zu den Grenzen der Auslegung nationaler Bestimmungen auch BAG 18.02.2003 – 1 ABR 2/02 – BAGE 105, 32 = EzA § 7 ArbZG Nr. 4 = NZA 2003, 742.

23 *Abig* ZESAR 205, 93; *Konzen* ZfA 2005, 33; *Matthiessen/Shea* DB 2005, 106; *Riesenhuber/Domröse* RIW 2005, 47; *Schlachter* RdA 2005, 116; *Schliemann* NZA 2004, 513; *Thüsing* ZIP 2004, 2301; *Ulber* ZTR 2005, 70.

für alle geltendes Gesetz; das ArbZG selbst enthält für bestimmte Betätigung der Kirchen allerdings Ausnahmeregelungen.

Das **Arbeitszeitgesetz** ist als **Herzstück** des Gesetzes zur Vereinheitlichung und Flexibilisierung des Arbeitszeitrechts – **Arbeitszeitrechtsregelungsgesetz** (ArbZRG) – vom 06.06.1994[24] erlassen worden. Das ArbZG bildet den Art. 1 des als sog. Artikel- oder Mantelgesetz gestalteten Arbeitszeitrechtsgesetzes. Daneben ändert das Arbeitszeitrechtsgesetz eine Reihe anderer gesetzlicher Bestimmungen über den öffentlich-rechtlichen Arbeitszeitschutz (Art. 3–19 ArbZRG). Insgesamt sind 22 arbeitszeitrechtliche Regelungen, darunter die aus dem Jahre 1938 stammende **Arbeitszeitordnung (AZO)** und die Bestimmungen in der **Gewerbeordnung** über die Sonntagsruhe und Sonntagsarbeit außer Kraft gesetzt bzw. durch die Regelungen im Arbeitszeitgesetz ersetzt worden.

B. Eckdaten der Arbeitszeitrichtlinie (EU) und des Arbeitszeitgesetzes

In ihren **Eckdaten** und insoweit auch in ihrer **Systematik unterscheiden sich die EU-Arbeitszeitrichtlinie und das deutsche Arbeitszeitgesetz** erheblich, mögen auch dieselben oder vergleichbare Wörter verwendet werden. Deutlich wird dies am grundlegenden Unterschied des Verständnisses des Kernbegriffs »Arbeitszeit«. Nach deutschem Verständnis beginnt und endet die Arbeitszeit grundsätzlich mit dem Beginn und dem Ende der tatsächlich geschuldeten Tätigkeit. Die EU versteht unter Arbeitszeit die arbeits(ort)gebundene Zeit. Dies führt zu Verständnisschwierigkeiten, gelegentlich auch zu deutlichen Rechtsproblemen. Zudem ist die Umsetzung der arbeitszeitrechtlichen EU-Richtlinien in innerstaatliches Recht nicht vollständig erfolgt. Dies gilt für die RL 2003/88/EG.

Die **RL 2003/88/EG** geht wie ihre Vorgängerregelung von folgenden Eckdaten aus:
– **Arbeitszeit** (Art. 2 Nr. 1) ist die Zeit, in der der Arbeitnehmer sich an seiner Arbeitsstelle befindet (»toute période, durant laquelle le travailleur est au travail«),
– **tägliche Ruhezeit** (Art. 3) von mindestens elf Stunden pro 24-Stunden-Zeitraum,

---
24 BGBl. I S. 1165.

- **wöchentliche Ruhezeit** (Art. 5): Pro Sieben-Tage-Zeitraum kontinuierliche Mindestzeit von 24 Stunden zuzüglich der täglichen Ruhezeit von elf Stunden gem. Art. 3,
- **wöchentliche Höchstarbeitszeit** (Art. 6): Die durchschnittliche Arbeitszeit pro Sieben-Tage-Zeitraum darf einschließlich der Überstunden 48 Stunden nicht überschreiten,
- **Bezugszeitraum** (Art. 16) für die wöchentliche Arbeitszeit nach Art. 6: bis zu vier Monaten.

9 Dagegen geht das **deutsche Arbeitszeitgesetz** z. T. von einer anderen Systematik und anderen Eckdaten aus. Es hat nach dem bisherigen Arbeitszeitschutzrecht (Arbeitszeitordnung aus dem Jahr 1934!) **geläufige Eckdaten** des öffentlich-rechtlichen **Arbeitsschutzes teilweise beibehalten**:
- **Arbeitszeit**: Zeit vom Beginn bis zum Ende der Arbeit, d. h. i. d. R. der Aufnahme und Beendigung der konkret geschuldeten Tätigkeit, ohne die Ruhepausen (§ 2 Abs. 1 Satz 1),
- **Acht-Stunden-Tag** mit ausgleichspflichtiger Verlängerung auf zehn Stunden (§ 3 Satz 1),
- **tägliche Ruhezeit** mindestens elf Stunden (§ 5 Abs. 1),
- **Sechs-Tage-Woche**[25],
- **Ausgleichszeitraum** (Bezugszeitraum): sechs Monate (§ 3 Satz 2 ArbZG),
- **grundsätzliche Sonntagsruhe** (statt wöchentlicher Ruhezeit) mit Ausnahmemöglichkeiten.

C. Besondere Arbeitnehmergruppen und Wirtschaftsbereiche

10 Das **öffentlich-rechtliche Arbeitszeitschutzrecht** ist indessen **nicht nur im Arbeitszeitgesetz normiert**. Trotz der angestrebten Normenvereinfachung regeln eine Vielzahl weiterer Gesetze und Rechtsverordnungen für bestimmte Arbeitnehmergruppen und Wirtschaftsbereiche den öffentlich-rechtlichen Arbeitszeitschutz.

I. Jugendliche

11 Die Höchstgrenzen für die Beschäftigung jugendlicher Arbeitnehmer normiert nach wie vor das Gesetz zum Schutze der arbeitenden Jugend (Jugend-

---

25 § 3 Satz 1 – werktägliche Arbeitszeit.

Vorbemerkung

arbeitsschutzgesetz – JArbSchG) vom 12.04.1976[26], zuletzt geändert durch Art. 15 des Gesetzes vom 07.12.2011[27].

Das **Jugendarbeitsschutzgesetz** gilt für die Beschäftigung von Personen unter 18 Jahren **an Stelle des Arbeitszeitgesetzes** (§ 18 Abs. 2 ArbZG). Dies betrifft auch Dienstleistende im Bundesfreiwilligendienst[28] und Dienstleistende im freiwilligen sozialen Jahr oder im freiwilligen ökologischen Jahr[29]. 12

Nach § 5 Abs. 1 JArbSchG ist die **Beschäftigung von Kindern** grundsätzlich **verboten**. Kind i. S. d. JArbSchG ist, wer noch nicht 15 Jahre alt ist (§ 2 Abs. 1 JArbSchG). Auf **vollzeitschulpflichtige Jugendliche** finden nach § 2 Abs. 3 JArbSchG die für Kinder geltenden Bestimmungen Anwendung. Vom Verbot, Kinder zu beschäftigen, gibt es zahlreiche Ausnahmen (§ 5 Abs. 2 ff., § 6, § 7 JArbSchG). Für **Jugendliche**, d. h. Menschen von 15 (vormals 14) bis 18 Jahren (§ 2 Abs. 2 JArbSchG), sieht das Jugendarbeitsschutzgesetz **Arbeitszeitregelungen** vor, die gegenüber dem Arbeitszeitgesetz **enger** sind. 13

Die wichtigsten Abweichungen sind: Für **jugendliche Arbeitnehmer** normiert § 8 Abs. 1 JArbSchG als Grundsatz eine **Höchstarbeitszeit von acht Stunden täglich und 40 Stunden wöchentlich**. In Verbindung mit Feiertagen an Werktagen kann die Arbeitszeit nach näherer Maßgabe von § 8 Abs. 2 JArbSchG im Interesse einer längeren zusammenhängenden Freizeit über fünf Wochen derart verteilt werden, dass die tägliche Arbeitszeit 8,5 Stunden beträgt und die Wochenarbeitszeit im Durchschnitt dieser fünf Wochen 40 Stunden nicht überschreiten. Die Mindestruhepausen betragen 30 Minuten bei einer Arbeitszeit ab 4,5 Stunden bzw. 60 Minuten bei einer Arbeitszeit von mehr als sechs Stunden (§ 11 JArbSchG). An die Stelle einer Mindestruhezeit von elf Stunden (§ 5 Abs. 1 ArbZG) tritt eine Mindestfreizeit von zwölf Stunden (§ 13 JArbSchG). Grundsätzlich dürfen Jugendliche nur in der Zeit von 6 bis 20 Uhr beschäftigt werden, und dies auch nur an fünf Tagen in der Woche; Ausnahmen hiervon sind aber möglich (§§ 14, 15 JArbSchG). An Samstagen, Sonntagen und gesetzlichen Feiertagen dürfen Jugendliche ebenfalls nicht beschäftigt werden; auch insoweit gibt es jedoch Ausnahmemöglichkeiten (§§ 16, 17, 18 JArbSchG). Insgesamt sind aber, abgesehen von Sonderrege- 14

---

26 BGBl. I S. 965.
27 BGBl. I S. 2592.
28 Vgl. § 13 BundesfreiwilligendienstG vom 28.04.2011, BGBl. I S. 687.
29 Vgl. § 13 JugendfreiwilligendienstG vom 16.05.2008, BGBl. I S. 842.

Vorbemerkung

lungen für die Binnenschifffahrt (§ 20 JArbSchG), Ausnahmen in Notfällen (§ 21 JArbSchG) sowie abweichende Regelungen in Tarifverträgen bzw. in Rechtsverordnungen möglich (vgl. §§ 21a, 21b JArbSchG). Ergänzt wird das JArbSchG durch die KinderarbeitsschutzVO vom 23.06.1998[30].

II. Mütter

15 Für werdende und stillende Mütter, die als Arbeitnehmerinnen beschäftigt werden, enthält das **Mutterschutzgesetz** (MuSchG) i.d. F. der Bekanntmachung vom 20.06.2002[31], arbeitszeitrechtliche Sonderregelungen. **Als besonderes Gesetz** haben die arbeitszeitrechtlichen Bestimmungen des **Mutterschutzgesetzes Vorrang** vor den entsprechenden Regelungen des Arbeitszeitgesetzes.

16 Neben dem Anspruch auf Stillpausen (§ 7 MuSchG) normiert § 8 Abs. 1 MuSchG ein Verbot der Mehrarbeit, der Nachtarbeit zwischen 20 und 6 Uhr und der Sonn- und Feiertagsarbeit für werdende und stillende Mütter. Die Mehrarbeit i. S. d. Abs. 1 ist in § 8 Abs. 2 MuSchG besonders definiert. Mehrarbeit i. S. d. Abs. 1 ist jede Arbeit, die von Beschäftigten im Familienhaushalt und in der Landwirtschaft mehr als neun Stunden täglich bzw. 102 Stunden in der Doppelwoche geleistet wird (Nr. 1), die Frauen unter 18 Jahren über acht Stunden täglich oder 80 Stunden in der Doppelwoche (Nr. 2) oder Frauen, die das 18. Lebensjahr vollendet haben, über 8,5 Stunden täglich oder 90 Stunden in der Doppelwoche leisten (Nr. 3). Vom Verbot der Nachtarbeit und der Arbeit an Sonn- und Feiertagen gibt es Ausnahmen für bestimmte Branchen oder Wirtschaftszweige nach näherer Maßgabe der Absätze 3 und 4 des § 8 MuSchG. Wegen der näheren Einzelheiten wird auf die Erläuterungen zum Mutterschutzgesetz.

---

30 BGBl. I S. 1508.

31 BGBl. I S. 2318, geändert durch Entscheidung des BVerfG vom 18.11.2003 – 1 BvR 302/96 – BGBl. 2004 I S. 69, zuletzt geändert durch Art. 34 des Gesetzes vom 20.12.2011, BGBl. I S. 2854.

Vorbemerkung

III. Ladenschluss

Das **Ladenschlussgesetz** des Bundes (LadSchlG) in der Fassung der Bekanntmachung vom 02.06.2003[32], enthält arbeitszeitschutzrechtliche Normen. Die Gesetzgebungszuständigkeit liegt ab 01.09.2006 bei den Ländern. Von ihr haben die Länder wie folgt Gebrauch gemacht 17

– **Baden-Württemberg:** Gesetz über die Ladenöffnung in Baden-Württemberg vom 14.02.2007[33], zuletzt geändert durch Gesetz vom 10.11.2009[34];
– **Bayern:** (bisher) kein Landesgesetz, daher Fortgeltung des (Bundes) Gesetzes über den Ladenschluss, Neufassung vom 02.06.2003[35], zuletzt geändert durch Art. 228 der Neunten ZuständigkeitsanpassungsVO vom 31.10.2006[36];
– **Berlin:** Berliner Ladenöffnungsgesetz vom 14.11.2006[37], zuletzt geändert durch Änderungsgesetz vom 13.10.2010[38];
– **Brandenburg:** Gesetz zur Neuordnung der Ladenöffnungszeiten vom 27.11.2006[39], zuletzt geändert durch Gesetz vom 20.12.2010[40];
– **Bremen:** Bremisches Ladenschlussgesetz vom 22.03.2007[41], zuletzt geändert durch Gesetz vom 28.02.2012[42];
– **Hamburg:** Hamburgisches Gesetz zur Regelung der Ladenöffnungszeiten vom 22.12.2006[43], zuletzt geändert durch Gesetz vom 15.12.2009[44];

---

32 BGBl. I S. 744, zuletzt geändert durch Art. 228 der Neunten Zuständigkeitsanpassungsverordnung vom 31.10.2006, BGBl. I S. 2407.
33 GVBl. BW 2007, 135.
34 GBl. S. 628.
35 BGBl. I S. 744.
36 BGBl. I S. 2407.
37 GVBl. BE 2006, 1045.
38 GVBl. S. 467.
39 GVBl. BB 2006, 158.
40 GVBl. BB 2010 Nr. 46.
41 Brem. GBl. 2007, 221.
42 Brem. GBl. S. 95.
43 GVBl. HH 2006, 611.
44 GVBl. HH, S. 444, 449.

Vorbemerkung

- **Hessen:** Hessisches Ladenöffnungsgesetz vom 23.11.2006[45], zuletzt geändert durch Gesetz vom 13.12.2012[46];
- **Mecklenburg-Vorpommern:** Gesetz über die Ladenöffnungszeiten für das Land Mecklenburg-Vorpommern vom 18.06.2007[47];
- **Niedersachsen:** Gesetz über die Ladenöffnungszeiten vom 08.03.2007[48], zuletzt geändert durch Gesetz vom 13.10.2011[49];
- **Nordrhein-Westfalen:** Gesetz zur Regelung der Ladenöffnungszeiten vom 16.11.2006[50];
- **Rheinland-Pfalz:** Ladenöffnungsgesetz Rheinland-Pfalz vom 21.11.2006[51];
- **Saarland:** Ladenöffnungsgesetz vom 15.11.2006[52], zuletzt geändert durch Gesetz vom 26.10.2010[53];
- **Sachsen:** Sächsisches Gesetz über die Ladenöffnungszeiten vom 16.03.2007[54], zuletzt geändert durch Gesetz vom 26.102010[55];
- **Sachsen-Anhalt:** Gesetz über die Ladenöffnungszeiten im Land Sachsen-Anhalt vom 22.11.2006[56];
- **Schleswig-Holstein:** Gesetz über die Ladenöffnungszeiten vom 29.11.2006[57];
- **Thüringen:** Thüringer Ladenöffnungsgesetz vom 29.11.2006[58], zuletzt geändert durch Gesetz vom 21.12.2011[59].

---

45 GVBl. HE 2006, 606.
46 GVBl. HE S. 622.
47 GVoBl. MV 2007, 226.
48 GVBl. NL 2007, 111.
49 GVBl. NL S. 348.
50 GVBl. NW 2006, 516.
51 GVBl. RP 2006, 351.
52 ABl. SL 2006, 1974.
53 ABl. SL, S. 1406.
54 GVBl. SN 2007, 42.
55 GVBl. SN 2010, 130, 146.
56 GVBl. LSA 2006, 528.
57 GVBl. SH 2006, 243.
58 GVBl. TH 2006, 541.
59 GVBl. TH S. 540.

Vorbemerkung

Das Ladenschlussrecht bzw. im neueren Sprachgebrauch das Ladenöffnungsrecht normiert die Öffnungszeiten von Verkaufsstellen, wie sie im jeweiligen Gesetz näher bestimmt sind. Vor allem fallen darunter Ladengeschäfte aller Art, Apotheken, Tankstellen, Bahnhofsverkaufsstellen und Warenautomaten, sonstige Verkaufsstände und Verkaufsstellen von Genossenschaften. Die Gesetze begrenzen im Interesse des gesetzlichen Schutzes von Sonn- und Feiertagen, aber auch der Arbeitnehmer die Zeiten für das Verkaufen, das Anbieten oder – herkömmlich, aber wenig gebräuchlich – das »Feilbieten« von Waren und Dienstleistungen. Die Ladenschluss- oder Ladenöffnungsgesetze wenden sich an die Betreiber der Verkaufsstellen, in erster Linie also an deren Inhaber. Die **Beschäftigung von Arbeitnehmern an Sonn- und Feiertagen** ist ladenschluss- oder -öffnungsrechtlich durchweg an Sonn- und Feiertagen nur während der gesetzlichen Öffnungszeiten erlaubt. 18

Das **Ladenschlussgesetz** des Bundes **geht** in seinen arbeitszeitschutzrechtlichen Bestimmungen als das speziellere Gesetz den Normen des **Arbeitszeitgesetzes vor**. Das Arbeitszeitrechtsgesetz hat die im Ladenschlussgesetz vorgesehenen Ausnahmen vom Verbot der Beschäftigung von Arbeitnehmern an Sonn- und Feiertagen unberührt gelassen[60]. Daran hat sich infolge des Übergangs der Gesetzgebungskompetenz vom Bund auf die Länder[61] nichts geändert. Mit der Übertragung der Gesetzgebungskompetenz für das Ladenschlussrecht durch die Neufassung des Art. 74 Abs. 1 Nr. 11 GG (»Recht der Wirtschaft ... ohne das Recht des Ladenschlusses ...«) lediglich die Gesetzgebungszuständigkeit hinsichtlich der Ladenöffnungsregelungen auf die Länder übertragen worden. Dagegen ist die Gesetzgebungskompetenz hinsichtlich der arbeitsschutzrechtlichen Frage der Zulässigkeit der Beschäftigung von Arbeitnehmern während der erlaubten Ladenöffnungen an Sonn- und Feiertagen sowie an Heiligabend und Silvester zwar nicht ausschließlich auf die Länder übergegangen, sondern in der konkurrierenden Gesetzgebungskompetenz von Bund und Ländern verblieben. Der Bund hat hiervon indessen seit der Kompetenzänderung hinsichtlich des Ladenschlusses keinen, erst recht keinen abschließenden Gebrauch gemacht. § 17 LadSchlG gilt nur für das in Bayern 19

---

60 OVG Koblenz 14.10.1994 NJW 1995, 741.
61 Art. 74 Abs. 1 Nr. 11 GG in der ab 01.09.2006 geltenden Fassung – G. v. 28.08.2006, BGBl. I S. 2034.

Vorbemerkung

noch gültige Bundesrecht[62] (vgl. des Näheren Teil B – Ladenöffnungsrechtlicher Arbeitszeitschutz).

IV. Fahrpersonal im Straßentransport

20 Für die Lenk- und Arbeitszeit des angestellten und (seit dem 22.03.2009) auch des selbstständig tätigen **Fahrpersonals von Kraftfahrzeugen** im Straßentransport auf öffentlichen Straßen bei der **Güterbeförderung** mit Fahrzeugen, deren zulässige Höchstmasse einschließlich Anhänger und Sattelanhänger das **Gewicht von 3,5 t** übersteigt, oder bei der **Personenbeförderung** mit Fahrzeugen, die für die Beförderung von **mehr als neun Personen** einschließlich des Fahrers konstruiert, dauerhaft angepasst oder zu diesem Zweck bestimmt sind, gelten neben dem durch das Gesetz vom 14.08.2007[63] eingefügten § 21a ArbZG unmittelbar besondere Bestimmungen, nämlich
- die **Verordnung (EG) Nr. 561/2006** des Europäischen Parlaments und des Rates vom 15.3.2006 zur Harmonisierung bestimmter **Sozialvorschriften im Straßenverkehr** und zur Änderung der Verordnungen (EWG) Nr. 3821/85 und (EG) Nr. 2135/98 des Rates sowie zur Aufhebung der Verordnung (EWG) Nr. 3820/85 des Rates[64];
- das Gesetz über das Fahrpersonal von Kraftfahrzeugen und Straßenbahnen (**Fahrpersonalgesetz – FPersG**) in der Fassung vom 19.02.1987[65], zuletzt geändert durch Art. 2 des Gesetzes v. 31.07.2010[66];
- die Verordnung zur Durchführung des Fahrpersonalgesetzes (**Fahrpersonalverordnung – FPersV**) vom 27.06.2005[67], zuletzt geändert durch Art. 2 der Verordnung vom 19.12.2011[68];
- das **Europäische Übereinkommen** über die **Arbeit** des im internationalen **Straßenverkehr** tätigen **Fahrpersonals** (AETR), bekannt gemacht am 31.07.1985[69], zuletzt geändert durch Gesetz vom 18.08. 01997[70];

---

62 A.A. wohl Buschmann/Ulber 5. Aufl. S. 266.
63 BGBl. I S. 1962, 1964.
64 ABl. EG Nr. L 370/1.
65 BGBl. I S. 1170.
66 BGBl. I S. 1057.
67 BGBl. I S. 1882.
68 BGBl. I S. 2835.
69 BGBl. II S. 889.
70 BGBl. II S. 1550.

Vorbemerkung

– nachrangig, auch im Verhältnis zu § 21a ArbZG die übrigen Vorschriften des ArbZG.

Die Fahrpersonal-Arbeitszeit-RL 2002/15/EG ist – soweit es die Arbeitnehmer im Straßenverkehr betrifft – in deutsches Recht umgesetzt worden, indem in das Arbeitszeitgesetz der § 21a ArbZG, eingefügt worden ist. Für selbständige Kraftfahrer i.S. des Art. 3 Buchst. e RL 2002/15/EG ist die Höchstarbeitszeit im Gesetz zur Regelung der Arbeitszeit von selbständigen Kraftfahrern vom 11.07.2012[71] bestimmt worden.

Für **Beförderungen im Straßenverkehr im Inland und innerhalb der Europäischen Gemeinschaft**, zwischen ihr und der Schweiz sowie den Vertragsstaaten des Abkommens über den Europäischen Wirtschaftsraum – unabhängig vom Land der Fahrzeugzulassung – gelten die Bestimmungen – vor allem über Lenkzeiten, Lenkzeitunterbrechungen und Ruhezeiten – der **VO (EG) Nr. 561/2006** gemäß ihrem Art. 2 Abs. (2). Das **AETR** gilt anstelle dieser VO für grenzüberschreitende Beförderungen im Straßenverkehr, die teilweise außerhalb der in Abs. 2 genannten Gebiete erfolgen. Die Regelung betrifft nach ihrem Art. 2 Abs. (1) alle (gewerblichen) Beförderungen im Straßenverkehr, und zwar die Güterbeförderung mit Fahrzeugen, deren zulässige Höchstmasse einschließlich Anhänger oder Sattelanhänger 3,5 t übersteigt, und die Personenbeförderung mit Fahrzeugen, für die Beförderung von mehr als neun Personen einschließlich des Fahrers konstruiert oder dauerhaft angepasst und zu diesem Zweck bestimmt sind (z. B. Omnibusse). 21

Soweit nicht die VO (EG) Nr. 561/2006 eingreift, ist für Kraftfahrer im (gewerblichen) Straßenverkehr das europäische Übereinkommen über die Arbeitszeit des im internationalen Straßenverkehrs beschäftigten Fahrpersonal (**AETR**) bei der Beförderung im **grenzüberschreitenden Verkehr** von oder nach den **AETR-Vertragsstaaten** bzw. im Durchgangsverkehr durch diese Staaten auf der gesamten Fahrstrecke zu beachten, soweit die Kraftfahrzeuge, auf denen die Kraftfahrer tätig sind, in einem der EU-Mitgliedstaaten oder einem anderen AETR-Vertragsstaat zugelassen sind. Anwendbar ist das AETR auch bei Beförderungen im Straßenverkehr von oder nach einem Drittland, das nicht Vertragspartei ist, wenn das Fahrzeug in dem Drittland zugelassen ist. AETR-Vertragsstaaten sind – neben den EG-Mitgliedstaaten – die Staaten Belarus, das ehemalige Jugoslawien, Norwegen und die Russische Föderation. 22

---

71 BGBL. I, S. 1479.

Vorbemerkung

23 Im **Inlandsverkehr** gelten neben § 21a ArbZG die Bestimmungen VO (EG) Nr. 561/2006 nach näherer Maßgabe des § 6 FPersV. Die zur Überwachung vor allem der Lenkzeiten dienenden Kontrollgeräte müssen jedoch auch bei reinem Inlandsverkehr den Bestimmungen der supranationalen Verordnung (EWG) Nr. 3821/85 des Rates über das Kontrollgerät vom 20.12.1985[72], zuletzt geändert durch die VO (EG) Nr. 432/2004 der Kommission[73], entsprechen.

V. Luftfahrt

24 **Arbeitszeitrechtliche Regelungen** für die **Luftfahrt** enthält die Zweite Durchführungsverordnung zur Betriebsordnung für Luftfahrtgerät – LuftBODV2 – vom 13.03.1982[74], zuletzt geändert durch die Zweite VO zur Änderung der LuftBODV2 vom 12.11.2003[75]. Sie gelten nach § 20 ArbZG an Stelle des Arbeitszeitgesetzes. Diese Regelungen dienen der Umsetzung der RL 2000/79/EG Arbeitszeit für das fliegende Personal in der Zivilluftfahrt[76].

VI. Seeschifffahrt, Offshore-Arbeit

25 Die Arbeitszeit für **Seeleute** ist im **See**arbeitsgesetz (SeeArbG) geregelt.[77] Dessen Bestimmungen gelten gemäß § 18 Abs. 3 ArbG für die Beschäftigung von Arbeitnehmern als Besatzungsmitgliedern auf Kauffahrteischiffen an Stelle des Arbeitszeitgesetzes. Die Arbeitszeitregelungen im SeeArbG dienen - wie schon ihre Vorgängerbestimmungen im Seemannsgesetz – der Umsetzung der RL 1999/63/EG »Arbeitszeit der Seeleute«[78] und der RL 1999/95/EG »Durchsetzung der Arbeitszeitregelungen für Seeleute«.[79] Für Arbeitnehmer auf **Offshore-Anlagen** und für nicht zur Besatzung gehörende Arbeitnehmer auf Schiffen, von denen Offshore-Tätigkeiten durchgeführt werden, gilt dagegen infolge der Ausdehnung seines Geltungsbereichs auf die Ausschließ-

---

72 ABl. EG Nr. L 370, S. 8.
73 ABl. EG Nr. L 71, S. 3.
74 BAnz. Nr. 62 vom 31.03.1982.
75 BAnz. 2003 Nr. 220, S. 24641.
76 ABl. EG Nr. L 302, 57.
77 Das Seearbeitsgesetz ist als Art. 1 des Gesetzes zur Umsetzung des Seearbeitsübereinkommens 2006 der Internationalen Arbeitsorganisation vom 20.04.2013, BGBl. I, S. 868, beschlossen und verkündet worden und am 01.08.2013 in Kraft getreten.
78 ABl.EG r. L 167, 33.
79 ABl.EG 2000 N. L 14/29.

liche Wirtschaftszone (AWZ), d. h. auf die deutschen sog. Offshore-Gebiete in der Nordsee und in der Ostsee, das ArbZG i. V. m. der Offshore-ArbZV.[80]

VII. Binnenschifffahrt

Die Bestimmungen des **Arbeitszeitgesetzes** gelten für die Beschäftigung in der Binnenschifffahrt, soweit **Ruhezeitvorschriften** der Verordnung über die Schiffssicherheit in der Binnenschifffahrt[81] dem nicht entgegenstehen; sie können durch Tarifvertrag der Eigenart der Binnenschifffahrt angepasst werden[82]. **26**

VIII. Eisen- und Stahlindustrie

Die **Verordnung über die Ausnahmen vom Verbot der Beschäftigung** von Arbeitnehmern an **Sonn- und Feiertagen** in der **Eisen- und Stahlindustrie** in der Fassung vom 31.07.1968[83], zuletzt geändert durch Art. 13 ArbZRG vom 06.06.1994[84], ist als speziellere Bestimmung gegenüber dem ArbZG in Kraft geblieben. Mit Wirkung vom 1. 7. 1994 **aufgehoben** sind dagegen die Verordnung über die Arbeitszeit in **Kokereien und Hochofenwerken**[85], die Verordnung über die Arbeitszeit in **Metallhütten**[86] und die Verordnung über die Arbeitszeit in Stahlwerken, Walzwerken und anderen Anlagen der Großeisenindustrie[87] – Art. 21 Nr. 4, 6 und 7 ArbZRG. Insgesamt gilt für den öffentlich-rechtlichen Arbeitszeitschutz auch in der Eisen- und Stahlindustrie das Arbeitszeitgesetz sowie die o. g. Verordnung über Ausnahmen vom Verbot der Beschäftigung an Sonn- und Feiertagen. **27**

---

80 Offshore-Arbeitszeitverordnung - Verordnung über die Arbeitszeit bei Offshore-Tätigkeiten vom 05.07.2013, BGBl. I. S. 2228, abgedruckt in diesem Buch in Anhang 5.
81 Binnenschiffsuntersuchungsordnung – BinSchUO, vom 06.12.2008, in Kraft getreten am 01.01.2009, BGBl. I 2008 S. 2450, zuletzt geändert durch § 38 Abs. 2 der Verordnung vom 16.12.2011, BGBl. I 2012 S. 2.
82 § 21 ArbZG i. d. F. des Gesetzes vom 15.07.2009 (BGBl. I S. 1939.
83 BGBl. I S. 888.
84 BGBl. I S. 1170, Abdruck in **HzA Gruppe 12**.
85 BGBl. III Gliederungsnummer 8050-3.
86 BGBl. III Gliederungsnummer 8050-5.
87 BGBl. III Gliederungsnummer 8050-6.

Vorbemerkung

IX. Papierindustrie

28 Die Verordnung über **Ausnahmen vom Verbot der Beschäftigung** von Arbeitnehmern an **Sonn- und Feiertagen in der Papierindustrie**[88], zuletzt geändert durch Art. 14 ArbZRG vom 06.06.1994[89], gilt auch nach In-Kraft-Treten des Arbeitszeitgesetzes weiter. Auch sie hat als speziellere Norm Vorrang vor den Bestimmungen des Arbeitszeitgesetzes.

X. Gefährliche Arbeiten

29 Für **gefährliche Arbeiten** bestehen **besondere Arbeitszeitbegrenzungen**, so z. B. nach § 21 – Ausschleusungs- und Wartezeiten – **DruckluftVO**[90].

D. Gesetzgebungsgeschichte

30 Das Arbeitszeitrecht zählt zu den politisch stets umstrittenen Materien. Das **Arbeitszeitrechtsgesetz** ist in seinen arbeitszeitrechtlich relevanten Bestimmungen am **01.07.1994 in Kraft getreten** (Art. 21 Satz 2 ArbZRG). Gleichzeitig sind 22 arbeitszeitrechtliche Bestimmungen außer Kraft getreten (Art. 21 Satz 3 ArbZRG). Durch das am 01.11.1996 in Kraft getretene Gesetz zur Änderung des Gesetzes über den Ladenschluss und zur Neuregelung der Arbeitszeit in Bäckereien und Konditoreien vom 30.07.1996[91] ist das Arbeitszeitrecht im Anwendungsbereich des Ladenschlussgesetzes geändert worden. Zugleich sind die besonderen gesetzlichen Regelungen der Arbeitszeit in Bäckereien und Konditoreien (BAZG, BAZVO) aufgehoben worden. Das Gesetz vom 21.12. 2000[92] betrifft nötige Anpassungen an die Einführung des Euro ab 01.01.2001.

31 Das Arbeitszeitrechtsgesetz hat zudem mit Rücksicht auf europarechtliche Vorgaben den gesetzlichen Mindesturlaub für das gesamte Bundesgebiet (§ 3 Abs. 1 BUrlG) von 18 auf 24 Werktage heraufgesetzt (Art. 2 ArbZRG).

---

88 BGBl. III Gliederungsnummer 7107-5.

89 BGBl. I S. 1170.

90 Vom 04.10.1972, BGBl. I S. 1909, zuletzt geändert durch Art. 6 der Verordnung vom 18.12.2008, BGBl. I S. 2768.

91 BGBl. I S. 1196.

92 BGBl. I S. 1983.

Vorbemerkung

In mehreren Legislaturperioden hatte sich der Deutsche Bundestag immer 32
wieder mit der Frage einer Neuregelung des öffentlich-rechtlichen Arbeitszeitschutzes befasst. In der neunten Legislaturperiode hatte die SPD-Fraktion einen Gesetzentwurf[93] vorgelegt. In der zehnten Legislaturperiode hatte die Fraktion *DIE GRÜNEN* ihrerseits einen entsprechenden Gesetzentwurf vorgelegt[94]. In der 11. Legislaturperiode hatten dann die von der *CDU/CSU und FDP* getragene *Bundesregierung*[95] und die Fraktionen der *SPD*[96] und *DIE GRÜNEN*[97] eigene Gesetzesentwürfe eingebracht. Inhaltlich unterschieden sich diese Gesetzesentwürfe erheblich voneinander. In der Legislaturperiode des 12. Deutschen Bundestages hat die wiederum von *CDU/CSU* und *FDP* getragene *Bundesregierung* entsprechend den Koalitionsvereinbarungen ihren Gesetzentwurf nebst Stellungnahme des Bundestages und Gegenäußerung der Bundesregierung vorgelegt[98]. Zuvor hatte bereits die Fraktion der *SPD* einen eigenen Gesetzentwurf eingebracht[99]. Beide Entwürfe wurden gemeinsam beraten; nach öffentlicher Anhörung von Sachverständigen hat der federführende Bundestagsausschuss für Arbeit und Sozialordnung die Beratungen am 2. 3. 1994 abgeschlossen und seinen Bericht vorgelegt. Der Deutsche Bundestag hat den von der Bundesregierung eingebrachten Gesetzentwurf mit insgesamt 32 Änderungen entsprechend der Beschlussempfehlung[100] angenommen und gleichzeitig den Entwurf der *SPD*-Bundestagsfraktion abgelehnt[101]. Der *Bundesrat* hat am 29.04.1994 beschlossen, keinen Antrag zur Einberufung des Vermittlungsausschusses nach Art. 77 Abs. 2 GG zu stellen[102]. Damit ist das Gesetz am 29.04.1994 nach Art. 78 GG zu Stande gekommen. Es wurde im Bundesgesetzblatt am 10.06.1994 verkündet.

Eine erste kleine Änderung hat das Arbeitszeitrecht für Arbeitnehmer in 33
Ladenbetrieben sowie für die Arbeiter in **Bäckereien und in Konditoreien**

---

93 BT-Drucks. 9/2196.
94 BT-Drucks. 10/2188.
95 BT-Drucks. 11/360.
96 BT-Drucks. 11/1617.
97 BT-Drucks. 11/1188.
98 BT-Drucks. 12/5888 vom 13.10.1992.
99 BT-Drucks. 12/5282.
100 BT-Drucks. 12/699.
101 BT-Plenarprotokoll 12/216 vom 10.03.1994, S. 18631 ff., 18674.
102 BT-Drucks. 259/94.

Vorbemerkung

durch das Gesetz zur Änderung des Gesetzes über den Ladenschluss und zur Neuregelung der Arbeitszeit in Bäckereien und Konditoreien vom 30. 7. 1996, in Kraft getreten am 01.11.1996[103] erfahren. Durch das Euro-Einführungsgesetz vom 09.06. 1998[104] ist mit Wirkung vom 01.01.1999 Sonn- und Feiertagsarbeit zur Durchführung des europäischen Eil- und Großbetragszahlungsverkehrs (System »TARGET«) ermöglicht worden.

34 Eine **systematisch wesentliche Änderung**, vor allem die **Zuordnung des Bereitschaftsdienstes zur Arbeitzeit**, erfuhr das ArbZG mit Wirkung vom 01.01.2004. Es war von Anfang an umstritten, ob der Bereitschaftsdienst so, wie vom Gesetzgeber zunächst im ArbZG normiert, zur Ruhezeit zu rechnen ist[105] oder ob er unter EU-rechtlichen Gesichtspunkten zur Arbeitszeit zählt[106]. Nach seiner ursprünglichen Fassung vom 6. 5. 1994 ordnete das Arbeitszeitgesetz den Bereitschaftsdienst grundsätzlich der Ruhezeit zu; zur Arbeitszeit wurden nur die Zeiten gerechnet, in denen der Arbeitnehmer während seines Bereitschaftsdienstes tatsächlich zu arbeiten hatte[107]. Der EuGH hatte indessen am *03.10.2000* im Urteil *SIMAP* entschieden, dass der Bereitschaftsdienst, den Ärzte in Spanien in sog. Teams zur medizinischen Grundversorgung der Bevölkerung in der Dienststelle leisten, der Arbeitszeit und nicht der Ruhezeit zuzurechnen ist[108]. Auf dieses EuGH-Urteil hat der deutsche Gesetzgeber zunächst nicht reagiert. Auch der *EuGH-Beschluss* vom *03.07.2001*[109] – er betraf Pflegepersonal in einem spanischen Krankenhaus – gab ihm noch allein keinen Anlass, das Arbeitszeitgesetz zu ändern. Indessen folgte auf das am 09.09.2003 verkündete *EuGH*-Urteil *»Jaeger«*[110] – es ging um die Bereitschaftsdienstzeit eines in einem Krankenhaus einer deutschen

---

103 BGBl. I S. 1196.
104 BGBl. I S. 1242.
105 U. a. *Dobberahn* ArbZG Rz. 47; *Erasmy* NZA 1994, 1105, 1107; *Zmarzlik* BB 1993, 2009, 2010.
106 Statt vieler: *Buschmann* AuR 2003, 64; *Buschmann/Ulber* [1. Aufl.], § 7 ArbZG Rz. 22; *Heinze* ZTR 2002, 102; *Schliemann* ZTR 2003, 61; *ders.* FA 2003, 290.
107 BAG 18.02.2003 BAGE 105, 32 = EzA § 7 ArbZG Nr. 4 = NZA 2003, 742; kritisch dazu: *Ratapinkski* RdA 2003, 328; *Wank* ZRP 2003, 414.
108 Rs. C-303/98 – SIMAP – EuGHE I 2000, 7963–8034 = EzA § 7 ArbZG Nr. 1 = NZA 2000, 1227.
109 Rs. C-241/99 – Sergas/CIG – EuGHE I 2001, 5139.
110 Rs. C-151/02 – Jaeger – EuGHE I 2003, 8389–8460 = EzA § 7 ArbZG Nr. 5 = NZA 2003, 1019.

Vorbemerkung

Stadt (Städt. Krankenhaus Kiel) angestellten Arztes – schon am nächsten Tag eine Reaktion des Gesetzgebers. In das laufende Gesetzgebungsverfahren für ein Gesetz, das sich im Wesentlichen mit einer Wiederherstellung eines früheren, Kündigungen erleichternden Standes des Kündigungsrechts befasste, brachten die Fraktionen der *SPD* und *Bündnis 90/Die Grünen* mit der Drucksache (!) vom 10. 9. 2003 (!) des Ausschusses für Wirtschaft und Arbeit einen »Änderungsantrag . . . zum Entwurf eines Gesetzes zu Reformen am Arbeitsmarkt« ein, um das Arbeitszeitgesetz an die Rechtsprechung des EuGH anzupassen[111]. Die Änderungen des Arbeitszeitgesetzes sind – auf Vorschlag des Vermittlungsausschusses etwas variiert – am 19. 12. 2003 vom Bundestag als Art. 4 b (Art. 5) des Gesetzes zu Reformen am Arbeitsmarkt[112] verabschiedet worden und am 1. 1. 2004 in Kraft getreten[113]. Neben der systematisch wesentlichen Änderung durch **Zuordnung des Bereitschaftsdienstes zur Arbeitszeit** (§ 5 Abs. 3 – Ruhezeit, § 7 ArbZG – tarifvertragliche Regelungen) enthält das Änderungsgesetz weniger bedeutsame Korrekturen (§ 14 – Außergewöhnliche Fälle, § 15 Ausnahmebewilligungen, § 16 – Arbeitszeitnachweise, § 25 Übergangsvorschrift für bestehende Tarifverträge).

Diese Entwicklung der Rechtsprechung des EuGH und die Gesetzesnovelle lösten eine wahre Flut an **Publikationen** aus: *Abig* ZESAR 2005, 93 (Anm.); *Anzinger*, Festschrift Wißmann, 3; *Baeck/Lösler* NZA 2005, 247; *Bauer/Krieger* BB 2004, 549; *Berming* BB 2004, 101; *Blank, Michael*, Festschrift Wißmann, 15; *Boerner, Dietmar*, Gedächtnisschrift Heinze, 69; *ders.* NJW 2004, 1995; *ders./Boerner, Corinna* ZTR 2005, 286; *Braun, Stefan* RiA 2003, 283; *Breezmann* NZA 2002, 946; *Buschmann* AuR 2003, 1; *Franzen* BB 2003, 2070; *Gaul*, Brennpunkte des Arbeitsrechts 2005, 67; *Griebeling, Stefan* FA 2003, 38; *Heinze* ZTR 2002, 102; *Henssler/Henke* SAE 2004, 275; *Hock* ZTR 2004, 114; *Koenigs* BB 2003, 1392; *Konzen* SAE 2005, 33; *Körner* NJW 2003, 3606; *Linnenkohl* AuR 2002, 211; *Lorenz* ZMV 2004, 30; *Marek* GesR 2004, 83; *Matthiessen/Shea* DB 2005, 106; *Neef* AR-Blattei ES 240.3 Nr. 38; *Ohnesorg* AuR 2005, 334; *Oetker* EWiR 2003, 797; *Ratapinkski* RdA 2003, 328; *Reim* EuroAS 2003, 198; *ders.* DB 2004, 186; *Richardi*, NZA 2004, Beil. zu Heft 18, 12; *Roßbruch* PflR 2003, 115; *ders.* PflR 2004, 557; *Schlachter* RdA 2005, 116; *Schliemann* ZTR 2003, 61, *ders.* FA 2003, 290; *ders.* NZA 2004, 35

---

111 BT-Ausschussdrucks. 15[9]610 vom 10.09.2003.
112 BR-Drucks. 944/03.
113 Art. 5 G. vom 24.12.2003, BGBl. I S. 3002, 3006.

513; *Schlottfeldt* ZESAR 2004, 160; *Streckel* EzA §7 ArbZG Nr. 4 (Anm.); *Tägner* NZA 2002, 126; *Ulber* ZTR 2005, 70; *Wank* ZRP 2003, 414; *ders.* EWiR 2004, 253; *Weber* SAE 2002, 340; *Weth* ZMGR 2003, 66; *Wurmnest* DB 2003, 2069. Bis auf einzelne Stimmen besteht Einigkeit darüber, dass der deutsche Gesetzgeber sich dem europäischen Recht zu beugen hatte und er die grundsätzliche Zuordnung des Bereitschaftsdienstes zur Arbeitszeit zu Recht vorgenommen hat. Kritisch betrachtet werden jedoch die geänderten Regelungen in §7 ArbZG n. F. für mögliche abweichende Regelungen in Tarifverträgen und zur Übergangsregelung des §25 ArbZG[114].

36 Die Geltungsschutzregelung (Übergangsregelung) für am 1. 1. 2004 bestehende Tarifverträge (§25 ArbZG) wurde durch Art. 5 des Fünften Gesetzes zur Änderung des SGB III vom 22. 12. 2005[115] um ein weiteres Jahr verlängert. Art. 5 und 6 des Gesetzes zur Änderung personenbeförderungsrechtlicher Vorschriften und arbeitszeitrechtlicher Vorschriften für das Fahrpersonal vom 14. 8. 2006[116] haben die RL 2002/15/EG vom 11. 3. 2002 zur Regelung der Arbeitszeit von Personen, die Fahrtätigkeiten im Bereich des Straßentransports ausüben[117] hinsichtlich der Arbeitnehmer in nationales Recht umgesetzt.

37 Der räumliche Geltungsbereich des ArbZG beschränkte sich ohne ausdrückliche Regelungen im ArbZG selbst auf das Hoheitsgebiet der Bundesrepublik Deutschland (vgl. GG, Präambel Satz 2 und 3). Durch Art. 3 Abs. 6 Nr. 1 des Gesetzes zur Umsetzung des Seearbeitsübereinkommens 2006 der Internationalen Arbeitsorganisation[118] ist der Geltungsbereich des Arbeitszeitgesetzes auf die ausschließliche Wirtschaftszone (AWZ) erstreckt worden.

E. Gesetzgebungsaufträge

38 Mit der Neuordnung des öffentlich-rechtlichen Arbeitszeitschutzes ist der Gesetzgeber verschiedenen **Gesetzgebungsaufträgen** nachgekommen. Nach Art. 30 Abs. 1 Nr. 1 des **Einigungsvertrages** vom 31. 8. 1990 war es »Aufgabe des gesamtdeutschen Gesetzgebers, . . . das öffentlich-rechtliche Arbeits-

---

114 Vgl. z. B. *Buschmann* ArbuR 2004, 1; *Schliemann* NZA 2004, 513; *Ulber* ZTR 2005, 70; *Wahlers* ZTR 2004, 446.
115 BGBl. I S. 3676, 3678.
116 BGBl. I S. 1962, 1964.
117 ABl. EG Nr. L 80/35.
118 Vom 20.04.2013; BGBl I, S. 868, in Kraft getreten am 01.08.2013.

zeitrecht einschließlich der Zulässigkeit von Sonn- und Feiertagsarbeit und den besonderen Frauenarbeitsschutz möglichst bald einheitlich neu zu kodifizieren«[119]. Für den öffentlich-rechtlichen Arbeitszeitschutz galten im alten Bundesgebiet und im Beitrittsgebiet seit dem Beitritt vom 3. 10. 1990 unterschiedliche Regelungen; bestimmte Maßgaben hinsichtlich der Zulässigkeit der Beschäftigung von Arbeitnehmern an Sonn- und Feiertagen fielen für die beigetretenen Länder indessen ab 1. 1. 1993 weg[120].

Regelungsbedarf für den Gesetzgeber ergab sich auch aus **zwei Entscheidungen des Bundesverfassungsgerichts**: In seinem Beschluss vom 13.11.1979 hat das BVerfG § 1 des Gesetzes über die Gewährung eines Hausarbeitstages für das Land Nordrhein-Westfalen (HATG-NRW) insoweit als mit Art. 3 Abs. 2 GG für unvereinbar erklärt, als der **Hausarbeitstag** weiblichen, nicht aber männlichen allein stehenden Arbeitnehmern mit eigenem Hausstand zustehen sollte[121]. Das in § 19 AZO geregelte **Nachtarbeitsverbot** für Frauen hat das BVerfG am 28. 1. 1992 für mit dem Grundgesetz unvereinbar, nicht aber für nichtig erklärt[122]. Auch insoweit hat das BVerfG in seinem Beschluss vom 28.01.1992 für den Gesetzgeber Regelungsspielraum gelassen. Dem war eine entsprechende Entscheidung des *Europäischen Gerichtshofs* vorangegangen, wonach ein im französischen Recht bestehendes Nachtarbeitsverbot für Frauen gegen das Gemeinschaftsrecht verstößt[123]. 39

Die zuvor angeführte Entscheidung des **Europäischen Gerichtshofs** stellte jedoch indirekt ebenfalls eine Aufforderung an den Bundesgesetzgeber dar, die Frage des Nachtarbeitsverbotes auch im Hinblick auf höherrangiges Gemeinschaftsrecht (Art. 5 der Richtlinie 76/207/EWG, nunmehr RL 2006/54/EG) neu zu überdenken. Der unausweichliche europarechtliche Auftrag für den Gesetzgeber ergab sich aus der »**Richtlinie 93/104/EG des Rates über bestimmte Aspekte der Arbeitszeitgestaltung**« vom 23.11.1993[124]. Hiernach waren die Mitgliedstaaten der Europäischen Gemeinschaft verpflichtet, die 40

---

119 BGBl. II S. 889, 899.
120 Einigungsvertrag Anl. I Kap. VIII, Sachgebiet C Abschn. III – BGBl. II S. 889, 1030.
121 BVerfGE 52, 369 = EzA Art. 3 GG Nr. 9 = DB 1980, 404 = BB 1980, 207.
122 EzA § 19 AZO Nr. 5.
123 Urt. v. 25.07.1991 – Rs. C-345/89 – EzA § 19 AZO Nr. 4.
124 ABl. EG 1993, Nr. L 307, S. 18, zuletzt geändert durch RL 2000/34 EG, ABl. EG Nr. L 195/41.

Vorbemerkung

Vorgaben der Richtlinien bis spätestens 23. 11. 1996 in nationales Recht umzusetzen. Gegen diese Richtlinie haben das Vereinigte Königreich Großbritannien und Nordirland vor dem Europäischen Gerichtshof Nichtigkeitsklage erhoben. Sie wurde im Wesentlichen abgewiesen und hatte nur insoweit Erfolg, als Art. 5 Abs. 2 der Richtlinie, wonach die Mindestruhezeit von 24 Stunden den Sonntag umfasst, für nichtig erklärt worden ist[125].

41 Der deutsche Gesetzgeber hat die (ersten) Entscheidungen des **EuGH**, wonach **Bereitschaftsdienst** an einem vom Arbeitgeber bestimmten Ort stets und insgesamt und nicht nur die darin enthaltene Zeit der tatsächlichen Arbeitsleistung Arbeitszeit sind[126], zunächst als für Deutschland nicht einschlägig, da zu spanischem Recht ergangen, eingeordnet und auf eine europarechtlich gebotene Korrektur des ArbZG verzichtet. Erst die zu dem deutschen Fall des Krankenhausarztes Jaeger ergangene Entscheidung vom 09.09.2003[127] nahm er zum Anlass, das ArbZG erheblich an die europarechtlichen Vorgaben anzupassen, allerdings ohne in jeder Hinsicht Konformität mit europäischem Recht zu erzielen[128]. Dem Auftrag zur Umsetzung der RL 2002/15/EG vom 11. 3. 2002 zur Regelung der Arbeitszeit von Personen, die Fahrtätigkeiten im Bereich des Straßentransports ausüben[129] in nationales Recht ist der deutsche Gesetzgeber – wenn auch erst nach Ablauf der Umsetzungsfrist (23. 3. 2005) – durch das Gesetz zur Änderung personenbeförderungsrechtlicher Vorschriften und arbeitszeitrechtlicher Vorschriften für das Fahrpersonal vom 14. 8. 2006[130] nachgekommen.

---

125 EuGH 12.11.1996 – Rs. C-84/94 – AP Nr. 1 zu EWG-Richtlinie Nr. 93/104.
126 Urt. v. 03.10.2000 – Rs. C-303/98 – SIMAP – EuGHE I 2000, 7963–8034 = EzA §7 ArbZG Nr. 1 = DB 2001, 818; EuGH 03.07.2001 – CIG – EuGHE I 2001, 5139.
127 Rs. C-151/02 – Jaeger – EuGHE I 2003, 8389–8460 = EzA §7 ArbZG Nr. 5 = NZA 2003, 1019.
128 Zu den bemerkenswerten Einzelheiten des Gesetzgebungsverfahrens: *Schliemann* NZA 2004, 51.
129 ABl. EG Nr. L 80/35.
130 BGBl. I S. 1962.

Arbeitszeitgesetz (ArbZG)

vom 6. Juni 1994 (BGBl. I S. 1170, 1171), zuletzt geändert durch Art. 3 des Gesetzes zur Umsetzung des Seearbeitsübereinkommens 2006 der Internationalen Arbeitsorganisation vom 20. April 2013 (BGBl. I S. 868)

Erster Abschnitt Allgemeine Vorschriften

§ 1   Zweck des Gesetzes

Zweck des Gesetzes ist es,
1. die Sicherheit und den Gesundheitsschutz der Arbeitnehmer in der Bundesrepublik Deutschland und in der ausschließlichen Wirtschaftszone bei der Arbeitszeitgestaltung zu gewährleisten und die Rahmenbedingungen für flexible Arbeitszeiten zu verbessern sowie
2. den Sonntag und die staatlich anerkannten Feiertage als Tage der Arbeitsruhe und der seelischen Erhebung der Arbeitnehmer zu schützen.

A. Rechtliche Bedeutung, Geltungsbereich

Für die in der Bundesrepublik Deutschland übliche Gesetzgebungstechnik ist es inzwischen nicht mehr ungewöhnlich, den **Zweck eines Gesetzes** ausdrücklich in den Gesetzestext selbst aufzunehmen, schon gar, ihn dem gesamten Gesetzestext voranzustellen. In aller Regel wurde und wird der Zweck gesetzlicher Bestimmungen in den sog. Motiven, d. h. den Gesetzesbegründungen, beschrieben. Das Arbeitszeitgesetz stellt in seinem § 1 ausdrücklich den Zweck dieses Gesetzes fest. Diese **Zweckbestimmung** enthält jedoch keine Rechtsfolgen. Sie begründet keine aus ihr selbst ableitbaren Rechte oder Pflichten einzelner Arbeitgeber oder Arbeitnehmer oder der Aufsichtsbehörden. Insoweit bieten sie keine eigenständige Rechtsgrundlage. Indessen stellen sie Zielvorstellungen des Gesetzgebers dar. Als solche sind sie bei der **Auslegung** der einzelnen Vorschriften des Gesetzes, insbesondere darin enthaltener unbestimmter Rechtsbegriffe, wie auch bei der **Ausübung von Ermessen** durch Aufsichtsbehörden bei der Erteilung oder Versagung von Erlaubnissen, zu 1

§ 1 ArbZG Zweck des Gesetzes

berücksichtigen[1]. Auch die Gerichte haben die vom Gesetzgeber ausdrücklich normierten Gesetzeszwecke bei der Anwendung der Bestimmungen des Arbeitszeitgesetzes zu beachten.

2 Die ausdrückliche Darstellung des Gesetzeszweckes in § 1 ArbZG wirft jedoch die Rechtsfrage auf, ob darin **nicht genannte Normziele** oder -zwecke gänzlich außer Betracht zu bleiben haben. Diese Frage dürfte zumindest insoweit zu bejahen sein, als zur Begründung behördlicher oder gerichtlicher Entscheidungen nicht ausschließlich auf Zwecke abgestellt werden darf, die erkennbar von § 1 des ArbZG nicht mehr gedeckt sind oder ihm gar entgegenstehen. Dies schließt jedoch nicht aus, neben der Regelung des § 1 ArbZG über den Zweck des Gesetzes auch – entsprechend den bisherigen Methoden zur Auslegung von Gesetzen – die allgemeine oder spezielle **Gesetzesbegründung** heranzuziehen, vor allem aus dem Gesetzentwurf der Bundesregierung[2] und aus der Beschlussempfehlung und dem Bericht des Ausschusses für Arbeit und Sozialordnung vom 8. 3. 1994[3], denn das Gesetz ist – basierend auf dem **Gesetzentwurf der Bundesregierung** – in der Fassung der Beschlussempfehlung des Ausschusses für Arbeit und Sozialordnung vom Deutschen Bundestag verabschiedet worden. Zu berücksichtigen ist dabei allerdings auch, dass im parallel beratenden **Gesetzentwurf der SPD-Fraktion**[4] Gesetzesziele genannt worden sind, die über die Ziele des verabschiedeten Arbeitszeitgesetzes gemäß dem Regierungsentwurf hinausgegangen sind. Zu den Zielen des Gesetzesentwurfs der SPD-Fraktion zählte die »Vereinbarkeit von Beruf und Familie« ebenso wie »ausreichende arbeitsfreie Zeiten für Erholung, Freizeitgestaltung und Teilnahme der Beschäftigten am gesellschaftlichen Leben zu gewährleisten«. Dazu dient der Gesetz gewordene Regierungsentwurf des Arbeitszeitgesetzes nicht. Ebenso wenig dient das verabschiedete Arbeitszeitgesetz arbeitsmarktpolitischen oder sozialen Zwecken[5]. Damit weicht die Zielvorstellung entscheidend von der ab, die nach dem Ersten Weltkrieg zur Einführung des Acht-Stunden-Tages für Arbeitnehmer geführt hatte. Ziel der damaligen Demobilisierungsregelungen war, durch Beschränkung der täglichen Arbeits-

---

1 Vgl. *Roggendorff* § 1 ArbZG Rz. 2.
2 BT-Drucks. 12/5888.
3 BT-Drucks. 12/6990.
4 Vom 28.06.1993, BT-Drucks. 12/5282.
5 *Buschmann/Ulber* § 1 ArbZG Rz. 4; *Zmarzlik* BB 1993, 2009, 2010.

zeit auf höchstens acht Stunden größerer Arbeitslosigkeit vorzubeugen und den heimkehrenden Soldaten Arbeitsmöglichkeiten zu verschaffen[6].

B. Zweck des Arbeitszeitgesetzes (§ 1 ArbZG)

Das Arbeitszeitgesetz normiert in § 1 Nr. 1 Zwecke, die für alle Bestimmungen 3
des Gesetzes Geltung beanspruchen, nämlich die Sicherheit und der Gesundheitsschutz der Arbeitnehmer bei der Arbeitszeitgestaltung auf der einen Seite und die Verbesserung der Rahmenbedingungen für flexible Arbeitszeiten auf der anderen Seite. Daneben normiert § 1 Nr. 2 ArbZG einen speziellen Gesetzeszweck für den Sonntag und die staatlich anerkannten Feiertage. Sie sind als Tage der Arbeitsruhe und der seelischen Erhebung der Arbeitnehmer zu schützen. Diese verschiedenen normierten Gesetzeszwecke können insbesondere bei der Gestaltung der Sonntagsarbeit kumulieren, sich aber auch widersprechen. Dies ist bei der **Auslegung der Normen und Begriffe des Arbeitszeitgesetzes** ebenso zu berücksichtigen wie der Umstand, dass andere erkennbar vorhandene Gesetzeszwecke, z. B. die Umsetzung des EG-Rechts, nicht ausdrücklich normiert worden sind. Für die Auslegung und das Verständnis nicht nur der europäischen Normen, sondern auch der Bestimmungen, die deren Umsetzung in deutsches Recht dienen, müssen diese gemeinschaftsrechtlichen Ziele und Zwecke stets maßgeblich berücksichtigt werden; dies gilt **auch in Rechtsstreitigkeiten unter Privaten**, selbst wenn die EG-Normen nicht oder nicht hinreichend umgesetzt worden sind[7].

I. Gesetzeszweck: Sicherheit und Gesundheitsschutz der Arbeitnehmer

Zu den aufgezählten Zwecken des Gesetzes zählt die **Gewährleistung der** 4
Sicherheit und des Gesundheitsschutzes der Arbeitnehmer durch Arbeitszeitgestaltung. Gestaltet der Arbeitgeber die Arbeitszeit gesetzwidrig, so kann dies entsprechendes Leistungsverweigerungsrecht des Arbeitnehmers auslösen[8]; ein auf solche Arbeitsleistung gerichteter Arbeitsvertrag wäre zumindest teilnichtig (§§ 139, 140 BGB). Unter **Sicherheit** sind der **Schutz vor Überbeanspruchung** und damit die Verhütung von Arbeitsunfällen zu verstehen. Eine

---

6 *Denecke/Neumann* AZO 11. Aufl. § 3 Rz. 1.
7 EuGH 05.10.2004 – Rs. C-397/01 bis 403/01 – Pfeiffer – EuGHE I 2004, 8835–8922 = EzA EG-Vertrag 1999 Richtlinie 93/104 Nr. 1 = NZA 2004, 1145, Rz. 113.
8 LAG Düsseldorf 14.11.1968 DB 1969, 178; LAG Baden-Württemberg 26.11.1968 DB 1969, 709.

§ 1 ArbZG Zweck des Gesetzes

Arbeitszeitgestaltung, die dem Arbeitnehmer ein die menschliche Leistungsfähigkeit und die Zumutbarkeit überschreitendes Arbeitspensum abverlangt, verstößt gegen das Grundrecht der Menschenwürde nach Art. 1 Abs. 1 GG[9]. Zugleich kann auch ein Verstoß gegen § 306 BGB vorliegen, wonach ein auf eine unmögliche Leistung gerichteter Vertrag unwirksam ist[10]. Das grundrechtlich gewährleistete **Recht auf körperliche Unversehrtheit (Art. 2 Abs. 2 Satz 1 GG)** verpflichtet den Gesetzgeber zu entsprechenden arbeitszeitschutzrechtlichen Regelungen. Es erfordert auch den **Schutz** der Arbeitnehmer **vor den gesundheitsschädlichen Folgen** der Nachtarbeit zu regeln[11]. Gesetzliche Bestimmungen über höchstzulässige Arbeitszeiten stellen für Arbeitnehmer wie für Arbeitgeber lediglich Regelungen der Berufsausübung i. S. d. Art. 12 Abs. 1 GG dar. Sie sind verfassungskonform, wenn sie durch vernünftige Erwägungen des Gemeinwohls gerechtfertigt sind[12].

5 **Methodisch** erfolgt die Gewährleistung der Sicherheit und des Gesundheitsschutzes der Arbeitnehmer bei der Arbeitszeitgestaltung durch Festsetzung von **Höchstarbeitszeiten**, Mindestanforderungen für **Ruhepausen und Ruhezeiten**. Der Gesundheitsschutz wird vor allem nochmals bei den Regelungen über die **Nachtarbeit** und die Schichtarbeit hervorgehoben. Das geschlechtsspezifische **Nachtarbeitsverbot für Frauen (§ 19 AZO)** ist ersatzlos **aufgehoben** worden; das *BVerfG* hatte § 19 Abs. 1 1. Alt AZO als mit Art. 3 Abs. 1 und 3 GG unvereinbar erklärt[13].

II. Gesetzeszweck: Verbesserung der Rahmenbedingungen für flexible Arbeitszeiten

6 **Gleichgewichtig** neben dem Gesetzeszweck der Gewährleistung der Sicherheit und des Arbeitsschutzes der Arbeitnehmer bei der Arbeitszeitgestaltung steht der weitere allgemeine Gesetzeszweck der Verbesserung der **Rahmenbedingungen für flexible Arbeitszeiten (§ 1 Nr. 1 ArbZG)**. Diese Verbesserung liegt

---

9 BAG 24.02.1982 BAGE 38, 69 = AP Nr. 7 zu § 17 BAT m. Anm. *Meisel*.
10 BAG 24.02.1982, BAGE 38, 69.
11 BVerfG 17.11.1992 – 1 BvR 168/89, 1509/89, 638/90, 639/90 – BVerfGE 87, 363 = EzA Art. 12 GG Nr. 26 = AP Nr. 13 zu § 5 BAZG; auch BVerfG 28.01.1992 – 1 BvR 1025/82, 1 BvL 16/83, 1 BvL 10/91 – BVerfGE 85, 191 = EzA § 19 AZO Nr. 5 = AP Nr. 2 zu § 19 AZO.
12 BVerfG 17.11.1992 – 1 BvR 168/89, 1509/89, 638/90, 639/90 – BVerfGE 87, 363.
13 28.01.1992 – 1 BvR 1025/82, 1 BvL 16/83, 1 BvL 10/91 – BVerfGE 85, 191.

sowohl im Interesse der Arbeitnehmer als auch im Interesse der Arbeitgeber. Der zum Gesetzesbegriff erhobene Ausdruck »flexibel« ist im Arbeitszeitgesetz selbst nicht weiter erläutert. **Flexibel** ist eine **Arbeitszeit**, wenn entweder die zeitliche Lage oder die Zeitdauer oder beide Faktoren, die die Arbeitszeit bestimmen, ständig veränderbar sind, ohne dass es einer Änderung des Arbeitsvertrages oder der sonstigen die Arbeitszeit bestimmenden grundlegenden Regelungen bedarf. Dabei spielt es für den Begriff der flexiblen Arbeitszeit keine Rolle, ob die Veränderung einseitig nur durch den Arbeitgeber oder nur durch den Arbeitnehmer möglich ist oder ob beide Seiten für sich Lage und Dauer der Arbeitszeit jeweils einseitig ändern können oder insoweit eine Vereinbarung zwischen beiden Seiten erforderlich ist.

Ein **typisches Modell** flexibler Arbeitszeit mit einseitiger Anordnungsmöglichkeit durch den Arbeitgeber stellt die kapazitätsorientierte variable Arbeitszeit (**KAPOVAZ**) dar, die ansatzweise eine Regelung in § 12 TzBfG, vormals in Art. 1 § 4 BeschFG 1985, erfahren hat. Ein weiteres typisches Modell flexibler Arbeitszeit ist die **Gleitzeit**. Vor allem Arbeitnehmer können ihre Arbeitszeit durch Gleitzeit flexibel gestalten. Die frühere gesetzliche Höchstarbeitszeit nach § 3 AZO betrug nur acht Stunden an jedem Werktag. Eine anderweitige Verteilung der Arbeitszeit ermöglichte § 4 AZO. Hiernach konnte die ausfallende Arbeitszeit aber nur auf die übrigen Werktage derselben oder der vorhergehenden oder der folgenden Woche verteilt werden. Höchst umstritten war, inwieweit eine **Gleitzeitregelung** mit den Bestimmungen der AZO vereinbar war, die zu einer **unregelmäßigen Überschreitung der achtstündigen Arbeitszeit** pro Werktag führen konnte[14]. Als flexibelste Form der Arbeitszeit ist die **Vertrauensarbeitszeit** anzusehen. Sie richtet sich allein nach dem Arbeitsergebnis. 7

Das Arbeitszeitgesetz schafft insoweit gegenüber dem früheren Recht weitaus **bessere Rahmenbedingungen**, vor allem durch Einführung eines auf sechs Monate ausgedehnten Zeitraumes zur Herbeiführung einer durchschnittlichen werktäglichen Arbeitszeit von acht Stunden (§ 3 Abs. 2 ArbZG). Dieser Ausgleichszeitraum ist zwar mit Art. 16 Buchst. b RL 2003/88/EG nicht zu vereinbaren, wonach der Bezugszeitraum höchstens vier Monate betragen darf. Gleichwohl darf sich die Privatwirtschaft an die Regelung im ArbZG halten. Denn die Richtlinie entfaltet, wenn sie nicht oder nicht richtig in nationales Recht umgesetzt worden ist, keine so genannte »horizontale« 8

---

14 Vgl. *Deneckel/Neumann* AZO 11. Aufl. § 3 AZO Rz. 7 m.w.N.

Wirkung, d. h. keine Wirkung unter Privatrechtssubjekten[15]. Gleichwohl ist eine EU-rechtskonforme Auslegung der nationalen Vorschriften, die der Umsetzung der EG-Richtlinien dienen, auch in Rechtsstreitigkeiten unter Privaten geboten, selbst wenn das nationale Recht das EG insoweit nicht oder unzureichend umsetzt[16]. Die Koppelung der Ausgleichszeiträume von sechs Monaten ermöglicht **Jahresarbeitszeitkonten**. Dem Ziel der Verbesserung der Rahmenbedingungen für flexible Arbeitszeiten dienen aber auch die Neuregelungen über die Nachtarbeit (§ 6 ArbZG) und über die Arbeit an Sonn- und Feiertagen (§§ 9–11, 13 ArbZG). Flankierend treten die Regelungen in den §§ 7 und 12 ArbZG hinzu, nach denen es Tarifvertragsparteien und – bei entsprechender Öffnungsklausel – auch Arbeitgeber und Betriebsrat im Wege der Betriebsvereinbarung möglich ist, ihrerseits – in Grenzen – vom öffentlichrechtlichen Arbeitszeitschutz abweichende Arbeitszeitregelungen zu treffen.

III. Gesetzeszweck: Sonn- und Feiertagsschutz

9 § 1 Nr. 2 ArbZG zählt zu den Gesetzeszwecken aber auch, den **Sonntag** und **die staatlich anerkannten Feiertage** als **Tage der Arbeitsruhe** und der seelischen Erhebung der Arbeitnehmer zu schützen. Von Verfassungs wegen ist die Sonn- und Feiertagsarbeit, auch an den staatlich anerkannten kirchlichen Feiertagen, nicht verboten. **Art. 140 GG i. V. m. Art. 139 WRV** – »der Sonntag und die staatlich anerkannten Feiertage bleiben als Tage der Arbeitsruhe und der seelischen Erhebung gesetzlich geschützt« – stellen **kein Grundrecht** dar, sondern eine sog. institutionelle Garantie[17]. Der Gesetzgeber muss dies beachten, soweit er zur Arbeitsruhe an Sonn- und Feiertagen Bestimmungen erlässt. Gesetzliche Regelungen dürfen nicht den Kernbereich der institutionellen Garantie berühren[18]. Schutzgut der Art. 140 GG, Art. 139 WRV ist angesichts der Zweckbestimmung der Institution des Sonntags als Tag der Arbeitsruhe und der seelischen Erhebung, die als ein Grundelement sozialen Zusammenlebens und staatlicher Ordnung verfassungskräftig gewährleistet und dem

---

15 St. Rspr., statt vieler EuGH 05.10.2004 – Rs. C-397/01 bis 403/01 – Pfeiffer – EuGHE I 2004, 8835–8922 = EzA EG-Vertrag 1999 Richtlinie 93/104 Nr. 1 = NZA 2004, 1145 Rz. 108 m. w. N.
16 EuGH 05.10.2004 – Rs. C-397/01 bis 403/01 – Pfeiffer – EuGHE I 2004, 8835–8922 = EzA EG-Vertrag 1999 Richtlinie 93/104 Nr. 1 = NZA 2004, 1145 Rz. 117 m. w. N., 119.
17 BVerfGE 19, 219.
18 *Leinemann* NZA 1988, 337, 342.

gesetzlichen Schutz überantwortet wird[19]. Im **gesetzgeberischen Ermessen** liegen jedoch **Art, Umfang, Intensität** und nähere inhaltliche **Gestaltung** des gesetzlichen **Sonntagsschutzes**[20]. Indessen darf der Gesetzgeber von dem ihm zustehenden Ermessen nicht in der Weise Gebrauch machen, dass die gesetzlich anerkannten Sonn- und Feiertage ausgehöhlt werden; andererseits darf ihr Schutz auch nicht unverhältnismäßig hoch angesetzt werden. Auseinandersetzungen unter diesem Gesichtspunkt haben in jüngerer Zeit weniger das ArbZG als das Ladenschlussrecht betroffen[21].

IV. Verhältnis der Schutzzwecke zueinander

Die unterschiedlichen **Gesetzeszwecke** des Arbeitszeitgesetzes nach § 1 des Gesetzes **können** untereinander **kollidieren**. Hat z. B. der Arbeitgeber im Hinblick auf eine bessere zeitliche Auslastung kapitalintensiver Produktionsanlagen ein berechtigtes Interesse an flexiblen Arbeitszeiten der bei ihm tätigen Arbeitnehmer, so kann dieses Interesse beispielsweise mit dem gesetzlichen Sonntagsschutz ebenso kollidieren wie mit der Gewährleistung der Sicherheit und des Gesundheitsschutzes der Arbeitnehmer. Umgekehrt sind derartige Kollisionsfälle auch denkbar, wenn Arbeitnehmer im Hinblick auf ihre persönliche Zeitsouveränität die jetzt sehr weiten Schutzgrenzen des öffentlich-rechtlichen Arbeitszeitschutzes überschreiten wollen. Auch dann kann eine Kollision zwischen dem Flexibilitätsinteresse einerseits und dem Zweck des Gesetzes, Gesundheitsschutz der Arbeitnehmer zu gewährleisten, andererseits, vorliegen. Das Gesetz selbst regelt nicht, welchem seiner verschiedenen Zwecke insoweit der **Vorrang** gebührt. **Primär** dürfte insoweit auf den **Gesundheitsschutz** der Arbeitnehmer abzustellen sein, denn er ist verfassungsrechtlich abgesichert. In **zweiter Linie** kommt dann der Schutz der Sonntage und der staatlich anerkannten **Feiertage** in Betracht, denn dieser Schutz ist institutionell garantiert. Hinter diesen beiden Schutzzwecken hat in aller Regel das **Flexibilisierungsinteresse** zurückzutreten. Inwieweit es allerdings in der Praxis zu derartigen rechtlich relevanten Kollisionsfällen kommen wird, bleibt abzuwarten.

10

---

19 BVerwG 15.03.1988 AP Nr. 31 zu Art. 140 GG unter II 1 b der Gründe.
20 BVerwG 15.03.1988 AP Nr. 31 zu Art. 140 GG unter II 1 b der Gründe.
21 Vgl. zur Anpassung des LadenöffnungsG Berlin: BVerfG 01.12.2009 – 1 BvR 2857/07 und 1 BvR 2858/07 – AuR 2010, 167; ÄnderungsG v. 13.10.2010, GvBl. S. 467.

V. Nicht erwähnte Gesetzeszwecke

11 Indessen enthält § 1 ArbZG keine abschließende Aufzählung aller Gesetzeszwecke. Die Erledigung der verschiedenen nationalen Gesetzgebungsaufträge wird in § 1 ArbZG ebenso wenig erwähnt wie das Ziel der Einheitlichkeit des Gesundheitsschutzes für Männer und Frauen und damit auch der Abschaffung unterschiedlicher Arbeitszeit- und Pausenvorschriften sowie Nachtarbeitsregelungen für Männer und Frauen, vor allem des nur auf Frauen bezogenen Nachtarbeitsverbotes. Von daher ist zu fragen, ob die nicht in § 1 ArbZG aufgezählten Gesetzeszwecke solche minderer Dignität sein sollen.

12 Der **Zweck des ArbZG** besteht auch darin, das **EU-Recht**, nämlich die RL 93/104/EG vom 23.11.1993 über bestimmte Aspekte der Arbeitszeitgestaltung (nunmehr RL 2003/88/EG) **in deutsches Recht umzusetzen**. Auch dieser Gesetzeszweck wird in § 1 ArbZG nicht angesprochen, geschweige denn, dass »durch diese Richtlinie Mindestvorschriften festgelegt werden sollen, die dazu bestimmt sind, die **Lebens- und Arbeitsbedingungen der Arbeitnehmer** durch eine Angleichung namentlich der innerstaatlichen Arbeitszeitvorschriften zu verbessern«. Diese **gemeinschaftsweite Harmonisierung der Arbeitszeitgestaltung** soll einen **besseren Schutz der Sicherheit und der Gesundheit der Arbeitnehmer** durch die Gewährung von – u. a. täglichen und wöchentlichen – Mindestruhezeiten und angemessene Ruhepausen gewährleisten[22].

C. Räumlicher Geltungsbereich des Arbeitszeitgesetzes

13 Das ArbZG gilt räumlich im in der Präambel Sätze 2 und 3 GG beschriebenen Hoheitsgebiet der Bundesrepublik Deutschland. Durch Art. 3 Abs. 6 Nr. 1 des Gesetzes zur Umsetzung des Seearbeitsübereinkommens 2006 der Internationalen Arbeitsorganisation[23] ist § 1 Nr. 1 ArbZG mit der Folge geändert worden, dass der Geltungsbereich des Arbeitszeitgesetzes völkerrechtskonform auf die ausschließliche Wirtschaftszone (AWZ) erstreckt worden ist. Solche Zonen bestehen in der Nordsee und in der Ostsee. Die AWZ gehört nicht zum deutschen Hoheitsgebiet. Der Bundesrepublik Deutschland ste-

---

22 EuGH 05.10.2004 – Rs. C-397/01 bis 403/01 – Pfeiffer – EuGHE I 2004, 8835–8922 = EzA EG-Vertrag 1999 Richtlinie 93/104 Nr. 1 = NZA 2004, 1145, Rz. 91; EuGH 09.09.2003 – Rs. C-151/02 – Jaeger – EuGHE I 2003, 8389–8460 = EzA § 7 ArbZG Nr. 5 = NZA 2003, 1019, Rz. 45–47.
23 Vom 20.04.2013, BGBl I, S. 868, in Kraft getreten am 01.08.2013.

hen in den ihr zugeordneten AWZ gemäß Art. 56 Abs. 1 Seerechtsübereinkommen[24] völkerrechtlich »souveräne Rechte« und »Hoheitsbefugnisse« zu.[25] Die Ausdehnung des räumlichen Geltungsbereichs auf die AWZ bezieht sich nach dem Gesetzwortlaut nur auf § 1 Nr. 1 ArbZG, d. h., nur auf eine seiner Zweckbestimmungen. Eine solche sachliche Geltungsbeschränkung für die AWZ entspricht indessen nicht der Gesetzesbegründung. Nach ihr soll mit der Änderung »klargestellt« (besser »angeordnet«) werden, »dass das Arbeitszeitgesetz im Rahmen der Vorgaben des Seerechtsübereinkommens der Vereinten Nationen (...) auch in der AWZ Anwendung findet. Das Gesetz gilt also auch für Arbeitnehmer in de AWZ, die Offshore-Tätigkeiten (z.B. auf künstlichen Inseln) ausübe. Dies schließt Offshore-Personal ein, das sich nur vorübergehend auf einem Schiff (z. B. Errichter, Installations- oder Hubschiff) befindet, um von dort aus Bauwerke (z. B. Windkraftanlagen), künstliche Inseln oder sonstige Anlagen auf See zu errichten, zu ändern oder zu betreiben; diese Beschäftigten sind nach § 3 Abs. 3 Nr. 7 SeeArbG keine Besatzungsmitglieder«[26]. Die Absicht des Gesetzgebers, die Geltung des ArbZG mit allen Gesetzeszwecken grundsätzlich auf die AWZ zu erstrecken, kommt auch im Wortlaut des gleichzeitig eingefügten § 15 Abs. 2a ArbZG zum Ausdruck. Dort ist ausdrücklich von der Möglichkeit die Rede, durch Rechtsverordnung Ausnahmen vom unter die Zwecksetzung des § 1 Nr. 2 ArbZG fallenden Sonn- und Feiertagsschutzes (§§ 9 und 11 ArbZG) zuzulassen.

§ 2 Begriffsbestimmungen

(1) Arbeitszeit im Sinne dieses Gesetzes ist die Zeit vom Beginn bis zum Ende der Arbeit ohne die Ruhepausen; Arbeitszeiten bei mehreren Arbeitgebern sind zusammenzurechnen. Im Bergbau unter Tage zählen die Ruhepausen zur Arbeitszeit.

---

24 Seerechtsübereinkommen der Vereinten Nationen i. V. m. Gesetz v. 02.09.1994 BGBL. II, S. 1798 und Bekanntmachung über das Inkrafttreten vom 15.05.1995 (BGBL. II, S. 602).
25 BVerfG, 26.04.2010 – 2 BvR 2179/04, NVwZ-RR 2010, 555-557 unter Verweis auf *Graf Vitzthum*, Raum und Umwelt im Völkerrecht, in: *ders.* Völkerrecht, 4. Aufl. 2007, S. 387, 426; *Proelß*, in: Graf Vitzthum, Handbuch des Seerechts, 2006, S. 228).
26 BT-Drucks. 17/10959, S. 120.

(2) Arbeitnehmer im Sinne dieses Gesetzes sind Arbeiter und Angestellte sowie die zu ihrer Berufsbildung Beschäftigten.

(3) Nachtzeit im Sinne dieses Gesetzes ist die Zeit von 23 bis 6 Uhr, in Bäckereien und Konditoreien die Zeit von 22 bis 5 Uhr.

(4) Nachtarbeit im Sinne dieses Gesetzes ist jede Arbeit, die mehr als zwei Stunden der Nachtzeit umfasst.

(5) Nachtarbeitnehmer im Sinne dieses Gesetzes sind Arbeitnehmer, die
1. auf Grund ihrer Arbeitszeitgestaltung normalerweise Nachtarbeit in Wechselschicht zu leisten haben oder
2. Nachtarbeit an mindestens 48 Tagen im Kalenderjahr leisten.

A. Gegenstand der Begriffsbestimmungen

1 Die **Begriffsbestimmungen** des § 2 ArbZG beziehen sich nur auf eine Verwendung der Begriffe **im Sinne dieses Gesetzes**. Dies gilt namentlich für die Definition des Begriffes »**Arbeitszeit**«. In verschiedenen Sinnzusammenhängen wird unter »Arbeitszeit« Unterschiedliches verstanden: Geht es um die Frage, zu welcher Zeit der Arbeitnehmer kraft Arbeitsvertrages oder Tarifvertrages zur Arbeitsleistung verpflichtet ist, so handelt es sich um die **arbeitsvertragliche/tarifvertragliche Arbeitszeit**. Hiermit fällt häufig, aber nicht stets zusammen die Frage, für welche Zeit dem Arbeitnehmer für seine Arbeitsleistung Entgelt zu zahlen ist (**vergütungsrechtliche Arbeitszeit**). Hiervon zu trennen ist indessen die Frage, was unter Arbeitszeit im Sinne der **Mitbestimmungsregelungen** für Betriebs- und Personalräte (z. B. § 87 Abs. 1 Nr. 2 BetrVG, § 75 Abs. 3 Nr. 1 und Abs. 4 PersVG) zu verstehen ist; insoweit kann man von Arbeitszeit im mitbestimmungsrechtlichen Sinne reden[1]. Die Definition des **§ 2 ArbZG** bezieht sich dagegen **nur** auf **Arbeitszeit im Sinne des öffentlich-rechtlichen Arbeitsschutzes**. Entsprechendes gilt auch für die übrigen in § 2 ArbZG genannten Begriffe.

B. Zweck der Begriffsbestimmungen

2 Die in § 2 ArbZG vorgenommenen Begriffsbestimmungen haben den Zweck, durch Festlegung der Begriffsinhalte und damit der tatbestandlichen Voraussetzungen **Klarheit** darüber zu schaffen, ob ein bestimmtes tatsächliches

---

1 BAG 23.07.1996 EzA § 87 BetrVG 1972 Arbeitszeit Nr. 56 m. Anm. *Gamillscheg*.

Geschehen den Regelungen des Gesetzes unterfällt oder nicht. Sind die tatbestandlichen Voraussetzungen erfüllt, so ergeben sich die Rechtsfolgen aus dem Gesetz. Umgekehrt können aus dem Gesetz keine Rechtsfolgen abgeleitet werden, wenn die jeweiligen Voraussetzungen in den Definitionen des § 2 ArbZG nicht oder nicht vollständig vorliegen.

Der Gesetzgeber hat mit den Definitionen in § 2 ArbZG teilweise auch **inhaltliche Änderungen** gegenüber der früheren Rechtslage vorgenommen; er hat jedoch **nicht** für alle Begriffe auf das **EU-Recht** abgestellt, vor allem nicht für den Kernbegriff »Arbeitszeit«. Den Begriff des Nachtarbeitnehmers hat er bis auf einen unumgänglichen Kernbereich derart »heruntedefiniert«, dass der praktische Anwendungsbereich weit hinter dem herkömmlichen Begriff der Nachtarbeit in Tarifverträgen zurückbleibt. 3

C. Umfang der Begriffsbestimmungen

Die Begriffe »**Arbeitszeit**«, »**Arbeitnehmer**«, »**Nachtzeit**«, »**Nachtarbeit**«, »**Nachtarbeitnehmer**« hat der **Gesetzgeber** in § 2 ArbZG inhaltlich bestimmt oder umschrieben. Eine Reihe **anderer Begriffe** des Arbeitszeitgesetzes hat er dagegen in den Katalog der Begriffsbestimmungen des § 2 ArbZG **nicht** aufgenommen, sie aber auch nicht an anderer Stelle des Gesetzes definiert. Ohne gesetzliche Definition im Arbeitsgesetz sind beispielsweise geblieben die Begriffe »Ruhepausen« (§ 4 ArbZG), »Ruhezeit« (§ 5 ArbZG), »Schichtarbeitnehmer« (§ 6 Abs. 1 ArbZG), »Tagesarbeitsplatz« (§ 6 Abs. 4 Satz 1 ArbZG), »Arbeitsbereitschaft« (§ 7 Abs. 1 ArbZG), »Bereitschaftsdienst, Rufbereitschaft« (§ 7 Abs. 2 Nr. 1 ArbZG). 4

D. Zentralbegriff Arbeitszeit (§ 2 Abs. 1 Satz 1 ArbZG)

Nach § 2 Abs. 1 1. Halbs. ArbZG ist »**Arbeitszeit im Sinne dieses Gesetzes die Zeit vom Beginn bis zum Ende der Arbeit ohne die Ruhepausen**«. Der so definierte Begriff der Arbeitszeit entspricht vom Wortlaut wie vom Inhalt dem früheren Begriff der Arbeitszeit in § 2 Abs. 1 AZO. In vergleichbarer Weise definiert § 4 Abs. 1 JArbSchG als eine ebenfalls öffentlich-rechtliche Arbeitsschutznorm als »tägliche Arbeitszeit die Zeit vom Beginn bis zum Ende der täglichen Beschäftigung ohne die Ruhepausen«. Dagegen definiert Art. 2 Nr. 1 RL 2003/88/EG wie schon ihre Vorgängerbestimmung in RL 93/104/EG die Arbeitszeit als »jede Zeitspanne, während der ein Arbeitnehmer gemäß den einzelstaatlichen Vorschriften und/oder Gepflogenheiten arbeitet, dem Arbeitgeber zur Verfügung steht und seine Tätigkeit ausübt oder Aufgaben 5 wahrnimmt«. Damit umfasst »Arbeitszeit« im europarechtlichen Verständnis mehr als nur das im ersten Halbsatz beschriebene Leisten von Arbeit. Dem zweiten Halbsatz kommt eine eigenständige Bedeutung zu[2]. Gleichwohl hat der deutsche Gesetzgeber den scheinbar engeren Begriff zu Grunde gelegt. Dabei ist allerdings zu berücksichtigen, dass nach deutschem Verständnis arbeitszeitschutzrechtlich auch die Zeit zur Arbeitszeit zu rechnen ist, in der der Arbeitnehmer dem Arbeitgeber **zur Leistung der versprochenen Dienste**, nämlich Arbeit, am vom Arbeitgeber bestimmten Ort zur Verfügung steht[3].

6 Indessen ist nicht der deutsche, sondern der **europarechtliche Begriff der Arbeitszeit** und dessen autonome Auslegung **maßgebend**, wie der **EuGH** in Rz. 58 im **Urteil »Jaeger«**[4] deutlich gemacht hat:

»Jedenfalls dürfen die Begriffe Arbeitszeit und Ruhezeit i. S. der Richtlinie 93/104/EG[5] nicht nach Maßgabe der Vorschriften der Regelungen der verschiedenen Mitgliedstaaten ausgelegt werden, sondern sie stellen gemeinschaftsrechtliche Begriffe dar, die anhand objektiver Merkmale unter Berücksichtigung des Regelungszusammenhangs und des Zwecks dieser Richtlinie zu bestimmen sind, wie der EuGH dies in den Rdnrn. 48 und 50 des Urteils SIMAP[6] getan hat.«

Diese Entscheidung des EuGH war der Auslöser dafür, in das (sozialversicherungsrechtliche) Gesetz zu Reformen am Arbeitsmarkt vom 24. 12. 2003[7] über den Bundestags-Ausschuss für Wirtschaft und Arbeit Änderungen des Arbeitszeitgesetzes einzubringen[8]. Der Umstand, dass der EuGH die Begriffe Arbeitszeit und Ruhezeit als gemeinschaftsrechtlich definiert erachtet und er den Bereitschaftsdienst – diesmal eines in einem deutschen Krankenhaus angestellten Arztes – insgesamt – also nicht nur die darin mit Arbeitsleistung

---

2 Vgl. Antrag des Generalanwalts in EuGH 03.10.2000 – Rs. C-303/98 – AuR 2000, 107.
3 Vgl. ausführlich BayObLG 23.03.1992 – 3 ObOWi 18/92 – NZA 1992, 811.
4 EuGH, 09.09.2003 – Rs. C-151/02 – EuGHE I 2003, 8389 = EzA § 7 ArbZG Nr. 5 = NZA 2003, 1019.
5 Sc. nunmehr 2003/88/EG.
6 03.10.2000 – Rs. C-303/98 – EuGHE I 2000, 7963–8034 = EzA § 7 ArbZG Nr. 1 = NZA 2000, 1227.
7 BGBl. I S. 3002, 3006 f., in Kraft getreten am 01.01.2004.
8 BT-Drucks. 15[9]610.

belegten Teile – der Arbeitszeit zugeordnet hat, hat den deutschen Gesetzgeber nicht bewogen, den Begriff der Arbeitszeit in § 2 Abs. 1 ArbZG dem europäischen Recht anzupassen, sondern nur, den Bereitschaftsdienst der Arbeitszeit zuzurechnen[9]. Die Nichtanpassung des Begriffes der Arbeitszeit ist insoweit zwar rechtlich fehlerhaft, aber faktisch kaum schädlich, weil auch schon nach bisherigem Recht solche Zeiten während der (herkömmlichen) Arbeitszeit als Arbeitszeit zu werten waren, in denen der Arbeitnehmer zu warten hatte, bis es für ihn wieder etwas zu arbeiten gab.

Der EuGH hat mehrfach betont, was **europarechtlich** unter **Arbeitszeit** zu verstehen ist. Grundlegend sind insoweit seine Ausführungen in Rz. 47 im **Urteil SIMAP**[10]: 7

> *»Diese Richtlinie (sc. 93/104/EG, nunmehr 2003/88/EG) definiert die Arbeitszeit als jede Zeitspanne, während derer ein Arbeitnehmer gemäß den einzelstaatlichen Rechtsvorschriften und/oder Gepflogenheiten arbeitet, dem Arbeitgeber zur Verfügung steht und seine Tätigkeiten ausübt oder Aufgaben wahrnimmt. Im Regelungszusammenhang der Richtlinie ist der EU-Begriff »Arbeitszeit« im Gegensatz zum EU-Begriff »Ruhezeit« zu sehen; beide Begriffe schließen einander aus.«*

Diese Sicht hat wesentlichen und maßgeblichen Einfluss auf die Frage, welche Grade der Arbeit(-sleistung) arbeitsschutzrechtlich zur Arbeitszeit und welche zur Ruhezeit zu rechnen sind.

I. Arbeit

Der Begriff **Arbeit** in § 2 Abs. 1 Satz 1 ArbZG ist im Gesetz selbst nicht definiert worden. Wie schon früher nach § 2 Abs. 1 AZO kommt es auch nach der jetzt geltenden gesetzlichen Bestimmung nicht darauf an, ob der Arbeitnehmer eine im wirtschaftlichen Sinne produktive Arbeitsleistung tatsächlich erbringt. Erforderlich, aber auch ausreichend ist, dass der Arbeitnehmer dem Arbeitgeber zur Leistung der **versprochenen Dienste**, nämlich Arbeit, am vom Arbeitgeber bestimmten Ort zur Verfügung steht[11]. In die Arbeitszeit fallen damit auch solche Zeiten, in denen der Arbeitnehmer keine produktive 8

---

9 BT-Drucks. 15[9]616 S. 2 li. Sp.
10 EuGH 03.10.2000 – Rs. C-303/98 – SIMAP – EuGHE I 2000, 7963–8034 = EzA § 7 ArbZG Nr. 1 = NZA 2000, 1227.
11 Vgl. ausführlich BayObLG 23.03.1992 – 3 ObOWi 18/92 – NZA 1992, 811.

§ 2 ArbZG Begriffsbestimmungen

Leistung erbringen kann, weil er z. B. **warten** muss, bis ihm wieder Arbeitsmaterial zur Verfügung steht, bis eine Maschine repariert oder gewartet ist usw. Ebenso wenig kommt es darauf an, ob es sich bei der vom Arbeitnehmer tatsächlich geleisteten **Arbeit** um solche handelt, die er **nach** seinem **Arbeitsvertrag** schuldet, oder ob er auf Weisung des Arbeitgebers **andere als im Arbeitsvertrag vereinbarte Tätigkeiten** verrichtet.

▶ **Beispiel:**

Ein als Automechaniker angestellter Arbeitnehmer bepflanzt auf Weisung des Arbeitgebers Blumenkübel. Das Bepflanzen der Blumenkübel ist zwar arbeitsvertraglich nicht geschuldet; geschuldet sind insoweit nur Tätigkeiten als Automechaniker. Gleichwohl zählt auch das Bepflanzen der Blumenkübel zur Arbeitszeit dieses Automechanikers.

9 Gleichermaßen zählen zur Arbeitszeit im arbeitsschutzrechtlichen Sinne Zeiten, in denen ein Arbeitnehmer auf Weisung des Arbeitgebers oder mit dessen Duldung über die Grenzen der einzelvertraglich oder tarifvertraglich festgelegten Arbeitszeitmenge bzw. außerhalb der üblichen betrieblichen Arbeitszeit arbeitet.

▶ **Beispiel:**

Die betriebsübliche Arbeitszeit in der Werkstatt des Kraftfahrzeugbetriebes endet um 16.00 Uhr. Der Automechaniker arbeitet, um einen Wagen zu Ende zu reparieren, bis 17.00 Uhr.

10 Arbeitet ein Arbeitnehmer nicht nur innerhalb des Betriebes, sondern nimmt er auch **Arbeit mit nach Hause**, so ist auch die Zeit, die der Arbeitnehmer zu Hause auf die Arbeit verwendet, Arbeitszeit im arbeitszeitschutzrechtlichen Sinne.

11 **Vor- und Abschlussarbeiten** (vgl. § 14 Abs. 2 Nr. 2 ArbZG), das Aufräumen des Arbeitsplatzes, das Zu-Ende-Bedienen der Kundschaft und Ähnliches zählen ebenfalls zur Arbeitszeit i. S. d. Arbeitszeitschutzrechtes. Hiervon zu trennen ist die Frage, inwieweit die Vornahme derartiger Vor- und Abschlussarbeiten nach § 14 Abs. 2 Nr. 2 ArbZG zu einer erlaubten Verlängerung der regelmäßigen gesetzlichen Höchstarbeitszeit führen.

II. Vollarbeit, Arbeitsbereitschaft, Bereitschaftsdienst, Rufbereitschaft

12 Für die Frage, inwieweit Arbeit i. S. d. § 2 Abs. 1 1. Halbs. ArbZG vorliegt, ist ferner zu untersuchen, ob es sich um sog. **Vollarbeit** handelt oder ob die

Arbeitsleistung nur mit **minderer Intensität** erbracht wird, wie es beispielsweise bei **Arbeitsbereitschaft, Bereitschaftsdienst** und **Rufbereitschaft** der Fall ist. Dabei kommt es primär auf die Art der geschuldeten Tätigkeit an. Die geschuldete Arbeitsleistung richtet sich nach dem Arbeitsvertrag. Gesellschaftlich übliche Betätigungen zählen in der Regel **nicht** zur **Arbeitszeit**, auch wenn sie, wie, z. B. die Teilnahme an **Geschäftsessen**, der Besuch kultureller Veranstaltungen, geschäftlich bedingt oder nützlich sind und auf Kosten des Arbeitgebers durchgeführt werden. Entsprechendes gilt auch für die Frage, inwieweit der Arbeitnehmer angesichts einer unterschiedlichen Intensität der von ihm abgeforderten Arbeitsleistung Vergütungsansprüche erwirbt.

1. Vollarbeit

Arbeitszeit ist stets die Zeit, in der der Arbeitnehmer die geschuldete **volle Arbeitsleistung** erbringt, er also seine Arbeitskraft entsprechend der im Arbeitsvertrag umschriebenen Tätigkeit und Stellung für die betrieblichen Zwecke seines Arbeitgebers einsetzt (Vollarbeit). **Vollarbeit** liegt aber nicht nur vor, wenn der Arbeitnehmer mit gleich bleibender Intensität zur Arbeit herangezogen wird bzw. Arbeitsleistung zu erbringen hat. Auch eine schwankende Intensität der Arbeitsleistung kann insgesamt arbeitsschutzrechtlich (noch) als Vollarbeit anzusehen sein. Auch eine Zeitspanne mit unterschiedlicher Arbeitsintensität kann arbeitsschutzrechtlich – auch nach deutschem Verständnis – insgesamt Arbeitszeit darstellen.

13

▶ **Beispiel:**

In einer Feuer- und Rettungsleitstelle war es Aufgabe der Arbeitnehmer, sämtliche dort für den Feueralarm und Alarme vorhandenen Kontrolleinrichtungen zu überwachen und den Einsatz von Feuerwehr und Rettungsdiensten in den Funkkanälen ständig abzuhören. Die Arbeitsintensität der Arbeitnehmer schwankte, insbesondere zur Nachtzeit, erheblich. Phasen intensiver Arbeitsanspannung wurden von Phasen abgelöst, in denen die Arbeitnehmer nur zu beobachten hatten, ob die regelmäßigen Kontrollsignale ausblieben oder nicht. Wegen der Ständigkeit der Anspannung bei der Überwachung ist die Tätigkeit insgesamt als volle Arbeitsleistung bewertet worden[12].

---

12 LAG Hamm 22.04.1998 DB 1988, 1856.

§ 2 ArbZG Begriffsbestimmungen

14 Um **Vollarbeit** im arbeitsschutzrechtlichen Sinne handelt es sich auch noch, wenn der Arbeitgeber von der Arbeitsleistung des zur Arbeit bereitstehenden Arbeitnehmers **für** relativ **kurze Zeit keinen Gebrauch** machen kann, wie es bei kurzfristigem Materialmangel, Werkzeugwechsel usw. vorkommt.

▶ Beispiel:

Ein Arbeitnehmer hat Gussteile zu entgraten. Die Gussteile werden an seinem Arbeitsplatz auf Paletten angeliefert und von dort in gleicher Weise wieder abgeholt. Der Arbeitnehmer kann für kurze Zeit, nämlich etwa fünf Minuten, keine Gussteile entgraten, weil er das letzte Gussteil entgratet und auf die Abtransportpalette abgelegt hat und neue Gussteile noch nicht angeliefert worden sind.

15 Derartige kurzfristige Unterbrechungen der vollen Arbeitsleistungen haben nicht zur Folge, dass die Leistung von Arbeit im arbeitsschutzrechtlichen Sinne damit unterbrochen wäre. Ob und inwieweit derartige Unterbrechungszeiten vergütungsrechtlich zum Tragen kommen, ist eine hiervon gesondert zu beantwortende Frage.

2. Arbeitsbereitschaft

16 **Arbeitsbereitschaft** unterscheidet sich von Vollarbeit dadurch, dass der Arbeitnehmer sich am vom Arbeitgeber bestimmten Ort, vor allem an seiner Arbeitsstelle aufhält und dort oder von dort aus **zeitweilig zur Arbeit herangezogen** wird, **zeitweilig** indessen **nicht**. Der Begriff der Arbeitsbereitschaft spielt vor allem eine Rolle im Zusammenhang mit **abweichenden tarifvertraglichen Regelungen** hinsichtlich der Verlängerung der Arbeitszeit (vgl. § 7 Abs. 1 Nr. 1 a ArbZG). Der Gesetzgeber des Arbeitszeitgesetzes setzt den Begriff der Arbeitsbereitschaft ebenso voraus, wie er zuvor im Rahmen der Arbeitszeitordnung (§ 7 AZO) vorausgesetzt worden ist. Eine **gesetzliche Definition** des Begriffes der **Arbeitsbereitschaft** unter dem Gesichtspunkt des Arbeitszeitschutzes **gibt es nicht**. In der Rechtsprechung des EuGH hat der (deutsche) Begriff der Arbeitsbereitschaft bisher keinen Niederschlag gefunden. Angesichts der Zuordnung des Bereitschaftsdienstes zur Arbeitszeit ist jedoch davon auszugehen, dass – wie auch nach deutschem Verständnis – die **Arbeitsbereitschaft grundsätzlich Arbeitszeit** im arbeitsschutzrechtlichen

Sinne ist. Denn Arbeitsbereitschaft ist – im Gegensatz zur Rufbereitschaft[13] – grundsätzlich am Arbeitsplatz oder an einem anderen vom Arbeitgeber definierten Platz zu leisten.

Arbeitsbereitschaft ist die **zeitweise Aufmerksamkeit** im Zustande der Entspannung[14]. Zwar ist auch beim Begriff der Arbeitsbereitschaft zu unterscheiden, ob er i. S. d. § 7 Abs. 1 Nr. 1 a ArbZG, also arbeitsschutzrechtlich, verwendet wird oder unter anderen rechtlichen Gesichtspunkten, insbesondere unter dem des Arbeitsentgeltes. Die meisten Entscheidungen des BAG sind **nicht** zur **arbeitsschutzrechtlichen** Frage ergangen, sondern zu **vergütungsrechtlichen** Fragen, vorrangig zur Auslegung von Tarifverträgen. Ob Arbeitsbereitschaft i. S. d. Arbeitszeitgesetzes vorliegt oder nicht, richtet sich nach dem **Grad der Beanspruchung** des Arbeitnehmers[15]. Indessen haben die Tarifvertragsparteien zuweilen in Tarifverträgen auf die gesetzlichen Arbeitszeitregelungen und damit auch auf die Arbeitszeitordnung verwiesen und insoweit die dort verwendeten Begriffe mit den dortigen Inhalten für die Berechnung der Vergütung zu Grunde gelegt[16]. 17

Die von der Rechtsprechung verwendete Formel zur Abgrenzung von Arbeitsbereitschaft einerseits gegenüber Vollarbeit andererseits beruht auf einer **wertenden Betrachtung.** Ziel der Betrachtung ist es, zu ermitteln, ob der Arbeitnehmer in hinreichendem Umfang wache Aufmerksamkeit im Zustand der Entspannung zu leisten hat. Dabei kommt es grundsätzlich auf den Grad der geforderten Aufmerksamkeit insgesamt an, aber auch auf die Häufigkeit, Dauer und Lage der Inanspruchnahme des Arbeitnehmers durch Vollarbeit oder – umgekehrt – auf die Häufigkeit, Dauer und Lage der Arbeitsunterbrechungen. Ergänzend kann berücksichtigt werden die Frage, welche Folgen sich daran knüpfen, wenn der Arbeitnehmer die Arbeit nicht rechtzeitig aufnimmt und ob andere Faktoren förderlich oder hinderlich sind, wache Aufmerksamkeit im Zustand der Entspannung zu erreichen. 18

---

13 Vgl. dazu auch EuGH 03.10.2000 – Rs. C-303/98 – SIMAP – EuGHE I 2000, 7963–8034 = EzA § 7 ArbZG Nr. 1 = NZA 2000, 1227.
14 St. Rspr., vgl. statt vieler: BAG 28.01.1981 EzA § 7 AZO Nr. 1.
15 BAG 28.01.1981 EzA § 7 AZO Nr. 1.
16 BAG 28.01.1981 EzA § 7 AZO Nr. 1.

▶ **Beispiel:**

Ein Nachtpförtner hat die Aufgabe, das Werkstor zu überwachen. Die Fabrikation steht still; lediglich in der Forschungsabteilung werden kontinuierliche Forschungsarbeiten weitergeführt. Während seiner Pförtnerzeit wird der Pförtner in der Regel zwei- bis dreimal für die Dauer von jeweils fünf Minuten zum Öffnen bzw. Schließen des Werkstores in Anspruch genommen; in den Zeiten dazwischen nicht. Es liegt für den Pförtner Arbeitsbereitschaft vor.

19 Die Frage, ob Arbeitsbereitschaft vorliegt, ist von der Frage zu trennen, ob dies auch **in** einem derart **hinreichenden Maße, nämlich »in erheblichem Umfang«**, gegeben ist, um gemäß § 7 Abs. 1 Nr. 1 a ArbZG eine **regelmäßige Arbeitszeitverlängerung** vornehmen zu dürfen.

▶ **Beispiel:**

Bei Rettungssanitätern in einer Rettungswache fallen zwischen den einzelnen Einsätzen Wartezeiten an, in denen sie lediglich die Aufgabe haben, sich in einem Ruheraum aufzuhalten. Sie haben während dieser Zeit zwischen den Einsätzen keine anderen Aufgaben; insbesondere obliegt ihnen nicht die Überwachung des Funkverkehrs. Um Arbeitsbereitschaft handelt es sich, wenn die Wartezeiten mindestens zehn Minuten andauern. Betragen diese Zeiten der Arbeitsbereitschaft im Tagesdurchschnitt zusammengerechnet mindestens zwei Stunden, so kann der Arbeitgeber gemäß § 15 Abs. 2 BAT die regelmäßige Arbeitszeit verlängern[17].

20 Grundsätzlich wird arbeitszeitrechtlich die **Arbeitsbereitschaft** der **Arbeitszeit** zugerechnet. Sie wird als in ihr enthalten zu Grunde gelegt, soweit es um die Verlängerung der zulässigen Arbeitszeit nach § 7 Abs. 1 Nr. 1 a ArbZG geht. Auch unter vergütungsrechtlichen Gesichtspunkten zählt die Arbeitsbereitschaft in der Regel zu den vergütungspflichtigen Tätigkeiten des Arbeitnehmers. Jedoch können **Arbeits-** und **Tarifverträge** abweichende Regelungen treffen, insbesondere, ob insoweit eine volle **Vergütung** oder nur eine anteilige Vergütung geleistet wird oder ob z. B. der Bereitschaftsdienst faktorisiert und sodann in das Arbeitszeitkonto eingestellt wird.

---

17 Vgl. BAG 12.02.1986 BAGE 51, 131 = AP Nr. 7 zu § 15 BAT.

▶ **Beispiel:**

Nach § 9 Buchst. a) TVöD (Tarifvertrag für den öffentlichen Dienst) wird Bereitschaftszeit zur Hälfte als tarifliche Arbeitszeit gewertet (faktorisiert).

3. Bereitschaftsdienst

Der in § 7 Abs. 1 Nr. 1 Buchst. a Abs. 2 a ArbZG verwendete Begriff **Bereitschaftsdienst** ist **von Gesetzes wegen nicht definiert** worden. **Bereitschaftsdienst ist Arbeitszeit**[18]. Er stellt schon deshalb weder Ruhepause noch Ruhezeit dar, weil der Aufenthaltsort des Arbeitnehmers durch die Eigenart des Bereitschaftsdienstes und/oder kraft Weisung des Arbeitgebers begrenzt oder definiert ist. An der Bewertung des Bereitschaftsdienstes als Arbeitszeit ändert sich nichts dadurch, dass die Inanspruchnahme des Arbeitnehmers durch aktives Tun null oder sehr gering ist. Die Inanspruchnahme ist ggf. für die Gegenleistung es Arbeitgebers von Bedeutung. Nach der **deutschen Rechtsprechung** liegt **Bereitschaftsdienst** vor, wenn sich der Arbeitnehmer, ohne dass von ihm wache Achtsamkeit gefordert wird, für Zwecke des Betriebes an einer vom Arbeitgeber bestimmten Stelle innerhalb oder außerhalb des Betriebes aufzuhalten hat, damit er erforderlichenfalls seine volle Arbeitstätigkeit unverzüglich aufnehmen kann[19]. Dies trifft nicht nur auf angestellte Ärzte im Krankenhaus oder Feuerwehrleute in der Feuerwache zu, sondern auch – nach deutschem Verständnis – andere Arbeitnehmer, wenn sie sich an einem bestimmten Ort aufzuhalten haben, um von dort aus jederzeit zur Arbeitsleistung zur Verfügung zu stehen.

▶ **Beispiel:**

Auswärtige Betriebsstellen eines Stromversorgungsunternehmens sind mit je einem Betriebsstellenleiter und drei weiteren Technikern besetzt. Auf jeder Betriebsstelle befinden sich vier Wohnungen, in denen die Arbeitnehmer mit ihren Familien wohnen. Die Arbeitnehmer werden im wöchentlichen Turnus als sog. Schaltbeauftragte eingesetzt. Jeder von ihnen versieht dann im Anschluss an seine tägliche Arbeitszeit von acht Stunden einen sechzehnstündigen Bereitschaftsdienst. Jeder Schaltbeauftragte kann sich während seiner Bereitschaftsdienstwoche von Fall zu Fall

---

18 BAG 16.12.2009 – 5 AZR 157/09 – NZA 2010, 505.
19 BAG 10.06.1959 BAGE 8, 25, 27 = AP Nr. 5 zu § 7 AZO; BVerwG 19.01.1988 BB 1988, 1046 = NZA 1988, 881.

für eine gewisse Zeit von einem seiner im selben Haus wohnenden Kollegen vertreten lassen; ebenso steht er ihnen als Vertreter zur Verfügung. Der Bereitschaftsdienst wird von der Wohnung aus geleistet. Dazu werden eine Signalanlage und ein Telefon in die Wohnung geschaltet. Auf Anruf oder beim Ansprechen der Signalanlage kann der Arbeitnehmer von seiner Wohnung aus sofort Anweisungen zur Beseitigung etwaiger Störungen geben[20].

22 Eine Zeitspanne, in der sich der Arbeitnehmer nach seinem Arbeitsvertrag und dementsprechende Weisung des Arbeitgebers zur Arbeit bereitzuhalten hat, **ohne** zur **Anwesenheit am Arbeitsort** verpflichtet zu sein, fällt nicht unter den Begriff des **Bereitschaftsdienstes** nach der **europäischen Rechtsprechung**. Bisher hat der EuGH sich – soweit ersichtlich – unter dem Gesichtspunkt des Bereitschaftsdienstes nur mit solchen Diensten befasst, bei denen der Arbeitnehmer am Arbeitsort anwesend zu sein hatte. Diese Bindung an den Arbeitsort betont der EuGH immer wieder, wenn er eine Tätigkeit als Bereitschaftsdienst qualifiziert; dagegen ist es aus seiner Sicht unerheblich, in welchem Umfang der Arbeitnehmer während des Bereitschaftsdienstes zur Arbeit herangezogen wird oder ob er ausruhen oder gar schlafen darf.

▶ **Beispiele:**

- Ärzte in örtlich gebundenen Teams zur medizinischen Grundversorgung[21],
- Angestellter Krankenhausarzt mit Anwesenheitspflicht im Krankenhaus[22],
- Feuerwehrleute in der Feuerwache[23],

---

20 Vgl. BVerwG 19.01.1988 BB 1988, 1046 = NZA 1988, 881.
21 EuGH 03.10.2000 – Rs. C-303/98 – SIMAP – EuGHE I 2000, 7963–8034 = EzA § 7 ArbZG Nr. 1 = NZA 2000, 1227 und EuGH 03.07.2001 – Rs. C-241/99 – CIG – EuGHE I 2001, 5139.
22 EuGH 09.09.2003 – Rs. C-151/02 – Jaeger – EuGHE I 2003, 8389–8460 = EzA § 7 ArbZG Nr. 5 = NZA 2003, 1019.
23 EuGH 14.07.2005 – Rs. C-52/04 – Feuerwehr Hamburg – EuGHE I 2005, 7111 = NZA 2005, 594, vgl. auch EuGH 14.10.2010 – Rs. C-243/09 – Fuß ./. Stadt Halle [I] – NZA 2010, 1344; EuGH 25.11.2010 – Rs. C-429/09 – Fuß ./. Stadt Halle [II] – NZA 2011, 53.

– Spezialisierter Internatserzieher während der Nachtbereitschaft im Internat[24].

Dagegen hat es der EuGH in der Entscheidung *SIMAP* angenommen »ein **Bereitschaftsdienst** stelle arbeitsschutzrechtlich etwas anderes dar, wenn die Ärzte des Teams der medizinischen Grundversorgung Bereitschaftsdienst in der Weise leisten, dass sie ständig erreichbar sind, ohne jedoch zur Anwesenheit in der Gesundheitseinrichtung verpflichtet zu sein (Rufbereitschaft). Selbst wenn sie ihrem Arbeitgeber in dem Sinne zur Verfügung stehen, dass sie erreichbar sein müssen, können die Ärzte in dieser Situation freier über ihre Zeit verfügen und eigenen Interessen nachgehen. Unter diesen Umständen ist nur die Zeit, die für die tatsächliche Erbringung von Leistungen aufgewandt wird, als Arbeitszeit im Sinne der RL 93/104/EG (s. c. nunmehr RL 2003/88/EG) anzusehen«[25]. Auch diese Entscheidung zeigt, dass im **Sprachgebrauch** die Ausdrücke »Bereitschaftsdienst« bzw. »Dienstbereitschaft« oder »Arbeitsbereitschaft« oder »Rufbereitschaft« oder vergleichbare Worte mit **unterschiedlichen Inhalten** belegt werden. 23

Am häufigsten verbreitet ist der **Bereitschaftsdienst** im Bereich der **Krankenhäuser**. Ärzte und Krankenpflegepersonal leisten dort typischerweise nachts Bereitschaftsdienste. Hierzu halten sie sich im Krankenhaus in eigens dafür vorgesehenen Räumen auf. Sie sind – nach der Idee des idealtypischen Bereitschaftsdienstes – in der Verwendung ihrer Zeit vollkommen frei und müssen nur im Bedarfsfall, z. B. bei Notaufnahmen oder Notoperationen, Arbeit leisten. Weil nunmehr auch der deutsche Gesetzgeber den Bereitschaftsdienst zur Arbeitszeit zählt – § 5 Abs. 3 ArbZG ist insoweit geändert worden – ist die Möglichkeit weggefallen, für eine Kürzung der Ruhezeit durch Inanspruchnahme während des Bereitschaftsdienstes in Krankenhäusern und vergleichbaren Einrichtungen einen Ausgleich für die Unterbrechung der Ruhezeit (§ 5 Abs. 1 ArbZG) nach näherer Maßgabe des § 5 Abs. 3 ArbZG vorzunehmen; solches ist nur noch für Arbeitsleistungen während der Rufbereitschaft möglich (§ 5 Abs. 3 ArbZG n. F.). 24

Trotz der grundsätzlichen Zuordnung des Bereitschaftsdienstes mit Anwesenheitspflicht zur Arbeitszeit i. S. des Art. 2 Nr. 1 und damit auch der wöchent- 25

---

24 EuGH 01.12.2005 – Rs. C-14/04 – Dellas – EuroAS 2006, 6 = ZTR 2005, 2.
25 EuGH 03.10.2000 – Rs. C-303/98 – SIMAP – EuGHE I 2000, 7963–8034 = EzA § 7 ArbZG Nr. 1 = NZA 2000, 1227 Rz. 50.

lichen Arbeitszeit i. S. des Art. 6 RL 2003/88/EG bleiben gemäß deren Art. 17 Abs. 3. Buchst. c Ziff. i) **abweichende nationale gesetzliche Regelungen** für Aufnahme-, Behandlungs- und/oder Pflegedienste in Krankenhäusern und ähnlichen Einrichtungen einschließlich von Ärzten in der Ausbildung (sowie in Heimen oder Gefängnissen) **zulässig**, die von den europarechtlichen Regelungen über die **tägliche Ruhezeit**, die Ruhepause, die **wöchentliche Ruhezeit**, die **Dauer der Nachtarbeit** und über die **Bezugszeiträume** (Art. 3, 4, 5, 8 und 16 RL 2003/88/EG) abweichen. Mit der Pflicht zu Ausgleichsregelungen darf von den vorgenannten Bestimmungen auch in **Tarifverträgen** abweichen werden (Art. 18 Abs. 1 und 3 RL 2003/88/EG). Dies erlaubt jedoch **keine Abweichungen** von der grundlegenden **Arbeitszeitregelung** in Art. 6 RL 2003/88/EG[26].

26 Unter der Geltung der vom ArbZG abgelösten **Arbeitszeitordnung** (AZO) war umstritten, ob **Bereitschaftsdienst** arbeitsschutzrechtlich zur **Arbeitszeit** oder zur **Ruhezeit** zu rechnen ist[27]. Das BAG hat die Frage ausdrücklich offen gelassen[28]. Das BVerwG hat die Ansicht vertreten, die Formen des Bereitschaftsdienstes seien zu unterschiedlich, als dass eine einheitliche Zuordnung dieser Kategorie entweder zur Arbeitszeit oder aber zur Ruhezeit gerechtfertigt wäre. Der Schutzzweck der Arbeitszeitvorschriften liege darin, die Arbeitskraft des Arbeitnehmers zu erhalten und ihm Freizeit und Muße zur Entfaltung seiner Persönlichkeit zu sichern. Demgemäß hänge die **Zuordnung eines bestimmten Bereitschaftsdienstes zur Arbeit oder zur Ruhezeit** davon ab, in welchem Maße dieser Dienst in seiner konkreten Ausprägung den Betroffenen binde oder belaste[29]. Ansatzweise finden sich diese differenzierenden Erwägungen im Urteil *SIMAP*[30] wieder.

---

26 Vgl. EuGH 14.10.2010 – Rs. C-243/09 – Fuß ./. Stadt Halle [I] – NZA 2010, 1344; EuGH 25.11.2010 – Rs. C-429/09 – Fuß ./. Stadt Halle [II] – NZA 2011, 53; vgl. auch *Preis/Ulber* ZESAR 2011, 147.
27 Vgl. aus dem früheren Schrifttum *Deneckel/Neumann* AZO 11. Aufl. 1991 §7 Rz. 23, 27; §12 Rz. 3; *Schaub* Handbuch des Arbeitsrechts 7. Aufl. §158 II.1; *Schlüter*, Anm. zu BAG AP Nr. 10 zu §12 AZO.
28 BAG 10.06.1959 BAGE 8, 25, 29 = AP Nr. 5 zu §7 AZO.
29 BVerwG 19.01.1988 BB 1988, 1046, 1047 = NZA 1988, 881, 882.
30 EuGH 03.10.2000 – Rs. C-303/98 – SIMAP – EuGHE I 2000, 7963–8034 = EzA §7 ArbZG Nr. 1 = NZA 2000, 1227, Rz. 50.

Seit der Novelle des ArbZG durch das Gesetz zu Reformen am Arbeitsmarkt 27
vom 24. 12. 2003[31], in Kraft getreten am 1. 1. 2004, ist der frühere Streit
um die generelle Zuordnung des Bereitschaftsdienstes zur Arbeitszeit oder zur
Ruhezeit obsolet geworden[32].

**Schon zuvor konnte die gesetzliche Zuordnung des Bereitschaftsdienstes
zur Ruhezeit** wie auch die ansatzweise dementsprechende Rechtsprechung
deutscher Gerichte[33] **nicht mehr aufrechterhalten** werden, weil sie nicht den
europarechtlichen Vorgaben entspricht wie der **EuGH** immer wieder und
zu unterschiedlichen Fallkonstellationen zum Ausdruck gebracht hat[34]. Die
Zuordnung des mit **Anwesenheitspflicht am Arbeitsort** verbundenen **Bereitschaftsdienstes** zur Arbeitszeit i. S. d. Art. 2 Nr. 1 RL 93/104 EG ist nachvollziehbar, wenn man nicht von der deutschsprachigen, sondern von der französischsprachigen Fassung ausgeht, die auszugsweise lautet: ». . . toute periode
durant laquelle le travailleur est au travail«. Die Worte »au travail« lassen sich
zwanglos als »bei (oder auf) der Arbeit« i. s. v. Arbeitsstelle oder Arbeitsplatz
(im Betrieb) verstehen. Zugleich liegt in der Rechtsprechung des EuGH eine
wegen des grundsätzlich anerkannten **Anwendungsvorrangs**[35] **bindende Festlegung für das deutsche Arbeitszeitrecht**. Der EuGH hat neue Maßstäbe hinsichtlich des Bereitschaftsdienstes i. S. des Arbeitszeitrechts gesetzt.

4. Rufbereitschaft

Das Arbeitszeitgesetz verwendet auch den Rechtsbegriff der **Rufbereitschaft** 28
(§§ 5 Abs. 3, 7 Abs. 2 Nr. 1 ArbZG), **ohne ihn gesetzlich zu definieren**. Zu
der Geltung der Arbeitszeitordnung und hierauf abstellender tarifvertraglicher
Bestimmungen ist erkannt worden, dass sich die **Rufbereitschaft** von Bereitschaftsdienst dadurch unterscheidet, dass der Arbeitnehmer sich **an** einem in
der Regel **selbst bestimmten**, dem Arbeitgeber nur anzugebenden **Ort auf**

---

31 BGBl. I S. 3002, 3006 f.
32 Vgl. auch *Buschmann/Ulber* § 7 ArbZG Rz. 21.
33 Vgl. jedoch BAG 22.11.2000 – 4 AZR 612/99 – DB 2001, 820 zur tarifvertraglichen, bezahlungsrelevanten Einordnung von Bereitschaftsdienst im Rettungswesen.
34 EuGH 03.10.2000 – Rs. C-303/98 – SIMAP – EuGHE I 2000, 7963–8034 = EzA § 7 ArbZG Nr. 1 = NZA 2000, 1227.
35 Vgl. BVerfG 28.01.1992 – 1 BvR 1025/82 u. a. – EzA § 19 AZO Nr. 5 = NZA 1992, 270.

§ 2 ArbZG Begriffsbestimmungen

Abruf zur Arbeit bereitzuhalten hat[36]. Auch der EuGH versteht unter Rufbereitschaft, dass sich der Arbeitnehmer außerhalb der Arbeitsstelle bereithält, um jederzeit die Arbeit aufnehmen zu können[37]. Rufbereitschaft und Bereitschaftsdienst unterscheiden sich demnach hinsichtlich der notwendigen Wegezeiten zwischen Aufenthaltsort und konkreter Arbeitsstelle. Bei der Rufbereitschaft kann sich der Arbeitnehmer an einer beliebigen Stelle aufhalten. Allerdings ist er in der Wahl seines Aufenthaltsortes nicht völlig frei. Zwischen dem Abruf und der Arbeitsaufnahme darf nur eine solche Zeitspanne liegen, dass hierdurch der Einsatz nicht gefährdet wird und im Bedarfsfall die Arbeitsaufnahme gewährleistet ist. Der Arbeitnehmer muss bei Abruf seine Arbeit alsbald aufnehmen können[38]. Der Aufenthaltsort des Arbeitnehmers muss sich noch in einer Entfernung von der Arbeitsstelle befinden, die es ihm gestattet, die Arbeitsstelle in angemessen kurzer Zeit zu erreichen. Demgegenüber liegt im Fall des Bereitschaftsdienstes eine Aufenthaltsbeschränkung vor, die mit der Verpflichtung verbunden ist, bei Bedarf sofort tätig zu werden[39].

▶ **Beispiel:**

Umstritten war, ob der Arbeitgeber Rufbereitschaft oder Arbeitsbereitschaft angeordnet hatte. Der Arbeitnehmer war Krankenwagenfahrer im Rettungsdienst. Sein Einsatzort war das Kreiskrankenhaus. Die Wohnung des Arbeitnehmers liegt hiervon etwa 2,5 Kilometer entfernt. Von dort kann er seine Arbeit binnen zehn Minuten aufnehmen, wenn er die Dienstkleidung trägt. Muss er sich erst ankleiden, benötigt er zwölf bis fünfzehn Minuten bis zum Einsatz. Neben seiner regelmäßigen Arbeitszeit leistete der Arbeitnehmer Arbeitsbereitschaft in den Räumen des Krankenhauses sowie Rufbereitschaft, bei der er sich regelmäßig in seiner Wohnung aufhielt. Der Arbeitgeber ordnete an, die Rufbereitschaft sei so zu leisten, dass der Arbeitnehmer seinen Dienst binnen zehn Minuten effektiv antre-

---

36 BAG 03.12.1986 AP Nr. 1 zu § 30 MTB II.
37 EuGH 03.10.2000 – Rs. C-303/98 – SIMAP – EuGHE I 2000, 7963–8034 = EzA § 7 ArbZG Nr. 1 = NZA 2000, 122, Rz. 50.
38 BAG 12.02.1969 BAGE 21, 348 = AP Nr. 1 zu § 9 TVAL II.
39 Vgl. insgesamt: BAG 19.12.1991 EzA § 611 BGB Arbeitsbereitschaft Nr. 1 = NZA 1992, 560 m. w. N.

ten könne. Damit hatte der Arbeitgeber zumindest tarifvertraglich (§ 16 BMTG II) Arbeitsbereitschaft angeordnet[40].

Nicht mehr um **Rufbereitschaft** handelt es sich auch, **wenn** der Arbeitgeber bestimmt, dass die **Arbeit** im unmittelbaren Anschluss an die Beendigung der regelmäßigen Arbeitszeit **fortzusetzen** ist, obwohl der Arbeitnehmer im Anschluss an seine regelmäßige Arbeitszeit dienstplanmäßig zur Rufbereitschaft eingeteilt war. Dann hat der Arbeitgeber den Dienstplan geändert und nicht etwa von der Möglichkeit Gebrauch gemacht, einen Arbeitnehmer aus der Rufbereitschaft zur Arbeit abzurufen[41]. Entscheidend ist in diesem Fall, dass der Arbeitnehmer nicht mehr frei war, seinen Aufenthaltsort frei zu wählen, sondern gehalten war, sofort im Anschluss an seine normale Arbeitszeit vom Arbeitgeber abgeforderte Arbeit zu leisten. Wird für Gruppen von Beschäftigten einer Dienststelle eine Rufbereitschaft außerhalb der regelmäßigen Arbeitszeit eingerichtet, so ist die Aufstellung der Grundsätze für die hierauf abstellenden Dienstpläne mitbestimmungspflichtig[42]. 29

Rufbereitschaft als solche **ist keine Arbeitszeit** i. S. d. § 2 Abs. 1 1. Halbs. ArbZG. Vielmehr zählt zur Arbeitszeit nur die Zeit, in der der Arbeitnehmer während seiner Rufbereitschaft tatsächlich Arbeit leistet[43]. Die bloße Anordnung von Rufbereitschaft zwischen zwei Arbeitsschichten verstößt für sich allein unter diesem Gesichtspunkt nicht gegen die Schutzbestimmungen des Arbeitszeitgesetzes, insbesondere auch nicht gegen die in § 5 ArbZG vorgesehene Ruhezeitregelung[44]. Allerdings darf die Arbeitsleistung während der angeordneten Rufbereitschaft zwischen zwei Arbeitsschichten nicht zum Ausfall der Mindestruhezeit nach § 5 ArbZG führen. Ist Arbeitseinsatz vor Ablauf der Ruhezeit angefallen, so muss die Ruhezeit nach dem Ende ihrer Unterbrechung durch Arbeit in vollem Umfang grundsätzlich nachgewährt werden[45]. 30

---

40 BAG 19.12.1991 EzA § 611 BGB Arbeitsbereitschaft Nr. 1 = NZA 1992, 560 m. w. N.
41 BAG 26.11.1992 EzA § 611 BGB Arbeitsbereitschaft Nr. 2 = NZA 1993, 659.
42 BAG 23.01.2001 – 1 ABR 36/00 – EzA-SD 2001 Nr. 11 S. 13–15; NZA 2001, 741.
43 So auch EuGH 03.10.2000 – Rs. C-303/98 – SIMAP – EuGHE I 2000, 7963–8034 = EzA § 7 ArbZG Nr. 1 = NZA 2000, 1227, Rz. 50.
44 So schon zu § 12 Abs. 1 AZO: OLG Karlsruhe 29.04.1981 AP Nr. 7 zu § 611 BGB Arbeitsbereitschaft.
45 Vgl. des Näheren: Ruhezeit § 5 Rz. 4 ff.

III. Umkleide- und Waschzeit

31 **Unterschiedliche Auffassungen** gibt es, inwieweit unter dem Gesichtspunkt des Arbeitszeitschutzes **Umkleide- und Waschzeiten** der Arbeit zuzurechnen sind oder nicht. Auch insoweit kommt es **in erster Linie** darauf an, **welche Arbeit geschuldet wird**. Bei einem als Arbeitnehmer tätigen Modell zählt das Umkleiden in der Regel zur Arbeitszeit i. S. d. § 2 Abs. 1 1. Halbs. ArbZG. Denn seine arbeitsvertragliche Aufgabe besteht darin, verschiedene Kleidungsstücke nacheinander vorzuführen oder sich in ihnen zu präsentieren, z. B. auf dem Laufsteg oder zur Herstellung von Fotoaufnahmen. Handelt es sich jedoch nicht um derart spezielle Aufgaben, so erbringt ein Arbeitnehmer in der Regel während des Umkleidens oder durch das Umkleiden nicht die geschuldete Arbeitsleistung. Dementsprechend hat das BAG angenommen, dass die **Zeit des Umkleidens** und Waschens vor bzw. nach der Arbeit, von beruflichen Besonderheiten abgesehen, nicht zur Arbeit i. S. der Hauptleistungspflicht zähle und deshalb nicht vergütungspflichtig sei[46] und damit auch **nicht zur Arbeitszeit** i. S. d. § 2 Abs. 1 AZO[47]. An dieser nur das Vergütungsrecht betreffenden Rechtsprechung ist grundsätzlich festzuhalten, es sei denn, dass das Umkleiden die Hauptleistungspflicht ist, oder wenn der Arbeitgeber dies vorschreibt und es im Betrieb erfolgen muss[48]. Zum Mitbestimmungsrecht des § 87 Abs. 1 Nr. 2 BetrVG hat das BAG erkannt, dass die Zeit des Umkleidens in eine vom Arbeitgeber vorgeschriebene Verkaufskleidung (IKEA) zur Arbeitszeit zu rechnen sei[49]. Auch dies besagt nicht, ob die Umkleidezeit arbeitszeitschutzrechtlich zur Arbeitszeit zählt. Im Schrifttum werden unterschiedliche Standpunkte eingenommen. Nach *Neumann/Biebl*[50] soll sich weder hinsichtlich der Vergütung noch hinsichtlich des Arbeitszeitschutzes die Frage der Zuordnung der Zeit des Umkleidens und des Waschens zur Arbeitszeit kategorisch beantworten lassen. *Buschmann/Ulber*[51] wollen generell Wasch- und Umkleidezeiten der Arbeitszeit – auch im Sinne des

---

46 BAG 22.03.1995 – 5 AZR 934/93 – EzA § 611 BGB Arbeitszeit Nr. 1, vgl. auch BAG 11.10.2000 – 5 AZR 122/99 – BAGE 96, 45 = AP Nr. 20 zu § 611 BGB Arbeitszeit.
47 BAG 25.04.1962 AP Nr. 6 zu § 611 BGB Mehrarbeitsvergütung.
48 BAG 19.09.2012 – 5 AZR 678/11 – ZTR 2013, 79.
49 BAG 11.10.2009 – 1 ABR 54/08 – AuR 2010, 328 m. Anm. *Springer/Wrieske*.
50 § 2 Rz. 16.
51 § 2 ArbZG Rz. 10.

Arbeitszeitgesetzes – zurechnen, wenn das Waschen und Umkleiden einem für den Arbeitnehmer fremden Bedürfnis und nicht zugleich seinem eigenen Bedürfnis diene.

Gerade in diesen Randbereichen muss deutlich unterschieden werden, in welchem Zusammenhang der Begriff der Arbeitszeit verwendet wird. Die drei klassischen Zusammenhänge – Arbeitszeitschutz, Vergütungsrecht, Mitbestimmungsrecht – zwingen in aller Regel schon wegen der Unterschiedlichkeit der Regelungszwecke und der rechtlichen Gestaltungsmöglichkeiten durch kollektive Regelungen (Tarifvertrag, Betriebsvereinbarung, Dienstvereinbarung, Regelungsabrede) oder durch arbeitsvertragliche Abmachungen zu differenzierenden Betrachtungen. Für die Frage, inwieweit die Zeit des **Umkleidens** zur **Arbeitszeit im vergütungsrechtlichen Sinne** zählt, kommt es auf die **Verhältnisse im Einzelfall** an. Je nach Lage der Umstände zählte das Umkleiden zur vergütungspflichtigen Arbeitszeit oder auch nicht. In der Regel sind Umkleidezeiten nicht vergütungspflichtig[52], ausnahmsweise können sie es sein[53]. Dabei sind in erster Linie die organisatorischen Gegebenheiten des jeweiligen Betriebes und die konkreten Anforderungen an den Arbeitnehmer maßgebend, wie sie sich aus den betrieblichen Regelungen und Handhabungen tatsächlich ergeben. Insoweit können auch Betriebsvereinbarungen, die konkret den Beginn der Arbeit wie auch das Umkleiden regeln, auf die Frage sowohl der öffentlich-rechtlichen als auch der vergütungsrechtlichen Zuordnung des Umkleidens zur Arbeitszeit Einfluss haben. Derartige Betriebsvereinbarungen wirken gemäß § 77 Abs. 4 BetrVG unmittelbar auf das Arbeitsverhältnis[54]. 32

▶ **Beispiele:**

1. In einem Krankenhaus hatten Krankenschwestern ihre Dienstkleidung, die ihnen der Arbeitgeber unentgeltlich zur Verfügung stellte und reinigte, in einem dafür eingerichteten Umkleideraum zu wechseln und während des Dienstes zu tragen. Sie durften die Dienstkleidung nicht mit nach Hause nehmen. Der Arbeitgeber hatte die Arbeit so organisiert, dass das Umkleiden als arbeitsvertragliche Verpflichtung gewertet wurde, die nicht irgendwann und irgendwo, sondern unmittelbar an

---

52 BAG 11.10.2000 – 5 AZR 122/99 – EzA § 611 BGB Nr. 30.
53 BAG 19.09.2012 – 5 AZR 678/11 – ZTR 2013, 79.
54 BAG 22.03.1995 EzA § 611 BGB Arbeitszeit Nr. 1.

Ort und Stelle erfüllt werden musste. Weil der Arbeitgeber die Krankenschwestern aufgrund seines Direktionsrechts rechtlich gezwungen hatte, sich im Umkleidezimmer umzukleiden, hatte er die Arbeitsstelle so organisiert, dass der Raum zu dieser Arbeitsstelle gehörte und dort gemäß § 15 Abs. 7 BAT die Arbeitszeit der Krankenschwestern begann und endete. Hieraus folgte, dass die Zeit des Umkleidens sowie der Weg zur und von der Station zum Umkleideraum zu Beginn und Ende der Tätigkeit zur Arbeitszeit gerechnet wurde[55].

2. Arbeitnehmer hatten aus arbeitsschutzrechtlichen Gründen Sicherheitsbekleidung zu tragen. Die Zeit für das An- und Ablegen der Sicherheitsbekleidung wurde als vergütungspflichtige Arbeitszeit angesehen[56].

3. Die Zeit des Umkleidens für Flugpersonal ist dagegen mangels anderweitiger normativer Bestimmungen einschließlich der betreffenden tarifvertraglichen Regelungen nicht als Arbeitszeit gewertet worden[57].

33 Unter **mitbestimmungsrechtlichen Gesichtspunkten** ist die Rechtsprechung uneinheitlich. Neuerdings nimmt das BAG jedoch an, dass das Umkleiden mit vom Arbeitgeber vorgeschriebener Verkaufskleidung zur Arbeitszeit i. S. des § 87 Abs. 1 Nr. 2 BetrVG zählt[58].

34 Unter dem Gesichtspunkt des **öffentlich-rechtlichen Arbeitszeitschutzes** hat jedoch das BAG die Zeit für das Umkleiden und Waschen vor und nach der Arbeit nicht als Arbeitszeit angesehen[59]. An dieser grundsätzlichen Wertung dürfte auch für das Arbeitszeitgesetz festzuhalten sein. Dies schließt weder aus, dass bereits das Umkleiden wie das Waschen vor und nach der Arbeit zur vergütungspflichtigen Tätigkeit zählen kann, noch, dass die hierfür zu verwendende Zeit mitbestimmungsrechtlich als Arbeitszeit (§ 87 Abs. 1 Nr. 2 BetrVG) gewertet wird.

---

55 BAG 28.07.1994 EzA § 15 BAT Nr. 4.
56 LAG Baden-Württemberg 12.02.1987 AiB 1987, 246 m. Anm. Degen.
57 LAG Berlin 16.06.1986 LAGE § 76 BetrVG 1972 Nr. 24.
58 BAG 11.10.2009 – 1 ABR 54/08 – AuR 2010, 328 m. Anm. *Springer/Wrieske*.
59 BAG 25.04.1962 AP Nr. 6 zu § 611 BGB Mehrarbeitsvergütung.

IV. Wegezeit

Der **Begriff** der **Wegezeit** unter dem Gesichtspunkt des Arbeitszeitschutzes ist 35
im Gesetz nicht definiert. In der Praxis zeigt sich ein **uneinheitlicher Sprachgebrauch.**

1. Weg zwischen Wohnung und Betrieb

Grundsätzlich gehört der Zeitaufwand für den **Weg zwischen Wohnung** 36
und Betrieb nicht zur Arbeit und damit auch **nicht** zur **Arbeitszeit** i. S. d. § 2
Abs. 1 1. Halbs. ArbZG[60].

2. Wegezeit im Betrieb

Inwieweit Zeitaufwand zum Zurücklegen von **Wegen innerhalb der Betriebs-** 37
stätte der Arbeitszeit zuzurechnen ist, ist von Gesetzes wegen nicht ausdrücklich geregelt. Für die arbeitszeitschutzrechtliche Bewertung von Zeiten, die der Arbeitnehmer damit verbringt, vom Betrieb aus oder innerhalb des Betriebes zum Ort der Erbringung seiner Arbeitsleistung zu gelangen, ist zum einen auf die Ausübung des **Direktionsrechts** durch den Arbeitgeber abzustellen, zum anderen aber auch darauf, inwieweit nach der vom Arbeitgeber vorgegebenen Organisation ein räumlicher Bezug zu einer Betriebsstätte hergestellt ist oder nicht.

▶ Beispiel:

Ein Unternehmer beschäftigte auf auswärtigen Bau- und Montagestellen Arbeitnehmer. Nach der von ihm vorgegebenen betrieblichen Organisation begannen die Fahrten zu den auswärtigen Bau- und Montagestellen in der Betriebsstätte des Unternehmens, die Rückfahrten von diesen Bau- und Montagestellen endeten eben dort. Er stellte den Arbeitnehmern hierfür ein Firmenfahrzeug zur Verfügung. Den für die Fahrzeiten gewährten Freizeitausgleich machte der Arbeitgeber von einem Nachweis durch Betätigen der Stechuhr im Betrieb abhängig. Die Wegezeiten für die Beförderung von Arbeitnehmern in betriebseigenen Beförderungsmitteln

---

60 BAG 08.12.1960 AP Nr. 1 zu § 611 BGB Wegezeit m. Anm. *Schnorr von Carolsfeld* = LS AP Nr. 6 zu § 2 AZO; *Buschmann/Ulber* § 2 ArbZG Rz. 6.

von der Betriebsstätte zu einer auswärtigen Arbeitsstätte und zurück sind als Arbeitszeit im arbeitsschutzrechtlichen Sinn angesehen worden[61].

38 Anders kann es sich dagegen verhalten, wenn der Arbeitgeber seinen Betrieb nicht derart organisiert, dass die Fahrten zu den auswärtigen Bau- und Montagestellen an seiner Betriebsstätte beginnen, sondern er den Arbeitnehmern freistellt, von ihrer **Wohnung unmittelbar zu der jeweiligen Bau- und Montagestelle** zu fahren. Unter dem Gesichtspunkt des Arbeitszeitschutzes dürften derartige Fahrten nicht anders bewertet werden als Fahrten von der Wohnung des Arbeitnehmers zu der räumlich fest angeordneten Betriebsstätte seines Arbeitgebers. Sie sind **keine Arbeitszeit** i. S. d. ArbZG. Dies gilt grundsätzlich auch für ständig auf wechselnden auswärtigen Bau- oder Montagestellen oder anderen Einsatzorten tätige Arbeitnehmer. Auch bei ihnen zählt die Zeit für direkte Wege zwischen Wohnung und konkretem Einsatzort grundsätzlich nicht zur Arbeitszeit i. S. d. Arbeitszeitgesetzes[62]. Entscheidend ist auch insoweit, dass zu den Schutzzielen des Arbeitszeitgesetzes weder die Bewahrung des Arbeitnehmers vor jeder Art von Überbeanspruchung noch etwa die Sicherheit im Straßenverkehr zählt, sondern nur der Schutz vor der Überbeanspruchung durch ein zeitliches Übermaß der geschuldeten Arbeitsleistung. Die Arbeitszeit beginnt und endet aber bei den genannten Arbeitnehmern grundsätzlich erst mit der Aufnahme bzw. Einstellung der Arbeit am konkreten Einsatzort (Bau- oder Montagestelle usw.).

39 Die Frage, inwieweit **Wegezeiten vergütungspflichtig** sind, kann unter Umständen anders zu beantworten sein als die Frage ihrer arbeitsschutzrechtlichen Zuordnung. Einen allgemeinen Rechtsgrundsatz, wonach im betrieblichen Interesse aufgewendete Reise- oder Wegezeiten stets zu bezahlen sind, gibt es nicht[63]. Vielmehr kommt es insoweit auf die tarif- oder arbeitsvertraglichen Vereinbarungen, mangels solcher auf die Üblichkeit der Vergütung (§ 612 BGB) an. Für das Baugewerbe gibt es beispielsweise besondere tarifvertragliche Regelungen zur Vergütung von Wegezeiten. Bei räumlich weit auseinander liegenden Betriebsstätten können innerbetriebliche Wegezeiten anfallen, die als solche nicht mehr erfasst werden. Dies ist insbesondere dann der Fall, wenn die Arbeitsstelle nicht mit dem Arbeitsplatz identisch ist, sondern einen weiteren räumlichen Bereich umfasst und die tarifvertragliche Regelung

---

61 BayObLG 23.03.1992 NZA 1992, 811.
62 *Loritz* NZA 1997, 1188, 1191.
63 BAG 03.09.1997 EzA § 612 BGB Nr. 20.

die Vergütungspflicht nicht anknüpft an das Eintreffen des Arbeitnehmers an seinem konkreten Arbeitsplatz, sondern an das Betreten der Arbeitsstelle.

V. Reisezeit

Als **Reisezeiten** werden sowohl Zeiträume für eine Dienstreise als auch Wegezeiten bezeichnet. Insoweit ist der **Sprachgebrauch** ebenfalls **nicht einheitlich**. Für die rechtliche Einordnung ist wiederum hinsichtlich der Frage des Arbeitszeitschutzrechts einerseits und der Frage der Vergütung anderseits zu unterscheiden. 40

1. Dienstreisezeiten

Gehört das Reisen zur arbeitsvertraglichen **Hauptleistung** eines Arbeitnehmers, z.B. bei Kraftfahrern, wenn sie das Fahrzeug führen, oder bei Handlungsreisenden, so zählt der Zeitaufwand für das Reisen arbeitszeitrechtlich wie auch vergütungsrechtlich zur **Arbeitszeit. Zeitaufwand für Dienstreisen**, d.h. Reisen zur Erledigung von Dienstgeschäften außerhalb des Ortes des Betriebes, dem der Arbeitnehmer zugeordnet ist, stellen jedoch bei anderen Arbeitnehmern, z.B. Bauarbeitern, Montagearbeitern, arbeitszeitrechtlich grundsätzlich **keine Arbeitszeit** dar. Dies gilt auch für Fahrten mit einem zur Verfügung gestellten Kraftwagen[64]. Die Wegezeiten (Dauer der Hin- und Rückfahrt) einer Dienstreise gelten nicht als Arbeitszeit i. S. von § 2 Abs. 1 ArbZG, wenn der Arbeitgeber lediglich die Benutzung eines öffentlichen Verkehrsmittels vorgibt und es dem Arbeitnehmer überlassen bleibt, wie er die Zeit nutzt[65]. 41

Soweit der Arbeitnehmer während der Reise Arbeit im eigentlichen Sinne leistet, handelt es sich arbeitszeitschutzrechtlich um Arbeitszeit[66]. 42

---

64 Vgl. zu § 17 BAT: BAG 06.10.1975 und 22.02.1978 AP Nr. 1 und 3 zu § 17 BAT; s.a. *Hunold* DB 1985 Beil. 1; *Loritz/Koch* BB 1987, 1102.
65 BAG 11.07.2006 – 9 AZR 519/05 – EzA § 2 ArbZG Nr. 1 = DB 2007, 115.
66 *Zwanziger* DB 2007, 1357; *Anzinger/Koberski* § 2 ArbZG Rz. 16 m.w.N.; differenzierend *Hunold* NZA 2006, Beil. 1 S. 38 ff.; teilweise a.A. *Els* BB 1986, 2192.

▶ **Beispiel:**

Zum Zweck der Teilnahme an einer auswärtigen Konferenz reist der Arbeitnehmer mit der Bahn. Während der Bahnfahrt bearbeitet er dienstlich Akten.

2. Reisetätigkeit

43 Eindeutig als **Arbeit i. S. d. § 2 Abs. 1 Satz 1 1. Halbs. ArbZG** ist jedoch eine sog. **Reisetätigkeit** einzuordnen. Sie liegt vor, wenn der Arbeitnehmer nach seinem Arbeitsvertrag eine Tätigkeit schuldet, die gerade darin besteht, zu reisen oder sich von einem Ort zu einem anderen Ort zu bewegen. Soweit er z. B. im Betrieb des Kunden warten muss, um vorgelassen zu werden, handelt es sich ebenfalls um Arbeit im arbeitsschutzrechtlichen Sinne. Dies gilt vor allem für Kraftfahrer, Taxifahrer, angestellte Handlungsreisende, Reisebegleiter und Reiseleiter. Abweichende Regelungen gelten für das Fahrpersonal im Straßentransport (vgl. § 21 a ArbZG).

44 Indessen ist nicht zu übersehen, dass auch bei Arbeitnehmern, die eine Reisetätigkeit schulden, nicht jede durch die berufliche Tätigkeit veranlasste Reise unter dem Gesichtspunkt des Arbeitszeitschutzes als Arbeit zu werten sein muss, z. B. dann nicht, wenn er von zu Haus erst zum Ort des Beginns seiner Reise oder in sein Reisegebiet anreist.

▶ **Beispiel:**

Ein in Hamburg wohnhafter Reiseleiter hat die Aufgabe, die Leitung einer Busreise von und nach Düsseldorf durchzuführen. Die Anreise von Hamburg nach Düsseldorf, die der Reiseleiter für sich gestalten kann und während der er keine anderweitige Arbeitstätigkeit zu vollziehen hat, zählt unter dem Gesichtspunkt des Arbeitszeitschutzes nicht zur Arbeit i. S. d. § 2 Abs. 1 Satz 1 1. Halbs. ArbZG. Arbeit im arbeitszeitschutzrechtlichen Sinne beginnt erst, wenn der Reiseleiter seine Tätigkeit in Düsseldorf aufnimmt.

VI. Beginn und Ende der Arbeit

45 **Beginn und Ende** der Arbeit ohne die Pausen umschreiben den äußeren Rahmen der Arbeitszeit i. S. d. § 2 Abs. 1 Satz 1 1. Halbs. ArbZG. Das Gesetz definiert den Beginn der Arbeit ebenso wenig wie deren Ende. Dies betrifft nicht nur die Arbeit i. S. d. Arbeitszeitschutzes, sondern auch die Frage der Vergütungspflicht von Arbeit.

Beginn und Ende der Arbeit sind **unbestimmte Rechtsbegriffe**. Ihre Anwendung erfordert stets die Beachtung aller wesentlichen Umstände des Einzelfalles[67]. Allgemeingültige feste Regeln lassen sich nicht aufstellen. Der Beginn wie das Ende der Arbeit richten sich in erster Linie nach der arbeitsvertraglich geschuldeten Tätigkeit. Spätestens in dem Augenblick, in welchem der Arbeitnehmer die vertraglich geschuldete Tätigkeit an seinem vom Arbeitgeber bestimmten Arbeitsplatz aufnimmt, beginnt die Arbeit i. S. d. Arbeitszeitschutzrechts[68]. Spätestens dann beginnt auch die entlohnungspflichtige Tätigkeit. 46

▶ **Beispiel:**
> Der Arbeitnehmer ist als Bürosachbearbeiter angestellt. Nach Betreten des Gebäudes, Aufsuchen seines Dienstzimmers, Ablegen seiner Straßenkleidung nimmt er an seinem Schreibtisch Platz und schaltet den Bürocomputer ein; er ruft den ersten Vorgang zur Bearbeitung auf. Spätestens mit dem Einschalten des Bürocomputers hat der Arbeitnehmer seine Arbeit im arbeitszeitschutzrechtlichen Sinne begonnen.

Ob es allerdings möglich ist, stets erst die Aufnahme der effektiv geschuldeten Tätigkeit als einen regelmäßigen Beginn der Arbeit anzusehen, soweit sich keine andere ausdrückliche oder stillschweigende arbeitsvertragliche Vereinbarung feststellen lässt[69], erscheint angesichts der europarechtlichen Definition des Begriffes der Arbeitszeit mehr als zweifelhaft. Mit dem Beginn und Ende der Arbeit i. S. d. § 2 Abs. 1 Satz 1 1. Halbs. ArbZG hängen zwar insoweit von der arbeitsvertraglichen Vereinbarung ab, als spätestens die Aufnahme der arbeitsvertraglich geschuldeten Tätigkeit den Beginn der Arbeit markiert. **Die Anwesenheit des Arbeitnehmers** an seinem (räumlichen) Arbeitsplatz markiert jedoch – je nach näherer Ausgestaltung des Zählpunktes, d. h. des Ortes, an welchem der Beginn der Arbeitszeit z. B. durch Betätigen eines Zeiterfassungsgerätes festgestellt wird, den Beginn der Arbeitszeit, und zwar in aller Regel sowohl unter dem Gesichtspunkt des Arbeitsschutzes als auch unter dem der Zeiterfassung oder Bezahlung. Gleichwohl können die erfasste »Arbeitszeit« (genauer: »Anwesenheitszeit«) und die für die Bemessung der Arbeitszeit relevante Arbeitsleistung auseinander fallen, z. B. wenn der Arbeit- 47

---

67 *Roggendorff* § 2 ArbZG Rz. 30.
68 *Anzinger/Koberski* § 2 ArbZG Rz. 10.
69 So wohl *Dobberahn* ArbZG Rz. 42.

nehmer über die gesetzlichen Ruhepausen hinaus weitere oder größere Pausen, auch sog. »**schöpferische Pausen**« in einem Ausmaß einlegt, dass die Pausen als wirkliche Arbeitsunterbrechung anzusehen sind. Insbesondere in geistig-schöpferischen, sog. »kreativen« Berufen, in Forschung und Entwicklung ist festzustellen, dass die Anwesenheit des Arbeitnehmers und das tatsächliche Erbringen einer Arbeitsleistung i. S. d. Arbeitszeitgesetzes auseinander fallen. Indessen ist auch im Rahmen des § 2 Abs. 1 Satz 1 1. Halbs. ArbZG nicht nur die arbeitsvertragliche Vereinbarung zwischen Arbeitnehmer und Arbeitgeber maßgeblich. Der Beginn der Arbeit wie auch deren Ende können noch von weitaus mehr Umständen abhängen. **Tarifvertragliche Regelungen** definieren sehr häufig Beginn und Ende der Arbeit bzw. der Arbeitszeit ohne Rücksicht auf die konkrete Tätigkeitsaufnahme. Jedoch besagen solche Tarifregelungen theoretisch nichts über den Beginn und das Ende der Arbeit i. S. d. § 2 Abs. 1 Satz 1 1. Halbs. ArbZG. In der Praxis der Überwachungsbehörden wird jedoch i. d. R. auf die vom Arbeitgeber zu Zwecken der Bezahlung eingerichtete Arbeitszeiterfassung auch für die Zwecke des Arbeitszeitschutzes zurückgegriffen.

48 Innerhalb des durch den Arbeitsvertrag und/oder den Tarifvertrag definierten Rahmens bestimmt der **Arbeitgeber** durch die von ihm gesetzten räumlichen und organisatorischen Bedingungen, nämlich seiner unternehmerischen Entscheidung, die grundsätzliche betriebliche Arbeitszeitgestaltung[70]. Er bestimmt gegenüber dem einzelnen Arbeitnehmer Kraft seines arbeitsvertraglichen **Direktionsrechts** den **Beginn wie das Ende der Arbeit**. Dabei sind die **Mitbestimmungsrechte** nach § 87 Abs. 1 Nr. 2 BetrVG oder nach § 75 Abs. 3 Nr. 1 BPersVG und entsprechendem Landesrecht hinsichtlich der Festlegung des Beginns und Ende der täglichen Arbeitszeit einschließlich der Pausen sowie der Verteilung der Arbeitszeit auf die einzelnen Wochentage ebenso zu beachten wie beim Einsatz technischer Einrichtungen, die geeignet sind, das Verhalten oder die Leistung der Arbeitnehmer zu überwachen, die nach § 87 Abs. 1 Nr. 6 BetrVG bzw. nach Personalvertretungsrecht mitbestimmungspflichtig sind. Insbesondere Stechuhren, Stempeluhren, Geräte zum automatischen Vergleich der Soll- und Ist-Zeiten der Anwesenheit der Arbeitnehmer, elektronische Zeiterfassungssysteme zählen zu den nach § 87 Abs. 1 Nr. 6 BetrVG mitbestimmungspflichtigen technischen Einrichtungen.

---

70 BAG 24.04.1997 EzA § 2 KSchG Nr. 26 m. Anm. *Henssler*.

Für Beginn und Ende der Arbeitszeit i. S. d. § 2 ArbZG ist die tatsächliche 49
Wechselwirkung mit der **Arbeitszeiterfassung** zu beachten. Grundsätzlich
kann der Arbeitgeber zwar darauf verzichten, Nachweise über die Einhaltung
der Arbeitszeit seiner Arbeitnehmer zu führen. Nach § 16 Abs. 2 ArbZG ist er
nur verpflichtet, die über die werktägliche Arbeitszeit des § 3 Satz 1 ArbZG
hinausgehende Arbeitszeit der Arbeitnehmer aufzuzeichnen und diese Aufzeichnungen mindestens zwei Jahre aufzubewahren. Diese Aufzeichnungspflicht betrifft nicht jede Arbeit, sondern nur die, bei der die werktägliche
Arbeitszeit von acht Stunden (§ 3 Satz 1 ArbZG) überschritten wird. Soweit
der Arbeitgeber die Einhaltung des Beginns und des Endes der Arbeitszeit
der Arbeitnehmer innerhalb seines Betriebes dokumentieren will, z. B. durch
Anschreiben, sehr häufig aber durch entsprechende technische Einrichtungen
wie Stechuhren oder (elektronische) Zeiterfassungsgeräte, werden der **Beginn**
und das **Ende der Arbeitszeit** rein tatsächlich durch die Wahl des **Ortes**
bestimmt, an welchem die **Zeiterfassung** erfolgt. **Praktisch richtet sich die
Arbeitszeit nach dem Standort der Zeiterfassung.** Die Wahl des Standortes
der Zeiterfassung unterliegt jedoch nicht nur der betrieblichen Mitbestimmung, sondern kann auch tarifvertraglich vorgegeben sein. Die unterschiedliche Wahl des Ortes der Zeiterfassung kann zum Teil erhebliche betriebswirtschaftliche und arbeitszeitrechtliche Folgen haben.

▶ **Beispiel:**

Eine große Hauptverwaltung eines Unternehmens ist in einem großen
Bürohochhaus untergebracht. Der Weg vom Haupteingang im Erdgeschoss bis zum Büro im äußersten Flügel auf der höchsten Etage dauert
durchschnittlich 15 Minuten. Im mechanischen Mittel beträgt der Zeitaufwand für jeden Weg vom Haupteingang in die jeweiligen Büroräume
acht Minuten. Etwa dieselbe Zeit wird für den Weg in die Kantine im
Dachgeschoss benötigt. Der Zeitaufwand für den Weg vom Fahrstuhl bis
zum am weitesten entfernten Büro auf derselben Etage beträgt vier Minuten; im Durchschnitt dauert es zwei Minuten, um vom Fahrstuhl in die
Büroräume desselben Geschosses zu gelangen.

Alternative 1:

Die Zeiterfassung erfolgt am Haupteingang; sobald die dort aufgestellten
Zeiterfassungsgeräte (§ 87 Abs. 1 Nr. 1 und 6 BetrVG beachten!) betätigt werden, beginnt und endet die Arbeitszeit. Der Zeitaufwand für das
Zurücklegen der Wege vom Haupteingang in die Büroräume und zurück
zählt bei der Arbeitszeit mit. Eine Zeiterfassung für die Pausen durch die

am Haupteingang aufgestellten Zeiterfassungsgeräte ist praktisch nur möglich, soweit Arbeitnehmer das Hauptgebäude verlassen. Wird die Pause benutzt, um die im Dachgeschoss befindliche Kantine zu benutzen, scheidet eine Zeiterfassung am Haupteingang im Erdgeschoss tatsächlich aus.

Alternative 2:

Die Zeiterfassung erfolgt auf jeder Etage gesondert durch neben dem Fahrstuhleingang aufgestellte Zeiterfassungsgeräte (§ 87 Abs. 1 Nr. 1 und Nr. 6 BetrVG beachten!). Die Arbeitszeit beginnt erst auf der Etage. Der Zeitaufwand für den Weg vom Haupteingang zur Fahrstuhltüre auf der Etage wird nicht erfasst. Durchschnittlich werden damit pro Arbeitnehmer arbeitstäglich zweimal sechs Minuten weniger als sog. »Arbeitszeit« festgehalten. Eine Platzierung der Zeiterfassungsgeräte auf den Etagen neben den Fahrstühlen ermöglicht auch, Pausen zu erfassen, bei denen die Etage verlassen wird, z. B. beim Aufsuchen der Kantine im Dachgeschoss oder beim Verlassen des Gebäudes.

Alternative 3:

Es besteht eine Betriebsvereinbarung, wonach die Arbeitszeit am konkreten Arbeitsplatz beginnt und endet und die Arbeitnehmer Beginn und Ende ihrer Arbeit dadurch dokumentieren, dass sie das auf ihrem Schreibtisch befindliche Terminal in die zentrale Datenverarbeitungsanlage einschalten. Entsprechendes gilt für das Ende der Arbeit sowie für Beginn und Ende der Pausen. Die Datenverarbeitungsanlage erfasst die Zeitpunkte des Ein- und Ausschaltens. Bei dieser Lösung fällt überhaupt kein Zeitaufwand für das Zurücklegen von Wegen anlässlich des Beginns und des Endes der Arbeit bzw. der Pausen in die Arbeitszeit.

Alternative 4:

Der Arbeitgeber verzichtet auf jede Zeiterfassung. Weder im Tarifvertrag noch in den einzelnen Arbeitsverträgen noch in einer Betriebsvereinbarung ist ein Ort für die Arbeitszeiterfassung normiert. Auch bei dieser Alternative fallen Wegezeiten anlässlich des Beginns und des Endes der Arbeit bzw. anlässlich von Pausen nicht in die Arbeitszeit des einzelnen Arbeitnehmers. Seine Arbeit beginnt erst bei Aufnahme der geschuldeten Tätigkeit am konkreten Arbeitsplatz; sie endet, sobald er dort die geschuldete Tätigkeit einstellt.

Begriffsbestimmungen § 2 ArbZG

> Fazit:
>
> Im Ergebnis ist arbeitszeitschutzrechtlich, vergütungsrechtlich und damit auch betriebswirtschaftlich **entscheidend, ob, wie und wo** eine **Erfassung** der Arbeitszeit erfolgt.

Rechtlich setzen »Beginn« und »Ende« der Arbeit allerdings nicht voraus, dass 50 der Arbeitgeber diese Zeitpunkte festsetzt oder deren Aufzeichnung anordnet. Der arbeitsrechtlich grundsätzlich zulässige **Verzicht auf** die **Festlegung** und/ oder auf die **Erfassung der Arbeitszeit entheht nicht von der Einhaltung des Arbeitszeitgesetzes.** Die gilt vor allem für die **Vertrauensarbeitszeit.** Auch sie fällt unter die Arbeitszeitrichtlinie[71]. Bei ihr »verzichtet« der Arbeitgeber auf die Festlegung und die Aufzeichnung der Arbeitszeit unter arbeitsvertraglichen Gesichtspunkten. In der Regel wird die Einhaltung der Arbeitszeit dadurch »ersetzt«, dass der Arbeitgeber nicht mehr eine bestimmte Zeit der Anwesenheit vom Arbeitnehmer fordert, sondern »lediglich« die objektive Erledigung einer bestimmten Arbeitsaufgabe zu einem vorher bestimmten Termin. Allein dies hat nicht zur Folge, dass arbeitszeitrechtlich mangels Definition von Beginn und Ende der Arbeit, bezogen auf einen Tag, arbeitszeitschutzrechtlich keine Arbeit oder zumindest keine Arbeitszeit mehr anfiele. Vielmehr müssen auch in solchen Fällen die Regeln des Arbeitszeitgesetzes, vor allem die der höchstzulässigen werktäglichen Arbeitszeit, der Pausen und der Ruhezeit sowie die Regeln über die Sonn- und Feiertagsarbeit einschließlich der Pflicht zur Aufzeichnung der acht Stunden überschreitenden werktäglichen Arbeitszeit eingehalten werden. Verzichtet der Arbeitgeber auf die Aufzeichnung der Arbeitszeit und/oder der Pausen gegenüber seinem Arbeitnehmern, so entheht ihn dies nicht von der Pflicht, entsprechende Nachweise gem. § 16 Abs. 2 ArbZG zu führen. Ebenso wenig kann er sich durch einen solchen Verzicht dem Anspruch des Betriebsrats entziehen, die nötigen Angaben gem. § 80 BetrVG zwecks Prüfung zu erhalten, ob die Pausen, die Ruhezeiten und die (tariflichen) Arbeitszeiten eingehalten sind[72].

---

71 EuGH 07.09.2006 – Rs. C-484/04 – Kommission ./. UK – AuR 2006, 364.
72 BAG 06.05.2003 BAGE 106, 111 = EzA § 80 BetrVG 2001 Nr. 2 = NZA 2003, 1348, vgl. dazu *Krabbe-Rachut* ArbuR 2004, 72; *Schöne* SAE 2004, 119.

E. Mehrere Arbeitsverhältnisse (§ 2 Abs. 1 Satz 1 2. Halbs. ArbZG)

51 Ein Arbeitnehmer kann gleichzeitig **mehrere Arbeitsverhältnisse** haben; insbesondere neben seiner Haupttätigkeit eine **Nebentätigkeit**. Wie schon nach der Vorgängerregelung (§ 2 Abs. 3 Satz 2 AZO) sind in einem solchem Fall die **Arbeitszeiten** bei mehreren Arbeitgebern **zusammenzurechnen** (§ 2 Abs. 1 Satz 1 2. Halbs. ArbZG). Überschreitet die Summe der Arbeitszeiten aus dem Arbeitsverhältnis desselben Arbeitnehmers mit verschiedenen Arbeitgebern insgesamt die Grenze des Arbeitszeitgesetzes, stellen sich eine Reihe von Fragen. Zum einen ist zu prüfen, inwieweit welcher Arbeitsvertrag hierdurch in seiner Wirksamkeit berührt wird und welche arbeitsrechtlichen Auswirkungen dies für die Vergangenheit und die Zukunft hat. Des Weiteren ist zu klären, gegenüber welchem dieser mehreren Arbeitgeber die Überschreitung der gesetzlichen Höchstarbeitszeit als Ordnungswidrigkeit (§ 22 Abs. 1 Nr. 1 1. Alt. ArbZG) oder sogar als Straftat (§ 23 ArbZG) verfolgt werden kann.

I. Arbeitsrechtliche Folgen

52 Zur früheren Bestimmung des § 2 Abs. 3 Satz 2 AZO hat das BAG erkannt, dass zur Ermittlung der höchstzulässigen Arbeitszeit im arbeitsschutzrechtlichen Sinne alle **Beschäftigungszeiten** aus den **Arbeitsverhältnissen zusammenrechnen** sind und es hierbei nicht darauf ankommt, inwieweit die eine Tätigkeit als Haupttätigkeit, die andere als Nebentätigkeit anzusehen ist[73]. Tätigkeiten, die jemand nicht im Rahmen eines Arbeitsverhältnisses, sondern z. B. als **Selbständiger** erbringt, sind in die Zusammenrechnung nicht einzubeziehen[74].

▶ **Beispiele:**

1. Ein Arbeitnehmer war hauptberuflich als Schaltmechaniker an wöchentlich fünf Arbeitstagen mit einer regelmäßigen Arbeitszeit von insgesamt 41,5 Stunden tätig. Daneben spielte er regelmäßig am Freitagnachmittag und -abend sowie am Samstagabend jeweils sechs bis sieben Stunden in einer Tanzkapelle. Für die Frage, ob der Zeitaufwand für beide Tätigkeiten zusammenzurechnen war, kam es entscheidend

---

73 BAG 11.12.2001 – 9 AZR 464/00 – AuR 2002, 316.
74 BAG 14.12.1967 AP Nr. 2 zu § 1 AZO.

darauf an, ob auch die Betätigung als Musiker in einem Arbeitsverhältnis stattfand. Falls ja, waren beide Tätigkeiten zusammenzurechnen[75].
2. Ein Arbeitnehmer steht als Schlosser in einem Arbeitsverhältnis mit einem Unternehmer, der sog. Karosserieschlitten reinigt, richtet und auf ihre Maßgenauigkeit prüft. Seine regelmäßige Arbeitszeit beträgt an fünf Tagen in der Woche 40 Stunden insgesamt. Der Arbeitnehmer geht später noch ein zweites Arbeitsverhältnis mit einem anderen Arbeitgeber ein. Dort hat er ein- bis zweimal wöchentlich Reinigungsarbeiten im Schichtdienst auszuführen. Die Schichtdauer beträgt sechs Stunden; die Schichten liegen zwischen 22.00 Uhr und 5.00 Uhr morgens. Die Arbeitszeiten aus beiden Arbeitsverhältnissen waren zusammenzurechnen[76].

Überschreiten die nach § 2 Abs. 1 Satz 1 2. Halbs. ArbZG **zusammengerechneten Arbeitszeiten** aus mehreren nebeneinander bestehenden Arbeitsverhältnissen die gesetzliche Höchstarbeitszeit, stellt sich die Frage, ob **alle Arbeitsverträge** wegen Verstoßes gegen ein gesetzliches Verbot nach § 134 BGB als **nichtig** zu beurteilen sind oder ob dies nur für den Arbeitsvertrag zutrifft, der als später geschlossener Vertrag die Überschreitung der gesetzlichen Höchstarbeitszeit zur Folge hat[77]. Das BAG hatte früher eine derartige Reihenfolge angenommen, allerdings die Nichtigkeitsfolgen des zweiten Arbeitsvertrages auf die Zeit beschränkt, in der der Arbeitnehmer aufgrund dieses Vertrages noch keine Arbeit geleistet hatte[78]. Der Arbeitgeber hat insoweit die Obliegenheit, den zur Einstellung vorgesehenen Arbeitnehmer nach dessen »Nebenbeschäftigungen« zu fragen, und das Recht auf eine wahrheitsgemäße Antwort, denn er darf den Arbeitnehmer nur beschäftigen, wenn die Vorschriften auch des ArbG eingehalten werden[79]. Ob den Arbeitgeber insoweit allerdings eine Erkundungspflicht trifft[80], er also fahrlässig handelt, wenn er dieser Erkundungspflicht nicht nachkommt[81], erscheint zweifelhaft.

53

---

75 BAG 14.12.1967 AP Nr. 2 zu § 1 AZO.
76 Vgl. BAG 26.08.1993 EzA § 626 BGB Nr. 148.
77 Vgl. *Roggendorff* § 2 ArbZG Rz. 49.
78 BAG 19.06.1959 BAGE 8, 47 = AP Nr. 1 zu § 611 BGB m. Anm. *Dersch*.
79 BAG 26.06.2001 – 9 AZR 343/00 – EzA § 611 BGB Nebentätigkeiten Nr. 4.
80 Vgl. *Anzinger/Koberski* § 2 ArbZG Rz. 13.
81 So wohl *Roggendorff* § 2 ArbZG Rz. 49.

§ 2 ArbZG Begriffsbestimmungen

▶ **Beispiel:**

Ein Arbeitnehmer stand als Metallarbeiter in einem Vollzeitarbeitsverhältnis mit einer wöchentlichen Arbeitszeit von 45 Stunden. Nach Beginn dieses Arbeitsverhältnisses ging er ein zweites Arbeitsverhältnis mit einem anderen Arbeitgeber ein; darin arbeitete er im Durchschnitt sechs Stunden täglich während des späten Nachmittags und des Abends. Nur das später eingegangene »zweite« Arbeitsverhältnis wurde an § 134 BGB gemessen.

54 Ob von dieser **Reihenfolge** abzuweichen ist, wenn der Arbeitnehmer den weitaus überwiegenden Teil seiner Arbeitseinkünfte aus dem zuletzt eingegangenen Arbeitsverhältnis erzielt[82], ist zumindest fraglich. Es ist nicht zu übersehen, dass die Überschreitung der höchstzulässigen Arbeitszeit erst durch das zuletzt eingegangene Arbeitsverhältnis herbeigeführt wird. Zwar stellt das Arbeitszeitgesetz ein Schutzgesetz zu Gunsten der Arbeitnehmer dar. Indessen ist es auch Arbeitnehmern nicht erlaubt, die gesetzliche Höchstarbeitszeit zu überschreiten. Insoweit ist ihnen auch keine Priorität einzuräumen hinsichtlich der Frage, ob von zwei Arbeitsverträgen der lästigere oder der weniger lästige bzw. der ertragreichere oder der weniger ertragreiche der Prüfung nach § 134 BGB unterzogen wird. Dieser Norm lässt sich auch nicht entnehmen, dass Nichtigkeitsfolgen ein Arbeitsverhältnis betreffen, das hinsichtlich der vereinbarten Arbeitszeit die Grenzen des Arbeitszeitgesetzes nicht überschreitet. Daher ist der Lösung der Vorzug zu geben, dass das **Arbeitsverhältnis nichtig** ist, **durch das die Überschreitung** der höchstzulässigen Arbeitszeit **herbeigeführt** wird.

▶ **Beispiel:**

Die Arbeitnehmerin arbeitet zunächst nur in einem Teilzeitarbeitsverhältnis mit 20 Wochenstunden. Sie geht ein weiteres Arbeitsverhältnis mit einer Wochenarbeitszeit von 40 Stunden ein. Der Stundenlohn ist bei beiden Arbeitsverhältnissen derselbe. Obwohl die Arbeitnehmerin 2/3 ihrer Arbeitsentgelte im zuletzt eingegangenen Arbeitsverhältnis erzielt, tritt die Nichtigkeitsfolge hinsichtlich dieses Arbeitsvertrages und nicht etwa hinsichtlich des ersten Arbeitsvertrages ein.

---

82 *Roggendorff* § 2 ArbZG Rz. 50.

Dieses Ergebnis wird durch die Erwägung gestützt, dass es der Arbeitnehmer 55
selbst in der Hand hat, sich von einem der Arbeitsverträge, durch die er die
gesetzliche Höchstarbeitszeit überschreitet, zu lösen.

Insbesondere bei Arbeitsverträgen, durch die die gesetzliche Höchstarbeits- 56
zeit nur gelegentlich oder geringfügig überschritten wird, bleibt zu prüfen,
ob die Nichtigkeitsfolge stets diesen Arbeitsvertrag insgesamt ergreift (§ 139
BGB) oder ob eine Umdeutung nach § 140 BGB in Betracht kommt. Bei
einer nur gelegentlichen Überschreitung der Höchstarbeitszeit durch ein zweites Arbeitsverhältnis (z. B. Mitspielen als angestelltes Mitglied in einer Tanzkapelle nur am Wochenende) hat das BAG sogar angenommen, der zweite
Arbeitsvertrag sei nicht gemäß § 134 BGB nichtig, sondern lediglich seine
Durchführung unterliege den Grenzen des Arbeitszeitschutzrechtes mit der
Folge, dass, soweit diese Grenze überschritten werde, weder eine Arbeitspflicht
noch ein Anspruch auf Arbeitsentgelt[83] bestehe.

Der Arbeitgeber hat gegenüber dem Arbeitnehmer Anspruch darauf, dass der 57
Arbeitnehmer ihn über seine **Nebentätigkeiten** oder weiteren Arbeitsverhältnisse unterrichtet. Dieser **Unterrichtungs- und Auskunftsanspruch** steht dem
Arbeitgeber schon deshalb zu, weil er in seinem eigenen rechtlichen Interesse
als Adressat des Arbeitsschutzes zu überwachen hat, ob seine Arbeitnehmer die
Höchstgrenzen der Arbeitszeit (§§ 3–11 ArbZG) und die gesetzliche Ruhezeit
(§ 5 ArbZG) einhalten. Wie sich aus den §§ 22, 23 ArbZG ergibt[84], ist der
Arbeitgeber für die Einhaltung des Arbeitsschutzes verantwortlich. Er darf
den Arbeitnehmer nur beschäftigen, wenn die Vorschriften des ArbZG in der
Person des Arbeitnehmers eingehalten sind[85]. Der Arbeitgeber hat somit ein
berechtigtes Interesse, die Nebenbeschäftigung seiner Arbeitnehmer zu ken-
nen[86]. Für Arbeitnehmer im Straßentransport ordnet § 21 a Abs. 8 ArbZG
gesonderte Informationspflichten an, wenn der Arbeitnehmer mehrere
Arbeitsverhältnisse zugleich unterhält.

Es kommt zudem für den Arbeitgeber eine **personenbedingte ordentliche** 58
Kündigung in Betracht, wenn der Arbeitgeber der ausschließlich sonntags

---

83 BAG 14.12.1967 AP Nr. 2 zu § 1 AZO.
84 Vgl. *Hunold* NZA 1995, 558.
85 BAG 26.06.2001 – 9 AZR 343/00 – EzA § 611 BGB Nebentätigkeit Nr. 4.
86 BAG 11.12.2001 BAGE 100, 70 = EzA § 611 BGB Nebentätigkeit Nr. 6 = DB
 2002, 114.

beschäftigten Arbeitnehmerin keinen Ersatzruhetag (§ 11 Abs. 3 ArbZG) gewähren kann, weil die Arbeitnehmerin an allen sechs Werktagen in einem anderen Arbeitsverhältnis arbeitet[87].

II. Ordnungswidrigkeit, Straftat

59 Die **Überschreitung** der Grenzen des Arbeitszeitgesetzes durch den Arbeitgeber kann nach näherer Maßgabe der §§ 22 und 23 ArbZG als **Ordnungswidrigkeit oder sogar als Straftat** verfolgt werden. Fraglich ist, ob dies auch hinsichtlich der Fälle uneingeschränkt gilt, bei denen es nur durch die Eingehung eines **weiteren Arbeitsverhältnisses mit einem anderen Arbeitgeber** zur Überschreitung der Arbeitszeit kommt[88]. Der Wortlaut der §§ 22, 23 ArbZG regelt diesen Fall nicht ausdrücklich. Der objektive Tatbestand der Überschreitung der höchstzulässigen Arbeitszeit (§ 22 Abs. 1 Nr. 1 1. Alt. ArbZG) kann auch im Fall der Zusammenrechnung der Arbeitszeiten aus verschiedenen Arbeitsverhältnissen erfüllt sein. Indessen stellt sich dann die Frage, **welcher der mehreren Arbeitgeber** derart verfolgt werden darf. Der subjektive Tatbestand setzt zumindest Kenntnis des Arbeitgebers darüber voraus, dass der Arbeitnehmer noch in einem weiteren Arbeitsverhältnis arbeitet und hierdurch die gesetzlichen Höchstarbeitszeitgrenzen überschritten werden. Für den **Arbeitnehmer** stellt die Überschreitung der gesetzlichen Höchstarbeitszeit auch dann **weder** eine **Ordnungswidrigkeit noch** eine **Straftat** dar, wenn sie nur darauf zurückzuführen ist, dass er in mehreren nebeneinander bestehenden Arbeitsverhältnissen arbeitet.

F. Arbeitszeit im Untertage-Bergbau (§ 2 Abs. 1 Satz 2 ArbZG)

60 Vom Grundsatz des § 2 Abs. 1 Satz 1 1. Halbs. ArbZG, wonach die Ruhepausen (§ 4 ArbZG) keine Arbeitszeit sind, macht § 2 Abs. 1 Satz 2 ArbZG eine Ausnahme: Im **Bergbau unter Tage** zählen auch die **Ruhepausen** zur **Arbeitszeit** i. S. d. Arbeitszeitgesetzes.

61 Die **Regelung** über die Arbeitszeit im Bergbau unter Tage **weicht von** der **früheren Regelung** in § 2 Abs. 2 AZO in mehrfacher Hinsicht **ab**. Der Hinweis in der Gesetzesbegründung zum Arbeitszeitgesetz, der Begriff der Arbeitszeit

---

87 BAG 24.05.2005 – 2 AZR 211/04 – EzA § 1 KSchG Personenbedingte Kündigung Nr. 18 = NZA 2005, 759.
88 Bejahend: *Buschmann/Ulber* § 2 ArbZG Rz. 14.

sei inhaltlich aus § 2 AZO übernommen worden[89] trifft auf die Definition der Arbeitszeit im Bergbau unter Tage nur begrenzt zu.

I. Anwendungsbereich

Der **Anwendungsbereich** für die besondere Arbeitszeit unter Tage ist **wesentlich erweitert** worden. § 2 Abs. 2 AZO regelte nur die Arbeitszeit im **Steinkohle-Bergbau**. § 2 Abs. 1 Satz 2 ArbZG gilt dagegen für **jede Art des Bergbaus unter Tage,** also nicht nur für den Steinkohle-Bergbau, sondern auch für z. B. den Erz-Bergbau oder den Kali- und Steinsalz-Bergbau. 62

Das **Arbeitszeitgesetz bestimmt** seinerseits **nicht**, was unter **Bergbau** zu verstehen ist. Indirekt enthält das Bundesberggesetz[90] dadurch eine Definition des Begriffes Bergbau, dass es seinen Geltungsbereich festlegt. **Nach § 2 Abs. 1 BBergG** gilt das BBergG für das Aufsuchen, Gewinnen und Aufbereiten bergfreier und grundeigener Bodenschätze; soweit hiermit unmittelbar im Zusammenhang stehend gilt es auch für das Verladen, Befördern, Abladen, Lagern und Ablagern der Bodenschätze, des Nebengesteins und sonstiger Massen. Neben Rekultivierungsarbeiten fallen auch Aufsuchen, Erkunden, Errichten und Betreiben von Untergrundspeichern in den Geltungsbereich des BBergG (§ 2 Abs. 2 BBergG). Die Regelung betrifft zwar nur den Bergbau i. S. d. BBergG. Es bestehen jedoch keine Bedenken, sie zur näheren Bestimmung des Begriffes »Bergbau« im Arbeitszeitgesetz heranzuziehen. Allgemein wird unter Bergbau die Gesamtheit aller zur Aufsuchung und Gewinnung von Bodenschätzen erforderlichen Unternehmungen verstanden. Schon unter der Geltung der Arbeitszeitordnung war es zudem üblich, die nur für den Steinkohle-Bergbau zwingend geltende Regelung des § 2 Abs. 2 AZO auch in anderen Bereichen des Untertage-Bergbaus sinngemäß anzuwenden[91]. Nach der Art des Bergbaus fällt unter § 2 Abs. 1 Satz 2 ArbZG allerdings **nur** der **Bergbau unter Tage.** Unter Tage beginnt der Bergbau mit Anlegen des Schachtes bzw. der Schachtröhren, Stollen usw., die zum Aufsuchen und zum Gewinnen der Bodenschätze, in der Regel durch den Abbau sog. Flöze, die- 63

---

89 BT-Drucks. 12/5888, 23.
90 BBergG vom 13.08.1980 – BGBl. I S. 1310, zuletzt geändert durch das Gesetz vom 31.07.2009 – BGBl. I S. 2585.
91 BGB – RGRK/*Boldt* 12. Aufl. § 630 BGB Anh. I, 124 Rz. 4.

nen[92]. **Andere Arbeiten unter Tage**, die kein Bergbau sind, werden umgekehrt von § 2 Abs. 1 Satz 2 ArbZG ebenfalls **nicht** erfasst.

▶ Beispiele:

1. Steinkohle-Bergbau

Steinkohle wird in Deutschland unter Tage gewonnen. Zur Arbeitszeit der Arbeitnehmer, die hierbei unter Tage eingesetzt werden, zählen auch die Ruhepausen (§ 2 Abs. 2 Satz 2 ArbZG).

2. Erz-Bergbau

Vollzieht sich Erz-Bergbau unter Tage, so gilt für die Arbeitszeit der unter Tage eingesetzten Arbeitnehmer ebenfalls § 2 Abs. 2 Satz 2 ArbZG.

3. Braunkohle-Bergbau

Braunkohle wird im Tagebau gefördert. Zwar handelt es sich um Bergbau. Für die hierbei eingesetzten Arbeitnehmer gilt § 2 Abs. 1 Satz 2 ArbZG indessen nicht; es fehlt am Einsatz unter Tage. Die Tatsache, dass der Abbau zuweilen tief in die Erdoberfläche eindringt, stellt keine Arbeit unter Tage dar.

4. Museums-Bergwerk

In einem stillgelegten Unter-Tage-Erz-Bergwerk, das nur noch Museumszwecken dient, werden Unter-Tage-Führungen für Museumsbesucher veranstaltet. Der Museumsbetreiber setzt hierzu Arbeitnehmer ein, die auch ihre Ruhepausen unter Tage im Bergwerk verbringen. Für diese Arbeitnehmer gilt § 2 Abs. 1 Satz 2 ArbZG nicht. Denn es wird kein Bergbau mehr betrieben.

II. Ruhepausen als Arbeitszeit

64 Die Bestimmung der Arbeitszeit ist in der Sache gegenüber der früheren Regelung in § 2 Abs. 2 AZO insoweit nicht verändert worden, als die Arbeitszeit für Arbeiten im Bergbau unter Tage nach wie vor die **Ruhepausen umfasst**. In § 2 Abs. 2 AZO war kraft Fiktion (»gilt als Arbeitszeit die Schichtzeit«) geregelt, dass die Arbeitspausen, soweit sie unter Tage zu verbringen waren, der Arbeitszeit zugerechnet worden. Denn die Schichtzeit war ihrerseits hin-

---

92 BGB – RGRK/*Boldt* 12. Aufl. § 630 BGB Anh. I, 20.

sichtlich ihres Beginns wie auch hinsichtlich ihres Endes gesetzlich bestimmt. Die Ruhepausen lagen zwischen Beginn und Ende der Schichtzeit.

Unklar ist nach der **neuen Rechtslage** jedoch, wie es um **Fahrzeiten** oder 65 sonstige Zeiten steht, in denen der Arbeitnehmer weder unter Tage arbeitet noch eine Ruhepause hat. Nach früherem Recht ergab sich aus der Definition der Schichtzeit, dass alle Zeiten zwischen Beginn und Ende der Schichtzeit Arbeitszeit i. S. d. § 2 Abs. 2 AZO waren. Bei der jetzt geltenden Regelung fehlt es jedoch an einer Festlegung für den Beginn oder für das Ende der Arbeitszeit im Bergbau unter Tage.

III. Beginn und Ende der Arbeitszeit

Der frühere § 2 Abs. 2 AZO bestimmte **Beginn und Ende der Schichtzeit** 66 **als Arbeitszeit** im Steinkohle-Bergbau. Die Schichtzeit begann mit der Seilfahrt bei der Einfahrt und endete mit dem Wiederbeginn der Seilfahrt für die Ausfahrt. Fand keine Seilfahrt statt, begann die Schichtzeit mit dem Eintritt des Arbeitnehmers in das Stollenmundloch und endete bei seinem Wiederaustritt. Dann zählten auch alle – oft sehr erheblichen – Fahrzeiten unter Tage zur Schichtzeit. Dagegen zählte der Zeitaufwand für Tätigkeit über Tage, vor allem für das Zurücklegen von Wegen über Tage auf dem Zechengelände oder Bergwerksgelände, für die Empfangnahme und die Abgabe von Arbeitsgerät (Grubenlampe!) oder für das Waschen und Umkleiden nicht zur Schichtzeit[93].

Das **Arbeitszeitgesetz** hat davon abgesehen, für den **Bergbau unter Tage** zu 67 bestimmen, wann die **Arbeitszeit beginnt oder endet**. Demnach richten sich Beginn und Ende der Arbeitszeit auch im Bergbau unter Tage nunmehr nach den **allgemeinen Regeln**. Es wird – soweit keine besonderen Regelungen, z. B. durch Tarifvertrag oder Betriebsvereinbarung eingreifen – wie auch sonst darauf ankommen, ab wann und bis wann der Arbeitnehmer dem Arbeitgeber zur Erbringung der Arbeitsleistung zur Verfügung steht. Ob gleichwohl davon auszugehen ist, dass sich Beginn und Ende der Arbeitszeit für Arbeitnehmer unter Tage in Anlehnung an die frühere Regelung des § 2 Abs. 2 AZO nach dem Beginn der Seilfahrten für die Einfahrt und für die Ausfahrt bzw. nach dem Ein- und Austritt am **Stollenmundloch** richten[94] ist zu bezweifeln. Die

---

93 BAG 17.04.1958 AP Nr. 1 zu § 2 AZO; BGB – RGRK/*Boldt* 12. Aufl. § 630 BGB Anh. I, Rz. 123 m. w. N.
94 *Roggendorff* § 2 ArbZG Rz. 52.

§ 2 ArbZG Begriffsbestimmungen

frühere gesetzliche Regelung ist – aus welchen Gründen auch immer – in das Arbeitszeitgesetz nicht übernommen worden.

G. Arbeitnehmer (§ 2 Abs. 2 ArbZG)

I. Zweck

68 Der **Schutz des Arbeitszeitgesetzes** wird **nur Arbeitnehmern** zuteil. § 2 Abs. 2 ArbZG beschreibt, wer Arbeitnehmer i. S. d. Arbeitszeitgesetzes ist. Mit Hilfe dieser Definition wird der persönliche Geltungsbereich des Arbeitszeitgesetzes umrissen. Erbringt jemand Dienste oder Arbeit (vgl. § 611 Abs. 1 BGB) nicht als Arbeitnehmer, so ist das Arbeitszeitgesetz nicht anwendbar.

69 **Indessen ist das Arbeitszeitgesetz nicht** auf **alle Arbeitnehmer** gleichermaßen anzuwenden, wie die **Sonderregelungen** im sechsten Abschnitt des Gesetzes (§ 18 ArbZG – Nichtanwendung des Gesetzes auf leitende Angestellte, Leiter öffentlicher Dienststellen und deren Vertreter, Arbeitnehmer in häuslicher Gemeinschaft, Arbeitnehmer im liturgischen Bereich, Personen unter 18 Jahren, Arbeitnehmer auf Kauffahrteischiffen; § 19 ArbZG – Beschäftigung im öffentlichen Dienst; § 20 ArbZG – Beschäftigung in der Luftfahrt; § 21 ArbZG – Beschäftigung in der Binnenschifffahrt) zeigen. Für bestimmte Gruppen von Arbeitnehmern bzw. bestimmte Branchen gelten an Stelle des oder zusätzlich zum Arbeitszeitgesetz arbeitsschutzrechtliche Sonderregelungen außerhalb des Arbeitszeitgesetzes[95], so insbesondere gemäß § 21a ArbZG für das als Arbeitnehmer tätige Fahrpersonal im Straßentransport.

II. Keine gesetzliche Definition

70 Nach § 2 Abs. 2 ArbZG sind **Arbeitnehmer i. S. d. Arbeitszeitgesetzes Arbeiter und Angestellte** sowie die zu ihrer **Berufsausbildung** Beschäftigten. Der Gesetzeswortlaut lehnt sich erheblich an entsprechende Normierungen in anderen arbeitsrechtlichen Gesetzen an, vor allem in § 5 Abs. 1 BetrVG und in § 3 MitBestG. **Trotz des Wortlauts der Gesetze stellen alle diese Normierungen keine gesetzliche Definition des Begriffes des Arbeitnehmers** dar. Vielmehr setzt § 2 Abs. 2 ArbZG ähnlich wie § 5 Abs. 1 BetrVG, § 3 MitBestG einen allgemeinen arbeitsrechtlichen Begriff des Arbeitnehmers voraus[96]. Aus solchen gesetzlichen Bestimmungen lässt sich kein Abgrenzungskriterium zwi-

---

95 S. auch Vorbemerkung Rz. 10 bis 29.
96 Vgl. *Roggendorff* § 2 ArbZG Rz. 53.

schen Arbeitnehmern auf der einen Seite und solchen Personen herleiten, die keine Arbeit leisten oder Dienstleistungen auf einer anderen Rechtsgrundlage, z. B. als Selbständige oder als Beamte erbringen[97]. Die Begriffe Angestellte, Beamte und zur Berufsbildung Beschäftigte sind ihrerseits bundesweit ebenfalls nicht in förmlichen Gesetzen definiert. Wenn – wie in § 6 BetrVG – für Arbeiter, Angestellte und zu ihrer Berufsausbildung Beschäftigte auf sozialversicherungsrechtliche Bestimmungen verwiesen wird, führt auch dies nicht zu einer gesetzlichen Definition. Denn die sozialversicherungsrechtlichen Bestimmungen enthalten ihrerseits keine abschließende Regelung des Arbeitnehmerbegriffes, sondern dienen anderen Zwecken[98].

III. Herkömmlicher Arbeitnehmerbegriff

In der **Rechtsprechung**, vor allem der Gerichte für Arbeitssachen, aber auch der Verwaltungsgerichte, ist ein **herkömmlicher Begriff des Arbeitnehmers** entwickelt worden. Der Rechtsprechung der Verwaltungsgerichte kommt für das Arbeitszeitgesetz erhebliche Bedeutung zu, weil die Einhaltung der arbeitszeitschutzrechtlichen Grenzen zu den Aufgaben der öffentlichen Arbeitsschutzverwaltung zählt, wie sie von u. a. den Gewerbeaufsichtsämtern, den Ämtern für Arbeitsschutz oder vergleichbaren Behörden wahrgenommen werden. Dies betrifft sowohl aufsichtsrechtliche Fragen als auch Fragen der Sondergenehmigungen. Verwaltungsakte auf dem Gebiet des öffentlichen Arbeitszeitschutzrechts können – in der Regel erst nach einem vorgeschalteten Widerspruchsverfahren (vgl. § 68 VwGO) – vor den Verwaltungsgerichten angefochten werden. Arbeitszeitschutzrecht ist aber auch immer wieder Gegenstand in Verfahren vor den Gerichten für Arbeitssachen. Hinsichtlich des herkömmlichen allgemeinen Begriffs des Arbeitnehmers weicht die Rechtsprechung des BVerwG von der des BAG nicht ab[99]. 71

Das **BAG** legt, wie zuvor auch schon das Reichsarbeitsgericht, seiner Rechtsprechung eine **herkömmliche Begriffsbestimmung »Arbeitnehmer«** zu Grunde: 72

Arbeitnehmer ist, wer auf privatrechtlicher vertraglicher Grundlage im Dienste eines anderen zur Leistung von Arbeit verpflichtet ist.

---

97 *Schliemann*, Das Arbeitsrecht im BGB, 2. Aufl. § 611 BGB Rz. 175.
98 *Schliemann*, Das Arbeitsrecht im BGB, 2. Aufl. § 611 BGB Rz. 176.
99 *Schliemann*, Das Arbeitsrecht im BGB, 2. Aufl. § 611 BGB Rz. 191.

Die Arbeitnehmereigenschaft beruht auf wesentlichen Elementen:
(1) Verpflichtung zur Leistung von Arbeit;
(2) hierauf gerichteter privatrechtlicher Vertrag;
(3) im Dienste eines anderen.

1. Verpflichtung zur Leistung von Arbeit

73 Die Verpflichtung zur Leistung von Arbeit dient der **Abgrenzung des Arbeitsvertrages** einerseits vom **Werkvertrag** und andererseits von lediglich **spielerischen** oder **sportlichen** oder **sonst nicht auf Arbeitsleistung gerichteten Betätigungen**. Arbeitnehmer kann nur sein, wer zur Leistung von Arbeit verpflichtet ist. Unter **Arbeit** ist eine **Betätigung im wirtschaftlichen Sinn** zu verstehen. Hierunter fällt jede Betätigung oder jedes Verhalten, welches im Wirtschaftsleben als »Arbeit« qualifiziert wird. Grundsätzlich unerheblich ist dagegen, ob für die versprochene Leistung auch ein Entgelt zugesagt worden ist. Vor allem dann, wenn die Leistung in einer sportlichen oder künstlerischen Betätigung besteht, ist darauf abzustellen, ob es sich für den Leistenden um eine berufsmäßige Erscheinung handelt.

2. Privatrechtlicher Vertrag

74 Voraussetzung für die Arbeitnehmereigenschaft ist ferner, dass die **Verpflichtung zur Arbeitsleistung auf einem privatrechtlichen Vertrag** (Arbeitsvertrag) beruht. Mit diesem Erfordernis werden Arbeitsverhältnisse von solchen Rechtsverhältnissen abgegrenzt, in denen Dienst- oder Arbeitsleistungen auf anderer rechtlicher Grundlage erbracht werden.

75 Zum einen sind insoweit privatrechtliche Verträge von **öffentlich-rechtlichen Rechtsgrundlagen** zur Erbringung von Arbeitsleistungen zu unterscheiden. Erbringt jemand eine Dienstleistung, die im wirtschaftlichen Sinne als Arbeit zu qualifizieren ist, nicht aufgrund eines hierauf gerichteten privatrechtlichen Vertrages, sondern aufgrund öffentlichen Rechts, so handelt es sich insoweit nicht um einen Arbeitnehmer. Dies gilt vor allem für **Beamte, Berufsrichter, Soldaten**.

76 Die Rechtsverhältnisse dieser Personengruppen beruhen ausschließlich auf öffentlichem Recht, nämlich auf dem Bundesbeamtengesetz[100] oder den Lan-

---

100 BBG vom 05.02.2009, BGBl. I S. 160, zuletzt geändert durch Art. 4 des Gesetzes vom 21.07.2012, BGBl. I S. 1583.

desbeamtengesetzen, für Soldaten auf dem Soldatengesetz[101] bzw. für Richter auf dem Deutschen Richtergesetz[102] bzw. für Richter im Landesdienst auf entsprechenden Ländergesetzen. Für das Arbeitsgerichtsgesetz ordnet § 5 Abs. 2 ArbGG ausdrücklich an: »**Beamte als solche sind keine Arbeitnehmer**«. Dies gilt aber nicht nur für das Verfahrensrecht, sondern auch für das materielle Arbeitsrecht[103]. Keine Beamten sind dagegen **Dienstordnungsangestellte** der Sozialversicherungsträger[104].

Dienstleistende nach dem Gesetz über den **Bundesfreiwilligendienst – BFDG** – vom 28. 4. 2011[105] leisten ihren Dienst ebenfalls nicht auf der Grundlage von Arbeitsverhältnissen, sondern im Rahmen öffentlich-rechtlich vereinbarter Dienstverhältnisse (§ 8 BFDG). Nach § 13 Abs. 1 BFDG sind auf diese Dienstverhältnisse allerdings die Arbeitsschutzbestimmungen, das Jugendarbeitsschutzgesetz und das Bundesurlaubsgesetz entsprechend anzuwenden. Zu den **Arbeitsschutzbestimmungen** gehört auch das **Arbeitszeitgesetz**. 77

Dienstleistende i. S. des Gesetzes zur Förderung von Jugendfreiwilligendiensten – **Jugendfreiwilligendienstegesetz** – JFDG – vom 16. 5. 2008[106] stehen zum Träger des freiwilligen sozialen Jahres oder des freiwilligen ökologischen Jahres weder in einem Arbeitsverhältnis noch in einem Ausbildungsverhältnis. Nach § 13 des genannten Gesetzes finden jedoch auf die Tätigkeiten im Rahmen dieses Gesetzes die **Arbeitsschutzbestimmungen** und das Bundesurlaubsgesetz **Anwendung**. Zu den **Arbeitsschutzbestimmungen** gehört auch das **Arbeitszeitgesetz**. 78

Mit **Beschäftigten in Arbeitsgelegenheiten (sog. Ein-Euro-Jobber)** wird von Gesetzes wegen **kein Arbeitsverhältnis**, sondern im Wege des Privatrechts ein Rechtsverhältnis begründet, das von öffentlich-rechtlichen Rechtssätzen 79

---

101 I. d. F. vom 30.05.2005, BGBl. I S. 1482, zuletzt geändert durch Art. 9 des Gesetzes vom 21.07.2012, BGBl. I S. 1583.
102 Vom 19.04.1972, BGBl. I S. 713, zuletzt geändert durch Art. 17 des Gesetzes vom 06.12.2011, BGBl. I S. 2515.
103 BAG 30.11.1984 BAGE 47, 275 = AP Nr. 43 zu § 611 BGB Lehrer, Dozenten.
104 *Schliemann*, Das Arbeitsrecht im BGB, 2. Aufl. § 611 BGB Rz. 233.
105 BGBl. I S. 687.
106 BGBl. I S. 842.

geprägt ist[107]. Hierauf sind indessen die Vorschriften über den **Arbeitsschutz anwendbar**[108].

80 **Strafgefangene** können zur Arbeit herangezogen werden. Ihre Arbeit, Ausbildung und Weiterbildung richtet sich nach den §§ 37 bis 52 StVollzG. Durch die Heranziehung zur Arbeit wird **kein Arbeitsverhältnis** begründet, und zwar auch dann nicht, wenn die zugewiesene Tätigkeit nicht innerhalb der Strafanstalt, sondern im Betrieb eines Dritten vollzogen wird[109]. Dagegen ist der Strafgefangene nicht aufgrund seines öffentlich-rechtlichen Gewaltverhältnisses, sondern als **Arbeitnehmer** tätig, **wenn** er als **Freigänger** auf der Grundlage eines hierauf gerichteten **Vertrages mit einem Dritten** außerhalb der Anstalt einer Arbeit, Berufsausbildung, beruflichen Fortbildung oder Umschulung nachgeht.

81 **Rehabilitanden** i. S. d. Sozialversicherungsrechts sind bei der Durchführung der Rehabilitationsmaßnahme in Betrieben keine Arbeitnehmer[110]. Sie sind auch nicht zu ihrer Berufsausbildung Beschäftigte. Dagegen sind **Arbeitslose**, die im Rahmen von Trainingsmaßnahmen zur Verbesserung ihrer Eingliederungsaussichten (§§ 48 ff. SGB III) beschäftigt werden, **arbeitszeitschutzrechtlich** wie Arbeitnehmer zu behandeln.

82 Die **Wiedereingliederung arbeitsunfähiger Sozialversicherter** nach § 74 SGB V begründet kein Arbeitsverhältnis, sondern ein **Rechtsverhältnis eigener Art** i. S. d. § 305 BGB[111]. Ein solches Wiedereingliederungsverhältnis ist nicht auf die Arbeitsleistung im üblichen Sinne gerichtet. Gleichwohl dürften die Arbeitsschutzvorschriften entsprechend dem Sinn eines solchen Wiedereingliederungsverhältnisses anzuwenden sein.

83 Im Bereich der **Kirchen** und der ihnen zugeordneten Einrichtungen in Diakonie und Caritas können Dienstleistungen auf sehr unterschiedlichen Rechtsgrundlagen erbracht werden. Die Masse der Beschäftigten steht in

---

107 BAG 26.09.2007 – 5 AZR 857/06 – EzA § 611 BGB 2002 Arbeitnehmerbegriff Nr. 12.
108 § 16 d SGB II, i. d. F. vom 13.05.2011, BGBl. I S. 2954, zuletzt geändert durch Gesetz vom 22.12.2011, BGBl. I S. 3057.
109 BAG 18.11.1986 EzA § 2 ArbGG 1979 Nr. 8.
110 So zu – vormals – § 56 AFG i. V. m. § 5 BetrVG: BAG 21.07.1993 EzA § 5 BetrVG 1972 Nr. 57; a. A. noch BAG 13.05.1992 EzA § 5 BetrVG 1972 Nr. 54.
111 BAG 29.01.1992 EzA § 74 SGB V Nr. 1.

Arbeitsverhältnissen. In der **katholischen Kirche** stehen Priester in einem Inkardinationsverhältnis. Dadurch wird ein verbandsrechtliches Rechtsverhältnis begründet, nicht aber ein Arbeitsverhältnis. Dagegen dürfen dort **Diakone** auch als Arbeitnehmer tätig sein. Im Bereich der **evangelischen Kirche** dienen **Pfarrer** regelmäßig in einem öffentlich-rechtlichen Dienstverhältnis, ähnlich wie Beamte. Daneben gibt es **Kirchenbeamte**. Diakone können aber auch in der evangelischen Kirche als **Arbeitnehmer** beschäftigt werden. Für den Bereich der **Liturgie** ist jedoch die Anwendung des Arbeitszeitgesetzes für dort eingesetzte Arbeitnehmer ausgeschlossen (§ 18 Abs. 1 Nr. 4 ArbZG).

Indessen ist nicht ausgeschlossen, dass **zwischen denselben Personen**, die in einem **öffentlich-rechtlichen Dienstverhältnis** stehen oder bei denen jedenfalls die Grundlage der Erbringung ihrer Dienstleistung nicht dem Privatrecht zuzuordnen ist, **gleichzeitig** zur Erbringung einer anderen Arbeit **ein Arbeitsverhältnis** begründet wird. 84

▶ **Beispiel:**

Ein an einem Gymnasium eingesetzter beamteter Lehrer arbeitet nebenberuflich für seinen Dienstherrn/Arbeitgeber in der Erwachsenenbildung. Hierüber ist ein Arbeitsvertrag abgeschlossen worden. Insoweit besteht zwischen denselben Personen zugleich ein Beamtenverhältnis (Gymnasiallehrer) und ein Arbeitsverhältnis (Lehrer in der Erwachsenenbildung).

Arbeitnehmer ist aber auch **nicht**, wer seine Arbeit (im wirtschaftlichen Sinn) oder Dienste **auf einer anderen privatrechtlichen Grundlage** als einem Vertrag nach § 611 BGB erbringt. Solche anderweitigen privatrechtlichen Rechtsgrundlagen sind vor allem das **Gesellschaftsrecht**, das **Vereinsrecht** und das **Familienrecht**. 85

Gesellschafter einer BGB-Gesellschaft oder sonstigen Personengesellschaft als solche sind **keine Arbeitnehmer** dieser Gesellschaft. Nach § 706 Abs. 3 BGB kann der Beitrag eines Gesellschafters zu einer Gesellschaft bürgerlichen Rechts (GbR) auch in der Leistung von Diensten bestehen. Für die Abgrenzung ist entscheidend, ob mit der Dienstleistung des Gesellschafters nach der zu Grunde liegenden Vereinbarung der gemeinsame Gesellschaftszweck gefördert werden soll oder ob die Dienstleistung aufgrund einer besonderen Vereinbarung mit dem Ziel gesonderter Vergütung erfolgt. Dies gilt auch für die Betätigung in anderen Gesellschaftsformen, wie z. B. einer offenen Handelsgesellschaft (oHG) oder einer Kommanditgesellschaft (KG) oder einer Gesellschaft mit beschränkter Haftung (GmbH). 86

87 Allerdings kann ein **nicht geschäftsführender Gesellschafter** zugleich auch Arbeitnehmer der Gesellschaft sein, nämlich dann, wenn er aufgrund entsprechenden Vertrages die Leistung von Diensten (Arbeit) mit der Gesellschaft vereinbart hat und ein hinreichender Grad persönlicher Abhängigkeit vorliegt. Wesentlich für die Beurteilung des Grades der persönlichen Abhängigkeit ist dabei, welche gesellschaftsrechtliche Stellung der tätige Gesellschafter in der Gesellschaft hat und inwieweit er hieraus auf die Willensbildung der Gesellschaft und auf seine eigene Betätigung für die Gesellschaft Einfluss nehmen kann. Hält er zumindest eine Sperrminorität, so spricht dies gegen die Annahme eines hinreichenden Grades persönlicher Abhängigkeit. Ohne Bedeutung für die Frage, ob neben dem Gesellschaftsverhältnis auch ein Arbeitsverhältnis zwischen dem Gesellschafter und »seiner« Gesellschaft besteht, wie die Beteiligten ihr(e) Rechtsverhältnis(se) bezeichnen; vielmehr kommt es darauf an, wie sie sich nach objektiven Maßstäben tatsächlich verhalten[112].

▶ **Beispiele:**

1. Gesellschafter

Eine offene Handelsgesellschaft besteht aus den Gesellschaftern A, B und C. Sie befassten sich entsprechend ihrem Gesellschaftsvertrag mit dem Handel mit und der Montage von Telekommunikationsanlagen, vor allem kleinerer Haustelefonanlagen. A macht den Verkauf; B montiert die Anlagen bei den Kunden; C führt die Kasse und die Bücher und erledigt entsprechend der Aufträge und Hinweise von A und B den Einkauf. Wie sich aus dem Gesellschaftsvertrag ohne weiteres ergibt, fördern A und B mit ihrer Tätigkeit den gemeinsamen Gesellschaftszweck. Dies gilt aber auch für C, obwohl er in seiner Tätigkeit wesentlich von A und B abhängig ist. Denn auch seine Dienstleistungen dienen der Förderung des Gesellschaftszwecks: Zum Handel gehört auch der Einkauf, zur wirtschaftlichen Betätigung gehören auch das Führen der Kasse und der Bücher.

2. Arbeitnehmer

Am Kapital einer GmbH ist der gelernte Kfz-Mechaniker S mit 10 % beteiligt. Die anderen 90 % der Gesellschaftsanteile werden von seinen

---

112 BAG 29.11.1990 EzA § 611 BGB Arbeitnehmerbegriff Nr. 37 m. Anm. *von Maydell*.

Eltern gehalten. Geschäftsführer der Gesellschaft ist der Vater des S. Zweck der Gesellschaft sind der Handel mit und die Wartung und Reparatur von Kraftfahrzeugen. S arbeitet als Kfz-Mechaniker genauso wie alle übrigen Kfz-Mechaniker in der Werkstatt. Ebenso wie sie erhält er die einzelnen Arbeitsaufträge vom Kundendienstleiter, einem Kfz-Meister. Ein förmlicher Arbeitsvertrag ist mit S nicht abgeschlossen worden. Er erhält jedoch »vorab« Zahlungen, die dem Lohn eines Kfz-Mechanikers entsprechen. S ist Arbeitnehmer. Er erbringt seine Tätigkeit als Kfz-Mechaniker nicht aufgrund seiner Stellung als Gesellschafter. Vielmehr liegt ein hinreichender Grad persönlicher Abhängigkeit vor, der insbesondere dadurch zum Ausdruck kommt, dass S wie alle übrigen Kfz-Mechaniker eingesetzt wird und arbeitet. Die Tatsache, dass weder S noch seine Eltern die Betätigung des S als Arbeitsverhältnis ansehen und deshalb keinen Arbeitsvertrag geschlossen haben, ändert daran nichts. Anders wäre es indessen, wenn S mit einer Sperrminorität (25 %) am Gesellschaftskapital beteiligt wäre; dann würde kaum noch ein hinreichender Grad persönlicher Abhängigkeit anzunehmen sein, weil er mit Hilfe seiner Sperrminorität erheblich auf die Geschäftsführung der Gesellschaft Einfluss nehmen kann.

Auch **Vereinsrecht** kann Grundlage für die Erbringung von Arbeit im wirtschaftlichen Sinn sein. Der Mitgliedsbeitrag zu einem Verein (§ 58 Nr. 2 BGB) kann in der Leistung von Diensten bestehen. 88

Rote-Kreuz-Schwestern sind keine Arbeitnehmerinnen des Deutschen Roten Kreuzes[113]. Sie erbringen ihre Tätigkeit als Mitglieder der Schwesternschaft des Deutschen Roten Kreuzes. Es ist aber nicht zu übersehen, dass ihre vereinsrechtliche Stellung hinsichtlich ihrer sozialen Absicherung und Vergütung weitgehend der eines Arbeitnehmers angeglichen ist. Ob **Gastschwestern**, die noch nicht Mitglieder der Schwesternschaft sind, mit Rote-Kreuz-Schwestern gleichzustellen sind[114], ist indessen zweifelhaft. 89

Im Bereich des Sports spielt die Erbringung von Dienst- oder Arbeitsleistungen auf vereinsrechtlicher Grundlage eine erhebliche Rolle. **Amateur-Fußballspieler** sind in aller Regel keine Arbeitnehmer ihres Vereins. Dagegen können 90

---

113 BAG 03.06.1975 BAGE 27, 163, 169 = AP Nr. 1 zu § 5 BetrVG 1972 Rotes Kreuz.
114 BAG 18.02.1956 BAGE 2, 289, 293 = AP Nr. 1 zu § 5 ArbGG 1953 m. Anm. *Herschel*.

Vertragsamateure i. S. d. § 15 Spielerordnung des Deutschen Fußballbundes Arbeitnehmer sein[115]. **Berufssportler** üben ihren Beruf für ihren Verein immer als dessen Arbeitnehmer aus, mag daneben auch noch eine Vereinsmitgliedschaft bestehen[116].

▶ Beispiele:

1. Amateursport

Der nebenberufliche Spieler-Trainer einer in der Kreisklasse spielender Mannschaft eines Fußballvereins, der für seine Tätigkeit als Trainer eine sog. Aufwandsentschädigung erhält, ist in der Regel mangels Erbringung einer Arbeitsleistung im wirtschaftlichen Sinn kein Arbeitnehmer des Vereins[117].

2. Berufssport

Lizenzfußballspieler der Bundesliga sind Arbeitnehmer[118].

91 Die Mitarbeit **Familienangehöriger** kann auf verschiedenen Rechtsgrundlagen beruhen und deshalb rechtlich verschieden einzuordnen sein. Sie kann Ausfluss der familienrechtlichen Beistandspflicht unter **Ehegatten** (§ 1353 BGB) sein. Zuweilen beruht sie auch auf gesellschaftsrechtlichen Bindungen. Es kann aber unter Ehegatten dann, wenn ein Ehegatte im »Geschäft« des anderen Ehegatten mitarbeitet, er ihm insoweit Dienste außerhalb der ehelichen Lebensgemeinschaft leistet, ein sog. **Ehegattenarbeitsverhältnis** zu Stande gekommen sein. Für die Annahme eines Ehegattenarbeitsverhältnisses reicht indessen nicht aus, dass die Ehe besteht. Entscheidend ist vielmehr, das insoweit von den Eheleuten nach außen gezeigte objektive Verhalten. Ausdrücklichen Vereinbarungen zwischen den Ehegatten kommt insoweit bei der Beurteilung Vorrang zu; hieran knüpft auch das Steuerrecht an[119]. Häufig wird unter Ehegatten aus steuerlichen wie aus sozialversicherungsrechtlichen Gründen ein Arbeitsverhältnis angestrebt. Sind die Eheleute aus diesen Grün-

---

115 BAG 10.05.1990 EzA § 611 BGB Arbeitnehmerbegriff Nr. 36.
116 BAG 15.11.1989 und 20.11.1996 EzA § 611 BGB Berufssport Nr. 7 und 9.
117 LAG Frankfurt/Main 27.10.1964 AP Nr. 4 zu § 611 BGB Abhängigkeit.
118 BAG 17.01.1979 EzA § 611 BGB Berufssport Nr. 1.
119 Vgl. im Einzelnen: *Schliemann*, Das Arbeitsrecht im BGB, 2. Aufl. § 611 BGB Rz. 252 f.

den ein Arbeitsverhältnis eingegangen, so hat dies gleichermaßen Bedeutung für das Arbeitsrecht, auch für das Arbeitszeitrecht.

▶ **Beispiel:**

Ein Schlachtermeister stellt mit seinen Gesellen in seiner Schlachterei Fleisch- und Wurstwaren her. Zur Schlachterei gehört ein Laden. Darin verkaufen die Ehefrau des Schlachtermeisters und eine Verkäuferin die Ware. Die Ehefrau des Schlachters ist während der ganzen Ladenöffnungszeit tätig und erhält eine Vergütung in Höhe des tarifvertraglichen Entgelts für Schlachtereiverkäuferinnen. Sie ist i. S. d. Arbeitszeitrechts Arbeitnehmerin; auf sie sind die Schutzvorschriften des Arbeitszeitgesetzes anzuwenden.

Die Mitarbeit der **Kinder im elterlichen Unternehmen** kann ebenfalls auf 92 unterschiedlichen Rechtsgrundlagen beruhen. Zum einen kommt die familienrechtliche Verpflichtung der Kinder nach § 1619 BGB hierfür in Betracht. Zum anderen können Kinder auch aufgrund Gesellschaftsvertrages mitarbeiten. In beiden Fällen sind sie keine Arbeitnehmer ihrer Eltern. Jedoch können zwischen Eltern und Kindern auch Arbeitsverhältnisse vereinbart werden, so dass die Kinder Arbeitnehmer ihrer Eltern sind[120].

3. Im Dienste eines anderen

Arbeitnehmer ist aber nur, wer seine Arbeit auf einer hierauf gerichteten 93 vertraglichen Grundlage **im Dienste eines anderen zu verrichten hat.** Dieses Tätigsein im Dienste eines anderen meint, dessen Weisungen vor allem auch hinsichtlich Ort und Zeit der Arbeitsleitung unterworfen zu sein. Dieser Umstand wird als **persönliche Abhängigkeit** bezeichnet. Liegt ein hinreichender Grad persönlicher Abhängigkeit des Dienstnehmers (Arbeitnehmers) vom Dienstgeber (Arbeitgeber) vor, so handelt es sich um ein Arbeitsverhältnis; ist der Grad der persönlichen Abhängigkeit zu gering oder fehlt sie völlig, handelt es sich um ein freies Dienstverhältnis[121]. Derjenige, der die Leistung von

---

120 *Schliemann*, Das Arbeitsrecht im BGB, 2. Aufl. § 611 BGB Rz. 254.
121 St. Rspr., statt vieler BAG 26.09.2002 – 5 AZB 19/01 – NJW 2003, 161; BAG 25.03.1992 BAGE 70, 104 = EzA § 6 BetrVG 1972 Nr. 3, s. im Übrigen die in EzA unter § 611 BGB Arbeitnehmerbegriff abgedruckten Entscheidungen des BAG, in denen die Formeln »Persönliche Abhängigkeit« bzw. »Grad« oder »Maß« der persönlichen Abhängigkeit stereotyp wiederholt werden.

Diensten versprochen hat, ist in solchen Fällen nicht Arbeitnehmer, sondern **freier Dienstnehmer, freier Mitarbeiter oder selbständiger Unternehmer.**

94 Der wesentliche Grundgedanke dieser Unterscheidung ergibt sich aus § 84 Abs. 2 Satz 1 HGB. Hiernach ist selbständig, wer im Wesentlichen frei ist, seine Tätigkeit zu gestalten und seine Arbeitszeit zu bestimmen. Unselbständig und damit als Arbeitnehmer gilt, wem dies nicht möglich ist. § 84 HGB gilt zwar unmittelbar nur für die Abgrenzung der **freien Handelsvertreter** von sog. Handlungsreisenden, die wegen ihrer relativen Unfreiheit hinsichtlich der Gestaltung und ihrer Tätigkeit oder der Bestimmung ihrer Arbeitszeit als Arbeitnehmer anzusehen sind. **Der** dieser Unterscheidung **zu Grunde liegende Gedanke gilt** jedoch **allgemein für die Abgrenzung von Arbeitnehmern** einerseits zu selbständig Dienstleistenden andererseits[122].

95 Zur Klärung der Frage, ob ein **hinreichender Grad persönlicher Abhängigkeit** vorliegt, ist vor allem auf die **Eigenart der geschuldeten Tätigkeit** abzustellen. Abstrakte, für alle Betätigungen bzw. für jede Art von Arbeit im wirtschaftlichen Sinn gleichermaßen geltende Kriterien lassen sich nicht aufstellen[123]. Dies zeigen schon die unterschiedlichen Berufe: Beispielsweise lassen sich für einen Bürokaufmann, einen Fabrikarbeiter, einen Handwerker, einen Konstrukteur, einen Chefarzt, einen Kapitän, einen Orchestermusiker usw. keine einheitlichen Kriterien aufstellen, anhand derer die Frage der persönlichen Abhängigkeit zu klären ist.

96 Für die Annahme, jemand sei Arbeitnehmer, ist dagegen eine nur **wirtschaftliche Abhängigkeit** weder erforderlich noch hinreichend. Ebenso wenig sind für die Abgrenzung des Arbeitnehmers von selbständig Dienstleistenden die **Modalitäten der Entgeltzahlung**, die Behandlung der Vergütung unter steuerrechtlichen, z. B. Umsatzsteuer bei Selbständigen; Einbehalt und Abführung von Lohnsteuer bei Arbeitnehmern, oder unter sozialversicherungsrechtlichen Gesichtspunkten, z. B. Abführung von **Sozialversicherungsbeiträgen**, entscheidend[124]. Sozialversicherungspflicht kann auch bestehen, wenn kein

---

122 St. Rspr., statt vieler BAG 13.01.1983 BAGE 41, 247, 253 = EzA § 611 BGB Arbeitnehmerbegriff Nr. 27.
123 St. Rspr., statt vieler BAG 25.03.1992 BAGE 70, 104 = EzA § 6 BetrVG 1972 Nr. 3.
124 BAG 30.10.1991 EzA § 611 BGB Arbeitnehmerbegriff Nr. 44 zu B I 3 a der Gründe m. w. N.

Arbeitsverhältnis vorliegt, wie insbes. § 7 Abs. 4 SGB IV und § 2 Nr. 9 SGB VI zeigen. Die Arbeitnehmereigenschaft kann auch nicht schon mit der Begründung verneint werden, es handle sich nur um eine **nebenberufliche Tätigkeit**[125]. Umgekehrt besteht auch nicht schon deshalb ein Arbeitsverhältnis, weil die **Zusammenarbeit** vertraglich **auf** (längere oder unbestimmte) **Dauer** angelegt ist[126].

Die **persönliche Abhängigkeit** bzw. deren Grad oder Maß ergeben sich vor allem aus der **Weisungsgebundenheit** des zur Dienstleistung Verpflichteten hinsichtlich **Zeit, Ort, Inhalt und Art der Dienst- oder Arbeitsleistung und -durchführung** sowie seiner betrieblichen oder organisatorischen Eingliederung. 97

Mangels persönlicher Abhängigkeit sind die **gesetzlichen Vertreter (Organe) juristischer Personen oder Personenvereinigungen keine Arbeitnehmer** der juristischen Person oder Personenvereinigung, zu deren Vertretung sie bestellt worden sind[127]. Dies betrifft vor allem die **Vorstandsmitglieder** der Aktiengesellschaften (§ 87 Abs. 1, § 84 Abs. 2 AktG), der Versicherungsvereine auf Gegenseitigkeit (§ 34 Abs. 1 VAG i. V. m. § 87 Abs. 1 AktG) und der Genossenschaften (§ 24 Abs. 1 GenG), ferner die ins Handelsregister einzutragenden, nach § 35 GmbHG bestellten **Geschäftsführer** der Gesellschaften mit beschränkter Haftung. Als Organmitglieder haben diese Personen Weisungen zu erteilen, nicht aber aufgrund von Weisungen zu handeln. Dies gilt trotz seiner weitgehend gesetzlichen Bindungen an Weisungen der Gesellschafter (§ 37 GmbHG) auch für den GmbH-Geschäftsführer. Auf diesen Personenkreis ist das **Arbeitszeitgesetz nicht anwendbar**. 98

Viele Tätigkeiten lassen sich sowohl im Rahmen von Arbeitsverhältnissen als auch auf der Grundlage **freier Dienstverhältnisse** ausführen. Vor allem für diese Fälle sind für die Abgrenzung zwischen Arbeitnehmern und freien Mitarbeitern bzw. freien Dienstnehmern die **zeitliche Weisungsgebundenheit** und – damit korrespondierend – ein entsprechendes Weisungsrecht des Arbeitgebers wesentlich. Ein Arbeitsverhältnis setzt voraus, dass der Arbeitgeber entsprechend der vertraglichen Vereinbarung innerhalb eines bestimm- 99

---

125 BAG 24.06.1992 EzA § 611 BGB Arbeitnehmerbegriff Nr. 46.
126 BAG 24.06.1992 EzA § 611 BGB Arbeitnehmerbegriff Nr. 46.
127 Allgemeine Ansicht, statt vieler: *Schliemann*, Das Arbeitsrecht im BGB, § 611 BGB Rz. 258 m. w. N.

ten zeitlichen Rahmens über die Arbeitsleistung des Arbeitnehmers verfügen kann[128].

▶ Beispiele:

1. Arbeitnehmer

Ein Buchhalter verpflichtet sich, in den Räumen des Unternehmens auf Weisung des Arbeitgebers nach dessen näherer Festlegung der Arbeitszeit 40 Stunden pro Woche Buchhaltungsarbeiten zu leisten.

2. kein Arbeitnehmer

Ein Buchhalter führt für eine Reihe kleinerer Handwerksbetriebe die Bücher. Er ist in seiner Zeiteinteilung völlig frei und kann die Arbeiten nach seiner Wahl sowohl in den Räumen des jeweiligen Handwerksbetriebes als auch in seinem häuslichen Arbeitszimmer erledigen.

100 Die Eigenschaft als **Arbeitnehmer** ist nicht davon abhängig, ob jemand **Vollzeit-** oder **Teilzeittätigkeit** leistet. Auf die **Arbeitszeitmenge** kommt es insoweit nicht an[129]. Wesentlich ist dagegen, inwieweit dem Arbeitgeber hinsichtlich der Arbeitszeit ein (zeitliches) Weisungsrecht zusteht.

▶ Beispiele:

1. Arbeitnehmer

Der Buchhalter[130] ändert einvernehmlich seine vertragliche Arbeitszeitmenge auf eine Halbtagstätigkeit. Ansonsten bleibt der Vertrag unverändert; nach wie vor legt der Unternehmer die Lage der Arbeitszeit fest.

2. kein Arbeitnehmer

Ein Volkshochschuldozent erteilt im Rahmen des vor Abschluss des Vertrages feststehenden Stundenplanes vierzehn Wochenstunden Unterricht (Sprachkurse) an der Volkshochschule. Der nicht unerhebliche Zeitumfang genügt nicht für die Annahme, der Volkshochschuldozent sei als Arbeitnehmer tätig. Dem Dienstgeber stand angesichts dessen, dass die Lage der Kurse aufgrund des vorher aufgestellten Stundenplans feststand und dies

---

128 BAG 29.05.1991 BAGE 68, 74, 81 = EzA § 19 BetrVG 1972 Nr. 31 m.w.N.
129 A.A. wohl *Wank*, Arbeitnehmer und Selbständige 1988 S. 13 f.
130 S. das Beispiel oben.

zur Grundlage des Vertrages gemacht war, kein zeitliches Weisungsrecht gegenüber dem Dozenten zu[131].

Örtliche Weisungsgebundenheit liegt bei Arbeitnehmern in aller Regel vor. 101
Sie bestimmt sich nach der Lage des räumlichen Arbeitsplatzes, an welchem der Arbeitnehmer zu arbeiten hat. Bei Mitarbeitern im **Außendienst** ist zu unterscheiden, ob ihnen der Arbeitgeber den Ort vorgibt, an welchem sie ihre Arbeit zu leisten haben, z. B. die auswärtige **Baustelle** bei Bauarbeitern oder Monteuren, oder ob ihnen nur ein **Bezirk** vorgegeben ist, den sie zu bearbeiten haben. Derartige Vorgaben eines Bezirkes findet man vor allem bei angestellten **Handlungsreisenden**, die nicht im Wesentlichen frei ihre Tätigkeit gestalten, ggf. aber ihre Arbeitszeit bestimmen können. Bei **Zeitungsausträgern** ist i. d. R. Weisungsgebundenheit nach Ort und Erledigungszeit gegeben.

In aller Regel unterliegt der Arbeitnehmer auch **einer fachlichen Weisungs-** 102
gebundenheit. Ihr gegenüber tritt das Merkmal der örtlichen Weisungsgebundenheit zuweilen zurück. Strenge fachliche Weisungen für sich allein müssen nicht zur Folge haben, dass **Versicherungsvermittler** als Arbeitnehmer anzusehen sind[132]. Andererseits kann die fachliche Weisungsgebundenheit bei bestimmten Berufen völlig in den Hintergrund treten oder sogar ganz entfallen. z. B. bei **Wissenschaftlern, Künstlern, programmgestaltenden Mitarbeitern in Funkmedien**.

Arbeitnehmerähnliche Personen sind keine Arbeitnehmer. Sie sind kraft 103
Definition »wirtschaftlich abhängig« (§ 2 Satz 2 BUrlG) oder »wirtschaftlich unselbständig« (§ 5 Abs. 1 Satz 2 ArbGG) oder »wirtschaftlich abhängig und vergleichbar einem Arbeitnehmer sozial schutzbedürftig« (§ 12 Abs. 1 Nr. 1 TVG). Vom Arbeitnehmer unterscheiden sich arbeitnehmerähnliche Personen dadurch, dass bei ihnen keine persönliche Abhängigkeit bzw. **kein hinreichender Grad persönlicher Abhängigkeit** festzustellen sind, wohl aber häufig eine für die Arbeitnehmereigenschaft nicht hinreichende wirtschaftliche Abhängigkeit. Arbeitnehmerähnliche Personen sind selbständig Dienstleistende. Sie werden sehr häufig als **freie Mitarbeiter** bezeichnet. Auf arbeitnehmerähnliche Personen ist das **Arbeitszeitgesetz nicht anwendbar**.

---

131 Nach BAG 25.08.1982 BAGE 39, 329 = EzA § 611 BGB Arbeitnehmerbegriff Nr. 25.
132 BAG 15.12.1999 – 5 AZR 169/99 – EzA § 611 BGB Arbeitnehmerbegriff Nr. 82.

§ 2 ArbZG Begriffsbestimmungen

104 Auch **Heimarbeitnehmer** (§ 2 Abs. 1 und 2 HAG) sind **keine Arbeitnehmer**. Auf sie findet das **Arbeitszeitgesetz** ebenfalls **keine Anwendung**. Von Heimarbeitnehmern sind indessen Dienstleistende zu unterscheiden, die zwar zu Hause tätig sind, aber nicht unter das Heimarbeitsgesetz fallen. Dies ist möglich, wenn die geschuldete Tätigkeit nicht vom Heimarbeitsgesetz erfasst wird. Derart in der eigenen Wohnung Tätige können Arbeitnehmer oder selbstständige Dienstnehmer (freie Mitarbeiter) sein.

▶ **Beispiel:**

Ein wissenschaftliches Institut wertet wissenschaftliche Literatur aus. Hierzu setzt es Wissenschaftler aus verschiedenen Bereichen als Mitarbeiter ein. Sie haben die Literatur, deren Themenkreis jeweils einzelvertraglich vereinbart worden ist, auszuwerten und hierüber formalisierte Berichte zu schreiben. Die Auswertung der Literatur und das Schreiben der Berichte führen sie in ihren Wohnungen durch. Die Literatur selbst können sie in den Geschäftsräumen des Instituts abholen und abgeben, sie können sich hierzu aber auch der Post bedienen. Die Mitarbeiter waren aufgrund ihrer Tätigkeit keine Heimarbeitnehmer i. S. d. HAG. Sie waren aber auch keine Arbeitnehmer des Instituts, weil sie hinsichtlich der Gestaltung ihrer Tätigkeit (trotz Formalisierung der Berichte) und der Bestimmung ihrer Tätigkeitszeit im Wesentlichen frei waren[133].

105 Trotz dieser **Abgrenzungsschwierigkeiten** fällt es **in der großen Masse** der Fälle aufgrund der typischerweise in Arbeitsverhältnissen zu verrichtenden Tätigkeiten mit Rücksicht auf die Gesamtumstände relativ **leicht**, festzustellen, **ob** es sich um ein **Arbeitsverhältnis** handelt **oder nicht**. Indessen ist nicht zu übersehen, dass mit der Feststellung der Arbeitnehmereigenschaft der Anwendungsbereich des Arbeitszeitgesetzes noch nicht geklärt ist (vgl. vor allem die §§ 18 ff. ArbZG).

IV. Arbeiter und Angestellte

106 Die Unterscheidung zwischen **Arbeitern** und **Angestellten** ist für das Arbeitszeitgesetz ohne Bedeutung. Das Arbeitszeitgesetz knüpft an diese Untergruppen der Arbeitnehmer keine unterschiedlichen Rechtsfolgen.

---

133 Nach BAG 25.03.1992 BAGE 70, 104 = EzA § 6 BetrVG 1972 Nr. 3.

V. Zur Berufsausbildung Beschäftigte

Zu den Arbeitnehmern i. S. d. ArbZG zählen auch die zu ihrer **Berufsbildung Beschäftigten**, sofern sie das **18. Lebensjahr** vollendet haben. Zu ihrer Berufsbildung beschäftigt sind alle Teilnehmer aller Arten betrieblicher Berufs(aus)bildung i. S. d. § 3 BBiG, vor allem Auszubildende i. S. d. § 10 BBiG. Erfasst sind aber auch alle sonstigen vom Berufsbildungsgesetz (§ 19 BBiG) erfassten beruflichen Aus-, Fort- und Weiterbildungsverhältnisse einschließlich der Rechtsverhältnisse der Volontäre, Anlernlinge, Praktikanten usw., sofern sie mit dem Unternehmer bzw. Arbeitgeber einen hierauf gerichteten Vertrag geschlossen haben. Nicht erfasst sind dagegen solche Praktikanten, deren praktische Ausbildung nicht auf einem Vertrag mit dem Ausbildungsbetrieb oder dessen Inhaber beruht, sondern sich auf öffentlich-rechtlicher Grundlage vollzieht. Dies kann bei bestimmten Berufspraktika im Rahmen von Studiengängen der Fall sein. Es kommt darauf an, wie die Durchführung des Praktikums im Einzelnen geregelt ist.

107

Der Begriff der »Berufsausbildung« (§ 5 Abs. 1 BetrVG) ist in § 2 Abs. 2 ArbZG durch den Begriff »Berufsbildung« ersetzt worden. Damit sollen **Berufsbildungsverhältnisse** erfasst werden, die weder Ausbildungsverhältnisse noch Arbeitsverhältnisse sind[134]. In der Sache besteht mit dieser sprachlichen Neufassung gegenüber der Regelung in § 5 Abs. 1 BetrVG kaum ein Unterschied. Die Rechtsprechung hat den Begriff der »zu ihrer Berufsausbildung Beschäftigten« i. S. d. § 5 Abs. 1 BetrVG stets sehr weit ausgelegt und hierunter jede Art betrieblicher Ausbildung verstanden[135].

108

Nicht mehr um eine **betriebliche Berufs(aus)bildung** handelt es sich aber, wenn die Ausbildung nicht in Betrieben der Wirtschaft bei den sonstigen Ausbildungsstätten (§ 2 BBiG) vollzogen wird, sondern im Rahmen von § 3 Abs. 3 BBiG. Eine betriebliche Berufs(aus)bildung liegt vor, wenn Unternehmen, Betriebe in der Wirtschaft oder sonstige Träger betriebliche Ausbildung i. S. d. § 1 Abs. 5 1. Alt. BBiG betriebs- oder unternehmens- oder trägerübergreifende Stätten zur Vermittlung berufspraktischer Ausbildung errichten, z. B. überbetriebliche Lehrwerkstätten, Ausbildungszentren usw., oder sie

109

---

134 BT-Drucks. 12/5888, 23.
135 Vgl. zusammenfassend u. unter Aufgabe der früheren Rechtsprechung: BAG 21.07.1993 AP Nr. 8 zu § 5 BetrVG 1972 Ausbildung; s. a. BAG 26.01.1994 EzA § 5 BetrVG 1972 Nr. 57.

sich zu Ausbildungsverbünden zusammenschließen, in denen »eigene« Auszubildende aufgrund entsprechenden Vertrages aus-, fort- oder weitergebildet werden[136].

110 Auf zu ihrer **Berufsbildung Beschäftigte, die das 18. Lebensjahr noch nicht vollendet haben**, ist ebenso wie auf sonstige Arbeitnehmer unter 18 Jahren an Stelle des Arbeitszeitgesetzes das **Jugendarbeitsschutzgesetz anzuwenden** (§ 18 Abs. 2 ArbZG). Haben die zu ihrer **Berufsausbildung Beschäftigten das achtzehnte Lebensjahr vollendet, so** gilt für ihre Beschäftigung **das Arbeitszeitgesetz**.

H. Begriffe zur Nachtarbeit (§ 2 Abs. 3–5 ArbZG)

111 Der Nachtarbeitszeitschutz ist kompliziert geregelt. Er gilt nicht für die Nachtarbeit, sondern für die Nachtarbeitnehmer i. S. des ArbZG. Der Gesetzgeber des ArbZG 1994 hatte bei der Bestimmung der dem Nachtarbeitsschutz dienenden Begriffe Rücksicht zu nehmen auf die Bestimmungen der **EG-Richtlinie** 93/104 (nunmehr 2003/88/EG) über bestimmte Aspekte der Arbeitszeitgestaltung. Die abgestufte Methode der Definition der **Nachtzeit** (§ 2 Abs. 4 ArbZG), der **Nachtarbeit** (§ 2 Abs. 4 ArbZG) und – mit zwei Alternativen – des **Nachtarbeitnehmers** (§ 2 Abs. 5 Nr. 1 und 2 ArbZG) ähnelt der Vorgehensweise in Art. 2 Nr. 3 und 4 der EG-Richtlinie 93/104 (nunmehr 2003/88).

112 Die Regelungen über den **Nachtarbeitsschutz** (§ 6 ArbZG) gelten nur für **Nachtarbeitnehmer** im Sinne des Arbeitszeitgesetzes[137]. Nachtarbeitnehmer i. S. d. Gesetzes ist nach der Definition in § 2 Abs. 5 ArbZG **nur ein Arbeitnehmer**, der in **Wechselschicht oder in hinreichendem Umfang Nachtarbeit** leistet. Nachtarbeit ihrerseits liegt nicht schon bei jeder Arbeitsleistung zur Nachtzeit vor, sondern erst dann, wenn Mindestgrenzen der Arbeitsleistung während der Nachtzeit überschritten werden. In diesen abgestuften Begriffsbestimmungen wird entsprechend dem Willen des Gesetzgebers erreicht, dass »nicht jede nur geringfügige Ableistung von Nachtarbeit« die in § 6 ArbZG geregelten Rechte und Pflichten zur Folge hat[138].

---

136 BAG 26.01.1994 EzA § 5 BetrVG 1972 Nr. 57.
137 *Erasmy* NZA 1994, 1105, 1109; *Buschmann/Ulber* § 2 ArbZG Rz. 10.
138 BT-Drucks. 12/5888, 24.

I. Nachtzeit (§ 2 Abs. 3 ArbZG)

Nachtzeit i. S. d. ArbZG ist die **Zeit von 23.00 bis 6.00 Uhr** (§ 2 Abs. 3 ArbZG). Die Zeitspanne von sieben Stunden entspricht der Regelung in Art. 2 Nr. 3 RL 2003/88/EG. Hiernach ist Nachtzeit jede von den einzelstaatlichen Rechtsvorschriften festgelegte Zeitspanne von **mindestens sieben Stunden**, welche auf jeden Fall den Zeitraum zwischen 24.00 und 5.00 Uhr umfasst. Die **Lage der Nachtzeit** nach § 2 Abs. 3 ArbZG entspricht ebenfalls der europarechtlichen Vorgabe. Der Vorschlag des Bundesrats, den Beginn der Nachtzeit auf 22.00 Uhr festzuschreiben und hiervon keine Ausnahme durch Tarifvertrag oder Betriebsvereinbarung zuzulassen[139], ist nicht Gesetz geworden. Für **Bäckereien und Konditoreien** ist in § 2 Abs. 3 letzter Halbs. ArbZG eine abweichende Lage der Nachtzeit bestimmt worden, nämlich von 22.00 Uhr bis 5.00 Uhr.

113

Die **Lage der Nachtzeit**, nicht aber deren Dauer, **kann** in einem **Tarifvertrag** oder einer durch Tarifvertrag zugelassenen **Betriebsvereinbarung** in der Weise **verändert werden**, dass der Beginn des siebenstündigen Nachtzeitraums des § 2 Abs. 3 ArbZG auf einen Zeitpunkt zwischen 22.00 und 24.00 Uhr festgelegt wird (§ 7 Abs. 1 Nr. 5 ArbZG). Die Nachtzeit kann also – mit anderen Worten – um bis zu eine Stunde gegenüber ihrem Regelbeginn (23.00 Uhr) vor- oder zurückverlegt werden. Innerhalb dieses Rahmens gibt es von Gesetzes wegen keine weiteren Zeitvorgaben; theoretisch ist daher möglich, innerhalb dieses Rahmens jeden beliebigen Zeitpunkt für den Beginn der Nachtzeit i. S. d. § 2 Abs. 3 ArbZG festzulegen.

114

---

139 BT-Drucks. 12/5888, Anl. 2, 37 und 41.

§ 2 ArbZG Begriffsbestimmungen

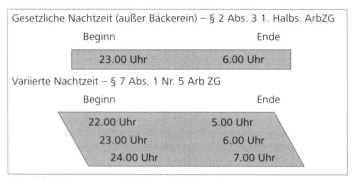

Schaubild 1: Variationsmöglichkeiten für die Nachtzeit

115 Für Bäckereien und Konditoreien kann die gesetzlich auf die Zeit von 22.00 Uhr bis 5.00 Uhr festgelegte Lage der Nachtzeit nur zurückverlegt werden. Dies folgt aus § 7 Abs. 1 Nr. 5 ArbZG, wonach eine Verlegung des Beginns der siebenstündigen Nachtzeit i. S. d. ArbZG nur auf einen Zeitpunkt bis 22.00 Uhr möglich ist. Der Zurückverlegung des Beginns der gesetzlichen Nachtzeit für Bäckereien und Konditoreien steht die Festlegung ihrer Lage in § 2 Abs. 3 letzter Halbs. ArbZG nicht entgegen. Diese Bestimmung ist nicht zwingend, sondern tarifvertragsdispositiv.

116 Bei Regelungen über die Lage und Dauer der Nachtzeit in **Tarifverträgen** ist jedoch stets zu prüfen, ob damit die **Nachtzeit** i. S. d. **Arbeitsschutzbestimmungen** geregelt werden sollte oder ob die Festlegung der Nachtzeit lediglich erfolgt ist, um die Anknüpfungspunkte für **Nachtarbeitszuschläge** und andere vergütungsrechtliche Fragen zu regeln. Diese Frage stellt sich insbesondere bei Bestimmungen über die Lage und Dauer der Nachtzeit in Tarifverträgen, die vor In-Kraft-Treten des Arbeitszeitgesetzes am 1. 7. 1994 abgeschlossen worden sind. Die arbeitszeitschutzrechtliche Einordnung einer Zeit als Nachtzeit besagt für sich allein nichts über die Frage deren Bezahlung[140].

---

140 Vgl. für die Arbeitszeit: BAG 24.09.2008 – 10 AZR 770/07 – BAGE 128, 42.

II. Nachtarbeit (§ 2 Abs. 4 ArbZG)

Nachtarbeit i. S. d. ArbZG **ist** nicht jede Arbeit, die überhaupt in der Nachtzeit geleistet wird, sondern **nur solche, die mehr als zwei Stunden der Nachtzeit umfasst** (§ 2 Abs. 4 ArbZG). Nach dem ArbZG ist es daher möglich, einen Arbeitnehmer bis zu zwei Stunden während der Nachtzeit einzusetzen, ohne dass dieser Arbeitnehmer allein dadurch zum Nachtarbeitnehmer (§ 2 Abs. 5 ArbZG) wird. Mit der Begrenzung des Zeitraumes nachtarbeitsfreier Tätigkeit während der Nachtzeit auf **zwei Stunden** hat das Arbeitszeitgesetz den Rahmen der RL 2003/88/EG (vormals 93/104/EG) insoweit nicht ausgeschöpft, als nach Art. 2 Nr. 4 Buchst. a dieser Richtlinie ein Arbeitnehmer erst dann Nachtarbeitnehmer ist, wenn er »während der Nachtzeit **normalerweise mindestens drei Stunden** seiner täglichen Arbeitszeit verrichtet«[141]. 117

Das Arbeitszeitgesetz schreibt nicht vor, dass die bis zu zwei Stunden nachtarbeitsfreie Tätigkeit während der Nachtzeit am Beginn oder am Ende der Nachtzeit liegen muss. Theoretisch ist es möglich, die Lage der nachtarbeitsfreien Nachttätigkeit eines Arbeitnehmers beliebig in den Zeitraum der Nachtzeit zu legen. In der Praxis dürfte dies jedoch ohne Bedeutung sein. 118

Bedeutsamer ist dagegen, wie lange **Arbeitnehmer nach Beginn der Nachtzeit weiterbeschäftigt** werden können, ohne dass **Nachtarbeit** anfällt. Arbeitet der Arbeitnehmer ab Beginn der Nachtzeit nicht mehr als zwei Stunden, so stellt dies keine Nachtarbeit dar. Arbeitet er dagegen länger als zwei Stunden, so ist der gesamte in die Nachtzeit fallende Teil seiner Arbeitszeit Nachtarbeit. Beginnt die Nachtarbeit um 23.00 Uhr, so kann ein Arbeitnehmer bis 1.00 Uhr beschäftigt werden, ohne dass für ihn in dieser Zeit Nachtarbeit anfällt; arbeitet er dagegen länger als bis 1.00 Uhr, so stellt seine gesamte Arbeitszeit ab 23.00 Uhr Nachtarbeit dar. 119

---

141 Vgl. *Dobberahn* ArbZG Rz. 75.

§ 2 ArbZG Begriffsbestimmungen

Nachtarbeit		
	Beginn	Ende
	23.00 Uhr	6.00 Uhr
	Ende der Arbeitszeit	
Arbeitnehmer A	23.00 Uhr	
Arbeitnehmer B	24.00 Uhr	
Arbeitnehmer C	1.00 Uhr	
Arbeitnehmer N		1.10 Uhr

Für A fällt keine Nachtarbeit an; seine Arbeitszeit endet mit dem Beginn der Nachtzeit.

Für B und C fällt keine Nachtarbeit an, weil sie nicht mehr als zwei Stunden während der Nachtzeit arbeiten.

Indessen leistet N ab Beginn der Nachtzeit (23.00 Uhr) bis zu seinem Arbeitsende um 1.10 Uhr Nachtarbeit.

Schaubild 2: Nachtarbeit am Beginn der Nachtzeit

120 Wird nach näherer Maßgabe des § 7 Abs. 1 Nr. 5 ArbZG der Beginn der Nachtzeit auf 22.00 Uhr vorverlegt, so kann der Arbeitnehmer nur bis 24.00 Uhr arbeiten, ohne dass Nachtarbeit anfällt. Bei einer Verlegung des Beginns der Nachtarbeit auf 24.00 Uhr kann er dagegen bis 2.00 Uhr beschäftigt werden, ohne dass Nachtarbeit eintritt.

121 Ähnlich verhält es sich beim **Einsatz** von Arbeitnehmern i. V. m. dem **Ende der Nachtzeit**. Bei einem Beginn der Nachtzeit um 23.00 Uhr kann ein Arbeitnehmer ab 4.00 Uhr beschäftigt werden, ohne dass für ihn Nachtarbeit anfällt.

Nachtzeit		
	Beginn	Ende
	23.00 Uhr	6.00 Uhr
	Ende der Arbeitszeit	
Arbeitnehmer D		6.00 Uhr
Arbeitnehmer E		5.00 Uhr
Arbeitnehmer F		4.00 Uhr
Arbeitnehmer N	3.50 Uhr	

Für D fällt keine Nachtarbeit an, weil seine Arbeitszeit erst um 6.00 Uhr und damit nach dem Ende der Nachtzeit (6.00 Uhr) beginnt.

Für E und F fällt keine Nachtarbeit an, weil sie nicht länger als zwei Stunden während der Nachtzeit tätig sind.

Dagegen leistet N von seinem Arbeitsbeginn (3.50 Uhr) an bis zum Ende der Nachtzeit (6.00 Uhr) Nachtarbeit.

Schaubild 3: Nachtarbeit am Ende der Nachtzeit

Bei einer **Verlegung** des Beginns der siebenstündigen **Nachtzeit** auf 22.00 Uhr kann der Arbeitsbeginn des Arbeitnehmers bereits auf 3.00 Uhr festgelegt werden, ohne dass ausgleichspflichtige Nachtarbeit anfällt. Wird der Beginn der Nachtarbeit auf 24.00 Uhr gelegt, so stellt erst eine Beschäftigung ab 5.00 Uhr keine Nachtarbeit dar. 122

Möglich ist auch, durch den Einsatz verschiedener Arbeitnehmer am Beginn und am Ende derselben Nachtzeit den für das Entstehen von Nachtarbeit relevanten Zeitraum auf drei Stunden einzugrenzen. 123

▶ **Beispiel:**

Werden der Arbeitnehmer C (Schaubild 2) am Beginn der Nachtzeit für zwei Stunden und der Arbeitnehmer F (Schaubild 3) am Ende der Nachtzeit für zwei Stunden eingesetzt und ruht der Betrieb zwischen den Einsätzen dieser beiden Arbeitnehmer, so fällt keine Nachtarbeit i. S. d. ArbZG an.

III. Nachtarbeitnehmer (§ 2 Abs. 5 ArbZG)

Art. 8 EG-Richtlinie 2003/88/EG wie ihre Vorgängerregelung knüpfen unmittelbare Rechtsfolgen nicht an das Vorliegen von Nachtarbeit, sondern daran, dass jemand Nacharbeitnehmer i. S. d. Art. 2 Abs. 4 der Richtlinie ist. 124

§ 2 ArbZG Begriffsbestimmungen

Vergleichbar knüpft § 6 ArbZG Rechtfolgen daran, dass jemand Nachtarbeitnehmer ist, bestimmt aber zuvor in § 2 Abs. 3 bis 5, was Nachtzeit, was Nachtarbeit und wer Nachtarbeitnehmer im Sinne dieses Gesetzes ist. Praktisch wird dadurch der Anwendungsbereich des gesetzlichen Nachtarbeitsschutzes deutlich eingeengt. **Nachtarbeitnehmer** i. S. d. Gesetzes sind nur Arbeitnehmer, die erstens aufgrund ihrer Arbeitszeitgestaltung normalerweise **Nachtarbeit in Wechselschicht** zu leisten haben oder zweitens **Nachtarbeit an mindestens 48 Tagen im Kalenderjahr** leisten. Auch diese Einschränkung dient dem gesetzgeberischen Ziel, »dass nicht jede auch nur geringfügige Ableistung von Nachtarbeit die in § 6 geregelten Rechte und Pflichten auslöst«[142].

1. Nachtarbeit in Wechselschicht (§ 2 Abs. 5 Nr. 1 ArbZG)

125   Die **Nachtarbeitereigenschaft** ist alternativ gegeben, nämlich bei **Nachtarbeit in Wechselschicht** oder **wegen regelmäßiger Nachtarbeit an mindestens 48 Tagen im Kalenderjahr**. Wichtig ist diese Unterscheidung sowohl für den Ausgleichszeitraum (vgl. § 3 Abs. 3 ArbZG) als auch für den Belastungsausgleich nach § 6 Abs. 5 ArbZG. Nach § 2 Abs. 5 Nr. 1 ArbZG setzt die **Nachtarbeitnehmereigenschaft** i. S. d. ArbZG voraus, dass die Nachtarbeit »in Wechselschicht« zu leisten ist, dass dies »normalerweise« der Fall ist und dass sie auf der »Arbeitszeitgestaltung« beruht. Der Begriff »Wechselschicht« ist weder im Arbeitszeitgesetz noch sonst im deutschen Recht gesetzlich definiert. Dasselbe gilt für den Begriff »Schichtarbeit« bzw. »Schicht«[143]. Lediglich für das **Jugendarbeitsschutzgesetz** gibt es eine Definition der Schichtzeit. Sie ist die tägliche Arbeitszeit unter Hinzurechnung der Ruhepausen (§ 4 Abs. 2 JArbSchG). Allerdings enthält Art. 2 Abs. 5 RL 2003/88/EG (vormals RL 93/104/EG) eine Umschreibung der »Schichtarbeit«. Sie enthält alle wesentlichen Elemente. Für diese Umschreibung hat der Gesetzgeber des ArbZG den Begriff »Wechselschicht« gewählt.

126   In der allgemeinen arbeitsrechtlichen Bedeutung ist für den **Begriff der Schichtzeit** wesentlich, dass eine bestimmte Arbeitsaufgabe über einen erheblich längeren Zeitraum als die tatsächliche tägliche (Voll-)Arbeitszeit eines einzelnen Arbeitnehmers hinaus anfällt und diese Aufgabe daher von mehreren einzelnen Arbeitnehmern oder mehreren Arbeitnehmergruppen in einer

---

142   BT-Drucks. 12/5888, 24.
143   Statt vieler: BAG 18.07.1990 EzA § 611 BGB Schichtarbeit Nr. 1 = NZA 1991, 23.

geregelten zeitlichen Reihenfolge, teilweise auch außerhalb der allgemeinüblichen Arbeitszeit, erbracht wird. Bei der Schichtarbeit arbeiten nicht sämtliche Arbeitnehmer eines Betriebes oder einer Betriebsabteilung zur gleichen Zeit, sondern ein Teil arbeitet, der andere hat in dieser Zeit arbeitsfrei. Dabei lösen sich die Beschäftigten bzw. Arbeitnehmergruppen regelmäßig nach einem feststehenden und überschaubaren Plan (**Schichtplan**) ab[144]. Eine im Wesentlichen übereinstimmende Aufgabe muss insoweit von untereinander austauschbaren, im ständigen Wechsel eingesetzten Arbeitnehmern erfüllt werden. Allerdings ist eine völlige Identität des Arbeitsplatzes nicht erforderlich[145].

Diese allgemeine Definition der Schichtarbeit durch die Rechtsprechung bedarf allerdings **für § 2 Abs. 5 Nr. 1 ArbZG der weiteren Differenzierung**. Die Nachtarbeit muss in **Wechselschicht** geleistet werden. Dies entspricht dem Begriff der Schichtarbeit in Art. 2 Nr. 5 RL 2003/88/EG (vormals RL 93/104/EG). Es genügt für den Begriff der Wechselschicht nicht, wenn die Nachtschicht stets nur mit denselben Personen besetzt ist und diese Arbeitnehmer nur in der Nachtschicht arbeiten. 127

▶ Beispiel:
  – Wechselschicht

  Die Arbeitnehmer lösen sich in der Schichtfolge ab. Sie haben in der einen Woche Frühschicht, in der nächsten Spätschicht und schließlich in der dritten Woche Nachtschicht. Dann beginnt wieder der Turnus mit der Frühschicht.

  – keine Wechselschicht

  Der Betrieb wird dreischichtig rund um die Uhr gefahren. Nachtschichtarbeitnehmer sind immer nur in der Nachtschicht eingesetzt. Unerheblich wäre, wenn Frühschichtarbeitnehmer und Spätschichtarbeitnehmer sich in der Schichtfolge ablösen. Solange die Ablösung nicht auch die Nachtschicht umfasst, liegt keine Nachtschichtarbeit in Wechselschicht i. S. d. § 2 Abs. 5 Nr. 1 ArbZG vor.

---

144 BAG 02.10.1996 AP Nr. 12 zu § 33a BAT.
145 BAG 18.07.1990 EzA § 611 BGB Schichtarbeit Nr. 1 = NZA 1991, 23; s. a. BAG 29.06.1990 EzA § 4 TVG-Großhandel Nr. 1 sowie BAG 04.02.1988 EzA § 4 TVG-Rundfunk Nr. 16.

§ 2 ArbZG Begriffsbestimmungen

128 Liegt keine Wechselschicht vor und sind deshalb die Voraussetzungen des § 2 Abs. 5 Nr. 1 ArbZG nicht erfüllt, so bleibt gleichwohl zu prüfen, ob die Voraussetzungen des § 2 Abs. 5 Nr. 2 ArbZG – **Nachtarbeit an mindestens 48 Tagen im Kalenderjahr** – erfüllt sind.

129 Voraussetzung für die Nachtarbeitnehmereigenschaft i. S. d. § 2 Abs. 5 Nr. 1 ArbZG ist ferner, dass die Leistung von Nachtarbeit in Wechselschicht **normalerweise** zu erfolgen hat. Auch hiermit wird der Kreis der Nachtarbeitnehmer weiter begrenzt.

130 Der Gesetzentwurf der Bundesregierung sah die Formulierung vor, dass »regelmäßig wiederkehrend in Wechselschicht Arbeit/Nachtarbeit zu leisten« sein sollte[146]. In der Begründung hierzu heißt es, Nachtarbeit solle »arbeitsmedizinisch und sozialpolitisch flankiert werden ... Für Nachtarbeitnehmer, also Personen, die in nicht unerheblichem Umfang während der Nachtzeit von 23.00 bis 6.00 Uhr ihre Arbeitsleistung erbringen, soll der Gesundheitsschutz verbessert werden«[147]. Speziell zu den Absätzen 4 und 5 des § 2 ArbZG heißt es in der Begründung, dass die dortigen Begriffe »Nachtarbeit« und »Nachtarbeitnehmer« berücksichtigten, »dass nicht jede auch nur geringfügige Ableistung von Nachtarbeit die in § 6 geregelten Rechte und Pflichten auslöst«[148]. Zu der in das Gesetz aufgenommenen Formulierung, nach der »normalerweise Nachtarbeit in Wechselschicht« zu leisten ist, lautet die Begründung, mit der geänderten Formulierung: »soll ausgeschlossen werden, dass Arbeitnehmer, die nur ausnahmsweise Nachtarbeit in Wechselschicht zu leisten haben (z. B. einmal im Monat), als Nachtarbeitnehmer i. S. d. Gesetzes anzusehen sind«[149]. Damit sind die Voraussetzungen des § 2 Abs. 5 Nr. 1 ArbZG nicht schon dann erfüllt, wenn Nachtarbeitnehmer nicht nur ausnahmsweise, aber wiederkehrend, beispielsweise einmal im Monat, Nachtarbeit zu leisten haben.

▶ **Beispiel:**

In einem Rechenzentrum wird zweischichtig in Wechselschicht gearbeitet, nämlich in Früh- und Spätschicht. Einmal im Monat ist eine Nachtschicht erforderlich. Hierzu werden Arbeitnehmer, die sonst in der Früh- bzw. der Spätschicht arbeiten, in einem roulierenden System herangezogen. Das

---

146 BT-Drucks. 12/5888, 24.
147 BT-Drucks. 12/5888, 21.
148 BT-Drucks. 12/5888, 24.
149 BT-Drucks. 12/6990, 8, 42.

Tatbestandsmerkmal »normalerweise« ist für die Nachtarbeit hier nicht erfüllt.

§ 2 Abs. 5 Nr. 1 ArbZG setzt für die Eigenschaft »Nachtarbeitnehmer« vielmehr voraus, dass normalerweise Nachtarbeit in Wechselschicht zu leisten ist. In diesem Sinne »normalerweise« ist Nachtarbeit ebenfalls zu leisten, wenn es sich um Wechselschichtsysteme handelt, bei denen regelmäßig der Einsatz von Tagarbeitsschicht zur Nachtarbeitsschicht wechselt. **Derart üblich sind vor allem sog. Drei-Schicht-Systeme**[150], es gibt aber auch Zwei- oder Vier-Schicht-Systeme[151]. 131

Die Nachtarbeitnehmereigenschaft i. S. d. § 2 Abs. 5 Nr. 1 ArbZG setzt aber auch voraus, dass die Leistung von Nachtarbeit nach der **Arbeitszeitgestaltung** für diese Arbeitnehmer erfolgt. Diesem Tatbestandsmerkmal kommt eigenständige Bedeutung zu. Arbeitszeitgestaltung im Sinne dieser Vorschrift bedeutet, dass der Einsatz des Arbeitnehmers zur Nachtarbeit in Wechselschicht aufgrund eines vorher feststehenden Planes, z. B. eines **Schichtplanes**, erfolgt. Abzugrenzen hiervon ist der **planwidrige Einsatz** eines Arbeitnehmers zur Nachtarbeit in einem Wechselschichtsystem. Ein solcher Einsatz beruht nicht mehr auf einer Arbeitsgestaltung, sondern steht ihr grundsätzlich entgegen. 132

▶ **Beispiel:**

In einem Betrieb erfolgt die Produktion für die Produktlinie »A« in einem Drei-Schicht-Wechselschichtsystem mit roulierendem Einsatz der Arbeitnehmer in der Früh-, Spät- und Nachtschicht. Die Herstellung in der Produktionslinie »B« erfolgt nur einschichtig. Wegen außerordentlich großer krankheitsbedingter Ausfälle von Arbeitnehmern aus der Produktionslinie »A« werden drei Arbeitnehmer aus der Produktionslinie »B« für einen Schichtrhythmus (drei Wochen) jeweils eine Woche lang zur Verstärkung der Nachtschicht in der Produktionslinie »A« herangezogen. In diesem Fall lässt sich nicht sagen, dass diese drei Arbeitnehmer »nach ihrer Arbeitszeitgestaltung normalerweise« Nachtarbeit in Wechselschicht zu leisten haben.

---

150 *Dobberahn* ArbZG Rz. 76; *Roggendorff* § 2 ArbZG Rz. 64.
151 *Neumann/Biebl* § 2 ArbZG Rz. 27.

133 Häuft sich indessen der **außerplanmäßige Einsatz** der Arbeitnehmer auf **mindestens 48 Tage Nachtarbeit im Kalenderjahr**, so sind sie Nachtarbeitnehmer i. S. d. § 2 Abs. 5 Nr. 2 ArbZG.

2. Nachtarbeit an mindestens 48 Tagen (§ 2 Abs. 5 Nr. 2 ArbZG)

134 Wird ein Arbeitnehmer an **mindestens 48 Tagen** im Kalenderjahr zur Nachtarbeit im Sinne des Arbeitszeitgesetzes eingesetzt, so ist er **Nachtarbeitnehmer** i. S. d. ArbZG. Für diese Fallgruppe kommt es nicht darauf an, ob die Nachtarbeit normalerweise in Wechselschicht (vgl. § 2 Abs. 5 **Nr. 1** ArbZG) zu leisten ist. Vielmehr gehören in diese Fallgruppe alle Arbeitnehmer, die an mindestens 48 Tagen im Kalenderjahr Nachtarbeit leisten. Damit hat der Gesetzgeber von der Möglichkeit, den Begriff der Nachtarbeitnehmer zu erweitern (Art. 2 Nr. 4 Buchst. b RL 2003/88/EG – vormals RL 93/104/EG) Gebrauch gemacht.

135 Im Schrifttum ist die Grenze von bereits **48 Tagen Nachtarbeit** als **sehr weitgehend** angesehen worden[152]. Richtig ist zwar, dass die Richtlinie 2003/88/EG (vormals RL 93/104/EG) insoweit keine Vorgaben enthält. Dies hat den Gesetzgeber des Arbeitszeitgesetzes jedoch nicht gehindert, für Nachtarbeitnehmer i. S. d. § 2 Abs. 5 Nr. 2 ArbZG einen – bezogen auf den Jahresdurchschnitt – engeren Maßstab zu wählen, als er für Nachtarbeitnehmer, die normalerweise in Wechselschicht arbeiten, in § 2 Abs. 5 **Nr. 1** ArbZG vorgesehen ist. Leistet ein Arbeitnehmer an fünf Tagen in der Woche Nachtarbeit **in Wechselschicht** nach einem Drei-Schicht-System, so fällt für ihn unter Berücksichtigung des gesetzlichen Mindesturlaubs von 24 Werktagen (§ 3 Abs. 1 BUrlG i. d. F. Art. 2 ArbZG) **Nachtarbeit an 80 Tagen im Kalenderjahr** an. Dagegen ist die Nachtarbeitnehmereigenschaft nach § 2 Abs. 5 **Nr. 2** ArbZG, also **ohne Wechselschicht**, schon gegeben, wenn Nachtarbeit an mindestens 48 Tagen im Kalenderjahr geleistet wurde. Dieses Maß wird erreicht, wenn – bei ebenfalls vier Wochen Jahresurlaub – der Arbeitnehmer in der übrigen Zeit des Jahres (48 Wochen) auch nur **einen Tag Nachtarbeit pro Woche** leistet. Indessen wird dieser unterschiedliche Maßstab dadurch relativiert, dass § 6 Abs. 2 Satz 3 ArbZG für Nachtarbeitnehmer i. S. d. § 2 Abs. 5 Nr. 2 ArbZG für Zeiträume, in denen diese Nachtarbeitnehmer nicht zur Nachtarbeit herangezogen werden, den längeren Ausgleichszeitraum des § 3 Satz 2 ArbZG erlaubt.

---

[152] *Dobberahn* ArbZG Rz. 76.

Unter § 2 Abs. 5 Nr. 2 ArbZG fallen diejenigen Arbeitnehmer, die an mindestens 48 Tagen im Kalenderjahr Nachtarbeit geleistet haben. **Fraglich** ist jedoch, ob die **Nachtarbeitnehmereigenschaft** i. S. d. § 2 Abs. 5 Nr. 2 ArbZG auch dann anzunehmen ist, **wenn** der Arbeitnehmer trotz der Erwartung, er werde an mindestens 48 Tagen im Kalenderjahr Nachtarbeit zu leisten haben, tatsächlich nur an **47 oder weniger Tagen Nachtarbeit** geleistet hat. *Roggendorff* meint, wenn Nachtarbeit trotz entgegenstehender Erwartung nur an 47 Tagen und nicht an 48 Tagen geleistet werden soll, sei § 6 ArbZG nicht anwendbar; dagegen will er § 6 ArbZG anwenden, wenn »mit Sicherheit zu erwarten« sei, dass der Arbeitnehmer mehr als 48 Tage im Kalenderjahr Nachtarbeit leisten werde, z. B. Dauernachtarbeitnehmer[153]. Der letzten Annahme kann nicht gefolgt werden. Die Verwendung des Präsens »leisten« spricht bereits gegen die Ansicht, dass die Nachtarbeitnehmereigenschaft von Anfang an gegeben sei, wenn mit Sicherheit zu erwarten sei, dass der Arbeitnehmer an mehr als 48 Tagen im Kalenderjahr Nachtarbeit leisten werde. Auch ein Vergleich mit § 2 Abs. 5 Nr. 1 ArbZG macht deutlich, dass es nicht auf Planungen, in die Zukunft wirkende Arbeitszeitgestaltungen und Ähnliches, was eine derart sichere Erwartung auslösen könnte, ankommt. In Nr. 2 ist kein Hinweis auf eine Arbeitszeitgestaltung enthalten. Vielmehr setzt die **Anwendbarkeit des § 2 Abs. 5 Nr. 2 ArbZG** voraus, dass der Arbeitnehmer im Kalenderjahr tatsächlich an **48 Tagen Nachtarbeit geleistet hat**.

136

Nachtarbeit wird auch dann **an nur einem und nicht an zwei Tagen** geleistet, **wenn** die Nachtarbeitszeit auf **zwei Kalendertage** fällt. Entscheidend ist insoweit der Zusammenhang der Arbeitszeit. Üblicherweise wird auf den Kalendertag abgestellt, an welchem die zusammenhängende Arbeitszeit begonnen hat.

137

▶ **Beispiel:**
Für den nicht in Wechselschicht tätigen Arbeitnehmer beginnt seine Arbeitszeit am Mittwoch um 22.00 Uhr; sie endet am Donnerstag um 6.00 Uhr. Die Nachtzeit liegt von 23.00 Uhr bis 6.00 Uhr (§ 2 Abs. 3 ArbZG). Obwohl Nachtarbeit für eine Stunde am Mittwoch und für sechs Stunden am Donnerstag anfällt, ist der Arbeitnehmer nicht an zwei Tagen zur Nachtarbeit eingesetzt, sondern an nur einem Tag.

---

153 *Roggendorff* § 2 ArbZG Rz. 65.

§ 2 ArbZG Begriffsbestimmungen

138 Nicht ausdrücklich geregelt ist indessen, wie es um die **Nachtarbeitnehmereigenschaft** i. S. d. § 2 Abs. 5 Nr. 2 ArbZG in den Fällen steht, in denen der Arbeitnehmer **im selben Zeitraum parallel bei verschiedenen Arbeitgebern Nachtarbeit** i. S. d. ArbZG leistet. Fraglich ist, ob insoweit § 2 Abs. 1 Satz 1 2. Halbs. ArbZG anzuwenden ist, wonach die Arbeitszeit bei mehreren Arbeitgebern zusammenzurechnen ist. Nach Sinn und Zweck des Gesetzes dürfte dieses anzunehmen sein, soweit ein Arbeitnehmer bei mehreren Arbeitgebern parallel Nachtarbeit leistet.

▶ **Beispiel:**

Ein DV-Spezialist leistet für den Arbeitgeber A jeweils zum Monatswechsel drei Tage Nachtarbeit, mithin Nachtarbeit an 36 Tagen im Kalenderjahr. Daneben unterhält er ein Arbeitsverhältnis mit dem Arbeitgeber B, in welchem er an zwei Tagen in der Mitte eines jeweiligen Monats Nachtarbeit leistet, mithin weitere 24 Tage Nachtarbeit. Die Nachtarbeitseinsätze sind zusammenzurechnen; der Arbeitnehmer ist Nachtarbeitnehmer, denn er leistet an 60 Tagen im Kalenderjahr Nachtarbeit.

139 Ebenso unklar ist die Rechtslage, wenn der Arbeitnehmer **nacheinander bei verschiedenen Arbeitgebern Nachtarbeit** leistet. Der Gedanke des Gesundheitsschutzes des Arbeitnehmers vor einer übermäßige Beanspruchung infolge Nachtarbeit spricht zwar dafür, dass auch in diesem Fall die Tage, an denen der Arbeitnehmer in diesem Kalenderjahr Nachtarbeit geleistet hat, zusammenzurechnen sind, auch wenn die Arbeitsverhältnisse nacheinander mit verschiedenen Arbeitgebern bestanden haben. Auf § 2 Abs. 1 Satz 1 2. Halbs. ArbZG kann insoweit nicht ohne weiteres zurückgegriffen werden. Diese Regelung gilt nur für gleichzeitig bestehende Arbeitsverhältnisse, nicht aber für zeitlich aufeinander folgende Arbeitsverhältnisse. Es fehlt auch an einer Norm, aus der sich ergibt, dass der nachfolgende Arbeitgeber die in § 6 ArbZG vorgesehenen Ausgleiche für die Nachtarbeit zu leisten haben soll, die der Arbeitnehmer im vorangegangenen Arbeitsverhältnis erbracht hat.

Zweiter Abschnitt Werktägliche Arbeitszeit und arbeitsfreie Zeiten

§ 3 Arbeitszeit der Arbeitnehmer

Die werktägliche Arbeitszeit der Arbeitnehmer darf acht Stunden nicht überschreiten. Sie kann auf bis zu zehn Stunden nur verlängert werden, wenn innerhalb von sechs Kalendermonaten oder innerhalb von 24 Wochen im Durchschnitt acht Stunden werktäglich nicht überschritten werden.

A. Gegenstand der Regelung

§ 3 ArbZG enthält die Grundregel für die werktägliche Arbeitszeit. Sie 1
darf ohne Ausgleich **acht Stunden** pro Werktag (oder Sonn- und Feiertag) grundsätzlich nicht überschreiten. Allerdings darf sie **auf bis zu zehn Stunden verlängert** werden, wenn innerhalb des Ausgleichszeitraums von sechs Monaten bzw. 24 Wochen im Durchschnitt acht Stunden pro Werktag nicht überschritten werden. Diese Grenzen gelten nach § 11 Abs. 2 ArbZG **auch für das Höchstmaß erlaubter Arbeitszeit an Sonntagen** und an **gesetzlichen Feiertagen**. Demgegenüber sieht die **RL 2003/88/EG** (vormals RL 93/104/EG) **keinen generellen Acht-Stunden-Tag** oder auch nur eine tägliche Höchstarbeitszeit vor, sondern nur eine **Mindestruhezeit** von elf Stunden pro 24-Stunden-Zeitraum (Art. 3). Nur für **Nachtarbeiter** ist **EU-rechtlich** eine maximale Arbeitszeit von durchschnittlich **acht Stunden pro 24-Stunden-Zeitraum** vorgeschrieben (Art. 8 Abs. 1 Buchst. a RL 2003/88/EG, vormals RL 93/104/EG). Die Regelung des § 3 ArbZG schöpfte den Spielraum für die tägliche Arbeitszeit nicht aus, den die RL 2003/88/EG (vormals RL 93/104/EG) belässt. EU-rechtlich könnten – einschließlich der Pausen (Art. 4 RL 2003/88/EG – vormals RL 93/104/EG) – bis zu 13 Stunden pro 24-Stunden-Zeitraum gearbeitet werden. Mittelbar schreibt § 3 ArbZG vor, dass im Durchschnitt nur 48 Stunden in der Woche gearbeitet werden darf; dies stimmt im Ziel – nicht in den Einzelheiten – wiederum mit Art. 6 Abs. 2 RL 93/104/EG (= Art. 6 Buchst. b RL 2003/88/EG) überein, wonach die durchschnittliche Arbeitszeit pro Sieben-Tage-Zeitraum 48 Stunden einschließlich der Überstunden nicht überschreiten darf.

§ 3 Satz 1 ArbZG entspricht dem früheren § 3 AZO insoweit, als es der 2
Gesetzgeber bei dem schon seit 1918 geltenden Prinzip des **Achtstundentages** belassen hat. **Weggefallen** ist dagegen die gesetzliche **Unterscheidung** zwi-

schen »**regelmäßiger**« Arbeitszeit (§ 3 AZO 1938) und **Mehrarbeit** (§§ 6–8 und § 14 AZO 1938) und demzufolge auch eine gesetzliche Regelung der Mehrarbeitsvergütung, wie sie bis dahin in § 15 Abs. 2 AZO 1938 bestanden hat[1]. Unter dem Gesichtspunkt des Arbeitszeitschutzes kommt es auf die Unterscheidung zwischen »regelmäßiger« Arbeitszeit und »Mehrarbeit« prinzipiell nicht mehr an. Die früheren gesetzlichen Tatbestände der Mehrarbeit sind vielmehr in der generellen Regelung der gesetzlich höchstzulässigen Arbeitszeit ersatzlos untergegangen.

3   Die **gesetzgeberischen Anlässe für die Begrenzung der werktäglichen Arbeitszeit** seit der gesetzlichen Einführung des Achtstundentages für Arbeiter und für kaufmännische, technische und Büroangestellte nach dem Ende des Ersten Weltkrieges durch Demobilisierungsverordnungen vom 23.11./17. 12. 1918 und vom 18. 3. 1919 haben sich **völlig gewandelt**. Damals hatte der Gesetz bzw. Verordnungsgeber weniger den Gedanken des Gesundheitsschutzes der Arbeitnehmer vor Augen als vielmehr den der **Arbeitsmarktsteuerung**. Er wollte durch eine Begrenzung der werktäglichen Höchstarbeitszeit zur besseren Unterbringung der in die Zivilberufe zurückdrängenden Soldaten beitragen und so einer sich abzeichnenden Arbeitslosigkeit vorbeugen[2]. Aus diesem Anlass verfügte er eine starre Regelung, die eine anderweitige Verteilung der werktäglichen Arbeitszeit nicht zuließ. Der Gedanke des **Gesundheitsschutzes** spielte auch bei der Lockerung des starren Acht-Stunden-Tages durch Zulassung einer ungleichmäßigen Verteilung der Arbeitszeit von insgesamt 48 Stunden pro Woche auf sechs Werktage durch die Verordnung vom 21. 12. 1923 (AZO 1923) keine wesentliche Rolle. Stärkere Beachtung fand der Gesundheitsschutz erst in der AZO vom 26. 7. 1934 und schließlich durch die zusammen mit dem auch dem Jugendarbeitsschutz dienenden Jugendschutzgesetz eingeführte, nunmehr durch das Arbeitszeitgesetz abgelöste AZO vom 30. 4. 1938[3]. Für den Gesetzgeber des **Arbeitszeitgesetzes** stand dagegen nicht der Gedanke der Verteilung von Arbeit auf möglichst viele Köpfe durch Begrenzung der Arbeitsmengen pro Arbeitnehmer im Vordergrund, sondern der des **Gesundheitsschutzes** des Arbeitnehmers. Gleichzeitig wollte er aber auch mit der Neuregelung den **Spielraum** für eine intelligente **Umverteilung**

---

1   Kritisch: DGB-Stellungnahme AuR 1993, 52.
2   *Deneckel/Neumann* AZO 11. Aufl. 1991 Einleitung Rz. 3, § 3 Rz. 1.
3   RGBl. I S. 447.

der Arbeitszeit erweitern[4] und Raum für flexible Arbeitszeitgestaltungen schaffen[5].

Deshalb wurde der **gesetzliche Spielraum für die Verteilung der werktäglichen Arbeitszeit** gegenüber der bisherigen Regelung nach der AZO **wesentlich vergrößert** (ohne jedoch den EU-rechtlichen Rahmen auszuschöpfen). Von der völlig starren Regelung des Acht-Stunden-Tages nach dem Demobilisierungsrecht hatte sich zwar das schon bislang geltende Arbeitszeitrecht insoweit gelöst, als zuletzt die werktägliche Arbeitszeit auf höchstens zehn Stunden bei einem Ausgleich in derselben oder der folgenden Woche (§ 4 AZO 1938) und Mehrarbeit bis zu zwei Stunden werktäglich an 30 Tagen im Jahr (§ 6 AZO 1938) zulässig waren. Die **jetzt geltende Regelung nach § 3 Satz 2 ArbZG geht jedoch darüber weit hinaus.** Sie ermöglicht eine Erhöhung der **werktäglichen Arbeitszeit auf höchstens zehn Stunden**, wenn im Ausgleichszeitraum eines halben Jahres bzw. von 24 Wochen der Durchschnitt von werktäglich acht Stunden wieder erreicht wird. Die Begrenzung dieser Höchstwerte und des Ausgleichszeitraumes erfolgte ausdrücklich aus Gründen des Gesundheitsschutzes der Arbeitnehmer[6]. Der **Ausgleichszeitraum** von sechs Monaten (oder 24 Wochen) ist **EU-rechtswidrig,** denn er überschreitet den Rahmen von vier Monaten, der nach Art. 16 Nr. 2 der RL 93/104 (= Art. 16 Buchst. b RL 2003/88/EG) als »Bezugszeitraum« für die Einhaltung einer durchschnittlichen Arbeitszeit von 48 Stunden in einem Siebentagezeitraum (Art. 6 Nr. 2 RL 93/104/EG = Art. 6 Buchst. b RL 2003/88/EG) vorgeschrieben ist. 4

B. Grundsatz des Achtstundentages (§ 3 Satz 1 ArbZG)

Für die werktägliche Arbeitszeit normiert § 3 Satz 1 ArbZG als Grundsatz eine Höchstarbeitszeit von acht Stunden. Indessen hat der Gesetzgeber davon abgesehen, die werktägliche Arbeitszeit starr zu begrenzen oder sie als regelmäßige Arbeitszeit vorzuschreiben, sondern einem sehr flexiblen Regelungsmodell den Vorrang gegeben. 5

---

4 BT-Drucks. 12/5888, 20.
5 § 1 Nr. 1 ArbZG, BT-Drucks. 12/5888, 24.
6 BT-Drucks. 12/5888, 22, 24.

§ 3 ArbZG Arbeitszeit der Arbeitnehmer

I. Begriff »Werktäglich«

6 Der Begriff der **werktäglichen** Arbeitszeit ist aus § 3 AZO 1938 übernommen worden. Im Arbeitszeitgesetz fehlt es an einer gesetzlichen Definition des Begriffs »werktäglich«. **Werktage** sind nach allgemeiner Ansicht **alle Kalendertage**, die **nicht Sonntage** oder gesetzliche **Feiertage** sind[7]. Für das Urlaubsrecht wird dies in § 3 Abs. 2 BUrlG fingiert. Im Sinne des Arbeitszeitgesetzes ist, wie schon zuvor zu § 3 AZO 1938, unter **Werktag nicht** der **Kalendertag** von 0 bis 24 Uhr zu verstehen, sondern der Zeitraum von 24 Stunden ab Beginn der Arbeit des Arbeitnehmers an einem Werktag[8]. Dies zeigt der Vergleich mit der grundsätzlichen Regelung des Verbots der Sonn- und Feiertagsarbeit in § 9 Abs. 1 ArbZG. Dort sind Sonn- und Feiertage nicht nur mit ihrer Sachbezeichnung angegeben, sondern der Gesetzgeber hat ausdrücklich die Uhrzeiten hinzugesetzt: Arbeitnehmer dürfen »an Sonn- und gesetzlichen Feiertagen von 0.00 bis 24.00 Uhr« nicht beschäftigt werden. Für den Begriff »Werktäglich« hat der Gesetzgeber auf eine Angabe einer Uhrzeit für den Beginn und das Ende des Werktages verzichtet.

7 **Der** Beginn des als »**werktäglich**« umschriebenen **Zeitraumes** richtet sich nach dem **Arbeitsbeginn** des Arbeitnehmers an dem ersten Werktag der Woche, an dem er zu arbeiten hat. Dies gilt sowohl bei durchgehender Arbeit, die nur durch Ruhepausen i. S. d. § 4 ArbZG unterbrochen wird, als auch bei zeitlich geteilter Arbeit, bei der zwischen den einzelnen Teilen längere Zeiten der Nichtinanspruchnahme des Arbeitnehmers liegen, als nach § 4 ArbZG zur Gewährung der gesetzlichen Ruhepausen erforderlich sind.

▶ Beispiele:

1. (durchgehende Arbeit)

Der Arbeitnehmer arbeitet am Montag von 8.00 Uhr bis 16.30 Uhr, Unterbrechung nur durch eine Mittagspause von 30 Minuten. Seine »werktägliche« Arbeitszeit beginnt am Montag um 8.00 Uhr.

2. geteilte Arbeit – Frühbeginn

---

7 *Roggendorff* § 3 ArbZG Rz. 5.
8 *Roggendorff* § 3 ArbZG Rz. 5; *Anzinger/Koberski* § 3 ArbZG Rz. 10.

Der Arbeitnehmer arbeitet am Montag von 6.00 Uhr bis 10.00 Uhr und von 16.00 Uhr bis 22.00 Uhr. Seine »werktägliche« Arbeitszeit beginnt um 6.00 Uhr.

3. geteilte Arbeit – Spätbeginn

Derselbe Arbeitnehmer (wie zu 2.) arbeitet in der nächsten Woche am Montag erst von 16.00 Uhr bis 22.00 Uhr und am Dienstag zunächst von 0.00 Uhr bis 5.00 Uhr und am selben Tag wieder von 16.00 Uhr bis 22.00 Uhr. Seine »werktägliche« Arbeitszeit beginnt am Montag und Dienstag jeweils um 16.00 Uhr.

In allen drei Fällen kommt es auf den Beginn der Arbeit an dem Werktag an, an welchem der Arbeitnehmer in der Woche zuerst arbeitet. Die zeitliche Teilung der Arbeit am Werktag ist für den Beginn des »werktäglichen« Zeitraumes ebenso ohne Bedeutung wie die Frage, ob mit der Arbeit »früh« oder »spät« begonnen wird.

Der **werktägliche Zeitraum umfasst immer 24 Stunden**. Das Arbeitszeitgesetz schreibt nicht etwa – unabhängig vom Werktag – nur eine höchstzulässige Dauer der – durch Ruhepausen i. S. d. § 4 ArbZG unterbrochenen – Arbeitszeit mit anschließenden Mindestruhezeiten (§ 5 ArbZG) vor, sondern ein Höchstmaß an werktäglicher Arbeitszeit. Auch wenn Beginn und Ende dieses Zeitraumes nicht mit dem Kalendertag übereinstimmen müssen, bleibt es beim Zeitmaß eines vollen Tages, nämlich 24 Stunden. Innerhalb dieser 24 Stunden darf die höchstzulässige Arbeitszeit nicht überschritten werden.

▶ **Beispiel:**

Die Arbeitszeit eines Arbeitnehmers beginnt am Montag um 8.00 Uhr. Sein »Werktag« beginnt am Montag um 8.00 Uhr und endet 24 Stunden später, nämlich am Dienstag um 8.00 Uhr. Seine Höchstarbeitszeit nach § 3 Satz 1 ArbZG (acht Stunden) bzw. Satz 2 (zehn Stunden) darf in der Zeit von Montag, 8.00 Uhr bis Dienstag, 8.00 Uhr nicht überschritten werden.

II. Wechsel des Arbeitszeitbeginns

Beginn und Ende **des Werktages** sind nicht auf Beginn und Ende des Kalendertages, also auf den kalendarischen Tageswechsel um Mitternacht fixiert, sondern auf den **jeweiligen Arbeitszeitbeginn**. Ändert sich der **Beginn der**

Arbeitszeit des Arbeitnehmers, **so ändert sich** auch die Lage seines »**Werktages**« in Relation zum jeweiligen Kalendertag.

▶ Beispiele:

1. Vorwärtswechsel

Die Arbeitszeit des Arbeitnehmers beginnt am Montag um 8.00 Uhr. Sein »Werktag« beginnt am Montag um 8.00 Uhr und endet 24 Stunden später, nämlich am Dienstag um 8.00 Uhr. Am Dienstag beginnt der Arbeitnehmer erst um 9.00 Uhr mit der Arbeit. Sein »Werktag« beginnt daher an diesem Tag auch erst um 9.00 Uhr und endet am Mittwoch um 9.00 Uhr.

2. Rückwärtswechsel

Die Arbeitszeit des Arbeitnehmers beginnt am Montag um 8.00 Uhr. Sein »Werktag« beginnt am Montag um 8.00 Uhr und endet 24 Stunden später, nämlich am Dienstag um 8.00 Uhr. Am Dienstag beginnt der Arbeitnehmer schon um 7.00 Uhr mit der Arbeit. Sein »Werktag« beginnt daher an diesem Tag auch schon um 7.00 Uhr und endet am Mittwoch um 7.00 Uhr.

11 Der Wechsel des werktäglichen Beginns der Arbeitszeit ist unter dem Gesichtspunkt des Arbeitszeitschutzes solange nicht bedenklich, als sich der Beginn der Arbeitszeit nur auf einen jeweils späteren Zeitpunkt verschiebt (**Vorwärtswechsel**): Dadurch wird die werktägliche Arbeitszeitmenge nicht erhöht. Soll der Beginn der Arbeitszeit gegenüber dem vorherigen Werktag derselben Woche vorverlegt werden (**Rückwärtswechsel**), fällt der Arbeitsbeginn des nächsten Werktages noch in den noch nicht abgelaufenen werktäglichen Zeitraum des vorherigen Werktages. Dies führt zur Erhöhung der Arbeitszeit an dem noch nicht abgelaufenen Werktag.

▶ Beispiel:

Die Arbeitszeit des Arbeitnehmers beginnt am Montag um 8.00 Uhr. Sein »Werktag« beginnt am Montag um 8.00 Uhr und endet 24 Stunden später, nämlich am Dienstag um 8.00 Uhr. Beginnt der Arbeitnehmer am Dienstag jedoch schon um 7.00 Uhr mit der Arbeit, so fällt der Zeitraum von 7.00 bis 8.00 Uhr noch in den werktäglichen Zeitraum, der am Montag begonnen hat.

12 Mit Rücksicht auf das Höchstmaß der werktäglichen Arbeitszeit ist die Vorverlegung des Arbeitszeitbeginnes auf einen Zeitpunkt vor Ablauf von

24 Stunden seit Beginn der davor liegenden Arbeitszeit am davor liegenden Werktag derselben Woche nur möglich, wenn und soweit die höchstzulässige Arbeitszeit für den noch andauernden »Werktag« nicht überschritten wird[9].

Wenn durch die Vorverlegung der Arbeit die werktägliche Arbeitszeit des »Montags« nicht überschritten wird, so braucht der Arbeitnehmer auch nicht etwa am Ende dieser werktäglichen Arbeitszeit (Dienstag 8.00 Uhr) eine elfstündige **Ruhezeit** nach § 5 Abs. 1 ArbZG einzulegen, wenn er diese Ruhezeit vor Wiederaufnahme seiner Tätigkeit am Dienstag erhalten hatte[10]. Die Ruhezeit nach § 5 Abs. 1 ArbZG ist nach Beendigung der »täglichen« Arbeitszeit zu gewähren. Die »tägliche« Arbeitszeit i. S. d. § 5 Abs. 1 ArbZG ist jedoch nicht mit der »werktäglichen« Arbeitszeit i. S. d. § 3 ArbZG gleichzusetzen, sondern besagt nur, dass dem Arbeitnehmer jeden Tag im Anschluss an seine Arbeit eine entsprechende Ruhezeit zusteht. 13

▶ **Beispiel:**

Der Arbeitnehmer hat am Montag von 8.00 Uhr bis 17.30 Uhr abzüglich 30 Minuten Pause gearbeitet. Am Dienstag beginnt er seine Arbeit bereits um 7.00 Uhr. Zwischen dem Ende der täglichen Arbeitszeit am Montag und dem Arbeitsbeginn am Dienstag liegen 13 Stunden und 30 Minuten, so dass die elfstündige Ruhezeit des § 5 Abs. 1 ArbZG eingehalten ist.

Auch wenn die elfstündige Ruhezeit des § 5 Abs. 1 ArbZG eingehalten wird, ist die **Vorverlegung** des Arbeitszeitbeginns nach dem Arbeitszeitgesetz **unzulässig, wenn** dadurch insgesamt die **werktägliche Höchstarbeitszeit überschritten** wird. Dies zeigen folgende Erwägungen: 14

Die Arbeitszeit des Arbeitnehmers beginnt am Montag um 8.00 Uhr. Sein »Werktag« beginnt am Montag um 8.00 Uhr und endet 24 Stunden später, nämlich am Dienstag um 8.00 Uhr. Am Montag hat der Arbeitnehmer bis 17.30 Uhr unter Einhaltung von insgesamt 30 Minuten Ruhepause (§ 4 ArbZG), d. h. insgesamt neun Stunden, gearbeitet. Würde er am Dienstag schon um 6.00 Uhr mit der Arbeit beginnen, so würde er infolge des Arbeitsbeginns am Montag die werktägliche Höchstarbeitszeit von zehn Stunden am Dienstag um 7.00 Uhr erreichen. In der Zeit von 7.00 Uhr bis 8.00 Uhr würde er dann schon in der elften Stunde arbeiten. Dies ist mit Rücksicht

---

9 *Roggendorff* § 3 ArbZG Rz. 6.
10 *Roggendorff* § 3 ArbZG Rz. 6.

darauf, dass der 24-Stundenzeitraum infolge des Arbeitsbeginns am Montag erst um 8.00 Uhr des Dienstags abläuft, unzulässig.

15 Nach *Roggendorff*[11] stellt in dem Beispiel die Arbeitsaufnahme am Dienstag nicht den Beginn einer neuen täglichen Arbeitszeit dar, sondern nur die Weiterarbeit in einer sog. »geteilten Schicht« mit der Folge, dass dem Arbeitnehmer am Dienstag ab 7.00 Uhr die elfstündige Mindestruhezeit nach § 5 Abs. 1 ArbZG zu gewähren sei. Dem kann ich mich nicht anschließen. Zwischen dem Arbeitsende am Montag (17.30 Uhr) und dem Arbeitsbeginn am Dienstag (6.00 Uhr) liegen zwölf Stunden und 30 Minuten Zeit. Damit steht dem Arbeitnehmer die erforderliche Ruhezeit (§ 5 Abs. 1 ArbZG) zur Verfügung.

16 Davon zu trennen ist jedoch die Erwägung, dass eine Beschäftigung des Arbeitnehmers gegen § 3 ArbZG verstößt, wenn und weil er innerhalb des 24-stündigen Zeitraums seit Beginn seiner Arbeit am Montag (8.00 Uhr) mehr als zehn Stunden arbeitete, nämlich neun Stunden am Montag und weitere zwei Stunden von 6.00 Uhr bis 8.00 Uhr am Dienstag. Trotz tatsächlicher Gewährung der Ruhezeit ist ein solcher Vorwärtswechsel des Beginns der werktäglichen Arbeitszeit unzulässig, weil hierdurch die höchstzulässige werktägliche Arbeitszeit des § 3 ArbZG überschritten wird. Zulässig wäre dagegen ein Arbeitsbeginn am Dienstag um 7.00 Uhr.

III. Höchstzulässige Arbeitszeit an Sonn- und Feiertagen

17 Die »**werktägliche**« **Höchstarbeitszeit** ist auch **maßgeblich** für die **Beschäftigung** von Arbeitnehmern an **Sonntagen** und gesetzlichen **Feiertagen**. Nach § 11 Abs. 2 ArbZG gelten insoweit die §§ 3 bis 8 entsprechend, wobei durch die Arbeitszeit an Sonn- und Feiertagen die gesetzlichen Höchstarbeitszeiten und Ausgleichszeiträume (§ 3, § 6 Abs. 2, § 7 ArbZG) nicht überschritten werden dürfen.

18 Während für das grundsätzliche, aber vielen Ausnahmen unterliegende **Verbot** der Arbeit an **Sonn-** und gesetzlichen **Feiertagen** Beginn und Ende des Verbots **nach Uhrzeiten** definiert ist, nämlich grundsätzlich von 0.00 Uhr bis 24.00 Uhr (§ 9 Abs. 1 ArbZG) mit Ausnahmen für Mehrschichtbetriebe mit regelmäßiger Tag- und Nachtschicht (§ 9 Abs. 2 ArbZG) und für den Straßenverkehr (§ 9 Abs. 3 ArbZG), besteht eine solche **Vorgabe durch Uhrzeiten** für den Beginn des 24-Stundenzeitraums **für die höchstzulässige Arbeitszeit**

---

[11] § 3 ArbZG Rz. 6.

an Sonn- und Feiertagen **nicht**. Insoweit kommt es – wie bei der werktäglichen Arbeitszeit i. S. d. § 3 Satz 1 ArbZG – auf den Beginn der Arbeit an dem betreffenden Wochentag bzw. dem davor liegenden Wochentag an. Soweit Sonn- oder Feiertagsarbeit sich unmittelbar an werktägliche Arbeit anschließt oder sie ihr unmittelbar vorausgeht, treten für den Beginn die Berechnung des 24-Stundenzeitraumes keine Unterbrechungen hinsichtlich des Werktages bzw. des Sonntags oder des Feiertags ein.

▸ **Beispiele:**

1. vorangehende Samstagsarbeit

Der Arbeitnehmer hat am Sonnabend um 8.00 Uhr mit seiner Arbeit begonnen. Seine »werktägliche« Arbeitszeit endet am Sonntag um 8.00 Uhr.

2. vorangehende Sonntagsarbeit

Der Arbeitnehmer hat am Sonntag um 8.00 Uhr mit seiner Arbeit begonnen. Der für die Berechnung der werktäglichen Arbeitszeit zu Grunde zu legende 24-Stundenzeitraum endet am Montag um 8.00 Uhr.

IV. Höchstzulässige Arbeitszeitmengen pro Woche und pro Jahr

Die **höchstzulässige durchschnittliche werktägliche Arbeitszeitmenge pro Woche** beschreibt das Arbeitszeitgesetz nur indirekt, nämlich durch die Zahl der Tage, an denen derselbe Arbeitnehmer arbeiten darf und durch die Zahl der Arbeitsstunden, die er an diesen Tagen leisten darf. Dabei sind die Fälle mit und ohne Inanspruchnahme der anderweitigen Verteilung der Arbeitszeit nach § 3 Satz 2 ArbZG zu unterscheiden. Nach § 3 Satz 1 ArbZG darf ein Arbeitnehmer an allen sechs Werktagen der Woche, d.h. von montags bis samstags (unbeschadet der auf Werktage fallenden gesetzlichen Feiertage) jeweils acht Stunden und **rechnerisch** höchstens **48 Stunden pro Woche** arbeiten. 19

Die mögliche gesetzliche **Jahreshöchstarbeitszeit** beträgt – gleichgültig, ob nur im Rahmen des § 3 Satz 1 ArbZG oder unter Inanspruchnahme der Verteilungsmöglichkeit des § 3 Satz 2 ArbZG gearbeitet wird – für jeden Arbeitnehmer unbeschadet der Arbeitsruhe an gesetzlichen Feiertagen, aber unter Berücksichtigung seines gesetzlichen Mindesturlaubs von 24 Werktagen (§ 3 Abs. 1 BUrlG) überschlägig insgesamt **2 304 Stunden**, nämlich 48 Arbeitswochen (52 Wochen abzüglich vier Wochen Erholungsurlaubs) zu sechs Werk- 20 tagen mit jeweils (durchschnittlich) acht Arbeitsstunden. Theoretisch kann die Jahresarbeitszeit durch Kollektivvereinbarungen nach § 7 Abs. 1 Nr. 1 c ArbZG um weitere 120 Stunden gesteigert werden[12].

21 Die nach dem **Arbeitszeitgesetz möglichen Wochen- und Jahresarbeitszeiten** liegen **weit über** dem Durchschnitt der **tariflich** vereinbarten oder den sonst üblichen **regelmäßigen Arbeitszeiten**. Durchschnittlich betrugen die in Tarifverträgen vereinbarten regelmäßigen Wochenarbeitszeiten in den alten Bundesländern knapp weniger als 38 Stunden, in den neuen knapp 40 Stunden. Auch zusammen mit Mehrarbeitsstunden dürfte in der Regel der Rahmen des Arbeitszeitgesetzes auch nicht annähernd ausgeschöpft werden.

C. Verlängerung bis zu zehn Stunden und Ausgleich (§ 3 Satz 2 ArbZG)

22 Mit der Möglichkeit, die werktägliche **Arbeitszeit** auf bis **zu zehn Stunden** zu verlängern, wenn innerhalb von sechs (Kalender-)Monaten oder 24 Wochen im Durchschnitt eine werktägliche Arbeitszeit von acht Stunden nicht überschritten wird, hat der Gesetzgeber in § 3 Satz 2 ArbZG einen wesentlichen Beitrag zur **Flexibilisierung** der (betrieblichen) Arbeitszeitgestaltung geleistet. Der Gestaltungsrahmen ist quantitativ, teilweise auch qualitativ erheblich größer als die in Tarifverträgen üblicherweise zu findenden Arbeitszeitregelungen. Vermehrt gibt es aber Tarifverträge, die den gesetzlichen Rahmen erweitern (vgl. § 7 Abs. 1 ArbZG).

I. Höchstgrenze der werktäglichen Verlängerung

23 Die werktägliche Arbeitszeit darf von Gesetzes wegen auf **höchstens zehn Stunden** verlängert werden. Dies gilt sowohl für die ungeteilte, also nur durch Ruhepausen i. S. d. § 4 ArbZG unterbrochene Arbeitszeit, als auch für die sog. geteilte Arbeitszeit, zwischen deren Teilen ein Zeitraum liegt, der die Ruhepause i. S. d. § 4 ArbZG überschreitet. Die Überschreitung der höchstzulässigen Arbeitszeit ist nach § 3 Satz 2 ArbZG auch dann nicht zulässig, wenn sie sofort, z. B. gleich am nächsten Tag, ausgeglichen wird. Ob in Ausnahmefällen anders verfahren werden darf, vor allem nach § 14 ArbZG, ist eine hiervon zu trennende Frage. Nach § 3 Satz 2 ArbZG ist es andererseits rechtlich zulässig, innerhalb der werktäglichen Höchstarbeitszeit jede beliebige Arbeitszeit zu

---

12 *Roggendorff* § 3 ArbZG Rz. 18.

wählen. **Auf jeden Fall muss** aber ein **Arbeitszeitausgleich** nach § 3 Satz 2 ArbZG **erfolgen**.

Nach § 3 Satz 2 ArbZG kann die werktägliche Arbeitszeit vorübergehend **an jedem der sechs Werktage auf jeweils zehn Stunden**, mithin auf **60 Stunden pro Woche** erhöht werden, wenn die Arbeitszeit innerhalb von sechs Monaten den Durchschnitt von acht Stunden werktäglich nicht überschreitet. Wird ein Arbeitnehmer nicht nur an **Werktagen**, sondern auch an **Sonntagen** oder gesetzlichen **Feiertagen** beschäftigt, so darf dies **nicht** zu einer **Erhöhung** seiner **Wochenarbeitszeit** insgesamt führen. Im äußersten **Maximum** darf ein Arbeitnehmer **60 Stunden** in der **Woche** arbeiten. Würde er an allen sechs Werktagen der Woche zehn Stunden arbeiten, so dürfte er am Sonntag nicht beschäftigt werden. Dagegen ist es denkbar, den Arbeitnehmer an allen sieben Wochentagen einer Woche mit insgesamt bis zu 60 Stunden zu beschäftigen, wobei die Arbeitszeit wiederum zehn Stunden am Arbeitstag nicht überschreiten darf. **Eine gesetzliche Regel, wonach ein Arbeitnehmer an nur sechs Tagen der Woche zur Arbeit herangezogen werden darf, gibt es nicht**. Bei einer Beschäftigung an Sonn- und gesetzlichen Feiertagen ist jedoch ebenfalls die Grenze der »werktäglichen« Arbeitszeitmenge entsprechend § 3 ArbZG zu beachten (§ 11 Abs. 2 2. Halbs. ArbZG). Zusätzlich haben Arbeitnehmer nach näherer Maßgabe des § 11 Abs. 3 ArbZG Anspruch auf einen Ersatzruhetag binnen zwei Wochen bei Sonntagsarbeit bzw. binnen acht Wochen bei einer Beschäftigung an einem gesetzlichen Feiertag. 24

II. Anlass der Arbeitszeitverlängerung

Das Arbeitszeitgesetz erfordert für die **Verlängerung** der werktäglichen Arbeitszeit im Rahmen des § 3 Satz 2 ArbZG **keine Rechtfertigung**[13]. Damit ist der Arbeitgeber indessen **nicht von Beschränkungen aufgrund anderer rechtlicher Regelungen befreit**, wie sie sich aus Arbeitsvertrag, Tarifvertrag, Betriebsvereinbarung ergeben können. Zudem hat der Arbeitgeber bei jeder Anordnung (der Verlängerung) von Arbeitszeit im Rahmen des Direktionsrechts die Grenze **billigen Ermessens** nach § 315 BGB[14] und die gesetzlichen Mitbestimmungsregelungen, vor allem über die Beteiligung des Betriebsrates, des Personalrates oder der kirchengesetzlichen Mitarbeitervertretung zu beachten. 25

---

13 *Roggendorff* § 3 ArbZG Rz. 7; *Anzinger/Koberski* § 3 ArbZG Rz. 25.
14 BAG 15.09.2009 – 9 AZR 757/08 – EzA § 106 GewO Nr. 4.

26 Die in der Praxis **häufigsten Anlässe** für eine Verlängerung der werktäglichen Arbeitszeit über acht Stunden hinaus im Rahmen des § 3 Satz 2 ArbZG sind – wie schon unter der Geltung der AZO 1938 – **Überstunden/Mehrarbeit, Gleitzeit, Schichtarbeit, ungleichmäßige Verteilung** der Wochenarbeitszeit auf Wochentage, saisonal unterschiedliche Verteilung der Arbeit, Ausgleich für arbeitsfreie Tage aus besonderen Anlässen durch Vor- und/oder Nacharbeit.

III. Durchschnittliche werktägliche Arbeitszeit, Arbeitszeitverkürzung

27 Der Gesetzgeber verwirklicht den **Grundsatz des Achtstundentages** in einer flexiblen Art und Weise. Er hat zwar auf eine starre Festschreibung der Höchstgrenze von acht Stunden pro Werktag verzichtet, jedoch bestimmt, dass diese Höchstgrenze im langfristigen **Durchschnitt** nicht überschritten werden darf. Der Zeitraum zur Erreichung des Durchschnittswertes ist gegenüber dem früheren Recht massiv, nämlich von in der Regel zwei Wochen, ausnahmsweise fünf Wochen (§ 4 AZO 1938) auf sechs Kalendermonate, mithin auf ein halbes Jahr bzw. auf 24 Wochen erweitert worden. Dies stellt für die Masse der Arbeitsverhältnisse die wohl bemerkenswerteste Erleichterung dar[15]. Es gibt allerdings Tarifverträge, die einen Ausgleichszeitraum – wohlgemerkt: für die tarifvertraglich regelmäßige Arbeitszeit – von einem ganzen Jahr, ja sogar von drei Jahren vorsehen.

28 Nach § 3 Satz 2 ArbZG muss **jede Verlängerung** der werktäglichen Arbeitszeit auf mehr als acht Stunden **innerhalb der gesetzlichen Ausgleichszeiträume ausgeglichen werden**. Der Ausgleich ist erreicht, wenn am Ende des Ausgleichszeitraumes die Summe der vom Arbeitnehmer geleisteten Arbeitsstunden die Summe der im selben Zeitraum zulässigen Arbeitsstunden nicht überschreitet (Rdn. 82 f.).

IV. Gesetzliche Ausgleichszeiträume

29 § 3 Satz 2 ArbZG stellt nach seinem **Wortlaut zwei verschiedene Ausgleichszeiträume zur Auswahl** zur Verfügung, nämlich **sechs Kalendermonate** oder **24 Wochen**. Diese Vorschrift ist indessen so zu lesen, dass die gesetzlichen Ausgleichszeiträume **nicht** sechs **Kalender-**, sondern sechs **(Zeit-)Monate** oder 24 Wochen betragen. Dies ist jedoch nicht unumstritten.

---

15 Vgl. *Erasmy* NZA 1994, 1105.

1. Vorbehalt des EU-Rechtes

Die **Ausgleichszeiträume** des § 3 Satz 2 ArbZG sind mit dem **EU-Recht** 30
unvereinbar. Sie überschreiten den **Rahmen von vier Monaten**, der nach
Art. 16 Nr. 2 der RL 93/104 (= Art. 16 Buchst. b RL 2003/88/EG) als
»Bezugszeitraum« für die Einhaltung einer durchschnittlichen Arbeitszeit von
48 Stunden in einem Siebentagezeitraum (Art. 6 Buchst. b RL 2003/88/EG,
vormals Art. 6 Nr. 2 RL 93/104/EG) vorgeschrieben ist[16]. Die Bundesrepublik
Deutschland kann insoweit auch nicht zu Recht geltend machen, sich für
die Ausgleichszeiträume des § 3 Satz 2 ArbZG auf die Ausnahmebestimmung
des Art. 17 Abs. 2 RL 93/104/EG gestützt zu haben[17], denn danach ist es nur
unter den darin in Bezug genommenen näheren Bestimmungen in den Unterabsätzen 2.1 bis 2.3 zulässig, vom höchstens vier Monate betragenden Bezugszeitraum (Art. 16 Nr. 2 RL 93/104/EG) abzuweichen. Keine der dort genannten speziellen Anlässe oder Voraussetzungen waren oder sind gegeben. Aus der
RL 2003/88/EG folgt nichts anderes. In (1.) Kenntnis[18] dieser konsolidierten
Fassung der Arbeitszeitrichtlinie und in (2.) Erwartung der EuGH-Entscheidung *Pfeiffer*[19] zur tarifvertraglichen Verlängerung der Arbeitszeit auf mehr als
48 Wochenstunden wegen der Leistung von Arbeitsbereitschaft sowie in (3.)
Kenntnis der in dieser Sache ergangenen Schlussanträge des *Generalanwalts
Dámaso Ruiz-Jarabo Colomer* vom 6. 5. 2003[20] hat es der deutsche Gesetzgeber vorgezogen, durch das Gesetz zu Reformen am Arbeitsmarkt (vom 24.
12. 2003, BGBl. I S. 3002, 3006) zwar erhebliche Anpassungen hinsichtlich
der Zuordnung des Bereitschaftsdienstes und anderer kleinerer Bereinigungen
des Arbeitszeitgesetzes vorzunehmen, jedoch die Ausgleichregelung nicht EG-konform zu gestalten, sondern es beim bisherigen Rechtszustand zu belassen.
Dies ist umso bedauerlicher, als die Privaten sich mit Rücksicht auf die neue
Rechtsprechung des EuGH zur Auslegung nationalen Rechts im Lichte ein-

---

16 *Buschmann/Ulber* § 3 ArbZG Rz. 12; *ErfK/Wank*, § 3 ArbZG Rz. 7; *Zwanziger* DB 2007, 1356; zweifelnd HWK/*Gäntgen*, § 3 ArbZG Rz. 4.
17 So aber *Neumann/Biebl* § 3 ArbZG Rz. 2; ähnlich *Baeck/Deutsch* § 3 ArbZG Rz. 8.
18 Siehe BT-Drucks. 15[9]610, S. 2.
19 EuGH 05.10.2004 – Rs. C-397/01 bis 403/01 – Pfeiffer – EuGHE I 2004, 8835–8922 = EzA Richtlinie 93/104 EG-Vertrag 1999 Nr. 1 = NZA 2004, 1145.
20 EuGHE I 2004, 8835.

deutiger Richtlinienregelungen[21] künftig nicht (mehr) unbedingt darauf werden verlassen können, dass eine eindeutige Richtlinienbestimmung als solche nicht unter Privaten wirkt, wenn sie nicht umgesetzt ist. Der Staat und alle seine Untergliederungen sind wegen der »vertikalen« Wirkung der eindeutigen Richtliniennorm des §16 Buchst. b RL 2003/88/EG (vormals Art. 16 Abs. 2 RL 93/104/EG) ohnehin an den dort genannten Ausgleichzeitraum von höchstens vier Monaten gebunden.

31 Die deutsche Regelung der Ausgleichszeiträume ist angesichts dessen, dass die Regelung in §3 Satz 2 ArbZG unverändert besteht und diese gegenüber dem früheren Recht erhebliche Vergrößerung des Rahmens zur Verlängerung der werktäglichen Arbeitszeit über acht Stunden hinaus das **Kernstück der Flexibilisierung** der Arbeitszeit bildet[22], kommentiert worden; diese Kommentierung steht jedoch unter dem soeben dargestellten **Vorbehalt**. Vorbehaltlich einer weitergehenden Rechtsprechung des EuGH hat dies für die Privatwirtschaft keine durchschlagende Bedeutung. Weil Richtlinienrecht der EU nicht unmittelbar unter Privaten wirkt, dürfen und müssen sie sich an das mitgliedstaatliche Recht, hier also an das ArbZG halten. Sollte die EU wegen einer unzureichenden Umsetzung gegen Deutschland ein Vertragsverletzungsverfahren anstrengen, dürfte der deutsche Gesetzgeber eine weitere Anpassung des ArbZG an das EU-Recht vornehmen.

2. Ausgleichszeitraum sechs Kalendermonate

32 Der Ausdruck »**Kalendermonate**« in §3 Satz 2 ArbZG ist zwar für sich allein eindeutig. Gleichwohl ist anzunehmen, dass der Gesetzgeber bei der Wahl des Wortes »Kalendermonat« an Stelle des Wortes »Monat« einem Irrtum bzw. lapsus linguae unterlegen war und er keine Bindung des Ausgleichszeitraumes an Kalendermonate vorschreiben, sondern gleichermaßen wie bei dem Ausgleichszeitraum von 24 Wochen einen tageweise variablen Beginn des Ausgleichszeitraums erreichen wollte. Eine vergleichbare Regelung für **Nachtarbeiter** ist in §6 Abs. 2 Satz 2 ArbZG formuliert. Dort sind die Ausgleichszeiträume mit einem »Kalendermonat« bzw. vier »Wochen« bezeichnet, tatsächlich dürfte aber auch hier der (Zeit-)Monat gemeint sein.

---

21 EuGH 05.10.2004 – Rs. C-397/01 bis 403/01 – Pfeiffer – EuGHE I 2004, 8835–8922 = EzA EG-Vertrag 1999 Richtlinie 93/104 Nr. 1 = NZA 2004, 1145.
22 *Neumann/Biebl* §3 ArbZG Rz. 6.

Ein **Kalendermonat** bezeichnet den Zeitraum, der im Kalender mit einem 33
Namen als Monat bezeichnet wird. Der Kalendermonat beginnt jeweils am
Ersten eines Monats um 0 Uhr und endet am letzten Tag desselben Monats
um 24 Uhr[23]. Insoweit gilt Entsprechendes wie beim Kalenderjahr (vgl.
§ 1 BUrlG, wonach der Urlaubsanspruch im »Kalenderjahr« besteht). Eine
mit **Monat** bemessene Frist ist dagegen nicht an den kalendarischen Monat
gebunden, sondern kann an jedem beliebigen Tag des Monats beginnen und
dementsprechend variabel enden (§§ 187, 188 BGB).

Im Gegensatz zu den sechs Kalendermonaten wird für eine andere Art des 34
Ausgleichszeitraumes, nämlich für die **24 Wochen**, nur auf die Zeitspanne
(Frist) abgehoben. Mit dem Wort »Wochen« wird **nicht** bestimmt, dass dieser
Ausgleichszeitraum nur mit der jeweiligen **Kalenderwoche**, also am Montag
jeder Woche, beginnen darf. Vielmehr können die nach Wochen bemessenen
Ausgleichszeiträume an jedem beliebigen Wochentag beginnen und dementsprechend auch variabel enden[24].

Es fehlt an jedwedem Hinweis, dass der Gesetzgeber für die eine Alternative 35
der Ausgleichszeiträume eine Bindung an den kalendarischen Beginn, nämlich an den jeweiligen Kalendermonat hat vornehmen wollen und er andererseits von einer entsprechenden Bindung an »Kalenderwochen« hinsichtlich
der anderen Alternative hat absehen wollen. Andererseits ist auch nicht anzunehmen, dass der Gesetzgeber in beiden Fällen den kalendarischen Beginn
von Monat oder Woche anordnen wollte und er sich folglich hinsichtlich des
Wortes »Wochen« geirrt hätte. Eine solche Bindung der Ausgleichszeiträume
an bestimmte Kalenderdaten würde wegen ihrer weit reichenden Konsequenz
einer besonderen Begründung bei der Gesetzgebung erwarten lassen.

Tatsächlich ist dem **Unterschied** zwischen »**Kalendermonat**« und »**Monat**« 36
im Laufe des **Gesetzgebungsverfahrens keine Beachtung** geschenkt worden.
Beide Ausdrücke wurden weitgehend synonym verwendet. In der Begründung zum Regierungsentwurf des Arbeitszeitgesetzes ist im Abschnitt »A.
Allgemeines III Grundgedanken und Inhalt des Gesetzentwurfs« von einem
Ausgleichszeitraum von »sechs Monaten« die Rede[25]. Dagegen heißt es unter
»B. Die einzelnen Vorschriften« zu § 3 ArbZG, der Ausgleich habe »inner-

---

23 *Anzinger/Koberski* § 3 ArbZG Rz. 29.
24 §§ 187, 188 BGB; *Anzinger/Koberski* § 3 ArbZG Rz. 31.
25 BT-Drucks. 12/5888, 20 l. Sp.

halb der folgenden sechs Kalendermonate bzw. 24 Wochen« zu erfolgen; der Ausgleichszeitraum von »sechs Kalendermonaten bzw. 24 Wochen« sei gewählt worden, um . . . ausreichenden Spielraum für flexible Arbeitszeiten im Regelfall zu lassen[26]. Vor dem Plenum des Deutschen Bundestages sprachen die Parlamentarische Staatssekretär *Kraus* beim Bundesminister für Arbeit und Sozialordnung und der Abgeordnete *Laumann* (CDU) ebenso wie die Abgeordnete *Rennebach* (SPD) in der gemeinsamen ersten Beratung des Regierungsentwurfs und des von SPD-Abgeordneten eingebrachten Entwurfs eines Arbeitszeitgesetzes von »sechs Monaten«[27]. Die Begründung zu Bericht und Beschlussempfehlung des Bundestagsausschusses für Arbeit und Sozialordnung (11. Ausschuss) spricht ebenfalls von »sechs Monaten«[28], während der Text des Entwurfs des § 3 Satz 2 ArbZG (»sechs Kalendermonate«) unverändert geblieben und auch so verabschiedet worden ist.

37 Im **Schrifttum** wird häufig unscharf nur von einem **Ausgleichszeitraum** von »**sechs Monaten**« gesprochen, ohne der unterschiedlichen Wirkung des Ausgleichs innerhalb von sechs »Kalendermonaten« gegenüber einem Ausgleich innerhalb von sechs »Monaten« Beachtung zu schenken[29]. Den Ausdruck »Kalendermonat« verwenden dagegen *Roggendorff*[30], *Sondermann*[31], *Zmarzlik*[32] und *Anzinger/Koberski*[33]. *Roggendorff*[34] meint, der Kalendermonat müsse den Werktag mit umschließen, an welchem die Mehrarbeit geleistet wird; dies gelte auch bei der nur einen Kalendermonat umfassenden Ausgleichszeit für Nachtarbeitnehmer[35]. Nach *Anzinger/Koberski*[36] stellt der **Zeitmonat** an

---

26 BT-Drucks. 12/5888, 24 l. Sp.
27 Zu Protokoll gegebene Rede, BT-Plenarprot. 12/138, 15897 l. Sp., 15898 r. Sp., 15900 r. Sp.
28 BT-Drucks. 12/6990, 40 r. Sp.
29 Z. B. *Buschmann/Ulber* § 3 ArbZG Rz. 7; *Anzinger* BB 1994, 1491, 1492; *ders.* AuA 1994, 5; *Diller* NJW 1994, 2726; *Dobberahn* ArbZG Rz. 29; *Erasmy* NZA 1994, 1105, 1106; *Förster/Hausmann* Der Betriebsrat 1994, 109; *Oppholzer* ArbuR 1994, 41, 42.
30 ArbZG § 3 Rz. 9, 13; § 6 Rz. 15.
31 DB 1993, 1922, 1924.
32 BB 1994, 2009, 2011.
33 § 3 ArbZG Rz. 29 f.
34 § 3 ArbZG Rz. 13.
35 *Roggendorff* § 6 ArbZG Rz. 15.
36 § 3 ArbZG Rz. 27.

Stelle des Kalendermonats einen anderen Ausgleichszeitraum dar, dessen Wahl **unzulässig** sei. Diese Ansicht führt zu disparaten Ergebnissen.

Für die Annahme, in § 3 Satz 2 ArbZG, wie auch in § 6 Abs. 2 Satz 2 ArbZG sei »**Monat**« an Stelle von »Kalendermonat« gemeint, **spricht, dass es unverständlich wäre**, die **unterschiedlich langen Fristen** auch noch **zu unterschiedlichen Zeitpunkten beginnen zu lassen**. Die Ausgleichsfrist nach Kalendermonaten würde jährlich an nur zwölf Zeitpunkten beginnen können, nämlich am Ersten des jeweiligen Kalendermonats. Eine solche Bindung ist dagegen für die Ausgleichsfrist von 24 Wochen nicht normiert. Sie beginnt – wie sonst bei Fristen üblich – an dem Tag, der auf das sie auslösende Ereignis unmittelbar folgt (vgl. § 187 Abs. 1 BGB). Beginn, tatsächliche Höchstdauer und Ende der unterschiedlichen Ausgleichszeiträume von sechs bzw. einem Kalendermonat(en) oder Zeitmonat(en) sind untereinander wie auch im Vergleich zu den Fristen von vier bzw. 24 Wochen als Ausgleichszeiträume zu verschieden, als dass angenommen werden könnte, der Gesetzgeber habe solche Unterschiede erreichen wollen. Je nach Ansicht über den Beginn des Ausgleichszeitraums durch tatsächliche Leistung von werktäglich mehr als acht Stunden Arbeit würde ein sich tatsächlich nach **Kalendermonaten** bemessener Ausgleichszeitraum auf fast **sieben Monate verlängern** (Mehrarbeit am 01. März, Beginn des Ausgleichszeitraumes gemäß § 187 Abs. 1 BGB am 01. April, Ende gemäß § 188 BGB am 30. September) oder sich auf fast **fünf Monate verkürzen**, wenn man mit *Roggendorff*[37] annimmt, der Ausgleichszeitraum begönne am ersten Tag des Monats, in welchem mehr als acht Stunden gearbeitet wird (z. B. Mehrarbeit am 31. März, Beginn des Ausgleichszeitraumes am 01. März, Ende des Ausgleichszeitraumes 31. August). Noch deutlicher wird dies im Hinblick auf die in § 6 Abs. 2 Satz 2 ArbZG normierten **Ausgleichszeiträume** für **Nachtarbeitnehmer**. Würde der Ausgleichszeitraum tatsächlich einen **Kalendermonat** und nicht nur einen Zeitmonat betragen, so könnte er sich **fast verdoppeln** (Mehrarbeit am 01. März, Beginn des Ausgleichszeitraumes »Kalendermonat« am 01. April, Ende des Ausgleichszeitraumes am 30. April). Es bliebe überhaupt keine Zeit für einen Ausgleich, folgte man der Ansicht *Roggendorffs*[38], denn dann würde der Ausgleichszeitraum bei einer Arbeitsleistung am 31.03. bereits am 01. März begonnen haben und an dem Tag auslaufen, an welchem es zur ausgleichspflichtigen Arbeit von mehr als acht

38

---

37 § 3 ArbZG Rz. 13.
38 § 6 ArbZG Rz. 15.

Stunden kommt. *Roggendorff* will für diesen Fall einen vorzeitigen Ausgleich innerhalb des nach seiner Ansicht rückwirkend in Lauf gesetzten »Kalendermonats« zulassen.

39 Diese erheblichen Unterschiede der tatsächlichen Dauer der Ausgleichszeiträume lassen sich nur vermeiden, wenn an Stelle von »Kalendermonat« der **Zeitmonat** zu Grunde gelegt wird[39]. Dann wird ein relativer **Gleichklang** der Alternativen nebeneinander stehenden Ausgleichszeiträume »Monate« und »Wochen« hergestellt (vgl. Rdn. 41).

40 Ein auf »Kalendermonate« bezogener Ausgleichszeitraum käme zwar einer verbreiteten **Praxis** bei der Durchführung von **Gleitzeit** entgegen. Es steht dem Arbeitgeber durchaus frei, den Ausgleichzeitraum auf Kalendermonate zu fixieren, wenn dadurch der Zeitraum von sechs Zeitmonaten insgesamt nicht überschritten wird. Häufig ist in Gleitzeitregelungen das Ende des Kalendermonats zugleich der Abrechnungszeitpunkt für Arbeitszeitguthaben oder -schulden, oft verbunden mit einer Kappungsgrenze für Guthaben oder einer Höchstgrenze für Arbeitszeitschulden. Für die Frage, ob für das öffentlich-rechtliche Arbeitszeitschutzrecht auf »Kalendermonate« abzustellen ist, kommt dieser Erwägung jedoch nur Bedeutung zu, wenn man davon ausgeht, Ausgleichszeiträume könnten nur durch tatsächliche Mehrarbeit ausgelöst, nicht aber von vornherein – unter Beachtung der betrieblichen Mitbestimmung – durch den Arbeitgeber festgesetzt werden. Das ist aber rechtlich unzutreffend. Unter Beachtung des Mitbestimmungsrechts des Betriebsrats nach § 87 Abs. 1 Nr. 2 BetrVG kann und **darf der Arbeitgeber Ausgleichszeiträume von vornherein zeitlich festlegen**, auch wenn die die Ausgleichspflicht auslösende Überschreitung der werktäglichen Arbeitszeit von acht Stunden noch nicht stattgefunden hat. Um eine **vorausschauende Planung der Arbeitszeit** und ihres Ausgleichs entsprechend den jeweiligen betrieblichen Methoden der Arbeitszeitberechnung, nicht zuletzt auch unter Berücksichtigung der betrieblichen und tarifvertraglichen Vorgaben, zu ermöglichen, lässt es der Gesetzgeber zu, Ausgleichszeiträume auch von vornherein festzulegen, wie auch unter den beiden verschiedenen Arten der Ausgleichszeiträume zu wählen. Soll aber die Möglichkeit, zwischen den beiden Arten der Ausgleichszeiträume zu wählen, vorrangig dazu dienen, die Übereinstimmung zwischen der Überwachung der Höchstgrenzen der gesetzlichen Arbeitszeit mit anderen, vor allem tarifvertraglichen und arbeitsvertraglichen Grenzen zu ermöglichen,

---

39 Zustimmend: *Neumann/Biebl* § 3 ArbZG Rz. 8.

so wäre unverständlich, wenn der Gesetzgeber die Wahl ließe zwischen einerseits einer starren Bindung an einzelne Kalenderdaten (Kalendermonate) andererseits aber der völligen Flexibilisierung des Beginns der Ausgleichszeiträume (24 Wochen nach § 3 Satz 2 ArbZG, vier Wochen nach § 6 Abs. 2 Satz 2 ArbZG). Auch dies spricht dafür, dass der Gesetzgeber tatsächlich nicht Kalendermonate, sondern Zeitmonate als Maßeinheit für den monatlich zu bemessenden Ausgleichszeitraum hat anordnen wollen.

3. Ausgleichszeitraum 24 Wochen

Mit dem Ausdruck »Woche« ist nicht die Kalenderwoche von Montag bis Sonntag gemeint, sondern jede Zeitwoche, die an jedem beliebigen Wochentag beginnen kann. Der Ausgleichszeitraum von **24 Wochen** bleibt zwar hinter dem von sechs Monaten zurück; er übersteigt aber ebenfalls den EU-rechtlichen Bezugszeitraum von vier Monaten und ist insoweit ebenso wie der Ausgleichszeitraum von sechs Monaten **EU-rechtswidrig**. 41

V. Beginn der Ausgleichszeiträume durch Arbeitsleistung über acht Stunden

Beide Arten der **Ausgleichszeiträume** stellen **Fristen** i. S. d. § 186 BGB dar. Für ihren Beginn und ihre Berechnung kommt es darauf an, ob sie erst durch eine Arbeitsleistung von werktäglich mehr als acht Stunden ausgelöst werden (vgl. § 187 Abs. 1 BGB) oder ob sie unabhängig hiervon durch den Arbeitgeber – unter Beachtung des betrieblichen Mitbestimmungsrechts (§ 87 Abs. 1 Nr. 2, 3 BetrVG) – festgesetzt werden (§ 187 Abs. 2 Satz 1 BGB). Jeder Ausgleichszeitraum umfasst den Tag der Arbeitsleistung über acht Stunden und kann – von da aus gesehen – in der Zukunft, aber auch in der Vergangenheit liegen. 42

Wird der **Lauf des Ausgleichszeitraumes ausgelöst, indem der Arbeitnehmer mehr als werktäglich acht Stunden arbeitet,** mithin durch ein in den Lauf eines Tages fallendes Ereignis (§ 187 Abs. 1 BGB), so zählt der Tag, an dem die werktägliche Arbeitszeit von acht Stunden überschritten wird, für die Berechnung der Frist nicht mit. 43

Betrüge der Ausgleichszeitraum sechs **Kalendermonate**, so würde er infolge der Leistung von Arbeit über acht Stunden hinaus nicht schon am folgenden Tag beginnen, sondern erst am Ersten des Monats, der dem folgt, in welchem der Arbeitnehmer einmal länger als werktäglich acht Stunden gearbeitet hat. Denn nach § 187 Abs. 1 BGB wird der Tag nicht mitberücksichtigt, der zur 44

Auslösung der Frist führt. Nach der Ansicht von *Roggendorff* sollen dagegen die sechs Kalendermonate mit dem Monat beginnen, in welchem der Arbeitnehmer das erste Mal werktäglich mehr als acht Stunden gearbeitet hat. Diese Auffassung wird nicht geteilt. Sie ist weder vom Wortlaut des § 3 Satz 2 ArbZG gedeckt noch entspricht sie den gesetzlichen Regeln für Fristen. Zwar gab es in § 4 AZO 1938 Regelungen, nach denen der Ausgleichszeitraum auch den Tag umfasste, an dem ausgleichspflichtig Mehrarbeit geleistet wurde. Dies hatte durch besondere Formulierungen im Gesetz selbst Ausdruck gefunden. Eine solche oder auch nur entsprechende Formulierung ist in § 3 Satz 2 ArbZG nicht enthalten. Das Verständnis *Roggendorffs* entspricht nicht den nach § 186 BGB anzuwendenden Auslegungsvorschriften für die in Gesetzen, gerichtlichen Verfügungen und Rechtsgeschäften enthaltene Fristen, vor allem nicht § 187 Abs. 1 BGB. Hiernach beginnt die Frist erst zu laufen, wenn das Ereignis, das sie auslösen soll, tatsächlich eingetreten ist. Ein rückwirkender Fristbeginn, wie ihn *Roggendorff*[40] zumindest im Ergebnis postuliert, ist mit § 187 Abs. 1 BGB nicht vereinbar. Hätte der Gesetzgeber anderes anordnen wollen, so hätte dies entsprechenden Ausdruck im Gesetz finden müssen.

45 Die Unterschiede zwischen der unzutreffenden Annahme, das Gesetz ordne einen Ausgleichszeitraum nach Kalendermonaten und Wochen an, und der richtigen Ansicht, dass es sich nicht um Kalender-, sondern um Zeitmonate handelt, zeigen die folgenden Beispiele.

▶ **Beispiele:**

1. Kalendermonate (abzulehnende Ansicht)

1.1. Kalendermonate – Fristbeginn gemäß § 187 Abs. 1 BGB

Der Arbeitnehmer arbeitet am Mittwoch, den 10. Mai, insgesamt zehn Stunden. Hierdurch wird die Ausgleichspflicht nach § 3 Satz 2 ArbZG ausgelöst. Als Ausgleichszeitraum wählt der Arbeitgeber für diesen Arbeitnehmer sechs Kalendermonate. Sie beginnt nach § 187 Abs. 1 BGB am ersten Tag des auf das auslösende Ereignis folgenden Kalendermonats, d. h. am 01. Juni. Der Ausgleichszeitraum endet nach sechs Kalendermonaten am 30. November. Tatsächlich hat der Arbeitgeber nicht nur sechs Monate, sondern zusätzlich 20 Tage (11. bis 31. Mai) Zeit für den Ausgleich. Hatte

---

40 § 3 ArbZG Rz. 13, § 6 Rz. 15.

der Arbeitnehmer schon am 02. Mai mehr als acht Stunden gearbeitet, blieben sogar fast sieben Monate Zeit für den Ausgleich.

1.2. Kalendermonate – Fristbeginn gemäß Ansicht von Roggendorff

Der Arbeitnehmer arbeitet am Mittwoch, den 10. Mai insgesamt zehn Stunden. Hierdurch wird die Ausgleichspflicht nach § 3 Satz 2 ArbZG ausgelöst. Als Ausgleichszeitraum wählt der Arbeitgeber für diesen Arbeitnehmer sechs Kalendermonate. Sie beginnen laut Roggendorff am ersten Tag des Kalendermonats, in welchem das auslösende Ereignis liegt, d. h. am 01. Mai. Der Ausgleichszeitraum endet nach sechs Kalendermonaten am 31. Oktober. Tatsächlich bleiben keine vollen sechs, sondern nur fünf Monate und 20 Tage Zeit für den Ausgleich. Hätte der Arbeitnehmer erst am 31. Mai mehr als acht Stunden gearbeitet, blieben sogar nur fünf Monate Zeit für den Ausgleich.

2. (Zeit-)Monate (richtige Ansicht)

Der Arbeitnehmer arbeitet am Mittwoch, den 10. Mai insgesamt zehn Stunden. Hierdurch wird die Ausgleichspflicht nach § 3 Satz 2 ArbZG ausgelöst. Als Ausgleichszeitraum wählt der Arbeitgeber für diesen Arbeitnehmer sechs (Zeit-)Monate. Die sechs Monate beginnen am 11. Mai und enden am 10. November.

3. (Alternativ) 24 Wochen

Der Arbeitnehmer arbeitet am Mittwoch, den 10. Mai, insgesamt zehn Stunden. Hierdurch sind die Ausgleichspflicht nach § 3 Satz 2 ArbZG ausgelöst. Der Arbeitgeber wählt 24 Wochen als Ausgleichszeitraum. Sie beginnen mit dem Tag, der dem folgt, an welchem der Arbeitnehmer länger als acht Stunden gearbeitet hat, also am 11. Mai, und enden am 25. November.

Wird der **Ausgleichszeitraum durch tatsächliche Leistung** von mehr als 46 werktäglich acht Stunden Arbeit in Lauf gesetzt, so **setzt** dies **nicht voraus**, dass zu diesem Zeitpunkt schon **die Arbeitszeit für die sechs Monate feststehen** muss[41]. Ausreichend, aber auch unbedingt erforderlich ist, dass der

---

41 Erasmy NZA 1994, 1105, 1106; ErfK/*Wank*, § 3 ArbZG Rz. 9; HWK/*Gäntgen*, § 3 ArbZG Rz. 9; a. A. *Roggendorf* § 3 ArbZG Rz. 12; Buschmann/*Ulber* § 3 ArbZG Rz. 13.

Ausgleich tatsächlich innerhalb des Ausgleichszeitraumes erfolgt. Die Ansicht von *Buschmann/Ulber*[42] läuft darauf hinaus, dass die Leistung einer über acht Stunden hinausgehenden Arbeit unzulässig wäre, stünde nicht von vornherein fest, wann und wie der Ausgleich erfolgen soll. Solche vorausschauenden Planungen und Festlegungen sind kaum möglich. Sie werden vom Arbeitszeitgesetz auch nicht gefordert.

47 Ohne anderweitige Festlegung durch den Arbeitgeber setzt **jede tatsächliche Arbeitsleistung über** werktäglich **acht Stunden** hinaus einen **neuen Ausgleichszeitraum nach § 3 Satz 2 ArbZG in Lauf**, innerhalb dessen der Ausgleich erfolgen muss[43], es sei denn, dass der Ausgleich bereits dadurch erfolgt, dass eine geringere Arbeitsstundenzahl in der Vergangenheit erbracht wurde[44]. Arbeitet der Arbeitnehmer an mehreren Werktagen mehr als acht Stunden, so wird hierdurch von Gesetzes wegen jeweils ein neuer Ausgleichszeitraum ausgelöst. Die derart ausgelösten **mehreren Ausgleichszeiträume** laufen **gestaffelt** nebeneinander.

▶ **Beispiel:**

Der Arbeitnehmer arbeitet am 10., 11. und 24. Mai jeweils zehn Stunden. Die sechsmonatigen Ausgleichszeiträume sind wie folgt gestaffelt: der für den 10. Mai beginnt am 11. Mai und endet am 10. November, der für den 11. Mai beginnt am 12. Mai und endet am 11. November, der für den 24. Mai beginnt am 25. Mai und endet am 24. November. Dementsprechend muss die jeweilige Mehrarbeit am 10., 11. und 24. November ausgeglichen sein.

48 Eine solche Staffelung der Ausgleichszeiträume, deren Lauf durch tatsächliche Leistung von werktäglich mehr als acht Stunden Arbeit ausgelöst wird, lässt sich nicht vermeiden. Denn § 3 Satz 2 ArbZG ist insoweit zwingend, als der Ausgleich innerhalb der nicht verlängerbaren Ausgleichszeiträume durchgeführt sein muss. Derart gestaffelte Ausgleichszeiträume führen zu erheblichem **administrativen Aufwand**. Es muss nämlich für jeden Werktag abgeglichen werden, ob der Arbeitnehmer zur notwendigen Herbeiführung des Ausgleichs einer Mehrarbeit (über acht Stunden) innerhalb der vergangenen sechs Monate nur verkürzt arbeiten darf. Dies erschwert die Arbeitszeitplanung

---

42 § 3 ArbZG Rz. 13.
43 *Roggendorff* § 3 ArbZG Rz. 14.
44 *Junker* ZfA 1998, 105 ff., 113 f.

erheblich. Durch die **vorherige Festlegung** eines Ausgleichszeitraumes wird dagegen die **bessere Planbarkeit** der Arbeitszeit erreicht und vermieden, dass eine Vielzahl von Ausgleichszeiträumen für denselben Arbeitnehmer gestaffelt nebeneinander zu beachten sind. Vielmehr ist dann **für jeden Arbeitnehmer nur ein einziger Ausgleichszeitraum** pro Monat oder pro Woche zu beachten. Eine solche Festlegung kann einheitlich für mehrere Arbeitnehmer oder gar für den ganzen Betrieb erfolgen.

VI. Beginn und Lage des Ausgleichszeitraumes bei ausdrücklicher Festlegung

Der **Arbeitgeber** braucht nicht abzuwarten, dass für den betroffenen Arbeitnehmer ein Ausgleichszeitraum erst durch die Leistung von werktäglich mehr als acht Stunden Arbeit ausgelöst wird, sondern **kann den Beginn** und damit auch die Lage **des Ausgleichszeitraumes von vornherein festlegen**. Hat er den Ausgleichszeitraum derart festgelegt, so muss jede während des Ausgleichszeitraumes über acht Stunden werktäglich geleistete Arbeit innerhalb des Ausgleichszeitraumes ausgeglichen werden. Selbstverständlich dürfen die gesetzlichen Höchstdauern der Ausgleichszeiträume dadurch nicht überschritten werden. 49

Wird der **Ausgleichszeitraum** von vornherein festgelegt, so richtet sich sein Beginn nach § 187 Abs. 2 Satz 1 BGB. Bei einer **vorherigen Festlegung** einer Frist ist der Beginn des Tages der für den Anfang der Frist maßgebende Zeitpunkt. Dabei darf der Arbeitgeber den Beginn des Ausgleichszeitraumes – entsprechend seinen administrativen Wünschen – auch auf den Beginn eines Kalendermonats bzw. einer Kalenderwoche legen. Er darf aber auch jeden anderen Tag als Fristbeginn wählen. 50

▶ Beispiele:
  1. **Ausgleichszeitraum sechs Monate**
     (a) Der Arbeitgeber wählt als Ausgleichszeitraum sechs Monate und legt ihren Beginn auf den 01.03. fest. Der Ausgleichszeitraum beginnt am 01. März und endet am 30. September.
     (b) Der Arbeitgeber wählt als Ausgleichszeitraum sechs Monate und legt ihren Beginn auf den 08. Oktober fest. Der Ausgleichszeitraum endet am 07. April des nächsten Jahres.
  2. **Ausgleichszeitraum 24 Wochen**
     (a) Der Arbeitgeber wählt als Ausgleichszeitraum 24 Wochen. Er legt den Beginn auf den ersten Tag (d. h. Montag) der 21. Kalenderwo-

che fest. Der Ausgleichszeitraum endet am letzten Tag (Sonntag) der 44. Kalenderwoche.
(b) Der Arbeitgeber wählt als Ausgleichszeitraum 24 Wochen. Er legt den Beginn auf Mittwoch, den 10. Mai fest. Der Ausgleichszeitraum endet am Dienstag, den 24. Oktober.

51 Allerdings muss bei **vorheriger Festlegung** des Ausgleichszeitraumes in Kauf genommen werden, dass sich der **Zeitraum** für den effektiven Arbeitszeitausgleich, gerechnet vom Tag der Mehrarbeit an, u. U. verkürzt.

▶ **Beispiel:**

Der Arbeitgeber legt den Beginn des sechsmonatigen Ausgleichszeitraumes auf den 01.03. fest. Der Arbeitnehmer arbeitet erstmals am 10. Mai mehr als acht Stunden. Infolge der Festlegung muss diese Mehrarbeit bis zum Ende des Ausgleichszeitraumes, nämlich bis zum 31. August, ausgeglichen sein. Ohne vorherige Festlegung hätte der Ausgleichszeitraum erst am 11. Mai begonnen; er liefe folglich erst am 10. November ab.

52 Die vorherige **Festlegung** des Ausgleichszeitraumes ist **nur bei entsprechender Planung** der betrieblichen und – darauf abgestellt – der persönlichen Arbeitszeiten der Arbeitnehmer **sinnvoll**. Der Wahl zwischen der vorherigen, datumsmäßigen Festlegung eines festen Ausgleichszeitraumes oder der Möglichkeit, nur infolge tatsächlicher Arbeitsleistung über acht Stunden gestaffelt Ausgleichszeiträume in Lauf setzen zu lassen, bedarf sorgfältiger Prüfung. **Legt** der **Arbeitgeber** für den Arbeitnehmer **keinen Ausgleichszeitraum fest**, so beginnt mit jeder **tatsächlichen Leistung** von mehr als acht Stunden Arbeit ein neuer Ausgleichszeitraum.

53 Hinsichtlich der **Lage des Ausgleichszeitraumes** ist **umstritten**, ob der Arbeitgeber (durch verbindliche Arbeitszeitgestaltung) Ausgleichszeiträume so legen darf, dass durch **vorherige Arbeitszeitverkürzung** ein »Polster« für anschließende werktägliche Arbeitszeiten von mehr als acht bis zu zehn Stunden geschaffen werden kann[45], oder ob die Tage mit der acht Stunden übersteigenden und deshalb ausgleichspflichtigen Arbeitszeit am Anfang des Aus-

---

45 Bejahend: *Baeck/Deutsch* §3 ArbZG Rz. 33; *Dobberahn* ArbZG Rz. 32; ErfK/ *Wank* §3 ArbZG Rz. 9; *Erasmy* NZA 1994, 1105; *Junker* ZfA 1998, 105, 114; MünchArb/*Anzinger* §218 Rz. 94; *Schaub* §156, Rz. 23; Anzinger/*Koberski* §3 ArbZG Rz. 33.

gleichszeitraumes liegen müssen[46]. Dabei entzündet sich der Streit vor allem daran, ob der Arbeitgeber durch die Kopplung zweier Ausgleichszeiträume über Monate hinweg ohne Unterbrechung den Rahmen für eine bis zu zehn Stunden werktäglich erhöhte Arbeitszeit schaffen darf. *Buschmann/Ulber*[47] halten jede Kopplung von Ausgleichszeiträumen für unzulässig. Nach ihrer Ansicht darf der Sechs-Monatsdurchschnitt zu keinem Zeitpunkt, und zwar weder rück- noch vorausgerechnet, überschritten sein.

Ausgleichszeiträume können durch die Betriebspartner bzw. in Betrieben ohne Betriebsrat durch den Arbeitgeber **von vornherein so festgelegt** werden, dass dabei die **Tage mit verkürzter Arbeitszeit vor solchen mit erhöhter Arbeitszeit liegen**[48]. Dies wird dem Wortlaut wie auch dem Sinn und Zweck des Arbeitszeitgesetzes am besten gerecht. Das Arbeitszeitgesetz schreibt eine bestimmte Lage des Ausgleichszeitraumes nicht vor. Die Gesetzesbegründung ist entgegen der Ansicht von *Roggendorff*[49] nicht eindeutig. In der Einzelbegründung zu § 3 ArbZG ist zwar davon die Rede, dass eine Arbeitsleistung von mehr als acht Stunden »innerhalb der **folgenden** sechs Monate oder 24 Wochen auszugleichen ist«[50]. Dieselbe Formulierung findet sich in der Begründung zu Bericht und Beschlussempfehlung des Ausschusses für Arbeit und Sozialordnung – 11. Ausschuss[51]. Im Gesetzestext kommt dies indessen nicht zum Ausdruck[52]. Zudem heißt es im allgemeinen Teil der Begründung des Regierungsentwurfs, die Arbeitsleistung von mehr als acht Stunden sei »allerdings innerhalb eines Ausgleichszeitraumes von sechs Monaten (bisher zwei Wochen) auf durchschnittlich acht Stunden auszugleichen«[53]. Der Klammerzusatz legt nahe, dass die Vorstellung des Gesetzgebers dahin gegangen ist, den früheren Ausgleichszeitraum von zwei Wochen nach § 4 AZO 1938 auf nunmehr sechs Monate zu erhöhen und es hinsichtlich der Frage, wie die Ausgleichszeit zum ausgleichspflichtigen Tatbestand liegt, grundsätzlich bei der

54

---

46 *Roggendorff* § 3 ArbZG Rz. 12, 13 unter Hinweis auf die Gesetzesbegründung; *Buschmann/Ulber* § 3 ArbZG Rz. 13.
47 § 3 ArbZG Rz. 13.
48 *Anzinger/Koberski* § 3 ArbZG Rz. 33.
49 § 3 ArbZG Rz. 12 f.
50 BT-Drucks. 12/5888, 24 l. Sp.
51 BT-Drucks. 12/6990, 40.
52 Vgl. ErfK/*Wank*, § 3 ArbZG Rz. 9.
53 BT-Drucks. 12/5888 l. Sp.

bisherigen Regelung zu belassen. Nach § 4 AZO 1938 konnte der Ausgleich so erfolgen, dass der Ausgleich in derselben Woche, der folgenden oder der vorhergehenden Woche, mithin innerhalb von zwei Wochen, die auch den Tag der ausgleichspflichtigen Mehrarbeit umschlossen[54].

55 Für die Möglichkeit, den Ausgleichszeitraum von vornherein derart festlegen zu können, Tage mit verkürzter Arbeitszeit vor solchen mit auszugleichender höherer Arbeitszeit zu legen, spricht vor allem die Erwägung, dass das Gesetz die Verbesserung der Rahmenbedingungen für flexible Arbeitszeiten zu seinen ausdrücklichen Zielen zählt (§ 1 Nr. 1 ArbZG). Flexible Arbeitszeiten beruhen nicht nur auf ungeplanten (oder unplanbaren) plötzlichen Mehr- oder Minderbedarfen, sondern häufig auf **vorausschauenden Planungen** der Arbeitszeit über **längere Zeiträume und Zyklen** hinweg. Solche Planungen sind aber wesentlich erschwert, wären sie davon abhängig, dass nur ein nachträglicher Ausgleich zulässig wäre. Dies würde zudem hinter den bisherigen Möglichkeiten nach der AZO 1938 zurückbleiben. Das »Vorholen« erkennbarer, z. B. wegen Volksfesten oder größerer Wartungsarbeiten ausfallender Arbeitsstunden durch die Arbeitnehmer wäre dann auch nur für einen einzigen Tag nicht mehr möglich.

56 Insgesamt ermöglicht § 3 Satz 2 ArbZG daher, Ausgleichszeiträume durch Arbeitszeitgestaltungen auch so festzulegen, dass die Tage mit verkürzter Arbeitszeit denen mit längerer Arbeitszeit vorangehen.

▶ Beispiel:

In einen Produktionsbetrieb werden Umbaumaßnahmen in einem solchen Umfang durchgeführt, dass er für vier Wochen stillgelegt werden muss. Infolge der vorübergehenden Stilllegung kommt es zu einem Auftragsstau, der nach Wiederaufnahme der Produktion durch erhöhte Arbeitsleistungen abgebaut werden soll, ohne zusätzliches Personal einzustellen. Der Arbeitgeber ordnet für die Dauer der Umbaumaßnahmen eine Arbeitszeit von null Stunden an, für die Zeit nach Wiederaufnahme der Produktion eine Arbeitszeit von zehn Stunden werktäglich. Er wählt den Ausgleichszeitraum von 24 Wochen. In dieser Zeit erlaubt § 3 ArbZG für jeden Arbeitnehmer insgesamt 1.152 Arbeitsstunden (24 Wochen zu sechs Tagen zu acht Stunden). Das »Guthaben« aus den vier Wochen mit Arbeitszeit »null Stunden« (= 192 Stunden) ermöglicht, an 96 Werktagen innerhalb

---

54 *Deneckel/Neumann* AZO 11. Aufl. 1991 § 4 Rz. 17.

des restlichen Ausgleichszeitraumes von 20 Wochen (= 120 Werktagen) jeweils nicht nur acht, sondern zehn Stunden arbeiten zu lassen.

VII. Gleitzeit

§ 3 Satz 2 ArbZG gibt einen **hinreichenden Rahmen für qualifizierte Gleitzeitregelungen**. Innerhalb von vornherein festgelegter Ausgleichszeiträume dürfen Tage mit kürzerer Arbeitszeit solchen mit längerer Arbeitszeit vorangehen. Kennzeichnend für qualifizierte Gleitzeit ist, dass es den Arbeitnehmern überlassen bleibt, ob sie zunächst länger oder kürzer oder umgekehrt zunächst kürzer und dann ausgleichend länger arbeiten oder ob sie lange und kurze Tagesarbeitszeiten ständig regelmäßig oder unregelmäßig wechseln und wie sie innerhalb eines vorgegebenen Rahmens den Zeitausgleich herbeiführen. Bei vollschichtig, d.h. im Durchschnitt werktäglich acht Stunden tätigen Arbeitnehmern führt dies notwendig dazu, dass die Tagesarbeitszeit von acht Stunden nicht nur unterschritten, sondern auch überschritten wird. Diese den Arbeitnehmern überlassene Zeitsouveränität würde erheblich eingeschränkt, wollte man der von *Roggendorff*[55] vertretenen Ansicht folgen, wonach die längere Arbeitszeit stets voranzugehen habe und nur nachträglich durch Verkürzung der Arbeitszeit ausgeglichen werden dürfe. 57

Es sind **zwei Typen Gleitzeit** zu unterscheiden. Bei der **einfachen Gleitzeit** bleibt der Arbeitnehmer an seine tägliche Arbeitszeitdauer gebunden. Ihm steht es jedoch frei, seine Arbeitszeit innerhalb eines gewissen Rahmens zu erbringen, wobei er in der Regel die Kernarbeitszeit einzuhalten hat. 58

▶ **Beispiel:**

»Einfache Gleitzeit«

Die tägliche Arbeitszeit beträgt acht Stunden. Die Kernzeit ist auf die Zeit von 9.00 bis 15.30 Uhr festgelegt und umschließt eine auf die Zeit von 12.00 bis 12.30 Uhr festgesetzte Pause. Den Arbeitnehmern ist es gestattet, ihre Arbeit zwischen 7.00 und 9.00 Uhr zu beginnen. Je nach persönlichem Arbeitsbeginn endet die Arbeitszeit an dem betreffenden Arbeitstag zwischen 15.30 und 17.30 Uhr.

Wird in einem solchen Modell die werktägliche Arbeitszeit von acht Stunden nicht überschritten, so bedarf es der Inanspruchnahme der Ausgleichsrege- 59

---

55 § 3 ArbZG Rz. 12, 13.

lung des § 3 Satz 2 ArbZG nicht. Kommt es allerdings zur Überschreitung der werktäglichen Arbeitszeit von acht Stunden, so hat ein Ausgleich nach § 3 Satz 2 ArbZG zu erfolgen.

60 Von **qualifizierter Gleitzeit** spricht man, wenn der Arbeitnehmer nicht nur über die Lage seiner täglichen Arbeitszeit, sondern auch über deren tägliche Dauer und die Herbeiführung eines Ausgleichs zum Erreichen des Durchschnitts der geschuldeten Arbeitszeit entscheiden darf. Dafür werden in der Regel bestimmte **Bandbreiten** (äußere Zeitpunkte für Beginn und Ende der Arbeit) bzw. **Gleitspannen** (Anfang und Ende der Zeiträume, in welchen der Arbeitnehmer frühestens anfangen darf bzw. spätestens anfangen muss und umgekehrt) oder **Kernzeiten** (Zeiten, zu denen der Arbeitnehmer arbeiten muss) und die Lage und Dauer der **Pausen** (§ 5 ArbZG) vorgegeben. Zusätzlich sind die **arbeitstägliche Höchstarbeitszeit** (höchstens zehn Stunden, vgl. § 3 Satz 2 ArbZG), die **Höchstmaße des Arbeitszeitguthabens** infolge Arbeitsleistungen über die durchschnittliche Normalarbeitszeit hinaus bzw. **der Arbeitszeitunterschreitung** pro festgesetztem Abrechnungszeitraum sowie der **Ausgleichszeitraum** zu regeln, innerhalb dessen die durchschnittliche Normalarbeitszeit erreicht werden muss. Für Arbeitszeitguthaben sind eventuelle **Kappungsgrenzen** vorzusehen.

61 Für derartige Regelungen lässt § 3 Satz 2 ArbZG einen hinreichenden Rahmen, nicht zuletzt mit Rücksicht auf die langen Ausgleichszeiträume. In der Vergangenheit gab es insoweit erhebliche Schwierigkeiten, weil die Ausgleichszeiträume zu kurz waren[56].

▶ **Beispiel:**

»Qualifizierte Gleitzeit«

In einem Planungsbüro beträgt die wöchentliche Arbeitszeit 40 Stunden; gearbeitet wird von montags bis freitags. Die Bandbreite liegt von 7.00 bis 18.30 Uhr. Es sind für den Arbeitsbeginn, für die Zeit vor und nach der festgesetzten Mittagspause und für das Arbeitsende Gleitspannen festgesetzt, mittags von 12.00 bis 12.30 Uhr und von 13.00 bis 13.30 Uhr, für das Arbeitsende von 15.30 bis 18.30 Uhr. Kernarbeitszeiten sind die Zeiten von 9.00 bis 12.00 Uhr und von 13.30 bis 15.30 Uhr. Die feste Mittagspause ist auf die Zeit von 12.30 bis 13.00 Uhr festgelegt. Die Arbeit-

---

56 *Deneckel/Neumann* AZO 11. Aufl. 1991 § 3 AZO Rz. 7 und § 4 AZO Rz. 6.

nehmer dürfen höchstens zehn Stunden am Tag arbeiten. Die Differenz zur durchschnittlichen Wochenarbeitszeit von 40 Stunden wird für jeden Kalendermonat ermittelt und darf zwölf Stunden nicht überschreiten. Bis zum Ende des nächsten Kalendermonats ist sie auszugleichen.

Mit einer **Gleitzeitregelung** kann auch die Möglichkeit verbunden werden, dass einem **rollierenden System** eine Mindestzahl von Arbeitnehmern untereinander wechselnd während der **gesamten Bandbreite** arbeiten und die Arbeitnehmer im Übrigen von der Gleitzeit Gebrauch machen können. Ein solches Modell verlängert sehr erheblich die Ansprechzeiten bzw. die Maschinenlaufzeiten. Auch in solchen Fällen darf aber die werktägliche Höchstarbeitszeit nach § 3 Satz 2 ArbZG nicht überschritten werden. 62

VIII. Kopplung der Ausgleichszeiträume

Das Arbeitszeitgesetz erlaubt auch, **Ausgleichszeiträume** i. S. d. § 3 Satz 2 ArbZG **mit reziproker Arbeitszeitverteilung aneinander zu koppeln** und so sehr langfristige Arbeitszeitzyklen zu verwirklichen. Damit steht, soweit seine Grenzen überhaupt erreicht werden, das Arbeitszeitgesetz **Jahresarbeitszeitkonten** nicht entgegen[57]. 63

Dies wird vor allem unter Hinweis auf medizinische und arbeitswissenschaftliche Mindeststandards von *Oppholzer*[58] und ihm folgend von *Buschmann/Ulber*[59] mit dem Argument kritisiert, dass schon die 60-Stundenwoche in auch nur einem Ausgleichszeitraum diesen Standards widerspreche. Der Gesetzgeber hat sich solche medizinischen und arbeitswissenschaftlichen Ansichten indessen nicht zu Eigen gemacht. Er hat vielmehr den Ausgleichszeitraum über die europarechtliche Vorgabe von vier Monaten (Art. 16 Abs. 2 der EG-Richtlinie 93/104) hinaus auf sechs (Kalen- der-)Monate bzw. 24 Wochen festgesetzt, ohne anzuordnen, dass die Tage mit über acht Stunden hinausgehender Arbeitsleistung vorangehen müssen. 64

Wie **vor jeder Regelung der Arbeitszeit** ist aber auch vor einer Aneinanderkopplung zweier Ausgleichszeiträume zu **prüfen, inwieweit tarifvertragliche Regelungen entgegenstehen** und inwieweit **arbeitsvertragliche Bestimmungen** eine solche Festlegung der Arbeitszeit ermöglichen. Tarifvertraglich ist 65

---

57 Vgl. HWK/*Gäntgen*, § 3 ArbZG Rz. 9.
58 ArbuR 1994, 41, 42.
59 § 3 ArbZG Rz. 13.

eine solche Aneinanderkopplung ohne weiteres zulässig, wenn der Tarifvertrag an die Jahresarbeitszeit oder einen Ausgleichszeitraum von einem Jahr bzw. von sechs Monaten vorsieht[60].

66 Die **Aneinanderkopplung** von Ausgleichszeiträumen ermöglicht **sehr langfristige Arbeitszyklen**.

▶ Beispiel:

1. 3-6-3-Monate-Zyklus

Der Arbeitgeber hat von April bis September einen erhöhten Arbeitsbedarf. In den anderen Monaten ist der Arbeitsbedarf gering. Er wählt als Ausgleichszeitraum sechs Monate. Sie umfassen 156 Werktage zu acht Arbeitsstunden, mithin 1 248 Arbeitsstunden. Er legt den Beginn des ersten Ausgleichszeitraumes auf den 01. Januar fest. In den Monaten Januar bis März lässt er an allen sechs Werktagen in der Woche, d. h. an 78 Werktagen, jeweils sechs Stunden arbeiten. Vom Kontingent der 1 248 Arbeitsstunden werden somit nur 468 Stunden verbraucht. Anschließend lässt er in den Monaten April bis Juni wiederum an sechs Tagen in der Woche jeweils zehn Stunden arbeiten und schöpft so die »restlichen« 780 Arbeitsstunden aus. Damit ist zum Ende Juni der Durchschnitt der werktäglichen Arbeitszeit mit acht Stunden nicht überschritten. Im zweiten Halbjahr verfährt er genau umgekehrt. Er legt den Ausgleichszeitraum von sechs Monaten ab 01. Juli fest. In den Monaten Juli bis September ordnet er wieder an allen sechs Werktagen in der Woche eine Arbeitszeit von zehn Stunden, also insgesamt 780 Stunden an. Den Ausgleich führt er durch Arbeitszeitverkürzung auf werktäglich sechs Stunden für die restlichen drei Monate des Jahres herbei. Verfolgt er dieses Konzept auch im folgenden Jahr, so erreicht er einen halbjährlichen Wechsel zwischen einer werktäglichen Arbeitszeit von zehn Stunden und einer solchen von sechs Stunden.

---

60 *Wolter*, Das neue Arbeitszeitrecht, 36.

Arbeitszeit der Arbeitnehmer § 3 ArbZG

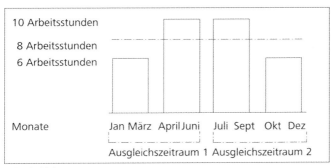

Schaubild 4:

▶ Beispiel:

2. Neun Monate Höchstarbeitszeit

Der Arbeitgeber hat einen Saisonbetrieb mit einer Winterpause. Er möchte während der Saison möglichst zehn Stunden werktäglich arbeiten lassen, in der Winterpause hat er keinen Arbeitsbedarf. Der Arbeitgeber wählt den Ausgleichszeitraum von sechs Monaten und setzt den Beginn des ersten Ausgleichszeitraumes auf den 01. Januar, den des zweiten Ausgleichszeitraumes auf den 01. Juli desselben Jahres fest. Bei 156 Arbeitstagen mit zusammen 1.248 erlaubten Arbeitsstunden lässt er die ersten 31 Werktage im ersten Ausgleichszeitraum (ab 01.01.) arbeitsfrei. Am 32. Werktag lässt er acht Stunden arbeiten, sodann bis Ende Juni jeden der verbleibenden 124 Werktage zehn Stunden. In der zweiten Hälfte des Jahres verfährt er genau umgekehrt: Zunächst 124 Werktage á zehn Stunden Arbeit, dann ein Werktag mit acht Stunden, die restlichen 31 Werktage bleiben arbeitsfrei. Insgesamt wird so ein Zeitraum von etwa neun zusammenhängenden Monaten mit einer Höchstarbeitszeit von werktäglich zehn Stunden (60 Stunden pro Woche) erreicht.

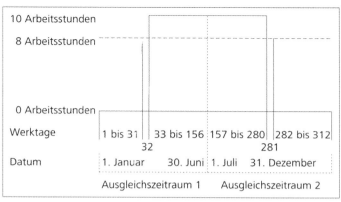

Schaubild 5:

67 In vergleichbarer Art und Weise können auch Ausgleichszeiträume von 24 Wochen unmittelbar aufeinander folgend festgelegt werden.

68 Die **vorherige Festlegung** eines Ausgleichszeitraumes darf **auf jeden beliebigen Tag** erfolgen (Rdn. 50)[61]. Dies gilt sowohl für die Festlegung einzelner Ausgleichszeiträume als **auch** für die Möglichkeit, Ausgleichszeiträume **aneinander zu koppeln**. Das Arbeitszeitgesetz gibt keine Bindung etwa an den Jahres-, Monats- oder Wochenanfang vor. Ebenso ist es rechtlich zulässig, in der betrieblichen Praxis in der Regel auch erforderlich, hinsichtlich ihrer **betrieblichen** oder persönlichen Anwendungsbereiche verschiedene Ausgleichszeiträume mit unterschiedlichen Lagen festzulegen oder sich darauf zu beschränken, die Art des Ausgleichszeitraumes auszuwählen, ohne dessen Beginn zu fixieren, sondern ihm von der tatsächlichen Arbeitsleistung über acht Stunden abhängig zu machen.

▶ Beispiel:

Verschiedene Ausgleichszeiträume

Im Betrieb eines Speiseeisherstellers werden über das ganze Jahr Arbeitnehmer im Büro und in der Fertigung beschäftigt. Für die Dauer der sechs

---

61 A. A. *Anzinger/Koberski* § 3 ArbZG Rz. 31.

Monate währenden sog. Saison werden zusätzliche Arbeitskräfte (sog. Saisonkräfte) für die Fertigung eingestellt. Zusätzliche Arbeitnehmer (sog. Aushilfen) werden von Fall zu Fall eingestellt. Der Arbeitgeber legt folgende Ausgleichszeiträume fest:
– Büro (außer Aushilfskräften):
Zwei Ausgleichszeiträume zu jeweils sechs Monaten, nämlich vom 01.01. bis 30.06. und vom 01.07. bis 31.12.;
– Büro-Aushilfen:
Ausgleichszeitraum sechs Monate, Beginn am Tag nach erster Arbeitsleistung über acht Stunden;
– Fertigungs-Stammkräfte:
Zwei Ausgleichszeiträume von jeweils 24 Wochen, beginnend mit dem 21.01. und dem 08.07.;
– Fertigungs-Saisonkräfte:
Ausgleichszeitraum sechs Monate, beginnend mit dem Tag der Arbeitsaufnahme;
– Fertigungs-Aushilfen:
Ausgleichszeitraum 24 Wochen, beginnend am Tag nach erster Arbeitsleistung über acht Stunden.

Bei der Festlegung des betrieblichen/persönlichen Geltungsbereichs des jeweiligen Ausgleichszeitraums ist jedoch stets zu beachten, dass es nicht um das Erreichen irgendwelcher betrieblichen Durchschnitte geht, sondern um die **Wahrung** der durchschnittlichen **persönlichen Arbeitszeit** jedes einzelnen Arbeitnehmers. 69

IX. Persönlicher Ausgleichszeitraum

Der **Ausgleichszeitraum** bezieht sich auf den **einzelnen Arbeitnehmer**, nicht aber auf den ganzen Betrieb oder eine Betriebsabteilung oder eine Gruppe von Arbeitnehmern[62]. Für den Betrieb als solchen kann kein Ausgleichszeitraum gewählt werden[63]. Der Arbeitgeber kann sich jedoch entschließen, für alle Arbeitnehmer im selben Betrieb dieselbe Art des Ausgleichszeitraumes zu wählen und ihn auch einheitlich festzusetzen. Dies ändert nichts daran, dass jedem einzelnen Arbeitnehmer die gewählte Art und ggf. die Festlegung des Ausgleichszeitraumes zuzuordnen ist. Denn das Arbeitszeitgesetz regelt nicht 70

---

62 *Dobberahn* ArbZG Rz. 30.
63 Insoweit missverständlich *Roggendorff* § 3 ArbZG Rz. 10.

etwa betriebliche, sondern persönliche Höchstarbeitszeiten der einzelnen Arbeitnehmer.

71 Es ist deswegen auch **nicht** zulässig, **Mehrarbeit des einen Arbeitnehmers** dadurch **auszugleichen**, dass ein **anderer Arbeitnehmer weniger arbeitet**. Insoweit unterscheidet sich der Regelungsgegenstand erheblich von entsprechenden tariflichen Bestimmungen, nach denen eine durchschnittliche betriebliche Arbeitszeit erreicht werden soll und die Verteilung der Arbeitszeit auf die einzelnen Arbeitnehmer unterschiedlich erfolgen kann.

X. **Dauer des Ausgleichszeitraumes**

72 Die **Höchstdauer des Ausgleichszeitraumes** ist gesetzlich **vorgegeben**. Sie wird durch Tage, an denen der Arbeitnehmer z. B. wegen Erholungsurlaubs oder infolge krankheitsbedingter Arbeitsunfähigkeit nicht arbeitet, nicht verlängert[64]. Lediglich dann, wenn der **letzte Tag des** nicht von vornherein festgelegten, sondern **durch tatsächliche Mitarbeit ausgelösten Ausgleichszeitraumes auf einen Sonnabend, einen Sonntag** oder am Betriebssitz anerkannten **gesetzlichen Feiertag** fällt, tritt nach § 193 BGB an die Stelle eines solchen Tages der nächste Werktag. Entgegen der Ansicht von *Roggendorff*[65] ist die **Verlängerung** des Ausgleichszeitraumes auch bei in der Person des Arbeitnehmers liegenden zwingenden Gründen, z. B. wegen langandauernder Krankheit, **nicht statthaft**. Das Gesetz sieht eine solche Verlängerung nämlich nicht vor. Dagegen kann der Arbeitgeber in solchen Fällen, in denen es aus von ihm nicht zu vertretenden Gründen nicht zum Ausgleich innerhalb des Ausgleichszeitraumes kommt, **mangels Verschuldens nicht** nach den §§ 22, 23 ArbZG mit einem **Bußgeld** belangt oder mit Strafe belegt werden.

73 Der **Arbeitgeber darf** – aus welchen Gründen auch immer – **anordnen, dass der Ausgleich binnen kürzerer** als der **gesetzlichen Frist durchzuführen ist**[66]. Dagegen darf der Arbeitgeber keinen längeren als den gesetzlich vorgegebenen Ausgleichszeitraum wählen, soweit nicht eine vom Gesetz abweichende Regelung eines längeren Ausgleichszeitraumes nach § 7 Abs. 1 Nr. 1 b ArbZG durch Tarifvertrag oder durch eine tarifvertraglich zugelassene Betriebsvereinbarung vorliegt. Hat der **Arbeitgeber** einen **kürzeren** als den gesetzlichen (§ 3

---

64 *Roggendorff* § 3 ArbZG Rz. 11.
65 § 3 ArbZG Rz. 11.
66 *Dobberahn* ArbZG Rz. 29.

Satz 2 ArbZG) oder nach § 7 Abs. 1 Nr. 1 b ArbZG verlängerten **Ausgleichszeitraum gewählt**, so stellt **dessen Überschreitung solange keinen Verstoß** gegen das Arbeitszeitgesetz dar, **als** der von Gesetzes wegen bzw. nach dem Tarifvertrag **höchstzulässige Ausgleichszeitraum** noch **nicht überschritten** ist.

XI. Entscheidungen und Obliegenheiten des Arbeitgebers; betriebliche Mitbestimmung; Information der Arbeitnehmer

Zwischen beiden Arten der Ausgleichszeiträume – sechs (Kalender-)Monate oder 24 Wochen – **kann der Arbeitgeber wählen**[67]. Der **Arbeitgeber kann auch von der einen Art des Ausgleichszeitraumes zur anderen** und zurück **wechseln**[68]. 74

Ebenso hat der **Arbeitgeber zu entscheiden, ob** der gewählte Ausgleichszeitraum **kraft Gesetzes beginnen** soll, d. h. dadurch, dass der Arbeitnehmer werktäglich über acht Stunden hinaus arbeitet, **oder ob** er statt dessen den **Ausgleichszeitraum** von vornherein auf ein bestimmtes Datum **festlegt**. In vielen Fällen dürfte im Interesse einer geordneten Arbeitszeitplanung Letzteres vorzuziehen sein. Trifft der Arbeitgeber **keine Entscheidung**, so beginnt der **Ausgleichszeitraum kraft Gesetzes**[69]. 75

Derart getroffene **Entscheidungen** darf der Arbeitgeber – unter Beachtung des Mitbestimmungsrechts des Betriebsrats (§ 87 Abs. 1 Nr. 2 BetrVG) – auch wieder **ändern**, bevor sich die Festlegung durch Zeitablauf erledigt hat. Die Änderung oder der **Wechsel** des Ausgleichszeitraums bzw. seiner Festlegung darf allerdings **nicht** dazu führen, dass der **Ausgleich** im Ergebnis **nicht oder nicht vollständig** erfolgt. Es muss daher geprüft werden, inwieweit Arbeitszeit noch auszugleichen ist, wenn der Ausgleichszeitraum gewechselt wird. Der neu gewählte Ausgleichszeitraum muss so gelegt werden, dass etwaige noch nicht ausgeglichene Reste innerhalb des höchstmöglichen gesetzlichen Ausgleichszeitraumes (sechs Monate) ausgeglichen sind. 76

Welche **Rechtsfolgen** eintreten, falls der Arbeitgeber sich **an Stelle des längstens möglichen** gesetzlichen Ausgleichszeitraumes oder des an dessen Stelle tretenden längstens möglichen, auf Vereinbarungen nach § 7 Abs. 1 Nr. 1 b 77

---

67 *Dobberahn* ArbZG Rz. 29; *Neumann/Biebl* § 3 ArbZG Rz. 8; *Roggendorff* § 3 ArbZG Rz. 9.
68 *Dobberahn* ArbZG Rz. 29; *Roggendorff* § 3 ArbZG Rz. 3.
69 A. A. *Anzinger/Koberski* § 3 ArbZG Rz. 28.

ArbZG beruhenden Ausgleichszeitraumes für **einen kürzeren Ausgleichszeitraum** entscheidet, z. B. 24 Wochen gegenüber sechs Monaten, und der neu gewählte Ausgleichszeitraum nicht eingehalten wird, ist dem Arbeitszeitgesetz nicht ohne Weiteres zu entnehmen. Auf jeden Fall muss für jeden Tag der Überschreitung der Arbeitszeit von acht Stunden innerhalb von sechs Monaten der Ausgleich durchgeführt sein. Soweit es um die objektiven **Tatbestände der Arbeitszeitüberschreitung** geht (Ordnungswidrigkeit nach § 22 Abs. 1 Nr. 1 ArbZG; Straftat nach § 23 Abs. 1 Nr. 1 ArbZG) wird in allen Fällen zu Gunsten des Arbeitgebers der längstens mögliche Ausgleichszeitraum zu Grunde zu legen sein.

78 Der Arbeitgeber ist gehalten, die über die acht Stunden des § 3 Satz 1 ArbZG hinausgehende werktägliche **Arbeitszeit aufzuzeichnen** (§ 16 Abs. 2 ArbZG). Im Hinblick auf diese Aufzeichnungspflicht über die überschießende Arbeitszeit ist es **empfehlenswert**, auch **festzuhalten**, welcher **Ausgleichszeitraum** ab wann gewählt bzw. gewechselt worden ist. Erst dies ermöglicht – nicht zuletzt auch im Interesse des Arbeitgebers – eine hinlängliche Kontrolle, ob im maßgeblichen Ausgleichszeitraum die durchschnittliche werktägliche Arbeitszeit von acht Stunden nicht überschritten ist.

79 In **Betrieben mit Betriebsrat** und in den Behörden ist bei der Auswahl der Art des Ausgleichszeitraumes, bei dessen Festlegung, bei einem Wechsel des Ausgleichszeitraumes oder einer Änderung der Festlegung das **Mitbestimmungsrecht** des Betriebsrats nach § 87 Abs. 1 Nr. 2, 3 BetrVG oder des Personalrates nach § 75 Abs. 3 Nr. 1 BPersVG bzw. nach entsprechenden landesrechtlichen Regelungen oder der Mitarbeitervertretung nach den kirchenrechtlichen Mitbestimmungsgesetzen zu beachten. Die Entscheidungen über diese Fragen gehören zu den mitbestimmungspflichtigen Regelungen über die Arbeitszeit. Werden zur Aufzeichnung der Arbeitszeit technische Einrichtungen, z. B. rechnergestützte Zeiterfassungs- oder Auswertungssysteme eingesetzt, so ist zudem das Mitbestimmungsrecht nach § 87 Abs. 1 Nr. 6 BetrVG bzw. nach Personalvertretungsrecht oder kirchengesetzlichem Mitbestimmungsrecht zu wahren.

80 Das Arbeitszeitgesetz regelt nicht, ob und wie der Arbeitgeber die **betroffenen Arbeitnehmer** über seine Entscheidung hinsichtlich des Ausgleichs nach § 3 Satz 2 ArbZG **zu unterrichten hat**. Die Pflicht zum Aushang oder zur Auslegung nach § 16 Abs. 1 ArbZG betrifft derartige betriebliche Regelungen nicht, sondern lediglich einen Abdruck dieses Gesetzes, der aufgrund des Gesetzes erlassenen, für den Betrieb geltenden Rechtsverordnungen oder der für den

Betrieb geltenden Tarifverträge und Betriebsvereinbarungen i. S. d. § 7 Abs. 1–3 ArbZG und des § 12 ArbZG. Soweit der Arbeitgeber die Festlegung des Ausgleichszeitraumes, eine unterhalb der Höchstgrenzen liegende Dauer und die Art des Ausgleichszeitraumes durch eine Betriebsvereinbarung regelt, hat er sie nach § 77 Abs. 2 Satz 3 BetrVG an geeigneter Stelle im Betrieb auszulegen. Gemäß § 81 BetrVG sowie zur Vermeidung von Missverständnissen ist es geboten, Festlegungen und Entscheidungen des Arbeitgebers im Rahmen des § 3 Satz 2 ArbZG den betroffenen Arbeitnehmern bzw. der Betriebsöffentlichkeit bekannt zu geben oder zugänglich zu machen. Dies kann in der Regel im Rahmen der Bekanntgabe der für den Betrieb bzw. einzelner Betriebsabteilungen oder einzelne Arbeitnehmer geltenden Arbeitszeitregelungen geschehen.

XII. Arbeitszeitverlängerung und Tage der Nichtarbeit

Arbeitszeitverlängernd i. S. d. § 3 Satz 2 ArbZG wirkt nur **tatsächlich geleistete Arbeit**. Arbeitet der **Arbeitnehmer** an Tagen, an denen er mehr als acht Stunden zu arbeiten gehabt hätte, tatsächlich **nicht**, z. B. wegen **Erholungsurlaubs** oder infolge **krankheitsbedingter Arbeitsunfähigkeit** oder mit Rücksicht auf einen **gesetzlichen Feiertag**, so bleibt die **ausgefallene Arbeitszeit** sowohl für die Arbeitszeitüberschreitung als auch für deren Abbau **unberücksichtigt**. Entsprechendes gilt, wenn für den Arbeitnehmer an dem Werktag zwar eine Arbeitszeit von mehr als acht Stunden geplant war, er jedoch entgegen der Planung tatsächlich die Arbeitszeit von acht Stunden nicht überschreitet. Die überschießende nur geplante Arbeitszeit bleibt unberücksichtigt. Nach seiner Grundkonzeption soll das Arbeitszeitgesetz die **übermäßige Inanspruchnahme** der Arbeitnehmer **durch tatsächliche Arbeit** vermeiden. Dies kommt vor allem in § 1 Nr. 1 ArbZG zum Ausdruck. Deshalb ist für die Frage der Überschreitung der werktäglichen Arbeitszeit gemäß § 3 Satz 2 ArbZG **nicht die fiktive Arbeitszeiten**, sondern nur die tatsächlich geleistete Arbeit maßgeblich. Unter anderen Gesichtspunkten, z. B. hinsichtlich der Erreichung durchschnittlicher betrieblicher Arbeitszeiten gemäß tarifvertraglichen Bestimmungen oder der Weiter- oder Fortzahlung des Arbeitsentgelts können insoweit auch ausgefallene und fiktive Arbeitszeiten von Bedeutung sein, insbesondere auch, soweit die werktägliche Arbeitszeit von acht Stunden überschritten wird. Insoweit muss die bezahlte Arbeitszeit mit der i. S. d. des Arbeitszeitgesetzes zu berücksichtigenden Arbeitszeit nicht übereinstimmen. Dementsprechend ist es unscharf und bei penibler Betrachtung unzureichend, wenn zwecks Einhaltung der nach § 3 ArbZG maßgeblichen Arbeitszeit nicht

81

auf die tatsächlich mit Arbeitsleistung ausgefüllte Zeit, sondern die zu bezahlende Zeit abgestellt wird.

XIII. Arbeitszeitverkürzung durch Nichtarbeit

82 Der Ausgleich der über werktäglich acht Stunden hinaus geleisteten Arbeit muss so erfolgen, dass der Durchschnitt der Arbeitszeit innerhalb des Ausgleichszeitraumes die Menge von acht Stunden werktäglich nicht überschreitet. Der **Durchschnitt ist nicht überschritten**, wenn im Ausgleichszeitraum die **Summe der tatsächlich geleisteten Arbeitsstunden nicht höher** liegt als die Summe der **höchstzulässigen** Arbeitsstunden[70].

83 Der **Ausgleich** tatsächlich über acht Stunden am Werktag hinaus geleisteter Arbeitszeit erfolgt **durch** entsprechende **Kürzungen der Arbeitszeit** an anderen Werktagen **im Ausgleichszeitraum**. Hierzu sind nach übereinstimmender Ansicht zunächst die **auf Werktage entfallenden Zeiten** heranzuziehen, an denen der Arbeitnehmer **infolge der Verteilung seiner Arbeitszeit nicht zu arbeiten hat**[71].

▶ Beispiel:

»48 Wochenstunden an fünf Werktagen«

Der Arbeitnehmer arbeitet von montags bis donnerstags jeweils zehn und freitags jeweils nochmals acht Stunden. Der Sonnabend ist im Betrieb arbeitsfrei. Die werktägliche Arbeitszeit des Arbeitnehmers beträgt in der Woche viermal zehn und einmal acht Stunden, zusammen 48 Stunden. Der arbeitsfreie Sonnabend bewirkt den Ausgleich, denn insgesamt wird die durchschnittliche werktägliche Arbeitszeit von acht Stunden an sechs Werktagen in der Woche, mithin 48 Stunden, nicht überschritten.

84 **Umstritten** ist, ob **jede Nichtbeschäftigung** des Arbeitnehmers an einem Werktag innerhalb des Ausgleichszeitraumes zum Ausgleich beiträgt oder inwieweit die **Nichtbeschäftigung des Arbeitnehmers aus bestimmten Anlässen** wie Erholungsurlaub, krankheitsbedingte Arbeitsunfähigkeit, gesetzlicher Feiertag, aber auch aus persönlichen Gründen wie Hochzeit, Sterbefall, Sonderurlaub als zum **Arbeitszeitausgleich** herangezogen werden darf.

---

70 ErfK/*Wank*, § 3 ArbZG Rz. 5; *Roggendorff* § 3 ArbZG Rz. 10.
71 *Dobberahn* ArbZG Rz. 29; *Neumann/Biebl* § 3 ArbZG Rz. 10; *Roggendorff* § 3 ArbZG Rz. 10; Bericht des 11. BT-Ausschusses BT-Drucks. 12/6990, 40.

Dobberahn[72] will zum Ausgleich i. S. d. § 3 Satz 2 ArbZG alle Werktage heranziehen, auch die, an denen der Arbeitnehmer deswegen tatsächlich keine Arbeit leistet, weil er **Erholungsurlaub** hat, oder er infolge **krankheitsbedingter Arbeitsunfähigkeit** oder **aus persönlichen Gründen** nicht arbeitet. Er stützt sich insoweit auf die arbeitszeitrechtliche Zwecksetzung »Gesundheitsschutz« i. S. d. § 1 Nr. 1 ArbZG. Die Zwecksetzung des Erholungsurlaubs bestehe in der Erholung und insoweit auch im Gesundheitsschutz; deswegen stellen auch Urlaubstage einen Arbeitszeitausgleich dar. Krankheitszeiten dienten zwar nicht unmittelbar der Erholung, sondern der Genesung des Arbeitnehmers. Weil der Arbeitnehmer aber an diesen Tagen nicht arbeite, werde zugleich dem Gesundheitsschutz i. S. d. § 1 Nr. 1 ArbZG gedient. Dagegen meinen *Anzinger*[73] und ihm folgend *Roggendorff*[74], Urlaubs- und Krankheitstage könnten zum Ausgleich i. S. d. § 3 Satz 2 ArbZG nicht herangezogen werden. Pauschalierend will das *LAG Brandenburg*[75] gesetzliche Wochenfeiertage, Urlaubstage, Tage sonstiger Arbeitsbefreiung und Tage krankheitsbedingter Arbeitsunfähigkeit mit acht Arbeitsstunden berücksichtigen, so dass diese zum Ausgleich von acht Stunden werktäglicher Arbeitszeit nicht herangezogen werden können. Auch *Erasmy*[76] scheint dieser Ansicht zuzuneigen, meint jedoch, dass ihr insoweit zu widersprechen sei, als solche Tage nicht schlechthin unberücksichtigt bleiben dürfen, wenn die infolge Erholungsurlaubs oder krankheitsbedingter Arbeitsunfähigkeit ausgefallene Arbeitszeit des Arbeitnehmers unter acht Stunden liege. Er will mit anderen Worten die »planmäßig« unter acht Stunden liegende Arbeitszeit berücksichtigen. Dem ist zu folgen. 85

Für den **Ausgleich** der werktäglich acht Stunden überschießender Arbeitszeit (§ 3 Satz 2 Halbs. 1 ArbZG) kommen **nur, aber auch alle Zeiträume** an Werktagen in Betracht, in denen der **Arbeitnehmer nach der für ihn gültigen Arbeitszeitverteilung nicht zur Arbeit herangezogen** wird oder er nicht herangezogen worden wäre, falls er nicht bereits aus anderen **gesetzlichen** Gründen von seiner Verpflichtung zur Arbeitsleistung befreit gewesen wäre. Ist der Arbeitnehmer an einem Werktag z. B. wegen **Erholungsurlaubs** einschließlich 86

---

72 ArbZG Rz. 31.
73 DB 1994, 1492, 1493.
74 § 3 ArbZG Rz. 11; *Buschmann/Ulber* § 3 ArbZG Rz. 7 a.
75 27.05.2005 – 5 Sa 141/04 – AuR 2005, 423.
76 NZA 1994, 1105, 1107.

Zusatzurlaubs für schwerbehinderte Menschen oder infolge **krankheitsbedingter Arbeitsunfähigkeit** oder mit Rücksicht auf die Arbeitsruhe an einem **gesetzlichen Feiertag** oder aus sonstigen Gründen, die nichts mit der für ihn gültigen Arbeitszeitverteilung oder Arbeitsbefreiung aus persönlichen Gründen zu tun haben, von seiner Verpflichtung zur Arbeitsleistung befreit, so ist dies in dem Arbeitszeitumfang für den Arbeitszeitausgleich zu berücksichtigen, in welchem der Arbeitnehmer aufgrund der für ihn geltenden Arbeitszeitverteilung sonst zu arbeiten gehabt hätte[77].

87 Soweit Arbeitszeit aus **gesetzlichem Anlass**, z. B. zum Schutz oder zur Wiederherstellung der Gesundheit des Arbeitnehmers oder wegen des gesetzlichen Schutzes der gesetzlichen Feiertage entfallenden Arbeitszeit (einschließlich der Ersatzruhetage – § 11 Abs. 3 ArbZG) entfällt, muss sie wegen des **jeweilige Zwecks oder Anlasses der Arbeitsbefreiung** des Arbeitnehmers für den Arbeitszeitausgleich unberücksichtigt bleiben. Der Zweck oder Anlass des Ausfalles der Arbeitsleitung verbieten es, die ausgefallene Arbeitszeit »doppelt« zu berücksichtigen. Der **Erholungsurlaub** dient zwar dem Gesundheitsschutz des Arbeitnehmers. Demselben Ziel dient auch der gesetzliche Arbeitszeitschutz (§ 1 Nr. 1 ArbZG). Die Nämlichkeit der Zielrichtung in beiden gesetzlichen Regelungen hat jedoch nicht zur Folge, dass die Arbeitszeit, die infolge Urlaubs nicht zu leisten ist, nochmals dem Arbeitszeitausgleich dient. Denn der gesetzliche Arbeitszeitschutz und das gesetzliche Urlaubsrecht stehen bei gleichgerichtetem Schutzziel nebeneinander und ergänzen sich gegenseitig. Entsprechendes gilt für den gesetzlichen **Zusatzurlaub** für Schwerbehinderte. Auch infolge **krankheitsbedingter Arbeitsunfähigkeit** ausgefallene Arbeitszeiten dienen nicht dem Zeitausgleich nach § 3 Satz 2 ArbZG. Arbeitsunfähig infolge Krankheit ist ein Arbeitnehmer, wenn ein Krankheitsgeschehen ihn außer Stande setzt, die ihm nach dem Arbeitsvertrag obliegende Arbeit zu verrichten, oder wenn der Arbeitnehmer die Arbeit nur unter der Gefahr fortsetzen könnte, in absehbar naher Zeit seinen Zustand zu verschlimmern[78]. Die **Arbeitsruhe** an gesetzlichen **Feiertagen** dient ebenfalls nicht dem Ausgleich i. S. d. § 3 Satz 2 ArbZG. Sie ist angeordnet worden, um den Arbeitnehmer an dem gesetzlichen Feiertag Freizeit zu verschaffen, damit er sich dem gesetzlichen Feiertag dessen Sinn entsprechend widmen kann.

---

77 *Neumann/Biebl* § 3 ArbZG Rz. 10.
78 BAG 09.01.1985 BAGE 48, 1, 3 = EzA § 1 LohnFG Nr. 75; BAG 29.01.1992 EzA § 74 SGB V Nr. 1.

In die Zeiträume von Urlaub oder krankheitsbedingter Arbeitsunfähigkeit 88
fallende arbeitsfreie Tage dienen dem Arbeitszeitausgleich. Insoweit ist zu berücksichtigen, dass der Arbeitszeitausgleich nicht nach Arbeitstagen, sondern nach Werktagen bemessen wird. Dies ist besonders bedeutsam, wenn der Arbeitnehmer nicht an allen sechs Werktagen, sondern an weniger als sechs Tagen in der Woche zu arbeiten hat. Die arbeitsfreien Tage können auch dann dem Arbeitszeitausgleich dienen, wenn der Arbeitnehmer Urlaub hat oder arbeitsunfähig krank ist.

▶ **Beispiel:**

Arbeitszeitausgleich während des Urlaubs

Ein Arbeitnehmer, der in einer Fünf-Tage-Woche von montags bis freitags zu arbeiten hat, erhält 24 Werktage (= 20 Arbeitstage) Erholungsurlaub. In der Zeit vor seinem Erholungsurlaub hat er an 16 Tagen jeweils zehn Stunden gearbeitet, so dass insgesamt 32 Stunden auszugleichen sind. Der Ausgleich erfolgt durch die vier arbeitsfreien Sonnabende, obwohl sie (gesetzliche) Urlaubstage sind.

Dem **Arbeitszeitausgleich** dienen – umgekehrt – alle Zeiten, in denen der 89
Arbeitnehmer während der werktäglichen Arbeitszeiten keine Arbeit leistet, sei es, weil er sie aufgrund der Arbeitszeiteinteilung nicht schuldet, sei es, weil der **Arbeitsausfall** auf **persönlichen Gründen des Arbeitnehmers** (z. B. Sonderurlaub, Arbeitsbefreiung aus besonderem Anlass) beruht, sei es weil der Ausgleich arbeitsprivatrechtlich (Tarifvertrag, Betriebsvereinbarung, Arbeitsvertrag, betriebliche Übung usw.) geschuldet ist[79]. Solche Arbeitsbefreiungen dienen in vollem Umfang der ausgefallenen Arbeitszeit dem Ausgleich i. S. d. § 3 Satz 2 ArbZG, denn solche Arbeitsbefreiungen erschöpfen sich in der Regel in dem Zweck, den Arbeitnehmer von der Verpflichtung zur Arbeitsleistung zu befreien, und dienen nicht zugleich seiner Erholung oder der Wiederherstellung seiner Gesundheit[80]. Erst recht dienen dem Arbeitsausgleich Zeiten der Arbeitsbummelei. Ebenso können als Arbeitszeitausgleich solche Zeiträume herangezogen werden, in denen der Arbeitnehmer nicht in einem Arbeitsverhältnis gestanden hat. Gleiches gilt für Arbeitsniederlegungen oder

---

[79] Vgl. für einen Fall des Ausgleichs für Bereitschaftsdienst durch Freizeit: BAG 22.07.2010 – 6 AZR 75/09 – NZA 2010, 517.
[80] A. A. *Buschmann* § 3 ArbZG Rz. 7; *Neumann/Biebl* § 3 ArbZG Rz. 10.

Arbeitsruhe anlässlich eines Arbeitskampfes[81]; deren Erwägung, dass arbeitskampfbedingter Arbeitsausfall zum Arbeitszeitausgleich nicht geeignet sei, weil das Arbeitsverhältnis infolge des Arbeitskampfes zeitweilig suspendiert sei, setzt voraus, dass ein Arbeitszeitausgleich nur innerhalb desselben Arbeitsverhältnisses möglich sei. Für diese Annahme gibt das Gesetz aber keine Grundlage.

90 Zum Ausgleich können aber nicht nur ganze arbeitsfreie Tage, z. B. arbeitsfreie Sonnabende, sondern alle werktäglichen Zeiträume bis zu acht Stunden, an denen der Arbeitnehmer auch ohne gesetzliche Arbeitsbefreiung nicht zu arbeiten gehabt hätte, herangezogen werden.

▶ **Beispiel:**

Arbeitszeitausgleich während krankheitsbedingter Arbeitsunfähigkeit

Der Arbeitnehmer hat am Donnerstag zehn Stunden gearbeitet. Am Freitag wird er vor Arbeitsbeginn arbeitsunfähig krank. Er hätte an dem Freitag nur sechs Stunden zu arbeiten gehabt. Die infolge der krankheitsbedingten Arbeitsunfähigkeit ausgefallenen sechs Arbeitsstunden bilden keinen Arbeitszeitausgleich i. S. d. § 3 Satz 2 ArbZG. Dagegen gleicht die restliche (fiktive) Zeit der planmäßigen Nichtarbeit am Freitag bis zur Grenze der regelmäßigen werktäglichen Arbeitszeit (acht Stunden), nämlich die planmäßig arbeitsfreien zwei Stunden, die Arbeitszeit für die zwei Stunden aus, die der Arbeitnehmer am Donnerstag über acht Stunden werktäglich hinaus gearbeitet hat.

XIV. Arbeitszeitausgleich bei mehreren Arbeitsverhältnissen

91 Das Arbeitszeitgesetz stellt für die Arbeitszeit wie für den Arbeitszeitausgleich auf die Person des Arbeitnehmers ab; es setzt jedoch nicht voraus, dass der Ausgleich im selben Arbeitsverhältnis stattzufinden hat. Nach § 2 Abs. 1 Satz 1 2. Halbs. ArbZG sind die **Arbeitszeiten** ein- und desselben Arbeitnehmers **bei mehreren Arbeitgebern zusammenzurechnen**. Diese Bestimmung ist auch beim **Arbeitszeitausgleich** nach § 3 Satz 2 ArbZG zu beachten. Die Zusammenrechnung der Arbeitszeiten kann zur Überschreitung der werktäglichen Arbeitszeit von acht Stunden führen. Dies wirft die Frage auf, **in welchem Arbeitsverhältnis** der **Arbeitszeitausgleich** vorzunehmen ist. Das Gesetz regelt

---

81 A. A. *Buschmann/Ulber* § 3 ArbZG Rz. 7 a. E.

dies nicht. Es liegt jedoch nahe, dass der Ausgleich unter dem Gesichtspunkt des öffentlich-rechtlichen Arbeitszeitschutzes in dem Arbeitsverhältnis vorzunehmen ist, in welchem es zur Überschreitung der werktäglichen Arbeitszeit gekommen ist.

▶ Beispiel:

Arbeitszeitausgleich während krankheitsbedingter Arbeitsunfähigkeit

Der Arbeitnehmer hat am Donnerstag zehn Stunden gearbeitet. Am Freitag wird er vor Arbeitsbeginn arbeitsunfähig krank. Er hätte an dem Freitag nur sechs Stunden zu arbeiten gehabt. Die infolge der krankheitsbedingten Arbeitsunfähigkeit ausgefallenen sechs Arbeitsstunden bilden keinen Arbeitszeitausgleich i. S. d. § 3 Satz 2 ArbZG. Dagegen gleicht die restliche (fiktive) Zeit der planmäßigen Nichtarbeit am Freitag bis zur Grenze der regelmäßigen werktäglichen Arbeitszeit (acht Stunden), nämlich die planmäßig arbeitsfreien zwei Stunden, die Arbeitszeit für die zwei Stunden aus, die der Arbeitnehmer am Donnerstag über acht Stunden werktäglich hinaus gearbeitet hat.

Jedoch schließt das Gesetz nicht aus, dass der Arbeitszeitausgleich tatsächlich in dem anderen, gleichzeitig bestehenden Arbeitsverhältnis erfolgt. Auch unter diesem Gesichtspunkt ist die Zusammenrechnung nach § 2 Abs. 1 Satz 1 Halbs. 2 ArbZG vorzunehmen. 92

▶ Beispiel:

(Wie vor). An dem Freitag, an welchem der Arbeitnehmer für den Arbeitgeber A fünf statt vier Stunden arbeitet, hat er gleichzeitig im Arbeitsverhältnis mit B nur drei Stunden Arbeit geleistet. Insgesamt ist die werktägliche Arbeitszeit von acht Stunden wiederum nicht überschritten worden.

Inwieweit **die mehreren Arbeitgeber** gegenüber dem gemeinsamen Arbeitnehmer jeweils **arbeitsvertraglich zum Ausgleich** verpflichtet sind bzw. inwieweit der Arbeitnehmer berechtigt ist, bei dem einen Arbeitgeber uneingeschränkt weiterzuarbeiten und bei dem anderen zum Zwecke des Arbeitszeitausgleichs seine Arbeitszeit zu verkürzen, ist eine hiervon zu trennende Frage. Sie ist nur nach dem Arbeitsvertrag bzw. den Arbeitsverträgen zu beantworten. Liegen keine besonderen arbeitsvertraglichen Regelungen vor, dürfte es allerdings auch unter diesem Gesichtspunkt angemessen sein, dass der Ausgleich in dem Arbeitsverhältnis gesucht wird, in welchem durch Überschreitung der dort vereinbarten Arbeitszeit unter Anrechnung der im anderen Arbeitsverhältnis, 93 arbeitsvertraglich zu leistenden Arbeitszeit die werktägliche Arbeitszeit i. S. d. § 3 ArbZG erstmals überschritten worden ist. Insoweit können allerdings die Verhältnisse anders liegen, wenn die mehreren Unternehmen z. B. in einem Konzern unter einer einheitlichen Leitung stehen. Beruht der Einsatz des Arbeitnehmers auf einem einheitlichen Willen der formal verschiedenen Arbeitgeber, so müssen diese Arbeitgeber gemeinsam für den Ausgleich sorgen.

XV. Arbeitszeitausgleich bei Beendigung der Arbeit

94 Das Arbeitszeitgesetz ordnet zwar den Ausgleich jeder über acht Stunden werktäglich hinausgehenden Arbeitsleistung innerhalb des Ausgleichszeitraumes an. Es regelt jedoch nicht, welche Rechtsfolgen eintreten, wenn der Arbeitszeitausgleich deshalb nicht mehr durchgeführt werden kann, weil das Arbeitsverhältnis endet.

95 Nach Sinn und Zweck des Arbeitszeitgesetzes, vor allem im Hinblick auf den Gesundheitsschutz des Arbeitnehmers (§ 1 Nr. 1 ArbZG) ist der Arbeitgeber zwar gehalten, den **Arbeitszeitausgleich so weit wie möglich** durchzuführen, wenn für ihn erkennbar ist, dass der Arbeitnehmer im Anschluss an die Beendigung des Arbeitsverhältnisses anderweitig in einem zeitlichen Umfang arbeiten wird, der erwarten lässt, dass ein Ausgleich der restlichen ausgleichspflichtigen Arbeitsstunden innerhalb des Ausgleichszeitraumes nicht stattfinden kann. Indessen obliegt dem Arbeitgeber insoweit keine Erkundungspflicht. Vielmehr ist es Sache des Arbeitnehmers, auf solche Umstände hinzuweisen, wenn sie voraussichtlich von ihm verursacht werden.

96 Das Gesetz regelt ebenso nicht, wie es um den **nachfolgenden Arbeitgeber desselben Arbeitnehmers** steht, wenn der Arbeitnehmer in seinem vorherigen Arbeitsverhältnis noch keinen völligen Arbeitszeitausgleich i. S. d. § 3 Satz 2 ArbZG erfahren hat und der Ausgleichszeitraum erst in dem neuen Arbeitsverhältnis abläuft. Denkbar wäre zwar, dass der nachfolgende Arbeitgeber diese Belastung des Arbeitnehmers auszugleichen haben könnte, der neue Arbeitgeber also von vornherein einen Arbeitszeitausgleich zu vollziehen hat, obwohl der Arbeitnehmer bei ihm keine ausgleichspflichtige Arbeit geleistet hat. Gegen eine solche Annahme spricht indessen, dass das Gesetz eine solche Regelung nicht vorgesehen hat. Im Hinblick auf die grundgesetzlich geschützte Berufsfreiheit (Art. 12 Abs. 1 GG) hätte es jedoch einer ausdrücklichen gesetzlichen Regelung bedurft, wonach ein Arbeitszeitüberhang aus einem vorherigen Arbeitsverhältnis im Arbeitsverhältnis mit dem neuen

Arbeitgeber auszugleichen ist. Umgekehrt kann aber der neue Arbeitgeber davon profitieren, wenn der Arbeitnehmer sein Arbeitsverhältnis mit einem »negativen« Ausgleichskonto beginnt.

D. Ausnahmebestimmungen

Das Arbeitszeitgesetz sieht eine Reihe von **Ausnahmen von § 3 ArbZG** vor. Zum Teil sind sie ohne, zum Teil nur mit (anderweitigem) Arbeitszeitausgleich möglich. Vorrangig geht es dabei um die Überschreitung der werktäglichen Höchstarbeitszeit von zehn Stunden. 97

I. Gesetzliche Ausnahmen

Von den Regelungen u. a. des § 3 ArbZG kann nach näherer Maßgabe des § 14 ArbZG bei vorübergehenden Arbeiten in **Notfällen** und in **außergewöhnlichen Fällen** (§ 14 Abs. 1 ArbZG), bei Beschäftigung verhältnismäßig **weniger Arbeitnehmer zur Vermeidung der Gefährdung des Arbeitsergebnisses oder zur Abwehr unverhältnismäßigen Schadens** (§ 14 Abs. 2 Nr. 1 ArbZG) bzw. **in Forschung und Lehre, bei unaufschiebbaren Vor- und Abschlussarbeiten sowie bei unaufschiebbaren Arbeiten** zur Behandlung, Betreuung und Pflege von Personen bzw. zur Behandlung und Pflege von Tieren an einzelnen Tagen (§ 14 Abs. 2 Nr. 2 ArbZG) abgewichen werden. 98

II. Behördliche Ausnahmen

Behördliche Ausnahmen von § 3 ArbZG sind nach näherer Bestimmung des § 15 ArbZG möglich. Dies betrifft eine **längere Arbeitszeit für kontinuierliche Schichtbetriebe** zur Erreichung zusätzlicher Freischichten und für **Bau- und Montagestellen** (§ 15 Abs. 1 Nr. 1 ArbZG), für **Saison- und Kampagnebetriebe** bei gleichzeitigem Arbeitszeitausgleich zu anderen Zeiten (§ 15 Abs. 1 Nr. 2 ArbZG) und allgemeine Ausnahmen **im öffentlichen Interesse** (§ 15 Abs. 2 ArbZG). 99

III. Rechtsverordnungen

Die Bundesregierung kann nach näherer Maßgabe von § 15 Abs. 2a ArbZG, § 55 Satz 1 Nr. 3 SeeArbG durch Rechtsverordnung für die Offshore-Tätigkeiten Ausnahmen zulassen. Der **Bundesminister für Verteidigung** darf in seinem Geschäftsbereich Arbeitnehmer aus zwingenden Gründen der Verteidigung durch Rechtsverordnung mit Zustimmung des Bundesministeriums für Arbeit und Sozialordnung zur Arbeitsleistung über die sonst gültigen 100

Grenzen hinaus verpflichten, wie § 15 Abs. 3 ArbZG näher bestimmt. Zudem sind Rechtsverordnungen nach § 24 ArbZG möglich.

E. Abweichende Regelungen durch Tarifvertrag/Betriebsvereinbarung

101 Von den Bestimmungen des § 3 ArbZG kann durch **Tarifvertrag** oder durch **Betriebsvereinbarung** aufgrund eines Tarifvertrages abgewichen werden. Das Nähere bestimmen § 7 (allgemein), § 12 (Sonn- und Feiertagsarbeit) und § 21 a Abs. 6 (Fahrpersonal im Straßenverkehr) ArbZG.

102 Ohne Rücksicht auf den Gesundheitsschutz der Arbeitnehmer können durch solche Kollektivregelungen die **Arbeitszeit ohne Ausgleich über zehn Stunden** verlängert werden, wenn in sie regelmäßig und in erheblichem Umfang Arbeitsbereitschaft fällt (§ 7 Abs. 1 Nr. 1 a ArbZG), ein **anderer** (längerer oder auch kürzerer) **Ausgleichszeitraum** festgelegt werden (§ 7 Abs. 1 Nr. 1 b ArbZG) und an **höchstens 60 Tagen im Jahr die Arbeitszeit bis zu zehn Stunden ohne Ausgleichspflicht** verlängert werden. Unter Wahrung des Gesundheitsschutzes der Arbeitnehmer durch entsprechenden Zeitausgleich erlaubt § 7 Abs. 2 ArbZG noch weitere Abweichungen durch die genannten Kollektivregelungen.

103 Die Geltung derart abweichender Regelungen aus Tarifverträgen können nach § 7 Abs. 3 ArbZG auch zwischen **nicht tarifgebundenen** vereinbart werden. **Kirchen** und öffentlich-rechtliche Religionsgesellschaften können derartige Abweichungen in ihren Regelungen vorsehen (§ 7 Abs. 4 ArbZG). Schließlich können Behörden im Rahmen der Abs. 1 und 2 des § 7 ArbZG Ausnahmen für in üblicher Weise tarifvertragslose Bereiche gestatten (§ 7 Abs. 5 ArbZG). Darüber hinaus kann die Bundesregierung durch Rechtsverordnung mit Zustimmung des Bundesrates Ausnahmen im Rahmen des Abs. 1 oder 2 zulassen, sofern dies aus betrieblichen Gründen erforderlich ist und die Gesundheit der Arbeitnehmer nicht gefährdet wird (§ 7 Abs. 6 ArbZG).

F. Besondere Regelungen für einzelne Arbeitnehmergruppen

104 Für eine Reihe von Arbeitnehmern gelten hinsichtlich ihrer werktäglichen Arbeitszeit keine oder abweichende gesetzliche Regelungen.

I. Unanwendbarkeit des § 3 ArbZG

105 **Unanwendbar** ist das Arbeitszeitgesetz und damit vor allem auch dessen § 3 ArbZG auf die in § 18 Abs. 1 ArbZG genannten Arbeitnehmer. Dies sind vor

allem **leitende Angestellte** i. S. d. **§ 5 Abs. 3 BetrVG sowie Chefärzte, Leiter öffentlicher Dienststellen** usw., aber auch **Hauspersonal** und die **Arbeitnehmer im liturgischen Bereich** der Kirchen und Religionsgesellschaften. Für diese Arbeitnehmer ordnet das Gesetz auch nicht die Geltung anderer arbeitszeitschutzrechtlicher Bestimmungen an.

Unanwendbar ist das Arbeitszeitgesetz und damit dessen § 3 ArbZG auch auf die in § 18 Abs. 2–3 ArbZG aufgezählten **Personengruppen** (**Personen unter 18 Jahren**, Vorbem. Rdn. 11 ff. und **Seeleuten als Besatzungsmitglieder i. S. d. § 3 SeemG**, Vorbem. Rdn. 25; § 18 Rdn. 28). Für diese Arbeitnehmer richtet sich deren Arbeitszeitschutz nach den dort jeweils aufgezählten besonderen Gesetzen. **Dagegen** ist das Arbeitszeitgesetz auf Arbeitnehmer in der **Binnenschifffahrt** nach näherer Bestimmung des § 21 ArbZG (Vorbem. Rdn. 26; § 21 Rdn. 1 ff.) und auf das Fahrpersonal im Straßenverkehr nach Maßgabe des § 21a ArbZG **anwendbar** (§ 21a Rdn. 1 ff.). 106

Für die **Luftfahrt**[82] schreibt § 20 ArbZG die Geltung nur der besonderen arbeitszeitschutzrechtlichen Bestimmungen des Luftfahrtrechts vor, soweit es um die Beschäftigung von Arbeitnehmern als **Besatzungsmitglieder von Luftfahrzeugen** geht. Im Übrigen gilt für die Luftfahrt das Arbeitszeitgesetz. 107

Auf Arbeitnehmer des **öffentlichen Dienstes bei der Wahrung hoheitlicher Aufgaben** können die für Beamte geltenden Arbeitszeitregelungen übertragen werden. Geschieht dies, so sind die §§ 3 bis 13 ArbZG nicht anzuwenden (§ 19 ArbZG). 108

II. Zusätzlich zu beachtende gesetzliche Regelungen

Für werdende und stillende **Mütter** sind **zusätzlich** zu den Bestimmungen des Arbeitszeitgesetzes auch die des Mutterschutzgesetzes zu beachten[83]. Das Mutterschutzgesetz sieht u. a. eine **stärkere Beschränkung der täglichen Arbeitszeit** als das Arbeitszeitgesetz vor. Nach § 8 Abs. 1 i. V. m. § 8 Abs. 2 MuSchG dürfen werdende und stillende Mütter, die im Familienhaushalt mit hauswirtschaftlichen Arbeiten bzw. in der Landwirtschaft beschäftigt sind, nicht über neun Stunden täglich oder 102 Stunden in der Doppelwoche (§ 8 Abs. 2 Nr. 1 MuSchG) bzw., wenn sie unter 18 Jahre sind, nicht über acht Stunden täglich oder 80 Stunden in der Doppelwoche (§ 8 Abs. 2 Nr. 2 109

---

82 Vorbem. Rdn. 24; § 20 Rdn. 1 f.
83 Vorbem. Rdn. 15, 16; *Dobberahn* ArbZG Rz. 41.

§ 3 ArbZG Arbeitszeit der Arbeitnehmer

MuSchG) beschäftigt werden. Anderswo beschäftigte werdende oder stillende Mütter dürfen nicht über achteinhalb Stunden täglich oder 90 Stunden in der Doppelwoche beschäftigt werden (§ 8 Abs. 2 Nr. 3 MuSchG). Dabei werden in die Doppelwoche die Sonntage eingerechnet.

110 Für das **Fahrpersonal im Straßenverkehr** gelten die besonderen Bestimmungen für die **Lenkzeiten** und die Ruhezeiten. § 21 a ArbZG regelt daneben die sonstige Arbeitszeit des Fahrpersonals im Straßenverkehr.

111 Für die **Lenkzeiten** bei **Beförderungen** innerhalb der **Europäischen Gemeinschaft**, zwischen ihr und der Schweiz sowie den Vertragsstaaten des Abkommens über den Europäischen Wirtschaftraum (Vorbem. Rdn. 21) bestimmt Art. 6 **VO (EG) Nr. 561/2006**. Die tägliche Lenkzeit darf neun Stunden nicht überschreiten und höchstens zweimal in der Woche auf zehn Stunden verlängert werden; die wöchentliche Lenkzeit darf 56 Stunden nicht überschreiten, nicht dazu führen, dass die in der RL 2002/15/EG festgelegte wöchentliche Höchstarbeitszeit überschritten wird. Die summierte Gesamtlenkzeit darf während zweier aufeinander folgender Wochen 90 Stunden nicht überschreiten. Art. 11 der genannten VO räumt **günstigeren nationalen Vorschriften** für Beförderungen ausschließlich im Hoheitsgebiet des Mitgliedstaates Vorrang ein. Das Arbeitszeitgesetz enthält über Lenkzeiten für Kraftfahrer keine (günstigeren) Vorschriften.

112 Soweit nicht die **VO (EG) Nr. 561/2006** eingreift, ist für **Kraftfahrer** im (gewerblichen) Straßenverkehr das europäische Übereinkommen über die Arbeitszeit des im internationalen Straßenverkehrs beschäftigten Fahrpersonal (**AETR**) zu beachten (Vorbem. Rdn. 21).

113 Im **Inlandsverkehr** gelten die Bestimmungen nach näherer Maßgabe der FPersV – z. T. modifiziert – entsprechend (Vorbem. Rdn. 20). Für die Arbeitszeit des Fahrpersonals im Straßenverkehr relevante Regelungen enthält auch noch das Gesetz über das Fahrpersonal von Kraftfahrzeugen und Straßenbahnen.

114 Für Arbeitnehmer in **Verkaufsstellen** ergeben sich zusätzliche Beschränkungen aus dem **Ladenschlussgesetz** des Bundes, das (nur) in Bayern nach wie vor gilt, bzw. den Ladenöffnungsgesetzen der einzelnen Länder (s. a. Vorbem. Rdn. 17). Die Ladenschluss- oder Ladenöffnungsgesetze enthalten auch arbeitszeitrechtliche Normen zur Beschäftigung während der Ladenöffnungs- oder Ladenschlusszeiten. Die Vorschriften über den gesetzlichen Ladenschluss haben für Arbeitnehmer vergleichbare Wirkungen wie die Bestimmungen des

Arbeitszeitgesetzes, indem sie die Beschäftigung von Arbeitnehmern während der zulässigen **Ladenöffnungszeiten** erlauben. Dies betrifft die **Beschäftigung der Arbeitnehmer** an Sonntagen und an gesetzlichen Feiertagen. Indessen müssen die sonstigen Bestimmungen des Arbeitszeitgesetzes für den einzelnen Arbeitnehmer auch während der Ladenöffnungszeiten eingehalten werden. Nach näherer Maßgabe des jeweiligen Ladenschluss- oder Ladenöffnungsgesetzes ist es arbeitszeitrechtlich erlaubt, Arbeitnehmer, die an Sonn- oder Feiertagen in Verkaufsstellen und Ladengeschäften tätig waren oder sein werden, am selben Tag vor Öffnung oder nach Schließung der Verkaufsstellen und Ladengeschäfte für begrenzte Zeit im Laden mit anderen Vor- oder Abschlussarbeiten, z. B. Warenpflege, Einsortieren usw. (weiter) zu beschäftigen.

▶ **Beispiel:**

Arbeit nach Ladenschluss

Sonnabends hält der Arbeitgeber seinen Laden ab 10.00 Uhr bis zum gesetzlichen Ladenschluss um 20.00 Uhr (§ 4 Abs. 1 Nr. 2 ThürLadÖfG) geöffnet. Ab 10.00 Uhr waren auch die Arbeitnehmer im Verkauf tätig; sie hatten gem. § 4 ArbZG Ruhepausen von insgesamt 45 Minuten Dauer. Im Anschluss an den Ladenschluss lässt der Arbeitgeber durch die Arbeitnehmer noch 15 Minuten lang die Kassen abschließen und die Ware aufräumen.

G. Verhältnis der gesetzlichen Höchstarbeitszeit zu den Arbeitszeitregelungen in Arbeitsverträgen, Tarifverträgen und Betriebsvereinbarungen

Die Bestimmungen des **Arbeitszeitgesetzes**, vor allem auch die Regelungen über die gesetzliche **Höchstarbeitszeit nach § 3 ArbZG**, setzen nur einen **äußeren, öffentlich-rechtlichen arbeitszeitschutzrechtlichen Rahmen**, innerhalb dessen ein Arbeitnehmer unter dem Gesichtspunkt des öffentlich-rechtlichen Arbeitszeitschutzes arbeiten darf. Hiervon kann nach näherer Maßgabe von § 7 ArbZG durch Tarifvertrag, Betriebs- oder Dienstvereinbarung abgewichen werden. Gleiches können die Kirchen und öffentlich-rechtlichen Religionsgesellschaften in ihren Regelungen vorsehen (§ 7 Abs. 5 ArbZG). Der Rahmen des § 3 ArbZG und dessen Veränderung gemäß § 7 ArbZG besagen aber nichts über die privatrechtlichen Regelungen der Arbeitszeit. Inwieweit der Arbeitnehmer gegenüber dem Arbeitgeber **zur Arbeitsleistung** im Einzelnen **verpflichtet** ist, wird im Arbeitszeitgesetz nicht geregelt. Insoweit sind vielmehr die Vereinbarungen im **Arbeitsvertrag** einschließlich etwaiger

115

§ 4 Ruhepausen

betrieblicher Übungen, die **tarifvertraglichen Regelungen** und ggf. **Betriebsvereinbarungen** maßgeblich.

§ 4 Ruhepausen

Die Arbeit ist durch im Voraus feststehende Ruhepausen von mindestens 30 Minuten bei einer Arbeitszeit von mehr als sechs bis zu neun Stunden und 45 Minuten bei einer Arbeitszeit von mehr als neun Stunden insgesamt zu unterbrechen. Die Ruhepausen nach Satz 1 können in Zeitabschnitte von jeweils mindestens 15 Minuten aufgeteilt werden. Länger als sechs Stunden hintereinander dürfen Arbeitnehmer nicht ohne Ruhepause beschäftigt werden.

A. Gegenstand der Regelung

1 Arbeitszeit i. S. des § 2 Abs. 1 ArbZG, Ruhepausen i. S. des § 4 ArbZG sowie Ruhezeiten i. S. des § 5 ArbZG schließen einander aus[1]. § 4 ArbZG regelt die **gesetzliche Mindestruhepause** hinsichtlich der **Dauer**, nämlich von 30 Minuten insgesamt bei einer Arbeitszeit von mehr als sechs bis zu neun Stunden und 45 Minuten bei einer längeren Arbeitszeit. Die **Lage** der Pause(n) ist nur insoweit geregelt, als eine länger als sechs Stunden dauernde Beschäftigung ohne Pause nicht erlaubt ist; die gesetzliche Mindestdauer der einzelnen Pause beträgt grundsätzlich 15 Minuten. Hiervon sind jedoch Abweichungen möglich.

I. Geschlechtsneutrale Regelung

2 In § 4 ArbZG wird die nach den §§ 12 Abs. 2 und 18 AZO **unterschiedliche Pausenregelung für Männer und Frauen** aus Gründen der **Gleichbehandlung** und zur Vermeidung von Schwierigkeiten mit der betrieblichen Praxis vereinheitlicht[2]. Für **Frauen** war die Pausenregelung strenger als für Männer. Frauen mussten bei einer Arbeitszeit von mehr als viereinhalb Stunden eine oder mehrere im Voraus feststehende Ruhepausen von angemessener Dauer innerhalb der Arbeitszeit erhalten (§ 18 Abs. 1 Satz 1 AZO), und zwar bei mehr als viereinhalb Stunden bis zu sechs Stunden 20 Minuten, bei mehr als sechs Stunden bis acht Stunden 30 Minuten, bei mehr als acht bis zu maximal neun

---

1 Vgl. BAG 13.10.2010 – 9 AZR 139/08 – AP Nr. 4 zu § 2 ArbZG.
2 BT-Drucks. 12/5888, 24 r. Sp.

Stunden 45 Minuten und bei mehr als neun Stunden eine Stunde. Dabei galten als Ruhepausen nur Arbeitsunterbrechungen von mindestens einer Viertelstunde (§ 18 Abs. 2 AZO), wobei eine Beschäftigung im Betrieb nicht gestattet werden durfte (§ 18 Abs. 3 Satz 1 AZO). Demgegenüber war die Pausenregelung nach bisherigem Recht für Männer großzügiger: Nach § 12 Abs. 2 Satz 1 AZO waren Männern bei einer Arbeitszeit von mehr als sechs Stunden mindestens eine halbstündige Ruhepause oder zwei viertelstündige Ruhepausen zu gewähren.

Diese **unterschiedlichen Regelungen für Männer und Frauen** sind durch § 4 ArbZG **beseitigt** worden. Die Pausenregelung von 30 Minuten in § 4 Satz 1 ArbZG entspricht der Regelung des § 12 Abs. 2 Satz 1 AZO, die zuvor nur für Männer gegolten hat. **Neu** eingeführt worden ist die **Mindestpause von 45 Minuten** bei einer Arbeitszeit von **mehr als neun Stunden** insgesamt. Die Regelung über die **Mindestdauer** der Pausen entspricht früherem Recht insoweit, als die Pausendauer **15 Minuten nicht** unterschreiten darf. Für Männer war dies in § 12 Abs. 2 Satz 1 AZO geregelt, für Frauen in § 18 Abs. 2 AZO. Dagegen greift die Neuregelung die Möglichkeit zur Gewährung angemessener **Kurzpausen** für in Wechselschicht beschäftigte Arbeitnehmer bei Arbeiten, die einen ununterbrochenen Fortgang erfordern (§ 12 Abs. 2 Satz 3 AZO) nicht wieder auf. Für **Schichtbetriebe** und für **Verkehrsbetriebe** kann jedoch eine vergleichbare Regelung nach § 7 Abs. 1 Nr. 2 ArbZG in Tarifverträgen zugelassen werden[3]. 3

II. Grenzen der einheitlichen Regelung

Die **Vereinheitlichung** der Pausenregelung für **Männer und Frauen** hat der Gesetzgeber auch unter dem Gesichtspunkt vorgenommen, Schwierigkeiten in der betrieblichen Praxis zu vermeiden[4]. Der Gesetzgeber hat jedoch davon Abstand genommen, auch die Pausenregelung für **Jugendliche** anzugleichen. Vielmehr ist die gegenüber § 4 ArbZG wesentlich strengere Pausenregelung des § 11 JArbSchG von 30 Minuten bei einer Arbeitszeit von viereinhalb bis sechs Stunden und 60 Minuten bei einer Arbeitszeit von mehr als sechs Stunden beibehalten worden. Das MuSchG enthält keine besonderen Pausenregelungen; es gibt stillenden Müttern jedoch Anspruch auf Stillzeiten (§ 7 MuSchG). 4

---

3 BT-Drucks. 12/5888, 24 r. Sp.
4 BT-Drucks. 12/5888, 24 r. Sp.

III. EU-Recht

5 Nach dem **Recht der EU** ist die Bundesrepublik gehalten, die erforderliche **Maßnahme zu treffen**, damit jedem Arbeitnehmer bei einer täglichen Arbeitszeit von **mehr als sechs Stunden eine Ruhepause** gewährt wird (Art. 4 Satz 1 RL 93/104/EG = nunmehr RL 2003/88/EG). Dieser Vorgabe kommt die Regelung in § 4 ArbZG ohne weiteres nach. Nach Art. 4 Satz 2 RL 93/104/EG (= nunmehr RL 2003/88/EG) werden die Einzelheiten, insbesondere Dauer und Voraussetzung für die Gewährung dieser Ruhepausen in Tarifverträgen oder in Vereinbarungen zwischen den Sozialpartnern oder in Ermangelung solcher Übereinkünfte in den innerstaatlichen Rechtsvorschriften festgelegt. Dem damit postulierten **Vorrang nichtstaatlicher Regelungen** gegenüber staatlichen Regelungen für die Einzelheiten zur Bestimmung der Dauer und Voraussetzung für die Gewährung einer Ruhepause ist Deutschland nicht gefolgt, sondern es hat seine Tradition, die Arbeitspausen abschließend gesetzlich zu regeln, beibehalten. Eine generelle Tariföffnungsklausel, die abweichende und vorrangige Regelungen durch Tarifparteien ermöglichte, ist weder im Arbeitszeitgesetz noch im Jugendarbeitsschutzgesetz angelegt. Die Tariföffnungsklausel für Arbeitspausen in § 7 Abs. 1 Nr. 2 ArbZG ermöglicht lediglich in Schichtbetrieben und Verkehrsbetrieben, durch Tarifvertrag die Gesamtdauer der Ruhepausen auf Kurzpausen von angemessener Dauer aufzuteilen. Die Tariföffnungsklausel in § 7 Abs. 2 Nr. 3 und 4 ArbZG öffnen ebenfalls nur für gegenständlich begrenzte Bereiche die Möglichkeit für abweichende Regelungen. Für das Fahrpersonal im Straßentransport bestimmt § 21 a ArbZG Abweichendes.

B. Begriff der Ruhepause

6 Der **Begriff** der **Ruhepause** ist nicht gesetzlich festgelegt[5]. Allgemein werden unter Rückgriff auf den natürlichen Sprachgebrauch unter Ruhepausen im Voraus festgelegte Unterbrechungen der Arbeitszeit, in denen der Arbeitnehmer weder Arbeit zu leisten noch sich dafür bereitzuhalten hat, sondern frei darüber entscheiden kann, wo und wie er diese Zeit verbringen will. Entscheidendes Merkmal für die Ruhepause ist mithin, dass der Arbeitnehmer von jeder Arbeitsverpflichtung und auch von jeder Verpflichtung, sich zur Arbeit

---

5 BAG 13.10.2009 – 9 AZR 139/08 – AP Nr. 4 zu § 2 ArbZG.

bereitzuhalten, freigestellt ist[6]. **Ruhepausen sind** – mit anderen Worten – **vorhersehbare Unterbrechungen der Arbeitszeit von vorher bestimmter Dauer, die der Erholung dienen**[7].

C. Ruhepausen und sonstige Arbeitsunterbrechungen

Ruhepausen i. S. d. Arbeitszeitschutzrechtes sind einerseits von **Ruhezeiten** und andererseits von **sonstigen** nicht (auch) der Erholung dienenden **Arbeitsunterbrechungen** zu unterscheiden.

7

I. Ruhezeiten

Ruhezeiten (§ 5 ArbZG) unterscheiden sich von Ruhepausen durch ihre Lage. **Ruhepausen** liegen zwischen dem Beginn und dem Ende der täglichen Arbeitszeit, sie **sind** also **während der Arbeitszeit** zu gewähren. Begrifflich handelt es sich nicht mehr um Ruhepausen i. S. d. Arbeitszeitrechtes, wenn die Pause ganz an den Anfang oder ganz an das Ende der jeweiligen täglichen Arbeitszeit gelegt wird. Dies zeigt der Vergleich mit der **Ruhezeit**. Sie beginnt mit dem Ende der täglichen Arbeitszeit (vgl. § 5 Abs. 1 ArbZG) und sie endet mit dem Beginn der nächsten täglichen Arbeitszeit. Von Ausnahmen abgesehen, muss die Ruhezeit nach Beendigung der täglichen Arbeitszeit elf Stunden ohne Unterbrechung betragen.

8

II. Arbeitsunterbrechungen aus anderen Gründen

Ruhepausen sind andererseits von **Arbeitsunterbrechungen** (»Pausen«) **aus anderen Gründen** zu unterscheiden, insbesondere von sog. Betriebspausen oder Wartezeiten. In diesen Fällen handelt es sich **um Unterbrechungen der Arbeit aus technischen Gründen**, mögen sie auch regelmäßig wiederkehren oder sogar von vornherein festliegen. Sie sind keine Ruhepausen, wenn und soweit der Arbeitnehmer dem Arbeitgeber weiterhin zur Verfügung zu stehen hat; ist dies der Fall, gehören sie arbeitszeitrechtlich zur Arbeitszeit. Eigenmächtige Arbeitsunterbrechungen sind ebenfalls keine Ruhepausen. In Verkehrsbetrieben werden so genannte Wendezeiten (Fahrplanbedingte Standzeiten zwischen Erreichen der Endhaltestelle und Abfahrt von der End-

9

---

[6] Ständige Rspr., statt vieler: BAG 13.10.2009 – 9 AZR 139/08 – AP Nr. 4 zu § 2 ArbZG m. w. N.
[7] BAG 13.10.2009 – 9 AZR 139/08 – AP Nr. 4 zu § 2 ArbZG m. w. N.

haltestelle), wenn sie eine bestimmte Mindestdauer erreichen, tarifvertraglich (§ 7 Abs. 2 ArbZG) i. d. R. als Kurzpausen definiert[8].

10   Wird die Arbeit aus technischen Gründen unterbrochen, so schließt dies nicht aus, dass der Arbeitgeber zugleich damit seiner Verpflichtung zur Gewährung von Ruhepausen i. S. d. § 4 ArbZG nachkommt. Wird der **Arbeitnehmer** während der z. B. technisch bedingten **Arbeitsunterbrechung** von seiner **Verpflichtung freigestellt, seine Arbeitskraft** dem Arbeitgeber **zur Verfügung zu halten**, steht diese Unterbrechung **von vornherein hinreichend, insbesondere hinsichtlich ihrer Dauer fest** und unterschreitet sie die gesetzliche Mindestdauer (15 Minuten) nicht, so kann der Arbeitgeber solchen Unterbrechungen auch gleichzeitig seiner Pflicht zur Gewährung von **Ruhepausen** nachkommen.

11   Dementsprechend hat das BAG sog. **Überlagezeiten** im Omnibus-Linienverkehr, d. h. die Zeiten zwischen Beendigung der Hinfahrt am Endhaltepunkt und dem Beginn der Rückfahrt von demselben Endhaltepunkt, als **Ruhepausen** angesehen[9]. Wendezeiten von drei bis 20 Minuten im Linienbusverkehr können unbezahlte Pausen, aber auch nur unbezahlte Arbeitsunterbrechungen darstellen; entsprechende Tarifregelungen stehen nicht im Widerspruch zu höherrangigem Recht insbesondere nicht zur RL 2003/88/EG[10]. Entsprechendes hat das BAG für sog. **Wendezeiten im Personenzugverkehr** der Deutschen Bundesbahn erkannt[11]. Ebenso hat es angenommen, dass **Wartezeiten für Fernfahrer im Güterkraftverkehr** bei vorzeitiger Ankunft am Be- oder Entladeort nicht zu den vergütungspflichtigen Wartezeiten i. S. d. § 2 des Bundesmanteltarifvertrages für den Fernverkehr, sondern als nicht zu bezahlende **Ruhepausen** anzusehen sind, wenn der Kraftfahrer in dieser Zeit völlig freigestellt ist und er sie nach eigenem Belieben verwenden kann[12]. Dagegen sind Be- und Entladezeiten, während derer der Kraftfahrer sein Fahrzeug und das Betriebsgelände zwar verlassen darf, einem Arbeitsaufruf jedoch umgehend nachzukommen hat, keine Ruhepausen, weil die Dauer dieser Arbeitsunter-

---

8 Vgl. BAG 13.10.2009 – 9 AZR 139/08 – AP Nr. 4 zu § 2 ArbZG m. w. N.
9 BAG 23.11.1960 AP Nr. 6 zu § 12 AZO.
10 BAG 13.10.2009 – 9 AZR 139/08 – AP Nr. 4 zu § 2 ArbZG m. w. N.; BAG 20.04.2005 EzA § 611 BGB 2002 Arbeitsbereitschaft Nr. 3 = ZTR 2006, 84.
11 BAG 14.04.1966 AP Nr. 2 zu § 13 AZO.
12 BAG 19.08.1987 AP Nr. 3 zu § 1 TVG Tarifverträge: Fernverkehr.

brechung nicht vorher feststeht[13]. Bisher als Arbeitszeit gewertete fahrplanmäßige **Wartezeiten** können unter Beachtung der Mitbestimmungsrechte des Betriebsrats in (nicht zu bezahlende) **Ruhepausen** (i. S. d. § 4 ArbZG) **umgewandelt** werden[14]. Dies setzt allerdings voraus, dass die Arbeitnehmer während der Pause nicht zur Arbeit herangezogen werden.

D. Gewährung der Ruhepausen

Da eine **Ruhepause** der Erholung der Arbeitnehmer, u. a. auch durch Einnahme von Mahlzeiten, dienen soll, liegt sie nur vor, wenn der Arbeitnehmer während des vorgesehenen Pausenzeitraumes von **jedweder Arbeitsleistung**, auch von Arbeitsleistungen mit geringerer Beanspruchung wie etwa der Arbeitsbereitschaft, **vollkommen freigestellt** wird[15]. Der Arbeitgeber kommt seiner Pflicht zur Gewährung von Arbeitspausen i. S. d. § 4 ArbZG nicht nach, wenn er zwar den Arbeitnehmern gestattet, entsprechende Pausen zu nehmen, den Arbeitnehmern dies aber aus tatsächlichen oder rechtlichen Gründen unmöglich ist[16].

12

Bereits nach früherem Recht konnten **Erholungszeiten** von wenigen Minuten, sog. **Verschnaufpausen** oder **Splitterzeiten** oder **Kurzpausen**, nicht als Ruhepausen im arbeitszeitrechtlichen Sinne und in der Regel auch nicht im vergütungsrechtlichen Sinne gewertet werden. Daran hat sich prinzipiell nichts geändert. Denn derartige kurze Pausen ermöglichten in der Regel keine ins Gewicht fallende Erholung oder Entspannung des Arbeitnehmers. Soweit nicht tarifvertragliche Regelungen nach § 7 Abs. 1 Nr. 2, Abs. 2 Nr. 3 und 4 ArbZG bzw. durch Tarifvertrag zugelassene Betriebsvereinbarungen Arbeitsbefreiungen von weniger als 15 Minuten als Pause im arbeitszeitrechtlichen Sinne genügen lassen, muss die **Ruhepause mindestens 15 Minuten** dauern (§ 4 Satz 2 ArbZG). Sog. **Kurzpausen von angemessener Dauer**, wie sie früher nach § 12 Abs. 2 Satz 3 AZO zulässig waren, sind nach jetzt geltendem Recht **nicht mehr zulässig**[17]. Dementsprechend kann auf die frühere Rechtsprechung hinsichtlich der Frage, inwieweit angemessene Kurzpausen ihrerseits

13

---

13 BAG 29.10.2002 BAGE 103, 197 = EzA § 4 ArbZG Nr. 1 = NZA 2003, 1212.
14 BAG 23.06.1988 EzA § 242 BGB Betriebliche Übung Nr. 24.
15 BAG 29.10.2002 BAGE 103, 197 = EzA § 4 ArbZG Nr. 1 = NZA 2003, 1212; BAG 05.05.1988 EzA § 12 AZO Nr. 3.
16 BAG 23.09.1992 EzA § 12 AZO Nr. 6.
17 *Dobberahn* ArbZG Rz. 52.

§ 4 ArbZG Ruhepausen

Ruhepausen i. S. d. § 12 Abs. 2 Satz 3 AZO darstellten[18] nicht mehr zurückgegriffen werden.

14 Die Gewährung der Ruhepausen setzt nicht voraus, dass der Arbeitgeber seinerseits genau anordnet, wann die Ruhepausen zu nehmen sind. Er darf die entsprechende Regelung auch seinen Arbeitnehmern überlassen. Er muss dann aber Grund für die Annahme haben, dass die Arbeitnehmer ihre Pausen auch organisieren und nehmen.

▶ **Beispiel:**

In der Intensivstation eines Krankenhauses leisten während der Frühschicht sechs bis sieben, während der Spätschicht fünf und während der Nachtschicht vier Pflegekräfte Dienst. Daneben sind Stationshilfen und weitere Hilfskräfte im Einsatz. Die Anwesenheit je Schicht beträgt acht Stunden und 30 Minuten. Der Arbeitgeber hat nur angeordnet, dass nach spätestens sechs Stunden Pause zu machen sei; im Übrigen hat er keine Pausenregelung getroffen, sondern diese den Pflegekräften selbst überlassen. Die Pflegekräfte konnten nacheinander ihre Pausen von entweder zweimal 15 oder einmal 30 Minuten festlegen und durchführen. Die Arbeitnehmer trafen eine entsprechende Absprache untereinander und hielten sie auch ein.

15 Dagegen genügt der Arbeitgeber seiner Pflicht zur Gewährung der Pause nicht, wenn er die Pausenregelung selbst seinen Arbeitnehmern überlässt, die Arbeitnehmer aber ihrerseits keine Pausenregelung treffen oder eine von ihnen getroffene Regelung nicht durchführen[19].

▶ **Beispiel:**

Wie vor; tatsächlich haben die Arbeitnehmer keine Pausenregelung getroffen bzw. eine solche nicht durchgeführt. Es genügte nicht, dass der Arbeitgeber darauf hinwies, er habe den Arbeitnehmern erlaubt, derartige Regelungen zu treffen.

16 Eine **Ruhepause** i. S. d. § 4 ArbZG wird **nicht** **gewährt,** **wenn** der Arbeitnehmer zwar aufgrund einer vorher feststehenden Regelung in die Pause gehen

---

18 Z. B. BAG 12.02.1986 BAGE 51, 131 = AP Nr. 7 zu § 15 BAT; BAG 28.09.1972 EzA § 12 AZO Nr. 1 LS = AP Nr. 9 zu § 12 AZO.
19 BAG 27.02.1992 EzA § 12 AZO Nr. 5.

darf, der **Arbeitgeber sich** jedoch **vorbehält**, den Arbeitnehmer jederzeit aus der Pause **zurückzurufen** oder er anordnet, dass während der Pause Arbeitsbereitschaft oder Bereitschaftsdienst zu leisten sei; die inaktiven Zeiten des Bereitschaftsdienstes stellen keine Ruhepausen dar[20]. Ebenso liegt keine Gewährung einer Ruhepause i. S. d. § 4 ArbZG vor, wenn der Arbeitnehmer anordnet, dass der Arbeitgeber während einer von vornherein feststehenden hinreichend langen Ruhepause zwar davon befreit ist, die – automatisch arbeitende – Maschine zu bestücken, er jedoch den Arbeitnehmer anweist, einzugreifen, wenn während dieser Zeit eine Störung im Arbeitsablauf eintritt.

Hiervon zu unterscheiden ist die Frage, inwieweit während eines Bereitschaftsdienstes zugleich Ruhepausen i. S. d. § 4 ArbZG zu gewähren sind. Dieser Pflicht wird nicht schon durch Anordnung von Bereitschaftsdienst genügt; vielmehr müssen die Pausenregelungen des § 4 ArbZG auch für den Bereitschaftsdienst eingehalten werden[21]. 17

▶ **Beispiel:**

Der Arbeitnehmer leistet einen achtstündigen Bereitschaftsdienst. Während dieser Zeit muss er insgesamt 6,5 Stunden arbeiten. Der Arbeitnehmer hat spätestens nach sechs Stunden Arbeit Anspruch auf eine Pause von 30 Minuten. In dieser Zeit ist er von jeder Verpflichtung, sich zum Dienst bereitzuhalten, befreit[22].

E. Im Voraus feststehende Pause

Die Ruhepause muss im Voraus feststehen (§ 4 Abs. 1 ArbZG). Der Gesetzgeber hat es für erforderlich gehalten, diese Voraussetzung ausdrücklich in das Gesetz aufzunehmen. Nach der früheren Rechtsprechung zur AZO ergab sich der Umstand, dass die Ruhepause im Voraus festzulegen hatte, bereits aus dem Begriff der Ruhepause selbst[23]. 18

---

20 BAG 16.12.2009 – 5 AZR 157/09 – EzA § 4 ArbZG Nr. 3; auch schon BAG 05.05.1988 BAGE 58, 243 = AP Nr. 1 zu § 3 AZO Kr.
21 BAG 16.12.2009 – 5 AZR 157/09 – EzA § 4 ArbZG Nr. 3.
22 Im Anschluss an BAGE 58, 243, 247 = AP Nr. 1 zu § 3 AZO Kr zu II 2 der Gründe m. w. N.; s. auch BAG 27.02.1992 EzA § 12 AZO Nr. 5.
23 BAG 05.05.1988 BAGE 58, 243, 247 = AP Nr. 1 zu § 3 AZO Kr; BAG 27.02.1992 EzA § 12 AZO Nr. 5; BAG 23.09.1992 EzA § 12 AZO Nr. 6; s. auch *Neumann/ Biebl* § 4 ArbZG Rz. 3.

§ 4 ArbZG Ruhepausen

19 Nach der amtlichen Begründung zu § 4 ArbZG soll die ausdrückliche Anordnung des Gesetzes im Einklang mit der bisherigen Rechtsprechung des BAG bedeuten, dass **zu Beginn der täglichen Arbeitszeit** zumindest **ein bestimmter zeitlicher Rahmen feststehen** muss, innerhalb dessen der Arbeitnehmer – ggf. in Absprache mit anderen Arbeitnehmern – seine Ruhepause in Anspruch nehmen könne[24]. Das Gesetz bestimmt nicht, **wann die Ruhepause** im Voraus **feststehen muss**, ob nämlich schon **zu Beginn** der jeweiligen täglichen **Arbeitszeit** oder aber erst bei **Beginn der jeweiligen Ruhepause**. Das BAG lässt genügen, dass die Ruhepause und deren Dauer zu Beginn der Ruhepause festgelegt wird[25]. Dem ist zu folgen. Dem mit der Ruhepause verfolgten **Erholungszweck** genügt es, wenn die Dauer der Pause erst bei ihrem Beginn feststeht. Denn auch hierdurch wird sichergestellt, dass der Arbeitnehmer weiß, in welchem zeitlichen Rahmen er von jeder Verpflichtung, Arbeit zu leisten oder sich zur Arbeitsleistung bereitzuhalten, befreit ist. Von daher besteht kein Anlass, vorauszusetzen, dass die Dauer der Pause bzw. Dauer und Lage, wenn auch möglicherweise in einem bestimmten zeitlichen Rahmen, bereits vor oder auch nur zu Beginn der täglichen Arbeitszeit feststehen muss[26]. Der wesentliche Erholungswert tritt bereits in den ersten Minuten der Ruhepause ein[27]. Eine längere Vordisposition dient aus der Sicht der Arbeitnehmer in aller Regel anderen Zwecken als nur dem der Erholung von der Arbeitsleistung.

▶ **Beispiel:**

Der Arbeitnehmer hat von 8.00 bis 16.30 Uhr zu arbeiten. Die Dauer der Ruhepause ist auf 30 Minuten festgelegt. Die Lage der Ruhepause macht der Arbeitgeber jeweils wechselnd davon abhängig, wie sich im Laufe des Tages die Arbeitsabläufe gestalten. Spätestens nach sechs Stunden Arbeit gewährt er 30 Minuten Ruhepause. Damit steht die Pause insoweit »im Voraus« fest, als sich der Arbeitnehmer darauf verlassen kann, während dieser 30 Minuten nicht arbeiten zu müssen.

20 Nach der **amtlichen Begründung** ist demgegenüber erforderlich, dass auch die **Lage der Pause zu Beginn der täglichen Arbeitszeit feststeht**, allerdings

---

24 BT-Drucks. 12/5888, 24 r. Sp.
25 BAG 29.10.2002 – 1 AZR 603/01 – NZA 2003, 1212.
26 A. A. *Neumann/Biebl* § 4 ArbZG Rz. 3; *Dobberahn* ArbZG Rz. 53; unklar *Roggendorff* § 4 ArbZG Rz. 2, 15; *Anzinger/Koberski* § 4 ArbZG Rz. 31 ff.
27 BAG 13.10.2010 – 9 AZR 139/08 – AP Nr. 4 zu § 2 ArbZG.

soll eine **rahmenmäßige Fixierung** genügen[28]. Das Schrifttum hat sich dem weitgehend angeschlossen[29]. Diese Auffassung entspricht der bisherigen Rechtsprechung[30]. Eine solche rahmenmäßige Fixierung ist arbeitsschutzrechtlich indessen schon von Gesetzes wegen gegeben, als die Pausendauer von Mindestarbeitszeiten (sechs bis neun Stunden, mehr als neun Stunden) abhängt. Insoweit genügt es, sich an diese Mindestbedingungen zu halten. Eine rahmenmäßige Fixierung stellt insbesondere für Fälle **schwankenden Arbeitsablaufs** und **Gleitzeitregelungen** seine wesentliche Erleichterung dar, denn es ermöglicht, innerhalb eines gewissen Rahmens die Pausenlage flexibel zu handhaben und insoweit eine dem Umfang nach fixierte, der Lage nach aber **gleitende Ruhepause** durchzuführen. Möglich ist auch, die Pausenregelung dem **Einvernehmen der Arbeitnehmer untereinander** zu überlassen; dabei hat allerdings der Arbeitgeber dafür einzustehen, dass die Arbeitnehmer derartige einvernehmliche Regelungen nicht nur finden, sondern auch praktizieren[31].

▶ Beispiele:

1. Zeitlich fixierte Pause

Die Mittagspause beginnt um 12.30 Uhr und beträgt 30 Minuten.

2. Flexible Lage; feste Dauer

Die Mittagspause beträgt 45 Minuten; sie kann in der Zeit ab 12.00 Uhr begonnen werden und muss bis 14.00 Uhr beendet sein.

3. Flexible Zeiten; flexible Dauer

Die Mittagspause beträgt mindestens 30, höchstens 60 Minuten. Sie ist in die Zeit zwischen 12.00 Uhr und 14.30 Uhr zu legen. In diesem Zeitraum muss mindestens ein Arbeitnehmer in der Abteilung anwesend sein; das Nähere regeln die Arbeitnehmer der Abteilung untereinander.

Bei allen diesen Beispielen steht die Ruhepause von vornherein fest.

---

28 BT-Drucks. 12/5888, 24 r. Sp.
29 *Dobberahn* ArbZG Rz. 53; *Neumann/Biebl* § 4 ArbZG Rz. 3; *Roggendorff* § 4 ArbZG Rz. 16, 17; *Anzinger/Koberski* § 4 ArbZG Rz. 32.
30 BAG 12.02.1992 EzA § 12 AZO Nr. 5; BAG 23.09.1992 EzA § 12 AZO Nr. 6.
31 BAG 27.02.1992 EzA § 12 AZO Nr. 5.

F. Dauer und Lage der Ruhepause(n)

21 Hinsichtlich der **Pausendauer** gilt eine **einheitliche Regelung** für Arbeitnehmer und Arbeitnehmerinnen. Insoweit weicht die jetzt gültige Rechtslage wesentlich von der früheren unterschiedlichen Regelung für Männer (§ 12 Abs. 2 AZO) und Frauen (§ 18 AZO) ab. Hinsichtlich der Lage der Ruhepausen enthält das Gesetz andererseits keine besonderen Vorgaben, insbesondere ordnet es insoweit keine einheitliche Regelung für Männer und Frauen an. Indessen erfordert das Verbot der ungerechtfertigten Geschlechterdiskriminierung bei den Beschäftigungs- und Arbeitsbedingungen (§§ 1, 3 AGG) für eine unterschiedliche Lage der Pausen für Männer und Frauen sachliche Gründe. Gleiches gilt bei für Männer und Frauen unterschiedlich langen Pausen, auch wenn jede Pause die gesetzliche Mindestdauer nicht unterschreitet.

I. Dauer der Pause(n)

22 Nach § 4 ArbZG sind folgende **Mindestpausen** zu gewähren:

Arbeitszeit	Pausendauer insgesamt
bis zu 6 Stunden	Keine
6 bis 9 Stunden	30 Minuten
über 9 Stunden	45 Minuten

23 Der Arbeitgeber ist jedoch nicht gehalten, sich bei der Pausenregelung auf die **Mindestzeiten** zu beschränken. Er darf **längere Arbeitspausen** gewähren und anordnen[32]. Allerdings darf die Pause nicht schrankenlos ausgedehnt werden. Bei der Anordnung längerer Arbeitspausen hat der Arbeitgeber die Grenzen billigen Ermessens nach § 315 Abs. 3 BGB einzuhalten. Der Arbeitgeber verstößt bei der Ausübung seines Direktionsrechts zur Umsetzung einer tarifvertraglichen Arbeitszeitverkürzung gegen den Grundsatz billigen Ermessens (§ 315 Abs. 1 BGB), wenn er allein seine Interessen durchzusetzen versucht.

▶ **Beispiel:**

Die Arbeitszeit des Arbeitnehmers betrug 40 Stunden. Arbeitstäglich wurde eine Mittagspause von 30 Minuten gewährt; sie war zwischen 12.00 und 14.00 Uhr zu nehmen. Sodann wurde die tarifvertragliche regelmä-

---

32 BAG 16.12.2009 – 5 AZR 157/09 – NZA 2010, 505.

ßige Arbeitszeit verkürzt, und zwar auf zunächst 39, sodann auf 38,5 Stunden pro Woche. Der Arbeitgeber reagierte darauf, indem er anordnete, dass die Mittagspause nicht mehr 30, sondern zunächst 40 und sodann 45 Minuten betragen sollte. Das Interesse der Arbeitnehmer an der Beibehaltung der Mindestpause von 30 Minuten und damit an einem früheren Arbeitsschluss aufgrund der Verkürzung der regelmäßigen Arbeitszeit blieb unberücksichtigt. Der Arbeitgeber hat dadurch gegen § 315 Abs. 1 BGB verstoßen[33].

Andererseits kann es für den Arbeitgeber **geboten** sein, z. B. mit Rücksicht auf die **Dauer der innerbetrieblichen Wege** eine **längere Pause** zu gewähren, vor allem, wenn das **Mittagessen in einer Kantine** eingenommen werden kann und der Weg bis dorthin erhebliche Zeiträume in Anspruch nimmt. Die Zeit, die für den **Weg** vom konkreten Arbeitsplatz zur Kantine oder **zum Pausenraum** erforderlich ist, stellt arbeitszeitrechtlich keine Arbeitszeit dar, sondern fällt in die Pause. Der Zweck der Gewährung einer Ruhepause wird aber verfehlt, würde die Zeit für das Zurücklegen des Weges die Zeit zum Essen selbst ungebührlich verkürzen. In solchen Fällen ist es geboten, eine längere Ruhepause zu gewähren. 24

▶ **Beispiel:**

In einem Großbetrieb beträgt der Weg zwischen dem konkreten Arbeitsplatz und der Kantine bis zu 15 Minuten. Um den Arbeitnehmern eine hinreichend lange Pause zur Einnahme einer Hauptmahlzeit in der Kantine zu gewähren, entschließt sich der Arbeitgeber, die Pausenzeit auf eine Stunde festzusetzen.

Eine **Aufteilung der Ruhepausen** ist zulässig, solange dabei der Zeitraum von **15 Minuten** pro Pausenteil nicht unterschritten wird. Dementsprechend können 30-minütige Ruhepausen auf zweimal 15 Minuten, die 45-minütige Ruhepause auf dreimal 15 Minuten Ruhepause verteilt werden. Arbeitsbefreiungen unterhalb der Grenze von 15 Minuten stellen indessen keine Ruhepause dar[34]. Daher ist es mit § 4 ArbZG nicht vereinbar, die Pause von 30 Minuten etwa in eine von 20 und eine von zehn Minuten aufzuteilen. Damit wäre der Anspruch auf die gesetzliche Mindestruhepause nicht erfüllt. 25

---

33 BAG 19.05.1992 EzA § 315 BGB Nr. 39.
34 *Buschmann/Ulber* § 4 ArbZG Rz. 5; *Dobberahn* ArbZG Rz. 52; *Neumann/Biebl* § 4 ArbZG Rz. 5.

Lediglich für **Schicht- und Verkehrsbetriebe** kann durch **Tarifvertrag** bzw. durch eine aufgrund des Tarifvertrages zugelassene **Betriebsvereinbarung** an Stelle der Pausenregelung des § 4 ArbZG eine Regelung mit angemessenen Kurzpausen eingeführt werden[35].

II. Lage der Pause(n)

26 Die **Lage der Ruhepausen** ist gesetzlich **rahmenmäßig** vorgeschrieben. Sie müssen während der Arbeitszeit liegen und es darf nicht mehr als sechs Stunden hintereinander ohne Pause gearbeitet werden. Ob bei Einhaltung dieses Rahmens die Ruhepause in die Mitte oder mehr an das Ende oder gar den Anfang der Arbeitszeit liegen sollen, kann der Arbeitgeber frei entscheiden. **Unzulässig** ist aber, die **Ruhepausen ganz an den Beginn oder das Ende der Arbeitszeit** zu legen. Zudem hat der Arbeitgeber die **Grenzen billigen Ermessens** (§ 315 Abs. 1 BGB) einzuhalten. Insoweit sind und vorrangiger Berücksichtigung des Zwecks der Ruhepause alle Umstände des jeweiligen Einzelfalles zu beachten und die gegenseitigen Interessen gegeneinander abzuwägen.

27 Sehr häufig ergibt sich die Lage der Ruhepausen aus Üblichkeiten (z. B. Mittagspause), zuweilen aber auch – unter Berücksichtigung der Interessen beider Seiten – aus arbeitstechnischen Notwendigkeiten.

▶ **Beispiel:**

In einem Verkehrsbetrieb stehen an den Endhaltestellen fahrplanmäßige Wartezeiten von jeweils 20 Minuten Dauer. Der Arbeitgeber ordnet an, dass diese Wartezeiten zugleich Ruhepausen für das Fahrpersonal sind[36].

III. Betriebliche Mitbestimmung

28 Für die Lage sowie die Dauer der Pausen sind die **Mitbestimmungsrechte** des Betriebsrates nach § 87 Abs. 1 Nr. 2 BetrVG bzw. der Personalvertretung nach § 75 Abs. 1 Nr. 3 BPersVG bzw. entsprechende Länderregelungen sowie die kirchengesetzlichen Mitbestimmungsregelungen zu beachten. Die Mitbestimmung erstreckt sich dabei auch auf die Zahl und die Häufigkeit der Pausen

---

35 BAG 13.10.2010 – 9 AZR 139/08 – AP Nr. 4 zu § 2 ArbZG; *Dobberahn* ArbZG Rz. 52.
36 Im Anschluss an BAG 23.06.1988 EzA § 242 BGB Betriebliche Übung Nr. 24.

sowie auch darauf, inwieweit sonstige technische Arbeitsunterbrechungen ihrerseits dafür genutzt werden, um Ruhepausen zu gewähren[37].

G. Aufenthalt während der Ruhepause

Weil der Arbeitnehmer während der Ruhepause von jeder Verpflichtung zur Arbeitsleistung frei ist, stellt sich die Frage, inwieweit er berechtigt ist, sich von seinem **konkreten Arbeitsplatz oder sogar aus dem Betrieb zu entfernen**. Umgekehrt ist zu fragen, inwieweit der Arbeitgeber gehalten ist, dem Arbeitnehmer einen **Pausenraum** zur Verfügung zu stellen, damit der Arbeitnehmer die Ruhepause zum Zweck der Erholung nutzen kann. 29

I. Entfernung von der Arbeitsstelle; Verlassen des Betriebes

Grundsätzlich kann sich der Arbeitnehmer während seiner Ruhepause frei bewegen und ausruhen. Bereits dies **berechtigt** den **Arbeitnehmer** grundsätzlich **seinen konkreten Arbeitsort**, z.B. den Platz am Schreibtisch oder den Platz an der Arbeitsmaschine oder in der Werkhalle, **zu verlassen**, um seine Ruhepause zu nehmen. Dagegen ist es für die Gewährung einer Pause **nicht erforderlich**, dass der Arbeitnehmer berechtigt wäre, den **Betrieb** oder das **Betriebsgelände zu verlassen**. Vielmehr ist es zulässig, den Aufenthalt auch während der Ruhepause auf den Betrieb zu beschränken, sei es, um in Notfällen auf den Arbeitnehmer zurückgreifen zu können, sei es, um der Überschreitung der Pausenzeiten durch die Arbeitnehmer entgegenzuwirken. 30

▶ **Beispiel:**

In einer Hauptverwaltung eines Betriebes arbeiten 400 Arbeitnehmer. Es besteht eine Betriebsvereinbarung über die Einführung der gleitenden Arbeitszeit. Darin ist unter anderem geregelt, dass die Mitarbeiter gehalten sind, die ihnen zustehenden Pausen in eigener Verantwortung zu nehmen und einzuhalten, dass die Pausenzeiten im Betrieb verbracht werden und eine Dokumentation der Pausenzeiten durch die Zeiterfassungseinrichtungen nicht erfolgt. Ferner heißt es, die Mitarbeiter haben Anspruch auf 30 Minuten Mittagspause an jedem Arbeitstag, die in der Zeit von 12.00 bis 14.00 Uhr zu nehmen ist. Im Betrieb der Hauptverwaltung liegt eine Kan-

---

37 *Buschmann/Ulber* § 4 ArbZG Rz. 12; *Dobberahn* ArbZG Rz. 54; *Neumann/Biebl* § 4 ArbZG Rz. 7; *Roggendorff* § 4 ArbZG Rz. 18.

tine, in der ein für die Arbeitnehmer kostenloses Mittagessen ausgegeben wird[38].

II. Pausenräume

31   Das Arbeitszeitgesetz enthält – im Gegensatz zu den früheren Regelungen des § 12 Abs. 2 Satz 2 AZO, § 18 Abs. 3 Satz 2 AZO – keine Bestimmung darüber, inwieweit der Arbeitgeber für den Aufenthalt während der Ruhepause **Pausenräume** oder »freie Plätze« (Plätze unter freiem Himmel) zur Verfügung zu stellen hat. Der Gesetzgeber hat solche Bestimmungen wegen der eingehenden Regelungen über Pausenräume in § 29 der Arbeitsstättenverordnung und den hierzu ergangenen Arbeitsstättenrichtlinien als entbehrlich angesehen[39]. Nach § 29 Abs. 1 Satz 1 Arbeitsstätten-Verordnung (ArbStättVO) ist den Arbeitnehmern ein leicht erreichbarer **Pausenraum zur Verfügung zu stellen**, wenn mehr als zehn Arbeitnehmer beschäftigt sind oder gesundheitliche Gründe oder die Art der ausgeübten Tätigkeit es erfordern. Dies gilt **nicht**, wenn die **Arbeitnehmer in Büroräumen** oder vergleichbaren Arbeitsräumen beschäftigt sind und dort die Voraussetzungen für eine gleichwertige Erholung während der Pausen gegeben sind. Für Bereitschaftsdienste sind nach näherer Maßgabe von § 30 ArbStättVO Bereitschaftsräume, für werdende und stillende Mütter entsprechende Liegeräume nach § 31 ArbStättVO vorgesehen, wobei nach § 32 ArbStättVO der **Nichtraucherschutz** in **Pausen-, Bereitschafts- und Liegeräumen** zu beachten ist.

H. Ausnahmebestimmungen

32   Für das **Fahrpersonal im Straßentransport** folgen aus § 21a Abs. 2 ArbZG und aus § 21a Abs. 1 Satz 2 ArbZG i. V. m. der VO (EG) Nr. 561/2006 bzw. dem AETR abweichende Regeln für die Gewährung der Ruhepause. Sie schließen die Anwendung von § 4 ArbZG aus.

33   Das Arbeitszeitgesetz sieht nach näherer Maßgabe des § 14 ArbZG für alle Arbeitnehmer **Ausnahmen** von § 4 ArbZG vor. Von § 4 ArbZG kann bei vorübergehenden Arbeiten in Notfällen und in außergewöhnlichen Fällen (§ 14 Abs. 1 ArbZG), ferner bei der Beschäftigung verhältnismäßig **weniger**

---

38 Vgl. BAG 21.08.1990 EzA § 87 BetrVG Betriebliche Ordnung Nr. 16 m. Anm. *Joost*.
39 BT-Drucks. 12/5888, 24 r. Sp.

Arbeitnehmer zur Vermeidung der Gefährdung des Arbeitsergebnisses oder zur Abwehr unverhältnismäßigen Schadens (§ 14 Abs. 2 Nr. 1 ArbZG) bzw. in Forschung und Lehre, bei unaufschiebbaren Vor- und Abschlussarbeiten sowie bei unaufschiebbaren Arbeiten zur Behandlung, Betreuung und Pflege von Personen bzw. zur Behandlung und Pflege von Tieren an einzelnen Tagen (§ 14 Abs. 2 Nr. 2 ArbZG) abgewichen werden.

Behördliche Ausnahmen sind für den Bereich des § 4 ArbZG nach Maßgabe von § 7 Abs. 5 ArbZG möglich. 34

I. Rechtsverordnungen

Nach § 8 ArbZG kann die **Bundesregierung** durch Rechtsverordnung mit Zustimmung des Bundesrates für einzelne Beschäftigungsbereiche, für **bestimmte Arbeiten** oder für **bestimmte Arbeitnehmergruppen**, bei denen **besondere Gefahren für die Gesundheit** der Arbeitnehmer zu erwarten sind, die **Ruhepausen** über die Mindestpausen des § 4 ArbZG hinaus ausdehnen. Macht die Bundesregierung hiervon Gebrauch, so handelt es sich wiederum um »gesetzliche«, d. h. den Arbeitgeber bindende Mindestpausen. 35

Die Bundesregierung kann nach näherer Maßgabe von § 15 Abs. 2a ArbZG, § 55 Satz 1 Nr. 3 SeeArbG durch Rechtsverordnung für die Offshore-Tätigkeiten Ausnahmen zulassen. Das **Bundesministerium für Verteidigung** kann in seinem Geschäftsbereich nach näherer Maßgabe des § 15 Abs. 3 ArbZG durch Rechtsverordnung auch von der Pausenregelung des § 4 ArbZG abweichende Regelungen erstellen. 36

Die **Bundesregierung** kann mit Zustimmung des Bundesrates durch Rechtsverordnung nach § 24 ArbZG abweichende Regelungen erlassen. 37

J. Abweichende Regelung durch Tarifvertrag/Betriebsvereinbarung

Auch von der gesetzlichen Regelung der Ruhepause (§ 4 ArbZG) kann nach näherer Maßgabe des § 7 Abs. 2 ArbZG durch **Tarifvertrag** oder durch **Betriebsvereinbarung** aufgrund eines Tarifvertrages abgewichen werden. Gleiches können die Kirchen und öffentlich-rechtlichen Religionsgesellschaften in ihren Regelungen vorsehen (§ 7 Abs. 5 ArbZG). So kann die Gesamtdauer der Ruhepausen in **Schicht- oder Verkehrsbetrieben** auf **Kurzpausen von angemessener Dauer** verteilt werden. Unter Wahrung des Gesundheitsschutzes der Arbeitnehmer erlaubt § 7 Abs. 2 ArbZG noch weitere Abweichungen mit Hilfe der genannten kollektiven Regelungen. Die Geltung der derart abweichenden 38 kollektiven Regelungen kann auch unter **nicht tarifgebundenen** vereinbart werden (§ 7 Abs. 3 ArbZG). **Kirchen** und öffentlich-rechtliche Religionsgesellschaften können derartige Abweichungen in ihren Regelungen vorsehen (§ 7 Abs. 4 ArbZG). In üblicherweise **tariflosen Bereichen** können Behörden entsprechende Ausnahmen gestatten (§ 7 Abs. 5 ArbZG). Die Bundesregierung kann des Weiteren durch zustimmungspflichtige Rechtsverordnung ihrerseits Ausnahmen zulassen (§ 7 Abs. 6 ArbZG).

K. Besondere Arbeitnehmergruppen

39 **Mutterschutzrechtlich** bestehen keine besonderen Regelungen für Ruhepausen. Jedoch haben stillende Mütter Anspruch auf bezahlte **Stillzeiten** nach näherer Maßgabe des § 7 MuSchG.

40 Für **jugendliche** Arbeitnehmer, d.h. Arbeitnehmer unter 18 Jahren, sind die besonderen **Pausenregelungen** nach dem **Jugendarbeitsschutzgesetz** zu beachten. Jugendlichen müssen im Voraus feststehende Ruhepausen von angemessener Dauer gewährt werden, wobei die Ruhepausen mindestens 30 Minuten bei einer Arbeitszeit von mehr als 4,5 bis zu sechs Stunden und 60 Minuten bei einer längeren Arbeitszeit betragen und generell nur eine Arbeitsunterbrechung von 15 Minuten mindestens als Ruhepause gilt (§ 11 Abs. 1 JArbSchG). Dabei müssen die Ruhepausen in angemessener zeitlicher Lage gewährt werden, frühestens eine Stunde nach Beginn und spätestens eine Stunde vor dem Ende der Arbeitszeit. Länger als 4,5 Stunden hintereinander dürfen Jugendliche ohne eine Ruhepause beschäftigt werden (§ 11 Abs. 2 JArbSchG). Auch jugendarbeitsschutzrechtlich ist indessen nicht vorgeschrieben, dass die Pausen in einem Stück zu gewähren sind; vielmehr ist auch insoweit eine Stückelung der Pausen im Rahmen der Mindestvorgaben möglich.

41 Für das **Fahrpersonal im Straßenverkehr** (vgl. § 21 a Abs. 1 ArbZG), ausgenommen solche von Straßenbahnen im Linienverkehr mit einer Linienstrecke bis zu 50 km[40], gelten neben dem Arbeitszeitgesetz die unberührt bleibenden Vorschriften VO (EG) Nr. 561/2006 und das AETR. Dies betrifft hier die Lenkzeitpausenregelungen des Art. 7 der VO (EG) Nr. 561/2006. Nach Art. 7 Abs. (1) VO (EG) Nr. 561/2006 haben Fahrer nach einer Lenkdauer von 4,5 Stunden eine **Lenkzeitunterbrechung** von mindestens 45 Minuten einzuhalten, sofern der Fahrer keine Ruhezeit nimmt; wobei nach Abs. (2)

---

40 Vgl. BAG 13.10.2010 – 9 AZR 139/08 – AP Nr. 4 zu § 2 ArbZG, Rz. 28.

die Lenkzeitunterbrechung auch in eine Unterbrechung von mindestens 15 Minuten Dauer, gefolgt von einer mit mindestens 30 Minuten Dauer ersetzt werden darf, wenn diese Pausen so in die Lenkzeit eingefügt werden, dass Absatz 1 eingehalten wird. Im Inlandsverkehr gelten diese Bestimmungen nach näherer Maßgabe des § 6 FPersV (Vorbem. Rdn. 20) entsprechend. Die Lenkzeitunterbrechung stellt gleichzeitig die Ruhepause dar, wenn der Kraftfahrer nicht zu anderen Tätigkeiten wie Tanken, Wagenpflege, Bereitstehen auf Abruf für Ladetätigkeit[41] herangezogen wird.

L. Verhältnis der gesetzlichen Ruhepausenbestimmungen zu Regelungen in Tarifverträgen und Betriebsvereinbarungen

§ 4 ArbZG setzt nur einen Mindestrahmen für die gesetzlichen Ruhepausen. 42
Aus **Tarifverträgen** (selten), theoretisch auch aus **Arbeitsverträgen**, kann sich ein Anspruch auf eine längere Ruhepause ergeben, zuweilen im Zusammenhang mit Regelungen über die Bezahlung solcher Pausen. Sehr häufig enthalten **Betriebs- oder Dienstvereinbarungen** Regelungen nicht nur über die **Lage**, sondern auch über die **Dauer der Pausen**. Ebenso wie die Lage der regelmäßigen Arbeitszeit unterliegen auch die Regelungen über die Lage und die Dauer der Pausen der betrieblichen Mitbestimmung (§ 87 Abs. 1 Nr. 2 BetrVG, § 75 Abs. 3 Nr. 1 BPersVG bzw. Landespersonalvertretungsgesetze sowie Dienstvereinbarungen nach kirchengesetzlichem Mitbestimmungsrecht).

§ 5 Ruhezeit

(1) Die Arbeitnehmer müssen nach Beendigung der täglichen Arbeitszeit eine ununterbrochene Ruhezeit von mindestens elf Stunden haben.

(2) Die Dauer der Ruhezeit des Absatzes 1 kann in Krankenhäusern und anderen Einrichtungen zur Behandlung, Pflege und Betreuung von Personen, in Gaststätten und anderen Einrichtungen zur Bewirtung und Beherbergung, in Verkehrsbetrieben, beim Rundfunk sowie in der Landwirtschaft und in der Tierhaltung um bis zu einer Stunde verkürzt werden, wenn jede Verkürzung der Ruhezeit innerhalb eines Kalendermonats oder innerhalb von vier Wochen durch Verlängerung einer anderen Ruhezeit auf mindestens zwölf Stunden ausgeglichen wird.

---

41 BAG 29.10.2002 BAGE 103, 197 = EzA § 4 ArbZG Nr. 1 = NZA 2003, 1212.

§ 5 ArbZG Ruhezeit

(3) Abweichend von Absatz 1 können in Krankenhäusern und anderen Einrichtungen zur Behandlung, Pflege und Betreuung von Personen Kürzungen der Ruhezeit durch Inanspruchnahmen während der Rufbereitschaft, die nicht mehr als die Hälfte der Ruhezeit betragen, zu anderen Zeiten ausgeglichen werden.

A. Gegenstand der Regelung

1 Die Regelung der **Ruhezeit** ist für das gesamte Arbeitszeitrecht ebenso **wesentlich** wie die Regelung der Grenzen der Arbeitszeit. Dies gilt zunächst für das **EU-Arbeitszeitrecht**. Nach Art. 3 RL 2003/88/EG (vormals 93/104/EG) treffen die Mitgliedstaaten die erforderlichen Maßnahmen, damit jedem Arbeitnehmer pro 24-Stunden-Zeitraum eine Mindestruhezeit von elf zusammenhängenden Stunden gewährt wird. Der Begriff der Ruhezeit ist ebenso wie der der Arbeitszeit EU-rechtlich geprägt; beide Begriffe stehen im Gegensatz zueinander und schließen einander aus[1]. Die gemeinschaftsrechtliche Prägung des Begriffs der Ruhe i. s. v. »Nicht-Arbeitszeit« steht jeder dritten Möglichkeit einer Kategorie zwischen »Arbeitszeit« und »Ruhezeit« entgegen und schließt jede gesonderte mitgliedstaatliche Auslegung oder Bestimmung des Begriffs Ruhezeit aus. Dies ist bei den folgenden Ausführungen stets mit zu bedenken.

2 § 5 ArbZG regelt in seinem Abs. 1 die **gesetzliche Mindestruhezeit**. Dem Grunde nach ordnet diese Bestimmung eine ununterbrochene Ruhezeit nach Beendigung der gesetzlichen Arbeitszeit an, dem Umfang nach bestimmt sie eine Mindestdauer der gesetzlichen Ruhezeit von elf Stunden. Abs. 2 ermöglicht die **Verkürzung der gesetzlichen Mindestruhezeit** um eine Stunde für bestimmte Betriebe bzw. Beschäftigungsbereiche durch den Arbeitgeber mit entsprechendem **Zeitausgleich**. In Abs. 3 des § 5 ArbZG wird für Krankenhäuser und andere Einrichtungen zur Betreuung und Pflege von Personen die Verkürzung der Ruhezeit durch **Inanspruchnahme während des Bereitschaftsdienstes** oder während **der Rufbereitschaft** geregelt. Die Bestimmung des § 5 Abs. 4 ArbZG, die geringe **Mindestruhezeiten für Kraftfahrer und Beifahrer** gegenüber den allgemeinen Ruhezeitregelungen des Arbeitszeitgesetzes ermöglichte, ist durch Art. 5 Nr. 1 des Gesetzes zur Änderung personenbeförderungsrechtlicher Vorschriften und arbeitszeitrechtlicher Vorschriften

---

1 EuGH 03.10.2000 – Rs. C-303/98 – SIMAP – EuGHE I 2000, 7963–8034 = EzA § 7 ArbZG Nr. 1 = NZA 2000, 1227, Rz. 47.

vom 14. 8. 2006[2] aufgehoben worden; die Ruhezeit für Fahrer und Beifahrer im Straßentransport richtet sich nur noch nach §21a Abs. 5 ArbZG i. V. m. den dort in Bezug genommenen Vorschriften (s. §21a Rdn. 33).

Die frühere **Übergangsregelung** des §26 ArbZG für **Ärzte und Pflegepersonal** in Krankenhäusern und anderen Einrichtungen zur Behandlung, Pflege und Betreuung von Personen ist ab **1. 1. 2004 ersatzlos weggefallen** (Art. 4b, 5 G. vom 24. 12. 2003, BGBl. I S. 3002, 3006). 3

B. Begriff der Ruhezeit (§ 5 Abs. 1 ArbZG)

EU-rechtlich ist die Ruhezeit das Gegenstück zur Arbeitszeit[3]. Das ist auch nach deutschem Recht der Fall. Hier wird **Ruhezeit** der **Zeitraum zwischen dem Ende der täglichen Arbeitszeit und dem Beginn der nächsten täglichen Arbeitszeit** bzw. der Zeitraum zwischen zwei Arbeitsschichten desselben Arbeitnehmers genannt[4]. Von der Ruhepause (§4 ArbZG) unterscheidet sich die Ruhezeit hinsichtlich ihrer Lage: Die Ruhezeit liegt zwischen den Arbeitszeiten, die Ruhepause dagegen innerhalb der täglichen Arbeitszeit, nämlich zwischen deren Beginn und Ende. 4

Der Begriff der Ruhezeit entspricht der früheren Regelung in §12 Abs. 1 AZO. Inhaltlich ist die **Ruhezeit** wesentlich dadurch gekennzeichnet, dass der Arbeitnehmer während dieser Zeit **nicht** in einem Umfang **zur Arbeitsleistung** herangezogen wird, der eine Einstufung als Arbeitsleistung erfordert[5], sondern sich erholen kann[6]. 5

Wegezeiten, d. h. der Aufwand des Arbeitnehmers für seinen Weg von seiner Wohnung zur Arbeitsstätte und zurück, gehören zur **Ruhezeit** (§ 2 Rdn. 35 ff.). 6

---

2 BGBl. I S. 1962, 1964.
3 EuGH 03.10.2000 – Rs. C-303/98 – SIMAP – EuGHE I 2000, 7963–8034 = EzA §7 ArbZG Nr. 1 = NZA 2000, 1227, Rz. 47.
4 BAG 22.07.2010 – 6 AZR 75/09 – NZA 2010, 517; BAG 13.02.1992 EzA §12 AZO Nr. 4; BAG 05.07.1976 EzA §12 AZO Nr. 2 LS = AP Nr. 10 zu §12 AZO; BAG 23.11.1960 BAGE 10, 191 = AP Nr. 6 zu §12 AZO; *Buschmann/Ulber* §5 ArbZG Rz. 2; *Dobberahn* ArbZG Rz. 62; *Neumann/Biebl* §5 ArbZG Rz. 2; *Roggendorff* §5 ArbZG Rz. 10; *Anzinger* BB 1994, 1992, 1994.
5 BAG 22.07.2010 – 6 AZR 75/09 – NZA 2010, 517; Abweichung von BAG 13.02.1992 EzA §12 AZO Nr. 4.
6 Vgl. *Buschmann/Ulber* §5 ArbZG Rz. 2.

Die Forderung des DGB, die Ruhezeit auf mindestens zwölf Stunden auszuweiten, weil sich die Belastung der Arbeitnehmer durch zunehmend längere Fahrten zwischen Wohnung und Arbeitsplatz vergrößert hat, ist nicht Gesetz geworden. Insoweit ist **Ruhezeit** nicht gleichzusetzen mit dem Zeitraum, welcher dem Arbeitnehmer wirklich für seine Erholung oder seine Freizeitbetätigung zur Verfügung steht. Vielmehr fallen Wegezeiten zwischen Wohnung und Arbeitsstätte in die Ruhezeit[7].

Schaubild 6:

7   Inwieweit **Reisezeiten** zur **Arbeitszeit** zählen oder zur **Ruhezeit**, lässt sich nicht generell entscheiden. Vielmehr kommt es insoweit darauf an, welche arbeitsvertragliche Hauptleistung der Arbeitnehmer zu leisten hat bzw. inwieweit er während der Arbeitszeit tatsächlich vertraglich geschuldete Arbeitsleistung erbringt (s. § 2 Rdn. 40 ff.).

8   **Arbeitsbereitschaft** (s. § 2 Rdn 16 ff.) ist **keine Ruhezeit**. Sie erfordert eine zeitweise wache Aufmerksamkeit im Zustand der Entspannung[8] und stellt unter diesem Gesichtspunkt **Arbeitszeit** dar. Dies zeigt auch § 7 Abs. 1 Nr. 1 a ArbZG. Auch dort wird Arbeitsbereitschaft als Arbeitszeit gewertet. **Bereitschaftsdienst** ist **Arbeitszeit**[9].

9   Dagegen ist **Rufbereitschaft** (s. § 2 Rdn. 28 ff.) **Ruhezeit**[10], mag sie auch vergütungsrechtlich als – in der Regel geringer bezahlte – Arbeitszeit gewertet

---

7   *Buschmann/Ulber* § 5 ArbZG Rz. 3.
8   BAG 28.01.1981 EzA § 7 AZO Nr. 1.
9   BAG 16.12.2009 – 5 AZR 157/09 – NZA 2010, 505; § 2 Rdn. 21 ff.
10 Vgl. *Dobberahn* ArbZG Rz. 47, 48; *Neumann/Biebl* § 5 ArbZG Rz. 2; *Roggendorff* § 5 ArbZG Rz. 11; *Anzinger* BB 1994, 1992, 1994.

werden[11]. Die bloße **Anordnung der Rufbereitschaft steht** der Gewährung der **Ruhezeit nicht entgegen**. Erst wenn der Arbeitnehmer während seiner Rufbereitschaft **tatsächlich zur Arbeit herangezogen** wird oder Arbeit leistet, **ist zu prüfen**, ob es noch bei einer hinreichenden ununterbrochenen Gewährung der **Ruhezeit geblieben** ist. § 5 Abs. 3 ArbZG n. F. enthält insoweit eine Sonderregelung für den dort genannten Anwendungsbereich: Wenn während der Rufbereitschaft Arbeit geleistet wird, hat dies nicht zur Folge, dass deshalb am Ende der Tätigkeit eine neue volle Ruhezeit zu gewähren sei, sondern nur, dass sich die gewährte Ruhezeit verkürzt, falls die Inanspruchnahme nicht mehr als die Hälfte der Ruhezeit beträgt. **Ruhezeit kann** daher auch **trotz** der Anordnung von **Rufbereitschaft gewährt werden**.

Ende der Arbeitszeit		Beginn der Arbeitszeit
	Beginn Ende	
	Rufbereitschaft	
	← →	
	Beginn Ende	
	←——— **Ruhezeit** ———→	
	(Mindestdauer: 11 Stunden)	

Schaubild 7:

C. Gewährung der Ruhezeit (§ 5 Abs. 1 ArbZG)

I. Ununterbrochene Ruhezeit

Die Arbeitnehmer haben Anspruch auf eine **ununterbrochene Ruhezeit** von elf Stunden. Nach den öffentlich-rechtlichen Arbeitszeitvorschriften, gerade auch nach § 5 Abs. 1 ArbZG hat der Arbeitgeber die Arbeitszeitplanung so zu gestalten, dass die gesetzliche Ruhezeit eingehalten wird[12]. **Jede Heranziehung des Arbeitnehmers zur Arbeit**, aber auch jede freiwillige bzw. auf Initiative des Arbeitnehmers beruhende Arbeitsleistung **beendet die Ruhezeit**. Die Ruhe-

10

---

11 Vgl. BAG 23.06.2010 – 10 AZR 543/09 – EzA § 7 ArbZG Nr. 8; *Dobberahn* ArbZG Rz. 47.
12 BAG 24.03.1998 EzA § 21e GVG Nr. 1.

zeit beginnt erst nach Beendigung der Arbeit erneut[13]. Dies gilt nicht nur, wenn die Heranziehung zur Arbeit außerplanmäßig erfolgt, sondern **auch**, wenn der Arbeitnehmer während angeordneter Rufbereitschaft **Arbeit leistet**. Soweit nach dem Ende einer solchen Arbeitsleistung kein hinreichender Zeitraum bis zum zunächst geplanten Beginn der nächsten Arbeitszeit mehr verbleibt, um die mindestens elf Stunden Ruhezeit zu gewähren, muss der Beginn der nächsten Arbeitsschicht hinausgeschoben werden[14].

Ende der Arbeitszeit		Beginn/Ende Arbeitszeit	**Beginn der Arbeitszeit**
		Inanspruchnahme	
	Beginn ←── *Rufbereitschaft*	Ende ──→	
	Beginn ***Ruhezeit*** ←── *(Mindestdauer: 11 Stunden)* ──→ *nicht erreicht* ─────────→	Ende	
			Beginn der neuen Ruhezeit, Mindestdauer 11 Stunden

Schaubild 8:

II. Lage der Ruhezeit

11 Die Regelung in § 5 Abs. 1 ArbZG schreibt nur vor, dass eine Ruhezeit von mindestens elf Stunden **nach Beendigung der täglichen Arbeitszeit** zu gewähren ist. Die Mindestdauer entspricht der Vorgabe des **EU-Rechts** (Art. 3 der RL 2003/88/EG, vormals RL 93/104/EG). Anders als dort, wonach die Ruhezeit **pro 24-Stunden-Zeitraum** zu gewähren ist und damit offen bleibt, ob sie stets nach der Arbeit liegen muss oder ob sie ihr auch vorangehen kann, hat der Gesetzgeber des Arbeitszeitgesetzes einerseits keinen Zeitraum vor-

---

13 BAG 05.07.1976 EzA § 12 AZO LS = AP Nr. 10 zu § 12 AZO; *Buschmann/Ulber* § 5 ArbZG Rz. 6; *Dobberahn* ArbZG Rz. 63; *Neumann/Biebl* § 5 ArbZG Rz. 4; *Anzinger* BB 1994, 1992, 1994.
14 BAG 13.02.1992 EzA § 12 AZO Nr. 4; *Anzinger* BB 1994, 1992, 1994; *Zmarzlik* DB 1994, 1082, 1083.

geschrieben, innerhalb dessen die Mindestruhezeit liegen muss, andererseits jedoch normiert, dass die Ruhezeit nach Beendigung, d. h. im Anschluss an die tägliche Arbeitszeit zu liegen hat. Trotz dieser Abweichungen ist der nationale Gesetzgeber mit seiner Regelung in § 5 Abs. 1 ArbZG innerhalb der EU-rechtlichen Vorgaben geblieben, weil er die Ruhezeit **nach Beendigung der täglichen Arbeitszeit** anordnet. Hierunter ist die **gesetzlich zulässige Arbeitszeit** zu verstehen, **nämlich die gesetzliche** bzw. die nach § 7 ArbZG modifizierte **Höchstarbeitszeit**, aber auch jede Arbeitszeit, die diese Grenzen unter- oder überschreitet. Die regelmäßige werktägliche gesetzliche Höchstarbeitszeit darf im Regelfall acht Stunden bzw. mit entsprechendem Ausgleich zehn Stunden nicht überschreiten (§ 3 ArbZG). Im Anschluss daran muss die Ruhezeit nach § 5 Abs. 1 ArbZG liegen. Spätestens zehn Stunden seit Beginn der Arbeitszeit ist die werktägliche und damit tägliche Arbeitszeit i. S. d. § 5 Abs. 1 ArbZG notwendigerweise zu beenden, sodass der Arbeitnehmer Anspruch auf Ruhezeit hat. Daher ist es – im Gegensatz zum EU-Recht – nach dem ArbZG im Regelfall **nicht möglich**, sog. **Doppelschichten**, d. h. unmittelbar aufeinander folgender Arbeitsschichten, zu fahren, und zwar auch dann nicht, wenn die Schichtzeiten insgesamt nur 13 Stunden betragen[15], obwohl solche Doppelschichten nach der RL 2003/88/EG (vormals RL 93/104/EG) möglich wären.

▶ Beispiel:

Die Arbeitsschicht eines Arbeitnehmers beträgt acht Stunden. Der Arbeitnehmer wird nach einer vorherigen Ruhezeit von 16 Stunden in zwei aufeinander folgenden Schichten eingesetzt. Anschließend hat er wieder 16 Stunden frei. Zwar wird hierdurch die regelmäßige Arbeitszeit von werktäglich acht Stunden nach § 3 ArbZG eingehalten. Gleichwohl dürfen nicht in dieser Weise Doppelschichten gefahren werden. Denn dies stellt einen Verstoß gegen § 5 Abs. 1 ArbZG dar. Dem Arbeitnehmer hätte bereits nach der ersten der beiden Schichten die gesetzliche Ruhezeit gewährt werden müssen.

Dagegen können nach näherer Maßgabe des § 7 Abs. 1 und 2 ArbZG durch entsprechende Gestaltung in **Tarifverträgen** bzw. in aufgrund von Tarifverträgen zugelassenen Betriebsvereinbarungen **Doppel-** oder sogar **Ganztags-** 12

---

15 Wie hier: *Buschmann/Ulber* § 5 ArbZG Rz. 5; a. A. *Neumann/Biebl* § 5 ArbZG Rz. 3.

schichten (24-Stunden-Schichten) **ohne dazwischen liegende Ruhezeiten** eingeführt werden.

III. Gewährung durch arbeitsfreie Zeit

13 Die Ruhezeit wird dadurch gewährt, dass der Arbeitnehmer während ihr tatsächlich nicht zur Arbeit herangezogen wird. **Auf den Anlass** hierfür kommt es **nicht** an. Deshalb kann auch ein tarifvertraglich geschuldeter Freizeitausgleich für Bereitschaftsdienste in die Ruhezeit gelegt werden; dann wird beides zugleich gewährt[16]. Insoweit unterscheidet sich die Ruhezeitgewährung vom Arbeitszeitausgleich nach §3 ArbZG. Für den Arbeitszeitausgleich kommen nur Zeiträume an Werktagen in Betracht, in denen der Arbeitnehmer nach der für ihn gültigen Arbeitszeitverteilung nicht herangezogen wird oder nicht herangezogen worden wäre, falls er nicht aus anderen Gründen von der Verpflichtung zur Arbeitsleistung befreit gewesen wäre (s. §3 Rdn. 82 ff.). Wird der Arbeitnehmer so zur Arbeit herangezogen, dass die **elfstündige Ruhezeit nicht gewahrt** ist, so muss der **Arbeitsbeginn entsprechend verschoben** werden[17]. Zeiten eines **Urlaubs, arbeitsfreie Tage**, aber auch alle sonstigen **Zeiten der Nichtarbeit** erfüllen regelmäßig auch die Voraussetzungen der **Ruhezeit**[18]. Insbesondere sind die Zeiten der Nichtheranziehung zur Arbeit zwecks tariflichen[19] oder des gesetzlichen **Arbeitszeitausgleichs** i. S. d. §3 ArbZG bzw. des §6 ArbZG **Ruhezeiten**. Dies gilt auch für die Zeiträume, in denen der Arbeitnehmer **arbeitsunfähig krank** ist oder aus sonstigen Gründen nicht zu arbeiten hat, z.B. wegen **Erholungsurlaubs oder Freistellungen aus besonderen Anlässen**. Auch Zeiten, in denen der Arbeitnehmer seine Arbeit unberechtigt nicht leistet, z.B. durch »Bummeln«, erfüllen die Voraussetzungen der Ruhezeit i. S. d. §5 Abs. 1 ArbZG.

D. Verkürzung der Ruhezeit für bestimmte Beschäftigungsbereiche (§ 5 Abs. 2 ArbZG)

14 Für die dort abschließend aufgezählten Beschäftigungsbereiche sieht §5 Abs. 2 ArbZG die Möglichkeit vor, die **Ruhezeit um bis zu eine Stunde zu verkürzen**, wenn sie innerhalb des gesetzlichen Ausgleichszeitraumes durch **Verlän-

---

16 BAG 22.07.2010 – 6 AZR 75/09 – NZA 2010, 517.
17 *Buschmann/Ulber* § 5 ArbZG Rz. 6.
18 BAG 13.02.1992 EzA § 12 AZO Nr. 4 unter II 2 b der Gründe m.w. N.
19 BAG 13.02.1992 EzA § 12 AZO Nr. 4.

gerung einer anderen Ruhezeit auf mindestens zwölf Stunden ausgeglichen wird. Art. 17 Abs. 2 und 3 RL 2003/88/EG erlauben den Mitgliedstaaten, für Tätigkeiten, bei denen die Kontinuität des Dienstes oder der Produktion gewährleistet sein muss, insbesondere für dort genannte bestimmte Beschäftigungsbereiche oder Branchen oder Tätigkeiten von u. a. der Regelung über die Ruhezeit (Art. 3) durch staatliche Rechtsakte abzuweichen. Hiervon macht § 5 Abs. 2 ArbZG, wenn auch nicht für alle EG-rechtlich möglichen Bereiche, in rechtlich zulässiger Weise Gebrauch.

I. Änderung der Rechtslage

Derartige Ausnahmeregelungen, wie sie in § 5 Abs. 2 ArbZG zu finden sind, waren schon nach dem Recht vor In-Kraft-Treten des ArbZG üblich, vor allem für die Beschäftigung von Arbeitnehmern in **Gast- und Schankwirtschaften, im übrigen Beherbergungswesen und im Verkehrswesen**. Für das **Pflegepersonal in Krankenpflegeanstalten**, aber auch für anderes Personal in als gemeinnützig anerkannten Krankenpflegeanstalten, soweit mit diesem nichts anderes vereinbart ist, hatte die Anstaltsleitung die Dauer und Verteilung u. a. der wöchentlichen Freizeiten zu regeln. Alle insoweit einschlägigen Bestimmungen sind nach Art. 21 ArbZG mit In-Kraft-Treten des Arbeitszeitgesetzes am 1. 7. 1994 aufgehoben worden. **An die Stelle dieser Bestimmungen ist § 5 Abs. 2 ArbZG getreten.** Die **neue Regelung** unterscheidet sich von der vorherigen zum einen dadurch, dass der Kreis der Betriebe bzw. Beschäftigungsbereiche **erweitert** worden ist, dass grundsätzlich auch für **Krankenpflegeanstalten** dieselben Regeln gelten wie für die anderen Betriebe, dass aber andererseits die Verkürzung der täglichen Ruhezeit um bis zu eine Stunde nur möglich ist, wenn sie durch eine entsprechende, auf zwölf Stunden verlängerte Ruhezeit innerhalb des **Ausgleichszeitraumes** von einem (Kalender) monat bzw. von vier Wochen ausgeglichen wird.

15

II. Verkürzung der Ruhezeit und Ausgleich

Das Gesetz lässt in den in § 5 Abs. 2 ArbZG aufgezählten Betrieben, Einrichtungen bzw. Arbeitsbereichen eine Verkürzung der Dauer der Ruhezeit **um bis zu einer Stunde** zu, wenn **jede Verkürzung** innerhalb der Ausgleichszeiträume durch **Verlängerung** einer anderen **Ruhezeit auf mindestens zwölf Stunden** ausgeglichen wird.

16

§ 5 ArbZG Ruhezeit

1. Umfang der Verkürzung – Umfang des Ausgleichs

17 Die **Verkürzung der Ruhezeit** ist um höchstens eine Stunde erlaubt, nämlich von elf auf zehn Stunden, und nicht an bestimmte Quanten gebunden. Möglich ist eine Verkürzung der Ruhezeit um eine Minute ebenso wie um 59 Minuten bzw. – maximal – um 60 Minuten.

18 Nach dem insoweit eindeutigen Wortlaut des Gesetzes nötigt bereits die **Verkürzung der Ruhezeit um eine oder nur wenige Minuten** zu einem entsprechenden **Ausgleich**. *Dobberahn*[20] meint, die Rechtslage sei unklar, wenn die Verkürzung der Ruhezeit nur wenige Minuten betrage; es sei unbillig, wenn dies durch Verlängerung einer anderen Ruhezeit um eine volle Stunde ausgeglichen werden müsse. Der Gesundheitsschutz erfordere dies nicht; zudem sei nach früherem Recht eine Ruhezeitverkürzung um bis zu einer Stunde auch ohne Ausgleich möglich gewesen. Dem ist zu widersprechen. Aus dem eindeutigen Wortlaut des Gesetzes erfordert jede – auch noch so geringfügige! – Verkürzung der gesetzlichen Ruhezeit einen Ausgleich durch eine von Gesetzes wegen auf zwölf Stunden verlängerte Ruhezeit[21]. Dies zeigt nicht zuletzt ein Vergleich der Regelung in § 5 Abs. 2 ArbZG mit den Möglichkeiten, die § 7 ArbZG für Regelungen in Tarifverträgen bzw. Betriebsvereinbarungen eröffnet. Nach § 7 Abs. 1 Nr. 3 ArbZG ist eine Verkürzung der Ruhezeit um bis zu zwei Stunden möglich, wenn die Arbeit dies erfordert und die Kürzung der Ruhezeit innerhalb eines festzulegenden Zeitraumes ausgeglichen wird. Eine Mindestausgleichsregel hinsichtlich der Frage, inwieweit und in welchem Umfang Ruhezeiten zu verlängern sind, enthält diese Bestimmung nicht. Entsprechendes zeigt auch § 7 Abs. 2, Einleitungssatz, ArbZG und § 7 Abs. 2 Nr. 1 ArbZG. Dort ist nur von einem »entsprechenden Zeitausgleich« die Rede. Aus der unterschiedlichen Formulierung ist zu folgern, dass der Gesetzgeber in § 5 Abs. 2 ArbZG die dem Wortlaut entsprechende rigide Handhabe nicht nur zum Ausdruck gebracht, sondern auch gewollt hat[22].

19 Es ist auch **nicht möglich, mehrere geringfügigere Verkürzungen der Ruhezeit** dadurch aufzufangen, dass eine andere Ruhezeit nur **um die Summe der**

---

20 ArbZG Rz. 64.
21 *Roggendorff* § 5 ArbZG Rz. 19; *Zmarzlik* DB 1994, 1082, 1083; *Buschmann/Ulber* § 5 ArbZG Rz. 7; die Addition von »Splitterverkürzungen« wollen *Neumann/Biebl* § 5 ArbZG Rz. 5 erlauben.
22 *Erasmy* NZA 1994, 1105, 1108.

Verkürzungen verlängert wird. Vielmehr muss für **jede** Verkürzung der Ruhezeit eine andere Ruhezeit **auf zwölf Stunden** verlängert werden.

▶ Beispiel:

Vier aufeinander folgende Ruhezeiten werden jeweils um 15 Minuten verkürzt. Der Ausgleich ist nicht dadurch möglich, dass eine fünfte Ruhezeit um viermal 15 Minuten, d. h. um eine Stunde und damit auf zwölf Stunden verlängert wird. Vielmehr muss für jede der auch nur um 15 Minuten verkürzten Ruhezeiten eine andere Ruhezeit auf mindestens zwölf Stunden verlängert werden. Dementsprechend sind für die vier um 15 verkürzten Ruhezeiten vier andere Ruhezeiten zu gewähren, die jeweils nicht kürzer als zwölf Stunden sind.

Ebenso ist es **unzulässig, mehrere verkürzte Ruhezeiten** dadurch ausgleichen zu wollen, dass eine **einzige** andere Ruhezeit um die Summe der Verkürzungen und damit ggf. weit über zwölf Stunden hinaus, **verlängert** wird.

▶ Beispiel:

Zwei Ruhezeiten werden jeweils um eine Stunde verkürzt. Als Ausgleich will der Arbeitgeber eine auf 13 Stunden verlängerte Ruhezeit gewähren. Dies ist nicht zulässig. Es müssen zwei auf zwölf Stunden verlängerte Ruhezeiten gewährt werden.

Soweit *Neumann/Biebl*[23] meinen, § 5 Abs. 2 ArbZG besage nicht, dass schon eine Verkürzung der Ruhezeit um eine Viertelstunde oder gar nur wenige Minuten immer eine Verlängerung um mindestens eine Stunde gegenüberstehen müsse, weil hierdurch kein Ausgleich, sondern Überkompensation erzielt werde, steht ihnen der Wortlaut des Gesetzes entgegen, nicht zuletzt auch im Vergleich des Textes des § 5 Abs. 2 ArbZG im Verhältnis zu den Regelungen in § 7 Abs. 1 Nr. 3 und Abs. 2 Nr. 1 ArbZG. Das Gesetz beschränkt sich nicht darauf, lediglich einen Ausgleich per Saldo zu normieren. Vielmehr ist nach dem klaren Wortlaut des Gesetzes **jede Verkürzung** durch **Verlängerung einer anderen Ruhezeit auf mindestens zwölf Stunden** auszugleichen[24]. Dies mag zwar durchaus eine Überkompensation zur Folge haben. Indessen ist nicht zu übersehen, dass die praktischen Folgen einer solchen Überkompensation ihrerseits dadurch gemindert werden können, dass Arbeitnehmer in der Regel

---

23 § 5 ArbZG Rz. 5.
24 *Anzinger/Koberski* § 5 ArbZG Rz. 31.

nicht jeden aufeinander folgenden Tag mit einer Ruhezeit von nur elf Stunden zu arbeiten haben. In der Regel steht als Ausgleichszeitraum selbst bei der regelmäßigen gesetzlichen höchstzulässigen Arbeitszeit von zehn Stunden ein Volumen von 14 Stunden zur Verfügung.

2. Ausgleichszeiträume

22 Der Ausgleich hat innerhalb **eines Kalendermonats** oder innerhalb von **vier Wochen** zu erfolgen. Insoweit gilt grundsätzlich dasselbe wie für die Regelung über die Ausgleichszeiträume nach § 3 Satz 2 ArbZG (s. § 3 Rdn. 29 ff.). Trotz des Wortlautes ist auch in § 5 Abs. 2 ArbZG der Ausgleichszeitraum **nicht** der **Kalendermonat**, also ein Zeitraum, der am Ersten eines Monats beginnt und am letzten Tag eines Monats endet, sondern der **Zeitmonat** (s. § 3 Rdn. 32 ff.).

23 Es ist auch nicht geboten, die Verkürzung der Ruhezeit nach § 5 Abs. 2 ArbZG nur **nachträglich** auszugleichen[25], jedoch den **vorherigen Ausgleich** zuzulassen, wenn der Arbeitgeber den Kalendermonat als Ausgleich wählt. Vielmehr gilt hinsichtlich des Beginns des Ausgleichszeitraumes dasselbe wie für § 3 ArbZG. **Legt** der Arbeitgeber den **Ausgleichszeitraum von vornherein fest**, so kann der Ausgleich auch schon durch eine **vorherige verlängerte Ruhezeit** erfolgen; lässt der Arbeitgeber dagegen den **Ausgleichszeitraum** erst dadurch beginnen, dass er eine **Ruhezeit verkürzt**, so ist der Ausgleich von diesem Tag an innerhalb des Ausgleichszeitraumes vorzunehmen (s. § 3 Rdn. 42 ff., 49). Für Frage der Auslösung des Ausgleichszeitraumes ist unerheblich, welchen der beiden der Arbeitgeber wählt. Entscheidend ist, dass der Ausgleich innerhalb des gewählten Ausgleichszeitraumes erfolgt.

III. Anwendungsbereiche

24 Art. 17 Abs. 3 RL 2003/88/EG ermöglicht den Mitgliedstaaten, für sehr viele Arbeitsbereiche die regelmäßige Ruhezeit unter Ausgleichen zu verkürzen. Das Arbeitszeitgesetz schöpft diese Möglichkeiten nicht aus. Die **Anwendungsbereiche** bzw. Betriebe, die von der Möglichkeit der Ruhezeitverkürzung Gebrauch machen können, sind in § 5 Abs. 2 ArbZG **abschließend aufgezählt**. Dabei verzichtet das Gesetz auf eine eigenständige Definition, sondern setzt die jeweiligen Begriffe voraus.

---

25 So aber *Roggendorff* § 5 ArbZG Rz. 18.

1. Krankenhäuser und andere Einrichtungen zur Behandlung, Pflege und Betreuung von Personen

Die Ausnahmeregelung beruht auf Art. 17 Abs. 3 RL 2003/88/EG. Sie bezieht sich allerdings nicht auf Krankenhäuser insgesamt, sondern auf die Aufnahme-, Behandlungs- und Pflegedienste. **Krankenhäuser** sind öffentliche oder private Einrichtungen des Gesundheitswesens zur **stationären** Aufnahme, Untersuchung, Überwachung und Behandlung erkrankter Menschen; sie dienen daneben auch in begrenztem Umfang der ambulanten medizinischen Versorgung. Nach § 1 Abs. 2 der – mit In-Kraft-Treten des Arbeitszeitgesetzes – aufgehobenen Verordnung über die Arbeitszeit in Krankenpflegeanstalten galten als solche Anstalten »öffentliche und private Anstalten, in denen Kranke und Sieche versorgt werden, die ständiger ärztlicher Aufsicht oder fachkundiger Pflege bedürfen, ferner Entbindungsanstalten, Säuglingsheime und Irrenanstalten«. Hiermit ist der in § 5 Abs. 2 (und 3) ArbZG verwendete Begriff »Krankenhäuser« nicht identisch. Den Unterschieden kommt jedoch rechtlich keine wesentliche Bedeutung zu, weil auch für alle anderen **Einrichtungen zur Behandlung, Pflege und Betreuung von Personen** dieselben arbeitszeitrechtlichen Regelungen gelten. Darunter fallen nicht nur bisher bekannte Einrichtungen aus dem medizinischen Bereich, sondern auch solche mit neuen Aufgaben und Konzepten, sei es im Bereich der Medizin, aber auch in anderen Aufgabenfeldern. 25

Zu den Einrichtungen zur Behandlung, Pflege und Betreuung von Personen zählen, soweit nicht schon der Begriff des Krankenhauses einschlägig ist, **alle Stätten und Einrichtungen** zur **medizinischen Rehabilitation, Vorsorge** und **Nachsorge**, vor allem auch **Nachsorgekliniken, Kurheime** und -einrichtungen, Sanatorien, Psychosomatische Kliniken und Ähnliches. 26

Der medizinischen Behandlung von Menschen dienen aber **auch Einrichtungen**, in denen die Behandlung **ambulant** erfolgt, z. B. **Tageskliniken, Arztpraxen, physiotherapeutische Praxen, Dialysekliniken** und -praxen sowie ähnliche Einrichtungen. Dem Gesetz ist nicht zu entnehmen, dass die Anwendbarkeit des § 5 Abs. 2 (und 3) ArbZG lediglich auf Einrichtungen beschränkt ist, die der stationären Behandlung usw. der Menschen dienen. Insbesondere lässt sich dies nicht aus dem Begriff »Einrichtung« oder dem Kontext mit »Krankenhäusern« folgern. 27

Zu den genannten **Einrichtungen** zählen auch nicht nur solche, die dem Bereich der medizinischen Versorgung zuzuordnen sind, sondern auch solche, in denen **aus anderen Gründen Menschen behandelt, gepflegt** oder **betreut** 28 werden. Diese Bedürfnisse können sich vor allem aus dem Lebensalter oder den Lebensumständen der Menschen ergeben. Zu den Einrichtungen, die derartigen Bedürfnissen nachzukommen bestimmt sind und die deshalb ebenfalls unter § 5 Abs. 2 (und 3) ArbZG fallen, gehören stationäre Einrichtungen wie **Altenheime, Pflegeheime, Säuglings-, Kinder- und Jugendheime, Müttergenesungsheime**. Aber auch ambulant arbeitende Einrichtungen zählen hierzu, z. B. **ambulante Pflegedienste, Sozialstationen**[26]. Ebenfalls stellen **soziale Einrichtungen z. B. zur Betreuung von Nichtsesshaften, Drogenabhängigen, Einrichtungen zur Betreuung von Menschen** i. S. d. § 5 Abs. 2 (und 3) ArbZG dar.

2. Gaststätten und sonstige Einrichtungen zur Bewirtung und Beherbergung

29 EU-rechtliche Grundlage für diese Regelung in § 5 Abs. 2 ArbZG ist Art. 17 Abs. 3 RL 2003/88/EG, wonach eines auszugleichende Ruhezeitverkürzung im »Fremdenverkehr« zulässig ist, dies allerdings nur »im Fall eines vorhersehbaren übermäßigen Arbeitsanfalls«. Dem Begriff Fremdenverkehr entsprechen die Begriffe Gaststätten und andere Einrichtungen zur Bewirtung und Beherbergung; dagegen verzichtet das ArbZG auf die weitere Voraussetzung des vorhersehbaren übermäßigen Arbeitsanfalls.

30 **Gaststätten** dienen der **Verabreichung von Getränken und zubereiteten Speisen an Ort und Stelle**, sei es in einem festen Gebäude, sei es – im Reisegewerbe – in einer für die Dauer der Veranstaltung ortsfesten Betriebsstätte, wenn der Betrieb jedermann oder bestimmten Personenkreisen zugänglich ist. Hierzu zählen auch solche Einrichtungen in Vereinen und Gesellschaften. Die Frage der Konzessionsbedürftigkeit bzw. der Ausnahmeregelung hiervon ist für den Begriff der Gaststätte i. S. d. § 5 Abs. 2 ArbZG ohne Bedeutung. Auch für sonstige derartige Einrichtungen, die keiner Konzession bedürfen, gilt § 5 Abs. 2 ArbZG[27].

31 Auch die **Beherbergung** von Personen zählt gewerberechtlich zur Betätigung der **Gaststätten**. In § 5 Abs. 2 ArbZG ist dieser Tatbestand jedoch gesondert aufgeführt. Damit werden nicht nur Gaststätten i. S. des Gewerberechts erfasst, sondern auch »**private« Fremdenpensionen** oder andere Einrichtun-

---

26 *Roggendorff* § 5 ArbZG Rz. 20; *Anzinger/Koberski* § 5 ArbZG Rz. 37.
27 *Neumann/Biebl* § 5 ArbZG Rz. 10; *Anzinger/Koberski* § 5 ArbZG Rz. 40 f.

gen, die zwar der Übernachtung dienen, aber keine Gaststätten sind, erfasst. Entsprechendes gilt für Einrichtungen zur Bewirtung.

3. Verkehrsbetriebe

Das EU-Recht ermöglicht nicht, für Verkehrsbetriebe schlechthin eine ausgleichspflichtige Ruhezeitverkürzung zu ermöglichen. Vielmehr ist die Regelung differenzierter, indem dort bestimmte Funktionen aufgezählt sind: »Hafen- und Flughafenpersonal« (Art. 17 Abs. 3 RL 2003/88/EG), ». . . . Post oder Telekommunikation« (Art. 17 Abs. 3 RL 2003/88/EG), »Arbeitnehmer, die im regelmäßigen innerstädtischen Personenverkehr beschäftigt sind« (Art. 17 Abs. 3 RL 2003/88/EG) sowie im »Fall eines vorhersehbaren übermäßigen Arbeitsanfalls, insbesondere . . . im Postdienst« (Art. 17 Abs. 3 RL 2003/88/EG). Ergänzt wird die Aufzählung für bestimmte Tätigkeiten des Eisenbahnpersonals (Art. 17 Abs. 3 Buchst. e RL 2003/88/EG). Diese Differenzierung hat der deutsche Gesetzgeber nicht aufgegriffen, sondern stattdessen insoweit den **umfassenden Sammelbegriff des Verkehrsgewerbes** gewählt. Dagegen hat er für das Fahrpersonal im Straßentransport zwecks Umsetzung der so genannten Fahrpersonal-Arbeitszeit-RL 2002/15/EG[28]) besondere Bestimmungen in § 21 a ArbZG erlassen. Folglich bezieht sich § 5 Abs. 3 ArbZG nur auf Mitarbeiter in Verkehrsbetrieben, soweit diese nicht zum Fahrpersonal i. S. des § 21 a ArbZG zu rechnen sind. Nicht zum Fahrpersonal i. S. des § 21 a ArbzG sind u. a. auch Straßenbahnfahrer mit einer Streckenlänge von nicht mehr als 50 km zu rechnen[29]. 32

Der Begriff »**Verkehrsbetriebe**« ist im Arbeitszeitgesetz ebenso wenig definiert worden wie der zuvor in § 12 Abs. 1 Satz 2 AZO verwendete Begriff »Verkehrswesen«. In der Begründung des Regierungsentwurfs zu § 5 Abs. 2 ArbZG heißt es: Unter Verkehrsbetrieben sind die öffentlichen und privaten Betriebe zu verstehen, deren Zweck auf die Beförderung von Personen, Gütern oder Nachrichten gerichtet ist (z. B. Betriebe der Deutschen Bundespost), sowie die dazu gehörigen selbständigen und unselbständigen Hilfs- und Nebenbetriebe[30]. Im Gesetzestext selbst ist dagegen von **Hilfs-** oder **Nebenbetrieben nicht** die Rede, sondern nur von **Verkehrsbetrieben**. Verkehrsbetriebe sind solche, deren Zwecke unmittelbar oder mittelbar auf das Betreiben von Verkehr im 33

---

28 ABl. EG Nr. L 80/35.
29 BAG 13.10.2010 – 9 AZR 139/08 – AP Nr. 4 zu § 2 ArbZG.
30 BT-Drucks. 12/5888, 25.

Sinne der Beförderung von Personen und Gütern sowie Nachrichtenzeichen gerichtet ist. Dabei ist nicht auf den gewerberechtlichen Betriebsbegriff abzustellen; vielmehr genügt es, dass der verkehrstechnischen Zweck mit einer – von anderen arbeitstechnischen Zwecken abgegrenzten – Organisationseinheit (Betrieb oder Betriebsteil) verfolgt wird und die Arbeitnehmer dieser Organisationseinheit zugeordnet sind.

34 Zu den Verkehrsbetrieben zählen zunächst solche, die Personen oder Güter selbst transportieren oder solche Transporte organisieren, z. B. **Eisenbahnen, Straßenbahn- und Kraftverkehrsbetriebe** (vgl. für Fahrer und Beifahrer insoweit jedoch Abs. 4), **Schifffahrtsbetriebe** (ausgenommen Besatzungsmitglieder auf Kauffahrteischiffen – § 18 Abs. 3 ArbZG), **Flugbetriebe** (ausgenommen Besatzungsmitglieder von Luftfahrzeugen – § 20 ArbZG). Verkehrsbetriebe sind aber auch solche Betriebe, die die Durchführung solchen Verkehrs erst ermöglichen, z. B. **Bahnhöfe, Binnenhäfen, Seehäfen, Hafenbetriebe**[31], **Flughäfen, Verkehrslotsenbetriebe in der Binnen- und Seeschifffahrt bzw. Fluglotsen, Betriebe zur sofortigen Versorgung der Verkehrsmittel** mit Betriebsstoffen zwecks Herstellung der Fahrbereitschaft, **Gepäckabfertigung und -transport**[32].

35 Zu den **Verkehrsbetrieben** rechnen nach der Gesetzesbegründung[33] aber auch solche, die auf die **Beförderung von »Nachrichten«** gerichtet sind. Damit ist nicht die Übermittlung des sachlichen Nachrichteninhaltes gemeint, sondern der Transport der Nachrichtenzeichen. Dies ist vor allem Zweck der **Telekommunikationsbetriebe**. Auch sie sollen Verkehrsbetriebe i. S. d. § 5 Abs. 2 ArbZG sein[34]. Ob dieser juristische »Kunstgriff« erforderlich war, erscheint angesichts dessen, dass Art. 17 Abs. 3 RL 2003/88/EG Post und Telekommunikation ausdrücklich erwähnt, zweifelhaft.

36 Fraglich ist, inwieweit nur eigenen Zwecken dienende Verkehrsbetriebe eines Unternehmens, z. B. ein als Betrieb oder Betriebsteil organisierter **Werksverkehr** bzw. eine **Werkseisenbahn** zu den Verkehrsbetrieben i. S. d. § 5 Abs. 2

---

31 LAG Bremen 12.03.1963 AP Nr. 1 zu § 611 BGB Hafenarbeiter.
32 So für ein mit der Reinigung eines Flughafens befasstes Reinigungsunternehmen: OVG Berlin 31.07.1961 AP Nr. 1 zu § 19 AZO.
33 BT-Drucks. 12/5888, 25.
34 *Neumann/Biebl* § 5 ArbZG Rz. 11; *Roggendorff* § 5 ArbZG Rz. 22.

ArbZG zählen. Nach Ansicht *Roggendorffs*[35] soll ein als unselbständiger Teil eines Betriebes, dessen Zweck nicht auf die Beförderung von Personen, Gütern oder Nachrichten für andere gerichtet ist, organisierter Werksverkehr keinen Verkehrsbetrieb i. S. d. § 5 Abs. 2 ArbZG darstellen. Diese Ansicht ist abzulehnen. Für die Frage, ob ein Verkehrsbetrieb vorliegt oder nicht, kommt es nicht darauf an, ob er nur und primär der Befriedung unternehmenseigener Verkehrsbedürfnisse dient (Werksverkehr, Werkseisenbahn usw.) oder ob er dazu bestimmt ist, die Bedürfnisse Dritter zu befriedigen. Entscheidend ist allein, ob der Werksverkehr seinerseits abgrenzbar organisiert ist.

4. Rundfunk

Für u. a. **Presse, Rundfunk, Fernsehdienste** ermöglicht Art. 17 Abs. 3 RL 2003/88/EG die ausgleichspflichtige Ruhezeitverkürzung. Das ArbZG hat hiervon für Rundfunk und Fernsehen, nicht aber für die Presse Gebrauch gemacht. Auch der **Rundfunk** war im ursprünglichen Gesetzentwurf des § 5 Abs. 2 ArbZG nicht aufgezählt. Der Begriff ist erst aufgrund der Beschlussempfehlung des Ausschusses für Arbeits- und Sozialordnung mit der Begründung in das Gesetz eingefügt worden, damit solle der Informationsvermittlungsaufgabe des Rundfunks Rechnung getragen werden[36]. 37

Im Arbeitszeitgesetz ist der Begriff **Rundfunk** nicht bestimmt. Unter **Rundfunk** ist nicht nur der **Hörfunk** zu verstehen, sondern auch das **Fernsehen**. Insoweit wird der Begriff Rundfunk sinngleich verwendet wie in § 17 Abs. 2 Nr. 5 JArbSchG; nach dieser Bestimmung ist Rundfunk ausdrücklich als Hörfunk und Fernsehen definiert[37]. Nach Art. 1 des Staatsvertrages über die Rundfunkgebühren ist Rundfunk »die für die Allgemeinheit bestimmte Veranstaltung und Verbreitung von Darbietungen aller Art in Wort, in Ton und in Bild unter Benutzung elektrischer Schwingungen, sei es mit oder ohne Verbindungsleiter, sei es mittels oder längs eines Verbindungsleiters«. Hierzu zählen **Hörfunk, Fernsehen, Kabel- und Satellitenfunk**. Auf die Trägerschaft – öffentlich-rechtlicher Anstalt oder Privatunternehmen – kommt es nicht an, auch nicht darauf, inwieweit die Informationsübermittlung im Sinne einer Nachrichtenversorgung im Vordergrund steht oder ob es sich um einen reinen 38

---

35 § 5 ArbZG Rz. 22.
36 BT-Drucks. 12/6690, 9, 43.
37 *Baeck/Deutsch* § 10 ArbZG Rz. 61; *Neumann/Biebl* § 10 ArbZG Rz. 25; *Anzinger/Koberski* § 10 ArbZG Rz. 50.

§ 5 ArbZG Ruhezeit

Unterhaltungs- oder Musiksender bzw. -kanal handelt. Unklar ist angesichts der bisher verwendeten Begriffe, ob Suchmaschinenbetreiber zum Rundfunk oder zur Telekommunikation zu rechnen sind.

39 **Fraglich** ist indessen, **ob alle Betätigungen** einer Rundfunkanstalt unter den Begriff des Rundfunks i. S. d. § 5 Abs. 2 ArbZG fallen und die Rundfunkanstalt auch insoweit berechtigt ist, die Ruhepause um eine Stunde mit entsprechendem Ausgleich zu verkürzen. Nach *Neumann/Biebl*[38] sollen Betriebe und Einrichtungen, die **Vorratsproduktion** von Sendungen betreiben, nicht zum **Rundfunk** i. S. d. § 5 Abs. 2 ArbZG gehören. Nach dem Sinn und Zweck des § 5 Abs. 2 ArbZG liegt es nahe, die Möglichkeit der Verkürzung der Ruhepausen auf Bereiche zu beschränken, die der Tagesaktualität dienen. Indessen hat der Gesetzgeber eine solche Anordnung weder im Bereich des Rundfunks getroffen noch in anderen Bereichen, in denen nach § 5 Abs. 2 ArbZG Ruhepausen verkürzt werden dürfen. Hiervon zu unterscheiden ist die Frage, ob und inwieweit es sinnvoll ist bzw. dem Gebot billigen Ermessens bei der Ausübung des Direktionsrechts entspricht, für Vorratsarbeiten die Ruhezeiten nach § 5 Abs. 2 ArbZG zu verkürzen.

5. Landwirtschaft

40 Die EU-rechtlichen Arbeitszeitbestimmungen erfassen auch die Landwirtschaft; Art. 17 Abs. 3 RL 2003/88/EG ermöglicht für die Landwirtschaft ebenfalls die ausgleichspflichtige Ruhezeitverkürzung. Die **Landwirtschaft** in Deutschland **unterliegt** seit In-Kraft-Treten des Arbeitszeitgesetzes erstmals dem öffentlich-rechtlichen Arbeitszeitschutzrecht, nämlich dem **Arbeitszeitgesetz**. Sie war einschließlich des Gartenbaues, des Weinbaues und der Imkerei unter der Geltung der Arbeitszeitordnung ebenso von deren Anwendungsbereich ausgenommen wie die Forstwirtschaft, die Jagd, die Tierzucht und die für den eigenen Bedarf arbeitenden gewerblichen Nebenbetriebe (§ 1 Abs. 1 Nr. 1 AZO). Dasselbe galt für die Fischerei (§ 1 Abs. 1 Nr. 2 AZO).

41 Die Einbeziehung der **Landwirtschaft** in den Regelungsbereich des Arbeitszeitgesetzes war Anlass, entsprechende **Ausnahmebestimmungen** für diesen Bereich zu erlassen. Für andere, ebenfalls erstmals einbezogene Bereiche, vor allem für die **Forstwirtschaft**, aber auch die **Jagd**, hat der Gesetzgeber davon abgesehen.

---

38 § 5 ArbZG Rz. 13.

Unter **Landwirtschaft** i. S. d. Arbeitszeitgesetzes allgemein und damit auch 42
seines § 5 Abs. 2 sowie seines § 7 Abs. 2 Nr. 2 ist die **wirtschaftliche Nutzung des Erdbodens zur Gewinnung pflanzlicher und/oder tierischer Erzeugnisse** bzw. zur Nutzung von deren Arbeitsleistung zu verstehen. Neben **Ackerbau** und **Viehwirtschaft** gehören zur Landwirtschaft auch **Garten, Gemüse-, Obst- und Weinbau**. Zur Landwirtschaft ist aber **nicht** die **Forstwirtschaft** zu rechnen[39]. Sog. landwirtschaftliche Nebenbetriebe wie Mühlen, Molkereien usw. fallen nicht unter § 5 Abs. 2 ArbZG. **Gärtnereien, die überwiegend nicht der Erzeugung von Pflanzen dienen**, sondern lediglich der Anlage und Pflege von Gärten, Anlagen, Parks oder in denen nur Handel mit Pflanzen und Blumen stattfindet, sind **keine** Betriebe der **Landwirtschaft**.

Nach der Begründung des Regierungsentwurfs[40] sollen zur Landwirtschaft 43
i. S. d. Arbeitszeitgesetzes alle Betriebe gehören, die der **landwirtschaftlichen Unfallversicherung** unterliegen[41]. Das wären neben der Landwirtschaft unter anderem auch die Forstwirtschaft, die Imkerei, Jagden, Unternehmen der Park- und Gartenpflege, Friedhöfe, landwirtschaftliche Haushaltungen sowie Lohn- und Nebenunternehmen. Dieser **Ansicht** kann ich **nicht** folgen. Weder die den Begriff Landwirtschaft weit sprengende Umschreibung noch die auf sie zurückzuführende Aufzählung aller der landwirtschaftlichen Unfallversicherung unterliegenden Betriebe und Unternehmen oder Einrichtungen haben in § 5 Abs. 2 ArbZG oder an anderer Stelle (§ 7 Abs. 2 ArbZG) im Arbeitszeitgesetz ihren Niederschlag gefunden. Hätte der Gesetzgeber einen derart weiten Ausnahmebereich erfassen wollen, so hätte es einer entsprechenden Formulierung im Gesetz selbst bedurft, z. B. »alle der landwirtschaftlichen Unfallversicherung unterliegenden Betriebe, Unternehmen und Einrichtungen«. Das aber ist nicht geschehen. Eine Absicht des Gesetzgebers, die im Gesetz keinen Niederschlag gefunden hat, ist rechtlich unbeachtlich.

6. Tierhaltung

Die **Tierhaltung** ist – soweit sie als Landwirtschaft betrieben wurde – eben- 44
falls durch das Arbeitszeitgesetz erstmals dem öffentlich-rechtlichen Arbeitszeitschutz unterstellt worden. Für die nicht landwirtschaftlichen Bereiche der

---

39 *Neumann/Biebl* § 5 ArbZG Rz. 14.
40 BT-Drucks. 12/5888, 27.
41 So auch *Roggendorff* § 5 ArbZG Rz. 25, § 7 ArbZG Rz. 11, 48; *Anzinger/Koberski* § 5 ArbZG Rz. 55.

§ 5 ArbZG   Ruhezeit

Tierhaltung, z. B. für zoologische Gärten, galten schon zuvor die Bestimmungen der Arbeitszeitordnung.

45   § 5 Abs. 2 ArbZG ermöglicht die Verkürzung der Ruhezeit mit entsprechendem Ausgleich für **jede Art der Tierhaltung**, gleichgültig, zu welchem Zweck sie durchgeführt wird. Hierunter fallen neben der landwirtschaftlichen Tierhaltung auch **Zoologische Gärten, Tierparks, Tierpensionen, Haltung von Tieren zu Sportzwecken**, aber auch **Fischzucht, Zierfischhaltung, Aquarien** wie auch die Zucht bzw. Haltung von Versuchstieren oder Tieren zum Zwecke der Verfütterung.

E. Rufbereitschaft in Krankenhäusern und anderen Einrichtungen zur Behandlung, Pflege und Betreuung von Personen (§ 5 Abs. 3 ArbZG)

46   § 5 Abs. 3 ArbZG ermöglicht in Krankenhäusern und anderen Einrichtungen zur Behandlung, Pflege und Betreuung von Menschen die Verkürzung der Ruhezeit im Fall der Inanspruchnahme während der Rufbereitschaft (vgl. zum Begriff der Rufbereitschaft § 2 Rdn. 28 ff.). Das bisher geltende Arbeitszeitrecht sah weder für Ärzte noch für das Pflegepersonal, sondern nur für alle der Arbeitszeitordnung in Krankenhäusern (AZO Kr – vom 13. 2. 1924, aufgehoben mit In-Kraft-Treten des Arbeitszeitgesetzes – Art. 21 Nr. 3 ArbZRG) unterliegenden nichtärztlichen Arbeitnehmer eine ununterbrochene **Ruhezeit von elf Stunden** im Anschluss an die tägliche Arbeitszeit vor. Die AZO Kr enthielt keine Ruhezeitregelung. Zudem fanden auf angestellte Ärzte in Krankenhäusern weder die Bestimmungen über die genannte Verordnung über die Arbeitszeit in Krankenpflegeanstalten noch die der Arbeitszeitordnung Anwendung[42]. In der Regel wurden und werden in Krankenhäusern im Anschluss an die tägliche Arbeitszeit von Ärzten und Pflegepersonal Bereitschaftsdienste bzw. Rufbereitschaften angeordnet. Ein verbreitetes Arbeitszeitmodell in Krankenhäusern lautete bisher: Acht Stunden Arbeitszeit – 16 Stunden Bereitschaftsdienst – acht Stunden Arbeitszeit. Allerdings hat das BAG erkannt, dass Ärzte, deren Arbeitsverhältnis den Sonderregelungen 2 c BAT unterliegen, in Krankenhäusern während eines zwischen zwei Tagesdiensten liegenden Bereitschaftsdienstes in der Zeit ab 21.00 Uhr bis zum Beginn des nachfolgenden allgemeinen Tagesdienstes eine ununterbrochene Ruhezeit von mindestens sechs Stunden zur Verfügung stehen muss; ist dies nicht der Fall,

---

42   BAG 08.11.1962 AP Nr. 25 zu § 611 BGB Ärzte, Gehaltsansprüche.

so ist der angestellte Arzt vom nachfolgenden allgemeinen Tagesdienst freizustellen[43].

Infolge der **Einbeziehung der Ärzte**, außer Chefärzten (§ 18 Abs. 1 Nr. 1 ArbZG), und des **Pflegepersonals** in die allgemeinen Regelungen des ArbZG wäre es nicht mehr möglich gewesen, in vergleichbarer Art und Weise Tagesdienste und Bereitschaftsdienste in Krankenhäusern zu organisieren. Zwar kann die Ruhezeit auch durch Anordnung von **Rufbereitschaft** gewährt werden, jedoch **nicht (mehr)** durch Anordnung von **Bereitschaftsdienst**. Letzteres war spätestens seit dem Urteil *SIMAP*[44] nicht mehr möglich (§ 2 Rdn. 21, 27; § 5 Rdn. 8, 9). Durch das Gesetz zu Reformen am Arbeitsmarkt[45] ist der Wortlaut des § 5 Abs. 3 ArbZG dementsprechend geändert worden. Weil der Bereitschaftsdienst nicht mehr der Ruhezeit, sondern der Arbeitszeit zugeordnet ist, können Inanspruchnahmen während des Bereitschaftsdienstes nicht (mehr) zur Verkürzung der Ruhezeit führen. 47

Steht einem Arbeitnehmer jedoch die ununterbrochene Ruhezeit von elf Stunden nicht zur Verfügung, weil er während des Bereitschaftsdienstes bzw. der Rufbereitschaft tatsächlich Arbeit geleistet hat bzw. er zu ihr herangezogen worden ist, so muss ihm vor Wiederaufnahme der Arbeit grundsätzlich eine neue ununterbrochene Ruhezeit von elf Stunden ermöglicht werden. Dies kann zur Folge haben, dass der geplante Beginn der nächsten Arbeitszeit verschoben werden muss[46]. Dies veranlasste den Gesetzgeber für die **Rufbereitschaft** (§ 2 Rdn. 28 ff.) **in Krankenhäusern und anderen Einrichtungen** zur Behandlung, Pflege und Betreuung von Personen (zum Begriff: Rdn. 25 ff.) besondere Regelungen einzuführen, die es ermöglichen, trotz begrenzter Inanspruchnahme während des Bereitschaftsdienstes bzw. der Rufbereitschaft und damit einer Beeinträchtigung der gesetzlichen Ruhezeit die nächste Tagesarbeitszeit planmäßig zu beginnen. 48

§ 5 Abs. 3 ArbZG gilt für **alle Arbeitnehmer** in Krankenhäusern bzw. in den genannten Einrichtungen, auch für solche, die mit ärztlicher und nichtärztlicher Versorgung, Behandlung und Pflege der Patienten nicht befasst sind. 49

---

43 BAG 24.02.1982 AP Nr. 7 zu § 17 BAT.
44 EuGH 03.10.2000 – Rs. C-303/98 – SIMAP – EuGHE I 2000, 7963–8034 = EzA § 7 ArbZG Nr. 1 = NZA 2000, 1227.
45 Vom 24.12.2003, BGBl. I S. 3002, 3006.
46 Rz. 10 sowie Schaubild 8.

§ 5 ArbZG Ruhezeit

50 § 5 Abs. 3 ArbZG ermöglicht in seinem Anwendungsbereich, **Rufbereitschaft im Anschluss an die normale tägliche Arbeitszeit** anzuordnen. Die Anordnung von Bereitschaftsdienst im Anschluss an die normale Arbeitszeit setzt eine Regelung nach § 7 ArbZG voraus. Werden Arbeitnehmer, vor allem Ärzte und Krankenhauspflegepersonal, während der Rufbereitschaft **in Anspruch genommen**, so kann ein Tagesdienst, der im unmittelbaren Anschluss an den Bereitschaftsdienst bzw. die Ruhezeit geplant ist, aufgenommen werden, wenn die **Inanspruchnahme während der Ruhezeit nicht mehr als die Hälfte der Ruhezeit** (§ 5 Abs. 3 ArbZG) beträgt.

Ende der Arbeitszeit		Beginn/Ende Arbeitszeit		**Beginn der Arbeitszeit**
		Inanspruchnahme		
	Beginn ←———— *Rufbereitschaft* ————→ Ende			
	Beginn ←———————— *Ruhezeit* ————————→ Ende			
		Inanspruchnahme **nicht mehr als ½** der Ruhezeit		**keine** (neue) Ruhezeit

Schaubild 9:

51 **Mehrfache Inanspruchnahmen während derselben Rufbereitschaft** sind insoweit **zusammenzurechnen**. Das Gesetz schreibt auch nicht vor, dass mindestens die Hälfte der Ruhezeit ohne Unterbrechung zu gewähren ist. Vielmehr genügt insoweit allein eine summenmäßige Betrachtung. Fraglich ist, ob im Rahmen von § 5 Abs. 3 ArbZG die Ruhezeit des § 5 Abs. 1 ArbZG von elf Stunden zu Grunde zu legen ist[47] oder ob bei entsprechender Regelung die nach § 5 Abs. 2 ArbZG auf mindestens zehn Stunden verkürzte Ruhezeit heranzuziehen ist. Im Hinblick auf den Zweck des § 5 Abs. 3 ArbZG, der u. a. darin besteht, den planmäßigen Beginn der nächsten Tagesarbeitszeit trotz zeitlich begrenzter Inanspruchnahme während der Ruhezeit darstellenden Rufbereitschaft zu ermöglichen, ist der zuletzt genannten Ansicht der Vorzug

---

47 *Neumann/Biebl* § 5 ArbZG Rz. 8; wohl auch *Roggendorff* § 5 ArbZG Rz. 35.

zu geben. Denn auch die Verkürzung der Ruhezeit um bis zu eine Stunde nach § 5 Abs. 2 ArbZG beruht auf einer entsprechenden Planung. Der Gesetzgeber hat auch nicht etwa angeordnet, dass während einer nach § 5 Abs. 2 ArbZG verkürzten Ruhezeit Rufbereitschaft nicht angeordnet werden dürfte.

Wird dagegen die Ruhezeit durch Inanspruchnahme während der Rufbereit- 52 schaft um mehr als die Hälfte nicht eingehalten, so muss dem Arbeitnehmer im Anschluss an die Beendigung seiner letzten Inanspruchnahme während der Rufbereitschaft eine erneute volle Ruhezeit gewährt werden. Dies kann die gesetzliche Ruhezeit nach § 5 Abs. 1 ArbZG, aber auch eine nach § 5 Abs. 2 ArbZG verkürzte Ruhezeit sein.

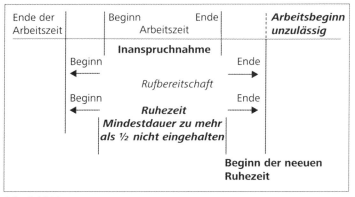

Schaubild 10:

Soweit der Arbeitnehmer während seiner Ruhezeit aufgrund Rufbereitschaft 53 zu nicht mehr als der Hälfte der Ruhezeit in Anspruch genommen worden ist, ist die Zeit dieser Inanspruchnahme auszugleichen. Der **Ausgleich** kann **zu beliebigen** anderen **Zeiten** erfolgen. Einen **Ausgleichszeitraum** gibt es **nicht**; der Ausgleich kann auch durch einen anderen, die Ruhezeit übersteigende Rufbereitschaft vorgenommen werden[48].

---

48 BT-Drucks. 12/5888, 25 l. Sp.

§ 5 ArbZG Ruhezeit

▶ **Beispiel:**

Die Tagesarbeitszeit eines Krankenhausarztes endet um 16.00 Uhr. Bis zum nächsten Morgen um 8.00 Uhr hat er Rufbereitschaft; danach ist er wieder zu einem Tagesdienst bis 16.00 Uhr eingeteilt, sodann wieder zu einer Rufbereitschaft bis zum nächsten Morgen um 8.00 Uhr. Während der ersten Rufbereitschaft arbeitet er von 0.00 Uhr bis 1.30 Uhr. Da er zu nicht mehr als der Hälfte seiner Ruhezeit Arbeit geleistet hat, kann er planmäßig seinen Tagesdienst am nächsten Morgen antreten. Die Zeit seiner Inanspruchnahme kann durch die nachfolgende Rufbereitschaft unter dem Gesichtspunkt der Ruhezeit ausgeglichen werden.

54 Soweit während der Rufbereitschaft **Arbeit geleistet** wird, ist diese Arbeitsleistung bei der Berechnung der **werktäglichen Arbeitszeit** des § 3 ArbZG mitzurechnen.

F. Ruhezeit für Fahrpersonal

55 Die Ruhezeit für das Fahrpersonal im Straßenverkehr richtet sich nach § 21a Abs. 5 ArbZG i. V. m. den Ruhezeitvorschriften für das Straßenverkehrspersonal nach dem EG-Recht und dem AETR getreten.

G. Ausnahmebestimmungen, Rechtsverordnungen

56 Nach näherer Maßgabe des § 14 ArbZG kann von den Regelungen des § 5 ArbZG bei vorübergehenden Arbeiten in **Notfällen** und **außergewöhnlichen Fällen** (Abs. 1), ferner bei der Beschäftigung verhältnismäßig **weniger Arbeitnehmer zur Vermeidung der Gefährdung des Arbeitsergebnisses oder zur Abwehr unverhältnismäßigen Schadens** (Abs. 2 Nr. 1) bzw. in **Forschung und Lehre, bei unaufschiebbaren Vor- und Abschlussarbeiten sowie bei unaufschiebbaren Arbeiten** zur Behandlung, Pflege und Betreuung von Personen oder zur Behandlung und Pflege von Tieren an einzelnen Tagen (Abs. 2 Nr. 2) abgewichen werden.

57 Nach § 15 ArbZG gibt es sowohl für die Dauer als auch für die Lage der Ruhezeiten eine Reihe von Möglichkeiten für **behördliche Ausnahmen**. Durch der Zustimmung des Bundesrates bedürfende **Rechtsverordnungen** können die **Bundesregierung** nach näherer Maßgabe des § 8 ArbZG (Gefährliche Arbeiten), des § 15 Abs. 2a (Offshore-Arbeitszeiten) und des § 24 ArbZG sowie nach § 15 Abs. 3 ArbZG der **Bundesminister für Verteidigung** in seinem Geschäftsbereich andere Ruhezeitenregelungen erlassen.

H. Abweichende Regelungen durch Tarifvertrag/Betriebsvereinbarung

Auch von § 5 ArbZG kann nach näherer Maßgabe des § 7 ArbZG durch **Tarifvertrag** oder durch **Betriebsvereinbarung** aufgrund eines Tarifvertrages oder durch **kirchliche Regelungen** abgewichen werden. So kann die Ruhezeit um bis zu zwei Stunden gekürzt werden, wenn die Art der Arbeit dies erfordert und die Kürzung innerhalb eines festzulegenden Ausgleichszeitraumes ausgeglichen wird (§ 7 Abs. 1 Nr. 3 ArbZG). Unter Wahrung des Gesundheitsschutzes der Arbeitnehmer erlaubt § 7 Abs. 2 ArbZG noch weiter gehende Abweichungen, vor allem für Bereitschaftsdienst und Rufbereitschaft (Nr. 1), in der Landwirtschaft (Nr. 2) und in Behandlungs-, Pflege- und Betreuungseinrichtungen für Menschen (Nr. 3). Die Geltung abweichender **kollektiver Regelungen** kann einzelvertraglich vereinbart werden (§ 7 Abs. 3 ArbZG); **Kirchen** und öffentlich-rechtliche Religionsgesellschaften können entsprechende Abweichungen in ihren Regelungen vorsehen (§ 7 Abs. 4 ArbZG). In üblicherweise **tariflosen Bereichen** können Behörden entsprechende Ausnahmen gestatten (§ 7 Abs. 5 ArbZG). Die Bundesregierung kann des Weiteren durch zustimmungspflichtige Rechtsverordnung ihrerseits Ausnahmen zulassen (§ 7 Abs. 6 ArbZG).

58

I. Jugendliche

Für **Jugendliche** ordnet § 13 JArbSchG eine ununterbrochene **Freizeit von mindestens zwölf Stunden** zwischen Ende und Beginn der täglichen Arbeitszeiten an. Der Begriff der Freizeit i. S. d. Jugendarbeitsschutzgesetzes geht weiter als der Begriff der Ruhezeit i. S. d. Arbeitszeitgesetzes. Freizeit ist eine völlig bindungslose, persönlich frei verfügbare Zeit. Hiermit verträgt es sich nicht, in diesem Zeitraum für Jugendliche Bereitschaftsdienst oder Rufbereitschaft anzuordnen. Vielmehr soll sich der Jugendliche während seiner Freizeit **erholen und entspannen**. Ihm muss Gelegenheit gegeben sein, zu tun, was er möchte, sei es schlafen, sei es seinen Hobbys nachzugehen oder am gesellschaftlichen Leben teilzunehmen. Für die **Lage der Freizeit** ist § 14 JArbSchG zu beachten. Hiernach liegt die Nachtruhe für alle Jugendlichen grundsätzlich in der Zeit von 20.00 Uhr bis 6.00 Uhr. Die Freizeit für Jugendliche kann grundsätzlich nur im Zusammenhang mit der Nachtruhe gewährt werden.

59

J. Mutterschutz

Eine besondere **Ruhezeitvorschrift** enthält § 8 Abs. 4 MuSchG für **werdende oder stillende Mütter**. Sie dürfen – abweichend von § 8 Abs. 1 MuSchG – im

60

Verkehrswesen, in Gast- und Schankwirtschaften und im übrigen Beherbergungswesen, in Krankenpflege- und in Badeanstalten, bei Musikaufführungen, Theatervorstellungen, anderen Schaustellungen, Darbietungen oder Lustbarkeiten an **Sonn- und Feiertagen** nur beschäftigt werden, wenn ihnen in jeder Woche einmal eine **ununterbrochene Ruhezeit von mindestens 24 Stunden im Anschluss an eine Nachtruhe** gewährt wird.

K. Verhältnis der gesetzlichen Ruhezeitbestimmungen zu Regelungen in Tarifverträgen und Betriebsvereinbarungen

61 Die Ruhezeitregelungen des § 5 ArbZG sind nur **Mindestbedingungen** für die gesetzlichen Ruhezeiten. Ruhezeitenregelungen können sich auch aus **Tarifverträgen** ergeben, insbesondere, wenn und soweit die Lage der Arbeitszeit an Wochentagen normiert ist[49]. Betriebsvereinbarungen über die Dauer und Lage der regelmäßigen Arbeitszeit (§ 87 Abs. 1 Nr. 2 BetrVG) bzw. über die vorübergehende Verlängerung oder Verkürzung der betriebsüblichen Arbeitszeit (§ 87 Abs. 1 Nr. 3 BetrVG) können durchaus auch Bestimmungen über Ruhezeiten enthalten. Zwar ist die Lage der Ruhezeit für sich alleine kein Mitbestimmungstatbestand. Sie ergibt sich jedoch daraus, dass die anderen Parameter über die Arbeitszeit, nämlich deren Lage und Dauer einschließlich der Pausen, ihre vorübergehende Verlängerung oder Verkürzung, der Mitbestimmung des § 87 BetrVG unterliegen. Entsprechendes gilt für das Personalvertretungsrecht.

§ 6 Nacht- und Schichtarbeit

(1) Die Arbeitszeit der Nacht- und Schichtarbeitnehmer ist nach den gesicherten arbeitswissenschaftlichen Erkenntnissen über die menschengerechte Gestaltung der Arbeit festzulegen.

(2) Die werktägliche Arbeitszeit der Nachtarbeitnehmer darf acht Stunden nicht überschreiten. Sie kann auf bis zu zehn Stunden nur verlängert werden, wenn abweichend von § 3 innerhalb von einem Kalendermonat oder innerhalb von vier Wochen im Durchschnitt acht Stunden werktäglich nicht überschritten werden. Für Zeiträume, in denen Nachtarbeitnehmer

---

49 Vgl. für Werksfeuerwehren der chemischen Industrie: BAG 12.03.2008 – 4 AZR 616/06 – EzA § 4 TVG Chemische Industrie Nr. 10.

im Sinne des § 2 Abs. 5 Nr. 2 nicht zur Nachtarbeit herangezogen werden, findet § 3 Satz 2 Anwendung.

(3) Nachtarbeitnehmer sind berechtigt, sich vor Beginn der Beschäftigung und danach in regelmäßigen Zeitabständen von nicht weniger als drei Jahren arbeitsmedizinisch untersuchen zu lassen. Nach Vollendung des 50. Lebensjahres steht Nachtarbeitnehmern dieses Recht in Zeitabständen von einem Jahr zu. Die Kosten der Untersuchungen hat der Arbeitgeber zu tragen, sofern er die Untersuchungen den Nachtarbeitnehmern nicht kostenlos durch einen Betriebsarzt oder einen überbetrieblichen Dienst von Betriebsärzten anbietet.

(4) Der Arbeitgeber hat den Nachtarbeitnehmer auf dessen Verlangen auf einen für ihn geeigneten Tagesarbeitsplatz umzusetzen, wenn
a) nach arbeitsmedizinischer Feststellung die weitere Verrichtung von Nachtarbeit den Arbeitnehmer in seiner Gesundheit gefährdet oder
b) im Haushalt des Arbeitnehmers ein Kind unter zwölf Jahren lebt, das nicht von einer anderen im Haushalt lebenden Person betreut werden kann, oder
c) der Arbeitnehmer einen schwerpflegebedürftigen Angehörigen zu versorgen hat, der nicht von einem anderen im Haushalt lebenden Angehörigen versorgt werden kann,

sofern dem nicht dringende betriebliche Erfordernisse entgegenstehen. Stehen der Umsetzung des Nachtarbeitnehmers auf einen für ihn geeigneten Tagesarbeitsplatz nach Auffassung des Arbeitgebers dringende betriebliche Erfordernisse entgegen, so ist der Betriebs- oder Personalrat zu hören. Der Betriebs- oder Personalrat kann dem Arbeitgeber Vorschläge für eine Umsetzung unterbreiten.

(5) Soweit keine tarifvertraglichen Ausgleichsregelungen bestehen, hat der Arbeitgeber dem Nachtarbeitnehmer für die während der Nachtzeit geleisteten Arbeitsstunden eine angemessene Zahl bezahlter freier Tage oder einen angemessenen Zuschlag auf das ihm hierfür zustehende Bruttoarbeitsentgelt zu gewähren.

(6) Es ist sicherzustellen, dass Nachtarbeitnehmer den gleichen Zugang zur betrieblichen Weiterbildung und zu aufstiegsfördernden Maßnahmen haben wie die übrigen Arbeitnehmer.

§ 6 ArbZG Nacht- und Schichtarbeit

A. Gegenstand der Regelung

1 Dem Schutz der Nachtarbeitnehmer widmet sich das EU-Arbeitszeitrecht besonders. Dies zeigen die detaillierten Begriffsbestimmungen in Art. 2 Abs. 3 und 4 und die umfangreichen Regelungen in den Art. 8 bis 12 RL 2003/88/EG (vormals RL 93/104/EG).

2 Auch § 6 ArbZG enthält **besondere Schutzbestimmungen für Nachtarbeitnehmer** hinsichtlich der menschengerechten Gestaltung ihrer Arbeitszeit (Abs. 1), der werktäglichen Höchstarbeitszeit mit verkürzten Ausgleichszeiträumen (Abs. 2), der arbeitsmedizinischen Vorsorge (Abs. 3), der Umsetzung in Tagarbeit (Abs. 4), des Ausgleichs für Nachtarbeit (Abs. 5) und des Zugangs zu betrieblicher Weiterbildung und beruflichem Aufstieg (Abs. 6). Die in § 6 ArbZG enthaltene Regelung für **Schichtarbeitnehmer** bleibt hinter der für Nachtarbeitnehmer weit zurück und beschränkt die menschengerechte Gestaltung ihrer Arbeitszeit (Abs. 1).

3 § 6 ArbZG gilt nicht, wie früher das Nachtarbeitsverbot des § 19 ArbZG, nur für Frauen, sondern für **Männer und Frauen** gleichermaßen; er ist also **geschlechtsneutral.** Daneben sind jedoch **mutterschutzrechtliche** und **jugendarbeitsschutzrechtliche Nachtarbeitsverbote** als Sonderregelungen bestehen geblieben.

I. Zweck der Regelung

4 **Die Regelungen in § 6 ArbZG dienen dem Schutz des Arbeitnehmers** vor den für ihn schädlichen Folgen der **Nacht- und Schichtarbeit.**

5 Obwohl Nachtarbeit »zu erheblichen Störungen im Befinden des Nachtarbeitnehmers führen kann«[1], hat sich der Gesetzgeber **nicht** dazu entschlossen, Nachtarbeit allgemein zu verbieten, weil »in einer modernen Industriegesellschaft wie der Bundesrepublik Deutschland nicht generell auf Nachtarbeit verzichtet werden kann«[2]. Im Gegensatz zum Entwurf der Fraktion *DIE GRÜNEN* aus der 10. Legislaturperiode, die ein generelles **Nachtarbeitsverbot** mit Ausnahmen nur aus Gründen der unverzichtbaren Versorgung zulassen wollten[3], sollte nach dem Entwurf der *SPD*-Fraktion, der mit dem

---

1 BVerfG 28.01.1992 – 1 BvR 1025/82 u. a. – EzA § 19 AZO Nr. 5.
2 BT-Drucks. 12/5888, 25 r. Sp.
3 BT-Drucks. 10/2189, 6 f.

verabschiedeten Regierungsentwurf zusammen beraten worden ist, die Nachtarbeit nicht abgeschafft, aber gegenüber der Gesetz gewordenen Regelung u. a. stärker zeitlich eingeschränkt werden, z. B. auf sechs Stunden, wenn mehr als drei Stunden hiervon in der Zeit zwischen 22.00 Uhr und 6.00 Uhr zu leisten waren[4].

Nachtarbeit ist nicht generell verboten. Sie **unterliegt aber** in EG-Recht und im ArbZG **strengeren Beschränkungen** als Arbeit zu anderen Tageszeiten. Dabei steht der **Schutz der Gesundheit** im Vordergrund. Geschützt werden soll der Nachtarbeitnehmer aber auch vor bestimmten für ihn **negativen sozialen Folgen** der Nachtarbeit, vor allem, soweit Kinder oder schwerpflegebedürftige Angehörige zu versorgen sind sowie bei den Zugangsmöglichkeiten zur Weiterbildung und zum Aufstieg im Beruf.

II. Gesetzgebungsaufträge

Die Neuregelung der Nachtarbeit zwecks geschlechtsneutralen Schutzes des Nachtarbeitnehmers hatte sich an verschiedenen **Gesetzgebungsaufträgen** zur Nachtarbeit (vgl. Vorbem. Rdn. 39, 40) zu orientieren. Das BVerfG hat das früher nur für Frauen geltende Nachtarbeitsverbot des § 19 AZO als Verstoß gegen Art. 3 Abs. 1 und 3 GG angesehen und dem Gesetzgeber ausdrücklich aufgegeben, den Schutz der Arbeitnehmer vor den schädlichen Folgen der Nachtarbeit neu zu regeln, und so dem objektiven Gehalt der Grundrechte, insbesondere des **Rechts auf körperliche Unversehrtheit** (Art. 2 Abs. 2 Satz 1 GG) Genüge zu tun[5]. *Buschmann/Ulber* meinen, den darin aufgestellten Forderungen an den Gesetzgeber werde das Gesetz ebenso wenig gerecht, wie der Forderung, Nachtarbeit auf das unumgängliche Maß zu beschränken[6]. Dem Urteil des BVerfG war die Nachtarbeitsentscheidung des Europäischen Gerichtshofes vorangegangen, wonach ein **geschlechtsspezifisches**, nämlich nur für Frauen geltendes **Nachtarbeitsverbot** in Frankreich als **Verstoß** gegen das **Gemeinschaftsrecht** angesehen worden ist[7].

---

4 BT-Drucks. 12/52782 § 10 Abs. 2.
5 BVerfG 28.01.1992 – 1 BvR 1025/82 u.a – EzA § 19 AZO Nr. 5.
6 § 6 ArbZG Rdn. 3; ähnlich auch *Oppholzer* ArbuR 1994, 41, 45 f.; a. A. *Förster/Erhard/Hausmann* Der Betriebsrat 1994, 109, 111.
7 EuGH 25.07.1991 – Rs. C-345/89 – EzA § 19 AZO Nr. 4.

III. Regelungsmethode

8 Trotz seiner amtlichen Überschrift »Nacht- und Schichtarbeit« befasst sich § 6 ArbZG außer in seinem Abs. 1 nicht unmittelbar mit diesen Gegenständen. Abs. 1 enthält Vorschriften über die Gestaltung der Arbeitszeit der Nacht- und Schichtarbeitnehmer. Insoweit wird an deren Arbeitszeit angeknüpft. **Anknüpfungspunkt** für alle Regelungen ist indessen **nicht die Nachtarbeit**, sondern der **Nachtarbeitnehmer**. Ihm werden subjektive Rechte eingeräumt. Dadurch wird die Nachtarbeit nur indirekt als Gegenstand geregelt.

B. Grundsatz der menschengerechten Gestaltung der Arbeitszeit (§ 6 Abs. 1 ArbZG)

9 Die in § 6 Abs. 1 ArbZG angeordnete **Gestaltung der Arbeitszeit** nach gesicherten arbeitswissenschaftlichen Erkenntnissen über die menschengerechte Gestaltung der Arbeit betrifft nicht alle Arbeitnehmer, sondern **nur Nachtarbeitnehmer** und **Schichtarbeitnehmer**.

I. Nachtarbeitnehmer

10 Der Begriff der **Nachtarbeitnehmer** ist mit zwei Unterarten **im Gesetz** (§ 2 Abs. 5 ArbZG) definiert (s. § 2 Rdn. 124 ff.). Die gesetzliche Unterscheidung zwischen Nachtarbeitnehmern i. S. d. § 2 Abs. 5 Nr. 1 ArbZG (s. § 2 Rdn. 125 ff.) und solchen i. S. d. Nr. 2 von § 2 Abs. 5 (s. § 2 Rdn. 134 ff.) hat für § 6 Abs. 1 ArbZG zwar insoweit keine Bedeutung, als hiervon (im Gegensatz zu § 6 Abs. 2 Satz 2 und 3 ArbZG) keine grundsätzlich unterschiedlichen Rechtsfolgen abhängig sind. Für jede Art der Nachtarbeitnehmer i. S. d. Arbeitszeitgesetzes gilt § 6 Abs. 1 ArbZG. Indessen können sich Unterschiede unter dem Gesichtspunkt ergeben, was hinsichtlich der einen und was hinsichtlich der anderen Art der Nachtarbeitnehmer bei der Gestaltung ihrer Arbeitszeit gesicherten arbeitswissenschaftlichen Erkenntnissen über menschengerechte Gestaltung der Arbeit genügt.

II. Schichtarbeitnehmer

11 Das ArbZG **enthält keine Definition** des **Schichtarbeitnehmers**, sondern setzt ihn voraus. Art. 2 Nr. 5 der RL 2003/88/EG (vormals RL 93/104/EG) bezeichnet als Schichtarbeit, »jede Form der Arbeitsgestaltung kontinuierlicher oder nichtkontinuierlicher Art mit Belegschaften, bei der Arbeitnehmer nach einem bestimmten Zeitplan, auch im Rotationsturnus, sukzessive an den gleichen Arbeitsstellen eingesetzt werden, so dass sie ihre Arbeit innerhalb

eines Tages oder Wochen umfassenden Zeitraums zu unterschiedlichen Zeiten verrichten müssen«. Dem entspricht weitgehend die Rechtsprechung des BAG zur Wechselschichtarbeit[8]; indessen ist eine völlige Übereinstimmung der Arbeitsplätze nicht erforderlich[9]. Fraglich bleibt jedoch, ob der Gesetzgeber mit Schichtarbeitnehmer nur solche Arbeitnehmer gemeint hat, die in der geschilderten Art und Weise zu wechselnden Tageszeiten zu arbeiten haben, oder ob darunter auch solche zu verstehen sind, die ständig zu bestimmten Tageszeiten, z. B. ständig in der Spätschicht, zu arbeiten haben. Für den Nachtarbeitnehmer hat er in § 2 Abs. 5 Nr. 1 ArbZG die Wechselschicht einerseits ausdrücklich vorausgesetzt (s. § 2 Rdn. 125, 127), andererseits genügt jedoch die Leistung von Nachtarbeit ohne Schichtwechsel erst dann, wenn sie an mindestens 48 Tagen im Jahr erfolgt (§ 2 Abs. 5 Nr. 2 ArbZG). Mangels solcher Differenzierung ist davon auszugehen, dass unter **Schichtarbeitnehmer i. S. d. § 6 Abs. 1 ArbZG** nur solche zu verstehen sind, die i. S. d. oben angeführten Definition **Wechselschichtarbeit** zu leisten haben[10], denn sonst wäre jeder Arbeitnehmer schon deshalb, weil er ständig wiederkehrend zu bestimmten Zeitlagen zu arbeiten hat, ein »Schichtarbeiternehmer«. Das aber widerspricht dem Sinn des § 6 Abs. 1 ArbZG, der nicht für Arbeitnehmer generell, sondern nur für Nacht- und Schichtarbeitnehmer die menschengerechte Gestaltung der Arbeit vorschreibt.

III. Gesicherte arbeitswissenschaftliche Erkenntnisse über die menschengerechte Gestaltung der Arbeit

Das Arbeitszeitgesetz bestimmt auch nicht, was **gesicherte arbeitswissenschaftliche Erkenntnisse über die menschengerechte Gestaltung der Arbeit** i. S. d. Arbeitszeitgesetzes oder des Arbeitsrechts allgemein sind. Derselbe Begriff wird auch in § 90 Abs. 2 Satz 3 BetrVG sowie entsprechenden personalvertretungsrechtlichen Regelungen verwendet, dort aber ebenso vorausgesetzt. 12

Der Begriff der **arbeitswissenschaftlichen Erkenntnisse** ist rechtlich unscharf. Was unter Arbeitswissenschaft zu verstehen ist, ist weder fachlich noch juris- 13

---

8 BAG 12.03.2008 – 4 AZR 616/06 – EzA § 4 TVG Chemische Industrie Nr. 10; BAG 02.10.1996 AP Nr. 12 zu § 33 a BAT; *Neumann/Biebl* § 6 ArbZG Rz. 5.
9 § 2 Rdn. 125 m. w. N.; BAG 18.07.1990 EzA § 611 BGB Schichtarbeit = NZA 1993, 23.
10 Wie hier: *Neumann/Biebl* § 6 ArbZG Rz. 5; a. A. *Buschmann/Ulber* § 6 ArbZG Rz. 6.

tisch geklärt; vielmehr gibt es insoweit erhebliche Meinungsunterschiede über die Begriffsbestimmung(en) und Methoden[11]. Diese Schwierigkeit wird nur graduell geringer, wenn sich der Gegenstand der Erkenntnisse – wie hier – auf einen bestimmten Gesichtspunkt beschränken darf, nämlich auf den der Nachtarbeit bzw. Schichtarbeit[12]. Unter »Arbeitswissenschaft« ist auch insoweit nicht eine bestimmte, abgegrenzte Wissenschaft zu verstehen, sondern eine Vielzahl wissenschaftlicher Disziplinen[13].

14 Über die menschengerechte Gestaltung von Nachtarbeit und Schichtarbeit forschen unter anderem das Bundesministerium für Arbeit und Soziales, die Bundesanstalt für Arbeitsschutz und Arbeitsmedizin sowie die Europäische Stiftung zur Verbesserung der Lebens- und Arbeitsbedingungen (Dublin). Diese Stiftung hat in ihrem Bulletin Nr. 3 aus dem Jahr 1991 Erkenntnisse aus der Forschung über Schichtarbeit wie folgt zusammengefasst[14]:

– *»Es sollte keine dauerhafte Nachtschicht geben, es sei denn in Fällen, wo die Art der Arbeit oder wichtige Faktoren im privaten Leben der Schichtarbeiter dies erforderlich oder wünschenswert machen. Nur ausgesprochene »Nachtmenschen« können sich vollständig an Nachtarbeit anpassen.*
– *In der Regel sollten nicht mehr als zwei bis vier Nachtschichten in Folge gearbeitet werden. Damit wird insbesondere vermieden, dass sich die Körperfunktionen zunächst an die Nachtarbeit und dann wieder an den normalen Rhythmus gewöhnen müssen.*
– *Zu kurze Pausen arbeitsfreier Zeit zwischen zwei Schichten sollten vermieden werden. Ein Wechsel von einer Spätschicht, die um 22.00 Uhr zu Ende ist, zu einer Frühschicht, die um 6.00 Uhr beginnt, lässt in der Regel nicht genug Zeit für An- und Abfahrt, Essen, Waschen und Schlafen.*
– *Kontinuierliche Schichtsysteme, die auch Wochenenden mit einschließen, sollten einige freie Wochenende mit wenigstens zwei aufeinander folgenden freien Tagen vorsehen. Die gemeinsam verbrachte Freizeit mit Familien-*

---

11 Vgl. i. E.: *Annuß* in Richardi, § 90 BetrVG Rz. 29; *Fitting/Engels/Schmidt/Trebinger/Linsenmaier* BetrVG § 90 Rz. 41 ff. m. w. N.; a. A. *Wiese* in GK-BetrVG Bd. II, § 90 BetrVG Rz. 33 ff.
12 *Roggendorff* § 6 ArbZG Rz. 11.
13 *Annuß* in Richardi, § 90 BetrVG Rz. 30; *Fitting/Engels/Schmidt/Trebinger/Linsenmaier* BetrVG § 90 Rz. 42.
14 *Wedderburn* Leitlinien für Schichtarbeiter, Bulletin of European Shiftwork Topics [BEST] Nr. 3 1991.

- *mitgliedern oder Freunden, die normale Arbeitszeiten haben, sind von einem besonderen Erholungswert.*
- *Arbeitsperioden von acht oder mehr Arbeitstagen in Folge sollten vermieden werden. Längere Arbeitsperioden dürfen nicht eingeführt werden, bevor nicht die körperlichen und geistigen Belastungen der Arbeit sorgfältig untersucht worden sind.*
- *Die Länge der Schicht sollte von der körperlichen und geistigen Belastung durch die Arbeit abhängig sein. Nur bei modernen Arbeitsbedingungen mit geringen körperlichen und geistigen Belastungen und günstigen Bedingungen in der Arbeitsumgebung sind längere Schichten von 10 oder 12 Stunden Dauer akzeptabel.*
- *Die Nachtschicht sollte kürzer sein als die Frühschicht und die Spätschicht, da sich der menschliche Organismus mehr anstrengen muss, um nachts dieselbe Leistung zu erbringen (Beispiel: Frühschicht 9 Stunden, Spätschicht 8 Stunden, Nachtschicht 7 Stunden). Andererseits kann es bei Nachtarbeit mit geringer Belastung sinnvoll sein, die Nachtschicht zu verlängern, damit weniger Nachtschichten gearbeitet werden müssen und die anderen Schichtbelegschaften längere ungestörte Schlafphasen haben (Beispiel: Frühschicht 8.00 bis 15.00 Uhr, Spätschicht 15.00 bis 22.00 Uhr, Nachtschicht 22.00 bis 8.00 Uhr).*
- *Bei kontinuierlichen Schichtsystemen ist ein Vorwärtswechsel (z. B. Frühschicht, dann Spätschicht, dann Nachtschicht) vorzuziehen, da er für den Schlaf und das allgemeine Wohlbefinden günstiger ist.*
- *Die Frühschicht sollte nicht zu früh beginnen. Denn je früher die Frühschicht beginnt, desto wahrscheinlicher ist es, dass wegen der für Aufwachen, Aufstehen und den Weg zur Arbeit nötigen Zeit der Schlaf zu kurz kommt. Es ist also besser, wenn die Schicht um 7.00 Uhr beginnt und nicht um 6.00 Uhr und 6.00 Uhr ist besser als 5.00 Uhr.*
- *Bei Schichtwechsel sollten die Schichtarbeiter möglichst flexible Zeiten haben (Festlegung einer Übergabezeitspanne).*
- *Die Schichtfolge sollte möglichst regelmäßig sein. Ein regelmäßiges Schichtsystem erleichtert die Planung des normalen Lebens und der Freizeittätigkeiten. Die Schichtarbeiter sollten möglichst frühzeitig über den Schichtplan in Kenntnis gesetzt werden.*
- *Eine gewisse Flexibilität in Bezug auf die Wünsche einzelner Schichtarbeiter ist wünschenswert. Für den einzelnen Arbeitnehmer sollte es möglich sein, beispielsweise mit Kollegen die Schicht zu tauschen oder gelegentlich andere Übergabezeiten zu vereinbaren.*

- *Kurzfristige Abweichungen von der grundlegenden Schichtfolge aus technischen Gründen sollen möglichst gering bleiben. Auch wenn viele Unternehmen immer mehr unter dem Druck Kosten sparender Methoden wie z. B. der just-in-time-Produktion stehen, darf man nicht vergessen, dass Menschen nicht wie Maschinen im Handumdrehen an- oder abgestellt werden können, ohne dass dies zu beträchtlichen Frustrationen führt.*
- *Schichtarbeiter sollen so früh wie möglich über ihre Schichtfolgen und über Änderungen im normalen Plan informiert werden. Eine rechtzeitige Planung ist wichtig für ein gesundes Gesellschafts- und Familienleben und wird durch die nicht rechtzeitige Ankündigung von Änderungen unmöglich gemacht.«*

15 Mit Schicht- und Nachtarbeit befassen sich eine Reihe von Untersuchungen. Inwieweit sie allerdings unbeschadet der persönlichen Vorstellungen der jeweiligen Nacht- oder Schichtarbeit arbeitswissenschaftlichen Erkenntnissen entsprechen oder ob es insoweit wesentlich auf die Akzeptanz der Regelung im Einzelfall durch jeden einzelnen betroffenen Arbeitnehmer ankommt und ob diese Individualität ein Ausdruck der menschengerechten Arbeitszeitgestaltung ist[15], bedarf noch näherer Untersuchungen. Das **Bundesarbeitsgericht** hat festgestellt, dass es **keine gesicherten wissenschaftlichen Erkenntnisse** darüber gibt, ob kurze oder längere Nachtschichtfolgen die Gesundheit der Arbeitnehmer stärker beeinträchtigen[16].

IV. Regelungen oder Programmsatz, Rechtsfolge(n)

16 Nach § 6 Abs. 1 ArbZG **ist die Arbeitszeit** der Nacht- und Schichtarbeiter nach den gesicherten arbeitswissenschaftlichen Erkenntnissen über die menschengerechte Gestaltung der Arbeit **festzulegen**. Eine nähere Anordnung von Rechtsfolgen fehlt. Ein **Verstoß** gegen § 6 Abs. 1 ArbZG ist, wie die §§ 22, 23 ArbZG zeigen, auch **nicht bußgeld-** oder gar **strafbewehrt**[17].

17 Die Formulierung des Gesetzes ist nur scheinbar eindeutig. Es ordnet zwar an, dass die Arbeitszeit zu gestalten ist. Dies richtet sich in erster Linie an

---

15 So wohl *Dobberahn* ArbZG Rz. 77; ähnlich auch *Neumann/Biebl* § 6 ArbZG Rz. 4 m. w. N.
16 BAG 11.02.1998 EzA § 315 BGB Nr. 48.
17 *Dobberahn* ArbZG Rz. 77; *Diller* NJW 1994, 2726, 2727; *Erasmy* NZA 1994, 1105, 1108; *Zmarzlik* BB 1993, 2009, 2012.

den Arbeitgeber. **Das Gesetz lässt aber offen, welche Rechtsfolgen eintreten, wenn der Arbeitgeber dem nicht nachkommt.** Auch die amtliche Begründung gibt insoweit keinen Aufschluss[18]. Gleichwohl ist § 6 Abs. 1 ArbZG kein bloßer Programmsatz, sondern eine Regelung[19].

1. Individualrechtliche Folgen

Nach dem Wortlaut der Norm kommt als **Träger des Rechts** zunächst der **Nacht- oder Schichtarbeitnehmer** in Betracht. Kaum denkbar ist gleichwohl, dass § 6 Abs. 1 ArbZG dem einzelnen Nacht- oder Schichtarbeitnehmer einen eigenen, individualrechtlichen Anspruch auf eine dem Gesetz entsprechende Gestaltung seiner Arbeitszeit einräumt, der auch als Leistungsanspruch verfolgt werden könnte. Diese Ansicht wird – soweit erkennbar – von niemandem vertreten. Hätte der Gesetzgeber einen solchen individualrechtlichen Anspruch normieren wollen, so hätte dies einer entsprechenden Formulierung im Gesetz bedurft. Allerdings meinen *Neumann/Biebl*[20], ein »Rechtsanspruch auf dieser Norm« sei nur schwer durchzusetzen, weil sich der einzelne Arbeitnehmer kaum darauf werde berufen können, die für ihn festgelegte Arbeitszeit entspreche nicht § 6 Abs. 1 ArbZG. Das Gestaltungsgebot ist auch bei betriebsverfassungsrechtlichen Regelungen der Nachtarbeitszeit zu beachten. 18

Nahe liegend ist dagegen, dass der Arbeitgeber gegenüber dem Nacht- oder Schichtarbeitnehmer die **Gestaltung der Arbeitszeit** nach Maßgabe des § 6 Abs. 1 ArbZG als eine Obliegenheit vorzunehmen hat, **bei deren Nichterfüllung** der Nacht- oder Schichtarbeitnehmer – ebenfalls individualrechtlich – entsprechend § 273 BGB das **Recht hat, seine Arbeitsleistung zurückzuhalten**[21]. Ohne die Frage des Zurückbehaltungsrechts anzusprechen, meint *Roggendorff*[22], der Arbeitgeber könne sich gegenüber dem Nacht- oder Schichtarbeitnehmer wegen Nichtbeachtung des § 6 Abs. 1 ArbZG schadenersatzpflichtig machen. Gegenüber *Buschmann/Ulber*[23] meinen *Diller*[24] und 19

---

18 BT-Drucks. 12/5888, 25.
19 *Buschmann/Ulber* § 6 ArbZG Rz. 8.
20 § 6 ArbZG Rz. 8.
21 *Buschmann/Ulber* § 6 ArbZG Rz. 3.
22 § 6 ArbZG Rz. 12.
23 § 6 ArbZG Rz. 3.
24 NJW 1994, 2726, 2727.

Erasmy[25], § 6 Abs. 1 ArbZG stellte angesichts dessen, dass die Norm weder bußgeld- noch strafbewehrt sei, eine lex imperfecta dar[26]. Daraus werde deutlich, dass die Norm nach der Vorstellung des Gesetzgebers nicht als »echte Wirksamkeitsvoraussetzung« verstanden werden könne, sondern im Ergebnis als Sollvorschrift zu qualifizieren sei.

20 Der zuletzt dargestellten Ansicht ist zu widersprechen. Der Wortlaut des Gesetzes lässt es nicht zu, § 6 Abs. 1 ArbZG als Sollvorschrift anzusehen. Vielmehr ordnet das Gesetz kategorisch und damit unausweichlich zwingend an, wie die Arbeitszeit von Nacht- und Schichtarbeitnehmern zu gestalten ist. Diese Gestaltung hat grundsätzlich der Arbeitgeber vorzunehmen. Die Tatsache, dass ein **Verstoß gegen § 6 Abs. 1 ArbZG keine Ordnungswidrigkeit** oder gar Straftat darstellt, besagt nichts darüber, welche **Rechtsfolgen** diese Norm **zivilrechtlich** auslöst. Die Erwägung, nach den Vorstellungen des Gesetzgebers sei § 6 Abs. 1 ArbZG nicht als echte Wirksamkeitsvoraussetzung zu verstehen, findet weder im Wortlaut des Gesetzes noch in der Gesetzesbegründung hinreichenden Ausdruck. **Die hinreichend massive Nichteinhaltung arbeitsschutzrechtlicher Normen** bzw. ein hinreichend deutlicher Verstoß gegen Arbeitsschutzvorschriften **kann durchaus zu einem Zurückbehaltungsrecht des Arbeitnehmers an seiner Arbeitsleistung führen**, wie das BAG z. B. im Fall der Verweigerung der Arbeit in schadstoffbelasteten Räumen zum Gebot arbeitnehmerschützender Vorkehrungen gemäß § 618 Abs. 1 BGB entschieden hat, ohne auf den deliktrechtlichen Schadenersatz nach § 618 Abs. 3 BGB i. V. m. den §§ 842 bis 846 BGB zurückzugreifen[27].

21 Eine insoweit dem § 618 Abs. 1 BGB entsprechende **arbeitsschutzrechtliche Norm** ist auch **§ 6 Abs. 1 ArbZG**. Inwieweit allerdings bei der Gestaltung der Arbeitszeit hinreichend massiv gegen die arbeitswissenschaftlichen Erkenntnisse über die menschengerechte Gestaltung der Arbeit verstoßen worden ist, dass die Voraussetzungen für ein solches Zurückbehaltungsrecht des Arbeitnehmers als erfüllt angesehen werden können, ist eine hiervon zu trennende Frage. Ihre Beantwortung hängt vor allem davon ab, inwieweit überhaupt derartige gesicherte arbeitswissenschaftliche Erkenntnisse bestehen. Sofern sie sich in der Feststellung erschöpfen, dass Nacht- und (Wechsel-)Schichtarbeit gesundheitlich belastender sind als eine einschichtige Arbeit zu herkömmli-

---

25 NZA 1994, 1105, 1108.
26 *Zmarzlik* BB 1993, 2009, 2012; auch *Anzinger/Koberski* § 6 ArbZG Rz. 101.
27 BAG 08.05.1996 – 2 AZR 387/95 – EzA § 273 BGB Nr. 5.

chen Tageszeiten, sind sie unbehelflich. Vielmehr können nur solche Erkenntnisse zu Grunde gelegt werden, die hinreichend deutlich aufzeigen, inwieweit eine bestimmte Gestaltung der Arbeitszeit im Rahmen der grundsätzlich erlaubten Nacht- und Schichtarbeit hinreichend deutlich der menschengerechten Gestaltung der Arbeit widerspricht. Bei dem derzeitigen Stand der Erkenntnisse dürfte dies nur bei mehr oder weniger extremen Arbeitszeitgestaltungen der Fall sein. Davon zu trennen ist die Frage, **ob Menschen mit Behinderungen** einen Anspruch darauf haben können, von Nachtarbeit oder Mehrarbeit verschont zu bleiben[28].

Verstößt ein Arbeitgeber vorsätzlich bei der Gestaltung der Arbeitszeit für einen Nacht- oder Schichtarbeitnehmer gegen § 6 Abs. 1 ArbZG und wird der Arbeitnehmer dadurch in seiner Gesundheit geschädigt, so kann dies **Schadenersatzpflichten** auslösen, sei es wegen Verletzung des Arbeitsvertrages, sei es unter dem Gesichtspunkt der unerlaubten Handlung wegen Verletzung eines Schutzgesetzes (§ 823 BGB). Inwieweit sich diese rechtliche Möglichkeit verwirklicht, bleibt indessen abzuwarten. Äußerst schwierig dürfte es sein, die Tatsachen festzustellen, aus denen folgt, dass die Schädigung der Gesundheit des Arbeitnehmers auf eine gegen § 6 Abs. 1 ArbZG verstoßende Arbeitszeitgestaltung zurückzuführen ist. Zudem ist die **Schadenersatzpflicht** des Arbeitgebers für Gesundheitsschäden durch **§ 104 SGB VII** eingeschränkt; hiernach haftet der Arbeitgeber grundsätzlich nicht für Gesundheitsbeschädigungen aus Berufsunfällen, es sei denn, er hätte den Schaden vorsätzlich herbeigeführt[29]. Soweit der Arbeitgeber gleichwohl für einen Gesundheitsschaden des Arbeitnehmers haftet, setzt dies für § 6 Abs. 1 ArbZG voraus, dass die tatsächliche Gestaltung der Arbeitszeit zu dem gesundheitlichen Schaden des Arbeitnehmers geführt hat, dass der Arbeitgeber rechtswidrig gehandelt hat und dass ihn ein hinreichendes Verschulden – soweit es um Berufsunfälle geht: Vorsatz! – trifft. Besonders die zuletzt genannte Voraussetzung dürfte nur schwer nachzuweisen sein, soweit und solange sich die arbeitswissenschaftlichen Erkenntnisse (noch) auf dem derzeitigen Niveau befinden. 22

2. Mitbestimmungsrechtliche Folgen

Die Beachtung der arbeitswissenschaftlichen Erkenntnisse über menschengerechte Arbeit bei der Gestaltung der Arbeitszeit der Nacht- und Schicht- 23

---
28 Vgl. BAG 03.12.2002 – 9 AZR 462/01 – NZA 2004, 1219.
29 *Küttner* Personalbuch Arbeitgeberhaftung Rz. 3 ff.

arbeiter (§ 6 Abs. 1 ArbZG) ist – anders als die Regelungen über den Anspruch auf Versetzung in Tagesarbeit (§ 6 Abs. 4 ArbZG) – nicht als besonderer Gegenstand der betriebsverfassungsrechtlichen bzw. personalvertretungsrechtlichen Mitbestimmung ausgestaltet. Gleichwohl hat § 6 Abs. 1 ArbZG auch im Rahmen der **Mitbestimmung** in Betrieb oder Dienststelle Bedeutung. In erster Linie ist die Einhaltung des § 6 Abs. 1 ArbZG im Rahmen der Mitbestimmungsrechte über die Arbeitszeit (**§ 87 Abs. 1 Nr. 2 und 3 BetrVG, § 75 Abs. 3 Nr. 1 BPersVG** bzw. entsprechende Bestimmungen in den Landespersonalvertretungsgesetzen) zu achten[30]. Entsprechendes gilt für das kirchengesetzliche Mitarbeitervertretungsrecht. Ob der Betriebsrat die in § 6 Abs. 1 ArbZG geforderte Beachtung der gesicherten arbeitswissenschaftlichen Erkenntnisse bei der Gestaltung der Arbeitszeit daneben auch im Rahmen der Mitbestimmung nach **§ 87 Abs. 1 Nr. 7 BetrVG** sicherstellen kann[31], erscheint zweifelhaft. Insoweit dürfte § 87 Abs. 1 Nr. 2 BetrVG als die speziellere Norm Vorrang haben. Umgekehrt schließt § 87 Abs. 1 Nr. 2 BetrVG indessen nicht aus, dass der Betriebsrat im Rahmen des § 87 Abs. 1 Nr. 7 BetrVG generell mitzubestimmen hat, inwieweit die dem Gesundheitsschutz dienenden gesicherten wissenschaftlichen Erkenntnisse über menschengerechte Arbeit in innerbetriebliche Regelungen umgesetzt werden[32]. Des Weiteren ist § 6 Abs. 1 ArbZG wie das gesamte Arbeitszeitgesetz auch Gegenstand der Aufgabe des Betriebsrat nach **§ 80 Abs. 1 Nr. 1 BetrVG**, nämlich auf die Einhaltung von zu Gunsten der Arbeitnehmer geltenden Gesetzen zu achten.

C. Werktägliche Arbeitszeit der Nachtarbeitnehmer (§ 6 Abs. 2 ArbZG)

24 Nur für **Nachtarbeitnehmer**, nicht aber für Schichtarbeitnehmer, enthält § 6 Abs. 2 ArbZG besondere Regelungen über die werktägliche Arbeitszeit. Wie sonst auch beträgt sie acht Stunden; sie kann auf zehn Stunden verlängert werden. Der Ausgleichszeitraum ist jedoch mit einem (Kalender-)Monat oder vier Wochen sehr viel kürzer als der nach § 3 ArbZG. Die Arbeitszeitregelung des § 6 Abs. 2 ArbZG gilt **geschlechtsneutral** gleichermaßen für Männer wie für Frauen.

25 **Unanwendbar** sind die Ausgleichsregelungen des § 6 Abs. 2 ArbZG **für** solche **Arbeitszeiten**, die angefallen sind, **bevor der Arbeitnehmer zum Nachtarbeit-**

---

30 *Buschmann/Ulber* § 6 ArbZG Rz. 8; *Roggendorff* § 6 ArbZG Rz. 13, 14.
31 *Roggendorff* § 6 ArbZG Rz. 14.
32 *Buschmann/Ulber* § 6 ArbZG Rz. 8.

nehmer geworden ist. Erst von dem Zeitpunkt an, von dem an diese Eigenschaft vorliegt, unterliegt der Zeitausgleich den besonderen Regeln des § 6 Abs. 2 ArbZG.

Die **Feststellung**, ob ein Arbeitnehmer **Nachtarbeitnehmer** i. S. d. § 2 Abs. 5 Nr. 1 ArbZG ist, hängt allein davon ab, ob er aufgrund seiner Arbeitszeitgestaltung normalerweise Nachtarbeit zu leisten hat (s. § 2 Rdn. 125 ff.). Insoweit kommt es also auf die im Voraus geplante Lage der Arbeitszeit (»normalerweise«) an. Erst und nur aufgrund tatsächlich geleisteter Nachtarbeit tritt dagegen bei einem nicht unter § 2 Abs. 5 Nr. 1 ArbZG fallenden Arbeitnehmer die Eigenschaft als Nachtarbeitnehmer i. S. d. § 2 Abs. 5 Nr. 2 ArbZG ein, und zwar dann, wenn er an mindestens 48 Tagen im Kalenderjahr Nachtarbeit geleistet hat (s. § 2 Rdn. 134 ff.). Hat der Arbeitnehmer in der Zeit bis dahin werktäglich über acht Stunden hinaus gearbeitet, so richtet sich der Ausgleichszeitraum für diesen Zeitraum nur nach § 3 Satz 2 ArbZG. Denn der Arbeitnehmer war bei der Leistung der Mehrarbeit (noch) kein Nachtarbeitnehmer. Dies gilt auch dann, wenn die über acht Stunden hinausgehende werktägliche Arbeitszeit durch vorherige Leistung von Nachtarbeit entstanden, aber hierdurch allein die Nachtarbeitnehmereigenschaft nach § 2 Abs. 3 Nr. 2 ArbZG nicht eingetreten ist, weil er im betreffenden Kalenderjahr nicht an mindestens 48 Tagen geleistet hat. 26

▶ **Beispiel:**

Der Arbeitnehmer hat nach seinem Arbeitsvertrag normalerweise keine Nachtarbeit in Wechselschicht zu leisten. In den ersten 20 Wochen des Kalenderjahres leistet er ausnahmsweise an 47 Tagen Nachtarbeit im Sinne des Gesetzes, im Übrigen arbeitet er tagsüber. Seine täglichen Arbeitszeiten dauern bei der Leistung von Nachtarbeit nicht acht, sondern zehn Stunden; seine Tagarbeit dauert jeweils acht Stunden. Der Ausgleichszeitraum richtet sich nach § 6 Abs. 2 Satz 2 oder 3 ArbZG, sondern nach § 3 Satz 2 ArbZG. Denn der Arbeitnehmer war (noch) kein Nachtarbeitnehmer i. S. d. § 2 Abs. 5 ArbZG.

I. Werktägliche Arbeitszeit (§ 6 Abs. 2 Satz 1 ArbZG)

Gleichermaßen wie allen anderen Arbeitnehmern darf auch bei **Nachtarbeitnehmern** die durchschnittliche **werktägliche Arbeitszeit acht Stunden** nicht überschreiten (§ 6 Abs. 2 Satz 1 ArbZG). Dies entspricht der Grundnorm des § 3 Satz 1 ArbZG. Der Begriff der Arbeitszeit ist in § 2 Abs. 1 ArbZG bestimmt; für Nachtarbeiter gilt nichts anderes. Auch bei der Nachtarbeit 27 zählen die Pausen nicht zur Arbeitszeit. Die Arbeitszeitbegrenzung gilt nicht nur für die werktägliche (s. § 3 Rdn. 6 ff.), sondern – gleichermaßen wie für Tagarbeitnehmer – auch für die Arbeitszeit an Sonn- und Feiertagen (s. § 3 Rdn. 17 ff.).

28 Die gesetzlichen Regelungen über die **Ruhepausen** (§ 4 ArbZG) und die **Ruhezeiten** (§ 5 ArbZG) gelten **gleichermaßen für Nachtarbeitnehmer**. Der Gesetzgeber hat davon abgesehen, insoweit unterschiedliche Regelungen zu schaffen. Der Bundesrat hatte zwar gefordert, Pausen von 45 Minuten bei mehr als drei Stunden und von 60 Minuten bei mehr als 4,5 Stunden Nachtarbeit vorzuschreiben; die Bundesregierung hat dies abgelehnt, der Gesetzgeber ist dem Regierungsvorschlag gefolgt[33]. Dies schließt nicht aus, dass in bestimmten Fällen aus Gründen des § 6 Abs. 1 ArbZG eine anderweitige Regelung geboten sein kann.

II. Verlängerung bis zu werktäglich zehn Stunden mit Ausgleich (§ 6 Abs. 2 Satz 2 ArbZG)

29 Anders als bei Arbeitnehmern generell schreibt Art. 8 Abs. 1 Buchst. a RL 2003/88/EG (vormals RL 93/104/EG) für Nachtarbeitnehmer eine durchschnittliche Höchstarbeitszeit von acht Stunden pro 24-Stunden-Zeitraum vor. Der Bezugszeitraum hierfür ist EU-rechtlich nicht normiert. Vielmehr ist ein solcher Rahmen nach näherer Maßgabe von Art. 16 Buchst. c RL 2003/88/EG vom Mitgliedstaat zu regeln. Hiervon macht das ArbZG Gebrauch. Art. 8 Buchst. b RL 2003/88/EG (vormals Art. 8 Nr. 2 RL 93/104/ EG) ordnet für Nachtarbeitnehmer, deren Arbeit mit besonderen Gefahren oder einer erheblichen körperlichen oder geistigen Anspannung verbunden ist, in einem 24-Stunden-Zeitraum, während dessen sie Nachtarbeit verrichten, eine Höchstarbeitszeit vom acht Stunden an. Diese Bestimmung ist nicht im ArbZG umgesetzt worden[34]; dies kann Schadenersatzansprüche gegen die Bundesrepublik Deutschland nach sich ziehen[35].

30 Auch für **Nachtarbeitnehmer** kann die werktägliche Arbeitszeit auf **bis zu zehn Stunden verlängert** werden (§ 6 Abs. 2 Satz 2 ArbZG), wenn innerhalb des Ausgleichszeitraumes der **Durchschnitt von acht Stunden werktäglich**

---

33 BT-Drucks. 12/5888, 41, 52.
34 ErfK/*Wank*, § 6 ArbZG Rz. 5; *Buschmann/Ulber* § 6 ArbZG Rz. 3.
35 Vgl. EuGH 25.11.2010 – Rs. C-429/09 – Fuß./. Halle [II] – NZA 2011, 53.

nicht überschritten wird. Die **Ausgleichszeiträume** sind indessen unterschiedlich geregelt: Für **Nachtarbeitnehmer** beträgt der Ausgleichszeitraum – abweichend von § 3 Satz 2 ArbZG – nur **einen (Kalender-)Monat bzw. vier Wochen**. Für Nachtarbeitnehmer i. S. d. **§ 2 Abs. 5 Nr. 2 ArbZG** gilt teilweise eine **andere Regelung**: Für Zeiträume, in denen solche Nachtarbeitnehmer nicht zur Nachtarbeit herangezogen werden, findet § 3 Satz 2 ArbZG Anwendung, d. h., insoweit gelten die Ausgleichszeiträume von sechs (Kalender-)Monaten bzw. 24 Wochen.

Der Terminus **Kalendermonat** ist derselbe wie in § 3 Satz 2 ArbZG. Trotz des Gesetzeswortlauts ist § 6 Abs. 2 Satz 2 ArbZG dahin gehend zu verstehen, dass der Ausgleichszeitraum nicht einen – zwingend am ersten Tag jeden Monats beginnenden – Kalendermonat beträgt, sondern einen (**Zeit-)Monat**,[36] sodass der monatliche Ausgleichszeitraum an jedem Tag eines Monats beginnen und dementsprechend nach § 188 BGB enden kann (§ 3 Rdn. 42 ff.). Der wahlweise zur Verfügung stehende Ausgleichszeitraum von **vier Wochen** kann gleichermaßen an jedem beliebigen Tag der Woche beginnen und dementsprechend (§ 188 BGB) enden. 31

Innerhalb eines Ausgleichszeitraums von vier Wochen darf die werktägliche Arbeitszeit eines Nachtarbeitnehmers 192 Stunden (vier Wochen mal sechs Werktage mal acht Stunden) **nicht überschreiten**. Dementsprechend darf ein Nachtarbeitnehmer innerhalb von vier Wochen ohne Verstoß gegen § 6 Abs. 2 ArbZG an 19 der insgesamt 24 Werktagen jeweils zehn Stunden eingesetzt werden; so auch *Buschmann/Ulber*, die dies als allen arbeitsmedizinischen Erkenntnissen widersprechend erachten[37]. Bei einem Ausgleichszeitraum von einem Monat sind – je nach Länge des Monats – Stundenvolumina von 192 Stunden (Februar, wenn kein Schaltjahr) bis zu 216 Stunden (Monate mit 31 Tagen, wenn in sie nur vier Sonntage und gesetzliche Feiertage fallen) rechtlich möglich. 32

Der Ausgleichszeitraum von einem Monat ermöglicht eine **Dauernachtarbeit mit Arbeitsschichten bis zu zehn Stunden**, bei abwechselndem Einsatz von zwei Arbeitnehmern kann eine Dauernachtschicht an jedem Tag in der Woche gefahren werden. 33

---

36 A. A. *Anzinger/Koberski* § 6 ArbZG Rz. 34.
37 *Buschmann/Ulber* § 6 ArbZG Rz. 12.

▶ **Beispiel:**

Zwei Arbeitnehmer arbeiten nach ihren Arbeitsverträgen in Dauernachtschicht. Ihre arbeits- und tarifvertragliche regelmäßige Arbeitszeit beträgt 35 Stunden in der Woche; die Nachtschicht umfasst (ohne Pausen) jeweils zehn Stunden, mithin 60 Stunden in der Woche. Arbeitet jeder der beiden Arbeitnehmer drei Schichten voll (ohne Pausen) zehn Stunden, und eine Schicht zu $^1/_2$ d. h. (ohne Pausen) fünf Stunden, so wird der Zeitausgleich sogar noch innerhalb einer Woche erreicht.

34 *Oppholzer*[38] meint, dass **Dauernachtschichten** »allen arbeitsmedizinischen Erkenntnissen« widersprechen. Er ist zudem der Ansicht, gegen § 6 Abs. 2 Satz 2 ArbZG seien unter diesem Gesichtspunkt mit Rücksicht auf das Urteil des *Bundesverfassungsgerichts* vom *28. 1. 1992*[39] wegen eines nicht hinreichenden Gesundheitsschutzes für Nachtarbeitnehmer verfassungsrechtliche Bedenken zu erheben. *Erasmy* ist dem unter Hinweis darauf entgegengetreten, dass der Ausgleich in einem verkürzten Zeitraum stattzufinden hat[40]. *Anzinger* hebt unter Hinweis auf ein Beispiel aus der Süßwarenindustrie hervor, die Verlängerung der Arbeitszeit für Nachtarbeitnehmer auf zehn Stunden sei »im Interesse der Betriebe und der dort beschäftigten Arbeitnehmer geboten«[41]. Nach der Gesetzesbegründung dient schon die Verkürzung der Ausgleichszeiträume von sechs Monaten auf einen Monat bzw. von 24 Wochen auf vier Wochen dem Gesundheitsschutz[42]. Den vom *BVerfG* geäußerten grundsätzlichen Bedenken gegen Nachtarbeit, die »für jeden Menschen schädlich sei, zu Schlaflosigkeit, Appetitstörungen und Störungen des Magen-Darm-Traktes, erhöhter Nervosität und Reizbarkeit sowie zu einer Herabsetzung der Leistungsfähigkeit führe«[43] ließe sich radikal nur mit einer noch stärkeren Einschränkung der Nachtarbeit begegnen. Indessen ist dies nicht der einzige Gesichtspunkt, den der Gesetzgeber zu berücksichtigen hatte. Vielmehr sollte – auch im Interesse der Arbeitnehmer – durch die Ermöglichung flexibler Arbeitszeiten – auch für Nachtarbeitnehmer – zugleich zu einer Verbesserung der sog. Standortbedingungen dienen. Insgesamt dürfte mit der Regelung

---

38 ArbuR 1994, 45 ff.
39 EzA § 19 AZO Nr. 14.
40 NZA 1994, 1105, 1108.
41 BB 1994, 1492, 1495.
42 BT-Drucks. 12/5888, 26.
43 BVerfG 28.01.1992 EzA § 19 AZO Nr. 14.

in § 6 Abs. 2 Satz 2 ArbZG ein auch dem verfassungsrechtlichen Gebot des Gesundheitsschutzes genügender Kompromiss gefunden worden sein.

Wie bei § 3 Satz 2 ArbZG **beginnen** die **Ausgleichszeiträume** des § 6 Abs. 2 ArbZG entweder mit einer **Arbeitsleistung** von mehr als werktäglich acht Stunden **oder** kraft ausdrücklicher **Festlegung** (s. § 3 Rdn. 42 ff., 49 ff.). Wie dort können auch bei § 6 Abs. 2 ArbZG **Ausgleichszeiträume gekoppelt** werden (s. § 3 Rdn. 63 ff.). Zwar heißt es in der Begründung des Regierungsentwurfs insoweit auch, dass der Ausgleichszeitraum »auf den **folgenden** Kalendermonat bzw. auf die **folgenden** vier Wochen eingeengt« werde[44]. Dies würde bedeuten, dass eine Verlängerung der Nachtarbeitszeit nicht durch eine vorherige Verkürzung ausgeglichen werden könnte[45]. Indessen hat die in der Gesetzesbegründung zum Ausdruck kommende Vorstellung im Gesetz selbst keinen Niederschlag gefunden (s. § 3 Rdn. 54 ff.). Auch die verkürzten Ausgleichszeiträume können daher auch die Betriebspartner bzw. in Betrieben ohne Betriebsrat durch den Arbeitgeber von vornherein so festgelegt werden, dass die Tage mit verkürzter Arbeitszeit vor solchen mit verlängerter Arbeitszeit liegen[46]. 35

Gegenstand des Ausgleichs ist die gesamte werktägliche Arbeitszeit des Nachtarbeitnehmers, nicht etwa nur seine Nachtarbeit i. S. d. § 2 Abs. 4 ArbZG oder die Zeiten seiner sog. Nachtschichten. Auch die Arbeitszeiten, die der Nachtarbeitnehmer tagsüber, in der Früh- oder Spätschicht zu leisten hat, ist Gegenstand des Ausgleichs. Entscheidend ist insoweit nicht die Menge der Arbeit, die die Eigenschaft des Arbeitnehmers als Nachtarbeitnehmer begründet, sondern seine gesamte Arbeitszeit. Die Tatsache, dass er Nachtarbeitnehmer i. S. d. § 2 Abs. 5 ArbZG ist, löst die Ausgleichspflicht unabhängig davon aus, zu welcher Tageszeit länger als werktäglich acht Stunden gearbeitet worden ist. 36

Für die **Durchführung des Ausgleichs** durch arbeitsfreie Zeiten gilt nichts anderes wie beim Zeitausgleich nach § 3 Satz 2 ArbZG (s. § 3 Rdn. 82 ff.). Dem Arbeitszeitausgleich dienen **auch die nach § 6 Abs. 5 ArbZG gewährten bezahlten freien Tage**. 37

---

44 BT-Drucks. 12/5888, 26.
45 So wohl *Roggendorff* § 6 ArbZG Rz. 15.
46 *Neumann/Biebl* § 6 ArbZG Rz. 12.

III. Ausgleichszeitraum für Nachtarbeitnehmer mit mindestens 48 Stunden Nachtarbeit (§ 6 Abs. 2 Satz 3 ArbZG)

38 § 6 Abs. 2 Satz 3 ArbZG sieht für **solche Nachtarbeiter**, die **an mindestens 48 Tagen** im Kalenderjahr Nachtarbeit leisten und deshalb unter § 2 Abs. 5 Nr. 2 ArbZG fallen, **einen Arbeitszeitausgleich** innerhalb der Fristen des § 3 Satz 2 ArbZG für die Zeiträume vor, in denen solche Nachtarbeitnehmer nicht zur Nachtarbeit herangezogen werden. Diese Bestimmung ist erst im Laufe des Gesetzgebungsverfahrens mit dem Ziel in das Gesetz eingefügt worden, um für solche nicht in **Wechselschicht** tätigen Arbeitnehmer dann den langen Ausgleich nach § 3 Satz 2 ArbZG zu ermöglichen, wenn und soweit sie keine Nachtarbeit zu leisten haben[47].

39 Bei Arbeitnehmern, die aufgrund ihrer Arbeitszeitgestaltung normalerweise keine Arbeitszeit in Wechselschicht zu leisten haben, aber gelegentlich zur Nachtarbeit herangezogen werden, sind alle Arbeitszeiten – auch solche in Nachtarbeit –, die geleistet wurden, bevor der Arbeitnehmer an mindestens 48 Tagen im Kalenderjahr Nachtarbeit geleistet hat, innerhalb der Ausgleichszeiträume des § 3 Satz 2 ArbZG (sechs [Kalender-]Monaten bzw. 24 Wochen) auszugleichen (Rdn. 25). Für nach Eintritt der Eigenschaft als Nachtarbeitnehmer anfallende Arbeitszeiten von mehr als acht Stunden werktäglich sind die Ausgleichszeiträume des § 6 Abs. 2 ArbZG (ein [Kalender-] Monat bzw. vier Wochen) maßgebend, und zwar bis zum Ende des Kalenderjahres. Für die Zeiträume, in denen für Nachtarbeitnehmer, gleichgültig, ob es sich um solche nach Nr. 1 oder nach Nr. 2 des § 2 Abs. 5 ArbZG handelt, Nachtarbeit (§ 2 Abs. 4 ArbZG) anfällt, verbleibt es bei den kurzen Ausgleichszeiträumen nach § 6 Abs. 2 Satz 2 ArbZG.

▶ Beispiel:

Ein Arbeitnehmer hat außerplanmäßig an 48 Tagen in den ersten vier Monaten des Kalenderjahres, zuletzt am 30. April, Nachtarbeit geleistet. Planmäßig hat er jeweils am Monatsende zwei Tage Nachtarbeit zu leisten. Nur wegen der außerplanmäßig häufigen Heranziehung ist er ab 30. April zum Nachtarbeitnehmer geworden (§ 2 Abs. 5 Nr. 2 ArbZG). Aus der Nachtarbeit resultiert keine ausgleichspflichtige Mehrarbeit. Am 22. und 23. Mai hat er aber in Tagarbeit jeweils zehn Stunden gearbeitet. Der Ausgleich für die jeweils zehn Stunden am 22. und 23. Mai hat innerhalb

---

47 BT-Drucks. 12/6990, 10, 41.

von vier Wochen bzw. einem Monat zu erfolgen, weil die Nachtarbeitnehmereigenschaft bis zum Ende des Kalenderjahres anhält.

Nur für die unter § 2 Abs. 5 Nr. 2 fallenden **Nachtarbeitnehmer** gibt es die Möglichkeit des Ausgleichs in den **langen Ausgleichszeiträumen**, in denen sie nicht zur Nachtarbeit herangezogen werden. Das Gesetz regelt nicht, wann derartige Zeiträume der Nichtheranziehung vorzuliegen haben. Praktisch kann diese Bestimmung jedoch nur angewendet werden, wenn für einen hinreichend langen Zeitraum die Arbeitszeit des Nachtarbeitnehmers (i. S. d. § 2 Abs. 5 Nr. 2 ArbZG) derart fest geplant ist, dass ein Ausgleich möglich ist[48]. 40

▶ **Beispiel:**

Ein Arbeitnehmer hat an 48 Tagen an den ersten vier Monaten des Kalenderjahres, zuletzt am 30. April, Nachtarbeit geleistet. Nur deshalb ist er ab 30. April Nachtarbeitnehmer (§ 2 Abs. 5 Nr. 2 ArbZG). Aus der Nachtarbeit resultiert keine ausgleichspflichtige Mehrarbeit. Am 22. und 23. Mai hat er aber in Tagarbeit jeweils zehn Stunden gearbeitet. Planmäßig hat er künftig zwar keine Nachtarbeit zu leisten, ausnahmsweise wird er am 24. Mai jedoch erneut zur Nachtarbeit, und zwar für zehn Stunden, herangezogen. Der Ausgleich kann nach § 6 Abs. 2 Satz 3 ArbZG innerhalb der Zeiträume des § 3 Satz 2 ArbZG erfolgen, jedoch nur dann, wenn und solange der Arbeitnehmer nicht erneut – vor vollzogenem Ausgleich – wieder zur Nachtarbeit herangezogen wird.

Der Zeitraum der Nichtheranziehung selbst ist im Gesetz nicht näher bestimmt. Er beginnt mit dem Ende der letzten Nachtarbeit und endet mit der Arbeitsaufnahme für die nächste Nachtarbeit[49]. Das hat zur Folge, dass wieder – und zwar mit indirekter Rückwirkung – der kurze Ausgleichszeitraum des § 6 Abs. 2 Satz 2 ArbZG maßgeblich ist[50]. 41

▶ **Beispiel**[51]

Ein Arbeitnehmer hat an 48 Tagen in den ersten vier Monaten des Kalenderjahres, zuletzt am 30. April, Nachtarbeit geleistet. Nur deshalb ist er ab 30. April Nachtarbeitnehmer (§ 2 Abs. 5 Nr. 2 ArbZG). Aus der Nacht-

---

48 Ähnlich *Neumann/Biebl* § 6 ArbZG Rz. 13; *Roggendorff* § 6 ArbZG Rz. 18.
49 *Roggendorff* § 6 ArbZG Rz. 18.
50 *Buschmann/Ulber* § 6 ArbZG Rz. 14.
51 Vgl. das vorherige Beispiel.

arbeit resultiert keine ausgleichspflichtige Mehrarbeit. Am 22. und 23. Mai hat er aber in Tagarbeit jeweils zehn Stunden gearbeitet. Planmäßig hat er künftig zwar keine Nachtarbeit zu leisten, ausnahmsweise wird er am 24. Mai jedoch erneut zur Nachtarbeit, und zwar für zehn Stunden herangezogen. Am 25. Juni soll er erneut Nachtarbeit leisten; ein Arbeitszeitausgleich für die jeweils zwei Stunden vom 22., 23. und 24. Mai ist bis zum nunmehr geplanten Arbeitsbeginn am 25. Juni nicht erfolgt. Würde der Arbeitnehmer jetzt zur Arbeit eingesetzt werden, würde der Arbeitgeber gegen § 6 Abs. 2 Satz 2 verstoßen (Ausgleich binnen eines Monats), denn die Voraussetzungen des § 6 Abs. 2 Satz 3 (Ausgleich während nachtarbeitsfreier Zeiten) sind nicht erfüllt.

42 Dementsprechend geht ein Arbeitgeber das **Risiko** ein, ggf. einen Nachtarbeitnehmer i. S. d. § 2 Abs. 5 Nr. 2 ArbZG zwecks Wahrung der Ausgleichsfrist nicht einsetzen zu dürfen, sofern der **Arbeitszeitausgleich nicht innerhalb der kurzen Ausgleichsfristen** des § 6 Abs. 2 Satz 2 ArbZG durchgeführt worden ist.

D. Gesundheitsvorsorge, arbeitsmedizinische Untersuchung (§ 6 Abs. 3 ArbZG)

43 Nachtarbeitnehmern räumt § 6 Abs. 3 Satz 1 ArbZG das Recht ein, sich vor Beginn der Beschäftigung und danach in regelmäßigen Abständen **arbeitsmedizinisch untersuchen** zu lassen.

I. Ziel der arbeitsmedizinischen Untersuchung

44 Ziel dieser arbeitsmedizinischen Untersuchung ist die **Klärung, ob der der Nachtarbeitnehmer gesundheitlich** für die konkret vorgesehene oder weiterhin durchzuführende **Nachtarbeit geeignet ist** oder ob er dadurch in einem Maße Schaden an seiner Gesundheit nimmt oder zu nehmen droht, die es arbeitsmedizinisch zumindest ratsam erscheinen lässt, die Nachtarbeit nicht aufzunehmen oder künftig von dieser Nachtarbeit abzusehen. Die Eingrenzung des Untersuchungszieles auf die konkrete Nachtarbeit ergibt sich daraus, dass dem Nachtarbeitnehmer das Recht auf die arbeitsmedizinische Untersuchung nicht vor Beginn oder bei Leistung von Nachtarbeit schlechthin eingeräumt ist, sondern nur im Zusammenhang mit konkret anstehender bzw. durchgeführter Nachtarbeit. Denn anders wäre nicht zu erklären, dass der Arbeitgeber (und nicht z. B. die Arbeitsverwaltung oder die Sozialversi-

cherungsträger) die Kosten der Untersuchung nach näherer Maßgabe des § 6 Abs. 3 Satz 3 zu tragen hat.

II. Recht auf medizinische Untersuchung

Das Gesetz normiert **nur ein** – verzichtbares – **Recht des Nachtarbeitnehmers**, sich untersuchen zu lassen. § 6 Abs. 3 Satz 1 ArbZG ordnet die arbeitsmedizinische Untersuchung nicht zwingend an. Die Durchführung der Untersuchung ist rechtlich keine Voraussetzung für die Aufnahme oder Fortsetzung der Nachtarbeit, und zwar auch dann nicht, wenn der Nachtarbeitnehmer die Untersuchung verlangt hat[52]. Die Bestimmung stellt kein gesetzliches Beschäftigungsverbot dar.

45

Damit entspricht § 6 Abs. 3 Satz 1 ArbZG nicht ganz der Vorgabe des Art. 9 Abs. 1 lit. a der RL 2003/88/EG (vormals RL 93/104 EG), wonach die Mitgliedstaaten die erforderlichen Maßnahmen treffen, »damit der Gesundheitszustand der Nachtarbeiter vor Aufnahme der Arbeit und danach unentgeltlich untersucht wird«. Die Formulierung der Richtlinie ist dahin zu verstehen, dass die arbeitsmedizinische Untersuchung obligatorisch sein soll. Dem entspricht das bloße Recht des Nachtarbeitnehmers auf eine solche Untersuchung nicht. Denn er kann auf dieses Recht auch verzichten. Daran ändert nicht, dass der Nachtarbeitnehmer sich – ohne Verletzung seines Arbeitsvertrages – weigern kann, die vereinbarte Nachtarbeit anzutreten, bevor seine gesundheitliche Eignung für die vorgesehene Nachtarbeit durch die von ihm verlangte arbeitsmedizinische Untersuchung festgestellt worden ist.

46

Umgekehrt besteht nach § 6 Abs. 3 Satz 1 ArbZG **keine** rechtliche **Verpflichtung des Nachtarbeitnehmers**, sich auf Verlangen des Arbeitgebers arbeitsmedizinisch hinsichtlich seiner Nachtarbeitstauglichkeit untersuchen zu lassen. Faktisch kann ein Arbeitgeber eine solche Untersuchung jedoch durchsetzen, indem er den Arbeitsvertrag erst nach erfolgreicher Untersuchung oder unter einer entsprechenden Bedingung abschließt.

47

---

[52] *Buschmann/Ulber* § 6 ArbZG Rz. 15; *Dobberahn* ArbZG Rz. 86; *Neumann/Biebl* § 6 ArbZG Rz. 14.

III. Untersuchungszeitpunkte

1. Untersuchung vor Beginn der Beschäftigung

48 Dem Nachtarbeitnehmer ist zunächst das Recht eingeräumt sich, **vor Beginn der Beschäftigung** arbeitsmedizinisch auf seine Nachtarbeitstauglichkeit hin untersuchen zu lassen. Dieses Recht bleibt dem Nachtarbeitnehmer auch dann erhalten, wenn er es sich beim Abschluss des Arbeitsvertrages nicht vorbehalten hat, es sei denn, er hätte ausdrücklich darauf verzichtet. Sehr häufig hat indessen auch der Arbeitgeber Interesse daran, vor Beginn der Beschäftigung den (künftigen) Arbeitnehmer arbeitsmedizinisch untersuchen zu lassen. Für beide Seiten ist es sinnvoll, die arbeitsmedizinische Untersuchung auf Nachtarbeitstauglichkeit möglichst vor Abschluss des Arbeitsvertrages vorzunehmen oder den Arbeitsvertrag entsprechend bedingt abzuschließen. Dies gilt auch für eine generelle arbeitsmedizinische Einstellungsuntersuchung. Die Untersuchung i. S. d. § 6 Abs. 1 Satz 1 ArbZG kann mit einer generellen freiwilligen Einstellungsuntersuchung verbunden werden[53].

49 Soweit es sich um **Nachtarbeitnehmer** i. S. d. § 2 Abs. 5 Nr. 1 ArbZG handelt, also solche, die aufgrund ihrer Arbeitszeitgestaltung normalerweise **Nachtarbeit in Wechselschicht** zu leisten haben (§ 2 Rdn. 125 ff.), ist damit der Beginn jedweder Beschäftigung gemeint. Es ist unerheblich, ob die Beschäftigung sofort mit Nachtarbeit beginnt oder ob zunächst Tagarbeit zu leisten ist. Ein solcher Nachtarbeitnehmer darf gerade klären lassen, ob er für Nachtarbeit in Wechselschicht tauglich ist.

▶ **Beispiel:**

Ein Arbeitnehmer wird für Arbeiten in der sog. »Vollkonti«-Schicht eingestellt. In der ersten Woche hat er Frühschicht, in der zweiten Spätschicht und erst in der dritten Nachtschicht. Er hat das Recht, sich bereits vor Aufnahme seiner Beschäftigung in der Frühschicht nach § 6 Abs. 3 Abs. 1 ArbZG untersuchen zu lassen.

50 Anders verhält es sich dagegen bei **Nachtarbeitnehmern** i. S. d. § 2 Abs. 5 Nr. 2 ArbZG, d. h. solchen, die an **mindestens 48 Tagen im Kalenderjahr Nachtarbeit** leisten (§ 2 Rdn. 134 ff.). Insoweit ist entscheidend, dass die Nachtarbeitnehmereigenschaft erst eintritt, wenn im Kalenderjahr an mindestens 48 Tagen Nachtarbeit geleistet wird bzw. geleistet worden ist. Erst durch die

---

53 *Roggendorff* § 6 ArbZG Rz. 24.

tatsächliche Heranziehung zur Nachtarbeit erwirbt ein solcher Arbeitnehmer die Nachtarbeitnehmereigenschaft. Sein Anspruch nach § 6 Abs. 3 Satz 1 ArbZG auf Untersuchung hinsichtlich seiner Nachtarbeitstauglichkeit »vor Beginn der Beschäftigung« entsteht daher erst, wenn er im Kalenderjahr zum 48 Male zur Nachtarbeit herangezogen wird.

▶ **Beispiel:**

Der Arbeitnehmer ist als Informatiker eingestellt worden. Seine normale Arbeitszeit umfasst nicht die Nachtzeit. Wegen außerordentlich großer Schwierigkeiten bei der Umstellung des EDV-Systems leistet er an den ersten 47 Arbeitstagen des Kalenderjahres Nachtarbeit im Sinne des Arbeitszeitgesetzes. Sodann ist er wieder – wie üblich – nur tagsüber tätig. Im November desselben Jahres treten wegen einer weiteren Umstellung des EDV-Systems wieder außerordentliche Schwierigkeiten auf, zu deren Behebung er wiederum Nachtarbeit leisten muss. Er war zwar nicht berechtigt, sich am Beginn des Kalenderjahres hinsichtlich seiner Nachtarbeitstauglichkeit untersuchen zu lassen, wohl aber steht ihm dieses Recht zu, sich vor Beginn der erneuten Nachtarbeit im November nach § 6 Abs. 3 Satz 1 ArbZG arbeitsmedizinisch hinsichtlich seiner Nachtarbeitstauglichkeit untersuchen zu lassen.

2. Untersuchung nach Beginn der Nachtarbeit

Nach Beginn der Nachtarbeit darf sich der Nachtarbeitnehmer **in regelmäßigen Abständen** von nicht weniger als drei Jahren, ab vollendetem 50. Lebensjahr in jährlichen Abständen auf seine **Nachtarbeitstauglichkeit** hin arbeitsmedizinisch untersuchen lassen. 51

Das Recht auf **Wiederholungsuntersuchung** setzt voraus, dass der Arbeitnehmer zu dem jeweiligen Untersuchungszeitpunkt noch Nachtarbeitnehmer ist. Die Feststellung dieser Eigenschaft bereitet keine Schwierigkeiten, soweit es sich um Nachtarbeitnehmer i. S. d. § 2 Abs. 5 Nr. 1 ArbZG handelt. Denn diese Nachtarbeitnehmer sind normalerweise in Wechselschicht auch in Nachtarbeit oder gar nur in Nachtarbeit (z. B. sog. »Nachtschwester« im Krankenhaus) tätig. Anders kann es dagegen bei Nachtarbeitnehmern i. S. d. § 2 Abs. 5 Nr. 2 ArbZG sein. Der Anspruch auf Wiederholungsuntersuchungen ist ohne weiteres bei solchen Nachtarbeitnehmern im Sinne dieser Bestimmung gegeben, die Dauernachtarbeit (nicht in Wechselschicht) leisten. Ist dagegen bei einem – noch nicht 50-jährigen Arbeitnehmer – die Nachtarbeitnehmereigenschaft wegen tatsächlicher Arbeitsleistung in einem vergangenen 52

§ 6 ArbZG Nacht- und Schichtarbeit

Kalenderjahr gegeben gewesen, im laufenden Kalenderjahr, in welchem das Intervall für die Wiederholungsuntersuchung erfüllt wäre, dagegen nicht, so besteht auch kein Anspruch auf Wiederholungsuntersuchung. Bei einem noch nicht 50 Jahre alten Arbeitnehmer kann dagegen der Fall eintreten, dass er häufiger einen Anspruch auf Erstuntersuchung erwirbt, als er Anspruch auf eine Wiederholungsuntersuchung für seine Nachtarbeitstauglichkeit hätte.

IV. Durchführung der arbeitsmedizinischen Untersuchung

53 Die **Durchführung der arbeitsmedizinischen Untersuchung** darf nur durch einen **Arzt für Arbeitsmedizin** erfolgen. Hinsichtlich der erforderlichen Fachkunde ist eine Orientierung an § 4 ASiG geboten[54]. Entweder muss der Arzt die Gebietsbezeichnungen »Arbeitsmedizin« oder »Betriebsmedizin« führen dürfen oder aber die erforderliche arbeitsmedizinische Fachkunde durch eine Bescheinigung der Ärztekammer nachweisen (vgl. § 4 ASiG i. V. m. § 3 UVV VBG 123).

54 **Inhalt und Umfang der Untersuchung** bestimmt der fachkundige Arzt aufgrund seiner Fachkunde. Dabei ist nicht von vornherein eine allgemeine arbeitsmedizinische Untersuchung durchzuführen, sondern eine solche mit dem Ziel der Feststellung der Nachtarbeitstauglichkeit. Das Ergebnis der Untersuchung ist dem Arbeitnehmer mitzuteilen. Auf Verlangen hat er es dem Arbeitgeber zu eröffnen.

V. Kosten der Untersuchung

55 Die **Kosten der Untersuchung** hat der Arbeitgeber zu tragen, sofern er die Untersuchung dem Nachtarbeitnehmer nicht kostenlos durch einen Betriebsarzt oder einen überbetrieblichen Dienst von Betriebsärzten anbietet (§ 6 Abs. 3 Satz 3 ArbZG).

56 Die **Kostenregelung** entspricht der Vorgabe durch Art. 9 RL 2003/88/EG (vormals RL 93/104/EG). Durch diese Regelung wird das Recht des Arbeitnehmers auf **freie Arztwahl** nicht eingeschränkt. Die Möglichkeit, dass der Arbeitgeber die Durchführung der Untersuchung durch den Betriebsarzt bzw. den betriebsärztlichen Dienst anbieten kann und er dann davon frei ist, die Kosten zu tragen, die entstehen, wenn sich der Arbeitnehmer durch einen von ihm frei gewählten Arzt für Arbeitsmedizin untersuchen lässt, widerspricht

---

54 *Roggendorff* § 6 ArbZG Rz. 23.

dem EG-Recht nicht. Art. 9 der RL 2003/88/EG, vormals RL 93/104 EG, sieht nicht vor, dass der Arbeitnehmer das Recht habe, den Arzt, der ihn insoweit arbeitsmedizinisch untersucht, frei zu wählen. Auch grundgesetzlich ist dies nicht geboten.

E. Anspruch auf Tagesarbeitsplatz (§ 6 Abs. 4 ArbZG)

Nach näherer Maßgabe des § 6 Abs. 4 ArbZG hat der **Nachtarbeitnehmer** 57 einen Anspruch, auf einen geeigneten **Tagesarbeitsplatz umgesetzt** zu werden, wenn er bei einer Fortsetzung der Nachtarbeit in seiner Gesundheit gefährdet ist oder bestimmte Aufgaben der Betreuung von Kindern bzw. schwerpflegebedürftigen Angehörigen hat.

Nach Art. 9 Abs. 1 b RL 2003/88/EG (vormals RL 93/104/EG) hatte die Bun- 58 desrepublik dafür zu sorgen, dass Mitarbeiter mit gesundheitlichen Schwierigkeiten, die nachweislich mit der Leistung von Nachtarbeit verbunden sind, soweit jeweils möglich in geeignete Tagarbeit zu versetzen sind. Das **Bundesverfassungsgericht** hat ausdrücklich festgestellt, es bestehe ein besonderes Schutzbedürfnis für Nachtarbeitnehmer, die Kinder oder Mehrpersonenhaushalte zu betreuen hätten; sie könnten in der Regel auch tagsüber nicht zur Ruhe kommen und fänden insbesondere keinen zusammenhängenden Tagesschlaf[55]. Beiden Gesichtspunkten trägt § 6 Abs. 4 ArbZG Rechnung; allerdings ist nicht schon die Tatsache, dass ein Nachtarbeitnehmer bzw. eine Nachtarbeitnehmerin einen Mehrpersonenhaushalt zu betreuen hat, als Grund für einen Umsetzungsanspruch in Tagarbeit normiert worden, sondern nur die Fälle der Betreuung von Kindern unter zwölf Jahren bzw. der Betreuung schwerpflegebedürftiger Angehöriger.

I. Umsetzung auf Verlangen des Arbeitnehmers (§ 6 Abs. 4 Satz 1 ArbZG)

Nach § 6 Abs. 4 Satz 1 ArbZG hat der Arbeitgeber den **Nachtarbeitnehmer** 59 **auf dessen Verlangen grundsätzlich auf einen für ihn geeigneten Tagesarbeitsplatz umzusetzen.** Der Anspruch auf Umsetzung wird schon dadurch ausgelöst, dass der Nachtarbeitnehmer ein entsprechendes Verlangen stellt. Die Wirksamkeit dieses Verlangens hängt rechtlich nicht davon ab, dass der Arbeitnehmer seinerseits darstellt, inwieweit für ihn ein geeigneter Tages-

---

[55] BVerfG 28.01.1992 BVerfGE 85, 191, 208 ff.; EzA § 19 AZO Nr. 5 unter C I 2 b der Gründe m. w. N.

arbeitsplatz zur Verfügung steht oder inwieweit er in Tagarbeit eingesetzt werden könnte.

60 Der Begriff der **Umsetzung** ist umfassend zu verstehen. Hierunter fallen nicht nur die betriebsverfassungsrechtlich **mitbestimmungsfreien Umsetzungen**[56], sondern **auch** solche, die betriebsverfassungsrechtlich als **Versetzungen** anzusehen sind, so dass das betriebsverfassungsrechtliche Mitbestimmungsrecht (§§ 99, 95 Abs. 3 BetrVG) zu beachten ist. Der Begriff der Umsetzung i. S. d. § 6 Abs. 4 Satz 1 ArbZG geht auch weiter als der Begriff der Umsetzung i. S. d. § 75 Abs. 1 Nr. 3 BPersVG bzw. entsprechenden Vorschriften in Landespersonalvertretungsgesetzen. Es ist für den Begriff der **Umsetzung** i. S. d. § 6 Abs. 4 Satz 1 ArbZG auch unerheblich, ob es hierzu einer Änderung des Arbeitsvertrages bedarf oder ob die Umsetzung individualrechtlich ohne Änderung des Arbeitsvertrages durchgeführt werden könnte. Bedarf es zur Umsetzung der Änderung des Arbeitsvertrages, so sind beide Parteien gehalten, einem entsprechend geänderten Arbeitsvertrag zuzustimmen.

II. Geeigneter Tagesarbeitsplatz

61 Der Anspruch des Nachtarbeitnehmers geht dahin, auf einen **für ihn geeigneten Tagesarbeitsplatz** umgesetzt zu werden, nicht aber dahin, in irgendeiner Art und Weise in Tagarbeit beschäftigt zu werden.

62 Dementsprechend besteht der Umsetzungsanspruch nur, soweit ein geeigneter **Tagesarbeitsplatz zur Verfügung** steht[57]. Diese Einschränkung betrifft nach dem eindeutigen Wortlaut des Gesetzes alle drei Anlasstatbestände für ein Umsetzungsverlangen, nicht etwa nur die der Betreuung (§ 6 Abs. 4 Satz 1 Buchst. b und c ArbZG). Dies verkennen *Buschmann/Ulber*[58]. § 6 Abs. 4 Satz 1 ArbZG gibt dem Nachtarbeitnehmer auch im Fall des Buchst. a) keinen Anspruch, einen für ihn geeigneten Tagesarbeitsplatz erst zu schaffen oder freizumachen, z. B. durch Tausch mit einem Arbeitnehmer, der nur in Tagesarbeit beschäftigt ist und an Stelle des Nachtarbeitnehmers nun Nachtarbeit leisten

---

56 Vgl. zum Begriff: *Fitting/Engels/Schmidt/Trebinger/Linsenmaier* BetrVG, § 99 Rz. 129, 136.
57 *Dobberahn* ArbZG Rz. 88; *Neumann/Biebl* § 6 ArbZG Rz. 22; *Roggendorff* § 6 ArbZG Rz. 35; auch amtliche Begründung, BT-Drucks. 12/5888, S. 26.
58 § 6 ArbZG Rz. 24.

soll[59]. Unscharf ist die Rechtslage hinsichtlich der Frage, ob der Tagesarbeitsplatz, der mit dem seine Umsetzung betreibenden Nachtarbeitnehmer besetzt werden kann, im Betrieb vorhanden sein muss oder ob es genügt, wenn er in einem anderen Betrieb des Unternehmens oder gar in einem anderen Unternehmen eines Konzerns vorhanden ist. Aus der gesetzlichen Anordnung, dass der Umsetzungsanspruch nur besteht, sofern dem nicht dringende **betriebliche** Erfordernisse entgegenstehen, ist jedoch zu schließen, dass der besetzbare Tagesarbeitsplatz im Betrieb frei sein muss, es sich also um einen betriebsbezogenen Umsetzungsanspruch handelt[60].

Der mit dem Nachtarbeitnehmer zu besetzende Tagesarbeitsplatz muss **für ihn geeignet** sein. Dementsprechend muss das Leistungsprofil des Nachtarbeitnehmers den für diesen Tagesarbeitsplatz bestehenden Anforderungen entsprechen[61]. Soweit es sich um **gleiche Arbeitsplätze** handelt, die roulierend in einem Schichtsystem besetzt sind, ist diese Voraussetzung ohne weiteres gegeben. Fraglich ist dann jedoch, inwieweit der Arbeitnehmer nur noch in Tagesschicht zu arbeiten hat und inwieweit sich eine solche Ausnahmeregelung mit dem Schichtsystem verträgt. Das aber ist keine Frage der persönlichen Eignung des Tagesarbeitsplatzes, sondern eine Frage evtl. **entgegenstehender dringender betrieblicher Erfordernisse**. Anders stellt sich die Frage indessen, wenn der Nachtarbeitnehmer eine Tätigkeit ausübt, die in diesem Zuschnitt in einem freien Tagesarbeitsplatz nicht vorkommt. Soweit der Arbeitnehmer die nötigen **Vorbildung, Kenntnisse usw.** für diesen Tagesarbeitsplatz besitzt, ist der Tagesarbeitsplatz grundsätzlich als für ihn geeignet anzusehen. Allerdings gibt § 6 Abs. 4 Satz 1 ArbZG keinen Anspruch darauf, mit Hilfe des Rechts auf Umsetzung auf einen Tagesarbeitsplatz gleichzeitig eine berufliche Beförderung durchzusetzen, also einen besser bezahlten Arbeitsplatz einzunehmen. Dies ist auch dann zu beachten, wenn der Arbeitnehmer die persönlichen Voraussetzungen für die Erfüllung dieses Arbeitsplatzes mit sich bringt. Denn der Umsetzungsanspruch nach § 6 Abs. 4 Satz 1 ArbZG geht nur dahin, von der Nachtarbeit befreit zu werden, nicht aber dahin, sich sonst beruflich zu verbessern. 63

---

59 *Dobberahn* ArbZR Rz. 88.
60 *Dobberahn* ArbZG Rz. 87; a. A. wohl *Buschmann/Ulber* § 6 ArbZG Rz. 24.
61 *Dobberahn* ArbZG Rz. 88; *Neumann/Biebl* § 6 ArbZG Rz. 22; *Roggendorff* § 6 ArbZG Rz. 34.

III. Umsetzungsgründe

64 Der Nachtarbeitnehmer darf sein **Umsetzungsverlangen** nur auf die in § 6 Abs. 4 Satz 1 ArbZG **abschließend aufgezählten Umsetzungsgründe** stützen. Der Katalog der Umsetzungsgründe ist abschließend formuliert worden. Sonstige Gründe lösen einen Anspruch des Nachtarbeitnehmers auf Umsetzung auf einen für ihn geeigneten Tagesarbeitsplatz nicht aus.

1. Gesundheitsgefährdung

65 Wird der Arbeitnehmer nach einer entsprechenden arbeitsmedizinischen Feststellung durch die weitere Verrichtung von Nachtarbeit **in seiner Gesundheit gefährdet**, so steht ihm ein Umsetzungsanspruch zu (§ 6 Abs. 4 Satz 1 Buchst. a ArbZG). Der Anspruch ist zunächst davon abhängig, dass eine entsprechende arbeitsmedizinische Feststellung getroffen worden ist. Eine solche Feststellung kann im Rahmen einer Untersuchung nach § 6 Abs. 3 ArbZG getroffen werden; es genügt aber auch jeder andere Anlass, der zu einer entsprechenden arbeitsmedizinischen Feststellung führt. Im Hinblick darauf, dass Nachtarbeit generell gesundheitsschädlich ist[62], setzt der Umsetzungsanspruch nach § 6 Abs. 4 Satz 1 a ArbZG voraus, dass eine über diese allgemeine latente Gefahr hinausgehende **konkrete Gefährdung der Gesundheit** des Arbeitnehmers vorliegt. Der Arbeitsmediziner muss feststellen, dass eine konkrete Gefährdung vorliegt[63], d. h., mit hinreichender Wahrscheinlichkeit eine ernsthafte Beeinträchtigung der Gesundheit durch Fortsetzung der Nachtarbeit zu befürchten ist[64]. Die prognostische Entscheidung, ob eine Gesundheitsgefährdung vorliegt, hat der Arzt nach seiner arbeitsmedizinischen Fachkunde zu treffen; im Hinblick auf die ärztliche Schweigepflicht ist es weder zulässig noch geboten, die Gründe für die Gesundheitsgefährdung näher zu beschreiben. Allerdings reicht es nicht aus, wenn die Gefährdung nur als fernliegende Möglichkeit zu erkennen ist[65].

66 An die Feststellung der **Gefährdung der Gesundheit des Nachtarbeitnehmers** durch Fortsetzung der Nachtarbeit sind **schärfere Anforderungen** zu stellen

---

62 BVerfG 28.01.1992 BVerfGE 85, 191, 190 EzA § 19 AZO Nr. 5 unter C I 2 a der Gründe m. w. N.
63 ErfK/*Wank*, § 6 ArbZG Rz. 11.
64 BT-Drucks. 12/5888, 40; *Roggendorff* § 6 ArbZG Rz. 28.
65 A. A. *Neumann/Biebl* § 6 ArbZG Rz. 19.

als an die Feststellung der Nachtarbeitstauglichkeit im Rahmen einer Untersuchung nach § 6 Abs. 3 Satz 1 ArbZG. Allerdings kann eine solche Tauglichkeitsuntersuchung – auch schon vor Aufnahme der Nachtarbeit – ergeben, dass der Arbeitnehmer nicht nur für Nachtarbeit untauglich ist, sondern dass mit der Aufnahme der Nachtarbeit seine Gesundheit gefährdet wird. Ist ein Arbeitnehmer bereits beschäftigt und will der Arbeitgeber Nachtarbeit einführen und den Arbeitnehmer erstmals in Nachtarbeit einsetzen, so kann eine solche Feststellung dazu führen, dass der Arbeitnehmer einen Anspruch darauf hat, nicht in der (neu einzuführenden) Nachtarbeit eingesetzt zu werden, sondern seinen Tagesarbeitsplatz zu behalten[66].

2. Kinderbetreuung

Ebenso steht dem Nachtarbeitnehmer ein Anspruch auf Umsetzung auf einen für ihn geeigneten Tagesarbeitsplatz zu, wenn in seinem Haushalt ein **Kind unter zwölf Jahren lebt**, das nicht von einer anderen im Haushalt lebenden Person betreut werden kann (§ 6 Abs. 4 Satz 1 Buchst. b ArbZG). Der gegenüber dem Regierungsentwurf weiter gehende Gegenvorschlag des Bundesrates, wonach der Umsetzungsanspruch schon bestehen sollte, wenn im Haushalt des Arbeitnehmers ein Kind im Sinne des Jugendarbeitsschutzgesetzes lebt, ohne dass es auf die Erforderlichkeit der Betreuung dieses Kindes ankam[67], ist nicht Gesetz geworden. Vielmehr hat die Bundesregierung ausdrücklich darauf abgestellt, dass ein Umsetzungsanspruch nur gerechtfertigt ist, wenn nicht eine andere im Haushalt lebende Person die Betreuung des Kindes übernehmen könne[68]. Die Altersgrenze von zwölf Jahren ist angelehnt an die Altersgrenze für den Bezug von Krankengeld bei Erkrankung eines Kindes nach § 45 Abs. 1 SGB V[69]. 67

Erforderlich ist, dass das **noch nicht zwölf Jahre alte Kind im Haushalt** des Nachtarbeitnehmers lebt. Es muss nicht das eigene Kind oder ein an Kindes statt angenommenes Kind sein; hinreichend, aber erforderlich ist, dass es sich überhaupt um ein im Haushalt lebendes Kind handelt. Ein Haushalt kann auch durch eine **eheähnliche Gemeinschaft** begründet sein. Des Weiteren ist erforderlich, dass dieses Kind **nicht von einer anderen im Haushalt lebenden** 68

---

66 Ähnl. *Buschmann/Ulber* § 6 ArbZG Rz. 22.
67 BT-Drucks. 12/5888, 40.
68 BT-Drucks. 12/5888, 52.
69 BT-Drucks. 12/5888, 26.

Person betreut werden kann. Steht eine solche andere, im Haushalt lebende Person zur Betreuung zur Verfügung, so ist der Anspruch auf Umsetzung in die Tagesarbeit nicht gegeben. Bei dieser anderen Person braucht es sich nicht um ein Elternteil oder überhaupt um eine verwandte Person handeln, sondern es kann auch eine sonstige, im Haushalt lebende Person sein[70]. Voraussetzung ist lediglich, dass sie das unter zwölf Jahre alte Kind betreuen kann. Dazu genügt nicht, dass die andere, an sich zur Betreuung des Kindes geeignete Person es lediglich ablehnt, die Betreuung zu übernehmen, ohne hierfür einen sachlichen Grund zu haben.

▶ **Beispiel:**

Ein Nachtarbeitnehmer hat einen achtjährigen Sohn aus erster Ehe. Er ist wieder verheiratet; seine jetzige Ehefrau und der Sohn aus erster Ehe leben in seinem Haushalt. Sie arbeitet nicht. Der Nachtarbeitnehmer verlangt seine Umsetzung in Tagesarbeit mit der Begründung, er müsse seinen achtjährigen Sohn betreuen. Eine andere Person in seinem Haushalt stehe nicht zur Verfügung; seine jetzige Ehefrau lehne es ab, den Sohn zu betreuen, weil er aus erster Ehe stamme. Ein Anspruch des Nachtarbeitnehmers auf Umsetzung in Tagesarbeit besteht nicht, weil eine andere im Haushalt des Nachtarbeitnehmers lebende Person, nämlich seine jetzige Ehefrau, den achtjährigen Sohn aus erster Ehe betreuen kann. Darauf, dass sie dies nicht will, kommt es insoweit nicht an.

69 Der Fall der **vorübergehenden Betreuungsbedürftigkeit** ist in § 6 Abs. 4 Satz 1 b ArbZG nicht ausdrücklich geregelt. In entsprechender Anwendung dieser Bestimmung dürfte jedoch auch eine längerfristige vorübergehende Betreuungsbedürftigkeit einen Anspruch des Nachtarbeitnehmers auslösen, für diese Zeit **vorübergehend auf einen Tagesarbeitsplatz umgesetzt** zu werden.

▶ **Beispiel:**

Der Nachtarbeitnehmer hat einen achtjährigen Sohn; seine Ehefrau ist nicht berufstätig und betreut den Sohn tagsüber. Alle leben im selben Haushalt. Die Ehefrau hat aufgrund eines Unfalls einen komplizierten Knochenbruch erlitten. Voraussichtlich wird es zwei Monate dauern, bis ihre Gesundheit so weit wiederhergestellt ist, dass sie – wenn auch eingeschränkt – wieder im Familienhaushalt tätig sein kann. Andere Perso-

---

70 ErfK/*Wank*, § 6 ArbZG Rz. 11.

nen leben im Haushalt des Nachtarbeitnehmers nicht. In entsprechender Anwendung des § 6 Abs. 4 Satz 1 b ArbZG steht dem Nachtarbeitnehmer der Anspruch zu, vorübergehend, nämlich bis zu dem Zeitpunkt, an welchem seine Ehefrau die Betreuung des Sohnes wieder übernehmen kann, auf einen Tagesarbeitsplatz umgesetzt zu werden.

Arbeiten **beide Elternteile als Nachtarbeitnehmer in Wechselschicht**, so kann nicht jeweils der eine Elternteil darauf verwiesen werden, dass der andere die Betreuung des noch nicht zwölf Jahre alten Kindes übernehmen könne. Vielmehr sind die Verhältnisse so zu Grunde zu legen, wie sie tatsächlich sind. In einem solchen Fall ist es Sache der Elternteile, sich darüber zu verständigen, welcher von beiden den Anspruch auf Umsetzung in Tagesarbeit verfolgt. Dem Anspruch auf Umsetzung auf einen Tagesarbeitsplatz steht auch nicht entgegen, dass andere, nicht im Haushalt lebende Angehörige, Freunde oder Bekannte die Betreuung des Kindes übernehmen könnten.

3. Betreuung schwerpflegebedürftiger Angehöriger

Schließlich steht dem Nachtarbeitnehmer ein Anspruch auf Umsetzung auf einen Tagesarbeitsplatz nach § 6 Abs. 4 Satz 1 Buchst. c ArbZG zu, wenn er einen **schwerpflegebedürftigen Angehörigen** zu versorgen hat, der nicht von einem anderen im Haushalt lebenden Angehörigen versorgt werden kann. Der Begriff **schwerpflegebedürftig** ist in Anlehnung an § 53 SGB V gewählt worden[71]. Diese Bestimmung ist durch das sog. Pflegeversicherungsgesetz[72] aufgehoben worden. Die (frühere) Schwerpflegebedürftigkeit nach § 53 SGB V entspricht (in etwa) den Pflegestufen II (Schwerpflegebedürftigkeit) und III (Schwerstpflegebedürftigkeit) des § 15 SGB XI[73]. Schwerpflegebedürftig sind Personen, die wegen Krankheit oder Behinderung so hilflos sind, dass sie bei gewöhnlichen und regelmäßig wiederkehrenden Verrichtungen im Ablauf des täglichen Lebens auf Dauer in sehr hohem Maße der Hilfe bedürfen. Schwerpflegebedürftig muss der **Angehörige** des Nachtarbeitnehmers sein. Der Begriff des **Angehörigen** ist im Arbeitszeitgesetz nicht definiert. Er geht weiter als der der Familie und umfasst neben dem Ehegatten, dem Verwandten und Verschwägerten beispielsweise Adoptiv- und Pflegeeltern. Ob auch

---

71 BT-Drucks. 12/5888, 26.
72 SGB XI vom 26.05.1994 – BGBl. I S. 1014.
73 A. A. *Anzinger/Koberski* § 6 ArbZG Rz. 74 f., die auch die Pflegestufe I genügen lassen.

der Lebenspartner und dessen nahe Verwandtschaft zu den Angehörigen zu zählen ist, ist fraglich[74]. Der Begriff der Angehörigen im bürgerlichen Recht umfasst diese Personen nicht. Das Gesetz stellt andererseits nicht ausdrücklich die Voraussetzung auf, dass der schwerpflegebedürftige Angehörige **im Haushalt des Nachtarbeitnehmers** leben muss. Nach Sinn und Zweck muss diese Voraussetzung jedoch erfüllt sein. Denn der Anspruch auf Umsetzung auf einen Tagesarbeitsplatz soll gerade ermöglichen, dass die Doppelbelastung eingeschränkt wird, die dadurch entsteht, dass in der Nachtarbeit wegen der Pflege des schwerpflegebedürftigen Angehörigen auch tagsüber keine hinreichende Ruhe gefunden wird. Diese Voraussetzung dürfte in der Regel nur vorliegen, wenn der schwerpflegebedürftige Angehörige im Haushalt des Nachtarbeitnehmers lebt. Dies ergibt sich des Weiteren auch daraus, dass der Anspruch auf Umsetzung auf einen Tagesarbeitsplatz nur abgelehnt werden darf, wenn der schwerpflegebedürftige Angehörige **nicht von einem anderen im Haushalt lebenden Angehörigen** versorgt werden kann. Der Begriff des Angehörigen ist enger als der Begriff der im Haushalt lebenden Personen (§ 6 Abs. 4 Satz 1 b ArbZG).

IV. Entgegenstehende dringende betriebliche Erfordernisse

72 Der Anspruch des Nachtarbeitnehmers auf Umsetzung auf einen Tagesarbeitsplatz ist in allen Fällen nur gegeben, sofern dem **nicht dringende betriebliche Erfordernisse** (§ 6 Abs. 4 Satz 1 Halbs. 2 ArbZG) entgegenstehen. Der Ansicht von *Buschmann/Ulber*[75], wonach diese Voraussetzung bei einem Umsetzungsverlangen wegen einer drohenden Gesundheitsgefährdung zurückzutreten habe, kann angesichts klaren Gesetzeswortlautes nicht gefolgt werden. Der Ausdruck **dringende betriebliche Erfordernisse** gemahnt an § 1 Abs. 2 KSchG. Während es dort jedoch um dringende betriebliche Erfordernisse i. S. d. sozialen Rechtfertigung einer Kündigung geht, nämlich um solche, die einer Weiterbeschäftigung des Arbeitnehmers in diesem Betrieb entgegenstehen, geht es im Rahmen des § 6 Abs. 4 Satz 1 ArbZG um den genau umgekehrten Fall. Hier geht es nicht um dringende betriebliche Erfordernisse, die eine – für den Arbeitnehmer negative – Veränderung, nämlich die ordentliche Kündigung seines Arbeitsverhältnisses, sozial rechtfertigen sollen, sondern um solche, die seinem Verlangen entgegenstehen, auf einen Tagesarbeitsplatz umgesetzt zu

---

74 Bejahend: *Neumann/Biebl* § 6 ArbZG Rz. 21.
75 § 6 ArbZG Rz. 24, 25.

werden. Weshalb der Gesetzgeber gleichwohl dem Wortlaut nach in § 6 Abs. 4 Satz 1 Halbs. 2 ArbZG den unbestimmten Rechtsbegriff verwendet hat, der sonst nur der sozialen Rechtfertigung von Kündigungen dient, ist der Gesetzesbegründung nicht zu entnehmen[76]. Entgegen der Ansicht von *Diller*[77] ist gerade keine Anlehnung an § 1 Abs. 3 Satz 2 KSchG erfolgt, sondern an § 1 Abs. 2 Satz 1 KSchG[78].

Trotz dieser sprachlichen Anlehnung ist für die Prüfung, ob **dringende** **73** **betriebliche Erfordernisse** der Umsetzung des Nachtarbeitnehmers auf einen Tagesarbeitsplatz **entgegenstehen, nicht** auf die Rechtsprechung zum **Kündigungsschutzgesetz** abzustellen[79]. Denn es geht gerade nicht darum, ob dringende betriebliche Erfordernisse der Weiterbeschäftigung des Nachtarbeitnehmers in Nachtarbeit entgegenstehen, sondern um den umgekehrten Fall, ob sie seiner Umsetzung auf einen Tagesarbeitsplatz entgegenstehen. Ob derartige dringende betriebliche Erfordernisse vorliegen, ist unter Beachtung **aller Umstände des Einzelfalles** zu prüfen und lässt sich nur anhand einer umfassenden Abwägung der beiderseitigen Interessen klären[80]. Dabei sind die Anforderungen **nicht gleichermaßen hoch wie** im Fall der **sozialen Rechtfertigung** einer Beendigungskündigung aus dringenden betrieblichen Erfordernissen. Wollte man derart hohe Anforderungen stellen, so stünden einer Umsetzung des Nachtarbeitnehmers in Tagesarbeit dringende betriebliche Erfordernisse häufig nicht entgegen. Indessen würde dabei verkannt, dass es bei § 6 Abs. 4 Satz 1 ArbZG nicht um den Schutz gegen den Verlust des Arbeitsplatzes geht, sondern um eine Umsetzung auf einen anderen Arbeitsplatz[81]. Von daher wird die Anlehnung der Formulierung an die für dringende betriebliche Erfordernisse als Grund für die soziale Rechtfertigung einer betriebsbedingten Kündigung der Unterschiedlichkeit der Sach- und Interessenlagen nicht gerecht. Es hätte nahe gelegen, als Hinderungsgrund auf »dringenden betriebliche Belange« abzustellen, wie es in § 7 Abs. 1 BUrlG

---

76 BT-Drucks. 12/5888, 26, 40, 52.
77 NJW 1994, 2726, 2727.
78 So auch *Erasmy* NZA 1994, 1105, 1110; *Sondermann* DB 1993, 1922, 1925; *Dobberahn* ArbZG Rz. 88; *Neumann/Biebl* § 6 ArbZG Rz. 22.
79 *Anzinger/Koberski* § 6 ArbZG Rz. 58 f.; a.A. *Dobberahn* ArbZG Rz. 88; *Erasmy* NZA 1994, 1105, 1110.
80 *Erasmy* NZA 1994, 1105, 1110.
81 Vgl. *Anzinger/Koberski* § 6 ArbZG Rz. 58.

hinsichtlich der Nichtgewährung von Erholungsurlaub vorgeschrieben ist[82]. Steht kein für den Nachtarbeitnehmer geeigneter Tagesarbeitsplatz zur Verfügung, so ist dies keine Frage der entgegenstehenden dringenden betrieblichen Erfordernisse, sondern eine Frage der objektiven Anspruchsvoraussetzung. Die **dringenden betrieblichen Erfordernisse** können vor allem darin bestehen, dass der Nachtarbeitnehmer **für die Nachtarbeit benötigt** wird und eine Interessenabwägung ergibt, dass diese Erforderlichkeit – gemessen an den Interessen des Nachtarbeitnehmers und den Gründen für seine Umsetzung auf einen Tagesarbeitsplatz – das stärkere Gewicht haben. Die Gründe, die ein dringendes betriebliches Erfordernis abgeben, können ihrerseits auf technischem, auf wirtschaftlichem oder auch auf organisatorischem Gebiet beruhen.

▶ **Beispiel:**

In einem Betrieb wird in der Frühschicht und in der Spätschicht produziert; in der Nachtschicht werden die zur Produktion benötigten Anlagen gewartet bzw. für die Produktion des nächsten Tages umgerüstet. Weitere Wartungsarbeiten fallen während der Frühschicht und der Spätschicht an. Für die Wartungs- und Umrüstungsarbeiten sind drei Betriebshandwerker eingesetzt; sie arbeiten in Wechselschicht in einem roulierenden System. Ein Tagesarbeitsplatz für einen in einer anderen Abteilung tätigen Betriebshandwerker ist frei. Einer der drei Betriebshandwerker begehrt seine Umsetzung auf den freien Tagesarbeitsplatz. Es besteht ein dringendes betriebliches Erfordernis, drei Betriebshandwerker in Wechselschicht für die nächtlichen Wartungs- und Umrüstungsarbeiten einzusetzen. Dieses Bedürfnis ergibt sich aus der zu Grunde liegenden Konzeption, derartige Wartungs- und Umrüstungsarbeiten nachts in der produktionsfreien Zeit von einem Betriebshandwerker ausführen zu lassen, andererseits aber die Nachtarbeit derart zu verdichten, dass ein Betriebshandwerker Dauernachtarbeit leistet oder sich zwei Betriebshandwerker wöchentlich mit der Nachtarbeit abzuwechseln haben.

74 Inwieweit ein solches dringendes Erfordernis dem Begehren auf Umsetzung auf einen Tagesarbeitsplatz **entgegensteht**, ist durch **Interessenabwägung** zu klären. Entgegen der Auffassung von *Buschmann/Ulber*[83] gebietet die gesetzes- und verfassungskonforme Auslegung des § 6 Abs. 4 Satz 1 ArbZG nicht, die

---

82 Vgl. ErfK/*Wank*, § 6 ArbZG Rz. 12.
83 § 6 ArbZG Rz. 24.

Einschränkung nur auf Fallgruppen der Buchstaben b) und c) zu beziehen. Ihm stehen nicht nur der Wortlaut des Gesetzes entgegen, sondern auch der Umstand, dass auch von Verfassung wegen das Grundrecht auf Leben und körperliche Unversehrtheit (Art. 2 Abs. 2 Satz 1 GG) dem Grundrecht der Berufsfreiheit (Art. 12 Abs. 1 GG) bzw. der Gewährleistung des Rechts am Eigentum (Art. 14 Abs. 1 GG) nicht absolut übergeordnet ist[84]. Allerdings sind im Fall des Umsetzungsverlangens wegen Gesundheitsgefährdung infolge Fortsetzung der Nachtarbeit sehr hohe Anforderungen daran zu stellen, inwieweit dringende betriebliche Erfordernisse der Umsetzung auf einen (vorhandenen!) freien Tagesarbeitsplatz wirklich entgegenstehen. Von – zumindest für die Interessenabwägung – etwas geringerem Gewicht dürften dagegen Umsetzungsverlangen sein, die auf die Tatbestände nach Buchstabe b) und c) des § 6 Abs. 4 Satz 1 ArbZG gestützt sind.

Bei der **Bewertung, inwieweit** dringende betriebliche Erfordernisse dem Umsetzungsverlangen entgegenstehen, ist auch die **zeitliche Dimension** zu berücksichtigen, innerhalb derer dringende betriebliche Erfordernisse entgegenstehen können, wie auch die zeitliche Dimension des Anlasses, aus dem heraus die Umsetzung auf einen freien Tagesarbeitsplatz verlangt wird. Endet beispielsweise das Bedürfnis zur Betreuung eines noch nicht zwölf Jahre alten Kindes in überschaubarer Zeit, so wiegt der Anlass geringer, als wenn das Betreuungsbedürfnis noch über viele Jahre hinweg anhält. 75

Der Arbeitnehmer kann auf die Zustimmung des Arbeitgebers zur Versetzung auf einen Tagesarbeitsplatz klagen[85]. Die **Darlegungs- und Beweislast** ist gespalten. Der **Arbeitnehmer** hat grundsätzlich die **Voraussetzungen** des von ihm geltend gemachten **Umsetzungsanspruchs** darzulegen[86]. Hierzu sind vor allem die Darlegungen des Umsetzungsgrundes und zunächst die Behauptung erforderlich, es sei für den Arbeitnehmer geeigneter Tagesarbeitsplatz frei. **Abgestuft ist die Darlegungs- und Beweislast** allerdings hinsichtlich der Frage, **inwieweit** ein freier für die Nachtarbeitnehmer geeigneter **Tagesarbeitsplatz zur Verfügung** steht und inwieweit **dringende betriebliche Erfordernisse** der Umsetzung **entgegenstehen**. Zunächst genügt der Arbeitgeber der ihm obliegenden Darlegungs- und Beweislast, wenn er vorträgt, dass ein freier, für den Nachtarbeitnehmer geeigneter Arbeitsplatz nicht zur Verfü- 76

---

84 *Erasmy* NZA 1994, 1105, 1110.
85 LAG Schleswig-Holstein 04.10.2007 – NZA-RR 2008, 301.
86 *Dobberahn* ArbZG Rz. 90.

gung steht. Es ist dann Sache des Nachtarbeitnehmers, konkret zu behaupten, inwieweit doch ein solcher zur Verfügung steht. Darauf hat der Arbeitgeber i. E. zu entgegnen. Die **Beweislast** dafür, dass ein solcher freier Arbeitsplatz zur Verfügung steht, liegt allerdings beim **Nachtarbeitnehmer**. Denn der Nachtarbeitnehmer hat keinen Anspruch darauf, schlechthin in Tagesarbeit umgesetzt zu werden, sondern nur einen Anspruch darauf, auf einen freien, für ihn geeigneten Tagesarbeitsplatz umgesetzt zu werden. Benennt er allerdings einen Arbeitsplatz, so ist es Sache des Arbeitgebers, darzulegen, dass dieser Arbeitsplatz nicht frei oder er für den Arbeitnehmer nicht geeignet ist oder inwieweit dringende betriebliche Gründe entgegenstehen. Soweit es um die Frage geht, ob ein Kind unter zwölf Jahren nicht von einer anderen im Haushalt lebenden Person betreut werden kann oder ob ein schwerpflegebedürftiger Angehöriger nicht von einem anderen im Haus lebenden Angehörigen versorgt werden kann, liegt die Darlegungs- und Beweislast ungeteilt beim Arbeitnehmer.

77 Will der **Arbeitgeber** dagegen geltend machen, **dringende betriebliche Erfordernisse** stünden der Umsetzung des Arbeitnehmers auf einen für ihn geeigneten, freien Tagesarbeitsplatz entgegen, so trifft ihn insoweit die **Darlegungs- und Beweislast**[87].

V. Umsetzungsverlangen und Zurückbehaltungsrecht

78 Bleibt das **Umsetzungsverlangen** des Arbeitnehmers **erfolglos**, weil kein freier Tagesarbeitsplatz zur Verfügung steht oder der Umsetzung dringende betriebliche Erfordernisse entgegenstehen, so stellt sich die Frage, ob der Arbeitnehmer nunmehr gehalten ist, seine Nachtarbeit fortzusetzen oder inwieweit ihm entsprechend § 273 BGB ein Recht zusteht, seine **Arbeitsleistung zurückzuhalten**. Die Regelung des § 6 Abs. 4 Satz 1 ArbZG schließt die Anwendung des § 273 BGB nicht aus.

79 Ist einem Nachtarbeitnehmer wegen Gefährdung der Gesundheit die Fortsetzung der Nachtarbeit nicht zumutbar, andererseits aber seine Umsetzung auf einen Tagesarbeitsplatz objektiv nicht möglich, so steht ihm ein entsprechendes **Zurückbehaltungsrecht** an seiner Arbeitsleistung zu, allerdings um den Preis, dass er dann auch seinen **Anspruch auf Arbeitsentgelt** verliert. Dem Nachtarbeitnehmer kann auch wegen einer Pflichtenkollision im Hinblick auf

---

87 Ähnlich: *Dobberahn* ArbZG Rz. 90; *Erasmy* NZA 1994, 1105, 1110; *Roggendorff* § 6 ArbZG Rz. 36.

seine Verpflichtung zur Personensorge für sein Kind ein Leistungsverweigerungsrecht entsprechend § 273 BGB zustehen, wenn er sich – unabhängig von der in jedem Fall notwendigen Abwägung der zu berücksichtigenden schutzwürdigen Interessen beider Parteien – in einer für ihn unverschuldeten Zwangslage befindet[88]. Besteht indessen ein solches Leistungsverweigerungsrecht nicht, so bleibt der Arbeitnehmer verpflichtet, Nachtarbeit zu leisten, ohne dass ihm ein Leistungsverweigerungsrecht zusteht[89].

VI. Beteiligung des Betriebs- oder Personalrats (§ 6 Abs. 4 Satz 2, Satz 3 ArbZG)

Der **Betriebs-** oder Personalrat ist **zu hören**, wenn der Arbeitgeber geltend machen will, der Umsetzung stünden dringende betriebliche Erfordernisse entgegen (§ 6 Abs. 4 Satz 2 ArbZG). Betriebs- und Personalräte haben andererseits ein **Vorschlagsrecht** für die Umsetzung eines Nachtarbeitnehmers auf einen freien Tagesarbeitsplatz (§ 6 Abs. 4 Satz 3 ArbZG). Für die kirchengesetzliche Mitarbeitervertretung ordnet das ArbZG eine solche Anhörungspflicht nicht an. 80

1. Inhalt der Mitwirkungsrechte

Die Verpflichtung des Arbeitgebers zur **Anhörung des Betriebs- oder Personalrats** nach § 6 Abs. 4 Satz 2 ArbZG ist – im Gegensatz z. B. zu § 102 Abs. 1 BetrVG – weder inhaltlich konkretisiert noch mit einer ausdrücklichen Rechtsfolge belegt. Ohne eine zureichende Anhörung ist die Ablehnung jedenfalls nach der Theorie der Wirksamkeitsvoraussetzung unwirksam[90]. Seiner Verpflichtung, den Betriebs- oder Personalrat zu hören, genügt der Arbeitgeber nur, wenn er ihn **umfassend darüber unterrichtet**, welches **Umsetzungsverlangen** der Nachtarbeitnehmer aus welchem Grund gestellt hat und inwieweit diesem Umsetzungsverlangen **Gründe**, vor allem **dringende betriebliche Erfordernisse entgegenstehen**. 81

---

88 BAG 21.05.1992 BAGE 70, 262 = EzA § 1 KSchG Verhaltensbedingte Kündigung Nr. 43 m. Anm. *Kraft.*
89 *Erasmy* NZA 1994, 1105, 1110.
90 Vgl. ErfK/*Wank*, § 6 ArbZG Rz. 13; *Buschmann/Ulber* § 6 ArbZG Rz. 26; a. A. HWK/*Gäntgen*, § 6 ArbZG Rz. 15.

82 Das Recht der Betriebs- und Personalräte, **Vorschläge für die Umsetzung** zu machen, besteht unabhängig von der Verpflichtung des Arbeitgebers, den Betriebs- oder Personalrat nach § 6 Abs. 4 Satz 3 ArbZG anzuhören. Es ist als **unvollkommenes Initiativrecht** ausgestaltet. Zwar ist der Arbeitgeber nicht verpflichtet, derartigen Vorschlägen Folge zu leisten. Den Betriebs- und Personalräten ist auch insoweit kein Recht eingeräumt worden, etwa die Einigungsstelle anzurufen.

2. Verhältnis zu sonstigen Mitbestimmungsrechten

83 In § 6 Abs. 4 Satz 2 und 3 ArbZG sind den Betriebs- und Personalräten **zusätzliche** Mitwirkungsrechte eingeräumt worden, die sie weder im **Betriebsverfassungsgesetz** noch in den Personalvertretungsgesetzen des Bundes oder der Länder enthalten sind. Dies betrifft zunächst das Anhörungsrecht. Es besteht unabhängig davon, ob es sich um eine Regelung mit kollektivem Einschlag i. S. d. § 87 Abs. 1 Nr. 2 BetrVG bzw. des § 75 Abs. 3 Nr. 1 BPersVG bzw. entsprechenden Ländergesetzen handelt. Vielmehr geht es bei § 6 Abs. 4 Satz 2 ArbZG um die Verwirklichung eines privatrechtlichen Anspruchs eines einzelnen Arbeitnehmers[91]. Andererseits ist nicht ausgeschlossen, dass infolge der Umsetzung eines Nachtarbeitnehmers auf einen Tagesarbeitsplatz **auch weitere Arbeitnehmer betroffen** sind und es insoweit einer kollektiv wirkenden Arbeitszeitregelung i. S. d. § 87 Abs. 1 Nr. 2 BetrVG bzw. § 75 Abs. 3 Nr. 1 BPersVG bzw. nach entsprechendem Landespersonalvertretungsrecht bedarf. Ebenso kann die Umsetzung des Nachtarbeitnehmers auf einen Tagesarbeitsplatz die Beteiligung des Betriebsrats nach § 99 i. V. m. § 95 Abs. 3 BetrVG oder die des Personalrates nach § 75 Abs. 1 Nr. 3 BPersVG oder entsprechendem Landespersonalvertretungsrecht erfordern.

F. Ausgleich durch freie Tage oder Zuschlag (§ 6 Abs. 5 ArbZG)

84 § 6 Abs. 5 ArbZG gewährt dem Nachtarbeitnehmer einen **Ausgleich für die während der Nachtzeit geleisteten Arbeitsstunden** und zwar – nach Wahl des Arbeitgebers[92] – **durch** eine angemessene Zahl **bezahlter freier Tage** oder einen angemessenen **Zuschlag** auf das **Bruttoarbeitsentgelt**. Diese gesetzliche Verpflichtung zum Ausgleich ist **zwingend**, sie steht jedoch unter dem **Vorbehalt**, dass keine **tarifvertraglichen Ausgleichsregelungen** bestehen. Soweit

---

91 *Roggendorff* § 6 ArbZG Rz. 38.
92 BAG 01.02.2006 – 5 AZR 422/04 – NZA 2006, 494 = DB 2006, 843.

Nacht- und Schichtarbeit **§ 6 ArbZG**

tarifvertragliche Ausgleichsregelungen bestehen, haben sie vor der gesetzlichen Verpflichtung zum Ausgleich **Vorrang. Tarifvertragliche Ausgleichsregelungen** sind nicht nur solche, die nach In-Kraft-Treten des Arbeitszeitgesetzes erst abgeschlossen worden sind, sondern auch solche, die vor seinem In-Kraft-Treten schon bestanden haben[93]. Unter Ausgleichsregelungen sind dabei nicht nur solche zu verstehen, die ausdrücklich Nachtarbeitszuschläge enthalten, sondern auch Regelungen, bei denen ein Ausgleich der Erschwernisse durch Nachtarbeit in der Weise erfolgt ist, dass beispielsweise das Grundentgelt anders, nämlich gegenüber Tagarbeit höher, bemessen worden ist[94].

Soweit ein Ausgleich für Nachtarbeit im Tarifvertrag vorgenommen wird, ist aus tarifrechtlichen Gründen nicht zu prüfen, ob er seinerseits dem Kriterium der Angemessenheit i. S. d. § 6 Abs. 5 ArbZG entspricht. Dabei ist gleichgültig, ob der Tarifvertrag normativ gilt oder er innerhalb seines Geltungsbereichs nur Kraft Vereinbarung im Arbeitsvertrag angewendet wird[95]. Denn es findet keine Inhaltskontrolle von Tarifverträgen statt. Zu prüfen ist aber, ob die Grenzen des § 6 Abs. 5 eingehalten sind. Unter diesem Gesichtspunkt hat die Rechtsprechung verschiedentlich Tarifregelungen über einen Nachtarbeitsausgleich geprüft. Die Höhe des angemessenen Nachtzuschlags richtet sich nach Arbeitsleistung während der Nachtarbeit. Ein geringerer Zuschlag ist angemessen, wenn in die Nachtarbeit Arbeitsbereitschaft oder Bereitschaftsdienst fallen[96]. Nach der Art der Arbeitsleistung ist auch zu beurteilen, ob der vom Gesetzgeber mit dem Lohnzuschlag verfolgte Zweck die Nachtarbeit im Interesse der Gesundheit der Arbeitnehmer zu verteuern, zum Tragen kommt[97]. Für Arbeitnehmer im Rettungsdienst, in deren Nachtdienst auch ein erheblicher Teil Arbeitsbereitschaft fällt, ist ein Zuschlag von 10% des Bruttoentgeltes angemessen[98]. Eine tarifliche Regelung, die sich darin erschöpft, den Anspruch auf einen Nachtarbeitszuschlag auszuschließen, ist keine Ausgleichsregelung i. S. d. § 6 Abs. 5 ArbZG; in solchem Fall reduziert sich die gesetzlich eröffnete Wahlmöglichkeit des Arbeitgebers auf die Gewährung von

85

---

93 BT-Drucks. 12/6990, 43.
94 BT-Drucks. 12/6990, 43; *Erasmy* NZA 1994, 1105 ff., 1111.
95 Wie hier *Neumann/Biebl* § 6 ArbZG Rz. 26.
96 BAG 12.03.2008 – 4 AZR 616/06 – EzA § 4 TVG Chemische Industrie Nr. 10; BAG 24.02.1999 – 4 AZR 62/98 – BAGE 91, 63.
97 BAG 27.05.2003 EzA § 6 ArbZG Nr. 5.
98 BAG 31.08.2005 EzA § 6 ArbZG Nr. 6 = DB 2006, 1273.

Freizeitausgleich[99]. Indessen ist zu beachten, dass tarifvertraglicher Ausgleich für Nachtarbeit nach § 6 Abs. 5 ArbZG nicht ausdrücklich geregelt sein muss, sondern auch stillschweigend oder konkludent geregelt sein kann[100].

86 Bestehen **keine tarifvertraglichen Regelungen** über einen Ausgleich für geleistete Nachtarbeit für Nachtarbeitnehmer, so hat der Arbeitgeber den Nachtarbeitnehmern von Gesetzes wegen einen solchen angemessenen Ausgleich zu leisten[101]. Allerdings ist § 6 Abs. 5 ArbZG hinsichtlich der näheren Bestimmung des angemessenen Ausgleichs vereinbarungsoffen; der Ausgleich kann nach Art und Umfang durch Vereinbarung im Arbeitsvertrag, aber auch durch allgemeine Arbeitsbedingungen (Geschäftsbedingungen) näher ausgestaltet werden[102].

87 Der Ausgleich ist zu leisten **für die während der Nachtzeit geleisteten Arbeitsstunden**. In § 6 Abs. 5 ArbZG geht es nicht um einen Ausgleich der werktäglich acht Stunden überschreitenden Arbeitszeit des Nachtarbeitnehmers (§ 6 Abs. 3 Satz 2 ArbZG), sondern um einen Ausgleich für die Belastung infolge der während der Nachtzeit geleisteten Arbeitsstunden, gleichgültig, ob sie während der normalen Arbeitszeit (§ 6 Abs. 2 Satz 1 ArbZG) geleistet worden sind oder ob sie der Ausgleichspflicht nach § 6 Abs. 2 Satz 2 ArbZG unterliegen. Der Ausgleich nach § 6 Abs. 5 ArbZG soll die mit tatsächlich geleisteter Nachtarbeit verbundenen Belastungen ausgleichen[103]. Auszugleichen ist nicht die Nachtarbeit i. S. d. § 2 Abs. 4 ArbZG, d. h. die Arbeit, die mehr als zwei Stunden der Nachtzeit umfasst. Vielmehr ist der **Ausgleich** zu leisten für **jede Arbeitsstunde, die in der Nachtzeit** i. S. d. ArbZG (§ 2 Abs. 3 ArbZG) **geleistet worden ist**. Dieses ist die Zeit von 23.00 bis 6.00 Uhr; sie kann nach näherer Maßgabe des § 7 Abs. 1 Nr. 5 ArbZG bis zu einer Stunde vor- bzw. zurückverlegt werden (§ 2 Rdn. 114 f.); die Nachtzeit umfasst immer sieben Stunden. Für jede während dieser sieben Stunden geleistete Arbeitsstunde muss der Ausgleich erfolgen. Ob sich aus einer anderen Rechtsgrundlage (z. B. Tarifvertrag, Betriebsvereinbarung, Dienstvereinbarung, Arbeitsvertrag, ggf.

---

99 BAG 26.04.2005 EzA § 87 BetrVG 2001 Gesundheitsschutz Nr. 3 = NZA 2005, 884.
100 BAG 18.05.2011 – 10 AZR 369/10 – NZA-RR 2011, 581.
101 *Neumann/Biebl* § 6 ArbZG Rz. 26; *Anzinger/Koberski* § 6 ArbZG Rz. 80.
102 BAG 15.07.2009 – 5 AZR 867/08 – EzA § 6 ArbZG Nr. 7.
103 *Buschmann/Ulber* § 6 ArbZG Rz. 27; *Roggendorff* § 6 ArbZG Rz. 39.

auch betriebliche Übung) ein Ausgleichsanspruch für Nachtarbeit i. S. jener Rechtsgrundlage ergibt, ist eine hiervon zu trennende Frage[104].

Dem Arbeitgeber steht ein **Wahlrecht** zu, ob er den Ausgleich durch **freie Tage** und/oder durch eine **Erhöhung des Arbeitsentgelts** in Form eines Zuschlages gewährt[105]. Zwar mag man es aus politischen Gründen im Interesse eines vorbeugenden Gesundheitsschutzes für wünschenswert halten, den Ausgleich vornehmlich durch freie Tage zu vollziehen; eine entsprechende Priorität ist im Gesetz indessen nicht zu entnehmen[106]. Es handelt sich um eine Wahlschuld des Arbeitgebers i. S. d. §§ 262 ff. BGB[107]. Der Betriebsrat hat bei der Gestaltung des tarifvertraglich nicht bestimmten Nachtarbeitsausgleich mitzubestimmen[108]. Ist das Arbeitsverhältnis bei der Durchführung des Nachtarbeitsausgleichs beendet, so kommt ausschließlich die Zahlung eines Nachtarbeitszuschlags in Betracht[109]. Hinsichtlich der Angemessenheit des Ausgleiches hat der Arbeitgeber die Grundsätze billigen Ermessens (§ 315 BGB) zu wahren[110]. Bei der Entscheidung des Arbeitgebers über die Art des Ausgleichs, nicht aber hinsichtlich des Umfangs, hat der Betriebsrat nach § 87 Abs. 1 Nr. 7 und Nr. 10 BetrVG mitzubestimmen[111]. Durch freie Tage wird der Ausgleich gewährt, indem dem Nachtarbeitnehmer mehr freie Tage zugebilligt werden, als sie vergleichbaren Tagesarbeitnehmern zustehen. Der Ausgleich durch eine höhere Bezahlung erfolgt in Form der Gewährung eines Zuschlages.

88

---

104 Vgl. BAG 15.07.2009 – 5 AZR 867/08 – EzA § 6 ArbZG Nr. 7.
105 BAG 01.02.2006 – 5 AZR 422/04 – NZA 2006, 494 = DB 2006, 843; BAG 05.09.2002 BAGE 102, 309 = EzA § 6 ArbZG Nr. 4 = DB 2003, 1175; *Anzinger/ Koberski* § 6 ArbZG Rz. 83; ErfK/*Wank* § 6 Rz. 14.
106 BAG 01.02.2006 – 5 AZR 422/04 – NZA 2006, 494 = DB 2006, 843; BAG 26.08.1997 EzA § 87 BetrVG 1972 Gesundheitsschutz Nr. 1 = ArbuR 1998, 338 [Ulber]; a. A. Buschmann/*Ulber* § 6 ArbZG Rz. 28.
107 *Roggendorff* § 6 ArbZG Rz. 41 ff.
108 BAG 26.04.2005 EzA § 87 BetrVG 2001 Gesundheitsschutz Nr. 3 = NZA 2005, 884.
109 BAG 27.05.2003 EzA § 6 ArbZG Nr. 5 = ZTR 2004, 212.
110 *Buschmann/Ulber* § 6 ArbZG Rz. 29; *Roggendorff* § 6 ArbZG Rz. 41.
111 BAG 26.08.1997 EzA § 87 BetrVG 1972 Gesundheitsschutz Nr. 1 = ArbuR 1998, 338 [*Ulber*].

G. Weiterbildung, aufstiegsfördernde Maßnahmen

89 Nach § 6 Abs. 6 ArbZG ist sicherzustellen, dass Nachtarbeitnehmer den **gleichen Zugang zur betrieblichen Weiterbildung** und zu aufstiegsfördernden Maßnahmen haben wie die übrigen Arbeitnehmer. Diese Bestimmung ist erst im Laufe des Gesetzgebungsverfahrens in das Gesetz aufgenommen worden. Sie stellt eine Konkretisierung des allgemeinen arbeitsrechtlichen Gleichbehandlungsgrundsatzes dar[112]. Die Verpflichtung, die gleichmäßige Teilhabe der Nachtarbeitnehmer an diesen Möglichkeiten der Weiterbildung sicherzustellen, trifft primär den Arbeitgeber; sie ist aber auch vom Betriebsrat im Rahmen seiner Mitbestimmungsrechte nach den §§ 96 ff. BetrVG zu beachten. In welcher Weise die Sicherstellung durchgeführt wird, hängt von den Umständen des Einzelfalles ab.

H. Ausnahmebestimmungen, Rechtsverordnungen

90 Für § 6 Abs. 2 ArbZG, d. h. für die Regelung der regelmäßigen Arbeitszeit der Nachtarbeitnehmer, der Verlängerung dieser Arbeitszeit und den Ausgleichszeitraum sieht das Arbeitszeitgesetz Ausnahmen vor.

91 Nach näherer Maßgabe des § 14 ArbZG kann von § 6 Abs. 2 ArbZG bei vorübergehenden Arbeiten in **Notfällen** und in **außergewöhnlichen Fällen** (Abs. 1), ferner bei der Beschäftigung verhältnismäßig **weniger Arbeitnehmer zur Vermeidung der Gefährdung des Arbeitsergebnisses** oder zur **Abwehr unverhältnismäßigen Schadens** (Abs. 1 Nr. 1) bzw. in **Forschung** und **Lehre**, bei unaufschiebbaren **Vor- und Abschlussarbeiten** sowie bei unaufschiebbaren Arbeiten zur **Behandlung, Betreuung und Pflege von Personen** bzw. zur Behandlung und Pflege von **Tieren** an einzelnen Tagen (Abs. 2 Nr. 2) abgewichen werden.

92 Die **Aufsichtsbehörde** kann von § 6 Abs. 2 ArbZG abweichende längere tägliche Arbeitszeiten bewilligen für kontinuierliche Schichtbetriebe bzw. für Bau- und Montagestellen oder für Saison- und Kampagnebetriebe (§ 15 Abs. 1 Nr. 1 und 2 ArbZG). Darüber hinaus gelten auch die allgemeinen Ausnahmeregelungen durch Behördenerlaubnisse nach § 15 Abs. 2 bzw. durch **Rechtsverordnungen** des Bundesministers der Verteidigung nach § 15 Abs. 3 ArbZG bzw. der Bundesregierung nach den §§ 8, 15 Abs. 2a (Offshore-Arbeitszeiten) und 24 ArbZG.

---

112 BT-Drucks. 12/6990, 43.

Nacht- und Schichtarbeit §6 ArbZG

I. Abweichende Regelungen durch Tarifvertrag/Betriebsvereinbarung

Nach näherer Maßgabe des §7 ArbZG kann durch **Tarifvertrag** oder durch **Betriebsvereinbarung** aufgrund eines Tarifvertrages von §6 Abs. 2 ArbZG abgewichen werden, und zwar durch **Verlängerung der Arbeitszeit** über zehn Stunden werktäglich **ohne Ausgleich**, wenn in die Arbeitszeit regelmäßig und in erheblichem Umfang Arbeitsbereitschaft fällt oder durch Festlegung eines anderen Ausgleichszeitraumes (§7 Abs. 1 Nr. 4 ArbZG). Unter Wahrung des Gesundheitsschutzes der Arbeitnehmer erlauben §7 Abs. 2 Nr. 2 bis 4 ArbZG noch **weiter gehende Abweichungen** und §7 Abs. 2 a ArbZG sogar die Verlängerung der täglichen Arbeitszeit, auch der Nachtarbeitszeit, über acht Stunden hinaus ohne Ausgleich, wenn in die Arbeitszeit regelmäßig und in erheblichem Umfang Arbeitsbereitschaft oder Bereitschaftsdienst fallen und der Arbeitnehmer in diese Arbeitszeitgestaltung einwilligt (§7 Abs. 7 ArbZG). Regelungsinstrumente für die abweichenden Regelungen sind der Tarifvertrag oder – wenn dieser dies zulässt – die Betriebs- oder Dienstvereinbarung. Die Geltung derart abweichender kollektiver Regelungen kann auch unter **nicht Tarifgebundenen** vereinbart werden (§7 Abs. 4 ArbZG). **Kirchen** und öffentlich-rechtliche Religionsgemeinschaften können derartige Abweichungen in ihren Regelungen vorsehen. In üblicherweise **tariflosen Bereichen** können Behörden entsprechende Ausnahmen gestatten. Schließlich kann auch die Bundesregierung noch weitere Ausnahmen zulassen (§7 Abs. 6 ArbZG). 93

J. Jugendliche

Für **Jugendliche** besteht ein **grundsätzliches Nachtarbeitsverbot** in der Zeit von 20.00 bis 6.00 Uhr (§14 Abs. 1 JArbSchG). **Ausnahmen** lässt das Gesetz für bestimmte Beschäftigungen jugendlicher Arbeitnehmer über 16 Jahren zu, soweit sie der Eigenart des jeweiligen Berufes entsprechen. Nach §14 Abs. 2, 3 JArbSchG dürfen Jugendliche in Gaststätten- und im Schaustellergewerbe bis 22.00 Uhr, in mehrschichtigen Betrieben bis 23.00 Uhr, in der Landwirtschaft ab 5.00 Uhr und bis 21.00 Uhr, in Bäckereien und Konditoreien ab 5.00 Uhr bzw. – wenn sie über 17 Jahre alt sind – ab 4.00 Uhr beschäftigt werden. Nach 20.00 Uhr dürfen Jugendliche allerdings nach näherer Maßgabe des §14 Abs. 4 JArbSchG nicht beschäftigt werden, wenn der Berufsschulunterricht am nächsten Tage vor 9.00 Uhr beginnt. §14 Abs. 5–7 JArbSchG regelt weitere Einzelheiten. 94

K. Mutterschutz

95 Für **werdende** und **stillende Mütter** sind zudem die **Nachtarbeitsverbote des § 8 MuSchG** zu beachten. Nach § 8 Abs. 1 MuSchG dürfen werdende und stillende Mütter zwischen 20.00 Uhr und 6.00 Uhr nicht beschäftigt werden. In bestimmten Branchen und für bestimmte Tätigkeiten ist nach § 8 Abs. 3 MuSchG die Beschäftigung in den ersten vier Monaten der Schwangerschaft zu unterschiedlich längeren Zeiten erlaubt, und zwar in Gast-, Schankwirtschaften und im Beherbergungswesen bis 22.00 Uhr, in der Landwirtschaft beim Melken von Vieh ab 5.00 Uhr, als Künstlerinnen bei Musik- und Theatervorstellungen oder bei ähnlichen Aufführungen bis 23.00 Uhr. Nach § 8 Abs. 6 MuSchG sind behördliche weiter gehende Ausnahmen zulässig.

§ 7 Abweichende Regelungen

(1) In einem Tarifvertrag oder auf Grund eines Tarifvertrags in einer Betriebs- oder Dienstvereinbarung kann zugelassen werden,
1. abweichend von § 3
    a) die Arbeitszeit über zehn Stunden werktäglich zu verlängern, wenn in die Arbeitszeit regelmäßig und in erheblichem Umfang Arbeitsbereitschaft oder Bereitschaftsdienst fällt,
    b) einen anderen Ausgleichzeitraum festzulegen,
2. abweichend von § 4 Satz 2 die Gesamtdauer der Ruhepausen in Schichtbetrieben und Verkehrsbetrieben auf Kurzpausen von angemessener Dauer aufzuteilen,
3. abweichend von § 5 Abs. 1 die Ruhezeit um bis zu zwei Stunden zu kürzen, wenn die Art der Arbeit dies erfordert und die Kürzung der Ruhezeit innerhalb eines festzulegenden Ausgleichszeitraums ausgeglichen wird,
4. abweichend von § 6 Abs. 2
    a) die Arbeitszeit über zehn Stunden werktäglich hinaus zu verlängern, wenn in die Arbeitszeit regelmäßig und in erheblichem Umfang Arbeitsbereitschaft oder Bereitschaftsdienst fällt,
    b) einen anderen Ausgleichzeitraum festzulegen,
5. den Beginn des siebenstündigen Nachtzeitraums des § 2 Abs. 3 auf die Zeit zwischen 22 und 24 Uhr festzulegen.

(2) Sofern der Gesundheitsschutz der Arbeitnehmer durch einen entsprechenden Zeitausgleich gewährleistet wird, kann in einem Tarifvertrag oder

auf Grund eines Tarifvertrags in einer Betriebs- oder Dienstvereinbarung ferner zugelassen werden,
1. abweichend von § 5 Abs. 1 die Ruhezeiten bei Rufbereitschaft den Besonderheiten dieses Dienstes anzupassen, insbesondere Kürzungen der Ruhezeit infolge von Inanspruchnahmen während dieses Dienstes zu anderen Zeiten auszugleichen,
2. die Regelungen der §§ 3, 5 Abs. 1 und § 6 Abs. 2 in der Landwirtschaft der Bestellungs- und Erntezeit sowie den Witterungseinflüssen anzupassen,
3. die Regelungen der §§ 3, 4, 5 Abs. 1 und § 6 Abs. 2 bei der Behandlung, Pflege und Betreuung von Personen der Eigenart dieser Tätigkeit und dem Wohl dieser Personen entsprechend anzupassen,
4. die Regelungen der §§ 3, 4, 5 Abs. 1 und § 6 Abs. 2 bei Verwaltungen und Betrieben des Bundes, der Länder, der Gemeinden und sonstigen Körperschaften, Anstalten und Stiftungen des öffentlichen Rechts sowie bei anderen Arbeitgebern, die der Tarifbindung eines für den öffentlichen Dienst geltenden oder eines im Wesentlichen inhaltsgleichen Tarifvertrags unterliegen, der Eigenart der Tätigkeit bei diesen Stellen anzupassen.

(2a) In einem Tarifvertrag oder auf Grund eines Tarifvertrags in einer Betriebs- oder Dienstvereinbarung kann abweichend von den §§ 3, 5 Abs. 1 und § 6 Abs. 2 zugelassen werden, die werktägliche Arbeitszeit auch ohne Ausgleich über acht Stunden zu verlängern, wenn in die Arbeitszeit regelmäßig und in erheblichem Umfang Arbeitsbereitschaft oder Bereitschaftsdienst fällt und durch besondere Regelungen sichergestellt wird, dass die Gesundheit der Arbeitnehmer nicht gefährdet wird.

(3) Im Geltungsbereich eines Tarifvertrags nach Absatz 1, 2 oder 2 a können abweichende tarifvertragliche Regelungen im Betrieb eines nicht tarifgebundenen Arbeitgebers durch Betriebs- oder Dienstvereinbarung oder, wenn ein Betriebs- oder Personalrat nicht besteht, durch schriftliche Vereinbarung zwischen dem Arbeitgeber und dem Arbeitnehmer übernommen werden. Können auf Grund eines solchen Tarifvertrags abweichende Regelungen in einer Betriebs- oder Dienstvereinbarung getroffen werden, kann auch in Betrieben eines nicht tarifgebundenen Arbeitgebers davon Gebrauch gemacht werden. Eine nach Absatz 2 Nr. 4 getroffene abweichende tarifvertragliche Regelung hat zwischen nicht tarifgebundenen Arbeitgebern und Arbeitnehmern Geltung, wenn zwischen ihnen die Anwendung der für den öffentlichen Dienst geltenden tarifvertraglichen Bestimmungen vereinbart

ist und die Arbeitgeber die Kosten des Betriebs überwiegend mit Zuwendungen im Sinne des Haushaltsrechts decken.

(4) Die Kirchen und die öffentlich-rechtlichen Religionsgesellschaften können die in Absatz 1, 2 oder 2 a genannten Abweichungen in ihren Regelungen vorsehen.

(5) In einem Bereich, in dem Regelungen durch Tarifvertrag üblicherweise nicht getroffen werden, können Ausnahmen im Rahmen des Absatzes 1, 2 oder 2 a durch die Aufsichtsbehörde bewilligt werden, wenn dies aus betrieblichen Gründen erforderlich ist und die Gesundheit der Arbeitnehmer nicht gefährdet wird.

(6) Die Bundesregierung kann durch Rechtsverordnung mit Zustimmung des Bundesrates Ausnahmen im Rahmen des Absatzes 1 oder 2 zulassen, sofern dies aus betrieblichen Gründen erforderlich ist und die Gesundheit der Arbeitnehmer nicht gefährdet wird.

(7) Auf Grund einer Regelung nach Absatz 2 a oder den Absätzen 3 bis 5 jeweils in Verbindung mit Absatz 2 a darf die Arbeitszeit nur verlängert werden, wenn der Arbeitnehmer schriftlich eingewilligt hat. Der Arbeitnehmer kann die Einwilligung mit einer Frist von sechs Monaten schriftlich widerrufen. Der Arbeitgeber darf einen Arbeitnehmer nicht benachteiligen, weil dieser die Einwilligung zur Verlängerung der Arbeitszeit nicht erklärt oder die Einwilligung widerrufen hat.

(8) Werden Regelungen nach Absatz 1 Nr. 1 und 4, Absatz 2 Nr. 2 bis 4 oder solche Regelungen auf Grund der Absätze 3 und 4 zugelassen, darf die Arbeitszeit 48 Stunden wöchentlich im Durchschnitt von zwölf Kalendermonaten nicht überschreiten. Erfolgt die Zulassung auf Grund des Absatzes 5, darf die Arbeitszeit 48 Stunden wöchentlich im Durchschnitt von sechs Kalendermonaten oder 24 Wochen nicht überschreiten.

(9) Wird die werktägliche Arbeitszeit über zwölf Stunden hinaus verlängert, muss im unmittelbaren Anschluss an die Beendigung der Arbeitszeit eine Ruhezeit von mindestens elf Stunden gewährt werden.

A. Gegenstand der Regelung

1   Das EU-Arbeitszeitrecht ist als zwingendes Recht ausgestaltet. Es ermöglicht aber im Interesse des guten Funktionierens von Produktion und Dienstleistung einerseits und des Schutzes der Arbeitnehmer andererseits, nicht nur

durch staatliches Recht, sondern auch durch Tarifverträge und andere Vereinbarungen zwischen den Sozialpartnern – hier zusammenfassend Kollektivvereinbarungen genannt – nach näherer Maßgabe der Art. 17 bis 19 RL 2003/88/EG (vormals RL 93/104/EG) von den Artikeln 3 (Tägliche Ruhezeit), 4 (Ruhepause), 5 (Wöchentliche Ruhezeit), 8 (Dauer der Nachtarbeit) und 16 (Bezugszeiträume) abzuweichen. Die EU-Regelungen werden an jeweils passender Stelle in die Erläuterungen einbezogen. Für das Fahrpersonal im Straßentransport sind vorrangig Art. 8 RL 2002/15/EG und § 21a Abs. 6 ArbZG (s. § 21a Rdn. 35 ff.) zu beachten.

Auch die Bestimmungen des Arbeitszeitgesetzes sind **zwingend**. Es enthält zwar keine ausdrückliche Regelung, wonach seine Bestimmungen zwingend gelten. Dies ergibt sich jedoch im Rückschluss daraus, dass abweichende Regelungen durch Vereinbarungen nur nach den Maßgaben der §§ 7, 12 und 21 a Abs. 6 ArbZG erlaubt sind. Von den Bestimmungen des ArbZG kann durch bestimmte **Kollektivvereinbarungen** abgewichen werden, und dies auch nur, soweit das Arbeitszeitgesetz dies auf Grund entsprechender **Öffnungsklauseln** ermöglicht. Öffnungsklauseln für abweichende Regelungen durch Kollektivvereinbarungen enthält § 7 ArbZG für die **werktägliche Arbeitszeit**, die **Ruhepausen** und die **Ruhezeiten** sowie für die **Arbeitszeit der Nachtarbeitnehmer**. Für die Arbeitszeit an **Sonn- und Feiertagen** enthält § 12 ArbZG eine vergleichbare Öffnungsklausel. Besondere, in Einzelheiten abweichende Öffnungsklauseln für das Fahrpersonal im Straßentransport enthält § 21a Abs. 6 ArbZG (s. § 21a Rdn. 35 ff.). 2

Die §§ 7, 12 und 21 a Abs. 6 ArbZG ermöglichen den **Tarifvertragsparteien** und – auf Grund entsprechender Regelungen in einem Tarifvertrag – auch **Betriebsräten** sowie Personalräten (vgl. wegen des öffentlichen Dienstes Rdn. 73 ff.) **und Arbeitgebern**, die Grenzen des **öffentlich-rechtlichen Arbeitszeitschutzes durch privatrechtliche Kollektivvereinbarungen zu verändern**. Sie können so den Rahmen des Zulässigen vergrößern, aber auch einschränken. Auch den **Kirchen** steht solche Möglichkeit für abweichende Regelungen durch kirchliches kollektives Arbeitsrecht offen. § 7 und § 12 ArbZG **stimmen in ihren Regelungsmechanismen** sowie in ihren Normen über die Geltungs- und Anwendungsbereiche **rechtstechnisch überein**. 3

Hinsichtlich des **Regelungsmechanismus**, nämlich der Zulassung von Abweichungen durch **Tarifvertrag** oder durch **Betriebsvereinbarung aufgrund Tarifvertrages, ähneln** die §§ 7, 12 und 21 a Abs. 6 ArbZG dem § 21a JArbSchG. 4

§ 7 ArbZG   Abweichende Regelungen

Eine kollektivrechtliche Öffnungsklausel enthielt auch schon § 7 AZO[1]. Hiernach durfte die regelmäßige Arbeitszeit durch Tarifordnung, nachmals durch Tarifvertrag, verlängert werden. Damit wurde die öffentlich-rechtliche Höchstgrenze der Arbeitszeit durch eine privatrechtliche Norm verändert[2].

5   Die ursprüngliche Fassung des § 7 ArbZG ist entsprechend dem Regierungsentwurf[3] verabschiedet worden. Der Bundesrat hatte – der Empfehlung seines Ausschusses folgend[4] – zwar vorgeschlagen, § 7 ArbZG ersatzlos zu streichen, und zur Begründung ausgeführt, die große Zahl der nach § 7 ArbZG vorgesehenen Arbeitszeitvarianten lasse die Umkehr des Regel-Ausnahmeverhältnisses befürchten und führe zu einer die effektive Überwachung erschwerenden Unübersichtlichkeit, die Unklarheiten über die konkret maßgebliche Arbeitszeit schaffe[5]. Die Bundesregierung hat diesen Vorschlag abgelehnt[6]. Das am 1. 1. 2004 in Kraft getretene **Gesetz zu Reformen am Arbeitsmarkt** vom 24. 12. 2003[7] hat § 7 ArbZG wegen der Zuordnung des Bereitschafsdienstes zur Arbeitszeit **wesentlich umgestaltet**:
   – Abs. 1 Nr. 1 und 4 ermöglichen Arbeitszeitverlängerungen mit – variierbarem – Zeitausgleich bei Arbeitsbereitschaft und Bereitschaftsdienst; die Möglichkeit, an höchstens 60 Tagen die Arbeitszeit auf bis zu zehn Stunden ohne Ausgleich zu verlängern (vormals Nr. 1 Buchst. c), ist ersatzlos gestrichen worden.
   – Abs. 2 Nr. 1 ermöglicht, die Ruhezeiten bei Rufbereitschaft den Besonderheiten des Dienstes anzupassen, insbesondere die Kürzung der Ruhezeit wegen Inanspruchnahme während dieses Dienstes zu anderen Zeiten auszugleichen.
   – Abs. 2 a ist neu eingefügt worden; er erlaubt die Verlängerung der Arbeitszeit über acht Stunden ohne Zeitausgleich, wenn in sie in erheblichem Umfang Arbeitsbereitschaft oder Bereitschafsdienst fallen und durch besondere Regelungen sichergestellt wird, dass die Gesundheit der Arbeitnehmer nicht gefährdet wird.

---

1 Vom 30.04.1938, BGBl. III, 8050-I.
2 *Deneckel/Neumann* AZO, 11. Aufl. 1991, § 7 Rdn. 5 ff.
3 BT-Drucks. 12/5888, 6, 7.
4 BR-Drucks. 507/1/93.
5 BT-Drucks. 12/5888, 41.
6 BT-Drucks. 12/5888, 52, 53.
7 BGBl. I S. 3002, 3006.

- Abs. 7 – ebenfalls neu eingefügt – postuliert die schriftliche Einwilligung des Arbeitnehmers in eine Arbeitszeitverlängerung nach Abs. 2 a.
- Abs. 8 ist ebenso neu eingefügt worden. Er setzt Höchstgrenzen für die Ausgleichszeiträume bei Arbeitszeitverlängerungen nach Abs. 1 Nr. 1 (zwölf Kalendermonate) und Nr. 4 (sechs Kalendermonate oder 24 Wochen).
- Abs. 9 – auch neu eingefügt – ordnet die Gewährung einer Ruhezeit von mindestens elf Stunden in unmittelbaren Anschluss an eine auf mehr als zwölf Stunden verlängerte Arbeitszeit an.

Der Gesetzgeber hat mit diesem »abgestuften Modell« den »neuen Entwicklungen des Europäischen Rechts gerecht werden« wollen, »ohne gleichzeitig die Gestaltungsmöglichkeiten der Tarifvertragsparteien, Betriebspartner und Arbeitsvertragsparteien unangemessen einzuschränken«[8].

B. Methoden der abweichenden Regelung

Mit der Eröffnung der Möglichkeit **Abweichungen** vom gesetzlichen Arbeitsschutz in **Tarifverträgen** oder in aufgrund von Tarifverträgen zulässigen **Betriebsvereinbarungen** oder **Dienstvereinbarungen** zu regeln, hat der Gesetzgeber dem vielfach gestellten Wunsch Raum verschafft, Arbeitszeitregelungen nicht flächendeckend vom »grünen Tisch«, sondern zu ermöglichen, diese **branchen-** und sogar **betriebsspezifisch** zu vereinbaren. 6

Gegen die Methode, vom gesetzlichen Arbeitszeitschutz abweichende Regelungen durch einen **Tarifvertrag** zuzulassen, sind noch unter der Geltung des § 7 AZO **Bedenken** erhoben worden[9]. Die dogmatischen Bedenken, inwieweit eine privatrechtliche Norm zur Regelung des Inhalts von Arbeitsverhältnissen oder zur Regelung betrieblicher oder betriebsverfassungsrechtlicher Fragen geeignet ist, die Grenze des öffentlich-rechtlichen Arbeitszeitschutzes zu verändern, sind zwar nach wie vor nicht völlig ausgeräumt. Dem Argument, dass der grundrechtlich gebotene Schutz der Arbeitnehmer nicht hinreichend gewährleistet sei, wenn er den Tarifvertragsparteien überlassen bleibe, ist indessen entgegenzuhalten, dass zumindest auf dieser Ebene eine hinreichende Verhandlungsparität, auch im Sinne eines Machtausgleichs, 7

---

8 BT-Drucks. 15[9]610, S. 2.
9 *Matthes* ArbuR 1963, 367.

zu finden ist[10] und so die Gewähr für auch unter dem Gesichtspunkt des Arbeitszeitschutzes verantwortungsvolle Regelungen gegeben ist[11]. Insgesamt bestehen keine durchgreifenden rechtlichen Bedenken Abweichungen gemäß § 7 ArbZG durch Tarifvertrag oder durch Betriebsvereinbarung aufgrund Tarifvertrags zu ermöglichen[12].

8 Die **Wirkung** einer abweichenden Regelung gemäß den §§ 7, 12 oder 21 a Abs. 6 ArbZG besteht darin, dass öffentlich-rechtliche Normen, nämlich die Bestimmung des Arbeitszeitgesetzes, durch vereinbarte Bestimmungen abgeändert werden, die ihrerseits nicht öffentlich-rechtliche, sondern **privatrechtliche Normen** darstellen[13]. Tarifverträge setzen in ihren sog. inhaltlichen Teilen nach § 1 TVG zwar Rechtsnormen; es handelt sich jedoch um privatrechtliche, nicht um öffentlich-rechtliche Normen. Dies gilt auch, soweit ein Tarifvertrag nach § 5 TVG für allgemeinverbindlich erklärt worden ist. Ebenso setzen Betriebsvereinbarungen nach § 77 BetrVG privatrechtliche Normen. Entsprechendes gilt für Dienstvereinbarungen oder kirchenrechtliche Regelungen. In ihren Schutzwirkungen stehen diese privatrechtlichen Normen dem öffentlich-rechtlichen Arbeitszeitrecht gleich. Sie sind ihm, auch soweit es um die Frage geht, inwieweit ein Verstoß als Ordnungswidrigkeit bzw. als Straftat zu ahnden ist (§§ 22, 23 ArbZG), grundsätzlich gleichgestellt[14]. Denn sie verschieben die öffentlich-rechtlichen Grenzen der §§ 3 bis 6 ArbZG[15].

9 Die abweichenden Regelungen können im **Tarifvertrag** selbst vereinbart werden. Der Tarifvertrag kann sich aber auch darauf beschränken, eine abweichende Regelung in einer **Betriebs- oder Dienstvereinbarung** zu ermöglichen. Die Parteien des Arbeitsvertrages sind zu abweichenden Vereinbarungen nicht befugt[16].

---

10 BAG 06.05.1995 EzA § 611 BGB Ausbildungsbeihilfe Nr. 15 [LS] = AP Nr. 22 zu § 611 BGB Ausbildungsbeihilfe.
11 G. Müller ArbuR 1992, 257.
12 *Schliemann* in FS Schaub, 675 ff., 685, 692 f.
13 *Neumann/Biebl* § 7 ArbZG Rz. 1; vgl. zu einer von § 7 AZO abweichenden Regelung in einem Tarifvertrag: OLG Hamburg 15.11.1961 AP Nr. 3 zu § 25 AZO.
14 So zu einem Tarifvertrag mit Abweichungen nach § 7 AZO: OLG Hamburg 15.11.1961 AP Nr. 3 zu § 325 AZO unter Hinweis auf *Hueck/Nipperdey/Tophoven*, Anm. zu AP Nr. 44 zu § 1 TVG.
15 *Roggendorff* § 7 ArbZG Rz. 25.
16 *Anzinger/Koberski* § 7 ArbZG Rz. 12.

I. Tarifvertrag (§ 7 Abs. 1, 2, 2 a Eingangssätze ArbZG)

Ein Tarifvertrag ist ein schriftformbedürftiger (§ 1 Abs. 2 TVG) privatrechtlicher Vertrag, der die Rechte und Pflichten der Tarifvertragsparteien regelt und **Rechtsnormen** enthält, die den **Inhalt**, den Abschluss und die Beendigung von Arbeitsverhältnissen sowie **betriebliche** und **betriebsverfassungsrechtliche** Fragen ordnen können (§ 1 Abs. 1 TVG).

10

1. Formgültigkeit des Tarifvertrags

Tarifverträge bedürfen von Gesetzes wegen der **Schriftform**. Eine lediglich formlose, d. h. eine nicht von den Parteien des Tarifvertrags unterschriebene schriftliche Vereinbarung, ist mangels Einhaltung der gesetzlichen Schriftform (§ 126 BGB i. V. m. § 1 Abs. 2 TVG) nach § 125 BGB formunwirksam auf einer solche Vereinbarung kann sich niemand stützen; durch sie werden Abweichungen i. S. d. § 7 ArbZG nicht wirksam herbeigeführt. Vielmehr gelten in solchem Fall die infolge der Formnichtigkeit nicht wirksam geänderten gesetzlichen Bestimmungen des Arbeitszeitgesetzes. Dem Schriftformerfordernis genügen auch Protokollnotizen mit Normcharakter, wenn sie durch die beiderseitigen Unterschriften gedeckt sind[17]. Dem Schriftformerfordernis ist erst genügt, wenn alle Tarifvertragsparteien ihre Unterschrift geleistet haben[18].

11

2. Geltung der tariflichen Abweichung

Die Geltung der abweichenden tarifvertraglichen Regelung hängt zunächst vom fachlichen (betrieblichen), räumlichen (Tarifgebiet), persönlichen (alle Arbeitnehmer, nur Angestellte, nur Arbeiter usw.) und zeitlichen **Geltungsbereich** des Tarifvertrags ab. Der Geltungsbereich wird im jeweiligen Tarifvertrag geregelt, zuweilen allerdings im Wege der Verweisung auf einen anderen Tarifvertrag zwischen denselben Tarifvertragsparteien. Nur innerhalb des derart umschriebenen Geltungsbereichs des Tarifvertrags können seine Inhaltsnormen Wirkung entfalten (§ 4 Abs. 1 TVG).

12

---

17 BAG 12.01.1993 EzA § 99 BetrVG 1972 Nr. 112; BAG 24.11.1993 NZA 1994, 669.
18 BAG 09.07.1997 – 4 AZR 635/95 – AP Nr. 233 zu § 22, 23 BAT.

3. Tarifbindung nur des Arbeitgebers

13 Für die **zwingende Geltung** der Tarifregelungen, die allein Abweichungen vom Arbeitszeitgesetz im Rahmen des § 7 Abs. 1 und 2 ArbZG bzw. des § 12 ArbZG enthalten, genügt die **Tarifbindung nur des Arbeitgebers**, denn insoweit handelt es sich um **betriebliche** Normen[19].

14 *Buschmann/Ulber* nehmen an, Arbeitszeitnormen seien stets (nur) **Inhaltsnormen**, so dass die unmittelbare und zwingende Geltung die Tarifgebundenheit auch des Arbeitnehmers voraussetze[20]. Dem ist nicht zu folgen. Wegen der Änderung öffentlich-rechtlicher Arbeitsschutznormen kommt den Tarifnormen mehr zu als nur die für Inhaltsnormen übliche jeweilige Bestimmung der Arbeitsbedingungen im individuellen Arbeitsverhältnis. Die Gestaltung der sonst (nur) im Arbeitsvertrag regelbaren materiellen Arbeitsbedingungen durch den Tarifvertrag erfolgt durch Tarifvertragsnormen, die den Inhalt, den Abschluss oder die Beendigung des Arbeitsverhältnisses regeln. Deren zwingende Geltung setzt voraus, dass auf beiden Seiten Tarifbindung besteht (§ 4 Abs. 1 Satz 1, § 3 Abs. 1 TVG). Anders ist es bei Tarifnormen, die über das einzelne Arbeitsverhältnis hinaus wirken sollen. Für solche betriebliche und betriebsverfassungsrechtliche Tarifnormen genügt die Tarifbindung nur des Arbeitgebers. Sie liegt vor, wenn er selbst Mitglied der Tarifvertragspartei oder selbst Partner des Tarifvertrages ist (§ 3 Abs. 1 TVG). Wenn der Tarifvertrag nach § 5 TVG allerdings für allgemeinverbindlich erklärt worden ist, kommt es nicht darauf an, ob und bei wem Tarifbindung vorliegt und wie eine Inhaltsnorm des Tarifvertrages zu qualifizieren ist. Denn für allgemeinverbindlich erklärte Tarifverträge gelten innerhalb ihres Geltungsbereichs für jedermann. Indessen kann die Einordnung der Tarifnormen als Inhaltsnormen oder als betriebliche Normen dahinstehen, wenn und weil die das ArbZG ändernden Tarifbestimmungen bereits Wirkung entfalten, wenn ihre Anwendung im Arbeitsvertrag vereinbart worden ist.

15 Beschränkt sich die Tarifvertragsbestimmung darauf, nur Abweichungen nach § 7 Abs. 1 und 2 ArbZG bzw. § 12 ArbZG zu regeln, so handelt es sich nicht um eine Regelung des Inhalts des Arbeitsverhältnisses, sondern um die Regelung einer **betrieblichen** Frage, so dass die Tarifgebundenheit des Arbeitgebers

---

19 *Schliemann* in FS Schaub, S. 689; *Neumann/Biebl* § 7 ArbZG Rz. 4, jeweils m. w. N.
20 *Buschmann/Ulber* § 7 ArbZG Rz. 2 a.

genügt[21]. Häufiger sind in der Praxis allerdings Tarifregelungen anzutreffen, die zugleich auch Fragen der Arbeitszeit als Inhalt eines Arbeitsvertrages regeln, vor allem, in welchem Umfang der einzelne Arbeitnehmer verpflichtet ist, Arbeit zu leisten. Dann ist hinsichtlich der zwingenden Geltung je nachdem zu unterscheiden, inwieweit nur eine betriebliche Frage geregelt wird und inwieweit es sich um Regelungen des Inhalts des Arbeitsverhältnisses handelt.

▶ **Beispiel:**

§ 3 »Regelmäßige Arbeitszeit« Abs. 7 des gemeinsamen Manteltarifvertrags für die Beschäftigten der niedersächsischen Metallindustrie (vom 17. 10. 1994, in der Fassung vom 31. 3. 2000, gültig ab 1. 5. 2000), lautet:

»Die Arbeitszeit kann, wenn sie regelmäßig Arbeitsbereitschaft enthält, ohne Mehrarbeitszuschlag wie folgt verändert werden:
a) bis zu zehn Stunden täglich, jedoch höchstens bis zu 40,5 Stunden wöchentlich, wenn die Arbeitsbereitschaft mehr als 25 % der Arbeitszeit beträgt,
b) bis zu zwölf Stunden täglich, höchstens bis zu 48,5 Stunden wöchentlich, wenn die Arbeitsbereitschaft mehr als 40 % der Arbeitszeit beträgt.

Die Zugehörigkeit von Beschäftigten zur Gruppe a) oder b) ist schriftlich zu vereinbaren. Die Rechte des Betriebsrats aus § 80 und § 99 BetrVG bleiben unberührt.

Die Bestimmung stellt eine inhaltliche Norm dar, soweit es um die Verpflichtung zur Arbeitsleistung ohne Mehrarbeitszuschlag über die regelmäßige tarifliche Arbeitszeit von 36 Stunden bzw. ab 1. 10. 1995 von 35 Stunden wöchentlich (§ 3 Abs. 1 des genannten MTV) und das Erfordernis der schriftlichen Vereinbarung über die Zugehörigkeit zu einer der beiden Gruppen geht. Insoweit wirken die Tarifbestimmungen nur zwingend, wenn Tarifbindung auf beiden Seiten vorliegt. Soweit es dagegen um die **Überschreitung der werktäglichen Arbeitszeit von acht Stunden ohne Zeitausgleich** geht (§ 7 Abs. 2 a ArbZG), stellt die Tarifbestimmung eine **betriebliche Norm** dar. Sie gilt zwingend, wenn nur der Arbeitgeber tarifgebunden ist. 16

Entsprechendes gilt in den Fällen, in denen die tarifvertragliche Bestimmung sowohl Fragen des Inhalts des Arbeitsverhältnisses regelt als auch Fragen der 17

---

21 Vgl. zu § 7 AZO: OLG Hamburg 15.11.1961 AP Nr. 3 zu § 25 AZO; *Roggendorff* § 7 ArbZG Rz. 25, 28.

§ 7 ArbZG Abweichende Regelungen

Abweichungen vom Arbeitszeitgesetz als auch betriebsverfassungsrechtliche Fragen, nämlich die der Mitbestimmung des Betriebsrats über diese besonderen Gesichtspunkte der Arbeitszeit. Auch in solchen Fällen ist danach zu unterscheiden, welcher Normcharakter vorliegt, um feststellen zu können, inwieweit Tarifbindung auf beiden Seiten erforderlich ist oder die Tarifbindung nur auf der Seite des Arbeitgebers genügt, um die zwingende Wirkung herbeizuführen.

4. Zulassung im Tarifvertrag

18 Nach der Formulierung des Gesetzes können die **Abweichungen im Tarifvertrag zugelassen** werden. Dies ist nicht etwa dahin gehend zu verstehen, dass die Regelungen im Tarifvertrag ihrerseits nur erlauben dürften, dass die Tarifunterworfenen durch eine eigene Regelung gesetzliche Arbeitszeitregeln verändern und insoweit von den §§ 3 bis 6 ArbZG durch Arbeitsvertrag abweichen dürfen. Vielmehr ist entsprechend der Praxis der Tarifvertragsparteien die Formulierung des Gesetzes dahin gehend zu verstehen, dass die **Tarifvertragsparteien die Abweichung** von den gesetzlichen Arbeitszeitbestimmungen **im Tarifvertrag selbst zu regeln haben**, es sei denn, sie überließen dies ausdrücklich einer Regelung in einer Betriebsvereinbarung. Keinesfalls können die Tarifvertragsparteien aber zulassen, dass die Parteien des Arbeitsvertrages, also der einzelne Arbeitnehmer und der Arbeitgeber, eine vom Arbeitszeitgesetz abweichende Regelung vereinbaren.

5. Eindeutigkeit der Abweichung

19 Wollen die Tarifvertragsparteien von den Möglichkeiten des § 7 Abs. 1, 2 und 2 a bzw. § 12 ArbZG Gebrauch machen, so muss die **Abweichung** der jeweiligen tarifvertraglichen Regelung hinreichend **klar und eindeutig** zum Ausdruck kommen. Der normierte Vorrang der Tarifautonomie vor den Bestimmungen des Arbeitszeitgesetzes als einem Arbeitnehmerschutzgesetz ist nur hinnehmbar, wenn und soweit die Tarifvertragsparteien unter dem Gesichtspunkt der Gesetzgebungstechnik klare Regelungen vereinbaren[22]. Dies betrifft alle Gesichtspunkte der Regelung. Wird z. B. die werktägliche Arbeitszeit über acht Stunden auf bis zu zehn Stunden werktäglich verlängert, weil in die Arbeitszeit regelmäßig und in erheblichem Umfang Arbeitsbereit-

---

22 So zur Tariföffnungsklausel des § 6 BeschFG 1985: BAG 25.01.1989 BAGE 61, 43 = EzA § 1 BeschFG Nr. 1.

schaft oder Bereitschaftsdienst fällt, so ist bereits im Tarifvertrag klarzustellen, ob dies mit oder ohne Ausgleich erfolgen soll, d. h. ob sich die Regelung (nur) auf § 7 Abs. 1 Nr. 1 Buchst. a ArbZG stützt und sie sich im Rahmen des § 3 Satz 2 ArbZG halten soll oder ob von der Abweichungsmöglichkeit ohne Zeitausgleich (§ 7 Abs. 2 a ArbZG) Gebrauch gemacht worden ist. Bleibt eine Regelung im Tarifvertrag unklar, so ist sie nicht geeignet, die Bestimmungen des Arbeitszeitgesetzes wirksam abzuändern mit der Folge, dass es bei der Geltung der Bestimmungen des Arbeitszeitgesetzes verbleibt.

6. Beendigung und Nachwirkung der tarifvertraglichen Abweichung

Die **Beendigung der Geltung** der abweichenden Bestimmungen im Tarifvertrag richtet sich nach den allgemeinen Regeln, die auch sonst für die Inhaltsnormen von Tarifverträgen zu beachten sind. Wird ein Tarifvertrag befristet abgeschlossen, so läuft er mit dem Ende der Befristung ab. Wird ein Tarifvertrag gekündigt, so tritt dieselbe Wirkung mit Ablauf der Kündigungsfrist ein. Soweit die Tarifvertragsparteien indessen nichts anderes vereinbart haben, gelten die Rechtsnormen des Tarifvertrages kraft **Nachwirkung** nach Ablauf weiter, bis sie durch eine andere Abmachung ersetzt werden (§ 4 Abs. 5 TVG). Sie gelten dann nicht nur als schuldrechtliche Absprachen im Arbeitsverhältnis weiter, sondern wirken wie zuvor **normativ**. Das bedeutet, dass alle Arbeitsverhältnisse, die vor Ablauf des Tarifvertrages begründet worden sind, weiterhin den Bestimmungen des Tarifvertrages unterliegen. Werden **Arbeitsverhältnisse nach Ablauf des Tarifvertrages** begründet, so bedarf es einer entsprechenden arbeitsvertraglichen Vereinbarung, um auch sie den Regelungen des Tarifvertrages zu unterwerfen[23].

20

Die **tarifliche Nachwirkung endet**, bis die nachwirkende Rechtsnorm durch eine **andere Abmachung** ersetzt worden ist. In den Fällen der Abänderung des Arbeitszeitgesetzes kommen als solche **andere Abmachungen** nur Abmachungen der **Tarifvertragsparteien** in Betracht. Zwar hat der Tarifvertrag im Nachwirkungszeitraum seine zwingende Geltung verloren, so dass von daher jede andere Abmachung, auch solche unter den Parteien des Arbeitsvertrages, die Nachwirkung der tarifvertraglichen Bestimmungen beenden könnte. Dies scheidet jedoch ebenso aus, wie eine die tarifliche Regelung ersetzende Betriebsvereinbarung. Denn von den Bestimmungen des Arbeitszeitgesetzes kann einzelvertraglich nicht abgewichen werden. Für eine andere Abmachung

21

---

23 BAG 22.07.1998 EzA § 4 TVG Nachwirkung Nr. 27.

in Form einer Betriebsvereinbarung fehlt es in dem Fall, in welchem die Abweichungen vom Arbeitszeitgesetz im Tarifvertrag selbst geregelt werden, an einer entsprechenden Befugung der Betriebsparteien. Würden die Tarifvertragsparteien ihrerseits jetzt normieren, dass die abweichenden Regelungen in einer Betriebsvereinbarung getroffen werden können, so wäre schon dies eine andere Abmachung. Im Ergebnis kann daher die **Nachwirkung** tarifvertraglicher Normen, die Abweichungen vom Arbeitszeitgesetz regeln, nur durch eine Vereinbarung der Tarifvertragsparteien entweder von vornherein ausgeschlossen oder nachträglich beseitigt werden. Eine andere Abmachung liegt auch darin, dass die Tarifvertragsparteien die nachwirkenden Regelungen ersatzlos aufheben. Für Arbeitsverhältnisse, die erstmals während der Nachwirkung des Tarifvertrags abgeschlossen werden, kann dessen Anwendbarkeit (wie auch die seiner Nachfolgeregelungen) im Arbeitsvertrag mit der Folge vereinbart werden, dass die nachwirkenden Tarifbestimmungen anzuwenden sind. Die Wirksamkeit der vereinbarten Anwendung der tarifvertraglichen Abänderungsregelung nach § 7 ArbZG setzt nicht voraus, dass der Tarifvertrag noch in Kraft ist.

II. Betriebsvereinbarung aufgrund Tarifvertrags (§ 7 Abs. 1, 2, 2 a Eingangssätze ArbZG)

22 Die Tarifvertragsparteien sind nicht gehalten, die abweichenden Regelungen selbst zu vereinbaren. Sie können auch vereinbaren, dass Betriebsrat und Arbeitgeber von den §§ 3 bis 6 ArbZG abweichende Regelungen im Rahmen des § 7 Abs. 1 und 2 ArbZG in einer **Betriebsvereinbarung** treffen[24]. Entsprechendes gilt für Abweichungen nach § 12 ArbZG.

1. Rechtmäßigkeit der Öffnung für Betriebsvereinbarungen

23 Gegen die Möglichkeit, die Betriebsparteien derart durch Tarifvertrag zu befugen, haben *Buschmann/Ulber*[25] **Bedenken** unter Hinweis darauf erhoben, dass den Betriebsparteien nach der Rechtsprechung des BAG keine originäre Regelungskompetenz über die Dauer der regelmäßigen Arbeitszeit zustehe[26]. Diese zentrale Frage stehe nach der Werteordnung des Grundgesetzes, wie sie in Art. 9 Abs. 3, Art. 12 GG, § 4 Abs. 3 TVG, § 77 Abs. 3 BetrVG zum

---

24 BT-Drucks. 12/5888, 26.
25 *Buschmann/Ulber* § 7 ArbZG Rz. 4.
26 BAG 18.08.1987 BAGE 56, 18 = EzA § 77 BetrVG 1972 Nr. 18.

Ausdruck komme, nur den Tarifvertragsparteien die Regelungskompetenz zu. Die **Bedenken** sind aus zwei Gründen **nicht zu teilen**. Zum einen haben es die Tarifvertragsparteien selbst in der Hand, ob sie es überhaupt ermöglichen wollen, dass solche vom Arbeitszeitgesetz abweichenden Regelungen in Betriebsvereinbarungen getroffen werden. Zum anderen geht es nicht um eine Regelung der Dauer der regelmäßigen Arbeitszeit als Inhalt des Arbeitsvertrages. Dieser Gesichtspunkt war Gegenstand der Entscheidung des Bundesarbeitsgerichts vom 18. 8. 1987[27]. Die Entscheidung hat sich indessen nicht mit der Frage der Veränderung öffentlich-rechtlicher Arbeitsschutznormen befasst. Die Veränderung der öffentlich-rechtlichen Arbeitsschutznormen allein ist aber Gegenstand der Ermächtigung der Betriebsparteien durch die Tarifvertragsparteien im Rahmen des § 7 Abs. 1, 2 und 2 a bzw. des § 12 ArbZG. Einer Regelung nur dieser Fragen in einer Betriebsvereinbarung steht der Tarifvorbehalt nach § 77 Abs. 3 BetrVG nicht entgegen.

2. Ermächtigung der Betriebsparteien

Die abweichenden Regelungen dürfen nur **aufgrund** eines Tarifvertrages in einer Betriebsvereinbarung zugelassen werden. Hierzu ist erforderlich, dass der Tarifvertrag die **Befugnis** zum Abschluss solcher Betriebsvereinbarungen über vom Arbeitszeitgesetz abweichende Regelungen **eindeutig und klar** normiert. 24

Die Formulierung des Gesetzes entspricht der in § 21 a Abs. 1 JArbSchG; sie weicht jedoch von § 77 Abs. 3 Satz 2 BetrVG insoweit ab, als dort der Abschluss sogar nur ergänzender **Betriebsvereinbarungen** nur dann zulässig ist, **wenn** der **Tarifvertrag** dies **ausdrücklich zulässt**. Aus den unterschiedlichen Formulierungen ist jedoch nicht zu schließen, es genügte im Rahmen des § 7 Abs. 1, 2 und 2 a bzw. des § 12 ArbZG, wenn der Tarifvertrag nur stillschweigend zuließe, abweichende Regelungen in Betriebsvereinbarungen zu treffen[28]. Auch im Fall der Ermächtigung der Betriebsparteien ist der normierte Vorgang der Tarifautonomie vor den Bestimmungen des Arbeitszeitgesetzes nur hinnehmbar, wenn und soweit die Tarifvertragsparteien wegen ihres **Regelungsvorrangs** klare und eindeutige Regelungen vereinbaren[29]. Ein pauschaler Hinweis im Tarifvertrag, wonach es zulässig sei, abweichende 25

---

27 BAGE 56, 18 = EzA § 77 BetrVG 1972 Nr. 18.
28 *Neumann/Biebl* § 7 ArbZG Rz. 4.
29 Vgl. zum Beschäftigungsförderungsgesetz 1985: BAG 25.01.1989 BAGE 61, 43 = EzA § 2 BeschFG Nr. 1.

Regelungen nach den §§ 7, 12, 21 a Abs. 6 ArbZG durch Betriebsvereinbarungen zu treffen, genügt nicht. Entgegen *Buschmann/Ulber*[30] ist es allerdings auch nicht geboten; die Öffnungsklausel im Tarifvertrag derart konkret zu fassen, dass für die Betriebsparteien kein Regelungsspielraum mehr bleibt.

3. Grenzen der Ermächtigung

26 Die Befugnis zum Abschluss abweichender Regelungen kann im Tarifvertrag in dem **Umfang** an die Betriebspartner übertragen werden, der den **Tarifvertragsparteien** nach § 7 Abs. 1, 2 und 2 a bzw. § 12 oder § 21 a Abs. 6 ArbZG eingeräumt worden ist. Der Ansicht von *Buschmann/Ulber*[31], wonach nur in engen Grenzen eine Befugung der Betriebsparteien im Hinblick auf den Vorrang der Tarifautonomie zulässig sein soll, kann nicht gefolgt werden. Aus dem Arbeitszeitgesetz lässt sich dies ebenso wenig herleiten wie aus den Regelungen der Tarifautonomie. Allerdings muss die Ermächtigung im Tarifvertrag selbst **eindeutig und klar** sein. Es muss sich aus ihr ohne weiteres ablesen lassen, in welchem Umfang die Tarifvertragsparteien ermächtigt sein sollen, vom Arbeitszeitgesetz abweichende Regelungen zu treffen. Umgekehrt haben die Betriebsparteien die **Grenzen einzuhalten**, die ihnen der Tarifvertrag selbst setzt. Die Tarifvertragsparteien brauchen den Betriebspartnern nicht in vollem Umfang eine Ermächtigung zu übertragen; sie können diese Ermächtigung auch in jeder Hinsicht einschränken. Überschreitet die Betriebsvereinbarung die ihnen von den Tarifvertragsparteien gesetzte Grenze, so ist sie zumindest im Umfang der Überschreitung unwirksam.

4. Form der Betriebsvereinbarung

27 Die Betriebsparteien können die abweichende Regelung nur in einer **förmlichen Betriebsvereinbarung** treffen. Eine Regelungsabrede genügt den Anforderungen des § 7 ArbZG nicht. Die Einhaltung der Form ist geboten, weil es nicht (nur) um eine innerbetriebliche Regelung geht, sondern um die Abänderung von Arbeitsschutzrecht. Nach § 77 Abs. 2 BetrVG sind Betriebsvereinbarungen von Betriebsrat und Arbeitgeber gemeinsam zu beschließen, **schriftlich niederzulegen und von beiden Seiten zu unterzeichnen**. Nur die förmliche Betriebsvereinbarung hat nach § 77 Abs. 4 Satz 1 BetrVG unmittelbare Wirkung auf die Arbeitsverhältnisse. Wird den Formerfordernissen nicht

---

30 *Buschmann/Ulber* § 7 ArbZG Rz. 6.
31 *Buschmann/Ulber* § 7 ArbZG Rz. 4, 5.

genügt, so liegt lediglich eine formlose Regelungs- oder Betriebsabrede vor, der keine Wirkung nach § 77 Abs. 4 Satz 1 BetrVG zukommt.

5. Einigung und Mitbestimmung

Die Vereinbarung abweichender Regelungen in einer Betriebsvereinbarung nach § 7 Abs. 1, 2 und 2 a bzw. § 12 oder § 21a Abs. 6 ArbZG ist für sich allein **kein Gegenstand der zwingenden Mitbestimmung**. Es geht bei diesen Änderungsregelungen – für sich betrachtet – nicht um die Verteilung und Lage der Arbeitszeit einschließlich der Pausen (§ 87 Abs. 1 Nr. 2 und 3 BetrVG), sondern um eine freiwillige Regelung i. S. d. § 88 BetrVG. Die fehlende Einigung der Betriebsparteien wird deshalb **nicht** nach § 76 Abs. 5 BetrVG zwingend durch den Spruch einer **Einigungsstelle** ersetzt[32]. Die Betriebsparteien können sich jedoch einem freiwilligen Einigungsstellenverfahren nach § 76 Abs. 6 BetrVG stellen. Sie können sich dabei auch von vornherein dem Spruch der Einigungsstelle unterwerfen oder ihn nachträglich annehmen.

28

Anders verhält es sich in **Mischfällen**. Es liegt nahe, in einer Betriebsvereinbarung über Abweichungen vom gesetzlichen Arbeitszeitrecht zugleich auch Sachverhalte zu regeln, die die Dauer und Lage der täglichen Arbeitszeit einschließlich der Pausen betreffen, ggf. auch die vorübergehende Abweichung von der betriebsüblichen Arbeitszeit. In solchen Fällen haben Betriebsräte ein zwingendes Mitbestimmungsrecht nach § 87 Abs. 1 Nr. 2 bzw. 3 BetrVG, das – falls es nicht zur Einigung zwischen Arbeitgeber und Betriebsrat kommt – ggf. auch zu einem zwingenden Einigungsstellenverfahren nach § 76 Abs. 5 BetrVG führen kann.

29

6. Eindeutigkeit der Abweichung

Hinsichtlich der **Klarheit und Eindeutigkeit** der in einer Betriebsvereinbarung getroffenen, vom Arbeitszeitgesetz abweichenden Regelungen sind keine geringeren Anforderungen zu stellen als an entsprechende Regelungen in Tarifverträgen (Rdn. 19). Zur Klarheit gehört auch, dass in der Betriebsvereinbarung deren Geltungsbereich klar beschrieben ist. Die Betriebsvereinbarung braucht sich **nicht auf den ganzen Betrieb** oder auf alle Arbeitnehmer des Betriebes zu erstrecken; vielmehr ist es möglich, abweichende Regelungen

30

---

[32] BAG 22.07.2003 BAGE 107, 78 = EzA § 87 BetrVG 2001 Arbeitszeit Nr. 4 = NZA 2004, 507.

auch nur für **Teile des Betriebes**, einzelne **Betriebsteile, Arbeitseinheiten** oder **Arbeitsgruppen** oder ähnliche Unterteilungen zu vereinbaren. Selbst Vereinbarungen nur wegen eines einzigen Arbeitnehmers sind grundsätzlich zulässig.

7. Beendigung und Nachwirkung der Abweichung in einer Betriebsvereinbarung

31 Betriebsvereinbarungen können, soweit nichts anderes vereinbart worden ist, mit einer Frist von drei Monaten **gekündigt** werden (§ 77 Abs. 5 BetrVG). Dies gilt auch für solche zwecks zulässiger Änderung von Regelungen des ArbZG. Die Betriebspartner können Betriebsvereinbarungen datums- oder ereignismäßig **befristet** abschließen; dann endet die Betriebsvereinbarung mit Ablauf der Befristung, ohne dass es einer Kündigung bedarf. Sie können auch eine andere Kündigungsfrist vereinbaren bzw. vereinbaren, dass die Kündigung nicht die gesamte Betriebsvereinbarung umfassen muss, sondern einzelne Teile kündbar sind.

32 Eine Betriebsvereinbarung, die sich auf die Regelung von **Abweichungen** nach § 7 Abs. 1, 2 und 2 a bzw. § 12 ArbZG **beschränkt**, entfaltet **keine Nachwirkung**, es sei denn, die Betriebspartner hätten ausdrücklich eine Nachwirkung einer solchen Betriebsvereinbarung vereinbart. Die Voraussetzungen für die Nachwirkung der Betriebsvereinbarung von Gesetzes wegen (§ 77 Abs. 6 BetrVG) liegen bei einer freiwilligen Betriebsvereinbarung nicht vor.

33 Anders kann es dagegen in **Mischfällen** liegen, also dann, wenn die Betriebsvereinbarung nicht nur Abweichungen vom Arbeitszeitgesetz enthält, sondern zugleich **auch** Regelungen, die der **zwingenden Mitbestimmung** unterliegen, sie also insoweit erzwingbare Regelungen enthält.

34 Soweit die erzwingbaren Regelungen aus sich heraus handhabbar sind, wirken sie nach[33]. Die anderen Regelungen wirken dagegen nicht nach. Soweit überhaupt eine Nachwirkung eintritt, endet sie, sobald die Betriebsvereinbarung durch eine andere Abmachung ersetzt worden ist (§ 77 Abs. 6 BetrVG). Als andere Abmachung kommt aus vergleichbaren Erwägungen, wie sie oben zu den tarifvertraglichen Regelungen von Abweichungen dargelegt worden sind (Rdn. 21) nur eine, ggf. auch formlose Einigung zwischen Arbeitgeber und Betriebsrat in Betracht.

---

33 BAG 23.06.1992 BAGE 70, 356 = EzA § 77 BetrVG Nr. 49.

III. Öffentlicher Dienst

Auch im **öffentlichen Dienst** können nach näherer Maßgabe des § 7 Abs. 1, 35
2 und 2 a bzw. des § 12 oder des § 21 a Abs. 6 ArbZG vom Arbeitszeitgesetz
abweichende Regelungen durch **Tarifvertrag** sowie aufgrund **Tarifvertrags
durch Dienstvereinbarung** (§ 73 Abs. 1 BPersVG bzw. die entsprechenden
Bestimmungen der Personalvertretungsgesetze der Länder) getroffen werden.

IV. Abschließende Aufzählung

Die Möglichkeiten, abweichende Regelungen durch Tarifvertrag oder auf- 36
grund Tarifvertrags in Betriebsvereinbarungen bzw. Dienstvereinbarungen
zuzulassen, sind im Gesetz nach Gegenstand und Umfang **abschließend aufgezählt**.

C. Ausgleichspflichtige Abweichungen (§ 7 Abs. 1 ArbZG)

§ 7 Abs. 1 ermöglicht Abweichungen von der grundlegenden Arbeitszeitre- 37
gelung des § 3 ArbZG. Die in § 7 Abs. 1 ArbZG a. F. aufgezählten Abweichungsmöglichkeiten hatte der Gesetzgeber in der ursprünglichen Fassung des
ArbZG als für die Gesundheit der Arbeitnehmer weniger belastend angesehen
und deshalb die Abweichungen, vor allen die Verlängerung der Arbeitszeit
ermöglicht, ohne einen Ausgleich anzuordnen. Es stand den Parteien des
Tarifvertrages bzw. der Betriebsvereinbarung jedoch frei, Ausgleichsregelungen zu vereinbaren. Das Gesetz zu Reformen am Arbeitsmarkt vom 24. 12.
2003[34], in Kraft getreten am 1. 1. 2004, hat § 7 Abs. 1 ArbZG insoweit grundlegend verändert, als darin ermöglichte **Verlängerungen der (werk) täglichen
Arbeitszeit** ohne Ausnahme **ausgleichspflichtige** sind. Das ist eine totale
Abkehr vom vorherigen Rechtszustand. Die **Art und Weise** des Zeitausgleichs
ist im neu eingefügten Abs. 8 Satz 1 des § 7 ArbZG geregelt.

I. Werktägliche Arbeitszeit, Ausgleichszeitraum (§ 7 Abs. 1 Nr. 1 ArbZG)

Nach § 3 ArbZG kann die werktägliche Arbeitszeit auf bis zu zehn Stun- 38
den verlängert werden, wenn innerhalb von sechs Kalendermonaten oder
24 Wochen im Durchschnitt acht Stunden werktäglich nicht überschritten
werden. Darüber hinaus ermöglicht § 7 Abs. 1 Nr. 1 ArbZG eine noch erheblich größere Verlängerung der werktäglichen Arbeitszeit. Abweichungen von

---

34 BGBl. I S. 3002, 3006.

§ 3 ArbZG sind in zwei Hinsichten möglich. Zum einen darf die **werktägliche Arbeitszeit** über zehn Stunden hinaus **bei** regelmäßigem und erheblichem Anfall von **Arbeitsbereitschaft** verlängert werden, zum anderen darf ein **anderer Ausgleichszeitraum** vereinbart werden. Die Möglichkeit, die **Arbeitszeit auf bis zu zehn Stunden** werktäglich **an höchstens 60 Tagen** zu verlängern, ohne dass hierfür der sonst nach § 3 ArbZG erforderliche Ausgleich durchgeführt wird, ist durch das Gesetz zu Reformen am Arbeitsmarkt vom 24. 12. 2003[35], seit dem 1. 1. 2004, ersatzlos entfallen. Sie widersprach Art. 6 Nr. 2 RL 93/104/EG (nunmehr Art. 5 Buchst. b RL 2003/88/EG) und war durch EG-rechtliche Ausnahmeregelungen nicht gedeckt[36].

1. Werktägliche Arbeitszeit über zehn Stunden wegen Arbeitsbereitschaft oder Bereitschaftsdienstes

39 Die **Verlängerung** der Arbeitszeit **über zehn Stunden** werktäglich ist nach § 7 Abs. 1 Nr. 1 Buchst. a ArbZG n. F. durch Tarifvertrag oder Betriebsvereinbarung mit Ausgleich erlaubt, wenn in die Arbeitszeit regelmäßig und in erheblichem Umfang **Arbeitsbereitschaft** (§ 2 Rdn. 16 ff.) oder **Bereitschaftsdienst** (§ 2 Rdn. 21) fällt. Beides zählt zur Arbeitszeit (§ 2 Rdn. 20 ff.). Dementsprechend darf die werktägliche Arbeitszeit auch dann die Grenzen des § 3 ArbZG nicht überschreiten, wenn in sie Arbeitsbereitschaft oder Bereitschaftsdienst fallen. Arbeitsbereitschaft und Bereitschaftsdienst sind von **Rufbereitschaft** (§ 2 Rdn. 28 ff.) einerseits ebenso zu unterscheiden wie andererseits von Vollarbeit und deren technisch bedingten Arbeitsunterbrechungen. Technisch bedingte Arbeitsunterbrechungen von kurzer Dauer sind nicht geeignet, die für die Arbeitsbereitschaft vorausgesetzte Entspannung des Arbeitnehmers herbeizuführen. So zählen technische Unterbrechungen von etwa fünf Minuten Dauer noch zur vollen Arbeitsleistung (§ 2 Rdn. 13 ff.). Dagegen sind Unterbrechungen von mindestens zehn Minuten Dauer als Arbeitsbereitschaft angesehen worden[37]. Indessen kann die Arbeitszeit nach § 7 Abs. 1 Buchst. a ArbZG auch über zehn Stunden werktäglich verlängert

---

35 BGBl. I S. 3002, 3006.
36 *Neumann/Biebl* § 7 ArbZG Rz. 8.
37 Vgl. für Rettungssanitäter in einer Rettungswache: BAG 12.02.1986 BAGE 51, 131 = AP Nr. 7 zu § 15 BAT.

werden, wenn in sie regelmäßig und in erheblichem Umfang Arbeitsbereitschaft oder Bereitschaftsdienst fällt[38].

Arbeitsbereitschaft und Bereitschaftsdienst müssen **regelmäßig** in die Arbeitszeit fallen. Hierzu ist nicht erforderlich, dass von vornherein feststeht, dass stets Arbeitsbereitschaft oder Bereitschaftsdienst innerhalb der Arbeitszeit zu leisten sind oder wann und inwieweit sie sich mit voller Arbeitsleistung abwechseln. Erforderlich, aber auch ausreichend ist insoweit, dass erfahrungsgemäß damit zu rechnen ist, Arbeitsbereitschaft oder Bereitschaftsdienst werden mit mehr oder minder großer Regelhaftigkeit eintreten[39]. Ebenso wenig ist vorauszusetzen, dass die Arbeitsbereitschaft oder der Bereitschaftsdienst an jedem Tag bzw. in jeder Schicht in gleichem Umfang eintreten. In Tarifverträgen oder Betriebsvereinbarungen kann beispielhaft oder enumerativ aufgezählt werden, bei welchen Arbeiten regelmäßig mit Arbeitsbereitschaft zu rechnen ist oder welche Dienste als Bereitschaftsdienste – (auch) im arbeitsschutzrechtlichen Sinn – zu verstehen sind. 40

▶ **Beispiel:**

In § 3 »Regelmäßige Arbeitszeit« Abs. (7) des gemeinsamen Manteltarifvertrages für die Beschäftigten der niedersächsischen Metallindustrie (vom 17. 10. 1994, gültig ab 1. 12. 1994) heißt es auszugsweise:

»Beschäftigte mit Arbeitsbereitschaft können z.B. sein: Beschäftigte im Wach- und Pförtnerdienst, Heizer, Beschäftigte an Kesselanlagen, Beschäftigte im Fahrdienst (Fahrer und Begleiter) und Angehörige der Werksfeuerwehr.

Das Beobachten von laufenden Maschinen und Anlagen gilt nicht als Arbeitsbereitschaft.«

Für die Frage, ob Arbeitsbereitschaft oder Bereitschaftsdienst nicht nur regelmäßig, sondern zudem **in erheblichem Umfang** in die Arbeitszeit fallen, kommt es auf das Verhältnis dieser Dienstformen zur vollen Arbeitsleistung an. Der Gesetzgeber hat davon abgesehen, zu präzisieren, was unter erheb- 41

---

38 Vgl. zur Arbeitszeitverlängerung für Schulhausmeister durch den TVöD: BAG 17.12.2009 – 6 AZR 729/08 – AP Nr. 1 zu § 6 TVöD; für 24-Stunden-Dienste der Werksfeuerwehrleute in der Chemischen Industrie: BAG 12.03.2008 – 4 AZR 616/06 – EzA § 4 TVG Chemische Industrie Nr. 10.
39 *Neumann/Biebl* § 7 ArbZG Rz. 18; *Roggendorff* § 7 ArbZG Rz. 35.

lichem Umfang zu verstehen ist. Im Schrifttum wird ein Anteil der Arbeitsbereitschaft von einem Drittel bis einem Viertel als erheblicher Umfang angesehen[40]. Dabei ist auf den Anteil der Arbeitsbereitschaft oder des Bereitschaftsdienstes an der verlängerten Arbeitszeit abzustellen.

42 Die Tarifvertragsparteien bzw. Betriebsparteien ihrerseits können aber auch im Tarifvertrag oder in der Betriebsvereinbarung unter Beachtung der Mindestgrenze des erheblichen Umfangs konkretisieren, bei welchem Anteil von Arbeitsbereitschaft die Arbeitszeitverlängerung stattfinden darf.

▶ Beispiel:

In einer Betriebsvereinbarung eines Betriebes der chemischen Industrie vom 9. 9. 2003 heißt es auszugsweise:

§ 2 Arbeitszeit

Die Arbeitszeit richtet sich grundsätzlich nach § 5 Ziffer II des Manteltarifvertrags für die chemische Industrie. Auf die 24-stündige Anwesenheitszeit im Betrieb folgt jeweils eine Freizeit gleicher Länge.

§ 3 Verteilung der Anwesenheitszeit

Die 24-stündige Anwesenheitszeit teilt sich wie folgt auf:

07.00 – 16.00 Uhr Arbeitszeit (darin enthalten 60 Minuten Arbeitsbereitschaftszeit/Mittagspause)

16.00 – 23.00 Uhr Arbeitsbereitschaft

23.00 – 07.00 Uhr Bereitschaftsruhe

§ 9 Freischichten

Die betroffenen Mitarbeiter erhalten . . . 35 weitere 24-stündige Freischichten pro Kalenderjahr in möglichst gleichmäßiger Verteilung.

43 Für die rechtmäßig der nach § 7 Abs. 1 Nr. 1 Buchst. a ArbZG mögliche **Ausdehnung der Arbeitszeit** durch Tarifvertrag oder Betriebsvereinbarung sind zwei Grade der Arbeitszeitausdehnung zu unterscheiden, nämlich eine

---

[40] ErfK/*Wank* § 7 ArbZG Rz. 6; MünchArbR/*Anzinger* § 218 Rz. 107 *Neumann/Biebl* § 7 ArbZG Rz. 18; *Roggendorff* § 7 ArbZG Rz. 36; a. A. – 50 % – *Buschmann/Ulber* § 7 ArbZG Rz. 8.

Ausdehnung auf **bis zu 13 Stunden** und eine solche von mehr als 13 Stunden auf **bis zu 24 Stunden**. Die Ausdehnung auf bis zu 13 Stunden wahrt die notwendige Ruhezeit von elf Stunden pro 24-Stunden-Zeitraum gemäß Art. 3 RL 2003/88/EG (vormals RL 93/104/EG) als auch nach § 5 Abs. 1 ArbZG. Die elfstündige (oder auf zehn Stunden verkürzte – § 5 Abs. 2 ArbZG) Mindestruhezeit hat nicht zur Folge, dass die Arbeitszeit nach § 7 Abs. 1 Nr. 1 Buchst. a ArbZG auf höchstens 13 oder 14 Stunden ausgedehnt werden dürfte[41]. Vielmehr steht § 5 ArbZG der Einführung von Doppel- oder sogar Ganztagsschichten (24 Stundenschichten) ohne dazwischen liegende Ruhezeiten nicht entgegen[42]. Allerdings setzt dies voraus, dass in dieser Zeit regelmäßig und in erheblichem Umfang Arbeitsbereitschaft oder Bereitschaftsdienst anfallen. Die Grenze von 24 Stunden ergibt sich daraus, dass die Arbeitszeit (nur) **werktäglich** (s. § 3 Rdn. 6 ff.) verlängert werden darf. Die Verlängerung der Arbeitszeit auf mehr als 13 Stunden pro 24-Stunden-Zeitraum hat unausweichlich eine entsprechende Verkürzung der Ruhezeit von elf zusammenhängenden Stunden für diesen Zeitraum zur Folge. Eine solche Abweichung lässt sich zwar nicht auf Art. 17 Abs. 2, 3 RL 2003/88/EG (vormals Art. 17 Abs. 2, 2.1 bis 2.3 RL 93/104/EG) stützen, weil die dort vorausgesetzten besonderen Tatbestände von § 7 Abs. 1 Nr. 1 nicht erfüllt sind, wie *Ulber*[43] zutreffend herausgearbeitet hat. Die Abweichung verstößt gleichwohl nicht gegen das EU-Arbeitszeitrecht. § 7 Abs. 1 Nr. 1 ArbZG ist – dies hat *Ulber*[44] ungeprüft gelassen – insoweit durch Art. 18 RL 2003/88/EG (vormals Art. 17 Abs. 3 RL 93/104/EG) gedeckt.

Die nach § 5 ArbZG zu gewährende Ruhezeit von mindestens elf Stunden muss nicht innerhalb von 24 Stunden oder innerhalb eines Tages gewährt werden. Zwar sieht Art. 3 RL 2003/88/EG (vormals RL 93/104 EG) vor, dass die Mindestruhezeit von elf Stunden pro 24-Stunden-Zeitraum zu gewähren ist; hiervon kann jedoch nach Art. 17 Abs. 2 der Richtlinie im Wege von Tarifverträgen oder Vereinbarungen der Sozialpartner abgewichen werden. Diese Regelung hat das Arbeitszeitgesetz aufgegriffen, so dass die tägliche Arbeitszeit 44

---

41 *Ulber* ZTR 2005, 70, 71; a. A. *Neumann/Biebl* § 7 ArbZG Rz. 19.
42 *Roggendorff* § 7 ArbZG Rz. 37; im Ergebnis auch MünchArbR/*Anzinger* § 218 Rz. 108.
43 ZTR 2005, 70, 71 ff.
44 ZTR 2005, 70, 71 ff.

nach § 7 Abs. 1 Nr. 1 Buchst. a ArbZG auch auf bis zu 24 Stunden verlängert werden kann.

2. Anderer Ausgleichszeitraum

45 Unabhängig davon, ob eine Verlängerung der **werktäglichen Arbeitszeit** vorgenommen wurde, ermöglicht § 7 Abs. 1 Nr. 1 Buchst. b ArbZG, abweichend von dem regelmäßigen Ausgleichszeiträumen des § 3 Satz 2 ArbZG (sechs Kalendermonate oder 24 Wochen) einen anderen **Ausgleichszeitraum von bis zu zwölf Monaten** (§ 7 Abs. 8 ArbZG) zur Herbeiführung einer durchschnittlichen werktäglichen **Arbeitszeit von acht Stunden** durch Tarifvertrag bzw. aufgrund Tarifvertrags durch Betriebsvereinbarung festzulegen.

46 Das EU-Recht setzt der Verlängerung der Bezugzeiträume in Art. 19 Abs. 1 und 2 RL 2003/88/EG (vormals Art. 17 Abs. 4 RL 93/104/EG) Grenzen von höchstens sechs oder – bei Wahrung der allgemeinen Grundsätze der Sicherheit und des Gesundheitsschutzes der Arbeitnehmer – von höchstens zwölf Monaten. Das ArbZG hat seit dem 1. 1. 2004 durch das Gesetz zu Reformen am Arbeitsmarkt vom 24. 12. 2003[45], die EU-rechtlichen Beschränkung auf zwölf Kalendermonate übernommen.

47 Die Festlegung eines **anderen** Zeitraumes für den Ausgleich durch Herbeiführung der durchschnittlichen werktäglichen Arbeitszeit kann nicht nur in einer **Verlängerung** bestehen, sondern auch in einer **Verkürzung** oder einer Festschreibung hinsichtlich der beiden gesetzlichen Ausgleichszeiträume[46].

48 Die in **Tarifverträgen** – zuweilen auch schon in Betriebs- oder Dienstvereinbarungen – festgelegten Ausgleichszeiträume betreffen in der Regel die **tarifliche** bzw. betriebsübliche Arbeitszeit. Sie soll innerhalb des Ausgleichszeitraumes erreicht werden. **Ob** damit zumindest auch ein **Ausgleichszeitraum** für die Erreichung der **gesetzlichen Höchstarbeitszeit** festgelegt ist, ist jeweils zu prüfen. Dies ist der Fall, soweit die Tarifvertragsparteien bzw. Betriebsparteien dies ausdrücklich vereinbaren. Im Übrigen dürfte es nur anzunehmen sein, wenn der Tarifvertrag bzw. die Betriebsvereinbarung insoweit von den Bestimmungen des Arbeitszeitgesetzes abweichen, dass sie die Leistung von werktäglich mehr als acht Stunden Arbeit vorsehen oder zumindest ermög-

---

45 BGBl. I S. 3002, 3006.
46 *Neumann/Biebl* § 7 ArbZG Rz. 20.

lichen und zugleich für diesen Fall einen Ausgleich innerhalb eines definierten Zeitraumes vorschreiben.

Mit der Festlegung des **arbeitszeitrechtlichen Ausgleichszeitraumes** hat es nichts zu tun, wenn und soweit Tarifverträge einerseits eine tarifliche wöchentliche Arbeitszeit festschreiben, andererseits ermöglichen, Arbeitnehmer des Betriebes mit höherer wöchentlicher Arbeitszeit zu beschäftigen, andere Angehörige des Betriebes dagegen mit einer geringeren wöchentlichen Arbeitszeit und dass innerhalb eines definierten Zeitraumes eine **durchschnittliche betriebliche Arbeitszeit** erreicht sein muss, die der regelmäßigen wöchentlichen Arbeitszeit des Tarifvertrages entspricht. 49

▶ **Beispiel:**

In § 3 »Regelmäßige Arbeitszeit« Abs. (1) und (2) des gemeinsamen Manteltarifvertrages für die Beschäftigten der niedersächsischen Metallindustrie (vom 17. 10. 1994 in der Fassung vom 31. 3. 2000, gültig ab 1. 5. 2000) heißt es auszugsweise:

»(1) Die tarifliche wöchentliche Arbeitszeit ohne Pausen beträgt 35 Stunden ...

(2) Soll für einzelne Beschäftigte die individuelle regelmäßige wöchentliche Arbeitszeit auf bis zu 40 Stunden verlängert werden, bedarf dies der Zustimmung des bzw. der Beschäftigten ...

Der Arbeitgeber teilt dem Betriebsrat jeweils **am Ende des Quartals** für das zurückliegende Quartal die Beschäftigten mit verlängerter individueller regelmäßiger wöchentlicher Arbeitszeit mit. Die Zahl der Beschäftigten mit verlängerter Arbeitszeit darf 18 % aller sonstigen Beschäftigten des Betriebs nicht übersteigen ...«

3. Verlängerte Arbeitszeit an 60 Tagen

Durch das Gesetz zu Reformen am Arbeitsmarkt vom 24. 12. 2003[47] ist § 7 Abs. 1 Satz 1 Buchst. c ArbZG ersatzlos aufgehoben worden. Nach dieser Bestimmung konnte die werktägliche **Arbeitszeit** durch Tarifvertrag oder aufgrund Tarifvertrags durch Betriebsvereinbarung **ohne Ausgleich** an höchstens 50

---

47 BGBl. I S. 3002, 3006.

60 Tagen bis zu zehn Stunden verlängert werden. Dies verstieß gegen das EG-Arbeitszeitrecht.

II. Kurzpausen (§ 7 Abs. 1 Nr. 2 ArbZG)

51 Abweichend von § 4 Satz 2 ArbZG kann in **Schichtbetrieben** und **Verkehrsbetrieben** die Gesamtdauer der Ruhepausen auf **Kurzpausen** von angemessener Dauer durch Tarifvertrag bzw. Betriebsvereinbarung aufgrund Tarifvertrags aufgeteilt werden.

52 Die Regelung betrifft jede Art von **Schichtbetrieb**. Ein Schichtbetrieb ist ein Betrieb, in dem Schichtarbeit (§ 2 Rdn. 126 ff., § 6 Rdn. 11) geleistet wird. Unerheblich ist, ob die Arbeit vollkontinuierlich oder nur mehrschichtig in Wechselschicht geleistet wird oder ob der Betrieb mit sog. festen Schichten arbeitet, d.h., dass die Schichten mit jeweils denselben Arbeitnehmern besetzt sind und die Arbeitnehmer sich in der Schichtfolge nicht abwechseln. Auch ein Betrieb mit nur zwei Arbeitsschichten ist ein Schichtbetrieb.

53 Die Aufteilung der Pausen in Kurzpausen von angemessener Dauer ist auch in **Verkehrsbetrieben** (§ 5 Rdn. 32 ff.) möglich. Für das **Fahrpersonal im Straßentransport** i. S. des § 21a Abs. 1 ArbZG verbietet § 21a Abs. 6 Satz 2 ArbZG die sonst nach § 7 Abs. 1 Nr. 2 ArbZG mögliche Aufteilung von Ruhepausen in Kurzpausen durch Tarifvertrag oder Betriebs- oder Dienstvereinbarungen[48].

54 Die Abweichungsmöglichkeit betrifft nicht die **Gesamtdauer** der Ruhepausen. Es ist **nicht** möglich, die Summe der **Pausenzeiten** von mindestens 30 Minuten bei einer Arbeitszeit von mehr als sechs bis neun Stunden bzw. von 45 Minuten bei einer Arbeitszeit von mehr als neun Stunden zu **verkürzen**. Die – gemessen an der Arbeitszeit – notwendige Mindestsumme der Pausenzeiten von 30 bzw. 45 Minuten muss erhalten bleiben. Möglich ist allein, die Ruhepausen in **Kurzpausen** aufzuteilen.

55 Eine **Kurzpause** umfasst **weniger als 15 Minuten**. Dies ergibt sich aus § 4 Satz 2 ArbZG. Hiernach darf ein Arbeitgeber die Ruhepausen des § 4 Satz 1 ArbZG in Zeitabschnitte von jeweils mindestens 15 Minuten aufteilen. Diese Mindestdauer erfüllt noch den gesetzlichen Begriff der Ruhepause. Indessen erlaubt § 7 Abs. 1 Nr. 2 ArbZG zwar die Unterschreitung der Mindestdauer

---

48 S. § 21a Rdn. 37 f.; vgl. BAG 13.10.2010 – 9 AZR 139/08 – AP Nr. 4 zu § 2 ArbZG; BAG 17.07.2008 – 5 AZR 602/07 – AP Nr. 1 zu § 4 BMT-G-O.

von 15 Minuten, nicht aber die Aufteilung der Ruhepause in Kurzpausen in beliebig Zeitabschnitte. Vielmehr müssen die Kurzpausen von **angemessener Dauer** sein. Das Gesetz hat darauf verzichtet, insoweit feste Zeitwerte vorzuschreiben. Angemessen ist die Dauer aber nur, wenn und soweit die Pause den Pausenzweck, nämlich die Entspannung und kurzfristige Erholung des Arbeitnehmers, ggf. auch die Einnahme eines Getränks oder einer Mahlzeit, überhaupt ermöglicht. In der Regel wird nicht anzunehmen sein, dass eine Pausendauer von weniger als fünf Minuten derartigen Zwecken noch dienen kann[49]. Die Aufteilung der Ruhepausen in Kurzpausen kann auch in unregelmäßigen Stückelungen zwischen fünf und 15 Minuten Dauer erfolgen. Für Kurzpausen von Straßenbahnfahrern hat das BAG eine Mindestdauer von acht Minuten als hinreichend für eine Ruhepause anerkannt und dazu ausgeführt, der Erholungswert trete wesentlich bereits während der ersten drei bis fünf Minuten der Ruhepause ein[50].

III. Ruhezeit (§ 7 Abs. 1 Nr. 3 ArbZG)

Die elfstündige **Ruhezeit** (§ 5 Abs. 1 ArbZG) kann um bis zu **zwei Stunden** 56 durch Tarifvertrag bzw. Betriebsvereinbarung aufgrund Tarifvertrags verkürzt werden, wenn die Art der Arbeit dies erfordert und die Kürzung der Ruhezeit innerhalb eines festzulegenden Ausgleichszeitraums ausgeglichen wird (§ 7 Abs. 1 Nr. 3 ArbZG). Diese Regelung ist konform mit dem EG-Recht (Art. 18 RL 2003/88/EG, vormals Art. 17 Abs. 3 RL 93/104/EG).

Die **Art der Arbeit** muss die Verkürzung der Ruhezeit um bis zu zwei Stunden 57 erfordern. Wann dies der Fall ist, ist im Gesetz nicht definiert. *Roggendorff*[51] will hierfür insbesondere **arbeitsorganisatorische** Gründe genügen lassen, z. B. den Schichtwechsel von der Spät zur Frühschicht. Dagegen stellen *Neumann/Biebl*[52] auf die Arbeitsanforderungen in speziellen **Betrieben** ab, indem sie meinen, die Art der Arbeit könne die Verkürzung der Ruhezeit um bis zu zwei Stunden vor allem im Gaststättengewerbe und im Verkehrsgewerbe (siehe aber für das Fahrpersonal im Straßentransport § 21a Abs. 6 ArbZG – Rdn. 35 f.), Gesundheitswesen, Rettungsdienste, Feuerwehren, Technischen Hilfsdiensten oder Stördiensten bei Gas-, Wasser- und der Elektrizitätsversorgung erfolgen.

---

49 *Neumann/Biebl* § 7 ArbZG Rz. 24; *Roggendorff* § 7 ArbZG Rz. 40.
50 BAG 13.10.2010 – 9 AZR 139/08 – AP Nr. 4 zu § 2 ArbZG.
51 *Roggendorff* § 7 ArbZG Rz. 41.
52 *Neumann/Biebl* § 7 ArbZG Rz. 27.

Die **Art der Arbeit** erfordert die Verkürzung der Ruhezeit indessen nur, wenn sie so gestaltet ist, dass sie vom selben Arbeitnehmer auszuführen ist und dies sinnvoll oder technisch bedingt nur erfolgen kann, wenn der Arbeitnehmer keine Ruhezeit von mindestens elf Stunden nach Ende seiner Arbeit erhält, sondern eine um bis zu zwei Stunden verkürzte Ruhezeit.

58 Weiterhin setzt die Verkürzung der Ruhezeit um bis zu zwei Stunden voraus, dass sie **ausgeglichen** wird. Der Ausgleich hat im selben Umfang zu erfolgen, in welchem die Ruhezeit verkürzt wird[53].

59 Tarifvertragsparteien bzw. Betriebsparteien haben auch den **Ausgleichszeitraum** festzulegen, innerhalb dessen die Kürzung der Ruhezeit auszugleichen ist. Das Gesetz schreibt nicht vor, wie groß der zeitliche Abstand zwischen der Verkürzung der Ruhezeit und dem Ausgleich der Verkürzung zu sein hat. Mit Rücksicht darauf, dass der Ausgleich jedoch vornehmlich im Interesse der Gesundheit des Arbeitnehmers vorzunehmen ist, dürfte die **Zeitnähe** des Ausgleichszeitraums davon abhängen, in welchem Umfang und mit welcher Häufigkeit die Ruhezeit um bis zu zwei Stunden verkürzt wird. Kommt die Verkürzung der Ruhezeit nur an einzelnen Tagen gelegentlich vor, so kann ein längerer Ausgleichszeitraum gewählt werden. Dagegen ist ein kürzerer Ausgleichszeitraum angemessen, wenn die Verkürzung der Ruhezeit um bis zu zwei Stunden sich über mehrere Tage oder gar Wochen ohne Unterbrechung erstreckt.

60 Die Bestimmung des § 7 Abs. 1 Nr. 3 ArbZG konkurriert mit der Ruhezeitverkürzung, die nach § 5 Abs. 2 und 3 ArbZG den dort genannten Arbeitgebern bzw. Betrieben möglich ist. Soweit die Tarifvertragsparteien bzw. Betriebsparteien eine Kürzung der Ruhezeit nach § 7 Abs. 1 Nr. 3 ArbZG vornehmen, haben diese Regelungen Vorrang vor den Regelungen, die nach § 5 Abs. 2 bzw. Abs. 3 ArbZG getroffen werden.

IV. Arbeitszeit und Ausgleichszeitraum für Nachtarbeitnehmer (§ 7 Abs. 1 Nr. 4 ArbZG)

61 Auch von den Regelungen zur **Dauer der werktäglichen Nachtarbeit** für Nachtarbeitnehmer (§ 6 Abs. 2 ArbZG) kann durch Tarifvertrag bzw. Betriebsvereinbarung **abgewichen** werden. Die Arbeitszeit kann über zehn Stunden werktäglich hinaus ohne Ausgleich verlängert werden, soweit in sie regelmä-

---

53 *Roggendorff* § 7 ArbZG Rz. 41.

ßig und in erheblichem Umfang **Arbeitsbereitschaft oder Bereitschaftsdienst** fallen; des Weiteren kann ein anderer **Ausgleichszeitraum** festgelegt werden (§ 7 Abs. 1 Nr. 4 Buchst. a und Buchst. b ArbZG), der jedoch – wie bei der werktäglichen Arbeitszeit – auf zwölf Monate beschränkt ist. § 7 Abs. 1 Nr. 4 ArbZG gleicht strukturell der Regelung über die Abweichungen von der regelmäßigen Tagesarbeitszeit und des Ausgleichszeitraumes in § 7 Abs. 1 Nr. 1 Buchst. a und Buchst. b ArbZG. EU-rechtlich sind für die Verlängerung der nicht prekären Nachtarbeit keine konkreten Grenzen gesetzt, wohl aber gilt eine Grenze von acht Stunden für prekäre Nachtarbeit (Art. 8 RL 2003/88/EG, vormals RL 93/104/EG). Jedoch sind die besonderen Schutzanforderungen für Nachtarbeiter (Nr. 6 bis 10 der Erwägungsgründe RL 2003/88/EG [vormals RL 93/104/EG]) zu beachten, so dass die Verlängerung dem Rechnung tragen muss. Für die Verlängerung des Ausgleichszeitraumes gelten dieselben Bestimmungen wie bei der werktäglichen Arbeitszeit (Rdn. 26).

Die Verlängerungsmöglichkeit bezieht sich auf die **Arbeitszeit der Nachtarbeitnehmer**, nicht aber auf die Nachtarbeit. Sie umfasst daher auch die Arbeitszeit in Wechselschicht tätiger Nachtarbeitnehmer, auch wenn und soweit diese keine Nachtarbeit darstellt. Der Gesetzgeber hat aber trotz seiner Erkenntnis, dass Nachtarbeit die Gesundheit der Arbeitnehmer stärker gefährden kann als die Tagesarbeit, davon abgesehen, an die Möglichkeit zur Verlängerung der Nachtarbeit strengere Anforderungen zu stellen als bei der Tagesarbeit. Dies gilt sowohl für die Frage, mit welcher Regelmäßigkeit und in welchem Umfang Arbeitsbereitschaft anfällt, als auch für den Ausgleichszeitraum. Unterschiedliche Länge der Ausgleichszeiträume für die normale werktägliche Arbeit von sechs Monaten bzw. 24 Wochen (§ 3 Satz 2 ArbZG) einerseits und von einem Monat bzw. von vier Wochen für Nachtarbeitnehmer andererseits (§ 6 Abs. 2 Satz 2 ArbZG) hat der Gesetzgeber hinsichtlich der Möglichkeit der Festlegung eines anderen Ausgleichszeitraumes für die Arbeitszeit von Nachtarbeitnehmern nicht aufgegriffen. Das Gesetz ermöglicht, die Arbeitsbedingungen für Nachtarbeitnehmer insoweit denen der Tagarbeitnehmer durch Tarifvertrag bzw. Betriebsvereinbarung vollständig anzugleichen. Gleichwohl haben auch die Tarifvertragsparteien bzw. Betriebsparteien bei der Vereinbarung abweichender Regelungen nach § 7 Abs. 1 Nr. 4 ArbZG, § 6 Abs. 1 ArbZG zu beachten, wonach die Arbeitszeit der Nacht- und Schichtarbeitnehmer nach gesicherten arbeitswissenschaftlichen Erkenntnissen über die menschengerechte Gestaltung der Arbeit festzulegen ist (s. § 6 Rdn. 16 ff.).

V. Nachtzeitraum (§ 7 Abs. 1 Nr. 5 ArbZG)

63 Nach § 7 Abs. 1 Nr. 5 ArbZG kann der **Beginn des siebenstündigen Nachtzeitraums** durch Tarifvertrag bzw. Betriebsvereinbarung auf die Zeit zwischen 22.00 und 24.00 Uhr festgelegt werden, allerdings ohne jede Verkürzung des Nachtzeitraumes von sieben Stunden (s. § 2 Rdn. 114 ff.).

D. Abweichungen mit Gesundheitsschutz (§ 7 Abs. 2 ArbZG)

64 Nach § 7 Abs. 2 ArbZG kann, sofern der **Gesundheitsschutz** der Arbeitnehmer durch einen entsprechenden **Zeitausgleich** gewährleistet wird, in einem Tarifvertrag oder aufgrund eines Tarifvertrages in einer Betriebsvereinbarung zugelassen werden, bestimmte Regelungen für bestimmte Bereiche **anzupassen**.

65 Die **Regelungsmethode** ist dieselbe wie in § 7 Abs. 1 bzw. § 12 oder § 21a Abs. 6 ArbZG. Die Anpassung der Regelungen erfolgt im Tarifvertrag bzw. aufgrund Tarifvertrags in einer Betriebsvereinbarung oder in Regelungen der Kirchen. Die Abweichungen sind jedoch **nur zulässig**, um die Arbeitszeitregelungen den Besonderheiten der Dienste **anzupassen**, die in § 7 Abs. 2 ArbZG abschließend aufgezählt sind. Was unter »Anpassung« zu verstehen ist, ist im Arbeitszeitgesetz nicht definiert. Auch die Gesetzesbegründung enthält hierzu keine Ausführungen. Aus dem Wort »Anpassen« folgt jedoch, dass die Vereinbarung abweichender Regelungen nur zulässig ist, soweit es um Besonderheiten der jeweiligen Dienstleistungen bzw. Arbeitsleistungen geht[54]. Auf der anderen Seite darf bei der Anpassung der Zweck des Arbeitszeitgesetzes nicht außer Betracht bleiben, der darin besteht, Arbeitnehmer vor einer Überforderung durch eine zu starke zeitliche Inanspruchnahme zu schützen. Die Tarifvertragsparteien bzw. Betriebsparteien dürfen den grundsätzlichen Schutzzweck des Arbeitszeitgesetzes auch dann nicht aus den Augen verlieren, wenn es um die Anpassung der Arbeitszeitregeln an die Besonderheiten der jeweiligen Dienstleistung oder Arbeitsleistung geht.

66 Der **Zeitausgleich** muss im Tarifvertrag bzw. in der Betriebsvereinbarung oder in der kirchlichen Regelung selbst festgelegt sein. Es wäre nicht ausreichend, wenn dies den Parteien des Arbeitsvertrages bzw. dem jeweiligen Arbeitgeber überlassen bliebe[55]. Der Zeitausgleich ist **entsprechend** festzusetzen. Das

---

54 Ähnl. *Buschmann/Ulber* § 7 ArbZG Rz. 19.
55 *Roggendorff* § 7 ArbZG Rz. 44.

bedeutet nicht, dass für jede Verlängerung der Arbeitszeit eine Reduzierung einer anderen Arbeitszeit im selben Umfang zu erfolgen hat oder dass für jede Verkürzung der Ruhezeit eine Verlängerung einer anderen Ruhezeit im selben Maße anzuordnen ist. Unter »entsprechend« ist vielmehr eine zweckgerichtete Ausgleichsregel zu verstehen, die den Gesundheitsschutz der Arbeitnehmer gewährleistet. Insoweit stehen den Tarifvertragsparteien wie auch den Betriebsparteien Regelungsspielräume offen[56]. Das bedeutet umgekehrt nicht, dass es im Belieben der Tarifvertragsparteien bzw. Betriebsparteien stünde, in welchem Umfang sie einen Zeitausgleich festlegen. Der Umfang hat sich vielmehr am Zweck des Arbeitszeitgesetzes im Allgemeinen und der Gewährleistung des Gesundheitsschutzes der Arbeitnehmer im Besonderen zu orientieren. Allerdings muss der Zeitausgleich sich auf denselben Gegenstand beziehen. Werden Mindestpausen verkürzt, so sind andere Mindestpausen zu verlängern, werden Mindestruhezeiten verkürzt, sind andere Ruhezeiten zu verlängern. Wird die Arbeitszeit verlängert, ist ein Ausgleich durch eine anderweitige Arbeitszeitverkürzung herbeizuführen[57]. Der **Zeitausgleich** kann auch **nicht** durch andere Maßnahmen, insbesondere **Ausgleichszahlungen**, Zuschläge, erhöhten Lohn oder andere, nicht einen Zeitausgleich bewirkende Leistungen, ersetzt werden[58].

I. Ruhezeiten bei Bereitschaftsdienst oder Rufbereitschaft (§ 7 Abs. 2 Nr. 1 ArbZG)

Der Tarifvertrag bzw. die Betriebsvereinbarung kann unter Wahrung des Gesundheitsschutzes durch Zeitausgleich abweichend von § 5 Abs. 1 ArbZG die **Ruhezeit** den Besonderheiten der **Rufbereitschaft** anpasst werden. Insbesondere kann zugelassen werden, Kürzungen der Ruhezeiten infolge von Inanspruchnahme während dieser Dienste zu anderen Zeiten auszugleichen (§ 7 Abs. 2 Nr. 1 ArbZG). 67

Arbeitszeitrechtlich zählt die **Rufbereitschaft** (s. § 2 Rdn. 28 ff.) nicht zur Arbeitszeit, wohl aber der Bereitschaftsdienst (s. § 2 Rdn. 27 ff.). Diese Erkenntnis war für den Gesetzgeber Anlass, § 7 Abs. 2 Nr. 1 ArbZG dahingehend zu ändern, dass die Ruhezeit nicht mehr dem Bereitschaftsdienst, sondern nur noch der Besonderheit der Rufbereitschaft angepasst werden 68

---

56 *Neumann/Biebl* § 7 ArbZG Rz. 32.
57 *Roggendorff* § 7 ArbZG Rz. 44.
58 *Neumann/Biebl* § 7 ArbZG Rz. 32.

darf[59], Ruhezeit kann auch gewährt werden, indem Rufbereitschaft angeordnet wird. Wird allerdings der Arbeitnehmer während solcher Zeiten zur Arbeitsleistung in Anspruch genommen, so ist die **Ruhezeit unterbrochen.** Dies hat – abgesehen vom Sonderfall des § 5 Abs. 3 ArbZG (§ 5 Rdn. 46 ff.) bzw. vom Fall der Verkürzung der Ruhezeit nach § 7 Abs. 1 Nr. 3 ArbZG – zur Folge, dass dem Arbeitnehmer eine neue, ununterbrochene Ruhezeit von mindestens elf Stunden zu gewähren ist. Hiervon kann durch Tarifvertrag bzw. Betriebsvereinbarung in der Weise abgewichen werden, dass die Ruhezeiten der Rufbereitschaft angepasst werden. Insbesondere kann die Anpassung darin bestehen, dass keine volle ununterbrochene Ruhezeit zu gewähren ist, wenn der Arbeitnehmer während der Rufbereitschaft zur Arbeit in Anspruch genommen worden ist, sondern dass die Zeiträume der Inanspruchnahme in der Weise ausgeglichen werden, dass eine andere Ruhezeit um dieselben Zeiträume verlängert wird. Allerdings sind dabei **Grenzen des Gesundheitsschutzes** einzuhalten. Weder die Tarifvertragsparteien noch die Betriebsparteien können wirksam eine Regelung vereinbaren, die dazu führt, dass dem Arbeitnehmer ein die allgemeine menschliche Leistungsfähigkeit und Zumutbarkeit überschreitendes Arbeitspensum abverlangt wird[60].

69 Das Gesetz ermöglicht auch, eine abweichende Regelung über die Arbeitszeit bei regelmäßig und in erheblichem Umfang anfallender Arbeitsbereitschaft (§ 7 Abs. 1 Nr. 1 a, Nr. 4 a ArbZG) mit einer Regelung über die Anpassung von Ruhezeiten nach § 7 Abs. 2 Nr. 1 ArbZG zu verbinden. Werden derartige Regelungen miteinander verbunden, so ist, umso schärfer darauf zu achten, dass dabei die Grenzen des Gesundheitsschutzes gewahrt bleiben. Den Eigenarten des Bereitschaftsdienstes bzw. der Rufbereitschaft kommt demgegenüber kein überwiegendes Gewicht zu.

II. Abweichende Regelungen in der Landwirtschaft (§ 7 Abs. 2 Nr. 2 ArbZG)

70 In der **Landwirtschaft** können die Regelungen für die werktägliche Arbeitszeit (§ 3 ArbZG), die Ruhezeiten (§ 5 Abs. 1 ArbZG) und über die werktägliche Arbeitszeit der Nachtarbeitnehmer (§ 6 Abs. 2 ArbZG) aus drei Anlässen mit jeweiligem Zeitausgleich angepasst werden, nämlich der Zeit der Bestellung, der Zeit der Ernte und den Witterungseinflüssen (§ 7 Abs. 2 Nr. 2

---

59 Gesetz zu Reformen am Arbeitsmarkt vom 24.12.2003, BGBl. I S. 3002, 3006.
60 BAG 24.02.1982 BAGE 38, 69 = AP Nr. 7 zu § 17 BAT.

ArbZG). EG-rechtliche Grundlage für diese Bestimmung ist Art. 17 Abs. 2, 3 Buchst. c Nr. vii RL 2003/88/EG (vormals Art. 17 Abs. 2, 2.1 Buchst. c Nr. vii RL 93/104/EG).

Der Begriff **Landwirtschaft** hat hier denselben Inhalt wie in § 5 Abs. 2 ArbZG (§ 5 Rdn. 42, 43). Er ist vom Begriff der **Tierhaltung** zu unterscheiden (§ 5 Rdn. 40 f.). Nur für die Landwirtschaft ermöglicht § 7 Abs. 2 Nr. 2 ArbZG abweichende Regelungen im Tarifvertrag bzw. in einer Betriebsvereinbarung zu treffen. Dabei ist die Abweichungsmöglichkeit begrenzt auf die Bestellungs- und Erntezeit. Ferner dürfen die Regelungen den Witterungseinflüssen angepasst werden. 71

III. Behandlung, Pflege und Betreuung von Personen (§ 7 Abs. 2 Nr. 3 ArbZG)

§ 7 Abs. 2 Nr. 3 ArbZG ermöglicht, Regelungen über die regelmäßige Arbeitszeit (§ 3 ArbZG), die Ruhepausen (§ 4 ArbZG), die Ruhepausen (§ 5 Abs. 1 ArbZG) und die Arbeitszeit der Nachtarbeitnehmer (§ 6 Abs. 2 ArbZG) bei der **Behandlung, Pflege und Betreuung von Personen** (§ 5 Rdn. 26 ff.) der Eigenart dieser Tätigkeiten und dem Wohl dieser Personen entsprechend anzupassen. EU-rechtlich ist Grundlage für diese Bestimmung Art. 17 Abs. 2, 3 Buchst. c Nr. i RL 2003/88/EG (vormals Art. 17 Abs. 2, 2.1 Buchst. c Nr. i RL 93/104/EG). Für die Behandlung, Pflege und Betreuung von Personen ermöglichen zwar bereits § 5 Abs. 2 und 3 ArbZG abweichende Ruhezeitregelungen. Darüber hinaus sind noch weitergehende Regelungen nach § 7 Abs. 2 Nr. 3 ArbZG erlaubt. Die Abweichungen sind einerseits an der Eigenart der Tätigkeit und dem Wohl der zu behandelnden, pflegenden oder betreuenden Personen auszurichten; andererseits muss jedoch auch hier der Gesundheitsschutz der Arbeitnehmer hinreichenden Niederschlag finden[61]. Insbesondere dürfen keine Regelungen vereinbart werden, die dem Arbeitnehmer ein die allgemeine menschliche Leistungsfähigkeit und Zumutbarkeit überschreitendes Arbeitspensum abverlangen[62]. 72

---

61 *Roggendorff* § 7 ArbZG Rz. 49.
62 BAG 24.02.1982 BAGE 38, 69 = AP Nr. 7 zu § 17 BAT.

IV. Öffentlicher Dienst (§ 7 Abs. 2 Nr. 4 ArbZG)

73 Schließlich ermöglicht § 7 Abs. 2 Nr. 4 ArbZG, unter entsprechendem Zeitausgleich die Regelungen über die werktägliche Arbeitszeit (§ 3 ArbZG), die Ruhepausen (§ 4 ArbZG), die Ruhezeit (§ 5 Abs. 1 ArbZG) und die Arbeitszeit der Nachtarbeitnehmer (§ 6 Abs. 2 ArbZG) im **öffentlichen Dienst** (Bund, Länder, Gemeinden, sonstige Körperschaften, Anstalten und Stiftungen des öffentlichen Rechts) sowie bei **anderen** Arbeitgebern, die der Tarifbindung eines für den öffentlichen Dienst geltenden oder eines im Wesentlichen inhaltsgleichen Tarifvertrags unterliegen, der Eigenart der Tätigkeit bei diesen Stellen anzupassen. Eine solche, auf die öffentlich-rechtliche Rechtspersönlichkeit abstellende Gestaltungsmöglichkeit ist im EU-Arbeitszeitrecht so nicht vorgesehen. Als EU-rechtliche Grundlage für § 7 Abs. 2 Nr. 4 ArbZG kommt nur Art. 18 RL 2003/88/EG (vormals Art. 17 Abs. 3 RL 93/104/EG) in Betracht.

74 Nach § 13 AZO durfte im öffentlichen Dienst das für Beamte geltende Arbeitszeitrecht auf alle Arbeitnehmer desselben Dienstherrn übertragen werden. Diese Möglichkeit hat jedoch nur eine geringe praktische Bedeutung gehabt. Der Gesetzgeber hat daher § 13 AZO ersatzlos abgeschafft und stattdessen eine Öffnung durch Tarifvertrag bzw. durch **Dienstvereinbarung** oder kirchliche Regelung (§ 7 Rdn. 35 ff.) vorgesehen. Wegen der Vielgestaltigkeit der verschiedenen Arbeitsleistungen im öffentlichen Dienst erheben *Buschmann/Ulber*[63] rechtsstaatliche Bedenken gegen die Wirksamkeit dieser Norm. Ihnen ist einzuräumen, dass den Tarifvertragsparteien bzw. den Abschlusspartnern von Dienstvereinbarungen hier ein äußerst weiter Rahmen zur Abänderung ansonsten zwingender Arbeitszeitschutzrechtes an die Hand gegeben worden ist. Indessen wiegen diese Bedenken nicht allzu schwer, denn die Tarifvertragsparteien selbst haben es in der Hand, eine Regelung selbst zu treffen oder die Befugnis hierzu einzuräumen.

E. Verlängerung der werktäglichen Arbeitszeit ohne Ausgleich (§ 7 Abs. 2 a ArbZG)

75 Gleichsam als Kompensation für die Streichung der Möglichkeit, die werktägliche Arbeitszeit an 60 Tagen ohne Ausgleich zu verlängern (vormals § 7 Abs. 1 Nr. 1 Buchst. c ArbZG) ist durch das Gesetz zu Reformen am Arbeits-

---

[63] *Buschmann/Ulber* § 7 ArbZG Rz. 24.

markt[64] die Regelung in Abs. 2 a und Abs. 7 des § 7 ArbZG neu geschaffen worden. Sie bildet – so *Buschmann/Ulber*[65] – das Kernstück der Novelle. Sie ermöglicht – über § 7 Abs. 1 Nr. 1 und 4 ArbZG weit hinausgehend – die Verlängerung der **werktäglichen Arbeitszeit auch ohne Ausgleich**, wenn in die Arbeitszeit regelmäßig und in erheblichem Umfang Arbeitsbereitschaft oder Bereitschaftsdienst fällt und durch besondere Regelungen sichergestellt wird, dass die Gesundheit der Arbeitnehmer nicht gefährdet wird. Damit versucht der nationale Gesetzgeber deutlich, die Auswirkungen der EU-rechtlich unausweichlichen Zuordnung des Bereitschaftsdienstes zur Arbeitszeit zumindest dadurch zu nivellieren, dass er den Tarifvertragsparteien großzügige Regelungsbefugnisse einräumt. Indessen scheint der Gesetzgeber zugleich Angst vor der eigenen Courage gehabt zu haben. Auch wenn die Tarifvertragsparteien oder die Parteien von Betriebs- oder Dienstvereinbarungen oder die Beteiligten kirchlicher Regelungen eine Verlängerung der täglichen Arbeitszeit ohne Ausgleich vereinbart oder normiert haben, hängt deren öffentlich-rechtliche Wirksamkeit davon ab, dass der Arbeitnehmer in eben diese ihn betreffende Regelung schriftlich eingewilligt hat.

§ 7 Abs. 2 a ArbZG soll – so der Gesetzgeber – den Tarifvertragsparteien ermöglichen, »Arbeitszeiten zuzulassen, die über den weiten Rahmen des §§ 3 und 7 Abs. 1 und 2 hinausgehen«, damit »sie besonderen Erfordernissen Rechnung tragen können«. . . . »Dies kann auch im Interesse der Beschäftigten liegen, wie Erfahrungen einzelner Krankenhäuser bei der Einführung neuer Arbeitszeitmodelle gezeigt haben«[66]. Mit dieser Öffnungsklausel für eine ausgleichslose Verlängerung der Arbeitszeit wird vom Opt-Out des Art. 18 Abs. 1 Buchst. b Nr. i RL 93/104/EG (nunmehr Art. 22 Abs. 1 Buchst. a RL 2003/88/EG) Gebrauch gemacht[67], ohne jedoch selbst zu bestimmen, wie die allgemeinen Grundsätze der Sicherheit einzuhalten sind. Ob § 7 Abs. 2 a ArbZG oder ein hierauf gestützter Tarifvertrag einer eventuellen Prüfung durch den EuGH standhält[68], bleibt angesichts der Entscheidung *Jaeger*[69] abzuwarten, 76

---

64 Vom 24.12.2003, BGBl. I S. 3002, 3006.
65 *Buschmann/Ulber* § 7 ArbZG Rz. 24 a.
66 BT-Drucks. 15[9]610, S. 3.
67 *Schliemann* NZA 2004, 513, 517; *Schlottfeldt* ZESAR 2004, 160, 166.
68 Verneinend: *Ulber* ZTR 2005, 70, 75.
69 EuGH 09.09.2003 – Rs. C-151/02 – Jaeger – EuGHE I 2003, 8389–8460 = EzA § 7 ArbZG Nr. 5 = NZA 2003, 1019.

denn darin hat der EuGH die EU-Rechtmäßigkeit tarifvertraglicher Regelungen des ärztlichen Bereitschaftsdienstes in SR 2 a BAT nur anhand des Art. 17 Abs. 2, 2.1 Buchst. c Nr. i RL 93/104/EG geprüft, nicht aber anhand von Art. 18 Abs. 3 oder Art. 22 Abs. 1 Buchst. a) RL 2003/88/EG.

77 § 7 Abs. 2 a ArbZG gibt weder eine **Höchstgrenze** für die **Verlängerung** der werktäglichen Arbeitszeit ohne Ausgleich vor noch bestimmt diese Norm, wie in etwa die Regelungen auszusehen haben, die sicherstellen sollen, dass die Gesundheit der Arbeitnehmer nicht gefährdet wird. Dies bleibt alles den Tarifvertragsparteien oder den Betriebspartnern überlassen[70]. Sie dürfen nach allgemeinen Regeln Arbeitszeiten nicht derart verlängern, dass dem Arbeitnehmer ein die allgemeine menschliche Leistungsfähigkeit und Zumutbarkeit überschreitendes Arbeitspensum abverlangt wird[71]. Wie weitgehend der mögliche Regelungsspielraum genutzt wird, zeigt u. a. die Regelung über den Freizeitausgleich bei nächtlichem Bereitschaftsdienst einer Krankenschwester im sog. BAT-KF[72]. Gegenüber dem einzelnen Arbeitnehmer darf die derart verlängert Arbeitszeit nur angewendet werden, wenn er sich damit schriftlich einverstanden erklärt hat (§ 7 Abs. 7 ArbZG). Im Anschluss an die Beendigung der auf mehr als zwölf Stunden verlängerten Arbeitszeit muss dem Arbeitnehmer eine Ruhezeit von mindestens elf Stunden gewährt werden (§ 7 Abs. 9 ArbZG).

F. Übernahme abweichender tariflicher Regelungen (§ 7 Abs. 3 ArbZG)

78 Nach § 7 Abs. 3 ArbZG können im Geltungsbereich eines Tarifvertrages nach § 7 Abs. 1, 2 und 2 a ArbZG die von den Bestimmungen des Arbeitszeitgesetzes abweichenden **tarifvertraglichen Regelungen** in einen Betrieb eines **nicht tarifgebundenen Arbeitgebers** übernommen werden, und zwar **vorrangig** durch **Betriebsvereinbarung** oder Dienstvereinbarung[73]. Nur wenn ein Betriebsrat (Personalrat) nicht besteht, kann die Übernahme durch arbeitsvertragliche Vereinbarung erfolgen, die dann allerdings der Schriftform bedarf (§ 7 Abs. 3 Satz 1 ArbZG). Entsprechendes gilt, soweit die Tarifvertragsparteien die abweichenden Regelungen nicht selbst treffen, sondern dies

---

70 BT-Drucks. 15[9]610, S. 3.
71 BAG 24.02.1982 BAGE 38, 69 = AP Nr. 7 zu § 17 BAT.
72 BAG 15.07.2009 – 5 AZR 867/08 – EzA § 6 ArbZG Nr. 7.
73 Kritisch zur Methodik der Übernahme durch Betriebs- oder Dienstvereinbarung: u. a. *Buschmann/Ulber* § 7 ArbZG Rz. 26, 27 m. w. N.

den **Betriebsparteien** überlassen haben. Diese Möglichkeit kann auch im Betrieb eines nicht tarifgebundenen Arbeitgebers genutzt werden, d. h., der nicht tarifgebundene Arbeitgeber und der Betriebsrat können im Rahmen des Geltungsbereichs des Tarifvertrages und im Rahmen der aus dem Tarifvertrag ersichtlichen Befugnis sprechende Betriebsvereinbarungen abschließen. Werden Regelungen zur Verlängerung der Arbeitszeit nach § 7 Abs. 1 Nr. 1 und 4, Abs. 2 Nr. 2 bis 4 ArbZG von nicht tarifgebundenen Arbeitgebern gemäß § 7 Abs. 3 ArbZG übernommen, so darf die Arbeitszeit 48 Stunden wöchentlich im Durchschnitt von zwölf Kalendermonaten nicht überschreiten (§ 7 Abs. 8 Satz 1 ArbZG n. F.). Im Anschluss an die Beendigung der auf mehr als zwölf Stunden verlängerten Arbeitszeit muss dem Arbeitnehmer eine Ruhezeit von mindestens elf Stunden gewährt werden (§ 7 Abs. 9 ArbZG). Zudem ist die schriftliche Zustimmung der Arbeitnehmer zur ohne Ausgleich (§ 7 Abs. 2 a ArbZG) verlängerten Arbeitszeit erforderlich, wenn eine solche Regelung übernommen wird (§ 7 Abs. 7 ArbZG).

Erforderlich ist, dass sich aus der Betriebsvereinbarung oder der Einzelvereinbarung eindeutig ergibt, **aus welchem Tarifvertrag** die **abweichende Regelung übernommen** worden ist bzw. **welcher Tarifvertrag** der abweichenden Regelung in der Betriebsvereinbarung **zu Grunde gelegt** worden ist. Die abweichenden tarifvertraglichen Regelungen können grundsätzlich nur ohne jede Änderung aus dem Tarifvertrag übernommen werden. Die im Tarifvertrag enthaltene Befugnis, abweichende Regelungen in Betriebsvereinbarungen zu treffen, muss ebenfalls unverändert übernommen werden. 79

Nach § 7 Abs. 3 Satz 3 ArbZG gilt eine abweichende tarifvertragliche Regelung nach § 7 Abs. 2 Nr. 4 ArbZG auch dann, wenn eine dem § 7 Abs. 3 Satz 1 ArbZG entsprechende Vereinbarung zur Übernahme der tarifvertraglichen Regelung zwischen dem nicht tarifgebundenen Arbeitgeber und seinem Betriebsrat bzw. Personalrat oder – als jeweilige Einzelvereinbarung – mit dem jeweiligen Arbeitnehmer nicht zu Stande gekommen ist, vorausgesetzt, dass zwischen dem Arbeitnehmer und jedem Arbeitgeber die Anwendung der für den öffentlichen Dienst geltenden tarifvertraglichen Bestimmungen vereinbart ist und der Arbeitgeber die Kosten des Betriebes überwiegend mit Zuwendungen im Sinne des Haushaltsrechtes deckt, wie dies z. B. bei Forschungsgesellschaften wie der Max-Planck-Gesellschaft, der Fraunhofer-Gesellschaft oder der Deutschen Forschungsgemeinschaft der Fall ist. 80

G. Kirchen und Religionsgesellschaften (§ 7 Abs. 4 ArbZG)

81 Die **Kirchen** und öffentlich-rechtlichen Religionsgesellschaften können nach § 7 Abs. 4 ArbZG Abweichungen gemäß § 7 Abs. 1, 2 und 2a bzw. § 12 ArbZG in ihren Regelungen vorsehen. Die Kirchen in Deutschland haben sich – von zwei Ausnahmen (Nordelbische Ev.-Luth. Kirche, Ev.-Luth. Kirche von Berlin-Brandenburg-Schlesische Oberlausitz) abgesehen – für den **dritten Weg** entschieden. Dementsprechend schließen sie keine Tarifverträge ab, sondern verabschieden in ihren paritätisch besetzten Arbeitsrechtskommissionen auf kirchengesetzlicher Grundlage **Arbeitsvertragsrichtlinien**. Teilweise wird auch (noch) nach dem sog. BAT-KF, d.h. dem Bundes-Angestellten-Tarifvertrag kirchlicher Fassung, verfahren. Trotz der Bezeichnung Tarifvertrag handelt es sich hierbei nicht um einen Vertrag i.S.d. § 1 TVG, sondern um eine – teilweise angepasste – Übernahme der in den entsprechenden Bereichen des BAT geltenden Regelungen. Des Weiteren werden in Kirchen auch keine Betriebsvereinbarungen oder personalvertretungsrechtlichen Dienstvereinbarungen abgeschlossen, sondern **Dienstvereinbarungen nach kirchlichem Recht**. An die Stelle des Betriebsverfassungsrechts bzw. des Personalvertretungsrechts sind weitestgehend die Mitarbeitervertretungsordnung – MAVO – (katholische Kirche) oder Mitarbeitervertretungsgesetze – MVG (z. B. für die Evangelische Kirche in Deutschland – MVG-EKD – oder via Übernahmegesetzen zum MVG-EKD – für evangelische Gliedkirchen) getreten. Nach einer Reihe solcher Gesetze dürfen (kirchliche) Dienstvereinbarungen geschlossen werden. Sollen für eine Kirche oder kirchliche Einrichtung gemäß § 7 Abs. 4 ArbZG abweichenden Regelungen nicht in der Arbeitsrechtsregelung selbst, sondern im Wege der mitarbeitervertretungsrechtlichen Dienstvereinbarung getroffen werden, so muss die Arbeitsrechtsregelung dies ausdrücklich gestatten. Ein ohne solche Ermächtigung zwischen der Leitung der kirchlichen Einrichtung und der Mitarbeitervertretung abgeschlossener sog. Hausvertrag widerspricht angesichts dessen, dass die Kirche mit auf dem Dritten Weg geschaffenen Arbeitsvertragsrichtlinien arbeitet, dem kirchlichen Arbeitsrechtsregelungsrecht und dem Mitarbeitervertretungsrecht und ist schon deshalb nicht als Rechtsgrundlage für eine abweichende Regelung i.S.d. § 7 Abs. 4 ArbZG legitimiert[74].

82 Zu den **Kirchen** gehören nicht nur die öffentlich-rechtlichen Kirchengemeinden, sondern auch deren **Einrichtungen in Caritas und Diakonie**. Besonders

---

74 BAG 16.03.2004 BAGE 110, 60 = EzA § 7 ArbZG Nr. 7 = ZMV 2004, 251.

für solche Einrichtungen, die in sehr großer Zahl z. B. Krankenhäuser und stationäre oder ambulante Altenpflege betreiben, sind solche abweichenden Arbeitszeitregelungen von außerordentlicher (wirtschaftlicher) Bedeutung[75]. Werden Regelungen zur Verlängerung der Arbeitszeit nach § 7 Abs. 1 Nr. 1 und 4, Abs. 2 Nr. 2 bis 4 ArbZG kirchenrechtlich gemäß § 7 Abs. 4 ArbZG geschaffen, so darf die Arbeitszeit 48 Stunden wöchentlich im Durchschnitt von zwölf Kalendermonaten nicht überschreiten (§ 7 Abs. 8 Satz 1 ArbZG). Im Anschluss an die Beendigung der auf mehr als zwölf Stunden verlängerten Arbeitszeit muss dem Arbeitnehmer eine Ruhezeit von mindestens elf Stunden gewährt werden (§ 7 Abs. 9 ArbZG). Zudem ist die schriftliche Zustimmung des Arbeitnehmers zur ohne Ausgleich (§ 7 Abs. 2 a ArbZG) verlängerten Arbeitszeit erforderlich, wenn eine solche Regelung übernommen wird (§ 7 Abs. 7 ArbZG).

H. Behördliche Ausnahmen in üblicherweise tariflosen Bereichen (§ 7 Abs. 5 ArbZG)

Die für das Arbeitszeitrecht zuständige **Aufsichtsbehörde** kann in **üblicherweise tariflosen Bereichen** Ausnahmen im Rahmen der Abs. 1 oder 2 des § 7 ArbZG zulassen, wenn dies aus betrieblichen Gründen erforderlich ist und wenn die Gesundheit der Arbeitnehmer nicht gefährdet wird. Solche **üblicherweise tariflosen Bereiche** sind zum einen die Verbände des Arbeitsrechts (Gewerkschaften, Arbeitgeberverbände, teilweise auch Unternehmensverbände), aber auch **freie Berufe**. Die behördliche Ausnahme ist gerade dann zulässig, wenn kein Tarifvertrag geschlossen worden ist. Allerdings unterliegt die behördliche Ausnahme der zusätzlichen Einschränkung, dass die Gesundheit der Arbeitnehmer durch die Ausnahme nicht gefährdet sein darf. Lässt die Aufsichtsbehörde Regelungen zur Verlängerung der Arbeitszeit nach § 7 Abs. 1 Nr. 1 und 4, Abs. 2 Nr. 2 bis 4 ArbZG gemäß § 7 Abs. 5 ArbZG zu, so darf die Arbeitszeit 48 Stunden wöchentlich im Durchschnitt von sechs (Kalender)monaten oder 24 Wochen nicht überschreiten (§ 7 Abs. 8 Satz 1 ArbZG). 83

I. Ausnahme durch Rechtsverordnung (§ 7 Abs. 6 ArbZG)

Schließlich kann nach § 7 Abs. 6 ArbZG die **Bundesregierung** durch **Rechtsverordnung** mit Zustimmung des Bundesrates Ausnahmen im Rahmen der 84

---

[75] Vgl. für den Bereitschaftsdienst einer Krankenschwester in einem diakonischen Krankenhaus: BAG 15.07.2009 – 5 AZR 867/08 – EzA § 6 ArbZG Nr. 7.

Abs. 1 oder 2 des § 7 ArbZG zulassen, sofern dies aus betrieblichen Gründen erforderlich ist und die Gesundheit der Arbeitnehmer nicht gefährdet wird. In diese Bestimmung erheben *Buschmann/Ulber*[76] verfassungsrechtliche Bedenken; sie meinen, dass die Verordnungsermächtigung den Anforderungen des Art. 80 Abs. 1 Nr. 2 GG nicht genüge, wonach Inhalt, Zweck und Ausmaß der Ermächtigung im Gesetz selbst bestimmt werden müssten. Diesen Anforderungen genüge die Norm nicht, weil sie keine tatbestandliche Eingrenzung gewährleiste.

85 Diese **verfassungsrechtlichen Bedenken** sind nicht zu teilen. Die Ausnahmen dürfen nur im Rahmen des Abs. 1 oder 2 des § 7 ArbZG zugelassen werden. Darin sind hinreichend definierte Tatbestände aufgezählt, die die Verordnungsermächtigung i. S. d. Art. 80 Abs. 1 Nr. 2 GG zusammen mit der Einschränkung, dass die Ausnahme aus dringenden betrieblichen Gründen erforderlich sein müsse und die Gesundheit der Arbeitnehmer nicht gefährdet werde, hinreichend konkretisieren. Zweifelhaft ist indessen, ob diese weitgehende Ermächtigungsgrundlage **europarechtlich** gedeckt ist und sie den Anforderung an ein mitgliedstaatliches Opt-Out gemäß Art. 22 Abs. 1 Buchst. a RL 2003/88/EG (vormals Art. 18 Abs. 1 Buchst. b Nr. i RL 93/104/EG) genügt.

J. Zustimmung des Arbeitnehmers zur ohne Ausgleich verlängerten Arbeitszeit (§ 7 Abs. 7 ArbZG)

86 Mit dem Abs. 7 des § 7 ArbZG werden das **Freiwilligkeitsprinzip** und das **Benachteiligungsverbot** aus Art. 22 Abs. 1 Buchst. a und b RL 2003/88/EG (vormals Art. 18 Abs. 1 Buchst. b Nr. i – zweiter und dritter Spiegelstrich – RL 93/104/EG) umgesetzt.

I. Einwilligung, Aufzeichnungspflicht

87 Soll der Arbeitnehmer gemäß § 7 Abs. 2 a ArbZG unmittelbar auf Grund Tarifvertrags oder darin zugelassener Betriebs- oder Dienstvereinbarung oder kirchlicher Regelung länger beschäftigt werden, so setzt dies seine (vorherige) schriftliche **persönliche Einverständniserklärung** voraus (§ 7 Abs. 7 Satz 1 ArbZG). Gleiches gilt, wenn eine Regelung i. S. d. § 7 Abs. 2 a ArbZG gemäß Abs. 3 übernommen oder nach Abs. 4 kirchenrechtlich geschaffen worden ist.

---

76 *Buschmann/Ulber* § 7 ArbZG Rz. 33.

Dieses Einverständnis muss vom Arbeitnehmer persönlich erklärt worden sein, dem steht eine Zustimmung der Gewerkschaft in einem Tarifvertrag nicht gleich[77]. Der EuGH fordert zudem, dass der Arbeitnehmer sein Einverständnis nicht nur individuell, sondern auch ausdrücklich und frei erklärt hat, hierfür genügt nicht, dass im Arbeitsvertrag auf die Tarifregelung Bezug genommen wird[78]. Was unter »Freiwilligkeit« in diesem Zusammenhang zu verstehen ist, erklärt der EuGH nicht näher. In der Praxis dürfte es nicht einfach sein, die »Freiwilligkeit« der Erklärung des Arbeitnehmers sicherzustellen oder zu beweisen[79]. Im Hinblick auf die Pflicht des Arbeitgebers, den Arbeitnehmer über seine wesentlichen Arbeitsbedingungen, darunter über die Arbeitszeit (§ 2 Abs. 1 Satz 2 Nr. 7 NachwG) zu unterrichten, ist der **Arbeitgeber gehalten, den Arbeitnehmer darüber zu unterrichten**, dass er sich individuell und frei entscheiden muss, ob er die nach § 7 Abs. 2 a ArbZG verlängerte Arbeitszeiten leisten will[80]. Die **Schriftform** der Einwilligung dient dem Schutz des Arbeitnehmers vor Übereilung. Ist die Schriftform nicht eingehalten, so ist die Einwilligung gem. § 125 BGB formnichtig. Der Arbeitgeber kann sich auf eine nicht schriftlich erteilte Einwilligung nicht berufen. Gem. § 16 Abs. 2 ArbZG hat der Arbeitgeber die Pflicht, ein **Verzeichnis** der Arbeitnehmer zu führen, die in die Verlängerung ihrer Arbeitszeit nach § 7 Abs. 7 ArbZG eingewilligt haben.

II. Widerruf

Nach § 7 Abs. 7 Satz 2 ArbZG kann der Arbeitnehmer seine **Einwilligung mit einer Frist von sechs Monaten schriftlich widerrufen**. Die ursprüngliche Widerrufsfrist von nur einem Monat[81] wurde entsprechend der Beschluss-

---

77 EuGH 05.10.2004 – Rs. C-397/01 bis 403/01 – Pfeiffer – EuGHE I 2004, 8835–8922 = EzA Richtlinie 93/104 EG-Vertrag 1999 Nr. 1 = NZA 2004, 1145, Rz. 80, 81; EuGH 03.10.2000 – Rs. C-303/98 – SIMAP – EuGHE I 2000, 7963–8034 = EzA § 7 ArbZG Nr. 1 = NZA 2000, 1227, Rz. 73, 74.
78 EuGH 05.10.2004 – Rs. C-397/01 bis 403/01 – Pfeiffer – EuGHE I 2004, 8835–8922 = EzA Richtlinie 93/104 EG-Vertrag 1999 Nr. 1 = NZA 2004, 1145, Rz. 84 bis 86.
79 *Boerner*, GS Heinze, S. 69, 76 m. w. N.
80 EuGH 08.02.2001 – Rs. C-350/99 – Lange – AP Nr. 4 zu § 2 NachwG = BB 2001, 1255 m. Anm. *Hohmeister*.
81 BT-Drucks. 15/1587 S. 16 und 31.

empfehlung des Vermittlungsausschusses[82] auf sechs Monate verlängert. Wegen der Länge dieser Frist werden Bedenken hinsichtlich der Freiwilligkeit erhoben[83]. Diese sind nicht zu teilen; Freiwilligkeit der Einwilligung bedeutet nicht, dass der Arbeitnehmer daran nicht auf längere Sicht, sondern nur kurzzeitig nach seinem Belieben gebunden wäre.

III. Benachteiligungsverbot

89 Das EU-rechtliche **Benachteiligungsverbot** ist in § 7 Abs. 7 Satz 2 ArbZG in deutsches Recht umgesetzt worden. Hiernach darf der Arbeitgeber einen Arbeitnehmer nicht benachteiligen, weil dieser die Einwilligung zur Verlängerung der Arbeitszeit nicht erklärt oder er die Einwilligung widerrufen hat. Dieses spezielle Benachteiligungsverbot ist angesichts des generellen Benachteiligungsverbotes in § 612 a BGB überflüssig. Das spezielle wie das allgemeine Benachteiligungsverbot betreffen nur das laufende Arbeitsverhältnis. Beide Verbote greifen nicht, wenn der Arbeitgeber einen Bewerber auf einen Arbeitsplatz mit ohne Ausgleich verlängerte Arbeitszeit deswegen ablehnt, weil dieser Bewerber die Einwilligung in die Arbeitszeitverlängerung von vornherein nicht erteilen will. Denn dann ist der Bewerber für diese Stelle ungeeignet. Ob das Benachteiligungsverbot einer Kündigung gegenüber dem Arbeitnehmer, der seine Einwilligung widerrufen hat, auch dann entgegensteht, weil der Arbeitgeber für einen Arbeitnehmer mit »nur« gesetzlicher Arbeitszeit objektiv keine Verwendung hat, hängt von den Umständen des Einzelfalles ab. Insoweit ist an eine gewisse Parallele zur personenbedingten Kündigung wegen der Unmöglichkeit zu denken, dem an allen sieben Wochentagen in zwei Arbeitsverhältnissen tätigen Arbeitnehmer einen Ausgleichstag für Sonntagsarbeit gewähren zu können[84], weil der Arbeitgeber in beiden Fällen seiner Pflicht, die Bestimmungen des Arbeitszeitgesetzes einzuhalten, nicht nachkommen kann.

---

82 BT-Drucks. 15/2245.
83 *Ulber* ZTR 2005, 70, 75.
84 BAG 24.02.2005 EzA § 1 KSchG Personenbedingte Kündigung Nr. 18 = NZA 2005, 759.

K. Höchstgrenzen verlängerter Ausgleichszeiträume (§ 7 Abs. 8 ArbZG)

Durch das Gesetz zu Reformen am Arbeitsmarkt[85] sind mit § 7 Abs. 8 ArbZG 90 Höchstgrenzen für die Ausgleichszeiträume bei nach § 7 ArbZG verlängerten Arbeitszeiten eingeführt worden. Sie betragen bis zu zwölf Monaten, wenn die Verlängerung auf Tarifvertrag oder darin zugelassener Betriebs- oder Dienstvereinbarung oder der Übernahme solcher Regelungen oder auf entsprechenden kirchenrechtlichen Regelungen beruht (Satz 1), dagegen nur höchstens sechs Monate oder 24 Wochen, wenn eine derartige ausgleichspflichtige Arbeitszeitverlängerung von der Aufsichtsbehörde zugelassen worden ist. Der Gesetzgeber bezweckte damit nur eine »Klarstellung« im Hinblick auf das EG-Arbeitszeitrecht § 7 Abs. 8 ArbZG[86]. Der Verlängerung der Bezugszeiträume sind in Art. 19 Abs. 1 und 2 RL 2003/88/EG (vormals Art. 17 Abs. 4 RL 93/104/EG) Grenzen von höchstens sechs oder – bei Wahrung der allgemeinen Grundsätze der Sicherheit und des Gesundheitsschutzes der Arbeitnehmer – von höchstens zwölf Monaten gesetzt. § 7 Abs. 8 Satz 1 ArbZG hat die EU-rechtlichen Beschränkung auf zwölf Kalendermonate übernommen. Dies ist nur dann nicht bedenklich, wenn alle dort genannten Verlängerungen die genannten allgemeinen Grundsätze wahren. EU-rechtlich unbedenklich ist dagegen die Bemessung der höchstmöglichen Ausgleichsfrist in den Fällen, in denen die Arbeitszeitverlängerung auf einer Entscheidung der Aufsichtsbehörde beruht; dann beträgt die höchstmögliche Ausgleichszeit sechs Monate oder 24 Wochen.

L. Ruhezeit nach verlängerter Arbeitszeit (§ 7 Abs. 9 ArbZG)

In § 7 Abs. 9 ArbZG, eingefügt durch das Gesetz zu Reformen am Arbeits- 91 markt[87], in Kraft getreten am 1. 1. 2004, ist bestimmt, dass sich an eine über zwölf Stunden verlängerte Arbeitszeit im unmittelbaren Anschluss eine (ununterbrochene) Ruhezeit von mindestens elf Stunden anzuschließen hat. Die Bestimmung dient der Klarstellung im Hinblick auf das EU-Arbeitszeitrecht[88]. Solche Ruhezeiten müssen sich unmittelbar an die Arbeitszeit anschließen, deren Ausgleich sie dienen, um eine Ermüdung oder Überlastung des Arbeitnehmers durch die Kumulierung aufeinander folgender

---

85 Vom 24.12.2003, BGBl. I S. 3002, 3006.
86 BT-Drucks. 15[9]610, S. 4.
87 Vom 24.12.2003, BGBl. I S. 3002, 3006.
88 BT-Drucks. 15[9]610, 4.

§ 8 ArbZG Gefährliche Arbeiten

Arbeitsperioden zu verhindern[89]. Eine derart zwingend zu gewährende Ruhezeit betrifft insbesondere solche Fälle, in denen sich an die »normale« werktägliche Arbeitszeit ein Bereitschaftsdienst anschließt, denn derart unmittelbar aufeinander folgende Arbeitszeiten – wenn auch unterschiedlicher Arbeitsintensität – müssen im Rahmen von § 7 Abs. 9 ArbZG zusammengerechnet werden, um dem Schutzzweck dieser Norm gerecht zu werden.

§ 8 Gefährliche Arbeiten

Die Bundesregierung kann durch Rechtsverordnung mit Zustimmung des Bundesrates für einzelne Beschäftigungsbereiche, für bestimmte Arbeiten oder für bestimmte Arbeitnehmergruppen, bei denen besondere Gefahren für die Gesundheit der Arbeitnehmer zu erwarten sind, die Arbeitszeit über § 3 hinaus beschränken, die Ruhepausen und Ruhezeiten über die §§ 4 und 5 hinaus ausdehnen, die Regelungen zum Schutz der Nacht- und Schichtarbeitnehmer in § 6 erweitern und die Abweichungsmöglichkeiten nach § 7 beschränken, soweit dies zum Schutz der Gesundheit der Arbeitnehmer erforderlich ist. Satz 1 gilt nicht für Beschäftigungsbereiche und Arbeiten in Betrieben, die der Bergaufsicht unterliegen.

A. Gegenstand der Regelung

1 Nach § 8 ArbZG ist die Bundesregierung ermächtigt, mit Zustimmung des Bundesrates für einzelne Beschäftigungsbereiche bestimmte Arbeiten oder bestimmte Arbeitnehmergruppen bei besonderer Gesundheitsgefahr der Arbeitnehmer Beschränkungen hinsichtlich der Arbeitszeit, Ausdehnung der Ruhepausen und der Ruhezeiten, Erweiterungen der Regelungen zum Schutz der Nacht- und Schichtarbeiter vorzunehmen und die Abweichungsmöglichkeiten nach § 7 ArbZG zu beschränken.

B. Ermächtigungsinhalt, -zweck und -ausmaß

2 Die **Verordnungsermächtigung** des § 8 ArbZG ist **sehr weit** gefasst. Gleichwohl genügt sie (noch) den Anforderungen des Art. 80 Abs. 1 Nr. 2 GG, wonach Inhalt, Zweck und Ausmaß der Ermächtigung zum Erlass von Rechtsverordnungen im Gesetz selbst bestimmt sein müssen. Zweifel können

---

[89] EuGH 09.09.2003 – Rs. C-151/02 – Jaeger – EuGHE I 2003, 8389–8460, Rz. 94 = EzA § 7 ArbZG Nr. 5 = NZA 2003, 1019.

allerdings bestehen, in welchem Ausmaß die Bundesregierung ermächtigt ist, die Arbeitszeit **zu beschränken**, Ruhezeiten und Ruhepausen **auszudehnen**, die Regelungen zum Schutz der Nacht- und Schichtarbeiter zu **erweitern** und die Abweichungsmöglichkeit nach § 7 ArbZG zu **beschränken**. Insoweit ergibt sich aus Sinn und Zweck des § 8 ArbZG jedoch, dass die **Grenze** dieser Normsetzungskompetenzen im notwendigen Schutz der **Arbeitnehmer vor besonderen Gefahren für ihre Gesundheit** zu finden ist. Für der **Bergaufsicht** unterliegende Bereiche und Arbeiten gilt die Verordnungsermächtigung nicht.

C. Verfahren

Die Verordnungsermächtigung des § 8 richtet sich an die **Bundesregierung**. Sie erlaubt nicht, die Befugnis zum Erlass von Rechtsverordnungen zu delegieren, insbesondere nicht, weil sie etwa nur dem Bundesminister für Arbeit und Sozialordnung zuzuweisen ist. Dagegen ist das von der Bundesregierung beim Erlass von Rechtsverordnungen praktizierte **Umlaufverfahren**, bei dem der Chef des Bundeskanzleramtes den Beschlussentwurf des federführenden Ministers den übrigen Bundesministern mit dem Hinweis zuleitet, beim Ausbleiben eines Widerspruchs binnen bestimmter Frist gelte die Zustimmung als erteilt, nach der Geschäftsordnung der Bundesregierung zulässig; es steht auch mit der Verfassung im Einklang[1]. 3

Rechtsverordnungen nach § 8 ArbZG dürfen aber nur mit **Zustimmung des Bundesrates** erlassen werden. Dies beruht darauf, dass das Arbeitszeitgesetz von den Bundesländern als eigene Angelegenheit ausgeführt wird (Art. 80 Abs. 2 GG). 4

Dritter Abschnitt Sonn- und Feiertagsruhe

§ 9 Sonn- und Feiertagsruhe

(1) Arbeitnehmer dürfen an Sonn- und gesetzlichen Feiertagen von 0 bis 24 Uhr nicht beschäftigt werden.

(2) In mehrschichtigen Betrieben mit regelmäßiger Tag- und Nachtschicht kann Beginn oder Ende der Sonn- und Feiertagsruhe um bis zu sechs Stun-

---

[1] BVerwG 17.10.1991 NJW 1995, 2648, 2649.

den vor- oder zurückverlegt werden, wenn für die auf den Beginn der Ruhezeit folgenden 24 Stunden der Betrieb ruht.

(3) Für Kraftfahrer und Beifahrer kann der Beginn der 24stündigen Sonn- und Feiertagsruhe um bis zu zwei Stunden vorverlegt werden.

A. Gegenstand der Regelung

1 In seinem dritten Abschnitt regelt das Arbeitszeitgesetz in den §§ 9 bis 13 das Arbeitszeitrecht an **Sonntagen** und an gesetzlichen **Feiertagen**. Die Regelung ist geprägt vom grundsätzlichen **Verbot der Beschäftigung** von Arbeitnehmern an Sonn- und Feiertagen (§ 9 ArbZG) mit zahlreichen **Ausnahmen**. **Gesetzliche Ausnahmen** sind in § 10 ArbZG geregelt. § 11 ArbZG regelt **den Ausgleich für Sonn- und Feiertagsbeschäftigung**. Nach § 12 ArbZG können **abweichende Regelungen** in Tarifverträgen oder Betriebs- und Dienstvereinbarungen getroffen werden. **Ausnahmeregelungen durch Rechtsverordnungen** ermöglichen § 13 Abs. 1 und 2 ArbZG sowie § 15 Abs. 3 ArbZG. **Behördliche Ausnahmen** sind nach § 13 Abs. 3 bis 5 ArbZG möglich. Das Ladenschlussgesetz des Bundes – es gilt in Bayern fort – und die Ladenöffnungsgesetze der Länder lassen weitere Ausnahmen im Rahmen der Ladenöffnungszeiten an Sonn- und Feiertagen vor allem in Fremdenverkehrs-, Kur- und Erholungsorten sowie in Bahnhöfen und Flughäfen zu (Vorbemerkung Rdn. 17 ff.).

2 Wie gesamte Regelung des Arbeitszeitgesetzes dienen auch seinen Bestimmungen über die Grenzen der Zulässigkeit der Beschäftigung von Arbeitnehmern an Sonn- und Feiertagen dem **Schutz der Arbeitnehmer**. Zugleich dienen diese Bestimmungen aber auch dem **Schutz der Sonntage** und der **gesetzlichen Feiertage**. Nach Art. 140 GG i. V. m. Art. 139 WRV sind der Sonntag und die kirchlichen Feiertage, die durch Gesetz anerkannt sind, als Tage der Arbeitsruhe und der seelischen Erhebung geschützt. Art. 140 GG i. V. m. Art. 139 WRV stellt eine institutionelle Garantie dar[1]; die Verfassungsnormen beschränken sich nicht etwa nur auf einen Programmsatz[2]. Nach Art. 139 WRV ist der Gesetzgeber gehalten, zum Schutz des Sonntags bzw. der gesetz-

---

[1] A. A. *Leinemann* NZA 1988, 337.
[2] BAG 04.05.1993 EzA § 105 a GewO Nr. 3 = AP Nr. 1 zu § 105 a GewO = DB 1993, 1881.

lichen Feiertage präzisierende Vorschriften zu erlassen[3]. Diesem Zweck dient das Arbeitszeitgesetz nicht nur nach seiner amtlichen Begründung[4], sondern ausdrücklich auch nach § 1 Nr. 2. Hiernach ist ausdrücklich als Zweck des Gesetzes, den Sonntag und staatlich anerkannte Feiertage als Tage der Arbeitsruhe und der seelischen Erhebung der Arbeitnehmer zu schützen, genannt (s. § 1 Rdn. 9). Zugleich wollte der Gesetzgeber für die Arbeitnehmer mindestens einen Ruhetag in der Woche und für die an Sonn- und Feiertagen beschäftigten Arbeitnehmer einen Ersatzruhetag und eine Mindestzahl freier Sonntage im Jahr sicherstellen[5]. Insoweit wollte der Gesetzgeber zugleich auch den Vorgaben des inzwischen für unwirksam erklärten[6] Art. 5 Abs. 2 Richtlinie 93/104 EG[7] nachkommen.

B. Grundsatz der Sonn- und Feiertagsruhe (§ 9 Abs. 1 ArbZG)

Nach § 9 Abs. 1 ArbZG dürfen Arbeitnehmer an **Sonn- und gesetzlichen Feiertagen** von 0.00 bis 24.00 Uhr **nicht beschäftigt** werden. Diese Regelung ist mit Art. 5 Abs. 1 RL 2003/88/EG (vormals RL 93/104/EG) vereinbar. Danach treffen die Mitgliedstaaten die erforderlichen Maßnahmen, damit jedem Arbeitnehmer pro Sieben-Tage-Zeitraum eine kontinuierliche Mindestruhezeit von 24 Stunden zuzüglich der täglichen Ruhezeit von elf Stunden gewährt wird. Die ursprüngliche Regelung in Art. 5 Abs. 2 RL 93/104/EG, wonach die Mindestruhezeit gemäß Abs. 1 grundsätzlich den Sonntag einschloss, ist in einem von Großbritannien angestrengten Verfahren vom EuGH für nichtig erklärt worden[8]. Sie wurde durch die RL 2000/34/EG beseitigt. Dies schließt indessen eine mitgliedstaatliche Regelung, die den EU-rechtlich gebotenen wöchentlichen 24-Stunden-Zeitraum der Mindestruhezeit grundsätzlich auf den Sonntag fixiert, nicht aus. 3

§ 9 Abs. 1 ArbZG übernimmt das seit dem Jahr 1900 **geläufige** bisherige **Beschäftigungsverbot** der Gewerbeordnung für gewerbliche Arbeitnehmer. Dieses einfachrechtliche Beschäftigungsverbot galt jedoch **früher nur** für Arbeitnehmer, die den Regelungen der **Gewerbeordnung** unterlagen, nicht 4

---

3 BVerwG 14.11.1989 GewArch 1990, 66.
4 BT-Drucks. 12/5888, 21, auch 28.
5 BT-Drucks. 12/5888, 21.
6 EuGH 12.11.1996 AP Nr. 1 zu EWG-RL 93/104.
7 ABl. EG L 307, 18.
8 EuGH 11.12.1996 AP Nr. 1 zu EWG-Richtlinie Nr. 93/104 = NZA 1977, 23.

aber für alle anderen Arbeitnehmer. § 9 Abs. 1 ArbZG erstreckt das Beschäftigungsverbot auf **alle** Arbeitnehmer; mithin sind auch alle diejenigen Bereiche miterfasst, für die bisher ein gesetzliches Beschäftigungsverbot an Sonntagen und gesetzlichen Feiertagen nicht galt. Das Verbot gilt für alle über 18 Jahre alten Arbeitnehmer i. S. d. Begriffsbestimmung des § 2 Abs. 2 ArbZG (§ 2 Rdn. 68 bis 107). **Ausnahmen** bestehen für bestimmte Gruppen von Arbeitnehmern bzw. für bestimmte Beschäftigungsbereiche nach den §§ 18 bis 22 ArbZG.

5 Trotz der gesetzlichen Überschrift des dritten Abschnitts und des § 9 ArbZG mit »Sonn- und Feiertagsruhe« ist auch **nicht** etwa die **Leistung von Arbeit schlechthin**, also auch durch **Selbständige** verboten worden, sondern **nur** die **Beschäftigung von Arbeitnehmern**. Dies bedeutet zum einen, dass die Leistung von Arbeit auf anderen Rechtsgrundlagen, z. B. als **Selbständiger, Familienangehöriger, Vereinsmitglied,** von § 9 ArbZG nicht erfasst ist. Insoweit kommen die Bestimmungen des Arbeitszeitgesetzes der institutionellen Garantie nach Art. 140 GG i. V. m. 139 WRV nur begrenzt nach, wonach der Sonntag und die staatlich anerkannten Feiertage als **Tage der Arbeitsruhe** und der seelischen Erholung gesetzlich geschützt sind. Dem Gebot der Arbeitsruhe an Sonntagen wird grundsätzlich nur genügt, wenn jede öffentlich bemerkbare Betätigung (»Arbeit«) unterbleibt[9].

6 Das Verbot der **Beschäftigung** von Arbeitnehmern ist **umfassend** zu verstehen. Es betrifft nicht nur die Arbeitsleistung im wirtschaftlich-technischen Sinn, d. h. die Erbringung der arbeitsvertraglich geschuldeten Leistung durch den Arbeitnehmer, sondern jede Art der Betätigung als Arbeitnehmer[10]. Das Verbot der Beschäftigung der Arbeitnehmer ist umfassender als das der Leistung von Arbeit. Es umfasst auch die **Rufbereitschaft**, auch wenn diese Zeit – umgekehrt – nicht zur Leistung von Arbeit zu rechnen sind[11]. Auch die Vorbereitung der Arbeitnehmer auf die Leistung von Arbeit stellt eine Beschäftigung i. S. d. § 9 Abs. 1 ArbZG dar[12]. Allerdings ist der Einsatz von Arbeitnehmern auf Grund der gesetzlichen Erlaubnistatbestände des § 10 ArbZG oder der Ausnahmeregelungen des § 13 ArbZG oder nach dem Ladenschlussgesetz erlaubt.

---

9 BVerfG 19.04.1988 DB 1988, 1608.
10 *Neumann/Biebl* § 9 ArbZG Rz. 3; *Roggendorff* § 9 ArbZG Rz. 7.
11 Roggendorff § 9 ArbZG Rz. 7.
12 So zu § 105b GewO a. F.: BayObLG 22.01.1986 BB 1986, 880.

Das **Beschäftigungsverbot** richtet sich **an den Arbeitgeber.** Er verstößt hier- 7
gegen nicht nur, wenn er die Leistung von Arbeit anordnet, sondern auch,
wenn die Leistung von Arbeit durch seine Arbeitnehmer hinnimmt. Ob er
allerdings gehalten ist, die Leistung von Arbeit auch zu verhindern[13], scheint
dagegen zweifelhaft.

Zeitlich umfasst das Beschäftigungsverbot alle **Sonntage und gesetzlichen** 8
Feiertage, und zwar jeweils von 0.00 Uhr bis 24.00 Uhr. Welche Tage Sonntage sind, ist gesetzlich nicht definiert; sie ergeben sich vielmehr allein aus
dem Kalender. Für **Feiertage** gilt § 9 Abs. 1 ArbZG indessen nur, soweit sie
gesetzliche sind. Bundesgesetzlich ist der **03. Oktober als Tag der Deutschen**
Einheit im Gesetz über den Einigungsvertrag[14] zum gesetzlichen Feiertag
erklärt worden. Im Übrigen haben die Länder Feiertagsgesetze erlassen. **Bundeseinheitlich** sind gesetzliche Feiertage Neujahr, Karfreitag, Ostermontag,
01. Mai, Christi Himmelfahrt, Pfingstmontag, 03. Oktober, erster und zweiter Weihnachtsfeiertag; dagegen gelten für den Tag der Heiligen drei Könige,
Fronleichnam, Mariä Himmelfahrt, den Reformationstag, Allerheiligen und
für den Buß- und Bettag in den Ländern unterschiedliche Regelungen; im
Stadtkreis Augsburg kommt am 08. August das Friedensfest als gesetzlicher
Feiertag hinzu. Die Karnevalstage zählen nicht zu den gesetzlichen Feiertagen[15].

Die **Dauer der Ruhezeit** an Sonntagen und gesetzlichen Feiertagen beträgt 9
mindestens 24 Stunden[16]. **Folgen Sonn- oder Feiertage unmittelbar aufeinander,** so beträgt die **Ruhezeit für jeden dieser Tage mindestens 24 Stunden;** die frühere Regelung des § 105 b Abs. 1 Satz 2 GewO a. F., wonach die
Ruhezeit für zwei aufeinander folgende Sonn- und Feiertage (nur) mindestens
36 Stunden betrug, ist in das Arbeitszeitgesetz nicht übernommen worden[17].
Die individualrechtliche Rechtsfolge des Beschäftigungsverbotes besteht
darin, dass der Arbeitnehmer seine Arbeitsleistung verweigern darf. Entgegen

---

13 So *Neumann/Biebl* § 9 ArbZG Rz. 3.
14 V. 23.09.1990, BGBl. II S. 885, 890.
15 Vgl. zum Mitbestimmungsrecht nach § 87 Abs. 1 Nr. 2 BetrVG: BAG 26.10.2004 –
 1 ABR 31/03 [A] – NZA 2005, 538.
16 *Neumann/Biebl* § 9 ArbZG Rz. 5; *Roggendorff* § 9 ArbZG Rz. 8; *Zmarzlik* DB 1994,
 184.
17 *Dobberahn* ArbZG Rz. 96; *Roggendorff* § 9 ArbZG Rz. 8.

Buschmann/Ulber[18] bedarf es aber für die Arbeitspflicht zu arbeitszeitrechtlich erlaubter Arbeit an Sonn- und Feiertagen keiner zusätzlichen individualrechtlichen Verpflichtung[19].

C. Abweichungen für Mehrschichtbetriebe (§ 9 Abs. 2 ArbZG)

10 Für **mehrschichtige Betriebe mit regelmäßiger Tag- und Nachtschicht** ermöglicht § 9 Abs. 2 ArbZG, die **Sonn- und Feiertagsruhe um bis zu sechs Stunden vor- oder zurückzuverlegen**, wenn für die auf den Beginn der Ruhezeit folgenden 24 Stunden **der Betrieb ruht**. Die Regelung entspricht der früheren Regelung in § 105 b Abs. 1 Satz 4 GewO. Anders als bei den abweichenden Regelungen nach den §§ 7 und 12 ArbZG schreibt § 9 Abs. 2 ArbZG nicht vor, dass die Ruhezeitverlegung nur durch einen Tarifvertrag oder durch eine darin erlaubte Betriebs- oder Dienstvereinbarung erfolgen darf. Vielmehr kann dies durch jede zulässige betriebliche Regelung, ggf. auch durch die Arbeitsverträge, angeordnet bzw. vereinbart werden. **Umgekehrt kann aber ein Tarifvertrag den Betriebsparteien solche Möglichkeit einräumen**[20].

11 Ein **mehrschichtiger Betrieb** liegt vor, wenn in mehreren Schichten gearbeitet wird (vgl. zum Begriff der Schichtarbeit § 2 Rdn. 126; § 6 Rdn. 11). Weitere Voraussetzung ist, dass in dem Betrieb regelmäßig Tagschicht- und **Nachtschichtarbeit** (§ 2 Rdn. 127 ff.) geleistet wird. Es genügt also nicht, wenn es sich um einen mehrschichtigen Betrieb ohne Nachtschichtarbeit handelt. Erforderlich ist vielmehr ein Betrieb, in dem Tagschichtarbeit und Nachtschichtarbeit regelmäßig vorkommen. Entscheidend ist letztlich, dass die Arbeitsschicht nachts während des Sonntags endet und/oder beginnt.

▶ Beispiele:
1. In einem Betrieb werden regelmäßig Früh-, Spät- und Nachtschichten gefahren. Auf diesen Betrieb ist § 9 Abs. 2 ArbZG anwendbar.
2. In einem Betrieb finden nur Spätschichtarbeiten und Nachtschichtarbeiten statt. Auch dieser Betrieb fällt unter den Geltungsbereich des § 9 Abs. 2 ArbZG.

---

18 § 9 ArbZG Rz. 10 sowie § 19 ArbZG Rz. 22.
19 BAG 15.09.2009 – 9 AZR 757/08 – EzA § 106 GewO Nr. 4.
20 Vgl. den Fall in BAG 29.09.2004 NZA 2005, 532 = EzA-SD 2005 Nr. 8, 14.

Sonn- und Feiertagsruhe **§ 9 ArbZG**

3. In einem anderen Betrieb wird Nachtschichtarbeit geleistet sowie Arbeit in der Frühschicht, nicht aber in der Spätschicht. Auch dieser Betrieb fällt unter § 9 Abs. 2 ArbZG.
4. In einem Betrieb wird nur Frühschichtarbeit und Spätschichtarbeit geleistet. Dieser Betrieb fällt nicht unter § 9 Abs. 2 ArbZG.

Der **Beginn** oder das **Ende** der Sonn- und Feiertagsruhe kann um **bis zu sechs Stunden vor- oder zurückverlegt werden.** Das Gesetz ermöglicht nur, die mindestens 24 Stunden umfassende **Ruhezeit** an Sonntagen und an gesetzlichen Feiertagen ungekürzt zu **verschieben**, nicht aber, sie zu verkürzen. Der Beginn der Sonn- und Feiertagsruhe darf frühestens auf 18.00 Uhr des Vortages vorverlegt werden oder umgekehrt bis zu 6.00 Uhr in den Sonntag zurückverlegt werden. Entsprechendes gilt für das Ende der 24-stündigen Ruhezeit. Innerhalb des sechsstündigen Zeitraumes der Vorverlegung oder Zurückverlegung kann jeder beliebige Zeitpunkt gewählt werden. 12

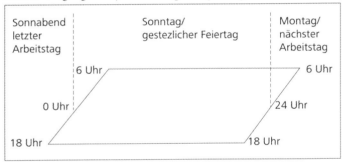

Schaubild 11: Verschiebung der Sonn- und Feiertagsruhe – § 9 Abs. 2 ArbZG

Voraussetzung für eine derartige Verschiebung des Beginns bzw. des Endes der Ruhezeit an Sonntagen oder gesetzlichen Feiertagen ist, dass für die auf den Beginn der Ruhezeit folgenden **24 Stunden der Betrieb ruht.** Diese Voraussetzung entspricht dem früheren § 105 b Abs. 1 Satz 4 GewO. *Dobberahn*[21] vertritt die Ansicht, trotz des Wortlautes der gesetzlichen Bestimmung kann auch als hinreichend angesehen werden, dass die Ruhezeit von 24 Stunden nicht für den ganzen Betrieb gelte, sondern den **einzelnen Arbeitnehmern** zu gewäh- 13

---

21 *Dobberahn* ArbZG Rz. 98.

ren sei. *Erasmy*[22] greift die Erwägung *Dobberahns* zurückhaltend auf. Überwiegend wird dagegen die Ansicht vertreten, dass der **Betrieb insgesamt** für 24 Stunden zu ruhen habe, wenn von der Möglichkeit der Verschiebung der Ruhezeit an Sonn- und Feiertagen nach § 9 Abs. 2 ArbZG Gebrauch gemacht werde[23]. Diese Auffassung wurde auch zu der durch § 9 Abs. 2 ArbZG abgelösten inhaltsgleichen Regelung des § 105b Abs. 1 Satz 4 GewO vertreten[24]. Zwar würde es mit dem Erfordernis einer 24-stündigen Ruhezeit an Sonntagen und gesetzlichen Feiertagen, grundsätzlich in Verbindung mit der elfstündigen Ruhezeit des § 5 zu gewähren ist (§ 11 Abs. 4 ArbZG) noch zu vereinbaren, wollte man den 24-Stunden-Zeitraum nur auf den einzelnen Arbeitnehmer und nicht auf den gesamten Betrieb beziehen. Indessen erschöpft sich auch der Schutzzweck des Arbeitszeitgesetzes nicht in diesem Gesichtspunkt. Vielmehr gehört zu ihm ausdrücklich auch der Zweck, den Sonntag und die staatlich anerkannten Feiertage als Tage der Arbeitsruhe und der seelischen Erhebung der Arbeitnehmer zu schützen (§ 1 Abs. 2 ArbZG). Diesen Schutz versucht das Gesetz dadurch zu verwirklichen, dass es grundsätzlich einen 24-Stunden-Zeitraum anordnet, in welchem die Arbeitnehmer an Sonntagen und gesetzlichen Feiertagen nicht beschäftigt werden dürfen. Es erlaubt auch keine Verkürzung dieses Zeitraumes, sondern eben nur eine Verschiebung des 24-stündigen Zeitraumes um sechs Stunden, so dass mindestens 18 Stunden der Ruhezeit für Sonntage und gesetzliche Feiertage auf den kalendarischen Zeitraum dieser Tage entfallen. Dabei geht der Gesetzgeber erkennbar von der Vorstellung aus, dass mit Hilfe des Verbotes der Beschäftigung von Arbeitnehmern an Sonntagen und gesetzlichen Feiertagen dem Gebot der Arbeitsruhe nach Art. 140 GG, 139 WRV in weitem Umfang bereits Genüge getan wird.

14 Die Voraussetzung, dass **der Betrieb** während eines Zeitraums von 24 Stunden zu ruhen hat, bedeutet dementsprechend auch, dass die **Vor- oder Zurückverlegung** des Beginns bzw. des Endes der Sonn- und Feiertagsruhe **nur für den gesamten Betrieb einheitlich** erfolgen kann[25]. Dies gilt auch für die Fälle, in

---

22 *Erasmy* NZA 1995, 97.
23 *Buschmann/Ulber* § 9 ArbZG Rz. 5; *Neumann/Biebl* § 9 ArbZG Rz. 6; *Roggendorff* § 9 ArbZG Rz. 15; *Anzinger/Koberski* § 9 ArbZG Rz. 46; *Zmarzlik* DB 1994, 1082, 1085.
24 *Zmarzlik* BB 1991, 901, 903 m.w.N.; vgl. auch BayObLG 22.01.1986, BB 1986, 880.
25 *Roggendorff* § 9 ArbZG Rz. 15.

denen der Betrieb verschiedene arbeitstechnische Zwecke verfolgt und es für den einen dieser Zwecke sinnvoll wäre, den Beginn der Ruhezeit an Sonn- und gesetzlichen Feiertagen vorzuverlegen, für einen anderen dagegen, ihn zurückzuverlegen. Die notwendige Einheitlichkeit der Verlegung des Beginns bzw. des Endes der Arbeitsruhe an Sonntagen oder gesetzlichen Feiertagen schließt indessen nicht aus, dass einzelne dem Betriebszweck dienliche Verrichtungen erlaubterweise durch einige wenige Arbeitnehmer erledigt werden dürfen. Insoweit kommen vor allem die gesetzlichen Ausnahmen von Beschäftigungsverboten nach § 10 ArbZG in Betracht.

▶ Beispiel:
Der Betrieb arbeitet in drei Schichten zu jeweils acht Stunden. Die Frühschicht beginnt um 6.00 Uhr, die Nachtschicht endet mit Beginn der Frühschicht. Der Beginn der Sonn- und Feiertagsruhe ist durch Tarifvertrag auf morgens 6.00 Uhr festgelegt. Gleichwohl dürfen einige wenige Arbeitnehmer bereits während der Sonn- und Feiertagsruhe für solche Reinigungs- oder Vorbereitungsarbeiten nach § 10 Abs. 1 Nr. 15 ArbZG eingesetzt werden, die an Werktagen nicht verrichtet werden kann.

D. Abweichungen für Kraftfahrer und Beifahrer (§ 9 Abs. 3 ArbZG)

Für **Kraftfahrer und Beifahrer** kann der Beginn der 24-stündigen **Ruhe** an Sonntagen und Feiertagen um bis zu zwei Stunden **vorverlegt** werden (§ 9 Abs. 3 ArbZG). Diese Vorschrift ist von der Einführung der besonderen Arbeitszeitregelung für das Fahrpersonal im Straßenverkehr (§ 21 a ArbZG) unberührt geblieben. Mit § 9 Abs. 3 ArbZG wird das Arbeitszeitrecht für Kraftfahrer und Beifahrer an das sog. »Sonntagsfahrverbot« des § 30 Abs. 3 StVO angepasst. Nach dieser Vorschrift ist der Verkehr mit Lastkraftwagen mit einem zulässigen Gesamtgewicht von mehr als 7,5 t sowie mit Anhängern hinter Lastkraftwagen an Sonntagen und gesetzlichen Feiertagen bis 22.00 Uhr verboten. Ab 22.00 Uhr dürfen diese Fahrzeuge jedoch wieder am Straßenverkehr teilnehmen. Ausnahmen bestehen für kombinierte Güterverkehre (§ 30 Abs. 3 Nr. 1 und 1 a StVO), für die Beförderung frischer Milch und frischer Milcherzeugnisse, frischen Fleisches und frischer Fleischerzeugnisse, lebender oder frischer Fische oder frischer Fischerzeugnisse nebst damit im Zusammenhang stehender Leerfahrten (Nr. 2 und 3 a.a.O.) und für Fahrten nach dem Bundesleistungsgesetz (Nr. 4 a.a.O.). Soweit Arbeitnehmer in Verkehrsbetrieben bzw. beim Transport von leicht verderblichen Waren nicht schon nach § 10 Abs. 1 Nr. 10 ArbZG an Sonntagen Arbeit leisten dürfen,

dürfen sie als Kraftfahrer und Beifahrer bei entsprechender Verlegung des Endes der 24-stündigen Ruhezeit an Sonntagen und Feiertagen bereits ab 22.00 Uhr arbeiten. Die Verschiebung der Sonn- und Feiertagsruhe für Kraftfahrer und Beifahrer ist aber nicht nur zu dem Zweck zulässig, dass sie ab Beginn des vorverlegten Endes der Ruhezeit wieder mit den Kraftfahrzeugen fahren, sondern auch dem Zweck, dass sie vorbereitende Tätigkeiten leisten. Die Vorverlegung der Ruhezeit bezieht sich nicht auf den gesamten Betrieb, sondern kann für jeden einzelnen Kraftfahrer bzw. Beifahrer gesondert erfolgen; erforderlich ist jedoch stets, dass für jeden einzelnen der Kraftfahrer bzw. Beifahrer die Ruhezeit von 24 Stunden eingehalten wird[26]. Die Spanne von zwei Stunden braucht nicht ausgeschöpft zu werden[27].

E. Festlegung der Abweichungen

16 Die **Festlegung** der Abweichungen nach § 9 Abs. 2 bzw. Abs. 3 ArbZG erfolgt durch den **Arbeitgeber**. Bei der Verschiebung der Ruhezeit an Sonntagen und gesetzlichen Feiertagen geht es um die Festlegung der **betriebsüblichen Arbeitszeit**; in der Regel geht es auch bei der Verschiebung der Ruhezeit für Kraftfahrer und Beifahrer nach § 9 Abs. 3 ArbZG um derartige kollektive Regelungen. Der Arbeitgeber hat daher, soweit ein **Betriebsrat** oder ein **Personalrat** besteht, deren **Mitbestimmungsrechte** nach § 87 Abs. 1 Nr. 2, 3 BetrVG bzw. § 75 Abs. 3 Nr. 1 BPersVG bzw. nach landesrechtlichen oder kirchengesetzlichen Regelungen zu beachten.

F. Ausnahmeregelungen, Rechtsverordnungen

17 An dem grundsätzlichen Verbot der Beschäftigung von Arbeitnehmern an Sonntagen und an gesetzlichen Feiertagen macht das Arbeitszeitgesetz zahlreiche **Ausnahmen**. Die Beschäftigung von Arbeitnehmern ist **kraft Gesetzes** in den in § 10 ArbZG geregelten Fällen zulässig. Die Bundesregierung bzw. die Landesregierungen können weitere Ausnahmebestimmungen für die Sonntagsarbeit im Wege der Rechtsverordnung erlassen (§ 13 Abs. 1 und 2, § 15 Abs. 2a (Offshore-Arbeitszeiten) ArbZG). Des Weiteren können (§ 13 Abs. 3 ArbZG), sollen (§ 13 Abs. 4 ArbZG) bzw. müssen (§ 13 Abs. 5 ArbZG) die Aufsichtsbehörden **Ausnahmegenehmigungen** erteilen.

---

26 *Roggendorff* § 9 ArbZG Rz. 16.
27 *Anzinger/Koberski* § 9 ArbZG Rz. 48.

Bei **vorübergehenden Arbeiten in Notfällen** und in **außergewöhnlichen Fällen**, die unabhängig vom Willen der Betroffenen eintreten und deren Folgen nicht auf andere Weise zu beseitigen sind, besonders wenn Rohstoffe oder Lebensmittel zu verderben oder Arbeitsergebnisse zu misslingen drohen, darf von § 9 ArbZG insgesamt abgewichen werden (§ 14 Abs. 1 ArbZG). 18

G. Abweichende Regelungen

Im Gegensatz zu den für Werktage geltenden Regelungen ermöglicht das Arbeitszeitgesetz **nicht**, von den Bestimmungen des § 9 ArbZG durch Regelungen in einem **Tarifvertrag** oder aufgrund eines Tarifvertrags in einer **Betriebsvereinbarung** i. S. einer Lockerung des Beschäftigungsverbots abzuweichen. § 12 ArbZG bezieht sich nicht auf § 9 ArbZG. 19

H. Mutterschutz

Die **mutterschutzrechtlichen** Bestimmungen über die Arbeit an **Sonntagen** und **gesetzlichen Feiertagen** bleiben vom Arbeitszeitgesetz **unberührt**. Nach § 8 Abs. 1 Satz 1 MuSchG dürfen werdende und stillende Mütter nicht an Sonn- und Feiertagen beschäftigt werden. Das Verbot der Sonn- und Feiertagsarbeit gilt für werdende und stillende Mütter, die im Familienhaushalt mit hauswirtschaftlichen Arbeiten beschäftigt werden (§ 8 Abs. 1 Satz 2 MuSchG). Dagegen dürfen werdende und stillende Mütter im Verkehrswesen, in Gast- und Schankwirtschaften und im übrigen Beherbergungswesen, in Krankenpflege- und Badeanstalten, bei Musikaufführungen, Theatervorstellungen, bei anderen Schaustellungen, Darbietungen oder Lustbarkeiten an Sonn- und Feiertagen beschäftigt werden, wenn ihnen in jeder Woche einmal eine ununterbrochene Ruhezeit von mindestens 24 Stunden im Anschluss an eine Nachtruhe gewährt wird (§ 8 Abs. 4 MuSchG). Die Gewährung dieser Ruhezeit kann mit der Gewährung der Ruhezeit nach dem Arbeitszeitgesetz zusammenfallen. 20

I. Jugendliche

Gemäß den §§ 17 Abs. 1, 18 Abs. 1 JArbSchG dürfen **Jugendliche** an **Sonn- und Feiertagen grundsätzlich nicht** beschäftigt werden, und zwar während des ganzen Tages von 0.00 Uhr bis 24.00 Uhr. Hiervon gibt es eine Reihe Ausnahmen. 21

Als **Ausnahme** von der Regel des Beschäftigungsverbotes ist die Beschäftigung Jugendlicher jedoch auch an Sonntagen und gesetzlichen Feiertagen in 22

Krankenhäusern, Alten-, Pflege- und Kinderheimen, in der Landwirtschaft und in der Tierhaltung, im Gaststätten- und Schaustellergewerbe, bei Musikaufführungen, Theatervorstellungen und anderen Aufführungen, im Rundfunk, beim Sport und im ärztlichen Notdienst zulässig (§ 17 Abs. 2 Satz 1 JArbSchG, § 18 Abs. 2 JArbSchG). Dabei beschränkt sich die Zulässigkeit der Arbeit in der Landwirtschaft und in der Tierhaltung auf naturnotwendige Arbeiten. Jugendliche dürfen im Familienhaushalt nur beschäftigt werden, wenn sie in die häusliche Gemeinschaft aufgenommen sind. Beim Rundfunk beschränkt sich die Beschäftigungsmöglichkeit auf Live-Sendungen. Für Jugendliche soll jeder zweite Sonntag beschäftigungsfrei bleiben; es muss die Sonntagsruhe jedoch an zwei Sonntagen im Monat eingehalten werden (§ 17 Abs. 2 Satz 2 JArbSchG). Nach § 21a Abs. 1 Nr. 6 JArbSchG kann die Zahl der beschäftigungsfreien Sonntage im Gaststätten- und Schaustellergewerbe sowie in der Landwirtschaft während der Saison oder während der Erntezeit durch einen Tarifvertrag oder aufgrund Tarifvertrags in einer Betriebsvereinbarung verringert werden. Werden Jugendliche an einem Sonntag oder Feiertag beschäftigt, so haben sie Anspruch auf einen Ersatzruhetag an einem anderen berufsschulfreien Arbeitstag derselben Woche, gleichgültig davon, wie viele Stunden Arbeitsleistung am Sonntag oder Feiertag zu verzeichnen ist (§§ 17 Abs. 3, 18 Abs. 3 JArbSchG). Auch hiervon sind Abweichungen in einem Tarifvertrag oder aufgrund Tarifvertrags in einer Betriebsvereinbarung möglich (§ 21a Abs. 1 Nr. 5 und 6 JArbSchG).

§ 10 Sonn- und Feiertagsbeschäftigung

(1) Sofern die Arbeiten nicht an Werktagen vorgenommen werden können, dürfen Arbeitnehmer an Sonn- und Feiertagen abweichend von § 9 beschäftigt werden
1. in Not- und Rettungsdiensten sowie bei der Feuerwehr,
2. zur Aufrechterhaltung der öffentlichen Sicherheit und Ordnung sowie der Funktionsfähigkeit von Gerichten und Behörden und für Zwecke der Verteidigung,
3. in Krankenhäusern und anderen Einrichtungen zur Behandlung, Pflege und Betreuung von Personen,
4. in Gaststätten und anderen Einrichtungen zur Bewirtung und Beherbergung sowie im Haushalt,

5. bei Musikaufführungen, Theatervorstellungen, Filmvorführungen, Schaustellungen, Darbietungen und anderen ähnlichen Veranstaltungen,
6. bei nichtgewerblichen Aktionen und Veranstaltungen der Kirchen, Religionsgesellschaften, Verbände, Vereine, Parteien und anderer ähnlicher Vereinigungen,
7. beim Sport und in Freizeit-, Erholungs- und Vergnügungseinrichtungen, beim Fremdenverkehr sowie in Museen und wissenschaftlichen Präsenzbibliotheken,
8. beim Rundfunk, bei der Tages- und Sportpresse, bei Nachrichtenagenturen sowie bei den der Tagesaktualität dienenden Tätigkeiten für andere Presseerzeugnisse einschließlich des Austragens, bei der Herstellung von Satz, Filmen und Druckformen für tagesaktuelle Nachrichten und Bilder, bei tagesaktuellen Aufnahmen auf Ton- und Bildträger sowie beim Transport und Kommissionieren von Presseerzeugnissen, deren Ersterscheinungstag am Montag oder am Tag nach einem Feiertag liegt,
9. bei Messen, Ausstellungen und Märkten im Sinne des Titels IV der Gewerbeordnung sowie bei Volksfesten,
10. in Verkehrsbetrieben sowie beim Transport und Kommissionieren von leicht verderblichen Waren im Sinne des § 30 Abs. 3 Nr. 2 der Straßenverkehrsordnung,
11. in den Energie- und Wasserversorgungsbetrieben sowie in Abfall- und Abwasserentsorgungsbetrieben,
12. in der Landwirtschaft und in der Tierhaltung sowie in Einrichtungen zur Behandlung und Pflege von Tieren,
13. im Bewachungsgewerbe und bei der Bewachung von Betriebsanlagen,
14. bei der Reinigung und Instandhaltung von Betriebseinrichtungen, soweit hierdurch der regelmäßige Fortgang des eigenen oder eines fremden Betriebs bedingt ist, bei der Vorbereitung der Wiederaufnahme des vollen werktägigen Betriebs sowie bei der Aufrechterhaltung der Funktionsfähigkeit von Datennetzen und Rechnersystemen,
15. zur Verhütung des Verderbens von Naturerzeugnissen oder Rohstoffen oder des Misslingens von Arbeitsergebnissen sowie bei kontinuierlich durchzuführenden Forschungsarbeiten,
16. zur Vermeidung einer Zerstörung oder erheblichen Beschädigung der Produktionseinrichtungen.

(2) Abweichend von § 9 dürfen Arbeitnehmer an Sonn- und Feiertagen mit den Produktionsarbeiten beschäftigt werden, wenn die infolge der Unter-

brechung der Produktion nach Absatz 1 Nr. 14 zulässigen Arbeiten den Einsatz von mehr Arbeitnehmern als bei durchgehender Produktion erfordern.

(3) Abweichend von § 9 dürfen Arbeitnehmer an Sonn- und Feiertagen in Bäckereien und Konditoreien für bis zu drei Stunden mit der Herstellung und dem Austragen oder Ausfahren von Konditorwaren und an diesem Tag zum Verkauf kommenden Bäckerwaren beschäftigt werden.

(4) Sofern die Arbeiten nicht an Werktagen vorgenommen werden können, dürfen Arbeitnehmer zur Durchführung des Eil- und Großbetragszahlungsverkehrs und des Geld-, Devisen-, Wertpapier- und Derivatehandels abweichend von § 9 Abs. 1 an den auf einen Werktag fallenden Feiertagen beschäftigt werden, die nicht in allen Mitgliedstaaten der Europäischen Union Feiertage sind.

A. Gegenstand der Regelung

1 § 10 ArbZG zählt im Rahmen des Arbeitszeitgesetzes die Tatbestände abschließend auf, die die **Beschäftigung** von Arbeitnehmern an **Sonn- und Feiertagen von Gesetzes wegen**, also ohne das Erfordernis einer behördlichen Ausnahmeregelung, **erlauben**. Die Bestimmung ist wesentlich auf Art. 17 Abs. 3 RL 2003/88/EG (vormals Art. 17 Abs. 2, 2.1 RL 93/104/EG) gestützt. Gesetzliche Ausnahmen vom Verbot der Beschäftigung der Arbeitnehmer enthalten das Ladenschlussgesetz des Bundes – es gilt in Bayern fort – und die Ladenöffnungsgesetze der Länder (Vorbem. Rdn. 17 ff.). Zudem sind behördliche Erlaubnisse zur Beschäftigung von Arbeitnehmern an Sonn- und Feiertagen nach § 13 ArbZG möglich. Durch keine dieser Vorschriften oder behördlichen Erlaubnisse kann ein Arbeitnehmer zur Arbeitsleistung an Sonn- und Feiertagen verpflichtet werden. Das Arbeitszeitrecht regelt lediglich den arbeitsschutzrechtlichen Rahmen für die Beschäftigung von Arbeitnehmern; ob und inwieweit diese verpflichtet sind, Arbeit an Werktagen oder an Sonn- und Feiertagen zu leisten, richtet sich nach ihrem Arbeitsvertrag. Indessen bedarf es – entgegen *Buschmann/Ulber*[1] – für die Arbeitspflicht zu arbeitszeitrechtlich erlaubter Arbeit an Sonn- und Feiertagen keiner zusätzlichen individualrechtlichen Verpflichtung[2].

---

1 *Buschmann/Ulber* § 9 ArbZG Rz. 10 sowie § 19 ArbZG Rz. 22.
2 BAG 15.09.2009 – 9 AZR 757/08 – EzA § 106 GewO Nr. 4.

Auch nach bisherigem Recht war es in erheblichem Umfang zulässig, Arbeitnehmer zur Beschäftigung an Sonntagen und an gesetzlichen Feiertagen heranzuziehen. Das ohnehin nur für gewerbliche Arbeitnehmer geltende Verbot der Beschäftigung an Sonntagen und gesetzlichen Feiertagen (§ 105 b Abs. 1 Satz 2 GewO) war **schon bisher** von **zahlreichen Ausnahmeregelungen** begleitet. Statistisch gesehen arbeiten zwischen **8 und 9 % aller** abhängig **Erwerbstätigen** ständig bzw. **regelmäßig an Sonn- und Feiertagen**. Mit In-Kraft-Treten des Arbeitszeitgesetzes ist der Anteil der Sonntagsarbeit nicht signifikant gestiegen[3].   2

Die Tatbestände, die von Gesetzes wegen die Leistung von Sonn- und Feiertagsarbeit erlauben, sind in § 10 ArbZG **abschließend aufgezählt**[4]. Trotz der Katalogisierung sollen nach der amtlichen Begründung zum Arbeitszeitgesetz die Ausnahmen vom Beschäftigungsverbot an Sonn- und Feiertagen nach Satz 1 »im bisherigen Umfang zulässig« bleiben[5]. Dementsprechend hat der Gesetzgeber zum großen Teil die Tatbestände übernommen, die bereits nach bisherigem Recht Beschäftigung von Arbeitnehmern an Sonn- und Feiertagen erlaubten; dies betrifft vor allem die Tatbestände der Nrn. 4, 5, 8, 10 und 11 des § 10 Abs. 1 ArbZG[6]. Andererseits enthält der Katalog des § 10 ArbZG auch eine Reihe von Tatbeständen, die in den bisherigen Regelungen der Gewerbeordnung nicht enthalten waren. Weitestgehend handelt es sich hierbei jedoch um Sachverhalte, für die schon nach bisherigem Recht kein Verbot der Beschäftigung von Arbeitnehmern an Sonn- und Feiertagen bestand, weil insoweit die Regelungen der Gewerbeordnung nicht anwendbar waren. Vorwiegend handelt es sich hierbei um die in § 10 Abs. 1 Nrn. 1, 2, 3, 6, 7 und 12 (3. Alternative) aufgezählten Tatbestände[7]. Die gegenüber dem Regierungsentwurf weiter gehenden Ausnahmeregelungen wurden im Laufe des Gesetzgebungsverfahrens aufgrund der Beschlussempfehlung des Ausschusses für Arbeit und Sozialordnung übernommen (Nrn. 4, 8, 10 und 14). Die Erweiterung des Ausnahmekatalogs entspricht im Wesentlichen der Ausdehnung des bisherigen, nur auf gewerbliche Arbeitnehmer im Sinne der   3

---

3 Bericht des parlamentarischen Staatssekretärs im Bundesministerium für Arbeit und Sozialordnung zu den Auswirkungen des neuen Arbeitszeitgesetzes vom 05.09.1995.
4 BT-Drucks. 12/5888, 28; *Dobberahn* ArbZG Rz. 100; *Erasmy* NZA 1995, 97.
5 BT-Drucks. 12/5888, 29.
6 BT-Drucks. 12/5888, 29.
7 BT-Drucks. 12/5888, 29.

§ 10 ArbZG Sonn- und Feiertagsbeschäftigung

Gewerbeordnung anwendbaren Verbots ihrer Beschäftigung mit Sonn- und Feiertagsarbeit. Im Laufe des Gesetzgebungsverfahrens ist zwar die Befürchtung aufgekommen, der Sonntag werde dem »puren ökonomischen Interesse« geopfert[8]; der Gesetzgeber hat sich diese Befürchtung jedoch nicht zu Eigen gemacht.

4 Der Umstand, dass der Katalog der Ausnahmetatbestände nach § 10 Abs. 1 ArbZG abschließend ist, hat zur Folge, dass eine entsprechende Anwendung dieser Bestimmungen auf andere, mehr oder weniger ähnlich gelagerte, aber doch andere Ausnahmetatbestände nicht zulässig ist[9]. Allerdings sind die einzelnen aufgezählten Tatbestände der gesetzlich erlaubten Sonn- und Feiertagsarbeit ihrerseits der Auslegung zugänglich; vielfach sind sie einer solchen auch bedürftig. Sog. **Hilfsbetriebe**, die unmittelbar verbundene Tätigkeiten leisten, fallen ebenfalls unter § 10 Abs. 2[10]. Ob und inwieweit die **tatbestandlichen Voraussetzungen für** die nach § 10 ArbZG **erlaubte Beschäftigung** von Arbeitnehmern an Sonntagen und gesetzlichen Feiertagen **vorliegen**, hat der **Arbeitgeber selbst zu prüfen**[11]. Daneben ist stets zu prüfen, ob aus anderen Schutznormen ein Verbot der Beschäftigung bestimmter Arbeitnehmer an Sonn- und Feiertagen folgt, z. B. aus den §§ 17, 18 JArbSchG. Der Arbeitgeber kann sich jedoch auch, insbesondere wenn ihm Zweifel bleiben, vorab an die nach § 17 Abs. 1 ArbZG zuständige **Aufsichtsbehörde** mit dem Antrag wenden, die **Zulässigkeit** der Beschäftigung von Arbeitnehmern an Sonn- und Feiertagen im jeweiligen Einzelfall nach § 13 Abs. 3 Nr. 1 ArbZG durch einen Verwaltungsakt **feststellen zu lassen**[12].

5 Die frühere **Aufzeichnungspflicht für die Beschäftigung von Arbeitnehmern an Sonn- und Feiertagen** (§ 105 c Abs. 2 GewO a. F.) ist **weggefallen**. Soweit *Roggendorff*[13] meint, dass möglicherweise für die Sonntagsarbeit eine Pflicht zur Führung von Arbeitszeitnachweisen gemäß § 16 Abs. 2 ArbZG bestehe, ist ihm nicht zu folgen. Nach § 16 Abs. 2 ArbZG ist nicht die Leistung von

---

8 BT-Drucks. 12/6990, 41.
9 Vgl. *Buschmann/Ulber* § 10 ArbZG Rz. 1; a. A. *Stückemann* DB 1998, 1462.
10 *Anzinger/Koberski* § 10 ArbZG Rz. 9.
11 *Buschmann/Ulber* § 10 ArbZG Rz. 2; *Dobberahn* ArbZG § 10 ArbZG Rz. 100; *Neumann/Biebl* § 10 ArbZG Rz. 4; *Roggendorff* § 10 ArbZG Rz. 12.
12 *Buschmann/Ulber* § 10 ArbZG Rz. 2; *Dobberahn* ArbZG Rz. 100; *Neumann/Biebl* § 10 ArbZG Rz. 4; *Roggendorff* § 10 ArbZG Rz. 12.
13 *Roggendorff* § 10 ArbZG Rz. 14.

Arbeiten an Sonn- und Feiertagen aufzuzeichnen, sondern nur die über die (werktägliche) Arbeitszeit des § 3 Satz 1 ArbZG hinausgehende Arbeitszeit der Arbeitnehmer; hierzu zählt allerdings dann auch die über acht Stunden hinausgehende Arbeitszeit, die an Sonntagen bzw. gesetzlichen Feiertagen geleistet wird (vgl. § 11 Abs. 2 ArbZG). Dementsprechend ist nicht die Tatsache der Leistung von Arbeit an Sonntagen oder Feiertagen aufzeichnungspflichtig, sondern nur – insgesamt – die Überschreitung einer Arbeitszeit von acht Stunden pro Werktag bzw. Sonntag oder gesetzlichem Feiertag. Bestehen geblieben ist dagegen die **Aufzeichnungspflicht** nach § 21 Abs. 1 Nr. 2 **LadSchlG** (gültig noch in Bayern), nämlich über Namen, Tag, Beschäftigungsart und -dauer der an Sonn- und Feiertagen beschäftigten Arbeitnehmer (außer pharmazeutisch vorgebildeten Arbeitnehmern in Apotheken) und über die nach § 17 Abs. 3 gewährte Ersatzfreizeit. Auch Ladenöffnungsgesetze der Länder[14] können entsprechende Aufzeichnungspflichten vorsehen.

B. Allgemeine Voraussetzungen für Sonn- und Feiertagsarbeit (§ 10 Abs. 1 Eingangssatz ArbZG)

Die Beschäftigung von Arbeitnehmern an Sonn- und Feiertagen nach § 10 Abs. 1 ArbZG ist ausnahmslos nur zulässig, **sofern die Arbeiten nicht an Werktagen vorgenommen werden können.** 6

Nach früherem Recht waren nur bestimmte Ausnahmen unter diesen Vorbehalt gestellt worden, nämlich nur die Ausnahmen nach § 105 c Abs. 1 Nr. 3 und 4 GewO. Der Vorbehalt ist nunmehr auf **alle** Ausnahmetatbestände erstreckt worden[15]. 7

Ob Arbeiten an Werktagen **nicht durchgeführt werden können**, richtet sich nach den konkreten Umständen des Einzelfalles. Nicht-Leisten-Können im Sinne dieser Bestimmung liegt nicht nur bei einer **technischen** Unmöglichkeit der Erbringung der Arbeitsleistung an Werktagen vor, sondern auch dann, wenn die Erbringung der Arbeitsleistung **unverhältnismäßige Nachteile** für den Inhaber des Betriebes, darunter auch **wirtschaftliche Nachteile** mit sich 8

---

14 Vorbem. Rdn. 17.
15 *Buschmann/Ulber* § 10 ArbZG Rz. 4; *Dobberahn* ArbZG Rz. 100; *Neumann/Biebl* § 10 ArbZG Rz. 5; *Roggendorff* § 10 ArbZG Rz. 16; *Anzinger* BB 1994, 1492, 1496; *Zmarzlik* DB 1994, 1082, 1085.

bringen würde[16]. Der dagegen von *Ulber*[17] und von *Buschmann/Ulber*[18] vertretenen Ansicht, wonach die Frage der **wirtschaftlichen Zumutbarkeit** nicht zu berücksichtigen sei, sondern der Arbeitgeber gehalten sei, zwecks Vermeidung von Sonntagsarbeit auch **alternative Gestaltungsmöglichkeiten** umzusetzen, kann nicht gefolgt werden. Ein solches Gebot ist § 10 Abs. 1 erster Halbsatz ArbZG nicht zu entnehmen. Auch zur früheren Regelung des § 105 c Abs. 1 Nr. 3 und 4 GewO ist diese Auffassung auf Widerspruch gestoßen. Nach früherem Recht brauchte der Arbeitgeber sich nicht darauf verweisen zu lassen, er könne unter Anwendung anderer Herstellungsmethoden die Arbeit an Sonn- oder Feiertagen reduzieren oder gar ganz vermeiden[19]. Dies gilt auch nach dem jetzt geltenden Recht[20]. Das Schrifttum hat sich weitgehend auf diesen Standpunkt gestellt, wie *Zmarzlik*[21] mit zahlreichen Nachweisen aus der Literatur und der **Verwaltungspraxis**, die ebenfalls **wirtschaftliche Gründe** mit in ihre Entscheidung einbezogen hat, dargestellt hat. Andererseits gibt es auch keine Vermutung dafür, dass Arbeiten nicht an Werktagen erledigt werden können. Der Ansicht von *Neumann/Biebl*[22], bei den Tatbeständen des § 10 Abs. 1 Nrn. 1, 2, 3, 6 und 7 ArbZG sei dies deshalb zu vermuten, weil diese Tatbestände früher keine Beschränkung hinsichtlich der Leistung von Sonn- und Feiertagsarbeit bestanden habe und der Gesetzgeber den Umfang der Beschäftigung an Sonn- und Feiertagen nicht habe einschränken wollen, kann nicht gefolgt werden. Sie findet im Gesetz keine Stütze. Auch bei der Leistung solcher Dienste ist durchaus denkbar, dass Arbeiten, z. B. Arbeiten zur Wartung der Gerätschaften usw., nicht an Sonn- und Feiertagen erledigt werden müssen.

9 Weil die Beschäftigung von Arbeitnehmern an Sonn- und Feiertagen nur erlaubt ist, **sofern die Arbeiten an Werktagen nicht** erledigt werden können, muss bei der Heranziehung von Arbeitnehmern zu der Beschäftigung an Sonn- und Feiertagen jeweils geprüft werden, welche Arbeiten von ihnen an

---

16 *Dobberahn* ArbZG Rz. 100; *Neumann/Biebl* § 10 ArbZG Rz. 5; *Roggendorff* § 10 ArbZG Rz. 17; *Erasmy* NZA 1995, 97, 98.
17 *Ulber* ArbuR 1989, 249, 255 ff.
18 *Buschmann/Ulber* § 10 ArbZG Rz. 5.
19 BayObLG 10.01.1993 AP Nr. 1 zu § 105 c GewO.
20 *Anzinger/Koberski* § 10 ArbZG Rz. 23 ff.
21 *Zmarzlik* RdA 1988, 257, 263 f.
22 *Neumann/Biebl* § 10 ArbZG Rz. 5.

Sonn- und Feiertagen geleistet werden sollen und dürfen. Die Beschäftigung ist auf die **Arbeiten zu beschränken**, die nicht an Werktagen erledigt werden können. Dies betrifft auch den **Gegenstand der Arbeiten**, aber auch die **wirtschaftliche Zumutbarkeit** der Erledigung der Arbeiten an Werktagen[23]. Arbeiten, deren Verrichtung technisch wie auch unter dem Gesichtspunkt der wirtschaftlichen Zumutbarkeit an Werktagen erledigt werden können, dürfen an Sonn- und Feiertagen nicht durch Arbeitnehmer erledigt werden. Andererseits umfasst die **erlaubte Sonntagsarbeit** nicht nur die jeweilige **Haupttätigkeit**, sondern auch **dazugehörende Hilfs- und Nebentätigkeiten**, die unmittelbar mit der zugelassenen Haupttätigkeit zusammenhängen und ohne die die zugelassene Arbeitsleistung nicht, zumindest nicht wirtschaftlich durchführbar wäre[24]. Unerheblich ist auch die organisatorische Zuordnung der einzelnen Abteilungen des Betriebes oder der Betriebsteile. Auch der **personelle Umfang** der Beschäftigung von Arbeitnehmern an Sonn- und Feiertagen ist daran auszurichten und inwieweit die Arbeiten nicht an Werktagen erledigt werden können. Er muss auf das **unbedingt notwendige Maß beschränkt** sein[25]. Insoweit kommt es wiederum auf die Umstände des jeweiligen Einzelfalles an.

▸ Beispiel:
 1. Die Heranziehung von Arbeitnehmern der **Werksfeuerwehr** zur Dienstleistung an Sonn- und Feiertagen ist erlaubt, soweit es um die Aufrechterhaltung der nötigen Mannschaftsstärke zur Brandwache und Brandbekämpfung geht. Wartungsarbeiten an den Feuerwehrwagen und -geräten, die über die normale Wiederherstellung der Einsatzbereitschaft nach einem Einsatz hinausgehen, dürfen dagegen nicht auf zusätzlich herangezogene Arbeitnehmer übertragen werden.
 2. In einem **Krankenhaus** dürfen zwar Arbeitnehmer an Sonn- und Feiertagen beschäftigt werden, soweit dies zur Aufrechterhaltung des – in der Regel über das Wochenende reduzierten – Betriebs des Krankenhauses, insbesondere zur Pflege und Betreuung der Patienten,

---

23 Wie hier: *Erasmy* NZA 1995, 97, 98; ErfK/*Wank*, § 10 ArbZG Rz. 2; a.A. *Buschmann/Ulber* § 10 ArbZG Rz. 5.
24 *Erasmy* NZA 1995, 97, 98 m.w.N.; *Neumann/Biebl* § 10 ArbZG Rz. 6; *Roggendorff* § 10 ArbZG Rz. 18.
25 *Baeck/Deutsch* § 10 ArbZG Rz. 4; ErfK/*Wank* § 10 ArbZG Rz. 3; *Neumann/Biebl* § 10 ArbZG Rz. 6.

§ 10 ArbZG Sonn- und Feiertagsbeschäftigung

erforderlich ist. Dagegen dürfen andere Arbeiten, für die Pflege der Außenanlagen, nicht durch Arbeitnehmer an Sonn- und Feiertagen durchgeführt werden.
3. Der **Notdienst des Kraftfahrzeuggewerbes** hat sich darauf zu beschränken, die **Fahrbereitschaft** von Kraftfahrzeugen wiederherzustellen. Eine Beschränkung auf eine sog. Notreparatur ist nicht nötig; die Leistung von **Wartungsarbeiten** ist dagegen mit § 10 Abs. 1 1. Halbs. ArbZG in der Regel nicht vereinbar.

C. Festlegung der Sonn- und Feiertagsarbeit

10 Die konkrete betriebliche **Festlegung** von Sonn- und Feiertagsarbeit hat der **Arbeitgeber** vorzunehmen. Auf kirchliche Belange, etwa Arbeitsruhe während der Gottesdienstzeiten, braucht insoweit keine Rücksicht genommen zu werden[26]. **Mitbestimmungsrechte** (§ 87 Abs. 1 Nr. 2 BetrVG, § 75 Abs. 3 Nr. 1 BPersVG bzw. entsprechende Bestimmungen der Personalvertretungsgesetze der Länder bzw. die kirchengesetzlichen Mitarbeitervertretungsregelungen) sind jedoch zu beachten. Die Frage, inwieweit die Arbeitnehmer verpflichtet sind, an Sonn- und Feiertagen Arbeit zu leisten, richtet sich nach den jeweiligen Regelungen im Einzelarbeitsvertrag, Tarifvertrag oder – soweit es um die Lage der regelmäßigen Arbeitszeit geht – der Betriebs- oder Dienstvereinbarung. In aller Regel bedarf es aber insoweit keiner gesonderten Vereinbarung, wenn die Lage der Arbeitszeit in diesen Regelungen nicht beschränkt worden ist[27].

D. Katalog der Bereiche unerlaubter Sonn- und Feiertagsarbeit (§ 10 Abs. 1 ArbZG)

11 Die **Bereiche**, in denen Arbeitnehmer zur Beschäftigung an Sonn- und Feiertagen herangezogen werden dürfen, sind in § 10 Abs. 1 Nr. 1 bis 16 ArbZG **abschließend aufgezählt** (Rdn. 4).

---

26 Vgl. BVerwG 19.09.2000 – 1 C 17/99 – NZA 2000, 1232, 1233 li. Sp.
27 Vgl. BAG 15.09.2009 – 9 AZR 757/08 – EzA § 106 GewO Nr. 4: a. A. *Buschmann/Ulber* § 10 ArbG Rz. 22.

I. Not- und Rettungsdienste, Feuerwehr (§ 10 Abs. 1 Nr. 1 ArbZG)

Mit der Ausnahme der Beschäftigung von Arbeitnehmern in Notdiensten, 12
Rettungsdiensten und bei der Feuerwehr vom generellen Verbot der Arbeit an Sonn- und Feiertagen ist der Gesetzgeber einem allgemeinen Bedürfnis in hinlänglichem Umfang nachgekommen. Das Arbeitszeitgesetz hat indessen nicht definiert, was unter **Notdiensten** i. E. zu verstehen ist. Nach der **Gesetzesbegründung** zählen zu den Notdiensten **auch handwerkliche Notdienste** und **Notrufzentralen, Automobilclubs** oder zentrale **Sperrannahmedienste** der Banken und Kreditinstitute[28]. Zu den handwerklichen Notdiensten zählen insbesondere die des **Kraftfahrzeuggewerbes**, die mobilen Notdienste der Automobilclubs, aber auch die Notdienste für den Bereich der Versorgung und Entsorgung mit Energie und Wasser sowie Aufzugsnotdienste[29]. Zu den **Rettungsdiensten** zählen vor allem **Dienste zur Rettung von Menschenleben** aus Not und Gefahr bzw. bei Unfällen und Erkrankungen. Unter **Feuerwehren** sind Feuerwehren aller Art, insbesondere **kommunale Feuerwehren** und **Werksfeuerwehren** zu verstehen. In allen drei Bereichen zählen auch die Einrichtungen dazu, von denen aus der Einsatz geleitet wird, vor allem sog. **Leitstellen**.

II. Aufrechterhaltung der öffentlichen Sicherheit und Ordnung sowie der Funktionsfähigkeit von Gerichten und Behörden und für Zwecke der Verteidigung (§ 10 Abs. 1 Nr. 2 ArbZG)

Generell dürfen zur **Aufrechterhaltung der öffentlichen Sicherheit und Ord-** 13
nung Arbeitnehmer auch an Sonn- und Feiertagen beschäftigt werden, dies allerdings auch nur, **soweit** die Arbeiten nicht an Werktagen vorgenommen werden können. Entsprechendes gilt für die Beschäftigung von Arbeitnehmern für die **Funktionsfähigkeit der Gerichte und Behörden**; auch insoweit ist jedoch die Einschränkung zu machen, dass nur Arbeiten verrichtet werden dürfen, die nicht an Werktagen erledigt werden können. Für die in den Behörden eingesetzten Beamten, für die an den Gerichten tätigen Richter und für die Staatsanwälte ist § 10 Abs. 1 Nr. 2 ArbZG unanwendbar, denn sie sind keine Arbeitnehmer. Aber sie können ihre Tätigkeit sehr häufig nicht ohne die Mitarbeit weiterer Arbeitnehmer verrichten; für diese gilt dann die gesetzliche

---

28 BT-Drucks. 12/5888, 29.
29 Vgl. HWK/*Gäntgen*, § 10 ArbZG Rz. 2 m. w. N.

Erlaubnis, an Sonn- und Feiertagen arbeiten zu dürfen[30]. Das Gleiche gilt für die Beschäftigung von Arbeitnehmern für **Zwecke der Verteidigung**. Dieser Bereich ist nicht organisatorisch auf die Bundeswehr einschließlich ihrer Behörden beschränkt, sondern ermöglicht Beschäftigung von Arbeitnehmern an jeder Stelle und von jedem Arbeitgeber, sofern dies dem Zwecke der Verteidigung dient. Sogar unaufschiebbare **Straßen- und Gleisbauarbeiten** sollen unter § 10 Abs. 1 Nr. 2 ArbZG fallen[31]. Ob dem zu folgen ist oder ob es näher liegt, für derartige Arbeiten § 10 Abs. 1 Nr. 10 ArbZG heranzuziehen oder ob es insoweit doch einer (besonderen) behördlichen Erlaubnis nach § 13 Abs. 1 Nr. 2 Buchst. a oder c ArbZG bedarf, ist zumindest erwägenswert.

14 In dem Bereich hat der **öffentliche Arbeitgeber** zudem die Möglichkeit, nach § 19 ArbZG die für Beamte geltenden Bestimmungen über die Arbeitszeit auf Arbeitnehmer zu übertragen. Macht er hiervon Gebrauch, so findet das Beschäftigungsverbot des § 9 ArbZG keine Anwendung[32].

III. Krankenhäuser und andere Einrichtungen zur Behandlung, Pflege und Betreuung von Personen (§ 10 Abs. 1 Nr. 3 ArbZG)

15 Für **Krankenhäuser** und andere Einrichtungen zur Behandlung, Pflege und Betreuung von Personen schafft § 10 Abs. 1 Nr. 3 ArbZG eine Ausnahme vom Verbot der Beschäftigung an Sonn- und Feiertagen. Bislang unterlag dieser Bereich – soweit es sich nicht um Einrichtungen handelte, die ausnahmsweise der Gewerbeordnung unterfielen – nicht dem gewerberechtlichen Gebot der Sonn- und Feiertagsruhe (§ 105 b Satz 2 GewO). Nach der in Art. 21 Nr. 3 aufgehobenen Ordnung über die Arbeitszeit in Krankenpflegeanstalten[33] durfte das Pflegepersonal in Krankenpflegeanstalten einschließlich der Sonn- und Feiertage bis zu 60 Stunden in der Woche beschäftigt werden.

16 Für alle Arten von **Krankenhäusern** (zum Begriff: § 5 Rdn. 25) auch für alle anderen **Einrichtungen zur Behandlung, Pflege und Betreuung von Personen** (zum Begriff: § 5 Rdn. 26 f.) ist die Beschäftigung von Arbeitnehmern doch auch nur erlaubt, sofern die Arbeiten nicht an Werktagen erledigt werden

---

30 *Baeck/Deutsch* § 10 ArbZG Rz. 25; ErfK/*Wank* § 10 ArbZG Rz. 4; *Neumann/Biebl* § 10 ArbZG Rz. 8.
31 HWK/*Gäntgen*, § 10 ArbG Rz. 2 m. w. N.
32 *Neumann/Biebl* § 10 ArbZG Rz. 8.
33 BGBl. III, S. 8050-II.

können. Dabei beschränkt sich die Einsatzmöglichkeit von Arbeitnehmern an Sonn- und Feiertagen nicht auf den Umfang einer sog. Minimalpflege oder Minimalversorgung. Für aufschiebbare Tätigkeiten, z. B. für nicht dringliche operative Eingriffe, dürfen nach § 10 Abs. 1 Nr. 3 ArbZG allerdings an Sonn- und Feiertagen keine Arbeitnehmer eingesetzt werden. Ansonsten ist von den Pflegeleistungen und den Leistungen zur Behandlung, Pflege und Betreuung von Personen auszugehen, die nach Art der Einrichtung und entsprechend ihrem Standard erbracht werden sollen[34]. Im Fall der häuslichen Pflege ist das ArbZG unbeachtlich, wenn der Arbeitnehmer in häuslicher Gemeinschaft mit der ihm anvertrauten Person lebt und er sie eigenverantwortlich pflegt (§ 18 Abs. 1 Nr. 3 ArbZG).

IV. Gaststätten und andere Einrichtungen zur Bewirtung, Beherbergung, Haushalt (§ 10 Abs. 1 Nr. 4 ArbZG)

Nach § 105 i Abs. 1 GewO gab es für **Gaststätten** und **andere Einrichtungen zur Bewirtung und Beherbergung von Personen** bereits eine Ausnahme vom Verbot der Arbeit an Sonn- und Feiertagen. Ein entsprechende Regelung findet sich in § 10 Abs. 1 Nr. 4 ArbZG für die Gaststätten und die anderen Einrichtungen zur Bewirtung und Beherbergung von Personen (Begriffe: § 5 Rdn. 29, § 5 Rdn. 31). Auch der sog. **Partyservice** ist eine Einrichtung zur Bewirtung von Personen i. S. d. § 10 Abs. 1 Nr. 4 ArbZG[35]. Entsprechendes gilt – soweit es sich nicht um Arbeitnehmer handelt, die in häuslicher Gemeinschaft leben (§ 18 Abs. 1 Nr. 3 ArbZG) – für Arbeiten im **Haushalt**. Zu den Arbeiten im Haushalt gehören die Instandhaltung und Verwaltung des Hauses oder der Wohnung, der Kleidung und Einrichtungsgegenstände, des dazugehörigen Gartens, generell alle Arbeiten zur Befriedigung der persönlichen Bedürfnisse der Haushaltsangehörigen und der Gäste im Hause, aber auch die Pflege älterer Mitbewohner des Hauses und die Pflege und Erziehung der Kinder[36]. Allerdings ist auch insoweit nicht jede Heranziehung zur Haushaltsarbeit an Sonn- und Feiertagen erlaubt, sondern nur, sofern diese Arbeiten nicht an Werktagen erledigt werden können, sondern an jedem Tag erledigt werden müssen oder sollen (wie z. B. Kochen, Bettenmachen). 17

---

34 *Baeck/Deutsch* § 10 ArbZG Rz. 31; *Neumann/Biebl* § 10 ArbZG Rz. 11.
35 BT-Drucks. 12/6990, 40.
36 Vgl. *Baeck/Deutsch* § 10 ArbZG Rz. 36; *Neumann/Biebl* § 10 ArbZG Rz. 13; *Anzinger/Koberski* § 10 ArbZG Rz. 40.

§ 10 ArbZG Sonn- und Feiertagsbeschäftigung

V. Musikaufführungen, Theatervorstellungen, Filmvorführungen, Schaustellungen, Darbietungen und andere ähnliche Veranstaltungen (§ 10 Abs. 1 Nr. 5 ArbZG)

18 Die Ausnahmeregelung entspricht der früheren Bestimmung des § 105 i Abs. 1 GewO. Für die Darbietung ist unerheblich, ob sie gewerbsmäßig erfolgt oder laienhaft. Unerheblich ist auch, welchen Zielen oder Zwecken die Darbietungen dienen, ob sie beispielsweise künstlerischen Zwecken dienen oder nur der Belustigung oder Unterhaltung. Zu den Darbietungen und anderen ähnlichen Veranstaltungen zählt auch das Aufstellen und Betreiben von Musik- oder Unterhaltungsautomaten sowie die Beseitigung von Funktionsstörungen solcher Automaten[37] oder die Vorführung von Videofilmen durch Automaten, die durch Geldeinwurf in Gang gesetzt werden[38]. Auch öffentliche Proben an Sonn- und Feiertagen zählen zu den genannten Veranstaltungen[39]. Beschäftigt werden dürfen nicht nur die sog. Akteure, sondern auch alle nötigen Hilfskräfte wie Bühnenarbeiter, Beleuchter, Maskenbildner, die für die Aufführung erforderlich sind[40], aber auch das zur Betreuung des Publikums nötige Personal wie Platzanweiser, Kassenpersonal, Garderobenpersonal, Personal für den Pausenverkauf[41].

VI. Nichtgewerbliche Aktionen, Veranstaltungen der Kirchen, Religionsgesellschaften, Verbände, Vereine, Parteien und anderer ähnlicher Vereinigungen (§ 10 Abs. 1 Nr. 6 ArbZG)

19 Die in § 10 Abs. 1 Nr. 6 ArbZG aufgeführten Aktionen und Veranstaltungen der dort aufgezählten Einrichtungen fielen nicht unter das gewerberechtliche Verbot der Beschäftigung von Arbeitnehmern an Sonn- und Feiertagen (§ 105 b GewO), weil diese Betätigungen **nicht gewerblich** sind. Da das Arbeitszeitgesetz jedoch auch die nichtgewerblichen Bereiche in seinem Geltungsbereich mit einbezogen hat, war es erforderlich, eine entsprechende Ausnahmebestimmung für nichtgewerbliche Betätigungen zu schaffen. In der Regel sind **nichtgewerblich** solche Aktionen und Veranstaltungen, die nicht auf

---

37 BVerwG 07.10.1965 AP Nr. 2 zu § 105b GewO.
38 VG Berlin 27.06.1990 GewArch 1990, 359.
39 BAG 26.04.1990 EzA § 105 i GewO Nr. 2; unklar HWK/*Gäntgen*, der wohl auch öffentliche Proben generell ausschließen will [§ 10 ArbZG Rz. 6].
40 *Baeck/Deutsch* § 10 ArbZG Rz. 44; *Anzinger/Koberski* § 10 ArbZG Rz. 45.
41 *Baeck/Deutsch* § 10 ArbZG Rz. 45; *Neumann/Biebl* § 10 ArbZG Rz. 15.

Gewinnerzielung gerichtet sind oder aber die zwar hierauf gerichtet sind, aber nicht fortgesetzt durchgeführt werden. Denn unter Gewerbe oder Betrieb eines Gewerbes ist nach allgemeiner Ansicht die selbständige, erlaubte, auf Gewinnerzielung ausgerichtete und auf gewisse Dauer ausgeübte Betätigung zu verstehen. Derartige nichtgewerbliche Aktionen sind beispielsweise die Veranstaltung eines Wohltätigkeitsbasars oder der Verkauf von Waren mit ausschließlich dem Ziel, den Überschuss wohltätigen oder gemeinnützigen Zwecken zuzuführen. Werden derartige Aktionen oder Veranstaltungen jedoch mehr oder weniger häufig wiederholt und ist hieraus auf eine gewisse Planmäßigkeit einschließlich der Absicht, Überschüsse oder Gewinne zu erzielen, zu schließen, so ist das Tatbestandsmerkmal der Nichtgewerblichkeit i. S. d. § 10 Abs. 1 Nr. 6 ArbZG nicht mehr gegeben[42].

Der Begriff der **Kirchen** ist derselbe wie in § 7 Abs. 4 ArbZG; er wird hier ebenso wie dort vorausgesetzt. Der Begriff der **Religionsgemeinschaften** ist jedoch **weiter gefasst** als in § 7 Abs. 4 ArbZG; dort sind nur öffentlich-rechtliche Religionsgemeinschaften genannt; in § 10 Abs. 1 Nr. 6 ArbZG kommt es dagegen auf die Rechtsform der Religionsgemeinschaft nicht an. Demgemäß können sich auch solche Religionsgemeinschaften auf § 10 Abs. 1 Nr. 6 stützen, die keinen öffentlich-rechtlichen Status haben. Soweit es um die Betätigung der Kirchen und Religionsgemeinschaften im **liturgischen Bereich** geht, sind die Bestimmungen des Arbeitszeitgesetzes generell unanwendbar (§ 18 Abs. 1 Nr. 4 ArbZG), mithin auch die über das Verbot der Beschäftigung von Arbeitnehmern an Sonn- und Feiertagen bzw. die Ausnahme hiervon nach § 10 Abs. 1 Nr. 6 ArbZG. 20

VII. Sport, Freizeit, Erholungs- und Vergnügungseinrichtungen, Fremdenverkehr, Museen, wissenschaftliche Präsenzbibliotheken (§ 10 Abs. 1 Nr. 7 ArbZG)

Die Beschäftigung von Arbeitnehmern an Sonn- und Feiertagen bei den in § 10 Abs. 1 Nr. 7 ArbZG aufgezählten Veranstaltungen und Einrichtungen unterlag bisher ebenfalls nicht dem Verbot des § 105 b GewO. Zum **Sport** i. S. d. Bestimmung zählen alle Wettkampfsportarten, aber auch solche Sportveranstaltungen, die nicht dem Wettkampf, sondern der Vorführung oder gar der Belustigung dienen wie z. B. das Schauturnen. Unerheblich ist, ob die jeweilige Veranstaltung nach Regeln des **Amateursports** durchgeführt wird 21

---

42 *Baeck/Deutsch* § 10 ArbZG Rz. 49.

§ 10 ArbZG Sonn- und Feiertagsbeschäftigung

oder ob es sich um eine Veranstaltung des **Berufssports** handelt. Auch **geistige Sportarten** wie z. B. **Schach** oder **Bridge** zählen zum Begriff Sport i. S. d. § 10 Abs. 1 Nr. 7 ArbZG. Die Beschäftigung der Arbeitnehmer **beim** Sport an Sonn- und Feiertagen umfasst nicht nur die **Sportleistenden** selbst, sondern auch **Helfer, Ordnungskräfte, Betreuer** und alle anderen mit dem Ablauf des Sportereignisses befassten Arbeitnehmer[43]. Erforderlich, aber auch hinreichend, ist insoweit, dass die Beschäftigung der Arbeitnehmer notwendig der Durchführung der jeweiligen sportlichen Veranstaltung dient. Ähnlich wie bei den Aufführungen nach § 10 Nr. 5 ArbZG handelt es sich auch noch um eine Beschäftigung beim Sport, soweit Arbeitnehmer z. B. zur **Versorgung** der Zuschauer **mit Speisen und Getränken** und Ähnlichem herangezogen werden. Ansonsten – z. B. vor und damit außerhalb der Sportstätte – fällt solche Versorgung regelmäßig unter § 10 Abs. 1 Nr. 4 ArbZG.

22 Der Begriff der **Freizeit-, Erholungs- und Vergnügungseinrichtungen** ist umfassend zu verstehen. Dazu zählen nicht nur stehende Einrichtungen wie Theater-, Kino- und Konzertbetriebe, Freizeit-, Erholungs- oder Vergnügungsparks, Zoologische Gärten und vergleichbare stehende Einrichtungen, sondern auch Veranstaltungen des sog. fahrenden Schaustellergewerbes. Die Beschäftigung von Arbeitnehmern an Sonn- und Feiertagen beim **Fremdenverkehr** umfasst alle Betätigungen, die der Durchführung des Fremdenverkehrs dienen, z. B. Gästeinformation, Zimmervermittlung, Stadtführungen, Führungen durch Museumsbergwerke oder -fabriken[44]. Unter **Museen** sind alle Arten von Museen zu verstehen. Von den Bibliotheken sind jedoch nur die **wissenschaftlichen Präsenzbibliotheken** hinsichtlich der Beschäftigung von Arbeitnehmern an Sonn- und Feiertagen nach § 10 Abs. 1 Nr. 7 ArbZG privilegiert, nicht aber die üblichen Ausleihbibliotheken wie z. B. Stadt- oder Gemeindebüchereien. Wissenschaftliche Präsenzbibliotheken halten wissenschaftliche Literatur für die Wissenschaft, die Forschung, die Lehre und das Studium in der Weise vor, dass die Bücher in den Räumen der Bibliothek

---

43 *Neumann/Biebl* § 10 ArbZG Rz. 19 m. w. N.
44 *Baeck/Deutsch* § 10 ArbZG Rz. 54; *Neumann/Biebl* § 10 ArbZG Rz. 21; *Anzinger/Koberski* § 10 ArbZG Rz. 52.

benutzt und i.d.R. nicht oder in nur sehr begrenztem Umfang ausgeliehen werden[45].

VIII. Rundfunk, Tages- und Sportpresse, tagesaktuelle Berichterstattung und Verbreitung tagesaktueller Nachrichten (§ 10 Abs. 1 Nr. 8 ArbZG)

Nach näherer Maßgabe des § 10 Abs. 1 Nr. 8 ArbZG ist die Beschäftigung von Arbeitnehmern an Sonn- und Feiertagen bei der Herstellung und Vorbereitung großer Teile der **Medien** erlaubt. Erfasst sind nicht nur journalistische Tätigkeiten, sondern alle Arbeiten, die nicht an Werktagen erledigt werden können, also auch das Drucken, Kommissionieren, Versenden usw. bei den Printmedien oder die technische Verbreitung in anderen Medien[46]. *Berger-Delhey*[47] meint, diese Bestimmung werde der überragenden Bedeutung der **Pressefreiheit** (Art. 5 Abs. 1 Satz 2 GG) für das ordnungsgemäße Funktionieren eines demokratischen Gemeinwesens nicht hinreichend gerecht, weil nicht alle Funk- und Printmedien gleichermaßen privilegiert worden seien, sondern **nur bestimmte Medien** und **zum Teil auch nur bestimmte Arbeitstechniken**. Diese **Bedenken sind insoweit zu teilen**, als Tageszeitungen und Zeitschriften hinsichtlich der erlaubten Beschäftigung von Arbeitnehmern an Sonn- und Feiertagen unterschiedlich behandelt werden, obwohl die Wochenpresse und die Tagespresse hinsichtlich ihres Strebens nach Aktualität grundgesetzlich denselben Rang genießen[48]. Zeitschriften sind nur privilegiert, soweit ihr Erscheinungstag am Montag oder an einem Tag nach einem Feiertag liegt, und dies auch nur, soweit es um den Transport und die Kommissionierung der Presseerzeugnisse geht.

23

Unter **Rundfunk** i. S. d. ArbZG ist nicht nur der **Hörfunk** zu verstehen, sondern auch das **Fernsehen** (§ 5 Rdn. 38). Insoweit wird der Begriff Rundfunk sinngleich verwendet wie in § 17 Abs. 2 Nr. 5 JArbSchG; nach dieser Bestim-

24

---

45 *Baeck/Deutsch* § 10 ArbZG Rz. 54; ErfK/*Wank* § 10 ArbZG Rz. 10; MünchArbR/ *Anzinger* § 221 Rz. 39; *Neumann/Biebl* § 10 ArbZG Rz. 23; *Roggendorff* § 10 ArbZG Rz. 21.
46 HWK/*Gäntgen*, § 10 ArbZG Rz. 9; anders BT-Drucks. 12/5888, S. 8.
47 ZTR 1994, 105, 109.
48 BVerwG 14.11.1989 NJW 1990, 1059.

mung ist Rundfunk ausdrücklich als Hörfunk und Fernsehen definiert[49]. Unklar ist, ob (neue) Medien im Internet auch unter § 10 Abs. 1 Nr. 8 ArbZG fallen. Nach dem Sinn und Zweck der Norm dürfte dies zu bejahen sein; eine analoge Anwendung des § 10 Abs. 1 Nr. 8 ArbZG ist indessen ausgeschlossen. Die erlaubte Beschäftigung der Arbeitnehmer beim Rundfunk umfasst nicht nur die journalistischen Aufgabenbereiche, sondern auch alle erforderlichen technischen Aufgabenbereiche. Allerdings ist auch insoweit zu beachten, dass Arbeitnehmer nur dann an Sonn- und Feiertagen beschäftigt werden können, sofern die Arbeiten nicht an Werktagen erledigt werden konnten. Diese Unterscheidung ist insbesondere für sog. **Vorratsproduktionen** wichtig, d. h. für Hörfunk- und Fernsehproduktionen, die erst zu späterer Zeit ausgestrahlt werden sollen. Soweit nicht der Gegenstand der Hörfunk- oder Fernsehaufnahme derart beschaffen ist, dass er nur an einem Sonn- oder Feiertag aufgenommen werden kann, z. B. weil er sich nur dann ereignet, stößt die Beschäftigung von Arbeitnehmern zur Herstellung von Vorratsbeiträgen an Sonn- und Feiertagen auch beim Rundfunk auf Bedenken. Erlaubt ist auch die Beschäftigung von Arbeitnehmern an Sonn- und Feiertagen zur Vorbereitung des Betriebs am jeweils folgenden Tag, wenn die Arbeiten nicht schon vor dem Sonn- oder Feiertag erledigt werden können[50].

25 Zu **Tagespresse** i. S. d. § 10 Abs. 1 Nr. 8 ArbZG zählen nach der Begründung des Regierungsentwurfs auch **Sonntagszeitungen**, unabhängig davon, ob sie nur an Sonntagen erscheinen oder als siebte Ausgabe einer Tageszeitung ausgegeben werden, die ansonsten als Tageszeitung an jedem Werktag erscheint[51]. Die Heranziehung von Arbeitnehmern beschränkt sich **nicht nur** auf die sog. **journalistischen Tätigkeiten, sondern** umfasst **alle zur Herstellung** wie auch **zur Verbreitung** dienenden Tätigkeiten wie **Kommissionierung, Transport und Austragen des fertigen Presseerzeugnisses**[52]. Dies ergibt sich daraus, dass – entsprechender Empfehlung des Ausschusses für Arbeit und Sozialordnung – das Wort »journalistisch« zwischen den Worten »dienenden« und »Tätigkeiten« gestrichen wurde und die Worte »einschließlich des Austragens«

---

49 *Baeck/Deutsch* § 10 ArbZG Rz. 61; *Neumann/Biebl* § 10 ArbZG Rz. 25; *Anzinger/Koberski* § 10 ArbZG Rz. 57.
50 *Baeck/Deutsch* § 10 ArbZG Rz. 61; *Neumann/Biebl* § 10 ArbZG Rz. 25; *Anzinger/Koberski* § 10 ArbZG Rz. 58.
51 BT-Drucks. 12/5888, 29.
52 *Neumann/Biebl* § 10 ArbZG Rz. 28.

hinzugefügt wurden[53]. Diese Klarstellung entspricht dem **Schutzbereich des Art. 5 Abs. 1 Satz 2 GG.** Den Schutz der Pressefreiheit genießen auch die nicht unmittelbar die Herstellung des Presseerzeugnisses selbst betreffenden Hilfstätigkeiten, wenn diese typischerweise pressebezogen sind, in enger organisatorischer Bindung an die Presse erfolgen und für das Funktionieren einer freien Presse notwendig sind[54]. Zur Tagespresse zählen auch sog. **Anzeigeblätter.** Auch sie dürfen an Sonntagen verteilt werden, allerdings nur dann, sofern dies nicht auch an einem Werktag geschehen kann[55]. Das Herstellen und Austragen von Anzeigenblättern an Sonn- und Feiertagen dürfte dann unter § 10 Abs. 1 Nr. 8 ArbZG fallen, wenn in dem Anzeigenblatt zumindest auch tagesaktuelle Nachrichten enthalten sind.

Die Beschäftigung von Arbeitnehmern an Sonn- und Feiertagen bei der **Sportpresse** ist gleichermaßen möglich wie bei der Tagespresse. Entsprechendes gilt auch für die Beschäftigung von Arbeitnehmern bei **Nachrichtenagenturen.** Die Beschäftigung von Arbeitnehmern mit der **Tagesaktualität** dienenden Tätigkeiten für **andere Presseerzeugnisse** ist nach § 10 Abs. 1 Nr. 8 ArbZG an Sonn- und Feiertagen ebenfalls erlaubt. Tagesaktualität bedeutet nichts anderes als Aktualität. Denn Aktualität liegt nur vor, wenn etwas gegenwartsbezogen und zeitnah ist. Zeitnah ist im Bereich der Medien eine Nachricht oder eine Berichterstattung nur, soweit das Ereignis für den Leser als gegenwärtige Meldung noch von Bedeutung und nicht durch andere Ereignisse oder Meldungen zeitlich überholt ist. Entsprechendes gilt umgekehrt auch für den Gegenstand der journalistischen Betrachtung. Zumindest ist der Begriff »tagesaktuell« weit auszulegen[56]. Der Tagesaktualität **dienende Tätigkeiten** sind sowohl solche der **Nachrichtensammlung** einschließlich ihrer Aufzeichnung, insbesondere auch auf Ton- und Bildträger. Zu den der Tagesaktualität dienenden Tätigkeiten zählt aber auch die Verarbeitung und Verbreitung der Meldungen und Nachrichten, das Verfassen tagesaktueller Kommentare und Ähnliches. Der Tagesaktualität dienen – je nach gewolltem Erscheinungsdatum des Pressemediums – auch die weiteren Schritte zur Herstellung. Auch sog. Sonntagszeitungen zählen zu den tagesaktuellen Presseerzeugnissen, gleichgültig, ob sie nur am Sonntag oder als siebte Ausgabe einer 26

---

53 BT-Drucks. 12/6990, 13, 43.
54 BVerfG 13.01.1988 BVerfGE 77, 346.
55 *Anzinger* BB 1994, 1492, 1496.
56 *Baeck/Deutsch* § 10 ArbZG Rz. 65.

Tageszeitung erscheinen[57]. Die der Tagesaktualität dienenden Tätigkeiten sind jedoch nicht nur solche für die Tages- und Sportpresse, sondern auch die **für andere Presseerzeugnisse**. Zu den anderen Presseerzeugnissen zählen nicht nur Tageszeitungen, sondern auch Wochenzeitschriften. Deren Ausgabetag muss nicht zwecks Vermeidung von Sonn- und Feiertagsarbeit vom Montag auf einen anderen Wochentag verlegt werden[58]. Ohne Rechtsgrundlage, vor allem ohne Rücksicht auf die auch die Entscheidung über den Ausgabetag deckende Pressefreiheit verlangen dagegen *Buschmann/Ulber*, dass zwingende und nachweisbare Gründe dafür vorliegen müssen, dass das Presseerzeugnis am Montag erscheint[59].

27 Nach § 10 Abs. 1 Nr. 8 ArbZG dürfen Arbeitnehmer an Sonn- und Feiertagen auch zur **Herstellung von Satz, Filmen und Druckformen** für tagesaktuelle Nachrichten und Bilder herangezogen werden. Der Gesetzgeber hat damit an einem bestimmten **technischen Standard** angeknüpft[60]. Bei einer Beschäftigung von Arbeitnehmern an Sonn- und Feiertagen zur Herstellung tagesaktueller Nachrichten und Bilder in Printmedien, bei der andere Arbeitstechniken zu Grunde gelegt werden, ist nach dem strengen Wortlaut des Gesetzes von § 10 Abs. 1 Nr. 8 ArbZG nicht erfasst.

28 Des Weiteren dürfen Arbeitnehmer an Sonn- und Feiertagen bei **tagesaktuellen Aufnahmen** auf Ton- und Bildträger beschäftigt werden. Die Beschäftigung muss sich allerdings auf die Aufnahme selbst beschränken; die Herstellung von Kopien solcher Aufnahmen oder die Bearbeitung derartiger Aufnahmen, z. B. durch Schneiden, Retuschieren usw., wird – für sich allein – von § 8 Abs. 1 Nr. 8 ArbZG nicht (mehr) erfasst, wenn die Ausstrahlung erst so spät erfolgt, dass diese Bearbeitungsgänge am Werktag erledigt werden können.

IX. Messen, Ausstellungen, Märkte, Volksfeste (§ 10 Abs. 1 Nr. 9 ArbZG)

29 An Sonn- und Feiertagen dürfen Arbeitnehmer auch bei **Messen, Ausstellungen und Märkten** i. S. d. Titels IV der Gewerbeordnung sowie bei **Volksfesten** beschäftigt werden. Es muss sich um Messen i. S. d. Titels IV GewO handeln, d. h. um sog. »**festgesetzte**« Messen, Märkte oder Ausstellungen bzw. Volks-

---

57 HWK/*Gäntgen*, § 10 ArbZG Rz. 9 m. w. N.
58 *Baeck/Deutsch* § 10 ArbZG Rz. 65; *Neumann/Biebl* § 10 ArbZG Rz. 28.
59 *Buschmann/Ulber* § 10 ArbZG Rz. 9.
60 Kritisch dazu: *Berger-Delhey* ZTR 1994, 105, 109.

feste. Soweit die Voraussetzungen der §§ 64, 65, 66 oder 68 GewO erfüllt sind, können Messen, Märkte oder Ausstellungen bzw. Volksfeste nach § 69 GewO von der zuständigen gewerberechtlichen Aufsichtsbehörde nach Ort, Zeit, Umfang usw. »festgesetzt« werden. Insbesondere Messen zeichnen sich dadurch aus, dass eine relativ unbestimmte Vielzahl von Ausstellern oder Anbietern die Messe gemeinsam beschicken. Gleichgültig ist, inwieweit es sich bei diesen Messen um Fachmessen oder allgemeine Publikumsmessen handelt, inwieweit die Messen nur der Darbietung und Schaustellung dienen oder inwieweit auf ihnen auch Geschäfte getätigt werden. Zu den unter § 10 Abs. 1 Nr. 9 ArbZG fallenden Messen zählen **nicht** die sog. **Haus- oder Ordermessen**. Diese Messen werden von einem oder mehreren Unternehmen zwar anlässlich, aber nicht als oder innerhalb der nach § 69 GewO festgesetzten Messen in der Weise veranstaltet, dass in Form einer Messe ein Verkauf an Wiederverkäufer stattfindet[61]. Bei derartigen Ordermessen oder vergleichbaren Orderterminen des Großhandels kann jedoch die Beschäftigung von Arbeitnehmern an Sonn- und Feiertagen durch die Aufsichtsbehörde nach § 13 Abs. 3 Nr. 2 Buchst. a ArbZG erlaubt werden.

Volksfeste sind nach § 60 b GewO allgemeine regelmäßig wiederkehrende, zeitlich begrenzte Veranstaltungen, auf der eine Vielzahl verschiedener Anbieter unterhaltende Tätigkeiten als Schausteller oder nach Art von Schaustellern ausüben und Waren feilbieten, die üblicherweise auf Veranstaltungen dieser Art angeboten werden. Soweit Arbeitnehmer bei solchen Volksfesten in **Schaustellerbetrieben** an Sonn- und Feiertagen beschäftigt werden, ist dies bereits nach § 10 Abs. 1 Nr. 7 ArbZG erlaubt. Die Beschäftigung von Arbeitnehmern außerhalb der Schaustellerbetriebe, z. B. als Ordner, Parkplatzwächter usw. an Sonn- und Feiertagen unterliegt dagegen § 10 Abs. 1 Nr. 9 ArbZG. 30

X. Verkehrsbetriebe, Transport und Kommissionieren leicht verderblicher Waren (§ 10 Abs. 1 Nr. 10 ArbZG)

In **Verkehrsbetrieben** (zum Begriff: § 5 Rdn. 33–36) dürfen Arbeitnehmer an Sonn- und Feiertagen ohne Einschränkung beschäftigt werden, sofern die Arbeiten nicht an Werktagen vorgenommen werden können (§ 10 Abs. 1 Nr. 10 ArbZG). Für **Kraftfahrer und Beifahrer** kann zudem die Sonn- und Feiertagsruhe nach § 9 Abs. 3 ArbZG um bis zu zwei Stunden vorverlegt werden. Die generelle Ausnahme vom Verbot der Beschäftigung an Sonn- und 31

---

61 *Neumann/Biebl* § 10 ArbZG Rz. 29; *Roggendorff* § 10 ArbZG Rz. 23.

Feiertagen für Arbeitnehmer im Verkehrsgewerbe befreit nicht von der Notwendigkeit, die für das Fahrpersonal im Straßentransport geltenden besonderen Arbeitszeitschutzvorschriften (vgl. § 21 a ArbZG) auch bei einer Beschäftigung an Sonn- und Feiertagen einzuhalten, insbesondere die Vorschriften über die Lenk- und Ruhezeiten (Vorbem. Rdn. 20 ff.; § 21a Rdn. 16 ff.).

32 Die Beschäftigung von Arbeitnehmern an Sonn- und Feiertagen beim **Transport und Kommissionieren von leicht verderblichen Waren** i. S. d. § 30 Abs. 3 Nr. 2 StVO ermöglicht § 10 Abs. 1 Nr. 10 ArbZG ebenfalls. Die Erlaubnis wendet sich nicht nur an Verkehrsbetriebe, sondern ermöglicht auch den Transport im Werksverkehr bzw. durch eigene Fahrzeuge des Herstellers oder Händlers. Die Erlaubnis der Beschäftigung von Arbeitnehmern beim Transport solcher Waren beschränkt sich nicht auf den Straßenverkehr, sondern gilt auch für andere Verkehrsarten, insbesondere den Verkehr mit der Bahn oder für den Luftverkehr.

33 Zum **Kommissionieren** zählt das Aufbereiten, das Verpacken und das Zusammenstellen von Waren zum Zwecke des Versandes[62]. Soweit es um Obst und Gemüse geht, zählt zum Kommissionieren auch das Sortieren der Früchte nach Sorten, Qualität und Größe, das Einlegen der Früchte in ihre Transportbehälter bzw. das Abfüllen in Transport- oder Verkaufsschälchen oder Netze, das Banderolieren und Etikettieren der Früchte bzw. Gebinde, deren Kennzeichnung nach Art, Marke, Herkunft, Gewicht, Größe, Qualität, Preis usw., ferner auch die Qualitätsprüfung und -sicherung durch Aussortieren auch bereits verpackt gewesener Früchte und schließlich die Zusammenstellung der Kundenaufträge und alle Arbeiten zur Herstellung der Versandfertigkeit[63]. Entsprechendes gilt auch für andere leicht verderbliche Waren.

34 **Leicht verderbliche Waren** i. S. d. § 30 Abs. 3 Nr. 2 StVO sind frische Milch und frische Milcherzeugnisse, lebende Fische, frische Fische und frische Fischerzeugnisse sowie leicht verderbliches Obst und Gemüse. Zum leicht verderblichen Obst und Gemüse rechnen Salatgemüse, Tomaten, Spargel, Blumenkohl und Spitzkohl, frische Pilze, Weintrauben, Pfirsiche, Erdbeeren[64].

---

62 *Baeck/Deutsch* § 10 ArbZG Rz. 67; ErfK/*Wank* § 10 ArbZG Rz. 14; *Anzinger/Koberski* § 10 ArbZG Rz. 79.
63 *Roggendorff* § 10 ArbZG Rz. 24.
64 OVG Münster 07.10.1993 GewArch 1994, 170.

XI. Energie- und Wasserversorgungsbetriebe, Abfall- und Abwasserentsorgungsbetriebe (§ 10 Abs. 1 Nr. 11 ArbZG)

Die Beschäftigung von Arbeitnehmern an Sonn- und Feiertagen in **Energie- und Wasserversorgungsbetrieben, Abfall- und Abwasserentsorgungsbetrieben** ist in § 10 Abs. 1 Nr. 11 ArbZG insoweit auf eine andere Rechtsgrundlage gestellt worden, als es hierzu **nicht mehr** einer besonderen **behördlichen Genehmigung** bedarf, sondern eine solche **Beschäftigung von Gesetzes wegen zulässig** ist. 35

Energie- und Wasserversorgungsbetriebe sind Elektrizitätswerke jeder Art, auch Windkrafträder, und Gaswerke einschließlich der Netz- und Verteilerbetriebe. Hierzu dürften auch Wärmewerke (Heizwerke) zu zählen sein. Wasserversorgungsbetriebe sind Wasserwerke und Wasserverteilungsbetriebe. Nach der Ansicht des Bundestagsausschusses für Arbeit und Sozialordnung werden vom Ausnahmetatbestand des § 10 Abs. 1 Nr. 11 ArbZG auch **Zuliefererbetriebe** erfasst, die durch erforderliche kontinuierliche Zulieferung von Rohstoffen – auch an Sonn- und Feiertagen – den Betrieb der Energieversorgungsunternehmen an Sonn- und Feiertagen erst ermöglichen[65]. Dies sind die Unternehmen, die beispielsweise Elektrizitätswerke mit Brennstoffen (Gas, Öl, Kohle) versorgen, aber auch Elektrizitätswerke, die durch Lieferung elektrischer Energie erst den Betrieb z. B. eines Kohleheizwerkes ermöglichen. Ob diese Auffassung des Bundestagsausschusses im Gesetz selbst ihren hinreichenden Ausdruck gefunden hat, erscheint zumindest zweifelhaft[66]. Ein entsprechendes Verständnis des Gesetzes, wonach auch zumindest die Zulieferbetriebe, die die nötigen Brennstoffe an Energieversorgungsunternehmen liefern, ihrerseits unter § 10 Abs. 1 Nr. 11 ArbZG fallen, ist jedoch zumindest vertretbar[67]. 36

Zu den **Abfallentsorgungsbetrieben** zählen nicht nur die Betriebe, die Abfälle einsammeln und transportieren, sondern auch solche, die sie lagern und vernichten. Unter diesem Gesichtspunkt zählen auch Tierkörperbeseitigungsanstalten zu den Abfallentsorgungsbetrieben[68]. Gerade bei diesen Betrieben ist 37

---

65 BT-Drucks. 12/6990, 40.
66 Vgl. *Erasmy* NZA 1995, 97, 98.
67 *Dobberahn* ArbZG Rz. 105; *Neumann/Biebl* § 10 ArbZG Rz. 33; *Roggendorff* § 10 ArbZG Rz. 25; *Anzinger* BB 1994, 1492, 1496; Erasmy NZA 1995, 97, 98.
68 *Anzinger* BB 1994, 1492, 1496.

§ 10 ArbZG Sonn- und Feiertagsbeschäftigung

aber stets zu prüfen, ob die Arbeiten nicht auch an Werktagen erledigt werden können. Zu den **Abwasserentsorgungsbetrieben** zählen solche, die Abwässer sammeln und weiterleiten, aber auch solche, die die Abwässer reinigen (Klärwerke).

XII. Landwirtschaft, Tierhaltung, Einrichtungen zur Behandlung und Pflege von Tieren (§ 10 Abs. 1 Nr. 12 ArbZG)

38 Nach § 10 Abs. 1 Nr. 12 ArbZG dürfen Arbeitnehmer an Sonn- und Feiertagen auch in der **Landwirtschaft** (Begriff: § 5 Rdn. 41-44) sowie in der **Tierhaltung** (Begriff: § 5 Rdn. 44) sowie in **Einrichtungen zur Behandlung und Pflege von Tieren** beschäftigt werden. Zu den zuletzt genannten Einrichtungen zählen Zoologische Gärten, Tierkliniken, Tierheime und vergleichbare Einrichtungen. Weder die Landwirtschaft noch die Tierhaltung noch die Einrichtungen zur Behandlung und Pflege von Tieren fielen unter das gewerberechtliche Verbot der Beschäftigung von Arbeitnehmern an Sonn- und Feiertagen nach § 105 b GewO[69]. Dementsprechend war es bisher relativ uneingeschränkt möglich, Arbeitnehmer mit allen in der Landwirtschaft, Tierhaltung und Tierpflege vorkommenden Arbeiten an Sonn- und Feiertagen gleichermaßen zu beschäftigen wie an Werktagen. Mit Rücksicht auf den Eingangssatz des § 10 Abs. 1 ArbZG dürfen Arbeitnehmer auch in diesen Bereichen an Sonn- und Feiertagen nur **eingeschränkt** beschäftigt werden, nämlich nur, sofern die Arbeiten nicht an Werktagen vorgenommen werden können[70]. Zu solchen auch an Sonn- und Feiertagen erlaubten Arbeiten zählt vor allem das Füttern und Tränken sowie die sonstige Versorgung der Tiere, aber auch Arbeiten, die aus Witterungsgründen unaufschiebbar sind, z. B. die Einbringung von Heu oder die Bergung von Früchten bei drohendem Unwetter[71].

39 Zulässig ist aber auch der Einsatz von Arbeitnehmern zu solchen Arbeiten, deren Erledigung nur an Werktagen aus wirtschaftlichen Gründen nicht zugemutet werden kann, beispielsweise Lohnerntearbeiten mit einen hohen Kapitaleinsatz erfordernden Erntemaschinen. Die für die Beschäftigung **Jugendlicher** an Sonntagen geltende **Einschränkung** auf »Arbeiten, die auch

---

69 BT-Drucks. 12/5888, 29.
70 *Dobberahn* ArbZG Rz. 107; *Neumann/Biebl* § 10 ArbZG Rz. 35; *Roggendorff* § 10 ArbZG Rz. 25.
71 *Neumann/Biebl* § 10 ArbZG Rz. 35; *Roggendorff* § 10 ArbZG Rz. 26; *Zmarzlik* DB 1994, 1082, 1085.

an Sonn- und Feiertagen naturnotwendig vorgenommen werden müssen«
(§ 17 Abs. 2 Nr. 2 JArbSchG) ist dagegen in § 10 Abs. 1 Nr. 11 ArbZG nicht
enthalten. Zu Unrecht meinen deshalb *Roggendorff*[72] und *Zmarzlik*[73], nach
§ 10 Abs. 1 Nr. 11 ArbZG sei deshalb der Einsatz auch von Arbeitnehmern
über 18 Jahren an Sonn- und Feiertagen nur für **naturnotwendige Arbeiten**
erlaubt. Naturnotwendig sind nur solche Arbeiten, die aus biologischen bzw.
technischen Gründen an jedem Tag und damit auch an Sonntagen und Feiertagen vorgenommen werden müssen. Die Arbeiten, die nicht an Werktagen
vorgenommen werden können, umfassen jedoch nicht nur solche Arbeiten,
sondern auch Tätigkeiten, deren Erledigung an Werktagen aus wirtschaftlichen Gründen nicht zugemutet werden kann. Dies bedeutet umgekehrt
jedoch nicht, dass in der Landwirtschaft die Heranziehung von Arbeitnehmern zu Arbeiten an Sonn- und Feiertagen schlechthin zulässig wäre. In der
Regel werden Arbeitnehmer an Sonn- und Feiertagen auch in der Landwirtschaft nicht zur routinemäßigen Überprüfung der Tiergesundheit, des Pflanzenwachstums oder zu Verwaltungsarbeiten herangezogen werden dürfen[74].
Dies gilt auch dann, wenn die Arbeitnehmer – wie in der Landwirtschaft
häufig anzutreffen – **in die häusliche Gemeinschaft** aufgenommen worden
sind. In die häusliche Gemeinschaft aufgenommene Arbeitnehmer unterliegen nur dann dem Arbeitszeitgesetz nicht, wenn sie mit ihnen anvertrauten
Personen zusammenleben und sie diese eigenverantwortlich erziehen, pflegen
oder betreuen; für Tierpflege und -betreuung gilt dies nicht (§ 18 Abs. 1 Nr. 3
ArbZG).

XIII. Bewachungsgewerbe, Bewachung von Betriebsanlagen (§ 10 Abs. 1 Nr. 13 ArbZG)

Die Ausnahmeregelung des § 10 Abs. 1 Nr. 13 ArbZG **entspricht weitgehend** 40
den bisher geltenden Ausnahmen vom Verbot der Beschäftigung von Arbeitnehmern an Sonn- und Feiertagen nach § 105 c Abs. 1 Nr. 3 GewO[75]. Nach
§ 34 a GewO befasst sich das Bewachungsgewerbe gewerbsmäßig mit dem
Bewachen des Lebens oder des Eigentums fremder Personen. Zum Bewachungsgewerbe zählen insbesondere Wach- und Schließgesellschaften sowie

---

72 *Roggendorff* § 10 ArbZG Rz. 26.
73 *Zmarzlik* DB 1994, 1082, 1085.
74 Vgl. *Buschmann/Ulber* § 10 ArbZG Rz. 11.
75 *Dobberahn* ArbZG Rz. 108; *Neumann/Biebl* § 10 ArbZG Rz. 36.

entsprechende sog. Sicherungsdienste. Die **Bewachung von Betriebsanlagen** kann sich sowohl auf fremde als auch auf eigene Betriebsanlagen beziehen. Der Einsatz von Pförtnern, Wächtern, Werksfeuerwehren, Werkswachen und ähnlichen unternehmenseigenen Sicherheitskräften fällt ebenfalls unter § 10 Abs. 1 Nr. 13 ArbZG.

41 Die Tätigkeit der **Bewachung** besteht darin, **Personen** vor Gefahren für Leib, Leben oder Freiheit bzw. **Sachen** vor der Gefahr des Abhandenkommens, der Zerstörung oder Beschädigung **zu schützen**. Unerheblich ist, ob sich die Bewachung auf ortsfeste Einrichtungen bezieht oder ob Transporte bewacht werden. Unter § 10 Abs. 1 Nr. 13 ArbZG fällt daher auch die Bewachung von **Geld und Werttransporten, nicht aber** die eigentliche **Transportleistung**. Die Beschäftigung von Arbeitnehmern (nur) mit der eigentlichen Transportleistung unterliegt jedoch § 10 Abs. 1 Nr. 10 ArbZG, soweit sie von Verkehrsbetrieben durchgeführt wird.

42 Objekt der Bewachungstätigkeit i. S. d. § 10 Abs. 1 Nr. 13 ArbZG ist immer die zu bewachende Person bzw. der zu bewachende Gegenstand. Das Gesetz unterscheidet die **Bewachung** i. S. d. § 10 Abs. 1 Nr. 13 ArbZG von der **Überwachung** von Personen, z. B. durch **Detekteien oder Auskunfteien**.

43 Zur Bewachung i. S. d. § 10 Abs. 1 Nr. 13 ArbZG zählt auch nicht die **Überwachung oder Kontrolle laufender Produktionsanlagen**[76]. In solchen Fällen kann jedoch, soweit nicht die Beschäftigung von Arbeitnehmern an Sonn- und Feiertagen bereits nach anderen Tatbeständen des § 10 Abs. 1 ArbZG zulässig ist, von den Aufsichtsbehörden auf Antrag eine entsprechende Ausnahmebewilligung nach § 13 Abs. 4 ArbZG zu erteilen sein. Dies setzt voraus, dass die Arbeiten aus chemischen, biologischen, technischen oder physikalischen Gründen einen ununterbrochenen Fortgang auch an Sonn- und Feiertagen erfordern.

---

76 OVG Münster 16.12.1993 GewArch 1994, 241; *Buschmann/Ulber* § 10 ArbZG Rz. 12; *Neumann/Biebl* § 10 ArbZG Rz. 36; *Roggendorff* § 10 ArbZG Rz. 27.

XIV. Reinigung und Instandhaltung von Betriebseinrichtungen, Vorbereitung der Wiederaufnahme des vollen werktägigen Betriebs, Aufrechterhaltung der Funktionsfähigkeit von Datennetzen und Rechnersystemen (§ 10 Abs. 1 Nr. 14 ArbZG)

Nach § 10 Abs. 1 Nr. 14 ArbZG ist die Beschäftigung von Arbeitnehmern an Sonn- und Feiertagen für **drei verschiedene Tatbestandsgruppen** zulässig. Ergänzt wird diese Bestimmung um die **weitergehenden Ausnahmen** vom Verbot der Sonn- und Feiertagsarbeit in § 10 Abs. 2 ArbZG. 44

1. Reinigung und Instandhaltung von Betriebseinrichtungen

Die Beschäftigung von Arbeitnehmern an Sonn- und Feiertagen bei der **Reinigung und Instandhaltung von Betriebseinrichtungen** ist zulässig, soweit hierdurch der regelmäßige Fortgang des **eigenen** oder eines **fremden Betriebes** bedingt ist. Der Ausdruck **Betriebseinrichtungen** ist umfassend zu verstehen. Er umfasst die Betriebsstätten, die Maschinen, Apparate, Geräte und alle sonstigen Betriebseinrichtungen einschließlich der Hilfseinrichtungen, Feuerungsanlagen, Versorgungs- und Entsorgungsleitungen, Transporteinrichtungen usw.[77]. Gleichgültig ist, ob die Reinigungs- und Instandhaltungsarbeiten eigenen oder fremden Betriebseinrichtungen dienen[78]. 45

Unter **Reinigung** von **Betriebseinrichtungen** sind Tätigkeiten zu verstehen, die darauf gerichtet sind, die Betriebseinrichtungen von Schmutz, Staub, Abfällen, Fabrikationsresten oder Fremdkörpern zu befreien. Die Reinigungsarbeiten müssen sich jedoch auf die Betriebseinrichtungen beziehen. Zu den Betriebseinrichtungen gehören zwar die Transportbehältnisse für den innerbetrieblichen Transport, nicht aber mehr die Transportbehältnisse, in welchem das Produkt an Abnehmer des Betriebes geliefert wird. Letztere können aber unter die Alternative der Vorbereitung des vollen werktäglichen Betriebs fallen. Ebenso wenig zählt das zu verarbeitende Material zu den Betriebseinrichtungen. Die Reinigung solchen Materials ist vielmehr Teil des Produktionsprozesses. Der Produktionsprozess selbst soll durch die Reinigungsarbeiten nach § 10 Abs. 1 Nr. 14 ArbZG zwar ermöglicht werden; die Reinigungsarbeiten selbst dürfen jedoch nicht Teil des Produktionsprozesses sein. 46

---

[77] *Neumann/Biebl* § 10 ArbZG Rz. 37; *Roggendorff* § 10 ArbZG Rz. 28.
[78] HWK/*Gäntgen*, § 10 ArbZG Rz. 10.

47 Unter **Instandhaltung** sind die Arbeiten zu verstehen, die die Betriebseinrichtungen betriebsbereit halten. Hinsichtlich des Umfangs notwendiger Instandhaltungsarbeiten gibt die DIN 31051 gute Anhaltspunkte[79]. Zur Instandhaltung zählen vor allen Dingen Wartungs- und Pflegearbeiten, aber auch Reparaturarbeiten[80]. Zu den Instandhaltungsarbeiten zählt auch die **Funktionsprüfung** bei instand gesetzten Maschinen und Anlagen, und zwar auch dann, wenn hierdurch – notwendigerweise – der Produktionsprozess selbst in Gang gesetzt wird. In solchen Fällen dürfen die Funktionsprüfungen jedoch nicht länger veranstaltet werden, als erforderlich ist, um festzustellen, ob die Instandhaltung gelungen oder abgeschlossen ist. Laufen die Maschinen nach erfolgter Funktionsprüfung weiter, so handelt es sich nicht mehr um Instandsetzungsarbeiten[81]. Das **Aufstellen neuer Maschinen** oder der sog. **Werkzeugwechsel** zählt nicht zu den Instandhaltungsarbeiten i. S. d. § 10 Abs. 1 Nr. 14 ArbZG[82]. Solche Arbeiten können jedoch der Vorbereitung der Wiederaufnahme des vollen werktätigen Betriebes dienen.

48 An Sonn- und Feiertagen dürfen Arbeitnehmer zur Reinigung und Instandhaltung der Betriebseinrichtungen jedoch nur unter **zwei Voraussetzungen** herangezogen werden: Zum einen dürfen die **Arbeiten nicht an Werktagen** erledigt werden (§ 10 Abs. 1 Eingangssatz ArbZG), zum anderen ist die Beschäftigung der Arbeitnehmer nur zulässig, soweit dies durch den **regelmäßigen Fortgang des** eigenen oder eines fremden **Betriebes** bedingt ist.

49 Hinsichtlich der **zeitlichen Lage der Reinigungs- und Instandhaltungsarbeiten** ist stets zu prüfen, ob diese Arbeiten nicht auch in zumutbarer Art und Weise an Werktagen erledigt werden können[83]. Ist dies der Fall, so ist schon mit Rücksicht auf den Eingangshalbsatz des § 10 Abs. 1 ArbZG eine Beschäftigung der Arbeitnehmer mit solchen Arbeiten an Sonn- und Feiertagen nicht zulässig. Die **Beschränkung** in § 10 Abs. 1 Nr. 14 ArbZG **richtet sich** weniger auf die zeitliche Lage der Arbeiten als auf ihren **Umfang**. Erlaubt

---

79 Vgl. HWK/*Gäntgen*, § 10 ArbZG Rz. 16.
80 *Neumann/Biebl* § 10 ArbZG Rz. 38; *Roggendorff* § 10 ArbZG Rz. 28; *Zmarzlik* BB 1991, 901, 904.
81 OVG Münster 16.12.1993 GewArch 1994, 241; *Neumann/Biebl* § 10 ArbZG Rz. 36; *Roggendorff* § 10 ArbZG Rz. 28.
82 *Baeck/Deutsch* § 10 ArbZG Rz. 100; *Neumann/Biebl* § 10 ArbZG Rz. 37; *Anzinger/Koberski* § 10 ArbZG Rz. 99.
83 Vgl. dazu Stückmann DB 1998, 1462.

ist die Beschäftigung von Arbeitnehmern mit Reinigungs- und Instandhaltungsarbeiten an Betriebseinrichtungen nur in dem Umfang, der erforderlich ist, um den regelmäßigen Fortgang des Betriebes zu ermöglichen. Die Unterlassung solcher Arbeiten muss zur Folge haben, dass der betreffende Betrieb nicht in regelmäßiger Art oder nicht regelmäßigem Umfang zeitgerecht fortgeführt werden könnte[84]. Insbesondere umfassen die Instandhaltungsarbeiten einerseits mehr als nur sog. Notreparaturen; andererseits dürfen Arbeitnehmer an Sonn- und Feiertagen nicht mit Instandhaltungsarbeiten beschäftigt werden, die über das Maß hinausgehen, das erforderlich ist, damit die Arbeit rechtzeitig und in regelmäßigem Umfang wieder aufgenommen werden kann.

▶ Beispiel:

Zur Instandhaltung von Flurförderanlagen ist erforderlich, Elektromotoren zu warten, alle beweglichen Teile zu reinigen und zu fetten. Diese Arbeiten sind für den weiteren Betrieb der Transportanlage erforderlich. Nicht zu den erforderlichen Instandhaltungsarbeiten würde es gehören, wenn gleichzeitig Schönheitsreparaturen durchgeführt würden.

Die Heranziehung von Arbeitnehmern zu Reinigungs- und Instandhaltungsarbeiten an Sonn- und Feiertagen bezieht sich nicht nur auf die **eigene Betriebsstätte**, sondern ist gleichermaßen erlaubt, wenn es um eine **fremde Betriebsstätte** geht. Unternehmen, die für Dritte derartige Reinigungs- und Wartungsarbeiten durchführen, können ihre Arbeitnehmer im Rahmen des § 10 Abs. 1 Nr. 14 ArbZG an Sonn- und Feiertagen einsetzen[85]. 50

2. Vorbereitung der Wiederaufnahme des vollen werktägigen Betriebs

Des Weiteren ermöglicht § 10 Abs. 1 Nr. 14 ArbZG, bei der **Vorbereitung der Wiederaufnahme des vollen werktägigen Betriebs** Arbeitnehmer an Sonn- und Feiertagen zu beschäftigen. Eine vergleichbare Beschäftigung fand sich zuvor in § 105 c Nr. 3 GewO, wonach Arbeitnehmer an Sonn- und Feiertagen mit Arbeiten beschäftigt werden durften, »von welchen die Wiederaufnahme des vollen werktägigen Betriebs abhängig ist«. *Dobberahn*[86] sowie – ihm folgend – *Erasmy*[87] meinen, die jetzige Fassung der Vorschrift lasse Raum für 51

---

84 OVG Hamburg 22.02.1963 GewArch 1964, 59.
85 *Neumann/Biebl* § 10 ArbZG Rz. 38.
86 *Dobberahn* ArbZG Rz. 109.
87 *Erasmy* NZA 1995, 97, 98 f.

die Auslegung, nur reine Vorbereitungsarbeiten seien nach § 10 Abs. 1 Nr. 14, zweite Alternative ArbZG möglich. Ähnlich kann auch die Äußerung von *Zmarzlik*[88] verstanden werden. Noch einschränkender meinen *Buschmann/ Ulber*, die Vorbereitungsmaßnahmen dürften nur für die erste Aufnahme der Produktion erforderlich sein[89]. Diese Bedenken sind nicht zu teilen. Die sprachliche Änderung im § 10 Abs. 1 Nr. 14, zweite Alternative ArbZG bedeutet gegenüber der früheren Regelung keine Einschränkung der Zulässigkeit der Sonntagsarbeit. Der **Vorbereitung** der Wiederaufnahme des werktägigen Betriebs sind nicht nur die Vorbereitungsarbeiten im eigentlichen Sinne, sondern **alle Arbeiten**, die erforderlich sind, **damit** mit dem Arbeitsbeginn am Tag nach dem Sonn- oder Feiertag der **Betrieb in vollem Umfang** aufgenommen werden kann. Allerdings wird dann, wenn das Produktionsverfahren im Betrieb in mehreren nacheinander ablaufenden Schritten erfolgt, der Betrieb in vollem Umfang bereits dann aufgenommen, wenn der erste Produktionsschritt in Gang gesetzt werden kann[90]. Zur Vorbereitung der Wiederaufnahme des vollen Betriebs zählen nicht nur die Bereitstellung von Energie und Wärme, z. B. das Anheizen von Öfen, die Inbetriebnahme von Förder- und Aufzugsanlagen, das Ingangsetzen von Maschinen im Leerlauf, sondern auch technisch bedingte Funktionsprüfungen der Maschine oder des Produktes, so z. B. das vorbereitende (zeitaufwändige) Wiederanfahren einer Rotor-Spinnmaschine zur Garnherstellung oder einer Walzenstraße zur Gewinnung von Feinstahl oder Draht[91].

3. Aufrechterhaltung der Funktionsfähigkeit von Datennetzen und Rechnersystemen

52 Ebenso ist die Beschäftigung von Arbeitnehmern an Sonn- und Feiertagen nach § 10 Abs. 1 Nr. 14 ArbZG zulässig bei der **Aufrechterhaltung der Funktionsfähigkeit von Datennetzen und Rechnersystemen**. Die Vorschrift ist neu in das Gesetz aufgenommen worden. In der ursprünglichen Fassung des Gesetzentwurfs war nur vorgesehen, dass an Sonn- und Feiertagen die »Kontrolle der Funktionsfähigkeit von Datennetzen« zulässig ist, weil der in

---

88 *Zmarzlik* BB 1993, 2009, 2014.
89 *Buschmann/Ulber* § 10 ArbZG Rz. 13 b.
90 OVG Münster 16.12.1993 GewArch 1994, 240.
91 BT-Drucks. 12/6990, 40; *Dobberahn* ArbZG Rz. 109; *Neumann/Biebl* § 10 ArbZG Rz. 40; *Roggendorff* § 10 ArbZG Rz. 31; *Zmarzlik* DB 1994, 1082, 1085.

den 80-er Jahren enorm gestiegene bargeldlose **Zahlungsverkehr mit Eurocheque-Karten, Kreditkarten, Tankcards** usw. den ununterbrochenen Betrieb von Großrechnern erfordere, die Kontrolle ihrer Funktionsfähigkeit an allen Tagen des Jahres möglich sein müsse[92]. Im Laufe des Gesetzgebungsverfahrens hat der Ausschuss für Arbeit und Sozialordnung die dann verabschiedete Fassung des § 10 Abs. 1 Nr. 14 ArbZG vorgeschlagen, damit die Funktionsfähigkeit von Datennetzen und Rechnersystemen nicht nur kontrolliert, sondern stets aufrechterhalten werden könne[93]. Auch diese Fassung bedarf der Auslegung und verhütet Missbräuche nur begrenzt[94]. Zu den Datennetzen gehören auch die Endgeräte; auch deren Funktionsfähigkeit darf kontrolliert und aufrechterhalten werden. Zur Funktionsfähigkeit der Endgeräte gehört jedoch nicht die Bestückung mit Sachen, die diese Automaten ausgeben sollen, z. B. **nicht die Bestückung von Geldautomaten mit Geld**[95]. Zu den **Datennetzen und Rechnersystemen** zählen nicht nur solche des **Geld- und Kreditverkehrs**, sondern auch solche für **andere Zwecke**. In der amtlichen Begründung des Regierungsentwurfs ist zwar nur von der Sicherung des elektronischen Zahlungsverkehrs die Rede; diese Einschränkung hat jedoch im Gesetz selbst keinen Niederschlag gefunden. Indessen ist bei Datennetzen mit anderen Funktionen zu prüfen, inwieweit Arbeiten zur Aufrechterhaltung ihrer Funktionsfähigkeiten nicht an Werktagen ausgeübt werden können.

Für die nicht nach § 10 Abs. 1 Nr. 14 ArbZG **zulässige Beschäftigung** von Arbeitnehmern, insbesondere mit **Reinigungs-, Instandhaltungs- und Vorbereitungsarbeiten**, bietet § 10 Abs. 2 ArbZG eine Alternative für den Fall, dass weniger Sonntagsarbeit anfällt, wenn abweichend von § 9 ArbZG Arbeitnehmer in der dann auch an Sonn- und Feiertagen weiterlaufenden Produktion beschäftigt werden. Dies kann insbesondere dann der Fall sein, wenn zur Produktion geschmolzenes Gut in Schmelzöfen, Rohrleitungen oder Gieß- oder Spritzmaschinen verwendet wird und das Stilllegen der Produktion am Sonntag oder am gesetzlichen Feiertag erhebliche Reinigungsarbeiten unter Einsatz von mehr Arbeitnehmern nach sich zieht, als das weiterführen der Produktion. Solche Verhältnisse können auch außerhalb der Eisen- und Stahl- 53

---

92 Vgl. BT-Drucks. 12/5888, 29.
93 BT-Drucks. 12/6990, 14, 43.
94 Vgl. *Kuhr* DB 1994, 2186.
95 *Baeck/Deutsch* § 10 ArbZG Rz. 110; *Neumann/Biebl* § 10 ArbZG Rz. 42; *Roggendorff* § 10 ArbZG Rz. 34; unklar: *Zmarzlik* DB 1994, 1082, 1085.

herstellung oder der Papierindustrie (vgl. dazu die VOen über die Ausnahmen vom Verbot der Beschäftigung von Arbeitnehmern an Sonn- und Feiertagen in der Eisen- und Stahlindustrie [Vorbem Rdn. 27] und in der Papierindustrie [Vorbem. Rdn. 28]) auftreten, z.B. in Mineralölraffinerien, Schokoladenfabriken, Molkereien, Zuckerfabriken.

XV. Verhütung des Verderbens von Naturerzeugnissen oder Rohstoffen, des Misslingens von Arbeitsergebnissen; kontinuierlich durchzuführende Forschungsarbeiten (§ 10 Abs. 1 Nr. 15 ArbZG)

54 In § 10 Abs. 1 Nr. 15 ArbZG erlaubt das Gesetz die Beschäftigung von Arbeitnehmern an Sonn- und Feiertagen in drei Alternativen.

1. Verderben von Naturerzeugnissen oder Rohstoffen

55 Die erste Alternative, nämlich die Beschäftigung von Arbeitnehmern an Sonn- und Feiertagen **zur Verhütung des Verderbens von Naturerzeugnissen oder Rohstoffen**, geht über die bisherige Regelung des § 105 c Abs. 1 Nr. 4, erste Alternative GewO etwas hinaus. Hiernach war die Beschäftigung zur Verhütung des Verderbens von Rohstoffen zulässig. Unter Rohstoff wurde nicht nur das eigentliche Rohprodukt im engeren Sinne, also die Frucht, die Milch, der Fisch usw. verstanden, sondern auch Halbfabrikate, die für die Produktion anderer Erzeugnisse das Rohprodukt bildete, z.B. flüssige Glasmasse[96]. Der Begriff **Naturerzeugnisse** ist gegenüber § 105 Abs. 1 Nr. 4 GewO zusätzlich in das Gesetz aufgenommen worden. Unter Naturerzeugnissen sind tierische oder pflanzliche Erzeugnisse zu verstehen, die in naturbelassenem Zustand verbraucht oder zu anderen Produkten weiterverarbeitet werden[97].

56 Die zu verwenden Rohstoffe müssen für die beabsichtigte Produktion geeignet sein; sie dürften nur verderben, wenn sie wegen der generellen Arbeitsruhe nicht verarbeitet werden[98]. Rohstoffe und Naturerzeugnisse **verderben**, wenn sie sich durch chemische, biologische, physikalische und vergleichbare Prozesse derart verändern, dass ihre bestimmungsgemäße Verwendung nicht oder nicht in vollem Umfang mehr möglich ist. Dabei kommt es auf die

---

[96] BayObLG 10.01.1963 AP Nr. 1 zu § 105 c GewO.
[97] *Neumann/Biebl* § 10 ArbZG Rz. 43; *Roggendorff* § 10 ArbZG Rz. 35; *Zmarzlik* DB 1994, 1082, 1085.
[98] BayVGH 14.05.2004 – 22 B 00.2884 – GewArch 2004, 428.

Verwendungsbestimmung an, die dem Rohstoff oder einem Naturerzeugnis jeweils im konkreten Einzelfall beigelegt worden ist. Ob ein Rohstoff oder Naturerzeugnis noch anderen Zwecken zugeführt werden kann, es insoweit also nicht verdorben ist, ist für die Frage der Verhütung des Verderbens i. S. d. § 10 Abs. 1 Nr. 15 erste Alternative ArbZG unerheblich[99].

▶ **Beispiel:**

Eine Molkerei verarbeitet Rohmilch zu verschiedenen Milchprodukten. Ohne Fortsetzung der Arbeiten an Sonn- und Feiertagen, insbesondere ohne die nötigen Maßnahmen zur Haltbarmachung von Frischmilch, würde die Rohmilch säuern. Sie könnte dann nicht mehr als Frischmilch vertrieben werden und wäre insoweit verdorben. Ob sie als gesäuerte Rohmilch noch zu anderen Milchprodukten verarbeitet werden kann, ist für die Frage des Verderbens i. S. d. § 10 Abs. 1 Nr. 15 ArbZG rechtlich unerheblich.

Die Beschäftigung der Arbeitnehmer muss der **Verhütung** des Verderbens von Naturerzeugnissen oder Rohstoffen dienen. Das ist nur der Fall, wenn das Verderben der Naturerzeugnisse oder Rohstoffe deswegen zu besorgen wäre, wenn die Arbeit infolge des Sonntags oder gesetzlichen Feiertags unterbrochen würde. Weitergehenden Zwecken darf die Beschäftigung an den Sonntagen und den gesetzlichen Feiertagen nicht dienen. 57

Die **Beschäftigung** der Arbeitnehmer an Sonn- und Feiertagen zur Verhütung des Verderbens von Naturerzeugnissen oder Rohstoffen muss sich **auf die Arbeiten beschränken**, die zur **Verhütung dieses Verderbens** erforderlich sind. Weiter gehende Arbeiten sind nicht zulässig. Zudem ist auch im Rahmen des § 10 Abs. 1 Nr. 15 zu beachten, dass die Beschäftigung von Arbeitnehmern nur zulässig ist, sofern die **Arbeiten nicht an Werktagen** vorgenommen werden können. Dabei ist von dem **tatsächlich vorhandenen Betrieb**, dem geplanten Betriebsablauf, dem Produktionsverfahren, wie sie geplant und vorhanden sind, auszugehen. Arbeitszeitrechtlich besteht keine Verpflichtung des Arbeitgebers, vor der Inanspruchnahme von Sonn- und Feiertagsarbeiten alle möglichen und ihm zumutbaren organisatorischen und technischen Möglichkeiten zur Verhinderung des Verderbens von Rohstoffen und Naturerzeugnissen auszuschöpfen, z. B. durch Kühlen, Konservieren oder durch besondere 58

---

99 *Roggendorff* § 10 ArbZG Rz. 35.

Verpackung[100]. Durch solche Maßnahmen werden das Naturerzeugnis oder der Rohstoff stofflich verändert. Das wirkt sich auf das daraus herzustellende Produkt aus. Eine Verpflichtung zur Konservierung von Naturerzeugnissen und Rohstoffen zwecks Vermeidung von Sonn- und Feiertagsarbeit hätte schon mit Rücksicht auf Art. 12 Abs. 1 GG einer entsprechenden gesetzlichen Normierung bedurft. Denn sie geht erheblich über die Voraussetzung hinaus, nach der die Arbeiten an Werktagen nicht vorgenommen werden können (§ 10 Abs. 1 1. Halbs. ArbZG).

2. Misslingen von Arbeitsergebnissen

59 Zur **Verhütung des Misslingens von Arbeitsergebnissen** dürfen Arbeitnehmer nach § 10 Abs. 1 Nr. 15, zweite Alternative ArbZG ebenfalls an Sonn- und Feiertagen beschäftigt werden. Entsprechende Beschäftigung von Arbeitnehmern war nach § 105 c Abs. 1, 4, zweite Alternative erlaubt, um das Misslingen von Arbeitserzeugnissen zu vermeiden. Der Begriff Arbeitserzeugnisse ist gegen den umfassenderen Begriff des Arbeitsergebnisses ausgetauscht worden. Unter **Arbeitsergebnis** sind nicht nur teil- oder vorproduzierte **Sachen** (Vor-, Zwischen- oder Halbfabrikate) zu verstehen, sondern auch **Dienstleistungen**.

60 Was unter **Misslingen** von Arbeitsergebnissen zu verstehen ist, definiert das Arbeitszeitgesetz nicht. Im allgemeinen Sprachgebrauch ist ein Arbeitsergebnis misslungen, wenn es Fehler aufweist oder überhaupt nicht gelungen ist[101]. Die Beschäftigung von Arbeitnehmern zur Vermeidung des Misslingens von Arbeitserzeugnissen ist an Sonn- und Feiertagen jedoch nur erlaubt, soweit das Misslingen der Arbeitsergebnisse seine Ursache in der Unterbrechung der Arbeit am Sonntag oder am gesetzlichen Feiertag hat[102]. Andere Ursachen sind in diesem Zusammenhang unbeachtlich[103]. Unter den Begriff des Misslingens von Arbeitsergebnissen fällt nicht, wenn die Sonn- und Feiertagsarbeit

---

100 A. A. *Neumann/Biebl* § 10 ArbZG Rz. 44; *Roggendorff* § 10 ArbZG Rz. 36; *Anzinger/Koberski* § 10 ArbZG Rz. 25, 139.
101 *Baeck/Deutsch* § 10 ArbZG Rz. 125; *Neumann/Biebl* § 10 ArbZG Rz. 46; *Roggendorff* § 10 ArbZG Rz. 37; vgl. zur früheren Regelung des § 105c Abs. 1 Nr. 4 GewO: *Zmarzlik* BB 1991, 901, 906.
102 BVerwG 19.09.2000 EzA § 10 ArbZG Nr. 1 = DB 2000, 2384.
103 *Neumann/Biebl* § 10 ArbZG Rz. 47; *Roggendorff* § 10 ArbZG Rz. 37.

lediglich der Steigerung der Produktion oder der Senkung ihrer Kosten oder der Vermeidung von Modernisierungsaufwand dient[104].

Das Misslingen von Arbeitsergebnissen aufgrund der Unterbrechung der Arbeiten an Sonntagen und gesetzlichen Feiertagen muss **in hinreichendem Maße** zu befürchten sein, um eine Beschäftigung von Arbeitnehmern an Sonntagen und gesetzlichen Feiertagen sachlich zu rechtfertigen. Wann dieses Maß erreicht ist, ist dem Gesetz selbst nicht zu entnehmen. In der Begründung des **Regierungsentwurfs** zum Arbeitszeitgesetz heißt es insoweit: »Bei **kontinuierlicher Sonntagsarbeit** liegt ein Misslingen von Arbeitsergebnissen i. S. d. Nr. 15 in der Regel dann vor, wenn wegen der Unterbrechung am Sonn- oder Feiertag nicht oder fehlerhaft gelungene (misslungene) Arbeitserzeugnisse in Höhe von 5 % einer Wochenproduktion an fehlerfreien Arbeitserzeugnissen anfallen bezogen auf die sechs Werktage von Montag bis Samstag mit 144 Arbeitsstunden[105]. Im Einzelfall kann auch eine Unterschreitung der 5 %-Grenze ein »Misslingen von Arbeitsergebnissen«; darstellen. Eine Ausschuss-/Ausfallquote ist nicht zu berücksichtigen, wenn der Arbeitsprozess aus anderen Gründen einmal oder mehrmals pro Woche unterbrochen werden muss, sofern die Unterbrechung auf den Sonn- oder Feiertag gelegt werden kann«[106]. Die Regierungsbegründung geht damit in ihrem Ansatz von den Grundsätzen aus, die von den Arbeitsschutzbehörden der Länder im Interesse der Einheitlichkeit des Verwaltungshandelns aufgestellt worden sind[107]. Zu Unrecht meinen *Buschmann/Ulber*[108], dass diese Verwaltungspraxis in der Neufassung des Gesetzes keine Stütze mehr finde. Insoweit ist keine materielle Rechtsänderung ist eingetreten. Vielmehr hat der Gesetzgeber ausweislich der Begründung des Gesetzentwurfs gerade die bisherige Verwaltungspraxis[109] fortgesetzt, mag sie auch umstritten gewesen sein[110]. Andererseits ist nicht

61

---

104 BVerwG 19.09.2000 EzA § 10 ArbZG Nr. 1 = DB 2000, 2384.
105 Vgl. BVerwG 19.09.2000 – 1 C 17/99 – EzA § 10 ArbZG Nr. 1= NZA 2000, 1232, 1235 li. Sp.
106 BT-Drucks. 12/5888, 29; ähnlich auch VG Münster 17.09.1991 – 4 K 190/90 n. v.; a. A. *Buschmann/Ulber* § 10 ArbZG Rz. 17.
107 *Dobberahn* ArbZG Rz. 110; *Roggendorff* § 10 ArbZG Rz. 38; *Anzinger/Koberski* § 10 ArbZG Rz. 166 ff.; *Anzinger* BB 1994, 1492, 1497; *Erasmy* NZA 1995, 97, 99; *Zmarzlik* BB 1993, 2009, 2014.
108 § 10 ArbZG Rz. 17.
109 Vgl. ausführlich: *Leinemann* NZA 1988, 337, 340 f.
110 Z. B. *Ulber* CuR 1988, 399 ff.

zu übersehen, dass der Gesetzgeber von einer Legaldefinition des Misslingens im Arbeitszeitgesetz abgesehen hat; die Begründung des Regierungsentwurfs ersetzt die fehlende gesetzliche Definition nicht.

62 Die **Bezugsgröße** für die Berechnung der **Quote** misslungener Arbeitsergebnisse von 5 % ist eine Wochenproduktion, wie sie von Montag 0.00 Uhr bis Samstag 24.00 Uhr erzeugt werden kann. Dabei bezieht sich die Ausschussquote auf fehlerfreie Arbeitserzeugnisse[111]. Hierfür kommt es nicht auf alle Arbeitserzeugnisse des Betriebes insgesamt an, sondern auf die Erzeugnisse, die von der jeweiligen Maschine oder Fertigungsanlage hergestellt werden[112].

63 Nach der amtlichen Begründung zu § 10 Abs. 1 Nr. 15 ArbZG kann ein Misslingen von Arbeitsergebnissen auch vorliegen, wenn die **Quote von 5 % unterschritten** wird. Eine starre Grenze von 5 % Ausschussproduktion würde den unterschiedlichen Bedürfnissen der einzelnen Industriezweige nicht gerecht[113]. Wann der Tatbestand des Misslingens von Arbeitsergebnissen vorliegt, ist nämlich anhand der Umstände des jeweiligen Einzelfalles zu prüfen; aus ihnen ergibt sich auch die wirtschaftliche Grenze des Hinnehmens misslungener Arbeitsergebnisse[114]. Insbesondere dann kann eine geringere Quote misslungener Arbeitsergebnisse ausreichen, um Arbeitnehmer auch an Sonn- und Feiertagen beschäftigen zu dürfen, wenn die Unterbrechung der Arbeiten an Sonn- und Feiertagen zu weiteren Schäden führen würde, z. B. zu besonderen Gefahren für Leib und Leben der Arbeitnehmer oder zu Umweltbelastungen, Belastungen der Energie- und Wasserversorgung oder Abwasserbeseitigung[115]. Auch weitere Folgeschäden des Misslingens der Produktion kann insoweit i. S. einer Gesamtschadensberechnung einzubeziehen sein[116].

64 Erlaubt ist die Beschäftigung von Arbeitnehmern an Sonn- und Feiertagen auch bei sog. **Mischtatbeständen**, z. B. dann, wenn dies der **Verhütung des**

---

111 Vgl. BVerwG 19.09.2000 – 1 C 17/99 – EzA § 10 ArbZG Nr. 1 = NZA 2000, 1232.
112 *Roggendorff* § 10 ArbZG Rz. 38.
113 *Erasmy* NZA 1995, 97, 99; *Zmarzlik* BB 1993, 2009, 2014.
114 *Roggendorff* § 10 ArbZG Rz. 39 m. w. N.
115 Vgl. *Roggendorff* § 10 ArbZG Rz. 39.
116 *Dobberahn* ArbZG Rz. 110; *Erasmy* NZA 1995, 97, 99; *Neumann/Biebl* § 10 ArbZG Rz. 49; zur Berücksichtigung von An- und Abfahrvorgängen bei insbesondere chemisch-thermischen Prozessen: *Anzinger/Koberski* § 10 ArbZG Rz. 183 ff.

Verderbens von Naturerzeugnissen oder Rohstoffen einerseits ebenso dient wie andererseits der **Verhütung des Misslingens von Arbeitsergebnissen** (§ 10 Abs. 1 Nr. 15, erste und zweite Alternative ArbZG) oder wenn die Beschäftigung auch der **Vermeidung einer Zerstörung oder erheblichen Beschädigung von Produktionseinrichtungen** i. S. d. § 10 Abs. 1 Nr. 16 ArbZG dient. Dies entspricht der bisherigen Verwaltungspraxis, wie sie in sog. **Verfahrensbeschreibungen** festgehalten worden ist[117]. Sonn- und Feiertagsarbeit ist **nicht** nach § 10 Abs. 1 Nr. 15 ArbZG **zulässig**, wenn sie nur oder vorrangig der **Produktionssteigerung** oder der Verringerung von Produktionskosten dienen oder zumutbare Modernisierungsmaßnahmen entbehrlich machen soll[118]. Insoweit ist jedoch an einen Antrag auf Zulassung von Sonn- und Feiertagsarbeit wegen internationalen Wettbewerbsdrucks nach § 13 Abs. 5 ArbZG zu denken (§ 13 Rdn. 57 ff.).

▶ **Beispiele für Verfahrensbeschreibungen:**

1. »Wirtschaftsgruppe: 33 Herstellung und Reparatur von Datenverarbeitungsanlagen und Büromaschinen

    Wirtschaftsklasse: 332 Herstellung und Reparatur von Datenverarbeitungseinrichtungen und -geräten

    Arbeitsverfahren: **Qualitätsprüfungen im Dauertest**, wenn sich diese nicht in den Sechs-Tage-Rhythmus an Werktagen einfügen lassen.

    (A) Verfahrensbeschreibung

    Die eingegebenen Aufträge der Kunden enthalten spezielle Anforderungen an die Hard- und Software. Zum Beispiel spritzwassergeschützte Gehäuse oder bestimmte Programmvarianten. Der Arbeitnehmer muss die gestellten Bedingungen verwirklichen und im Test die Fehlerfreiheit nachweisen. Die Testobjekte durchlaufen nacheinander in vorgegebenem Rhythmus verschiedene Teststationen (Kühlung, Wärme, Feuchtigkeit . . .). Der Testablauf ist nicht immer vorhersehbar, da z. T. vom Verlauf des ersten Tests abhängig.

    (B) Begründung der Notwendigkeit der Sonntagsarbeit

    1) Misslingen von Arbeitserzeugnissen

---

117 *Dobberahn* ArbZG Rz. 110.
118 BVerwG 19.09.2000 – 1 C 17/88 – EzA § 10 ArbZG Nr. 1.

Bei der Durchführung von Dauertests, die eine Zeitspanne von länger als eine Woche umfassen können, dürfen die Arbeiten an Wochenenden nicht unterbrochen werden, um Fehler sicher zu erkennen.

Es ist nicht immer vermeidbar, dass Testobjekte am Sonn- und Feiertag wegen des Zeitablaufs aus einer Testphase entnommen oder umgesetzt werden müssen. Der Verzicht auf ein Neuansetzen an Sonntagen kann wegen versetzter Chargen zu erheblichen Produktionsausfällen an Werktagen führen.

    2) Verderben von Rohstoffen

    3) Andere Gründe

(C) Notwendige Arbeiten an Sonn- und Feiertagen

Überwachung und notwendige Arbeiten zur Durchführung des Dauertests. Ein Neuansetzen von neuen Testobjekten ist nur zulässig, wenn dies nicht zum zusätzlichen Einsatz von Arbeitnehmern an Sonn- und Feiertagen führt.«

2. »Wirtschaftsgruppe: 16   **Herstellung und Verarbeitung von Glas**

    Wirtschaftsklasse: 162   Verarbeitung und Veredelung von Glas

    Arbeitsverfahren: **Herstellung von Lichtwellenleitern**

(A) Verfahrensbeschreibung

Bei der Herstellung von Lichtwellenleitern wird ein Gasrohr mit einem Gasgemisch innen beaufschlagt und anschließend zum Stab, der Vorform, verschmolzen. Aus der Vorform wird anschließend die Glasfaser gezogen.

Bei der Unterbrechung am Sonntag werden durch Minilecks und Diffusionsvorgänge OH-Ionen in den Vorformen abgelagert. Durch diese Verunreinigung sinkt die Leitfähigkeit des Lichtwellenleiters. Es entsteht ein Produktionsausschuss von mindestens 5 % der Wochenproduktion.

(B) Begründung der Notwendigkeit der Sonntagsarbeit

    1) Misslingen von Arbeitserzeugnissen

    2) Verderben von Rohstoffen

    3) Andere Gründe

(C) Notwendige Arbeiten an Sonn- und Feiertagen

Herstellung der Vorform und Ziehen der Lichtwellenleiter einschließlich der notwendigen Hilfs- und Nebenarbeiten, sofern sie nicht auf Werktage verlegt werden können.«

3. »Wirtschaftsgruppe: 10 **Herstellung von Chemiefasern**

Wirtschaftsklasse: 100 Herstellung von Chemiefasern

Arbeitsverfahren: **Herstellung von Chemiefasern am Spinnverfahren**

(A) Verfahrensbeschreibung

Aus verschiedenen Granulatsorten wird eine Kunststoffschmelze produziert, auf Spinnmaschinen durch Spinndüsen zu Chemiefasern in Form von Endlosgarn (Monofile), Stapelfasern (Länge bis zu 150 mm) oder Vliese (Gewebe) verarbeitet.

Der Faden wird dann verstreckt, gekräuselt, aufgewickelt oder geschnitten. In entsprechenden Verfahren erfolgt Gewinnung von Viskose aus Zellulose und die Weiterverarbeitung zu Garn.

(B) Begründung der Notwendigkeit der Sonntagsarbeit

1) Misslingen von Arbeitserzeugnissen

Der Herstellungsprozess und die Anforderungen an die Qualität der Produkte verlangen eine ununterbrochene Arbeitsweise. Sowohl in der Rohstoffaufbereitung als auch in der Spinnerei. Bei Anfahren entsteht bis zum Erreichen des thermischen Gleichgewichts – je nach Verfahren zwölf Std. bis mehrere Tage – Ausschuss. Entsprechende Ausfallzeiten ergeben sich für das Abschalten.

2) Verderben von Rohstoffen

Bei Unterbrechungen der Arbeitsvorgänge würde nach mehr als 15 Minuten die in den Leitungen befindliche Schmelze und nach mehr als sechs Stunden das in den Konditionsbehältern vorgehaltene Granulat für die weitere Verarbeitung durch Strukturveränderungen unbrauchbar.

3) Andere Gründe

Die thermische Wechselbeanspruchung kann zur mechanischen Beschädigung von Anlagenteilen und zuletzt auch der Spinndüsen führen. Wegen Vercracken der Schmelze müssten Leitungen und Düsen gereinigt werden. Allein die Reinigung würde mehrere Tage in Anspruch nehmen.

(C) Notwendige Arbeiten an Sonn- und Feiertagen

Aufrechterhaltung der Produktionsprozesse

– Materialaufbereitung (Polymerisation)
– Materialzufuhr
– Aufrechterhalten der Spinnprozesse
– Aufwickeln bzw. der produzierten Fasern und Fäden.«

65 Nach der Begründung zum **Regierungsentwurf** des § 10 ArbZG gelten die »**Nr. 15 und 16 auch für die kontinuierliche Arbeitsweise**, sofern die dort zugelassenen Arbeiten einen ununterbrochenen Fortgang an Sonn- und Feiertagen erfordern«[119]. Für die bisherige Praxis der Beschäftigung von Arbeitnehmern an Sonn- und Feiertagen war dies nicht unumstritten; indessen hatten Verwaltungsbehörden und Gerichte ganz überwiegend die Ansicht vertreten, nach § 105 Abs. 1 Nr. 4 GewO sei auch die **vollkontinuierliche Sonn- und Feiertagsarbeit** erlaubt[120]. Der Gesetzeswortlaut des Arbeitszeitgesetzes gibt insoweit keinen Aufschluss; nach ihm wird zwischen diskontinuierlichen und kontinuierlichen Arbeiten nicht unterschieden. Das BVerwG hat erkannt, dass § 10 Abs. 1 Nr. 15 ArbZG sowohl die kontinuierlichen als auch die diskontinuierlichen erfasse[121]. Zu Unrecht meinen daher *Buschmann/Ulber*[122], § 10 Abs. 1 Nr. 15 ArbZG lasse nur eine **diskontinuierliche** Sonntagsarbeit zu. Für die Frage, ob und in welchem Umfang die Beschäftigung von Arbeitnehmern an Sonn- und Feiertagen nach § 10 Abs. 1 Nr. 15 und/oder Nr. 16 ArbZG zulässig ist, kommt es allein darauf an, ob dies der **Verhütung des Ver-**

---

119 BT-Drucks. 12/5888, 29.
120 *Erasmy* NZA 1995, 97, 99 m. w. N.
121 BVerwG 19.09.2000 – 1 C 17/99 – EzA § 10 ArbZG Nr. 1 = NZA 2000, 1232, 1234 re. Sp.
122 § 10 ArbZG Rz. 15.

derbens der Rohstoffe oder Naturerzeugnisse und/oder des **Misslingens** von Arbeitsergebnissen und/oder **der Vermeidung der Zerstörung oder erheblichen Beschädigung** von Produktionseinrichtungen dient und mit solcher Beschäftigung unzumutbare Folgeschäden wirtschaftlicher oder sonstiger Art vermieden werden können[123].

3. Kontinuierliche Forschungsarbeiten

Beschäftigung von Arbeitnehmern an Sonn- und Feiertagen ist auch bei **kontinuierlich durchzuführenden Forschungsarbeiten** nach § 10 Abs. 1 Nr. 15 ArbZG möglich. Nach bisherigem Recht unterlagen Forschungsarbeiten dem Verbot der Sonn- und Feiertagsarbeit nur, soweit auf sie § 105 b GewO anwendbar war. In der Regel war dies nicht der Fall, insbesondere nicht, soweit solche Forschungsarbeiten an nichtgewerblichen Forschungseinrichtungen, z. B. Universitäten, durchgeführt wurden. Der Sache nach können Forschungsarbeiten aber auch an Sonn- und Feiertagen erforderlich sein, z. B. zur ständigen Beobachtung länger andauernder Experimente oder zur Beobachtung von Naturphänomenen[124]. Dagegen erlaubt § 10 Abs. 1 Nr. 15 ArbZG nicht die Beschäftigung von Arbeitnehmern bei diskontinuierlich, z. B. nur an Sonntagen, durchzuführenden Forschungsarbeiten. Insoweit kann nur auf andere Tatbestände oder aufsichtsbehördliche Erlaubnis zurückgegriffen werden.

66

Der Begriff **Forschungsarbeiten** ist umfassend zu verstehen, er ist nicht etwa auf bestimmte Gegenstände beschränkt. Die Forschungsarbeiten müssen **kontinuierlich durchzuführen** sein. Dieses Tatbestandsmerkmal liegt entgegen *Buschmann/Ulber*[125] nicht nur bei einer vollkontinuierlichen Forschung vor, die sich auf alle 168 Stunden in der Woche erstreckt, sondern bei jeder Forschung, die eine Unterbrechung und damit eine Diskontinuität nicht duldet[126]. Ob und wann dies der Fall ist, ist anhand des jeweiligen Forschungsvorhabens zu beurteilen; maßgeblich ist insoweit die objektivierbare Vorstellung des jeweiligen Forschers oder Forschungsteams. Die Ansicht, kontinuierliche Forschungsvorhaben lägen nicht vor, wenn mit der Forschungsarbeit erst am

67

---

123 *Neumann/Biebl* § 10 ArbZG Rz. 49.
124 *Neumann/Biebl* ArbZG § 10 Rz. 50; *Roggendorff* § 10 ArbZG Rz. 41.
125 § 10 ArbZG Rz. 14.
126 Ähnlich *Anzinger/Koberski* § 10 ArbZG Rz. 206 ff.

Sonntag begonnen werde[127], findet im Gesetz insofern keine Stütze, als durchaus denkbar ist, dass sich ein Forschungsprojekt auf sieben Tage erstreckt; es ist dann nicht einsehbar, weshalb es nicht auch an einem Sonntag begonnen werden könnte. Würde es nämlich an einem Montag begonnen werden, so wäre sein letzter Tag der Sonntag. Dagegen erlaubt § 10 Abs. 1 Nr. 15 ArbZG die Beschäftigung von Arbeitnehmern nicht mit solchen Forschungsarbeiten, die nur am Sonntag geleistet werden können, z. B. Forschungen über das sonntägliche Freizeitverhalten.

XVI. Vermeidung einer Zerstörung oder erheblichen Beschädigung der Produktionseinrichtungen (§ 10 Abs. 1 Nr. 16 ArbZG)

68 Schließlich ermöglicht § 10 Abs. 1 Nr. 16 ArbZG die Beschäftigung von Arbeitnehmern an Sonn- und Feiertagen zur **Vermeidung einer Zerstörung oder erheblichen Beschädigung der Produktionseinrichtungen**.

69 Ausnahmen vom Verbot der gewerblichen Sonn- und Feiertagsarbeit waren bisher aufgrund einer Bekanntmachung nach § 105 d GewO geregelt, die ihrerseits durch Art. 21 Nr. 18 ArbZRG aufgehoben worden ist. Für die **Eisen- und Stahlindustrie** und für die **Papierindustrie** gelten insoweit besondere Verordnungen über die Ausnahmen vom Verbot der Beschäftigung von Arbeitnehmern an Sonn- und Feiertagen (Vorbem. Rdn. 27, 28). Sie haben als speziellere Normen Vorrang.

70 § 10 Abs. 1 Nr. 16 ArbZG betrifft alle **Fertigungsprozesse**, bei denen eine Zerstörung oder erhebliche **Beschädigung der Produktionseinrichtungen** zu besorgen ist, wenn die Arbeit an Sonn- und Feiertagen ruht. Unter Produktionseinrichtungen ist alles zu verstehen, mit dem das Produkt hergestellt wird, wobei es nicht nur um die Anlage insgesamt geht, sondern ebenso um ihre einzelnen Teile oder um sonstige Produktionsmittel[128]. Die Zerstörungen können insbesondere chemische, biologische, physikalische oder sonstige technische Gründe haben. Erforderlich, aber auch ausreichend ist, dass die jeweilige Gefahr beseitigt oder zumindest minimiert wird, wenn die Arbeit nicht durch die Ruhezeit an Sonn- und Feiertagen unterbrochen wird[129].

---

127 *Neumann/Biebl* § 10 ArbZG Rz. 50; *Roggendorff* § 10 ArbZG Rz. 41.
128 *Baeck/Deutsch* § 10 ArbZG Rz. 136; ErfK/*Wank* § 10 ArbZG Rz. 24; *Neumann/Biebl* § 10 ArbZG Rz. 52; *Anzinger/Koberski* § 10 ArbZG Rz. 216.
129 *Buschmann/Ulber* § 10 ArbZG Rz. 18; *Roggendorff* § 10 ArbZG Rz. 42.

Durch die Heranziehung von Arbeitnehmern zur Sonn- und Feiertagsarbeit 71
muss die **Zerstörung** oder zumindest die **erhebliche Beschädigung** der
Produktionsanlagen vermieden werden können. Die Zerstörung einer Produktionsanlage besteht darin, dass sie vollkommen unbrauchbar wird. Die
Gefahr der bloßen Beschädigung der Produktionsanlage erlaubt die Arbeit an
Sonn- und Feiertagen jedoch nur, wenn sie **erheblich** ist. § 10 Abs. 1 Nr. 16
lässt nicht schon jede geringfügige Beschädigung ausreichen. Vielmehr muss
die Beschädigung zu einer **unzumutbaren Belastung des Arbeitgebers** führen.
Sie können im Reparaturkostenaufwand liegen, aber auch in der Produktionsverzögerung. Auch Folgekosten der Beschädigung der Produktionsanlage sind
i. S. einer Gesamtschadensberechnung zu berücksichtigen.

Die Voraussetzungen des § 10 Abs. 1 Nr. 15 und Nr. 16 ArbZG können auch 72
kumulativ vorliegen. Insoweit stellen beide Bestimmungen **Auffangtatbestände** dar[130]. Beide Bestimmungen erlauben die Beschäftigung von Arbeitnehmern an Sonn- und Feiertagen, wenn und soweit durch die Unterbrechung
der Arbeiten an Sonn- und Feiertagen Sachschäden eintreten würden, die zu
einer unzumutbaren wirtschaftlichen Belastung des Arbeitgebers führten. Insbesondere bei diesen beiden Tatbeständen ist jedoch das **Beurteilungsrisiko
für den Arbeitgeber** außerordentlich hoch. Von daher ist empfehlenswert,
nach § 13 Abs. 3 Nr. 1 ArbZG eine verbindliche, klarstellende **Entscheidung
der Aufsichtsbehörde** herbeizuführen. Ist eine solche Entscheidung herbeigeführt worden und wird sie später von einem Gericht nicht respektiert, so wird
es in aller Regel am subjektiven Tatbestand einer Ordnungswidrigkeit oder gar
einer Straftat gegen das Arbeitszeitgesetz fehlen.

E. Ausnahmen zur Verringerung der Zahl der Sonntagsarbeitnehmer (§ 10 Abs. 2 ArbZG)

Nach § 10 Abs. 2 ArbZG dürfen abweichend von § 9 ArbZG Arbeitnehmer an 73
Sonn- und Feiertagen mit den **Produktionsarbeiten** beschäftigt werden, wenn
die infolge der **Unterbrechung der Produktion** nach Abs. 1 Nr. 14 zulässigen
Arbeiten, also die Reinigung und Instandhaltung von Betriebseinrichtungen,
die Vorbereitung der Wiederaufnahme des vollen werktäglichen Betriebes
sowie die Aufrechterhaltung der Funktionsfähigkeit von Datennetzen und
Rechnersystemen, den Einsatz von **mehr Arbeitnehmern** als bei durchge-

---

130 *Dobberahn* ArbZG Rz. 111; *Anzinger* BB 1994, 1492, 1497; *Erasmy* NZA 1995, 97, 99; *Zmarzlik* DB 1994, 1082, 1086.

hender Produktion erfordern. Die Norm hat den Zweck, die Zahl der von Sonn- und Feiertagsarbeit betroffenen Arbeitnehmer so klein wie möglich zu halten[131]. Auch bei dieser Bestimmung handelt es sich um einen **gesetzlichen Ausnahmetatbestand**; eine behördliche Genehmigung ist nicht vorgesehen. Möglich – und i. d. R. auch empfehlenswert – ist jedoch, **eine klarstellende Entscheidung** der Aufsichtsbehörde nach § 13 Abs. 3 Nr. 1 ArbZG herbeizuführen.

74 Gegen die Vereinbarkeit des § 10 Abs. 2 ArbZG mit Art. 17 Abs. 3 RL 2003/88/EG (vormals Art. 17 Abs. 2, 2.1 Buchst. c RL 93/104 EG), wonach die Heranziehung von Arbeitnehmern zu produktiver Sonn- und Feiertagsarbeit nur in Industriezweigen zulässig sei, in denen der Arbeitsprozess aus **technischen Gründen** nicht unterbrochen werden könne, erheben *Buschmann/Ulber*[132] Bedenken. § 10 Abs. 2 wie § 10 Abs. 1 Nr. 14 ArbZG ließen Sonn- und Feiertagsarbeit aus rein **wirtschaftlichen Gründen** zu. Diese Bedenken sind nicht zu teilen. Zu den »technischen Gründen« i. S. d. EG-Richtlinie zählen auch solche technischen Zusammenhänge, bei denen aus wirtschaftlichen Gründen eine Kontinuität der Produktion geboten ist. Es widerspräche sowohl dem Ziel der Regelungen der EG-Richtlinie über die Einschränkung der Arbeit an Sonn- und Feiertagen als auch dem entsprechenden Zweck und Ziel des Arbeitszeitgesetzes, wenn der Gesetzgeber in den Fällen, in denen die Fortsetzung der Produktion an Stelle von bloßen Reinigungsarbeiten zu einer geringeren Menge an Sonntagsarbeit führte, Sonntagsarbeit nicht zuließe.

75 Voraussetzung für die Anwendung des § 10 Abs. 2 ArbZG ist zunächst, dass mit nach § 10 Abs. 1 Nr. 14 ArbZG zulässigen Arbeiten mehr Arbeitnehmer an Sonn- und Feiertagen zu beschäftigen wären, als zu arbeiten hätten, wenn die Produktion auch am Sonn- und Feiertag weiter durchgeführt würde. Ob **mehr Arbeitnehmer** für die nach § 10 Abs. 1 Nr. 14 ArbZG zulässigen Arbeiten einzusetzen wären als bei durchgehender Produktion, richtet sich nach dem Wortlaut des Gesetzes nach der **Zahl der Arbeitnehmer**, nicht aber nach der **Zahl der Arbeitsstunden** (sog. Mann-Stunden). Gegenüberzustellen sind die Zahl der Arbeitnehmer, die im Fall der Produktionsunterbrechung die nach § 10 Abs. 1 Nr. 14 möglichen Tätigkeiten ausüben oder ausüben müssten auf der einen Seite und die Zahl der Arbeitnehmer bei fortlaufender Produktion

---

131 BT-Drucks. 12/5888, 29.
132 *Buschmann/Ulber* § 10 ArbZG Rz. 19.

auf der anderen Seite[133]. Für das Ziel des Arbeitszeitgesetzes, den Sonntag und die staatlich anerkannten Feiertage als Tage der Arbeitsruhe und der seelischen Erhebung der Arbeitnehmer zu schützen (§ 1 Nr. 2 ArbZG) kommt es darauf an, dass per Saldo möglichst wenige Arbeitnehmer zur Arbeit an Sonn- und Feiertagen herangezogen werden. Entscheidend ist insoweit, möglichst überhaupt keine Arbeit an Sonn- und Feiertagen zu leisten, nicht aber, die Zahl der Arbeitsstunden an Sonn- und Feiertagen, die der Einzelne zu leisten hat, gering zu halten[134]. Dem von *Dobberahn*[135] und *Roggendorff*[136] genannten Beispiel, wonach bei der Herstellung kühlfrischer Teigwaren bei Unterbrechung der Arbeit am Sonntag 240 »Mann-Stunden«, bei Fortführung der Arbeit dagegen nur 168 »Mann-Stunden« für die (laufende) Reinigung der Anlage erforderlich sind, ist daher unter dem Gesichtspunkt zuzustimmen, dass an Stelle der 32 Arbeitnehmer, die zur Erledigung aller nach § 10 Abs. 1 Nr. 14 ArbZG zu leistenden Arbeiten eingesetzt werden müssen, bei einer Fortsetzung der Produktion mit gleichzeitiger Erledigung solcher Arbeiten nur 24 Arbeitnehmer an Sonn- und Feiertagen arbeiten müssten.

§ 10 Abs. 2 ArbZG ist jedoch nicht auf **andere Konstellationen** anzuwenden, 76 vor allem nicht auf zulässige Arbeiten nach § 10 Abs. 1 Nr. 15 oder Nr. 16 ArbZG[137].

F. Bäcker- und Konditorwaren (§ 10 Abs. 3 ArbZG)

Nach § 10 Abs. 3 ArbZG dürfen abweichend von § 9 ArbZG Arbeitneh- 77 mer an Sonn- und Feiertagen in **Bäckereien und Konditoreien** für **bis zu drei Stunden** mit der Herstellung und dem Austragen oder Ausfahren von **Konditorwaren** oder an diesem Tag zum Verkauf kommenden **Bäckerwaren** beschäftigt werden. Die Bestimmung ist unter gleichzeitigem Wegfall der bisherigen Arbeitszeitregelungen für Arbeiter in Bäckereien und Konditoreien mit Wirkung vom 1. 11. 1996 durch das Gesetz zur Änderung des Gesetzes über den Ladenschluss und zur Neuregelung der Arbeitszeit in Bäckereien und

---

133 Vgl. zu § 105 b GewO: *Natter* NZA 1992, 15, 18.
134 A. A. wohl *Stückmann* DB 1998, 1462 f.
135 *Dobberahn* ArbZG Rz. 112.
136 *Roggendorff* § 10 ArbZG Rz. 43.
137 *Roggendorff* § 10 ArbZG Rz. 44; a. A. *Dobberahn* ArbZG Rz. 112; *Erasmy* NZA 1995, 97, 100.

Konditoreien vom 30. 7. 1996[138] in das Arbeitszeitgesetz eingefügt worden. Nach der Begründung des Regierungsentwurfs entspricht die Regelung einem allgemeinen »Bedürfnis, das sich in den letzten Jahren immer stärker entwickelt hat«[139]. Zugleich soll damit eine Wettbewerbsverzerrung zwischen Tankstellen und Bahnhofsverkaufsstellen einerseits gegenüber dem Bäcker- und Konditorhandwerk andererseits beseitigt werden, soweit es um den Verkauf frischer Backwaren an Sonn- und Feiertagen geht[140]. Zu den vom Ausnahmetatbestand umfassten **Bäckerwaren** gehört vor allem das an Sonn- und Feiertagen nachgefragte Frühstücksgebäck wie Brötchen oder anderes Kleingebäck, aber auch frisches Brot, wenn es am Sonn- oder Feiertag angeboten werden soll[141]. Für **Konditorwaren** sah der Regierungsentwurf zwar noch vor, dass sie »leicht verderblich« sein mussten[142]. Diese Einschränkung ist jedoch im Laufe des Gesetzgebungsverfahrens entfallen. Für Konditorwaren gilt nach dem eindeutigen Wortlaut des Gesetzes nicht einmal die für Bäckerwaren normierte Voraussetzung, dass die Ware an dem betreffenden Tag zum Verkauf kommen soll. Die Herstellung länger haltbarer Konditorwaren wäre damit nach dem Wortlaut des § 10 Abs. 3 ArbZG möglich. Für § 10 Abs. 3 ArbZG gilt auch nicht der in § 10 Abs. 1 Eingangssatz ArbZG normierte Vorbehalt, dass die Arbeiten nicht werktags ausgeführt werden können. Indessen ist § 10 Abs. 3 ArbZG insoweit im Wege der teleologischen Reduktion auf seinen Sinn- und Zweckgehalt zurückzuführen. Die Beschäftigung von Arbeitnehmern mit der Herstellung, dem Austragen und Ausfahren von Bäcker- und Konditorwaren stellt einen **Ausnahmetatbestand** vom Verbot der Beschäftigung der Arbeitnehmer an Sonn- und Feiertagen nach § 9 ArbZG dar. Als Ausnahmetatbestand ist § 10 Abs. 3 ArbZG eng auszulegen[143]. Nach seinem Sinn und Zweck wird, auch soweit es um Konditorwaren geht, nur solche Ware erfasst, die am selben Tag zum Verkauf angeboten wird. Die Zulässigkeit der Beschäftigung von **Verkaufspersonal** mit dem Verkauf von Bäcker- und Konditorwaren an **Sonn- und Feiertagen** folgt dagegen nicht aus § 10 Abs. 3 ArbZG, sondern richtet sich nach den §§ 12, 15, 17 LadSchlG und der VO über den Verkauf

---

138 BGBl. I S. 1196.
139 BR-Drucks. 910/95 S. 14.
140 BR-Drucks. 910/95 S. 14.
141 BR-Drucks. 910/95 S. 14.
142 BR-Drucks. 910/95 S. 3.
143 Vgl. zur Verfassungswidrigkeit exzessiver Ladenöffnungen an Sonntagen: BVerfG 01.12.2009 – 1 BvR 2857/07 und 2838/07 – AuR 2010, 1679.

bestimmten Waren an Sonn- und Feiertagen. Diese bundesrechtlichen Regelungen sind nur noch in Bayern gültig. In den anderen Ländern gelten deren Ladenöffnungsgesetze nebst entsprechenden Verordnungen.

G. Europäisches Zahlungssystem TARGET (§ 10 Abs. 4 ArbZG)

Anlässlich des In-Kraft-Tretens der dritten Stufe zur Einführung der Europäischen Währungsunion, d. h. der Einführung des **Euro im bargeldlosen Zahlungsverkehr**, ist mit Wirkung vom 1. 1. 1999 durch die Einführung des § 10 Abs. 4 ArbZG[144] die Beschäftigung von Arbeitnehmern im (europäischen) Zahlungsverkehr erweitert worden. Nach § 10 Abs. 4 ArbZG dürfen, sofern die Arbeiten nicht an Werktagen durchgeführt werden können, Arbeitnehmer zur Durchführung des Eil- und Großbetragszahlungsverkehrs und des Geld-, Devisen-, Wertpapier und Derivatehandels an solchen Feiertagen beschäftigt werden, die auf einen Werktag fallen und die nicht in allen Mitgliedstaaten der Europäischen Union Feiertage sind. Hintergrund für § 10 Abs. 4 ArbZG ist das vor allem von den Zentral- und Landesbank genutzte elektronische Zahlungssystem **TARGET** (Trans-European-Automated-Realtime-Gros-Settlement-Express-Transfer-System). 78

Nach § 10 Abs. 4 ArbZG sind alle Arbeiten einschließlich notwendiger Hilfs- und Nebentätigkeit zulässig, die zur Durchführung des mit den System TARGET abzuwickelnden Großbetrags- und Eilzahlungsverkehrs sowie des Geld-, Devisen-, Wertpapier- und Derivatehandels erforderlich sind; nicht erlaubt ist dagegen Sonn- oder Feiertagsarbeit zur Abwicklung des normalen Massenzahlungsverkehrs[145]. Voraussetzung für die Sonn- und Feiertagsarbeit ist jedoch, dass die Arbeiten nicht an Werktagen durchgeführt werden können und dass der betreffende Feiertag nicht überall in der EU gilt. Von allen Mitgliedstaaten der Europäischen Union sind derzeit nur zwei gesetzliche Feiertage, die auf Werktage fallen können, anerkannt, nämlich der 25. Dezember und der 1. Januar. Nach einer internen Regelung der an TARGET beteiligten Banken wird das System tatsächlich an diesen beiden Tagen, an allen sonstigen gleichzeitig begangenen – nicht unbedingt »anerkannten« – Feiertagen, aber auch an allen Wochenenden nicht benutzt[146]. Diese tatsächliche Handhabe wirft 79

---

144 Art. 14 a EuroEinführungsG vom 09.06.1998 – BGBl. I S. 1242.
145 *Baeck/Deutsch* § 10 ArbZG Rz. 162, 164; MünchArbR/*Anzinger* § 221 Rz. 59; *Neumann/Biebl* § 10 ArbZG Rz. 60; HWK/*Gäntgen*, § 10 ArbZG Rz. 31.
146 *Anzinger* NZA 1998, 845 f.

H. Ausnahmeregelungen, Rechtsverordnungen

80 Von § 10 ArbZG darf nach § 14 Abs. 1 ArbZG bei **vorübergehenden Arbeiten in Notfällen und in außergewöhnlichen Fällen**, die unabhängig vom Willen der Betroffenen eintreten und deren Folgen nicht auf andere Weise zu beseitigen sind, insbesondere wenn Rohstoffe oder Lebensmittel zu verderben oder Arbeitsergebnisse zu misslingen drohen, abgewichen werden. Der Sinn dieser Ausnahmeregelungen ist nicht leicht zu erfassen, denn § 10 ArbZG insgesamt stellt eine Ausnahmeregelung dar. Gemeint sein kann insoweit nur, dass in den in § 14 Abs. 1 ArbZG genannten Notfällen oder sonstigen außergewöhnlichen Fällen die **Einschränkungen**, die in § 10 ArbZG enthalten sind, nicht unbedingt eingehalten werden müssen. Weitere Ausnahmeregelungen von Gesetzes wegen sind nicht vorgesehen. Durch **Rechtsverordnungen** können die Bundesregierung bzw. die Landesregierungen die **Bereiche in Sonn- und Feiertagsbeschäftigung** nach § 10 ArbZG sowie die dort zugelassenen Arbeiten **näher** bestimmen und über die Ausnahmen nach § 10 ArbZG hinaus **weitere Ausnahmen** abweichend von § 9 ArbZG zulassen (§ 13 Abs. 1 und 2 ArbZG). **Behördliche Ausnahmeregelungen** sind dagegen für § 10 ArbZG ebenso wenig vorgesehen wie Abweichungen durch **tarifvertragliche** Vereinbarungen oder **Betriebsvereinbarungen** aufgrund Tarifvertrags. Dies ist nach der Gesetzessystematik auch nicht nötig, denn Ausnahmen von den gesetzlichen Erlaubnistatbeständen des § 10 ArbZG könnten nur eine Einschränkung dieser Erlaubnistatbestände zur Folge haben. Vielmehr können Ausnahmen vom grundsätzlichen Verbot der Beschäftigung von Arbeitnehmern an Sonntagen und gesetzlichen Feiertagen (§ 9 ArbZG) jedoch nach § 13 Abs. 3 bis 5 ArbZG behördlich bewilligt werden.

I. Mütter, Jugendliche

81 Die Beschäftigung von Müttern und Jugendlichen an Sonn- und Feiertagen richtet sich nach den einschlägigen besonderen gesetzlichen Bestimmungen (§ 9 Rdn. 20–22).

§ 11 Ausgleich für Sonn- und Feiertagsbeschäftigung

(1) **Mindestens 15 Sonntage im Jahr müssen beschäftigungsfrei bleiben.**

(2) Für die Beschäftigung an Sonn- und Feiertagen gelten die §§ 3 bis 8 entsprechend, jedoch dürfen durch die Arbeitszeit an Sonn- und Feiertagen die in den §§ 3, 6 Abs. 2, §§ 7 und 21 a Abs. 4 bestimmten Höchstarbeitszeiten und Ausgleichszeiträume nicht überschritten werden.

(3) Werden Arbeitnehmer an einem Sonntag beschäftigt, müssen sie einen Ersatzruhetag haben, der innerhalb eines den Beschäftigungstag einschließenden Zeitraums von zwei Wochen zu gewähren ist. Werden Arbeitnehmer an einem auf einen Werktag fallenden Feiertag beschäftigt, müssen sie einen Ersatzruhetag haben, der innerhalb eines den Beschäftigungstag einschließenden Zeitraums von acht Wochen zu gewähren ist.

(4) Die Sonn- oder Feiertagsruhe des § 9 oder der Ersatzruhetag des Absatzes 3 ist den Arbeitnehmern unmittelbar in Verbindung mit einer Ruhezeit nach § 5 zu gewähren, soweit dem technische oder arbeitsorganisatorische Gründe nicht entgegenstehen.

A. Gegenstand der Regelung

§ 11 ArbZG bestimmt die grundsätzlichen **Grenzen und den Ausgleich der erlaubten Beschäftigung** von Arbeitnehmern an **Sonn- und Feiertagen**.

1

B. Mindestanzahl beschäftigungsfreier Sonntage (§ 11 Abs. 1 ArbZG)

Nach § 11 Abs. 1 ArbZG müssen auch bei erlaubter Beschäftigung von Arbeitnehmern an Sonn- und Feiertagen **mindestens 15 Sonntage** im Jahr **beschäftigungsfrei** bleiben.

2

Der Regierungsentwurf zum Arbeitszeitgesetz sah vor, dass mindestens ein Sonntag im Monat beschäftigungsfrei bleiben müsse[1]. Eventuellen Schwierigkeiten sollte durch die Möglichkeit abweichender Regelungen im Tarifvertrag bzw. in einer Betriebsvereinbarung begegnet werden[2]. Demgegenüber empfahl der Ausschuss für Arbeit und Sozialordnung des Deutschen Bundestages die verabschiedete Fassung des Gesetzes mit Rücksicht darauf, dass in Bereichen, in denen typischerweise sonntags gearbeitet wird (Sportredakteure, Arbeitnehmer im Hotel- und Gaststättengewerbe) oder für Arbeitnehmer, die ohnehin nur an Sonntagen tätig sind, ferner in Saisonbetrieben und Kampa-

3

---

1 BT-Drucks. 12/5888, 8, 29.
2 BT-Drucks. 12/5888, 29.

gnebetrieben die Gewährung mindestens eines beschäftigungsfreien Sonntags im Monat nicht immer möglich sei[3].

4 Das Gebot der Beschäftigungsfreiheit bezieht sich nur auf **Sonntage, nicht** jedoch auf die **gesetzlichen Feiertage**[4]. Mindestens 15 Sonntage müssen **beschäftigungsfrei** bleiben. Hierunter ist nicht Betriebsruhe zu verstehen; die Beschäftigungsfreiheit bezieht sich vielmehr auf den einzelnen Arbeitnehmer[5]. Der Ansicht von *Buschmann/Ulber*, wonach § 11 Abs. 1 stets Arbeitsruhe für den ganzen Betrieb erfordere, weil ein auf den einzelnen Arbeitnehmer bezogenes Verständnis dieser Norm mit dem Verfassungsgebot der Sonntagsruhe unvereinbar sei[6] kann schon nach den Sinn und Zweck des § 11 Abs. 1 ArbZG, worin es um den Schutz des Arbeitnehmers vor einem Übermaß erlaubter Sonntagsarbeit geht, nicht gefolgt werden. Sie hätte zur Folge, dass alle Betriebe, die – z.B. nach § 10 ArbZG gesetzlich erlaubt – Arbeitnehmer an Sonntagen beschäftigen, an mindestens 15 Tagen im Jahr ihren Betrieb schließen müssten. Die Art. 140 GG, 139 WRV fordern nicht die totale Betriebsruhe an Sonntagen und kirchlichen gesetzlichen Feiertagen. Schutzgut der Art. 140 GG, Art. 139 WRV ist angesichts der Zweckbestimmung die Institution des Sonntags als Tag der Arbeitsruhe und der seelischen Erhebung, die als ein Grundelement sozialen Zusammenlebens und staatlicher Ordnung verfassungskräftig gewährleistet und dem gesetzlichen Schutz überantwortet wird[7]. Im **gesetzgeberischen Ermessen** liegen jedoch **Art, Umfang, Intensität** und nähere inhaltliche **Gestaltung** des gesetzlichen **Sonntagsschutzes**[8]. Dabei darf der Gesetzgeber von dem ihm zustehenden Ermessen nicht in der Weise Gebrauch machen, dass die gesetzlich anerkannten Sonn- und Feiertage einerseits ausgehöhlt und andererseits darf ihr Schutz auch nicht unverhältnismäßig hoch angesetzt werden.

5 Nach § 11 Abs. 1 ArbZG darf der Arbeitnehmer an mindestens 15 Sonntagen im Jahr zu keinerlei Beschäftigung herangezogen werden. Insoweit gelten

---

3 BT-Drucks. 12/6990, 14, 43.
4 HWK/*Gäntgen*, § 11 ArbZG Rz. 2.
5 *Baeck/Deutsch* § 11 ArbZG Rz. 8; ErfK/*Wank* § 11 ArbZG Rz. 2; MünchArbR/*Anzinger* § 221 Rz. 80; *Neumann/Biebl* § 11 ArbZG Rz. 2; *Erasmy* NZA 1995, 97, 102; *Junker* ZfA 1998, 105, 126.
6 *Buschmann/Ulber* § 11 ArbZG Rz. 2.
7 BVerwG 15.03.1988 AP Nr. 31 zu Art. 140 GG unter II 1 b der Gründe.
8 BVerwG 15.03.1988 AP Nr. 31 zu Art. 140 GG unter II 1 b der Gründe.

dieselben Maßstäbe wie bei § 9 Abs. 1 ArbZG (§ 9 Rdn. 6 ff.). Der **Anlass**, weshalb ein Sonntag beschäftigungsfrei bleibt, ist **rechtlich unerheblich**. Entscheidend ist allein, dass der Arbeitnehmer zu keinerlei Beschäftigung herangezogen wird. Hat der Arbeitnehmer z. B. wegen **Erholungsurlaubs**, infolge **krankheitsbedingter Arbeitsunfähigkeit** oder **aus anderen Gründen** nicht zu arbeiten, so sind die in diese Zeiten fallenden **Sonntage beschäftigungsfrei** i. S. d. § 11 Abs. 1 ArbZG[9].

Die 15 Sonntage müssen **im Jahr** beschäftigungsfrei bleiben. Unter Jahr ist hier nicht das Kalenderjahr zu verstehen, sondern das Zeitjahr[10] oder das Beschäftigungsjahr[11]. Das Gesetz legt nicht fest, dass der Jahreszeitraum erst mit der ersten Beschäftigung eines Arbeitnehmers an einem Sonntag beginnt. Erforderlich, aber auch ausreichend ist vielmehr, dass vom jeweiligen Sonntag aus gesehen, an welchem der Arbeitnehmer beschäftigt wird, in der Vergangenheit oder in der Zukunft im Zeitraum eines Jahres 15 Sonntage beschäftigungsfrei geblieben sind oder bleiben werden. 6

Durch **Tarifvertrag** oder aufgrund Tarifvertrags durch **Betriebsvereinbarung** kann für bestimmte Bereiche die Mindestzahl der beschäftigungsfreien Sonntage pro Jahr nach näherer Maßgabe des § 12 Nr. 1 und Nr. 3 ArbZG verringert werden (§ 12 Rdn. 5-9). 7

C. Grenzen der Beschäftigung an Sonn- und Feiertagen (§ 11 Abs. 2 ArbZG)

Das Arbeitszeitgesetz regelt die **werktägliche** Arbeitszeit und arbeitsfreie Zeiten in den §§ 3 bis 8. Nach § 11 Abs. 2 1. Halbs. ArbZG gelten diese Bestimmungen für die Beschäftigung an **Sonn- und Feiertagen** entsprechend. Dabei dürfen durch die Arbeitszeit an Sonn- und Feiertagen die in § 3, in § 6 Abs. 2 und in § 7 und § 21 a Abs. 4 ArbZG bestimmten Höchstarbeitszeiten und Ausgleichszeiträume nicht überschritten werden. 8

---

9 *Baeck/Deutsch* § 11 ArbZG Rz. 7; ErfK/*Wank* § 11 ArbZG Rz. 1; *Neumann/Biebl* § 11 ArbZG Rz. 2; *Junker* ZfA 1998, 105, 127; a. A. *Buschmann/Ulber* § 11 ArbZG Rz. 3.
10 *Dobberahn* ArbZG Rz. 119; *Neumann/Biebl* § 11 ArbZG Rz. 3; *Roggendorff* § 11 ArbZG Rz. 5.
11 *Anzinger/Koberski* § 11 ArbZG Rz. 15.

§ 11 ArbZG Ausgleich für Sonn- und Feiertagsbeschäftigung

9 Die entsprechende Geltung der Bestimmungen über die **werktägliche Arbeitszeit** des § 3 ArbZG hat zur Folge, dass auch an **Sonn- und Feiertagen die durchschnittliche (werktägliche) Arbeitszeit acht Stunden** beträgt; auch an Sonn- und Feiertagen darf jedoch die **Arbeitszeit auf bis zu zehn Stunden** erhöht werden, wenn innerhalb des **Ausgleichszeitraumes** nach § 3 Satz 2 ArbZG die durchschnittliche Arbeitszeit von acht Stunden nicht überschritten wird. Dabei sind die Arbeitszeiten an Werktagen und die an Sonn- und Feiertagen gleichermaßen zu berücksichtigen. Es ist **nicht möglich**, den **Ausgleich** für erhöhte Arbeitszeiten an Werktagen einerseits und den für erhöhte Arbeitszeiten an Sonn- und Feiertagen andererseits **getrennt** zu berechnen oder durchzuführen.

10 Aus § 11 Abs. 2 i. V. m. § 3 ArbZG folgt ebenso, dass auch durch eine Beschäftigung an **Sonn- und Feiertagen** die **durchschnittliche Arbeitszeit von 48 Stunden pro Woche** nicht überschritten werden darf[12]. Nach § 3 Satz 2 ArbZG darf ein Arbeitnehmer bei entsprechendem Ausgleich **höchstens an sechs Tagen jeweils zehn Stunden pro Woche** arbeiten. Arbeitet er an allen sechs Werktagen jeweils zehn Stunden, so darf er am Sonntag derselben Woche nicht beschäftigt werden. Dagegen verstößt es nicht gegen die §§ 3, 11 Abs. 2 ArbZG, den Arbeitnehmer an allen sieben Tagen der Woche einzusetzen, wenn dadurch weder die tägliche Höchstarbeitszeit von zehn Stunden noch die insgesamt 60 Stunden pro Woche überschritten werden[13]. Eine weitere Grenze für die Einsetzbarkeit von Arbeitnehmern an Sonn- und Feiertagen ergibt sich aus dem Anspruch auf einen Ersatzruhetag nach § 11 Abs. 3 Satz 1 ArbZG (Rdn. 14 ff.).

11 Für **Nachtarbeitnehmer** gelten die Regelungen des § 6 ArbZG entsprechend, soweit sie zur Arbeit an Sonn- und Feiertagen herangezogen werden. Soweit bei Nachtarbeitnehmern ein Arbeitszeitausgleich im verkürzten Ausgleichszeitraum des § 6 Abs. 2 Satz 2 ArbZG durchzuführen ist, ist ihre Beschäftigung an Sonn- und Feiertagen einzubeziehen. Leistet ein Arbeitnehmer **Nachtarbeit an Sonntagen oder gesetzlichen Feiertagen**, so hat er infolge der Verweisung des § 11 Abs. 2 auf § 6 Abs. 5 ArbZG einen Anspruch auf eine angemessene

---

12 *Buschmann/Ulber* § 11 ArbZG Rz. 5; *Neumann/Biebl* § 11 ArbZG Rz. 5.
13 Für 70 Stunden pro Woche: HWK/*Gäntgen*, § 11 Rz. 3; *Dobberahn* ArbZG Rz. 120, *Baeck/Deutsch* § 11 ArbZG Rz. 14 m. w. N.

Zahl freier Tage oder einen Zuschlag wegen der **Nacharbeit**[14], nicht aber wegen der Sonn- und Feiertagsarbeit. Die **Sonn- und Feiertagsarbeit** hat vielmehr einen Anspruch auf einen **Ersatzruhetag** nach § 11 Abs. 3 ArbZG zur Folge. Der systematische Zusammenhang und die unterschiedlichen Zwecke der Absätze 2 und 3 des § 11 ArbZG schließen aus, dass sich aus § 11 Abs. 2 ArbZG ein gesetzlicher Anspruch auf einen Zuschlag wegen der Arbeit an Sonn- und Feiertagen ergibt[15].

Für die **Ruhepausen** wirft die Beschäftigung von Arbeitnehmern an Sonn- und Feiertagen keine Besonderheiten auf; insoweit gelten die Regelungen des § 4 ArbZG ohne Einschränkung entsprechend. Für **Ruhezeiten** an Sonn- und Feiertagen ist einerseits, soweit es um die Gewährung der Ruhezeit **vor oder nach** einer **Beschäftigung** an Sonn- und Feiertagen geht, § 5 ArbZG uneingeschränkt entsprechend anzuwenden. Soweit es um die Gewährung von Ruhezeit im Zusammenhang mit **beschäftigungsfreien** Sonntagen geht, ist § 11 Abs. 4 ArbZG zu beachten (Rdn. 20 ff.). Auch die Bestimmung des § 7 ArbZG gilt entsprechend. Abweichende Regelungen in Tarifverträgen oder aufgrund von Tarifverträgen in Betriebsvereinbarungen bzw. Dienstvereinbarungen sind auch bei der Beschäftigung von Arbeitnehmern an Sonn- und Feiertagen entsprechend zu beachten. Schließlich gilt auch § 8 ArbZG entsprechend; (künftige) Rechtsverordnungen für **gefährliche Arbeiten** gelten entsprechend auch für die Beschäftigung von Arbeitnehmern an Sonn- und Feiertagen. 12

Von den Regelungen des § 11 Abs. 2 ArbZG kann nach näherer Maßgabe des § 12 Nr. 3 ArbZG in der **Seeschifffahrt** (§ 12 Rdn. 13, § 18 Rdn. 28) und nach § 12 Nr. 4 ArbZG in **vollkontinuierlichen Schichtbetrieben** (§ 12 Rdn. 14) abgewichen werden. 13

D. Ersatzruhetage (§ 11 Abs. 3 ArbZG)

Werden Arbeitnehmer an einem Sonntag oder auf einen Werktag fallenden gesetzlichen Feiertag beschäftigt, so haben sie Anspruch auf einen **Ersatzruhetag**. Bei Beschäftigung an einem **Sonntag** ist der Ersatzruhetag innerhalb eines den Beschäftigungstag umfassenden Zeitraums von **zwei Wochen** zu 14

---

14 BAG 11.01.2006 – 5 AZR 97/05 – NZA 2006, 372; BAG 27.01.2000 – 6 AZR 41/98 – NZA 2001, 41; *Baeck/Deutsch* § 11 ArbZG Rz. 14; *Neumann/Biebl* § 11 ArbZG Rz. 5.
15 BAG 11.01.2006 – 5 AZR 97/05 – NZA 2006, 372 = BB 2006, 783.

gewähren; bei einer Beschäftigung an einem Feiertag beträgt dieser Zeitraum **acht Wochen** (§ 11 Abs. 3 Satz 1 und 2 ArbZG).

15 Unter **Beschäftigung** i. S. d. § 11 Abs. 3 ArbZG ist nicht nur die **Leistung von Arbeit** zu verstehen, sondern auch die Heranziehung der Arbeitnehmer zur **Rufbereitschaft**[16]. Dies folgt daraus, dass grundsätzlich auch die Anordnung dieses – nicht zur Arbeitsleistung zählenden – »Dienstes« als Beschäftigung i. S. d. § 9 ArbZG zu werten ist. Insoweit hat der Gesetzgeber einen Paradigmenwechsel im Interesse des Schutzes des Sonntags vorgenommen. Ist für einen Arbeitnehmer Rufbereitschaft für einen Sonntag oder einen Feiertag angeordnet worden, so ist der Arbeitnehmer in der Gestaltung dieses Tages nicht völlig frei. Denn der Arbeitnehmer muss damit rechnen, aus der Rufbereitschaft zur Arbeit herangezogen zu werden. Hierauf muss er sich einrichten.

16 Der **Ersatzruhetag** ist **für jeden Sonntag** oder **gesetzlichen Feiertag**, an welchem der Arbeitnehmer beschäftigt worden ist, zu gewähren. Auf die Dauer der Beschäftigung des Arbeitnehmers an dem betreffenden Sonntag oder Feiertag kommt es nicht an; entscheidend ist allein, dass er infolge seiner Beschäftigung keine ungestörte Ruhe am Sonntag bzw. Feiertag hatte[17].

17 Der **Ersatzruhetag** umfasst einen Zeitraum von 24 Stunden; er ist notwendigerweise **an einem Werktag zu gewähren**. Für die Gewährung des Ersatzruhetages ist jedoch nicht erforderlich, dass er auf einen **Arbeitstag** des Arbeitnehmers fällt[18]; auch ein ohnehin arbeitsfreier Werktag ist als Ersatzruhetag geeignet; eine bezahlte Freistellung kann nicht verlangt werden[19]. Die Gewährung zusätzlicher freier Tage oder Urlaubstage ist nach § 11 Abs. 3 ArbZG nicht geboten, um einen Ersatzruhetag zu gewähren[20]. Arbeitet der nur für Arbeiten an Sonntagen (Zeitungszustellung) eingestellte Arbeitnehmer bei einem anderen Arbeitgeber an allen Werktagen innerhalb des Ausgleichzeitraumes mit der Folge, dass der ausgleichspflichtige Arbeitgeber den Ersatzruhetag tatsächlich nicht gewähren kann, so hat dies ein Beschäftigungshindernis zur Folge, welches eine vom ausgleichpflichtigen Arbeitgeber zu erklärende ordentlichen

---

16 *Buschmann/Ulber* § 11 ArbZG Rz. 6.
17 *Neumann/Biebl* § 11 ArbZG Rz. 8; *Roggendorff* § 11 ArbZG Rz. 11.
18 A. A. *Buschmann/Ulber* § 11 ArbZG Rz. 6.
19 BAG 12.12.2001 BAGE 100, 124 = EzA § 11 ArbZG Nr. 1 = NZA 2002, 505.
20 *Dobberahn* ArbZG Rz. 122; *Neumann/Biebl* § 11 ArbZG Rz. 8; *Roggendorff* § 11 ArbZG Rz. 12.

Kündigung aus personenbedingten Gründen sozial rechtfertigt[21]. *Ulber* wirft die Frage auf, ob bei einer solchen Lage bereits das Arbeitsverhältnis nichtig war, aus dem die Ausgleichspflicht folgt[22]. Dem ist höchstens dann zu folgen, wenn das andere Arbeitsverhältnis mit der Arbeitsleistung an allen Werktagen bereits zuvor bestanden hat[23].

Die Ausgleichsfristen zur Gewährung von Ersatzruhetagen sind nach § 11 Abs. 3 ArbZG für die Beschäftigung an Sonntagen und an gesetzlichen Feiertagen unterschiedlich geregelt. Ist ein Arbeitnehmer an einem **Sonntag** beschäftigt worden, so beträgt die **Frist für die Gewährung** des Ersatzruhetages **zwei Wochen**; sie umfasst den Sonntag, an welchem der Arbeitnehmer zur Beschäftigung herangezogen wurde. Für eine Beschäftigung des Arbeitnehmers an einem **Feiertag** beträgt diese Frist **acht Wochen**. Entgegen der Ansicht von *Roggendorff*[24] muss der **Ersatzruhetag nicht dem Sonn- oder Feiertag folgen**, an welchem der Arbeitnehmer zur Beschäftigung herangezogen worden ist. Vielmehr kann der Ersatzruhetag auch innerhalb der genannten Zeiträume **vorab** gewährt werden[25]. Der vorherige bzw. nachträgliche Zeitraum von zwei Wochen bei Sonntagsarbeit bzw. acht Wochen bei Feiertagsarbeit muss jedoch stets den Tag mit einschließen, an welchem die Sonntagsarbeit oder Feiertagsarbeit, die ausgeglichen werden soll, geleistet wurde.

18

---

21 BAG 24.02.2005 – 2 AZR 211/04 – EzA § 1 KSchG Personenbedingte Kündigung Nr. 18.
22 Anm. zur vorinstanzlichen Entscheidung LAG Nürnberg 15.04.2004 – 5 Sa 667/03 – AuR 2004, 470.
23 Vgl. zur Zusammenrechnung der Arbeitszeiten bei mehr als einem Arbeitgeber § 2 Rdn. 51 ff.
24 *Roggendorff* § 11 ArbZG Rz. 13.
25 *Dobberahn* ArbZG Rz. 122; *Neumann/Biebl* § 11 ArbZG Rz. 10.

§ 11 ArbZG Ausgleich für Sonn- und Feiertagsbeschäftigung

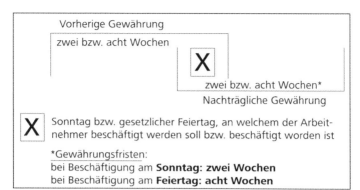

Schaubild 12: Zeiträume für die Gewährung eines Ersatzruhetages – § 11 Abs. 3 ArbZG

19 **Abweichende Regelungen** von § 11 Abs. 3 ArbZG können nach § 12 Satz 1 Nr. 2 ArbZG allgemein (§ 12 Rdn. 10) und nach Nr. 3 des § 12 Satz 1 ArbGG für die Seeschifffahrt (§ 18 Rdn. 28) in einem **Tarifvertrag** oder aufgrund Tarifvertrags in einer **Betriebsvereinbarung** getroffen werden.

E. Ruhetage und Ruhezeit (§ 11 Abs. 4 ArbZG)

20 Nach § 11 Abs. 4 ArbZG ist den Arbeitnehmern die **Sonn- oder Feiertagsruhe** des § 9 ArbZG oder der **Ersatzruhetag** des Abs. 3 von § ArbZG **unmittelbar im Zusammenhang mit der Ruhezeit nach § 5 ArbZG** zu gewähren, soweit dem technische oder arbeitsorganisatorische Gründe nicht entgegenstehen.

21 Die Bestimmung geht über die **Vorgabe** des Art. 5 Abs. 1 RL 2003/88/EG (vormals RL 93/104/EG) hinaus. Hiernach haben die Mitgliedstaaten die erforderlichen Maßnahmen zu treffen, damit jedem Arbeitnehmer pro Siebentagezeitraum eine kontinuierliche Mindestruhezeit von 24 Stunden zuzüglich die täglichen Ruhezeit von elf Stunden gewährt wird. Die früheren Bestimmung in Art. 5 Abs. 2 RL 93/104/EG, wonach die Mindestruhezeit grundsätzlich den Sonntag einschließt ist durch die RL 2000/34/EG aufgehoben worden, nachdem der EuGH sie für nichtig erklärt hatte[26]. Wenn objektive, technische oder arbeitsorganisatorische Umstände dies rechtfertigen, kann eine Mindestruhezeit von (nur) 24 Stunden gewährt werden (Art. 5 Abs. 2 RL 2003/88/

---

26 EuGH 12.11.1996 NZA 1997, 23.

EG, vormals RL 93/104/EG i. d. F. der RL 2000/34/EG). Aufgrund der aufgehobenen Fassung dieser Richtlinienbestimmung war es geboten, anzuordnen, dass die Ruhezeit des § 5 ArbZG im Zusammenhang mit der Sonntagsruhe zu gewähren ist. Die Regelung in § 11 Abs. 4 ArbZG geht insoweit über die Anforderung der Neufassung des Gesetzes hinaus. Sie entspricht ihr jedoch insoweit, als »mit der Vorschrift des Absatzes 4 grundsätzlich eine wöchentliche Mindestruhezeit von 35 Stunden für die Arbeitnehmer sichergestellt werden sollte«, die allerdings dann, wenn technische oder arbeitsorganisatorische Gründe dies erforderten, auf 24 Stunden gekürzt werden könne[27]. Eine Verbindung der **Ruhezeit mit der der Feiertagsruhe** war und ist indessen nach EU-Arbeitszeitrecht nicht geboten, aber mit ihm vereinbar.

Vielmehr ist die **24 Stunden umfassende Arbeitsruhe** an allen arbeitsfreien Sonntagen, gesetzlichen Feiertagen bzw. Ersatzruhetagen **unmittelbar in Verbindung mit** einer **elfstündigen Ruhezeit** (§ 5 ArbZG) zu gewähren. Grundsätzlich hat damit – sofern die Ruhezeit nicht in zulässiger Weise verkürzt worden ist – einschließlich des arbeitsfreien Sonntags bzw. Feiertags oder Ersatzruhetags ein Zeitraum von **zusammenhängend 35 Stunden arbeitsfrei** zu bleiben. Die Ansicht von *Buschmann/Ulber*[28] und *Roggendorff*[29], wonach die Arbeitszeit der Arbeitnehmer in Fällen des § 5 Abs. 1 ArbZG am **Sonnabend** bzw. am Arbeitstag vor einem gesetzlichen Feiertag oder Ersatzruhetag spätestens um **13.00 Uhr beendet** sein müsse, damit die 35-stündige Ruhezeit gewährt werden könne, ist nicht zu teilen. Den Anforderungen des § 11 Abs. 4 ArbZG ist vielmehr genügt, wenn der **Zeitraum von insgesamt 35 Stunden** nicht unterschritten wird und er den **Sonn-, Feier- oder Ersatzruhetag** umfasst. Die Gewährung der elfstündigen Ruhezeit des § 5 Abs. 1 ArbZG braucht nicht vor Beginn des Ruhetages abgeschlossen zu sein oder begonnen zu haben. Sie ist zwar ununterbrochen zu gewähren; unterbrochen wird sie jedoch nicht durch den Zeitraum des Ruhetages, sondern nur durch Heranziehung zur Arbeit[30]. Letztlich kann sie auch vollständig im unmittelbaren Anschluss an den arbeitsfreien Sonntag gewährt werden. Die Gewährung der Ruhezeit durch den Arbeitgeber unterliegt dem **Mitbestimmungsrecht** 22

---

27 BT-Drucks. 12/5888, 30.
28 *Buschmann/Ulber* § 11 ArbZG Rz. 8.
29 *Roggendorff* § 11 ArbZG Rz. 15.
30 Rz. 359.

§ 11 ArbZG Ausgleich für Sonn- und Feiertagsbeschäftigung

gemäß § 87 Abs. 1 Nr. 2 BetrVG[31], § 75 Abs. 3 Nr. 1 BPersVG und den entsprechenden Bestimmungen der Personalvertretungsgesetze der Länder sowie den kirchenrechtlichen Mitbestimmungsregelungen.

▶ **Beispiel:**

Der Arbeitnehmer hat am Sonnabend bis 18.00 Uhr gearbeitet. Der Arbeitsbeginn für den Montag ist auf 8.00 Uhr festgesetzt. Der Zeitraum, in dem der Arbeitnehmer nicht zur Arbeit herangezogen wird, beträgt insgesamt 38 Stunden. Damit genügt der Arbeitgeber sowohl § 5 Abs. 5 ArbZG als auch § 11 Abs. 4 ArbZG.

23 Soweit die Ruhezeit nach § 5 Abs. 2 ArbZG verkürzt bzw. ausgleichsweise verlängert worden ist, sind diese verkürzten bzw. verlängerten Zeiten auch im Rahmen des § 11 Abs. 4 ArbZG zu Grunde zu legen.

24 Der Arbeitgeber kann jedoch davon **absehen**, die **Ruhezeit** in Verbindung mit der Arbeitsruhe an Sonn-, Feier- oder Ersatzruhetagen **zu gewähren**, soweit dem **technische** oder **arbeitsorganisatorische Gründe** entgegenstehen. Auch dies entspricht Art. 5 Abs. 2 RL 2003/88/EG (vormals RL 93/104/EG i. d. F. der RL 2000/34/EG). Technische Gründe sind in diesem Zusammenhang vor allem solche der Arbeitstechnik. Zu den **arbeitsorganisatorischen Gründen** zählen alle Umstände, die sich aus der vom Arbeitgeber objektiv geübten Arbeitsorganisation ergeben. Dies sind vor allem **Schichtpläne**. Aus derartigen Gründen darf zwar von der Gewährung der **Ruhezeit** in Verbindung mit der Arbeitsruhe am Sonntag, Feiertag oder Ersatzruhetag abgesehen werden. Die Verkürzung der tatsächlichen Dauer der Arbeitsruhe darf jedoch 24 Stunden, nämlich das Maß der Arbeitsruhe am Sonntag, Feiertag bzw. Ersatzruhetag nicht unterschreiten. Dementsprechend ermöglicht das Gesetz nach wie vor den vor allem in der Industrie bewährten **Schichtwechsel** der bis **22.00 Uhr** am Samstag andauernden **Nachtschicht** auf die am Montag um **6.00 Uhr** beginnende **Frühschicht**; die dazwischen liegende Zeit umfasst nicht 35, sondern nur 32 Stunden[32]. Die aus diesen Gründen nicht gewährte Ruhezeit des § 5 ArbZG muss nicht ersatzweise nachgewährt werden. Allerdings begrenzt

---

31 LAG Köln 24.09.1998 NZA-RR 199, 194; *Baeck/Deutsch* § 11 ArbZG Rz. 33; *Buschmann/Ulber* § 11 ArbZG Rz. 10: *Neumann/Biebl* § 11 ArbZG Rz. 11; *Anzinger/Koberski* § 11 ArbZG Rz. 48.

32 *Dobberahn* ArbZG Rz. 97; *Roggendorff* § 11 ArbZG Rz. 15.

die gesetzliche Höchstarbeitszeit auch insoweit ggf. die Heranziehung desselben Arbeitnehmers.

F. Ausnahmeregelungen, Rechtsverordnungen

Für § 11 Abs. 4 ArbZG sieht das Arbeitszeitgesetz **keine Möglichkeit** vor, abweichende Vereinbarungen in einem **Tarifvertrag** oder auf Grund Tarifvertrags in einer **Betriebsvereinbarung** zu treffen. 25

In **Notfällen** und in **außergewöhnlichen Fällen** i. S. d. § 14 Abs. 1 ArbZG darf von den Bestimmungen des § 11 ArbZG insgesamt abgewichen werden. Von den Bestimmungen in den Absätzen 1 bis 3 darf ferner nach § 14 Abs. 2 ArbZG abgewichen werden. 26

Ausnahmeregelungen kraft Rechtsverordnung sieht das Arbeitszeitgesetz für § 11 ArbZG nur für die »Offshore-Arbeitszeiten« (§ 15 Abs. 2a) vor. Dagegen sind **behördliche Ausnahmen** in den Grenzen der Beschäftigung an Sonn- und Feiertagen nach § 11 Abs. 2 ArbZG nach näherer Maßgabe des § 15 Abs. 1 ArbZG möglich. 27

G. Mütter, Jugendliche

Für werdende und stillende **Mütter** und für **Jugendliche** sind die strengeren Vorschriften des § 8 MuSchG bzw. der §§ 16, 17 und 18 JArbSchG zu beachten (§ 9 Rdn. 20–22). 28

§ 12 Abweichende Regelungen

In einem Tarifvertrag oder auf Grund eines Tarifvertrags in einer Betriebs- oder Dienstvereinbarung kann zugelassen werden,
1. abweichend von § 11 Abs. 1 die Anzahl der beschäftigungsfreien Sonntage in den Einrichtungen des § 10 Abs. 1 Nr. 2, 3, 4 und 10 auf mindestens zehn Sonntage, im Rundfunk, in Theaterbetrieben, Orchestern sowie bei Schaustellungen auf mindestens acht Sonntage, in Filmtheatern und in der Tierhaltung auf mindestens sechs Sonntage im Jahr zu verringern,
2. abweichend von § 11 Abs. 3 den Wegfall von Ersatzruhetagen für auf Werktage fallende Feiertage zu vereinbaren oder Arbeitnehmer innerhalb eines festzulegenden Ausgleichszeitraums beschäftigungsfrei zu stellen,

§ 12 ArbZG Abweichende Regelungen

3. abweichend von § 11 Abs. 1 bis 3 in der Seeschifffahrt die den Arbeitnehmern nach diesen Vorschriften zustehenden freien Tage zusammenhängend zu geben,
4. abweichend von § 11 Abs. 2 die Arbeitszeit in vollkontinuierlichen Schichtbetrieben an Sonn- und Feiertagen auf bis zu zwölf Stunden zu verlängern, wenn dadurch zusätzliche freie Schichten an Sonn- und Feiertagen erreicht werden.

§ 7 Abs. 3 bis 6 findet Anwendung.

A. Gegenstand und Wirkungsmechanismus der Regelung

1 Nach § 12 ArbZG können durch **Tarifvertrag** oder aufgrund Tarifvertrags durch **Betriebsvereinbarung** oder Dienstvereinbarung von **§ 11 ArbZG abweichende Regelungen** vereinbart werden. EU-rechtlich ist § 12 ArbZG durch Art. 18 RL 2003/88/EG (vormals Art. 17 Abs. 3 RL 93/104/EG) gedeckt. Die anderweitigen Vereinbarungen sind aber tendenziell so geartet, dass sie den Schutz des Sonn- und Feiertags durch Abweichungen von den gesetzlichen Ausgleichsregelungen des § 11 ArbZG weiter verringern oder zumindest verschieben. Die Bestimmungen der Absätze 3 bis 6 des § 7 ArbZG finden Anwendung. Für das Fahrpersonal im Straßentransport sind Abweichungen durch Tarifvertrag oder Betriebs- oder Dienstvereinbarung von den gesetzlichen Regelungen der Beschäftigung an Sonn- und Feiertagen in § 21a ArbZG nicht ausdrücklich vorgesehen (§ 21a Rdn. 37).

2 Vor diesem Hintergrund haben *Buschmann/Ulber*[1] gegen die Delegierung der Regelungsbefugnis auf nichtstaatliche Stellen § 12 ArbZG insgesamt **verfassungsrechtliche Bedenken** erhoben. Sie meinen, die für die Ausübung der Grundrechte und für das gesellschaftliche Zusammenleben grundlegenden Bestimmungen der Sonn- und Feiertagsruhe dürfe nach der Wesentlichkeitstheorie des **BVerfG**[2] nur in einem vom Parlament beschlossenen Gesetz getroffen werden. Dementsprechend habe der Gesetzgeber selbst den Schutz der Sonn- und Feiertagsruhe zu regeln. Eine verfassungskonforme Auslegung des § 12 ArbZG bedeute daher, dass nur vom Gesetz abweichende Regelungen zulässig seien, die den Schutz vor allem der Arbeitnehmer an Sonn- und Feier-

---

1 *Buschmann/Ulber* § 12 ArbZG Rz. 1.
2 BVerfGE 34, 192 f.; 49, 126 f.; 68, 86 ff.

Abweichende Regelungen **§ 12 ArbZG**

tagen verstärkten oder verbesserten. *Kuhr*[3] meint, der den Tarifvertragsparteien oder Betriebspartnern eingeräumte Gestaltungsspielraum sei mit dem sich aus Art. 140 GG, Art. 139 WRV ergebenden Gesetzgebungsauftrag nicht vereinbar, wonach der Gesetzgeber Regelungen zum Schutz des Sonntags zu erlassen habe.

Diesen Bedenken ist nicht zu folgen[4]. Die **wesentlichen Normen** für den gesetzlichen Schutz der Sonntage und gesetzlich anerkannten kirchlichen Feiertage hat der **Gesetzgeber** – soweit es um die Beschäftigung von Arbeitnehmern geht – in § 9 ArbZG selbst beschlossen. Der Gestaltungsspielraum ist gewahrt. § 12 ArbZG ermöglicht nicht, von § 9 ArbZG abzuweichen. Abweichende Regelungen dürfen vielmehr nur hinsichtlich der Ausgleichsregelungen des § 11 ArbZG getroffen werden. Der Grundsatz, dass die Beschäftigung von Arbeitnehmern an Sonn- und Feiertagen unzulässig ist, wird durch § 12 ArbZG nicht in Frage gestellt. Ebenso wenig lässt § 12 ArbZG eine **gegenständliche Ausdehnung** der nach § 10 ArbZG von Gesetzes wegen erlaubten Beschäftigung von Arbeitnehmern an Sonn- und Feiertagen zu[5]. **Quantitativ** hat der Gesetzgeber in § 12 Satz 1 Nr. 1 ArbZG allerdings eine **Erweiterung** der erlaubten Sonn- und Feiertagsarbeit durch **Tarifvertrag** oder aufgrund Tarifvertrags in einer **Betriebsvereinbarung** zugelassen, in dem darin eine **geringere Mindestzahl beschäftigungsfreier Sonntage** vereinbart werden darf, als § 11 Abs. 1 ArbZG mit 15 beschäftigungsfreien Sonntagen im Jahr vorsieht. Indessen ist der Gesetzgeber auch insoweit dem Gesetzgebungsauftrag aus Art. 140 GG, Art. 139 WRV nachgekommen, indem er für diese Ausnahmeregelung erneut – nach Bereichen gestaffelt – Mindestzahlen für beschäftigungsfreie Sonntage festgesetzt hat. 3

Die rechtstechnischen **Wirkungsmechanismen** des § 12 ArbZG sind dieselben wie die des § 7 ArbZG. Dies betrifft sowohl die Vereinbarung in einem **Tarifvertrag** oder aufgrund Tarifvertrags in einer **Betriebsvereinbarung** oder **Dienstvereinbarung**, denn insoweit stimmt § 12 Satz 1 ArbZG mit dem jeweiligen Eingangssatz der Abs. 1 und 2 des § 7 ArbZG überein (§ 7 Rdn. 3 ff.). Dies gilt auch für alle übrigen Wirkungsmechanismen, die in § 7 Abs. 3 bis 4

---

3 DB 1994, 2186, 2188.
4 Im Ergebnis auch *Baeck/Deutsch* § 12 ArbZG Rz. 4; *Neumann/Biebl* § 12 ArbZG Rz. 2; *Erasmy* NZA 1995, 97, 103; *Anzinger/Koberski* § 12 ArbZG Rz. 3 ff.
5 *Neumann/Biebl* § 12 ArbZG Rz. 2.

Abs. 6 ArbZG vorgesehen sind; sie gelten nach § 12 Satz 2 ArbZG auch für abweichende Regelungen i. S. dieser Bestimmung (§ 7 Rdn. 78 ff.).

B. Geringere Zahl beschäftigungsfreier Sonntage (§ 12 Satz 1 Nr. 1 ArbZG)

5 § 12 Satz 1 Nr. 1 ArbZG ermöglicht, für bestimmte Bereiche eine **geringere Zahl beschäftigungsfreier Sonntage** durch Tarifvertrag oder aufgrund Tarifvertrags in einer Betriebsvereinbarung oder Dienstvereinbarung festzusetzen.

6 Die **Bereiche**, für die eine solche Festsetzung möglich ist, sind in § 12 Satz 1 Nr. 1 ArbZG **abschließend aufgezählt**. Ermöglicht wird nur die Festsetzung einer **geringeren Zahl** von Sonntagen, nicht aber eine Veränderung des Zeitrahmens **im Jahr**. Die Fassung des Gesetzes weicht vom Regierungsentwurf ab und beruht – ebenso wie die gegenüber dem Regierungsentwurf veränderte Fassung des § 11 Abs. 1 ArbZG – auf einem Vorschlag des Ausschusses für Arbeit und Sozialordnung des Deutschen Bundestags[6]. Für den einen Bereich ermöglicht § 12 Nr. 1 ArbZG die Herabsetzung auf zehn, für einen anderen sogar auf acht und für einen dritten sogar auf nur sechs arbeitsfreie Sonntage im Jahr.

7 Auf mindestens **zehn Sonntage** kann die Zahl der beschäftigungsfreien Sonntage herabgesetzt werden bei einer Beschäftigung der Arbeitnehmer zur **Aufrechterhaltung der öffentlichen Sicherheit und Ordnung**, der Funktionsfähigkeit von **Gerichten und Behörden** und für Zwecke der **Verteidigung** (§ 10 Abs. 1 Nr. 2 ArbZG). Dasselbe gilt nach § 10 Abs. 1 Nr. 3 ArbZG für die Beschäftigung von Arbeitnehmern an Sonn- und Feiertagen in **Krankenhäusern** (Begriff: § 5 Rdn. 25) und anderen **Einrichtungen zur Behandlung, Pflege und Betreuung von Personen** (Begriff: § 5 Rdn. 26 ff.). Auch für **Gaststätten** und andere Einrichtungen zur **Bewirtung und Beherbergung** (Begriff: § 5 Rdn. 29 f.) sowie im **Haushalt** (Begriff: § 10 Rdn. 17) und in **Verkehrsbetrieben** (Begriff: § 5 Rdn. 33-36) sowie beim Transport und Kommissionieren von **leicht verderblichen Waren** i. S. d. § 30 Abs. 3 Nr. 2 StVO (Begriff: § 10 Rdn. 32-34).

8 Eine noch geringere Zahl, nämlich **nur acht beschäftigungsfreie Sonntage** im Jahr kann aufgrund von Tarifverträgen bzw. Betriebsvereinbarungen (oder gleichstehend: Dienstvereinbarungen) festgesetzt werden im **Rundfunk** (Begriff: § 5 Rdn. 37, § 10 Rdn. 24), in **Theaterbetrieben** (Begriff: § 10

---

6 BT-Drucks. 12/6990, 15, 43.

Rdn. 18), **Orchestern** sowie bei **Schaustellungen**. Der **Rundfunk** ist im Laufe des Gesetzgebungsverfahrens in das Gesetz aufgenommen worden, um auch beim Ausgleich der Sonn- und Feiertagsbeschäftigung dessen besonderen, verfassungsrechtlich geschützten Informationsauftrag hinreichend zu berücksichtigen[7]. Für **Tageszeitungen** oder **Sportzeitungen** hat der Gesetzgeber die Möglichkeit zur Verringerung der beschäftigungsfreien Sonntage indessen nicht eröffnet. Der Begriff der Orchester ist weniger weit gehend als der Begriff der Musikaufführungen nach § 10 Abs. 1 Nr. 5 ArbZG. Jedoch zählen zu den Orchestern i. S. d. § 12 Satz 1 Nr. 1 ArbZG nicht nur Kulturorchester, sondern jede Art von (Musik-)Orchestern. Abweichende Regelungen gelten für **Theaterbetriebe allgemein**; dies ist nicht völlig deckungsgleich mit den Theatervorstellungen i. S. d. § 10 Abs. 1 Nr. 5 ArbZG (§ 10 Rdn. 18), sondern bleibt zumindest tendenziell etwas dahinter zurück. Andererseits kann in Tarifverträgen die **Zahl der beschäftigungsfreien Sonntage auch höher** oder anders festgesetzt werden als § 11 Abs. 1 ArbZG bestimmt[8].

Nur sechs beschäftigungsfreie Sonntage müssen als Mindestmaß in **Filmtheatern** und in der **Tierhaltung** verbleiben. Der Begriff der Filmtheater geht wiederum etwas weiter als der Begriff der Filmvorführungen i. S. d. § 10 Abs. 1 Nr. 5 ArbZG; es werden auch Sondervorführungen oder Sondernutzungen der Räume und Einrichtungen der Filmtheater erfasst. Dagegen deckt sich der Begriff der Tierhaltung mit demselben Begriff in § 10 Abs. 1 Nr. 12 ArbZG (§ 5 Rdn. 45). Umgekehrt bedeutet dies auch, dass eine Herabsetzung der Zahl beschäftigungsfreier Tage in der Landwirtschaft oder in Einrichtungen zur Behandlung und Pflege von Tieren nicht möglich ist, denn insoweit wird in § 10 Abs. 1 Nr. 12 ArbZG deutlich unterschieden. 9

C. Ersatzruhetage für Feiertage (§ 12 Satz 1 Nr. 2 ArbZG)

§ 12 Satz 1 Nr. 2 ArbZG betrifft nur **Ersatzruhetage für solche Feiertage, die auf einen Werktag fallen**. Die Tarifvertragsparteien bzw. Betriebsparteien können den **Wegfall von Ersatzruhetagen** für auf Werktage fallende Feiertage vereinbaren, aber auch **andere Ausgleichszeiträume** für solche **Ersatzruhetage**. Dementsprechend ist für die Zuckerindustrie ein anderer Ausgleichszeitraum, nämlich sechs Monate, für die Ersatzruhetage für Arbeiten an Sonn- 10

---

[7] *Roggendorff* § 12 ArbZG Rz. 11.
[8] BAG 22.09.2005 EzBAT Orchester-TVK § 16 Nr. 1 = ZTR 2005, 259.

und Feiertagen (§ 11 Abs. 3 ArbZG) während der Kampagne tarifvertraglich vereinbart worden[9].

11 Die Möglichkeit, den ersatzlosen Wegfall von Ersatztagen für die Heranziehung zur Arbeit an gesetzlichen Feiertagen zu vereinbaren, betrifft alle gesetzlichen **Feiertage, die auf einen Werktag fallen**[10]. Dagegen kann der Wegfall eines Ersatzruhetages nicht vereinbart werden, soweit der (datumsgebundene) Feiertag auf einen Sonntag fällt.

12 Die **Ausgleichszeiträume**, in denen die Ersatzruhetage infolge einer Beschäftigung an Sonntagen oder gesetzlichen Feiertagen zu gewähren sind, können sowohl **kürzer** als auch **länger** festgelegt werden[11].

D. Lage der freien Tage in der Seeschifffahrt (§ 12 Satz 1 Nr. 3 ArbZG)

13 Nach § 12 Satz 1 Nr. 3 ArbZG ist möglich, abweichend § 11 Abs. 1 bis 3 ArbZG in der **Seeschifffahrt die Lage der freien Tage** dergestalt zu verändern, dass sie zusammenhängend gewährt werden. Diese Bestimmung betrifft nur den Bereich der Seeschifffahrt, der nicht nach § 18 Abs. 3 ArbZG von der Anwendung des Arbeitszeitgesetzes ausgenommen ist[12]. **Ausgenommen** von der Anwendung des Arbeitszeitgesetzes ist die Beschäftigung von Arbeitnehmern **als Besatzungsmitglieder** i. S. d. § 3 des Seemannsgesetzes auf Kauffahrteischiffen. Die Regelung des § 12 Satz 1 Nr. 3 ArbZG betrifft daher alle Teile der Seeschifffahrt, in denen es nicht um die Beschäftigung von Besatzungsmitgliedern auf Kauffahrteischiffen geht, vor allem die **Seefischerei**, die **Seeschifffahrt** zu **Forschungszwecken**, aus Gründen der **Küstenwache**, aus **polizeilichen** und **fiskalischen** Gründen oder zu **Rettungszwecken**, aber auch **Verkaufspersonal** und anderes nichtseemännisches Personal auf Kauffahrteischiffen.

E. Vollkontinuierliche Schichtbetriebe (§ 12 Satz 1 Nr. 4 ArbZG)

14 Für **vollkontinuierliche Schichtbetriebe** ermöglicht § 12 Satz 1 Nr. 4 ArbZG, die Arbeitszeit für den einzelnen Arbeitnehmer auf bis zu zwölf Stunden zu

---

9 HWK/*Gäntgen*, § 12 ArbZG Rz. 6 m. w. N.
10 *Roggendorff* § 12 ArbZG Rz. 11.
11 *Baeck/Deutsch* § 12 ArbZG Rz. 14; *Neumann/Biebl* § 12 ArbZG Rz. 6.
12 § 18 Rz. 28.

verlängern, wenn dadurch zusätzliche freie Schichten an Sonn- und Feiertagen erreicht werden.

Die Vorschrift gilt für alle Branchen und Beschäftigungsbereiche gleichermaßen, soweit nicht – wie für die Eisen- und Stahlindustrie und für die Papierindustrie (Vorbem. Rdn. 27, 28) – besondere Regelungen eingreifen. Ihr Anwendungsbereich ist auf Schichtbetriebe mit vollkontinuierlicher Produktionsweise beschränkt. Vollkontinuierlich arbeitet ein Betrieb, wenn – abgesehen von Stillstandszeiten wegen Umrüstarbeiten, Reparaturen oder infolge Betriebsurlaubs – in der Regel an allen 168 Stunden der Woche gearbeitet wird[13]. Eine Verlängerung auf bis zu zwölf Stunden setzt voraus, dass hierdurch zusätzliche freie Schichten an Sonn- und Feiertagen erreicht werden. Dementsprechend müssen bei einer solchen Schichtplangestaltung mehr Arbeitnehmer an Sonn- und Feiertagen nicht zur Arbeit herangezogen werden, als heranzuziehen wären, wenn die Schichtzeiten auf einen kürzeren Zeitraum festgesetzt würden[14]. 15

F. Anwendbare Regeln für Werktagsarbeit (§ 12 Satz 2 ArbZG)

Nach § 12 Satz 2 finden die Bestimmungen der Absätze 3 bis 6 des § 7 ArbZG Anwendung. Dies betrifft die Übernahme abweichender tariflicher Regelungen (§ 7 Abs. 3 ArbZG, § 7 Rdn. 78); die Abweichungsmöglichkeiten für Kirchen und öffentlich rechtliche Religionsgesellschaften gemäß § 7 Abs. 4 ArbZG (s. § 7 Rdn. 81), die behördlichen Ausnahmen in üblicherweise tariflosen Bereichen nach § 7 Abs. 5 ArbZG (§ 7 Rdn. 83) und die Möglichkeiten für weitere Ausnahmen durch Rechtsverordnung gemäß § 7 Abs. 6 ArbZG (§ 7 Rdn. 84). Damit ist in dieser Hinsicht die volle Übereinstimmung mit den Bestimmungen für die Abweichungen von den gesetzlichen Regelungen der Werktagsarbeit hergestellt. 16

Die Verweisung in § 12 Satz 2 ArbZG bezieht sich nur auf die Absätze 3 bis 6 des § 7 ArbZG. Gleichwohl ist dem Gesetz nicht ohne weiteres zu entnehmen, ob und inwieweit die durch das Gesetz zu Reformen am Arbeitsmarkt vom 24. 12. 2003[15] in § 7 ArbZG neu eingefügten Regelungen der Absätze 2 a, 7, 8 und 9 zumindest analog bei Abweichungsregelungen nach § 12 ArbZG zu 17

---

13 *Baeck/Deutsch* § 12 ArbZG Rz. 17; *Roggendorff* § 12 ArbZG Rz. 13.
14 *Neumann/Biebl* § 12 ArbZG Rz. 8; *Roggendorff* § 12 ArbZG Rz. 14.
15 BGBl. I S. 3002, 3006.

beachten sind. Unanwendbar sind die Bestimmungen der Absätze 2 a und 7 des §7 ArbZG über die ausgleichsfreie Verlängerung der werktäglichen Arbeitszeit und die Einwilligung des Arbeitnehmers in eine derart verlängerte Arbeitszeit. Sie werden durch die spezielleren Bestimmungen in §12 ArbZG verdrängt. Die Arbeitszeiten an Sonn- und Feiertagen dürfen nur gemäß §12 Satz1 Nr.1 ArbZG auf bis zu zehn Stunden (§3 Satz2 ArbZG) und nach §12 Satz 1 Nr. 4 ArbZG für vollkontinuierliche Betriebe sogar auf zwölf Stunden verlängert werden. Dagegen ist die Ausgleichsregel des §7 Abs. 8 ArbZG auf die Verlängerung von Arbeitszeiten an Sonn- und Feiertagen entsprechend anzuwenden, wenn sie über §3 Abs. 2 hinaus, also auf über zehn Stunden, verlängert worden ist. Insoweit enthält das Gesetz eine planwidrige Lücke, denn für die vergleichbaren Fälle der zehn Stunden überschreitenden Arbeitsleistung ist eine entsprechende Ausgleichsregelung in die §§ 14 und 15 ArbZG aufgenommen worden. Gleiches gilt für die Gewährung der elf Stunden Ruhezeit nach §7 Abs. 9 ArbZG, wenn die Arbeitszeit am Sonntag oder am Feiertag – aus welchen Gründen auch immer – mehr als zwölf Stunden betragen hat. Die Bestimmungen für das Fahrpersonal im Straßenverkehr (§21a Abs. 5 ArbZG) über abweichende Regelungen durch Tarifvertrag, Betriebs- oder Dienstvereinbarung erwähnen wohl §7 ArbZG, nicht aber §12 ArbZG (§21a Rdn. 37).

G. Ausnahmeregelungen

18 Von den auf §12 ArbZG beruhenden abweichenden Regelungen kann zwar nicht in Notfällen (§14 Abs. 1 ArbZG), jedoch nach näherer Maßgabe des §14 Abs. 2 ArbZG abgewichen werden, wenn eine verhältnismäßig **geringe Zahl von Arbeitnehmern vorübergehend** beschäftigt wird, deren Nichterledigung das Ergebnis der Arbeiten gefährden oder einen unverhältnismäßigen Schaden zur Folge haben würde oder bei **Forschung und Lehre**, bei unaufschiebbaren **Vor- und Abschlussarbeiten** sowie bei unaufschiebbaren **Arbeiten zur Behandlung, Pflege und Betreuung von Personen** oder Tieren **an einzelnen Tagen**, wenn dem Arbeitgeber andere Vorkehrungen nicht zugemutet werden können.

H. Jugendliche

19 Für **Jugendliche** sind abweichende Regelungen nach §21a JArbSchG möglich; ihnen sind engere Grenzen gesetzt als in §12 ArbZG.

§ 13 Ermächtigung, Anordnung, Bewilligung

(1) Die Bundesregierung kann durch Rechtsverordnung mit Zustimmung des Bundesrates zur Vermeidung erheblicher Schäden unter Berücksichtigung des Schutzes der Arbeitnehmer und der Sonn- und Feiertagsruhe
1. die Bereiche mit Sonn- und Feiertagsbeschäftigung nach § 10 sowie die dort zugelassenen Arbeiten näher bestimmen,
2. über die Ausnahmen nach § 10 hinaus weitere Ausnahmen abweichend von § 9
   a) für Betriebe, in denen die Beschäftigung von Arbeitnehmern an Sonn- oder Feiertagen zur Befriedigung täglicher oder an diesen Tagen besonders hervortretender Bedürfnisse der Bevölkerung erforderlich ist,
   b) für Betriebe, in denen Arbeiten vorkommen, deren Unterbrechung oder Aufschub
      aa) nach dem Stand der Technik ihrer Art nach nicht oder nur mit erheblichen Schwierigkeiten möglich ist,
      bb) besondere Gefahren für Leben oder Gesundheit der Arbeitnehmer zur Folge hätte,
      cc) zu erheblichen Belastungen der Umwelt oder der Energie- oder Wasserversorgung führen würde,
   c) aus Gründen des Gemeinwohls, insbesondere auch zur Sicherung der Beschäftigung,
   zulassen und die zum Schutz der Arbeitnehmer und der Sonn- und Feiertagsruhe notwendigen Bedingungen bestimmen.

(2) Soweit die Bundesregierung von der Ermächtigung des Absatzes 1 Nr. 2 Buchstabe a keinen Gebrauch gemacht hat, können die Landesregierungen durch Rechtsverordnung entsprechende Bestimmungen erlassen. Die Landesregierungen können diese Ermächtigung durch Rechtsverordnung auf oberste Landesbehörden übertragen.

(3) Die Aufsichtsbehörde kann
1. feststellen, ob eine Beschäftigung nach § 10 zulässig ist,
2. abweichend von § 9 bewilligen, Arbeitnehmer zu beschäftigen
   a) im Handelsgewerbe an bis zu zehn Sonn- und Feiertagen im Jahr, an denen besondere Verhältnisse einen erweiterten Geschäftsverkehr erforderlich machen,

b) an bis zu fünf Sonn- und Feiertagen im Jahr, wenn besondere Verhältnisse zur Verhütung eines unverhältnismäßigen Schadens dies erfordern,

c) an einem Sonntag im Jahr zur Durchführung einer gesetzlich vorgeschriebenen Inventur,

und Anordnungen über die Beschäftigungszeit unter Berücksichtigung der für den öffentlichen Gottesdienst bestimmten Zeit treffen.

(4) Die Aufsichtsbehörde soll abweichend von § 9 bewilligen, dass Arbeitnehmer an Sonn- und Feiertagen mit Arbeiten beschäftigt werden, die aus chemischen, biologischen, technischen oder physikalischen Gründen einen ununterbrochenen Fortgang auch an Sonn- und Feiertagen erfordern.

(5) Die Aufsichtsbehörde hat abweichend von § 9 die Beschäftigung von Arbeitnehmern an Sonn- und Feiertagen zu bewilligen, wenn bei einer weitgehenden Ausnutzung der gesetzlich zulässigen wöchentlichen Betriebszeiten und bei längeren Betriebszeiten im Ausland die Konkurrenzfähigkeit unzumutbar beeinträchtigt ist und durch die Genehmigung von Sonn- und Feiertagsarbeit die Beschäftigung gesichert werden kann.

A. Gegenstand der Regelung

1   § 13 ArbZG enthält weitere **Möglichkeiten** für **Ausnahmeregelungen bzw. Ausnahmebewilligungen** im Rahmen der Beschäftigung von Arbeitnehmern an **Sonn- und Feiertagen**. Die Absätze 1 und 2 des § 13 ArbZG enthalten Ermächtigungen zum Erlass von **Rechtsverordnungen** für die Bundesregierung bzw. die Landesregierungen, und zwar einerseits zu deren Konkretisierung, andererseits aber auch zu deren (nochmaliger) Ausdehnung. Abs. 3 Nr. 2, Abs. 4 und 5 regeln **behördliche Ausnahmegenehmigungen**. Weil die Bestimmung letztlich nur (relativ uneingeschränkte) Ermächtigungsgrundlagen enthält, ist für die Frage der Übereinstimmung dieser Teile des § 13 ArbZG mit dem EU-Recht nicht die Norm selbst zu prüfen, sondern die auf ihr beruhenden Rechtsakte. Abs. 3 Nr. 1 ArbZG ermöglicht, die **Zulässigkeit** einer Beschäftigung nach § 10 ArbZG **behördlich feststellen** zu lassen.

2   Die Ermächtigungsgrundlagen für Rechtsverordnungen der Bundesregierung bzw. die Rechtsgrundlagen für behördliche Ausnahmeregelungen sind gegenständlich begrenzt. Für die Regelung anderer Gesichtspunkte des gesetzlichen Arbeitszeitschutzes, z.B. hinsichtlich der Dauer der (werk-)täglichen Arbeitszeit, der Ausgleichszeiträume, Ruhepausen und Ruhezeiten kann nicht auf

§ 13 ArbZG zurückgegriffen werden. Abweichende Regelungen durch Rechtsverordnungen bzw. behördliche Ausnahmegenehmigungen hinsichtlich der **Arbeitszeit, Ruhepausen, Ruhezeiten und Ausgleichszeiträume** müssen auf **andere** Rechtsgrundlagen gestützt werden (vgl. §§ 7 Abs. 6, 8, 15 ArbZG).

B. Verordnungsermächtigung für die Bundesregierung (§ 13 Abs. 1 ArbZG)

§ 13 Abs. 1 ArbZG ermächtigt die **Bundesregierung**, mit Zustimmung des Bundesrates **Rechtsverordnungen** im Bereich der Sonn- und Feiertagsarbeit mit **unterschiedlichen Regelungszielen** zu erlassen. Nach § 13 Abs. 1 Nr. 1 ArbZG darf sie Rechtsverordnungen zum Zweck der **Konkretisierung der Bereiche** und Arbeiten nach § 10 ArbZG erlassen. In Nr. 2 wird sie ermächtigt, nach näherer Bestimmung des Gesetzes durch Rechtsverordnungen **weitere Ausnahmen** vom Verbot der Sonn- und Feiertagsarbeit **zuzulassen**.

I. Verordnungszwecke

Die Unterschiede der Inhalte der Rechtsverordnungen nach § 13 Abs. 1 ArbZG kommen ansatzweise auch in der Begründung des Gesetzentwurfs der Bundesregierung zum Ausdruck. Mit der Ermächtigung zum Erlass einer Rechtsverordnung in Abs. 1 Nr. 1 soll die Bundesregierung in die Lage versetzt werde, **Missbräuchen** bei der Anwendung der Ausnahmen des § 10 Abs. 1 und 2 ArbZG **begegnen** und **Grundlagen** für eine einheitliche und vorhersehbare Verwaltungspraxis **schaffen zu können**. Rechtsverordnungen nach § 13 Abs. 1 Nr. 2 ArbZG sollen dagegen weitere Ausnahmen vom Verbot der Beschäftigung von Arbeitnehmern an Sonn- und Feiertagen ermöglichen[1].

Trotz dieser gegensätzlich wirkenden inhaltlichen Unterschiede ist die Verordnungsermächtigung hinsichtlich der grundlegenden Bestimmungen ihrer Zwecke (vgl. Art. 80 Abs. 1 Satz 2 GG) an **ihrem Wortlaut nach einheitliche Voraussetzungen** geknüpft. Die Rechtsverordnungen dürfen nach dem gemeinsamen Eingangssatz des § 13 Abs. 1 ArbZG nur »zur **Vermeidung erheblicher Schäden unter Berücksichtigung des Schutzes der Arbeitnehmer und der Sonn- und Feiertagsruhe**« erlassen werden. Darin zeigt sich nochmals der Mischcharakter der Ziele, die der Gesetzgeber mit dem ArbZG verfolgt.

---

1 BT-Drucks. 12/5888, 30.

6 Unter **Schaden** i. S. d. § 13 Abs. 1, Eingangssatz, ArbZG ist jeder Nachteil zu verstehen, der infolge der Unterbrechung der Arbeit an Sonn- und Feiertagen eintritt oder dessen Eintritt zumindest hinreichend greifbar zu befürchten ist[2]. Dies können **Schäden an der Gesundheit von Arbeitnehmern** (§ 13 Abs. 1 Nr. 2 b bb ArbZG), **Sach- oder Vermögensschäden** (§ 13 Abs. 1 Nr. 2 b aa ArbZG), Belastungen für die **Umwelt** usw. (§ 13 Abs. 1 Nr. 2 b cc ArbZG) ebenso sein, wie eine nicht hinreichende Befriedigung der **Bedürfnisse der Bevölkerung** (§ 13 Abs. 1 Nr. 2 a ArbZG), Beschädigungen des **Gemeinwohls** oder Beeinträchtigungen der **Beschäftigung** (§ 13 Abs. 1 Nr. 2 c ArbZG).

7 Zudem müssen die zu vermeidenden Schäden **erheblich** sein[3]. Ihnen muss ein entsprechendes Gewicht zukommen. Dabei ist auf den Schaden und dessen Umfang selbst abzustellen. Für die Feststellung der Erheblichkeit der zu vermeidenden Schäden ist nicht zwischen ihnen einerseits und dem Schutz der Arbeitnehmer bzw. der grundsätzlichen Sonn- und Feiertagsruhe andererseits abzuwägen, wie es z. B. zur Feststellung eines unverhältnismäßigen Schadens nach § 14 Abs. 2 Nr. 1 ArbZG geboten ist. Die Abwägung mit den anderen Schutzgütern ist vielmehr erst vorzunehmen, wenn der Verordnungsgeber zu der Überzeugung gekommen ist, ohne die Fortsetzung der Arbeit an Sonn- und Feiertagen würden erhebliche Schäden eintreten.

8 Ferner muss die Rechtsverordnung der **Vermeidung** erheblicher Schäden dienen. Dies ist nur der Fall, wenn infolge der Arbeitsunterbrechung an Sonn- und Feiertagen erhebliche Schäden zu befürchten sind, nicht aber schon dann, wenn z. B. nur die Arbeitsproduktivität, die Qualität der Produkte, die Kostensituation und durch eine Erlaubnis der Beschäftigung von Arbeitnehmern an Sonn- und Feiertagen nur verbessert würde. Insoweit ist eine wertende Betrachtung geboten.

9 Dem Zweck der Vermeidung erheblicher Schäden steht der **Schutz der Arbeitnehmer und der Sonn- und Feiertagsruhe** gegenüber[4]. Dieser Schutz ist für den Erlass jeder Rechtsverordnung nach § 13 Abs. 1 ArbZG **zu berücksichtigen**. Das **Gewicht der** unterschiedlichen **Schutzgüter ist** jedoch je nachdem, ob nach § 10 ArbZG erlaubte Sonn- und Feiertagsarbeit konkretisiert

---

2 *Baeck/Deutsch* § 13 ArbZG Rz. 10; *Neumann/Biebl* § 13 ArbZG Rz. 9; wohl auch *Anzinger/Koberski* § 13 ArbZG Rz. 5.
3 *Baeck/Deutsch* § 13 ArbZG Rz. 10.
4 *Baeck/Deutsch* § 13 ArbZG Rz. 12; *Neumann/Biebl* § 13 ArbZG Rz. 9.

werden soll (§ 13 Abs. 1 Nr. 1 ArbZG) oder ob die Rechtsverordnung über den Rahmen des § 10 ArbZG hinaus weitere Abweichungen von § 9 ArbZG ermöglichen soll (§ 13 Abs. 1 Nr. 2 ArbZG), **unterschiedlich zu bemessen**. Die nähere Bestimmung gesetzlich (§ 10 ArbZG) erlaubter Sonn- und Feiertagsbeschäftigung bedeutet in der Regel deren Einschränkung. Von daher hat der Gedanke des Schutzes der Arbeitnehmer und der Arbeitsruhe an Sonn- und Feiertagen in Fällen der Rechtsverordnung nach § 13 Abs. 1 Nr. 1 ArbZG im Vordergrund zu stehen. In den Fällen von § 13 Abs. 1 Nr. 2 ArbZG ist es gerade umgekehrt: Die Erweiterung der Ausnahmeregelungen vom grundsätzlichen Verbot der Beschäftigung der Arbeitnehmer an Sonn- und Feiertagen ist überhaupt nur zulässig, wenn dies zur Vermeidung erheblicher Schäden geboten ist. Dies ist die grundlegende Voraussetzung; dem darf dann allerdings der Schutz der Arbeitnehmer und der Sonn- und Feiertagsruhe nicht derart entgegenstehen, dass dieser Schutz bei der Abwägung überwiegt.

II. Konkretisierungen im Rahmen des § 10 ArbZG (§ 13 Abs. 1 Nr. 1 ArbZG)

Durch Rechtsverordnungen nach § 13 Abs. 1 Nr. 1 ArbZG können die **Bereiche mit Sonn- und Feiertagsbeschäftigung** nach § 10 ArbZG sowie die dort zugelassenen **Arbeiten näher bestimmt** werden. Mit Hilfe solcher Rechtsverordnungen kann zum einen Missbräuchen bei der Anwendung der Ausnahmen des § 10 Abs. 1 und 2 ArbZG begegnet werden[5]. Zum anderen kann durch derartige nähere Bestimmungen eine einheitliche Grundlage für eine bundeseinheitliche und vorhersehbare Verwaltungspraxis geschaffen werden[6]. Die Schaffung einer derartigen Grundlage kann im Hinblick darauf sinnvoll oder erforderlich werden, dass die Überwachung der Einhaltung dieses Gesetzes und der aufgrund dieses Gesetzes ergangenen Rechtsverordnungen Aufgabe der nach Landesrecht zuständigen Landesbehörden (Aufsichtsbehörden) ist (§ 17 Abs. 1 ArbZG) und von daher der Gefahr einer Zersplitterung der Verwaltungspraxis Einhalt geboten werden muss. Lediglich für den öffentlichen Dienst des Bundes und die bundesunmittelbaren Körperschaften, Anstalten und Stiftungen öffentlichen Rechts liegt die Aufsicht beim Bund (§ 17 Abs. 3 ArbZG).

10

---

5 BT-Drucks. 12/5888, 30.
6 BT-Drucks. 12/5888, 30.

11 Die **nähere Bestimmung** der Bereiche und der zulässigen Arbeiten im Rahmen der nach § 10 ArbZG erlaubten Beschäftigung von Arbeitnehmern an Sonn- und Feiertagen bedeutet i. d. R., dass **Erlaubnisbereiche eingeschränkt** oder mit Auflagen zum Schutz der Arbeitnehmer versehen werden. Dies folgt aus dem Verhältnis der Regelung in § 13 Abs. 1 Nr. 1 ArbZG zu den Bestimmungen in § 13 Abs. 1 Nr. 2 ArbZG. Die Regelung in Nr. 1 bezieht sich auf den Bereich der Sonn- und Feiertagsarbeit, der von Gesetzes wegen bereits zulässig ist; insoweit kann es nicht um dessen Erweiterung, sondern nur um genauere Bestimmungen der jeweiligen Grenzen gehen. Alle Regelungen in Nr. 2 zielen dagegen auf eine Erweiterung der Ausnahmebereiche vom grundsätzlichen Verbot der Sonn- und Feiertagsarbeit ab. Dies betrifft vor allem Betriebe, die Arbeitnehmer (auch) an Sonn- und Feiertagen beschäftigen müssen, um ein (auch) an diesen Tagen besonders hervortretendes Bedürfnis der Bevölkerung nach solchen Waren oder Dienstleistungen zu befriedigen[7], also das sog. **Bedürfnisgewerbe**. Eine Erweiterung des gesetzlich zulässigen Bereichs der Sonn- und Feiertagsarbeit durch Rechtsverordnung setzt im Hinblick auf den besonderen Schutzzweck des Gesetzes voraus, dass dieser Erweiterung Grenzen gesetzt sind; nur mit solcher Grenzsetzung wird auch dem Gebot des Art. 80 Abs. 1 Satz 2 GG Genüge getan, wonach das Ausmaß für den Erlass von Rechtsverordnungen gesetzlich normiert sein muss. Aus Gründen des materiellen Verfassungsrechts ist es dagegen nicht geboten, § 13 Abs. 1 Nr. 1 ArbZG restriktiv anzuwenden[8].

III. Zusätzliche Ausnahmen vom Verbot der Sonn- und Feiertagsarbeit (§ 13 Abs. 1 Nr. 2 ArbZG)

12 Über den Rahmen des § 10 ArbZG hinaus sind **zusätzliche Ausnahmen vom Verbot** der Beschäftigung von Arbeitnehmern an **Sonn- und Feiertagen** (§ 9 ArbZG) nach näherer Maßgabe des § 13 Abs. 1 Nr. 2 ArbZG möglich.

13 Die Bundesregierung hat von dieser Ermächtigungsgrundlage bislang keinen Gebrauch gemacht. Die Verordnungen über die Ausnahmen vom Verbot der Beschäftigung an Sonn- und Feiertagen in der Eisen- und Stahlindustrie und in der Papierindustrie (Vorbem. Rdn. 27, 28) beruhen noch auf § 105 d GewO[9]. Diese beiden Verordnungen sind in Kraft geblieben. Die anderen

---

7 Siehe i. E. BVerwG 14.11.1989 GewArch 1990, 66 = DB 1990, 1244.
8 A. A. *Buschmann/Ulber* § 13 ArbZG Rz. 3.
9 HWK/*Gäntgen*, § 13 ArbZG Rz. 1.

vor In-Kraft-Treten des Arbeitszeitrechtsgesetzes bestehenden Ausnahmeverordnungen vom Verbot der Beschäftigung von Arbeitnehmern an Sonn- und Feiertagen sind durch Art. 21 ArbZRG mit In-Kraft-Treten dieses Gesetzes am 1. 7. 1994 aufgehoben worden.

Die Ermächtigung zum Erlass von Rechtsverordnungen, mit denen weitere Ausnahmen vom Verbot der Arbeit an Sonn- und Feiertagen ermöglicht werden dürfen, hat **auch** zum Inhalt, die **Bedingungen** zu bestimmen, die **zum Schutz der Arbeitnehmer und der Sonn- und Feiertagsruhe** erforderlich sind. Dementsprechend braucht die Rechtsverordnung derartige Arbeiten nicht uneingeschränkt zuzulassen. Möglich ist neben der betrieblichen Beschränkung auch eine Beschränkung auf bestimmte Arbeitsvorgänge und auf eine bestimmte Lage der Zeiten, zu denen gearbeitet werden darf, z. B. mit Rücksicht auf den sonntäglichen Gottesdienst. 14

1. Bedürfnisse der Bevölkerung (§ 13 Abs. 1 Nr. 2 Buchst. a ArbZG)

Ausnahmeregelungen können im Wege der Rechtsverordnung geschaffen werden für Betriebe, in denen die Beschäftigung von Arbeitnehmern an Sonn- und Feiertagen **zur Befriedigung täglicher** oder an diesen Tagen besonders hervortretender **Bedürfnisse der Bevölkerung** erforderlich ist (§ 13 Abs. 1 Nr. 2 a ArbZG). Diese Bestimmung entspricht weitestgehend § 105 e Abs. 1 1. Halbs. GewO. Gleichwohl hat sich der Bedeutungsgehalt der jetzigen Regelung gegenüber der früheren verschoben: Für weite Bereiche beruhte das Erlaubtsein der Beschäftigung von Arbeitnehmern an Sonn- und Feiertagen auf der Bekanntmachung des Bundesrates vom 3. 4. 1901[10] bzw. den Richtlinien des Reichsarbeitsministers vom 6. 12. 1934[11], so z. B. für **Kraftfahrzeugwerkstätten, Zeitungsdruckereien, Betriebe zur Herstellung von Matern, Telegraphenbüros, Photographengewerbe, Molkereien, Brauereien, Mineralwasserfabriken, Wasser-, Gas- und Elektrizitätswerke**[12]. Weitestgehend sind diese sog. **Bedürfnisgewerbe** nunmehr in **§ 10 Abs. 1 ArbZG** berücksichtigt worden, so dass es insoweit keiner Rechtsverordnung mehr bedarf. 15

Gleichwohl ist die Ermächtigungsgrundlage des § 13 Abs. 1 Nr. 2 a ArbZG nicht bedeutungslos, aber auch nicht unumstritten, weil auf sie wie die 16

---
10 RGBl. S. 117.
11 RArbBl. III S. 281.
12 Vgl. i. E. *Dennecke/Neumann* AZO 11. Aufl. 1991 § 105 e GewO Rz. 2.

Ermächtigungsgrundlage in § 13 Abs. 2 ArbZG für die Landesregierungen gestützte Verordnungen, vor allem Bedürfnisgewerbeverordnungen, die Sonntagsruhe vom Gesetzgeber unkontrolliert beeinträchtigen[13]. Ein **tägliches Bedürfnis** i. S. d. Gesetzes liegt vor, wenn Waren oder Dienstleistungen von einem wesentlichen Teil der Bevölkerung als täglich wichtig in Anspruch genommen werden und ihr Fehlen als Mangel empfunden würde; unzureichend zur Annahme eines Bedürfnisses ist dagegen, wenn ein Angebot von Waren oder Dienstleistungen lediglich als wünschenswert einzuordnen wäre[14]. Entsprechendes gilt für Bedürfnisse der Bevölkerung, die vor allem oder sogar nur an Sonn- und Feiertagen auftreten.

17 Soweit und solange die Bundesregierung von der Möglichkeit zum Erlass entsprechender Rechtsverordnungen nach dieser Bestimmung keinen Gebrauch gemacht hat, sind die **Landesregierungen** hierzu nach näherer Maßgabe des § 13 Abs. 2 ArbZG ermächtigt.

2. Erfordernis ununterbrochener Arbeit (§ 13 Abs. 1 Nr. 2 Buchst. b ArbZG)

18 § 13 Abs. 1 Nr. 2 Buchst. b ArbZG betrifft Betriebe, in denen Arbeiten vorkommen, deren **Unterbrechung nach dem Stand der Technik ihrer Art nach nicht oder nur mit erheblichen Schwierigkeiten möglich** ist **oder** bei der die Unterbrechung besondere **Gefahren für Leben und Gesundheit** der Arbeitnehmer hervorruft oder bei denen solche Unterbrechungen zu erheblichen **Belastungen der Umwelt** oder der **Energie- oder Wasserversorgung** führen würden. Hierfür kann die Bundesregierung nach näherer Maßgabe des § 13 Abs. 1 Nr. 2 Buchst. b ArbZG ebenfalls Rechtsverordnungen erlassen, in denen die **Beschäftigung** von Arbeitnehmern **an Sonn- und Feiertagen erlaubt** wird. Diese Bestimmung hat im Laufe des Gesetzgebungsverfahrens insoweit eine Änderung erfahren, als die ursprüngliche Fassung unter Doppelbuchst. aa lautete: »ihrer Art nach nicht oder nur mit erheblichen Schwierigkeiten möglich ist«[15]. Die Gesetz gewordene Fassung beruht auf dem Änderungsvorschlag des Bundestagsausschusses für Arbeit und Sozialordnung[16]; sie soll klarstellen, dass Ausnahmen vom grundsätzlichen Verbot der Beschäftigung von Arbeit-

---

13 *Richardi/Annus* NZA 1999, 953.
14 BVerwG 14.11.1989 GewArch 1990, 66 = DB 1990, 1244.
15 BT-Drucks. 12/5888, 9.
16 BT-Drucks. 12/6990, 15/16 und 44.

nehmern an Sonn- und Feiertagen nur zugelassen werden können, wenn der **Stand der Technik** Berücksichtigung gefunden hat. Dementsprechend kommt es nicht auf die zufällig vorhandenen oder angewendeten Arbeitsmethoden oder -techniken an, sondern darauf, ob der Stand der Technik immer noch eine Fortsetzung der Arbeiten an Sonn- und Feiertagen i. S. d. § 13 Abs. 1 Nr. 2 Buchst. b Doppelbuchst. aa erfordert[17]. Dabei sind auch wirtschaftliche Gesichtspunkte zu berücksichtigen[18]. Trotz der Häufung bestimmter Rechtsbegriffe und der Tatsache, dass mit der Berücksichtigung des Standes der Technik auf ständig wechselnde Umstände abzustellen ist, genügt die Norm dem Bestimmtheitsgrundsatz des Art. 80 Abs. 1 Satz 2 GG[19]. Ausdrücklich dem **Interesse des Gesundheitsschutzes** dient die Möglichkeit einer Rechtsverordnung nach § 13 Abs. 1 Nr. 2 Buchst. b Doppelbuchst. bb ArbZG. Schutzgegenstand ist die Gesundheit der Arbeitnehmer der Betriebe, in denen die Arbeit an Sonn- und Feiertagen durch Rechtsverordnung erlaubt werden soll. Die Gesundheit dritter Personen bleibt insoweit außer Betracht.

Im überbetrieblichen Interesse liegt es, durch Rechtsverordnung die Beschäftigung von Arbeitnehmern an Sonn- und Feiertagen zuzulassen, wenn die Unterbrechung oder der Aufschub der Arbeit zu **erheblichen Belastungen der Umwelt oder der Energie- oder Wasserversorgung** führen würde (§ 13 Abs. 1 Nr. 2 Buchst. b Doppelbuchst. cc ArbZG). Entgegen *Buschmann/Ulber*[20] kann nach dieser Vorschrift wie sonst auch durch das Arbeitszeitgesetz keineswegs jemand zur Arbeit an Sonn- und Feiertagen verpflichtet werden. Das Arbeitszeitgesetz regelt lediglich den arbeitsschutzrechtlichen Rahmen für die Beschäftigung von Arbeitnehmern; ob und inwieweit diese verpflichtet sind, Arbeit an Werktagen oder an Sonn- und Feiertagen zu leisten, richtet sich nach ihrem Arbeitsvertrag. Ob aus Gründen des Umweltschutzes oder der Wasser- oder Energieversorgung vorgeschrieben werden kann, den Betrieb an Sonn- und Feiertagen fortzuführen, richtet sich nach anderen Bestimmungen, nicht aber nach dem Arbeitszeitgesetz oder nach aufgrund dieses Gesetzes erlassenen Rechtsverordnungen. Die Bedeutung dieser Ermächtigungsgrundlage liegt vielmehr darin, dass dann, wenn aus Gründen des Umweltschutzes bzw. der Nichtgefährdung der Wasser- oder Energieversorgung die Fortset- 19

---

17 *Buschmann/Ulber* § 13 ArbZG Rz. 6.
18 BR-Drucks. 507/93, S. 87: a. A. *Buschmann/Ulber* § 13 ArbZG Rz. 6.
19 A. A. *Buschmann/Ulber* § 13 ArbZG Rz. 6.
20 *Buschmann/Ulber* § 13 ArbZG Rz. 7.

§ 13 ArbZG Ermächtigung, Anordnung, Bewilligung

zung von Arbeiten in Betrieben geboten ist, flankierend eine entsprechende Ausnahmeregelung vom grundsätzlichen Verbot der Beschäftigung von Arbeitnehmern an Sonn- und Feiertagen möglich sein soll. Ob Betriebe aus Gründen des Umweltschutzes bzw. der Energie- oder Wasserversorgung freiwillig ihre Produktion an Sonn- und Feiertagen fortsetzen wollen oder ob sie dies (lediglich) entsprechend einem Gesetzesbefehl tun wollen, ist für § 13 Abs. 1 Nr. 2 Buchst. b Doppelbuchst. cc ArbZG rechtlich ohne Bedeutung.

3. Gemeinwohl; Beschäftigungssicherung (§ 13 Abs. 1 Nr. 2 Buchst. c ArbZG)

20 Durch Rechtsverordnung nach § 13 Abs. 1 Nr. 2 Buchst. c ArbZG kann die Beschäftigung von Arbeitnehmern an Sonn- und Feiertagen auch aus Gründen des **Gemeinwohls**, insbesondere auch zur **Sicherung der Beschäftigung** zugelassen werden. Nach der Begründung des Regierungsentwurfs umfassen die Gründe des Gemeinwohls auch gesamtwirtschaftliche Gründe wie die Existenzgefährdung von Betrieben und den damit verbundenen drohenden Verlust von Arbeitsplätzen, auch aufgrund einer angespannten internationalen Wettbewerbslage in der Branche[21].

C. Verordnungsermächtigung für die Landesregierungen (§ 13 Abs. 2 ArbZG)

21 § 13 Abs. 2 ArbZG ermächtigt die **Landesregierungen** zum Erlass von Rechtsverordnungen nach § 13 Abs. 1 Nr. 2 Buchst. a ArbZG, **soweit** und solange die **Bundesregierung** von dieser Ermächtigungsgrundlage **keinen Gebrauch** gemacht hat. Die Landesregierungen können die Ermächtigung ihrerseits durch Rechtsverordnung auf oberste **Landesbehörden** übertragen.

22 Diese – wegen der Beeinträchtigung der Sonntagsruhe umstrittene[22] – Bestimmung betrifft Ausnahmeregelungen für Betriebe, in denen die Beschäftigung von Arbeitnehmern an Sonn- und Feiertagen zur Befriedigung **täglicher oder an diesen Tagen besonders hervortretender Bedürfnisse der Bevölkerung** erforderlich ist (sog. Bedürfnisgewerbe – Rdn 11, 15). Die nachrangige Ermächtigung der Landesregierungen entspricht dem Grundsatz der konkur-

---

21 BT-Drucks. 12/5888, 30.
22 *Richardi/Annus* NZA 1999, 953.

rierenden Gesetzgebung zwischen Bund und Ländern auf dem Gebiet des Arbeitsrechts (Art. 74 Abs. 1 Nr. 12 GG).

Bedarfsgewerbeverordnungen haben – im Wesentlichen nach einem vom Länderausschuss für Arbeitsschutz und Sicherheitstechnik erarbeiteten Musterentwurf[23] – folgende Länder (mit späteren Änderungen) erlassen: 23
- **Baden-Württemberg**, VO vom 16. 11. 1998[24], zuletzt geändert durch G vom 14. 2. 2007[25],
- **Bayern**, VO vom 29. 7. 1997[26], zuletzt geändert durch G vom 2. 5. 2006[27],
- **Berlin**, VO vom 3. 4. 1997[28], zuletzt geändert durch VO vom 23. 7. 2002[29],
- **Brandenburg**, VO vom 13. 11. 1998[30],
- Hansestadt **Bremen**, VO vom 18. 11. 1997[31],
- Freie und Hansestadt **Hamburg**, VO vom 9. 8. 2005[32],
- **Mecklenburg-Vorpommern**, VO vom 31. 8. 1998[33],
- **Niedersachsen**, VO vom 12. 7. 1999[34], zuletzt geändert durch VO vom 28. 8. 2002[35],
- **Nordrhein-Westfalen**, VO vom 5. 5. 1998[36], geändert durch VO vom 17.11.2009[37]

---

23 MünchArbR/Anzinger § 221 Rz. 64, 65.
24 GBl.BW, S. 616.
25 GBl.BW, S. 135.
26 GVBl.BY, S. 395.
27 GVBl.BY, S. 190.
28 GVBl.BE, S. 270.
29 GVBl.BE, S. 236.
30 GVBl. II BB, S. 622.
31 GBl.BR, S. 577.
32 GVBl.HH, S. 349.
33 GVBl.MV, S. 802.
34 GVBl.NL, S. 161.
35 GVBl.NL, S. 373.
36 GVBl.NRW, S. 381.
37 GVBl.NRW, S. 625.

§ 13 ArbZG Ermächtigung, Anordnung, Bewilligung

- **Rheinland-Pfalz**, LandesVO vom 30. 6. 1999[38], zuletzt geändert durch G vom 22. 12. 2003[39],
- **Saarland**, VO vom 4. 9. 1997[40],
- **Sachsen-Anhalt**, VO vom 4. 5. 2000[41], zuletzt geändert durch G vom 22. 11. 2006[42],
- **Schleswig-Holstein**, LVO vom 9. 3. 1999[43], zuletzt geändert durch LVO vom 25. 11. 2004[44],
- **Thüringen**, VO vom 8. 4. 1998[45].

24 Für das Bedürfnisgewerbe können weitere Ausnahmen vom Verbot der Beschäftigung von Arbeitnehmern an Sonn- und Feiertagen **nicht mehr durch behördliche Ausnahmegenehmigungen** herbeigeführt werden[46]. **Ausnahmegenehmigungen der Aufsichtsbehörden** vom Verbot der Beschäftigung der Arbeitnehmer an Sonn- und Feiertagen sind nur noch nach näherer Maßgabe der Bestimmungen in § 13 Abs. 3 bis 5 ArbZG zulässig; dort ist das Bedürfnisgewerbe (vgl. § 13 Abs. 1 Nr. 2 Buchst. a ArbZG) indessen nicht erwähnt.

D. Behördliche Zulässigkeitsfeststellung (§ 13 Abs. 3 Nr. 1 ArbZG)

25 Nach § 13 Abs. 3 Nr. 1 ArbZG kann die **Aufsichtsbehörde** (vgl. § 17 Abs. 1 ArbZG) auf Antrag des Arbeitgebers **feststellen, ob** eine Beschäftigung nach § 10 ArbZG **zulässig ist**.

26 Der Gesetzgeber wollte der Aufsichtsbehörde damit die Befugnis verschaffen, eine **schnelle Klärung der Rechtslage** herbeizuführen[47]. Bei dem Feststellungsbescheid handelt es sich um einen **Verwaltungsakt**. Das Verfahren zum Erlass dieses Verwaltungsaktes richtet sich nach dem Verwaltungsverfahrensgesetz des jeweiligen Bundeslandes. In der Regel wird das Feststellungsverfahren **auf**

---

38 GVBl.RP, S. 147.
39 GVBl.RP, S. 396.
40 ABl. Saar, S. 890.
41 GVOBl.LSA, S. 230.
42 GVBl.LSA, S. 528.
43 GVOBl.SH, S. 82.
44 GVOBl.SH, S. 447.
45 GVOBl.TH, S. 140.
46 *Neumann/Biebl* § 13 ArbZG Rz. 10; *Roggendorff* § 13 ArbZG Rz. 10.
47 BT-Drucks. 12/5888, 30.

Antrag des Arbeitgebers eingeleitet, der sich darauf beruft, im Rahmen des § 10 ArbZG Arbeitnehmer zulässig an Sonn- und Feiertagen zu beschäftigen. In solchen Fällen bedarf es keiner behördlichen Genehmigung, sondern der **Arbeitgeber** selbst muss die Rechtslage beurteilen. Das **Beurteilungsrisiko** kann er jedoch weitgehend auf die Aufsichtsbehörde abwälzen, indem er eine entsprechende Feststellung der Zulässigkeit der Beschäftigung der Arbeitnehmer an Sonn- und Feiertagen beantragt. § 13 Abs. 3 Nr. 1 ArbZG ermöglicht der Behörde aber auch, **von Amts wegen** tätig zu werden, nämlich dann, wenn sie meint, Anhaltspunkte dafür zu haben, dass die Beschäftigung der Arbeitnehmer an Sonn- und Feiertagen nicht von § 10 ArbZG gedeckt ist[48]. In beiden Fällen hat die Aufsichtsbehörde den Sachverhalt nach § 24 Abs. 1 VwVfG von Amts wegen **zu ermitteln**. Dabei hat sie alle für den Einzelfall bedeutsamen, auch für die Beteiligten günstigen Umstände zu berücksichtigen (§ 24 Abs. 2 VwVfG). An das Vorbringen oder an Beweisanträge der Beteiligten ist die Aufsichtsbehörde nicht gebunden (§ 24 Abs. 1 Satz 2 VwVfG).

Der **Feststellungsbescheid** ist ein Verwaltungsakt; er unterliegt den üblichen Rechtsmitteln (Widerspruch, Anfechtungsklage) nach der Verwaltungsgerichtsordnung[49]. Arbeitnehmer, die arbeitsvertraglich an Sonn- und Feiertagen beschäftigt werden dürfen, sind befugt, gegen eine auf Antrag des Unternehmens ergangene behördliche Feststellung zu klagen, dass eine Beschäftigung von Arbeitnehmern an Sonn- und Feiertagen zulässig ist[50]. Im Gegensatz zum bisherigen Recht ist es dem Arbeitgeber auch möglich, die Behörde im Wege der Verpflichtungsklage oder Untätigkeitsklage dazu zu bringen, einen derartigen feststellenden Verwaltungsakt zu erlassen[51]. 27

Gegenstand des Feststellungsbescheides nach § 13 Abs. 3 Nr. 1 ArbZG ist allerdings nur, ob die Beschäftigung von Arbeitnehmern an Sonn- und Feiertagen **nach § 10 ArbZG** zulässig ist. Ob diese genehmigungsfreien Tatbestände vorliegen, hat der Arbeitgeber grundsätzlich zwar selbst zu beurteilen; sein Beurteilungsrisiko kann er aber auf die Aufsichtsbehörde abwälzen. Indessen ist nach dem Wortlaut des § 13 Abs. 3 Nr. 1 ArbZG nicht vorgesehen, dass die 28

---

48 *Roggendorff* § 13 ArbZG Rz. 12.
49 BT-Drucks. 12/5888, 30; *Neumann/Biebl* § 13 ArbZG Rz. 12.
50 BVerwG 19.09.2000 EzA § 10 ArbZG Nr. 1 = DB 2000, 2384.
51 *Neumann/Biebl* § 13 ArbZG Rz. 12; *Roggendorff* § 13 ArbZG Rz. 15; a. A. *Buschmann/Ulber* § 13 ArbZG Rz. 14, die einen Rechtsanspruch des Arbeitgebers wegen dessen Eigenverantwortlichkeit verneinen.

Aufsichtsbehörde für **andere Beurteilungsfragen** einen Feststellungsbescheid erlässt. Insbesondere ist nicht vorgesehen, dass die Aufsichtsbehörde durch Feststellungsbescheid zu beurteilen hat, ob eine Beschäftigung von Arbeitnehmern an Sonn- und Feiertagen auf anderen Rechtsgrundlagen, vor allem aufgrund bereits erlassener oder noch zu erlassender Rechtsverordnungen (§ 13 Abs. 1 Nr. 2, Abs. 2 ArbZG) oder nach dem Ladenschluss- bzw. Ladenöffnungsrecht zulässig ist. Insoweit ist allerdings eine **entsprechende Anwendung des § 10 Abs. 3 Nr. 1 ArbZG geboten.** Dies gilt erst recht für die Fälle, in denen der Rahmen der zulässigen Beschäftigung von Arbeitnehmern an Sonn- und Feiertagen nach § 10 ArbZG durch eine Rechtsverordnung nach § 13 Abs. 1 Nr. 1 ArbZG konkretisiert wird. Einem Feststellungsbescheid nach § 13 Abs. 3 Nr. 1 ArbZG i. V. m. § 10 Abs. 1 Nr. 15 ArbZG darf hingegen keine Anordnung über die Beschäftigungszeit unter Berücksichtigung der für den öffentlichen Gottesdienst bestimmten Zeiten beigefügt werden (BVerwG 19. 9. 2000 EzA § 10 ArbZG Nr. 1 = DB 2000, 2384).

29 Für den **Antrag** des Arbeitgebers, die Zulässigkeit der Beschäftigung von Arbeitnehmern an Sonn- und Feiertagen **festzustellen,** ist **keine besondere Form** vorgeschrieben. Zweckmäßigerweise wird der Arbeitgeber jedoch der Aufsichtsbehörde alle die Tatsachen und Umstände mitteilen, aus denen er herleitet, dass die Beschäftigung von Arbeitnehmern an Sonn- und Feiertagen nach § 10 ArbZG zulässig ist. Hierzu zählt insbesondere, in welchem der in § 10 Abs. 1 ArbZG aufgezählten **Bereiche** die Beschäftigung stattfinden soll, aber auch, **welche Arbeiten** ausgeführt werden sollen und **wie viele Arbeitnehmer** hierzu eingesetzt werden sollen, ferner die Darlegung, inwieweit die Arbeiten **nicht an Werktagen** vorgenommen werden können. Soweit der Antrag auf § 10 Abs. 2 ArbZG gestützt wird, ist eine entsprechende Alternativberechnung erforderlich.

E. Behördliche Ausnahmebewilligungen (§ 13 Abs. 3 Nr. 2 bis Abs. 5 ArbZG)

30 In § 13 Abs. 3 Nr. 2 bis Abs. 5 ArbZG sind **behördliche Ausnahmeregelungen** für die Beschäftigung von Arbeitnehmern an **Sonn- und Feiertagen** vorgesehen. Der **Katalog** der Genehmigungstatbestände ist **abschließend.** Weiter gehende Ausnahmen vom gesetzlichen Verbot der Beschäftigung von Arbeitnehmern an Sonn- und Feiertagen nach § 9 ArbZG können Aufsichtsbehörden nach der derzeitigen Rechtslage nicht bewilligen. Soweit im Wege von Rechtsverordnungen nach § 13 Abs. 1 Nr. 2 bzw. Abs. 2 ArbZG weitere Ausnahmen vom gesetzlichen Verbot der Beschäftigung von Arbeitnehmern

Ermächtigung, Anordnung, Bewilligung **§ 13 ArbZG**

an Sonn- und Feiertagen erlassen werden, kann den Aufsichtsbehörden in größerem Umfang die Bewilligung von Ausnahmeregelungen ermöglicht werden.

Allerdings kann die Aufsichtsbehörde nach § 15 Abs. 2 ArbZG generell – und damit auch im Bereich der Beschäftigung an **Sonn- und Feiertagen** – »über die in diesem Gesetz vorgesehenen Ausnahmen hinaus **weitergehende Ausnahmen** zulassen, soweit sie **im öffentlichen Interesse** dringend nötig werden«. Soweit es allerdings um Ausnahmebewilligungen für **längere tägliche Arbeitszeiten** bzw. Abweichungen hinsichtlich Dauer und Lage der **Ruhezeiten** geht, können Aufsichtsbehörden nach § 15 Abs. 1 ArbZG **weitere Ausnahmen** bewilligen.

31

Bei allen Bewilligungen handelt es sich um **Verwaltungsverfahren**[52]. Die Erteilung einer Ausnahmebewilligung setzt einen entsprechenden **Antrag des Arbeitgebers** voraus. **Formvorschriften** für den Antrag sind im Gesetz nicht vorgesehen. Indessen ist es zweckmäßig, den Antrag **schriftlich** zu stellen und darin alle Tatsachen anzugeben, die erforderlich sind, um die beantragte Ausnahmebewilligung zu erhalten. Die **Behörde** hat andererseits nach § 24 Abs. 1 VwVfG den **Sachverhalt von Amts** wegen zu **ermitteln**, wobei sie selbst Art und Umfang der Ermittlungen bestimmt und an das Vorbringen oder an Beweisanträge der Beteiligten, vor allem des Antragstellers, nicht gebunden ist. Dabei hat die Behörde allerdings alle für den Einzelfall bedeutsamen, auch für die Beteiligten günstigen Umstände, zu berücksichtigen (§ 24 Abs. 2 VwVfG). Bei diesen Ermittlungen haben andererseits die **Beteiligten** nach § 26 Abs. 2 VwVfG **mitzuwirken**.

32

Die aufsichtsbehördlichen Bewilligungen nach § 13 Abs. 3 Nr. 2 ArbZG betreffen die Beschäftigung von Arbeitnehmern an Sonn- und Feiertagen, und zwar (Buchst. a) im **Handelsgewerbe** an bis zu zehn Sonn- und Feiertagen im Jahr, an denen die besonderen Verhältnisse einen erweiterten Geschäftsverkehr erforderlich machen, ferner (Buchst. b) an bis zu fünf Sonn- und Feiertagen im Jahr, wenn besondere Verhältnisse zur **Verhütung eines unverhältnismäßigen Schadens** dies erfordern, und schließlich (Buchst. c) an einem Sonntag im Jahr zur Durchführung einer **gesetzlich vorgeschriebenen Inventur**. In allen diesen Fällen hat die Behörde eine Ermessensentscheidung i. S. d. § 40 VwVfG zu treffen, denn sie **kann** derartige Ausnahmebewilligungen erteilen. Die Behörde hat hierbei ihr Ermessen entsprechend dem Zweck

33

---

52 *Roggendorff* § 13 ArbZG Rz. 12.

der Ermächtigung auszuüben und die gesetzlichen Grenzen des Ermessens einzuhalten (§ 40 VwVfG). Ob die Behörde die gesetzlichen Grenzen des Ermessens überschritten oder von ihrem Ermessen in einer dem Zweck der Ermächtigung nicht entsprechenden Weise Gebrauch gemacht hat, unterliegt der gerichtlichen Kontrolle (§ 114 VwGO).

34 Nach § 13 Abs. 4 ArbZG **soll** die Behörde Ausnahmebewilligungen erteilen, soweit die Beschäftigung von Arbeitnehmern aus chemischen, biologischen, technischen oder physikalischen Gründen den ununterbrochenen Fortgang der Arbeiten an Sonn- und Feiertagen erfordert. Im Rahmen dieser Bestimmung ist die Behörde in ihrer **Ermessensentscheidung gebunden**. Sie hat im Streitfall darzulegen, dass besondere Umstände trotz des Vorliegens der im Gesetz genannten Voraussetzungen gegeben waren, die sie berechtigten, von der Erteilung der Ausnahmebewilligung abzusehen.

35 Dagegen unterliegt die Entscheidung über eine Ausnahmebewilligung nach § 13 Abs. 5 ArbZG **nicht dem Ermessen** der Aufsichtsbehörde. § 13 Abs. 5 ArbZG sieht vor, dass die Aufsichtsbehörde abweichend von § 9 ArbZG die Beschäftigung von Arbeitnehmern an Sonn- und Feiertagen zu bewilligen hat, wenn bei einer weitgehenden Ausnutzung der gesetzlich zulässigen wöchentlichen Betriebszeiten und bei längeren Betriebszeiten im Ausland die Konkurrenzfähigkeit unzumutbar beeinträchtigt ist und durch die Genehmigung von Sonn- und Feiertagsarbeit die Beschäftigung gesichert werden kann[53]. Insoweit handelt es sich lediglich um eine **Rechtsanwendung**. Allerdings steht der Aufsichtsbehörde ein **Beurteilungsspielraum** zu, ob die in § 13 Abs. 5 ArbZG genannten Voraussetzungen im Einzelnen gegeben sind.

36 Die **Entscheidung** der Behörde über den Antrag auf die Ausnahmebewilligung ist den Beteiligten, vor allem dem Antragsteller, bekannt zu geben (§ 41 VwVfG). Sie ist mit einer Rechtsmittelbelehrung hinsichtlich des hiergegen möglichen **Widerspruchs**, sofern er und nicht die unmittelbare Klage gegeben ist, zu versehen; er kann **binnen eines Monats** seit Bekanntgabe des Bescheides über den Bewilligungsantrag eingelegt werden (§ 70 VwGO). **Gegen** den Verwaltungsakt in Form des **Widerspruchsbescheides** kann **binnen eines Monats** seit dessen Zustellung **Klage** zum Verwaltungsgericht erhoben werden (§§ 81 ff. VwGO).

---

53 BAG 15.09.2009 – 9 AZR 757/08 – EzA § 106 GewO Nr. 4.

F. Ausnahmebewilligungen nach Ermessen der Aufsichtsbehörde (§ 13 Abs. 3 Nr. 2 ArbZG)

Nach § 13 Abs. 3 Nr. 2 ArbZG **kann** die Aufsichtsbehörde Ausnahmebewilligungen erteilen. Sie hat keine Wahlfreiheit, sondern muss die Ermessensentscheidung treffen, die angesichts der besonderen konkreten Umstände des Falles nach Abwägung aller Umstände dem Zweck der jeweiligen Ermächtigung am besten gerecht wird. Die Bestimmung betrifft atypische Einzelfälle[54]. Die Aufsichtsbehörde darf diese Ausnahmebewilligungen mit Nebenbestimmungen versehen, die zum Schutz der Arbeitnehmer und der Sonn- und Feiertagsruhe notwendig sind. Dies betrifft den zeitlichen und sachlichen Umfang der Ausnahmebewilligung, aber auch die zeitliche Lage, an denen die Beschäftigung von Arbeitnehmern an Sonn- und Feiertagen ausnahmsweise bewilligt wird[55].

37

Baeck/Deutsch[56], *Roggendorff*[57] und *Neumann/Biebl*[58] meinen, die Ausnahmebewilligung beziehe sich auf den **Betrieb** bzw. die abgrenzbare Betriebsstätte, nicht aber auf einzelne Arbeitnehmer. Dem ist insoweit zu folgen, als es **nicht** um die Bewilligung der ausnahmsweisen Beschäftigung **einzelner Arbeitnehmer** durch die Aufsichtsbehörde geht. Dient jedoch ein Betrieb bzw. eine Betriebsstätte **verschiedenen**, auch äußerlich **abgrenzbaren arbeitstechnischen Zwecken**, so ist für die Ausnahmebewilligung zu prüfen, ob sie zur Beschäftigung von Arbeitnehmern für alle Zwecke des Betriebes zu erteilen ist oder nur für bestimmte Zwecke. Diese Prüfung ist insbesondere erforderlich, wenn neben einem erlaubnisfähigen Zweck in derselben Betriebsstätte ein anderer Zweck verwirklicht werden könnte, für den – würde er isoliert verfolgt werden – eine Ausnahmebewilligung nicht zulässig wäre. Weder darf dies zur Versagung noch zur Erteilung der Ausnahmegenehmigung für den Betrieb insgesamt führen. Andererseits bedeute die Betriebsbezogenheit auch nicht, dass sich alle Tatbestandsmerkmale in dem Betrieb verwirklichen müssen, für den die Ausnahmebewilligung beantragt wird[59].

38

---

[54] BVerwG 07.09.1981 NJW 1982, 900.
[55] *Neumann/Biebl* § 13 ArbZG Rz. 13; *Roggendorff* § 13 ArbZG Rz. 16.
[56] *Baeck/Deutsch* § 13 ArbZG Nr. 34.
[57] *Roggendorff* § 13 ArbZG Rz. 17.
[58] *Neumann/Biebl* § 13 ArbZG Rz. 13.
[59] BVerwG 23.06.1992 GewArch 1992, 383.

§ 13 ArbZG Ermächtigung, Anordnung, Bewilligung

I. Handelsgewerbe (§ 13 Abs. 3 Nr. 2 Buchst. a ArbZG)

39 Im **Handelsgewerbe** kann die Aufsichtsbehörde an bis zu zehn Sonn- und Feiertagen im Jahr, an denen besondere Verhältnisse einen **erweiterten Geschäftsverkehr** erforderlich machen, Ausnahmebewilligungen zur Beschäftigung von Arbeitnehmern erteilen (§ 13 Abs. 3 Nr. 2 Buchst. a ArbZG). Die Regelung entspricht dem früheren § 105b Satz 2 GewO.

40 Der Begriff **Handelsgewerbe** war in der Gewerbeordnung nicht definiert; auch das Arbeitszeitgesetz hat für seinen Anwendungsbereich von einer Definition dieses Begriffes abgesehen. Für den **arbeitszeitrechtlichen Begriff des Handelsgewerbes** ist der **Umsatz** von Waren aller Art und von Geld kennzeichnend. Diese vom **Bundesverwaltungsgericht** für den Begriff des Handelsgewerbes i. S. d. § 105 b Abs. 2 GewO entwickelte Umschreibung[60] ist auch für § 13 Abs. 3 Nr. 2 a ArbZG zu Grunde zu legen[61]. Denn diese Vorschrift entspricht dem früheren § 105 b Abs. 2 GewO. Zum Handelsgewerbe gehören insbesondere der gesamte **Groß- und Einzelhandel**, der **Geld- und Kredithandel**, das **Geschäft der Buch-, Presse- und Zeitungsverlage**. Unselbständige **Hilfstätigkeiten** wie z. B. das **Kommissionieren und Verpacken** von Zeitungen und Zeitschriften in einem auf den Umsatz von Presseerzeugnissen gerichteten Verlag gehören ebenfalls arbeitszeitrechtlich zum Handelsgewerbe[62]. Auch andere unselbständige, in den Betriebsräumen durchzuführende Hilfstätigkeiten sind dem Handelsgewerbe zuzurechnen, z. B. der **Änderungsdienst im Handel mit Kleidern**. *Neumann/Biebl*[63] und *Roggendorff*[64] wollen auch die **Speditionen** und **Lager** als Hilfsgewerbe des Handels zum Handelsgewerbe im arbeitszeitrechtlichen Sinne zählen. Dem kann nicht gefolgt werden. Speditionen und Lager sind einem Handelsgewerbe bzw. dem Betrieb eines Handelsgewerbes nur insoweit zuzurechnen, als es sich um eigene (Hilfs-)Betriebe handelt. Ansonsten zählen Speditionen und Lager zu den **Verkehrsbetrieben i. S. d. § 10 Abs. 1 Nr. 10 ArbZG**; bei ihnen ist die Beschäftigung von Arbeitnehmern von Gesetzes wegen erlaubt,

---

60 BVerwG 14.11.1989 GewArch 1990, 66 = NJW 1990, 1059; BAG 04.05.1993 AP Nr. 1 zu § 105 GewO = NZA 1993, 856.
61 *Baeck/Deutsch* § 13 ArbZG Rz. 36; MünchArbR/*Anzinger* § 221 Rz. 67; *Neumann/Biebl* § 13 ArbZG Rz. 14.
62 BVerwG 14.11.1989 NJW 1990, 1059.
63 § 13 ArbZG Rz. 14.
64 § 13 ArbZG Rz. 18.

soweit diese Tätigkeiten nicht an Werktagen ausgeübt werden können. Insoweit bedarf es keiner (zusätzlichen) Ausnahmebewilligung. Ratsam kann es in solchen Fällen jedoch sein, die Zulässigkeit der Beschäftigung der Arbeitnehmer an Sonn- und Feiertagen durch die Aufsichtsbehörde nach § 13 Abs. 3 Nr. 1 ArbZG feststellen zu lassen. Wegen der Arbeitszeiten des Fahrpersonals im Straßenverkehr ist zudem § 21 a ArbZG zu beachten.

Die behördliche Ausnahmebewilligung nach § 13 Abs. 3 Nr. 2 a ArbZG ist nur an Sonn- und Feiertagen zulässig, an denen **besondere Verhältnisse einen erweiterten Geschäftsverkehr erforderlich machen.** Auch diese Voraussetzung entspricht der früheren Regelung des § 105 b Abs. 2 Satz 2 ArbZG. Die **besonderen Verhältnisse** müssen durch Umstände verursacht sein, die von außen auf das betreffende Unternehmen einwirken; sie dürfen also weder von dem Unternehmen selbst geschaffen oder zu verantworten sein (z. B. Arbeitsorganisation) noch in unternehmensbezogenen Sondersituationen (z. B. Umsatzschwäche) bestehen[65]. Die besonderen Verhältnisse müssen ihrerseits ein hinreichendes Gewicht haben, um bei der Abwicklung gegenüber dem Grundsatz der Sonn- und Feiertagsruhe Vorrang zu gewinnen. Insoweit ist eine **wirtschaftliche Betrachtungsweise** unter gleichzeitiger Abwägung der verfassungsrechtlichen institutionellen Garantie des Schutzes des Sonn- und Feiertags geboten. Dabei sind alle Umstände des jeweiligen Einzelfalles zu berücksichtigen. Die besonderen Verhältnisse müssen zudem an den Sonn- und Feiertagen, für die eine Ausnahmebewilligung zur Beschäftigung von Arbeitnehmern begehrt wird, einen **erweiterten Geschäftsverkehr** nicht nur wünschenswert, sondern **erforderlich** machen[66]. Auch insoweit ist eine Abwägung aller Umstände des Einzelfalles vorzunehmen. Unter **erforderlich** ist indessen keine naturwissenschaftlich exakte Kausalitätsverknüpfung zu verstehen, sondern eine Abwägung unter technischen bzw. wirtschaftlichen Gesichtspunkten. 41

Ausnahmegenehmigungen waren – noch unter Geltung des § 105 b Abs. 2 Satz 2 GewO – beispielsweise für die Durchführung von **Haus- und Order-** 42

---

65 BVerwG 29.04.1983 NJW 1984, 1318 = GewArch 1983, 388; wie hier ErfK/*Wank* § 13 ArbZG Rz. 67; *Neumann/Biebl* § 13 ArbZG Rz. 15; a. A. *Baeck/Deutsch* § 13 ArbZG Rz. 37.
66 VG Düsseldorf 18.10.1997 GewArch 1998, 93; ErfK/*Wank* § 13 ArbZG Rz. 6; *Neumann/Biebl* § 13 ArbZG Rz. 15; *Baeck/Deutsch* § 13 ArbZG Rz. 37.

messen[67] oder für eine international tätige und insbesondere mit dem Börsenplatz New York verbundene **Broker-Firma** anlässlich einer unvorhersehbaren politischen und wirtschaftlichen Auslandsentwicklung und der daraus resultierenden Kursschwankungen[68] zu erteilen.

43 Ausnahmegenehmigungen nach § 13 Abs. 3 Nr. 2 Buchst. a ArbZG dürfen aber nur für eine Beschäftigung von Arbeitnehmern **an bis zu zehn Sonn- und Feiertagen im Jahr** erteilt werden. Eine **dauerhafte** Ausnahmeregelung ist nach dieser Bestimmung nicht möglich. Ferner befreit eine Ausnahmebewilligung nach § 13 Abs. 3 Nr. 2 Buchst. a ArbZG auch nicht von der Einhaltung der **ladenschlussgesetzlichen Beschränkungen**, insbesondere nicht von § 17 LadSchlG. Der Schutz des § 17 LadSchlG ist als besonderer Schutz vom übrigen Arbeitszeitschutz der Arbeitnehmer, insbesondere nach dem Arbeitszeitgesetz und dem Jugendarbeitsschutzgesetz, unabhängig; hieran hat das ArbZG nichts geändert[69]. Die Vorschriften sind **kumulativ** anzuwenden[70]. Dies gilt auch für das Ladenöffnungsrecht der Länder.

II. Verhütung unverhältnismäßigen Schadens (§ 13 Abs. 3 Nr. 2 Buchst. b ArbZG)

44 An bis zu fünf Sonn- und Feiertagen im Jahr kann die Aufsichtsbehörde die Beschäftigung von Arbeitnehmern bewilligen, wenn **besondere Verhältnisse zur Verhütung eines unverhältnismäßigen Schadens dies erfordern** (§ 13 Abs. 3 Nr. 2 Buchst. b ArbZG.)

45 Im Regierungsentwurf war in Anlehnung an die frühere Regelung des § 105 f. GewO vorgesehen, dass die Ausnahmebewilligung an einzelnen Sonn- und Feiertagen im Jahr bei einem nicht vorhersehbaren Bedürfnis zur Verhütung eines unverhältnismäßigen Schadens bewilligt werden konnte[71]. Auf Empfehlung des Bundestagsausschusses für Arbeit und Sozialordnung hat der Gesetzgeber jedoch eine abweichende Fassung beschlossen. Einerseits hat er die sachlichen Voraussetzungen für die Ausnahmebewilligung insoweit gelockert,

---

67 VG Düsseldorf 02.10.1987 GewArch 1988, 300.
68 BVerwG 29.04.1983 NJW 1984, 1318 = GewArch 1983, 388.
69 OVG Rheinland-Pfalz 28.06.1995 GewArch 1995, 493.
70 *Buschmann/Ulber* § 13 ArbZG Rz. 16; *Neumann/Biebl* § 17 LadSchlG, Rz. 1; unklar: *Roggendorff* § 13 ArbZG Rz. 18.
71 BT-Drucks. 12/5888, 9.

als er das Tatbestandsmerkmal »bei einem nicht vorhersehbaren Bedürfnis« durch die Voraussetzung »**besondere Verhältnisse**« ersetzt hat, zugleich aber hat er die Häufigkeit der Ausnahmebewilligung für die Antragsteller derart konkretisiert, dass nicht mehr an »einzelnen Sonn- und Feiertagen«, sondern an **bis zu fünf Sonn- und Feiertagen im Jahr** eine derartige Ausnahme vom allgemeinen Beschäftigungsverbot des § 9 ArbZG zur Vermeidung eines unverhältnismäßigen Schadens erteilt werden kann.

Besondere Verhältnisse sind als eine vorübergehende, vom Normalfall abweichende Situation zu verstehen, z. B. längerer Ausfall der Versorgung des Betriebs mit Energie oder Wasser. Darauf, ob die Situation unvorhersehbar war oder nicht, kommt es – im Gegensatz zum früheren Recht – nicht mehr an. Auch bei vorhersehbaren Situationen kann eine behördliche Ausnahmebewilligung nach § 13 Abs. 3 Nr. 2 Buchst. b ArbZG zu erteilen sein. 46

Die besonderen Verhältnisse müssen jedoch eine ausnahmsweise Beschäftigung der Arbeitnehmer an Sonn- und Feiertagen zur **Verhütung eines unverhältnismäßigen Schadens erfordern**. Unter **Schaden** ist **jeder wirtschaftliche Nachteil** zu verstehen, den der betreffende Arbeitgeber erleidet, wenn es ihm versagt bleibt, Arbeitnehmer (im notwendigen Umfang) an dem betreffenden Sonn- und Feiertag zu beschäftigen. Die Ursache des Schadens ist demgegenüber ohne wesentliche Bedeutung. Ob es sich beispielsweise um eine Explosion oder um eine Beschädigung von Maschinen oder Waren handelt oder ob ein wirtschaftlicher Schaden aufgrund erheblichen rechtlichen Drucks zu befürchten ist, ist für die Frage des Schadensbegriffs selbst nicht erheblich. Vielmehr ist unter Schaden i. S. d. § 13 Abs. 3 Nr. 2 Buchst. b ArbZG jeder Nachteil zu verstehen, den der Arbeitgeber durch ein bestimmtes Ereignis erleidet, mithin jeder in Geld oder geldwerten Gütern ausdrückbare **Vermögensschaden** einschließlich des **entgangenen Gewinns** oder der zu befürchtende Verlust eines »guten Kunden«[72]. 47

Der infolge der Nichtbeschäftigung der Arbeitnehmer an Sonn- und Feiertagen drohende Schaden muss **unverhältnismäßig** sein. Bei der Feststellung dieses Tatbestandsmerkmals ist wiederum eine wirtschaftliche Betrachtungsweise geboten. Entscheidend ist, welche wirtschaftlichen Folgen eintreten bzw. durch Beschäftigung der Arbeitnehmer an Sonn- und Feiertagen vermieden 48

---

[72] *Dobberahn* ArbZG Rz. 130; *Neumann/Biebl* § 13 ArbZG Rz. 17; *Roggendorff* § 13 ArbZG Rz. 23.

§ 13 ArbZG Ermächtigung, Anordnung, Bewilligung

werden können und wie die Störung der Sonn- und Feiertagsruhe sich zu dem drohenden bzw. vermeidbaren Schaden verhält[73]. Erforderlich ist aber stets, dass der **drohende Schaden** durch die beantragte Ausnahmebewilligung **verhütet** oder zumindest **gemildert** werden kann. Nicht erforderlich ist, dass der Schaden sich in dem Betrieb ereignet hat oder dort eintreten wird, für den die Ausnahmebewilligung zur Beschäftigung von Arbeitnehmern an Sonn- und Feiertagen beantragt worden ist. Auch ein wirtschaftlicher Zusammenhang mit einem in einem anderen Betrieb desselben Unternehmens eingetretenen Schadens kann eine Bewilligung rechtfertigen; unter besonderen Umständen können sogar der Arbeitgeber, dessen Arbeitnehmer an Sonn- und Feiertagen arbeiten sollen, und der Geschädigte, dessen Schaden dadurch abgewandt werden soll, verschiedene Personen sein[74].

▶ **Beispiel:**

Ein Unternehmen mit Sitz in Großbritannien brennt aus. Der hierdurch bedingte Produktionsausfall kann (teilweise) dadurch aufgefangen werden, dass in dem Betrieb des Schwesterunternehmens in Deutschland auch an Sonn- und Feiertagen gearbeitet wird. Auf diese Weise konnten dringendste Lieferverpflichtungen erfüllt werden.[75]

49 Für die Frage der **Unverhältnismäßigkeit des Schadens** in Relation zum Abweichen vom grundsätzlichen Verbot der Beschäftigung von Arbeitnehmern an Sonn- und Feiertagen ist auch darauf abzustellen, für **wie viele Arbeitnehmer** die Ausnahmebewilligung beantragt wird. Die Ausnahmebewilligung ist zwar betriebsbezogen; für die Frage der Abwägung kommt es jedoch auch darauf an, in welchem Umfang eine Ausnahme vom Verbot der Beschäftigung der Arbeitnehmer an Sonn- und Feiertagen begehrt wird.

50 Eine weitere Beschränkung der Ausnahmebewilligung liegt in der Begrenzung ihrer Häufigkeit pro Antragsteller: In jedem Jahr darf aus diesen Gründen Sonn- und Feiertagsarbeit nur an bis zu **fünf Sonn- und Feiertagen** bewilligt werden. Diese Beschränkung ist insbesondere wichtig für eine **Abgrenzung zur erlaubten Beschäftigung der Arbeitnehmer** nach § 14 Abs. 1 ArbZG im Rahmen von **Notfällen und außergewöhnlichen Fällen**. Bei einem Notfall oder außergewöhnlichen Fall i. S. d. § 14 Abs. 1 ArbZG können zugleich die

---

[73] *Baeck/Deutsch* § 13 ArbZG Rz. 40.
[74] BVerwG 23.06.1992 GewArch 1992, 383, 384.
[75] In Anlehnung an BVerwG 23.06.1992 GewArch 1992, 383.

besonderen Verhältnisse i. S. d. § 13 Abs. 2 Buchst. b ArbZG vorliegen. Nach § 14 Abs. 1 ArbZG hat der Arbeitgeber in eigener Verantwortung darüber zu entscheiden, ob die Beschäftigung der Arbeitnehmer an Sonn- und Feiertagen erlaubt ist; insoweit bedarf er keiner behördlichen Ausnahmebewilligung. Umgekehrt ist aber das Vorliegen der besonderen Verhältnisse nicht stets mit einem Notfall i. S. d. § 14 Abs. 1 ArbZG gleichzusetzen. Entsprechendes gilt für die dort genannten außergewöhnlichen Fälle, die unabhängig vom Willen der Betroffenen eintreten und deren Folgen nicht auf andere Weise zu beseitigen sind. Insgesamt sind die Anforderungen an die **besonderen Verhältnisse** i. S. d. § 13 Abs. 3 Nr. 2 Buchst. b ArbZG geringer als die an die Tatbestandsmerkmale des § 14 Abs. 1 ArbZG. Das Bedürfnis, Arbeitnehmer zu beschäftigen, muss in den Fällen des § 14 Abs. 1 ArbZG erheblich schwerer wiegen als in den Fällen des § 13 Abs. 3 Nr. 2 Buchst. b ArbZG.

III. Inventur (§ 13 Abs. 3 Nr. 2 Buchst. c ArbZG)

An **einem** Sonntag im Jahr kann die Aufsichtsbehörde die Beschäftigung von 51
Arbeitnehmern zur Durchführung einer **gesetzlich vorgeschriebenen Inventur** bewilligen (§ 13 Abs. 3 Nr. 2 Buchst. c ArbZG). Nach früherem Recht (§ 105 c Abs. 1 Nr. 2 GewO) durften Arbeitnehmer zur Durchführung einer gesetzlich vorgeschriebenen Inventur ohne behördliche Ausnahmebewilligung beschäftigt werden. Dies ist jetzt nicht mehr möglich; vielmehr bedarf es zur Beschäftigung von Arbeitnehmern an einem Sonntag zur Durchführung einer gesetzlichen Inventur einer **Bewilligung** der Aufsichtsbehörde.

Zu den gesetzlich vorgeschriebenen Inventuren zählt vor allem die handels- 52
rechtliche **Inventur nach § 240 HGB**. Nach § 240 Abs. 2 HGB hat der Kaufmann zum **Schluss jedes Geschäftsjahres** eine Inventur durchzuführen. Eine Ausnahmebewilligung ist in der Regel zu erteilen, wenn der Durchführung der Inventur an Werktagen zumindest tatsächliche Schwierigkeiten entgegenstehen. Dies ist beispielsweise der Fall, wenn der laufende Betrieb an Werktagen fortgeführt wird, z. B. im Einzelhandel. Auch andere Fälle gesetzlich vorgeschriebener Inventuren fallen unter § 13 Abs. 3 Nr. 2 Buchst. c ArbZG, z. B. die Inventur aus Anlass eines Insolvenzverfahrens (§ 15 InsO).

G. Behördliche Ausnahmebewilligung aus technischen oder naturwissenschaftlichen Gründen (§ 13 Abs. 4 ArbZG)

Die Aufsichtsbehörde **soll** abweichend von § 9 ArbZG die Beschäftigung von 53
Arbeitnehmern an Sonn- und Feiertagen mit solchen Arbeiten **bewilligen**,

§ 13 ArbZG Ermächtigung, Anordnung, Bewilligung

die aus **chemischen, biologischen, technischen oder physikalischen Gründen** einen ununterbrochenen Fortgang auch an Sonn- und Feiertagen erfordern (§ 13 Abs. 4 ArbZG). Diese Vorschrift war von der Bundesregierung als eine sog. »Kann-Bestimmung« vorgesehen[76]. Sie ist entsprechend der Beschlussempfehlung des Bundestagsausschusses für Arbeit und Sozialordnung[77] indessen als eine **Soll-Vorschrift** ausgestaltet worden.

54 Die praktische Bedeutung dieser Bestimmung ist als gering einzuschätzen. Die Bestimmung ist nämlich im Zusammenhang mit den gesetzlichen Ausnahmetatbeständen des § 10 Abs. 1 Nr. 15 und 16 ArbZG zu sehen. Diese Bestimmungen dürften in weitgehendem Umfang die Beschäftigung von Arbeitnehmern mit solchen Arbeiten erlauben, die auch unter § 13 Abs. 4 ArbZG fallen können. Dies gilt insbesondere auch für Forschungsarbeiten. Unter diesem Gesichtspunkt enthält § 13 Abs. 4 ArbZG eine Option für die Zukunft[78]. Für den Fall, dass es zu neuen Arbeitstechniken kommt, die aus chemischen, biologischen, technischen oder physikalischen Gründen einen ununterbrochenen Fortgang auch an Sonn- und Feiertagen erfordern und[79] die nicht durch § 10 Abs. 1 Nr. 15 und 16 ArbZG erfasst werden, sollte es nicht erneut eines Tätigwerdens des Gesetzgebers oder des Verordnungsgebers bedürfen. Die praktische Relevanz dieser Bestimmung bleibt indessen abzuwarten.

55 Bei der Prüfung, ob die Arbeiten eines ununterbrochenen Fortgang auch an Sonn- und Feiertagen bedürfen, ist ein strenger Maßstab anzulegen. Indessen kann relativ dahingestellt bleiben, auf welchen der vier im Gesetz genannten Gründe dieses Bedürfnis im Einzelnen zurückzuführen ist. Insgesamt ist dem Antragsteller die Ausnahme zu bewilligen, wenn eine Unterbrechung aus einem der genannten Gründe unter Anlegung relativ strenger Maßstäbe nicht zuzumuten ist.

56 Wegen der Neuheit dieses Ausnahmetatbestandes obliegt die Entscheidung über die Ausnahmebewilligung in aller Regel nicht den unteren Aufsichts-

---

76 BT-Drucks. 12/5888, 9.
77 BT-Drucks. 12/6990, 16, 44.
78 BT-Drucks. 12/6990, 41.
79 Einzelbeispiele bei *Baeck/Deutsch* § 13 ArbZG Rz. 52 ff.; *Zmarzlik* RdA 1998, 257, 268.

behörden, sondern dem jeweiligen Ministerium bzw. den Regierungspräsidenten[80].

H. Behördliche Ausnahmebewilligungen wegen internationalen Wettbewerbs (§ 13 Abs. 5 ArbZG)

Nach § 13 Abs. 5 ArbZG **hat** die Aufsichtsbehörde **Ausnahmen** vom Verbot der Beschäftigung der Arbeitnehmer an Sonn- und Feiertagen (§ 9 ArbZG) **zu bewilligen**, wenn bei einer weit gehenden **Ausnutzung** der gesetzlich zulässigen wöchentlichen **Betriebszeiten** und **bei längeren Betriebszeiten im Ausland die Konkurrenzfähigkeit** unzumutbar **beeinträchtigt** ist und durch die Genehmigung von Sonn- und Feiertagsarbeit die **Beschäftigung** gesichert werden kann[81]. 57

I. Entstehungsgeschichte und Bedeutung

Die Vorschrift bildete einen Schwerpunkt der Sachverständigenanhörung im Deutschen Bundestag und stand im Mittelpunkt der parlamentarischen Auseinandersetzung[82], wie sich insbesondere im Bericht des Bundestagsausschusses für Arbeit und Sozialordnung zeigt[83]. Die SPD-Fraktion hielt die Vorschrift – auch in der während des Gesetzgebungsverfahrens geänderten Fassung – wegen Verstoßes gegen die Art. 140 GG, 139 WRV für verfassungswidrig; dies wies der Rechtsausschuss des Deutschen Bundestages zurück[84]. Bereits im Vorfeld der Gesetzgebung war § 13 Abs. 5 ArbZG auch Gegenstand ausführlicher kontroverser Beiträge der Gewerkschaften und der Arbeitgeberverbände. 58

Der **Regierungsentwurf** des § 13 Abs. 5 ArbZG ist im Laufe des Gesetzgebungsverfahrens **weitgehend geändert** worden. Er lautete wie folgt (BT-Drucks. 12/5888, 9): 59

»*Die Aufsichtsbehörde hat abweichend von § 9 die Beschäftigung von Arbeitnehmern an Sonn- und Feiertagen zu bewilligen, wenn* **nachweisbar** *die*

---

80 Vgl. z. B. für Nordrhein-Westfalen: Erlass vom 23.06.1994 – III A 7-8300 unter 8 b.
81 Vgl. BAG 15.09.2009 – 9 AZR 757/08 – EzA § 106 GewO Nr. 4.
82 *Anzinger* BB 1994, 1492, 1497.
83 BT-Drucks. 12/6990, 411.
84 Vgl. *Buschmann/Ulber* § 13 ArbZG Rz. 22.

§ 13 ArbZG Ermächtigung, Anordnung, Bewilligung

*Konkurrenzfähigkeit **gegenüber dem Ausland wegen längerer Betriebszeiten oder anderer Arbeitsbedingungen im Ausland** unzumutbar beeinträchtigt ist und durch die Genehmigung von Sonn- und Feiertagsarbeit die Beschäftigung gesichert werden kann.«*

60 Zur Begründung hat die **Bundesregierung** ausgeführt[85]:

»In Abs. 5 wird die Aufsichtsbehörde verpflichtet, bei Vorliegen der gesetzlichen Voraussetzungen die Beschäftigung von Arbeitnehmern an Sonn- und Feiertagen zu bewilligen. Voraussetzung hierfür ist, dass wegen längerer Betriebszeiten oder anderer Arbeitsbedingungen im Ausland eine nachweisbare Beeinträchtigung der Konkurrenzfähigkeit vorliegt, die aus Sicht des betroffenen Unternehmens nicht zumutbar ist. Durch die gesetzliche Genehmigung muss Beschäftigung gesichert werden, d.h. es müssen Arbeitsplätze erhalten oder geschaffen werden. Liegen die gesetzlichen Voraussetzungen vor, so ist die Aufsichtsbehörde zur Genehmigung der Sonn- und Feiertagsarbeit verpflichtet. Ihr freies Ermessen ist insoweit ausgeschlossen.«

61 Demgegenüber schlug der **Bundestagsausschuss für Arbeit und Sozialordnung** nach intensiver Diskussion die dann **verabschiedete Fassung** des § 13 Abs. 5 ArbZG vor[86]. Im dazugehörigen allgemeinen Teil des Berichtes heißt es u.a., das Tatbestandsmerkmal »bei einer weitgehenden Ausnutzung der gesetzlich zulässigen wöchentlichen Arbeitszeit« sei neu eingefügt worden. Damit werde der Kreis möglicher Antragsteller wirksam begrenzt. Die gesetzlich zulässigen wöchentlichen Betriebszeiten von 144 Stunden müssten »weitgehend« ausgenutzt werden. Der Begriff »weitgehend« sei erforderlich, um bestimmte Stillstandzeiten, z.B. bei Betriebsurlaub oder Umrüstungsarbeiten, berücksichtigen zu können. Das Merkmal »oder andere Arbeitsbedingungen im Ausland« sei gestrichen worden. Andere Arbeitsbedingungen im Ausland lägen immer vor, z.B. im Bereich des Umweltschutzes und im Steuerrecht. Dies allein könne kein Grund für eine Ausnahme vom verfassungsrechtlichen Gebot der Sonn- und Feiertagsruhe sein. Auf das Wort »nachweisbar« sei verzichtet worden, weil im Verwaltungsverfahren Ermittlung und Feststellung des maßgeblichen Sachverhaltes Sache der Behörde sei (sog. Untersuchungsgrundsatz). Aufgrund der neuen Formulierung müsse die Aufsichtsbehörde vor Erteilung einer Ausnahmegenehmigung positiv feststellen, dass

---

85 BT-Drucks. 12/5888, 31.
86 BT-Drucks. 12/6990, 17.

– das antragstellende Unternehmen die gesetzlich zulässigen wöchentlichen Betriebszeiten von 144 Stunden weitgehend ausschöpfe,
– die Konkurrenzfähigkeit des Unternehmens unter Berücksichtigung der verfassungsmäßig garantierten Sonn- und Feiertagsruhe aus Sicht des Unternehmens unzumutbar beeinträchtigt sei und
– vor diesem Hintergrund durch die Genehmigung von Sonn- und Feiertagsarbeit Arbeitsplätze gesichert werden.

Die Aufsichtsbehörde habe bei ihrer Genehmigungspraxis die Zweckbestimmung des Gesetzes, den Schutz der Sonn- und Feiertage als Tage der Arbeitsruhe zu beachten. Sie könne zur Erfüllung der gesetzlichen Voraussetzungen des Verwaltungsaktes insbesondere die Genehmigung zeitlich befristen oder mit der Auflage einer regelmäßigen Berichtspflicht versehen[87]. 62

Im besonderen Teil begründet der Bundestagsausschuss seinen Änderungsvorschlag wie folgt: »Durch die Änderungen werden die Voraussetzungen, nach denen die Aufsichtsbehörde zur Genehmigung von Sonn- und Feiertagsarbeit verpflichtet ist, im Interesse einer einheitlichen Verwaltungspraxis präzisiert«[88]. 63

Nach einer Umfrage des Bundesministeriums für Arbeit und Sozialordnung bei den Bundesländern haben die **Aufsichtsbehörden der Länder** vom In-Kraft-Treten des Gesetzes am 1. 7. 1994 bis zum 1. 6. 1995 insgesamt **175 Bewilligungen** nach § 13 Abs. 5 ArbZG erteilt. Hiervon waren etwa 14 400 Arbeitnehmer betroffen. Die meisten, nämlich 48 Bewilligungen, betrafen Betriebe der Textilindustrie bzw. Textilverarbeitung. Die relativ größte Zahl Arbeitnehmer war in der Gummiverarbeitung betroffen, vor allem bei der Reifenherstellung (rund 2 600 Arbeitnehmer). Auch im Maschinenbau, Schiffbau, in der Motorenproduktion, im Druckereigewerbe sind in größerer Zahl bzw. mit einer erheblichen Zahl betroffener Arbeitnehmer Ausnahmebewilligungen erteilt worden[89]. 64

---

87 BT-Drucks. 12/6990, 41.
88 BT-Drucks. 12/6990, 44.
89 Bericht des Parlamentarischen Staatssekretärs im Bundesministerium für Arbeit und Sozialordnung Horst Günther vom 05.09.1995.

II. Länderrichtlinien

65 Auch nach Verkündung des Gesetzes setzte sich die Diskussion, vor allem anlässlich des Erlasses entsprechender Verwaltungsvorschriften, fort. Hierbei ging es maßgeblich darum, ob eine Bewilligung nach § 13 Abs. 5 ArbZG (wie auch nach § 13 Abs. 4 ArbZG) nur unter Widerrufsvorbehalt erteilt werden soll, inwieweit der Betriebsrat und die Gewerkschaften und Arbeitgeberverbände im Genehmigungsverfahren zu beteiligen sind und bei wem die Nachweislast liegt. Einzelne Länder haben generalisierende Auslegungsrichtlinien für das ArbZG insgesamt, nicht zuletzt aber für die Erteilung von Ausnahmegenehmigungen gem. § 13 Abs. 5 und § 15 Abs. 2 ArbZG beschlossen.

III. Ausnutzung der gesetzlich zulässigen wöchentlichen Betriebszeiten

66 Die Ausnahmebewilligung nach § 13 Abs. 5 ArbZG setzt zunächst voraus, dass der Antragsteller in dem Betrieb oder Betriebsteil, für den er die Ausnahme beantragt, die **gesetzlich zulässigen wöchentlichen Betriebszeiten weitgehend ausnutzt**.

1. Betriebszeiten

67 Der Begriff »**Betriebszeit**« ist im Gesetz nicht definiert. Nach der Begründung im Bericht des Ausschusses für **Arbeit und Sozialordnung** dürfte darunter der Zeitraum zu verstehen sein, in welchem im Betrieb **Arbeitnehmer ohne besondere arbeitszeitrechtliche Bewilligung beschäftigt werden dürfen**. Dies kommt nicht zuletzt darin zum Ausdruck, dass nur eine »weitgehende« Ausnutzung der gesetzlich zulässigen Betriebszeiten vorausgesetzt wird, um »bestimmte Stillstandzeiten, z.B. bei Betriebsurlaub oder Umrüstungsarbeiten, berücksichtigen zu können«[90]. Demnach wären Betriebszeiten alle Zeiten, in denen Arbeitnehmer unter Einhaltung des Gebots der Sonn- und Feiertagsruhe (§ 9 ArbZG) beschäftigt werden dürfen.

68 Diese Auffassung ist indessen nicht zwingend. **Betriebszeit** ist nach dem Sprachgebrauch wie auch nach dem Sinnzusammenhang zwischen § 9 ArbZG einerseits und § 13 Abs. 5 ArbZG andererseits das **Gegenstück** zur **Betriebsruhe**. Während der gesetzlichen Betriebsruhe an Sonntagen und gesetzlichen Feiertagen dürfen Arbeitnehmer grundsätzlich überhaupt nicht beschäftigt werden (§ 9 Abs. 1 ArbZG). Betriebszeiten sind die Zeiten, in

---

90 BT-Drucks. 12/6990, 41.

denen Arbeiten verrichtet werden, die der Erfüllung des betriebstechnischen Zwecks des jeweiligen Betriebes zu dienen bestimmt sind. Dies umfasst alle Arbeiten, sei es die der eigentlichen Produktion, sei es die ihrer Vorbereitung oder Nacharbeit, sei es die, die als begleitende Arbeiten erforderlich sind, um die Produktion überhaupt zu ermöglichen. Auch im Rahmen des § 13 Abs. 5 ArbZG sind Betriebszeiten von Maschinenlaufzeiten oder Produktionszeiten zu unterscheiden. Der Sache nach gehen **Betriebszeiten** tendenziell über Maschinenlauf- oder Produktionszeiten hinaus und **umfassen auch** die Zeiträume **arbeitstechnisch bedingter Stillstände**, in denen die Maschinen nicht laufen oder die Produktion nicht betrieben wird oder betrieben werden kann, weil z. B. an Produktionseinrichtungen oder in den Räumen **Reinigungs-, Wartungs-, Pflege-, Umrüst- oder Reparaturarbeiten** vorzunehmen sind oder **Vor- oder Nacharbeiten** geleistet werden müssen[91]. Denn auch solche Tätigkeiten dienen dem Betriebszweck, auch bei ihnen beschäftigt der Arbeitgeber in der Regel seine Arbeitnehmer, es sei denn, er vergibt solche Arbeiten an andere Unternehmen. Insoweit nutzt der Arbeitgeber den ihm durch das grundsätzliche Verbot der Beschäftigung seiner Arbeitnehmer an Sonn- und Feiertagen (§ 9 ArbZG) gesteckten Rahmen zur erlaubnisfreien Beschäftigung seiner Arbeitnehmer. **Stillstandzeiten aus derartigen Gründen** führen daher nicht zu einer geringeren Nutzung der Betriebszeit, sondern **sind Teile der Betriebszeitnutzung**. Sie sind nicht etwa nur deshalb unschädlich, weil das Gesetz nur die weitgehende Nutzung der gesetzlich zulässigen Betriebszeit als für § 13 Abs. 5 ArbZG unschädlich erachtet[92]. Umgekehrt zählen der **Betriebsurlaub** und sonstige Zeiträume, in denen der Arbeitgeber seine Arbeitnehmer planmäßig an Werktagen nicht beschäftigt, sondern seinen Betrieb ruhen lässt, **nicht** zu den **Betriebszeiten**. Derartige Ruhezeiten sind vielmehr im Rahmen der Prüfung zu berücksichtigen, ob die zulässigen Betriebszeiten **weitgehend** ausgenutzt worden sind.

---

[91] OVG Münster 10.04.2000 – 4 A 756/97 – NZA-RR 2000, 491; ErfK/*Wank* § 13 ArbZG Rz. 14; MünchArbR/*Anzinger* § 221 Rz. 73; *Neumann/Biebl* § 13 ArbZG Rz. 23; unklar *Anzinger/Koberski* § 13 Rz. 106 einerseits, Rz. 109 andererseits.

[92] So aber BT-Drucks. 12/6990, 41; *Dobberahn* ArbZG Rz. 136; *Neumann/Biebl* § 13 ArbZG Rz. 23; *Roggendorff* § 13 ArbZG Rz. 37; *Erasmy* NZA 1995, 97, 101.

2. Gesetzlich höchstzulässiger Umfang der Betriebszeiten

69 Der **gesetzlich zulässige** Rahmen der **wöchentlichen** Betriebszeiten umfasst nach dem Sinnzusammenhang, nämlich der aufsichtsbehördlichen Bewilligung der Beschäftigung der Arbeitnehmer an Sonn- und Feiertagen als **Ausnahmetatbestand**, alle Zeiten außer der gesetzlichen Arbeitsruhe an Sonn- und Feiertagen, mithin (höchstens) 144 Stunden in der Woche[93]. *Buschmann/Ulber*[94] wollen dagegen auch die nach § 10 ArbZG gesetzlich erlaubte Sonn- und Feiertagsarbeit zur wöchentlichen Betriebszeit zählen. Das ist widersinnig, denn eine Ausnahmebewilligung nach § 13 Abs. 5 ArbZG ist nur deshalb von Interesse, weil die Beschäftigung der Arbeitnehmer an Sonntagen und gesetzlichen Feiertagen gerade nicht von Gesetzes wegen erlaubt ist. Der **Rahmen** der gesetzlich zulässigen Betriebszeit beginnt am **Montag** bzw. am Tag nach einem gesetzlichen Feiertag **um 0.00 Uhr** und endet am **letzten Werktag vor einem Sonntag** bzw. vor einem gesetzlichen Feiertag um **24.00 Uhr.** In mehrschichtigen Betrieben mit regelmäßiger Tag- und Nachtschicht können Beginn und Ende der Arbeitsruhe an Sonn- und Feiertagen nach näherer Maßgabe des § 9 Abs. 2 ArbZG um bis **zu sechs Stunden vor- oder zurückverlegt** werden; dementsprechend ändert sich dann auch die Lage, nicht aber die Dauer der gesetzlich zulässigen wöchentlichen Betriebszeiten. Fällt ein gesetzlicher Feiertag i. S. d. § 9 ArbZG auf einen Werktag, so verringert sich die gesetzlich zulässige wöchentliche Betriebszeit entsprechend.

3. Grad der Ausnutzung

70 Die gesetzlich zulässige wöchentliche Betriebszeit muss **weitgehend ausgenutzt** sein. Das Gesetz schreibt insoweit weder ein zahlenmäßig bestimmtes Mindestmaß vor noch ordnet es an, dass Sonn- und Feiertagsbeschäftigung nach § 13 Abs. 5 ArbZG nur dann zu bewilligen wäre, wenn alle nach dem Arbeitszeitgesetz ohne behördliche Bewilligung zulässigen Zeiträume zur Beschäftigung der Arbeitnehmer genutzt worden sind. Erforderlich, aber auch **ausreichend** ist es, wenn **Beginn und Ende der Betriebszeit** möglichst **nahe an** die Zeit der gesetzlichen **Sonn- und Feiertagsruhe** anschließen und während

---

[93] *Dobberahn* ArbZG Rz. 136; *Neumann/Biebl* § 13 ArbZG Rz. 23; *Roggendorff* § 13 ArbZG Rz. 37; *Anzinger/Koberski* § 13 ArbZG Rz. 106; *Erasmy* NZA 1995, 97, 101; *Zmarzlik* DB 1994, 1082, 1086; HWK/*Gäntgen*, § 13 ArbZG Rz. 21.
[94] *Buschmann/Ulber* § 13 ArbZG Rz. 25.

dieser Zeit grundsätzlich **kontinuierlich, also auch nachts** gearbeitet wird[95]. **Sonnabende** sind als **Werktage** Teile der gesetzlich zulässigen wöchentlichen Arbeitszeit. Eine nur ein- oder zweischichtige Arbeitsweise genügt, auch wenn hierbei der Sonnabend einbezogen wird, ebenso wenig für eine weitgehende Ausnutzung der gesetzlich zulässigen Betriebszeit wie eine kontinuierliche Schichtarbeit ohne Einbeziehung der Sonnabende[96].

Für die Ermittlung des **Grades der Nutzung der Betriebszeit** ist im Regelfall auf solche Woche(n) abzustellen, in denen der Betrieb regelgerecht läuft oder laufen soll. Außerhalb der wöchentlichen Regelhaftigkeit liegende Ereignisse wie z. B. **Arbeitskampf, Rohstoffmangel, Betriebsurlaub**, haben außer Betracht zu bleiben[97]. Eine **weitgehende Nutzung** der gesetzlich zulässigen Betriebszeiten ist regelmäßig auch dann anzunehmen, wenn die **üblichen Schichtwechselzeiten** für kontinuierliche Schichtbetriebe (6.00 Uhr, 14.00 Uhr, 22.00 Uhr) oder die sonst betriebsüblichen Schichtwechselzeiten beibehalten werden. Der Arbeitgeber ist nicht gezwungen, zur Erfüllung des Tatbestandsmerkmals der weitgehenden Ausnutzung der zulässigen Betriebszeit etwa die Schichtwechselzeiten so zu verändern, dass Schichtende und Schichtbeginn mit dem Beginn oder dem Ende der Arbeitsruhe nach § 9 ArbZG zusammenfallen oder – umgekehrt – eine Verlegung des Beginns bzw. des Endes der Sonn- und Feiertagsruhe nach § 9 Abs. 2 ArbZG herbeizuführen. Denn mit Hilfe solcher Maßnahmen würde der Umfang der 24-stündigen Sonn- und Feiertagsruhe und damit auch das Ausmaß der Ausnahmebewilligung nicht verändert. Umgekehrt ist der Arbeitgeber auch nicht gehalten, etwa Kurzschichten einzuführen, um die Lücken zwischen dem in seinem Betrieb üblichen Schichtende bzw. Schichtbeginn und der Arbeitsruhe nach § 9 ArbZG auszufüllen. Eine weitgehende Ausnutzung der gesetzlich zulässigen Betriebszeit liegt in kontinuierlichen Schichtbetrieben auch vor, wenn die **letzte Schicht vor der Sonn- und Feiertagsruhe um 22.00 Uhr endet und die erste Schicht danach um 6.00 Uhr beginnt**. Soweit *Anzinger/Koberski*[98] eine weitgehende Nutzung der gesetzlich zulässigen Betriebszeit nur dann anneh-

71

---

95 VG Arnsberg 11.12.1996 – 1 K 4697/96 – EzA § 13 ArbZG Nr. 1, DB 1997, 580 [LS] m. Anm. *Schiefer*; *Dobberahn* ArbZG Rz. 136; *Roggendorff* § 13 ArbZG Rz. 37; *Anzinger/Koberski* § 13 ArbZG Rz. 107.
96 *Dobberahn* ArbZG Rz. 136; *Anzinger/Koberski* § 13 ArbZG Rz. 108.
97 *Anzinger/Koberski* § 13 ArbZG Rz. 105; *Erasmy* NZA 1995, 97, 101.
98 *Anzinger/Koberski* § 13 ArbZG Rz. 109.

§ 13 ArbZG Ermächtigung, Anordnung, Bewilligung

men, wenn die Zeit von Montag 6.00 Uhr bis Sonnabend 14.00 Uhr als reine Produktionszeit genutzt wird, setzen sie zugleich voraus, dass die Zeiträume bis zum Beginn und Ende der Sonntagsruhe für Abschluss-, Reinigungs-, Umrüst- und Wiederaufnahmearbeiten zur Verfügung stehen. Derartige Arbeiten fallen aber in die Betriebszeiten.

72 Der weitgehenden Ausnutzung der gesetzlich zulässigen Betriebszeit stehen solche Zeiten der **Betriebsruhe** nicht entgegen, **die bei** einem **normalen wöchentlichen Betrieb nicht** anfallen. Dies betrifft insbesondere ungeplante, gleichsam zwangsweise eintretende Betriebsruhe zu Zeiten, z. B. wegen unvorhersehbaren Rohstoffmangels, infolge von Arbeitskämpfen und ihren Auswirkungen oder infolge von Naturkatastrophen. Auch ein unter Umständen mehrwöchiger geplanter Betriebsurlaub steht einer weitgehenden Ausnutzung der gesetzlich zulässigen wöchentlichen Betriebszeit nicht entgegen[99]. Denn es kommt nicht auf die Ausnutzung einer monatlichen oder gar jährlichen Arbeitszeit an, sondern auf die Ausnutzung der im Normalfall der regelmäßigen Arbeitswoche gesetzlich zulässigen Betriebszeit[100]. Eine Ausnahmebewilligung darf nicht mit der Begründung abgelehnt werden, durch Vermeidung eines Betriebsurlaubes könne eine höhere Zahl tatsächlicher Betriebsstunden im Rahmen der gesetzlich zulässigen wöchentlichen Betriebszeit erreicht werden. Die Nutzung der höchstmöglichen werktäglichen Betriebszeit von rechnerisch 144 Stunden pro Woche mit durchschnittlich 121, 127, 124 und 137 Wochenstunden in den vier dem Antrag vorangehenden Quartalen wurde vom OVG Münster als ausreichend erachtet[101].

4. Dauer der Ausnutzung

73 Die gesetzlich zulässige wöchentliche **Betriebszeit** muss (mindestens) **für** die Wochen, die in **den Antragszeitraum** fallen, weitgehend **ausgenutzt** werden, um eine Ausnahmebewilligung nach § 13 Abs. 5 ArbZG zu rechtfertigen[102]. Dies ergibt sich aus dem Zweck der Ausnahmebewilligung. Erst dann, wenn die weitgehende Ausnutzung der von Gesetzes wegen zulässigen Betriebszeit nicht mehr genügt, um sich der Auslandskonkurrenz im Hinblick auf deren

---

99 *Anzinger/Koberski* § 13 ArbZG Rz. 105; *Erasmy* NZA 1995, 97, 101; a. A. *Buschmann/Ulber* § 13 ArbZG Rz. 25.
100 *Dobberahn* ArbZG Rz. 136.
101 OVG Münster 10.04.2000 – 4 A 756/97 – NZA-RR 2000, 491.
102 *Roggendorff* § 13 ArbZG Rz. 37; *Anzinger/Koberski* § 13 ArbZG Rz. 110.

längere Betriebszeiten in zumutbarer Weise erwehren zu können, ist die Ausnahme zu bewilligen. Ob und inwieweit der Arbeitgeber in der Vergangenheit die gesetzlich höchstzulässigen Betriebszeiten ausgeschöpft hat, ist insoweit unerheblich. Fällt in den Antragszeitraum eine geplante Unterbrechung der Betriebstätigkeit, z.B. wegen Betriebsurlaubs, so ist dieser Zeitraum unberücksichtigt zu lassen.

IV. Längere Betriebszeiten im Ausland

Voraussetzung für eine Ausnahmebewilligung nach § 13 Abs. 5 ArbZG ist ferner, dass die Konkurrenzfähigkeit des Betriebs, für den der Antrag gestellt wird, **bei längeren Betriebszeiten im Ausland** unzumutbar beeinträchtigt wird. 74

Ob die Betriebszeiten (im Ausland) länger sind, ist durch einen **Vergleich** mit der gesetzlich zulässigen **inländischen Wochenarbeitszeit** zu ermitteln. **Länger** sind Betriebszeiten, wenn sie die nach deutschem Recht unter Beachtung der grundsätzlichen Arbeitsruhe an Sonn- und Feiertagen gesetzlich zulässige inländische Betriebszeit von (höchstens) **144 Stunden pro Woche übersteigen**. 75

Im Arbeitszeitgesetz ist nicht geregelt, ob es auf die im jeweiligen **Ausland** gesetzlich **zulässigen oder** auf die **lediglich tatsächlich veranstalteten Betriebszeiten** ankommt. *Baeck/Deutsch*[103], *Buschmann/Ulber*[104], *Anzinger*[105] und *Neumann/Biebl*[106] halten es für richtig, die tatsächlich im Ausland geleistete Arbeitszeit zu Grunde zu legen. Dem ist zwar idealiter zu folgen. Indessen sind die tatsächlich geleisteten Betriebslaufzeiten im Ausland schwer zu ermitteln, weil es dann auf jeden Einzelfall ankommt. Unter Berücksichtigung des Umstandes, dass solche Einzelfallermittlungen und -feststellungen im Ausland kaum mit der nötigen Zulässigkeit zeitgerecht durchführbar sein dürften, dass aber andererseits die **gesetzlichen Arbeitszeitbestimmungen** im jeweiligen Ausland in der Regel hinreichend feststellbar sind, ist für den **Betriebszeitenvergleich** auf die im Ausland geltenden **gesetzlichen** oder sonst zwingenden 76

---

103 *Baeck/Deutsch* § 13 ArbZG Rz. 73.
104 *Buschmann/Ulber* § 13 ArbZG Rz. 26.
105 MünchArbR/*Anzinger* § 221 Rz. 74.
106 *Neumann/Biebl* § 13 ArbZG Rz. 24.

§ 13 ArbZG Ermächtigung, Anordnung, Bewilligung

Arbeitszeitregeln abzustellen[107]. Zu den sonst zwingenden Arbeitszeitregelungen zählen auch **gesetzesvertretende** oder **gesetzesausfüllende** Regelungen der Sozialpartner im Ausland[108].

77 Der Vergleich darf sich nicht allein auf die **Vergangenheit** beschränken, vielmehr sind – entsprechend der Bescheidung eines in die Zukunft gerichteten Antrags – die gegenwärtigen Regelungen, deren Geltungsdauer und – soweit feststellbar – deren zukünftige Entwicklungen zu Grunde zu legen. Denn es geht bei der Ausnahmebewilligung des § 13 Abs. 5 ArbZG darum, durch **künftige Gestaltung** der Beschäftigung der Arbeitnehmer an Sonn- und Feiertagen beim Antragsteller einer unerträglichen Konkurrenzsituation zu begegnen und Arbeitsplätze zu sichern[109].

78 Die Feststellung der ausländischen Betriebszeiten hat sich auf **konkurrierende Betriebe** zu beziehen. Denn die Ausnahmebewilligung ist nur zu erteilen, wenn bei längeren Betriebszeiten die Konkurrenzfähigkeit des inländischen Betriebs unzumutbar beeinträchtigt ist. Trotz des Plurals **Betriebszeiten** ist nicht zwingend erforderlich mehrere Betriebszeiten oder die Betriebszeiten mehrerer ausländischer Betriebe, die mit dem Inlandsbetrieb konkurrieren, festzustellen. Eine unzumutbare Beeinträchtigung der Konkurrenzfähigkeit kann auch vorliegen, wenn nur **ein einziger ausländischer Betrieb** eine längere Betriebszeit hat[110].

79 Dagegen kommt es nach dem eindeutigen Wortlaut des § 13 Abs. 5 ArbZG **nicht** darauf an, inwieweit **inländische Konkurrenzbetriebe** ihre Betriebslaufzeiten nutzen, sie ihrerseits Anträge nach § 13 Abs. 5 ArbZG gestellt haben oder inwieweit sie die Konkurrenzfähigkeit des inländischen Antragstellers beeinträchtigen[111]. Deshalb hat der Antragsteller weder inländische Konkurrenzbetriebe zu benennen noch gar mitzuteilen, welche Betriebszeiten dort

---

107 Vgl. im Ergebnis: *Dobberahn* ArbZG Rz. 137; *Roggendorff* § 13 ArbZG Rz. 38; *Anzinger/Koberski* § 13 ArbZG Rz. 115, 120; *Erasmy* NZA 1995, 97, 101; *Junker* ZfA 1998, 105, 129.
108 *Erasmy* NZA 1995, 97, 101.
109 Ähnl. *Erasmy* NZA 1995, 97, 101.
110 *Anzinger/Koberski* § 13 ArbZG Rz. 113, ähnl. für nur einzelne oder wenige marktbestimmende Betriebe: *Roggendorff* § 13 ArbZG Rz. 38; *Junker* ZfA 1988, 105, 129; a. A. *Buschmann/Ulber* § 13 ArbZG Rz. 27.
111 *Dobberahn* ArbZG Rz. 137; *Anzinger/Koberski* § 13 ArbZG Rz. 116; *Erasmy* NZA 1995, 97, 101; a. A. *Buschmann/Ulber* § 13 ArbZG Rz. 29.

wie genutzt werden. Andererseits kann es für die Begründetheit eines Antrags sprechen, wenn konkurrierenden Inlandsbetrieben bereits Ausnahmebewilligungen nach § 13 Abs. 5 ArbZG erteilt worden sind.

V. Unzumutbare Beeinträchtigung der Konkurrenzfähigkeit

Die **Konkurrenzfähigkeit** des Inlandsbetriebes muss bei längerer Betriebszeit im Ausland **unzumutbar beeinträchtigt** sein. 80

Hierzu müssen der Inlandsbetrieb und der bzw. die Auslandsbetriebe mit längerer Betriebszeit hinsichtlich ihrer **Erzeugnisse** bzw. Dienstleistungen miteinander **konkurrieren**. Eine **Konkurrenzsituation** ist nicht nur gegeben, wenn es sich um **gleiche** oder **gleichartige Produkte** handelt, die von der Konkurrenz auf dem gleichen Markt abgesetzt werden oder werden können oder sollen, sondern auch dann, wenn es sich um Konkurrenz infolge von **Substituierung** handelt. 81

▶ Beispiel:

Auf dem Markt für optische Gläser können solche aus Silikatglas mit solchen aus Kunststoff substituierend konkurrieren.

Es kommt auch nicht nur eine Konkurrenz zwischen **fremden** Unternehmen oder Betrieben in Betracht, sondern auch eine solche mit Betrieben **desselben Unternehmens** oder Konzerns bzw. derselben »Gruppe«[112]. Bei den Ausnahmebewilligungen nach § 13 Abs. 5 ArbZG geht es wesentlich darum, durch Genehmigung von Sonn- und Feiertagsarbeit die **Beschäftigung im antragstellenden Betrieb zu sichern**. Hinsichtlich der Sicherung der Beschäftigung konkurrieren aber die Betriebe desselben Unternehmens oder derselben Gruppe durchaus untereinander mit ihren Produkten bzw. Dienstleistungen; dabei kommt es immer wieder vorrangig auf die Stückkosten der Produkte bzw. Dienstleistungen an. Die Stückkosten werden u. a. vom Grad der Ausnutzung der Produktionsmittel bzw. des hierzu gebundenen Kapitals mitbestimmt. 82

---

112 *Anzinger/Koberski* § 13 ArbZG Rz. 112; a. A. *Buschmann/Ulber* § 13 ArbZG Rz. 27.

§ 13 ArbZG Ermächtigung, Anordnung, Bewilligung

▶ **Beispiel:**

Ein weltweit tätiges Unternehmen, dass sich u. a. mit der Herstellung und dem Vertrieb von Autoreifen befasst, unterhält Herstellungsbetriebe, in denen dieselben Produkte mit gleicher Qualität hergestellt werden bzw. werden können, im Inland und im Ausland. In einer Reihe der Auslandswerke des Unternehmens liegen die Betriebszeiten höher als die gesetzlich zulässigen Betriebszeiten für den Inlandsbetrieb. Zwischen dem Inlandsbetrieb und dem Auslandsbetrieb besteht mit Rücksicht auf die Produkte ein Konkurrenzverhältnis i. S. d. § 13 Abs. 5 ArbZG.

83 Eine **Beeinträchtigung der Konkurrenzfähigkeit** liegt nicht schon vor, wenn die Produkte oder Dienstleistungen überhaupt miteinander konkurrieren, sondern erst dann, wenn die Umstände, unter denen das Produkt erstellt bzw. die Dienstleistung erbracht werden, zu Lasten des inländischen Unternehmens oder Betriebes voneinander abweichen. Zu diesen abweichenden Umständen zählt wesentlich auch die wöchentliche **Betriebszeit**. Je länger sie ist, desto größer ist der **Nutzen der Produktionsanlagen**. Wird die Betriebszeit von sechs auf sieben Tage in der Woche erhöht, so steigt die Nutzungszeit (theoretisch) um ein Sechstel. Dies hat unmittelbar eine bessere Nutzung des in die Produktionsanlagen investierten Kapitals zur Folge. Sehr häufig treten daneben auch weitere Kostenersparnisse ein. So können Kosten für das An- und Abfahren der Anlagen, für die Absenkung und Wiederherstellung der nötigen Betriebstemperaturen, für die Unterhaltung der Produktionsanlagen während der Arbeitsruhe und ähnliche Aufwendungen wegfallen. Sehr häufig sind auch Effekte der Qualitätssicherung zu beobachten. Bei einer gleichbleibenden Produktion auch während der Zeit der gesetzlichen Arbeitsruhe kann sehr häufig eine gleichbleibende Qualität besser erreicht werden als bei einer Unterbrechung der Produktion an Sonn- und Feiertagen (Wegfall sog. »Montagsprodukte«). Hinzu kommt u. U. auch eine Stärkung der Konkurrenzfähigkeit durch kürzere oder terminsgerechtere Lieferungen. Beeinträchtigt ist die Konkurrenzfähigkeit auch, falls ohne die beantragte Sonn- und Feiertagsarbeit Auftragsverluste drohen oder Aufträge nicht mehr vollständig und rechtzeitig erfüllt werden könnten[113].

---

113 VG Arnsberg 11.12.1996 – 1 K 4697/96 – EzA § 13 ArbZG Nr. 1 = DB 1997, 580 [LS] m. Anm. *Schiefer*.

Für die **Beeinträchtigung der Konkurrenzfähigkeit** müssen die **längeren** 84
Betriebszeiten im Ausland **nicht** im strengen Sinne **kausal** sein[114]. § 13 Abs. 5
ArbZG schreibt nicht vor, dass die Beeinträchtigung der Konkurrenzfähigkeit
durch oder **infolge** längerer Betriebszeiten im Ausland hervorgerufen worden
sein muss, sondern nur, dass im Ausland überhaupt längere Betriebszeiten
vorliegen. Die Beeinträchtigung der Konkurrenzfähigkeit muss nur **bei** längeren Betriebszeiten im Ausland unzumutbar sein. Gelten für ausländische Konkurrenzbetriebe längere Betriebszeiten, so spricht dies nach dem Aufbau sowie
nach dem Sinn und Zweck der Regelung des § 13 Abs. 5 ArbZG dafür, schon
deshalb eine Beeinträchtigung der Konkurrenzfähigkeit zumindest tatsächlich
zu vermuten; einer besonderen Prüfung der Kausalität bedarf es insoweit im
Regelfall nicht, es sei denn, dass Tatsachen glaubhaft gemacht werden, die eine
solche Vermutung entkräften[115]. Zumindest darf die Ausnahmebewilligung
nicht mit der Begründung versagt werden, der **Antragsteller habe nicht** hinreichend **nachgewiesen, infolge** längerer Betriebszeiten im Ausland in seiner
Konkurrenzfähigkeit unzumutbar beeinträchtigt zu sein. Den Antragsteller
trifft **keine subjektive Darlegungs- oder Beweislast**. Im Regierungsentwurf
war zwar vorgesehen, dass die Beeinträchtigung der Konkurrenzfähigkeit
»nachweisbar« vorliegen müsse[116]. Der Gesetzgeber hat dieses Wort jedoch
entsprechend der Empfehlung des Bundestagsausschusses für Arbeit und
Sozialordnung mit der Begründung gestrichen, dass die Feststellung des Sachverhalts Sache der Aufsichtsbehörde sei[117]. Andererseits soll der Antragsteller
nach § 26 Abs. 2 VwVfG bei der Ermittlung des Sachverhalts mitwirken und
alle ihm bekannten Tatsachen und Beweismittel angeben.

Andere Arbeitsbedingungen im Ausland, die die Konkurrenzfähigkeit des 85
Inlandsbetriebes unzumutbar beeinträchtigen, z. B. geringere Anforderungen
an die Arbeitssicherheit oder ein niedrigeres Lohnniveau, **genügen** an Stelle
längerer Betriebszeiten für eine Ausnahmegenehmigung nach § 13 Abs. 5

---

114 *Baeck/Deutsch* § 13 ArbZG Rz. 82; *Dobberahn* ArbZG Rz. 138; ErfK/*Wank*
§ 13 ArbZG Rz. 14; *Neumann/Biebl* § 13 ArbZG Rz. 26; *Anzinger/Koberski* § 13
ArbZG Rz. 122.
115 *Dobberahn* ArbZG Rz. 138; *Anzinger/Koberski* § 13 ArbZG Rz. 123.
116 BT-Drucks. 12/5888, 9.
117 BT-Drucks. 12/6990, 17, 41.

§ 13 ArbZG   Ermächtigung, Anordnung, Bewilligung

ArbZG **nicht**. Der Gesetzgeber hat diese noch im Regierungsentwurf vorgesehene Möglichkeit gestrichen[118].

86   Die Beeinträchtigung der Konkurrenzfähigkeit muss für den Antragsteller (Arbeitgeber) **unzumutbar** sein. Dies ist unter Berücksichtigung der Verfassungsgarantie des Schutzes der Sonntage und der kirchlichen Feiertage nach Art. 140 GG, Art. 139 WRV zu prüfen; zu geringe Anforderungen dürfen insoweit nicht gestellt werden[119]. Dagegen will *Roggendorff* den Schutz der Sonn- und Feiertage unberücksichtigt lassen[120]. Dem ist schon wegen des in § 1 Abs. 2 ArbZG normierten Schutzzwecks des ArbZG nicht zu folgen. Auf der anderen Seite ist im Gesetz keine unterschiedliche Behandlung der Ausnahmebewilligung hinsichtlich der sog. »hohen« Feiertage (Ostern, 1. Mai, Pfingsten, Weihnachten und Neujahr) vorgesehen[121]. Der in § 1 Abs. 2 ArbZG ausdrücklich normierten Schutzzweck des § 9 ArbZG, d. h. der gesetzlichen Arbeitsruhe an Sonntagen und gesetzlichen Feiertagen, ist mit der nachvollziehbar und insoweit substantiiert darzustellenden Einschätzung des Antragstellers über die **künftige für ihn negative Entwicklung seiner Marktanteile** und – in der Regel daraus resultierend – der Beschäftigungslage in seinem Betrieb, für den der Antrag gestellt wird, abzuwägen. Nicht erforderlich ist, dass sich der Antragsteller mit seinen Produkten oder Dienstleistungen nicht mehr **am Markt behaupten** kann, sondern nur, dass seine **Absatzchancen** z. B. infolge der höheren inländischen Stückkosten auf absehbare längere Zeit als deutlich schlechter einzuschätzen sind und deshalb für ihn die Gefahr besteht, dass ein Marktanteil erheblich und nachhaltig sinkt[122].

87   Ist die **Marktentwicklung** für den Antragsteller, entsprechend dem **Trend im inländischen Teil der Branche**, als gegenüber dem Teil der ausländischen Konkurrenz, für die längere Betriebszeiten gelten, auf absehbare Zeit als negativ einzuschätzen, so spricht dies erheblich für eine **Unzumutbarkeit** der Beeinträchtigung der Konkurrenzfähigkeit des Betriebes. Insoweit streitet eine

---

118   BT-Drucks. 12/6990, 17, 41.
119   *Neumann/Biebl* § 13 ArbZG Rz. 27.
120   *Roggendorff* ArbZG Rz. 39, 40.
121   OVG Münster 10.04.2000 – 4 A 756/97 – NZA-RR 2000, 491; Vorinstanz VG Arnsberg 11.12.1996 – 1 K 4697/96 – EzA § 13 ArbZG Nr. 1 = DB 1997, 580 [LS] m. Anm. *Schiefer*.
122   *Baeck/Deutsch* § 13 ArbZG Rz. 83; ErfK/*Wank* § 13 ArbZG Rz. 14; MünchArbR/*Anzinger* § 221 Rz. 76; *Neumann/Biebl* § 13 ArbZG Rz. 28.

tatsächliche Vermutung für den Antragsteller, dessen Marktchancen sich im Vergleich zu ausländischen Anbietern tendenziell auf längere Sicht verringern. Dem kann nicht entgegengehalten werden, dass z. B. die Produktqualität zu unterschiedlich sei und deswegen der Marktanteil des Antragstellers zurückgehe. Solange die Produkte miteinander konkurrieren, liegt ein Konkurrenzverhältnis vor. Die Qualität der Produkte ist Teil der Konkurrenz.

Rechtlich unerheblich auch im Rahmen der Prüfung der Unzumutbarkeit ist, ob **inländische Konkurrenten** die gesetzlich zulässige wöchentliche Arbeitszeit ausschöpfen oder selbst Anträge nach § 13 Abs. 5 ArbZG gestellt haben[123]. Sonst könnte jeder erste Antrag mit der Begründung abgelehnt werden, die inländischen Mitbewerber nähmen keine Sonn- und Feiertagsbeschäftigung in Anspruch, deshalb sei die Konkurrenzfähigkeit infolge der längeren ausländischen Betriebszeiten nicht, zumindest nicht unzumutbar, beeinträchtigt. Ob ein Mitbewerber die gesetzlichen Möglichkeiten zur Ausdehnung der tatsächlichen Betriebszeiten ausschöpft oder nicht, hängt von vielen, sehr unterschiedlichen Faktoren ab, nicht nur vom Konkurrenzdruck aus dem Ausland. 88

VI. Sicherung der Beschäftigung

Durch die **Genehmigung** der Sonn- und Feiertagsarbeit nach § 13 Abs. 5 ArbZG muss die **Beschäftigung** gesichert werden können. Dem Zweck der **Sicherung der Beschäftigung** ist gedient, wenn Arbeitsplätze **erhalten oder geschaffen** werden können[124]. Dabei genügt es, wenn eine der beiden möglichen Sicherungsformen (Erhalten oder Schaffen) verwirklicht werden kann. Die Genehmigung der Sonn- und Feiertagsbeschäftigung setzt nicht voraus, dass hierdurch (auch) neue Arbeitsplätze geschaffen werden können. Vielmehr genügt es, wenn vorhandene Arbeitsplätze insgesamt oder zumindest in größerem Umfang **erhalten** bleiben, wenn die Beschäftigung der Arbeitnehmer an Sonn- und Feiertagen genehmigt wird. Dementsprechend ist die Genehmigung auch dann zu erteilen, wenn sie dazu beitragen kann, dass der **Abbau von Arbeitsplätzen geringer** ausfällt als er ausfallen würde, falls die Arbeitnehmer nicht an Sonn- und Feiertagen beschäftigt werden dürfen. 89

---

123 Vgl. *Anzinger/Koberski* § 13 ArbZG Rz. 116; *Buschmann/Ulber* § 13 ArbZG Rz. 29.
124 BT-Drucks. 12/5888, 31; *Baeck/Deutsch* § 13 ArbZG Rz. 86; *Neumann/Biebl* § 13 ArbZG Rz. 28; *Roggendorff* § 13 ArbZG Rz. 41; *Anzinger/Koberski* § 13 ArbZG Rz. 128.

90 Dafür, dass durch die Genehmigung von Sonn- und Feiertagsarbeit **Arbeitsplätze erhalten bleiben können**, wenn die ausländischen Konkurrenzbetriebe längere Betriebszeiten haben, spricht eine tatsächliche Vermutung[125]. Ein Strengbeweis ist insoweit weder geboten noch erforderlich; vielmehr führt es erfahrungsgemäß zum Verlust von Arbeitsplätzen (im Inland), wenn erhebliche Marktanteile nachhaltig an den (ausländischen) Wettbewerb verloren gehen[126]. Gleichwohl ist von dem jeweiligen Antragsteller im Hinblick auf seine Obliegenheit zur Mitwirkung nach § 26 Abs. 2 VwVfG zu verlangen, dass er die **Beschäftigungsentwicklung** in seinem Betrieb **alternativ** für den Fall der Bewilligung der Beschäftigung an Sonn- und Feiertagen wie auch für den Fall ihrer Nichtbewilligung **darstellt**. Dabei kann der Antragsteller nur die Annahmen zu Grunde legen, die er nach dem Stand seiner möglichen Erkenntnisse zur Zeit der Antragstellung treffen darf. Angaben aus **Verbandsstatistiken** können insoweit durchaus eine begleitende Hilfe sein. Insbesondere bei der Darstellung der künftigen Beschäftigungsentwicklung muss mindestens der Zeitraum ins Auge gefasst werden, für den der Antrag gestellt wird. Der Zeitraum muss hinreichend lang sein, um dem Zweck der Sicherung der Beschäftigung genügen zu können.

VII. Bewilligungsverfahren

91 Die Bewilligung der ausnahmsweisen Beschäftigung der Arbeitnehmer an Sonn- und Feiertagen setzt einen entsprechenden **Antrag** des Inhabers des Betriebes voraus, in welchem diese Beschäftigung stattfinden soll. Nach § 26 Abs. 2 VwVfG ist der **Antragsteller** gehalten, **die ihm bekannten Tatsachen und Beweismittel anzugeben** und an der Feststellung des Sachverhalts **mitzuwirken**. Für den **Antrag** auf eine Ausnahmebewilligung nach § 13 Abs. 5 ArbZG ist erforderlich, substantiiert, d. h. mit nachprüfbaren Tatsachen, **folgende Angaben** zu machen:
- betroffener Betrieb oder Betriebsteil, für den die Ausnahmebewilligung gelten soll;
- Zeitpunkt und Dauer der geplanten Beschäftigung an Sonn- und Feiertagen;

---

125 *Anzinger/Koberski* § 13 ArbZG Rz. 128; *Erasmy* NZA 1995, 97, 101 f.
126 *Baeck/Deutsch* § 13 ArbZG Rz. 87.

– Darlegung der weitgehenden Ausnutzung der gesetzlich zulässigen Betriebszeiten einerseits und der längeren Betriebszeiten ausländischer Konkurrenz andererseits;
– Darlegung des Konkurrenzverhältnisses (worin liegt die Konkurrenz?);
– Zeitpunkt, Dauer und Umfang der geplanten Sonn- und Feiertagsarbeit einschließlich Zahl der betroffenen Beschäftigten sowie Art und Umfang ihrer Beschäftigung.

In der Praxis bedeutet dies regelmäßig, dass der Antragsteller – sehr häufig mit Hilfe und Unterstützung seiner Verbände – letztlich der Aufsichtsbehörde die Tatsachen mitteilen muss, aus denen folgt, dass für ausländische Mitbewerber eine längere Betriebszeit gilt, dass und worin die Beeinträchtigung der Konkurrenztätigkeit liegt, weshalb sie unzumutbar ist und wie sich eine Genehmigung auf die Sicherung der Beschäftigung der Arbeitnehmer auswirkt. Hierbei handelt es sich jedoch lediglich um **Obliegenheiten** des Antragstellers; letztlich hat die **Aufsichtsbehörde** den Sachverhalt selbst festzustellen. Allerdings ist nicht zu übersehen, dass auch im Bewilligungsverfahren eine Unklarheitenregel zu beachten ist: Die **objektive** Darlegungs- und Beweislast gilt (auch) für Verfahren, die – wie hier – unter der Maxime des Untersuchungsgrundsatzes stehen. Lediglich die **subjektive** Darlegungs- und Beweislast ist dem Antragsteller genommen. Das bedeutet, dass die Behörde einen Antrag nicht mit der Begründung zurückweisen darf, der Antragsteller habe keine hinreichenden Tatsachen dargelegt, wenn ihr andererseits eben diese Tatsachen, die im Antrag eines Antragstellers nicht dargestellt sind, bekannt sind, wohl aber, wenn keine hinreichenden Tatsachen festgestellt werden konnten.

Das Arbeitszeitgesetz sieht für das Bewilligungsverfahren nach § 13 Abs. 5 ArbZG ebenso wenig wie für das nach § 13 Abs. 4 ArbZG eine **Beteiligung des Betriebsrats** vor. Entsprechendes gilt für die **Beteiligung eines Personalrates**. Die Beteiligung des Betriebsrats bzw. des Personalrats – und sei es auch nur in Form einer Stellungnahme – mag zwar in Fällen der behördlichen Ausnahmebewilligungen im Bereich des Arbeitsschutzes »üblich« sein[127]. Dies ändert jedoch nichts daran, dass der Betriebsrat bzw. Personalrat nach den Bestimmungen des Arbeitszeitgesetzes an derartigen Genehmigungsverfahren nicht zu beteiligen ist, auch nicht in Form einer Stellungnahme[128], und dass das Unterbleiben der Beteiligung nach dem ArbZG keine Rechtfolge nach

92

---

127 So wohl *Anzinger/Koberski* § 13 ArbZG Rz. 139.
128 *Baeck/Deutsch* § 13 ArbZG Rz. 98; *Neumann/Biebl* § 13 ArbZG Rz. 30.

§ 13 ArbZG Ermächtigung, Anordnung, Bewilligung

sich zieht[129]. Zudem gehört die Abgabe solcher Stellungnahmen gegenüber einer Behörde nicht zu den gesetzlichen Aufgabenkatalogen der Betriebsräte bzw. Personalräte. Keineswegs darf die Aufsichtsbehörde die Genehmigung mit der Begründung versagen, der Betriebs- oder Personalrat sei nicht hinreichend beteiligt worden oder habe eine negative Stellungnahme abgegeben oder die Abgabe einer Stellungnahme verweigert.

93 Andererseits steht den **Betriebs- und Personalräten** von Gesetzes wegen ein **Mitbestimmungsrecht** zu, soweit es um die **Verteilung der Arbeitszeit** auf die einzelnen Wochentage bzw. die **Lage der regelmäßigen Arbeitszeit** einschließlich der Pausen geht (§ 87 Abs. 1 Nr. 2 und 3 BetrVG, § 75 Abs. 3 Nr. 1 BPersVG bzw. entsprechende Bestimmungen der Landespersonalvertretungsgesetze). Gleiches gilt für die Mitarbeitervertretungen in den Kirchen und den ihnen zugehörenden Einrichtungen in Diakonie und Caritas. Die Mitbestimmungsrechte betreffen auch die **Verteilung** der **Wochenarbeitszeit** auf **Sonn- und Feiertage** einschließlich der Pausen, im Bereich der Betriebsverfassung auch die an diesen Tagen mögliche Verlängerung oder Verkürzung der betriebsüblichen Arbeitszeit. Unter diesem Gesichtspunkt ist der **Arbeitgeber** gehalten, den Betriebsrat bzw. Personalrat zu beteiligen. Dieser Umstand wiederum spricht rein tatsächlich dafür, den Betriebsräten bzw. Personalräten die Abgabe entsprechender Stellungnahmen gegenüber der arbeitszeitrechtlichen Aufsichtsbehörde nicht zu untersagen, sondern sie von Anfang an in die Überlegungen einzubeziehen.

94 Ebenso wenig ist im Arbeitszeitgesetz eine **Beteiligung der Verbände** im Genehmigungsverfahren nach § 13 Abs. 5 ArbZG vorgesehen. Das gilt sowohl für Gewerkschaften als auch für Arbeitgeberverbände und Fachverbände[130]. Dies schließt andererseits nicht aus, dass die Aufsichtsbehörde, wie auch der Antragsteller, sich Dritter bedient, um den Sachverhalt festzustellen. Sie muss allerdings dann berücksichtigen, inwieweit derartige Dritte zur Neutralität verpflichtet oder Interessenvertreter sind. Entsprechendes gilt für die Einbeziehung der örtlich zuständigen inländischen, aber auch der jeweiligen ausländischen Industrie- und Handelskammern.

95 Die Aufsichtsbehörde **hat die Ausnahmebewilligung** nach § 13 Abs. 5 ArbZG **zu erteilen**, wenn die gesetzlichen Voraussetzungen hierfür vorliegen. Ihr

---

129 *Anzinger/Koberski* § 13 ArbZG Rz. 139.
130 *Dobberahn* ArbZG Rz. 141; *Erasmy* NZA 1995, 97, 102.

steht insoweit **kein Ermessen** zu[131]. Lediglich bei der Beurteilung, ob die Voraussetzungen für die jeweils unbestimmten Rechtsbegriffe des § 13 Abs. 5 ArbZG erfüllt sind, steht der Behörde ein rechtlicher **Beurteilungsspielraum** zu. Solange die Behörde im rein tatsächlichen Zweifel hat, muss sie jedoch versuchen, diese Zweifel, ggf. mit Hilfe auch des Antragstellers, aufzuklären. Der Antragsteller hat einen **klagbaren Anspruch** auf Erteilung der Genehmigung[132].

Dritte, insbesondere **Konkurrenten** des Antragstellers, **können** jedoch **gegen die Erteilung** einer derartigen **Ausnahmebewilligung** vor den Verwaltungsgerichten **keine Klage erheben**, weil § 13 Abs. 5 ArbZG – wie die Regeln über den gesetzlichen Schutz des Sonn- und Feiertags insgesamt – keine die Interessen dritter Betriebe schützende Wirkung hat, sondern dem institutionellen Schutz der Sonn- und Feiertage bzw. dem Schutz der Arbeitnehmer vor übermäßiger Beanspruchung dient[133]. Andererseits kann ein Verstoß gegen das Beschäftigungsverbot an Sonn- und Feiertagen durchaus einen Verstoß gegen die guten Sitten im Sinne des § 1 UWG darstellen. Dies zu prüfen ist jedoch nicht Aufgabe der Aufsichtsbehörde. 96

Die **Bewilligung** der Beschäftigung der Arbeitnehmer an Sonn- und Feiertagen muss im Hinblick darauf, dass hiermit Beschäftigung **gesichert werden** soll, für einen **hinlänglich langen Zeitraum erteilt werden**. Soweit der Bewilligungszeitraum hinter dem Antragszeitraum zurückbleibt, liegt eine **Beschwer** des Antragstellers mit der Folge vor, dass er insoweit den Bewilligungsbescheid (Verwaltungsakt) **anfechten** kann. Eine teilweise Versagung des Antrags liegt auch vor, wenn eine Ausnahmebewilligung auf unbestimmte Zeit beantragt worden ist, sie jedoch nur für einen bestimmten Zeitraum und insoweit befristet erteilt wird. Grundsätzlich ist eine **Befristung** der Ausnahmebewilligung in § 13 Abs. 5 ArbZG **nicht vorgesehen**. Sie wäre auch mit dem Schutzzweck dieser Bestimmung, nämlich der Sicherung von Arbeitsplätzen, im Grundsatz nicht vereinbar[134]. Dies schließt nicht aus, in den Fällen, in denen Sonntagsarbeit nur für bestimmte Zeitabschnitte oder Saisonarbeiten benötigt (und beantragt) werden, Ausnahmebewilligungen nur befristet zu erteilen[135]. 97

---

131 BAG 15.09.2009 – 9 AZR 757/08 – EzA § 106 GewO Nr. 4.
132 *Anzinger/Koberski* § 13 ArbZG Rz. 134.
133 OVG Koblenz 28.02.1993 NVwZ 1993, 645.
134 *Erasmy* NZA 1995, 97, 102.
135 Vgl. *Anzinger/Koberski* § 13 ArbZG Rz. 136.

98 Die Ausnahmebewilligung kann **unter Widerrufsvorbehalt** erteilt werden. Diese Möglichkeit kommt vor allem für unbefristete Ausnahmebewilligungen in Betracht. Die Ausnahmebewilligung stellt einen begünstigenden rechtmäßigen Verwaltungsakt dar. Nach §49 Abs. 2 Nr. 1 VwVfG kann ein solcher Verwaltungsakt, auch nachdem er unanfechtbar geworden ist, ganz oder teilweise **mit Wirkung für die Zukunft** widerrufen werden, wenn der Widerruf entweder – hier nicht einschlägig – durch Rechtsvorschrift zugelassen oder **im Verwaltungsakt** vorbehalten ist. Der Widerruf kann allerdings nicht beliebig ausgeübt werden, sondern nur für den Fall, dass der für die Erteilung der Ausnahmebewilligung ausschlaggebende Sachverhalt sich nachträglich entscheidend ändert, z.B. infolge des Ausscheidens des ausländischen Bewerbers auf dem Markt kein unzumutbarer Konkurrenzdruck mehr vorliegt. Rechtswidrig ist es jedoch, die Ausnahmebewilligung unter die auflösende Bedingung zu stellen, dass während der Dauer der Ausnahmebewilligung keine betriebsbedingten Kündigungen ausgesprochen werden[136]. Es ist i.d.R. nicht ausgeschlossen, dass es trotz Erforderlichkeit der Sonn- und Feiertagsarbeit zu betriebsbedingten Gründen, z.B. infolge von Rationalisierungsmaßnahmen, kommen kann[137]. Die Bewilligung kann auch **unter Auflagen** erteilt werden; insoweit kommt insbesondere eine **Berichtspflicht** für den Antragsteller in Betracht. Eine solche **Berichtspflicht** darf jedoch nicht schematisch angeordnet werden, sondern **nur** dann, soweit sie **im Einzelfall** als erforderlich anzusehen ist[138].

99 Die **Erteilung der Ausnahmebewilligung** entbindet den Antragsteller jedoch nicht, die sonst nötigen Schritte zur **Umsetzung** der Ausnahmebewilligung, u.a. die Beteiligung des Betriebs- und Personalrats nach §87 Abs. 1 Nr. 2, 3 BetrVG, §75 Abs. 3 Nr. 1 BPersVG und entsprechenden Länderbestimmungen, durchzuführen und die sonstigen **Grenzen des Arbeitszeitrechts**, insbesondere die nach §11 ArbZG, einzuhalten bzw. – soweit gesetzlich zulässig – insoweit Anträge auf weitere Ausnahmebewilligungen nach anderen Vorschriften des Arbeitszeitgesetzes zu stellen.

---

136 *Rose* DB 2000, 1662, 1664; *Schiefer* DB 1997, 580; *Anzinger/Koberski* §13 ArbZG Rz. 136; a.A. *Buschmann/Ulber* §13 ArbZG Rz. 33.
137 VG Arnsberg 11.12.1996 – 1 K 4697/96 – EzA §13 ArbZG Nr. 1 – DB 1997, 580 [LS] m. Anm. *Schiefer*.
138 BT-Drucks. 12/6990, 41; *Dobberahn* ArbZG Rz. 142; *Anzinger* BB 1994, 1492, 1498; *Erasmy* NZA 1995, 97, 102.

I. Konkurrenzen

Die **Ausnahmebewilligungen** nach § 13 Abs. 3 Nr. 2, Abs. 3 und Abs. 4 ArbZG können untereinander in Konkurrenzverhältnissen stehen. Es ist möglich, dass der Antragsteller mehrere Ausnahmebewilligungen, die auf verschiedene gesetzliche Tatbestände zu stützen sind, zugleich und für denselben Betrieb beantragt. Entsprechendes gilt auch für die behördlichen Ausnahmebewilligungen hinsichtlich der Dauer der täglichen Arbeitszeit und der Verkürzung der Ruhezeiten nach § 15 Abs. 1 ArbZG. Ist dies der Fall, so ist unter allen rechtlichen Gesichtspunkten zu prüfen, ob dem Antrag stattzugeben ist. Maßgeblich ist der Sachverhalt, nicht aber dessen rechtliche Einordnung durch den Antragsteller. 100

Vierter Abschnitt Ausnahmen in besonderen Fällen

§ 14 Außergewöhnliche Fälle

(1) Von den §§ 3 bis 5, 6 Abs. 2, §§ 7, 9 bis 11 darf abgewichen werden bei vorübergehenden Arbeiten in Notfällen und in außergewöhnlichen Fällen, die unabhängig vom Willen der Betroffenen eintreten und deren Folgen nicht auf andere Weise zu beseitigen sind, besonders wenn Rohstoffe oder Lebensmittel zu verderben oder Arbeitsergebnisse zu misslingen drohen.

(2) Von den §§ 3 bis 5, 6 Abs. 2, §§ 7, 11 Abs. 1 bis 3 und § 12 darf ferner abgewichen werden,
1. wenn eine verhältnismäßig geringe Zahl von Arbeitnehmern vorübergehend mit Arbeiten beschäftigt wird, deren Nichterledigung das Ergebnis der Arbeiten gefährden oder einen unverhältnismäßigen Schaden zur Folge haben würden,
2. bei Forschung und Lehre, bei unaufschiebbaren Vor- und Abschlussarbeiten sowie bei unaufschiebbaren Arbeiten zur Behandlung, Pflege und Betreuung von Personen oder zur Behandlung und Pflege von Tieren an einzelnen Tagen,

wenn dem Arbeitgeber andere Vorkehrungen nicht zugemutet werden können.

(3) Wird von den Befugnissen nach Absatz 1 oder 2 Gebrauch gemacht, darf die Arbeitszeit 48 Stunden wöchentlich im Durchschnitt von sechs Kalendermonaten oder 24 Wochen nicht überschreiten.

A. Gegenstand der Regelung

1 § 14 ArbZG sieht für vorübergehende Arbeiten in **Notfällen und außergewöhnlichen Fällen** eine Reihe **gesetzlicher Ausnahmen** von den sonst zwingenden Regelungen des Arbeitszeitgesetzes vor, besonders wenn Rohstoffe oder Lebensmittel zu verderben oder Arbeitsergebnisse zu misslingen drohen (Abs. 1), bei vorübergehender Beschäftigung relativ weniger Arbeitnehmer zur Schadensminderung (Abs. 2 Nr. 1) sowie bei Forschung und Lehre, unaufschiebbaren Vor- und Abschlussarbeiten und in der Behandlung, Pflege und Betreuung von Menschen oder Tieren (Abs. 2 Nr. 2). Wird von diesen Befugnissen Gebrauch gemacht, z. B. durch eine zehn Stunden überschreitende Arbeitszeit, so darf die Arbeitszeit gleichwohl im Durchschnitt von sechs Kalendermonaten oder 24 Wochen 48 Stunden nicht überschreiten (Abs. 3). Im Hinblick auf den erweiterten Regelungsbereich des Arbeitszeitgesetzes sind die Ausnahmevorschriften auf Forschung und Lehre, auf die Behandlung, von Pflege und Betreuung von Personen und auf die Behandlung und Pflege von Tieren ebenso ausgedehnt worden. Die Ausgleichregelung des Abs. 3 ist durch das Gesetz zu Reformen am Arbeitsmarkt[1] eingefügt worden, um dem EU-Arbeitszeitrecht zu genügen[2].

2 Der **Zweck** des § 14 ArbZG liegt darin, dem Arbeitgeber **ohne Ausnahmebewilligung durch eine Behörde** die Beschäftigung von Arbeitnehmern in **außergewöhnlichen Fällen** unter Überschreitung in sonst bindenden gesetzlichen Beschränkungen des Arbeitszeitrechts **ausnahmsweise** zu ermöglichen. Die Ausnahmeregelungen sind relativ weitgehend; im Hinblick auf den **Schutzzweck** des Arbeitszeitgesetzes (vgl. § 1 ArbZG) sind an das Vorliegen der Umstände, die eine solche ausnahmsweise Beschäftigung der Arbeitnehmer über die Grenzen des Arbeitszeitgesetzes hinaus erlauben, **strenge Anforderungen** zu stellen[3]. In welchem Umfang Abweichungen erlaubt sind, richtet

---

1 Vom 24.12.2003, BGBl. I S. 3002, 3006.
2 BT-Drucks. 15[9]610, 4.
3 So zur Vorgängerbestimmung § 14 AZO: BAG 28.02.1958 AP Nr. 1 zu § 14 AZO; für durch Streik ausgelöste Notfallarbeiten: OLG Celle 08.10.1986 – 2 Ss [OWi] 53/86 – NZA 1987, 282.

sich nach den jeweiligen Einzelvorschriften und der Situation, die den außergewöhnlichen Einsatz der Arbeitnehmer erfordert. Der **Arbeitgeber** hat **selbst zu beurteilen**, ob die gesetzlichen Voraussetzungen erfüllt sind, vor allem, ob es sich um einen Notfall oder außergewöhnlichen Fall bzw. um einen Tatbestand i. S. d. § 14 Abs. 2 ArbZG handelt und ob die gesetzesimmanenten Grenzen der Beschäftigung von ihm eingehalten werden. Eine vorhergehende behördliche Entscheidung ist nicht vorgesehen; insbesondere scheidet das nur auf die Zulässigkeit der Sonntagsarbeit nach § 10 ArbZG zugeschnittene Verfahren nach § 13 Abs. 3 Nr. 1 ArbZG aus. Der **Arbeitgeber** trägt die **bußgeld- und strafrechtliche Verantwortung**. Insoweit stellen die Voraussetzungen des § 14 ArbZG einen Rechtfertigungsgrund dar[4].

§ 14 ArbZG gilt uneingeschränkt für den gesamten Anwendungsbereich des Arbeitszeitgesetzes. Für **Jugendliche** sind jedoch die strengeren Vorschriften des § 21 JArbSchG zu beachten.

B. Notfälle, außergewöhnliche Fälle (§ 14 Abs. 1 ArbZG)

In **Notfällen** und in **außergewöhnlichen Fällen**, die unabhängig von dem Willen der Betroffenen eintreten und deren Folgen nicht auf andere Weise zu beseitigen sind, insbesondere wenn Rohstoffe oder Lebensmittel zu verderben oder Arbeitsergebnisse zu misslingen drohen, darf der Arbeitgeber ohne behördliche Bewilligung bei vorübergehenden Arbeiten von den §§ 3 bis 5 (werktägliche Arbeitszeit, Ruhepausen, Ruhezeiten), 6 Abs. 2 (werktägliche Arbeitszeit der Nachtarbeitnehmer), § 7 abweichende Regelungen für die Werktagsarbeit), §§ 9 bis 11 (Sonn- und Feiertagsruhe, gesetzlich erlaubte Sonn- und Feiertagsarbeit, Ausgleichregelungen) ArbZG abweichen. § 12 ArbZG (abweichenden Regelungen für den Ausgleich von Sonn- und Feiertagsarbeit) ist indessen in § 14 Abs. 1 ArbZG nicht erwähnt, sondern nur in § 14 Abs. 2 ArbZG. Die Bestimmung entspricht hinsichtlich ihrer tatbestandlichen Voraussetzungen vollen Umfangs dem früheren § 14 Abs. 1 AZO. Als eine Regelung, die sich bewährt hat[5], ist diese Vorschrift in § 14 Abs. 1 ArbZG übernommen und hinsichtlich der Rechtsfolgen ergänzt worden.

---

4 So zur Vorgängerbestimmung § 14 AZO: OLG Braunschweig 25.09.1953 BB 1953, 887.
5 BT-Drucks. 12/5888, 31.

§ 14 ArbZG Außergewöhnliche Fälle

I. Notfälle

5 Notfälle sind **unvorhergesehene** widrige, **unverhältnismäßig schadenstiftende Ereignisse**, die **außerhalb des Machtbereichs des Betroffenen** liegen und von diesem nicht abgewendet und auch nicht vorweg verhindert oder in Rechnung gestellt werden können[6]. Unter diesem Gesichtspunkt sind Notfälle **Fälle höherer Gewalt**, insbesondere **Naturereignisse** wie Erdbeben, Überschwemmungen, Stürme, Brände, Wetterstürze, Hagel, plötzlich eintretender Frost oder andere **unabwendbare Zufälle**, z. B. Gebäudeeinsturz, Rohrbruch, plötzlicher Totalausfall von Maschinen, Zusammenbrechen der Versorgung mit Elektrizität und Wasser. Auch **Unfälle** können ebenso wie Todesfälle oder Erkrankungen das Gewicht eines **Notfalles** annehmen. Ein rechtmäßiger Streik ist als solcher kein Notfall, sondern ein legitimes Arbeitskampfmittel. Jedoch kann der **streikbedingte Ausfall** von Arbeitskräften einen **Notfall darstellen**[7]. Es müssen indessen kein öffentlicher Notstand vorliegen oder ein öffentliches Interesse oder das Gemeinwohl die Ausführung der Arbeit (durch Arbeitnehmer) erfordern[8].

6 Andererseits genügt es für § 14 Abs. 1 ArbZG nicht, wenn die Erledigung der Arbeit lediglich dringlich ist, ohne dass dies auf zumindest für den Arbeitgeber unabwendbare Zufälle zurückzuführen ist. Ereignisse, die sich als Folge von **Organisationsmängeln** oder sonstigen **fehlerhaften Entscheidungen des Arbeitgebers** in dessen Verantwortungsbereich zeigen, sind **keine Notfälle**[9]. Insbesondere dann, wenn **erfahrungsgemäß** mit dem Eintritt des Ereignisses zu rechnen ist, das sich ohne Unvorhersehbarkeit als »Notfall« darstellt, fehlt es am typischen Merkmal des Notfalls, nämlich an der Unvorhersehbarkeit. Mit – im Wesentlichen – diesen Erwägungen sind von der Rechtsprechung als **keine Notfälle** angesehen worden: im gewöhnlichen Betrieb einer **EDV-**

---

[6] OLG Düsseldorf 13.04.1992 GewArch 1992, 382 = DB 1992, 2148.
[7] So für § 14 Abs. 1 AZO: OLG Celle 08.10.1986 = NZA 1987, 283; a.A. *Buschmann/Ulber* § 14 ArbZG Rz. 6.
[8] So zu § 14 AZO: OLG Bremen 18.02.1955 BB 1955, 225; ErfK/*Wank* § 14 ArbZG Rz. 2; *Neumann/Biebl* § 14 ArbZG Rz. 3.
[9] BAG 28.02.1958 AP Nr. 1 zu § 14 AZO; *Buschmann/Ulber* § 14 ArbZG Rz. 6; *Dobberahn* ArbZG Rz. 152; *Neumann/Biebl* § 14 ArbZG Rz. 3; *Roggendorff* § 14 ArbZG Rz. 13; *Anzinger/Koberski* § 14 ArbZG Rz. 5; a. A. *Baeck/Deutsch* § 14 ArbZG Rz. 8.

Anlage aufgetretene **Störungen**[10], **plötzliche Auftragshäufung**[11], **üblicher Ausfall** von Arbeitskräften durch **Tod** oder **Krankheit**[12]. Die immer wieder auftretenden **Notsituationen** in einem Betrieb sind in der Regel vorhersehbar; sie rechtfertigen regelmäßig nicht einen Rückgriff auf § 14 Abs. 1 ArbZG, sondern müssen organisatorisch vorausplanend bewältigt werden[13]. Allerdings ist nicht erforderlich, dass das schädigende Ereignis beim Arbeitgeber selbst eintritt; es kann auch bei dessen Kunden eintreten. Der Arbeitgeber kann in solchen Fällen auf § 14 Abs. 1 ArbZG zurückgreifen, wenn er verpflichtet ist, den Notfall beim Kunden zu beseitigen[14].

II. Außergewöhnliche Fälle

Der außergewöhnliche Fall unterscheidet sich vom Notfall im Kern nur graduell. Außergewöhnliche Fälle sind besondere Situationen, die weder regelmäßig eintreten noch vorhersehbar sind[15] und die die Gefahr eines unverhältnismäßigen Schadens mit sich bringen. Wie Notfälle müssen auch außergewöhnliche Fälle vorübergehender Natur sein[16]. Der außergewöhnliche Fall setzt ferner voraus, dass er unabhängig vom Willen des Betroffenen eintritt und die Folgen nicht auf andere Weise zu beseitigen sind. Als gesetzliche Beispiele sind das Verderben von Rohstoffen oder Lebensmitteln oder das Misslingen von Arbeitsergebnissen anzuführen. Außergewöhnliche Fälle sind jedoch nicht nur unter diesen Schadensfolgen zu betrachten. Auch die Beseitigung einer Gefahr für Dritte kann ein außergewöhnlicher Fall i. S. d. § 14 Abs. 1 ArbZG sein, z. B. die Beseitigung von Eis und Schnee auf einem Schulgelände zur Gefahrenabwehr durch einen Schulhausmeister[17]. Ob dagegen die Beseitigung eines Wasserrohrbruchs einen außergewöhnlichen

---

10 VG Köln 05.09.1989 GewArch 1990, 360.
11 OLG Düsseldorf 13.04.1992 GewArch 1992, 382.
12 OLG Karlsruhe 22.05.1981 GewArch 1981, 268.
13 So zu § 14 Abs. 1 AZO: BayVGH 28.10.1993 GewArch 1994, 192, 193.
14 Anzinger/Koberski § 14 ArbZG Rz. 6 für außergewöhnliche Fälle.
15 BAG 28.02.1958 AP Nr. 1 zu § 14 AZO.
16 OLG Celle 08.10.1986 NZA 1987, 283.
17 So zu § 14 Abs. 1 AZO: BAG 14.09.1986 – 5 AZR 369/85 – n. v.

Fall darstellt – so wohl *Baeck/Deutsch*[18], *Neumann/Biebl*[19] und *Wank*[20] kann nicht pauschal entschieden werden. Denn für Dienste zur Beseitigung von »Störfällen« scheidet die Annahme, der »normale« Störfall stelle einen außergewöhnlichen Fall i. S. d. § 14 Abs. 1 ArbZG dar, in aller Regel aus.

III. Gegenstände und Umfang der Abweichungen

8 § 14 Abs. 1 ArbZG erlaubt, von den gesetzlichen Grenzen der §§ 3 bis 5, des § 6 Abs. 2, des § 7 und der §§ 9 bis 11 ArbZG abzuweichen. Eine Abweichung von der Regelung der **werktäglichen Arbeitszeit** des § 3 ArbZG bedeutet, dass Arbeitnehmer auch **über zehn Stunden werktäglich hinaus** beschäftigt werden dürfen. Dann aber muss nach § 14 Abs. 3 ArbZG ein Ausgleich stattfinden[21]. Die **Ruhepausen** (§ 4 ArbZG) brauchen in Fällen des § 14 Abs. 1 ArbZG ebenfalls nicht eingehalten zu werden; indessen ist nicht zu übersehen, dass auch bei Notfallarbeiten den Arbeitnehmern angemessene Pausen, zumindest zur Einnahme von Mahlzeiten, gewährt werden müssen. Bei der Einhaltung der **Ruhezeiten** (§ 5 ArbZG) muss es gerade der spezifische Arbeitsanfall i. S. d. § 14 Abs. 1 ArbZG sein, der zur Folge hat, dass Ruhepausen nicht völlig eingehalten werden. Ähnliche Erwägungen wie zu § 3 ArbZG gelten für die Überschreitung der für **Nachtarbeitnehmer** geltenden Arbeitszeitregelungen des § 6 Abs. 2 ArbZG. Von den abweichenden Regelungen nach § 7 ArbZG darf ebenfalls abgewichen werden, desgleichen von den Regelungen über die grundsätzliche Arbeitsruhe an **Sonn- und Feiertagen** (§ 9 ArbZG), den Grenzen der Erlaubnistatbestände des § 10 ArbZG und den ergänzenden Regeln über die Sonntagsruhe nach § 11 ArbZG. Vom Wortlaut des § 14 Abs. 1 ArbZG sind die arbeitszeitschutzrechtlichen Bestimmungen für **Fahrer und Beifahrer im Straßentransport** (§ 21a ArbZG) und die darin in Bezug genommenen Vorschriften nicht erfasst. Daraus folgt, dass § 14 Abs. 1 ArbZG auf die von § 21a ArbZG erfassten Arbeitnehmer nicht angewendet werden kann.

9 Nach § 14 Abs. 1 ArbZG sind jedoch nur **vorübergehende Arbeiten** zulässig, und dies auch nur, soweit sie der Beseitigung des Notfalles bzw. des außer-

---

18 *Baeck/Deutsch* § 14 ArbZG Rz. 6.
19 *Neumann/Biebl* § 14 ArbZG Rz. 5.
20 ErfK/*Wank* § 14 ArbZG Rz. 3.
21 Rdn. 26.

gewöhnlichen Falles dienen, d. h. sie insoweit erforderlich und geeignet sind[22]. **Vorübergehende Arbeiten** sind – wie in § 14 Abs. 2 Nr. 1 ArbZG – nur solche, die nicht übermäßig viel Zeit in Anspruch nehmen. Dies können Stunden sein, u. U. kommen aber auch Arbeiten über einen oder mehrere Tage hierfür in Betracht[23]. Die **zeitliche Grenze** der vorübergehenden Beschäftigung nach § 14 Abs. 1 ArbZG ist erreicht, wenn und soweit es dem Arbeitgeber möglich und zumutbar ist, **behördliche Ausnahmebewilligungen**, z. B. nach § 15 Abs. 2 bzw. § 13 Abs. 3 Nr. 2 Buchst. b ArbZG einzuholen.

Eine weitere Grenze der Beschäftigung von Arbeitnehmern im Rahmen des § 14 Abs. 1 ArbZG liegt darin, dass die **Folgen nicht auf andere Weise zu beseitigen** sind, als durch den Einsatz von Arbeitnehmern. Dies hat zwar nicht zur Folge, dass nur **unaufschiebbare Arbeiten** zulässig wären, denn diese Voraussetzung ist in § 14 Abs. 1 ArbZG im Unterschied zu § 14 Abs. 2 Nr. 2 ArbZG nicht aufgestellt worden[24]. Andererseits gebietet die vom Arbeitgeber vorzunehmende **Güterabwägung** in der Regel, von § 14 Abs. 1 ArbZG nur **zurückhaltend** Gebrauch zu machen. 10

IV. Verhältnis zu anderen Ausnahmetatbeständen

§ 14 Abs. 1 ArbZG stellt eine **gesetzliche** Ausnahmeregelung dar. Je nach Umständen des Einzelfalles kann jedoch auch ein Tatbestand vorliegen, der zugleich auch Anlass für eine **behördliche Ausnahmebewilligung** sein kann. Soweit es um die **Einhaltung der Arbeitszeit, der Ruhepausen und der Ruhezeiten** geht, kommt vor allem eine Ausnahmebewilligung der Aufsichtsbehörde nach **§ 15 Abs. 2 ArbZG** in Betracht; dies setzt voraus, dass die Ausnahmen **im öffentlichen Interesse dringend nötig** werden. Soweit es um Ausnahmen vom Verbot der Beschäftigung der Arbeitnehmer an **Sonn- und Feiertagen** geht, ist der gesetzliche Ausnahmetatbestand des § 14 Abs. 1 ArbZG von der Möglichkeit der **behördlichen Ausnahmebewilligung** nach § 13 Abs. 3 Nr. 2 Buchst. b ArbZG abzugrenzen, wonach an bis zu fünf Sonn- und Feiertagen im Jahr die 11

---

22 OLG Düsseldorf 30.07.1959 BB 1959, 994; BAG 17.09.1986 – 5 AZR 369/85 – n. v.
23 *Baeck/Deutsch* § 14 ArbZG Rz. 16, 26; *Buschmann/Ulber* § 14 ArbZG Rz. 8, 14; ErfK/*Wank* § 14 ArbZG Rz. 4; *Neumann/Biebl* § 14 ArbZG Rz. 6, 7; *Anzinger/Koberski* § 14 ArbZG Rz. 8, 13.
24 *Baeck/Deutsch* § 14 ArbZG Rz. 15; a. A. *Neumann/Biebl* § 14 ArbZG Rz. 6; *Anzinger/Koberski* § 14 ArbZG Rz. 9.

Beschäftigung von Arbeitnehmern zugelassen werden kann, wenn besondere Verhältnisse zur Verhütung eines unverhältnismäßigen Schadens dies erfordern. Die Abgrenzung ist darin zu sehen, ob es für den Arbeitgeber möglich ist, eine Ausnahmegenehmigung zur Beseitigung des unverhältnismäßigen Schadens nach § 13 Abs. 3 Nr. 2 Buchst. b ArbZG zeitgerecht einzuholen[25]. Dies hat entgegen der Ansicht *Roggendorffs*[26] keineswegs das »kuriose« Ergebnis zur Folge, dass der Arbeitgeber an den ersten fünf Sonn- und Feiertagen Arbeitnehmer nur mit behördlicher Genehmigung nach § 13 Abs. 3 Nr. 2 Buchst. b ArbZG beschäftigen dürfte und an den folgenden Sonn- und Feiertagen ohne Genehmigung nach § 14 Abs. 1 ArbZG. Ein solches – durchaus einen Wertungswiderspruch darstellendes – Ergebnis wäre nur zu befürchten, wenn die Ausnahmetatbestände in jedem Fall auf derselben Ursache beruhten oder gar dieselben wären. Hiervon kann man aber gerade in Fällen des § 14 Abs. 1 ArbZG nicht ausgehen. Wenn sich jedoch ständig »Notfälle« gleicher Art und Ursache mehrmals wiederholen, so ist dem Arbeitgeber zuzumuten, anderweitige Vorkehrungen zu treffen.

C. Vorübergehende Mehrarbeit zur Schadensvermeidung, unaufschiebbare Arbeiten (§ 14 Abs. 2 ArbZG)

12 Unter dem ausdrücklichen gesetzlichen Vorbehalt, dass dem Arbeitgeber **andere Vorkehrungen nicht zugemutet werden können**, regelt § 14 Abs. 2 ArbZG in zwei verschiedenen Tatbestandsgruppen weitere **gesetzliche Ausnahmen** von den §§ 3 bis 5 (werktägliche Arbeitszeit, Ruhepausen, Ruhezeiten), § 6 Abs. 2 (werktägliche Arbeitszeit der Nachtarbeitnehmer), § 7 abweichende Regelungen für die Werktagsarbeit), § 11 Abs. 1 bis 3 (Ausgleichsregelungen), und § 12 ArbZG (abweichenden Regelungen für den Ausgleich von Sonn- und Feiertagsarbeit). § 9 ArbZG (Sonn- und Feiertagsruhe) und § 10 ArbZG (Sonn- und Feiertagsarbeit) und § 11 Abs. 4 ArbZG sind indessen in § 14 Abs. 2 ArbZG nicht erwähnt, sondern nur in § 14 Abs. 1 ArbZG. Dementsprechend müssen in den Fällen des § 14 Abs. 2 ArbZG die gesetzlichen Bestimmungen über die Sonn- und Feiertagsruhe und -arbeit sowie über die Verbindung von Sonn- und Feiertagsruhe mit der werktäglichen Ruhezeit eingehalten werden. § 21 a ArbZG ist in § 14 Abs. 2 ArbZG

---

25 Vgl. BVerwG 23.06.1992 GewArch 1992, 383.
26 *Roggendorffs* § 14 ArbZG Rz. 17.

nicht aufgeführt; folglich muss davon ausgegangen werden, dass § 14 Abs. 2 ArbZG auf Arbeitnehmer i. S. des § 21 a ArbZG nicht anwendbar ist.

I. Vorübergehende Mehrarbeit (§ 14 Abs. 2 Nr. 1 ArbZG)

Die ausnahmsweise gesetzliche Zulässigkeit der vorübergehenden Beschäftigung verhältnismäßig weniger Arbeitnehmer zur Schadensvermeidung (§ 14 Abs. 2 Nr. 1 ArbZG) entspricht in weitem Umfang der früheren Regelung des § 14 Abs. 2 AZO. Im Gegensatz zum Regierungsentwurf, in welchem die Beschäftigung **an einzelnen Tagen** erlaubt werden sollte, ist entsprechend der Empfehlung des Bundestagsausschusses für Arbeit und Sozialordnung die **vorübergehende** Beschäftigung der Arbeitnehmer ausnahmsweise zugelassen worden[27]. Das Tatbestandsmerkmal der **vorübergehenden** Beschäftigung der Arbeitnehmer entspricht dem der vorübergehenden Arbeiten i. S. d. § 14 Abs. 1 ArbZG (Rdn. 9). Die **verhältnismäßig geringe Zahl von Arbeitnehmern** bezieht sich **nicht** auf die **Beschäftigtenzahl** des jeweiligen Betriebes, **sondern** stellt eine **absolute** Zahl dar. Zulässig kann sowohl die Beschäftigung fast aller Arbeitnehmer eines kleinen Betriebes als auch weniger Arbeitnehmer eines großen Betriebes sein[28]. Ob es sich allerdings in Kleinbetrieben nur um **zwei bis fünf Arbeitnehmer** handeln darf, während es in Großbetrieben auf die Relation zur Gesamtbelegschaft ankommen soll[29], ist zumindest zweifelhaft. Eine derartige Zahlengrenze oder Relation ist jedenfalls im Gesetz nicht vorgesehen.

13

Des Weiteren setzt § 14 Abs. 2 Nr. 1 ArbZG voraus, dass die **Nichterledigung** von Arbeiten deren Ergebnis gefährdet oder einen unverhältnismäßigen Schaden herbeiführen würde. Dementsprechend darf nach § 14 Abs. 2 Nr. 1 ArbZG nur eine **bereits begonnene Arbeit zu Ende geführt** werden. § 14 Abs. 2 Nr. 1 ArbZG erlaubt grundsätzlich nicht **neue Arbeiten zu beginnen**. Ferner ist Voraussetzung, dass die Nichterledigung das **Arbeitsergebnis** gefährden oder einen **unverhältnismäßigen Schaden zur Folge** haben würde. Die Gefährdung des Ergebnisses der Arbeiten entspricht weitgehend dem Misslingen von Arbeitsergebnissen i. S. d. § 10 Abs. 1 Nr. 15 ArbZG (§ 10

14

---

27 BT-Drucks. 12/6990, 17, 44.
28 *Baeck/Deutsch* § 14 ArbZG Rz. 25; *Buschmann/Ulber* § 14 ArbZG Rz. 13; *Dobberahn* ArbZG Rz. 154; *Neumann/Biebl* § 14 ArbZG Rz. 7; *Roggendorff* § 14 ArbZG Rz. 20; *Anzinger/Koberski* § 14 ArbZG Rz. 13.
29 *Anzinger/Koberski* § 14 ArbZG Rz. 13; *Baeck/Deutsch* § 14 ArbZG Rz. 7.

Rdn. 59 ff.). Die Gefährdung von Arbeitsergebnissen liegt insbesondere dann vor, wenn aus technischen Gründen Arbeitskontinuität erforderlich ist.

▶ **Beispiel:**

Auf einer Baustelle sind Betondecken zu gießen. Infolge unvorhergesehener Umstände kann das Gießen nicht mehr bis zum geplanten, dem Arbeitszeitgesetz entsprechenden Ende der Tagesarbeitszeit durchgeführt werden. Vielmehr muss das Gießen noch weiter fortgesetzt werden; hierfür ist erforderlich, dass ein paar Bauarbeitnehmer weiterarbeiten.

15 Das Tatbestandsmerkmal des **unverhältnismäßigen Schadens** entspricht dem des § 13 Abs. 3 Nr. 2 Buchst. b ArbZG (§ 13 Rdn. 47 ff.). Insoweit ist eine **wirtschaftliche Betrachtungsweise** geboten. Ein unverhältnismäßiger Schaden tritt beispielsweise ein, wenn kostspieliges Material zwar am selben Tag in noch vertretbarer Zeit verwendet werden kann, es jedoch verdürbe, wenn die Arbeit wegen Einhaltung der gesetzlichen Arbeitszeitgrenzen des § 3 ArbZG abgebrochen würde. Entsprechendes gilt für wiederholtes An- und Abreisen zu auswärtigen Bau- und Montagestellen, wenn die damit verbundenen Wegezeiten und -kosten in einem schlechten Verhältnis zur Dauer der noch zu erledigenden Arbeiten stehen[30].

▶ **Beispiel:**

Ein Dachdeckerunternehmen führt mit vier Dachdeckern auf einer 150 km entfernten Baustelle Dachdeckerarbeiten durch. Am Freitag bleibt bis zum völligen Abschluss der Dachdeckerarbeiten noch eine Arbeitsmenge von zwei bis drei Stunden für jeden der vier Dachdecker übrig. Zur Vermeidung erneuter Reisekosten bzw. weiterer Übernachtungskosten werden die Arbeiten am Freitag zu Ende geführt.

16 Der **unverhältnismäßige Schaden** braucht nicht im Betrieb dessen einzutreten, in dem die Arbeitnehmer nach § 14 Abs. 2 Nr. 1 ArbZG beschäftigt werden. Es ist auch möglich, dass der Schaden in einem dritten Betrieb, z. B. im Betrieb eines Kunden oder einem anderen Betrieb desselben Unternehmens, eintreten würde, wenn die Arbeiten wegen Einhaltung der gesetzlichen Arbeitszeitgrenzen eingestellt würden[31].

---

30 *Anzinger/Koberski* § 14 ArbZG Rz. 15.
31 Vgl. BVerwG 23.06.1992 – 1 C 28/90 – BVerwGE 90, 238 = GewArch 1992, 383.

II. Unaufschiebbare Arbeiten (§ 14 Abs. 2 Nr. 2 ArbZG)

§ 14 Abs. 2 ArbZG ermöglicht bei **Forschung und Lehre** und bei **unaufschiebbaren Arbeiten** in den dort genannten Fällen **an einzelnen Tagen** von den §§ 3 bis 5, § 6 Abs. 2, § 7 Abs. 1 bis 3 und § 12 ArbZG abzuweichen. Die Vorschrift hat bis auf die unaufschiebbaren **Vor- und Abschlussarbeiten** (§ 5 Abs. 3 AZO) kein Vorbild im früheren Arbeitszeitrecht. 17

1. Forschung und Lehre

Die gesetzliche Ausnahmeregelung für **Forschung und Lehre** ist in das Gesetz aufgenommen worden, weil bisher für diesen Bereich keine arbeitszeitrechtlichen Schutznormen galten. Im Regierungsentwurf war die Formulierung **bei Forschungsarbeiten**[32] vorgesehen. Entsprechend dem Beschluss des Bundestagsausschusses für Arbeit und Sozialordnung ist die Formulierung geändert worden in **bei Forschung und Lehre**[33]. Hierdurch soll ein ausgewogenes Verhältnis zwischen den besonderen Belangen der Forschung und dem Gesundheitsschutz der Arbeitnehmer besser gewährleistet sein, weil sowohl bei der Forschung als auch bei der Lehre als eigenständigen kreativen Tätigkeiten mit dem Ziel, neue Erkenntnisse zu gewinnen oder zu verwerten, nicht ohne Gefahr für das Ergebnis Arbeitsunterbrechungen stattfinden könnten. 18

Für diese Tatbestandsgruppe ist **auf das Merkmal der Unaufschiebbarkeit** der Arbeiten **verzichtet** worden. Dies entspricht dem grundgesetzlichen Schutz der Freiheit von Forschung und Lehre. Der **personelle Bereich** derer, die in Forschung und Lehre nach § 14 Abs. 2 Nr. 2 ArbZG ausnahmsweise beschäftigt werden dürfen, ist im Gesetz selbst nicht definiert. Nach Sinn und Zweck des Gesetzes wird man den personellen Bereich weit fassen müssen; bei bestimmten Forschungen bleibt der eigentliche Forscher oder Wissenschaftler in weitem Umfang auf nichtwissenschaftliche Mitarbeiter angewiesen. Auch deren Beschäftigung ist nach § 14 Abs. 2 Nr. 1 ArbZG möglich[34]. 19

2. Vor- und Abschlussarbeiten

Die gesetzliche Ausnahme der Beschäftigung von Arbeitnehmern mit **Vor- und Abschlussarbeiten** entspricht im Wesentlichen der früheren Regelung des 20

---

32 BT-Drucks. 12/5888, 9, 31.
33 BT-Drucks. 12/6990, 17, 44.
34 A. A. *Anzinger/Koberski* § 14 ArbZG Rz. 17.

§ 5 Abs. 3 AZO. Sie ist indessen erleichtert worden. Die bisherige Begrenzung der Vor- und Abschlussarbeiten auf zwei Arbeitsstunden ist ersatzlos weggefallen. Allerdings wird in der Gesetzesbegründung und ihr folgend im Schrifttum nach wie vor die Ansicht vertreten, das Zu-Ende-Bedienen der Kundschaft dürfte eine halbe Stunde nicht überschreiten[35]. Vor- und Abschlussarbeiten sind solche, die ihrer Art nach zu bestimmten Zeitpunkten, nämlich vor **Beginn bzw. nach Beendigung der Tätigkeiten** stattzufinden haben, **die** unmittelbar **der Erfüllung des Betriebszwecks** dienen. Vorarbeiten sind beispielsweise das Anheizen der Heizungsanlage bzw. die Herstellung der gewünschten Temperatur im Gebäude und in Maschinen und Anlagen, die Kontrolle und Einschaltung von Beleuchtungseinrichtungen, das Auffüllen der Verkaufsregale mit Frischwaren, damit die Regale mit dem Öffnen des Ladens für die Kunden gefüllt bereitstehen und anderes mehr. Nacharbeiten sind z. B. das Zu-Ende-Bedienen von Kunden bis zu einer halben Stunde, Aufräumungsarbeiten, Arbeiten beim Herunterfahren der Arbeitstemperaturen, Reinigungsarbeiten und vergleichbare Tätigkeiten[36]. Bei allen diesen Tätigkeiten ist jedoch zu beachten, dass es sich um **unaufschiebbare** Arbeiten handeln muss. Nicht jede Arbeit, die sich als Vor- oder Nacharbeit herausstellt, ist schon deswegen **unaufschiebbar**. Beispielsweise können in vielen Fällen Reparatur- oder Reinigungsarbeiten derart organisiert werden, dass es nicht zu einer ausnahmsweisen Beschäftigung im Rahmen des § 14 Abs. 2 Nr. 2 ArbZG kommen muss.

3. Behandlung, Pflege und Betreuung von Personen

21 Die Aufnahme dieser Tatbestandsgruppe in das Arbeitszeitgesetz entspricht ebenfalls der Ausdehnung seines Anwendungsbereiches gegenüber dem früheren Recht. Der Begriff der **Arbeiten zur Behandlung, Pflege und Betreuung von Personen** korreliert mit § 5 Abs. 2 ArbZG (§ 5 Rdn. 25 ff.). Allein der Umstand, dass Arbeiten zur Behandlung, Pflege und Betreuung von **Personen** durchgeführt werden, hat nicht zur Folge, dass es sich schon deshalb stets um **unaufschiebbare** Arbeiten handelt. Auch in diesem Bereich gibt es durchaus Arbeiten, die verschoben werden können. Dabei haben die Aufsichtsbehörden allerdings die **Zielsetzung** der jeweiligen Einrichtung zur Behandlung, Pflege

---

35 BT-Drucks. 12/5888, 31; *Buschmann/Ulber* § 14 ArbZG Rz. 19; ErfK/*Wank* § 14 ArbZG Rz. 8; *Neumann/Biebl* § 14 ArbZG Rz. 14.
36 *Neumann/Biebl* § 14 ArbZG Rz. 11.

und Betreuung von **Personen** zu beachten. Beispielsweise kann der Betreuungsaufwand in einem auf eine Ganzheitsmedizin angelegten Krankenhaus in seiner Zielsetzung so ausgerichtet sein, dass bestimmte Tätigkeiten, die bei einer anders ausgerichteten Zielsetzung verschiebbar wären, nach dem Behandlungskonzept unaufschiebbar sind. Dies gilt insbesondere für zeitliche Intensität der Betreuung des einzelnen Menschen oder Patienten. Trotz solcher konzeptionellen Vorgaben sind dem Arbeitgeber nicht immer andere Vorkehrungen zumutbar.

4. Behandlung und Pflege von Tieren

Der Begriff der **Behandlung und Pflege von Tieren** ist enger als der Begriff der **Tierhaltung** i. S. d. § 5 Abs. 2 ArbZG (§ 5 Rdn. 44 ff.). Privilegiert sind nicht alle Arbeiten, die der Tierhaltung dienen, sondern nur die, die der Behandlung und der Pflege der Tiere dienen. 22

III. Gegenstände und Umfang der Abweichungen

Der Katalog der **Bestimmungen**, von denen im Rahmen des § 14 Abs. 2 ArbZG **abgewichen werden darf** (Rdn. 12), weicht insoweit von § 14 Abs. 1 ArbZG ab, als **keine Ausnahmen** von dem § 9 ArbZG (**grundsätzliches Gebot der Sonn- und Feiertagsruhe**) und § 10 ArbZG (**gesetzlich erlaubte Arbeiten an Sonn- und Feiertagen**) zulässig sind. Zwar darf von § 11 Abs. 1 bis 3 ArbZG abgewichen werden, **nicht aber von § 11 Abs. 4 ArbZG**, nämlich dem Gebot der Gewährung von Sonn- und Feiertagsruhe bzw. des Ersatzruhetages in unmittelbarer Verbindung mit der Ruhezeit nach § 5 ArbZG. Andererseits ist im Gegensatz zu § 14 Abs. 1 ArbZG erlaubt, im Rahmen des § 14 Abs. 2 ArbZG von § 12 ArbZG, d. h. von tariflichen Regelungen oder solchen in Betriebs- oder Dienstvereinbarungen auch nach kirchlichem Recht zur Sonn- und Feiertagsarbeit, abzuweichen. Bis auf die Abweichung von § 12 ArbZG beschränken sich die zugelassenen **Abweichungen** auf die **werktägliche Arbeitszeit** einschließlich der Arbeitszeit der Nachtarbeitnehmer, die **Ruhezeiten** und **Ruhepausen**, die tariflich abweichenden Regelungen und die entsprechenden Bestimmungen für **Arbeiten an Sonntagen**. Ausnahmen vom **Verbot der Sonn- und Feiertagsarbeit** sind nach § 14 Abs. 2 ArbZG **nicht möglich**, wohl aber Abweichungen von den nach § 12 ArbZG geschaffenen abweichenden Ausgleichsregelungen. 23

Der **Umfang** der erlaubten Abweichungen ist anders als in § 14 Abs. 1 ArbZG abgegrenzt. Die **Beschränkung** auf eine **verhältnismäßig geringe Zahl** von 24

Arbeitnehmern ist in § 14 Abs. 2 ArbZG **nicht enthalten**. Andererseits ist in allen Tatbestandsgruppen des § 14 Abs. 2 ArbZG eine Beschäftigung der Arbeitnehmer nur **an einzelnen Tagen** zulässig. Aus dem Wegfall der früheren Begrenzung auf 60 Tage im Jahr ist nicht zu schließen, dass jetzt an noch mehr Tagen im Jahr gem. § 14 Abs. 2 ArbZG verfahren werden dürfte[37]. Vielmehr ist das Gegenteil anzunehmen. Dagegen ist nicht vorgeschrieben, **wie viele Stunden** beispielsweise die tägliche Arbeitszeit überschritten werden darf, in welchem Umfang Ruhepausen, Ruhezeiten, Zeiten der Sonn- und Feiertagsruhe bzw. Ersatzruhezeiten verkürzt oder verlegt werden dürfen. Insoweit kommt es wesentlich auf die Umstände im Einzelfall an, vor allem auf eine Abwägung zwischen der ausnahmsweise in Anspruch genommenen Möglichkeit der Beschäftigung von Arbeitnehmern im Verhältnis zu dem damit verfolgten Zweck. Auch insoweit ist allerdings zu beachten, dass die Gesundheit des Arbeitnehmers nicht geschädigt werden darf und auch unter diesem Gesichtspunkt nichts von ihm verlangt werden darf, was die menschliche Leistungsfähigkeit erheblich überschreitet[38].

25 Zudem setzt § 14 Abs. 2 ArbZG dem Arbeitgeber eine allgemeine Grenze, indem die ausnahmsweise Beschäftigung von Arbeitnehmern nur zulässig ist, wenn dem Arbeitgeber **andere Vorkehrungen nicht zugemutet** werden können. Hierbei ist nicht nur eine (arbeits-)technische, sondern auch eine **wirtschaftliche Betrachtungsweise** zu Grunde zu legen. Andere Vorkehrungen können sowohl **technischer als auch personeller** Art sein. Indessen darf der durch andere Vorkehrungen hervorgerufene Aufwand nicht im Missverhältnis zu der Durchbrechung der Grenzen des Arbeitszeitschutzes liegen. In der Regel ist es für den Arbeitgeber **nicht zumutbar**, zusätzlichen Aufwand zu betreiben, der betriebswirtschaftlich später nicht mehr nutzbar ist, oder aber zusätzliches Personal einzustellen oder zu entsenden, dessen Arbeitskraft der Arbeitgeber ansonsten nicht oder nicht hinreichend nutzen kann[39].

26 Macht der Arbeitgeber von den Befugnissen des § 14 ArbZG Gebrauch, so darf die Arbeitszeit 48 Stunden wöchentlich im Durchschnitt von sechs (Kalender)monaten oder 24 Wochen nicht überschreiten. Diese **Ausgleichsregelung** in § 14 Abs. 3 ArbZG ist durch das Gesetz zu Reformen am Arbeits-

---

37 *Anzinger/Koberski* § 14 ArbZG Rz. 21; a. A. *Baeck/Deutsch* § 14 ArbZG Rz. 43.
38 Vgl. BAG 24.02.1982 AP Nr. 7 zu § 17 BAT.
39 *Anzinger/Koberski* § 14 ArbZG Rz. 23.

markt⁴⁰ eingefügt worden, um dem EG-Arbeitszeitrecht zu genügen⁴¹. Wegen der Einzelheiten wird auf die Ausführungen zu § 7 Abs. 8 ArbZG (§ 7 Rdn. 90) verwiesen.

IV. Verhältnis zu anderen Ausnahmetatbeständen

Die **gesetzlichen Ausnahmeregelungen** des § 14 Abs. 2 ArbZG können mit der Möglichkeit einer behördlichen **Ausnahmebewilligung** nach § 15 Abs. 2 ArbZG **konkurrieren**. Soweit die sonstigen Tatbestandsvoraussetzungen gegeben sind, kommt auch eine Ausnahmebewilligung nach § 15 Abs. 1 ArbZG in Betracht, vor allem für eine Beschäftigung für **Bau- und Montagestellen** (§ 15 Abs. 1 Nr. 1 Buchst. b ArbZG), für **Saison- und Kampagnebetriebe** (§ 15 Abs. 1 Nr. 2 ArbZG), für **Arbeitsbereitschaft, Bereitschaftsdienst und Rufbereitschaft im öffentlichen Dienst** (§ 15 Abs. 1 Nr. 3 ArbZG). Ein Konkurrenzverhältnis zu § 13 Abs. 3 Nr. 2 Buchst. b ArbZG ist dagegen nicht gegeben; § 14 Abs. 2 ArbZG ermöglicht keine zusätzliche Beschäftigung an sonst beschäftigungsfreien Sonn- und Feiertagen, sondern nur Abweichungen hinsichtlich der Beschäftigungsgestaltung bzw. hinsichtlich der Mindestzahl beschäftigungsfreier Sonn- und Feiertage bzw. der Gewährung eines Ersatzruhetages bei Sonn- und Feiertagsbeschäftigung (§§ 11 Abs. 1 bis 3 ArbZG).

27

D. Jugendliche

Für **Jugendliche** (§ 2 JArbSchG) sind auch in den Fällen des § 14 ArbZG die **strengeren Voraussetzungen** des § 21 JArbSchG zu beachten. Nach § 21 Abs. 1 JArbSchG finden dessen Regelungen über die Dauer und Verteilung der Arbeitszeit (§ 8 JArbSchG), die Ruhepausen und Aufenthaltsräume (§ 11 JArbSchG), die Schichtzeit (§ 12 JArbSchG), die tägliche Freizeit (§ 13 JArbSchG), die Nachtruhe (§ 14 JArbSchG), die Fünf-Tage-Woche (§ 15 JArbSchG), die Samstagsruhe (§ 16 JArbSchG), die Sonntagsruhe (§ 17 JArbSchG) und die Feiertagsruhe (§ 18 JArbSchG) keine Anwendung auf die Beschäftigung Jugendlicher mit **vorübergehenden und unaufschiebbaren Arbeiten in Notfällen**, soweit erwachsene Beschäftigte nicht zur Verfügung stehen.

28

---

40 Vom 24.12.2003, BGBl. I S. 3002, 3006.
41 BT-Drucks. 15[9]610, 4.

§ 15 Bewilligung, Ermächtigung

(1) Die Aufsichtsbehörde kann
1. eine von den §§ 3, 6 Abs. 2 und § 11 Abs. 2 abweichende längere tägliche Arbeitszeit bewilligen
   a) für kontinuierliche Schichtbetriebe zur Erreichung zusätzlicher Freischichten,
   b) für Bau- und Montagestellen,
2. eine von den §§ 3, 6 Abs. 2 und § 11 Abs. 2 abweichende längere tägliche Arbeitszeit für Saison- und Kampagnebetriebe für die Zeit der Saison oder Kampagne bewilligen, wenn die Verlängerung der Arbeitszeit über acht Stunden werktäglich durch eine entsprechende Verkürzung der Arbeitszeit zu anderen Zeiten ausgeglichen wird,
3. eine von den §§ 5 und 11 Abs. 2 abweichende Dauer und Lage der Ruhezeit bei Arbeitsbereitschaft, Bereitschaftsdienst und Rufbereitschaft den Besonderheiten dieser Inanspruchnahmen im öffentlichen Dienst entsprechend bewilligen,
4. eine von den §§ 5 und 11 Abs. 2 abweichende Ruhezeit zur Herbeiführung eines regelmäßigen wöchentlichen Schichtwechsels zweimal innerhalb eines Zeitraums von drei Wochen bewilligen.

(2) Die Aufsichtsbehörde kann über die in diesem Gesetz vorgesehenen Ausnahmen hinaus weitergehende Ausnahmen zulassen, soweit sie im öffentlichen Interesse dringend nötig werden.

(2a) Die Bundesregierung kann durch Rechtsverordnung mit Zustimmung des Bundesrates Ausnahmen von den §§ 3, 4, 5 und 6 Absatz 2 sowie von den §§ 9 und 11 für Arbeitnehmer, die besondere Tätigkeiten zur Errichtung, zur Änderung und zum Betrieb von Bauwerken, künstlichen Inseln oder sonstigen Anlagen auf See (Offshore-Tätigkeiten) durchführen, zulassen und die zum Schutz der Arbeitnehmer sowie der Sonn- und Feiertagsruhe notwendigen Bedingungen bestimmen.

(3) Das Bundesministerium der Verteidigung kann in seinem Geschäftsbereich durch Rechtsverordnung mit Zustimmung des Bundesministeriums für Arbeit und Soziales aus zwingenden Gründen der Verteidigung Arbeitnehmer verpflichten, über die in diesem Gesetz und in den auf Grund dieses Gesetzes erlassenen Rechtsverordnungen und Tarifverträgen festgelegten Arbeitszeitgrenzen und -beschränkungen hinaus Arbeit zu leisten.

(3a) Das Bundesministerium der Verteidigung kann in seinem Geschäftsbereich durch Rechtsverordnung im Einvernehmen mit den Bundesministerium für Arbeit und Soziales für besondere Tätigkeiten der Arbeitnehmer bei den Streitkräften Abweichungen von in diesem Gesetz sowie von in den auf Grund dieses Gesetzes erlassenen Rechtsverordnungen bestimmten Arbeitszeitgrenzen und -beschränkungen zulassen, soweit die Abweichungen aus zwingenden Gründen erforderlich sind und die größtmögliche Sicherheit und der bestmögliche Gesundheitsschutz der Arbeitnehmer gewährleistet werden.

(4) Werden Ausnahmen nach Absatz 1 oder 2 zugelassen, darf die Arbeitszeit 48 Stunden wöchentlich im Durchschnitt von sechs Kalendermonaten oder 24 Wochen nicht überschreiten.

A. Gegenstand der Regelung

§ 15 ArbZG enthält **weitere** Möglichkeiten, **Ausnahmeregelungen** zu schaffen. Die **Aufsichtsbehörden** können **längere tägliche Arbeitszeiten** bzw. abweichende **Ruhezeiten** bewilligen (Abs. 1) und – ohne gegenständliche Einschränkungen –, **weiter gehende Ausnahmen im öffentlichen Interesse** zulassen (Abs. 2). Das **Bundesministerium für Verteidigung** kann in seinem Geschäftsbereich durch Rechtsverordnung aus zwingenden **Gründen der Verteidigung** Arbeitnehmer zur Arbeitsleistung **über die öffentlichen und tariflichen Arbeitszeitregelungen hinaus verpflichten** (Abs. 3). Weil § 15 Abs. 1 und 2 ArbZG nur (relativ uneingeschränkte) Bewilligungs- und Ermächtigungsgrundlagen enthalten, sind für die Frage der Übereinstimmung dieser Teile des § 15 ArbZG mit dem EU-Recht nicht nur diese Normen selbst zu prüfen, sondern zudem (oder gar vorrangig) die auf ihr beruhenden Rechtsakte. Dies betrifft u. a. mit Rücksicht auf Art. 8 RL 2003/88/EG (vormals Art. 8 RL 93/104/EG) nicht zuletzt die Frage der Verlängerbarkeit von Nachtarbeit durch eine behördliche Bewilligung. Das Gesetz zu Reformen am Arbeitsmarkt[1] hat in § 15 Abs. 4 ArbZG eine **Ausgleichsregelung** zwecks Herbeiführung einer durchschnittlichen Arbeitszeit von 48 Wochenstunden eingefügt, um dem EG-Arbeitszeitrecht zu genügen[2]. Das Gesetz zur Begleitung der Reform der Bundeswehr[3] hat den Abs. 3a als eine spezielle Ermächtigung für

1

---

1 Vom 24.12.2003, BGBl. I S. 3002, 3006.
2 BT-Drucks. 15[9]610, 4.
3 Bundeswehrreform-Begleitgesetz- BwRefBeglG vom 21.07.2012, BGBL. I, S. 1583.

die Arbeitnehmer der Bundeswehr im Einsatz außerhalb der Verteidigung angefügt.

B. Ausnahmebewilligungen nach Ermessen der Aufsichtsbehörde (§ 15 Abs. 1 und 2 ArbZG)

2 Nach § 15 Abs. 1 und 2 ArbZG kann die **Aufsichtsbehörde** in den dort genannten Fällen **Ausnahmen** von den gesetzlichen Grenzen des Arbeitszeitrechts **bewilligen**. In beiden Fällen ist die Erteilung der Ausnahmebewilligung dann, wenn die gesetzlichen Voraussetzungen im Einzelnen erfüllt sind, in das **Ermessen** der Aufsichtsbehörde gestellt. Die Bewilligung wird auf **Antrag** erteilt; der Antragsteller hat **keinen Rechtsanspruch** auf Erteilung der Genehmigung selbst, sondern nur einen Anspruch auf **ermessensfehlerfreie Entscheidung der Behörde**. Rechtstechnisch ist dasselbe Verfahren einzuhalten wie bei den behördlichen Ausnahmebewilligungen nach § 13 Abs. 3 Nr. 2–5 ArbZG (§ 13 Rdn. 30 ff.).

C. Ausnahmen für bestimmte Beschäftigungsbereiche (§ 15 Abs. 1 ArbZG)

3 Für bestimmte Beschäftigungsbereiche, in denen erfahrungsgemäß ein vermehrtes Bedürfnis nach Verlängerung der Arbeitszeiten bzw. abweichenden Regelungen für Ruhezeiten besteht, ermöglicht § 15 Abs. 1 ArbZG entsprechende behördliche Ausnahmebewilligungen. In den Fällen, in denen dem Arbeitgeber möglich ist, eine derartige **Ausnahmebewilligung** einzuholen, darf er sich **nicht** (mehr) auf die **gesetzlichen Ausnahmen des § 14 Abs. 1 ArbZG allein** stützen. Dabei ist jedoch nicht zu übersehen, dass der gegenständliche Anwendungsbereich des § 14 ArbZG erheblich weiter geht als die besonderen Beschäftigungsbereiche, wie sie in § 15 Abs. 1 ArbZG abschließend aufgezählt worden sind.

I. Arbeitszeitverlängerungen für kontinuierliche Schichtbetriebe und Bau- und Montagestellen (§ 15 Abs. 1 Nr. 1 ArbZG)

4 Nach § 15 Abs. 1 Nr. 1 ArbZG kann die Aufsichtsbehörde eine nach Abs. 4 ausgleichspflichtige **Verlängerung der täglichen Arbeitszeit auf mehr als zehn Stunden** für **kontinuierliche Schichtbetriebe** zur Erreichung zusätzlicher Freischichten und für **Bau- und Montagestellen** bewilligen. EG-rechtlich kommt insoweit für die vollkontinuierlichen Schichtbetriebe Art. 17 Abs. 2, 3 RL 2003/88/EG (vormals Art. 17 Abs. 2, 2.1 Buchst. c Nr. v RL 93/104/EG) und für die Bau- und Montagestellen Art. 17 Abs. 3. Buchst. a. in Betracht.

Das Gesetz regelt nicht, in welchem **Umfang** die tägliche Arbeitszeit **verlän-** 5
gert werden darf. Eine **Höchstgrenze** ergibt sich **nicht** schon daraus, dass die
gesetzliche **Ruhezeit** von elf Stunden (§ 5 Abs. 1 ArbZG) und die gesetzlichen
Ruhepausen nach § 4 ArbZG einzuhalten sind. Denn die Ruhezeit ist nicht
für einen Zeitraum von jeweils 24 Stunden zu gewähren, sondern nur nach
Beendigung der täglichen Arbeitszeit (§ 5 Rdn. 11 ff.). Die Ruhepausenregelung des § 4 ArbZG besagt für sich allein über eine Höchstgrenze der Verlängerung der täglichen Arbeitszeit ebenfalls nichts. Unter dem Gesichtspunkt
der grundsätzlichen Zwecksetzung des Arbeitszeitgesetzes nach § 1 Nr. 1
ArbZG darf die tägliche Arbeitszeit nicht derart verlängert werden, dass von
den Arbeitnehmern ein die **allgemeine menschliche Leistungsfähigkeit** und
Zumutbarkeit überschreitendes Arbeitspensum verlangt wird[4]. Eine Ausdehnung der Arbeitszeit auf **zwölf Stunden an fünf Tagen in der Woche** ist unter
diesem Gesichtspunkt grundsätzlich **möglich**. Auch eine Arbeitszeitregelung
mit Zwölf-Stunden-Schichten in einem Rhythmus von 14 Tagen Arbeit und
14 Tagen Freizeit dürfte die Bewilligung nicht grundsätzlich zu versagen sein.
Im Einzelfall sind jedoch die Belange des **Gesundheitsschutzes**, vor allem
auch im Hinblick auf die **körperlichen und psychischen Arbeitsanforderungen** (Kraftaufwand, Konzentrationsanforderungen usw.) gegen die mit der
Arbeitszeitverlängerung verfolgten Belange gegeneinander abzuwägen. Dabei
ist neben den wirtschaftlichen Interessen des Arbeitgebers auch das grundsätzliche Interesse der Arbeitnehmer zu berücksichtigen, die Zeit ihrer Aufenthalte
auf auswärtigen Bau- und Montagestellen möglichst ausgiebig als Arbeitszeit
zu nutzen, um einerseits ein möglichst hohes Arbeitsentgelt zu erwirtschaften
und andererseits hinreichend lange zusammenhängende Freizeiten zu haben.
Überschreiten dagegen die Arbeitszeiten zwölf Stunden am Tag, so ist dies –
im Hinblick auf die Konzeption des Arbeitszeitgesetzes – in der Regel nur zu
bewilligen, wenn und soweit erhebliche Arbeitsbereitschaft in die Arbeitszeit
fällt[5]. Dies betrifft nicht zuletzt auch die Arbeitszeit für Nachtarbeitnehmer
gem. § 6 Abs. 2 ArbZG[6].

---

4 BAG 24.02.1982 AP Nr. 7 zu § 17 BAT.
5 *Anzinger/Koberski* § 15 ArbZG Rz. 9.
6 Vgl. *Buschmann/Ulber* § 15 ArbZG Rz. 4.

1. Kontinuierliche Schichtbetriebe (§ 15 Abs. 1 Nr. 1 Buchst. a ArbZG)

6 Unter **kontinuierlichen Schichtbetrieben** sind solche Betriebe zu verstehen, in denen in **Wechselschichten** (§ 2 Rdn. 124 ff., § 6 Rdn. 11) rund um die Uhr gearbeitet wird. Wesentlich ist, dass Schichtarbeit **kontinuierlich** geleistet wird, d. h., dass der gesamte Zeitraum mehrerer aufeinander folgender Werktage bzw. Arbeitstage für Schichtarbeit genutzt wird. Ob dagegen eine **vollkontinuierliche** Schichtarbeit[7] vorliegt, d. h., eine Schichtarbeit, die an jedem Wochentag einschließlich des Wochenendes stattfindet, oder ob es sich um eine **teilkontinuierliche** Schichtarbeit handelt, bei der das Wochenende ganz oder teilweise arbeitsfrei bleibt, ist für die Anwendbarkeit des § 15 Abs. 1 Nr. 1 Buchst. a ArbZG unerheblich. Die **Verlängerung der täglichen Arbeitszeit** darf jedoch nicht aus beliebigen Gründen erfolgen, sondern nur **zur Erreichung zusätzlicher Freischichten**. Den Arbeitnehmern, die in derart auf mehr als zehn Stunden verlängerten Schicht eingesetzt sind, müssen wegen der Arbeitszeitverlängerung mehr Freischichten zur Verfügung stehen als ohne die Arbeitszeitverlängerung[8]. Anders als bei der Tariföffnungsklausel des § 12 Nr. 4 ArbZG brauchen die zusätzlichen freien Schichten nicht auf Sonn- oder Feiertage zu fallen, sondern können an jedem beliebigen Wochentag anfallen. Der Arbeitgeber, der eine entsprechende Verlängerung der täglichen Arbeitszeit beantragt, hat darzustellen, inwieweit zusätzliche Freischichten in seinem Betrieb infolge der beantragten Verlängerung der täglichen Arbeitszeit erreicht werden.

2. Bau- und Montagestelle (§ 15 Abs. 1 Nr. 1 Buchst. b ArbZG)

7 Erfahrungsgemäß besteht nicht zuletzt wegen großer Entfernungen vom Wohnort der Arbeitnehmer auch ein Bedürfnis nach verlängerten Arbeitszeiten auf **Bau- und Montagestellen**. Der Regierungsentwurf sah insoweit nur eine Ausnahmemöglichkeit für Montagestellen vor[9]. Entsprechend der Empfehlung des Bundestagsausschusses für Arbeit und Sozialordnung ist die Ausnahmemöglichkeit auch für Baustellen eröffnet worden[10]. **Baustellen** sind auf die Bauzeiten begrenzte auswärtige Arbeitsstellen, an denen Hoch-

---

7 § 12 Rz. 14.
8 *Baeck/Deutsch* § 15 ArbZG Rz. 11; *Buschmann/Ulber* § 15 ArbZG Rz. 6; ErfK/*Wank* § 15 ArbZG Rz. 1.
9 BT-Drucks. 12/5888, 10, 31.
10 BT-Drucks. 12/6990, 17, 44.

bau- oder Tiefbauarbeiten durchgeführt werden, d.h. Arbeiten zur Errichtung, Änderung, Instandhaltung oder zum Abbruch baulicher Anlagen[11]. *Anzinger/Koberski*[12] wollen auf den Baustellenbegriff des Art. 2 a der Richtlinie 92/57/EWG vom 24. 6. 1992 (ABl. EG Nr. L 245, 6) zurückgreifen. Dem ist nicht zu folgen, denn die dortige Begriffsbestimmung gilt nur für eben diese Richtlinie. Baustellen werden von Betrieben des Bauhauptgewerbes, des Bauausbaugewerbes und des Baunebengewerbes eingerichtet und unterhalten. **Montagestellen** sind außerbetriebliche Arbeitsstellen vor allem der Metall- und Elektroindustrie bzw. der entsprechenden Handwerke, auf denen in der Regel vorgefertigte Teile, Geräte und Ähnliches angebracht (montiert) oder abgenommen (demontiert) werden. Einer näheren Abgrenzung, ob eine auswärtige Arbeitsstelle als Baustelle oder Montagestelle einzuordnen ist, bedarf es im Rahmen des § 15 Abs. 1 Nr. 1 Buchst. b ArbZG wegen der identischen Rechtsfolgen nicht. Im Gegensatz zur Regelung für kontinuierliche Schichtbetriebe ist die Ausnahmebewilligung für eine verlängerte Arbeitszeit nicht davon abhängig, dass zusätzliche Freischichten erreicht werden.

II. Arbeitszeitverlängerungen für Saison- und Kampagnebetriebe (§ 15 Abs. 1 Nr. 2 ArbZG)

Für **Saison- und Kampagnebetriebe** kann eine von den §§ 3, 6 Abs. 2 und 11 Abs. 2 ArbZG abweichende **längere tägliche Arbeitszeit** bewilligt werden, allerdings nur für **die Zeit der Saison oder der Kampagne**, und dies auch nur dann, wenn die **Verlängerung** der Arbeitszeit **über acht Stunden werktäglich** durch eine **entsprechende Verkürzung** der Arbeitszeit **zu anderen Zeiten** ausgeglichen wird (§ 15 Abs. 1 Nr. 2 ArbZG). Unter **Saisonbetrieben** sind solche Betriebe zu verstehen, die ihrem Betriebszweck entsprechend zu gewissen Zeiten des Jahres zu verstärkter Produktivität genötigt sind, z. B. zur Herstellung saisonabhängiger Nahrungs- oder Genussmittel oder im Bereich des Fremdenverkehrs. **Kampagnebetriebe** unterscheiden sich von Saisonbetrieben insoweit, als sie ihrer Art nach auf bestimmte Jahreszeiten beschränkt sind, z. B. die Verarbeitung von Zuckerrüben zu Zucker oder von Erntefrüchten zu Konserven.

8

---

11 *Baeck/Deutsch* § 15 ArbZG Rz. 13; *Neumann/Biebl* § 15 ArbZG Rz. 4; enger *Roggendorff* § 15 ArbZG Rz. 7, der nur Baustellen i. S. d. Bauordnungsrechts anerkennen will.

12 § 15 ArbZG Rz. 8.

9 Die **Arbeitszeitverlängerung** ist nur für die **Zeit der Saison oder der Kampagne** zulässig. Hinsichtlich des **Umfangs** der Arbeitszeitverlängerung gilt dasselbe wie in den Fällen des § 15 Abs. 1 Nr. 1 ArbZG (§ 15 Rdn. 5). Die Verlängerung der Arbeitszeit ist nach § 15 Abs. 2 ArbZG auszugleichen. Der Ausgleichszeitraum beträgt nach § 15 Abs. 4 ArbZG sechs Kalendermonate (m. E. Zeitmonate) oder 24 Wochen. Der **Arbeitszeitausgleich** nach § 15 Abs. 2, 4 ArbZG darf außerhalb der Saison- oder Kampagnezeiten liegen, auch wenn diese mehr als sechs Monate umfassen. Für Saison- und Kampagnebetriebe bestehen zahlreiche **Tarifverträge** mit entsprechenden Arbeitszeit- und Ausgleichsregelungen. Soweit sie anwendbar sind, ist für eine Ausnahmebewilligung nach § 15 Abs. 1 Nr. 2 ArbZG kein Raum.

III. Ruhezeiten im öffentlicher Dienst (§ 15 Abs. 1 Nr. 3 ArbZG)

10 Eine den Besonderheiten der Inanspruchnahme bei **Arbeitsbereitschaft, Bereitschaftsdienst** und **Rufbereitschaft** entsprechende, von den §§ 5 und 11 Abs. 2 ArbZG abweichende **Dauer und Lage** der **Ruhezeit** kann die Aufsichtsbehörde nach § 15 Abs. 1 Nr. 3 ArbZG zulassen.

11 Der Begriff des **öffentlichen Dienstes**, wie er in § 15 Abs. 1 Nr. 3 und in § 19 ArbZG verwendet wird, ist im Arbeitszeitgesetz selbst nicht definiert. Allgemein sind unter **öffentlichem Dienst** alle Verwaltungen und Betriebe des Bundes, der Länder und der Gemeinden sowie die Körperschaften, Anstalten und Stiftungen des säkularen öffentlichen Rechts zu verstehen. **Kirchen** und andere öffentlich-rechtliche Religionsgemeinschaften zählen nicht zum öffentlichen Dienst im Sinne des Arbeitszeitgesetzes[13]. Dasselbe gilt für privatrechtlich organisierte Arbeitgeber, die lediglich Tarifverträge des öffentlichen Dienstes anwenden. Insoweit unterscheidet sich der Geltungsbereich des § 15 Abs. 1 Nr. 3 ArbZG von dem Anwendungsbereich des § 7 Abs. 2 Nr. 4 ArbZG[14].

12 Die **Ausnahmebewilligung** für eine vom Gesetz abweichende **Lage und Dauer der Ruhezeiten** ist nur möglich, um eine den Besonderheiten der Inanspruchnahme der Arbeitnehmer bei Arbeitsbereitschaft, Bereitschaftsdienst bzw. Rufbereitschaft (vgl. zu diesen Begriffen: § 2 Rdn. 17 ff., 21 ff., 28 ff.) gerecht werdende Ruhezeitregelung zu ermöglichen. **Soweit** in bestimmten Berei-

---

13 *Anzinger/Koberski* § 19 ArbZG Rz. 5.
14 *Neumann/Biebl* § 15 ArbZG Rz. 6.

chen des öffentlichen Dienstes nach § 5 Abs. 2 und 3 ArbZG **abweichende Ruhezeitregelungen bereits bestehen**, ist **für** eine behördliche **Ausnahmebewilligung kein Raum**. Indessen kommen auch im öffentlichen Dienst Inanspruchnahmen der Arbeitnehmer bei Arbeitsbereitschaft, Bereitschaftsdienst und Rufbereitschaft nicht nur in Einrichtungen vor, wie sie in § 5 Abs. 2 und 3 ArbZG aufgeführt sind, sondern auch in anderen Bereichen. Dort ist an eine behördliche Ausnahmebewilligung nach § 15 Abs. 1 Nr. 3 ArbZG zu denken, damit der Arbeitnehmer am nächsten Tag seine Arbeit zum vorgesehenen Zeitpunkt wiederaufnehmen kann, obwohl infolge seiner Inanspruchnahme eine ununterbrochene Ruhezeit von elf Stunden (§ 5 Abs. 1 ArbZG) bzw. hiervon abweichende Ruhezeitregelungen nach § 5 Abs. 2 und 3 ArbZG nicht eingehalten sind[15].

IV. Ruhezeitverlegung zwecks regelmäßigen Schichtwechsels (§ 15 Abs. 1 Nr. 4 ArbZG)

Schließlich kann nach § 15 Abs. 1 Nr. 4 ArbZG eine von den §§ 5 und 11 Abs. 2 ArbZG abweichende **Ruhezeit** zur Herbeiführung eines **regelmäßigen wöchentlichen Schichtwechsels** zweimal innerhalb eines Zeitraums von drei Wochen bewilligt werden (§ 15 Abs. 1 Nr. 4 ArbZG). Ein regelmäßig wöchentlicher Schichtwechsel lässt sich mit verschiedenen Methoden herbeiführen, auch durch eine Verlängerung der Schichtzeit mit Hilfe einer Ausnahmebewilligung nach § 15 Abs. 1 Nr. 1 Buchst. a ArbZG. Ein bekanntes Modell hierfür besteht darin, dass für **jeden Schichtarbeitnehmer** für **zwei Wochenenden eine Schicht von zwölf Stunden zugelassen** wird. Eine zweite Möglichkeit besteht darin, für Schichtarbeitnehmer an **jedem dritten Sonntag** eine **Doppelschicht** von 16 Stunden nach § 15 Abs. 1 Nr. 1 Buchst. a ArbZG zu bewilligen. Letztlich kann der regelmäßige wöchentliche Schichtwechsel auch nach § 15 Abs. 1 Nr. 4 ArbZG durch eine **Verkürzung der Ruhezeit** herbeigeführt werden, die ebenfalls der behördlichen Ausnahmebewilligung bedarf.

13

V. Verhältnis zu abweichenden tarifvertraglichen Regelungen

§ 15 Abs. 1 ArbZG erlaubt **keine behördliche Ausnahmebewilligung** von **tariflichen Regelungen** nach § 7 bzw. § 12 ArbZG. Behördliche Ausnahmebewilligungen sind insoweit nur von den gesetzlichen Regelungen möglich. Soweit **tarifvertragliche Regelungen** eine von den §§ 3, 6 Abs. 2, 11 Abs. 2

14

---

15 *Roggendorff* § 15 ArbZG Rz. 11.

§ 15 ArbZG Bewilligung, Ermächtigung

ArbZG abweichende längere Arbeitszeit bzw. einen längeren Ausgleichszeitraum zulassen oder aber abweichende Ruhezeitregelungen enthalten, ist in deren Anwendungsbereich für eine Ausnahmebewilligung nach § 15 Abs. 1 ArbZG kein Raum. Andererseits darf die Aufsichtsbehörde eine Ausnahmebewilligung nicht mit der Begründung versagen, der Antragsteller könne zunächst versuchen, eine entsprechende tarifvertragliche Regelung oder Betriebsvereinbarung herbeiführen. Ausnahmebewilligungen sind jedoch nicht erst dann zu bewilligen, wenn feststeht, dass die Tarifvertragsparteien bzw. Betriebsparteien nicht bereit oder nicht in der Lage sind, derartige abweichende Regelungen zu treffen[16]. Für einen solchen Nachrang der behördlichen Ausnahmebewilligung hinter der Vergeblichkeit des Bemühens um eine Tarifregelung gibt das Gesetz keinen Anhaltspunkt.

D. Behördliche Ausnahmebewilligungen im öffentlichen Interesse (§ 15 Abs. 2 ArbZG)

15 Nach § 15 Abs. 2 ArbZG kann die **Aufsichtsbehörde** über die im Arbeitszeitgesetz vorgesehenen Ausnahmen und Ausnahmemöglichkeiten hinaus **weiter gehende Ausnahmen zulassen**, wenn sie **im öffentlichen Interesse dringend nötig** werden.

16 Die Vorschrift entspricht dem Grundsatz der früheren Bestimmung des § 28 AZO, weicht jedoch in zweierlei Hinsicht hiervon ab. Zum einen ist nicht mehr das Bundesministerium für Arbeit und Sozialordnung zuständig, zum anderen ist die Befugnis zur Erteilung von Ausnahmebewilligungen auf die Bestimmungen des Arbeitszeitgesetzes beschränkt worden.

17 **Zweck** des § 15 Abs. 2 ArbZG ist, **dringend erforderliche Ausnahmen im öffentlichen Interesse** zu ermöglichen, wenn die sonst im Arbeitszeitgesetz vorgesehenen Ausnahmen und Abweichungen unzureichend sind. Insbesondere fallen unter § 15 Abs. 2 ArbZG Arbeiten aus Anlass von Dienst-, Werk- und Sachleistungen, die im Rahmen notstandsrechtlicher Regelungen zu erbringen sind[17]. Voraussetzung für die Erteilung einer Ausnahmebewilligung ist ein **Antrag** des Inhabers des Betriebes bzw. der Dienststelle, für die die – im Antrag zu beschreibende – Ausnahmebewilligung begehrt wird. Ob die tatbestandsmäßigen Voraussetzungen gegeben sind, ist uneingeschränkt gerichtlich

---

16 A. A. *Anzinger/Koberski* § 15 ArbZG Rz. 7.
17 BT-Drucks. 12/5888, 31.

Bewilligung, Ermächtigung **§ 15 ArbZG**

zu überprüfen; dies betrifft auch den unbestimmten Rechtsbegriff des öffentlichen Interesses[18]. Sein Inhalt ist dem Wandel der Zeiten unterworfen[19].

Voraussetzung für eine Ausnahmebewilligung nach § 15 Abs. 2 ArbZG ist, dass die **gesetzlich vorgesehenen** Abweichungen bzw. **Ausnahmemöglichkeiten** – auch § 14 ArbZG (!) – nicht ausreichen, um die im dringenden öffentlichen Interesse zu erledigenden Arbeiten unter dem Gesichtspunkt des Arbeitszeitschutzes ausführen zu dürfen[20]. Zu den gesetzlichen Möglichkeiten zählen auch die Abweichungen, die in **Tarifverträgen bzw. den Betriebs- oder Dienstvereinbarungen** geregelt worden sind. Entsprechendes gilt für Rechtsverordnungen aufgrund des Arbeitszeitgesetzes. Sind derartige abweichende Regelungen weder in Form von Tarifverträgen oder aufgrund von Tarifverträgen in Betriebs- oder Dienstvereinbarungen getroffen worden und liegen auch keine Rechtsverordnungen vor, so ist die Ausnahmebewilligung zumindest dann zu erteilen, wenn wegen der Dringlichkeit des Falles auf das Entstehen derartiger, fallübergreifender Ausnahmeregelungen nicht mehr gewartet werden kann[21]. 18

Eine Ausnahmebewilligung im Rahmen des § 15 Abs. 2 ArbZG ist jedoch nur zulässig, soweit sie **im öffentlichen Interesse dringend nötig** wird. Ein derartiges öffentliches Interesse liegt nicht schon stets vor, wenn es um den Erhalt von Arbeitsplätzen geht. Jedoch kann ein öffentliches Interesse gegeben sein, wenn ein dringendes Bedürfnis der Bevölkerung besteht, mit Waren oder Dienstleistungen, vor allem auch mit Elektrizität, Gas und Wasser, versorgt zu werden oder wenn es darum geht, Grundlagen der Ernährung zu sichern, größere Mengen von Lebensmitteln vor dem Verderben zu schützen und vergleichbare Fälle. Auch zum öffentlichen Interesse zählen die Belange der Landesverteidigung oder Arbeiten im Rahmen des gesetzlichen Notstandes[22]. Das bloße Vorliegen eines öffentlichen Interesses genügt jedoch nicht, vielmehr muss die Ausnahme **dringend nötig** werden. Dies ist i. d. R. nur der Fall, wenn ohne (unverzüglich erteilte) Ausnahmebewilligung erhebliche Nachteile entstehen, die im öffentlichen Interesse nicht hinzunehmen sind. Die Aus- 19

---

18 BVerwG 05.02.1980 GewArch 1980, 237.
19 *Anzinger/Koberski* § 15 ArbZG Rz. 23 m. w. N.
20 *Baeck/Deutsch* § 15 ArbZG Rz. 30; *Neumann/Biebl* § 15 ArbZG Rz. 8; *Anzinger/Koberski* § 15 ArbZG Rz. 24.
21 Ähnl. *Anzinger/Koberski* § 15 ArbZG Rz. 26.
22 BT-Drucks. 12/5999, 12; *Neumann/Biebl* § 15 ArbZG Rz. 9.

nahmebewilligung muss einen längeren Zeitraum oder eine größere Zahl von Arbeitnehmern betreffen. Anderenfalls kann ein Rückgriff auf die gesetzliche Möglichkeit abweichenden Verhaltens in Notfällen und außergewöhnlichen Fällen § 14 ArbZG dazu führen, dass die Ausnahmegenehmigung nicht dringend nötig ist.

20 Der **Inhalt und Umfang der Ausnahmebewilligung** muss sich an dem mit ihr verfolgten Zweck in den Grenzen des dringenden öffentlichen Interesses ausrichten. Insoweit hat die Behörde nicht nur eine rechtliche Prüfung vorzunehmen, sondern ihr **pflichtgemäßes Ermessen** auszuüben. Ob die Voraussetzungen für eine solche Ausnahmebewilligung gegeben sind oder waren, unterliegt der uneingeschränkten Nachprüfung durch die Rechtsprechung[23].

E. Ausnahmeregelungen für die Offshore-Arbeitszeit (§ 15 Abs. 2a ArbZG)

21 Die Ermächtigungsgrundlage betrifft Arbeitnehmer mit Tätigkeiten im Offshore-Bereich. Durch Art. 3 Abs. 6 Nr. 1 des Gesetzes zur Umsetzung des Seearbeitsübereinkommens 2006 der Internationalen Arbeitsorganisation[24] ist der räumliche Geltungsbereich des ArbZG über das deutsche Hoheitsgebiet hinaus auf die Ausschließliche(n) Wirtschaftszone(n) erstreckt worden. Für Seeleute gelten nach § 18 Abs. 3 ArbZG an Stelle des ArbZG die Regelungen im SeeArbG.[25] Für die im Offshore-Bereich eingesetzten Arbeitnehmer gelten die Arbeitszeitregelungen des SeeArbG nicht, weil sie keine Besatzungsmitglieder i.S. des SeeArbG sind (§ 3 Abs. 3 Nr. 7 SeeArbG). Für die Offshore-Arbeitnehmer gelten vielmehr grds. die Regelungen des ArbZG. Die Bestimmungen des ArbZG werden indessen den besonderen Gegebenheiten der im Offshore-Bereich anzutreffenden Arbeits- und Arbeitszeitbedingungen (12-Stunden-Arbeitsschichten in kontinuierlichen Zwei- bis Drei- Wochen-Schichten mit durchgehender Sonn- und Feiertagsarbeit) nicht gerecht. Deshalb ist es unter Abwägung der Ziele des § 1 ArbZG einerseits und den wirtschaftlichen Interessen und Gegebenheiten im Offshore-Bereich andererseits geboten, für diesen Bereich besondere Regelungen zu entwickeln, wobei der

---

23 Vgl. zur ladenschlussrechtlichen Ausnahmebewilligung im öffentlichen Interesse: BVerwG 19.05.1974 – I C 44.72 – GewArch 1974, 277.
24 Vom 20.04.2013, BGBl I, S. 868, in Kraft getreten am 01.08.2013.
25 Das Seearbeitsgesetz ist als Art. I des Gesetzes zur Umsetzung des Seearbeitsübereinkommens 2006 der Internationalen Arbeitsorganisation vom 20.04.2013, BGBl I, S. 868, beschlossen und verkündet worden und am 01.08.2013 in Kraft getreten.

Gesetzgeber den Weg der Ermächtigung zum Erlass einer Rechtsverordnung gewählt hat. Der bereits am Tag nach der Verkündung des SeeArbG in Kraft getretene § 15 Abs. 2a ArbZG sowie § 55 Abs. 3 Nr. 7 SeeArbG ermächtigen die Bundesregierung, mit Zustimmung des Bundesrates für die mit Offshore-Tätigkeiten befassten Arbeitnehmer besondere Ausnahmeregelungen von den grundlegenden Bestimmungen des ArbZG (§§ 3, 4, 5 und 6 Abs. 2, §§ 9 und 11) in einer »Rechtsverordnung über die Arbeitszeit bei Offshore-Tätigkeiten« zu schaffen; die Bundesregierung hat hiervon Gebrauch gemacht.[26]

F. Ausnahmeregelungen aus Gründen der Verteidigung (§ 15 Abs. 3 ArbZG)

Das **Bundesministerium der Verteidigung** kann in seinem Geschäftsbereich durch **Rechtsverordnung** mit Zustimmung des Bundesministeriums für Arbeit und Sozialordnung aus zwingenden Gründen der Verteidigung **Arbeitnehmer verpflichten**, über die in diesem Gesetz und in den aufgrund dieses Gesetzes erlassenen Rechtsverordnungen und Tarifverträgen festgelegten Arbeitszeitgrenzen und -beschränkungen hinaus **Arbeit zu leisten**[27]. 22

§ 15 Abs. 3 gilt nur für Arbeitnehmer im Geschäftsbereich des Bundesministers für Verteidigung. Sie umfasst aber nicht alle in diesem Geschäftsbereich tätigen Bediensteten, sondern nur **Arbeitnehmer** (§ 2 Rdn. 71 ff.) über 18 Jahren (vgl. § 18 Abs. 2 ArbZG), **nicht** aber für **Beamte** und ebenso **nicht** für **Soldaten**. Entsprechendes gilt nach Art. 56 ZA-NATO-Truppenstatut für die NATO-Stationierungsstreitkräfte. 23

Das rechtliche Mittel zur Regelung für den Bundesminister für Verteidigung ist die zustimmungsbedürftige **Rechtsverordnung**. Sie bedarf der Zustimmung des **Bundesministers für Arbeit und Sozialordnung**. In einer solchen Rechtsverordnung können Arbeitnehmer aus **zwingenden Gründen der Verteidigung** zur Arbeitsleistung über die gesetzlichen und tariflichen Grenzen hinaus verpflichtet werden. Die **zwingenden Gründe der Verteidigung** liegen nicht nur im Verteidigungsfall i. S. d. Art. 115a GG bzw. in einem Spannungsfall nach Art. 80 Abs. 1 oder 3 GG vor, sondern können auch während einer 24

---

26 Offshore-Arbeitszeitverordnung (Offshore-ArbZV) - Verordnung über die Arbeitszeit bei Offshore-Tätigkeiten vom 05.07.2013, BGBl. I. S. 2228, abgedruckt in diesem Buch in Anhang 5.
27 Vgl. BAG 22.03.1978 – 4 AZR 636/76 – EzA § 17 BAT Nr. 3.

derartigen Eskalation vorangehenden Spannungsphase auftreten. Zu den **zwingenden Gründen der Verteidigung** kann insbesondere die Herstellung erhöhter Verteidigungsbereitschaft, aber auch die Erprobung der Einsatzbereitschaft und der Einsatzfähigkeit der Bundeswehr zählen[28]. **Inhalt** der Rechtsverordnung ist die Normierung der **Arbeitspflicht** aller von der Rechtsverordnung erfassten Arbeitnehmer **über die Grenzen der Arbeitszeitregelung** nicht nur im **Arbeitszeitgesetz**, sondern auch über die in **Tarifverträgen** hinaus.

25 Macht der Arbeitgeber von den Befugnissen des § 15 ArbZG Gebrauch, so darf die Arbeitszeit 48 Stunden wöchentlich im Durchschnitt von sechs Kalendermonaten oder 24 Wochen nicht überschreiten. Diese **Ausgleichsregelung** in § 14 Abs. 3 ArbZG ist durch das Gesetz zu Reformen am Arbeitsmarkt[29] eingefügt worden, um dem EG-Arbeitszeitrecht zu genügen[30]. Wegen der Einzelheiten wird auf die Ausführungen zu § 7 Abs. 8 ArbZG (§ 7 Rdn. 90) verwiesen.

G. Ausnahmeregelungen für Arbeitnehmer der Bundeswehr außerhalb des Verteidigung (§ 15 Abs. 3a ArbZG)

Die Bestimmung ist durch das Bundeswehrreform-Begleitgesetz mit Wirkung vom 26. 07. 2012 eingefügt worden. Sie dient nach der Gesetzesbegründung vorrangig der Änderbarkeit des Arbeitszeitschutzes für Arbeitnehmer auf Seeschiffen der Bundesmarine[31], geht jedoch nach ihrem Wortlaut darüber hinaus, indem sie alle Streitkräfte der Bundeswehr erfasst. Für die Fälle der Verteidigung der Bundesrepublik Deutschland enthält bereits § 15 Abs. 3 eine entsprechende Ermächtigung. Indessen fällt der derzeitige Einsatz von **Arbeitnehmern** der Bundeswehr auf **Seeschiffen der Marine** nicht stets unter diese Bestimmung, so z. B. nicht, wenn die Seeschiffe der Bundesmarine aufgrund von internationalen oder europäischen Bündnisverpflichtungen wie z. B. in der Operation Atalana vor der somalischen Küste zur Piratenbekämpfung auch für ausländische Schiffe eingesetzt werden. Abs. 3a weicht in mehrfacher Hinsicht von Abs. 3 ab. Für Abs. 3a ist nicht die Zustimmung des Bundesministers für Arbeit und Soziales erforderlich, sondern nur dessen Einverneh-

---

28 *Anzinger/Koberski* § 15 ArbZG Rz. 43; a. A. *Buschmann/Ulber* § 15 ArbZG Rz. 19.
29 Vom 24.12.2003, BGBl. I S. 3002, 3006.
30 BT-Drucks. 15[9]610, 4.
31 Vgl. des Näheren –BT-Drucks 17/9340, S. 22,53.

men. Anders als in Abs. 3 beschränkt sich die Ermächtigung in Abs. 3a allein auf den öffentlich-rechtlichen Rahmen. Sie umfasst nicht die Verpflichtung zur Arbeitsleistung.

Fünfter Abschnitt Durchführung des Gesetzes

§ 16 Aushang und Arbeitszeitnachweise

(1) Der Arbeitgeber ist verpflichtet, einen Abdruck dieses Gesetzes, der auf Grund dieses Gesetzes erlassenen, für den Betrieb geltenden Rechtsverordnungen und der für den Betrieb geltenden Tarifverträge und Betriebs- oder Dienstvereinbarungen im Sinne des § 7 Abs. 1 bis 3, §§ 12 und 21 a Abs. 6 an geeigneter Stelle im Betrieb zur Einsichtnahme auszulegen oder auszuhängen.

(2) Der Arbeitgeber ist verpflichtet, die über die werktägliche Arbeitszeit des § 3 Satz 1 hinausgehende Arbeitszeit der Arbeitnehmer aufzuzeichnen und ein Verzeichnis der Arbeitnehmer zu führen, die in eine Verlängerung der Arbeitszeit gemäß § 7 Abs. 7 eingewilligt haben. Die Nachweise sind mindestens zwei Jahre aufzubewahren.

A. Gegenstand der Regelung

§ 16 ArbZG normiert für den **Arbeitgeber** zwei **Verpflichtungen**, die der praktischen **Durchführung des Arbeitszeitgesetzes** dienen. Ihn trifft die Pflicht zu **Aushang** bzw. zur Auslage der relevanten Bestimmungen des öffentlichen **Arbeitszeitschutzrechts** (Abs. 1). Er muss jede über acht Stunden hinausgehenden **Arbeitszeit aufzeichnen**, ein Verzeichnis der Arbeitnehmer führen, die in die verlängerte Arbeitszeit eingewilligt haben und diese Aufzeichnungen aufbewahren (Abs. 2). 1

B. Aushangpflicht (§ 16 Abs. 1 ArbZG)

§ 16 Abs. 1 ArbZG verpflichtet den Arbeitgeber, einen Abdruck des **Arbeitszeitgesetzes** und alle sonstigen öffentlich-rechtlichen Arbeitszeitnormen, die für den Betrieb gelten, nämlich **Rechtsverordnungen, Tarifverträge** und **Betriebs- und Dienstvereinbarungen** i. S. d. § 7 Abs. 1 bis 3, § 12 und des § 21 a Abs. 6 ArbZG, an geeigneter Stelle im Betrieb zur Einsichtnahme auszulegen oder auszuhängen. 2

3 **Zweck** dieser Bestimmung ist, den **Arbeitnehmern** die Möglichkeit zur **Information** über das für sie **geltende öffentliche Arbeitszeitschutzrecht** zu ermöglichen. Die Aushangpflicht nach § 16 Abs. 1 ArbZG bezieht sich stets auf das **Arbeitszeitgesetz**, und die **für den Betrieb** geltenden **Tarifverträge, Betriebsvereinbarungen oder Dienstvereinbarungen**. Die Bestimmungen sind **in deutscher Sprache** auszuhängen oder auszulegen. In der Regel sind hierfür von verschiedenen Verlagen eigens zum Zwecke des Aushangs zusammengestellte Druckwerke mit den verschiedenen arbeitszeitrechtlichen aushang- oder auslagepflichtigen Bestimmungen geeignet, die dann jeweils um die Tarifverträge, Betriebsvereinbarungen oder Dienstvereinbarungen zu ergänzen sind.

4 Der Aushang hat **im Betrieb** zu erfolgen. Unterhält der Arbeitgeber mehrere **räumlich getrennte Betriebe** oder Betriebsteile oder Nebenbetriebe, so muss der Aushang **dort ebenfalls** erfolgen. Entsprechendes gilt für die Auslage dieser Bestimmungen. Denn den Arbeitnehmern muss ermöglicht sein, während der üblichen Arbeitszeit im Betrieb die Bestimmungen zur Kenntnis zu nehmen. Zudem müssen Aushang oder Auslage **an geeigneter Stelle** erfolgen. Dies sind vor allem die Stellen, die dem Arbeitnehmer während seiner Anwesenheit im Betrieb frei zugänglich sind und an der er den Text ohne Inanspruchnahme Dritter lesen kann. Für eine Auslage kommen das **Personalbüro**, aber auch das **Betriebsratsbüro**, der **Sozialraum** oder die **Bibliothek** in Betracht.

C. Aufzeichnungspflicht (§ 16 Abs. 2 ArbZG)

5 Nach § 16 Abs. 2 ArbZG hat der Arbeitgeber die über die **achtstündige werktägliche Arbeitszeit** des § 3 Satz 1 ArbZG **hinausgehende Arbeitszeit aufzuzeichnen** (§ 16 Abs. 2 Satz 1 ArbZG). Die Aufzeichnungen sind **mindestens zwei Jahre** vom Arbeitgeber **aufzubewahren** (§ 16 Abs. 2 Satz 2 ArbZG). Sinn der Aufzeichnungspflicht und Aufbewahrungspflicht ist es, den **Aufsichtsbehörden** eine Überprüfung zu ermöglichen, ob die arbeitszeitrechtlichen Bestimmungen eingehalten werden. Ohne einen solchen Arbeitszeitnachweis wäre eine Überwachung der Vorschriften des Arbeitszeitgesetzes nicht zu gewährleisten[1]. Für das **Fahrpersonal im Straßentransport** (§ 21a ArbZG) ist nach näherer Maßgabe des § 21 a Abs. 7 ArbZG nicht nur die über § 3 Satz 1 ArbZG, also über acht Stunden hinausgehende Arbeitszeit aufzuzeichnen, sondern jede Arbeitszeit.

---

1 BT-Drucks. 12/5888, 31.

Nach § 16 Abs. 2 ArbZG aufzeichnungspflichtig ist **jede über die werktägliche** 6
Arbeitszeit von acht Stunden hinausgehende Arbeitsleistung. Dies betrifft
zum einen die Arbeitszeit, die an einem Werktag geleistet wird und acht Stunden überschreitet[2]. Aufzeichnungspflichtig ist aber auch jede Arbeitszeit, die
an **Sonn- und Feiertagen** geleistet wird, wenn sie die »**werktägliche**« Arbeitszeit von acht Stunden **überschritten hat**[3].

Nach dem bloßen Wortlaut des Gesetzes wäre mit der Aufzeichnung der **acht** 7
Arbeitsstunden überschreitenden Arbeitszeiten der Pflicht des Arbeitgebers
genügt. Indessen ist nicht zu übersehen, dass nach **Sinn und Zweck** der Aufzeichnungspflicht eine **Kontrolle** der Einhaltung der Grenzen des Arbeitszeitgesetzes ermöglicht werden soll. Hierzu gehört auch die Prüfung, inwieweit
eine über die werktägliche Arbeitszeit des § 3 Satz 1 ArbZG hinausgehende
tatsächliche Arbeitszeit entsprechend den gesetzlichen Bestimmungen **ausgeglichen** worden ist oder noch auszugleichen ist. Dies erfordert – nicht zuletzt
im Interesse der Arbeitgeber – dementsprechend auch, Aufzeichnungen über
einen entsprechenden **Arbeitszeitausgleich** zu führen. Im Ergebnis bedeutet
dies, dass grundsätzlich **vollständige** Arbeitszeitnachweise zu führen sind,
soweit die Arbeitszeit der Arbeitnehmer die achtstündige Arbeitszeit des § 3
Satz 1 ArbZG am Werktag und/oder an Sonn- und Feiertagen **überschreitet**. Im Anwendungsbereich des **Ladenschlussgesetzes** des Bundes und der
Ladenöffnungsgesetze einiger Länder müssen dagegen alle Beschäftigungen
von Arbeitnehmern an Sonn- und Feiertagen nach Art und Dauer einschließlich des Freizeitausgleichs aufgezeichnet werden. Nach § 21 a Abs. 7 ArbZG
müssen für die Arbeitnehmer im Straßentransport alle Arbeitszeiten aufgezeichnet werden. Dagegen wollen *Anzinger/Koberski*[4] eine sog. »Negativverfassung« genügen lassen, wonach nur Abweichungen vom Arbeitszeitplan oder
Schichtplan aufzuzeichnen sind.

Die **Verpflichtung** zur Aufzeichnung richtet sich **an den Arbeitgeber**. Er 8
kann sich aber zur Erfüllung dieser Verpflichtung seiner Arbeitnehmer bedienen, insbesondere auch derer, deren Arbeitszeit er aufzuzeichnen hat. Eine
besondere **Art** der Aufzeichnung ist nicht vorgeschrieben. Hinreichend, aber

---

2 *Buschmann/Ulber* § 16 ArbZG Rz. 8; *Neumann/Biebl* § 16 ArbZG Rz. 5; *Roggendorff*
§ 16 ArbZG Rz. 8; *Anzinger/Koberski* § 16 ArbZG Rz. 11.
3 *Baeck/Deutsch* § 16 ArbZG Rz. 23; *Buschmann/Ulber* § 16 ArbZG Rz. 8; *Neumann/
Biebl* § 16 ArbZG Rz. 5; *Anzinger/Koberski* § 16 ArbZG Rz. 11.
4 *Anzinger/Koberski* § 16 ArbZG Rz. 11 a.

auch **erforderlich** ist, dass die Arbeitszeit **jedes einzelnen Arbeitnehmers** mit Hilfe der Aufzeichnungen kontrolliert werden kann[5]. Dazu genügt eine Aufzeichnung der **Gesamttagesarbeitszeit** des jeweiligen Arbeitnehmers, nicht aber eine Aufzeichnung nur der im Betrieb insgesamt geleisteten Stunden oder eine Stundensummenzählung für einzelne Arbeitnehmer, die über den jeweiligen Arbeitstag hinausgeht. Soweit aus **anderen Gründen** Arbeitszeiten aufgezeichnet werden, z. B. zur Prüfung, inwieweit Arbeitnehmer ihren Verpflichtungen nachgekommen sind, inwieweit Überstunden angefallen sind bzw. zur Führung der durch tarifvertragliche oder arbeitsvertragliche Regelungen vorgesehenen **Arbeitszeitkonten**, genügen derartige Aufzeichnungen zugleich der Aufzeichnungspflicht nach § 16 Abs. 2 Satz 1 ArbZG, wenn und soweit darin die Arbeitszeit des jeweiligen einzelnen Arbeitnehmers festgehalten werden. Soweit die Arbeitszeit i. S. d. Arbeitszeitgesetzes nicht mit dem für die Bezahlung maßgeblichen Zeitaufwand des Arbeitnehmers übereinstimmt, z. B. bei Bezahlung von Ruhepausen, Reise- oder Wegezeiten, müssen gesonderte Aufzeichnungen für die Arbeitszeit i. S. d. § 2 ArbZG geführt werden. Der arbeitsrechtlich sonst grundsätzlich zulässige **Verzicht auf** die **Festlegung** und/oder auf die **Erfassung der Arbeitszeit** enthebt nicht von der Aufzeichnungspflicht[6]. Die gilt vor allem für die **Vertrauensarbeitszeit** (§ 2 Rdn. 50). Die **technische Form** der Aufzeichnung ist ohne Belang.

9 Ferner hat der Arbeitgeber gemäß § 16 Abs. 2 Satz 1 ArbZG ein **Verzeichnis der Arbeitnehmer zu führen, die** nach § 7 Abs. 7 ArbZG **schriftlich** in die **ausgleichsfreie Verlängerung ihrer Arbeitszeit eingewilligt** haben.

10 Alle diese Unterlagen hat der Arbeitgeber aufzubewahren. Die **Aufbewahrungsfrist** des § 16 Abs. 2 Satz 2 ArbZG beträgt **zwei Jahre**. Nach § 187 Abs. 1 i. V. m. § 188 Abs. 2 BGB beginnt die Zwei-Jahres-Frist mit dem Tag, der dem Tag folgt, für den zum letzten Mal eine Arbeitszeitüberschreitung aufzuzeichnen war; sie endet mit dem Tag, der in seiner datumsmäßigen Bezeichnung zwei Jahre später folgt.

▶ **Beispiel:**

Die werktägliche achtstündige Arbeitszeit nach § 3 Satz 1 ArbZG ist von dem Arbeitnehmer X zuletzt am 7. 10. 1994 überschritten worden, die Aufbewahrungsfrist endet am 7. 10. 1996

---

5 *Dobberahn* ArbZG Rz. 165; ErfK/*Wank* § 16 ArbZG Rz. 6.
6 Vgl. *Schlottfeld/Hoff* NZA 2001, 530.

Soweit die Aufzeichnung allerdings nicht nur dem Zweck des Nachweises i. S. d. § 16 Abs. 2 Satz 1 ArbZG dient, ist vor einer Vernichtung der Aufzeichnung zu prüfen, ob sie aus **anderen Gründen** aufzubewahren ist. 11

Wird ein **Arbeitnehmer von mehreren Arbeitgebern** beschäftigt, so ist jeweils der Arbeitgeber zur Führung des Arbeitszeitnachweises verpflichtet, bei welchem er infolge der Zusammenrechnung der Arbeitszeiten nach § 2 Abs. 2 2. Halbs. ArbZG (§ 2 Rdn. 52 f.) die Arbeitszeit des § 3 Satz 1 ArbZG **überschreitet**. 12

§ 17 Aufsichtsbehörde

(1) Die Einhaltung dieses Gesetzes und der auf Grund dieses Gesetzes erlassenen Rechtsverordnungen wird von den nach Landesrecht zuständigen Behörden (Aufsichtsbehörden) überwacht.

(2) Die Aufsichtsbehörde kann die erforderlichen Maßnahmen anordnen, die der Arbeitgeber zur Erfüllung der sich aus diesem Gesetz und den auf Grund dieses Gesetzes erlassenen Rechtsverordnungen ergebenden Pflichten zu treffen hat.

(3) Für den öffentlichen Dienst des Bundes sowie für die bundesunmittelbaren Körperschaften, Anstalten und Stiftungen des öffentlichen Rechts werden die Aufgaben und Befugnisse der Aufsichtsbehörde vom zuständigen Bundesministerium oder den von ihm bestimmten Stellen wahrgenommen; das Gleiche gilt für die Befugnisse nach § 15 Abs. 1 und 2.

(4) Die Aufsichtsbehörde kann vom Arbeitgeber die für die Durchführung dieses Gesetzes und der auf Grund dieses Gesetzes erlassenen Rechtsverordnungen erforderlichen Auskünfte verlangen. Sie kann ferner vom Arbeitgeber verlangen, die Arbeitszeitnachweise und Tarifverträge oder Betriebs- oder Dienstvereinbarungen im Sinne des § 7 Abs. 1 bis 3, §§ 12 und 21 a Abs. 6 vorzulegen oder zur Einsicht einzusenden.

(5) Die Beauftragten der Aufsichtsbehörde sind berechtigt, die Arbeitsstätten während der Betriebs- und Arbeitszeit zu betreten und zu besichtigen; außerhalb dieser Zeit oder wenn sich die Arbeitsstätten in einer Wohnung befinden, dürfen sie ohne Einverständnis des Inhabers nur zur Verhütung von dringenden Gefahren für die öffentliche Sicherheit und Ordnung betreten und besichtigt werden. Der Arbeitgeber hat das Betreten und Besichti-

gen der Arbeitsstätten zu gestatten. Das Grundrecht der Unverletzlichkeit der Wohnung (Artikel 13 des Grundgesetzes) wird insoweit eingeschränkt.

(6) Der zur Auskunft Verpflichtete kann die Auskunft auf solche Fragen verweigern, deren Beantwortung ihn selbst oder einen der in § 383 Abs. 1 Nr. 1 bis 3 der Zivilprozessordnung bezeichneten Angehörigen der Gefahr strafgerichtlicher Verfolgung oder eines Verfahrens nach dem Gesetz über Ordnungswidrigkeiten aussetzen würde.

A. Gegenstand der Regelung

1   In § 17 ArbZG sind die **Zuständigkeiten** der **Aufsichtsbehörden** der Länder und des Bundes, deren **Aufgaben und Berechtigungen** sowie die **Auskunftspflicht** der Arbeitgeber einschließlich des **Auskunftsverweigerungsrechts** nach dem Arbeitszeitgesetz geregelt.

B. Aufsichtsbehörden der Länder (§ 17 Abs. 1 ArbZG)

2   Die **Überwachung** der Einhaltung des Arbeitszeitgesetzes und der aufgrund dieses Gesetzes erlassenen Rechtsverordnungen obliegt den zuständigen Behörden; sie sind die **Aufsichtsbehörden**. Nach Art. 83 GG führen die Länder die Bundesgesetze als eigene Angelegenheit aus, soweit das Grundgesetz nichts anderes bestimmt oder zulässt. Für den öffentlichen Dienst des **Bundes** sind nach näherer Maßgabe des § 17 Abs. 3 ArbZG indessen nicht die Länderbehörden zuständig, sondern der Bund.

I. Zuständige Landesbehörden (Aufsichtsbehörden)

3   Welche Behörde i. S. d. § 17 Abs. 1 ArbZG zuständig und mithin **Aufsichtsbehörde** ist, richtet sich nach **Landesrecht**. In den jeweiligen Zuständigkeitsgesetzen bzw. -verordnungen der Länder ist bestimmt, welche der im Lande bestehenden (oder gesondert einzurichtenden) Behörden arbeitszeitrechtliche **Aufsichtsbehörden** sind. In der Regel sind in den Ländern die staatlichen **Gewerbeaufsichtsämter** oder die **Ämter für Arbeitsschutz** (Arbeitsschutzamt, Arbeitsschutzbehörde) bzw. für bergbauliche Behörden das **Bergamt** als zuständige Behörde bestimmt. Die einzelnen Behördenbezeichnungen der Länder weichen voneinander ab; sie enthalten im Kern indessen die vorgenannten Behördenbezeichnungen.

4   Im **Behördenaufbau** der Länder sind die Gewerbeaufsichtsämter bzw. Ämter für Arbeitsschutz untere Behörden. Im Rahmen ihrer Zuständigkeiten ist

ihnen nach § 17 Abs. 1 ArbZG ein **eigenständiger Aufgabenbereich** zugewiesen worden. Ihnen können von den mittleren oder obersten Landesbehörden **Weisungen** in Form allgemeiner Verwaltungsvorschriften oder Verwaltungsanweisungen, Erlassen und Ähnlichem, auch im Einzelfall, erteilt werden. Die vorgesetzten Behörden können sich auch bestimmte Regelungsbereiche vorbehalten. Dagegen sind **Bundesbehörden** nicht befugt, den Ländern oder gar deren Behörden Einzelanweisungen zu erteilen. Allerdings kann die Bundesregierung mit Zustimmung des Bundesrates nach Art. 84 Abs. 2 GG Verwaltungsvorschriften erlassen, die ihrerseits dann auch die nach Landesrecht zuständigen Aufsichtsbehörden binden.

Die **örtliche Zuständigkeit** der jeweiligen Aufsichtsbehörde richtet sich nach 5 den Bestimmungen der Verwaltungsverfahrensgesetze der Länder. In der Regel ist die Behörde örtlich zuständig, in **deren Bezirk** das Unternehmen oder die Betriebsstätte betrieben werden, auf die sich die Überwachungstätigkeit nach dem Arbeitszeitgesetz bezieht (vgl. § 3 Abs. 1 Nr. 2 VwVfG).

II. Überwachung der Einhaltung des Arbeitszeitgesetzes

Die Zuständigkeit der **Aufsichtsbehörden** umfasst die **Überwachung** der 6 Einhaltung des Arbeitszeitgesetzes und der aufgrund dieses Gesetzes erlassenen Rechtsverordnungen. Die Zuweisung dieser Aufgabe ist umfassend zu verstehen. Zu ihr zählt nicht nur die polizeiliche Aufsicht im Sinne einer repressiven Tätigkeit, sondern auch die Aufgabe, über nach diesem Gesetz zu stellende **Anträge** zu entscheiden. Ebenso zählt zu den Überwachungsaufgaben, **Allgemeinverfügungen** zu erlassen, denn insoweit handelt es sich um Verwaltungsakte.

C. Maßnahmen der Aufsichtsbehörden (§ 17 Abs. 2 ArbZG)

Mit der Regelung in § 17 Abs. 2 ArbZG wird der Aufsichtsbehörde ermög- 7 licht, die Einhaltung der von ihr zu überwachenden Vorschriften durchzusetzen[1]. Dies betrifft zum einen das **aufsichtsbehördliche Verwaltungsverfahren** und -handeln, zum anderen die **Zuständigkeit zur Verfolgung** der in § 22 ArbZG aufgezählten **Ordnungswidrigkeiten**.

---

1 BT-Drucks. 12/5888, 32.

§ 17 ArbZG Aufsichtsbehörde

I. Verwaltungsmaßnahmen

8 Grundsätzlich stehen der Aufsichtsbehörde alle gesetzlichen **Befugnisse** der **örtlichen Polizeibehörden** im Rahmen des ihnen nach dem Arbeitszeitgesetz zugewiesenen Aufgabenbereichs zu. Sie dürfen alle erforderlichen Maßnahmen zur Abwehr einer im Einzelfall bestehenden Gefahr für die öffentliche Sicherheit und Ordnung ergreifen[2]. Die Aufsichtsbehörde hat die Aufgabe, die Einhaltung des ArbZG zu kontrollieren, und zwar auch dann, wenn im Einzelfall kein besonderer Anlass für eine Kontrolle ersichtlich ist[3].

9 Zu den **Befugnissen** der Aufsichtsbehörde zählt auch, die **erforderlichen Maßnahmen anzuordnen**, die der Arbeitgeber zur Erfüllung der sich aus diesem Gesetz und den aufgrund dieses Gesetzes erlassenen Rechtsverordnungen ergebenden Pflichten zu treffen hat. **Adressat** der Pflichten des Arbeitszeitgesetzes ist grundsätzlich der **Arbeitgeber**. Ihm gegenüber darf die Aufsichtsbehörde im Rahmen der Überwachung der Einhaltung des Gesetzes die erforderlichen Maßnahmen ergreifen.

10 Welche Maßnahmen **erforderlich** sind, richtet sich nach den Umständen des **jeweiligen Einzelfalles**. Hierzu zählen zunächst **Belehrungen** sowie Aufforderungen zu gesetzmäßigem Handeln, wenn die Aufsichtsbehörde Verstöße gegen das Arbeitszeitgesetz feststellt. Führen derartige Maßnahmen nicht zum Erfolg, so kann die Aufsichtsbehörde, insbesondere dann, wenn Gefahr wiederholter gleichartiger Verstöße gegen das Arbeitszeitgesetz besteht, im Einzelfall eine **Verfügung** erlassen, in welcher sie die erforderlichen **Maßnahmen** anordnet. Dabei kann es sich um konkrete Unterlassungsverfügungen handeln, aber auch um solche, die letztlich nur den Inhalt des Gesetzes wiederholen[4]. Ist zwischen dem Arbeitgeber und der Behörde strittig, ob ein Verhalten des Arbeitgebers arbeitszeitrechtlich zu beanstanden ist oder nicht, so kann die Aufsichtsbehörde auch einen **feststellenden Verwaltungsakt** erlassen, mit welchem die Behörde ihre Auffassung verbindlich für beide Seiten festlegt[5]. Derartige feststellende Verwaltungsakte sind insbesondere nach § 13 Abs. 3 Nr. 1 ArbZG möglich (§ 13 Rdn. 25 ff.).

---

2 BVerwG 04.07.1989 – 1 C 3/87 – GewArch 1990, 25; *Neumann/Biebl* § 17 ArbZG Rz. 2.
3 BVerwG 28.02.1969 GewArch 1969, 207.
4 VGH München 18.10.1993 GewArch 1994, 192.
5 VGH München 18.08.1980 NJW 1981, 2076.

Gegen ihn belastende **Verwaltungsakte** der Aufsichtsbehörde kann der Arbeitgeber **Widerspruch** nach näherer Maßgabe der §§ 68 ff. VwGO einlegen. Der Widerspruch ist **innerhalb eines Monats**, nachdem der Verwaltungsakt dem Beschwerten bekannt gegeben worden ist, **schriftlich** oder zur Niederschrift bei der Aufsichtsbehörde einzulegen; fristwahrend kann er auch bei der Behörde eingelegt werden, die den Widerspruchsbescheid zu erlassen hat (§ 70 VwGO). Die Widerspruchsfrist beginnt nur mit einer zutreffenden Rechtsbehelfsbelehrung zu laufen; anderenfalls gilt die Jahresfrist des § 58 Abs. 2 VwGO. Gegen die Versäumung der Frist kann auch Wiedereinsetzung in den vorherigen Stand (§ 60 VwGO) gewährt werden. Wird dem belastenden Verwaltungsakt auf Widerspruch nicht abgeholfen, so kann hiergegen in Gestalt des **Widerspruchsbescheids** vor den **Verwaltungsgerichten** Anfechtungsklage (§§ 42 ff. VwGO) erhoben werden. Entscheidet die Verwaltungsbehörde über einen Antrag nicht nach angemessener Zeit oder lehnt sie einen Antrag ab, so kann gegen sie **Verpflichtungsklage** (§ 42 Abs. 1 VwGO) erhoben werden. Allerdings kann ein Wettbewerber nicht gegen einen den Konkurrenten begünstigenden Verwaltungsakt etwa nach § 13 oder § 15 ArbZG vorgehen. 11

Verwaltungsakte, die ein Tun oder Unterlassen anordnen, sind grundsätzlich vollziehbar. Nach § 80 Abs. 1 Satz 1 VwGO haben **Widerspruch** und Anfechtungsklage **aufschiebende Wirkung**; dies gilt auch bei rechtsgestaltenden oder feststellenden Verwaltungsakten oder solchen mit Doppelwirkung (§ 80 Abs. 1 Satz 2 VwGO). Nach § 80 Abs. 2 Nr. 4 VwGO entfällt die aufschiebende Wirkung, wenn die **sofortige Vollziehung im öffentlichen Interesse** oder im überwiegenden Interesse eines Beteiligten von der Verwaltungsbehörde, die den Verwaltungsakt erlassen oder über den Widerspruch zu entscheiden hat, besonders **angeordnet** worden ist. Nach § 80 Abs. 5 VwGO kann jedoch auf Antrag das Verwaltungsgericht die aufschiebende Wirkung ganz oder teilweise wiederherstellen. Soweit es um Untersagungen der Überschreitung der Grenzen des Arbeitszeitgesetzes geht, wird sehr häufig die Anordnung der sofortigen Vollziehung angemessen sein. 12

Die **Durchsetzung** der im Verwaltungsakt getroffenen Anordnungen richtet sich nach dem **Verwaltungszwangsverfahren nach näherer Maßgabe der Verwaltungsvollstreckungsgesetze**. Hierzu bedient sich die Aufsichtsbehörde der gesetzlichen **Zwangsmittel**, die in einem angemessenen Verhältnis zu dem verfolgten Zweck zu stehen haben. Grundsätzlich stehen der Aufsichtsbehörde als Zwangsmittel die Ersatzvornahme, das Zwangsgeld oder der unmittelbare Zwang zur Verfügung. 13

II. Ordnungswidrigkeiten

14 Ist die Aufsichtsbehörde kraft entsprechender landesrechtlicher Bestimmung zugleich auch Verwaltungsbehörde für die Verfolgung von Ordnungswidrigkeiten i. S. d. § 35 Abs. 1 1. Halbs. OWiG, so hat sie **Ordnungswidrigkeiten** nach § 22 ArbZG durch Verhängung von **Geldbußen** zu ahnden. Wegen derselben Angelegenheit kann zugleich gegen den Arbeitgeber mit den Zwangsmitteln des Verwaltungsvollstreckungsrechts vorgegangen werden, insbesondere kann er zur Einhaltung des Gesetzes durch **Zwangsgeld** angehalten werden. Die Verfolgung der Angelegenheit als Ordnungswidrigkeit und ihre Durchsetzung mit Hilfe von Zwangsgeld schließen einander nicht aus[6].

D. Aufsichtsbehörde des Bundes (§ 17 Abs. 3 ArbZG)

15 Nach § 17 Abs. 3 ArbZG werden die Aufgaben und Befugnisse der **Aufsichtsbehörde** für den öffentlichen Dienst des **Bundes** sowie für die **bundesunmittelbaren** Körperschaften, Anstalten und Stiftungen des öffentlichen Rechts nicht von Aufsichtsbehörden der Länder wahrgenommen, sondern vom **zuständigen Bundesministerium** oder den von ihnen bestimmten Stellen. Dies betrifft auch die Befugnisse zur Erteilung von Ausnahmebewilligungen nach § 15 Abs. 1 und 2 ArbZG (§ 17 Abs. 3 Satz 2 ArbZG). Zuständig ist – soweit keine weiter gehende Übertragung vorgenommen worden ist – das jeweilige Bundesministerium, zu dessen Geschäftsbereich die Verwaltung oder Dienststelle zählt, in der es um die Einhaltung der für die dort beschäftigten **Arbeitnehmer** geltenden Vorschriften des Arbeitszeitgesetzes geht. Für den öffentlichen Dienst der Länder oder der Kommunen enthält das ArbZG keine dem § 17 Abs. 3 entsprechende Zuständigkeitsregelung. Jedoch können die Länder insoweit die Zuständigkeit selbst ordnen.

E. Auskunftspflicht gegenüber der Aufsichtsbehörde (§ 17 Abs. 4 ArbZG)

16 Die Aufsichtsbehörde kann vom **Arbeitgeber** die für die Durchführung dieses Gesetzes und der aufgrund dieses Gesetzes erlassenen Rechtsverordnungen **erforderlichen Auskünfte** verlangen (§ 17 Abs. 4 Satz 1 ArbZG). Sie kann zudem vom Arbeitgeber verlangen, ihr die **Arbeitszeitnachweise und Tarifverträge** bzw. Betriebs- oder Dienstvereinbarungen i. S. d. § 7 Abs. 1 bis 3, § 12

---

6 VG Oldenburg 25.02.1972 GewArch 1972, 212.

und § 21 a Abs. 6 ArbZG **vorzulegen** oder ihr zur Einsicht einzusenden (§ 17 Abs. 4 Satz 2 ArbZG).

I. Auskunftspflicht

Die **Auskunftspflicht** des Arbeitgebers betrifft grundsätzlich alle Tatsachen, deren Kenntnis die Aufsichtsbehörde zur Erfüllung ihrer Aufgaben nach dem Arbeitszeitgesetz **benötigt**. Der Arbeitgeber muss jedoch von sich aus keine Auskünfte erteilen; er kann auch nicht zur fortlaufenden Erteilung von Auskünften oder zur fortlaufenden Berichterstattung verpflichtet werden. Ebenso ist es nicht zulässig, vom Arbeitgeber allgemeine Auskünfte zu verlangen, die nur das Ziel haben, herauszufinden, ob Anlass für das aufsichtsbehördliche Einschreiten besteht[7].

17

Die Verpflichtung zur Auskunft trifft den **Arbeitgeber**. Zur Erfüllung dieser Verpflichtung kann sich der **Arbeitgeber seiner Arbeitnehmer bedienen**, indem er sie beauftragt, die Auskünfte zu erteilen. **Zur Auskunft verpflichtet** sind auch diejenigen, die vom Inhaber des Betriebes oder einen sonstigen dazu Befugten mit entsprechenden **Leitungsaufgaben** beauftragt worden sind bzw. damit, in eigener Verantwortung Aufgaben des Arbeitgebers, die ihm nach dem Arbeitszeitgesetz obliegen, auszuführen. Der Kreis der natürlichen Personen, die neben oder **an Stelle des Arbeitgebers** zur Auskunft verpflichtet sind, ist im selben Umfang zu ziehen, wie der Kreis der nach § 9 Abs. 1 und 2 OWiG verantwortlichen Personen. Dies folgt daraus, dass die rechtswidrige und schuldhafte Verletzung der Auskunftspflicht nach § 22 Abs. 1 Nr. 10 ArbZG eine **Ordnungswidrigkeit** darstellt. Dagegen ist ein **Arbeitnehmer**, der nicht nach § 9 Abs. 2 OWiG beauftragt ist, nicht zur Auskunftserteilung gegenüber der Aufsichtsbehörde **verpflichtet**. Der Vertreter der Aufsichtsbehörde darf ihn zwar befragen; er darf jedoch die Antworten auf die Fragen verweigern. Anders verhält es sich in einem Verfahren zur Ermittlung, ob eine Ordnungswidrigkeit oder Straftat vorliegt (§ 46 Abs. 1 OWiG, §§ 52, 55 StPO). Der **Betriebs-** bzw. **Personalrat** oder die Mitarbeitervertretungen in den Kirchen oder kirchlichen Einrichtungen haben ebenfalls keine Verpflichtung zur Auskunftserteilung nach § 17 Abs. 4 ArbZG; sie dürfen jedoch bei der Bekämpfung von Unfall- und **Gesundheitsgefahren** u. a. die für den Arbeitsschutz zuständigen Behörden durch Anregung, Beratung und **Aus-**

18

---

7 OVG Berlin 13.03.1982 GewArch 1982, 279.

kunft unterstützen (§ 89 Abs. 1 BetrVG; § 81 Abs. 1 BPersVG bzw. die entsprechenden Bestimmungen der Landespersonalvertretungsgesetze)[8].

19 Der Auskunftspflicht nach § 17 Abs. 4 Satz 1 ArbZG kann das **Auskunftsverweigerungsrecht** des § 17 Abs. 6 ArbZG entgegenstehen (Rdn. 28 ff.).

II. Vorlage/Übersendung von Unterlagen

20 Der Verpflichtung, der Aufsichtsbehörde Unterlagen vorzulegen oder sie ihr zur Einsicht einzusenden (§ 17 Abs. 4 Satz 2 ArbZG) bezieht sich nur auf die **Arbeitszeitnachweise** sowie auf die **Tarifverträge** oder **Betriebs- oder Dienstvereinbarungen** i. S. d. § 7 Abs. 1 bis 3, § 12 und § 21a Abs. 6 ArbZG. Andere Unterlagen, auch soweit in ihnen Arbeitszeitaufzeichnungen enthalten sind, sind von dieser Verpflichtung nicht erfasst. Aufzeichnungen über den zu bezahlenden Zeitaufwand müssen nicht vorgelegt werden, wenn daneben solche über die Arbeitszeit i. s. v. § 2 ArbZG geführt werden (§ 16 Rdn. 8). Für die **Arbeitnehmer im Straßentransport** ordnet § 21a Abs. 7 weitere Dokumentationspflichten an; auch diese Dokumente sind der zuständigen Aufsichtsbehörde vorzulegen.

21 Von den **kollektiven Vereinbarungen** (Tarifverträgen, Betriebs- bzw. Dienstvereinbarungen) sind die entsprechenden Abdrucke vorzulegen. Dasselbe gilt für **Arbeitszeitnachweise**, die sich auf die nach § 16 Abs. 2 Satz 1 ArbZG erforderlichen Aufzeichnungen beschränken (§ 16 Rdn. 8). Führt der Arbeitgeber dagegen nur Arbeitszeitnachweise, die insgesamt mehr Angaben enthalten, als nach § 16 Abs. 2 Satz 1 ArbZG aufzuzeichnen sind, so kann er deren Vorlage bzw. Herausgabe nicht mit der Begründung verweigern, dass darin über die Aufzeichnungspflicht des § 16 Abs. 2 Satz 1 ArbZG hinausgehende Aufzeichnungen enthalten seien. Soweit **Arbeitszeitaufzeichnungen**, die die nötigen Angaben nach § 16 Abs. 2 Satz 1 ArbZG enthalten, **nicht verkörpert** sind, sondern z. B. lediglich in einer **Datenverarbeitungsanlage** oder auf Disketten gespeichert werden, hat der Arbeitgeber der Aufsichtsbehörde die Daten in einer Weise zu übermitteln, dass sie von der Aufsichtsbehörde hinreichend zur Kenntnis genommen werden können. In der Regel wird hierzu ein **entsprechender Ausdruck** erforderlich sein. Im Betrieb **dauernd verwendete, aktuelle Arbeitszeitnachweise** (z. B. Stempelkarten) muss der Arbeitgeber nicht an die Aufsichtsbehörde zur Einsicht einsenden; insoweit darf er sich darauf

---

8 BAG 06.03.2003 –1 ABR 19/02 – EzA § 99 BetrVG 2001 Nr. 1.

beschränken, dass die Bediensteten der Aufsichtsbehörde in seinem Betrieb in diese Aufzeichnungen Einsicht nehmen.

Die **persönliche Verpflichtung** trifft den Arbeitgeber bzw. den Personenkreis, 22
der der Aufsichtsbehörde gegenüber zur Erteilung der Auskünfte nach § 17 Abs. 4 Satz 1 ArbZG verpflichtet ist. Das **Auskunftsverweigerungsrecht** des § 17 Abs. 6 ArbZG bezieht sich **nicht** auf die Vorlage bzw. Einsendung der in § 17 Abs. 4 Satz 2 ArbZG genannten **Aufzeichnungen** (Rdn. 30).

F. Zugangs- und Besichtigungsrecht (§ 17 Abs. 5 ArbZG)

Die **Beauftragten** der Aufsichtsbehörde sind berechtigt, die **Arbeitsstätten** 23
während der Betriebs- und Arbeitszeit zu betreten und **zu besichtigen** (§ 17 Abs. 5 Satz 1 Halbs. 1 ArbZG). Der Begriff **Arbeitsstätte** ist im Arbeitszeitgesetz nicht bestimmt. Auf die Begriffsbestimmung in § 2 Abs. 1 der ArbeitsstättenVO[9] kann nicht zurückgegriffen werden, weil sich die ArbeitsstättenVO mit der technischen Arbeitssicherheit befasst, während es bei dem Besichtigungsrecht nach § 17 Abs. 5 ArbZG um die Überwachung der Einhaltung der Arbeitszeitvorschriften geht[10]. Die technische Ausstattung der Arbeitsstätten ist hierfür ohne Bedeutung. Dem Zweck des § 17 Abs. 5 ArbZG entsprechend ist der Begriff der Arbeitsstätte **weit auszulegen**. Er umfasst **alle Arbeitsräume und -plätze** in Gebäuden und im Freien, auf denen die **Arbeitnehmer des Betriebs** tätig sind oder tätig zu sein haben; dazu zählen auch (räumliche) Arbeitsplätze auf **Bau-** und **Montagestellen** sowie in **Fahrzeugen, Schiffen und Luftfahrzeugen**. Das Recht zur Besichtigung beschränkt sich allerdings auf den Umfang, der erforderlich ist, um festzustellen, ob das **Arbeitszeitgesetz**, dazu ergangene **Rechtsverordnungen**, abweichende Regelungen gemäß den §§ 7, 12 ArbZG sowie ihre **Verfügungen eingehalten** werden. Es besteht nur während der **Betriebs- und Arbeitszeit**. Hierunter ist die jeweilige Betriebs- oder Arbeitszeit zu verstehen, nicht etwa nur die übliche; das im Regierungsentwurf vorgesehene Wort »übliche« ist, um eine entsprechende Beschränkung zu vermeiden, im Laufe des Gesetzgebungsverfahrens ersatzlos gestrichen worden[11].

---

9 Vom 20.03.1975, BGBl. I S. 729.
10 Ähnlich *Anzinger/Koberski* § 17 ArbZG Rz. 25.
11 BT-Drucks. 12/6990, 19, 44.

§ 17 ArbZG Aufsichtsbehörde

24 Für **Betriebsstätten in Wohnungen** ist das Recht der Aufsichtsbehörden zum Betreten und Besichtigen der Arbeitsstätten ohne Einverständnis des Wohnungsinhabers auf den Fall der **Verhütung dringender Gefahren** für die öffentliche Sicherheit und Ordnung beschränkt worden; der Arbeitgeber hat auch nicht das Betreten der Wohnungen zu gestatten, sondern nur das Betreten und Besichtigen der darin befindlichen Arbeitsstätten. Insoweit ist das Grundrecht der Unverletzlichkeit der Wohnung (Art. 13 GG) eingeschränkt. Der weit auszulegende Begriff der Wohnung in Art. 13 GG umfasst auch Arbeits-, Geschäfts- und Betriebsräume[12].

25 Bei der praktischen **Durchführung der Besichtigung der Arbeitsstätten** ist danach zu unterscheiden, ob es sich um **Routineüberprüfungen** oder um Maßnahmen der **akuten Gefahrenabwehr** handelt. Zwar braucht die Aufsichtsbehörde die Besichtigung nicht vorab anzukündigen[13]. Bei **Routinekontrollen** sind die Aufsichtsbehörden jedoch aufgrund des auf Art. 13 GG beruhenden Hausrechts des Inhabers der Räume bzw. -plätze gehalten, ihn davon zu unterrichten, dass sie von ihrem Zutritts- und Besichtigungsrecht nach § 17 Abs. 5 ArbZG Gebrauch machen wollen[14]. Dient die Besichtigung der Arbeitsstätten der **akuten Gefahrenabwehr**, so ist der Inhaber des Hausrechts in der Regel ebenfalls vorab zu unterrichten, es sei denn, dass hierdurch der Zweck der Besichtigung, nämlich die Abwehr akuter Gefahren, vereitelt würde. Eines **richterlichen Durchsuchungsbefehls** (vgl. Art. 13 Abs. 2 GG) bedarf die Aufsichtsbehörde nicht, um im Rahmen des § 17 ArbZG Arbeitsstätten zu betreten und zu besichtigen[15].

26 **Verweigert der Arbeitgeber** den Zutritt bzw. die Besichtigung der Arbeitsstätte, kann er hierzu aufgrund einer sog. **Duldungsverfügung** mit Hilfe der **Zwangsmittel** nach den Verwaltungsvollstreckungsgesetzen angehalten werden (Rdn. 12).

27 Der **Betriebsrat** bzw. **Personalrat** ist bei einer **Arbeitsstättenbesichtigung** hinzuzuziehen (§ 89 Abs. 2 BetrVG, § 81 Abs. 2 BPersVG bzw. die entsprechen-

---

12 BVerfG 13.10.1971 – 1 BvR 280/66 – NJW 971, 2299.
13 *Anzinger/Koberski* § 17 ArbZG Rz. 27.
14 So für lebensmittelrechtliche Routineuntersuchungen nach § 41 Abs. 3 Nr. 1 LMBG: BVerwG 15.11.1987 NJW 1988, 1278 f.
15 So für das Besichtigungsrecht nach § 17 Abs. 2 HandwO: BVerfG 13.10.1971 – 1 BvR 280/76 – NJW 1971, 2299, 2301.

den Bestimmungen der Landespersonalvertretungsgesetze). Die Verpflichtung zur Hinzuziehung betrifft nicht nur den Arbeitgeber, sondern aufgrund einer allgemeinen Verwaltungsvorschrift auch die Aufsichtsbehörde[16]. Eine etwaige Niederschrift der Aufsichtsbehörde ist dem Betriebs- bzw. Personalrat von der Behörde selbst abschriftlich zuzuleiten, soweit die Niederschrift auch dem Arbeitgeber übersandt wird. Auflagen und Anordnungen der Aufsichtsbehörde hat der Arbeitgeber dem Betriebsrat seinerseits mitzuteilen (§ 89 Abs. 2 Satz 2 BetrVG, § 81 Abs. 2 Satz 2 BPersVG bzw. entsprechende Länderbestimmungen).

G. Auskunftsverweigerungsrecht (§ 17 Abs. 6 ArbZG)

Das **Auskunftsverweigerungsrecht** steht dem zur Auskunft Verpflichteten für solche Fragen zu, deren Beantwortung ihn selbst oder einen Angehörigen nach § 383 Abs. 1 Nr. 1 bis 3 ZPO der Gefahr **strafrechtlicher** Verfolgung oder eines **Ordnungswidrigkeitenverfahrens** aussetzen würde. Die Aufsichtsbehörde ist rechtlich nicht verpflichtet, den Auskunftspflichtigen auf sein Auskunftsverweigerungsrecht hinzuweisen[17]. 28

Zur **Auskunft verpflichtet** sind der Arbeitgeber und seine generell oder im besonderen Fall mit der Umsetzung des Arbeitszeitgesetzes **Beauftragten**. Der Kreis der Beauftragten ergibt sich aus § 9 OWiG (Rdn. 17). 29

Das Auskunftsverweigerungsrecht bezieht sich nicht auf jede Auskunft, sondern nur auf **bestimmte Fragen**. Nur dann, wenn die Gefahr der strafrechtlichen Verfolgung bzw. eines Ordnungswidrigkeitsverfahrens den Auskunftsverpflichteten oder die in § 383 Abs. 1 Nr. 1 bis 3 ZPO genannten Angehörigen treffen würde, darf die Auskunft nach § 17 Abs. 6 ArbZG verweigert werden. Die genannten Angehörigen sind der **Verlobte**, der **Ehegatte**, auch wenn die Ehe nicht mehr besteht, ferner die mit dem Auskunftspflichtigen **in gerader Linie Verwandten** oder **Verschwägerten** bzw. die in Seitenlinien bis zum dritten Grad Verwandten oder bis zum zweiten Grad Verschwägerten. Das **Auskunftsverweigerungsrecht** unterscheidet sich vom **Aussageverweigerungsrecht** nach § 136 ZPO. Fragen nach der betrieblichen Regelung der Verantwortlichkeit sind vom Auskunftsverpflichteten in der Regel zu beant- 30

---

16 *Fitting/Engels/Schmidt/Trebinger/Linsenmaier* BetrVG § 89 Rz. 16.
17 BayObLG 11.10.1968 GewArch 1969, 41.

worten. Die bloße Gefahr einer behördlichen Ordnungsverfügung berechtigt nicht zur Auskunftsverweigerung.

31 Das **Auskunftsverweigerungsrecht** bezieht sich **nicht** auf die Herausgabe von **Unterlagen** i. S. d. § 17 Abs. 4 Satz 2 ArbZG[18]. Es ist auch nicht geboten, ein solches Herausgabeverweigerungsrecht entgegen dem Wortlaut des Gesetzes anzunehmen[19]. Insbesondere ergibt sich keine zwingende Notwendigkeit zu einer solchen Auslegung des Gesetzes aus Gründen des Grundgesetzes[20].

Sechster Abschnitt Sonderregelungen

§ 18 Nichtanwendung des Gesetzes

(1) Dieses Gesetz ist nicht anzuwenden auf
1. leitende Angestellte im Sinne des § 5 Abs. 3 des Betriebsverfassungsgesetzes sowie Chefärzte,
2. Leiter von öffentlichen Dienststellen und deren Vertreter sowie Arbeitnehmer im öffentlichen Dienst, die zu selbständigen Entscheidungen in Personalangelegenheiten befugt sind,
3. Arbeitnehmer, die in häuslicher Gemeinschaft mit den ihnen anvertrauten Personen zusammenleben und sie eigenverantwortlich erziehen, pflegen oder betreuen,
4. den liturgischen Bereich der Kirchen und der Religionsgemeinschaften.

(2) Für die Beschäftigung von Personen unter 18 Jahren gilt anstelle dieses Gesetzes das Jugendarbeitsschutzgesetz.

(3) Für die Beschäftigung von Arbeitnehmern als Besatzungsmitglieder auf Kauffahrteischiffen im Sinne des § 3 des Seearbeitsgesetzes gilt an Stelle dieses Gesetzes das Seearbeitsgesetz.

(4) (*weggefallen*)

---

18 *Baeck/Deutsch* § 17 ArbZG Rz. 38; *Neumann/Biebl* § 17 ArbZG Rz. 6; *Anzinger/Koberski* § 17 ArbZG Rz. 33.
19 A. A. *Dobberahn* ArbZG Rz. 168.
20 Vgl. zu den entsprechenden Mitwirkungspflichten nach § 31 a Abs. 2 Nr. 1 Binnenschifffahrtsgesetz: BVerfG 22.10.1980 – 2 BvR 1172 und 1238/79 – NJW 1981, 1087, 1088.

A. Gegenstand der Regelung

In seinem sechsten Abschnitt »Sonderregelungen« bestimmt das **Arbeitszeitgesetz** für besondere Arbeitnehmergruppen und -bereiche die Grenzen seines **Anwendungsbereiches**. § 18 ArbZG ordnet die **Nichtanwendbarkeit** des Arbeitszeitgesetzes an, und zwar für Fälle, in denen überhaupt kein gesetzlicher Arbeitszeitschutz besteht (Abs. 1), wie auch für die Bereiche, in denen an Stelle des Arbeitszeitgesetzes **andere gesetzliche Arbeitszeitregelungen** treten (Abs. 2 bis 4). § 19 ArbZG ermöglicht im **öffentlichen Dienst** die für Beamte geltenden Arbeitszeitregelungen mit der Folge zu übertragen, dass die materiellen Regeln des Arbeitszeitgesetzes nicht anzuwenden sind. Nach § 20 ArbZG gelten für die **Luftfahrt** hinsichtlich der Beschäftigung der Besatzungsmitglieder an Stelle des Arbeitszeitgesetzes luftfahrtrechtliche Bestimmungen. Das Verhältnis zu **binnenschifffahrtsrechtlichen** Arbeitszeitbestimmungen regelt § 21 ArbZG.

1

Dagegen ist das Verhältnis des Arbeitszeitgesetzes als einer allgemeinen Regelung zu solchen **besonderen Arbeitszeitregelungen**, die **zusätzlich** neben dem Arbeitszeitgesetz für dasselbe Arbeitsverhältnis bzw. dieselbe Tätigkeit zu beachten sind, im Arbeitszeitgesetz selbst nicht geregelt. Dies betrifft vor allem den **mutterschutzrechtlichen** Arbeitszeitschutz, aber auch den nicht auf dem Arbeitszeitgesetz (§ 8 ArbZG) bzw. der (früheren) Arbeitszeitordnung beruhenden **Arbeitszeitschutz bei gefährlichen Arbeiten** (Rdn. 29).

2

B. Bereiche ohne gesetzliche Arbeitszeitregelung (§ 18 Abs. 1 ArbZG)

Mit dem Begriff des **Arbeitnehmers** (§ 2 Rdn. 68 ff.) beschreibt das Arbeitszeitgesetz in § 2 seinen **Anwendungsbereich umfassend**. Eingeschränkt wird dieser umfassende Geltungsanspruch des Arbeitszeitgesetzes durch dessen Regeln über seine **Nichtanwendbarkeit** in § 18 Abs. 1 ArbZG. Für die dort genannten Arbeitnehmer – leitende Angestellte (Nr. 1), Dienststellenleiter und deren Vertreter mit Personalbefugnissen (Nr. 2) und Arbeitnehmer in häuslicher Gemeinschaft (Nr. 3) und für Arbeitnehmer im liturgischen Bereich der Kirchen und Religionsgemeinschaften (Nr. 4) – gelten die Bestimmungen des Arbeitszeitgesetzes nicht. Das Arbeitszeitgesetz besagt auch nicht, dass an die Stelle seiner nicht anzuwendenden Regelungen andere gesetzliche Regelungen treten. Zusätzliche Arbeitszeitschutzbestimmungen sind dagegen auch für diese Personenkreise grundsätzlich zu beachten (Rdn. 29).

3

Die Ausnahme vom ausdrücklich normierten, öffentlich-rechtlichen gesetzlichen Arbeitszeitschutz entbindet den Arbeitgeber jedoch nicht von seiner

4

arbeitsvertraglichen **Fürsorgepflicht** auch bei der Arbeitszeitgestaltung. Wenn Tarifverträge, die vom Arbeitnehmer ein über die allgemeine **menschliche Leistungsfähigkeit** und die **Zumutbarkeit** hinausgehendes Maß an Arbeitsleistung verlangen, wegen Verstoßes gegen den Rechtsgedanken des § 306 BGB, wonach niemand verpflichtet ist, Unmögliches zu leisten sowie wegen Verstoßes gegen den Schutz der Menschenwürde (Art. 1 GG) unwirksam sein können[1], so gelten für Arbeitsverträge und für das dem Arbeitgeber arbeitsvertraglich zustehende Direktionsrecht keine geringeren Anforderungen.

I. Leitende Angestellte (§ 18 Abs. 1 Nr. 1 ArbZG)

5 Auf **leitende Angestellte i. S. d. § 5 Abs. 3 BetrVG ist das Arbeitszeitgesetz nicht anzuwenden** (§ 18 Abs. 1 Nr. 1 ArbZG). Der damit im Arbeitszeitgesetz verwendete Begriff des leitenden Angestellten ist derselbe wie der im Betriebsverfassungsgesetz. § 5 Abs. 3 Satz 2 BetrVG beschreibt den Begriff der leitenden Angestellten i. S. d. BetrVG, § 5 Abs. 4 BetrVG gibt ergänzende Regelungen für die Bestimmung des Begriffs der leitenden Angestellten in Zweifelsfällen des § 5 Abs. 3 Satz 2 Nr. 3 BetrVG. Nach dem Einleitungssatz in § 5 Abs. 3 Satz 2 BetrVG ist **leitender Angestellter** i. S. d. BetrVG, wer nach Arbeitsvertrag und Stellung im Betrieb oder im Unternehmen bestimmte Aufgaben wahrzunehmen bzw. bestimmte Befugnisse hat, wie sie in den nachfolgenden Halbsätzen des § 5 Abs. 3 Satz 2 BetrVG näher beschrieben sind. Dementsprechend muss der Arbeitnehmer nach seinem **Arbeitsvertrag** berechtigt sein, Befugnisse oder Funktionen nach den Nrn. 1 bis 3 des § 5 Abs. 3 Satz 2 BetrVG wahrzunehmen. Dies ist i. d. R. anzunehmen, wenn der Arbeitnehmer mit Billigung des Arbeitgebers derart leitende Funktionen ausübt, auch wenn ein möglicherweise zu früheren Zeiten abgefasster schriftlicher Arbeitsvertrag solche Befugnisse nicht aufzeigt. Ferner muss der Arbeitnehmer derart leitende Funktionen nach seiner **Stellung im Unternehmen** oder im Betrieb auch wahrnehmen, er also tatsächlich an der Leitung des Unternehmens oder des Betriebes beteiligt sein[2]. Die Einräumung einer solchen Funktion nur ehrenhalber unter gleichzeitigem Verzicht auf die tatsächliche Wahrnehmung derart eingeräumter Befugnisse genügt für die Annahme nicht, es handele sich bei dem Arbeitnehmer tatsächlich um einen leitenden Angestellten. Die leitenden Funktionen können sich sowohl auf das gesamte

---

1 BAG 24.02.1982 – 4 AZR 223/80 – AP Nr. 7 zu § 17 BAT.
2 BT-Drucks. 11/2503, 30.

Unternehmen als auch auf nur einen Betrieb des Unternehmens beziehen³. Gehört ein Arbeitnehmer mehreren Betrieben desselben Unternehmens an, kann die Frage, ob er leitender Angestellter i. S. d. § 5 Abs. 3 BetrVG ist, nur für alle Betriebe des Unternehmens einheitlich beurteilt werden⁴.

1. Formale Arbeitgeberstellung – § 5 Abs. 3 Nr. 1 BetrVG

Die Eigenschaft, leitender Angestellter i. S. d. § 5 Abs. 3 Satz 2 BetrVG zu sein, setzt hiernach voraus, dass der Arbeitnehmer zur **selbständigen Einstellung und Entlassung** von im Betrieb oder in der Betriebsabteilung beschäftigten **Arbeitnehmern** berechtigt ist. Derartige Befugnisse dürfen dem Angestellten nicht nur hinsichtlich einiger weniger Mitarbeiter eingeräumt worden sein, sondern sie müssen sich auf eine bedeutende Zahl von Arbeitnehmern erstrecken, jedoch nicht auf alle Arbeitnehmer des Betriebes oder gar des Unternehmens⁵.   6

Wird – wie in größeren Betrieben weitestgehend üblich – zwischen **Fachverantwortung und Personalverantwortung** getrennt, so dürften die Voraussetzungen der Nr. 1 i. d. R. nur selten gegeben sein. Diese Trennung der Verantwortung hat im Allgemeinen zur Folge, dass im Innenverhältnis die Befugnisse zur Einstellung wie auch die zur Entlassung von Arbeitnehmern gerade nicht auf eine einzige Person konzentriert sind, sondern zwischen dem Fachvorgesetzten und dem Leiter der Personalabteilung aufgeteilt bleiben. Es genügt insoweit nicht, dass – nach außen – der Leiter der Personalabteilung vertretungsbefugt ist. Vollzieht der Personalleiter lediglich Entscheidungen, die zuvor in der Unternehmensleitung oder in den Fachabteilungen verbindlich gefallen sind, so fehlt es an der erforderlichen eigenen Befugnis und Selbständigkeit des Personalleiters. Dasselbe gilt im umgekehrten Fall, wenn der Leiter der Fachabteilung eine Einstellung nur im Einvernehmen mit z. B. dem Personalleiter vornehmen darf. In beiden Fällen ist jedoch eine Einordnung als leitender Angestellter gemäß § 5 Abs. 3 Satz 2 Nr. 3 BetrVG nicht ausgeschlossen⁶. Trotz fehlender interner Befugnisse kann sich die Eigenschaft als   7

---

3 BT-Drucks. 11/2503, 30.
4 BAG 25.10.1989 EzA § 5 BetrVG 1972 Nr. 49.
5 BAG 10.10.2007 – 7 ABR 61/06 – EzA § 5 BetrVG 2001 Nr. 3; BAG 11.03.1982 EzA § 5 BetrVG 1972 Nr. 41.
6 BAG 11.03.1982 EzA § 5 BetrVG 1972 Nr. 41.

leitender Angestellter auch aus einer entsprechenden Vollmachterteilung nach § 5 Abs. 3 Nr. 2 BetrVG ergeben.

2. Leitende Angestellte aufgrund Vollmacht – § 5 Abs. 3 Nr. 2 BetrVG

8   Leitender Angestellter ist auch, wer nach Arbeitsvertrag und Stellung im Unternehmen oder im Betrieb **Generalvollmacht** oder **Prokura** hat und die Prokura im Verhältnis zum Arbeitgeber nicht unbedeutend ist (§ 5 Abs. 3 Satz 2 Nr. 2 BetrVG).

9   Für eine **Generalvollmacht** reicht nach fast einhelliger Meinung die Erteilung einer Handlungsvollmacht i. S. d. § 54 HGB nicht aus; vielmehr ist erforderlich, dass eine Rechtsstellung zwischen einem Vorstandsmitglied oder Geschäftsführungsmitglied und einem Prokuristen eingeräumt wird[7]. I. S. d. § 5 Abs. 3 Satz 2 Nr. 2 BetrVG ist eine Generalvollmacht nur gegeben, wenn ihr Umfang mindestens so weit geht wie die eines Prokuristen und sie dem Bevollmächtigten uneingeschränkte Vertretungsmacht in allen den Vollmachtgeber betreffenden Angelegenheiten verschafft, ihn damit praktisch am unternehmerischen Entscheidungsprozess beteiligt[8]. Bei einer **GmbH** kann eine solche Generalvollmacht, die den Bevollmächtigten an die Stelle des Geschäftsführers stellen würde, ohne ihm jedoch eine entsprechende Organstellung einzuräumen, nicht wirksam erteilt werden[9].

10 Nicht zu den leitenden Angestellten i. S. d. Bestimmung zählen die **Organmitglieder** juristischer Personen (Vorstandsmitglieder bei Aktiengesellschaften; Geschäftsführer bei Gesellschaften mit beschränkter Haftung und ähnlichen); in solchen Fällen liegt bereits kein **Arbeitsverhältnis** vor (§ 2 Rdn 94 ff., 99 ff.). Sie können zugleich in einem Arbeitsverhältnis zu einer anderen Konzerngesellschaft stehen; allerdings dürfte es sich dann um leitende Angestellte handeln.

11 Die Erteilung einer **Prokura** kann nur vom Inhaber des Handelsgeschäfts oder seinem gesetzlichen Vertreter und nur mittels ausdrücklicher Erklärung erfolgen (§ 48 Abs. 1 HGB), wobei sie mehreren Personen gemeinschaftlich

---

7 BAG 10.04.1991 – 4 AZR 479/90 – EzA § 4 TVG Bauindustrie Nr. 59 = NZA 1991, 857.
8 BAG 10.04.1991 – 4 AZR 479/90 – EzA § 4 TVG Bauindustrie Nr. 59 = NZA 1991, 857.
9 BGH 08.05.1978 WM 1978, 1047, 1048.

erteilt werden kann (Gesamtprokura – § 48 Abs. 2 HGB). Nach § 50 Abs. 3 HGB kann die Prokura – sei es als Einzelprokura, sei es als Gesamtprokura – auch auf eine oder mehrere Niederlassungen des Unternehmens **beschränkt** werden. Eine derartige Beschränkung steht der Eigenschaft als leitender Angestellter nicht entgegen. Allerdings muss die Prokura, die in größeren Unternehmen im Innenverhältnis in aller Regel Beschränkungen unterliegt[10], im Verhältnis zum Arbeitgeber **nicht völlig unbedeutend** sein. Damit fallen sog. »Titular-Prokuristen«, denen Prokura nur als Ehrentitel verliehen worden ist, nicht unter § 5 Abs. 3 Satz 2 Nr. 2 BetrVG. Vielmehr müssen dem Prokuristen im Arbeitsvertrag oder in der Stellenbeschreibung wie auch in seiner tatsächlichen Stellung im Betrieb oder im Unternehmen Befugnisse eingeräumt sein, die qualitativ den in § 5 Abs. 3 Satz 2 Nr. 3 BetrVG beschriebenen Rechten und Befugnissen in etwa gleichkommen oder ihnen angenähert sind.

3. Leitende Angestellte aufgrund ihrer Aufgaben – § 5 Abs. 3 Nr. 3 BetrVG

Nach der Neufassung dieser Bestimmung ab 1. 1. 1989 ist (auch) leitender Angestellter nach § 5 Abs. 3 Satz 2 Nr. 3 BetrVG, wer
- regelmäßig sonstige Aufgaben wahrnimmt, die für den Bestand und die Entwicklung des Unternehmens oder eines Betriebes von Bedeutung sind,
- diese Aufgaben besondere Erfahrungen und Kenntnisse voraussetzen und
- der Angestellte bei der Erfüllung dieser Aufgaben entweder die Entscheidungen im Wesentlichen frei von Weisungen trifft oder er sie maßgeblich beeinflusst, wobei dies auch bei Vorgaben insbesondere aufgrund von Rechtsvorschriften, Plänen oder Richtlinien oder bei Zusammenarbeit mit anderen Angestellten gegeben sein kann.

12

Nach der Begründung des Gesetzes soll mit § 5 Abs. 3 Satz 2 Nr. 3 BetrVG der ganz überwiegende Teil der leitenden Angestellten erfasst werden, die zwar Führungsaufgaben wahrnehmen, aber die formalen Kriterien nach Nr. 1 bzw. Nr. 2 des § 5 Abs. 3 Satz 2 BetrVG nicht erfüllen[11]. Der Gesetzgeber wollte mit dieser Neufassung lediglich die Tatbestandsmerkmale des funktionalen Grundtatbestandes präzisieren, ohne dadurch den Personenkreis der leitenden Angestellten gegenüber der früheren Fassung des § 5 Abs. 3 Satz 2 Nr. 5 BetrVG einzuschränken oder auszudehnen[12]. Das Gesetz bringt mit den

13

---

10 BT-Drucks. 11/3618, 7.
11 BT-Drucks. 11/2503, 30.
12 BT-Drucks. 11/2503, 24, 30.

Worten **sonstige Aufgaben** zum Ausdruck, dass nicht nur Angestellte i. S. d. Nrn. 1 und 2, sondern auch i. S. d. Nr. 3 des § 5 Abs. 3 Satz 2 BetrVG **unternehmerische Führungsaufgaben** wahrzunehmen haben müssen[13].

14 Die Tätigkeit darf sich nicht in Aufsichts- oder Überwachungsfunktionen erschöpfen. Auch eine rein arbeitstechnische und insoweit vorprogrammierte Durchführung unternehmerischer Entscheidungen gehört nicht mehr zur Leitung eines Unternehmens[14]. Andererseits reicht eine rein fachliche oder rechtlich begrenzte unternehmerische Teilaufgabe aus, sofern sie für den Bestand und die Entwicklung des Unternehmens oder eines Betriebes des Unternehmens von Bedeutung ist. Auf **Bestand und Entwicklung** des Unternehmens oder eines Betriebes wird abgestellt, um zu gewährleisten, dass nur **Schlüsselpositionen** erfasst werden, die für die Verwirklichung der unternehmerischen Zielsetzung besonders wichtig sind. Um welchen Bereich der Unternehmensführung es sich jedoch handelt, ist unerheblich. Der Angestellte muss **nicht** etwa **auch auf personellem Gebiet** eine Schlüsselposition haben. Nicht einmal eine Vorgesetzteneigenschaft ist unbedingt erforderlich, sondern es genügt, dass der Angestellte mit **unternehmerischen Führungsaufgaben** betraut ist, seien sie nun wirtschaftlicher, technischer, kaufmännischer, organisatorischer, wissenschaftlicher, personeller oder sonstiger Art[15]. Je enger allerdings der Aufgabenzuschnitt des Angestellten ist, umso sorgfältiger ist zu prüfen, ob er wirklich noch Führungsaufgaben i. S. d. § 5 Abs. 3 Satz 2 Nr. 3 BetrVG wahrnimmt.

15 Eine solche **Schlüsselposition** hat der Angestellte nur, wenn er selbst **unternehmerische Führungsentscheidungen** trifft oder solche maßgeblich beeinflusst. Maßgeblichen Einfluss nimmt er, wenn er aufgrund seiner Position Fakten schafft, die bei der Findung der unternehmerischen oder betriebsleitenden Entscheidung nicht unbeachtet gelassen werden können[16]. Welcher **Entscheidungsspielraum** dem Angestellten eingeräumt worden ist und inwieweit der Angestellte im Rahmen dieses Entscheidungsspielraums hinreichenden Einfluss auf die Leitung des Unternehmens oder des Betriebes nehmen kann, lässt sich nur **einzelfallbezogen** feststellen. Entscheidend dabei sind

---

13 BT-Drucks. 11/2503, 30.
14 BAG 23.01.1986 EzA § 5 BetrVG 1972 Nr. 42 m. Anm. *Gamillscheg*.
15 BAG 23.01.1986 EzA § 5 BetrVG 1972 Nr. 42 m. Anm. *Gamillscheg*.
16 BAG 25.03.2009 – 7 ABR 2/08 – EzA § 5 BetrVG 2001 Nr. 4; BAG 29.01.1980 EzA § 5 BetrVG 1972 Nr. 35 m. Anm. *Kraft*.

vor allem die Größe und die Struktur des jeweiligen Unternehmens, die vom Arbeitgeber frei bestimmte Unternehmensorganisation und deren strukturelle Merkmale. Unter anderem kommt es darauf an, ob das Unternehmen zentral oder dezentral geführt wird[17]. I. d. R. wird bei höherer Delegationsbereitschaft und bei kooperativem Führungsstil die Zahl der leitenden Angestellten größer sein als bei einer zentralistischen Organisation mit nur geringer Delegation der Entscheidungen. Dementsprechend darf auch die **Delegationsstufe**, auf der sich der Angestellte befindet, für sich allein nicht überbewertet werden. Es lässt sich insoweit nicht abstrakt, sondern ebenfalls nur einzelfallbezogen bestimmen, auf welcher Delegationsstufe keine leitenden Angestellten mehr in diesem Unternehmen zu finden sind. Unter Umständen können sogar noch auf einer vierten Leitungsstufe, d. h. bei einer Gliederung in Vorstand, Bereichsleiter und Hauptabteilungsleiter sogar auf der Ebene der darunter liegenden Abteilungsleiter, Entscheidungen zu treffen sein, die von so großer unternehmerischer Bedeutung sind, wie sie in anderen Konzernunternehmen nicht einmal Vorstandsmitgliedern obliegen[18].

4. Auslegungsregeln des § 5 Abs. 4 BetrVG

Mit § 5 Abs. 4 BetrVG hat der Gesetzgeber einen **Hilfstatbestand** für die Fälle eingeführt, in denen zweifelhaft bleibt, ob die Voraussetzungen für die Annahme vorliegen, es handle sich um einen **leitenden Angestellten nach § 5 Abs. 3 Satz 2 Nr. 3 BetrVG**. Bleibt ein solcher Zweifelsfall, so will das Gesetz den Kreis der leitenden Angestellten hilfsweise nach formalen Kriterien klären. Der Gesetzgeber wollte mit der Anknüpfung an solche formalen, aus seiner Sicht schnell feststellbaren Merkmale in den Fällen eine Entscheidungshilfe geben, in denen die Zuordnung nach dem funktionalen Grundtatbestand zweifelhaft bleibt[19]. Für die Anwendung der Hilfstatbestände des § 5 Abs. 4 BetrVG in Zweifelsfällen genügt es, dass alternativ eine der vier dort aufgezählten Tatbestände erfüllt ist, nämlich die

16

1. **Zuordnung zur Gruppe der leitenden Angestellten** anlässlich der letzten Wahl nach dem Betriebsverfassungsgesetz bzw. aufgrund rechtskräftiger rechtlicher Entscheidung oder

---

17 BAG 23.01.1986 EzA § 5 BetrVG 1972 Nr. 42 m. Anm. *Gamillscheg*.
18 BAG 29.01.1980 EzA § 5 BetrVG 1972 Nr. 35 m. Anm. *Kraft*.
19 BT-Drucks. 11/2503, 30.

2. die **Zugehörigkeit zu einer Leitungsebene**, auf der üblicherweise leitende Angestellte vorhanden sind, oder
3. ein **regelmäßiges Jahresarbeitsentgelt**, das für leitende Angestellte im Unternehmen üblich ist oder
4. – falls auch bei Anwendung der Nr. 3 noch Zweifel bleiben – ein regelmäßiges Jahresarbeitsentgelt, das das **Dreifache der Bezugsgröße** nach § 18 SGB IV überschreitet.

17 Ist ein Arbeitnehmer leitender Angestellter i. S. d. § 5 Abs. 3 BetrVG, so ist er es auch i. S. d. § 18 Abs. 1 Nr. 1 BetrVG mit der Folge, dass die Vorschriften des Arbeitszeitgesetzes auf ihn nicht anzuwenden sind.

II. Chefärzte (§ 18 Abs. 1 Nr. 1 ArbZG)

18 Das Arbeitszeitgesetz hat auch die Arbeitnehmer in **Krankenhäusern** in seinen Geltungsbereich einbezogen. Die früheren Sonderregelungen der Verordnung über die Arbeitszeit in Krankenpflegeanstalten sind ersatzlos aufgehoben worden (Art. 21 Satz 2 Nr. 4 ArbZRG). Aufgrund dieser Einbeziehung war es andererseits erforderlich, den Anwendungsbereich des Arbeitszeitgesetzes personell hinsichtlich der Mitarbeiter einzugrenzen, die **Leitungsfunktionen in Krankenhäusern haben.**

19 Soweit es um den **ärztlichen Dienst in Krankenhäusern geht, nimmt das Arbeitszeitgesetz nur Chefärzte** von seinem Anwendungsbereich aus (§ 18 Abs. 1 Nr. 1 ArbZG). Diese Ausnahme lehnt sich an § 3 Buchst. i des Bundes-Angestellten-Tarifvertrages (BAT) an, der ebenfalls Chefärzte von seinem Anwendungsbereich ausnimmt[20]. Der Begriff des Chefarztes ist gesetzlich nicht definiert. Als Chefarzt wird allgemein der **ärztliche Leiter eines Krankenhauses oder einer Krankenhausabteilung** bezeichnet, der innerhalb seiner Zuständigkeit die **ärztliche Gesamtverantwortung** für die Patientenversorgung trägt und zugleich (Fach-)Vorgesetzter des ärztlichen und nichtärztlichen Personals in diesem Zuständigkeitsbereich, i. d. R. in seiner Abteilung, ist[21]. Nicht zu den Chefärzten i. S. d. Arbeitszeitgesetzes zählen dagegen **Oberärzte, Stationsärzte, Assistenzärzte oder Ärzte im Praktikum**[22]. Für diese Ärzte

---

20 BT-Drucks. 12/5888, 32.
21 MünchArbR/*Richardi* § 197 Rz. 14.
22 *Neumann/Biebl* § 18 ArbZG Rz. 5; *Anzinger/Koberski* § 18 ArbZG Rz. 12.

gilt das Arbeitszeitgesetz mit den für Krankenhäuser oder Einrichtungen zur Pflege von Personen geltenden Besonderheiten uneingeschränkt.

III. Dienststellenleiter, leitende Bedienstete im öffentlichen Dienst (§ 18 Abs. 1 Nr. 2 ArbZG)

Nach § 18 Abs. 1 Nr. 2 ArbZG ist das Arbeitszeitgesetz ebenfalls nicht anzuwenden auf Arbeitnehmer, die als Leiter öffentlicher Dienststellen tätig sind, auf deren Vertreter und auf solche Arbeitnehmer im öffentlichen Dienst, die zur selbständigen Entscheidung in Personalangelegenheiten befugt sind. Auf Bedienstete des öffentlichen Dienstes, die in öffentlich-rechtlichen Dienstverhältnissen stehen, z. B. **Beamte, Richter, Soldaten**, sind die Bestimmungen des Arbeitszeitgesetzes schon deswegen nicht anzuwenden, weil sie keine Arbeitnehmer sind (§ 2 Rdn. 75 ff.). 20

Der Begriff des **Dienststellenleiters** entspricht dem Bundespersonalvertretungsgesetz (§ 7 BPersVG). Nach § 6 Abs. 1 BPersVG sind **Dienststellen** die einzelnen Behörden, Verwaltungsstellen und Betriebe des Bundes bzw. der bundesunmittelbaren Körperschaften, Anstalten und Stiftungen des öffentlichen Rechts, ferner die Gerichte. Entsprechendes gilt für die inhaltsgleichen gesetzlichen Bestimmungen der Länder. Für eine Dienststelle handelt nach § 7 Satz 1 BPersVG der Dienststellenleiter. Wer Leiter ist, ergibt sich aus dem organisatorischen Aufbau der Verwaltung und der Behörde. 21

Auf (ständige) **Vertreter** des Dienststellenleiters ist das Arbeitszeitgesetz ebenfalls nicht anzuwenden. Wer Vertreter des Dienststellenleiters ist, richtet sich ebenfalls nach der jeweiligen Behördenorganisation. I. d. R. ist für einen Dienststellenleiter ein **ständiger Vertreter** bestimmt (vgl. § 7 Satz 2 BPersVG sowie entsprechende Normen der Länderpersonalvertretungsgesetze). Möglich ist auch, dass Vertreter bestellt werden, die den Dienststellenleiter nicht in allen Befugnissen ständig zu vertreten haben, sondern nur in bestimmten Aufgabenbereichen (vgl. § 7 Abs. 3 BPersVG). Wird die Aufgabe des Dienststellenleiters wegen dessen Abwesenheit sowie Abwesenheit seines ständigen Vertreters von einem **Abwesenheitsvertreter** wahrgenommen, so sind auf ihn für diese Tätigkeiten die Bestimmungen des Arbeitszeitgesetzes ebenfalls nicht anzuwenden. 22

Die Arbeitnehmer müssen mit der Befugnis zu **selbständigen Entscheidungen in Personalangelegenheiten** ausgestattet sein. Das sind i. d. R. nur die **Leiter der Personalstellen**. Als **Personalangelegenheiten** i. S. d. § 18 Abs. 1 Nr. 2 ArbZG sind vor allem die im Katalog des § 75 Abs. 1 BPersVG abschlie- 23 ßend aufgezählten Angelegenheiten der Angestellten und Arbeiter anzusehen; Entsprechendes gilt nach landesrechtlichen Bestimmungen in den Landespersonalvertretungsgesetzen.

IV. Arbeitnehmer in häuslicher Gemeinschaft (§ 18 Abs. 1 Nr. 3 ArbZG)

24 Arbeitnehmer, die **in häuslicher Gemeinschaft** mit ihnen anvertrauten Personen **zusammenleben** und sie **eigenverantwortlich erziehen, pflegen oder betreuen**, sind nach § 18 Abs. 1 Nr. 3 ArbZG von der Anwendbarkeit des Arbeitszeitgesetzes ausgenommen. Im Regierungsentwurf war ursprünglich nur eine Ausnahme für im Haushalt beschäftigte Arbeitnehmer vorgesehen[23]. Die als Gesetz verabschiedete Fassung des § 18 Abs. 1 Nr. 3 ArbZG geht auf eine entsprechende Empfehlung des Bundestagsausschusses für Arbeit und Sozialordnung zurück[24]. Durch die Änderung werden insbesondere die Lebens- und Arbeitsbedingungen solcher Arbeitnehmer, die z. B. als Kinderdorfeltern in SOS-Kinderdörfern tätig sind, berücksichtigt[25]. In solchen Fällen kann die durch das Arbeitszeitrecht ansonsten zwingend vorgeschriebene Unterscheidung zwischen Freizeit und Arbeitszeit nicht getroffen werden. Andererseits wären die lediglich im Haushalt beschäftigten Arbeitnehmer in den Geltungsbereich des Arbeitszeitgesetzes einbezogen, auch wenn sie nicht ihrerseits mit ihnen anvertrauten Personen zusammenleben und diese eigenverantwortlich erziehen, pflegen oder betreuen[26]. Unter Zusammenleben ist i. d. R. das gemeinsame Wohnen und Wirtschaften in einer Haushaltsgemeinschaft zu verstehen. Das bloße Zusammenwirken mehrerer Arbeitnehmer im Rahmen z. B. einer Dorfgemeinschaft bei SOS-Kinderdörfern reicht indessen nicht, um § 18 Abs. 1 Nr. 3 ArbZG anzuwenden.

V. Liturgischer Bereich der Kirchen (§ 18 Abs. 1 Nr. 4 ArbZG)

25 Auf Arbeitnehmer im **liturgischen Bereich** der Kirchen und Religionsgemeinschaften (§ 7 Rdn. 81, 82) ist das Arbeitszeitgesetz nach § 18 Abs. 1 Nr. 4 ArbZG nicht anzuwenden. Im Gegensatz zu § 7 Abs. 4 ArbZG ist die Unanwendbarkeit des Arbeitszeitgesetzes im liturgischen Bereich nicht nur für Kirchen und für solche Religionsgemeinschaften normiert, die öffentlich-

---

23 BT-Drucks. 12/5888, 11, 32.
24 BT-Drucks. 12/6990, 19.
25 BT-Drucks. 12/6990, 44.
26 BT-Drucks. 12/6990, 44.

rechtlicher Natur sind, sondern auch für anders (privatrechtlich, z. B. als [eingetragener] Verein) organisierte Religionsgemeinschaften. Für das Bestehen einer solchen Religionsgemeinschaft genügt indessen nicht, die Behauptung und das Selbstverständnis der Gemeinschaft, sich zu einer Religion zu bekennen oder eine Religionsgemeinschaft zu sein. Vielmehr muss es sich auch tatsächlich, vor allem nach geistigem Gehalt und äußerem Erscheinungsbild, um eine Religion oder Religionsgemeinschaft handeln[27]. Im Gegensatz zu § 7 Abs. 4 ArbZG ist nicht der Betätigungsbereich der Kirchen und Religionsgemeinschaften insgesamt erfasst, sondern nur deren **liturgischer Bereich**. Nur wenn und soweit Arbeitnehmer in diesem liturgischen Bereich tätig sind, gilt das Arbeitszeitgesetz nach § 18 Abs. 1 Nr. 4 ArbZG nicht. Zum liturgischen Bereich gehört nach dem Selbstverständnis der Kirchen bzw. Religionsgemeinschaften insbesondere die Verkündigung des Wortes Gottes, die Gottesdienste, das gemeinschaftliche Gebet, die Austeilung der Sakramente, die Seelsorge[28].

C. Bereiche mit anderen gesetzlichen Arbeitszeitregelungen

Für die in den Absätzen 2, und 3 des § 18 ArbZG aufgezählten Bereiche gelten an Stelle des Arbeitszeitgesetzes die dort genannten besonderen gesetzlichen Bestimmungen über Arbeitszeitregelungen. Die Bestimmungen des Arbeitszeitgesetzes sind in diesen Fällen auch nicht ergänzend heranzuziehen, sondern werden durch die genannten Sonderregelungen vollkommen verdrängt[29]. 26

I. Jugendliche (§ 18 Abs. 2 ArbZG)

Für **Jugendliche**, d. h. Personen unter 18 Jahren, gilt an Stelle des **Arbeitszeitgesetzes** das **Jugendarbeitsschutzgesetz** (Vorbem. Rdn. 11 bis 13). 27

II. Besatzungsmitglieder auf Kauffahrteischiffen (§ 18 Abs. 3 ArbZG)

Nach § 18 Abs. 3 ArbZG gilt für die Beschäftigung von Arbeitnehmern als **Besatzungsmitglieder auf Kauffahrteischiffen** i.S. des § 3 SeeArbG an Stelle 28

---

27 BAG 22.03.1995 EzA Art. 140 GG Nr. 26.
28 *Anzinger/Koberski* § 18 ArbZG Rz. 23.
29 Vgl. zu § 18 Abs. 3 a. F.: *Neumann/Biebl* § 18 ArbZG Rz. 9, 10; *Roggendorff* § 18 ArbZG Rz. 10; *Anzinger/Koberski* § 18 ArbZG Rz. 24, 28.

des ArbZG das Seearbeitsgesetz (SeeArbG).[30] Der Anwendungsbereich das SeeArbG ist grds. auf Kauffahrteischiffe beschränkt, die nach dem Flaggenrechtsgesetz die Bundesflagge führen (§ 1 SeeArbG). Kauffahrteischiffe sind die Schiffe der Handelsflotte (vgl. Art. 27 GG). Die Besatzungsmitglieder Schiffe anderer werden weder von § 18 Abs. 3 ArbZG noch von dem den Geltungsbereich des Seearbeitsgesetzes beschreibenden § 1 SeeArbG erfasst, auch wenn sie die Bundesflagge führen. Die Ausnahmebestimmung des § 18 Abs. 3 ArbZG gilt nur für Besatzungsmitglieder der Kauffahrteischiffe. Der Begriff der Besatzungsmitglieder ist in § 3 Abs. 1 SeeArbG wie folgt definiert: Besatzungsmitglieder i. S. d. Gesetzes sind alle Personen, die an Bord des Schiffes tätig sind, unabhängig davon, ob sie vom Reeder oder einer anderen Person beschäftigt werden oder als Selbstständige tätig sind, einschließlich der zu ihrer Berufsausbildung Beschäftigten (Besatzungsmitglieder). In § 3 Abs. 3 SeeArbG ist bestimmt, wer trotz Arbeit auf dem Schiff kein Besatzungsmitglied ist. Für die Besatzungsmitglieder enthalten § 2 Nr. 5 und 6 besondere Begriffsbestimmungen über die Arbeitszeit und die Ruhezeit sowie die §§ 42 bis 55 SeeArbG öffentlich-rechtliche Arbeitszeitvorschriften, insb. für die Seearbeitszeit, für die Hafenarbeitszeit und für jugendliche Besatzungsmitglieder. Der öffentlich-rechtliche Arbeitszeitschutz der sonstigen Arbeitnehmer, die nicht als Besatzungsmitglieder an Bord arbeiten, richtet sich nicht nach dem SeeArbG, sondern nach dem ArbZG und den sonstigen arbeitszeitschutzrechtlichen Bestimmungen.

D. Zusätzlicher gesetzlicher Arbeitsschutz

29 **Zusätzlich** zu den Bestimmungen des Arbeitszeitgesetzes sind die arbeitszeitrechtlichen Bestimmungen des **Mutterschutzgesetzes** zu beachten. Insoweit das Mutterschutzgesetz der Beschäftigung werdender und stillender Mütter engere Grenzen setzt als das Arbeitszeitgesetz, sind diese engeren Grenzen vorrangig einzuhalten. Entsprechendes gilt für Arbeitszeitbestimmungen des **technischen Arbeitsschutzes**, z. B. bei **gefährlichen Arbeiten**. Dies betrifft vor allem § 21 der **Druckluftverordnung** (Vorbem. Rdn. 29). Zusätzlichen Arbeitsschutz normieren auch das Ladenschlussgesetz des Bundes, wel-

---

30 Das Seearbeitsgesetz ist als Art. I des Gesetzes zur Umsetzung des Seearbeitsübereinkommens 2006 der Internationalen Arbeitsorganisation vom 20.04.2013, BGBl I, S. 868, beschlossen und verkündet worden und am 01.08.2013 in Kraft getreten.

ches noch in Bayern weiter gilt, und die Ladenöffnungsgesetze der Länder (Vorbem. Rdn. 17).

§ 19 Beschäftigung im öffentlichen Dienst

Bei der Wahrnehmung hoheitlicher Aufgaben im öffentlichen Dienst können, soweit keine tarifvertragliche Regelung besteht, durch die zuständige Dienstbehörde die für Beamte geltenden Bestimmungen über die Arbeitszeit auf die Arbeitnehmer übertragen werden; insoweit finden die §§ 3 bis 13 keine Anwendung.

A. Gegenstand der Regelung

Für die **Wahrnehmung hoheitlicher Aufgaben** ermöglicht § 19 ArbZG die – eingeschränkte – **Übertragung der beamtenrechtlichen Arbeitszeitvorschriften** auf Arbeitnehmer. Die Möglichkeit der Übertragung der für Beamte geltenden Arbeitszeitregelung auf Angestellte ist auf die **Wahrnehmung hoheitlicher Aufgaben** beschränkt worden. 1

B. Hoheitliche Aufgaben

Die Beschränkung der Übertragung der beamtenrechtlichen Vorschriften über die Arbeitszeit ist auf **hoheitliche Aufgaben** beschränkt, um die Fälle auszuschließen, in denen privatwirtschaftliche Aufgaben durch den öffentlichen Dienst wahrgenommen werden[1]. Unter hoheitlichen Aufgaben sind die **Aufgaben** zu verstehen, die ein **öffentliches Gemeinwesen** (Staat, Gemeinde oder sonstige Körperschaft, Anstalt des öffentlichen Rechts) **kraft öffentlichen Rechts** zu erfüllen hat. Hoheitliche Aufgaben stehen im Gegensatz zu der privatrechtlichen (fiskalischen) Betätigung des Staates. Die **Ausübung hoheitsrechtlicher Befugnisse** ist als ständige Aufgabe in der Regel Angehörigen des öffentlichen Dienstes, die in einem öffentlich-rechtlichen Dienst- und Treueverhältnis stehen, vor allem **Beamten, Soldaten und Richtern**, zu übertragen (Art. 33 Abs. 4 GG). Dies schließt nicht grundsätzlich eine Übertragung hoheitlicher Aufgaben auf Angestellte oder Arbeiter des öffentlichen Dienstes 2

---

1 BT-Drucks. 12/6990, 20, 44; vgl. jedoch zur Übertragung beamtenrechtlicher Vorschriften auf Arbeitnehmer durch einen Tarifvertrag: VG Potsdam 15.01.1999 – 3 L 1290/97 – NZA-RR 2000, 35.

aus; sie muss sich jedoch auf Ausnahmen beschränken. Dabei ist der Begriff der hoheitlichen Befugnisse i. S. d. Art. 33 Abs. 4 GG nicht unumstritten.

3 Hoheitliche Aufgaben werden durch Ausübung hoheitlicher Gewalt ausgeübt, indem der Staat oder die sonstige öffentlich-rechtliche Körperschaft oder Anstalt zur Verwirklichung gesetzlicher Ziele kraft öffentlich-rechtlicher Überordnung tätig wird. Hierzu zählt insbesondere, wenn eine Verwaltungsbehörde eine Angelegenheit mit dem Anspruch auf Verbindlichkeit gegenüber dem Bürger oder Privatrechtsobjekten regelt, sei es durch Verwaltungsakte, sei es durch schlichthoheitliches Handeln. Privatrechtliche Aufgaben liegen dagegen vor, wenn der Staat und das andere Rechtsobjekt auf grundsätzlich gleichgeordneter Ebene tätig werden, z. B. durch kommunale Verkehrs- oder Versorgungsbetriebe, die von der Kommune geführt werden. Im Gegensatz zur früheren Regelung des § 13 Abs. 2 AZO ist indessen nicht mehr erforderlich, dass Beamte und Arbeitnehmer des öffentlichen Dienstes zusammenarbeiten.

C. Keine Tarifregelung

4 Die Übertragung der für Beamte geltenden Vorschriften über die Arbeitszeit ist **nur möglich**, soweit **keine tarifvertragliche Regelung** besteht. Diese Einschränkung entspricht der Rechtsprechung zu § 13 AZO. Sie nimmt auf den Vorrang tarifvertraglicher Regelungen Rücksicht, wonach bei zwingender Geltung der tarifvertraglichen Bestimmungen abweichende Abmachungen nur zulässig sind, soweit sie durch den Tarifvertrag gestattet sind oder eine Änderung der Regelungen zu Gunsten des Arbeitnehmers enthalten[2]. Der Vorrang des Tarifvertrages ist in § 19 ArbZG ohne Rücksicht darauf angeordnet worden, ob die Tarifverträge kraft Tarifbindung zwingend gelten oder nur kraft einzelvertraglicher Vereinbarung.

D. Beamtenrechtliche Arbeitszeitvorschriften

5 Nur die für **Beamte** geltenden Bestimmungen über deren Arbeitszeit können auf Arbeitnehmer übertragen werden. Damit scheidet eine Übertragung der Arbeitszeitbestimmungen für andere Personen, die in öffentlich-rechtlichen Dienstverhältnissen stehen, z. B. die für **Soldaten**, aus. Für **Bundesbeamte** ist

---

2 § 4 Abs. 3 i. V. m. § 4 Abs. 1, § 3 Abs. 1 und 2 TVG; BAG 03.10.1969 AP Nr. 12 zu § 15 AZO.

die Arbeitszeit in den §§ 72 ff. BBG sowie in der Verordnung über die Arbeitszeit der Bundesbeamten geregelt. Für Landesbeamte und Gemeindebeamte gelten entsprechende landesrechtliche Bestimmungen. In welchem **Umfang** beamtenrechtliche Arbeitszeitvorschriften **übertragen** werden, steht im freien Ermessen der zuständigen Dienstbehörde. Sie kann die Übertragung aller oder nur bestimmter Arbeitszeitvorschriften, die für Beamte gelten, ebenso anordnen, wie sie darin grundsätzlich frei ist, die Übertragung auf **alle Arbeitnehmer** oder nur auf **bestimmte Gruppen** ihrer Arbeitnehmer zu beschränkt. Des Weiteren steht es in ihrer Entscheidung, ob die Übertragung auf unbestimmte Zeit oder nur für einen bestimmten Zeitraum oder aus einem bestimmten Anlass erfolgen soll. Soweit Arbeitszeitvorschriften jedoch nicht gleichmäßig auf alle in Frage kommenden Arbeitnehmer übertragen werden, ist der Grundsatz der Gleichbehandlung zu beachten. Soll die Übertragung nur für bestimmte Arbeitnehmer derselben Dienstbehörde gelten, muss gerade für sie ein sachlicher Grund für die Übertragung vorliegen.

E. Zuständige Dienstbehörde

Die Übertragung kann nur durch die **zuständige Dienstbehörde** erfolgen. Die Zuständigkeit der Dienstbehörde richtet sich nach dem **Verwaltungsaufbau** und der Zuweisung des Kreises der übertragenen Aufgaben. Denkbar ist eine Organisationsregelung, nach der nicht die Behörde für die Übertragung zuständig ist, bei der die Arbeitnehmer beschäftigt sind, sondern die ihr fachlich oder in der Personalführung vorgesetzte Behörde. 6

F. Übertragung

Im Gegensatz zur früheren Regelung des § 13 Abs. 2 AZO, wonach die für Beamte geltenden Arbeitsvorschriften bei Zusammenarbeit mit Angestellten von Gesetzes wegen galten, setzt § 19 ArbZG stets eine **Übertragung** in Form eines **ausdrücklichen Übertragungsaktes** durch die zuständige Dienstbehörde voraus[3]. Für solche Dienststellen, in denen bisher Angestellte nach § 13 Abs. 2 AZO die beamtenrechtlichen Bestimmungen über die Arbeitszeit einzuhalten hatten, hat das Arbeitszeitgesetz keine Übergangsregelung geschaffen; auch insoweit ist es erforderlich, die beamtenrechtlichen Arbeitszeitregelungen durch einen Übertragungsakt zu übertragen. 7

---

[3] *Anzinger/Koberski* § 19 ArbZG Rz. 4.

G. Rechtsfolgen

8 Die Rechtsfolge der Übertragung der für die Beamten geltenden Vorschriften besteht darin, dass die Regelungen der §§ 3 bis 13 ArbZG **unanwendbar** sind. **Anwendbar bleiben** jedoch die §§ 1 und 2 ArbZG, ebenso die §§ 14 ff. ArbZG[4]. Die an Stelle bzw. neben dem Arbeitszeitgesetz geltenden arbeitszeitrechtlichen Bestimmungen für **Jugendliche** sowie für werdende und stillende **Mütter** bleiben jedoch von der Übertragung der für Beamte geltenden Arbeitszeitvorschriften **unberührt**.

9 Durch die Übertragung der für Beamte geltenden Arbeitszeitbestimmungen wird für die davon betroffenen Arbeitnehmer für sich allein keine **Arbeitspflicht** begründet. Anders liegt dies nur, wenn der Arbeitsvertrag (oder Tarifvertrag) dies ausdrücklich vorsieht.

10 Die **Übertragung** der für Beamte geltenden Arbeitszeitvorschriften auf Arbeitnehmer stellt für sich allein keinen **Mitbestimmungstatbestand** i. S. d. § 75 Abs. 3 BPersVG bzw. i. S. entsprechender landesrechtlicher Bestimmungen dar. Unbeschadet dessen ist bei der Übertragung jedoch der Grundsatz billigen Ermessens nach § 315 BGB zu beachten[5].

§ 20 Beschäftigung in der Luftfahrt

Für die Beschäftigung von Arbeitnehmern als Besatzungsmitglieder von Luftfahrzeugen gelten anstelle der Vorschriften dieses Gesetzes über Arbeits- und Ruhezeiten die Vorschriften über Flug-, Flugdienst- und Ruhezeiten der Zweiten Durchführungsverordnung zur Betriebsordnung für Luftfahrtgerät in der jeweils geltenden Fassung.

1 § 20 ArbZG regelt, **inwieweit** im Bereich der **Luftfahrt** an Stelle der Bestimmungen des Arbeitszeitgesetzes spezielle luftfahrtrechtliche Arbeitszeitbestimmungen der Zweiten DurchführungsVO zur Betriebsordnung für Luftfahrtgeräte (2. DVLuftBO) gelten (Vorbem. Rdn. 24). Damit soll den Besonderheiten der Luftfahrt Rechnung getragen werden. Die hierfür aus Gründen der Verkehrssicherheit erlassenen Rechtsvorschriften bleiben unberührt[1]. Die Bestimmungen der 2. DVLuftBO dienen nicht allein der

---

4 A. A. VG Potsdam 15.01.1999 – 3 L 1290/97 – NZA-RR 2000, 33.
5 BAG 19.05.1992 – 1 AZR 418/91 – EzA § 315 BGB Nr. 39.
1 BT-Drucks. 12/5888, 33.

Sicherheit des Luftverkehrs[2], sondern auch dem Arbeitszeitschutz der Besatzungsmitglieder[3].

Von der grundsätzlichen **Geltung des Arbeitszeitgesetzes** auch für Arbeitnehmer im Bereich der Luftfahrt sind die Arbeitnehmer nur insoweit **ausgenommen**, als sie **als Besatzungsmitglieder beschäftigt** werden. Dies bedingt einen Einsatz des Arbeitnehmers im **Flugdienst**. Wird der Arbeitnehmer **nicht** als **Besatzungsmitglied** beschäftigt, sondern mit anderen Arbeiten betraut, für die es keine besonderen Regelungen über Flug-, Flugdienst- und Ruhezeiten nach der zweiten Durchführungsverordnung zur Betriebsordnung für Luftfahrtgerät gibt, verbleibt es bei der **Geltung des Arbeitszeitgesetzes**. 2

▶ **Beispiel:**
Eine Flugbegleiterin wird ausnahmsweise nicht zur Betreuung von Passagieren während eines Fluges eingesetzt, sondern zur Abfertigung am Flughafenschalter.

§ 21 Beschäftigung in der Binnenschifffahrt

Die Vorschriften dieses Gesetzes gelten für die Beschäftigung von Fahrpersonal in der Binnenschifffahrt, soweit die Vorschriften über Ruhezeiten der Binnenschiffsuntersuchungsordnung in der jeweils geltenden Fassung dem nicht entgegenstehen. Sie können durch Tarifvertrag der Eigenart der Binnenschifffahrt angepasst werden.

A. Gegenstand der Regelung

Für die **Binnenschifffahrt** galten die Bestimmungen der Arbeitszeitordnung, nicht aber das Verbot der Beschäftigung von Arbeitnehmern an Sonn- und Feiertagen nach § 105 b Abs. 1 GewO. Für die Beschäftigung von Arbeitnehmern in der Binnenschifffahrt gilt **grundsätzlich das Arbeitszeitgesetz**. Sein Geltungsbereich ist jedoch eingeschränkt durch die Vorschriften über die **Ruhezeiten** nach den in § 21 ArbZG genannten besonderen Binnenschifffahrtsbestimmungen. Zudem können die Bestimmungen des Arbeitszeit- 1

---

2 BAG 04.03.1993 AP Nr. 1 zu § 105a GewO.
3 BAG 24.03.1998 AP Nr. 4 zu § 21 e GVG = NZA 1999, 107; BAG 21.01.2003 BAGE 104, 280 = EzA § 4 TVG Luftfahrt Nr. 7 = NZA 2003, 930.

§ 21a ArbZG Beschäftigung im Straßentransport

gesetzes der Eigenart der Binnenschifffahrt entsprechend durch **Tarifvertrag** angepasst werden.

B. Entgegenstehende binnenschifffahrtsrechtliche Vorschriften

2 Abweichend von den Bestimmungen des Arbeitszeitgesetzes gelten bestimmte binnenschifffahrtsrechtliche Vorschriften nur hinsichtlich der **Ruhezeiten**, und dies auch nur für die Beschäftigung von **Fahrpersonal**. Arbeitnehmer in den **Landbetrieben** der Binnenschifffahrtsunternehmen unterliegen der Besonderheit des § 21 ArbZG nicht; für sie gelten die Bestimmungen des Arbeitszeitgesetzes uneingeschränkt.

3 Für Beschäftigung von Arbeitnehmern als Fahrpersonal auf Binnenschiffen in der **Rheinschifffahrt** unter deutscher Flagge galten für Ruhezeiten – Mindestruhezeiten – die Regelungen in § 23.06 der **Rheinschiffs-Untersuchungsordnung**. Die Rheinschifffahrts-Untersuchungsordnung ist durch die seit dem 1. 1. 2009 geltende, die Bereiche Rheinschifffahrt und andere Binnenschifffahrt zusammenfassend regelnde (neue) Binnenschiffsuntersuchungsordnung abgelöst worden (Vorbem Rdn. 26).

4 Für die gesamte **Binnenschifffahrt** gelten auch die Bestimmungen des **Arbeitszeitgesetzes** ebenso grundsätzlich, auch wenn die Arbeitnehmer als Fahrpersonal in der Binnenschifffahrt eingesetzt werden. Eine Ausnahme besteht auch insoweit nur für Dienst- und **Ruhezeiten**; insoweit haben die Bestimmungen der **Binnenschiffsuntersuchungsordnung** (Vorbem. Rdn. 26) Vorrang.

C. Tarifvertragliche Anpassung

5 Alle Bestimmungen des Arbeitszeitgesetzes können durch **Tarifvertrag** der Eigenart der Binnenschifffahrt **angepasst** werden. Die Anpassungsmöglichkeiten sind im Gesetz nicht selbst beschränkt; sie gehen damit über die der §§ 7 und 12 ArbZG hinaus. Die Möglichkeit einer Anpassung im Wege der **Betriebsvereinbarung** eröffnet § 21 ArbZG dagegen nicht.

§ 21a Beschäftigung im Straßentransport

(1) **Für die Beschäftigung von Arbeitnehmern als Fahrer oder Beifahrer bei Straßenverkehrstätigkeiten im Sinne der Verordnung (EG) Nr. 561/2006 des Europäischen Parlaments und des Rates vom 15. März 2006 zur Harmonisierung bestimmter Sozialvorschriften im Straßenverkehr und zur Änderung**

Beschäftigung im Straßentransport § 21a ArbZG

der Verordnungen (EWG) Nr. 3821/85 und (EG) Nr. 2135/98 des Rates sowie zur Aufhebung der Verordnung (EWG) Nr. 3820/85 des Rates (ABl EG Nr. L 102 S. 1) oder des Europäischen Übereinkommens über die Arbeit des im internationalen Straßenverkehr beschäftigten Fahrpersonals (AETR) vom 1. Juli 1970 (BGBl. II 1974 S. 1473) in ihren jeweiligen Fassungen gelten die Vorschriften dieses Gesetzes, soweit nicht die folgenden Absätze abweichende Regelungen enthalten. Die Vorschriften der Verordnung (EG) Nr. 561/2006 und des AETR bleiben unberührt.

(2) Eine Woche im Sinne dieser Vorschriften ist der Zeitraum von Montag 0 Uhr bis Sonntag 24 Uhr.

(3) Abweichend von § 2 Abs. 1 ist keine Arbeitszeit:
1. die Zeit, während derer sich ein Arbeitnehmer am Arbeitsplatz bereithalten muss, um seine Tätigkeit aufzunehmen,
2. die Zeit, während derer sich ein Arbeitnehmer bereithalten muss, um seine Tätigkeit auf Anweisung aufnehmen zu können, ohne sich an seinem Arbeitsplatz aufhalten zu müssen;
3. für Arbeitnehmer, die sich beim Fahren abwechseln, die während der Fahrt neben dem Fahrer oder in einer Schlafkabine verbrachte Zeit.

Für die Zeiten nach Satz 1 Nr. 1 und 2 gilt dies nur, wenn der Zeitraum und dessen voraussichtliche Dauer im Voraus, spätestens unmittelbar vor Beginn des betreffenden Zeitraums bekannt ist. Die in Satz 1 genannten Zeiten sind keine Ruhezeiten. Die in Satz 1 Nr. 1 und 2 genannten Zeiten sind keine Ruhepausen.

(4) Die Arbeitszeit darf 48 Stunden wöchentlich nicht überschreiten. Sie kann auf bis zu 60 Stunden verlängert werden, wenn innerhalb von vier Kalendermonaten oder 16 Wochen im Durchschnitt 48 Stunden wöchentlich nicht überschritten werden.

(5) Die Ruhezeiten bestimmen sich nach den Vorschriften der Europäischen Gemeinschaften für Kraftfahrer und Beifahrer sowie nach dem AETR. Dies gilt auch für Auszubildende und Praktikanten.

(6) In einem Tarifvertrag oder auf Grund eines Tarifvertrags in einer Betriebs- oder Dienstvereinbarung kann zugelassen werden,
1. nähere Einzelheiten zu den in Absatz 3 Satz 1 Nr. 1, 2 und Satz 2 genannten Voraussetzungen zu regeln,
2. abweichend von Absatz 4 sowie den §§ 3 und 6 Abs. 2 die Arbeitszeit festzulegen, wenn objektive, technische oder arbeitszeitorganisatorische

Gründe vorliegen. Dabei darf die Arbeitszeit 48 Stunden wöchentlich im Durchschnitt von sechs Kalendermonaten nicht überschreiten.

§ 7 Abs. 1 Nr. 2 und Abs. 2 a gilt nicht. § 7 Abs. 3 gilt entsprechend.

(7) Der Arbeitgeber ist verpflichtet, die Arbeitszeit der Arbeitnehmer aufzuzeichnen. Die Aufzeichnungen sind mindestens zwei Jahre aufzubewahren. Der Arbeitgeber hat dem Arbeitnehmer auf Verlangen eine Kopie der Aufzeichnungen seiner Arbeitszeit auszuhändigen.

(8) Zur Berechnung der Arbeitszeit fordert der Arbeitgeber den Arbeitnehmer schriftlich auf, ihm eine Aufstellung der bei einem anderen Arbeitgeber geleisteten Arbeitszeit vorzulegen. Der Arbeitnehmer legt diese Angaben schriftlich vor.

A. Gegenstand der Regelung

1 § 21a ArbZG ist durch Art. 5 des Gesetzes zur Änderung personenbeförderungsrechtlicher Vorschriften und arbeitszeitrechtlicher Vorschriften für Fahrpersonal[1] in das ArbZG eingefügt worden und enthält spezielle Arbeitszeitregelungen für die Beschäftigung von **Arbeitnehmern als Fahrer oder Beifahrer im Straßenverkehr**. Dabei geht es im Wesentlichen um den Güterkraftverkehr mit Kraftwagen mit einem Gesamtgewicht von mehr als 3,5 t und um die Personenbeförderung im Straßenverkehr mit Kraftwagen mit mehr als neun Sitzen oder mit einem Fahrerplatz und acht Fahrgastplätzen. Für derart eingesetzte Arbeitnehmer gelten die besonderen Arbeitszeitregelungen des § 21 a ArbZG, während für den gesetzlichen Arbeitszeitschutz aller nicht unter § 21 a ArbZG fallender Fahrer und Beifahrer im Straßenverkehr mit Automobilen die allgemeinen Regelungen gelten. Dies entspricht Art. 2 Abs. 2 der Fahrpersonal-Arbeitszeit-RL 2002/15/EG. Die Bestimmungen in § 21a ArbZG weichen erheblich von den allgemeinen Arbeitszeitregelungen ab.

2 **Grundlegend** ist die Regelung einer neu begrenzten **wöchentlichen Höchstarbeitszeit für** das in Arbeitsverhältnissen tätige **Fahrpersonal** im Straßenverkehr. Zulässig ist eine wöchentliche Arbeitszeit von **60 Wochenstunden**. Dabei werden bestimmte Zeiten, in der sich der Fahrer zur Aufnahme seiner Tätigkeit bereithalten muss und lenkfreie Zeiten nicht zur Arbeitszeit gerechnet. Im Durchschnitt von **vier Kalendermonaten** darf die Arbeitszeit jedoch

---

1 Vom 14.08.2006, BGBl. I S. 1962.

48 Stunden pro Woche nicht überschreiten. Als Woche ist die **Kalenderwoche** definiert. Zusätzlich zum öffentlich-rechtlichen Arbeitszeitschutz nach dem ArbZG sind die – ebenfalls öffentlich-rechtlichen – Bestimmungen über die Fahr-, Lenk- und Ruhezeiten nach dem nationalen Recht und Fahrpersonalrecht der EU zu beachten.

Wirtschaftlich konkurrieren bei der Güterbeförderung im Straßenverkehr 3 Arbeitnehmer, arbeitnehmerähnliche Personen und selbständige Ein-Mann-Transportunternehmer. Deshalb sollen die dem § 21a ArbZG zu Grunde liegenden Regelungen der EU mit wirtschaftlich vergleichbarer Wirkung ab 22. 3. 2009 auch für selbständige Kraftfahrer gelten, wie Art. 2 Abs. 1 Unterabs. 2 RL 2002/15/EG vom 11. 3. 2002 zur Regelung der Arbeitszeit von Personen, die Fahrtätigkeiten im Bereich des Straßentransports ausüben[2] vorsieht. Eben wegen der Schwierigkeiten, diese Konkurrenzsituation befriedigend aufzulösen, haben sich die Verhandlungen über eine einheitliche Richtlinie für das Fahrpersonal im Straßenverkehr sehr lange hingezogen.

B. Zweck der Regelung

Der Zweck des § 21a ArbZG besteht darin, den öffentlich-rechtlichen Arbeits- 4 zeitschutz für die **angestellten Fahrer und Beifahrer** auf den eingangs bezeichneten Straßenverkehrsfahrzeugen insgesamt europarechtskonform neu zu ordnen. Während vor der Änderung des Gesetzes die Arbeitszeit einschließlich Lenkzeiten und Zeiten der Arbeitsbereitschaft bis zu 244 Stunden im Monat arbeitszeitschutzrechtlich zulässig waren, beträgt die höchstzulässige Arbeitszeit einschließlich der Lenkzeiten nunmehr 60 Stunden pro Woche, höchsten jedoch 48 Wochenstunden im Durchschnitt des Referenzzeitraumes von vier Monaten. Da § 21a ArbZG bestimmte Wartezeiten und Zeiten der Arbeitsbereitschaft nicht zur Arbeitszeit rechnet, ist die Regelung großzügiger als sie auf den ersten Blick vermuten lässt. Die daneben zu beachtenden Regelungen über die Fahr-, Lenk- und Ruhezeiten im Straßenverkehr gemäß der VO (EG) Nr. 561/2006, dem AETR, dem Fahrpersonalgesetz und der Fahrpersonalverordnung dienen dagegen weniger dem Schutz der Fahrer vor einer Selbstüberforderung als vielmehr der Sicherheit im Straßenverkehr. Für **selbstständige Kraftfahrer** i.S. von Art. 3 Buchst. e RL 2002/15/EG ist mit vergleichbarem

---

2 ABl. EG Nr. L 80/35, 36.

§ 21a ArbZG Beschäftigung im Straßentransport

Regelungszweck die Höchstarbeitszeit im »Gesetz zur Regelung der Arbeitszeit von selbständigen Kraftfahrern« vom 11.07.2012[3] geregelt.

C. Gesetzgebungsaufträge

5 Der deutsche Gesetzgeber war gehalten, zur RL 2002/15/EG vom 11. 3. 2002 zur Regelung der Arbeitszeit von Personen, die Fahrtätigkeiten im Bereich des Straßentransports ausüben[4] bis zum 23. 3. 2005 die erforderlichen Rechts- und Verwaltungsvorschriften zu erlassen, um dieser Richtlinie nachzukommen (Art. 14 Abs. 1 RL 2002/15/EG). Seit dem 11. 4. 2007 gilt § 21a Abs. 1 ArbZG in der Fassung des Art. 6 des Gesetzes vom 14. 8. 2006[5].

D. Regelungsmethode und -zusammenhang

6 § 21 a ArbZG knüpft zur Beschreibung des persönlichen Geltungsbereichs an supranationales EG-Recht und internationales Recht an, nämlich an die **VO (EG) Nr. 561/2006 Sozialvorschriften im Straßenverkehr**[6] und an das **AETR** (Europäisches Übereinkommen über die **Arbeit** des im internationalen **Straßenverkehr** tätigen **Fahrpersonals**.

7 Diese Regelungen werden durch das **Fahrpersonalgesetz** und die **FahrpersonalVO** ergänzt. Für das Fahrpersonal im Straßenverkehr ergibt sich damit eine insgesamt komplexe Rechtslage, zumal **§ 21a ArbZG nur für Arbeitnehmer** gilt, während alle anderen Vorschriften auf den Status des Fahrpersonals – Arbeitnehmer, arbeitnehmerähnliche Personen oder Selbständige – keine Rücksicht nehmen. Zudem gelten die besonderen Vorschriften des § 21 a ArbZG nicht für alle im Straßenverkehr als Fahrer oder Beifahrer tätigen Arbeitnehmer, sondern für die in § 21 a Abs. 1 ArbZG bestimmten Arbeitnehmer. Für Fahrer von Straßenbahnen im Linienverkehr mit einer Linienstrecke von bis zu 50 km gilt die den Geltungsbereich des § 21a ArbZG beschreibende VO 561/2006/EG nicht[7].

8 Der Aufbau und die Methodik der Absätze 2 bis 8 des § 21a ArbZG folgen im Wesentlichen der Systematik des Arbeitszeitgesetzes. Dabei hat der Gesetz-

---

3 BGBL. I, S. 1479.
4 ABl. EG Nr. L 80/35, 36.
5 BGBl. I S. 1965.
6 ABl. EG Nr. L 370/1.
7 BAG 13.10.2010 – 9 AZR 139/08 – AP Nr. 4 zu § 2 ArbZG.

geber Wert darauf gelegt, Friktionen mit dem vorrangigen Fahrpersonalrecht der EG zu vermeiden und insoweit eine Reihe von Regelungsmöglichkeiten und Begriffen in das § 21a ArbZG übernommen.

E. Anwendungsbereich (§ 21 a Abs. 1 Satz 1 ArbZG)

§ 21a ArbZG betrifft **nur Arbeitnehmer** (zum Begriff: § 2 Rdn. 68 ff.); für andere im gewerblichen Straßenverkehr als Fahrer und Beifahrer tätige Personen gilt die Bestimmung nicht. Die Regelungen im Einzelnen sind komplex formuliert. Für selbstständige Kraftfahrer findet sich eine vergleichbare Arbeitszeitregelung im »Gesetz zur Regelung der Arbeitszeit von selbständigen Kraftfahrern« vom 11.07.2012[8].

I. Straßenverkehrstätigkeiten

Nach § 21a Abs. 1 ArbZG gelten »für die Beschäftigung von **Arbeitnehmern** als **Fahrer und Beifahrer** bei **Straßenverkehrstätigkeiten** im Sinne
– der **Verordnung (EG) Nr. 561/2006** des Europäischen Parlaments und des Rates vom 15. März 2006 zur Harmonisierung bestimmter **Sozialvorschriften im Straßenverkehr** und zur Änderung der Verordnungen (EWG) Nr. 3821/85 und (EG) Nr. 2135/98 des Rates sowie zur Aufhebung der Verordnung (EWG) Nr. 3820/85 des Rates[9]«

»oder
– des Europäischen Übereinkommens über die Arbeit des im internationalen Straßenverkehr beschäftigten Fahrpersonals (**AETR**) vom 1. Juli 1970[10]«

»in ihren jeweiligen Fassungen die Vorschriften dieses Gesetzes« (Arbeitszeitgesetz), »soweit nicht die folgenden Absätze abweichende Regelungen enthalten. Die Vorschriften der Verordnung (EG) Nr. 561/2006 und des AETR bleiben unberührt.«

---

8 BGBl. I, S. 1479.
9 ABl. EG Nr. L 102 S. 1.
10 BGBl. II 1974 S. 1473.

II. EG-Sozialvorschriften (VO [EG] Nr. 561/2006)

11 Die VO (EG) Nr. 561/2006 gilt nach ihrem Art. 2 Abs. (1) für die **Güterbeförderung mit Fahrzeugen**, deren zulässige Höchstmasse einschließlich Anhänger oder Sattelanhänger **3,5 t** übersteigt (Buchst. a) oder **Personenbeförderung mit Fahrzeugen**, die für die Beförderung von mehr als **neun Personen einschließlich des Fahrers** konstruiert, oder dauerhaft angepasst und zu diesem Zweck bestimmt sind (Buchst. b). Zahlreiche **Ausnahmen** vom sachlichen Anwendungsbereich enthält Art. 3 der VO (EG) Nr. 561/2006, auf dessen Wortlaut verwiesen wird:
a) Fahrzeuge zur Personenbeförderung im Linienverkehr bis zu 50 km Linienstrecke;
b) Fahrzeuge mit einer zulässigen Höchstgeschwindigkeit bis zu 40 km/h;
c) Polizei-, Feuerwehr-, Militär- und Katastrophenschutzfahrzeuge;
d) Fahrzeuge, die in Notfällen oder bei Rettungsmaßnahmen verwendet werden;
e) Spezialfahrzeuge für medizinische Zwecke;
f) Pannenhilfefahrzeuge im Umkreis von 100 km um ihren Standort;
g) Fahrzeuge auf Probefahrten;
h) Fahrzeuge zum nichtgewerblichen Güterverkehr bis 7,5 t zulässiger Höchstmasse;
i) historische Nutzfahrzeuge im nichtgewerblichen Transporteinsatz.

Weitere Ausnahmen können die Mitgliedstaaten der EG nach näherer Maßgabe des Art. 13 VO (EG) Nr. 561/2006 zulassen.

12 Fällt ein Fahrzeug in die vorgenannten **Ausnahmen** (vormals: Art. 4, Art. 13 VO [EWG] Nr. 3820/85) – so sind die Absätze 2 bis 8 des § 21a ArbZG auf Beschäftigte, die auf solchen Fahrzeugen tätig sind, **nicht anwendbar**[11].

13 **Räumlich** gilt die VO (EG) Nr. 561/2006 nach ihrem Art. 2 Abs. (2) unabhängig vom Land der Zulassung des Fahrzeugs für die Beförderung im Straßenverkehr a) ausschließlich **innerhalb der Gemeinschaft** oder b) zwischen der Gemeinschaft, der **Schweiz** und den Vertragsstaaten des Abkommens über den **Europäischen Wirtschaftsraum** (EWR). Zum EWR gehören (noch) Island, **Norwegen** und **Liechtenstein**.

---

11 Vgl. BT-Drucks. 16/1685, S. 12 re. Sp.

III. Internationale Sozialvorschriften (AETR)

An Stelle der VO (EG) Nr. 561/2006 gilt das – strengere Anforderungen stellende[12] Europäische Übereinkommen über die Arbeit des im internationalen Straßenverkehr beschäftigten Fahrpersonals (**AETR**) für grenzüberschreitende Beförderungen im Straßenverkehr, die zwischen einem Land des EG und des EWR einerseits und einem Land außerhalb des Raumes der EG oder der EWR durchgeführt werden, und zwar für die ganze Beförderungsstrecke (Fahrstrecke), wenn das Fahrzeug in einem Staat der Gemeinschaft oder des AETR zugelassen ist oder, falls das Fahrzeug woanders zugelassen worden ist, der Teil der Fahrstrecke, die im Gebiet der EG oder des AETR liegt (Art. 2 Abs. 3 Satz 1 VO [EG] Nr. 561/2006). Im Wesentlichen hängt von der Fahrstrecke ab, ob das AETR oder die VO (EG) 561/2006 anzuwenden sind.

14

IV. Nicht erfasste Arbeitnehmer

Für alle von § 21 a Abs. 1 ArbZG nicht erfassten Arbeitnehmer im Straßenverkehr, insbesondere Fahrer und Beifahrer auf »**kleineren**« **Güterfahrzeugen**, d.h., solchen mit einer zulässigen Höchstmasse unter 3,5 t (**z.B. Kurierfahrer) oder »kleineren« Personenfahrzeugen**, also solchen mit weniger als acht Fahrgastplätzen (**z.B. Taxifahrer) oder auf** sonst – z.B. gemäß dem Ausnahmekatalog des Art. 3 VO (EG) Nr. 561/2006 – vom Geltungsbereich der § 21 a Abs. 1 ArbZG **nicht erfassten Fahrzeugen**, bleibt es bei der Geltung der **allgemeinen** oder ggf. besonderen **Regelungen über die Arbeitszeit** von Arbeitnehmern außerhalb des § 21 a ArbZG. Dementsprechend gelten für derart eingesetzte Arbeitnehmer die allgemeinen Regelungen, insbesondere die über die **Arbeitszeit** einschließlich der über die **Arbeitsbereitschaft** und den **Bereitschaftsdienst**, über die Ruhepausen und über die Ruhezeit.

15

F. Vorrang des Lenkzeitrechts (§ 21 a Abs. 1 Satz 2 ArbZG)

Das **Arbeitszeitgesetz**, vor allem § 21a ArbZG, regelt den öffentlich-rechtlichen **Arbeitszeitschutz** für die Fahrer und Beifahrer. Es ist rechtlich zulässig, im Arbeitsvertrag zu vereinbaren, dass der angestellte Fernfahrer die Arbeitsleistung schulde, die nach dem Arbeitszeitgesetz erlaubt ist; eine solche Vereinbarung umfasst nicht nur die tägliche oder wöchentliche Höchstarbeitszeit, sondern auch die gesetzlich vorgegebenen Ausgleichszeiträume, wobei

16

---

12 Vgl. *Anzinger/Koberski* § 21 a ArbG Rz. 22.

§ 21a ArbZG Beschäftigung im Straßentransport

der Arbeitgeber die Lage der Arbeitszeit nach billigem Ermessen gemäß § 106 GewO bestimmen darf[13]. Die Tätigkeit der Arbeitnehmer im Straßenverkehr kann nach der Art der Betätigung umfassender sein als die Tätigkeit als Fahrzeugführer und als Beifahrer. Umgekehrt kann die wöchentliche Lenkzeit größer sein als die Arbeitszeit nach dem ArbZG. Gegenüber § 21a ArbZG **vorrangig** für die **Tätigkeit als Fahrer und Beifahrer** sind die **VO (EG) Nr. 561/2006 Sozialvorschriften im Straßenverkehr** und das **AETR** – Europäisches Übereinkommen über die **Arbeit** des im internationalen Straßenverkehr tätigen Fahrpersonals (vgl. Rdn. 10, 14). Dies bringt § 21a Abs. 1 Satz 2 ArbZG zum Ausdruck, indem es dort heißt, dass die genannten Bestimmungen »unberührt« bleiben[14]. Kern der vorrangig geltenden Regelungen ist die Lenkzeit von täglich neun oder zweimal in der Woche zehn Stunden, wöchentlich 56 Stunden bzw. 90 Stunden in der Doppelwoche (Art. 6 VO (EG) Nr. 561/2006). Damit ist die gegenteilige Rechtsprechung, wonach die Bestimmungen der VO (EWG) Nr. 3820/85 die Arbeitszeitgrenze des § 3 ArbZG nicht erweitern könne[15] durch die Entscheidung des Gesetzgebers in § 21a Abs. 1 Satz 2 ArbZG obsolet geworden[16].

17 Die Regelungen der VO (EG) Nr. 561/2006 und des AETR werden durch das **Fahrpersonalgesetz** und die **FahrpersonalVO** ergänzt. Allerdings hat es der Gesetzgeber versäumt, insoweit das Rangverhältnis ausdrücklich zu ordnen. Indessen haben das Fahrpersonalgesetz und die FahrpersonalVO als die spezielleren Normen Vorrang vor dem Arbeitszeitgesetz.

18 **Alle** diese **Regelungen** sind entsprechend ihrem **Rangverhältnis** zu beachten, ohne dass dies zu einer Vermischung der Normen führt. Keinesfalls darf z. B. die (höchstzulässige) Arbeitszeit mit der (höchstzulässigen) Lenkzeit vermengt werden. Keinesfalls darf angenommen werden, dass dann, wenn der einen Bestimmung, z. B. hinsichtlich der Arbeitszeit, genüge getan worden ist, zugleich auch die andere einschlägige Norm eingehalten wird.

---

13 BAG 18.04.2012 – 5 AZR 195/11 – EzA § 612 BGB 2002 Nr. 13 = DB 2012, 1574.
14 Vgl. BT-Drucks. 16/1685, S. 12 re. Sp.; *Didier*, Arbeitszeit im Straßentransport, NZA 2007, 120, 123.
15 LAG Thüringen 19.03.2002 – 5/6/5 Sa 527/99 – LAGE § 3 ArbZG Nr. 1; LAG Schleswig-Holstein 31.05.2005 – 5 Sa 38/05 – LAGE § 3 ArbZG Nr. 2.
16 So wohl auch *Didier* NZA 2007, 120, 123.

▶ **Beispiele:**

Ein Arbeitnehmer ist als Alleinfahrer im Straßenverkehr gem. Art. 2 Abs. (1) VO (EG) Nr. 561/2006 eingesetzt. Die höchstzulässige Arbeitszeit nach § 21 a Abs. 4 Satz 2 beträgt 60 Stunden, d. h., er könnte hiernach an sechs Tagen in der Woche jeweils zehn Stunden Arbeitszeit leisten. Indessen darf die tägliche Lenkzeit neun Stunden nicht überschreiten und höchsten zweimal in der Woche auf höchstens zehn Stunden verlängert werden (Art. 6 Abs. (1) VO [EG] Nr. 561/2006), denn diese Bestimmung hat gemäß § 21 a Abs. 1 Satz 2 ArbZG Vorrang. Zu der nach Art. 15 VO (EWG) Nr. 3821/85 über Kontrollgeräte im Straßenverkehr[17] aufzeichnungspflichtigen Arbeitszeit zählt auch die Zeit, die der Fahrer auf dem **Weg zur Übernahme eines Fahrzeuges** verbringt, bei dem ein Kontrollgerät eingebaut und benutzt werden muss, wie auch die Zeit, während der der Fahrer ein nicht in den Geltungsbereich der genannten VO fallendes Fahrzeug gelenkt hat[18].

Die nachfolgenden Ausführungen befassen sich nur mit dem gesetzlichen Arbeitszeitschutz; sie sind entsprechend der Systematik des § 21 a ArbZG gegliedert. 19

G. Kalenderwoche (§ 21 a Abs. 2 ArbZG)

Für die **Höchstarbeitszeit** wie für den **Arbeitszeitausgleich** stellt § 21 a Abs. 4 ArbZG auf die »Woche« ab. Dabei übernimmt § 21 a Abs. 2 ArbZG die Definition der »**Woche**« aus Art. 3 Buchst. g) der europäischen Fahrpersonalrichtlinie (RL 2002/15/EG) und bestimmt deshalb als Woche i. S. »dieser Vorschrift«, d. h. i. S. d. § 21 a ArbZG, den **Zeitraum von Montag 0 Uhr bis Sonntag 24 Uhr**[19]. Die derart definierte **Kalenderwoche** weicht von dem Begriff »Woche«, wie er sonst im ArbZG verwendet wird, ab[20]. Dort ist unter Woche ein Zeitraum von sieben aufeinander folgenden Tagen zu verstehen, der an einem beliebigen Wochentag beginnen kann[21]. Der Begriff der **Kalenderwoche**, wie er in § 21 a Abs. 2 ArbZG umschrieben wird, ist nicht 20

---

17 ABl. EG L 370 vom 31.12.1985, S. 8–21.
18 EuGH 18.01.2001 – Rs. C-297/99 – EuGHE I, 2001, 573.
19 BT-Drucks. 16/1685, S. 12, re. Sp.
20 Vgl. *Anzinger/Koberski* § 21 a ArbZG Rz. 10.
21 § 3 Rdn. 34, 41 ff.; BT-Drucks. 16/1685, S. 12, re. Sp.

§ 21a ArbZG Beschäftigung im Straßentransport

disponibel, sondern in Art. 4 Buchst. i) VO (EG) Nr. 561/2006 EG-rechtlich bindend definiert. Mit ihm stimmt Art. 3 Buchst. g) RL 2002/15/EG überein.

H. Modifizierter Arbeitszeitbegriff (§ 21 a Abs. 3 ArbZG)

21 § 21 a ArbZG passt die allgemeinen Regelungen über die **Arbeitszeit** den besonderen **Bedürfnissen des Straßentransportgewerbes** an. Dabei knüpft der deutsche Gesetzgeber ausdrücklich an die Fahrpersonal-Arbeitszeitrichtlinie RL 2002/15/EG an. Diese Richtlinie »trifft differenzierte Regelungen, die es erlauben bestimmte Zeitabschnitte, in denen sich die Beschäftigten zur Arbeitsaufnahme bereithalten müssen, nicht als Arbeitszeit zu betrachten und somit bei der Höchstarbeitszeit auszunehmen. Diese Möglichkeiten sollen auch für die Arbeitszeitgestaltung von Arbeitnehmern und Arbeitnehmerinnen eröffnet werden, die in Deutschland als Fahrpersonal beschäftigt werden«[22].

I. Arbeitszeit

22 § 21 a Abs. 3 ArbZG knüpft zunächst an den **allgemeinen Begriff der Arbeitszeit** nach § 2 Abs. 1 ArbZG (§ 2 Rdn. 5 ff.) an. Hier wie dort rechnen Ruhepausen (allgemein: § 4 ArbZG – Rdn. 1 ff.; Straßentransport: Art. 7 VO [EG] Nr. 561/2006) und Ruhezeiten (allgemein: § 5 ArbZG, Straßentransport: Art. 8 VO [EG] Nr. 561/2006) nicht zur Arbeitszeit. Es gibt auch keine Modifizierung dessen, was unter **Arbeit** zu verstehen ist. Indessen sind insbesondere im Rahmen des § 21 a ArbZG bei der Prüfung der Frage, wann es sich um »Arbeit« handelt, **rechtsmethodisch** der **Anwendungsvorrang**[23] und der **Auslegungsvorrang**[24] des **EU-Arbeitszeitrechts** vor dem deutschen **Arbeitszeitrecht** stets zu beachten[25].

23 Art. 3 Buchst. a) der **EG-Fahrpersonal-Arbeitszeitrichlinie** (RL 2002/15/EG) bestimmt:

»**Arbeitszeit**« **ist bei Fahrpersonal** die Zeitspanne zwischen Arbeitsbeginn und Arbeitsende während der der Beschäftigte an seinem Arbeitsplatz ist, dem

---

22 BT-Drucks. 16/1685 S. 12, li. Sp.
23 BVerfG 28.01.1992 AP § 19 AZO Nr. 2; BAG 05.03.1996 AP Art. 3 GG Nr. 226.
24 BAG 05.03.1996 – AP Art. 3 GG Nr. 226.
25 Näheres: Vorbem. Rdn. 3.

Arbeitgeber zur Verfügung steht, und während der er seine Funktion oder Tätigkeit ausübt, d. h.
– die Zeit sämtlicher Tätigkeiten im Straßenverkehr. Diese Tätigkeiten umfassen insbesondere Folgendes:
i) Fahren,
ii) Be- und Entladen,
iii) Hilfe beim Ein- und Aussteigen der Fahrgäste,
iv) Reinigung und technische Wartung,
v) alle anderen Arbeiten, die dazu dienen, die Sicherheit des Fahrzeugs, der Ladung und der Fahrgäste zu gewährleisten bzw. die gesetzlichen oder behördlichen Formalitäten die einen direkten Zusammenhang mit der gerade ausgeführten spezifischen Transporttätigkeit aufweisen, zu erledigen; hierzu gehören auch: Überwachen der Beladens/Entladens, Erledigung von Formalitäten im Zusammenhang mit Polizei, Zoll, Einwanderungsbehörden usw.;
– die Zeiten, während deren das Fahrpersonal nicht frei über seine Zeit verfügen kann und sich an seinem Arbeitsplatz bereithalten muss, seine normale Arbeit aufzunehmen, wobei es bestimmte, mit dem Dienst verbundene Aufgaben ausführt, insbesondere während der Zeit des Wartens auf das Be- und Entladen, wenn deren voraussichtliche Dauer nicht im Voraus bekannt ist, d. h.

Nicht zur Arbeitszeit gerechnet werden die Ruhepausen gemäß Artikel 5, die Ruhezeiten gemäß Artikel 6 sowie ..., die Bereitschaftszeit gemäß Buchstabe b) des vorliegenden Artikels.«

Die Bestimmungen der RL 2002/15/EG haben zwar keine unmittelbare Geltung, sie sind jedoch bei der Anwendung von § 21a ArbZG stets unter dem Gesichtspunkt des Auslegungsvorrangs zu berücksichtigen. 24

Zur **Aufzeichnung der Arbeitszeit** der im Straßentransport eingesetzten Arbeitnehmer gemäß Art. 15 VO (EWG) Nr. 3821/85 über Kontrollgeräte im Straßenverkehr[26] hat der EuGH entschieden, dass zur nach dieser Verordnung aufzeichnungspflichtigen Arbeitszeit auch die Zeit zu rechnen und auf der Kontrollkarte zu dokumentieren ist, die der Fahrer auf dem **Weg zur Übernahme eines Fahrzeuges** verbringt, bei dem ein Kontrollgerät eingebaut 25

---

26 ABl. EG L 370 vom 31.12.1985, S. 8–21.

und benutzt werden muss, wie auch die Zeit, während der der Fahrer ein nicht in den Geltungsbereich der genannten VO fallendes Fahrzeug gelenkt hat[27].

II. Straßentransportspezifische Abweichung

26 Für den Begriff der Arbeitszeit selbst hat § 21 a Abs. 3 ArbZG jedoch insoweit Abweichungen von § 2 Abs. 1 ArbZG geschaffen, als bestimmte Zeiten, die nach den allgemeinen Regeln als Arbeitsbereitschaft[28] oder als Bereitschaftsdienst[29] zur Arbeitszeit zu rechnen wären, als »keine Arbeitszeit« bestimmt worden sind. Damit hat der Gesetzgeber im Rahmen der europarechtlichen Vorgaben nach der RL 2002/15/EG – gemessen am allgemeinen Begriff der Arbeitszeit gem. § 2 Abs. 1 ArbZG und des Art. 2 Abs. 1 RL 2003/88/EG – Ausnahmetatbestände geschaffen, die den Besonderheiten des Straßentransportgewerbes erheblich gerecht werden[30]. Für das Fahrpersonal sind Zeiten, während derer es sich am Arbeitsplatz bereithalten muss, um seine Tätigkeit aufnehmen zu können, nicht als Arbeitszeit zu betrachten, wenn sie den Beschäftigten im Voraus, spätestens unmittelbar vor Beginn des jeweiligen Zeitraumes bekannt sind[31]. Dies betrifft vor allem Zeiten des Wartens auf das Be- oder Entladen, des Mitreisens mit der Fähre oder mit der Bahn, aber auch – bei Wechselfahrern – die Zeit, in der der Fahrer nicht selbst am Steuer sitzt, sondern sich während der Fahrt neben dem Fahrer oder in der Schlafkabine aufhält. Die Regelungen entsprechen ihrerseits den – vorrangig zu beachtenden! – Bestimmungen der VO (EG) Nr. 561/2006 und dem AETR.

1. Bereithaltezeit am Arbeitsplatz (§ 21 a Abs. 3 Satz 1 Nr. 1 ArbZG)

27 Nach § 21 a Abs. 3 Satz 1 Nr. 1 ArbZG zählt nicht zur Arbeitszeit die Zeit, während der sich der Arbeitnehmer am Arbeitsplatz bereithalten muss, um seine Tätigkeit aufzunehmen. Dies gilt aber nur, wenn der Zeitraum und dessen voraussichtliche Dauer im Voraus, spätestens unmittelbar vor Beginn des betreffenden Zeitraumes bekannt ist (§ 21 a Abs. 3 Satz 2 ArbZG); anderenfalls

---

27 EuGH 18.01.2001 – Rs. C-297/99 – EuGHE I, 2001, 573.
28 § 2 Rdn. 16 ff.
29 § 2 Rdn. 21 ff.
30 BT-Drucks. 16/1685, S. 12 re. Sp.; vgl. auch *Didier* NZA 2007, 120.
31 BT-Drucks. 16/1685, S. 12 re. Sp.

zählt die Zeit zur Arbeitszeit[32]. Diese Regelung entspricht Art. 3 Buchst. a) zweiter Spiegelstrich RL 2002/15/EG.

Der Umstand, dass der Zeitraum und seine voraussichtliche Dauer dem Fahrer im Voraus bekannt sein müssen, damit die Bereithaltezeit nicht zur Arbeitszeit zu rechnen ist, bedeutet nicht, dass der Fahrer jedes Mal, wenn er z. B. auf das Beladen oder auf das Entladen wartet, gesonderte Angaben über das Warten und dessen voraussichtliche Dauer erhalten muss. Da die Dauer nur voraussichtlich feststehen muss, genügen hierzu dem Fahrer persönlich oder allgemein bekannte Erfahrungswerte; zudem darf erwartet werden, dass der Fahrer, wenn ihm die Abläufe unbekannt sind, bei der Be- oder Entladestelle nachfragt, wann er mit seinem Fahrzeug an der Reihe ist[33]. Indessen wird dabei verkannt, dass es sich bei diesen Zeiten schon deshalb nicht um Ruhezeiten (§ 5 Abs. 1 ArbZG) oder auch nur Ruhepausen (§ 4 ArbZG) handelt, weil der Fahrer über diese Zeiten nicht frei verfügen kann[34]. Zu beachten ist ferner, dass für Fahrer nach einer Lenkzeit vom 4,5 Stunden eine **Lenkzeitunterbrechung** von mindestens 45 Minuten Dauer vorgeschrieben ist (Art. 7 VO [EG] 561/2006). 28

Eine **Mindestdauer der voraussichtlichen Bereithaltezeit** ist weder im ArbZG noch in der RL 2002/15/EG normiert, um diese Bereithaltezeit nicht zur Arbeitszeit rechnen zu dürfen. Dies entspricht dem Umstand, dass die Bereithaltezeit nach § 21 a Abs. 3 Satz 1 Nr. 1 ArbZG weder Ruhezeit noch Ruhepause – für sie sind Mindestdauern vorgeschrieben – ist (§ 21 a Abs. 2 Sätze 3 und 4 ArbZG). Deshalb sind auch relativ kurze Splitterzeiten als Bereithaltezeit und damit nicht als Arbeitszeit anzusehen. Gleiches gilt, wenn sich Bereithaltezeit und Arbeitszeit abwechseln, etwa beim Warten und Vorrücken in einer Reihe von Transportfahrzeugen an den konkreten Be- oder Entladeplatz. Dabei sollen das Warten Bereitschaftszeit, das Vorrücken selbst jedoch Arbeitszeit darstellen[35]. Auch diese – dem § 21 a ArbZG entsprechende – Ansicht begegnet Bedenken. Die Regelung des § 21 a Abs. 3 Satz 1 29

---

32 BT-Drucks. 16/1685, S. 23 re. Sp.
33 *Didier* NZA 2007, 120, 122.
34 Vgl. *Anzinger/Koberski* § 21 a ArbZG Rz. 12; *Buschmann/Ulber* § 21 a ArbZG Rz. 13.
35 *Didier* NZA 2007, 120, 122.

Nr. 1 ArbZG stimmt mit Art. 3 Buchst. a Nr. 1 zweiter Spiegelstrich Fahrpersonal-RL 2002/15/EG nicht überein[36].

▶ Beispiel

In einer Warteschlange warten fünf Fahrzeuge, um nacheinander an derselben Stelle beladen zu werden. Die Beladung eines Fahrzeugs dauert erfahrungsgemäß etwa 20 Minuten. Der Fahrer im fünften Fahrzeug muss voraussichtlich alle 20 Minuten mit seinem Fahrzeug um eine Fahrzeuglänge vorrücken. Das Vorrücken selbst ist Arbeitszeit. Die übrige Zeit, in der sich der Fahrer in seinem Fahrzeug aufhält, zählt nach § 21 a Abs. 3 Satz 1 Nr. 1 ArbZG nicht zur Arbeitszeit:

2. Bereithaltezeit außerhalb des Arbeitsplatzes (§ 21 a Abs. 3 Satz 1 Nr. 2 ArbZG)

30 Ebenso zählt die Zeit nicht zur Arbeitszeit, während der sich der Arbeitnehmer bereit halten muss, um seine Tätigkeit auf Anweisung aufnehmen zu können, ohne sich an seinem Arbeitsplatz aufhalten zu müssen (§ 21 a Abs. 3 Satz 1 Nr. 2 ArbZG). Dies sind beispielsweise Zeiten, in denen der Arbeitnehmer ein Fahrzeug während der Beförderung mit dem Schiff oder mit der Bahn begleitet oder er infolge von zeitbegrenzten Fahrverboten oder langen Wartezeiten bis zur Grenzabfertigung warten muss, ohne sich am oder im Fahrzeug aufhalten zu müssen[37]. Allerdings ist diese Zeit nur dann nicht zur Arbeitszeit zu rechnen, wenn – wie im Fall des § 21 a Abs. 3 Satz 1 Nr. 1 ArbZG (s. oben Rdn 27) – der Zeitraum und dessen voraussichtliche Dauer im Voraus, spätestens unmittelbar vor Beginn des betreffenden Zeitraumes bekannt ist (§ 21 a Abs. 3 Satz 2 ArbZG). Ebenso ist diese Bereitschaftszeit keine Ruhepause (§ 21 a Abs. 3 Satz 4 ArbZG), jedoch kann die Bereitschaftszeit nach § 21 a Abs. 3 Satz 1 Nr. 2 ArbZG zugleich Ruhezeit sein (vgl. § 21 Abs. 3 Sätze 3 und 4 ArbZG). Das aber setzt voraus, dass die besonderen Bestimmungen über die Ruhezeit (§ 21 a Abs. 5 ArbZG) ihrerseits eingehalten werden.

▶ Beispiel:

Ein großer Reisebus mit einer Reisegruppe wird mit der Personen- und Autofähre von Turku nach Stockholm transportiert. Fahrer und Fahrgäste

---

36 *Buschmann* AuR 2006, 417.
37 Vgl. BT-Drucks. 16/1685, S. 12 re. Sp.

Beschäftigung im Straßentransport **§ 21a ArbZG**

des Busses reisen als Fahrgäste auf dem Schiff mit. Nachdem der Fahrer den Reisebus auf die Fähre gefahren und ihn dort abgestellt hat, beginnt seine Bereitschaftszeit. Die Überfahrt dauert planmäßig etwa zwölf Stunden. Der Fahrer steigt in den Bus erst wieder im Hafen von Stockholm ein, um den Bus von Bord zu fahren und die Busreisenden an Land einsteigen zu lassen. Die Zeit zwischen Verlassen und dem erneuten Einsteigen in den Bus – gut elf Stunden – stellt für den Fahrer keine Arbeitszeit dar; ihm steht eine Schlafkabine auf dem Schiff zur Verfügung. Dem Fahrer obliegen während der Überfahrt keinerlei dienstliche Aufgaben. Insgesamt stellt diese Zeit der Überfahrt zugleich eine Ruhezeit i. S. d. § 21 a Abs. 5 ArbZG i. V. m. Art. 4 Buchst. g), Art. 8, Art. 9 VO (EG) Nr. 561/2006 dar. Deshalb stellt die hinsichtlich der Fahrtdauer feststehende Zeit der Überfahrt mit dem Fährschiff durchaus Ruhezeit oder Ruhepause dar [138]

3. Wechselfahrer (§ 21 a Abs. 3 Satz 1 Nr. 3 ArbZG)

Im Straßengüterfernverkehr werden häufig auf einem Fahrzeug zwei Fahrer eingesetzt, die sich abwechseln (sog. Wechselfahrer). Nach § 21 a Abs. 3 Satz 1 Nr. 3 ArbZG zählt die Zeit, die der Arbeitnehmer während der Fahrt neben dem Fahrer oder in der Kabine verbringt, nicht als Arbeitszeit. Das Arbeitszeitgesetz selbst bestimmt keine Mindestdauer dieser lenkfreien Zeit. Diese Zeit kann – je nach Dauer und Gestaltung – nach § 21 a Abs. 5 ArbZG i. V. m. Art. 4 Buchst. g) VO (EG) Nr. 561/2006 eine Ruhezeit oder Lenkzeitunterbrechung nach Art. 7 VO (EG) Nr. 561/2006 sowie eine Ruhepause (§ 4 ArbZG) sein[39]. § 21 a Abs. 3 Satz 1 Nr. 3 ArbZG schließt eine Vergütungspflicht für die Arbeit als Beifahrer nicht aus; diese Norm kann auch nicht mit diesem Ergebnis ausgelegt werden[40].

31

I. Ausgleichszeiträume bei Mehrarbeit (§ 21 a Abs. 4 ArbZG)

§ 21 a Abs. 4 ArbZG bestimmt die **Wochenarbeitszeit** mit **48 Wochenstunden** (Satz 1) mit einer Verlängerungsmöglichkeit auf bis zu 60 Wochenstunden. Dies steht entgegen *Anzinger/Koberski*[41] für sich allein nicht im Widerspruch zu Art. 6 Abs. 2 VO (RG) 561/2006, weil dort nicht die Arbeitszeit,

32

---

38 Vgl. *Buschmann/Ulber* § 21 a ArbZG Rdn. 16.
39 A. A. keine Ruhezeit: *Anzinger/Koberski* § 21 a ArbZG Rz. 17.
40 BAG 20.04.2011 – 5 AZR 200/10 – NZA 2011, 917.
41 *Anzinger/Koberski* § 21 a ArbZG Rz. 20.

sondern nur die Lenkzeit geregelt ist. Die Ausgleichszeiträume für die von der Lenkzeit zu unterscheidende Arbeitszeit betragen vier Kalendermonate oder 16 Wochen. Diese Ausgleichszeiträume entsprechen Art. 4 Buchst. a) Satz 1 der RL 2002/15/EG. Sie sind deutlich kürzer als die nach § 3 ArbZG (sechs Kalendermonate bzw. 24 Wochen). Hinsichtlich des Ausgleichsmechanismus selbst stimmen § 3 und § 21 a Abs. 4 ArbZG strukturell überein.

J. Ruhezeit (§ 21 a Abs. 5 ArbZG)

33 Abweichend von § 4 ArbZG bestimmen sich gemäß § 21 a Abs. 5 Satz 1 ArbZG die **Ruhezeiten** nach den **Vorschriften der EU** für Kraftfahrer und Beifahrer und nach dem **AETR**. Mit dieser Anordnung hat der deutsche Gesetzgeber nicht nur den allgemeinen Vorrang der EU-rechtlichen Regelungen und des AETR wie in § 21 Abs. 1 Satz 2 ArbZG angeordnet, sondern die ausschließliche Geltung dieser Bestimmungen. Das EU-Recht enthält für Kraftfahrer und Beifahrer sehr differenzierende Regelungen der Ruhezeit in Art. 8 VO (EG) Nr. 561/2006 und Art. 6 AETR[42].

34 Diese Regelungen gelten nach § 21 a Abs. 5 Satz 2 ArbZG auch für **Auszubildende** und **Praktikanten**. Die in Bezug genommen Bestimmungen der VO (EG) Nr. 561/2006 und des AETR erfassen diese Personenkreise nicht, wohl aber sollen nach Art. 6 RL 2002/15/EG die Ruhezeitbestimmungen der VO (EG) Nr. 561/2006 (vormals VO [EWG] Nr. 3820/85) für die Zwecke dieser Richtlinie auch für Auszubildende und Praktikanten gelten. Der deutsche Gesetzgeber ist dem nachgekommen; er wollte zudem insoweit eine EU-rechtskonforme Gleichbehandlung erreichen[43].

K. Abweichende Regelungen für den Straßentransport (§ 21 a Abs. 6 ArbZG)

35 Ähnlich wie § 7 und § 12 ArbZG ermöglicht § 21 a Abs. 6 ArbZG **nähere Regelungen und Abweichungen** in einem **Tarifvertrag** oder auf Grund eines Tarifvertrags in einer **Betriebs- oder Dienstvereinbarung**. Damit hat der deutsche Gesetzgeber von Öffnungsklauseln der RL 2002/15/EG Gebrauch

---

42 Vgl. zur Ruhezeit i. S. d. Art. 8 VO [EWG] Nr. 3820/85 – nunmehr Art. 8 VO [EG] Nr. 561/2006 – OLG Köln 19.09.1989 – Ss 403/89 – NZV 1989, 484 = VerkMitt 1990, Nr. 49.
43 BT-Drucks. 16/1685, S. 13 li. Sp.

gemacht. Zudem kann – in Grenzen – auf die Ermächtigung des § 7 ArbZG zurückgegriffen werden[44]. Die **Regelungsmethoden** sind dieselben wie in § 7 ArbZG (§ 7 Rdn. 6 ff.). Regelungen, die nach § 21 a Abs. 6 Satz 1 ArbZG getroffen worden sind, können gemäß § 21 a Abs. 6 Satz 2 ArbZG nach näherer Maßgabe des § 7 Abs. 3 ArbZG (§ 7 Rdn. 78 ff.) auch im **Betrieb eines nicht tarifgebundenen Arbeitgebers** angewendet werden[45].

I. Ermächtigungen (§ 21 a Abs. 6 Satz 1 ArbZG)

Nähere Einzelheiten können die Tarifvertragsparteien in einem Tarifvertrag 36 oder – wenn ein Tarifvertrag dies zulässt – die Betriebs- oder Dienststellenpartner in einer Betriebs- oder Dienstvereinbarung zu den **Bereithaltezeiten** (§ 21 a Abs. 3 Satz 1 Nr. 1 und 2 ArbZG) und zu den **Zeiträumen und der voraussichtlichen Dauer der Bereithaltezeiten** (§ 21 a Abs. 3 Satz 2 ArbZG) regeln (§ 21 a Abs. 6 Nr. 1 ArbZG). Von § 21 a Abs. 4 sowie von § 3 (Arbeitszeit) und § 6 Abs. 2 (Arbeitszeit der Nachtarbeitnehmer) ArbZG **abweichende Regelungen** können mit denselben Methoden vereinbart werden, allerdings bedarf es hierzu objektiver technischer oder arbeitsorganisatorischer Gründe; zudem darf die Arbeitszeit von durchschnittlich 48 Stunden pro Woche im Durchschnitt von **sechs Kalendermonaten** nicht überschritten werden. Dies entspricht der Öffnungsklausel des Art. 8 RL 2002/15/EG.

Nach § 21 a Abs. 6 Satz 2 kann von den Abweichungsmöglichkeiten des § 7 37 Abs. 1 Nr. 2 (Aufteilung von Ruhepausen und Kurzpausen) und Abs. 2 a (Arbeitszeitverlängerung ohne Ausgleich bei Arbeitsbereitschaft oder Bereitschaftsdienst) kein Gebrauch gemacht werden.

II. Vereinbarte Anwendung bei tarifungebundenen Arbeitgebern (§ 21 a Abs. 6 Satz 3 ArbZG)

Gleichermaßen wie bei tarifvertraglichen Abweichungen nach § 7 ArbZG 38 ermöglicht § 21 a Abs. 6 Satz 3 ArbZG, die nach § 21 a Abs. 6 Satz 1 ArbZG tarifvertraglich vereinbarten Abweichungen im Wege der Betriebs- oder Dienstvereinbarung oder, wenn ein Betriebs- oder Personalrat nicht besteht, im Arbeitsvertrag zu vereinbaren. Dagegen ist § 7 Abs. 4 ArbZG nicht in

---

44 BT-Drucks. 16/1685, S. 13 li. Sp.
45 *Anzinger/Koberski* § 21 a ArbZG Rz. 28.

Bezug genommen worden, so dass die Kirchen derartige Abweichungen nicht regeln können.

L. Dokumentations- und Aufbewahrungspflichten (§ 21 a Abs. 7 ArbZG)

39 Nach § 21 a Abs. 7 Satz 1 ArbZG ist bei Arbeitnehmern im Straßentransport nicht nur die über acht Stunden hinausgehende, sondern **jede Arbeitszeit aufzuzeichnen**. Damit geht der Gegenstand der Aufzeichnungspflicht weit über die nach § 16 Abs. 2 ArbZG (§ 16 Rdn. 6 ff.) hinaus. Allerdings ist der Arbeitgeber hier wie dort nicht verpflichtet, die Aufzeichnung der Arbeitszeit selbst vorzunehmen; er kann sie – wie nach § 16 Abs. 2 ArbZG (§ 16 Rdn. 8) – auch auf seine Arbeitnehmer dadurch übertragen, dass er ihnen auferlegt, ihre eigenen Arbeitszeiten aufzuzeichnen[46]. Die Art der Aufzeichnung ist vom Gesetz nicht vorgeschrieben. Es können Handaufschreibungen ebenso sein wie Arbeitszeitkonten wie auch technische Aufzeichnung, etwa durch das Kontrollgerät im Fahrzeug, letzteres allerdings nur, wenn sich daraus alle Arbeitszeiten des jeweiligen Arbeitnehmers ergeben[47]. Neben dieser arbeitszeitrechtlichen Aufzeichnungspflicht regelt die VO (EG) Nr. 3821/85 zwecks Kontrolle der Einhaltung der Lenkzeiten usw. präzise Bauart, Einbau, Prüfung und Benutzung eines Kontrollgerätes im jeweiligen Fahrzeug. Für die Kontrolle von Lenkzeiten usw. sind für im Inland ansässige Unternehmen und Betriebe die nach Landesrecht zuständigen Aufsichtsbehörden zuständig; für Unternehmen, die im Inland weder einen Sitz noch eine geschäftliche Niederlassung haben, obliegt die Aufsicht der Bundesanstalt für den Güterfernverkehr.

40 Nach § 21 a Abs. 7 Satz 1 ArbZG hat der Arbeitgeber die Pflicht, diese **Aufzeichnung mindestens zwei Jahre aufzubewahren**. Dies entspricht der allgemeinen Regelung in § 16 Abs. 2 Satz 2 ArbZG (§ 16 Rdn. 10 f.). Die in § 21 a Abs. 7 Satz 3 ArbZG normierte Pflicht, den **Arbeitnehmern** auf Verlangen eine **Kopie der Auszeichnungen auszuhändigen**, betrifft nur die Arbeitnehmer im Straßentransport. Dies entspricht Art. 9 Abs. 2 RL 2002/15/EG. Für die Pflicht zur Vorlage dieser Aufzeichnungen bei den Aufsichtsbehörden gilt § 17 Abs. 4 ArbZG.

---

46 BT-Drucks. 16/1685, S. 13, li. Sp.; *Didier* NZA 2007, 120, 123.
47 BT-Drucks. 16/1685, S. 13, li. Sp.

M. Mehrere Arbeitsverhältnisse

Unterhält der Arbeitnehmer zeitgleich mehrere Arbeitsverhältnisse, so sind die 41 Arbeitszeiten nach § 2 Abs. 1 Satz 1, 2. Halbs. ArbZG zusammenzurechnen (§ 2 Rdn. 51). Nach der Rechtsprechung hat der Arbeitgeber insoweit gegenüber dem Arbeitnehmer einen Auskunftsanspruch (§ 2 Rdn. 57 m. w. N.). Für die Arbeitnehmer im Straßentransport normiert § 21 a Abs. 8 Satz 1 ArbZG – schärfer als die sich aus § 2 Abs. 1 Satz 1, 2. Halbs. ArbZG ergebende Obliegenheit des Arbeitgebers – dessen **Pflicht, von seinem Arbeitnehmer schriftlich zu verlangen**, ihm eine **Aufstellung** der bei einem anderen Arbeitgeber **geleisteten Arbeitszeit** vorzulegen. Diese Angaben hat der Arbeitnehmer nach § 21 a Abs. 7 Satz 2 ArbZG seinerseits schriftlich vorzulegen. Diese Bestimmung entspricht Art. 4 Abs. 2 RL 2002/15/EG.

Ungeregelt ist geblieben, ob die Unterlagen über das **schriftliche Auskunfts-** 42 **verlangen** des Arbeitgebers und die **schriftliche Antwort** des Arbeitnehmers zu den aufzubewahrenden Nachweisen (§ 21 a Abs. 7 Satz 2 ArbZG) und zu den der Aufsichtsbehörde nach § 17 Abs. 4 Satz 2 ArbZG vorzulegenden oder zuzusendenden **Arbeitszeitnachweisen** (§ 17 Rdn. 20 ff.) zählen. Nach Sinn und Zweck der Aufsichtspflicht dürfte dies jedoch zu bejahen sein.

Siebter Abschnitt Straf- und Bußgeldvorschriften

§ 22 Bußgeldvorschriften

(1) Ordnungswidrig handelt, wer als Arbeitgeber vorsätzlich oder fahrlässig
1. entgegen §§ 3, 6 Abs. 2 oder § 21 a Abs. 4, jeweils auch in Verbindung mit § 11 Abs. 2, einen Arbeitnehmer über die Grenzen der Arbeitszeit hinaus beschäftigt,
2. entgegen § 4 Ruhepausen nicht, nicht mit der vorgeschriebenen Mindestdauer oder nicht rechtzeitig gewährt,
3. entgegen § 5 Abs. 1 die Mindestruhezeit nicht gewährt oder entgegen § 5 Abs. 2 die Verkürzung der Ruhezeit durch Verlängerung einer anderen Ruhezeit nicht oder nicht rechtzeitig ausgleicht,
4. einer Rechtsverordnung nach § 8 Satz 1, § 13 Abs. 1 oder 2 oder § 24 zuwiderhandelt, soweit sie für einen bestimmten Tatbestand auf diese Bußgeldvorschrift verweist,

5. entgegen § 9 Abs. 1 einen Arbeitnehmer an Sonn- oder Feiertagen beschäftigt,
6. entgegen § 11 Abs. 1 einen Arbeitnehmer an allen Sonntagen beschäftigt oder entgegen § 11 Abs. 3 einen Ersatzruhetag nicht oder nicht rechtzeitig gewährt,
7. einer vollziehbaren Anordnung nach § 13 Abs. 3 Nr. 2 zuwiderhandelt,
8. entgegen § 16 Abs. 1 die dort bezeichnete Auslage oder den dort bezeichneten Aushang nicht vornimmt,
9. entgegen § 16 Abs. 2 oder § 21 a Abs. 7 Aufzeichnungen nicht oder nicht richtig erstellt oder nicht für die vorgeschriebene Dauer aufbewahrt oder
10. entgegen § 17 Abs. 4 eine Auskunft nicht, nicht richtig oder nicht vollständig erteilt, Unterlagen nicht oder nicht vollständig vorlegt oder nicht einsendet oder entgegen § 17 Abs. 5 Satz 2 eine Maßnahme nicht gestattet.

(2) Die Ordnungswidrigkeit kann in den Fällen des Absatzes 1 Nr. 1 bis 7, 9 und 10 mit einer Geldbuße bis zu fünfzehntausend Euro, in den Fällen des Absatzes 1 Nr. 8 mit einer Geldbuße bis zu zweitausendfünfhundert Euro geahndet werden.

A. Gegenstand der Regelung

1   § 22 ArbZG bestimmt, inwieweit Verstöße gegen die Bestimmungen des Arbeitszeitgesetzes bzw. gegen die aufgrund des Arbeitszeitgesetzes erlassenen Rechtsverordnungen als **Ordnungswidrigkeiten** geahndet werden. Die Vorschrift wendet sich nur gegen den Arbeitgeber, nicht gegen den Arbeitnehmer. Als Tatbestände sind dort Verstöße des Arbeitgebers gegen praktisch alle wesentlichen Bestimmungen des Arbeitszeitgesetzes aufgezählt. Aus dem Kreis der Ordnungswidrigkeiten sind bestimmte Tatbestände nach § 23 ArbZG unter Strafe gestellt, soweit zusätzliche Tatbestandsmerkmale verwirklicht worden sind.

B. Ordnungswidriges Handeln

2   Nach § 22 Abs. 1 ArbZG **handelt ordnungswidrig**, wer als Arbeitgeber vorsätzlich oder fahrlässig einen der dort aufgezählten Tatbestände verwirklicht. Nicht alle Pflichten, die dem Arbeitgeber durch das Arbeitszeitgesetz auferlegt werden, sind hiernach als Ordnungswidrigkeit zu ahnden. Er kann jedoch mit den verwaltungsrechtlichen Zwangsmitteln zur Einhaltung auch der Normen

angehalten werden, deren Verstoß nicht als Ordnungswidrigkeit zu verfolgen ist.

Je nach Fallgestaltung kann die **ordnungswidrige Handlung** dadurch **begangen** werden, dass der Arbeitgeber **aktiv handelt**, z. B. jemanden über die Grenzen der Arbeitszeit hinaus beschäftigt (§ 22 Abs. 1 Nr. 1 ArbZG), aber auch dadurch, dass er eine ihn treffende **rechtliche Verpflichtung** nicht **vornimmt**, indem er es z. B. unterlässt, die in § 16 Abs. 2 ArbZG bezeichneten Aufzeichnungen überhaupt vorzunehmen oder sie für die vorgeschriebene Dauer aufzubewahren (§ 22 Abs. 1 Nr. 9 ArbZG). 3

C. Täter

Ordnungswidrig nach § 22 Abs. 1 ArbZG handelt, **wer als Arbeitgeber** einen der dort genannten Tatbestände rechtswidrig und schuldhaft verwirklicht. **Arbeitgeber** i. S. d. § 22 ArbZG ist jede **natürliche Person**, die einen Arbeitnehmer i. S. d. § 2 Abs. 2 ArbZG beschäftigt. Für **juristische Personen** als Arbeitgeber handelt jedes **Mitglied des Organs** einer solchen juristischen Person, für Personenhandelsgesellschaften handeln deren vertretungsberechtigte Gesellschafter. In anderen Fällen handeln die gesetzlichen Vertreter (vgl. § 9 Abs. 1 OWiG). 4

Nach § 30 Abs. 1 OWiG kann jedoch auch **gegen** die – nicht schuldfähige – **juristische Person oder Personenvereinigung** eine Geldbuße verhängt werden. 5

Als **Täter** kommen aber auch vom Arbeitgeber **beauftragte Personen** in Betracht (§ 9 Abs. 2 OWiG). Die **Beauftragung** kann darin liegen, den Betrieb ganz oder zum Teil zu **leiten** oder ausdrücklich dahin gehen, **in eigener Verantwortung Aufgaben wahrzunehmen**, die dem Inhaber des Betriebes obliegen. Dem Betrieb steht das Unternehmen gleich. Die Beauftragung mit der Betriebsleitung braucht nicht ausdrücklich zu erfolgen; die Beauftragung mit bestimmten Aufgaben muss hingegen ausdrücklich vorgenommen werden[1]. Mit Rücksicht auf § 130 OWiG (Aufsichtspflicht) ist es allerdings zweckmäßig, jede spezielle Beauftragung schriftlich vorzunehmen. 6

Sind mehrere an der Verwirklichung der Ordnungswidrigkeit beteiligt, so kann jeder von ihnen nach § 14 OWiG zur Verantwortung gezogen werden. 7

---

1 *Anzinger/Koberski* § 22 ArbZG Rz. 8.

Bußgeldrechtlich nicht verantwortlich ist dagegen der von der Ordnungswidrigkeit des Arbeitgebers **betroffene Arbeitnehmer**.

D. Rechtswidrigkeit

8   Die Verfolgung eines Verstoßes gegen die in § 22 Abs. 1 ArbZG aufgezählten Tatbestände setzt voraus, dass der Täter **rechtswidrig** gehandelt hat. Diese Voraussetzung ist i. d. R. bei einem Verstoß gegen die in § 22 Abs. 1 ArbZG aufgeführten Bestimmungen gegeben. Handelt jemand im Rahmen des § 14 ArbZG, also im **Notfall** bzw. im außergewöhnlichen Fall, so stellt die Einhaltung der Vorschrift des § 14 ArbZG einen **Rechtfertigungsgrund** mit der Folge dar, dass der Arbeitgeber insoweit keine Ordnungswidrigkeit begeht. Dagegen ist die **Einwilligung des betroffenen Arbeitnehmers** für die Feststellung der Rechtswidrigkeit ohne Bedeutung, denn er kann auf die Einhaltung der Arbeitszeitbestimmungen nicht wirksam verzichten[2]. War die Verwirklichung des objektiven Tatbestandes der Ordnungswidrigkeit jedoch durch **Notwehr** geboten, so war das Handeln nicht rechtswidrig (§ 15 OWiG). Entsprechendes gilt beim **rechtfertigenden Notstand** nach § 16 OWiG.

E. Vorsatz, Fahrlässigkeit

9   Die Verfolgung als Ordnungswidrigkeit setzt voraus, dass der Täter vorsätzlich oder fahrlässig gehandelt hat. Der unmittelbare Vorsatz ist gegeben, wenn der Täter den mit der Ordnungswidrigkeit bedrohten Tatbestand kennt und er ihn verwirklichen will, insbesondere bei wissentlichem Handeln. Unzureichend ist dagegen früheres, nicht vorhandenes Wissen oder eine erst nach der Begehung erlangte Kenntnis. Es genügt jedoch auch **bedingter Vorsatz**. Mit ihm handelt, wer es für möglich hält, dass er den Tatbestand verwirklicht, und diese Folge billigend in Kauf nimmt.

10 **Fahrlässig** im Sinne einer Ordnungswidrigkeit handelt dagegen, wer einen Tatbestand rechtswidrig verwirklicht, ohne dies zu wollen oder zu erkennen, und ihm ebendieses vorzuwerfen ist. **Bewusste Fahrlässigkeit** liegt vor, wenn der Täter zwar erkennt, dass er den Tatbestand möglicherweise verwirklicht, er aber pflichtwidrig darauf vertraut, der Erfolg werde nicht eintreten. **Unbewusst fahrlässig** handelt dagegen, wer nicht voraussieht, dass er den Tatbestand verwirklicht, dies aber nach den Umständen und nach seinen

---

2   OLG Karlsruhe 11.07.1963 AP Nr. 6 zu § 25 AZO.

persönlichen Fähigkeiten und Kenntnissen hätte erkennen müssen. Insofern ist ein **subjektiver Maßstab** anzulegen. Hat sich der Täter lediglich über die Rechtswidrigkeit seines Handelns geirrt, so ist sein Handeln ihm nur dann nicht vorwerfbar, wenn dieser Irrtum für ihn unvermeidbar war. Ein Arbeitgeber, der regelmäßig Arbeitnehmer beschäftigt, hat sich indessen über den Inhalt und den Umfang der öffentlich-rechtlichen **Arbeitsschutzbestimmungen**, damit auch des Arbeitszeitgesetzes, **kundig zu machen**. Notfalls muss er Zweifel durch Rückfragen bei der zuständigen Aufsichtsbehörde klären[3].

F. Versuch

Nur die **vollendete Tat** kann als Ordnungswidrigkeit nach § 22 ArbZG verfolgt werden. Der **Versuch** eines Verstoßes gegen § 22 ArbZG kann nicht als Ordnungswidrigkeit geahndet werden, weil dies im Arbeitszeitgesetz nicht ausdrücklich vorgesehen ist (vgl. § 13 OWiG). **11**

G. Aufsichtspflichtverletzung

Der **Inhaber** des Betriebes oder Unternehmens handelt seinerseits jedoch nach § 13 OWiG **ordnungswidrig**, wenn er vorsätzlich oder fahrlässig die **Aufsichtsmaßnahmen unterlässt**, die erforderlich sind, um Zuwiderhandlungen gegen die Bestimmungen des Arbeitszeitgesetzes zu verhindern. Beauftragt der Inhaber des Betriebes eine bestimmte Person mit der Einhaltung der Bestimmungen des Arbeitszeitgesetzes, so muss er durch geeignete Aufsichtsmaßnahmen kontrollieren, dass den Bestimmungen auch Genüge getan wird. **12**

H. Geldbußen, Verjährung, Verfolgung

Die Ordnungswidrigkeit nach § 22 Abs. 1 Nr. 9 ArbZG kann mit einer Geldbuße bis 2.500 Euro, alle anderen Ordnungswidrigkeiten können nach § 22 Abs. 1 ArbZG mit einer **Geldbuße bis zu 15 000 Euro** geahndet werden. **13**

Die Verfolgung einer Ordnungswidrigkeit sowie die Anordnung von Nebenfolgen **verjährt** nach § 31 OWiG. Die Verjährungsfrist beträgt für alle Fälle des § 22 ArbZG **zwei Jahre** (§ 31 Abs. 2 Nr. 2 OWiG). Sie beginnt, sobald die Handlung beendet ist. Tritt ein zum Tatbestand gehörender Erfolg jedoch erst später ein, so beginnt die Verjährung mit diesem Zeitpunkt (§ 31 Abs. 3 OWiG). Die Verjährung kann jedoch nach näherer Maßgabe des § 33 OWiG **14**

---

3 OLG Düsseldorf 13.04.1992 DB 1992, 2148.

§ 23 ArbZG Strafvorschriften

unterbrochen werden, vor allem durch die erste Vernehmung des Betroffenen und die Bekanntgabe, dass gegen ihn das Ermittlungsverfahren eingeleitet ist. Mit jeder Unterbrechung beginnt die Verjährung von neuem (§ 33 Abs. 3 Satz 1 OWiG).

15 **Verfolgungsbehörde** ist i. d. R. die nach § 17 Abs. 1 ArbZG zuständige **Aufsichtsbehörde** (§ 17 Rdn. 3 ff.).

16 Ordnungswidrigkeiten werden nach dem **Opportunitätsprinzip** verfolgt. Die Verfolgungsbehörde entscheidet nach pflichtgemäßem Ermessen darüber, ob sie eine Verwarnung ausspricht oder ein Bußgeldverfahren einleitet und durchführt[4]. Verdichten sich allerdings die Umstände derart, dass möglicherweise ein Straftatbestand i. S. d. § 23 ArbZG verwirklicht ist, so hat die Aufsichtsbehörde das Verfahren an die zuständige **Staatsanwaltschaft abzugeben**. Dies betrifft insbesondere die Ordnungswidrigkeiten, deren beharrliche Wiederholung einen Straftatbestand nach § 23 Abs. 1 Nr. 2 ArbZG darstellen kann. Gleiches gilt aber auch für die Fälle, in denen nach näherer Maßgabe des § 23 Abs. 1 Nr. 1, Abs. 2 ArbZG die **Gesundheit** oder Arbeitskraft eines **Arbeitnehmers gefährdet** sein kann.

§ 23 Strafvorschriften

(1) Wer eine der in § 22 Abs. 1 Nr. 1 bis 3, 5 bis 7 bezeichneten Handlungen
1. vorsätzlich begeht und dadurch Gesundheit oder Arbeitskraft eines Arbeitnehmers gefährdet oder
2. beharrlich wiederholt,

wird mit Freiheitsstrafe bis zu einem Jahr oder mit Geldstrafe bestraft.

(2) Wer in den Fällen des Absatzes 1 Nr. 1 die Gefahr fahrlässig verursacht, wird mit Freiheitsstrafe bis zu sechs Monaten oder mit Geldstrafe bis zu 180 Tagessätzen bestraft.

A. Gegenstand der Regelung

1 In § 23 ArbZG sind bestimmte, nämlich **besonders schwerwiegende ordnungswidrige Handlungen** unter Strafe gestellt worden, wenn noch weitere qualifizierende Merkmale hinzukommen. Der Strafrahmen entspricht dem

---

4 *Anzinger/Koberski* § 22 ArbZG Rz. 21.

üblichen bei derartigen sog. Qualifikationstatbeständen[1]. Als Straftaten verfolgt werden können nur die in § 22 Abs. 1 Nr. 1 bis 3 und Nr. 5 bis 7 ArbZG bezeichneten Handlungen. Dabei geht es um die Beschäftigung von Arbeitnehmern über die Grenzen der zulässigen **Arbeitszeit** hinaus (§ 22 Abs. 1 Nr. 1 ArbZG), **Nichtgewährung der Ruhezeit** bzw. eines Ruhezeitausgleichs (§ 22 Abs. 1 Nr. 3 ArbZG), **gesetzwidrige Beschäftigung** an **Sonn- und Feiertagen** (§ 22 Abs. 1 Nr. 5 ArbZG), Beschäftigung von Arbeitnehmern an allen Sonntagen oder Verstöße gegen die Gewährung eines Ersatzruhetages (§ 22 Abs. 1 Nr. 6 ArbZG) und Zuwiderhandlungen gegen vollziehbare Anordnungen nach § 13 Abs. 2 Nr. 2 ArbZG (§ 22 Abs. 1 Nr. 7 ArbZG).

B. Straftatbestände

Als **Straftat** können diese Ordnungswidrigkeiten indessen nur verfolgt werden, wenn die zusätzlichen, sie als **Straftatbestand** qualifizierenden Merkmale nach § 22 Abs. 1 oder Abs. 2 ArbZG vorliegen. 2

I. Vorsätzliche Begehung mit Gefährdung der Arbeitnehmer (§ 23 Abs. 1 Nr. 1 ArbZG)

Die Verwirklichung des Straftatbestandes setzt nicht nur voraus, dass einer 3
der in § 23 Abs. 1 Einleitungssatz bezeichneten Verstöße gegen das Arbeitszeitgesetz **vorsätzlich** begangen worden ist, sondern auch, dass dadurch ein **Gefährdungstatbestand** hinsichtlich der Gesundheit oder Arbeitskraft eines Arbeitnehmers vorsätzlich herbeigeführt worden ist. Zwischen der Hervorrufung der Gefährdung und der Zuwiderhandlung gegen die Bestimmungen des Arbeitszeitgesetzes muss ein **ursächlicher Zusammenhang** bestehen. Der **Vorsatz** muss sich auch auf den **Gefährdungstatbestand** beziehen. Ein willentliches oder auch nur billigendes Inkaufnehmen der Gefährdung steht dem Vorsatz gleich[2].

Die **Gesundheit** eines Arbeitnehmers ist gefährdet, wenn die konkrete Gefahr 4
besteht, dass infolge der Überschreitung der arbeitszeitrechtlichen Grenzen die intakte körperliche, geistige und seelische Verfassung des Arbeitnehmers nicht mehr gegeben bleibt. Unter **Arbeitskraft** ist die aufgrund der geistigen und psychischen Kräfte des Arbeitnehmers unter Berücksichtigung seiner

---

1 BT-Drucks. 12/5888, 33.
2 BGH 10.12.2009 – 4 StR 503/09 – NStZ-RR 2010, 120.

Ausbildung und Übung erwachsene Fähigkeit zu verstehen, in bestimmtem Umfang die geschuldete Arbeit zu leisten. Der Tatbestand des § 23 Abs. 1 Nr. 1 ArbZG ist nicht erst erfüllt, wenn die Gesundheit oder die Arbeitskraft des Arbeitnehmers geschädigt sind, sondern bereits dann, wenn eine **konkrete Gefährdung** vorliegt. Ob eine solche Gefährdung anzunehmen ist, richtet sich vor allem nach dem Grad der Beanspruchung, der übermäßigen Dauer, der Nichteinhaltung von Ruhezeiten und Ruhepausen. Grundsätzlich genügt schon eine deutliche »**Übermüdung**« des Arbeitnehmers, um eine derartige **Gefährdung** anzunehmen. Beruht die Übermüdung jedoch auf dem privaten Verhalten des Arbeitnehmers, so ist dies dem Arbeitgeber strafrechtlich nicht zuzurechnen.

II. Fahrlässige Gefährdung der Arbeitnehmer (§ 23 Abs. 2 ArbZG)

5   Verstößt jemand als Arbeitgeber zwar vorsätzlich gegen die in § 23 Abs. 1 Einleitungssatz ArbZG genannten Tatbestände, bezieht sich sein Vorsatz jedoch **nicht auf die Gefährdung der Gesundheit** oder der Arbeitskraft der Arbeitnehmer, sondern handelt er insoweit nur **fahrlässig**, so stellt auch dies einen Straftatbestand dar. Indessen ist das **Strafmaß** gegenüber der vorsätzlichen Begehung mit vorsätzlicher Gefährdung der Gesundheit oder der Arbeitskraft des Arbeitnehmers erheblich **herabgesetzt**.

III. Beharrliche Wiederholung (§ 23 Abs. 1 Nr. 2 ArbZG)

6   Die **beharrliche Wiederholung** der in § 23 Abs. 1 Eingangssatz ArbZG aufgezählten Ordnungswidrigkeiten stellt nach § 23 Abs. 1 Nr. 2 ArbZG einen **Straftatbestand** dar. Eine beharrliche Wiederholung liegt in der Regel vor, wenn der als Arbeitgeber handelnde durch mindestens eine, in der Regel jedoch mehr als eine **erneute Begehung** einer der aufgezählten Ordnungswidrigkeiten erkennen lässt, dass er eine so rechtsfeindliche Einstellung gegen die aufgezählten Vorschriften des Arbeitszeitgesetzes erkennen lässt, dass es nicht mehr reicht, ihn mit Geldbußen zu belegen, um ihn wieder zur Einhaltung dieser gesetzlichen Arbeitszeitregeln zu veranlassen. Eine **Wiederholung** i. S. d. Tatbestands liegt auch vor, wenn der Arbeitgeber **verschiedene** der in § 23 Abs. 1 Eingangssatz ArbZG aufgezählten Ordnungswidrigkeiten begeht, er also mehrfach versucht, durch Überschreitung der Arbeitszeitgrenzen bzw. Nichtgewährung von Ruhezeiten oder durch verbotene Sonntagsarbeit oder Nichtgewährung des Sonntagsausgleichs eine über das Maß des Gesetzes weit hinausgehende Arbeitsleistung seines einzelnen Arbeitnehmers zu erreichen.

C. Täter, Straftatverwirklichung, Versuch, Verjährung

Als **Täter** der Straftaten kommen dieselben Personen in Betracht, die auch 7
Täter der Ordnungswidrigkeiten sein können (§ 22 Rdn. 4 ff.). Die Bestrafung
des Täters setzt die **Rechtswidrigkeit** seines Handelns voraus. Insoweit gelten
vergleichbare Erwägungen wie zu § 22 ArbZG (§ 22 Rdn. 8). Ebenso setzt
die Bestrafung **schuldhaftes** Handeln des Täters voraus. Für § 23 Abs. 1 Nr. 1
ArbZG ist **Vorsatz** erforderlich. Wird die Gefahr nur fahrlässig verursacht,
wird die Tat mit dem geringeren Strafmaß des § 23 Abs. 2 ArbZG verfolgt.
Für die **beharrliche Wiederholung** ist ebenfalls **Vorsatz** vorauszusetzen, weil
es sonst am Merkmal der **Beharrlichkeit** fehlt. Straftaten nach § 23 Abs. 1
ArbZG werden mit **Freiheitsstrafe** bis zu einem Jahr oder mit **Geldstrafe**
bestraft, solche nach § 23 Abs. 2 ArbZG mit einer Freiheitsstrafe bis zu sechs
Monaten oder mit Geldstrafe bis zu 180 Tagessätzen. Der **Versuch** einer Straftat nach § 23 Abs. 1 und 2 ArbZG ist nicht strafbar, weil er als solcher nicht
ausdrücklich unter Strafe gestellt worden ist (§ 23 Abs. 1 StGB).

Die Verfolgung als Straftat kann ebenfalls **verjähren**. Die Verjährungsfrist 8
beträgt **drei Jahre** (§ 78 Abs. 3 Nr. 5 StGB). Die Verjährung beginnt, sobald
die Tat beendet ist; tritt ein zum Tatbestand gehörender Erfolg erst später ein,
beginnt die Verjährung mit diesem Zeitpunkt (§ 78 a StGB). Die Verjährung
wird nach näherer Maßgabe des § 78 c StGB unterbrochen, vor allem durch
die erste Vernehmung des Beschuldigten, die Bekanntgabe, dass gegen ihn das
Ermittlungsverfahren eingeleitet ist oder die Anordnung dieser Vernehmung
oder Bekanntgabe.

D. Verfolgung

Für die **Verfolgung** der Straftaten des § 23 ArbZG ist nicht die Aufsichts- 9
behörde, sondern die **Staatsanwaltschaft** zuständig. Erfährt die Aufsichtsbehörde davon, dass möglicherweise ein Straftatbestand nach § 23 StGB
verwirklicht sein kann, hat sie das Verfahren an die Staatsanwaltschaft abzugeben. Entsprechend landesrechtlichen Bestimmungen sind die Gewerbeaufsichtsbeamten insoweit jedoch Hilfsbeamte der Staatsanwaltschaft; sie können
daher von der Staatsanwaltschaft eingesetzt werden, um nähere Ermittlungen
durchzuführen.

Für die Verfolgung der Straftaten gilt das **Legalitätsprinzip**. Die Staatsanwalt- 10
schaft muss wegen aller verfolgbaren Straftaten einschreiten, sofern zureichende tatsächliche Anhaltspunkte vorliegen (§ 152 Abs. 2 StPO).

Achter Abschnitt Schlussvorschriften

§ 24 Umsetzung von zwischenstaatlichen Vereinbarungen und Rechtsakten der Europäischen Gemeinschaften

Die Bundesregierung kann mit Zustimmung des Bundesrates zur Erfüllung von Verpflichtungen aus zwischenstaatlichen Vereinbarungen oder zur Umsetzung von Rechtsakten des Rates oder der Kommission der Europäischen Gemeinschaften, die Sachbereiche dieses Gesetzes betreffen, Rechtsverordnungen nach diesem Gesetz erlassen.

A. Gegenstand der Regelung

1 Nach § 24 ArbZG kann die Bundesregierung zustimmungsbedürftige **Rechtsverordnungen** zur Erfüllung zwischenstaatlicher bzw. europarechtlicher Verpflichtungen auf dem Gebiet des Arbeitszeitrechts erlassen. Während die Rechtsverordnungen nach §§ 8, 13 Abs. 1 und 2 sowie in § 15 Abs. 3 ArbZG nicht der Änderung, sondern nur der Ausfüllung des Arbeitszeitgesetzes dienen, können solche nach § 24 ArbZG u. U. sogar die Änderung des Arbeitszeitgesetzes selbst bewirken.

2 Inhalt, Zweck und Ausmaß einer **Ermächtigungsgrundlage** müssen nach Art. 80 Abs. 1 Satz 2 GG im Gesetz bestimmt werden. Diesen Anforderungen genügt § 24 ArbZG. Die Ermächtigung ist nur gültig für die Erfüllung zwischenstaatlicher Vereinbarungen und für die Umsetzung von Rechtsakten der Europäischen Gemeinschaft und dies auch nur, soweit hiervon Sachbereiche des Arbeitszeitgesetzes betroffen sind. Damit liegt eine klare, den Inhalt und den Zweck der Rechtsverordnungen normierende Regelung vor. Hinsichtlich des Ausmaßes ist ebenfalls eine hinreichende Begrenzung im Gesetz selbst enthalten. Das Ausmaß der Ermächtigungsgrundlage ist letztlich durch den Inhalt der internationalen Verpflichtungen bzw. der Rechtsakte der Europäischen Gemeinschaft bestimmt.

B. Ermächtigungstatbestände, Verfahren

3 Die Ermächtigung dient nur **zur Erfüllung** von Verpflichtungen aus zwischenstaatlichen Vereinbarungen oder zur **Umsetzung** von EU-Rechtsakten, die sich an die Staaten der EU wenden. Als zwischenstaatliche Vereinbarungen kommen **multilaterale** Übereinkommen und Abkommen, aber auch **bilaterale** Verträge in Betracht. Insoweit ist jedoch die praktische Bedeutung des

§ 24 ArbZG gering. In der Regel bedürfen zwischenstaatliche Vereinbarungen der Ratifizierung nach Art. 59 Abs. 2 GG; von daher bietet es sich an, in dem Gesetz, das von den für die Gesetzgebung zuständigen Körperschaften zu beschließen ist, die Umsetzung der Normen selbst vorzunehmen.

Bedeutsamer ist die Umsetzungsbefugnis für Rechtsakte des Rates oder der Kommission der **Europäischen Gemeinschaft**. Soweit es sich um Verordnungen der Europäischen Gemeinschaft handelt, würde es nur dann einer (zusätzlichen) Rechtsverordnung innerstaatlichen Rechts bedürfen, wenn die Verordnung selbst einen entsprechenden Regelungsrahmen beschreibt. Vorrangig ist jedoch an die Umsetzung von **Richtlinien** zu denken. Eine Richtlinie ist für jeden Mitgliedstaat, an den sie gerichtet ist, hinsichtlich des zu erreichenden Zieles zwar verbindlich; sie überlässt jedoch – jedenfalls weitgehend – den innerstaatlichen Stellen die Wahl der Form und der Mittel der Umsetzung (Art. 288 Abs. 3 AEUV). Soweit allerdings das Arbeitszeitgesetz selbst die RL 93/104/EG, nunmehr RL 2003/88/EG über bestimmte Aspekte der Arbeitszeitgestaltung nur unzureichend umsetzt, ist eine Nachbesserung mit Hilfe des § 24 ArbZG nicht möglich. Das Verfahren zum Erlass der Rechtsverordnung ist dasselbe wie das in § 8 ArbZG (§ 8 Rdn. 3 f.). 4

§ 25 Übergangsvorschriften

Enthält ein am 1. Januar 2004 bestehender oder nachwirkender Tarifvertrag abweichende Regelungen nach § 7 Abs. 1 oder 2 oder § 12 Satz 1, die den in diesen Vorschriften festgelegten Höchstrahmen überschreiten, bleiben diese tarifvertraglichen Bestimmungen bis zum 31. Dezember 2006 unberührt. Tarifverträgen nach Satz 1 stehen durch Tarifvertrag zugelassene Betriebsvereinbarungen sowie Regelungen nach § 7 Abs. 4 gleich.

Die in den §§ 25 und 26 ArbZG enthaltenen Übergangsvorschriften sind infolge Zeitablaufs bedeutungslos geworden[1]. 1

---

1 Vgl. zu früheren Fassungen: *Schliemann*, Arbeitszeitgesetz mit Nebengesetzen, Köln 2009.

Teil B.1 Besonderer Arbeitsschutz - Gesetz zum Schutz der erwerbstätigen Mutter (Mutterschutzgesetz – MuSchG)

Gesetz zum Schutz der erwerbstätigen Mutter (MuSchG) in der Fassung vom 02.06.2002, BGBl. I, S. 2318; geändert durch Art. 6G vom 23.10.2012, BGBl. I, S. 2246.

– Auszug –

§ 1 Geltungsbereich

Dieses Gesetz gilt
1. für Frauen, die in einem Arbeitsverhältnis stehen,
2. für weibliche in Heimarbeit Beschäftigte und ihnen Gleichgestellte (§ 1 Abs. 1 und 2 des Heimarbeitsgesetzes vom 14. März 1951 BGBl. I S. 191), soweit sie am Stück mitarbeiten.

A. Gegenstand und Zweck der Regelung

Das Mutterschutzgesetz gilt nach § 1 Nr. 1 für **Frauen, die in einem Arbeitsverhältnis** stehen, mithin für Arbeitnehmerinnen, und nach § 1 Nr. 2 für Frauen, die in **Heimarbeit beschäftigt** oder ihnen gleichgestellt sind, soweit sie am Stück arbeiten. Die Normen des MuSchG sind so auszulegen, dass dem verfassungsrechtlichen Gebot des Art. 6 Abs. 4 GG, wonach jede Mutter Anspruch auf den Schutz und die Fürsorge der Gemeinschaft hat, gerecht wird.[1] Als das speziellere Gesetz haben die **arbeitszeitschutzrechtlichen Bestimmungen des MuSchG** über die Stillzeit (§ 7), Beschränkungen der Mehr- Nacht- und Sonntagsarbeit (§ 8) und die damit verbundene Entgeltsicherung (§ 11) gegenüber dem Arbeitszeitgesetz **Vorrang**. Sie werden aber zugleich durch die allgemeinen Arbeitszeitschutzbestimmungen ergänzt. Ist eine Beschäftigung nach dem ArbZG erlaubt, so muss sie bei den durch das MuSchG geschützten Frauen zudem den Bestimmungen des MuSchG genügen. Sind die Bestimmungen des MuSchG eingehalten, so müssen zudem die

1

---

1 BAG 02.08.2002 – BAGE 102, 218 = DB 2003, 342.

§ 1 MuSchG Geltungsbereich

Regelungen des ArbZG beachtet werden. Entsprechendes gilt für die Relation zu anderen arbeitszeitrechtlichen Schutzbestimmungen vor allem auch zum JArbSchG. Im Ergebnis müssen stets **alle** in Betracht kommenden **arbeitszeitrechtlichen Schutznormen** eingehalten werden.

B. Arbeitnehmerinnen (Nr. 1)

2   Ein Arbeitsverhältnis ist durch die persönliche Weisungsabhängigkeit und – in aller Regel – auch durch die wirtschaftliche Abhängigkeit der Arbeitnehmer und Arbeitnehmerinnen geprägt. Deshalb hat es der Gesetzgeber für erforderlich gehalten, Arbeitnehmerinnen im Fall der Schwangerschaft dadurch zu schützen, dass dem Arbeitgeber Beschäftigungsverbote und -einschränkungen unterschiedlichster Art auferlegt werden, um den Widerstreit zwischen den Aufgaben als Frau und Mutter einerseits und ihrer Stellung als Arbeitnehmerin im konkreten Arbeitsverhältnis im Interesse der Gesunderhaltung von Mutter und Kind auszugleichen.[2] Einer der Schutzmechanismen ist der **mutterschutzrechtliche Arbeitszeitschutz**, wie er in den §§ 7 und 8 geregelt ist. Diese Schutzbestimmungen werden durch den Entgeltschutz (§ 11) flankiert.

C. Arbeitsverhältnis

3   1. Eine gesetzesspezifische Definition, was unter **Arbeitsverhältnis** oder unter Arbeitnehmerinnen zu verstehen ist, enthält das MuSchG nicht. Deshalb ist auf den allgemeinen Gattungsbegriff des Arbeitnehmers wie er z. B. in § 2 Abs. 2 ArbZG verwendet wird (vgl. § 2 ArbZG, Rdn. 68, 70 ff.). Dagegen sind – anders als im ArbZG (vgl. § 2 ArbZG, Rdn. 69) – keine speziellen Arbeitnehmerinnen aus dem Geltungsbereich des MuSchG ausgenommen. Insbesondere genießen auch **leitende Angestellte** und Führungskräfte den Schutz des MuSchG. Zu den Frauen, die in einem Arbeitsverhältnis stehen, zählen auch Arbeiterinnen, weibliche Angestellte, Aushilfen, nebenberuflich tätige Arbeitnehmerinnen, Leiharbeitnehmerinnen, Auszubildende, Umschülerinnen, Volontärinnen, Praktikantinnen. Unerheblich ist auch, ob es sich um Vollzeit- oder Teilzeittätigkeit handelt. Auch die weiblichen sog. »400-EURO-Arbeitskräfte« werden vom MuSchG geschützt.[3] Nach § 16 Abs. 3 SGB III, ist auf weibliche »Ein-Euro-Jobberinnen« das MuSchG anzuwenden (vgl. § 2 ArbZG Rdn. 79). Weibliche Familienangehörige, vor allen Ehefrau oder

---

2 Vgl. BVerwG 27.05.1993 – 3 C 42/89 – EzA § 4 MuSchG Nr. 4 = NJW 1994, 401.
3 *Winkel* AiB 2003, 333.

Tochter können familienrechtlich (vgl. § 1356, § 1619 BGB), aufgrund Gesellschaftsvertrags, aber auch auf der Grundlage eines Arbeitsvertrags zur Mitarbeit verpflichtet sein. Nur wenn (zumindest auch) ein Arbeitsvertrag die Grundlage der Tätigkeit bildet, besteht ein Arbeitsverhältnis, so steht diesen Frauen dann der Schutz nach dem MuSchG ebenso zur Seite wie der nach dem ArbZG. Die früheren Ausnahmeregelungen, wonach bestimmte Normen des MuSchG auf im Familienhaushalt beschäftigte Frauen nur eingeschränkt anzuwenden waren, ist ersatzlos aufgehoben worden.[4]

2. Das Arbeitsverhältnis wird durch den **Arbeitsvertrag** begründet. Indessen ist die Wirksamkeit des Arbeitsvertrags keine Voraussetzung für die Geltung des Mutterschutzrechts; auch ein rechtsfehlerhaft begründetes **faktisches Arbeitsverhältnis** genügt.[5] Während einer vorläufigen Weiterbeschäftigung nach § 102 Abs. 5 BetrVG ist die Frau ebenfalls nach dem MuSchG geschützt.[6]

D. Heimarbeit (Nr. 2)

1. In den Anwendungsbereich und damit in den grundsätzlichen Schutz des Mutterschutzgesetzes fallen auch **weibliche in Heimarbeit Beschäftigte** und ihnen **Gleichgestellte**, dies aber nur, soweit sie am Stück mitarbeiten (§ 1 Nr. 2). Ihnen steht der **Schutz** für **Stillzeiten** und ein durch **Zeitgrenzen** festgesetzter **Arbeitsmengenschutz** während der **Schwangerschaft** und **nach der Entbindung** zu.

2. § 1 Nr. 2 MuSchG nimmt hinsichtlich der Definition des geschützten Personenkreises auf die entsprechenden Bestimmungen des HAG (§ 1 Abs. 1 und 2 HAG) Bezug. Dieser derart bestimmte Personenkreis steht zum Auftraggeber der Heimarbeit nicht in einem Arbeitsverhältnis und fällt deshalb nicht in den Anwendungsbereich des ArbZG (vgl. § 2 ArbZG, Rdn. 104). Ihm steht **kein allgemeiner gesetzlicher Arbeitszeitschutz nach dem ArbZG** zur Seite, sondern insoweit nur der besondere Arbeitszeitschutz nach dem MuSchG und nach dem JArbSchG. Soweit von Arbeitszeitschutz der Heimarbeitnehmer die Rede ist, sind damit (nur) die Vermeidung unnötiger Zeitversäumnis bei der Ausgabe und Abnahme der Heimarbeit (§ 10 HAG) und die gleichmäßige

---

4 G. v. 12.12.1996, BGBl. I, S. 1859.
5 BAG 19.12.1966 – BAGE 19, 189 = DB 1967, 644.
6 BAG 12.09.1985 – 2 AZR 234/84 – EzA § 102 BetrVG 1972 Weiterbeschäftigung Nr. 7 = NZA 1985, 424.

Verteilung der Heimarbeit unter Berücksichtigung der Leistungsfähigkeit (§ 11 HAG) gemeint.[7]

7 2. **In Heimarbeit Beschäftigte** sind Heimarbeiter und Hausgewerbetreibende (§ 1 Abs. 1 HAG). **Heimarbeitnehmer** ist, wer an selbstgewählter Arbeitsstätte (eigene Wohnung oder selbst gewählte Betriebsstätte) allein oder mit seinen Familienangehörigen (§ 2 Abs. 5 HAG) im Auftrag von gewerbetreibenden oder Zwischenmeistern erwerbsmäßig arbeitet, jedoch die Verwendung der Arbeitsergebnisse dem unmittelbar oder mittelbar Auftrag gebenden Gewerbetreibenden überlässt; beschafft der Heimarbeiter die Roh- oder Hilfsstoffe selbst, so wird hierdurch seine Eigenschaft als Heimarbeiter nicht beeinträchtigt (§ 2 Abs. 1 HAG). Entsprechendes gilt für **Hausgewerbetreibende**; sie dürfen aber bei der Herstellung, Bearbeitung oder Verpackung von Waren bis zu zwei Hilfskräfte (§ 2 Abs. 6 HAG) oder Heimarbeiter (§ 2 Abs. 1 HAG) beschäftigen und müssen »**wesentlich am Stück mitarbeiten**« (§ 2 Abs. 2 HAG). Bestimmte Personen können den in Heimarbeit Beschäftigten durch einen Bescheid der Aufsichtsbehörde nach näherer Maßgabe des § 1 Abs. 2 bis 5 HAG **gleichgestellt** werden. Sie haben die Gleichstellung bekannt zu geben, wenn der Auftraggeber danach fragt (§ 2 Abs. 6 HAG).

E. Durch das MuSchG nicht geschützte Frauen

8 Durch das Mutterschutzgesetz nicht erfasst und damit durch dieses Gesetz nicht geschützt sind Frauen, die weder in einem Arbeitsverhältnis stehen (Nr. 1) noch den in Heimarbeit beschäftigten oder gleichgestellten Frauen (Nr. 2) zuzuordnen sind.

9 1. Mangels privatrechtlicher Rechtsgrundlage fallen z. B. **Beamtinnen und Soldatinnen** nicht unter das MuSchG; für diese gelten aber besondere mutterschutzrechtliche Bestimmungen wie die Verordnung über den Mutterschutz für Beamtinnen[8] oder die Verordnung über den Mutterschutz für Soldatinnen pp.[9]

---

7 *Schaub* Arbeitsrechtshandbuch, § 163 Rn. 14.
8 Verordnung über den Mutterschutz für Beamtinnen des Bundes und die Elternzeit für Beamtinnen und Beamte des Bundes - Mutterschutz- und Elternzeitverordnung - v. 12.09.2009, BGBl. I, S. 320.
9 Neugefasst durch Bek. v. 18.11.2004, BGBl. I, S. 2858, zuletzt geändert durch Art. 3 Abs. 39 der VO v. 12.02.2009, BGBl. I, S. 320.

2. Selbstständig tätige Frauen, Arbeitgeberinnen oder Frauen, die aufgrund Werk- oder Dienstvertrags arbeiten, werden durch das MuSchG nicht geschützt. Gleiches gilt für **Organmitglieder** einer juristischen Person, vor allem für Vorstände einer AG oder Geschäftsführer einer GmbH. Wird die Organtätigkeit indessen nicht auf der Grundlage eines freien Dienstvertrags, sondern der eines Arbeitsvertrags (z. B. mit der Muttergesellschaft) ausgeübt, so besteht ein Arbeitsverhältnis mit diesem Arbeitgeber mit der Folge, dass das MuSchG anzuwenden ist.[10]

F. Räumlicher Geltungsbereich

Das MuSchG gilt für das Gebiet der Bundesrepublik Deutschland. Der **räumliche Geltungsbereich** des MuSchG erstreckt sich auf alle Betriebe und die ihnen zugeordneten Arbeitsverhältnisse, deren Sitz sich im Geltungsbereich des Gesetzes befinden, soweit es um die öffentlich-rechtlichen Normen dieses Gesetzes geht.[11] Die hier in Rede stehenden Normen der §§ 7 und 8 sind – bis auf die Entgeltsicherung – öffentlich-rechtlichen Normen. Wegen der weiteren Einzelheiten wird auf die Ausführungen zum räumlichen Geltungsbereich des ArbZG (§ 1 ArbZG Rdn. 13 ff.) verwiesen.

§ 7 Stillzeit

(1) [1]Stillenden Müttern ist auf ihr Verlangen die zum Stillen erforderliche Zeit, mindestens aber zweimal täglich eine halbe Stunde oder einmal täglich eine Stunde freizugeben. [2]Bei einer zusammenhängenden Arbeitszeit von mehr als acht Stunden soll auf Verlangen zweimal eine Stillzeit von mindestens 45 Minuten oder, wenn in der Nähe der Arbeitsstätte keine Stillgelegenheit vorhanden ist, einmal eine Stillzeit von mindestens 90 Minuten gewährt werden. [3]Die Arbeitszeit gilt als zusammenhängend, soweit sie nicht durch eine Ruhepause von mindestens zwei Stunden unterbrochen wird.

(2) [1]Durch die Gewährung der Stillzeit darf ein Verdienstausfall nicht eintreten. [2]Die Stillzeit darf von stillenden Müttern nicht vor- oder nachgearbeitet und nicht auf die in dem Arbeitszeitgesetz oder in anderen Vorschriften festgesetzten Ruhepausen angerechnet werden.

---

10 Vgl. BAG 26.05.1998 – 5 AZR 649 – EzA § 611 BGB Arbeitnehmerbegriff Nr. 76.
11 Vgl. zu § 13 MuSchG: BSG 06.12.1986 – 8 RK 5/85 – SozR 7830 § 13 MuSchG Nr. 8.

(3) Die Aufsichtsbehörde kann in Einzelfällen nähere Bestimmungen über Zahl, Lage und Dauer der Stillzeiten treffen; sie kann die Einrichtung von Stillräumen vorschreiben.

(4) [1]Der Auftraggeber oder Zwischenmeister hat den in Heimarbeit Beschäftigten und den ihnen Gleichgestellten für die Stillzeit ein Entgelt von 75 vom Hundert eines durchschnittlichen Stundenverdienstes, mindestens aber 0,38 Euro für jeden Werktag zu zahlen. [2]Ist die Frau für mehrere Auftraggeber oder Zwischenmeister tätig, so haben diese das Entgelt für die Stillzeit zu gleichen Teilen zu gewähren. [3]Auf das Entgelt finden die Vorschriften der §§ 23 bis 25 des Heimarbeitsgesetzes vom 14. März 1951 (BGBl. I S. 191) über den Entgeltschutz Anwendung.

A. Gegenstand und Zweck der Regelung

1 Die Bestimmung soll die natürliche Ernährung des Säuglings während der ersten Lebensmonate dadurch fördern, dass den im Arbeitsverhältnis stehenden Müttern (vgl. § 1 MuSchG) Ansprüche auf arbeitsfreie Stillzeiten ohne Verdienstausfall gewährt werden (Abs. 1 bis 3, § 11). Für in Heimarbeit tätige Mütter wird ein entsprechender Entgeltschutz gewährt (Abs. 4).

B. Stillzeiten im Arbeitsverhältnis

2 § 7 MuSchG gewährt einen Anspruch auf die erforderliche Stillzeit nebst näheren Festlegungen für deren Dauer (Abs. 1), verbietet den Verdienstausfall und das Vor- oder Nachholen der durch das Stillen ausgefallenen Arbeitszeit (Abs. 2) und steckt den Rahmen für das Tätigwerden der Aufsichtsbehörde ab (Abs. 3).

I. Anspruchsvoraussetzungen

1. Stillen während der Arbeitszeit

3 Grundsätzlich besteht der Anspruch auf Stillzeiten nur, wenn die Mutter tatsächlich arbeitet und sie ihren Säugling während der Arbeitszeit tatsächlich stillt.[1] Ob die Mutter ihr Kind stillt, liegt in der Entscheidungsgewalt der Mutter; es ist für die Frage, ob Stillzeit zu gewähren ist, rechtlich unerheblich, ob das Sillen seinerseits sinnvoll, nützlich oder gar erforderlich ist. Anderer-

---

1 BAG 03.07.1985 – 5 AZR 79/84 – EzA § 7 MuSchG Nr. 1 = NZA 1986, 131.

seits steht es nicht in der Entscheidungsgewalt allein der Mutter, durch die beliebige Wahl eines in ihre Arbeitszeit fallenden Zeitpunktes, zu welchem sie ihr Kind stillen will, die Gewährung (bezahlter) Stillzeit herbeizuführen. Vielmehr hat sie auch insoweit auf die betrieblichen Belange Rücksicht zu nehmen.[2] Wenn es der Mutter zuzumuten ist, das Kind **außerhalb ihrer konkreten Arbeitszeit zu stillen**, so steht ihr kein Anspruch auf eine Stillzeit zu.[3] Für den Begriff der Arbeitszeit enthält das MuSchG keine eigene Definition. Deshalb kann und muss auf den **Begriff der Arbeitszeit**, wie er für jenes Gesetz in § 2 Abs. 1 ArbZG bestimmt ist (vgl. ausführlich: § 2 ArbZG Rdn. 5 ff.), zurückgegriffen werden,[4] d. h. in der Zeit zwischen Beginn und Ende der täglichen Arbeit ohne die Ruhepausen.

2. Lebensalter des Kindes

Ausgehend davon, dass das Stillen eines Kindes i. d. R. auf die ersten Lebensmonate beschränkt ist (»Säugling«), hat das Gesetz **keine Altersgrenze für das Kind** gesetzt, bis zu der die Kindesmutter einen Anspruch auf eine bezahlte Stillzeit hat. Die Grenze ergibt sich jedoch aus dem Gesetzeszweck, nämlich der Mutter Stillzeiten während ihrer Arbeitszeit zu ermöglichen, damit der Säugling mit Muttermilch ernährt werden kann. Daraus folgt, dass der Anspruch auf Stillzeiten auf das Lebensalter des Kindes begrenzt ist, bis zu dem das Stillen aus medizinischer Sicht sinnvoll und geboten ist; dies ist im Allgemeinen das erste Lebensjahr des Kindes.[5] 4

Ist unklar, ob die Mutter ihr Kind stillt oder ob die von ihr beanspruchte Zeit erforderlich ist, so kann der Arbeitgeber von der Mutter einen entsprechenden Nachweis eines Arztes oder einer Hebamme verlangen. Darüber, wer die Kosten eines solchen Nachweises zu tragen hat, bestehen Meinungsverschieden- 5

---

2 BAG 03.07.1985 – 5 AZR 79/84 – EzA § 7 MuSchG Nr. 1 = NZA 1986, 131.
3 So für eine beamtete Lehrerin: BVerwG 03.06.1988 – 2 C 60/86 – NJW 1988, 3030.
4 *Buchner/Becker* § 7 MuSchG, Rn. 29.
5 So LAG Nds 02.10.1987 – 10 Sa 379/87 – NZA 1988, 312; a. A. LAG BW 03.11.1989 – 5 Sa 106/88 – AiB 1990, 266; offengelassen BVerwG 30.06.1988 – 2 C 60/86 - NJW 1988, 3030; strittig, vgl. ErfK/*Schlachter* § 7 MuSchG Rn. 2 m. w. N.; *Linck* HzA Gruppe 6, Teilbereich 1, Rn. 75.

heiten.[6] Dem Schutzzweck des Gesetzes entsprechend dürften die Kosten des Nachweises vom Arbeitgeber zu tragen sein.[7]

II. Erforderliche Stillzeit

6 Die Stillzeit ist nur zu gewähren, wenn die Mutter dies verlangt. Allerdings muss das Verlangen auf die zum Stillen »erforderliche« Zeit gerichtet sein. Erforderlich ist nicht nur die nötige Zeit, um in Ruhe zu Stillen, sondern auch die nötige Zeit zur Vorbereitung, die Wegezeit zum Stillraum (im Betrieb) und zurück oder, wenn ein solcher Raum nicht zur Verfügung steht, in ihre Wohnung und zurück, auch die Zeit zum Wechseln der Windeln.[8] Die Erforderlichkeit bestimmt auch, ob nur eine oder mehr als eine Stillzeit zu gewähren sind. Auf die Mindestregelung kann sich der Arbeitgeber nicht zurückziehen, wenn anderes (unausweichlich) erforderlich ist.[9] Allerdings hat die Mutter wegen der gebotenen Rücksichtnahme (vgl. § 241 Abs. 2 BGB) ihre Stillzeiten so zu legen, dass möglichst wenig Arbeitszeit ausfällt.[10]

1. Stillzeiten bei bis zu acht Stunden täglicher Arbeitszeit

7 § 7 Abs. 1 S. 1 gibt als Mindestzeiten vor, dass der Mutter zwecks Stillens ihres Kindes **mindestens zweimal eine halbe Stunde oder einmal eine ganze Stunde Stillzeit** zu gewähren ist. Dabei geht das Gesetz erkennbar vom **Regelfall der vollzeitigen Beschäftigung** mit einer **täglichen Arbeitszeit** von bis zu **acht Stunden** aus. Dies folgt aus der Regelung in § 7 Abs. 1 S. 2, wonach bei einer zusammenhängenden Arbeitszeit von **mehr als acht Stunden** längere Stillzeiten gewährt werden sollen.

8 Die **Mindestzeitregelung** in § 7 Abs. 1 S. 1 ist **zwingend**, auch wenn die Mutter weniger Zeit benötigt, um ihr Kind zu stillen. Sie stellt indessen keine Höchstgrenze dar. Vielmehr richtet sich die Erforderlichkeit der Dauer allein nach den Bedürfnissen im Einzelfall.[11] In erster Linie sind bei der Prüfung, welche Zeit benötigt wird, die Belange des Mutterschutzes zu berücksichtigen.

---

6 Vgl. ErfK/*Schlachter*, § 7 MuSchG Rn. 2 m. w. N.
7 *Buchner/Becker* § 7 MuSchG Rn. 14, 23; *Linck*, HzA Gruppe 6, Teilbereich 1, Rn. 74.
8 BAG 03.07.1985 – 5 AZR 79/84 – EzA § 7 MuSchG Nr. 1 = NZA 1986, 131.
9 *Buchner/Becker*, § 7 MuSchG Rn. 24.
10 BAG 03.07.1985 – 5 AZR 79/84 – EzA § 7 MuSchG Nr. 1 = NZA 1986, 131.
11 BAG 03.07.1985 – 5 AZR 79/84 – EzA § 7 MuSchG Nr. 1 = NZA 1986, 131.

Bei der Geltendmachung des Anspruchs auf Stillzeit ist andererseits auch die Mutter gehalten, auf die Belange des Betriebes Rücksicht zu nehmen und die Stillzeiten angemessen zu begrenzen.[12] Kann die Mutter ihr Kind auch außerhalb der Zeiträume stillen, zu denen sie zu arbeiten hat, so steht ihr keine Arbeitsbefreiung zwecks Stillens des Kindes zu.[13]

2. Stillzeiten bei mehr als acht Stunden täglicher Arbeitszeit

Nach § 7 Abs. 1 S. 2 **sollen** auf Verlangen der Mutter **zwei Stillzeiten** von jeweils mindestens **45 Minuten** oder, wenn in der Nähe der Arbeitsstätte keine Stillgelegenheit vorhanden ist, **eine Stillzeit** von mindestens **90 Minuten** gewährt werden. Als **zusammenhängend** gilt die **Arbeitszeit**, soweit sie nicht durch eine Ruhepause von mindestens zwei Stunden unterbrochen ist (Abs. 1 S. 3). Die Ruhepause von zwei Stunden und mehr wurde von Gesetzgeber des MuSchG als ausreichend erachtet, um die Mutter auf die üblichen Stillzeiten für eine Arbeitszeit von bis zu acht Stunden zu verweisen. Das Gesetz ordnet die Gewährung dieser verlängerten Stillzeit(en) bei einer ununterbrochenen Arbeitszeit von mehr als acht Stunden nicht zwingend an. Indessen bedarf es rechtfertigender Gründe, wenn der Arbeitgeber von der Sollvorschrift des § 7 Abs. 1 S. 2 abweichen und die verlängerte(n) Stillzeit(en) nicht gewähren will; für die Tatsachen, mit denen ein Abweichen von der Soll-Vorschrift gerechtfertigt werden soll, trägt der Arbeitgeber die Beweislast.[14]

9

3. Stillzeiten bei Teilzeitarbeit

Der Umstand, dass die Mutter nur **teilzeitbeschäftigt** ist, steht dem Anspruch auf Stillzeiten nicht von vornherein entgegen. Indessen steht ihr – wie jeder Mutter – grundsätzlich keine Stillzeit zu, wenn der Säugling außerhalb der Arbeitszeit der Mutter gestillt werden kann.[15] Dies wird nicht selten der Fall sein, wenn die Mutter nur geringe tägliche Arbeitszeiten hat, z. B. bei geringer stundenweiser Beschäftigung. Hierin liegt keine nach § 4 Abs. 1 TzBfG verbotene Diskriminierung wegen einer Teilzeitbeschäftigung, weil sachliche Gründe eine unterschiedliche Behandlung gegenüber vollzeitig

10

---

12 BAG 03.07.1985 – 5 AZR 79/84 – EzA § 7 MuSchG Nr. 1 = NZA 1986, 131.
13 Vgl. für den Fall einer Lehrerin: BVerwG 03.06.1988 – 2 C 60/86 – NJW 1988, 3030.
14 Erfk/*Schlachter* § 7 MuSchG Rn. 3.
15 Vgl. für eine Lehrerin: BVerwG 03.06.1988 – 2 C 60/86 – NJW 1988, 3030.

beschäftigten stillen Müttern sachlich rechtfertigen. Denn die Gewährung von Stillzeit während der Arbeitszeit ist nur geboten, wenn diese Stillzeit erforderlich ist. Das ist sie nicht, wenn die Mutter ihr Kind in zumutbarer Weise auch außerhalb der konkret festgelegten Arbeitszeit stillen kann. Insoweit hat auch die teilzeitbeschäftigte stillende Mutter die gebotene Rücksicht auf die Belange des Betriebes[16] zu nehmen.

III. Geltendmachung des Anspruchs auf Stillzeit

11 Die **Mutter** hat nur Anspruch auf Stillzeiten, wenn sie diese vom Arbeitgeber **verlangt**. Die Art und Weise, wie solches Verlangen auszudrücken ist, regelt das Gesetz nicht. Indessen ist auf jeden Fall erforderlich, dass das Verlangen mündlich oder schriftlich ausdrücklich erklärt wird und darin auch zum Ausdruck kommt, wie sich die stillende Mutter die Anzahl und die Lage der Stillzeiten vorstellt. Denn ohne solche Konkretisierung ist der Arbeitgeber nicht in der Lage, sachgerecht auf das Verlangen zu reagieren und die Stillzeiten festlegen kann. Es ist dann Sache des Arbeitgebers, zu prüfen, ob das Verlangen der Mutter berechtigt ist, und die Stillzeiten für die Mutter festzulegen. Andererseits ist die Mutter gehalten, den **Arbeitgeber zu unterrichten**, wenn sie das **Stillen** – für die Arbeitserbringung erheblich – reduziert oder **einstellt**.

IV. Schutzfolgen der Stillzeit

12 Durch die Gewährung der Stillzeit darf **kein Verdienstausfall** eintreten; zudem darf keine **Vor- oder** Nacharbeit für die Stillzeit von der stillenden Mutter verlangt werde. Schließlich ist auch die **Anrechnung auf die Ruhepausen** nach dem ArbZG oder anderen gesetzlichen Bestimmungen untersagt.

1. Entgeltschutz

13 Verdienstausfall infolge der Gewährung der Stillzeit kann nur entstehen, wenn die Mutter das Kind während der sonst konkret geschuldeten Arbeitszeit stillt.[17] Ist die Mutter wegen (zu) häufiger Stillzeiten oder wegen zu großer Entfernung zwischen Arbeitsplatz und dem Ort, an dem sie ihr Kind stillt (z. B. ihre Wohnung) völlig verhindert, ihre an sich geschuldete Arbeit zu

---

16 BAG 03.07.1985 – 5 AZR 79/84 – EzA § 7 MuSchG Nr. 1 = NZA 1986, 131.
17 BVerwG 03.06.1988– 2 C 60/86 – NJW 1988, 3030.

leisten, so entfällt jeder Anspruch auf Arbeitsentgelt.[18] Das Verbot des Verdienstausfalls (§ 7 Abs. 2 S. 1) hat zur Folge, dass der stillenden Mutter für die Stillzeit das Arbeitsentgelt fortzuzahlen ist, welches sie in der Stillzeit verdient hätte. Dies umfasst alle Vergütungsbestandteile einschließlich etwaiger Prämien und Zulagen, nicht aber reinen Aufwendungsersatz.[19] Wird – nur ausnahmsweise und mit ausdrücklicher Genehmigung der Aufsichtsbehörde zulässig (§ 6 Abs. 3 i. V. m. § 4 Abs. 3 MuSchG) – eine stillende Frau mit Akkord- oder Fließarbeit mit vorgeschriebenem Arbeitstempo beschäftigt, so ist ihr der entsprechende Durchschnittsverdienst (fort)zuzahlen.[20]

2. Verbot der Vor- oder Nacharbeit

Der Arbeitgeber ist nach § 7 Abs. 2 S. 2 Hs. 1 rechtlich auch gehindert, von der stillenden Mutter die Vor- oder Nacharbeit für die gewährte Stillzeit zu verlangen. Deshalb müssen Stillzeiten auch während der **Gleitzeit** gewährt werden.[21] Dieses Verbot schließt jedoch nicht aus, dass die stillende Mutter, sofern sie sich die Arbeit selbst einteilen kann, auch gehalten ist, Arbeitseinteilung und Stillzeiten so aufeinander abzustimmen, dass es zu möglichst wenig Ausfall bei den Arbeitsergebnissen kommt. Auch das ist Teil der Pflicht zur gegenseitigen Rücksichtnahme (vgl. § 241 Abs. 2 BGB).   14

3. Verbot der Anrechnung auf Ruhepausen

Auf die Ruhepausen nach § 4 ArbZG oder nach anderen gesetzlichen Bestimmungen wie § 11 JArbSchG oder einer – bisher nicht erlassenen – VO nach § 8 ArbZG darf die Stillzeit nicht angerechnet werden. Dies betrifft auch die Zeit, in der die stillende Mutter den Weg zwischen Arbeitsstätte und dem Ort zurücklegt, an dem sie ihr Kind stillen will oder gestillt hat, obwohl diese Wegezeiten – wären sie nicht dem Stillen geschuldet – nach § 4 ArbZG als Pausenzeiten gewertet werden könnten. Ob Ruhepausen aufgrund aufsichtsbehördlicher Anordnungen, aus Tarifverträgen oder aus Betriebsvereinbarungen unter das Anrechnungsverbot des § 7 Abs. 2 S. 2 letzter Hs. fallen, ist im Schrifttum strittig.[22] Unter den »anderen Vorschriften« i. S. dieser Bestim-   15

---

18 BAG 03.07.1985 – 5 AZR 79/84 – EzA § 7 MuSchG Nr. 1 = NZA 1986, 131.
19 Erfk/*Schlachter* § 7 MuSchG Rn. 4.
20 *Buchner/Becker* § 7 MuSchG Rn. 42.
21 *Müller* DB 1983, 1043.
22 Vgl. *Buchner/Becker* § 7 MuSchG Rn. 41 m. w. N.

mung dürften jedenfalls gewerbepolizeiliche oder tarifliche Vorschriften nicht fallen; ein entsprechender Antrag, dies in das Gesetz aufzunehmen, ist bei den Beratungen des Bundestags über das MuSchG im Jahr 1952 abgelehnt worden.[23]

V. Aufsichtsbehördliche Regelungen

16 Die nach § 20 MuSchG zuständige Aufsichtsbehörde (z. B. Gewerbeaufsichtsamt, Amt für Arbeitsschutz) kann aufgrund des § 7 Abs. 3 MuSchG in **Einzelfällen nähere Bestimmungen über Zahl, Lage und Dauer der Stillzeiten** treffen und/oder das **Vorhalten von Stillräumen** vorschreiben. Rechtlich ergeben solche Anordnungen in Form von **Verwaltungsakten**. Welche Anordnungen im Einzelnen angemessen sind, hat die Aufsichtsbehörde nach pflichtgemäßem Ermessen unter Berücksichtigung der beiderseitigen Interessen festzulegen. Die Anordnung im Einzelfall kann auch darin bestehen, dass der Beginn und das Ende der Arbeitszeit abweichend festgelegt werden. Die **Anordnung, einen Stillraum vorzuhalten**, kann i. d. R. nur für Betriebe rechtens sein, in denen viele stillende Mütter beschäftigt werden. Will die Mutter nur dann ihre Arbeit (wieder) aufnehmen, wenn sie ihr Kind in den Betrieb mitnehmen und dort stillen darf, so gerät der Arbeitgeber, der dies mit der Begründung ablehnt, er habe keinen Stillraum, nicht in Annahmeverzug.[24] Allerdings müssen sich nach näherer Maßgabe von § 6 Abs. 3 ArbStättVO[25] werdende und stillende während der Pausen und, soweit es erforderlich ist, auch während der Arbeitszeit unter geeigneten Bedingungen hinlegen und ausruhe können. Solche Liegemöglichkeiten hat der Arbeitgeber vorzuhalten.

C. In Heimarbeit Beschäftigte

17 Auch in Heimarbeit beschäftigte stillende Mütter sollen die erforderlichen Stillpausen einlegen können, ohne dadurch eine Minderung ihres Entgeltes für die Heimarbeitstätigkeit hinnehmen zu müssen. Eines Anspruches auf **Gewährung der Stillzeiten** bedurfte es für diese Mütter nicht, weil sie in aller Regel solche Pausen nach eigenem Ermessen einlegen können. Indessen kann durch die Stillzeiten die zeitgerechte Erledigung des Heimarbeitsauftrags beeinträchtigt werden. Der **Umfang und die Fertigungsfristen** müssen

---

23 Vgl. *Buchner/Becker* § 7 MuSchG Rn. 41 m. w. N.
24 BAG 03.07.1985 – 5 AZR 79/84 – EzA § 7 MuSchG Nr. 1 = NZA 1986, 131.
25 Arbeitsstättenverordnung i. d. F. vom 19.07.2010, BGBl. I, S. 960.

für Heimarbeitsaufträge an werdende und stillende Mütter so bemessen sein, dass die werdende Mutter den Auftrag mit einer Tagesarbeitszeit von acht Stunden, die **stillende Mutter** den Auftrag mit einer **Tagesarbeitszeit von sieben Stunden und 15 Minuten** ausführen kann (§ 8 Abs. 5 MuSchG). Das ist eine Tagesarbeitsmenge, die unterhalb des üblichen Maßes für die vollzeitige Heimarbeit liegt. Dadurch entstünde für die stillenden Mütter ein Entgeltausfall von 75% eines durchschnittlichen Stundenverdienstes. Dieser Ausfall wird durch die pauschalierte Regelung in § 7 Abs. 4 in etwa ausgeglichen. Der Ausgleich nach § 7 Abs. 4 beträgt 75% eines durchschnittlichen Stundenverdienstes, mindestens aber 0,38 €. Der durchschnittliche Stundenverdienst und nicht etwa nur der Mindestbetrag ist auch dann zu leisten, wenn die Vergütung nicht nach Stundenlöhnen, sondern nach anderen Bemessungen erfolgt, z. B. als Stückvergütung.[26]

D. Rechtsfolgen, Ordnungswidrigkeit, Straftat

Verlangt die stillende Mutter vom Arbeitgeber zu Recht, ihr Stillzeit zu gewähren, so hat der Arbeitgeber diese festzulegen und die Arbeit so zu organisieren, dass die Stillzeiten eingehalten werden können. Der Arbeitgeber ist nicht gehalten, über die Gewährung von Stillzeiten oder über die Beschäftigung werdender oder stillender Mütter überhaupt Unterlagen zu führen.[27] Führt er jedoch – ggfs. aus ganz anderen Gründen als denen des Mutterschutzes, z. B. zum Zweck der Abrechnung mit der Arbeitnehmerin – Unterlagen, aus denen sich (auch) die Gewährung von Stillzeiten ergibt, so hat er sie auf deren Verlangen der Aufsichtsbehörde nach näherer Maßgabe von § 19 MuSchG zur Einsicht vorzulegen oder zuzusenden. Verletzt der Arbeitgeber vorsätzlich oder fahrlässig die Vorschriften des § 7 Abs. 1 S. 1 oder Abs. 2 S. 2 über die Stillzeit, so begeht er eine **Ordnungswidrigkeit**, die mit einer Geldbuße bis zu 15.000 € geahndet werden kann (§ 21 Abs. 1 und 2 MuSchG). Handelt der Arbeitgeber vorsätzlich und wird die Frau dadurch in ihrer Arbeitskraft oder Gesundheit gefährdet, so kann der Arbeitgeber mit einer **Freiheitsstrafe** bis zu einem Jahr oder mit einer **Geldstrafe** bestraft werden (§ 21 Abs. 1 und 3 MuSchG); wird die Gefahr fahrlässig verursacht, betragen die Strafen bis zu sechs Monaten Freiheitsstrafe oder bis 180 Tagessätzen Geldstrafe (§ 21 Abs. 4 MuSchG).

18

---

26 *Buchner/Becker* § 7 MuSchG Rn. 46.
27 ErfK/*Schlachter*, § 19 MuSchG Rn. 3.

§ 8 Mehrarbeit, Nacht- und Sonntagsarbeit

(1) Werdende und stillende Mütter dürfen nicht mit Mehrarbeit, nicht in der Nacht zwischen 20 und 6 Uhr und nicht an Sonn- und Feiertagen beschäftigt werden.

(2) ¹Mehrarbeit im Sinne des Absatzes 1 ist jede Arbeit, die
1. von Frauen unter 18 Jahren über 8 Stunden täglich oder 80 Stunden in der Doppelwoche,
2. von sonstigen Frauen über 8 ½ Stunden täglich oder 90 Stunden in der Doppelwoche

hinaus geleistet wird. ²In die Doppelwoche werden die Sonntage eingerechnet.

(3) Abweichend vom Nachtarbeitsverbot des Absatzes 1 dürfen werdende Mütter in den ersten vier Monaten der Schwangerschaft und stillende Mütter beschäftigt werden
1. in Gast- und Schankwirtschaften und im Übrigen Beherbergungswesen bis 22 Uhr,
2. in der Landwirtschaft mit dem Melken von Vieh ab 5 Uhr,
3. als Künstlerinnen bei Musikaufführungen, Theatervorstellungen und ähnlichen Aufführungen bis 23 Uhr.

(4) Im Verkehrswesen, in Gast- und Schankwirtschaften und im übrigen Beherbergungswesen, im Familienhaushalt, in Krankenpflege- und in Badeanstalten, bei Musikaufführungen, Theatervorstellungen, anderen Schaustellungen, Darbietungen oder Lustbarkeiten dürfen werdende oder stillende Mütter, abweichend von Absatz 1, an Sonn- und Feiertagen beschäftigt werden, wenn ihnen in jeder Woche einmal eine ununterbrochene Ruhezeit von mindestens 24 Stunden im Anschluss an eine Nachtruhe gewährt wird.

(5) ¹An in Heimarbeit Beschäftigte und ihnen Gleichgestellte, die werdende oder stillende Mütter sind, darf Heimarbeit nur in solchem Umfang und mit solchen Fertigungsfristen ausgegeben werden, dass sie von der werdenden Mutter voraussichtlich während einer 8-stündigen Tagesarbeitszeit, von der stillenden Mutter voraussichtlich während einer 7 ¼-stündigen Tagesarbeitszeit an Werktagen ausgeführt werden kann. ²Die Aufsichtsbehörde kann in Einzelfällen nähere Bestimmungen über die Arbeitsmenge treffen; falls ein Heimarbeitsausschuss besteht, hat sie diesen vorher zu hören.

(6) Die Aufsichtsbehörde kann in begründeten Einzelfällen Ausnahmen von den vorstehenden Vorschriften zulassen.

Mehrarbeit, Nacht- und Sonntagsarbeit **§ 8 MuSchG**

A. Gegenstand und Zweck der Regelung

Mit den begrenzten Beschäftigungsverboten des § 8 will der Gesetzgeber die 1
schwangeren und stillenden Mütter, die nicht infolge eines totalen Beschäftigungsverbots gem. §§ 3, 6 Abs. 1 MuSchG mit der Arbeit völlig aussetzen oder bestimmte, vor allem körperlich belastende Arbeiten nicht ausführen dürfen (§§ 4, 6 Abs. 2 und 3 MuSchG) vor unzuträglich langen Arbeitszeiten oder Arbeiten zu unzuträglichen Zeiten schützen. Dabei müssen die Verbote und Beschränkungen des § 4 und des § 6 Abs. 2 und 3 ebenso beachtet werden wie die des § 8 MuSchG, d. h., die Beschäftigung ist nur zulässig, wenn sie allen Schutznormen entspricht. Entsprechendes gilt für die Arbeitszeitschutzbestimmungen außerhalb des MuSchG, z. B. für das ArbZG oder das JArbSchG; auch sie müssen – jeweils unter Beachtung des Vorrangs des MuSchG – eingehalten sein (vgl. Vorbem. ArbZG Rdn. 15, § 1 MuSchG Rdn. 1).

B. Entwicklung der Beschäftigungsverbote

Zunächst waren bestimmte Beschäftigungsverbote in Form von Arbeitszeitbe- 2
schränkungen in den allgemeinen arbeitszeitschutzrechtlichen Bestimmungen der AZO normiert. Erstmals mit dem Mutterschutzgesetz vom 17.5.1942[1] nebst AusführungsVO vom selben Tag[2] wurde spezielle mutterschutzrechtliche Arbeitszeitverbote normiert, nämlich strikte Verbote der Mehrarbeit, der Nachtarbeit und der Arbeit an Sonn- und Feiertagen nebst Ausnahmeregelungen für bestimmte Wirtschaftszweige. Das MuSchG vom 24.1.1952 baute diese Beschäftigungsverbote weiter aus; Art, 4 HaushaltssicherungsG vom 2.12.1965[3] wurden die zulässigen Beschäftigungszeit nochmals reduziert. Die Änderung der Systematik des MuSchG durch das Gesetz 18.4.1968[4] ließ die materiellen Regelung, wie wir sie heute in § 8 MuSchG finden, im Wesentlichen unberührt. Eine Ergänzung des § 8 Abs. 3 um eine neue Nr. 3 durch das G zur Änderung des MuSchG vom 3.7.1992 (BGBl. I, S. 1911) nahm bestimmte Künstlerinnen vom Verbot der Nachtarbeit aus. Zwecks Umsetzung der sog. Mutterschutz-Richtlinie RL 92/85/EG[5] wurden die Ausnahmeregelungen für die Frauen, die im Familienhaushalt beschäftigt sind, durch das

---

1 RGBl. I, S. 321.
2 RGBl. I, S, 324.
3 BGBl. I, S. 2065.
4 MuSchG 1968, BGBl. I, S. 315.
5 Vom 19.10.1992 – Abl.EG Nr. L 348, S. 1.

G vom 2.12.1996[6] ersatzlos gestrichen. Ohne erneute inhaltliche Änderung wurden das MuSchG und damit auch § 8 am 17.1.1997 neu gefasst.[7]

C. Rechtscharakter und Wirkung der Beschäftigungsverbote

3   Die **Beschäftigungsverbote** des § 8 MuSchG gelten für **werdende und für stillende Mütter** und sind **zwingend**; sie stehen jedoch unter dem **behördlichen Erlaubnisvorbehalt** (Abs. 6). Ein Zustimmung der Mutter, über die Grenzen des § 8 MuSchG hinaus zu arbeiten, ist für sich allein rechtlich unbeachtlich. Auch kommt es auf die körperliche Konstitution der Mutter oder deren Gesundheitszustand insoweit nicht an, als die Beschränkungen des § 8 MuSchG auch dann einzuhalten sind, wenn die Mutter im Stande ist, über die Beschäftigungsgrenzen hinaus ohne Beeinträchtigung ihrer Gesundheit zu arbeiten. Diese Umstände können jedoch bei der Entscheidung über eine Ausnahmebewilligung nach Abs. 6 von Bedeutung sein. Mehr als diese Möglichkeit der behördlichen Ausnahmeregelung sieht das MuSchG nicht vor. Vor allem gibt es keine dem § 14 ArbZG entsprechende Regelung für außergewöhnliche Fälle.

4   Die rechtliche **Wirkung** der Beschäftigungsverbote des § 8 MuSchG setzt mit dem **Beginn der Schwangerschaft** und mit der **Wiederaufnahme der Arbeit** durch die stillende Mutter ein. Über ihre Schwangerschaft muss die Frau den Arbeitgeber nach näherer Maßgabe des § 5 MuSchG unterrichten, für die Unterrichtung über das Stillen ist keine besondere Form vorgeschrieben. Die rechtliche Wirkung **auf das Arbeitsverhältnis** besteht darin, dass zwar der rechtliche Bestand des **zuvor geschlossenen Arbeitsvertrags** auch hinsichtlich etwaiger Verpflichtungen zu Mehr, Nacht-, Sonn- und Feiertagsarbeit nicht berührt wird.[8] Der in beiderseitiger Unkenntnis der Schwangerschaft geschlossene Arbeitsvertrag kann auch **nicht** vom Arbeitgeber wegen **Irrtums** über eine verkehrswesentliche Eigenschaft **angefochten** werden.[9] Weder kann die Arbeitnehmerin ihre über die Grenzen des § 8 hinausgehende Leistung

---

6   BGBl. I, S. 2110.
7   BGBl. I, S. 21, ber. S. 293.
8   BAG 08.08.1990 – 5 AZR 584/89 – AP Nr. 13 zu § 11 MuSchG 1968 = NZA 1990, 974.
9   EuGH 05.05.1994 – C-421/92 – *Gabriele Habermann-Beltermann* – NZA 1994, 609.

wirksam anbieten[10] noch darf der Arbeitgeber eine solche Arbeitsleistung verlangen; insoweit steht der schwangeren oder stillenden Mutter ein Leistungsverweigerungsrecht zur Seite,[11] es sei denn es liegt eine entsprechende Ausnahmebewilligung der Aufsichtsbehörde nach § 3 Abs. 6 MuSchG vor. Ist der **Arbeitsvertrag nach Eintritt der Schwangerschaft** geschlossen worden, so ist er nicht von vornherein wegen Verstoßes gegen § 8 Abs. 1 bis 4 MuSchG i. V. m. § 134 BGB nichtig, wenn bei Abschluss des Arbeitsvertrags mit einer behördlichen Ausnahmeerlaubnis nach Abs. 6 zu rechnen war.[12]

D. Verhältnis zu anderen Arbeitszeitschutzbestimmungen

Die mutterschutzrechtlichen **Arbeitszeitbegrenzungen des § 8 MuSchG** haben einerseits als die spezielleren Normen **Vorrang** vor den für grundsätzlich alle Arbeitnehmer geltenden allgemeinen Arbeitszeitschutzregelungen des ArbZG **und werden** andererseits durch eben diese, vor allen über die tägliche Arbeitszeit, die Ruhepausen und die Ruhezeit (vor allem § 3 bis 7 ArbZG) sowie die dortigen Arbeitszeitregelungen an Sonn- und Feiertagen (§§ 9 bis 13 ArbZG) **ergänzt**. Entsprechendes gilt für das Verhältnis der Regelungen des § 8 Abs. 1 und 2 Nr. 1 (Frauen unter 18 Jahren) zu den Arbeitszeitschutznormen des JArbSchG[13] oder zu den Arbeitszeitregelungen der Ladenöffnungsgesetze der Länder. Wegen der Einzelheiten wird auf die Erläuterungen zu den jeweils infrage kommenden Bestimmungen verwiesen.

5

E. Mehrarbeitsverbot

Nach § 8 Abs. 1 dürfen werdende und stillende Mütter nicht mehr **Mehrarbeit** beschäftigt werden. Dieses Verbot hat eine lange Tradition. Das MuSchG definiert in Abs. 2 selbst, was unter Mehrarbeit zu verstehen ist. Gesetzliche Ausnahmeregelungen sieht das Gesetz nicht vor. Auch bei einer nach anderen Gesetzen möglichen anderen Verteilung der Wochenarbeitszeit auf die Wochentage, z. B. im Rahmen der 5-Tage Woche, bei Gleitzeit oder durch Vor- und Nachholarbeiten, muss das Mehrarbeitsverbot des § 8 Abs. 1

6

---

10 BAG 24.06.1060 – BAGE 9, S. 300 = DB 1960, S. 1249.
11 Vgl. zum Leistungsverweigerungsrecht bei verbotswidriger Beschäftigung: BAG 19.02.1996 – AP Nr. 24 zu § 618 BGB.
12 BAG 08.09.1988 – EzA § 8 MuSchG Nr. 1 = AP Nr. 1 zu § 8 MuSchG 1968.
13 *Buchner/Becker* § 8 MuSchG Rn. 27.

und 2 eingehalten werden.[14] Möglich ist jedoch ein Abweichen von § 8 Abs. 2 aufgrund einer aufsichtsbehördlichen Ausnahmeerlaubnis (Abs. 6).

I. Mehrarbeit

7 **Mehrarbeit** und damit mutterschutzrechtlich für werdende und stillende Mütter untersagt ist danach jede Tätigkeit im Arbeitsverhältnis, die auch nur eine der in § 8 Abs. 2 genannten Grenzen überschreitet. Die Grenzen der erlaubten regelmäßigen Arbeit sind für Frau unter 18 Jahren und für Frauen ab 18 Jahren unterschiedlich gezogen. Gemeinsam ist indessen der Regelungsmechanismus. Es dürfen weder die **tägliche Arbeitszeit** noch die **Arbeitszeit in der Doppelwoche** überschritten werden. Den Begriff der **Arbeitszeit** definiert das MuSchG nicht, sondern es setzt ihn voraus. Deshalb kann und muss auf den Begriff der Arbeitszeit, wie er für jenes Gesetz in § 2 Abs. 1 ArbZG bestimmt ist zurückgegriffen werden,[15] d. h. in der Zeit zwischen Beginn und Ende der täglichen Arbeit ohne die Ruhepausen (siehe ausführlich: § 2 ArbZG Rdn. 5 ff., vgl. § 7 MuSchG Rdn. 3).

8 Die Begrenzung der täglichen Höchstarbeitszeit jugendlicher Frauen auf 8 (Nr. 1) und 8½ Stunden (Nr. 2) ist geboten, weil nach den übrigen Regelungen eine längere Tagesarbeitszeit möglich wäre. Die Begrenzung der Höchstarbeitszeit in der Doppelwoche unter Einbeziehung der **Sonntage** soll ebenso einen Schutz vor Überforderungen darstellen. Nichts anderes kann aber hinsichtlich der an **gesetzlichen Feiertagen** von werdenden oder stillenden Müttern geleisteten Arbeit gelten; insoweit dürfe es sich um eine ausfüllungsfähige und ausfüllungsbedürftige Lücke in der Gesetzgebung handeln.[16] Denn nicht nur Sonntagsarbeit, sondern auch die Arbeit an (gesetzlichen) Feiertagen ist trotz des grundsätzlichen Verbots in Abs. 1 zulässig, wenn die Voraussetzungen des Abs. 3 oder eine Ausnahmebewilligung nach Abs. 6 vorliegen. Dagegen zählt die infolge des gesetzlichen Feiertags ausgefallene Arbeit für die ggfs Entgeltfortzahlung nach § 2 EFZG zu leisten ist, für die Berechnung der Arbeitszeit in der Doppelwoche nach § 8 Abs. 2 MuSchG – anders als nach § 4 Abs. 4 S. 2 JArbSchG – nicht mit, denn es geht nicht um die Bezahlung, sondern um den Gesundheitsschutz der Mutter.[17] Arbeitszeit, die infolge

---

14 BAG 24.06.1960 – BAGE 9, S. 300 = DB 1960, 1249.
15 *Buchner/Becker* § 8 MuSchG, Rn. 23.
16 Vgl. im Ergebnis: *Buchner/Becker* § 8 MuSchG Rn. 21.
17 *Buchner/Becker* § 8 MuSchG Rn. 21; ErfK/*Schlachter* § 8 MuSchG Rn. 3.

krankheitsbedingter Arbeitsunfähigkeit oder wegen **Erholungsurlaubs** ausfällt, sind dagegen für die Arbeitszeit in der Doppelwoche mitzurechnen.[18] Die **Doppelwoche beginnt** nicht etwa am ersten Tag der Kalenderwoche,[19] sondern kann an jedem Wochentag beginnen. Unzweckmäßig ist es, insoweit auf den Beginn der Schwangerschaft abzustellen.[20] Dieser Beginn kann erst nachträglich festgestellt werden. Vielmehr ist auf den Tag abzustellen, an welchem der Arbeitgeber von der Schwangerschaft oder davon erfährt, dass die Mutter stillt. Nach dem Regelungszweck des § 8 ist ausreichend und erforderlich, dass in jedem Zeitraum von 14 aufeinander folgenden Tagen die Summe der geleisteten Arbeit die für die Doppelwoche festgesetzte Stundenzahl nicht überschreitet.

II. Frauen ab 18. Lebensjahr

Für **volljährige werdende oder stillende Mütter** setzt § 8 Abs. 2 Nr. 2 die tägliche Arbeitszeit – ohne die Erholungspausen, aber einschließlich der Stillzeiten[21] – auf **achteinhalb Stunden** und die Arbeitszeit in der **Doppelwoche auf 90 Stunden** fest. Nach § 3 S. 2 ArbZG wäre zwar eine Verlängerung der täglichen Arbeitszeit auf bis zu 10 Stunden mit einer entsprechenden Ausgleichsregelung auf durchschnittlich 48 Wochenstunden innerhalb des Ausgleichszeitraums zulässig. Ebenso wäre an eine Verlängerung der Arbeitszeit mit oder ohne Ausgleich nach § 7 ArbZG zu denken. Diese Möglichkeiten scheiden jedoch wegen des Vorrangs des § 8 Abs. 1 und 2 MuSchG als dem spezielleren Gesetz aus. Indessen muss die Beschäftigung im Übrigen den Regelungen des ArbZG entsprechen. Dies betrifft insbesondere die **Ruhepausen** (§ 4 ArbZG) und die **Ruhezeiten** (§ 5 ArbZG). 9

III. Frauen bis zum 18. Lebensjahr

Für **minderjährige oder jugendlicher Frauen** zieht § 8 Abs. 1 Nr. 1 engere Grenzen. Mehrarbeit liegt bei solchen Frauen vor, wenn sie mit mehr als **acht Stunden pro Tag** und mehr als **80 Stunden pro Doppelwoche** als Arbeitnehmerinnen beschäftigt werden. Die Anwendbarkeit der Arbeitszeitschutzbestimmungen für Jugendliche endet mit der Vollendung des 18. Lebensjahres. 10

---

18 *Buchner/Becker* § 8 MuSchG Rn. 21; ErfK/*Schlachter* § 8 MuSchG Rn. 3.
19 A. A. ZZVV § 8 MuSchG Rn. 19.
20 So aber *Buchner/Becker* § 8 ArbZG Rn. 22.
21 Vgl. ZZVV § 8 MuSchG Rn. 16; *Buchner/Becker* § 8 MuSchG Rn. 24.

§ 8 MuSchG Mehrarbeit, Nacht- und Sonntagsarbeit

Dauern die Umstände, die den besonderen Schutz bedingen, nämlich die Schwangerschaft oder das Stillen über diesen Zeitpunkt hinaus an, so richten sie sich ab vollendetem 18. Lebensjahr nach den für Erwachsene geltenden Regelungen.

11 Für die Beschäftigung **jugendlicher Frauen** sind neben den Bestimmungen des MuSchG **zusätzlich** die Bestimmungen des Jugendarbeitsschutzgesetzes – **JArbSch** – zu beachten. Allerdings bedarf es keines Rückgriffs auf das ArbZG, denn das JArbSchG gilt an Stelle des ArbZG (§ 18 Abs. 2 ArbZG). Nach § 8 Abs. 1 JArbSchG dürfen Jugendliche nicht mehr als acht Stunden täglich und nicht mehr als 40 Stunden wöchentlich beschäftigt werden. Dies wirft die Frage auf, inwieweit die relativ großzügigeren Regelung des § 8 Abs., 2 Nr. 1 MuSchG – 80 Stunden in der Doppelwoche – noch von einem speziellen Regelungsbedarf getragen wird. Allerdings sind umgekehrt auch die Regelungen des § 8 Abs. 2, 2a und 3 JArbSchG großzügiger als die des MuSchG. So kann die in Verbindung mit einem Feiertag zu dem Zweck ausgefallene Arbeitszeit, den beschäftigten eine längere zusammenhängende Freizeit zu ermöglichen (z. B. als sog. Brückentag der Freitag nach Christi Himmelfahrt) nach näherer Maßgabe des § 8 Abs. 2 JArbSchG anderweitig verteilt werden, wobei die tägliche Arbeitszeit achteinhalb Stunden nicht überschreiten darf. Entsprechendes gilt nach § 8 Abs. 2a JArbSchG für eine Umverteilung der an einzelnen Tagen verkürzten Arbeitszeit auf andere Arbeitstage derselben Woche. Beides ist mit § 8 Abs. 1 Nr. 1 MuSchG nicht vereinbar; diese Bestimmung lässt nur eine tägliche Arbeitszeit von acht Stunden zu. Aus demselben Grund ist bei werdenden und stillenden jugendlichen Müttern § 8 Abs. 3 JArbSchG unanwendbar, wonach Jugendliche über 16 Jahre in der Landwirtschaft während der Erntezeit bis zu neun Stunden täglich und bis zu 85 Stunden in der Doppelwoche beschäftigt werden dürfen. Bei einer Beschäftigung in einem **Schichtsystem** dürfen Jugendliche mit den **längeren Schichtzeiten** gem. § 12 JArbSchG beschäftigt werden; für werdende oder stillende jugendliche Mütter steht dem jedoch die speziellere Regelung des § 8 Abs. 2 Nr. 1 MuSchG entgegen. Arbeitszeit, die infolge eines gesetzlichen Feiertags ausfällt, ist – im Gegensatz zur Arbeitszeit für volljährige Mütter – für die Berechnung der Arbeitszeit in der Doppelwoche mitzurechnen (§ 4 Abs. 4 S. 2 JArbSchG).

12 Andererseits dürfen **werdende oder stillende jugendliche Mütter** von den speziellen Regelungen über die Anrechnung des Tageszeitaufwandes für die **Berufsschule** (§ 9 JArbSchG) und für **Prüfungen** und **außerbetriebliche Ausbildungsmaßnahmen** (§ 10 JArbSchG) nicht ausgeschlossen werden. Deshalb müssen die Zeiten, die nach näherer Maßgabe der §§ 9 und 10 JArbSchG

auf die Arbeitszeit des Jugendlichen nach § 8 JArbSchG anzurechnen sind, gleichermaßen auf die Arbeitszeit nach § 8 Abs. 1 Nr. 1 MuSchG angerechnet werden.[22] Zudem ist für werdende und stillenden jugendliche Mütter die Samstagsruhe nach § 16 JArbSchG einzuhalten.

F. Nachtarbeitsverbot

Für werdende und stillende Mütter gilt nach § 8 Abs. 1 MuSchG ein **spezielles Nachtarbeitsverbot**. Verboten ist die **Nachtarbeit zwischen 20 und 6 Uhr**. 13

I. Grundsätzliches Verbot

Die Regelung gilt für alle werdenden und stillenden Mütter und für alle Betriebe, auch solchen, die auf Mehrschichtbetrieb oder gar ausschließlich auf Nachtbetrieb eingerichtet sind. Das Verbot ist **zwingend**; § 8 Abs. 3 normiert hiervon jedoch **gesetzliche Ausnahmen**. Nach § 8 Abs. 6 kann die **Aufsichtsbehörde** zudem Ausnahmen zulassen. Der Umfang des Beschäftigungsverbots zur Nachtzeit stimmt zwar mit der Grundregel für jugendliche Beschäftigte (§ 14 Abs. 1 JArbSchG) überein. Der Zeitrahmen geht jedoch weit über das hinaus, was als Nachtzeit in § 2 Abs. 3 ArbZG normiert ist. 14

II. Ausnahmebereiche

Die **gesetzliche Ausnahmeregelung** des Abs. 3 erlaubt, in bestimmten Bereichen zu definierten Zeiten **werdende Mütter in den ersten vier Monaten** der Schwangerschaft und **stillende Mütter** während bestimmter Zeiträume in der sog. Nachtzeit (20 Uhr bis 6 Uhr) zu beschäftigen. Dabei wird nicht zwischen erwachsenen und jugendlichen Müttern unterschieden. Der Katalog der Ausnahmetatbestände ist abschließend. Allerdings kann die **Aufsichtsbehörde weitere Ausnahmen** nach Abs. 6 zulassen. Wird von den Ausnahmen Gebrauch gemacht, so müssen gleichwohl die übrigen Arbeitszeitschutzregelungen eingehalten werden. 15

1. Gast- und Schankwirtschaften, übriges Beherbergungswesen (Abs. 3 Nr. 1)

Gaststätten sind Einrichtungen, in denen Getränke und zubereitete Speisen zum Verzehr an Ort und Stelle ausgereicht werden; Schankwirtschaften sol- 16

---

22 Vgl. *Buchner/Becker* § 8 MuSchG Rn. 27.

§ 8 MuSchG Mehrarbeit, Nacht- und Sonntagsarbeit

che, in denen es im Wesentlichen um den Verzehr ausgereichter Getränke an Ort und Stelle geht (vgl. im Einzelnen: § 5 ArbZG Rdn. 30, § 10 ArbZG Rdn. 17). Zu diesen Betrieben zählen auch entsprechende Einrichtungen in Vereinen und Gesellschaften. Die unterschiedliche Wortwahl in § 8 Abs. 3 Nr. 1 MuSchG (Gast- und Schankwirtschaften, sonstiges Beherbergungsgewerbe) und in § 5 Abs. 2, § 10 Abs. 1 Nr. 4 ArbZG (Gaststätten und anderen Einrichtungen zur Bewirtung und Beherbergung) und in § 14 JArbSchG (Gaststättengewerbe) lässt allerdings unterschiedliche Abgrenzungen im Einzelfall zu, auch wenn die Unterschiedlichkeit der Abgrenzungen kaum sachlich, sondern bestenfalls als Zufallsergebnisse erklärbar erscheint. Jedenfalls dürfte auch hier gelten, was sonst für die Relation der Arbeitszeitschutznormen in den unterschiedlichen Gesetzen und Anwendungsbereichen gilt: Bei Überschneidungen und insoweit Konkurrenzen hat die speziellere Norm Vorrang. Im Verhältnis zum ArbZG wie auch zum JArbSchG spezieller sind die entsprechenden Bestimmungen des Mutterschutzgesetzes, denn sie gelten nur für werdende und stillende jugendliche Mütter, während sich das ArbZG grundsätzlich an alle erwachsenen Arbeitnehmer und das JArbSchG an alle Jugendlichen wendet.

2. Melken (Abs. 3 Nr. 2)

17 Ab 5 Uhr dürfen werdende und stillende jugendliche Mütter in der **Landwirtschaft** mit dem **Melken** beschäftigt werden. Unter **Landwirtschaft** ist – wie in § 5 Abs. 2, § 10 Abs. 1 Nr. 12 ArbZG – die wirtschaftliche Nutzung des Erdbodens zur Gewinnung pflanzlicher und/oder tierischer Erzeugnisse bzw. zur Nutzung von deren Arbeitsleistung zu verstehen (vgl. § 5 ArbZG Rdn. 42, § 10 ArbZG Rdn. 12. Allerdings ist nicht jede Arbeit in der Landwirtschaft vom Nachtarbeitsverbot ausgenommen, sondern **nur das Melken**.

3. Künstlerinnen bei Musikaufführungen, Theatervorstellungen und ähnlichen Aufführungen (Abs. 3 Nr. 3)

18 Diese Ausnahmeregelungen ist in drei Hinsichten begrenzt: **Persönlich**, weil sie Künstlerinnen erfasst, **sachlich**, weil es nur um bestimmte Aufführungen geht, und **zeitlich** bis 23 Uhr.

Bei Aufführungen von Musik-, Theater- und ähnlichen Aufführungen dürfen nur die **Künstlerinnen** beschäftigt werden. Die Beschränkung der Ausnahmeregelung auf Künstlerinnen schließt deren Erstreckung hinsichtlich der Ausnahme vom Nachtarbeitsverbot des Abs. 1 auf Frauen mit anderen Tätigkeiten, die zum Durchführen solcher Darbietungen ebenfalls benötigt werden, z. B. Garderobe, Beleuchtung u. s. w. aus. Dagegen dürfen diese Arbeitskräfte nach der gesetzlichen Ausnahme vom Verbot der Arbeit an Sonn- und Feiertagen gem. Abs. 4 an Sonn- und Feiertagen außerhalb der Nachtzeit des Abs. 1 beschäftigt werden. Die Ausnahme der Künstlerinnen vom Nachtarbeitsverbot wird damit begründet, dass den Frauen, auch in den ersten vier Monaten ihrer Schwangerschaft oder wenn sie stillen

Die Begriffe **Musikaufführungen, Theatervorstellungen** sind dieselben wie in 19 § 10 Abs. 1 Nr. 5 ArbZG und entsprechen den früheren gewerberechtlichen Begriffen des vormaligen § 105i Abs. 1 GewO (vgl. des Näheren: § 10 ArbZG Rdn. 18 m. w. N.). Auch öffentliche Proben, z. B. Generalproben, zählen zu den genannten Aufführungen und Veranstaltungen.[23] Unter **ähnlichen Aufführungen** sind solche zu verstehen, bei denen es auf den künstlerischen Einsatz der Frauen ankommt, z. B. eine Dichterlesung. Der Begriff ist deutlich von den »anderen Schaustellungen« i. S. d. Abs. 4 abzugrenzen und (wohl) enger zu verstehen.[24]

G. Verbot der Arbeit an Sonn- und Feiertagen

§ 8 Abs. 1 und 4 regelt für werdende und stillende Mütter die Arbeit an **Sonn-** 20 **tagen** und an **Feiertagen**.

I. Grundsätzliches Verbot

Das gesetzliche Verbot der Beschäftigung werdender und stillender Mütter an 21 Sonntagen und an Feiertagen ist **zwingend** ausgestaltet. Abs. 4 sieht hiervon für eine Vielzahl von Bereichen Ausnahmen vor; Abs. 6 ermöglicht aufsichtsbehördliche Ausnahmen. Die Sonntage beginnen um 0 Uhr und enden um 24 Uhr. Abweichungen der zeitlichen Lage von Beginn und Ende der Arbeitsruhe an den Sonntagen, wie sie in § 9 Abs. 2 und 3 ArbZG vorgesehen sind (vgl. § 9 ArbZG Rdn. 10 ff., Rdn. 15), sind für § 8 MuSchG nicht normiert. Mit den Feiertagen sind, ohne dass das Gesetz dies näher normiert, die sog. gesetzlichen Feiertage (vgl. Tabelle im Anhang 4) nach den Feiertagsgesetzen des Bundes und der Länder gemeint (vgl. § 1 ArbZG Rdn. 9, § 9 ArbZG Rdn. 8). Hinter das spezielle Verbot des § 8 Abs. 1 MuSchG für werdende

---

23 BAG 26.04.1990 – EzA § 105i GewO Nr. 2.
24 *Buchner/Becker* § 8 MuSchG Rn. 30.

und stillende Mütter treten das allgemeine Verbot der Sonn- und Feiertagsarbeit nach § 9 ArbZG oder für Jugendliche (§ 17 und § 18 JArbSchG) als allgemeine Regelungen zurück.

II. Ausnahmebereiche (Abs. 4)

22 Abs. 4 erlaubt als **gesetzliche Ausnahmen** vom Verbot des Abs. 1 die Beschäftigung **werdender Mütter** oder **stillende Mütter** an Sonn- und Feiertagen in dort **abschließend aufgezählten Bereichen**, wenn eine hinreichende **Ersatzruhezeit** gewährt wird. Im Gegensatz zur ausnahmsweisen Beschäftigung zur Nachtzeit (Abs. 3) ist diese Ausnahmeregelung nicht auf Frauen in den ersten Monaten ihrer Schwangerschaft beschränkt. Ebenso wenig wird zwischen erwachsenen und jugendlichen Müttern unterschieden. Der Katalog der Ausnahmetatbestände ist abschließend. Allerdings kann die **Aufsichtsbehörde weitere Ausnahmen** nach Abs. 6 zulassen. Wird von den Ausnahmen Gebrauch gemacht, so müssen gleichwohl die übrigen Arbeitszeitschutzregelungen vor allem des ArbZG und des JArbSchG eingehalten werden. Dies betrifft vor allem die **unterschiedlich aufgestellten Kataloge der erlaubten Sonn- und Feiertagsarbeit** in § 8 Abs. 3 MuSchG, § 17 Abs. 2, § 18 JArbSchG und § 10 ArbZG. Für Erwachsene ist zudem die **Einschränkung in § 10 Abs. 1 Eingangssatz ArbZG**, wonach die Sonn- und Feiertagsbeschäftigung nur gestattet ist, sofern die Arbeiten nicht an einem Werktag vorgenommen werden können (vgl. § 10 Abs. 1 Eingangssatz ArbZG, sowie dort Rdn. 6 ff.) und die **Mindestzahl beschäftigungsfreier Sonntage** (§ 11 ArbZG). Für **jugendliche** Mütter müssen zusätzlich zu § 8 Abs. 4 MuSchG die besonderen Regelungen über die Arbeit an Sonntagen (§ 18 JArbSchG) und an Feiertagen (§ 19 JArbSchG) eingehalten werden.

23 Von der Ausnahmeregelung des § 8 Abs. 4 MuSchG darf nur Gebrauch gemacht werden, wenn – als Ausgleich – den derart beschäftigten Frauen in jeder Woche einmal eine **ununterbrochene Ruhezeit** von mindestens **24 Stunden (Ersatzruhezeit) im Anschluss an die Nachtruhe** gewährt wird. Der Begriff der **Ruhezeit** ist derselbe wie der im ArbZG (vgl. § 5 ArbZG Rdn. 4 ff.). Der Begriff der **Nachtruhe** ist nicht gesetzlich bestimmt worden. Unter Nachtruhe sind indessen, dies ergibt sich aus dem Regelungszusammenhang des § 8 MuSchG, die Zeiten zu verstehen, zu denen die Beschäftigung werdender oder stillender Mütter nach Abs. 1, ggf. mit den Modifikationen

des Abs. 3, verboten ist.[25] Diese Ersatzruhezeit muss »in jeder Woche einmal« gewährt werden, d. h., innerhalb der Woche, in der die Frau zur Arbeit an einem Sonntag oder an einem gesetzlichen Feiertag herangezogen worden ist. Nicht erforderlich ist, die Ersatzruhezeit in unmittelbarem Anschluss an die Sonn- oder Feiertagsarbeit zu gewähren.[26] Unklar ist allerdings, ob die Ersatzruhezeit, die stets im Anschluss an die Nachtruhe liegen muss, nur nach der Sonn- oder Feiertagsarbeit oder auch vor solcher Arbeit gewährt werden kann. Um von der Ausnahmeregelung rechtmäßig Gebrauch zu machen, muss der Arbeitgeber die 24-stündige Ruhezeit vor der Heranziehung zur Sonn- oder Feiertagsarbeit nach § 8 Abs. 4 gewährleisten.[27] Das spricht dafür, dass die Ersatzruhezeit auch vorab gewährt werden kann. Für Erwachsene muss die Ruhezeitgewährung zugleich den Anforderungen des § 11 ArbZG genügen, für Jugendliche denen des § 17 Abs. 3 JArbSchG.

Gegenständlich erlaubt Abs. 4 die Beschäftigung werdender oder stillender Mütter in den dort **abschließend aufgezählten Ausnahmebereichen**. 24

1. Verkehrswesen

Das MuSchG definiert den Begriff des Verkehrswesens nicht. Der Begriff 25 heute noch in § 16 Abs. 2 Nr. 3 JArbSchG und wurde früher in § 12 Abs. 1 S. 2 AZO verwendet. Dagegen wird in § 5 Abs. 2 wie in § 10 Abs. 1 Nr. 10 ArbZG nicht der – sprachlich umfassendere – Begriff »Verkehr**wesen**«, sondern der demgegenüber sprachlich engere Begriff »Verkehr**betriebe**« verwendet. Allerdings ist fraglich, ob der Gesetzgeber dieser verschiedenen Gesetze und des Wirtschaftsverwaltungsrechts insgesamt mit der Verwendung dieser Begriffe wirklich Unterschiedliches hat bezeichnen wollen. Unter **Verkehrswesen** (§ 8 Abs. 4 MuSchG) sind alle Einrichtungen, Betriebe und Verwaltungen zu verstehen, deren Zweck darin besteht, Personen, Güter und Nachrichten zu transportieren oder zu solchen Transporten dienlich zu sein. Dazu zählen nicht nur Eisenbahn-, Straßenbahn-, Kraftfahrzeug-, Schifffahrts- und Luftverkehrsbetriebe, sondern auch Bahnhöfe, Häfen, Lotsenbetriebe, sondern auch die Betriebe zur Ver- und Entsorgung, Reinigung und Wartung der Verkehrsmittel. Darauf, ob der Verkehr nur eigenen Zwecken dient (Werkverkehr) kommt es nicht an (vgl. im Einzelnen: § 5 ArbZG Rdn. 32 ff.). Zum

---

25 So wohl auch *Buchner/Becker* § 8 MuSchG Rn. 57.
26 *Meisel/Sowka* § 8 MuSchG Rn. 32.
27 BAG 12.12.1990 – EzA § 8 MuSchG Nr. 2 = NZA 1991, 505.

Verkehrswesen sind auch alle Betriebe u.s.w. der **Nachrichtenübermittlung** (Fernsehen, Rundfunk, Presse u.s.w.) zu rechnen; die gesonderte Erwähnung von tagesaktueller **Presse, Rundfunk** in § 10 Abs. 1 Nr. 8 ArbZG (vgl. dort Rdn. 37 ff.) ist einer im Laufe der Zeit gewandelten systematischen Betrachtung geschuldet.

2. Gast- und Schankwesen, übriges Beherbergungswesen

26 Die Begriffe entsprechen denen in Abs. 3 (siehe Rdn. 16).

3. Familienhaushalt

27 Der **Familienhaushalt** dient der Befriedigung der alltäglichen konsumtiven Bedürfnisse der in dem Haus lebenden, einen geschlossenen privaten räumlichen und gegenständlichen gemeinsamen Lebensbereichs derer, die die Familie oder deren dortigen Teil bilden.[28] Damit unterscheidet sich der Familienhaushalt von z. B. dem Haushalt in einem Betrieb oder in einer Anstalt. Der Begriff **Familienhaushalt** entspricht dem in § 16 JArbSchG; in § 10 Abs. 1 Nr. 4 ArbZG ist dagegen nur von **Haushalt** die Rede. Unterschiedliches ist damit (wohl) nicht gemeint. Die ausnahmsweise Beschäftigung der werdenden oder stillenden Mutter im Familienhaushalt setzt nicht voraus, dass sie in dem Haushalt lebt.

4. Krankenpflege- und Badeanstalten

28 Der im MuSchG nicht definierte Begriff der **Krankenpflegeanstalten** entsprach dem in der zum 1.7.1994 durch Art. 21 Nr. 3 ArbZRG mit dem Inkrafttreten des ArbZG aufgehobenen Begriff in § 1 Abs. 2 der KrAZVO (VO über die Arbeitszeit des nichtärztlichen Personals in Krankenpflegeanstalten). Der Gesetzgeber hat die Sonderregelungen für dies Arbeitszeit in solchen Einrichtungen zwar z.T. in das ArbZG übernommen, jedoch den vorher verwendeten Begriff durch den (moderneren?) Begriff des **Krankenhauses** in § 5 Abs. 2 und § 10 Abs. 1 Nr. 3 ArbZG, zugleich aber den Anwendungsbereich des ArbZG neueren Anforderungen entsprechend erweitert auf alle Einrichtungen zur Behandlung, Pflege und Betreuung von Personen (siehe im Einzelnen: § 5 ArbZG, Rdn. 25–28; § 10 ArbZG Rdn. 15, 16). Der Terminus **Krankenpflegeanstalten** in § 8 MuSchG entspricht, soweit es um

---

28 Vgl. *Buchner/Becker* § 8 MuSchG Rn. 45 m.w.N.

die Behandlung, Pflege und Betreuung von Kranken geht, dem (erweiterten) Anwendungsbereich der §§ 5 und 10 ArbZG. Denn die Ausnahmeregelung soll den besonderen Bedürfnissen nach kontinuierlicher Arbeitsfähigkeit solcher Einrichtungen gerecht werden. Unter **Badeanstalten** sind – unabhängig von ihrer Rechtsform oder Trägerschaft – Einrichtungen zu verstehen, deren vorrangiger Zweck darin besteht, dass in ihnen Bäder (in Wasser, anderen Flüssigkeiten, Schlamm, Licht, Luft u. s. w.) aus vorrangig medizinischen Gründen genommen werden, aber auch solche, in denen das Baden dem Vergnügen oder der sportlichen Ertüchtigung dient.[29]

5. Musikaufführungen, Theatervorstellungen, andere Schaustellungen, Darbietungen und Lustbarkeiten

Die Begriffe **Musikaufführungen, Theatervorstellungen** sind dieselben wie in Abs. 3 (vgl. Rdn. 19). Während vom grundsätzlichen Verbot der Nachtarbeit dort die **ähnlichen Aufführungen** ausgenommen worden sind, taucht dieser Begriff für die Ausnahmen vom Verbot der Arbeit an Sonn- und Feiertagen in Abs. 4 nicht auf. Stattdessen sind dort Schaustellungen, Darbietungen und Lustbarkeiten genannt. Dabei verwendet das MuSchG die Begriffe, wie sie sich in §§ 33a, 33b und 55 GewO wieder finden; auf den künstlerischen Wert kommt es nicht an.[30]

29

H. In Heimarbeit beschäftige Frauen

Die Regelung in Abs. 5, wonach werdende Mütter nur mit solchen Heimarbeiten beauftragt werden dürfen, die sie an Werktagen mit einer Arbeitszeit von acht Stunden erledigen können und stillende Mütter in einem demgegenüber geringeren Umfang, sodass die Arbeit an Werktagen in siebeneinhalb Stunden erledigt werden kann, stellt keine im eigentliche Sinne Arbeitszeitschutznorm dar, sondern eine Mutterschutznorm hinsichtlich der Arbeitspensen. Das Zeitmaß dient allein der Bemessung dieser Pensen, es gibt jedoch kein Verbot, dass sich die werdenden oder stillenden Mütter für die Erledigung der im zuträglichen Maß erteilten Auftragsarbeiten länger Zeit lassen. Für das Maß der Arbeitsaufträge muss der Einschränkung der Arbeitszeit der Mutter selbst Rechnung getragen werden; ob sie einen Ausgleich durch z. B. mithelfende

30

---

29 Vgl. *Buchner/Becker* § 8 MuSchG Rn. 52.
30 Vgl. *Buchner/Becker* § 8 MuSchG Rn. 53.

Familienangehörige schaffen kann, ist unerheblich.[31] Notfalls kann die **Aufsichtsbehörde** gem. Abs. 5 S. 2 nähere Bestimmungen über die Arbeitsmenge treffen.

I. Ausnahmeregelungen der Aufsichtsbehörde

31 Von allen Vorschriften in den Absätzen 1 bis 4, mithin von **allen dort geregelten Beschränkungen und Ausnahmen** kann die **Aufsichtsbehörde** ihrerseits **Ausnahmen** zulassen, dies allerdings nur in »begründeten Einzelfällen«. Dies setzt voraus, dass die Verhältnisse erheblich anders liegen, als sie vom Gesetzgeber als üblich oder typisch angenommen worden sind. Die Ausnahmeregelungen stellen i. d. R. **Verwaltungsakte mit Doppelwirkung** dar; deshalb muss nicht nur der Antragsteller, sondern ebenso der durch den Verwaltungsakt Betroffene rechtliches Gehör erhalten.

J. Rechtsfolgen, Ordnungswidrigkeit, Straftat

32 Der Arbeitgeber ist gehalten, den Bestimmungen des § 8 mit seinen Beschäftigungsverboten und – wenn er von den Ausnahmetatbeständen Gebrauch macht, die damit verbundenen Regelungen einzuhalten. Er ist mutterschutzrechtlich nicht gezwungen, über die Beschäftigung werdender oder stillender Mütter Unterlagen zu führen.[32] Führt er jedoch – ggfs. auch aus ganz anderen Gründen als denen des Mutterschutzes, z. B. zum Zweck der Abrechnung mit der Arbeitnehmerin – Unterlagen, aus denen sich (auch) die Beschäftigung an Sonn- und Feiertagen im Rahmen des § 8 Abs. 4 MuSchG ergibt, so ist er gut beraten, auch über die Ausgleichsruhezeiten Unterlagen zu führen. Führt er solche Unterlagen, so hat er sie auf deren Verlangen der Aufsichtsbehörde nach näherer Maßgabe von § 19 MuSchG zur Einsicht vorzulegen oder zuzusenden. Verletzt der Arbeitgeber vorsätzlich oder fahrlässig die Vorschriften des »§ 8 Abs. 1 oder 3 bis 5 S. 1 über Mehr-, Nacht- oder Sonntagsarbeit« (§ 21 Abs. 1 Nr. 3 MuSchG), so begeht er eine **Ordnungswidrigkeit**, die mit einer Geldbuße bis zu 15.000 € geahndet werden kann (§ 21 Abs. 1 und 2 MuSchG). Handelt der Arbeitgeber vorsätzlich und wird die Frau dadurch in ihrer Arbeitskraft oder Gesundheit gefährdet, so kann der Arbeitgeber mit einer **Freiheitsstrafe** bis zu einem Jahr oder mit einer **Geldstrafe** bestraft werden (§ 21 Abs. 1 und 3 MuSchG); wird die Gefahr fahrlässig verursacht,

---

31 Vgl. *Buchner/Becker* § 8 MuSchG Rn. 62.
32 ErfK/*Schlachter* § 19 MuSchG Rn. 3.

betragen die Strafen bis zu sechs Monaten Freiheitsstrafe oder bis 180 Tagessätzen Geldstrafe (§ 21 Abs. 4 MuSchG).

Teil B.2 Besonderer Arbeitsschutz - Gesetz zum Schutz der arbeitenden Jugend (Jugendarbeitsschutzgesetz – JArbSchG)

Jugendarbeitsschutzgesetz (JArbSchG), in der Fassung vom 12.04.1976, BGBl. I, S. 965; zuletzt geändert durch G zur Umsetzung des Seearbeitsübereinkommens 2006 der Internationalen Arbeitsorganisation vom 20.04.2013, BGBl. I, S. 868.

– Auszug –

Erster Abschnitt Allgemeine Vorschriften

§ 1 Geltungsbereich

(1) Dieses Gesetz gilt in der Bundesrepublik Deutschland und in der ausschließlichen Wirtschaftszone für die Beschäftigung von Personen, die noch nicht 18 Jahre alt sind,
1. in der Berufsausbildung,
2. als Arbeitnehmer oder Heimarbeiter,
3. mit sonstigen Dienstleistungen, die der Arbeitsleistung von Arbeitnehmern oder Heimarbeitern ähnlich sind,
4. in einem der Berufsausbildung ähnlichen Ausbildungsverhältnis.

(2) Dieses Gesetz gilt nicht
1. für geringfügige Hilfeleistungen, soweit sie gelegentlich
   a) aus Gefälligkeit,
   b) auf Grund familienrechtlicher Vorschriften,
   c) in Einrichtungen der Jugendhilfe,
   d) in Einrichtungen zur Eingliederung Behinderter
1. erbracht werden,
2. für die Beschäftigung durch die Personensorgeberechtigten im Familienhaushalt.

§ 1 JArbSchG Geltungsbereich

A. Regelungsrahmen und Zweck

1 Das JArbSchG bestimmt den öffentlich-rechtlichen Arbeitsschutz für Kinder und Jugendliche und enthält daneben arbeitsvertragsrechtliche Bestimmungen. Neben dem **technischen Arbeitsschutz** (z. B. Verbote/Einschränkungen der Beschäftigung zu bestimmten Zwecken oder mit bestimmen Gegenständen und Stoffen) normiert das JArbSchG den **Arbeitszeitschutz**. Der Arbeitszeitschutz ist für Kinder und für Jugendliche gesondert geregelt. Für **Kinder** gilt ein **grundsätzliches Arbeitsverbot**, das jedoch nach näheren Maßgaben der §§ 5 bis 7 JArbSchG gelockert ist.[1] Für **Jugendliche** gilt nach näherer Bestimmung der §§ 4, 9 bis 21b JArbSchG ein **Arbeitszeitschutz**, der im Grundsatz strenger als der des ArbZG. Das JArbSchG dient zugleich der **Umsetzung von EG-Recht**, nämlich der Jugendarbeitsschutzrichtlinie.[2] Die Arbeitszeitschutzbestimmungen des JArbSchG genügen im Wesentlichen den Vorgaben der Richtlinie. Die EG-rechtliche Fundierung des Jugendarbeitsschutzgesetzes lässt keine Befürchtungen aufkommen, dass dessen Regelungen – gemessen an der RL 2000/78/EG – **altersdiskriminierend** sein könnten.

B. Persönlicher Geltungsbereich

2 Das JArbSchG gilt für **Beschäftigte, die noch nicht 18 Jahre alt sind**. Insoweit schließt es die Anwendung des **für Volljährige geltenden ArbZG** aus. Neben dem JArbSchG müssen aber bei **schwangeren oder stillenden jugendlichen Frauen** die Regelungen des **MuSchG** eingehalten werden. Das JArbSchG betrifft alle **jungen Menschen**,[3] mithin Kinder, d. h. Personen, die noch nicht 15 Jahre alt sind (§ 2 Abs. 1 JArbSchG), und Jugendliche, d. h. Personen die 15, aber noch nicht 18 Jahre alt sind (§ 2 Abs. 2 JArbSchG). Auf Jugendliche, die der Vollzeitschulpflicht unterliegen, finden die für Kinder geltenden Vorschriften Anwendung (§ 2 Abs. 3 JArbSchG). Nach § 15 Abs. 1 BFDG gilt das JArbSchG auch für jugendliche Freiwillige i.S. des Gesetzes über den Bundesfreiwilligendienst.[4]

---

1 Vgl. im Einzelnen: HzA/*Taubert* Gruppe 8 Rn. 101 bis 209.
2 RL 94/33/EG des Rates vom 22.06.1994 über Jugendarbeitsschutz, ABl.EG Nr. L 216, S. 12.
3 Vgl. Art. 3 Buchst. a RL 94/33/EG.
4 Gesetz über den Bundesfreiwilligendienst – Bundesfreiwilligendienstgesetz - BFDG vom 28.04.2011, BGBl. I, S. 687.

C. Sachlicher Geltungsbereich

Sachlich erfasst das JArbSchG nicht etwa nur Arbeitnehmer einschließlich der Auszubildenden, sondern es gilt für die **Beschäftigung** der jungen Personen, sei es dass sie als **Arbeitnehmer, als** Heimarbeiter oder zu ihrer **Berufsausbildung** beschäftigt werden, sei es dass sie zu »ähnlichen Zwecken« beschäftigt werden. Während für die **Binnenschifffahrt** lediglich Abweichung vom allgemeinen Jugendarbeitszeitschutz in § 20 JArbSchG normiert sind, gilt für die Beschäftigung Jugendlicher als Besatzungsmitglieder auf **Kauffahrteischiffen** an Stelle des JArbSchG das SeemannsG (§ 61 JArbSchG). Nach näherer Maßgabe von § 62 JArbSchG gilt dieses Gesetz auch für die Beschäftigung Jugendlicher im **Vollzug einer Freiheitsentziehung.** Die Regelung über die Ausnahme vom sachlichen Geltungsbereich in § 1 Abs. 2 Nr. 1 JArbSchG betrifft »geringfügige Hilfeleitungen«, wenn sie denn »gelegentlich« erbracht werden. Alle drei Begriffe sind im Gesetz nicht bestimmt; sie sind jedoch gemäß dem allgemeinen Sprachgebrauch zu verstehen.[5] Auf die Rechtsgrundlage der Beschäftigung kommt es insoweit nicht an. Ausgenommen von der Geltung des JArbSchG ist ferner für die Beschäftigung durch Personensorgeberechtigte im **Familienhaushalt** (§ 2 Abs. 2 Nr. 2 JArbSchG). 3

Für die **Praxis am wichtigsten** ist die Geltung des JArbSchG für Arbeitsverhältnisse und für Berufsausbildungsverhältnisse. Eine gesetzesspezifische Definition, was unter Arbeitnehmer zu verstehen ist, enthält das JArbSchG nicht. Deshalb ist auf den allgemeinen Gattungsbegriff des Arbeitnehmers wie er z.B. in § 2 Abs. 2 ArbZG verwendet wird (vgl. § 2 ArbZG, Rdn. 68, 70 ff.) zurückzugreifen. Dagegen sind – anders als im ArbZG (vgl. § 2 ArbZG, Rdn. 69) – keine speziellen Arbeitnehmer aus dem Geltungsbereich des JArbSchG ausgenommen. Zu den Jugendlichen, die in einem Arbeitsverhältnis stehen, zählen auch Arbeiter, Angestellte, Aushilfen, nebenberuflich tätige Arbeitnehmer, Leiharbeitnehmer, Auszubildende, Umschüler, Volontäre, Praktikanten. Unerheblich ist auch, ob es sich um Vollzeit- oder Teilzeittätigkeit handelt. Auch die sog. »450-EURO-Arbeitskräfte« werden vom JArbSchG geschützt, ebenso »Ein-Euro-Jobber« (§ 16 Abs. 3 SGB III). Ausgenommen sind ferner alle anderen Personen, die auf öffentlich-rechtlicher oder familienrechtlicher Rechtsgrundlage tätig sind. Anders als das ArbZG erfasst das JArbSchG auch **arbeitnehmerähnliche** Personen. Damit geht der Geltungsbereich der JArbSchG über den des ArbZG hinaus. 4

---

[5] HzA/*Taubert* Gruppe 8 Rn. 76 bis 79.

D. Räumlicher Geltungsbereich

5 Das JArbSchG gilt für das Gebiet der Bundesrepublik Deutschland und deren Ausschließlicher Wirtschaftszone (AWZ) in der Nordsee und in der Ostsee. Sein **Geltungsbereich** umfasst alle Betriebe und die ihnen zugeordneten Arbeitsverhältnisse, deren Sitz sich im räumlichen Geltungsbereich des Gesetzes befinden, soweit es um die öffentlich-rechtlichen Normen dieses Gesetzes geht.[6] Die hier in Rede stehenden Bestimmungen sind – bis auf die Bestimmungen über die Entgeltsicherung – öffentlich-rechtliche Normen. Wegen der weiteren Einzelheiten wird auf die Ausführungen zum räumlichen Geltungsbereich des ArbZG (§ 1 ArbZG Rdn. 13 ff.) verwiesen.

§ 4 Arbeitszeit

(1) Tägliche Arbeitszeit ist die Zeit vom Beginn bis zum Ende der täglichen Beschäftigung ohne die Ruhepausen (§ 11).

(2) Schichtzeit ist die tägliche Arbeitszeit unter Hinzurechnung der Ruhepausen (§ 11).

(3) Im Bergbau unter Tage gilt die Schichtzeit als Arbeitszeit. Sie wird gerechnet vom Betreten des Förderkorbs bei der Einfahrt bis zum Verlassen des Förderkorbs bei der Ausfahrt oder vom Eintritt des einzelnen Beschäftigten in das Stollenmundloch bis zu seinem Wiederaustritt.

(4) ¹Für die Berechnung der wöchentlichen Arbeitszeit ist als Woche die Zeit von Montag bis einschließlich Sonntag zugrunde zu legen. ²Die Arbeitszeit, die an einem Werktag infolge eines gesetzlichen Feiertags ausfällt, wird auf die wöchentliche Arbeitszeit angerechnet.

(5) Wird ein Kind oder ein Jugendlicher von mehreren Arbeitgebern beschäftigt, so werden die Arbeits- und Schichtzeiten sowie die Arbeitstage zusammengerechnet.

A. Begriff der Arbeitszeit

1 Der Begriff der Arbeitszeit in § 4 Abs. 1 JArbSchG entspricht dem in § 2 Abs. 1 ArbZG; auf die dortigen Erläuterungen (§ 2 ArbZG Rdn. 5 bis 45) wird ver-

---

6 Vgl. zu § 13 MuSchG: BSG 06.12.1986 – 8 RK 5/85 – SozR 7830 § 13 MuSchG Nr. 8.

wiesen. Wie dort zählen auch hier Arbeitsbereitschaft und Bereitschaftsdienst zur Arbeitszeit.[1] Arbeitszeit ist nicht nur die Zeit der **Arbeitsleistung** selbst, sondern auch die Zeit der **betrieblichen Ausbildung** des Jugendlichen. Die Bestimmungen über die Zeiten zum Berufsschulbesuch und für Prüfungen (§§ 9 und 10 JArbSchG) verändern den Begriff der Arbeitszeit nicht, sondern bestimmen nur, das bestimmte Zeiten auf die Arbeitszeit i. S. d. Arbeitszeitschutzes angerechnet werden.

B. Begriff der Schichtzeit

Das Gesetz bestimmt für die **Schichtzeit**, dass sie die Zeit Arbeitszeit, also die Zeit vom Beginn bis zum Ende der Arbeit ohne die Pausen, sondern auch die **Zeit der Pausen mit umfasst**. Für den **Bergbau unter Tage** gilt eine andere gesetzliche Definition. Schichtzeit fällt nicht nur bei **Schichtarbeit** (vgl. dazu § 2 ArbZG Rdn. 125, 126) an, denn § 4 Abs. 2 JArbSchG setzt nicht voraus, dass es sich um Wechselschichten handelt. Vielmehr dienst die Begriffsbestimmung der Regelung in § 12 ArbZG, die die höchstzulässige Dauer der angeordneten **Anwesenheit des Jugendlichen im Betrieb** bestimmt. Die von der Schichtzeit umfassten Pausen sind auch dann mitzurechnen, wenn sie mehrere Stunden dauern und es dem Jugendlichen gestattet ist, die den Betrieb zu verlassen; unerheblich ist insoweit auch die Bezeichnung der Unterbrechung der tatsächlichen Arbeit.[2] Für den **Bergbau unter Tage** gilt die Schichtzeit als Arbeitszeit; zudem knüpft die Definition der Schichtzeit nicht an den allgemeinen Begriff der Arbeitszeit an, sondern an die Ein- und Ausfahrt bzw. dass Passieren des Stollenmundlochs an; die Regelung stimmt in Wesentlichen mit der nach § 2 Abs. 1 S. 2 ArbZG überein (vgl. dort Rdn. 60–67).   2

C. Berechnungszeit für die Wochenarbeitszeit

Für die Berechnung der wöchentlichen Arbeitszeit legt § 4 Abs. 4 S. 1 JArbSchG den Zeitrahmen auf die Zeit von Montag bis Sonntag fest. Diese Festlegung weicht wesentlich von der Berechnung des Ausgleichszeitraumes nach § 3 S. 2 ArbZG ab (vgl. § 3 ArbZG Rdn. 42 bis 56), aber auch von der Festlegung und Berechnung des Zeitraumes für die Gewährung von Ersatzruhetagen nach § 11 Abs. 3 ArbZG (vgl. § 3 ArbZG Rdn. 18, 19). Mit der Festlegung auch den Zeitraum von Montag bis Sonntag wird ausgeschlossen,   3

---

1 HZA/*Taubert* Gruppe 8 Rn. 347; *Schaub* Arbeitsrechtshandbuch, § 161 Rn. 9.
2 BayOBLG 28.01.1982 – AP Nr. 1 zu § 4 JugArbSchutzG.

§ 5 JArbSchG Verbot der Beschäftigung von Kindern

den Beginn des Berechnungszeitraumes fließend, z. B. ab Arbeitsbeginn an einem anderen Tag als dem Montag, zu wählen.

D. Mehrfachbeschäftigung

4 Nach § 4 Abs. 5 werden **Arbeitszeiten**, Schichtzeiten und Arbeitstage **zusammengerechnet**, wenn der junge Mensch bei mehreren Arbeitgebern beschäftigt wird. Die Regelung entspricht – abgesehen vom Begriff der Beschäftigung – der in § 2 Abs. 1, S. 1, 2. Hs. ArbZG (siehe § 2 ArbZG Rdn. 51–58). Auch die zusammengerechneten Arbeitszeiten dürfen die Arbeitszeitgrenzen des JArbSchG nicht überschreiten. Die **Rechtsfolgen** einer Überschreitung der zusammengerechneten Arbeitszeiten pp sind im JArbSchG ebenso wenig wie im ArbZG geregelt. Zwischen dem JArbSchG und dem ArbZG bestehen andererseits in diesem Zusammenhang keine gravierenden Unterschiede, sodass die Rechtsfolgen hier wie dort dieselben sind. Wegen der Rechtsfolgen im Einzelnen wird auf die Ausführungen zu § 2 ArbZG (§ 2 ArbZG Rdn. 51–59) verwiesen.

Zweiter Abschnitt Beschäftigung von Kindern

§ 5 Verbot der Beschäftigung von Kindern

(1) Die Beschäftigung von Kindern (§ 2 Abs. 1) ist verboten.

(2) Das Verbot des Absatzes 1 gilt nicht für die Beschäftigung von Kindern
1. zum Zwecke der Beschäftigungs- und Arbeitstherapie,
2. im Rahmen des Betriebspraktikums während der Vollzeitschulpflicht,
3. in Erfüllung einer richterlichen Weisung.

Auf die Beschäftigung finden § 7 Satz 1 Nr. 2 und die §§ 9 bis 46 entsprechende Anwendung.

(3) Das Verbot des Absatzes 1 gilt ferner nicht für die Beschäftigung von Kindern über 13 Jahre mit Einwilligung des Personensorgeberechtigten, soweit die Beschäftigung leicht und für Kinder geeignet ist. Die Beschäftigung ist leicht, wenn sie auf Grund ihrer Beschaffenheit und der besonderen Bedingungen, unter denen sie ausgeführt wird,
1. die Sicherheit, Gesundheit und Entwicklung der Kinder,

2. ihren Schulbesuch, ihre Beteiligung an Maßnahmen zur Berufswahlvorbereitung oder Berufsausbildung, die von der zuständigen Stelle anerkannt sind, und
3. ihre Fähigkeit, dem Unterricht mit Nutzen zu folgen,

nicht nachteilig beeinflusst. Die Kinder dürfen nicht mehr als zwei Stunden täglich, in landwirtschaftlichen Familienbetrieben nicht mehr als drei Stunden täglich, nicht zwischen 18 und 8 Uhr, nicht vor dem Schulunterricht und nicht während des Schulunterrichts beschäftigt werden. Auf die Beschäftigung finden die §§ 15 bis 31 entsprechende Anwendung.

(4) Das Verbot des Absatzes 1 gilt ferner nicht für die Beschäftigung von Jugendlichen (§ 2 Abs. 3) während der Schulferien für höchstens vier Wochen im Kalenderjahr. Auf die Beschäftigung finden die §§ 8 bis 31 entsprechende Anwendung.

(4a) Die Bundesregierung hat durch Rechtsverordnung mit Zustimmung des Bundesrates die Beschäftigung nach Absatz 3 näher zu bestimmen.

(4b) Der Arbeitgeber unterrichtet die Personensorgeberechtigten der von ihm beschäftigten Kinder über mögliche Gefahren sowie über alle zu ihrer Sicherheit und ihrem Gesundheitsschutz getroffenen Maßnahmen.

(5) Für Veranstaltungen kann die Aufsichtsbehörde Ausnahmen gemäß § 6 bewilligen.

§ 6 Behördliche Ausnahmen für Veranstaltungen

(1) ¹Die Aufsichtsbehörde kann auf Antrag bewilligen, dass
1. bei Theatervorstellungen Kinder über sechs Jahre bis zu vier Stunden täglich in der Zeit von 10 bis 23 Uhr,
2. bei Musikaufführungen und anderen Aufführungen, bei Werbeveranstaltungen sowie bei Aufnahmen im Rundfunk (Hörfunk und Fernsehen), auf Ton- und Bildträger sowie bei Film- und Fotoaufnahmen
   a) Kinder über drei bis sechs Jahre bis zu zwei Stunden täglich in der Zeit von 8 bis 17 Uhr,
   b) Kinder über sechs Jahre bis zu drei Stunden täglich in der Zeit von 8 bis 22 Uhr
2. gestaltend mitwirken und an den erforderlichen Proben teilnehmen. ²Eine Ausnahme darf nicht bewilligt werden für die Mitwirkung in Kabaretts, Tanzlokalen und ähnlichen Betrieben sowie auf Vergnü-

gungsparks, Kirmessen, Jahrmärkten und bei ähnlichen Veranstaltungen, Schaustellungen oder Darbietungen.

(2) Die Aufsichtsbehörde darf nach Anhörung des zuständigen Jugendamts die Beschäftigung nur bewilligen, wenn
1. die Personensorgeberechtigten in die Beschäftigung schriftlich eingewilligt haben,
2. der Aufsichtsbehörde eine nicht länger als vor drei Monaten ausgestellte ärztliche Bescheinigung vorgelegt wird, nach der gesundheitliche Bedenken gegen die Beschäftigung nicht bestehen,
3. die erforderlichen Vorkehrungen und Maßnahmen zum Schutz des Kindes gegen Gefahren für Leben und Gesundheit sowie zur Vermeidung einer Beeinträchtigung der körperlichen oder seelisch-geistigen Entwicklung getroffen sind,
4. Betreuung und Beaufsichtigung des Kindes bei der Beschäftigung sichergestellt sind,
5. nach Beendigung der Beschäftigung eine ununterbrochene Freizeit von mindestens 14 Stunden eingehalten wird,
6. das Fortkommen in der Schule nicht beeinträchtigt wird.

(3) Die Aufsichtsbehörde bestimmt,
1. wie lange, zu welcher Zeit und an welchem Tag das Kind beschäftigt werden darf,
2. Dauer und Lage der Ruhepausen,
3. die Höchstdauer des täglichen Aufenthalts an der Beschäftigungsstätte.

(4) [1]Die Entscheidung der Aufsichtsbehörde ist dem Arbeitgeber schriftlich bekanntzugeben. [2]Er darf das Kind erst nach Empfang des Bewilligungsbescheids beschäftigen.

§ 7 Beschäftigung von nicht vollzeitschulpflichtigen Kindern

[1]Kinder, die der Vollzeitschulpflicht nicht mehr unterliegen, dürfen
1. im Berufsausbildungsverhältnis,
2. außerhalb eines Berufsausbildungsverhältnisses nur mit leichten und für sie geeigneten Tätigkeiten bis zu sieben Stunden täglich und 35 Stunden wöchentlich

beschäftigt werden. [2]Auf die Beschäftigung finden die §§ 8 bis 46 entsprechende Anwendung.

Dritter Abschnitt Beschäftigung Jugendlicher

Erster Titel Arbeitszeit und Freizeit

§ 8 Dauer der Arbeitszeit

(1) Jugendliche dürfen nicht mehr als acht Stunden täglich und nicht mehr als 40 Stunden wöchentlich beschäftigt werden.

(2) ¹Wenn in Verbindung mit Feiertagen an Werktagen nicht gearbeitet wird, damit die Beschäftigten eine längere zusammenhängende Freizeit haben, so darf die ausfallende Arbeitszeit auf die Werktage von fünf zusammenhängenden, die Ausfalltage einschließenden Wochen nur dergestalt verteilt werden, dass die Wochenarbeitszeit im Durchschnitt dieser fünf Wochen 40 Stunden nicht überschreitet. ²Die tägliche Arbeitszeit darf hierbei achteinhalb Stunden nicht überschreiten.

(2a) Wenn an einzelnen Werktagen die Arbeitszeit auf weniger als acht Stunden verkürzt ist, können Jugendliche an den übrigen Werktagen derselben Woche achteinhalb Stunden beschäftigt werden.

(3) In der Landwirtschaft dürfen Jugendliche über 16 Jahre während der Erntezeit nicht mehr als neun Stunden täglich und nicht mehr als 85 Stunden in der Doppelwoche beschäftigt werden.

A. Anwendungsbereich des Dritten Abschnitts

Während der Erste Abschnitt allgemeine, für den Schutz der Kinder und der Jugendlichen geltenden Bestimmungen enthält, regeln der Zweite Abschnitt das grundsätzliche Kinderarbeitsverbot mit Ausnahmen (hier nicht erläutert) und der Dritte Abschnitt den **Arbeitszeitschutz für Jugendliche**. Die **Verbots- bzw. Erlaubnistatbestände für Kinder einerseits und Jugendliche andererseits unterscheiden** sich erheblich. Gleichwohl ist der Arbeitgeber (§ 3 JArbSchG) nicht verpflichtet, sich in jedem Fall Gewissheit zu verschaffen, ob der Beschäftigte Kind oder Jugendlicher ist, sondern erst dann, sich aus dem äußeren Erscheinungsbild des Arbeitsuchenden auf Grund anderer

§ 8 JArbSchG Dauer der Arbeitszeit

Umstände ergibt, dass dieser jünger als 14 (§ 5 Abs. 1 JArbSchG) oder 15 Jahre (§ 7 Abs. 1 JArbSchG) ist.[1]

B. Regelmäßige Höchstarbeitszeit (Abs. 1)

2 Die regelmäßige arbeitszeitschutzrechtliche **Dauer der Höchstarbeitszeit** setzt § 8 Abs. 1 JArbSchG auf **acht Stunden täglich und 40 Stunden wöchentlich** fest. Hiervon ist die vereinbarte oder tarifvertragliche geregelte Dauer der regelmäßigen Arbeitszeit zu unterscheiden. Sie darf die Höchstgrenzen des JArbSchG nicht überschreiten, kann sie aber unterschreiten. Die **Lage der Arbeitszeit** ist an anderer Stelle geregelt. Nach § 15 S. 1 JArbSchG dürfen Jugendliche nur an fünf Tagen in der Woche beschäftigt werden. Grundsätzliche Beschäftigungsverbote für Jugendliche bestehen an Sonnabenden, Sonntagen, 24. und 31. Dezember sowie an den gesetzlichen Feiertagen; Ausnahmen hiervon sind jedoch im Gesetz vorgesehen (vgl. §§ 16 bis 18 JArbSchG). Die **tägliche Höchstarbeitszeit** betrifft **alle Wochentage**, auch Sonnabende und Sonntage. Eine **längere tägliche Arbeitszeit** ist nach § 8 Abs. 2 und Abs. 2a JArbSchG möglich.

C. Arbeitszeitverlagerungen (Abs. 2, 2a)

3 Auf bis zu **achteinhalb Stunden** darf die tägliche Arbeitszeit durch **Arbeitszeitverlagerungen** in zwei Fallkonstellationen verlängert werden.

I. Brückentage

4 Eine solcher Verlagerung ist zum einen möglich, wenn die **Arbeit an Werktagen im Zusammenhang mit Feiertagen ausfällt**, um den Beschäftigten eine längere zusammenhängende Freizeit zu ermöglichen; die deshalb ausgefallene Arbeitszeit darf auf die Werktage der fünf zusammenhängenden Wochen verteilt werden, die auch die Ausfalltage umschließen (§ 8 Abs. 2 JArbSchG). Für die am gesetzlichen Feiertag selbst ausfallende Arbeitszeit ist kein Ausgleich durch Verteilung dieser Arbeitszeit auf andere Tage vorgesehen, sondern nur für die Arbeitszeit, die an einem Werktag im Zusammenhang mit dem Feiertag ausfällt. Solche Tage sind **Brückentage** zwischen einem gesetzlichen Feiertag und arbeitsfreien Wochenende, z. B. der Freitag nach Christi Himmelfahrt. Der Zusammenhang ist entsprechend dem Sinn und Zweck der Vorschrift

---

[1] BayOBLG 11.11.1981 – AP Nr. 1 zu § 5 JugArbSchutzG.

auch noch gewahrt, wenn zwischen dem auf Feiertag und dem vorherigen oder nächsten Werktag ein oder zwei ohnehin planmäßig oder gesetzlich arbeitsfreie Tage liegen,[2] z. B. ein arbeitsfreier Sonnabend nebst arbeitsfreiem Sonntag, ein Tag der wöchentlichen Betriebsruhe. Der **Ausgleichszeitraum** von fünf zusammenhängenden Wochen kann ganz oder teilweise auf die Zeit vor und nach den Werktagen mit dem Arbeitsausfall im Zusammenhang mit dem Feiertag gelegt werden.[3] Er muss jedoch den Werktag umfassen, an welchem die Arbeit im Zusammenhang mit dem Feiertag ausgefallen ist. Bei der Regelung des arbeitsfreien Tages und des Ausgleichszeitraums ist das **Mitbestimmungsrecht** des Betriebsrats oder Personalrats oder der Mitarbeitervertretung zu beachten.

II. Arbeitszeitverlagerung innerhalb der Woche

Auf bis zu **achteinhalb Stunden** darf die Arbeitszeit für Jugendliche innerhalb   5
derselben Woche **verlängert** werden, **wenn** die Arbeitszeit an einzelnen Werktagen derselben Woche auf **weniger als acht Stunden** verkürzt worden ist. Der Wochenzeitraum ist nicht verlängerbar. Durch die Umverteilung darf die **wöchentliche Höchstarbeitszeit** von 40 Stunden nicht überschritten werden.

D. Arbeitszeitverlängerung in der Landwirtschaft (Abs. 3)

Eine **Arbeitszeitverlängerung ohne Ausgleich** ermöglicht § 8 Abs. 3 JArbSchG   6
für die **Landwirtschaft**. Der Begriff der Landwirtschaft ist im JArbSchG nicht definiert, sondern wird – ebenso wie im ArbZG und im MuSchG – vorausgesetzt. In allen drei Gesetzen ist der Begriff derselbe. Wegen der Einzelheiten wird auf die Ausführung zu § 5 ArbZG (§ 5 ArbZG Rdn. 40–43) Bezug genommen. Erlaubt ist eine Verlängerung der Arbeitszeit auf bis zu neun Stunden täglich und 85 Stunden in der Doppelwoche.

E. Abweichungsmöglichkeiten

Zudem kann die tägliche Arbeitszeit gem. § 21a Abs. 1 Nr. 1 durch **Tarif-**   7
vertrag/Betriebsvereinbarung auf **bis zu neun Stunden täglich, 44 Stunden wöchentlich** und bis zu **fünfeinhalb Tagen in der Woche** verlängert werden, jedoch nur unter Einhaltung einer **durchschnittlichen Wochenarbeitszeit**

---

2 HzA/*Taubert* Gruppe 8 Rn. 365.
3 *Anzinger/Koberski* § 8 JArbSchG Rn. 23 m. w. N.; HzA/*Taubert* Gruppe 8 Rn. 365.

von 40 Stunden in einem Ausgleichszeitraum von zwei Monaten. Gem. § 21 JArbSchG ist § 8 in **Notfällen** nicht anzuwenden.

F. Verstöße gegen § 8

8 Verstöße gegen § 8 JArbSchG können nach § 53 Abs. 1 Nr. 5 JArbSchG als **Ordnungswidrigkeit** verfolgt und mit einem Bußgeld belegt werden. Die Geldbuße kann bis zu 15.000 Euro betragen (§ 53 Abs. 4 JArbSchG). Bei vorsätzlichem Handeln mit Gesundheitsgefährdung droht das Gesetz sogar Freiheitsstrafen an (§ 53 Abs. 5 und 6 JArbSchG).

§ 9 Berufsschule

(1) ¹Der Arbeitgeber hat den Jugendlichen für die Teilnahme am Berufsschulunterricht freizustellen. ²Er darf den Jugendlichen nicht beschäftigen
1. vor einem vor 9 Uhr beginnenden Unterricht; dies gilt auch für Personen, die über 18 Jahre alt und noch berufsschulpflichtig sind,
2. an einem Berufsschultag mit mehr als fünf Unterrichtsstunden von mindestens je 45 Minuten, einmal in der Woche,
3. in Berufsschulwochen mit einem planmäßigen Blockunterricht von mindestens 25 Stunden an mindestens fünf Tagen; zusätzliche betriebliche Ausbildungsveranstaltungen bis zu zwei Stunden wöchentlich sind zulässig.

(2) Auf die Arbeitszeit werden angerechnet
1. Berufsschultage nach Absatz 1 Nr. 2 mit acht Stunden,
2. Berufsschulwochen nach Absatz 1 Nr. 3 mit 40 Stunden,
3. im Übrigen die Unterrichtszeit einschließlich der Pausen.

(3) Ein Entgeltausfall darf durch den Besuch der Berufsschule nicht eintreten.

A. Gegenstand und Zweck der Regelung

1 Der größte Teil der jugendlichen Beschäftigten befindet sich in der **Berufsausbildung**. Die Schulgesetze der Länder verpflichten Jugendliche, nach dem Ende ihrer allgemeinen Schulpflicht – sie ist ebenfalls landesgesetzlich geregelt – bis zum Ende des 18. Lebensjahres eine Berufsschule zu besuchen. Erwachsene unterliegen der Berufsschulpflicht nur, solange sie sich in einem Berufsausbildungsverhältnis (§§ 10 ff. BBiG) Nach § 15 BBiG (vormals § 7

Abs. 1 BBiG) haben Ausbildende die Auszubildenden für die **Teilnahme am Berufsschulunterricht**, an Prüfungen und an verpflichtenden Ausbildungsmaßnahmen außerhalb der Ausbildungsstätte **freizustellen**. Dies gilt nicht nur für **jugendliche**, sondern auch für **volljährige Auszubildende**. Die detaillierten Regelungen des § 9 JArbSchG über die Freistellung, die Anrechnung und die Vergütung der Zeiten für die **schulische Berufsausbildung** gelten **nur für jugendliche Auszubildende**. Ihre vormalige generelle Geltung auch für volljährige Auszubildende ist ab 1.3.1997 aufgehoben worden;[1] **volljährige Auszubildende** werden jedoch noch von § 9 Abs. 1 S. 2 Nr. 1 JArbSchG geschützt. Die besonderen Regelungen des § 9 JArbSchG sind geboten, weil Jugendliche nicht nur durch die Arbeit bzw. die betriebliche Ausbildung, sondern auch durch den **Berufsschulbesuch** beansprucht werden und sie wegen ihres Heranwachsens stärkerer Schonung bedürfen als Erwachsene; sie sollen den Jugendlichen vor Überbeanspruchung schützen,[2] nicht aber, ihm zusätzliche Freizeit zu verschaffen.[3] Zudem dient § 9 JArbSchG der Gewährleistung eines geordneten dualen Ausbildungsgangs.[4] **Abweichungsmöglichkeiten** durch Tarifvertrag/Betriebsvereinbarung sind nicht möglich (vgl. § 21a JArbSchG), ebenso wenig Ausnahmen in besonderen Fällen (vgl. § 21 JArbSchG).

B. Freistellungspflicht (Abs. 1 S. 1)

§ 9 Abs. 1 S. 1 JArbSchG normiert zum einen die allgemeine **Freistellungspflicht** des Arbeitgebers zwecks Berufsschulbesuchs des **Jugendlichen**. Dies korrespondiert mit § 15 BBiG; letztlich bestimmen beide Normen insoweit dasselbe. Der **Umfang der Freistellungspflicht** ist im JArbSchG nicht im Einzelnen geregelt. Er ergibt sich jedoch ohne weiteres aus dem Sinn und Zweck des § 9 Abs. 1 S. 1 JArbSchG, der darin liegt, dem Jugendlichen den geordneten Besuch der Berufsschule zu ermöglichen. Die Freistellungspflicht besteht für die Zeit des **tatsächlich stattfindenden Unterrichts** in der Berufsschule einschließlich der zwischen den Unterrichtsstunden liegenden **Pausen** und **Freistunden**, der zum Unterricht gehörenden und deshalb teilnahme-

2

---

1 Art. 1 Nr. 7 Zweites G. zur Änderung des JugendarbeitsschutzG v. 24.02.1997 BGBl. I S, 311.
2 OVG NW 11.03.1985 – 12 A 2697/82 - AP Nr. 1 zu § 9 JugArbSchutzG = NZA 1985, 712= GewArch 1985, 342.
3 BAG 27.05.1992 – 5 AZR 252/91 – EzA § 8 JArbSchG Nr. 1.
4 HzA/*Taubert* Gruppe 8 Rn. 356; ErfK/*Schlachter*, § 9 JArbSchG Rn. 1.

pflichtigen **Schulveranstaltungen** und der notwendigen **Wegezeiten**.[5] Für den **Freistellungsanspruch** ist zwischen den verschiedenen Zeiten (Unterrichtszeit, unterrichtsfreie Zeit, Pausen, Wegezeit) nicht zu differenzieren. Für die **Anrechnung** dieser Freistellungszeiten auf die Arbeitszeit (Abs. 2) und für die Bezahlung (Abs. 3) müssen die Zeiten dagegen jeweils getrennt bewertet werden. **Freizustellen** ist auch für die notwendigen Zeiten zum **Waschen und Umkleiden** im Betrieb vor und nach dem Berufsschulunterricht, ggfs. auch zur Einnahme einer Mahlzeit zwischen dem Ende des Unterrichts und der Arbeitsaufnahme im Betrieb oder umgekehrt. Auch für die in der Schule stattfindende Tätigkeit als **Schülervertreter** besteht ein **Freistellungsanspruch**.[6] Dagegen besteht **kein Freistellungsanspruch** für die Zeiten, die zeitlich nicht an den Schulunterricht gebunden sind, z. B. für die Erledigung der Schularbeiten,[7] zum **Führen des Berichtsheftes**[8] oder zur Teilnahme an freiwilligen Schulveranstaltungen. Zwecks **Zeitersparnis** kann der Ausbildende die **Kosten für die Fahrten** zwischen Ausbildungsstätte und **Berufsschule** übernehmen. Jedoch hat der Auszubildende keinen gesetzlichen Anspruch gegen den Ausbildenden auf Übernahme der Fahrtkosten zum Besuch der Berufsschule.[9] Beim **Ausfall des geplanten Berufsschulunterrichts** für einen ganzen Tag oder länger ist der Auszubildende verpflichtet, den Betrieb zwecks Aufnahme seiner Ausbildung oder Arbeit aufzusuchen; dies gilt auch für unvorhergesehene Unterrichtsausfälle.[10]

C. Flankierende Beschäftigungsverbote (Abs. 1 S. 2)

3   Diese allgemeine Freistellungspflicht des § 9 Abs. 1 S. 1 JArbSchG wird durch die detaillierten Beschäftigungsverbote des § 9 Abs. 1 S. 2 JArbSchG flankiert. Dabei gilt § 9 Abs. 1 S. 2 Nr. 1 JArbSchG auch für **volljährige** Auszubildende, während die übrigen Bestimmungen nur für **jugendliche Auszubildende** gelten. Die Beschäftigungsverbote knüpfen an das Stattfinden des **Berufsschulunterrichts** an. Zum Berufsschulunterricht zählt alle **lehrplanmäßigen**

---

5 BAG 26.03.2001 – 5 AZR 413/99 – EzA § 7 BBiG Nr. 1.
6 *Anzinger/Koberski* § 9 JArbSchG Rn. 16; a. A. *Natzel/Natzel* DB 1987, 1734.
7 OVG NW 11.03.1985 – 12 A 2697/82 - AP Nr. 1 zu § 9 JugArbSchutzG = NZA 1985, 712= GewArch 1985, 342; vgl. *Natzel*, DB 1987, 1734.
8 BAG 11.01.1973 – 5 AZR 467/72 - EzA § 6 BBiG Nr. 1 = AP Nr. 1 zu § 6 BBiG.
9 BAG 11.01.1973 – 5 AZR 467/72 - EzA § 6 BBiG Nr. 1 = AP Nr. 1 zu § 6 BBiG.
10 LAG Bremen 09.03.1984 – 1 Sa 130/83 - EzB JArbSchG § 9 Nr. 8.

und anderen berufsschulischen Veranstaltungen, z. B. der Besuch spezieller Einrichtungen, Laboratorien, Lehrwerkstätten, Messen u. s. w. Unter **Berufsschule** ist eine Schule zu verstehen, die die Aufgabe hat, den Schülern allgemeine und fachliche Lerninhalte unter besonderer Berücksichtigung der von den Schülern gewählten Berufsausbildung (oder Berufstätigkeit) zu vermitteln, wobei die Schüler sich entweder in einer beruflichen Erstausbildung befinden oder in einem Arbeitsverhältnis stehen und sie der landesrechtlich normierten Schulpflicht unterliegen.[11]

I. Berufsschulunterricht vor 9 Uhr

Beginnt der **Schulunterricht planmäßig vor 9 Uhr**, so dürfen weder **jugendliche** noch **volljährige Auszubildende** vorher im Betrieb ausgebildet oder beschäftigt werden. Maßgebend ist insoweit nicht schon der Unterrichtsplan, sondern der **angekündigte** tatsächliche **Unterrichtbeginn**. Das Beschäftigungsverbot ist auch einzuhalten, wenn der Ausbildende den Auszubildenden im Verdacht hat, er werde den **Berufsschulunterricht schwänzen**.[12] Fällt der Unterricht tatsächlich aus, so ist der Auszubildende oder der jugendliche Arbeitnehmer verpflichtet, den Betrieb unverzüglich aufzusuchen, um seine Ausbildung oder Arbeit dort aufzunehmen.[13] Beginnt der **Unterricht** erst **um oder nach 9 Uhr**, so darf zuvor eine betriebliche Beschäftigung stattfinden, dies allerdings nur in zumutbarem Umfang, damit die Berufsschule noch rechtzeitig erreicht werden kann. Nach dem Berufsschulunterricht (einschließlich der Wegezeiten u. s. w.) darf eine Beschäftigung im Betrieb unter Berücksichtigung der übrigen Grenzen stattfinden. Zu beachten ist auch, dass nach § 9 Abs. 2 Nr. 1 JArbSchG **fünf Stunden Berufsschulunterricht** mit **acht Stunden** auf die tägliche/wöchentliche **Arbeitszeit** angerechnet werden. Zum **Berufsschulunterricht** zählen nicht nur die eigentlichen Unterrichtsstunden in der Berufsschule, sondern alle berufsschulischen Veranstaltungen (vgl. Rdn. 3).

4

II. Berufsschultag mit mehr als fünf Unterrichtsstunden

Einmal in der Woche darf der jugendliche Auszubildende nicht im Betrieb beschäftigt oder ausgebildet werden, wenn an dem **Berufsschultag mehr als**

5

---

11 *Anzinger/Koberski* § 9 JArbSchG Rn. 26 m. w. N.
12 HWK/*Tillmanns* § 9 JArbSchG Rn. 2 m. w. N.
13 Vgl. LAG Bremen 09.03.1984 – 1 Sa 130/83 - EzB JArbSchG § 9 Nr. 8.

§ 9 JArbSchG Berufsschule

fünf Unterrichtsstunden mit mindestens 45 Minuten Dauer erteilt worden sind. Dabei kommt es – wie der Vergleich mit § 9 Abs. 1 S. 2 Nr. 3 JArbSchG zeigt – auf die tatsächlich erteilten, nicht aber auf die geplanten Unterrichtsstunden an; unvorhergesehen ausgefallene Unterrichtsstunden sind allerdings mitzurechnen.[14] Als **Unterrichtsstunden** zählen nicht nur die Unterrichtsstunden in der Berufsschule, sondern auch andere berufsschulische Veranstaltungen (vgl. Rdn. 3). Der Zeitaufwand ist ggfs. in die Mindestdauer von Unterrichtsstunden (45 Minuten) umzurechnen. Das **Beschäftigungsverbot** gilt nur **einmal in der Woche**, d. h. nur für einen einzigen Berufsschultag pro Woche, nicht aber für weitere Berufsschultage. Für weitere Berufsschultage in derselben Woche ist nur das Beschäftigungsverbot nach § 9 Abs. 1 S. 2 Nr. 1 JArbSchG zu beachten,[15] und zwar auch dann, wenn der Berufsschultag in einer anderen Woche ausgefallen ist oder nicht stattfindet. Der Ausbildende oder Arbeitgeber hat den Tag der völligen Freistellung von betrieblicher Tätigkeit nach pflichtgemäßem Ermessen unter Beachtung des kollektiven Mitbestimmungsrechts festzulegen. Findet planmäßiger Berufsschulunterricht allerdings als **Blockunterricht** an fünf Tagen in einer Woche statt, muss § 9 Abs. 1 S. 2 Nr. 3 JArbSchG eingehalten werden.

III. Berufsschulwoche

6 Für den **Blockunterricht** in der **Berufsschule** bestimmt § 9 Abs. 1 S. 2 Nr. 3 JArbSchG ein **Beschäftigungsverbot** für die ganze Woche, wenn der Unterricht an mindesten fünf Tagen der Woche mit insgesamt mindestens 25 Unterrichtsstunden stattfindet (**Berufsschulwoche**).

1. Blockunterricht

7 Für das Beschäftigungsverbot kommt auf den **planmäßigen** Blockunterricht an; gleichwohl muss der **Jugendliche** den Betriebs zwecks Aufnahme der betrieblichen Ausbildung oder Arbeit aufsuchen, wenn der geplante Blockunterricht für einen ganzen Tag oder länger ausfällt.[16] **Planmäßiger** Blockunterricht liegt auch vor, wenn der langfristige Unterrichtsplan kurzzeitig oder einmalig rechtzeitig und insoweit geplant modifiziert worden ist, z. B. Unter-

---

14 *Anzinger/Koberski* § 9 JArbSchG Rn. 27.
15 LAG BW 20.06.1989 – 3 (5) Sa 38/89 – EzB JArbSchG § 9 Nr. 13; ErfK/*Schlachter* § 9 JArbSchG Rn. 9.
16 LAG Bremen 09.03.1984 – 1 Sa 130/83 - EzB JArbSchG § 9 Nr. 8.

richtsausfall wegen der Teilnahme an Rosenmontagsveranstaltungen.[17] Der derart herbeigeführte Unterrichtsausfall verpflichtet den Jugendlichen nicht, den Betrieb zwecks Aufnahme seiner Ausbildung oder Arbeit aufzusuchen. Der in diesem Sinne geplante Unterrichtsausfall für einen Tag genügt – im Gegensatz zu § 9 Abs. 1 S. 2 Nr. 2 JArbSchG – nicht, um das Beschäftigungsverbot des § 9 Abs. 1 S. 2 Nr. 3 JArbSchG wegfallen zu lassen.[18]

2. Schwellenwerte

Das Beschäftigungsverbot greift erst, wenn **mindestens 25 Stunden** Berufsschulunterricht an mindestens **5 Tagen der Woche** stattgefunden haben. Findet dagegen Blockunterricht statt, der an weniger als fünf Tagen abgehalten wird oder der den Umfang von 25 Unterrichtsstunden (zu mindestens 45 Minuten) nicht erreicht, so greift das Beschäftigungsverbot des § 9 Abs. 1 S. 2 Nr. 3 JArbSchG nach seinem klaren Wortlaut nicht Platz. Nicht geregelt ist der Fall, dass der **Berufsschulunterricht** in der Blockwoche zwar unterhalb der Schwellenwerte geplant ist, seine **tatsächliche Durchführung** jedoch die Schwellenwerte erreicht oder sogar überschreitet. Der Normzweck des § 9 Abs. 1 S. 2 Nr. 3 JArbSchG legt nahe, die Bestimmung in solchem Fall entsprechend anzuwenden.[19] Gleiches gilt, wenn der Blockunterricht zwar fünf Tage umfasst, diese jedoch nicht in einer Woche von Montag bis Sonntag (vgl. § 4 Abs. 4 S. 1 JArbSchG) liegen, sondern in einem Zeitraum von sieben aufeinander folgenden Tagen, die an einem auf den Montag folgenden Tag beginnen und erst in der nächsten Woche enden. Trotz § 4 Abs. 4 JArbSchG ist auch in diesem Fall § 9 Abs. 1 S. 2 Nr. 3 JArbSchG nach dem Sinn der Regelung entsprechend anzuwenden.

8

3. Betriebliche Ausbildungsveranstaltung

Die trotz des Beschäftigungsverbots zulässige **betriebliche Ausbildungsveranstaltung** bis zu zwei Stunden ist im JArbSchG nicht näher beschrieben. Der in der Gesetzesbegründung beschriebene Zweck der Bestimmung, wonach »die Betriebe die Möglichkeit erhalten sollen, den Unterrichtsstoff der Berufsschu-

9

---

17 OVG NW 11.03.1985 – 12 A 2697/82 - AP Nr. 1 zu § 9 JugArbSchutzG = NZA 1985, 712 = GewArch 1985, 342.
18 OVG NW 11.03.1985 – 12 A 2697/82 - AP Nr. 1 zu § 9 JugArbSchutzG = NZA 1985, 712 = GewArch 1985, 342.
19 So auch *ErfK/Schlachter* § 9 JArbSchG Nr. 11.

len durch besondere Ausbildungsveranstaltungen bis zu zwei Stunden in der Woche zu ergänzen«,[20] gibt wenig Klarheit, denn auch danach bleibt unklar, wie dies geschehen soll. Aus dem Wort betriebliche Ausbildungsveranstaltung muss geschlossen werden, dass sie **nur jugendliche Auszubildende** betrifft, nicht aber jugendliche Arbeitnehmer. Aus dem Wortteil Veranstaltung ist zu schließen, dass sie nicht in der allgemeinen Ausbildung des einzelnen jugendlichen an seinem Ausbildungsplatz bestehen darf.[21] Indessen sind die weiteren Anforderungen, wie sie insbesondere bei *Zmarzlik/Anzinger*[22] beschrieben werden, dem Gesetz nicht ohne weiteres zu entnehmen.

IV. Beschäftigungsverbote für volljährige Auszubildende

10 Für **volljährige Auszubildende** ist die entsprechende Geltung der **Beschäftigungsverbote aus Anlass des Berufsschulbesuchs** (§ 9 Abs. 4 JArbSchG a. F.) zum 1.3.1007 nahezu ersatzlos gestrichen worden; **lediglich der Beginn des Berufsschulunterrichts vor 9 Uhr** hat für sich nicht ein solches Verbot zur Folge.[23] Die Bestimmungen über den **Berufsschultag mit mehr als fünf Stunden** Unterricht und über die **Berufsschulwoche** (§ 9 Abs. 1 S. 2 Nr. 2 und 3 JArbSchG) gelten für volljährige Auszubildende nicht. Diese Rechtslage knüpft nicht an das Lebensalter des Auszubildenden bei Beginn seiner Ausbildung an, sondern gilt mit dem Eintritt der Volljährigkeit für das dann laufende Ausbildungs- oder Arbeitsverhältnis, mag es auch vor der Volljährigkeit begonnen haben.

D. Anrechnung auf die Arbeitszeit (Abs. 2)

11 Die Zeit der Teilnahme am **Berufsschulunterricht** ist **keine Arbeitszeit**. Im Hinblick auf den Schutzmechanismus des arbeitszeitrechtlichen Jugendarbeitsschutzes – Limitierung des Zeitaufwands des Jugendlichen zwecks Schutzes gegen eine gesundheitsbeeinträchtigende Überforderung – bedurfte es der Bestimmung, dass und in welchem Umfang **Zeiten des Berufsschulbesuches auf die Arbeitszeit anzurechnen** sind. Die Zeit der Teilnahme am Berufsschulunterricht wird zwar seit dem Außerkrafttreten des § 9 Abs. 4

---

20 BT-Drs. 7/4544, S. 7.
21 Allg. Ansicht, statt vieler: *Anzinger/Koberski* § 9 JArbSchG Rn. 43.
22 § 9 JArbSchG Rn. 45.
23 Art. 1 Zweites G. zur Änderung des JugendarbeitsschutzG v. 24.02.1997 BGBl. I S, 311.

JArbSchG zum 1.3.1997 für **jugendliche, nicht** aber für **volljährige Auszubildende** auf die Arbeitszeit angerechnet,[24] wenngleich nach der amtl. Begründung der Gesetzesnovelle die tatsächliche Unterrichtszeit auch bei volljährigen Auszubildenden berücksichtigt werden sollte.[25] Dies mag zwar der Wunsch des Referenten oder sogar des Bundestags gewesen sein; im Gesetz selbst hat dies jedoch keinen Ausdruck gefunden. Für **volljährige Auszubildende** kann die **Summe der Zeit** der Teilnahme am Berufsschulunterricht und der Zeit der betrieblichen Ausbildung **höher** sein als die regelmäßige tarifvertragliche Wochenausbildungszeit.[26] Die Summe aus beiden Zeiten darf allerdings die gesetzlichen Grenzen des Arbeitszeitschutzes für Erwachsene gem. dem ArbZG, ggfs. auch die für werdende und stillende Mütter (§ 8 MuSchG), nicht überschreiten.

Jede Unterrichtszeit, seien es einzelne Stunden, seien es Berufsschultage oder Berufsschulwochen, ist nach § 9 Abs. 2 JArbSchG auf die **Arbeitszeit jugendlicher Auszubildender** anzurechnen. Unter **Arbeitszeit** i.S. dieser Bestimmung ist die gesetzliche **Arbeitszeit des JArbSchG** zu verstehen, d. h., die von Gesetzes wegen höchstzulässige tägliche oder wöchentliche Arbeitszeit, nicht aber die – inzwischen meist kürzere – **tarifvertragliche** Arbeitszeit.[27] Auf die kürzere tarifvertragliche Arbeitszeit kann die Zeit des Berufsschulbesuchs zu Zwecken der Vergütung angerechnet werden, dies aber nur, wenn der Tarifvertrag insoweit eine Anrechnungsregelung enthält.[28] Fällt der Berufsschulunterricht allein infolge eines **gesetzlichen Feiertags** aus, so ist die ausgefallene Unterrichtszeit auf die Arbeitszeit des Jugendlichen anzurechnen.[29] Die

12

---

24 BAG 12.03.2003 – 6 AZR 537/01 - BAGE 104, 353 = EzA § 77 BetrVG 2001 Nr. 7 = AP Nr. 2 zu § 7 BBiG.
25 BT-Drs. 13/5494. S. 9.
26 BAG 12.03.2003 – 6 AZR 537/01 - BAGE 104, 353 = EzA § 77 BetrVG 2001 Nr. 7 = AP Nr. 2 zu § 7 BBiG; auch schon BAG 26.03.2001 – 5 AZR 413/99 - EzA § 7 BBiG Nr. 1 = NZA 2001, 892.
27 BAG 27.05.1992 – 5 AZR 252/91 - BAGE 70, 301 = EzA § 8 JArbSchG Nr. 1 = AP Nr. 1 zu § 8 JugArbSchutzG = SAE 1993, 201, m. Anm. *Natzel*, 204; auch schon *Hess* LAG 15.06.1986 EzB § 8 JArbSchG Nr. 2.
28 BAG 27.05.1992 – 5 AZR 252/91 - BAGE 70, 301 = EzA § 8 JArbSchG Nr. 1 = AP Nr. 1 zu § 8 JugArbSchutzG = SAE 1993, 201, m. Anm. *Natzel*, 204.
29 ErfK/*Schlachter* § 9 JArbSchG Rn. 13.

§ 9 JArbSchG Berufsschule

Wegezeit zur und von der Berufsschule sind nicht anzurechnen, weil sie keine Arbeitszeit i. S. d. Arbeitszeitschutzrechts darstellen.[30]

13 Der **Umfang der Anrechnung** ist dem Gesetz unmittelbar zu entnehmen. Die Anrechnung kann erheblich hinter dem gesamten **Umfang der notwendigen Freistellung** für den Besuch der Berufsschule zurückbleiben, vor allem mit Rücksicht auf die Wegezeiten und Freistunden. Beträgt die Unterrichtszeit nicht mehr als fünf Stunden oder erreicht der Blockunterricht nicht die Schwellenwerte (vgl. Rdn. 8), so werden die **tatsächliche Unterrichtszeit einschließlich Pausen** angerechnet, **nicht** aber **sonstiger Zeitaufwand** wie Wegezeit,[31] Freistunden, Essenzeit, Wasch- und Umkleidezeit u. s. w. (§ 9 Abs. 2 Nr. 3 JArbSchG). Für den **vollen Berufsschultag** mit mehr als 5 Stunden zu 45 Minuten Unterricht sind acht Stunden auf die Arbeitszeit anzurechnen (§ 9 Abs. 2 Nr. 1 JArbSchG), für die **volle Berufsschulwoche** 40 Stunden (§ 9 Abs. 2 Nr. 2 JArbSchG).

E. Verbot des Entgeltausfalls

14 Das grundsätzliche Verbotes des Entgeltausfalls in § 9 Abs. 3 JArbSchG besagt, dass der Jugendliche durch den Berufsschulbesuch keine Minderung seines Arbeitsentgeltes oder seiner Ausbildungsvergütung hinzunehmen hat, nicht aber dass er infolge des Berufsschulbesuchs eine höhere Vergütung als ohne solchen Besuch zu erhalten hat.[32] Träte ohne Vergütung der Wegezeit eine Entgeltminderung ein, so ist sie jedoch im Hinblick auf § 9 Abs. 3 JArbSchG in dem Umfang zu vergüten, dass für den jugendlichen Auszubildenden kein Entgeltausfall eintritt.[33] Die praktische Bedeutung dieser Vorschrift ist angesichts der Üblichkeit von Monatsentgelten stark zurückgegangen. Aus dem Umstand, dass die Berufsschulzeit nach § 9 Abs. 2 JArbSchG auf die Arbeitszeit anzurechnen ist, kann nicht geschlossen werden, dass der Zeitaufwand für einen Berufsschulbesuch an einem an sich arbeitsfreien Sonnabend als Überstunden zu bezahlen ist, wenn die wöchentliche arbeitszeitschutzrechtliche Arbeitszeit von 40 Stunden pro Woche ohne den Berufsschulbesuch

---

30 LAG Köln 18.09.1998 – EzB § 7 BBiG Nr. 31 = ArbuR 1999, 76; Hess. LAG 09.12.1987 – EzB § 9 JArbSchG Nr. 12 = BB 1988, 631.
31 Hess. LAG 09.12.1987 – EzB § 9 JArbSchG Nr. 12 = BB 1988, 631.
32 Hess. LAG 09.12.1987 – EzB § 9 JArbSchG Nr. 12 = BB 1988, 631.
33 Vgl. LAG Köln 18.09.1998 – EzB § 7 BBiG Nr. 31 = ArbuR 1999, 76.

ausgefüllt ist.[34] In jenem Fall ging es nicht um das Verbot des Entgeltausfalls nach § 9 Abs. 3 JArbSchG, sondern das LAG Schleswig-Holstein hat die Zeit des Berufsschulbesuchs auf die **tarifvertragliche** wöchentliche Ausbildungszeit von 40 Stunden in der Zeit von Montag bis Freitag angerechnet, diese als erfüllt angesehen und deshalb Überstundenvergütung für den Berufsschulbesuch am an sich arbeitsfreien Sonnabend zuerkannt. Das aber hat mit § 9 Abs. 3 JArbSchG nicht zu tun.

F. Verstöße gegen § 9

Verstöße gegen § 9 JArbSchG können nach § 53 Abs. 1 Nr. 6 JArbSchG als **Ordnungswidrigkeit**, ggfs. sogar als **Straftat** verfolgt werden (vgl. § 8 Rdn. 8). 15

§ 10 Prüfungen und außerbetriebliche Ausbildungsmaßnahmen

(1) Der Arbeitgeber hat den Jugendlichen
1. für die Teilnahme an Prüfungen und Ausbildungsmaßnahmen, die auf Grund öffentlich-rechtlicher oder vertraglicher Bestimmungen außerhalb der Ausbildungsstätte durchzuführen sind,
2. an dem Arbeitstag, der der schriftlichen Abschlussprüfung unmittelbar vorangeht,

freizustellen.

(2) ¹Auf die Arbeitszeit werden angerechnet
1. die Freistellung nach Absatz 1 Nr. 1 mit der Zeit der Teilnahme einschließlich der Pausen,
2. die Freistellung nach Absatz 1 Nr. 2 mit acht Stunden.

²Ein Entgeltausfall darf nicht eintreten.

A. Gegenstand und Zweck der Regelung

Die Norm regelt die **Freistellungsverpflichtung** des Arbeitgebers gegenüber 1 dem Jugendlichen zwecks Teilnahme an öffentlich-rechtlich oder vertraglich begründeten **Prüfungen** und **Ausbildungsmaßnahmen**. Durch die Freistellung soll dem Jugendlichen die **Teilnahme** an solchen Prüfungen und Aus-

---

34 A.A. wohl ErfK/*Schlachter* § 9 JArbSchG Rn. 1; der dortige Hinweis auf LAG Schleswig-Holstein 16.08.1966 – 1 Sa 109/66 - AP – Nr. 3 zu § 13 JugArbSchutzG geht fehl.

bildungsmaßnahmen ermöglicht werden; vor einer **Überforderung** durch einen zu großen Zeitaufwand wird der Jugendliche durch die Anrechnung der Freistellungszeiten, vor einem **Entgeltausfall** durch das Verbot eines solchen geschützt. Die Freistellung nach § 10 Abs. 1 Nr. 2 JArbSchG hat den Zweck, dem Jugendlichen unter Wahrung der Chancengleichheit die Vorbereitung und Konzentration auf die Prüfung zu erleichtern.[1]

B. Freistellung für allgemeine Prüfungen und außerbetriebliche Ausbildungsmaßnahmen

2 Die Freistellungspflicht des Arbeitgebers betrifft nur solche Prüfungen und Ausbildungsmaßnahmen außerhalb der Ausbildungsstätte, die **entweder öffentlich-rechtlich** oder zwischen dem Arbeitgeber und dem Jugendlichen **arbeitsvertraglich begründet** sind.

I. Anlässe für die Freistellung

3 Unter Prüfungen sind die **Zwischenprüfungen** (§ 48 BBiG) und **Abschlussprüfungen** (§ 37 Abs. 1 S. 1 BBiG) zu verstehen, die nach dem mit dem Arbeitgeber (Ausbilder) vereinbarten Berufsausbildungsgang zu durchlaufen oder zu bestehen sind. Auch sog. **Wiederholungsprüfungen** (§ 37 Abs. 1 S. 2 BBiG) fallen unter § 10 JArbSchG.[2] Zwischen dem Arbeitgeber und dem Jugendlichen vertraglich (vgl. § 11 Abs. 1 S. 2 Nr. 3 BBiG) begründete außerbetriebliche Ausbildungsmaßnahmen können solche der sog. **Verbundausbildung** sein, bei der ein Teil der betrieblichen Ausbildung nicht im Ausbildungsbetrieb, sondern an einem anderen Platz stattfindet, aber auch von vereinbarte zusätzliche außerbetriebliche Ausbildungen, um z.B. spezielle Qualifikationen zu erlangen. **Freiwillige Ausbildungsmaßnahmen**, die der Jugendliche ohne vertragliche Vereinbarung mit dem Arbeitgeber durchführt, wie auch freiwillige Prüfungen außerhalb des Ganges der vereinbarten Berufsausbildung fallen nicht unter § 10 JArbSchG.

II. Umfang der Freistellung

4 Der **Umfang der Freistellung** ist im Gesetz selbst nicht definiert. Er ergibt sich jedoch aus dem Zweck der Freistellung. Für die Freistellung nach § 10 Abs. 1

---

1 BT-Drs. 7/2305, S. 42.
2 ErfK/*Schlachter* § 10 JArbSchG Rn. 2.

Nr. 1 JArbSchG geht es um die eigentliche Prüfungszeit einschließlich Pausen und Freistunden zwischen Beginn und Ende der Prüfung, die Wegezeit und ggfs. Zeiten für Waschen und Umkleiden oder auch einer Einnahme einer Mahlzeit. Insoweit ist prinzipiell auf dieselben Aspekte wie bei der Freistellung für die Teilnahme am Berufsschulunterricht abzustellen (vgl. § 9 JArbSchG Rdn. 2).

Die Freistellung nach § 10 Abs. 1 Nr. 2 JArbSchG betrifft den **ganzen Werktag**, der der schriftlichen Abschlussprüfung unmittelbar vorangeht. Ist der Werktag vor der Prüfung ohnehin arbeitsfrei, z. B. als arbeitsfreier Sonnabend (§ 16 Abs. 1 JArbSchG) im Fall der schriftlichen Prüfung am darauf folgenden Montag, so ist eine Freistellung am vor dem Sonnabend liegenden Freitag nicht geboten, denn dieser liegt nicht mehr »unmittelbar« vor dem Tag der schriftlichen Prüfung.[3] Der Jugendliche hat nur dann einen Anspruch auf (bezahlte) Freistellung nach § 10 Abs. 1 Nr. 2 JArbSchG, wenn der dem Prüfungstag vorausgehende Tag für ihn ein Arbeitstag ist.[4]   5

C. Anrechnung auf die Arbeitszeit

Nach § 10 Abs. 2 JArbSchG sind die Zeiten der Freistellungen auf die Arbeitszeit anzurechnen, und zwar die Freistellung nach Abs. 1 Nr. 1 mit der Zeit der Teilnahme einschließlich der Pausen, für die Freistellung nach § 10 Abs. 1 Nr. 2 acht Stunden. Das Gesetz normiert insoweit die gleichen Grundsätze, wie sie auch bei der Anrechnung der Zeiten des Berufsschulbesuches gelten (vgl. § 9 JArbSchG Rdn. 13).   6

D. Verbot des Entgeltausfalls

Das Verbot des Entgeltausfalls in § 10 Abs. 2 entspricht dem in § 9 Abs. 3 JArbSchG (vgl. dort Rdn. 14).   7

E. Verstöße gegen § 10

Verstöße gegen § 10 JArbSchG können nach § 53 Abs. 1 Nr. 7 JArbSchG als **Ordnungswidrigkeit**, ggfs. sogar als **Straftat** verfolgt werden (vgl. § 8 Rdn. 8).   8

---

3 *Anzinger/Koberski*, § 10 JArbSchG Rn. 17; Erfk/*Schlachter*, § 10 JArbSchG Rn. 5.
4 LAG Hamm 12.01.1978 – 12 (9) Sa 1409/77 - EzB § 10 JArbSchG Nr. 1.

§ 11 Ruhepausen, Aufenthaltsräume

(1) ¹Jugendlichen müssen im voraus feststehende Ruhepausen von angemessener Dauer gewährt werden. Die Ruhepausen müssen mindestens betragen
1. 30 Minuten bei einer Arbeitszeit von mehr als viereinhalb bis zu sechs Stunden,
2. 60 Minuten bei einer Arbeitszeit von mehr als sechs Stunden.

²Als Ruhepause gilt nur eine Arbeitsunterbrechung von mindestens 15 Minuten.

(2) ¹Die Ruhepausen müssen in angemessener zeitlicher Lage gewährt werden, frühestens eine Stunde nach Beginn und spätestens eine Stunde vor Ende der Arbeitszeit. ²Länger als viereinhalb Stunden hintereinander dürfen Jugendliche nicht ohne Ruhepause beschäftigt werden.

(3) Der Aufenthalt während der Ruhepausen in Arbeitsräumen darf den Jugendlichen nur gestattet werden, wenn die Arbeit in diesen Räumen während dieser Zeit eingestellt ist und auch sonst die notwendige Erholung nicht beeinträchtigt wird.

(4) Absatz 3 gilt nicht für den Bergbau unter Tage.

A. Gegenstand und Zweck der Regelung

1 Das Bestreben des Gesetzgebers, Jugendliche vor Überforderung durch zu viel Arbeitsleistung zu schützen, kommt auch in § 11 JArbSchG mit seinen ins Einzelne gehenden Pausenregelungen zum Ausdruck. Die Ruhepausen dienen nicht nur der Erholung und der Einnahme von Speisen und Getränken, sondern sollen auch die Gesundheit der Jugendlichen schützen und sie vor Übermüdungsunfällen bewahren. Die für **Jugendliche** geltende Pausenregelung des § 11 JArbSchG erfasst sowohl Auszubildende als auch Arbeitnehmer. Sie ist strenger als die für **Volljährige** geltende Pausenregelung des § 4 ArbZG (vgl. § 4 ArbZG Rdn. 39).

B. Begriff, Dauer und Lage der Ruhepause

2 Der Begriff der Ruhepause in § 11 Abs. 1 S. 1 JArbSchG ist derselbe wie in § 4 ArbZG, nämlich **im Voraus festgelegte Unterbrechungen der Arbeitszeit**, in denen der Arbeitnehmer **weder Arbeit zu leisten noch sich dazu bereitzuhalten** hat, sondern frei darüber entscheiden kann, wo und wie der die Zeit verbringen will (vgl. § 4 ArbZG Rdn. 6 m. w. N.). Ruhepausen sind von Ruhezei-

ten einerseits und Arbeitsunterbrechungen aus anderen Gründen andererseits zu unterscheiden (vgl. auch insoweit § 4 ArbZG Rdn. 7–11). Für die **Gewährung der Ruhepausen** gilt dasselbe wie zu § 4 ArbZG (vgl. § 4 Rdn. 12–17). Kein Unterschied besteht hinsichtlich der Umstände, wann die **Pause im Voraus feststeht** (§ 4 ArbZG Rdn. 18–20). Hier wie dort sind die Lage und die Dauer der Pausen **mitbestimmungspflichtig** (§ 4 ArbZG Rdn. 26, siehe detailliert § 87 Abs. 1 Nr. 2 BetrVG, § 75 Abs. 3 Nr. 1 BPersVG). Eine Ruhepause erfordert jedoch nicht, dass der Arbeitnehmer den **Betrieb verlassen** darf; eine solche Anordnung ist jedoch als Pausenregelung und/oder unter dem Gesichtspunkt der betrieblichen Ordnung mitbestimmungspflichtig.[1]

Wie im ArbZG ist auch im JArbSchG die **Dauer der Pausen** von der **Dauer der Arbeitszeit** anhängig. Indessen setzt § 11 Abs. 1 S. 2 Nr. 1 und 2 JArbSchG Mindestzeiten für Pausen bereits bei erheblich kürzeren Arbeitszeiten fest, nämlich **30 Minuten** bei einer Arbeitszeit von mehr als **viereinhalb Stunden** (§ 4 ArbZG: Sechs Stunden) und sogar **60 Minuten** bei einer Arbeitszeit von mehr als **sechs Stunden** (§ 4 ArbZG: 45 Minuten bei mehr als neun Stunden). Die **Mindestzeit der Pause** beträgt nach § 11 Abs. 2 JArbSchG **15 Minuten** (§ 4 S. 2 ArbZG: 15 Minuten). Nach § 10 Abs. 3 S. 2 JArbSchG dürfen Jugendliche länger als viereinhalb Stunden nicht ohne Pause beschäftigt werden (§ 4 S. 3 ArbZG: Sechs Stunden). § 11 Abs. 2 S. 1 JArbSchG gibt den Rahmen für die **zeitliche Lage der Pausen** zwischen Beginn und Ende der Arbeit vor: Angemessene zeitliche Lage, frühestens eine Stunde nach Arbeitsbeginn und eine Stunde vor Arbeitsende. Eine solche Bestimmung ist im ArbZG nicht vorhanden; Mindestabstände zu Beginn und Ende der Arbeit müssen aber – ohne dass dies in genauen Zeitangaben vorgegeben wäre, auch dort eingehalten werden (§ 4 ArbZG Rdn. 26, 27). Entsprechend dem Zweck der Pausenregelung sind für die Gewährung, Dauer und Lage der Pausen auch die **Zeiten der Teilnahme am Berufsschulunterricht** sowie an Prüfungen und außerbetrieblichen Ausbildungsveranstaltungen (§§ 9 und 10 JArbSchG) einzubeziehen.[2]

3

---

1 BAG 21.08.1990 – 1 AZR 567/89 - EzA § 87 BetrVG 1972 Betriebliche Ordnung Nr. 16.
2 *Anzinger/Koberski* § 11 JArbSchG Rn. 14 bis 16.

C. Pausenaufenthalt

4 Das Ziel, den Jugendlichen vor einer **Überforderung zu schützen**, kommt auch darin zum Ausdruck, dass das JArbSchG für den **Aufenthalt des Jugendlichen** während der **Ruhepause** die völlige Trennung von jeder Arbeit anordnet. Eine entsprechende Vorschrift ist im für Erwachsene geltenden ArbZG nicht vorhanden. Nach § 11 Abs. 3 JArbSchG – diese Vorschrift gilt nach § 11 Abs. 4 JArbSchG **nicht für den Bergbau unter** Tage- darf der Arbeitgeber den Jugendlichen in allen anderen Betrieben und Arbeitsstätten – außer auf Seeschiffen (§ 61 JArbSchG –, den **Pausenaufenthalt** in den **Arbeitsräumen nur** gestatten, wenn die **Arbeit** in diesen Räumen (völlig) **eingestellt** ist und auch sonst die notwendige Erholung nicht beeinträchtigt wird. Es genügt nicht, wenn nur der Jugendliche während der Pause nicht arbeitet, er darf während seiner Pause anderen im selben Raum bei der Arbeit nicht einmal nur zusehen. Demgemäß hat nicht nur der Jugendliche, seine Arbeit einzustellen, sondern es müssen auch alle anderen Personen in diesen Räumen während der Pause des Jugendlichen mit ihrer Arbeit vorübergehend aufhören. Dies genügt nicht, um dem Jugendlichen den Aufenthalt im Arbeitsraum während der Pause gestatten zu dürfen. Vielmehr muss hinzu kommen, dass dadurch die notwendige Erholung nicht beeinträchtigt wird, z.B. durch Lärm, Hitze, Kälte, Stäube, gasbelastete Luft u.s.w.[3] Nach § 6 Abs. 3 ArbStättVO müssen, soweit es sich nicht um Büroräume handelt, in Betrieben mit mehr als 10 Arbeitnehmern Pausenräume vorgehalten werden. Für **Jugendliche** gelten insoweit keine besonderen Vorschriften. Wegen der Vorgabe der völligen Arbeitsruhe während der Pause im Arbeitsraum wird es indessen auch außerhalb der Vorgabe nach dem Arbeitsstättenrecht erforderlich sein, den Jugendlichen einen Pausenraum zur Verfügung zu stellen, der auch von anderen Arbeitnehmern benutzt werden kann. Umgekehrt ist der Jugendliche aber ebenso wenig wie die anderen Arbeitnehmer gehalten, von dem Pausenraum Gebrauch zu machen.

D. Abweichungsmöglichkeiten

5 Die Pausenregelung kann gem. § 21a Abs. 1 Nr. 2 JArbSchG durch **Tarifvertrag/Betriebsvereinbarung** abweichend geregelt werden. Gem. § 21 JArbSchG findet § 11 JArbSchG in **Notfällen** keine Anwendung.

---

3 *Anzinger/Koberski* § 11 JArbSchG Rn. 24.

E. Verstöße

Verstöße gegen § 11 Abs. 1 oder 2 JArbSchG können nach § 53 Abs. 1 Nr. 8 JArbSchG als **Ordnungswidrigkeit**, ggfs. sogar als **Straftat** verfolgt werden (vgl. § 8 Rdn. 8). Ein Verstoß gegen § 11 Abs. 3 JArbSchG kann gem. § 59 Nr. 2 JArbSchG als Ordnungswidrigkeit mit einem Bußgeld bis zu 2.500 € geahndet werden.

6

§ 12 Schichtzeit

Bei der Beschäftigung Jugendlicher darf die Schichtzeit (§ 4 Abs. 2) 10 Stunden, im Bergbau unter Tage 8 Stunden, im Gaststättengewerbe, in der Landwirtschaft, in der Tierhaltung, auf Bau- und Montagestellen 11 Stunden nicht überschreiten.

A. Gegenstand und Zweck der Regelung

Das Bestreben des Gesetzgebers, Jugendliche vor Überforderung durch zu viel Arbeitsleistung zu schützen, kommt auch in § 12 JArbSchG mit Begrenzung der Schichtzeit Die Bestimmung gilt für **Jugendliche**, d.h. sowohl Auszubildende als auch Arbeitnehmer. Eine entsprechende Norm für ist im ArbZG nicht vorhanden. Mit der Begrenzung der Schichtzeit wird die ausbildungs- oder arbeitsbedingte zeitliche Anwesenheit des Jugendlichen begrenzt.

1

B. Höchstdauer der Schichtzeit

Die Begrenzung **Schichtzeit**, d.h. die Zeit zwischen Beginn und Ende der Arbeit einschließlich der Pausen (§ 4 Abs. 2 JArbSchG, vgl. dort Rdn. 2), soll einen Ausgleich zwischen den Freizeitinteressen des Jugendlichen und dem Zeitbedarf für die Anwesenheit am Arbeitsplatz herbeiführen. Hierdurch werden mittelbar **Höchstgrenzen für die Arbeitszeit, aber auch für die Pausen**, gezogen. Nicht im JArbSchG geregelt ist, ob der Jugendliche am selben Tag nur in einer durchgehenden Schicht tätig sein darf oder ob die Schicht beim selben Arbeitgeber geteilt werden darf mit der Folge, dass die Schichtzeitunterbrechung nicht zur Schichtzeit zählt, weil sie weder Arbeitszeit noch Ruhepause darstellt (**Schichtteilung**). Dem Sinn und Zweck des § 12 JArbSchG entsprechend wird dies nicht zu verneinen sein. Denn die Möglichkeit derart geteilter Schichtzeiten ist in § 4 Abs. 5 JArbSchG angelegt; hiernach sind nicht nur die Arbeitszeiten, sondern auch die Schichtzeiten bei mehreren Arbeitgebern zusammenzurechnen. Ebenso regelt das JArbSchG

2

§ 13 JArbSchG Tägliche Freizeit

nicht, wie es um die Einhaltung der Schichtzeit an Berufsschultagen steht. Die berufsschulbedingte Zeit ist keine Arbeitszeit; sie fällt deshalb ihrer Idee nach nicht unter § 4 As. 2, § 12 JArbSchG. Nach Sinn und Zweck des § 12 JArbSchG ist jedoch auch die berufsschulbedingte Zeit einschließlich notwendiger Pausen, Freistunden, Wege- und Umkleidezeiten in die Berechnung der Schichtzeit einzubeziehen.

3 **Im Allgemeinen** ist die **Schichtzeit** auf **10 Stunden** begrenzt, so dass die Summe der Pausenzeiten bei einer Arbeitszeit von acht Stunden nur höchstens zwei Stunden betragen darf. Unter Berücksichtigung der Mindestpausenzeit von 60 Minuten (§ 11 Abs. 1 S. 2 Nr. 2 JArbSchG) bleiben höchstens noch weitere 60 Minuten zwecks Verlängerung der Pausen. **Besondere Schichtzeiten** sind für bestimmte Gewerbe mit Rücksicht auf deren Anforderungen und Besonderheiten festgesetzt. Im **Bergbau unter Tage** (Begriff: § 2 ArbZG Rdn. 62, 63) beträgt die Schichtzeit nur **acht** statt zehn **Stunden**. Dies ist den besonders schweren Arbeitsbedingungen unter Tage geschuldet; die Regelung entspricht zudem § 2 Abs. 1 S. 2 ArbZG. Auf **elf Stunden** erhöht ist dagegen die Schichtzeit Im **Gaststättengewerbe**, zu welchem auch Beherbergungsbetriebe zählen (Begriff Gaststätten: § 5 ArbZG Rdn. 30, 31), in der **Landwirtschaft** (Begriff: § 5 ArbZG Rdn. 42, 43), in der **Tierhaltung** (Begriff: § 5 ArbZG Rdn. 44, 45) und auf **Bau- und Montagestellen** (Begriff: § 15 ArbZG Rdn. 7).

C. Abweichungsmöglichkeiten

4 Die Schichtzeit kann gem. § 21a Abs. 1 Nr. 2 JArbSchG durch **Tarifvertrag/ Betriebsvereinbarung** außer im Bergbau unter Tage um eine Stunde verlängert werden. Gem. § 21 JArbSchG findet § 12 JArbSchG in **Notfällen** keine Anwendung.

D. Verstöße

5 Verstöße gegen § 12 JArbSchG können nach § 53 Abs. 1 Nr. 9 JArbSchG als **Ordnungswidrigkeit**, ggfs. sogar als **Straftat** verfolgt werden (vgl. § 8 Rdn. 8).

§ 13 Tägliche Freizeit

Nach Beendigung der täglichen Arbeitszeit dürfen Jugendliche nicht vor Ablauf einer ununterbrochenen Freizeit von mindestens 12 Stunden beschäftigt werden.

Nachtruhe **§ 14 JArbSchG**

Die Anordnung einer täglichen **Freizeit von mindestens 12 Stunden** ist 1
strenger als die der entsprechenden Ruhezeit für Erwachsene; sie beträgt nur
11 Stunden (§ 5 ArbZG). Diese Regelung wird durch die Anordnungen für
die **Nachtruhe** (§ 14 JArbSchG) ergänzt. Unter Freizeit ist die zwischen
dem **Ende der einen Arbeitsschicht und dem Beginn der nächsten Arbeitsschicht** zu verstehen.¹ Der Beschäftigung im Betrieb steht nach dem
Zweck der Regelung der **Berufsschulunterricht** gleich; zudem wird die Freizeit des Jugendlichen vor dem vor 9 Uhr beginnenden Berufsschulunterricht
durch die Anordnung der besonderen Nachtruhe gem. § 14 Abs. 4 JArbSchG
gesichert. Von § 13 JArbSchG abweichende Regelungen durch Tarifvertrag oder
Betriebsvereinbarung sieht das Gesetz nicht vor; in **Notfällen** ist die Bestimmung über die Mindestfreizeit nicht anzuwenden (§ 21 JArbSchG). **Verstöße**
gegen § 12 JArbSchG können nach § 53 Abs. 1 Nr. 9 JArbSchG als **Ordnungswidrigkeit**, ggfs. sogar als **Straftat** verfolgt werden (vgl. § 8 JArbSchG Rdn. 8).

§ 14 Nachtruhe

(1) Jugendliche dürfen nur in der Zeit von 6 bis 20 Uhr beschäftigt werden.

(2) Jugendliche über 16 Jahre dürfen
1. im Gaststätten- und Schaustellergewerbe bis 22 Uhr,
2. in mehrschichtigen Betrieben bis 23 Uhr,
3. in der Landwirtschaft ab 5 Uhr oder bis 21 Uhr,
4. in Bäckereien und Konditoreien ab 5 Uhr

beschäftigt werden.

(3) Jugendliche über 17 Jahre dürfen in Bäckereien ab 4 Uhr beschäftigt werden.

(4) An dem einem Berufsschultag unmittelbar vorangehenden Tag dürfen Jugendliche auch nach Absatz 2 Nr. 1 bis 3 nicht nach 20 Uhr beschäftigt werden, wenn der Berufsschulunterricht am Berufsschultag vor 9 Uhr beginnt.

(5) ¹Nach vorheriger Anzeige an die Aufsichtsbehörde dürfen in Betrieben, in denen die übliche Arbeitszeit aus verkehrstechnischen Gründen nach 20 Uhr endet, Jugendliche bis 21 Uhr beschäftigt werden, soweit sie hierdurch

---

1 ErfK/*Schlachter* § 13 JArbSchG Rn. 2.

§ 14 JArbSchG Nachtruhe

...en vermeiden können. ²Nach vorheriger Anzeige an die unnötige Wartezeiten... ie dürfen ferner in mehrschichtigen Betrieben Jugendliche Aufsichtsbehörde ab 5.30 Uhr oder bis 23.30 Uhr beschäftigt werden, soweit sie über 16 ... unnötige Wartezeiten vermeiden können.

hierdurch... ndliche dürfen in Betrieben, in denen die Beschäftigten in außer- (6)...lichem Grade der Einwirkung von Hitze ausgesetzt sind, in der ...en Jahreszeit ab 5 Uhr beschäftigt werden. ²Die Jugendlichen sind ...echtigt, sich vor Beginn der Beschäftigung und danach in regelmäßigen ...eitabständen arbeitsmedizinisch untersuchen zu lassen. ³Die Kosten der Untersuchungen hat der Arbeitgeber zu tragen, sofern er diese nicht kostenlos durch einen Betriebsarzt oder einen überbetrieblichen Dienst von Betriebsärzten anbietet.

(7) ¹Jugendliche dürfen bei Musikaufführungen, Theatervorstellungen und anderen Aufführungen, bei Aufnahmen im Rundfunk (Hörfunk und Fernsehen), auf Ton- und Bildträger sowie bei Film- und Fotoaufnahmen bis 23 Uhr gestaltend mitwirken. ²Eine Mitwirkung ist nicht zulässig bei Veranstaltungen, Schaustellungen oder Darbietungen, bei denen die Anwesenheit Jugendlicher nach den Vorschriften des Jugendschutzgesetzes verboten ist. ³Nach Beendigung der Tätigkeit dürfen Jugendliche nicht vor Ablauf einer ununterbrochenen Freizeit von mindestens 14 Stunden beschäftigt werden.

A. Gegenstand und Zweck der Regelung

1 Dem grundsätzlichen Schutzzweck des Gesetzes entsprechend wird mit § 14 JArbSchG die **Nachtruhe** für **Jugendliche** gesichert; deren Einhaltung ist für die noch in ihrer körperlichen und seelischen Entwicklung stehenden jungen Menschen besonders wichtig.[1] Eine entsprechende Bestimmung für alle erwachsenen Arbeitnehmer gibt es nicht. § 6 ArbZG verbietet keine Nachtarbeit, sondern reglementiert sie lediglich. Das frühere Verbot der Nachtarbeit für Frauen (§ 19 AZO) wurde gestrichen. Das BVerfG hatte zwar das Nachtarbeitsverbot des § 19 AZO als geschlechtsdiskriminierend und deshalb wegen Verstoßes gegen Art. 3 Abs. 1 und 3 GG als verfassungswidrig erachtet, zugleich aber die generelle gesundheitsschädliche Wirkung der Nachtarbeit

---

1 BT-Drs. 7/2305, S. 30.

betont.² Das **generelle Verbot** des Abs. 1 JArbSchG ist in den folgenden Abs. 2 bis 7 durch einen nach Altersklassen geordneten Katalog von **Ausnahmen für bestimmte Wirtschaftszweige, Betriebe oder Arbeitsaufgaben** gelockert.

B. Generelles Nachtarbeitsverbot (Abs. 1)

§ 14 JArbSchG gilt für **alle Jugendlichen**, nicht nur für Auszubildende. Das generelle Nachtarbeitsverbot des Absatz 1 ist positiv geregelt worden, indem angeordnet worden ist, dass Jugendliche **nur in der Zeit von 6 bis 20 Uhr** beschäftigt werden dürfen. Im Umkehrschluss heißt, dass, es besteht ein **Beschäftigungsverbot für die Nachtzeit von 20.00 Uhr bis 6 Uhr** des folgenden Tages. Dieses Beschäftigungsverbot steht mit der **Freizeitregelung** des § 13 JArbSchG in Verbindung. Die Verpflichtung zur Freizeitgewährung von i.d.R. 12 Stunden umfasst einen größeren Zeitraum als das Nachtarbeitsverbot mit seinen nur 10 Stunden; andererseits kann dem Freizeitgebot regelmäßig nur Genüge getan werden, wenn die beschäftigungsfreie Nachtzeit ganz oder teilweise in die Freizeit einbezogen wird. Das **Beschäftigungsverbot erfasst jede Art und jede Intensität der Tätigkeit**; auch **Arbeitsbereitschaft** (vgl. § 2 ArbZG Rdn. 16 ff.), **Bereitschaftsdienst** (vgl. § 2 ArbZG Rdn. 21 ff.) und **Rufbereitschaft** (vgl. § 2 ArbZG Rdn. 28 ff.) dürfen während der Nachtzeit grundsätzlich nicht angeordnet oder angenommen werden.³ Zulässig ist die Beschäftigung Jugendlicher zudem nur, wenn auch die übrigen Regeln hierfür (Höchstarbeitszeit, Pausen, Freizeit u.s.w.) eingehalten sind. 2

C. Ausnahmen für bestimmte Wirtschaftszweige und Betriebe (Abs. 2)

Der **Ausnahmekatalog** des § 14 Abs. 2 JArbSchG betrifft **Jugendliche über 16 Jahren**; er ist abschließend; die Ausnahmeregelungen sind im Schutzinteresse des Jugendlichen eng auszulegen.⁴ Für die Beschäftigung am Tag vor dem Berufsschultag gelten besondere Regelungen. 3

---

2 BVerfG 28.01.1992 – 1 BvR 1025/82, 1 BvL 16/83, 1 BvL 10/91 - BVerfGE 85, 191 = EzA § 19 AZO Nr. 5 m. Anm. *Mayer-Maly*.
3 HzA/*Taubert* Gruppe 8 Rn. 376.
4 ErfK/*Schlachter* § 14 JArbSchG Rn. 3.

§ 14 JArbSchG Nachtruhe

I. Gaststätten- und Schaustellergewerbe

4 Im **Gaststättengewerbe** darf die **Beschäftigung bis 22 Uhr dauern**. Der Begriff des **Gaststättengewerbes** ist derselbe wie in § 12 JArbSchG, zu ihm zählen auch die Beherbergungsbetriebe (Begriff Gaststätten: § 5 ArbZG Rdn. 30, 31). Der frühestmögliche Beginn der Arbeit ist 6 Uhr (§ 14 Abs. 1 JArbSchG). Unter Berücksichtigung der auf 11 Stunden verlängerten Schichtzeit (§ 12 JArbSchG) einerseits und der ununterbrochenen Freizeit von mindestens 12 Stunden darf bei einem Ende der Beschäftigung um 22 Uhr die Schichtzeit an allen fünf Tagen (§ 15 JArbSchG) um 11 Uhr beginnen, es sei denn, dass es sich um eine Schicht am Tag vor einem Berufsschultag handelt (vgl. § 14 Abs. 4 JArbSchG).

5 Auch im **Schaustellergewerbe** dürfen Jugendliche bis **22 Uhr** beschäftigt werden. Zu diesem Gewerbe sind alle Geschäfte zu rechnen, die auf (öffentlichen) Jahrmärkten, Volksfesten, Kirmessen, der Belustigung des Publikums, dem Verkauf von Waren oder dem Verzehr von Speisen und Getränken dienen wie z.B. Fahrgeschäfte, Riesenräder, Losbuden, Spielbuden. Schießbuden, Imbissstände, Bierzelte und anderes mehr. Nichtöffentliche Veranstaltungen oder Verkaufsmessen von Industrie und Handel fallen nicht unter § 14 Abs. 1 Nr. 1 JArbSchG.[5] Der frühestmögliche Arbeitsbeginn ist 6 Uhr (§ 14 Abs. 1 JArbSchG). Für den Tag vor dem Berufsschultag muss § 14 Abs. 4 JArbSchG beachtet werden.

II. Mehrschichtige Betriebe

6 In **mehrschichtigen Betrieben** dürfen Jugendliche über 16 Jahre bis **23 Uhr** beschäftigt werden. Mehrschichtig ist der Betrieb, wenn nicht nur in einer, sondern in mehr als einer Schicht gearbeitet wird (vgl. § 2 ArbZG Rdn. 125 f.). Für Verkürzung der Nachtruhe gilt nur für Jugendliche, die selbst im Schichtbetrieb tätig sind.[6] Auch hier liegt der frühestmögliche Beginn der Arbeit um 6 Uhr (§ 14 Abs. 1 JArbSchG). Auch hier muss für den Tag vor dem Berufsschultag § 14 Abs. 4 JArbSchG beachtet werden.

---

5 Vgl. für eine Teppichverkaufsveranstaltung vor einer Kongresshalle: OLG Karlsruhe 22.05.1981 – 1 Ss 9/81 - Gew Arch 1981, 268.
6 ErfK/*Schlachter* § 14 JArbSchG Rn. 5 m. w. N.

III. Landwirtschaft

In der **Landwirtschaft** (Begriff: § 5 ArbZG Rdn. 42, 43) dürfen Jugendliche ab 16 Jahre mit der Arbeit **früher beginnen**, nämlich bereits um **5 Uhr**. Das **Arbeitsende** hat spätestens um **21 Uhr** stattzufinden. Diese Ausnahme gilt nur für die Landwirtschaft, nicht aber für die Tierhaltung (Begriff: § 5 ArbZG Rdn. 44, 45) außerhalb der Landwirtschaft. Für den Tag vor dem Berufsschultag muss § 14 Abs. 4 JArbSchG beachtet werden.

IV. Bäckereien und Konditoreien

In **Bäckereien und Konditoreien** dürfen Jugendliche ab 16 Jahre bereits ab 5 Uhr beschäftigt werden. Das Arbeitsende fällt auf spätestens 20 Uhr (§ 14 Abs. 1 JArbSchG). Die Vorschrift ist von der Aufhebung des Bäckerarbeitszeitgesetzes[7] unberührt geblieben. Sie gilt für alle Betriebe, die Bäcker- oder Konditorwaren für den täglichen Verkauf herstellen, nicht aber für solche, in denen lediglich Dauerbackwaren oder Dauerkonditorerzeugnisse hergestellt werden.[8] Für Bäckereien gilt ferner die Nachtruheverkürzung nach § 14 Abs. 3 JArbSchG, nicht aber die Beschäftigungsgrenze für den Tag vor dem Berufsschultag nach § 14 Abs. 4 JArbSchG.

D. Weitere Ausnahme für Bäckereien (Abs. 3)

Jugendliche über 17 Jahre dürfen nach § 14 Abs. 3 JArbSchG sogar bereits **ab 4 Uhr in Bäckereien** beschäftigt werden. Die Vorschrift gilt für alle Bäckereien, auch für solche, in denen die Herstellung von Bäckerwaren nicht mehr handwerklich, sondern industriell erfolgt.[9] Werden in dem Betrieb neben Bäckerwaren auch Konditorerzeugnisse hergestellt, so kommt es darauf an, welche Produktion dem Betrieb das Gepräge gibt. Überwiegt die Herstellung von Bäckerwaren und ist der Jugendliche mit deren Produktion befasst, so kann seine Beschäftigung auf § 14 Abs. 3 JArbSchG gestützt werden.[10]

---

7 G. vom 03.07.1996, BGBl. I, S. 1186.
8 ErfK/*Schlachter* § 14 JArbSchG Rn. 7; *Anzinger/Koberski* § 14 JArbSchG Rn. 17.
9 HzA/*Taubert* Gruppe 8 Rn. 380.
10 Vgl. ErfK/*Schlachter* § 14 JArbSchG Rn. 8, *Anzinger/Koberski* § 14 JSArbSchG Rn. 19, 20.

§ 14 JArbSchG Nachtruhe

E. Beschäftigungsende vor dem Berufsschultag (Abs. 4)

10 In den Fällen der Nrn. 1 bis 3 des § 14 Abs. 2 JArbSchG muss für die **Beschäftigung am Tag vor dem Berufsschultag um 20 Uhr beendet** sein, wenn der Unterricht vor neun Uhr beginnt (§ 14 Abs. 4 JArbSchG). Diese Regelung korrespondiert mit dem Beschäftigungsverbot des § 9 Abs. 1 S. 2 Nr. 1 JArbSchG. Der in Rede stehende Tag muss unmittelbar vor dem Berufsschultag liegen; insoweit gelten dieselben Erwägungen wie zu dem beschäftigungsfreien Tag unmittelbar vor der Abschlussprüfung nach § 10 Abs. 1 Nr. 2 JArbSchG (siehe § 10 JArbSchG Rdn. 5).

F. Vermeidung von Wartezeiten (Abs. 5)

11 Zwei weitere Ausnahmen sind in § 14 Abs. 5 JArbSchG geregelt. In beiden Fällen geht darum, durch eine maßvolle Verlegung des Endes der Beschäftigung **unnötige Wartezeiten** für die Jugendlichen zu **vermeiden**. Nach § 14 Abs. 5 S. 1 JArbSchG dürfen Jugendliche bis **21 Uhr** beschäftigt werden, wenn die **übliche Arbeitszeit aus verkehrstechnischen Gründe nach 20 Uhr** endet. Solche Gründe sind vor allem die planmäßigen Abfahrzeiten öffentlicher Verkehrsmittel, das Entzerren des Autoverkehrs zwecks Vermeidung von Verkehrsstauen bei Arbeitsende, der gestaffelte Einsatz von Werkbussen.[11] Diese Regelung erfasst alle Jugendlichen ohne Rücksicht auf ein spezielles Mindestalter. Nach § 14 Abs. 5 S. 2 JArbSchG dürfen Jugendliche über 16 in **mehrschichtigen Betrieben** (vgl. zum Begriff Rdn. 6) ab 5.30 Uhr oder bis 20 Uhr beschäftigt werden, um unnötige Wartezeiten zu vermeiden. Stets ist erforderlich, dass durch die Veränderung von Beginn und/oder Ende der Beschäftigungszeit **unnötige Wartezeiten** vermieden werden. Hierunter sind Zeiten zu verstehen, in denen dem Jugendlichen nichts anderes bleibt, als auf das Verkehrsmittel oder den Arbeitsbeginn oder das Schichtende zu warten. Ferner ist in beiden Fällen eine vorherige Anzeige an die Aufsichtsbehörde (Gewerbeaufsichtsamt der Amt für Arbeitsschutz u. s. w.) erforderlich.

G. Hitzebetriebe (Abs. 6)

12 **Jugendliche** dürfen in sog. **Hitzebetrieben** in der warmen Jahreszeit bereits ab **5 Uhr** beschäftigt werden. Ein spezielles Mindestalter wird für die Jugendlichen nicht vorausgesetzt. Die Betriebe, in denen die Beschäftigten in außerge-

---

[11] Vgl. *Anzinger/Koberski* § 14 JArbSchG Rn. 30.

wöhnlichem Grade der Einwirkung von Hitze ausgesetzt sind, sind im Gesetz nicht definiert. Als solche Hitzebetriebe sind insbesondere Stahlkochereien, Gießereien, Glashütten anzusehen. In Betracht kommen aber auch Betriebe und Arbeitsstellen, in denen Hitze aus anderen Gründen in außergewöhnlichem Maße auf die Beschäftigten einwirkt, z. B. offene Baustellen bei starker Sonneneinstrahlung, Arbeiten unter nicht belüfteten Glasdächern oder in nicht isolierten Containern. Die Ungewöhnlichkeit der Hitzeeinwirkung bezieht sich nicht auf die betriebsübliche Hitzeeinwirkung, sondern auf das übliche Maß in anderen als Hitzebetrieben. Wegen der möglichen gesundheitlichen Beeinträchtigungen dürfen sich die derart tätigen Jugendlichen – für sie kostenfrei – vor Beginn der Beschäftigung und danach in regelmäßigen Zeitabständen untersuchen lassen.

H. Mitwirkung an kulturellen Veranstaltungen (Abs. 7)

An den in § 14 Abs. 7 JArbSchG aufgeführten kulturellen Aufführungen und Aufnahmen (vgl. insoweit auch § 6 Abs. 2 JArbSchG) dürfen Jugendliche bis **23 Uhr gestaltend mitwirken**, sofern die Anwesenheit Jugendlicher nicht nach dem Jugendschutzgesetz verboten ist. Wirken ein Jugendlicher mit, so steht ihm bis zum nächsten Beginn seiner Tätigkeit ein Anspruch auf ununterbrochene Freizeit von nicht nur 13, sondern 14 Stunden zu. 13

I. Verstöße

Verstöße gegen § 14 Abs. 1 oder gegen § 14 Abs. 7 S. 3 JArbSchG können nach § 53 Abs. 1 Nr. 14 JArbSchG als **Ordnungswidrigkeit**, ggfs. sogar als **Straftat** verfolgt werden (vgl. § 8 Rdn. 8). 14

§ 15 Fünf-Tage-Woche

¹Jugendliche dürfen nur an fünf Tagen in der Woche beschäftigt werden.
²Die beiden wöchentlichen Ruhetage sollen nach Möglichkeit aufeinander folgen.

A. Beschäftigung an nur fünf Tagen in der Woche

Auch § 15 dient dem Schutz der Jugendlichen vor Überforderungen. Grundsätzlich dürfen Jugendliche **an nur fünf Tagen in der Woche** beschäftigt werden. Dies gilt auch dann, wenn die **Höchstmenge der wöchentlichen Arbeitszeit** von 40 Stunden (§ 8 Abs. 1 JArbSchG) oder ggfs. auf bis 1

§ 15 JArbSchG Fünf-Tage-Woche

zu 44 Stunden nach § 21a Abs. 1 Nr. 1 JArbSchG bestimmt, an den fünf Tagen in der Woche, d. h. in der Zeit von Montag bis Sonntag (§ 4 Abs. 4 JArbSchG) **nicht ausgeschöpft** ist. Auch bei einer ausnahmsweise zulässigen Beschäftigung am **Sonnabend** oder am **Sonntag** (16 Abs. 2 S. 1, § 17 Abs. 2 S. 1 JArbSchG) muss die Fünf-Tage-Woche sichergestellt werden, und zwar durch Freistellung an einem anderen berufsschulfreien Arbeitstag derselben Woche (§ 16 Abs. 3, § 17 Abs. 3 JArbSchG), der im Hinblick auf § 15 S. 2 JArbSchG im Zusammenhang mit dem ohnehin freien Tag gewährt werden soll. Bei einer Beschäftigung am Sonnabend wäre dies der Montag, weil der Sonntag beschäftigungsfrei ist; dies wäre jedoch mit § 16 Abs. 3 i. V. m. § 4 Abs. 4 JArbSchG unvereinbar. Daher muss der Ausgleichstag vor dem Sonnabend liegen.[1] Bei einer Beschäftigung am Sonntag soll der davor liegende Freitag Ausgleichstag sein, weil der Sonnabend arbeitsfrei ist, beide Varianten setzen aber voraus, dass an den Ersatztagen kein Berufsschulunterricht für den Jugendlichen stattfindet.

B. Berufsschulunterricht und Fünf-Tage-Woche

2 Die Tage des **Berufsschulunterrichts** sind keine Beschäftigung i.S. des § 1 JArbSchG und sind deshalb nicht auf die Fünf-Tage-Woche anzurechnen. Die Anrechnung nach § 9 Abs. 2 JArbSchG betrifft lediglich die Arbeitszeit, nicht aber die Arbeitstage. Deshalb kann, wenn der Berufsschultag (ausnahmsweise) auf einen Sonnabend fällt, der Jugendliche an sechs Tagen durch Beschäftigung und Berufsschulbesuch gebunden sein, ohne dass darin ein Verstoß gegen § 15 JArbSchG liegt.[2] Anders verhält es sich dagegen, wenn der Jugendliche an einem Sonnabend an einem Sonntag beschäftigt wird. Weil ihm hierfür ein berufsschulfreier Arbeitstag in derselben Woche als Ausgleich zu gewähren ist, bleiben nur vier Tage für die Beschäftigung übrig, wenn und weil an einem der nach § 15 JArbSchG sonst zulässigen fünf Arbeitstage die Berufsschule zu besuchen ist.

C. Abweichungsmöglichkeiten

3 Von § 15 JArbSchG Abweichendes kann gem. § 21a Abs. 1 Nr. 1 und 5 JArbSchG durch **Tarifvertrag/Betriebsvereinbarung** geregelt werden. Gem. § 21 JArbSchG findet § 15 JArbSchG in **Notfällen** keine Anwendung.

---

1 BayObLG 21.02.1983 – 3 Ob OWi 14/83 - AP Nr. 2 zu § 16 JugArbSchutzG.
2 *Anzinger/Koberski* § 15 JArbSchG Rn. 14.

D. Verstöße

Verstöße gegen § 15 JArbSchG können nach § 53 Abs. 1 Nr. 12 JArbSchG als 4
Ordnungswidrigkeit, ggfs. sogar als **Straftat** verfolgt werden (vgl. § 8 Rdn. 8).

§ 16 Samstagsruhe

(1) An Samstagen dürfen Jugendliche nicht beschäftigt werden.

(2) ¹Zulässig ist die Beschäftigung Jugendlicher an Samstagen nur
1. in Krankenanstalten sowie in Alten-, Pflege- und Kinderheimen,
2. in offenen Verkaufsstellen, in Betrieben mit offenen Verkaufsstellen, in Bäckereien und Konditoreien, im Friseurhandwerk und im Marktverkehr,
3. im Verkehrswesen,
4. in der Landwirtschaft und Tierhaltung,
5. im Familienhaushalt,
6. im Gaststätten- und Schaustellergewerbe,
7. bei Musikaufführungen, Theatervorstellungen und anderen Aufführungen, bei Aufnahmen im Rundfunk (Hörfunk und Fernsehen), auf Ton- und Bildträger sowie bei Film- und Fotoaufnahmen,
8. bei außerbetrieblichen Ausbildungsmaßnahmen,
9. beim Sport,
10. im ärztlichen Notdienst,
11. in Reparaturwerkstätten für Kraftfahrzeuge.

²Mindestens zwei Samstage im Monat sollen beschäftigungsfrei bleiben.

(3) ¹Werden Jugendliche am Samstag beschäftigt, ist ihnen die Fünf-Tage-Woche (§ 15) durch Freistellung an einem anderen berufsschulfreien Arbeitstag derselben Woche sicherzustellen. ²In Betrieben mit einem Betriebsruhetag in der Woche kann die Freistellung auch an diesem Tag erfolgen, wenn die Jugendlichen an diesem Tag keinen Berufsschulunterricht haben.

(4) Können Jugendliche in den Fällen des Absatzes 2 Nr. 2 am Samstag nicht acht Stunden beschäftigt werden, kann der Unterschied zwischen der tatsächlichen und der nach § 8 Abs. 1 höchstzulässigen Arbeitszeit an dem Tag bis 13 Uhr ausgeglichen werden, an dem die Jugendlichen nach Absatz 3 Satz 1 freizustellen sind.

§ 16 JArbSchG Samstagsruhe

A. Gegenstand und Zweck der Regelung

1 Mit den grundsätzlichen **Verboten der Beschäftigung Jugendlicher**, gleichgültig, ob als Auszubildenden oder als Arbeitnehmer, an **Samstagen (Sonnabenden)** und an **Sonntagen** (§ 17 JArbSchG) soll erreicht werden, dass das Wochenende zur Erholung, Entspannung und Freizeitgestaltung beschäftigungsfrei bleibt. Die nach dem jeweiligen Absatz 2 **ausnahmsweise** Zulässigkeit der Beschäftigung an Samstagen und/oder Sonntagen soll Jugendlichen ermöglichen, sich durch praktische Erfahrung ein Urteil darüber zu bilden, ob er die berufstypische Lage der Arbeitszeit an diesen Tagen zu akzeptieren bereit ist.[1] Die im jeweiligen Abs. 3 normierte Pflicht zur Gewährung eines Ausgleichstages für jede Beschäftigung am Sonnabend oder am Sonntag innerhalb derselben Woche stellt die Fünf-Tage-Woche sicher. Die weitgehende Übereinstimmung von Regelungsmethoden und Regelungsinhalten werden **im Rahmen der Erläuterung zu § 16 auch die Abweichungen in § 17 JArbSchG dargestellt**.

B. Beschäftigungsverbot (Abs. 1)

2 Das Verbot der Beschäftigung am Sonnabend und am Sonntag erfasst wie das Beschäftigungsverbot des § 9 Abs. 1 S. 3 JArbSchG jede Art und Intensität der Beschäftigung, auch solche geringsten Umfangs. Vom Beschäftigungsverbot werden jedoch nicht auf die Berufsausbildung bezogene Betätigungen wie Freizeitkurse, Wochenendfahrten, Schulaufgabenbetreuung nicht erfasst, auch wenn sie vom Arbeitgeber ausgehen.[2]

C. Ausnahmen (Abs. 2 S. 1)

3 Der **Ausnahmecharakter der Beschäftigung an Sonnabenden und/oder Sonntagen** kommt in der Eingangsformulierung des Abs. 2 deutlich zum Ausdruck. Die Aufzählungen der Bereiche, in den die Beschäftigung ausnahmsweise erlaubt ist, ist abschließend; die Bestimmungen sollen restriktiv auszulegen sein. Das ist zu bezweifeln, soweit die Begriffe des des ArbZG entsprechen.[3] Die Zulässigkeit der Beschäftigung gilt für alle Jugendlichen, spezielle Altersgrenzen sehen die Bestimmungen nicht vor. Ebenso bleibt die

---

1 Vgl. BT-Drs. 7/2305, S. 31.
2 ErfK/*Schlachter* § 16 JArbSchG Rz .2.
3 OLG Karlsruhe 14.01.1983 – 3 Ss 132/82 AP Nr. 1 zu § 16 JugArbSchutzG.

Beschäftigungsdauer gegenüber der an den Tagen von Montag bis Freitag unverändert. Auch die übrigen Voraussetzung für eine zulässige Beschäftigung der Jugendlichen müssen erfüllt sein. Lediglich für eine kurze Beschäftigungszeit am Samstag kann eine Kompensation an dem Tag erfolgen, der sich als Ausgleichstag für die Beschäftigung am Sonnabend oder am Sonntag vorgesehen ist (§ 16 Abs. 4 JArbSchG). Zulässig ist die **Beschäftigung an Sonnabenden** nur in den nachfolgend aufgeführten Wirtschaftszweigen und Betrieben. Wegen der Zulässigkeit Beschäftigung an **Sonntagen** wird an der jeweiligen Stelle auf die entsprechenden Regelungen hingewiesen.

I. Krankenanstalten, Alten-, Pflege- und Kinderheime (§ 16 Abs. 2 S. 1 Nr. 1)

Die Begriffe entsprechen denen im Arbeitszeitgesetz und ihren Synonymen. 4
Für Krankenanstalten verwendet das ArbZG den synonymen Begriff Krankenhaus (§ 5 ArbZG Rdn. 25), für Alten-, Pflege- und Kinderheime spricht das ArbZG von entsprechenden Einrichtungen (§ 5 ArbZG Rdn. 28). Die Beschäftigung Jugendlicher ist nicht nur am Sonnabend, sondern gleichermaßen auch am **Sonntag** zulässig (vgl. § 1 Abs. 2 Nr. 1 JArbSchG).

II. Offene Verkaufsstellen, Betriebe mit offenen Verkaufsstellen (§ 16 Abs. 2 S. 1 Nr. 2)

Die Beschäftigung Jugendlicher in den in § 16 Abs. 2 Nr. 1 aufgezählten Verkaufsstellen, Betrieben mit offenen Verkaufsstellen, Bäckereien und Konditoreien, im Friseurhandwerk und im Marktverkehr ist **nur an Sonnabenden** (Samstagen) gestattet, nicht aber an Sonntagen. Die Offenen Verkaufsstellen sind solche i. S. d. Ladenöffnungs- oder Ladenschlussrechts, d. h. Stellen, an denen der Öffentlichkeit Waren zum sofortigen käuflichen Erwerb angeboten werden, z. B. Ladengeschäfte, Apotheken, Tankstellen, Kiosk, sog. Trinkhallen Warenverkaufsautomaten. Zum Marktverkehr zählen Messen, Ausstellungen, Märkte i. S. d. GewO. Eine entsprechende Regelung für die Beschäftigung an **Sonntagen** sieht das Gesetz nicht vor. 5

III. Verkehrswesen (§ 16 Abs. 2 S. 1 Nr. 3)

Zum Verkehrswesen zählen alle **Verkehrsbetriebe** (vgl. § 5 ArbZG Rdn. 32– 6
36) und deren **Hilfsbetriebe**. Ein Hilfsbetrieb (hier: Autoreparaturwerkstatt), der für ein als unmittelbarer Verkehrsbetrieb anzusehendes Unternehmen tätig ist, ist dem Verkehrswesen i. S. d. § 16 Abs. 2 Nr. 3 JArbSchG jeden-

§ 16 JArbSchG Samstagsruhe

rechnen, wenn die von ihm ausgeführten Tätigkeiten für das ordnungsgemäße Funktionieren dieses Verkehrsbetriebes notwendig sind, falls dann die Beziehung zwischen beiden Betrieben über einen zufälligen Kontakt hinausgeht und auf eine gewisse Dauer angelegt ist.[4] Eine entsprechende Regelung für die Beschäftigung an **Sonntagen** sieht das Gesetz nicht vor.

Landwirtschaft und Tierhaltung (§ 16 Abs. 2 S. 1 Nr. 4)

Unter Landwirtschaft ist dasselbe zu verstehen wie unter demselben Begriff in § 8 Abs. 3 JArbSchG und § 5 ArbZG (dort Rdn. 40–43). Unter Tierhaltung ist dasselbe zu verstehen wie zu § 5 ArbZG (dort Rdn. 44, 45). Für die Beschäftigung Jugendlicher an **Sonntagen** gilt die Einschränkung, das nur Arbeiten erlaubt sind, die naturnotwendig auch an Sonn- und Feiertagen vorgenommen werden müssen (§ 17 Abs. 2 Nr. 2 JArbSchG), z. B. Tränken, Füttern, Melken.

V. Familienhaushalt (§ 16 Abs. 2 S. 1 Nr. 5)

8   Die Beschäftigung im **Familienhaushalt** umfasst alle hauswirtschaftlichen Aufgaben, um Haus oder Wohnung, Einrichtung, Möbel, Kleidung und alle Hausgegenstände zu pflegen und instand zu halten, die Familie zu versorgen, Familienangehörige und Hausangehörige zu pflegen. An **Sonntagen** ist die Beschäftigung Jugendlicher nur zulässig, wenn sie in die häusliche Gemeinschaft aufgenommen worden sind (§ 17 Abs. 2 S. 1 Nr. 3 JArbSchG).

VI. Gaststätten und Schaustellergewerbe (§ 16 Abs. 2 S. 1 Nr. 6)

9   Die Begriffe sind dieselben wie in § 14 Abs. 2 Nr. 1 JArbSchG (vgl. § 14 JArbSchG Rdn. 4 und 5), der Begriff Gaststätte zudem derselbe wie in § 12 JArbSchG (vgl. § 12 JArbSchG Rdn. 3 unter Hinweis auf § 5 ArbZG Rdn. 30, 31). Die Beschäftigung Jugendlicher ist auch an **Sonntagen** zulässig (§ 17 Abs. 2 Nr. 4 und Nr. 8 JArbSchG).

VII. Aufführungen (§ 16 Abs. 2 S. 1 Nr. 7)

10   Die in § 16 Abs. 2 Nr. 7 aufgezählten Aufführungen u. s. w. sind dieselben wie in § 14 Abs. 7 JArbSchG (vgl. dort Rdn. 13). An **Sonntagen** ist die Beschäftigung Jugendlicher nur einschränkt zulässig (§ 17 Abs. 2 Nr. 5 JArbSchG).

---

4   OLG 14.01.1983 – 3 Ss 132/82 - AP Nr. 1 zu § 16 JugArbSchutzG.

VIII. Außerbetriebliche Ausbildungsmaßnahmen (§ 16 Abs. 2 S. 1 Nr. 8)

Der Sinn der Regelung liegt darin, die Zulässigkeit der Durchführung außerbetrieblicher Ausbildungsmaßnahmen (vgl. zum Begriff: § 10 JArbSchG Rdn. 3) auch an Sonnabenden auch dann auf eine sichere Rechtsgrundlage zu stellen, wenn sie vom Arbeitgeber oder auf dessen Verlassung durchgeführt werden. Eine entsprechende Regelung für die Beschäftigung an **Sonntagen** sieht das Gesetz nicht vor. 11

IX. Sport (§ 16 Abs. 2 S. 1 Nr. 9)

Der Begriff des **Sports** ist derselbe wie in § 10 Abs. 1 Nr. 7 ArbZG (dort Rdn. 21). Die Jugendlichen können nicht zuletzt in allen Hilfsfunktionen für die Durchführung, Vorbereitung und Nachbereitung des Sports eingesetzt werden. Die Beschäftigung Jugendlicher an **Sonntagen** ist gleichermaßen zulässig (§ 17 Abs. 2 Nr. 6 JArbSchG). 12

X. Ärztlicher Notdienst (§ 16 Abs. 2 S. 1 Nr. 10)

Der ärztliche Notdienst betrifft die Notdienste **niedergelassener Ärzte, Zahnärzte, Tierärzte** außerhalb der Krankenhäuser (vgl. § 16 Abs. 2 Nr. 1 JArbSchG). Die Beschäftigung Jugendlicher an **Sonntagen** ist gleichermaßen zulässig (§ 17 Abs. 2 Nr. 7 JArbSchG). 13

XI. Reparaturwerkstätten für Kraftfahrzeuge (§ 16 Abs. 2 S. 1 Nr. 11)

Hierunter sind Werkstätten für Automobile und zweirädrige Kraftfahrzeuge (Motorräder, Motorroller u. s. w.) zu verstehen. Eine entsprechende Regelung für die Beschäftigung an **Sonntagen** sieht das Gesetz nicht vor. 14

D. Beschäftigungsfreie Samstage (§ 16 Abs. 2 S. 1 S. 2)

Die Gewährung von **zwei beschäftigungsfreien Sonnabenden** im Monat ist mit Rücksicht auf zu respektierenden Bedürfnisse in bestimmten Branchen, in denen eine solche Vorschrift nicht oder kaum eingehalten werden kann, nicht als zwingendes Recht ausgestaltet worden. Bei der Entscheidung, ob und welcher Sonnabend für den Jugendlichen beschäftigungsfrei bleiben soll, hat der Arbeitgeber billiges Ermessen zu wahren. Nach § 21a Abs. 1 Nr. 4 und 5 kann Anderes durch Tarifvertrag/Betriebsvereinbarung geregelt werden. Dagegen ist in § 17 Abs. 2 S. 2 JArbSchG die Gewährung von zwei **beschäftigungsfreien Sonntagen** zwingend vorgeschrieben. 15

E. Ersatzruhetag (§ 16 Abs. 3)

16 Im Fall der Beschäftigung des Jugendlichen an einem **Samstag** hat der Arbeitgeber dem Jugendlichen **in derselben Woche** die Freistellung von jeder Beschäftigung an einem **berufsschulfreien Arbeitstag** sicherzustellen (§ 16 Abs. 3 S. 1 JArbSchG). Dies muss, wenn nicht ausnahmsweise Sonntagsarbeit zulässig ist und der Jugendliche deshalb an dem Sonntag freigestellt werden könnte, in derselben Woche vor der Samstagsarbeit geschehen.[5] Dann aber kann sie Sollvorschrift des § 15 S. 2 JArbSchG – Gewährung zusammenhängender freier Tage – nicht eingehalten werden (vgl. § 15 JArbSchG Rdn. 1). Vergleichbares gilt für die Beschäftigung an Sonntagen (§ 16 Abs. 3 JArbSchG). Der Ausgleichstag kann auch der wöchentliche Betriebsruhetag sein, wenn der Jugendliche an diesem Tag keinen Berufsschulunterricht hat (§ 16 Abs. 3 S. 3 JArbSchG). Vergleichbares wie § 16 Abs. 3 bestimmt § 17 Abs. 3 JArbSchG für den Ausgleich von **Sonntagsbeschäftigung**.

F. Ausgleich von Zeitdefiziten (§ 16 Abs. 4)

17 § 16 Abs. 4 JArbSchG ermöglicht, ein Arbeitszeitdefizit, das durch eine von weniger als acht Stunden Beschäftigungsdauer an einem Sonnabend entsteht, dadurch auszugleichen, dass dem Jugendlichen kein ganzer, sondern nur ein die Defizitzeit gekürzter Tag als Freizeitausgleich für die Samstagsarbeit gewährt wird. Eine entsprechende Regelung für die Beschäftigung an Sonntagen sieht das Gesetz nicht vor.

G. Abweichungsmöglichkeiten

18 Abweichungen von § 16 Abs. 1 und 2 JArbSchG können gem. § 21a Abs. 1 Nr. 4 und 5 JArbSchG, Abweichung von § 17 Abs. 2 S. 2 und Abs. 3 können gem. § 21a Abs. 1 Nr. 5 und 6 JArbSchG durch **Tarifvertrag/Betriebsvereinbarung** normiert werden. Gem. § 21 JArbSchG finden § 16 und § 17 JArbSchG in **Notfällen** keine Anwendung.

H. Verstöße

19 Verstöße gegen § 16 oder 17 JArbSchG können nach § 53 Abs. 1 Nr. 13, 14 JArbSchG als **Ordnungswidrigkeit**, ggfs. sogar als **Straftat** verfolgt werden (vgl. § 8 Rdn. 8).

---

5 BayObLG 21.02.1983 – 3 Ob OWi 14/83 - AP Nr. 12 zu § 16 JugArbSchutzG.

§ 17 Sonntagsruhe

(1) An Sonntagen dürfen Jugendliche nicht beschäftigt werden.

(2) ¹Zulässig ist die Beschäftigung Jugendlicher an Sonntagen nur
1. in Krankenanstalten sowie in Alten-, Pflege- und Kinderheimen,
2. in der Landwirtschaft und Tierhaltung mit Arbeiten, die auch an Sonn- und Feiertagen naturnotwendig vorgenommen werden müssen,
3. im Familienhaushalt, wenn der Jugendliche in die häusliche Gemeinschaft aufgenommen ist,
4. im Schaustellergewerbe,
5. bei Musikaufführungen, Theatervorstellungen und anderen Aufführungen sowie bei Direktsendungen im Rundfunk (Hörfunk und Fernsehen),
6. beim Sport,
7. im ärztlichen Notdienst,
8. im Gaststättengewerbe.

²Jeder zweite Sonntag soll, mindestens zwei Sonntage im Monat müssen beschäftigungsfrei bleiben.

(3) ¹Werden Jugendliche am Sonntag beschäftigt, ist ihnen die Fünf-Tage-Woche (§ 15) durch Freistellung an einem anderen berufsschulfreien Arbeitstag derselben Woche sicherzustellen. ²In Betrieben mit einem Betriebsruhetag in der Woche kann die Freistellung auch an diesem Tag erfolgen, wenn die Jugendlichen an diesem Tag keinen Berufsschulunterricht haben.

§ 17 JArbSchG dient dem verfassungsrechtlich gebotenen (Art. 140 GG, Art. 139 WRV) Schutz des Sonntages als Tag der Arbeitsruhe und der seelischen Erhebung der Arbeitnehmer (vgl. § 1 Nr. 2 ArbZG). Während das ArbZG keinen Schutz des Samstags kennt, den Schutz von Sonntag und gesetzlichem Feiertag gemeinsam regelt (§§ 9 bis 13) und hierbei großzügig Ausnahmen zulässt (§ 10, § 12, § 13 ArbZG), ordnet das JArbSchG den Arbeitszeitschutz an diesen drei Tagen getrennt (§ 16 Samstagsschutz, § 17 Sonntagsschutz, § 18 Feiertagsschutz) und dies sehr viel strenger als das ArbZG. Die größere Schutzintensität ist nur mit einem größeren Schutzbedürfnis der Jugendlichen gegenüber Erwachsenen zu erklären. Zusammen mit § 16 JArbSchG will § 17 JArbSchG dem Jugendlichen im Regelfall auch die **Beschäftigungsfreiheit am Wochenende** sichern. Die **Sonntagsruhe** umfasst den ganzen Sonntag von 0 Uhr bis 24 Uhr. Anders als nach § 9 Abs. 2 und 3 ArbZG (vgl. § 9 ArbZG Rdn. 10–19) kann der **Beginn der** 24-stündigen **Sonntagsruhe** des § 17 JArbSchG **nicht verlegt** werden.

§ 18 JArbSchG Feiertagsruhe

2 Wegen des Regelungszusammenhangs und mit Rücksicht auf die Ähnlichkeit der Regelungsstrukturen (siehe § 16 JArbSchG Rdn. 1) sind wesentliche Aspekte der Regelung des § 17 JArbSchG bereits zu § 16 JArbSchG – Samstagsarbeit – erörtert worden. Dabei wurde jeweils zu den Ausnahmetatbeständen des § 16 Abs. 2 S. 1 JArbSchG – ausnahmsweise Zulässigkeit von Samstagsarbeit – auf die entsprechenden Ausnahmetatbestände in § 17 Abs. 2 Abs. 2 S. 1 JArbSchG – ausnahmsweise Zulässigkeit von Sonntagsarbeit – hingewiesen. Hierauf wird zwecks Vermeidung von Wiederholungen Bezug genommen.

§ 18 Feiertagsruhe

(1) Am 24. und 31. Dezember nach 14 Uhr und an gesetzlichen Feiertagen dürfen Jugendliche nicht beschäftigt werden.

(2) Zulässig ist die Beschäftigung Jugendlicher an gesetzlichen Feiertagen in den Fällen des § 17 Abs. 2, ausgenommen am 25. Dezember, am 1. Januar, am ersten Osterfeiertag und am 1. Mai.

(3) ¹Für die Beschäftigung an einem gesetzlichen Feiertag, der auf einem Werktag fällt, ist der Jugendliche an einem anderen berufsschulfreien Arbeitstag derselben oder der folgenden Woche freizustellen. ²In Betrieben mit einem Betriebsruhetag in der Woche kann die Freistellung auch an diesem Tag erfolgen, wenn die Jugendlichen an diesem Tag keinen Berufsschulunterricht haben.

1 Die Bestimmung regelt das **grundsätzliche Beschäftigungsverbot** an den **gesetzlichen Feiertagen**. Die gesetzlichen Feiertage sind dieselben wie die **staatlich anerkannten Feiertage** im ArbZG (vgl. die Feiertagstabelle sowie die Darstellung zu § 1 Nr. 2 ArbZG, dort Rdn. 9, § 9 Rdn. 8 JArbSchG). Der zeitliche Umfang des Feiertagsschutzes beträgt wie beim Sonntag 24 Stunden, er beginnt um 0 Uhr und endet um 24 Uhr. § 18 Abs. 1 JArbSchG geht über den Feiertagsschutz insoweit hinaus, als auch für den 24. und für den 31. Dezember die Beschäftigung Jugendlicher verboten ist.

2 Vom grundsätzlichen Beschäftigungsverbot an Feiertagen lässt § 81 Abs. 2 JArbSchG **Ausnahmen** in den Fällen des § 17 Abs. 2 S. 1 JArbSchG zu, also in den Fällen, in denen ausnahmsweise die **Beschäftigung Jugendlicher an Sonntagen** zulässig ist. Allerdings gilt dies nicht für den 25. Dezember (zweiter Weihnachtstag), 1. Januar (Neujahr) den ersten Ostertag und am 1. Mai

(Tag der Arbeit). Die Regelung für den Ersatzruhetag entspricht der für die Beschäftigung an Samstagen oder Sonntagen (§ 16 JArbSchG Rdn. 16).

§ 20 Binnenschifffahrt

In der Binnenschifffahrt gelten folgende Abweichungen:
1. Abweichend von § 12 darf die Schichtzeit Jugendlicher über 16 Jahre während der Fahrt bis auf 14 Stunden täglich ausgedehnt werden, wenn ihre Arbeitszeit sechs Stunden täglich nicht überschreitet. Ihre tägliche Freizeit kann abweichend von § 13 der Ausdehnung der Schichtzeit entsprechend bis auf 10 Stunden verkürzt werden.
2. Abweichend von § 14 Abs. 1 dürfen Jugendliche über 16 Jahre während der Fahrt bis 22 Uhr beschäftigt werden.
3. ¹Abweichend von §§ 15, 16 Abs. 1, § 17 Abs. 1 und § 18 Abs. 1 dürfen Jugendliche an jedem Tag der Woche beschäftigt werden, jedoch nicht am 24. Dezember, an den Weihnachtsfeiertagen, am 31. Dezember, am 1. Januar, an den Osterfeiertagen und am 1. Mai. ²Für die Beschäftigung an einem Samstag, Sonntag und an einem gesetzlichen Feiertag, der auf einen Werktag fällt, ist ihnen je ein freier Tag zu gewähren. ³Diese freien Tage sind den Jugendlichen in Verbindung mit anderen freien Tagen zu gewähren, spätestens, wenn ihnen 10 freie Tage zustehen.

Die Binnenschifffahrt erfordert spezielle Einsätze der Beschäftigten, wenn das Binnenschiff fährt; diesen Besonderheit soll § 20 JArbSchG Rechnung tragen.[1] Aus denselben Erwägungen wird den entsprechende besonderen Bestimmungen für das Arbeitszeitrecht der in der Binnenschifffahrt beschäftigten Volljährigen, wie sie in der Rheinschiffs-Untersuchungsordnung oder der Binnenschiffs-Untersuchungsordnung enthalten sind, der Vorrang vor dem ArbZG eingeräumt (§ 21 ArbZG). Der Geltungsbereich ist auf Binnenschiffe beschränkt; für die Besatzung auf Seeschiffen (Kauffahrteischiffen) gilt das SeemannsG. Sog. Rhein-Seegängige Schiffe zählen zu den Seeschiffen, mögen sie auch auf Binnenschiffsgewässern wie dem Rhein fahren. 1

Die in § 20 normierten Abweichungen betreffen die Schichtzeit, das Ende der täglichen Beschäftigung und die Möglichkeit der Beschäftigung der Jugendlichen an allen Wochentagen. Nur der 24. Dezember ist von jeder erlaubten 2

---

1 BT-Drs. 7/2305 S. 31.

Beschäftigung ausgenommen. Von den Bestimmungen des § 20 kann weder durch Tarifvertrag/Betriebsvereinbarung noch im Notfall abgewichen werden.

§ 21 Ausnahmen in besonderen Fällen

(1) Die §§ 8 und 11 bis 18 finden keine Anwendung auf die Beschäftigung Jugendlicher mit vorübergehenden und unaufschiebbaren Arbeiten in Notfällen, soweit erwachsene Beschäftigte nicht zur Verfügung stehen.

(2) Wird in den Fällen des Absatzes 1 über die Arbeitszeit des § 8 hinaus Mehrarbeit geleistet, so ist sie durch entsprechende Verkürzung der Arbeitszeit innerhalb der folgenden drei Wochen auszugleichen.

1 In Notfällen sollen die jugendlichen Beschäftigten ohne Bindung an die normalen Arbeitszeitgrenzen eingesetzt werden dürfen; wenn dadurch Mehrarbeit entsteht, so ist diese auszugleichen. § 21 Abs. 1 JArbSchG unterscheidet sich § 14 Abs. 1 ArbZG, der Abweichung vom allgemeinen Arbeitszeitschutz für Erwachsene nicht nur in Notfällen, sondern auch in außergewöhnlichen Fällen zulässt, beides allerdings mit strengeren Voraussetzung als § 21 JArbSchG. Die in § 14 Abs. 2 ArbZG vorgesehenen Möglichkeiten, von allgemeinen Arbeitszeitschutzbestimmungen abweichen zu dürfen, finden sich im JArbSchG nicht wieder.

2 Der Begriff »**Notfall**« in § 21 JArbSchG entspricht dem in § 14 ArbZG (siehe § 14 JArbSchG Rdn. 5 und 6). Jugendliche dürfen im Notfall aber auch nur dann eingesetzt werden, wenn sie mit **vorübergehenden** und **unaufschiebbaren** Arbeiten beschäftigt werden. Vorübergehend meint eine kurze Zeitspanne von Stunden, höchsten aber ganz wenigen Tagen. Unaufschiebbar sind die Arbeiten, wenn ihre erst spätere Erledigung den Schaden deutlich vergrößert. Zulässig ist der Einsatz Jugendlicher aber nur, wenn für die Erledigung der Notfallarbeit **kein Erwachsener** zur Verfügung steht. Der Ausgleich der durch Notfallarbeit entstandenen Mehrarbeit ist in § 21 Abs. 2 JArbSchG normiert.

§ 21a Abweichende Regelungen

(1) In einem Tarifvertrag oder auf Grund eines Tarifvertrages in einer Betriebsvereinbarung kann zugelassen werden
1. abweichend von den §§ 8, 15, 16 Abs. 3 und 4, § 17 Abs. 3 und § 18 Abs. 3 die Arbeitszeit bis zu neun Stunden täglich, 44 Stunden wöchentlich und bis zu fünfeinhalb Tagen in der Woche anders zu verteilen,

jedoch nur unter Einhaltung einer durchschnittlichen Wochenarbeitszeit von 40 Stunden in einem Ausgleichszeitraum von zwei Monaten,
2. abweichend von § 11 Abs. 1 Satz 2 Nr. 2 und Abs. 2 die Ruhepausen bis zu 15 Minuten zu kürzen und die Lage der Pausen anders zu bestimmen,
3. abweichend von § 12 die Schichtzeit mit Ausnahme des Bergbaus unter Tage bis zu einer Stunde täglich zu verlängern,
4. abweichend von § 16 Abs. 1 und 2 Jugendliche an 26 Samstagen im Jahr oder an jedem Samstag zu beschäftigen, wenn statt dessen der Jugendliche an einem anderen Werktag derselben Woche von der Beschäftigung freigestellt wird,
5. abweichend von den §§ 15, 16 Abs. 3 und 4, § 17 Abs. 3 und § 18 Abs. 3 Jugendliche bei einer Beschäftigung an einem Samstag oder an einem Sonn- oder Feiertag unter vier Stunden an einem anderen Arbeitstag derselben oder der folgenden Woche vor- oder nachmittags von der Beschäftigung freizustellen,
6. abweichend von § 17 Abs. 2 Satz 2 Jugendliche im Gaststätten- und Schaustellergewerbe sowie in der Landwirtschaft während der Saison oder der Erntezeit an drei Sonntagen im Monat zu beschäftigen.

(2) Im Geltungsbereich eines Tarifvertrages nach Absatz 1 kann die abweichende tarifvertragliche Regelung im Betrieb eines nicht tarifgebundenen Arbeitgebers durch Betriebsvereinbarung oder, wenn ein Betriebsrat nicht besteht, durch schriftliche Vereinbarung zwischen dem Arbeitgeber und dem Jugendlichen übernommen werden.

(3) Die Kirchen und die öffentlich-rechtlichen Religionsgesellschaften können die in Absatz 1 genannten Abweichungen in ihren Regelungen vorsehen.

Die Möglichkeit, von etlichen Regelungen des JArbSchG durch Tarifvertrag/ Betriebsvereinbarung abweichen zu dürfen, hat der Gesetzgeber geschaffen, weil die Tarifvertragsparteien wegen ihrer besonderen Kenntnisse der Branchen und ihrer speziellen Bedürfnisse sachgerechtere Regelungen vereinbaren können, als sie der Gesetzgeber zu schaffen vermag. Anders als bei den entsprechenden Regelungen in § 7 und § 12 ArbZG, für die § 21a JArbSchG Pate gestanden hat, werden als Regelungsinstrumente nur der Tarifvertrag und die von ihm zugelassene Betriebsvereinbarung genannt, nicht aber die Instrumente des öffentlichen Dienstes (Dienstvereinbarung) oder der verfassten Kirchen, nämlich auf dem Dritten Weg geschaffene Arbeitsrechtsregelungen (Arbeitsvertragsrichtlinien, BAT Kirchlicher Fassung) und Dienstvereinbarung. Hiervon abgesehen entspricht der Regelungsmechanismus des § 21a

JArbSchG dem in § 7 ArbZG (siehe § 7 ArbZG Rdn. 6–34). Die Aufzählung der Abweichungsmöglichkeiten ist abschließend.

§ 21 b Ermächtigung

Das Bundesministerium für Arbeit und Soziales kann im Interesse der Berufsausbildung oder der Zusammenarbeit von Jugendlichen und Erwachsenen durch Rechtsverordnung mit Zustimmung des Bundesrates Ausnahmen von den Vorschriften
1. des § 8, der §§ 11 und 12, der §§ 15 und 16, des § 17 Abs. 2 und 3 sowie des § 18 Abs. 3 im Rahmen des § 21a Abs. 1,
2. des § 14, jedoch nicht vor 5 Uhr und nicht nach 23 Uhr, sowie
3. des § 17 Abs. 1 und § 18 Abs. 1 an höchstens 26 Sonn- und Feiertagen im Jahr

zulassen, soweit eine Beeinträchtigung der Gesundheit oder der körperlichen oder seelisch-geistigen Entwicklung der Jugendlichen nicht zu befürchten ist.

§ 48 Aushang über Arbeitszeit und Pausen

Arbeitgeber, die regelmäßig mindestens drei Jugendliche beschäftigen, haben einen Aushang über Beginn und Ende der regelmäßigen täglichen Arbeitszeit und der Pausen der Jugendlichen an geeigneter Stelle im Betrieb anzubringen.

Teil B.3 Besonderer Arbeitsschutz - Ladenöffnungsrechtlicher Arbeitszeitschutz

A. Vorbemerkung

Das Ladenschlussrecht oder – neuerdings – Ladenöffnungsrecht dient im 1
Wesentlichen dem **Schutz personalschwächerer Wettbewerber** gegenüber personalstärkeren, dem **Schutz des Sonntags und der gesetzlichen Feiertage** als Tagen der Arbeitsruhe und der seelischen Erhebung (vgl. insoweit § 1 ArbZG Rdn. 9) und dem **Schutz von Arbeitnehmern gegen Überforderungen** infolge zu langer Ladenöffnungszeiten und deiner übermäßigen Beschäftigung an Sonn- und Feiertagen (vgl. insoweit § 1 ArbZG Rdn. 4). Deshalb enthalten alle entsprechenden Gesetze neben einer oft detaillierten Regelung der Ladenöffnungszeiten auch arbeitszeitschutzrechtliche Normen über die Beschäftigung an Sonn- und Feiertagen. Das nur noch im Freistaat Bayern gem. Art. 125a GG fortgeltende **Ladenschlussgesetz des Bundes** (LadSchlG) i. d. F. der Bekanntmachung vom 2.6.2003,[1] enthält solche Bestimmungen in § 17. Die **Gesetzgebungszuständigkeit** für das Ladenöffnungs- bzw. Ladenschlussrecht **liegt ab 1.9.2006 bei den Ländern.** Von ihr haben die Länder außer dem Freistaat Bayern Gebrauch gemacht und das **Ladenschlussgesetz des Bundes durch Ladenöffnungsgesetze** der Länder (Land Bremen: Ladenschlussgesetz) **abgelöst**, sie enthalten – bis auf das sächsische Ladenöffnungsgesetz – ebenfalls **Arbeitszeitschutznormen für die Beschäftigung an Sonn- und Feiertragen**. Zu den Gesetzen über die Ladenöffnung oder den Ladenschluss haben die Länder jeweils ergänzende und ausfüllende (**Rechts-**)**Verordnungen** erlassen. Zudem regeln auch die nicht auf der Grundlage von Ladenöffnungs- oder Ladenschlussgesetzten, sondern auf § 13 Abs. 2 ArbZG gestützten sog. **Bedarfsgewerbeverordnungen der Länder** Tätigkeiten an Sonn- und Feiertagen im Einzelhandel und verwandten Branchen (vgl. § 13 ArbZG Rdn. 21–24).

Ladenöffnungsrechtlicher Arbeitszeitschutz Gesetzesauszüge

B. Gesetzesauszüge

2 Die Gesetzesauszüge beschränken sich auf die **arbeitszeitschutzrechtlichen Bestimmungen**.

Baden-Württemberg

3 **Gesetz über die Ladenöffnung in Baden-Württemberg (LadÖG)**

vom 14.2.2007 (GBl. BW, S. 135) zuletzt geändert durch Artikel 1 des Gesetzes vom 10. November 2009 (GBl. S. 628)

§ 12 LadÖG Besonderer Arbeitnehmerschutz

(1) Arbeitnehmer in Verkaufsstellen oder beim gewerblichen Feilhalten dürfen an Sonn- und Feiertagen nur während der ausnahmsweise zugelassenen Öffnungszeiten und, falls dies zur Erledigung von Vorbereitungs- und Abschlussarbeiten unerlässlich ist, während insgesamt weiterer 30 Minuten beschäftigt werden. Die Beschäftigungszeit des einzelnen Arbeitnehmers darf die Dauer von acht Stunden nicht überschreiten.

(2) Bei nach § 7 zugelassenen Öffnungszeiten dürfen Arbeitnehmer in Verkaufsstellen oder beim gewerblichen Feilhalten an jährlich höchstens 22 Sonn- und Feiertagen für jeweils nicht mehr als vier Stunden beschäftigt werden.

(3) Werden Arbeitnehmer während zugelassener Öffnungszeiten nach §§ 4 bis 9 an Sonn- und Feiertagen beschäftigt, so sind sie an einem Werktag derselben Woche
1. bei einer Beschäftigung von mehr als drei Stunden ab 13 Uhr,
2. bei einer Beschäftigung von mehr als sechs Stunden ganztägig

von der Beschäftigung freizustellen. Jeder dritte Sonntag muss beschäftigungsfrei bleiben. Werden Arbeitnehmer während zugelassener Öffnungszeiten nach §§ 4 bis 9 kürzer als drei Stunden an Sonn- und Feiertagen beschäftigt, muss in jeder zweiten Woche ein Nachmittag ab 13 Uhr oder ein Samstag- oder Montagvormittag bis 14 Uhr oder jeder zweite Sonntag beschäftigungsfrei bleiben.

(4) Arbeitnehmer in Verkaufsstellen oder beim gewerblichen Feilhalten können verlangen, in jedem Kalendermonat an einem Samstag von der Beschäftigung freigestellt zu werden.

(5) Warenautomaten dürfen von Arbeitnehmern an Sonn- und Feiertagen nur während der Öffnungszeiten der mit den Warenautomaten in räumlichem Zusammenhang stehenden Verkaufsstelle beschickt werden.

(6) Die zuständige Behörde kann in Einzelfällen Ausnahmen von den Vorschriften der Absätze 1 bis 5 zulassen. Die Bewilligung kann befristet und jederzeit widerrufen werden.

(7) Inhaber einer Verkaufsstelle haben bei der Beschäftigung von mehr als einem Arbeitnehmer
1. *einen Abdruck dieses Gesetzes an geeigneter Stelle in der Verkaufsstelle auszulegen oder auszuhängen und*
2. *ein Verzeichnis über Namen, Tag, Beschäftigungsart und -zeiten der an Sonn- und Feiertagen beschäftigten Arbeitnehmer sowie die Freistellungszeiten nach Absatz 3 zu führen.*

Satz 1 Nr. 2 gilt auch für Gewerbetreibende nach § 2 Abs. 2.

(8) Die Absätze 1 bis 7 gelten nicht für pharmazeutisch vorgebildete Arbeitnehmer in Apotheken.

Bayern

Der Freistaat Bayern hat bisher kein eigenes Gesetz über den Ladenschluss oder die Ladenöffnungszeiten erlassen. Vielmehr hat der Landtag einen Dringlichkeitsantrag (15/6761) angenommen, wonach die Staatsregierung aufgefordert wurde, dem Landtag nach Vorliegen belastbarer Erfahrungen mit den geänderten Ladenschlusszeiten in anderen Ländern einen Erfahrungsbericht vorzulegen, auf dessen Grundlage dann die weiteren Schlussfolgerungen für die Ladenöffnungszeiten in Bayern gezogen werden sollen, und hat bekräftigt, dass der Sonn- und Feiertagsschutz auch künftig unangetastet bleibt. Gem. Art. 125a GG gelten deshalb das LadSchlG des Bundes und die aufgrund dieses Gesetzes erlassene LadenschlussVO BY weiter. 4

Gesetz über den Ladenschluss (Bund)

neu gefasst am 2.6.2003, BGBl I 2003, S. 744, 5

zuletzt geändert durch VO vom 31.10.2006 (BGBl. I, S. 2407)

§ 17 LadSchlG, Bund Arbeitszeit an Sonn- und Feiertagen

(1) In Verkaufsstellen dürfen Arbeitnehmer an Sonn- und Feiertagen nur während der ausnahmsweise zugelassenen Öffnungszeiten (§§ 4 bis 15 und die hierauf gestützten Vorschriften) und, falls dies zur Erledigung von Vorbereitungs- und Abschlussarbeiten unerlässlich ist, während insgesamt weiterer 30 Minuten beschäftigt werden.

Ladenöffnungsrechtlicher Arbeitszeitschutz   Gesetzesauszüge

(2) Die Dauer der Beschäftigungszeit des einzelnen Arbeitnehmers an Sonn- und Feiertagen darf acht Stunden nicht überschreiten.

(2a) In Verkaufsstellen, die gemäß § 10 oder den hierauf gestützten Vorschriften an Sonn- und Feiertagen geöffnet sein dürfen, dürfen Arbeitnehmer an jährlich höchstens 22 Sonn- und Feiertagen beschäftigt werden. Ihre Arbeitszeit an Sonn- und Feiertagen darf vier Stunden nicht überschreiten.

(3) Arbeitnehmer, die an Sonn- und Feiertagen in Verkaufsstellen gemäß §§ 4 bis 6, 8 bis 12, 14 und 15 und den hierauf gestützten Vorschriften beschäftigt werden, sind, wenn die Beschäftigung länger als drei Stunden dauert, an einem Werktag derselben Woche ab 13 Uhr, wenn sie länger als sechs Stunden dauert, an einem ganzen Werktag derselben Woche von der Arbeit freizustellen; mindestens jeder dritte Sonntag muss beschäftigungsfrei bleiben. Werden sie bis zu drei Stunden beschäftigt, so muß jeder zweite Sonntag oder in jeder zweiten Woche ein Nachmittag ab 13 Uhr beschäftigungsfrei bleiben. Statt an einem Nachmittag darf die Freizeit am Sonnabend- oder Montagvormittag bis 14 Uhr gewährt werden. Während der Zeiten, zu denen die Verkaufsstelle geschlossen sein muss, darf die Freizeit nicht gegeben werden.

(4) Arbeitnehmerinnen und Arbeitnehmer in Verkaufsstellen können verlangen, in jedem Kalendermonat an einem Samstag von der Beschäftigung freigestellt zu werden.

(5) Mit dem Beschicken von Warenautomaten dürfen Arbeitnehmer außerhalb der Öffnungszeiten, die für die mit dem Warenautomaten in räumlichem Zusammenhang stehende Verkaufsstelle gelten, nicht beschäftigt werden.

(6) (weggefallen)

(7) Das Bundesministerium für Arbeit und Soziales wird ermächtigt, zum Schutze der Arbeitnehmer in Verkaufsstellen vor übermäßiger Inanspruchnahme ihrer Arbeitskraft oder sonstiger Gefährdung ihrer Gesundheit durch Rechtsverordnung mit Zustimmung des Bundesrates zu bestimmen,

1. *dass während der ausnahmsweise zugelassenen Öffnungszeiten (§§ 4 bis 16 und die hierauf gestützten Vorschriften) bestimmte Arbeitnehmer nicht oder die Arbeitnehmer nicht mit bestimmten Arbeiten beschäftigt werden dürfen,*
2. *dass den Arbeitnehmern für Sonn- und Feiertagsarbeit über die Vorschriften des Absatzes 3 hinaus ein Ausgleich zu gewähren ist,*
3. *dass die Arbeitnehmer während der Ladenschlusszeiten an Werktagen (§ 3 Abs. 1 Nr. 2, §§ 5, 6, 8 bis 10 und die hierauf gestützten Vorschriften) nicht oder nicht mit bestimmten Arbeiten beschäftigt werden dürfen.*

(8) Das Gewerbeaufsichtsamt kann in begründeten Einzelfällen Ausnahmen von den Vorschriften der Absätze 1 bis 5 bewilligen. Die Bewilligung kann jederzeit widerrufen werden.

(9) Die Vorschriften der Absätze 1 bis 8 finden auf pharmazeutisch vorgebildete Arbeitnehmer in Apotheken keine Anwendung.

Berlin

Berliner Ladenöffnungsgesetz (BerlLadÖffG) 6

vom 14.11.2006 (GVBl. BE, S. 1045),

zuletzt geändert durch G. vom 13. Oktober 2010 (GVBl. BE, S. 467)

§ 7 BerlLadÖffG Schutz der Arbeitnehmerinnen und Arbeitnehmer

(1) Arbeitnehmerinnen und Arbeitnehmer dürfen in Verkaufsstellen an Sonn- und Feiertagen nur mit Verkaufstätigkeiten während der jeweils zulässigen oder zugelassenen Öffnungszeiten und, soweit dies zur Erledigung von Vorbereitungs- und Abschlussarbeiten unerlässlich ist, während weiterer 30 Minuten beschäftigt werden. Für ihre Beschäftigung gelten die Vorschriften des § 11 des Arbeitszeitgesetzes vom 6. Juni 1994 (BGBl. I, S. 1170), das zuletzt durch die Artikel 5 und 6 des Gesetzes vom 14. August 2006 (BGBl. I, S. 1962) geändert worden ist, entsprechend.

(2) Die Arbeitnehmerinnen und Arbeitnehmer sind auf deren Verlangen in jedem Kalendermonat mindestens an einem Sonnabend freizustellen. Dieser Tag soll in Verbindung mit einem freien Sonntag gewährt werden.

(3) Beschäftigte, die mit mindestens einem Kind unter zwölf Jahren in einem Haushalt leben oder eine anerkannt pflegebedürftige angehörige Person versorgen, sollen auf Verlangen von einer Beschäftigung nach 20.00 Uhr beziehungsweise an verkaufsoffenen Sonn- und Feiertagen freigestellt werden, soweit die Betreuung durch eine andere im jeweiligen Haushalt lebende Person nicht gewährleistet ist.

(4) Inhaberinnen und Inhaber von Verkaufsstellen müssen ein Verzeichnis über die am Sonn- oder Feiertag geleistete Arbeit und den dafür gewährten Freizeitausgleich mit Namen, Tag, Beschäftigungsart und -dauer der jeweils beschäftigten Arbeitnehmerinnen und Arbeitnehmer führen. Das Verzeichnis ist jeweils mindestens zwei Jahre nach Ablauf des jeweiligen Kalenderjahres aufzubewahren.

Brandenburg

7 **Brandenburgisches Ladenöffnungsgesetz (BbgLöG)**

vom 27.11.2006 (GVBl. BB II 2006, S. 158), zuletzt geändert durch Gesetz vom 20. Dezember 2010 (GVBl. I Nr. 46)

§ 10 BbgLöG Beschäftigungszeiten

(1) In Verkaufsstellen dürfen Arbeitnehmerinnen und Arbeitnehmer an Sonn- und Feiertagen nur während der ausnahmsweise zugelassenen Öffnungszeiten und, soweit dies zur Erledigung von Vorbereitungs- und Abschlussarbeiten unerlässlich ist, während weiterer 30 Minuten beschäftigt werden. Die Beschäftigungszeit einer Arbeitnehmerin oder eines Arbeitnehmers an Sonn- und Feiertagen darf acht Stunden nicht überschreiten.

(2) Arbeitnehmerinnen und Arbeitnehmer, die gemäß Absatz 1 an einem Sonn- oder Feiertag beschäftigt werden, sind, wenn die Beschäftigung länger als drei Stunden dauert, an einem Werktag derselben Woche ab 13 Uhr und, wenn die Beschäftigung länger als sechs Stunden dauert, an einem ganzen Werktag derselben Woche von der Arbeit freizustellen; mindestens jeder dritte Sonntag muss beschäftigungsfrei bleiben. Werden sie bis zu drei Stunden beschäftigt, so muss jeder zweite Sonntag oder in jeder zweiten Woche ein Nachmittag ab 13 Uhr beschäftigungsfrei bleiben. Arbeitnehmerinnen und Arbeitnehmer dürfen an höchstens zwei Adventssonntagen im Jahr beschäftigt werden.

(3) Arbeitnehmerinnen und Arbeitnehmer in Verkaufsstellen können verlangen, in jedem Kalendermonat an einem Sonnabend von der Beschäftigung freigestellt zu werden.

(4) Beschäftigte, die mit einem Kind unter zwölf Jahren in einem Haushalt leben oder eine pflegebedürftige angehörige Person im Sinne des § 14 des Elften Buches Sozialgesetzbuch versorgen, sind auf Verlangen von einer Beschäftigung nach 20 Uhr freizustellen. Dieser Anspruch besteht nicht, soweit die Betreuung durch eine andere im Haushalt lebende Person gewährleistet ist.

(5) Die Inhaberin oder der Inhaber einer Verkaufsstelle ist verpflichtet, ein Verzeichnis mit Namen, Tag und Beschäftigungsdauer der an Sonn- und Feiertagen beschäftigten Arbeitnehmerinnen und Arbeitnehmer und über die diesen gemäß Absatz 2 zum Ausgleich für die Beschäftigung gewährte Freistellung zu führen. Die Aufzeichnungen sind mindestens zwei Jahre aufzubewahren.

Bremen

Bremisches Ladenschlussgesetz

vom 22. März 2007 (GBl. BR S. 221), zuletzt geändert durch Gesetz vom 28. Februar 2012 (Brem.GBl. S. 95)

§ 13 LadSchlG,HB Schutz der Arbeitnehmerinnen und Arbeitnehmer

(1) Arbeitnehmerinnen und Arbeitnehmer in Verkaufsstellen dürfen nur während der zugelassenen Öffnungszeiten an jährlich höchstens 22 Sonn- und Feiertagen und, falls dies zur Erledigung von Vorbereitungs- und Abschlussarbeiten unerlässlich ist, während insgesamt weiterer 30 Minuten beschäftigt werden.

(2) [1] Die Dauer der Beschäftigungszeit der einzelnen Arbeitnehmerinnen und Arbeitnehmer an Sonn- und Feiertagen darf 8 Stunden einschließlich der zur Erledigung von Vorbereitungs- und Abschlussarbeiten erforderlichen Zeit nicht überschreiten. [2] Bei einer Arbeitszeit von mehr als sechs Stunden ist die Arbeitszeit durch eine Ruhepause von mindestens 30 Minuten zu unterbrechen.

(3) [1] Arbeitnehmerinnen und Arbeitnehmer, die an Sonn- und Feiertagen beschäftigt werden, haben Anspruch auf folgende Ausgleichszeiten:
1. *wenn die Beschäftigung bis zu drei Stunden dauert, muss jeder zweite Sonntag oder in jeder zweiten Woche ein Nachmittag ab 13 Uhr beschäftigungsfrei bleiben;*
2. *wenn die Beschäftigung länger als drei Stunden dauert, muss an einem Werktag derselben Woche ein Nachmittag ab 13 Uhr, wenn die Beschäftigung länger als sechs Stunden dauert, ein ganzer Werktag derselben Woche beschäftigungsfrei bleiben; außerdem muss mindestens jeder dritte Sonntag beschäftigungsfrei bleiben.*

[2] Statt an einem Nachmittag darf die Freizeit am Sonnabend- oder Montagvormittag bis 14 Uhr gewährt werden. [3] Während der Zeiten, zu denen die Verkaufsstelle geschlossen sein muss, darf die Freizeit nicht gegeben werden.

(4) [1] Der Arbeitgeber hat Nachtarbeitnehmerinnen und Nachtarbeitnehmer auf deren Verlangen auf einen geeigneten Tagesarbeitsplatz umzusetzen, wenn
1. *nach arbeitsmedizinischer Feststellung die weitere Verrichtung von Nachtarbeit die Arbeitnehmerin oder den Arbeitnehmer in seiner Gesundheit gefährdet oder*
2. *im Haushalt der Arbeitnehmerin oder des Arbeitnehmers ein Kind unter zwölf Jahren lebt, das nicht von einer anderen im Haushalt lebenden Person betreut werden kann, oder*

Ladenöffnungsrechtlicher Arbeitszeitschutz Gesetzesauszüge

3. *die Arbeitnehmerin oder der Arbeitnehmer einen schwerpflegebedürftigen Angehörigen zu versorgen hat, der nicht von einem anderen im Haushalt lebenden Angehörigen versorgt werden kann,*

sofern dem nicht dringende betriebliche Erfordernisse entgegenstehen. ²Stehen der Umsetzung der Nachtarbeitnehmerin oder des Nachtarbeitnehmers auf einen für ihn geeigneten Tagesarbeitsplatz nach Auffassung des Arbeitgebers dringende betriebliche Erfordernisse entgegen, so ist der Betriebs- oder Personalrat zu hören. ³Der Betriebs- oder Personalrat kann dem Arbeitgeber Vorschläge für eine Umsetzung unterbreiten. ⁴Soweit keine tarifvertraglichen Ausgleichsregelungen bestehen, hat der Arbeitgeber der Nachtarbeitnehmerin oder dem Nachtarbeitnehmer für die während der Nachtzeit geleisteten Arbeitsstunden eine angemessene Zahl bezahlter freier Tage oder einen angemessenen Zuschlag auf das ihm hierfür zustehende Bruttoarbeitsentgelt zu gewähren.

(5) Die §§ 2 bis 8 des Arbeitszeitgesetzes finden Anwendung.

(6) Inhaberinnen oder Inhaber einer Verkaufsstelle sind verpflichtet,
1. einen Abdruck dieses Gesetzes und der auf Grund dieses Gesetzes erlassenen Rechtsverordnungen an geeigneter Stelle zur Einsichtnahme in der Verkaufsstelle auszulegen oder auszuhängen,
2. ein Verzeichnis mit Namen, Tag, Beschäftigungsart und Beschäftigungsdauer der an Sonn- und Feiertagen beschäftigten Arbeitnehmerinnen und Arbeitnehmer und über die zum Ausgleich für die Beschäftigung an Sonn- und Feiertagen gewährte Freistellung zu führen. Das Verzeichnis ist zwei Jahre aufzubewahren.

(7) ¹Die Gewerbeaufsicht des Landes Bremen kann in begründeten Einzelfällen Ausnahmen von den Vorschriften der Absätze 1 bis 3 genehmigen. ²Die Genehmigung kann jederzeit widerrufen werden.

Hamburg

Hamburgisches Gesetz zur Regelung der Ladenöffnungszeiten
(Ladenöffnungsgesetz)

vom 22.12.2006 (GVBl. HH 2006, S. 611), zuletzt geändert durch Gesetz vom 15.12.2009 (GVBl. HH, S. 444, 449).

§ 9 LadÖffG,HH Arbeitszeiten an Sonn- und Feiertagen; Beschäftigtenschutzregelungen

(1) In Verkaufsstellen dürfen Beschäftigte an Sonn- und Feiertagen nur während der ausnahmsweise zugelassenen Öffnungszeiten (§§ 4 bis 8 und der hierauf gestützten Vorschriften) beschäftigt werden. Zur Erledigung von unerlässlichen Vorbereitungs- und Abschlussarbeiten dürfen sie während insgesamt weiterer 30 Minuten beschäftigt werden.

(2) Die Dauer der Beschäftigungszeit des einzelnen Beschäftigten an Sonn- und Feiertagen darf acht Stunden nicht überschreiten.

(3) In Verkaufsstellen, die nach § 7 oder den hierauf gestützten Vorschriften an Sonn- und Feiertagen geöffnet sein dürfen, dürfen Beschäftigte an jährlich 22 Sonn- und Feiertagen eingesetzt werden, wobei ihre Arbeitszeit an Sonn- und Feiertagen vier Stunden nicht überschreiten darf.

(4) Die zuständige Behörde kann in begründeten Einzelfällen Ausnahmen von den Vorschriften der Absätze 1 bis 3 bewilligen, wobei mindestens 15 freie Sonntage für die Beschäftigten erhalten bleiben müssen. Die Bewilligung kann jederzeit widerrufen werden.

(5) Werden Beschäftigte an einem Sonntag eingesetzt, müssen sie einen Ersatzruhetag erhalten, der innerhalb eines den Beschäftigungstag einschließenden Zeitraums von zwei Wochen zu gewähren ist. Werden Beschäftigte an einem Feiertag beschäftigt, der auf einen Werktag fällt, müssen sie einen Ersatzruhetag erhalten, der innerhalb eines den Beschäftigungstag einschließenden Zeitraumes von acht Wochen zu gewähren ist.

(6) Beschäftigte in Verkaufsstellen können verlangen, in jedem Kalendermonat an einem Samstag von der Beschäftigung freigestellt zu werden. Bei der Häufigkeit der Arbeitseinsätze an den Werktagen ab 20.00 Uhr und an den Sonn- und Feiertagen soll auf die sozialen Belange der Beschäftigten Rücksicht genommen werden.

(7) Die Vorschriften der Absätze 1 bis 6 finden auf pharmazeutisch vorgebildete Beschäftigte in Apotheken keine Anwendung.

Hessen

10 Hessisches Ladenöffnungsgesetz (HLöG)

vom 23.11.2006 (GVBl. HE I 2006, S. 606), zuletzt geändert durch Artikel 72 des Gesetzes vom 13. Dezember 2012 (GVBl. I S. 622)

§ 9 HLöG Sonn- und Feiertagsbeschäftigung

(1) Arbeitnehmerinnen und Arbeitnehmer dürfen an Sonn- und Feiertagen während der nach diesem Gesetz, den aufgrund dieses Gesetzes erlassenen Rechtsverordnungen und aufgrund der in § 3 Abs. 4, §§ 5, § 6 und § 7 ausnahmsweise zugelassenen Öffnungszeiten für einen geschäftlichen Verkehr mit Kundinnen und Kunden einschließlich der notwendigen Vorbereitungs- und Abschlussarbeiten beschäftigt werden.

(2) Mindestens 15 Sonntage im Jahr müssen beschäftigungsfrei bleiben.

(3) Für die Beschäftigung an Sonn- und Feiertagen gelten die §§ 3 bis 8 des Arbeitszeitgesetzes vom 6. Juni 1994 (BGBl. I S. 1170), zuletzt geändert durch Gesetz vom 15. Juli 2009 (BGBl. I S. 1939), entsprechend. Werden Arbeitnehmerinnen und Arbeitnehmer an Sonn- und Feiertagen beschäftigt, ist ihnen innerhalb eines den Beschäftigungstag einschließenden Zeitraumes von zwei Wochen ein Ersatzruhetag unmittelbar in Verbindung mit einer ununterbrochenen Ruhezeit von elf Stunden zu gewähren.

Mecklenburg-Vorpommern

11 Gesetz über die Ladenöffnungszeiten

für das Land Mecklenburg-Vorpommern

(Ladenöffnungsgesetz – LöffG MV)

vom 18.6.2007 (GVBl. MV 2007, S. 226)

§ 7 LöffG MV Arbeitszeiten an Sonn- und gesetzlichen Feiertagen; Beschäftigtenschutzregelungen

(1) Verkaufspersonal darf an Sonn- und gesetzlichen Feiertagen nur während der ausnahmsweise zugelassenen Verkaufszeiten (§§ 3 bis 6, 10 und 11 sowie der hierauf gestützten Vorschriften) beschäftigt werden. Zur Erledigung von unerlässlichen

Vorbereitungs- und Abschlussarbeiten dürfen sie während insgesamt weiterer 30 Minuten beschäftigt werden.

(2) Die Dauer der Beschäftigungszeit des einzelnen Beschäftigten an Sonn- und gesetzlichen Feiertagen darf acht Stunden nicht überschreiten.

(3) Im Verkauf, der nach den §§ 5, 10 und 11 oder den hierauf gestützten Vorschriften an Sonn- und gesetzlichen Feiertagen zugelassen ist, dürfen die jeweiligen Beschäftigten nur an jährlich höchstens 22 Sonn- und gesetzlichen Feiertagen eingesetzt werden.

(4) Die zuständige Behörde kann in begründeten Einzelfällen Ausnahmen von den Vorschriften der Absätze 1 bis 3 bewilligen, wobei mindestens 15 freie Sonntage für die Beschäftigten erhalten bleiben müssen. Die Bewilligung kann jederzeit widerrufen werden.

(5) Werden Beschäftigte an einem Sonn- und gesetzlichen Feiertag eingesetzt, so sind sie, wenn die Beschäftigung länger als drei Stunden dauert, an einem Werktag derselben Woche ab 13 Uhr, wenn sie länger als sechs Stunden dauert, an einem ganzen Werktag derselben Woche von der Arbeit freizustellen. Werden sie bis zu drei Stunden beschäftigt, so muss jeder zweite Sonntag oder in jeder zweiten Woche ein Nachmittag ab 13 Uhr beschäftigungsfrei bleiben. Statt an einem Nachmittag darf die Freizeit am Samstag oder Montagvormittag bis 14 Uhr gewährt werden. Während der Zeiten, zu denen die Verkaufsstelle geschlossen sein muss, darf die Freizeit nicht gegeben werden. Mindestens ein Wochenende (Samstag und Sonntag) im Kalendermonat muss beschäftigungsfrei sein.

(6) Beschäftigte dürfen pro Doppelwoche nur bis zur Hälfte der Werktage über 20 Uhr hinaus beschäftigt werden. Bei der Häufigkeit der Arbeitseinsätze an Werktagen ab 20 Uhr und an Sonn- und gesetzlichen Feiertagen soll auf die sozialen Belange der Beschäftigten Rücksicht genommen werden. Soweit keine tarifvertraglichen Ausgleichsregelungen bestehen, hat der Arbeitgeber den Arbeitnehmerinnen und Arbeitnehmern für die geleisteten Arbeitsstunden nach 20.15 Uhr eine angemessene Zahl bezahlter freier Arbeitsstunden oder einen angemessenen Zuschlag auf das ihnen hierfür zustehende Bruttoarbeitsentgelt zu gewähren. Der Freistellungsanspruch ist binnen acht Wochen nach Entstehen zu gewähren. Während der Zeiten, zu denen die Verkaufsstelle geschlossen sein muss, darf die Freizeit nicht gegeben werden.

(7) Beschäftigte, die mit einem Kind unter zwölf Jahren in einem Haushalt leben oder eine pflegebedürftige angehörige Person im Sinne des § 14 des Elften Buches Sozialgesetzbuch versorgen, sind auf Verlangen von einer Beschäftigung nach 20

Uhr freizustellen. Der Anspruch besteht nicht, soweit die Betreuung durch eine andere im Haushalt lebende Person gewährleistet ist.

(8) Die Vorschriften der Absätze 1 bis 7 finden auf pharmazeutisch vorgebildete Beschäftigte in Apotheken keine Anwendung.

Niedersachsen

12 Niedersächsisches Gesetz über Ladenöffnungs- und Verkaufszeiten (NLöffVZG)

vom 8.3.2007 (GVBl. NL 2007, S. 111), zuletzt geändert durch Gesetz vom 13. Oktober 2011 (Nds. GVBl. S. 348)

§ 7 NLöffVZG Arbeitsschutz

(1) ¹An Sonntagen und staatlich anerkannten Feiertagen ist die Beschäftigung von Verkaufspersonal innerhalb der anerkannten Öffnungszeiten, sowie für Vor- und Nachbereitungszeiten von täglich 30 Minuten, an jährlich höchstens 22 dieser Tage zulässig. ²Dabei darf die Dauer der täglichen Arbeitszeit acht Stunden nicht überschreiten.

(2) ¹Verkaufspersonal, das an Sonn- und Feiertagen beschäftigt wird, hat Anspruch auf folgende Ausgleichszeiten:
1. *Wenn die Beschäftigung länger als drei Stunden dauert, muss der Nachmittag eines Werktags derselben Woche in der Zeit ab 13 Uhr arbeitsfrei bleiben.*
2. *Wenn die Beschäftigung länger als sechs Stunden dauert oder die regelmäßige Arbeitszeit in den Fällen der Nummer 1 spätestens um 13 Uhr endet, muss ein ganzer Werktag derselben Woche arbeitsfrei bleiben.*
3. *Wenn die Beschäftigung weniger als drei Stunden dauert, muss an jedem zweiten Sonntag oder in jeder zweiten Woche ein Nachmittag ab 13 Uhr arbeitsfrei bleiben; anstelle des Nachmittags darf ein Vormittag eines Sonnabends oder eines Montags in der Zeit bis 14 Uhr arbeitsfrei gegeben werden.*

²In den Fällen des Satzes 1 Nrn. 1 und 2 muss mindestens jeder dritte Sonntag arbeitsfrei bleiben.

(3) ¹Verkaufsstelleninhaber sind verpflichtet, ein Verzeichnis über Name, Tag, Beschäftigungszeit und -art des Verkaufspersonals zu führen, das an Sonn- und Feiertagen beschäftigt wird. ²Das Verzeichnis ist zwei Jahre aufzubewahren.

(4) ¹Die zuständige Behörde kann in begründeten Einzelfällen Ausnahmen von den Vorschriften der Absätze 1 und 2 genehmigen. ²Die Genehmigung kann jederzeit widerrufen werden.

Nordrhein-Westfalen

Gesetz zur Regelung der Ladenöffnungszeiten 13
(Ladenöffnungsgesetz – LÖG NRW)

vom 16.11.2006 (GVBl. NW 2006, S. 516)

§ 11 LÖG NRW Arbeitszeit an Sonn- und Feiertagen

(1) Soweit Verkaufsstellen an Sonn- und Feiertagen nach diesem Gesetz für den geschäftlichen Verkehr geöffnet sein dürfen, gelten für die Beschäftigung von Arbeitnehmern die Vorschriften des § 11 des Arbeitszeitgesetzes vom 6. Juni 1994 (BGBl. I S. 1170) in der jeweils geltenden Fassung entsprechend.

(2) Während insgesamt 30 weiterer Minuten dürfen Arbeitnehmerinnen und Arbeitnehmer über die Arbeitszeiten nach Absatz 1 hinaus unter Anrechnung auf die Ausgleichszeiten mit unerlässlich erforderlichen Vorbereitungs- und Abschlussarbeiten beschäftigt werden. Die höchstzulässige Arbeitszeit nach § 3 Satz 2 des Arbeitszeitgesetzes darf dabei nicht überschritten werden.

Rheinland-Pfalz

Ladenöffnungsgesetz Rheinland-Pfalz (LadöffnG) 14

vom 21.11.2006 (GVBl. RP 2006 S. 351)

§ 13 LadöffnG,RP Schutz der Arbeitnehmerinnen und Arbeitnehmer

(1) Arbeitnehmerinnen und Arbeitnehmer dürfen an Sonn- und Feiertagen in Verkaufsstellen nur während der jeweils zugelassenen Ladenöffnungszeiten und, soweit dies zur Erledigung von Vorbereitungs- und Abschlussarbeiten zwingend erforderlich ist, bis zu insgesamt weiteren 30 Minuten beschäftigt werden; an einem Sonn- oder Feiertag darf die Beschäftigungszeit einer Arbeitnehmerin oder eines Arbeitnehmers acht Stunden nicht überschreiten.

(2) Arbeitnehmerinnen und Arbeitnehmer, die gemäß Absatz 1 an einem Sonn- oder Feiertag beschäftigt werden, sind bei einer Beschäftigung von
1. bis zu drei Stunden an jedem zweiten Sonntag ganz oder an einem Werktag in jeder zweiten Woche bis oder ab 13 Uhr,

# Ladenöffnungsrechtlicher Arbeitszeitschutz Gesetzesauszüge

2. *mehr als drei bis sechs Stunden an einem Werktag derselben Woche bis oder ab 13 Uhr oder*
3. *mehr als sechs Stunden an einem ganzen Werktag derselben Woche*

von der Arbeit freizustellen; in den Fällen der Nummern 2 und 3 muss darüber hinaus mindestens jeder dritte Sonntag beschäftigungsfrei bleiben.

(3) Arbeitnehmerinnen und Arbeitnehmer in Verkaufsstellen können verlangen, dass sie in jedem Kalendermonat an einem Samstag von der Arbeit freigestellt werden.

(4) Die zuständige Behörde kann in begründeten Einzelfällen Ausnahmen von den Bestimmungen der Absätze 1 bis 3 zulassen. Die Zulassung kann jederzeit widerrufen werden.

(5) Die Inhaberin oder der Inhaber einer Verkaufsstelle ist verpflichtet, ein Verzeichnis mit Namen, Tag, Beschäftigungsart und Beschäftigungsdauer der an Sonn- oder Feiertagen beschäftigten Arbeitnehmerinnen und Arbeitnehmer und über die diesen gemäß Absatz 2 zum Ausgleich für die Beschäftigung an diesen Tagen gewährte Freistellung zu führen.

(6) Die Absätze 1 bis 5 finden auf pharmazeutisch vorgebildete Arbeitnehmerinnen und Arbeitnehmer in Apotheken keine Anwendung.

Saarland

15 Gesetz Nr. 1606 zur Regelung der Ladenöffnungszeiten

(Ladenöffnungsgesetz – LÖG Saarland)

vom 15.11.2006 (ABl. SL 2006, S. 1974), zuletzt geändert durch Artikel 14 des Gesetzes vom 26. Oktober 2010 (Amtsbl. I S. 1406)

§ 10 LÖG Saarland Arbeitszeit an Sonn- und Feiertagen

(1) Soweit Verkaufsstellen an Sonn- und Feiertagen nach diesem Gesetz für den geschäftlichen Verkehr geöffnet sein dürfen, gelten für die Beschäftigung von Arbeitnehmerinnen und Arbeitnehmern die Vorschriften des § 11 des Arbeitszeitgesetzes vom 6. Juni 1994 (BGBl. I S. 1170) in der jeweils geltenden Fassung entsprechend.

(2) Während insgesamt 30 weiterer Minuten dürfen Arbeitnehmerinnen und Arbeitnehmer über die Arbeitszeiten nach Absatz 1 hinaus unter Anrechnung auf die Ausgleichszeiten mit unerlässlich erforderlichen Vorbereitungs- und Abschluss-

arbeiten beschäftigt werden. Die höchstzulässige Arbeitszeit nach §3 Satz 2 des Arbeitszeitgesetzes darf dabei nicht überschritten werden.

Sachsen

Sächsisches Gesetz über die Ladenöffnungszeiten

(Sächsisches Ladenöffnungsgesetz – SächsLadÖffG)

vom 16.3.2007 (GVBl. SN 2007, S. 42), geändert durch Artikel 39 des Gesetzes vom 27. Januar 2012 (SächsGVBl. S. 130, 556)

§ 10 SächsLadÖffG 2007 Arbeitszeiten an Sonn- und Feiertagen

(1) In Verkaufsstellen dürfen Arbeitnehmer an Sonn- und Feiertagen nur während der ausnahmsweise zugelassenen Öffnungszeiten und, falls dies zur Erledigung von Vorbereitungs- und Abschlussarbeiten unerlässlich ist, während insgesamt weiterer 30 Minuten beschäftigt werden.

(2) Im Übrigen finden auf die Beschäftigung von Arbeitnehmern in Verkaufsstellen an Sonn- und Feiertagen die Vorschriften des Arbeitszeitgesetzes (ArbZG) vom 6. Juni 1994 (BGBl. I S. 1170, 1171), das zuletzt durch Art. 7 des Gesetzes vom 15. Juli 2009 (BGBl. I S. 1939, 1946) geändert worden ist, in der jeweils geltenden Fassung entsprechende Anwendung.

(3) Die Aufsicht über die Ausführung der Vorschriften im Sinne der Absätze 1 und 2 übt die Landesdirektion Sachsen aus.

Sachsen-Anhalt

Gesetz über die Ladenöffnungszeiten im Land Sachsen-Anhalt

(Ladenöffnungszeitengesetz Sachsen-Anhalt – LÖffZeitG LSA)

vom 22.11.2006 (GVBl. ST 2006, S. 528)

§ 9 LÖffZeit GLSA Arbeitszeit

(1) Für die Arbeitnehmer in Verkaufsstellen gelten die Vorschriften des Arbeitszeitgesetzes, soweit Absatz 2 keine abweichenden Regelungen trifft.

(2) Arbeitnehmer in Verkaufsstellen dürfen an Sonn- und Feiertagen während der zugelassenen Öffnungszeit und höchstens 30 Minuten zur Vor- und Nachbereitung beschäftigt werden. Es müssen mindestens 20 Sonntage im Jahr beschäftigungsfrei bleiben. Die Dauer der Beschäftigungszeit des einzelnen Arbeitnehmers an Sonn- und Feiertagen darf acht Stunden nicht überschreiten.

Schleswig-Holstein

18 Gesetz über die Ladenöffnungszeiten

(Ladenöffnungszeitengesetz – LÖffZG)

vom 29.11.2006 (GVBl. SH 2006, S. 243)

§ 13 LÖffZG,SH Beschäftigung von Arbeitnehmerinnen und Arbeitnehmern

(1) Für die Beschäftigung von Arbeitnehmerinnen und Arbeitnehmern in Verkaufsstellen finden die §§ 3 bis 7 und 11 des Arbeitszeitgesetzes Anwendung.

(2) In Verkaufsstellen dürfen Arbeitnehmerinnen und Arbeitnehmer an Sonn- und Feiertagen nur während der zugelassenen Öffnungszeiten (§§ 3 bis 11 und die hierauf gestützten Vorschriften) und, falls dies zur Erledigung von Vorbereitungs- und Abschlussarbeiten unerlässlich ist, während insgesamt weiterer dreißig Minuten beschäftigt werden.

(3) Die Arbeitsschutzbehörde kann in begründeten Einzelfällen Ausnahmen von den Vorschriften der Absätze 1 und 2 bewilligen. Die Bewilligung kann jederzeit widerrufen werden.

(4) Arbeitnehmerinnen und Arbeitnehmer können verlangen, an einem Sonnabend im Monat von der Arbeit freigestellt zu werden.

Thüringen

19 Thüringer Ladenöffnungsgesetz

(ThürLadÖffG)

vom 24.11.2006 (GVBl. TH 2006, S. 541), geändert durch G vom 21.12.2011 (GVBl., S. 540)

§ 12 ThürLadÖffG,TH Arbeitszeit an Sonn- und Feiertagen

(1) In Verkaufsstellen dürfen Arbeitnehmer an Sonn- und Feiertagen nur während der ausnahmsweise zugelassenen Öffnungszeiten und, falls dies zur Erledigung von Vorbereitungs- und Abschlussarbeiten unerlässlich ist, während insgesamt weiterer 30 Minuten beschäftigt werden.

(2) Für die Beschäftigung von Arbeitnehmern an Sonn- und Feiertagen finden die Vorschriften des Arbeitszeitgesetzes vom 6. Juni 1994 (BGBl. I S. 1170) in der jeweils geltenden Fassung entsprechend Anwendung. Eine Beschäftigung des

einzelnen Arbeitnehmers ist an höchstens 22 Sonn- und gesetzlichen Feiertagen erlaubt.

(3) Arbeitnehmer in Verkaufsstellen dürfen mindestens an zwei Samstagen in jedem Monat nicht beschäftigt werden. Das für das Ladenöffnungsrecht zuständige Ministerium kann im Einvernehmen mit dem zuständigen Ausschuss des Landtags für bestimmte Personengruppen sowie in Einzelfällen Ausnahmen von Satz 1 durch Rechtsverordnung regeln. Bei der Häufigkeit der Arbeitseinsätze an Werktagen ab 20.00 Uhr sowie der Beschäftigung an Sonn- und Feiertagen hat der Arbeitgeber die sozialen Belange der Beschäftigten, insbesondere die Vereinbarkeit von Familie und Beruf, zu berücksichtigen.

C. Erläuterungen

Der Ausrichtung dieses Kommentars entsprechend liegt der Schwerpunkt in der Erläuterung der arbeitszeitschutzrechtlichen Regelungen der Ladenöffnung an Sonn- und Feiertagen. 20

I. Gegenstand und Funktionsweise des ladenschlussrechtlichen Arbeitszeitschutzes

Die **arbeitszeitschutzrechtlichen Bestimmungen** der LadenöffnungsG (LadSchlG) betreffen die Beschäftigung von **Arbeitnehmern an Sonn- und Feiertagen**. Diese Bestimmungen setzen den **ladenschlussrechtlichen Rahmen**. Die **Regelungstechnik** des Arbeitszeitschutzes entspricht der des LadSchlG des Bundes. Die Gesetze legen fest, in welchem Rahmen welche Art der Verkaufsstellen geöffnet sein dürfen oder geschlossen sein müssen, welche Waren (und damit verbundene Dienstleistungen) während der von den allgemeinen Ladenöffnungszeiten ausgenommenen besonderen Öffnungszeiten, vor allem an Sonn- und Feiertagen, angeboten werden dürfen und inwieweit Näheres, vor allem Sonn- und Feiertagsverkäufe, Ausnahmen für Kur- und Erholungsorte oder touristische Plätze durch Rechtsverordnungen oder behördliche Regelungen geregelt werden darf. Der arbeitszeitrechtliche Schutz knüpft daran insoweit an, als die Beschäftigung von Arbeitnehmern während der rechtmäßigen Ladenöffnungszeiten an Sonn- und Feiertagen nach Maßgabe des Gesetzes und der darauf beruhenden Verordnungen und behördlichen Ereignisse grundsätzlich erlaubt ist. Zusätzlich zu den ladenschlussrechtlichen Bestimmungen müssen die arbeitsrechtlichen Normen eingehalten werden. Für die Werktage stellt sich diese Kollisionsfrage nicht, denn das ArbZG schließt die Beschäftigung von Arbeitnehmern an Werkta- 21

Ladenöffnungsrechtlicher Arbeitszeitschutz Erläuterungen

gen nicht aus, sondern nur – mit zahlreichen Ausnahmen – an den Sonn- und Feiertagen (§§ 9 bis 13 ArbZG).

II. Regelungskompetenz der Länder

22 An diesem **Konkurrenzverhältnis** hat sich infolge des vom Bundesverfassungsgericht geforderten Übergangs der Gesetzgebungskompetenz für das Ladenschlussrecht vom Bund auf die Länder[1] **nichts geändert**. Mit der Übertragung der Gesetzgebungskompetenz für das Ladenschlussrecht durch die Neufassung des Art. 74 Abs. 1 Nr. 11 GG (»Recht der Wirtschaft ... ohne das Recht des Ladenschlusses ...«) ist lediglich die Gesetzgebungszuständigkeit hinsichtlich der Ladenöffnungsregelungen auf die Länder übertragen worden. Dagegen ist die Gesetzgebungskompetenz hinsichtlich der arbeitsschutzrechtlichen Frage der Zulässigkeit der Beschäftigung von Arbeitnehmern während der erlaubten Ladenöffnungen an Sonn- und Feiertagen sowie an Heiligabend und Sylvester zwar nicht ausschließlich auf die Länder übergegangen, sondern in der konkurrierenden Gesetzgebungskompetenz von Bund und Ländern verblieben. Der Bund hat hiervon indessen seit der Kompetenzänderung hinsichtlich des Ladenschlusses keinen, erst recht keinen abschließenden Gebrauch gemacht. Dies hat zur Folge, dass die Länder zu Recht von ihrer konkurrierenden Gesetzgebungskompetenz hinsichtlich der besonderen arbeitszeitrechtlichen Regelungen zur Beschäftigung in Rahmen der Ladenöffnungszeiten Gebrauch gemacht haben.[2] Diese Gesetzgebungszuständigkeit erfasst auch ein Gesetz, das das Ladenöffnungsrecht lediglich um eine arbeitszeitliche Restriktion ergänzt, wie es z. B. durch das Land Thüringen (Rdn. 19) vorgenommen worden ist.[3] Das LadSchlG (Bund) und damit auch dessen § 17 gilt im Freistaat **Bayern** gem. Art. 125a GG bis zu seiner Ablösung durch ein bayerisches LandesG weiter.

III. Verhältnis zum Arbeitszeitschutzrecht

23 Als das insoweit **speziellere Gesetz** geht das jeweilige LadenöffnungsG oder LadSchlG des Landes den bundesgesetzlichen (Verbots-)**Regelungen des ArbG über die Beschäftigung an Sonn- und Feiertagen, vor allem § 9 und § 10 ArbZG**, vor. Gestattet das Ladenöffnungsrecht (Ladenschlussrecht) die Beschäftigung von Arbeitnehmern an Sonn- und Feiertagen, so kommt es nicht mehr darauf an, dass die Beschäftigung zudem noch von § 9, § 10, § 11 oder § 12 ArbZG mit entsprechenden kollektivrechtlichen Ausnahmeregelungen gedeckt ist. Das Arbeitszeitrechtsgesetz hat die im LadSchlG vorgesehenen Ausnahmen vom Verbot der Beschäftigung von Arbeitnehmern an Sonn- und

Feiertagen unberührt gelassen.[4] Gleichwohl müssen die **übrigen Regelungen des ArbZG** eingehalten werden, und zwar einschließlich der sog. **BedarfsgewerbeVO** der Länder. Denn insoweit fehlt es an der für den Vorrang wegen Spezialität vorausgesetzten inhaltlichen Überschneidung der Regelungsgegenstände. Zudem müssen die Bestimmungen des **MuSchG** und des **JArbSchG** eingehalten werden, und zwar **auch**, soweit sie die **Arbeit an Sonn- und Feiertagen** betreffen. § 8 Abs. 1, Abs. 3 MuSchG regelt zwar das Verbot der Beschäftigung werdender und stillender Mütter und die Ausnahmen hiervon (vgl. § 8 MuSchG Rdn. 20); gleiches gilt für § 17 und 18 JArbSchG. Diese Bestimmungen betreffen aber nicht die Beschäftigten in Verkaufsstellen pp schlechthin, sondern nur werdende und stillende Mütter oder Jugendliche und haben deshalb als speziellere Normen im Verhältnis zu den ladenschlussrechtlichen Arbeitszeitschutz Vorrang.

IV. Strukturmerkmale und Eckdaten des Ladenöffnungsrechts (Ladenschlussrechts)

Die Zulässigkeit der Beschäftigung von Arbeitnehmern an Sonn- und Feiertagen in dem vom Ladenöffnungsrecht/Ladenschlussrecht erfassten Verkaufsstätten u. s. w. richtet sich nach den erlaubten Ladenöffnungszeiten bzw. Verkaufsgestattungen. Darin stimmen alle Ladenöffnungs- und Ladenschlussgesetze überein. In Grundzügen, aber doch mit z. T. deutlichen Abweichungen setzen die (neuen) Gesetze der Länder für die **Ladenöffnung an Werktagen (außer Sonnabend) weitaus großzügigere Rahmen** (0 bis 24 Uhr) als es das bisherige LadSchlG des Bundes mit 6 bis 20 Uhr gesetzt hat und in Bayern noch setzt. Bei den Grenzen der Ladenöffnung an Sonnabenden haben die Landtage und Bürgerschaften unterschiedliches Recht gesetzt. Dagegen wurde die Möglichkeit der Ladenöffnung und des Verkaufs bestimmter Waren an Sonn- und Feiertagen weit weniger liberalisiert; insoweit differieren die Ländergesetze auch stärker voneinander, aber im Grundsatz verbieten alle Ländergesetze wie auch das LadschlG (Bund) die Ladenöffnung an Sonn- und Feiertagen, dies allerdings durchweg mit mehr oder weniger beschränkten Ausnahmemöglichkeiten.

24

Die **Strukturmerkmale** der LadenöffnungsG (LadSchlG) betreffen die **allgemeinen Ladenöffnungszeiten an Werktagen** und den mehr oder weniger **grundsätzlichen Ladenschluss an Sonn- und Feiertagen**. Für besondere **touristisch wichtige Orte** (Kurorte, Bäder u. s. w.) sind **Ausnahmen vom Ladenschluss an Sonn- und Feiertagen** vorgesehen (sog. Bäderregelungen); diese Regelungen werden durch entsprechende Verordnungen ausgefüllt bzw.

ergänzt. Für besondere Verkaufsstellen wie **Personenbahnhöfe, Personen- oder Verkehrsflughäfen, Anlegestellen des Schiffsfährverkehrs, Tankstellen und Apotheken** und/oder für den Verkauf besonderer Waren wie **Blumen, Back- und Konditorwaren, Reisebedarf, Betriebsstoffe für den Automobilbetriebe, Ersatzteile** oder für bestimmte Anlässe wie **Volksfeste, Kirmes** gelten besondere Regelungen über die **Öffnung an Sonn- und Feiertagen**. Grundsätzlich dürfen bei Ladenschluss anwesende **Kunden zu Ende bedient** werden, z. T. sind auch Vor- und Nacharbeiten erlaubt. Die **Arbeitsschutzbestimmungen** betreffen die Beschäftigung von **Verkaufs- und Bedienungspersonal**. Die **Ladenschlusszeiten sind aber auch dann einzuhalten, wenn keine Arbeitnehmer eingesetzt werden**. Lediglich die Öffnung nur zum Zweck der Besichtigung, also ohne jedes Ansprechen von Kunden, ohne jede Beratung, Werbung u. s. w. und ohne Einsatz des Ladenbetreibers oder seiner Arbeitnehmer, auch ohne Einsatz von Familienangehörigen, wird (meistens) nicht als Ladenöffnung bewertet.

1. Allgemeine Regelungen

25 Die **für alle Verkaufsstellen an allen Orten** geltenden **allgemeinen Eckdaten** der Ladenöffnungsgesetze (Ladenschlussgesetze) werden im Folgenden zusammengefasst.

a) Werktage außer Sonnabende

26 Die **regelmäßige Ladenöffnungszeiten** für alle Verkaufsstellen von **Montag bis Freitag** liegen in
- BW: 0 bis 24 Uhr (§ 3 Abs. 1),
- BY: 6 bis 20 Uhr (§ 3 Abs. 2 Nr. 1 LadSchlG Bund – fortgeltend)
- BE: 0 bis 24 Uhr (§ 3 Abs. 1),
- BB: 0 bis 24 Uhr (§ 3 Abs. 1),
- BR: 0 bis 24 Uhr (Rückschluss aus § 3 Abs. 1),
- HH: 0 bis 24 Uhr (§ 3 Abs. 1),
- HE: 0 bis 24 Uhr (§ 3 Abs. 1),
- MV: 0 bis 22 Uhr (§ 3 Abs. 1 S. 1),
- NL: 0 bis 24 Uhr (§ 3 Abs. 1),
- NW: 0 bis 24 Uhr (§ 4 Abs. 1),
- RP: 6 bis 22 Uhr (§ 3 S. 1 Nr. 2), ausnahmsweise können an bis zu 8 Werktagen pro Jahr längere Öffnungszeiten ortsbezogen erlaubt werden (§ 4),

Erläuterungen Ladenöffnungsrechtlicher Arbeitszeitschutz

– MV: (§ 3 Abs. 2 Nr. 1), Ausnahmen aus »besonderem Anlass« an jährlich höchsten vier Sonntagen, die keine gesetzlichen Feiertage sind, möglich (§ 6);
– NL: (§ 3 Abs. 2), behördliche Ausnahmen auf Antrag an höchstens vier Sonntagen im Jahr und höchstens fünf Stunden täglich möglich, jedoch nicht Karfreitag, Osterfeiertage, Himmelfahrt, Pfingstfeiertage, Volkstrauertag, Totensonntag, Adventssonntage, erster und zweiter Weihnachtstag; Öffnungszeiten; Öffnungszeiten sollen außerhalb der Gottesdienstzeiten liegen;
– NW: (§ 4 Abs. 1), aber Ausnahmen für bis zu vier Sonn- und Feiertagen mit höchsten 5 Stunden Öffnungszeit gemäß Freigabe der örtlich zuständigen Ordnungsbehörde unter Rücksichtnahme auf die Zeit des Hauptgottesdienstes, keine Freigabe für drei Adventssonntagen, ersten und zweiten Weihnachtstag, Ostersonntag, Pfingstsonntag sowie die stillen Feiertage i.S. des FeiertagsG NW (§ 6 Abs. 1, 4);
– RP: (§ 3 S. 1 Nr. 1), Ausnahmen können durch RechtsVO für jährlich höchstens vier Sonntage für höchstens fünf Stunden, jedoch nicht zwischen 6 Uhr und 11 Uhr zugelassen werden, jedoch nicht am Ostersonntag, Pfingstsonntag, Volkstrauertag, Totensonntag, an Adventssonntagen im Dezember sowie an Sonntagen, auf die ein Feiertrag entfällt (§ 10);
– SL: (§ 3 S. 1 Nr. 1), an vier Sonn- und Feiertage im Jahr für höchsten fünf zusammenhängende Stunden, beendet spätestens um 18 Uhr grundsätzlich außerhalb des Hauptgottesdienstes, darf der Verkaufsstelleninhaber die Verkaufsstelle nach einer spätestens 14 Tage vorhergegangenen Anzeige bei der zuständigen Ortspolizeibehörde geöffnet halten, (§ 8 Abs. 1), jedoch dürfen dafür der 1. Januar, der 1. Mai, der Ostersonntag, der Pfingstsonntag, der Volkstrauertag, der Totensonntag, der Karfreitag und die Feiertage im Dezember nicht in Anspruch genommen werden (§ 8 Abs. 2);
– SN: (§ 3 Abs. 1 S. 1), Ausnahme bis zu vier verkaufsoffene Sonn- und Feiertage zwischen 12 und 18 Uhr nach Bestimmung durch die Gemeinde, nicht aber Neujahr, Karfreitag, Ostersonntag, Ostermontag, 1. Mai, Christi Himmelfahrt, Pfingstsonntag, Pfingstmontag, Tag der Deutschen Einheit, Reformationstag, Buß- und Bettag, Volkstrauertag, Totensonntag, 24. Dezember (soweit Sonntag), 1. und 2. Weihnachtsfeiertag (§ 8);
– ST: (§ 3 S. 2), Ausnahme bis zu vier verkaufsoffene Sonn- und Feiertage mit höchsten fünf zusammenhängenden Stunden zwischen 11 und 20 Uhr und unter Rücksichtnahme auf den Hauptgottesdienst, Bestimmung durch die Gemeinde;

- SH: (§ 3 Abs. 2 Nr. 1), Ausnahme durch RechtsVO für höchstens vier Sonn- und Feiertage mit höchstens fünf zusammenhängenden Stunden Öffnungszeit und Ende spätestens um 18 Uhr unter Berücksichtigung der Zeit des Hauptgottesdienstes, nicht am Karfreitag, Ostersonntag, 1. Mai, Pfingstsonntag, Volkstrauertag, Totensonntag, an den Adventssonntagen und am 24. Dezember (§ 5);
- TH: (§ 4 Abs. 1 Nr. 1), Ausnahme durch RechtsVO der Landkreise und kreisfreien Städte für höchstens vier Sonn- und Feiertage aus besonderem Anlass für sechs zusammenhängende Stunden zwischen 11 und 20 Uhr, außer dem ersten Advent keine Sonn- und Feiertage im Dezember (§ 10).

2. Ladenöffnungszeiten an besonderen Orten (sog. Bäderregelungen)

29 Alle Ladenöffnungs- und Ladenschlussgesetze enthalten sog. **Bäderregelungen**. Darunter sind die für besondere, i. d. R. touristisch bedeutsame Orte geltenden **Ausnahmen von den Ladenschlusszeiten an Sonn- und Feiertagen** zu verstehen, die es erlauben, bestimmte Waren anzubieten und zu verkaufen. Solche Orte sind – im Wesentlichen die staatlich anerkannten Bäder, Kurorte oder Erholungsorte, ferner Wallfahrtsorte, Ausflugsorte oder auch sonstige Orte mit besonderem Besucheraufkommen an Sonn- und Feiertagen. Eine länderübergreifende, im strengen Sinn des Wortes systematische Begriffsbestimmung ist nicht zu erkennen. Im Interesse der Rechtsklarheit werden solche **Orte durch untergesetzliche Normen oder Verwaltungsakte ebenso bestimmt** wie – z. T. die nähere Beschreibung der **Kreis der Waren und Dienstleistungen**, die an diesen Orten innerhalb der Bäderregelung angeboten oder verkauft werden darf. Die Gesetze selbst enthalten mehr oder weniger die grundsätzlichen Bestimmungen über die Bäderregelungen wie **Anzahl der Sonn- und Feiertage**, an denen die Läden geöffnet sein dürfen, Länge und Lage der Öffnungszeit, allgemeine Beschreibungen des Warenangebots und eine Ermächtigungsgrundlage für nähere Regelungen. Sehr verbreitet wird als Bäderregelung die **Ladenöffnung an 40 Sonntagen** mit **Ladenöffnungszeiten zwischen 6 und 8 Stunden** erlaubt, oft aber erst ab 11 Uhr oder unter Berücksichtigung der Zeit des Hauptgottesdienstes. Einzelne Länder geben alle Sonntage im Jahr oder alle Sonntage zwischen dem 15. November und dem 31. Oktober frei.

3. Ladenöffnungszeiten für besondere Verkaufsstellen

30 Für **Apotheken** ermöglichen die Ladenöffnungs- oder Ladenschlussgesetze die durchgehende Öffnung an allen Tagen. Apothekenbetriebsrechtlich sind die

Erläuterungen **Ladenöffnungsrechtlicher Arbeitszeitschutz**

- **SL**: 6 bis 20 Uhr (§ 3 S. 1 Nr. 1), zusätzlich ein Werktag pro Jahr von 6 bis 24 Uhr aus Anlass von besonderen Ereignissen (§ 3 S. 1 Nr. 2), ggfs. behördliche Ausnahme (§ 9),
- **SN**: 6 bis 22 Uhr (§ 3 Abs. 1 S. 1), Gemeinden können unter bestimmten Umständen Ladenöffnungen an bis zu 5 Werktagen bis spätestens 6 Uhr des folgenden Tages, an Sonnabenden und an Werktagen vor Feiertagen jedoch nur bis spätestens 24 Uhr zulassen, nicht jedoch am Gründonnerstag, Ostersonnabend, Tag vor Christi Himmelfahrt, Pfingstsonnabend, 30. Oktober, den Tag vor Buß- und Bettag und auf Sylvester (§ 3 Abs. 3);
- **ST**: 0 bis 24 Uhr (§ 3 S. 1);
- **SH**: 0 bis 24 Uhr (§ 3 Abs. 1);
- **TH**: 0 bis 24 Uhr (§ 3 S. 1).

b) **Sonnabende**

Die regelmäßige Ladenöffnungszeiten für alle Verkaufsstellen an **Sonnabenden** (Samstagen) betragen in 27
- **BW**: 0 bis 24 Uhr (§ 3 Abs. 1);
- **BY**: 6 bis 20 Uhr (§ 3 Abs. 2 Nr. 1 LadSchlG Bund – fortgeltend);
- **BE**: 0 bis 24 Uhr (§ 3 Abs. 1);
- **BB**: 0 bis 24 Uhr (§ 3 Abs. 1);
- **BR**: 0 bis 24 Uhr (Rückschluss aus § 3 Abs. 1);
- **HH**: 0 bis 24 Uhr (§ 3 Abs. 1);
- **HE**: 0 bis 24 Uhr (§ 3 Abs. 1);
- **MV**: 0 bis 22 Uhr (§ 3 Abs. 1 S. 1), an bis zu vier Samstagen im Jahr bis 24 Uhr gem. vorheriger Anzeige (§ 3 Abs. 1 S. 2 und 3);
- **NL**: 0 bis 24 Uhr (§ 3 Abs. 1);
- **NW**: 0 bis 24 Uhr (§ 4 Abs. 1);
- **RP**: 6 bis 22 Uhr (§ 3 S. 1 Nr. 2), ausnahmsweise können an bis zu 8 Werktagen pro Jahr längere Öffnungszeiten ortsbezogen erlaubt werden (§ 4);
- **SL**: 6 bis 20 Uhr (§ 3 S. 1 Nr. 1), zusätzlich ein Werktag pro Jahr von 6 bis 24 Uhr aus Anlass von besonderen Ereignissen (§ 3 S. 1 Nr. 2), ggfs. behördliche Ausnahme (§ 9),
- **SN**: 6 bis 22 Uhr (§ 3 Abs. 1 S. 1), Gemeinden können unter bestimmten Umständen Ladenöffnungen an bis zu 5 Werktagen bis spätestens 6 Uhr des folgenden Tages, an Sonnabenden und an Werktagen vor Feiertagen jedoch nur bis spätestens 24 Uhr zulassen, nicht jedoch am Gründonners-

Ladenöffnungsrechtlicher Arbeitszeitschutz Erläuterungen

tag, Ostersonnabend, Tag vor Christi Himmelfahrt, Pfingstsonnabend, 30. Oktober, den Tag vor Buß- und Bettag und auf Sylvester (§ 3 Abs. 3)
– **ST**: 0 bis 20 Uhr (§ 3 S. 1), ggfs. Ausdehnung einer Sonn- oder Feiertagserlaubnis auf den davor liegenden Sonnabend von 0 bis 24 Uhr (§ 7 Abs. 3);
– **SH**: 0 bis 24 Uhr (§ 3 Abs. 1);
– **TH**: 0 bis 20 Uhr (§ 3 S. 1).

c) **Sonntage, Feiertage**

28 Regelmäßige Ladenöffnungszeiten für **alle Verkaufsstellen** an **Sonn- und Feiertagen** setzt grundsätzlich kein Land fest, jedoch gibt es unterschiedliche **Ausnahmeregelungen, so** in
– **BW**: (§ 3 Abs. 2 Nr. 1); Ausnahmen gem. § 8);
– **BY**: (§ 3 Abs. 1 S. 1 Nr. 1 LadSchlG Bund), Ausnahme behördlich Freigabe aus Anlass von Messen, Märkten oder ähnlichen Veranstaltungen an höchstens vier Sonn- und Feiertagen, jedoch nicht im Dezember (§ 14 LadSchlG Bund);
– **BE**: nur alle Adventssonntage die Zeit von 13 Uhr bis 20 Uhr (§ 3 Abs. 1), nicht aber am Heiligabend (§ 3 Abs. 2 Nr. 1);
– **BB**: bis zu sechs Sonn- Feiertage von 13 Uhr bis 20 Uhr, nicht Karfreitag, Oster- und Pfingstsonntage, Volkstrauertag, Totensonntag, Feiertage im Dezember (§ 5);
– **BR** (§ 3 Abs. 2 Nr. 1), Ausnahmen bis zu 4 Sonn- und Feiertage, Freigabe durch RechtsVO, nicht am Ostersonntag, Pfingstsonntag, Volkstrauertag, Totensonntag, Adventssonntage und die anderen Sonn- und Feiertage im Dezember, 1. Mai, 3. Oktober und, wenn diese Tage auf einen Montag fallen, die direkt davor liegenden Sonntage (§ 10);
– **HH**: (§ 3 Abs. 2 Nr. 1), Ausnahmen an bis zu vier Sonntagen, Freigabe durch RechtsVO, nicht mehr als 5 zusammenhängende Stunden, Ende spätestens 18 Uhr, Zeit außerhalb Hauptgottesdienst; keine Freigabe an Sonntagen im Dezember, Adventssonntage, Ostersonntag, Pfingstsonntag, Volkstrauertag, Totensonntag, Feiertage (§ 8 Abs. 1) und weitere Ausnahmen aus wichtigem Grund (§ 8 Abs. 2) möglich;
– **HE**: (§ 3 Abs. 2 Nr. 1), Freigabe von bis zu vier Sonntagen aus bestimmten Anlässen durch Gemeinden, nicht Adventssonntage, erster und zweiter Weihnachtstag, Osterfeiertage, Pfingstfeiertage, Volkstrauertag, Totensonntag (§ 6); weitere Ausnahmen im öffentlichen Interesse möglich (§ 7);

Erläuterungen **Ladenöffnungsrechtlicher Arbeitszeitschutz**

Apotheken verpflichtet, im regelmäßigen Wechsel dienstbereit zu sein, damit die medikamentöse und sonstige aus Gesundheitsgründen unaufschiebbare Versorgung der Bevölkerung innerhalb des jeweiligen Bezirks gesichert wird. Außerhalb der üblichen Geschäftszeiten werden die Apotheken, die keine Dienstbereitschaft haben, in aller Regel geschlossen gehalten. Die Länder grenzen den Kreis der Waren, die Apotheken außerhalb der für alle geltenden Ladenöffnungszeit abgeben dürfen, unterschiedlich ein. Pharmazeutisch vorgebildete Arbeitnehmer in Apotheken sind ein einer Reihe von Ländern von der Anwendung der ladenöffnungsrechtlichen Arbeitszeitschutzbestimmungen ausgenommen (vgl. Rdn. 32).

Tankstellen dürfen an allen Tagen ganztägig geöffnet sein; außerhalb der allgemeinen Ladenöffnungszeiten dürfen sie allerdings nur Betriebsstoffe, Reisebedarf und Ersatzteile für Kraftfahrzeuge im für die Fahrbereitschaft nötigen Umfang abgeben. Vergleichbares gilt für **Verkaufsstellen auf Personenbahnhöfen, Flughäfen, Fährhäfen und Passagierschiffanlegestellen**. Besondere Ladenöffnungszeiten werden von (fast) allen Ländern für **Zeitungskioske** für den Verkauf von Zeitungen und Zeitschriften ermöglicht. 31

V. Eckwerte des Arbeitszeitschutzes an Sonn- und Feiertagen und an Sonnabenden

Der ladenöffnungsrechtliche **Arbeitszeitschutz betrifft nur Arbeitnehmer**, nicht aber selbstständig tätige Ladenbetreiber wie z. B. Inhaber oder Pächter oder Personen, die auf anderer Rechtsgrundlage als einem Arbeitsvertrag tätig sind. Der Begriff des Arbeitnehmers i. S. d. Ladenöffnungs- oder Ladenschlussgesetze ist in den Gesetzen selbst nicht bestimmt, sondern wird vorausgesetzt. Deshalb ist auf den allgemeinen Gattungsbegriff des Arbeitnehmers wie er z. B. in § 2 Abs. 2 ArbZG verwendet wird (vgl. § 2 ArbZG Rdn. 68, 70 ff.). Dagegen sind – anders als im ArbZG (vgl. § 2 ArbZG Rdn. 69) – bis auf pharmazeutisch vorgebildete Arbeitnehmer in Apotheken (s. unten Rdn. 33) keine speziellen Arbeitnehmer aus dem Geltungsbereich des jeweiligen Ladenöffnungs- oder Ladenschlussgesetz ausgenommen, insbesondere weder **leitende Angestellte** noch Führungskräfte. Umgekehrt sind die **Ladenschlusszeiten** aber auch dann **einzuhalten, wenn keine Arbeitnehmer** eingesetzt werden. 32

Der **Arbeitszeitschutz** für die Beschäftigung an Sonn- und Feiertagen besteht regelmäßig in einer Festsetzung der **Höchstdauer der Beschäftigung** zuzüglich einer **Vor- und Nachbereitungszeit**, der Normierung sie eine **Höchstzahl von Sonntagen**, an denen die Beschäftigung stattfinden darf **oder eine Mindest-** 33

Ladenöffnungsrechtlicher Arbeitszeitschutz Erläuterungen

zahl, zuweilen auch Lage **beschäftigungsfreier Sonntage**. In Berlin, Sachsen, Schleswig-Holstein und Thüringen sind **beschäftigungsfreie Sonnabende** vorgesehen. Alle Ladenöffnungs- und Ladenschlussgesetze verpflichten den Arbeitgeber zur **Gewährung freier Tage zum Ausgleich** der Beschäftigung an Sonn- und Feiertagen. Ein paar Landesgesetze verweisen auf Vorschriften des ArbZG. Einzelne Länder wenden die ladenöffnungsrechtlichen Arbeitszeitregelungen auf **pharmazeutisch vorgebildete Arbeitnehmer in Apotheken** ausdrücklich nicht an, nämlich BW (§ 12 Abs. 8), BY (§ 17 Abs. 8 LadSchlG Bund), HH (§ 9 Abs. 7), (RP § 13 Abs. 6), SN (§ 10 Abs. 9). Die nachstehende Tabelle gibt erste Hinweise auf Eckdaten und Struktur des Arbeitszeitschutzes in den Ladenöffnungs- und Ladenschlussgesetzen; die näheren Einzelheiten zeigt der Text der gesetzlichen Bestimmungen.

VI. Tabellarische Übersichten zum ladenöffnungsrechtlichen Arbeitszeitschutz

34

Land/ Norm	Arbeitszeit	Maximum Sonntage/ Stunden	Vor- und Nachbereitung außerhalb Öffnungszeit	Ausgleich/ Ersatzruhetag	Sonstiges
Baden-Württemberg § 12	8 Stunden während Öffnungszeit	22 Tage, 4 Stunden	30 Minuten	Gestaffelt nach Beschäftigungszeit	Ein Samstag im Monat arbeitsfrei; Waren-Automatenbeschickung nur während Öffnungszeit Ausnahmen gem. Abs. 6 möglich.

Erläuterungen Ladenöffnungsrechtlicher Arbeitszeitschutz

Land/ Norm	Arbeitszeit	Maximum Sonntage/ Stunden	Vor- und Nachbereitung außerhalb Öffnungszeit	Ausgleich/ Ersatzruhetag	Sonstiges
Bayern § 17 LadSchlG Bund	8 Stunden während Öffnungszeit	22 Tage, 4 Stunden	30 Minuten	Gestaffelt nach Beschäftigungszeit	Ein Samstag im Monat arbeitsfrei; Waren-Automatenbeschickung nur während Öffnungszeit
Berlin § 7	Zulässige Öffnungszeit, aber § 11 ArbZG	Keine besondere Regelung, aber § 11 ArbZG	30 Minuten, aber § 11 ArbZG	§ 11 ArbZG	Ein Sonnabend im Monat arbeitsfrei, er soll i. V. m. freiem Sonntag gewährt werden. Kinderbetreuende und Pflegende Beschäftigte sollen ab 20 Uhr und an Sonn- und Feiertagen von Beschäftigung freigestellt werden (§ 7 Abs. 3).

Ladenöffnungsrechtlicher Arbeitszeitschutz Erläuterungen

34

Land/ Norm	Arbeitszeit	Maximum Sonntage/ Stunden	Vor- und Nachbereitung außerhalb Öffnungszeit	Ausgleich/ Ersatzruhetag	Sonstiges
Brandenburg § 10	8 Stunden während Öffnungszeit	Anzahl der freien Sonntage gestaffelt	30 Minuten	Gestaffelt nach Beschäftigungszeit	Ein Samstag im Monat arbeitsfrei; Kinderbetreuende und Pflegende Beschäftigte sollen ab 20 Uhr und an Sonn- und Feiertagen von Beschäftigung freigestellt werden (§ 10 Abs. 4).
Bremen § 13	8 Stunden während Öffnung, Pause von 30 Minuten bei Arbeitszeit von mehr als 6 Stunden	Anzahl der freien Sonntage gestaffelt	30 Minuten, insgesamt maximal 8 Stunden	Gestaffelt nach Beschäftigungszeit	Nachtarbeitnehmer – Umsetzung auf einen Tagesarbeitsplatz, – Nachtarbeitsausgleich (§ 13 Abs. 4): Anwendbarkeit von § 2 bis § 8 ArbZG ausdrücklich normiert (§ 13 Abs. 5), Ausnahmen gem. Abs. 7 möglich.

Erläuterungen Ladenöffnungsrechtlicher Arbeitszeitschutz

Land/ Norm	Arbeitszeit	Maximum Sonntage/ Stunden	Vor- und Nachbereitung außerhalb Öffnungszeit	Ausgleich/ Ersatzruhetag	Sonstiges
Hamburg § 9	8 Stunden während Öffnungszeit	22 Tage 4 Stunden Ausnahme bis 15 arbeitsfreie Sonntage	30 Minuten, insgesamt maximal 8 Stunden	binnen 2 Wochen, ist Feiertag auf Werktag gefallen, binnen 8 Wochen	Ein Sonnabend im Monat arbeitsfrei; Rücknahme auf soziale Belange bei Arbeitszeit ab 20 Uhr und an Sonn- und Feiertagen; Ausnahmen gem. Abs. 4 möglich.
Hessen § 9	Beschäftigungsdauerregm. §§ 3 bis 8 ArbZG,	min. 15 Sonntage pro Jahr frei	[xxx]«notwendige Vorbereitungs- und Abschlussarbeiten	Binnen zwei Wochen	Vorrang des Landesrechts vor Bundesrecht (§ 12)
Mecklenburg-Vorpommern § 7	§ 3 bis 7, § 11 ArbZG	§ 11 ArbZG	Weitere 30 Minuten	§ 11 ArbZG	Ausnahmen gem. Abs. 3 möglich.
Niedersachsen § 7	8 Stunden während Öffnungszeiten	22 Tage	weitere 30 Minuten, insgesamt maximal 8 Stunden	Gestaffelt nach Beschäftigungszeit	Ausnahmen gem. Abs. 4 möglich

34

Land/Norm	Arbeitszeit	Maximum Sonntage/Stunden	Vor- und Nachbereitung außerhalb Öffnungszeit	Ausgleich/Ersatzruhetag	Sonstiges
Nordrhein-Westfalen § 11	§ 11 ArbZG	§ 11 ArbZG	weitere 30 Minuten, Grenze § 3 S. 2 ArbZG	§ 11 ArbZG	Ausnahmen gem. § 10 möglich
Rheinland-Pfalz § 13	8 Stunden während Öffnungszeiten	keine Landesregelung, daher § 11 ArbZG	weitere 30 Minuten, insgesamt maximal 8 Stunden	Keine Landesregelung, daher § 11 ArbZG	Ausnahmen gem. Abs. 4 möglich
Saarland § 10	§ 11 ArbZG	§ 11 ArbZG	weitere 30 Minuten zusätzlich zur Arbeitszeit, Grenze § 3 S. 2 ArbZG	§ 11 ArbZG	Ausnahmen gem. § 9 möglich

Land/ Norm	Arbeitszeit	Maximum Sonntage/ Stunden	Vor- und Nachbereitung außerhalb Öffnungszeit	Ausgleich/ Ersatzruhetag	Sonstiges
Sachsen § 10	8 Stunden während Öffnungszeiten	22 Tage, 4 Stunden	weitere 30 Minuten, insgesamt maximal 8 Stunden	Gestaffelt nach Beschäftigungszeit	Ein Sonnabend im Monat arbeitsfrei; Waren-Automatenbeschickung nur während Öffnungszeit Ergänzende Schutzbestimmungen durch RechtsVO (Abs. 7); Ausnahmen gem. Abs. 8 möglich
Sachsen-Anhalt § 9	8 Stunden während Öffnungszeiten	Mindestens 20 Sonntage arbeitsfrei	weitere 30 Minuten, insgesamt maximal 8 Stunden	§ 11 ArbZG	Keine

Ladenöffnungsrechtlicher Arbeitszeitschutz Erläuterungen

34

Land/ Norm	Arbeitszeit	Maximum Sonntage/ Stunden	Vor- und Nachbereitung außerhalb Öffnungszeit	Ausgleich/ Ersatzruhetag	Sonstiges
Schleswig-Holstein § 13	während Öffnungszeiten; §§ 3 bis 7, § 11 ArbZG	§ 11 ArbZG	weitere 30 Minuten zusätzlich zur Arbeitszeit, Grenze § 3 S. 2 ArbZG	§ 11 ArbZG	Ein Sonnabend im Monat arbeitsfrei; Ausnahmen gem. Abs. 3 möglich
Thüringen § 12	Während der Öffnungszeiten, ArbZG	22 Sonn- und Feiertage	weitere 30 Minuten zusätzlich zur Arbeitszeit, Grenze § 3 S. 2 ArbZG	§ 11 ArbZG	Mindestens 2 Samstage in jedem Monat arbeitsfrei

Teil C.1 Mitbestimmung in Arbeitszeitangelegenheiten

Vorbemerkung

Neben den öffentlich-rechtlichen Arbeitszeitschutznormen (Teile A und B) sind die **zwingenden Mitbestimmungsrechte** und die **Mitwirkungsrechte** zu beachten. An den wesentlichen Entscheidungen des Arbeitgebers, mit denen er kraft seines Direktionsrechts die Arbeitszeit seiner Arbeitnehmer gestaltet, sind die Arbeitnehmervertretungen beteiligt. In der **Privatwirtschaft** sieht das Gesetz **zwingende Mitbestimmungsrechte** des **Betriebsrats** (§ 87 Abs. 1 Nr. 2 und 3 BetrVG), für die **leitenden Angestellten** dagegen ein nur generelles **Mitwirkungsrecht** (Mitberatungsrecht) des Sprecherausschuss der **leitenden Angestellten** (§ 30 Abs. 1 Nr. 1 SprAuG) vor. Im **öffentlichen Dienst von Bund, Ländern und Gemeinden** ist die zwingende Mitbestimmung der **Personalvertretungen** nach § 75 Abs. 3 Nr. 1, Abs. 4 BPersVG und den entsprechenden Bestimmungen des Länder gegeben. Diese Bestimmungen sind im Teil C erläutert. Im **kirchlichen Dienst** der verfassten Kirche und deren Einrichtungen in Caritas und Diakonie haben die **Mitarbeitervertretungen** ein Mitbestimmungsrecht bei Arbeitszeitregelungen gemäß den **jeweiligen Kirchengesetzen**, nämlich für die katholische Kirche § 36 Abs. 1 Nr. 1 MAVO (Rahmenordnung für eine Mitarbeitervertretungsordnung der katholischen Kirche oder den diözesanen MAVOen) und für die evangelischen Kirchen § 40 Buchst. d MVG.EKD (Mitarbeitervertretungsgesetz der Evangelischen Kirche in Deutschland) nebst den gliedkirchlichen MVGen. Hinzu kommen einzelne Beteiligungsrechte nach näherer Maßgabe einzelner arbeitszeitschutz-rechtlicher Bestimmungen; sie sind im Rahmen der Erläuterungen der jeweiligen Bestimmung dargestellt. 1

Die Mitbestimmungsrechte in Arbeitszeitangelegenheiten in den drei Rechtskreisen Privatwirtschaft, öffentlicher Dienst und kirchlicher Dienst weisen insoweit eine **Gemeinsamkeit** auf, als es stets um den Ausgleich der **Interessen des Arbeitgebers am Funktionieren** des Betriebs oder des Dienstes einerseits und andererseits um den Gesundheitsschutz – und den **Freiheitsinteressen** der Arbeitnehmer (im öffentlichen Dienst und im kirchlichen Dienst auch der Beamten) geht. Insoweit verfolgen Betriebsverfassungsrecht, Personalvertretungsrecht und Mitarbeitervertretungsrecht im Grund dasselbe Ziel. In allen drei Rechtskreisen werden die Mitarbeiter durch von ihnen gewählte Vertretungen repräsentiert; den Vertretungen stehen abgestufte Beteiligungsrecht an der Gestaltung der Gestaltung der inneren Verfassung ihres Betriebs 2

Mitbestimmung Vorbemerkung

oder ihrer Dienststelle durch den Arbeitgeber oder die Dienststellenleitung zu. Das Repräsentationsprinzip stimmt insoweit überein, als die Vertretung der Beschäftigten im Betrieb oder in der Dienststelle als der organisatorisch zusammengefassten, einheitlich geleiteten **örtlichen Einheit**, in der und für die sie tätig sind, gebildet wird.

3 Gleichwohl bestehen Unterschiede. Das Repräsentationsmodell der **Betriebsverfassung** ist auf den Betriebsrat gerichtet; Gesamtbetriebsrat und Konzernbetriebsrat sind nur zuständig, wenn die Angelegenheit nicht auf Betriebsebene geregelt werden kann oder sie hierzu von den Betriebsräten bzw. Gesamtbetriebsräten beauftrag worden sind. Im **Personalvertretungsrecht** spiegelt sich der hierarchische Aufbau der öffentlichen Verwaltungen, auch deren Unterschiedlichkeit in den einzelnen Ländern wieder. Neben den Personalräten sind auf höherer Ebene **Stufenvertretungen** gebildet, daneben können **Gesamtpersonalräte** bestehen. Die Normen sind zudem von verschiedenen Gesetzgebern geschaffen worden, nämlich das bundesweit einheitlich geltende BetrVG vom Deutschen Bundestag, das für die Verwaltungen des Bundes und die bundesunmittelbaren Körperschaften, Anstalten und Stiftungen des öffentlichen Rechts geltende BPersVG ebenfalls von Deutschen Bundestag, das für die entsprechenden Verwaltungen u. s. w. des jeweiligen Bundeslandes und dessen Kommunen geltende Landespersonalvertretungsrecht der jeweiligen Landesgesetzgeber (Landtag, Bürgerschaft) und für die Kirchen ihre jeweiligen Gesetzgebungsgremien. Nicht in der Betriebsverfassung, wohl aber im Personalvertretungsrecht ist die Begrenzung der Mitbestimmungsmöglichkeiten durch das **Letztentscheidungsrecht** des Dienststellenleiters **in Eilfällen** und durch das **Demokratieprinzip** zu beachten. Im Mitbestimmungsrecht des **kirchlichen Dienstes** spielen religiöse Bindung und Auftrag eine wesentliche Rolle; deshalb steht den Kirchen und ihren Einrichtungen von Verfassungs wegen das Selbstbestimmungsrecht zur Seite. Das kirchliche Mitbestimmungsrecht ist ein Ausfluss dieses Selbstbestimmungsrechts. Die Strukturprinzipien des kirchlichen Mitarbeitervertretungsrechts unterscheiden sich sowohl von denen des Betriebsverfassungsrechts als auch von denen des Personalvertretungsrechts, auch wenn nicht zu verkennen ist, dass das letztere im evangelischen Bereich, die Betriebsverfassung im katholischen Bereich geistig Pate gestanden haben. Deshalb ist es trotz oft gleichen oder ähnlichen Wortlautes der Einzelbestimmungen verfehlt, allein daraus auf eine Gleichheit der Regelungsinhalte zu schließen.

Teil C.2 Mitbestimmung in Arbeitszeitangelegenheiten - Betriebsverfassungsgesetz (BetrVG)

Neubekanntmachung v. 25.09.2001, BGBl. I, S. 2518, geändert durch Art. 9 G v. 29.07.2009, BGBl. I, S. 2424.

– Auszug –

§ 87 Mitbestimmungsrechte

(1) Der Betriebsrat hat, soweit eine gesetzliche oder tarifliche Regelung nicht besteht, in folgenden Angelegenheiten mitzubestimmen:
1. ....
2. Beginn und Ende der täglichen Arbeitszeit einschließlich der Pausen sowie Verteilung der Arbeitszeit auf die einzelnen Wochentage;
3. vorübergehende Verkürzung oder Verlängerung des betriebsüblichen Arbeitszeit;
4. ...

(2) ¹Kommt eine Einigung über eine Angelegenheit nach Absatz 1 nicht zustande, so entscheidet die Einigungsstelle. ²Der Spruch der Einigungsstelle ersetzt die Einigung zwischen Arbeitgeber und Betriebsrat.

A. Gegenstand und Zweck der Regelung

Der Zweck des **Mitbestimmungsrechts des Betriebsrats** in § 87 Abs. 1 Nr. 2 und 3 BetrVG hinsichtlich der **Arbeitszeit** liegt vor allem darin, den Arbeitnehmern durch die **zwingende Mitbestimmung** einen erheblichen Mitgestaltungseinfluss auf die Festsetzung dieser für die Durchführung jedes Arbeitsverhältnisses wesentlichen Arbeitsbedingungen zu ermöglichen. Gerade die Weisungsabhängigkeit des Arbeitnehmers auch hinsichtlich seiner Arbeitszeit ist für ein Arbeitsverhältnis prägend und kennzeichnend. Das geltende BetrVG kennt keine systematische Unterscheidung zwischen mitbestimmungsfreien **materiellen** und mitbestimmungspflichtigen **formellen Arbeitsbedingungen** mehr. Es gibt insoweit kein übergeordnetes Prinzip, wie die Entscheidungen zum Mitbestimmungsrecht bei Werkmietwohnungen[1] und zu der Mitbestimmung bei Provisionsregelungen[2] beispielhaft zeigen. Vielmehr ist die **Reichweite für jedes Mitbestimmungsrecht gesondert** zu klären. Die Mitbestimmungsrechte des Betriebsrates stehen nicht unter dem allgemeinen Vorbehalt, dass durch sie nicht in die unternehmerische Entscheidungsfreiheit eingegriffen werden dürfe.[3] Grundsätzlich unterliegt der **Mitbestimmung nach § 87 Abs. 1 Nr. 2 BetrVG** über den Beginn und das Ende der täglichen Arbeitszeit einschließlich der Pausen und deren Verteilung auf die Wochentage **nicht, ob** eine bestimmte Art der Arbeitszeitregelung wie z. B. Schichtarbeit, Bereitschaftsdienst u. s. w. eingeführt wird, **sondern wie** diese durchgeführt wird. Indessen besteht bei von § 87 Abs. 1 Nr. 2 BetrVG nicht erfassten Regelungen des Arbeitgebers ein Mitbestimmungsrecht nach § 87 Abs. 1 Nr. 3 BetrVG, wenn die Einführung oder Nichtdurchführung der Arbeitszeitregelung nicht zu einer endgültigen, sondern nur zu einer vorübergehenden Veränderung der betrieblichen Arbeitszeit führt.

2 Die in § 87 BetrVG aufgezählten **Mitbestimmungsrechte** bilden einen, wenn nicht den **Kernbereich** der Betriebsverfassung[4] oder dessen Urzelle.[5] Nicht zuletzt die Regelungen über **Beginn und Ende der täglichen Arbeitszeit einschließlich der Pausen** zählen zu diesem Kernbereich. Die Regelungen von Beginn und Ende der Arbeitszeit einschließlich der Pausen bilden einen wesentlichen Inhalt der sog. **Arbeitsordnung** (§ 134b GewO a. F.). Die Novelle zur GewO vom 1.6.1891, auch **Arbeiterschutzgesetz** genannt – verpflichtete den Arbeitgeber in Betrieben mit i. d. R. mindestens 20 Arbeitnehmern, eine solche Arbeitsordnung einschließlich der Regelungen über Beginn und Ende der Arbeitszeit einschließlich der Pausen zu erlassen und, falls ein solcher bestand, den Arbeiterausschuss hierzu anzuhören (§ 134b Abs. 2 GewO a. F.). Gem. § 78 Nr. 3, § 80 BetriebsräteG – BRG – vom 4.2.1920[6] war die

---

1 BAG 13.03.1973 – 1 ABR 16/72 - EzA § 87 BetrVG 1972 Werkswohnung Nr 2 = AP Nr. 1 zu § 87 BetrVG 1972 Werkmietwohnungen.
2 BAG 29.03.1977 – 1 ABR 123/74 - EzA § 87 BetrVG 1972 Leistungslohn Nr 2 = AP Nr. 1 zu § 87 BetrVG 1972 Provision.
3 BAG 31.08.1982 – 1 ABR 27/80 - BAGE 40, 107 = EzA § 87 BetrVG 1972 Arbeitszeit Nr. 13 = AP Nr. 8 zu § 87 BetrVG 1972 Arbeitszeit m. Anm. *Rath-Glawatz*.
4 Vgl. statt vieler: HSWGN/*Worzalla*, § 87 BetrVG Rn. 1; *Fitting* § 87 BetrVG Rn. 2; ErfK/*Kania* § 87 BetrVG Rn. 1.
5 *Richardi* § 87 BetrVG Rn. 2.
6 RGBl. S. 147.

Arbeitsordnung zusammen mit dem **Gruppenrat** oder mit dem **Betriebsrat** in Form einer **Betriebsvereinbarung** zu erlassen. Nach Änderung der **Mitbestimmungsmethode** durch das **BetrVG** vom 11.10.1952[7] wurde unter deren grundsätzlicher Beibehaltung das **Mitbestimmungsrecht des Betriebsrats in Arbeitszeitregelungen** im **BetrVG vom 15.1.1972 (BGBl. I, S. 13, neu bekanntgemacht am 25.9.2001**[8] normiert (§ 87 Abs. 1 Nr. 2 und 3 BetrVG). Die **rechtliche Verbindlichkeit** der betrieblichen **Arbeitszeitregelungen** gegenüber den Arbeitnehmern ist grundsätzlich nur gegeben, wenn dem Mitbestimmungsrecht nach § 87 Abs. 1 Nr. 2 und 3 BetrVG genüge getan ist.

B. Geltungs- und Anwendungsbereich

Der **Geltungs- und Anwendungsbereich** des § 87 Abs. 1 Nr. 2 und 3 BetrVG 3 richtet sich nach den **grundsätzlichen Regelungen des BetrVG**. Der Katalog der gesetzlich zwingenden Mitbestimmungsrechte in sozialen Angelegenheiten ist in § 87 Abs. 1 BetrVG abschließend aufgeführt. Ob die **Erweiterung der gesetzlich zwingenden Mitbestimmung durch einen Tarifvertrag** in den sozialen Angelegenheiten des BetrVG rechtlich möglich ist, ist umstritten.[9] Nach dem Stand der Rechtsprechung und weiten Teilen des Schrifttums kann die Mitbestimmung durch Tarifvertrag jedenfalls im Bereich des § 87 Abs. 2 und 3 BetrVG auf betrieblichen Regelungen der Dauer und der Lage der individuellen regelmäßigen Arbeitszeit ausgedehnt werden,[10] nach anderen Teilen des Schrifttums ist dies dagegen **ausgeschlossen**, weil das Gesetz diese Angelegenheiten abschließend aufzählt.[11] Umstritten ist auch, ob der abschließende Katalog der gesetzlichen Mitbestimmungsrechte in § 87 Abs. 1, darunter auch Nr. 2 und 3 BetrVG auf sog. **Annexregelungen** erweitert werden darf, d. h. auf in aller Regel materielle, häufig finanzielle Regelungen der Folgewirkungen einer mitbestimmungspflichtigen Angelegenheit.[12] Die höchstrichterliche

---

7 BGBl. I, S. 681.
8 BGBl. I, S. 2518.
9 Vgl. ausführlich HSWGN/*Rose* Einl. Rn. 268 bis 270 m. w. N. der unterschiedlichen Ansichten.
10 Grundlegend: BAG 18.08.1987 – 1 ABR 30/86 - BAGE 56, 18 = EzA § 77 BetrVG 1972 Nr. 18 = AP Nr. 23 zu § 77 BetrVG 1972 m. ablehnender Anm. von *Hoyningen-Huene*.
11 *Richardi* Einl. BetrVG Rn. 136 ff., 139.
12 Bejahend: *Fitting* § 87 BetrVG Rn. 61, MünchArbR/*Matthes*, § 324 Rn. 4; differenzierend *Richardi*, § 87 BetrVG Rn. 39.

Rechtsprechung hat sich dieser Frage nicht abschließend für alle Fälle des § 87 Abs. 1 BetrVG angenommen. Für den Fall der Kontoführungsgebühr bei Einführung der bargeldlosen Lohnzahlung hat sie die Annexkompetenz bejaht,[13] für das Mitbestimmungsrecht nach § 87 Abs. 1 Nr. 6 BetrVG hat es eine Annexkompetenz für die Durchführung und Kontrolle der mitbestimmten Maßnahme abgelehnt.[14] Ob eine solche Annexkompetenz besteht, hängt vom Regelungsinhalt und vor Regelungsgegenstand ab. So ist z. B. Regelung einer **bezahlte Kontostunde** von dem Mitbestimmungsrecht über die Auszahlung der Arbeitsvergütung (§ 87 Abs. 1 Nr. 4 BetrVG) als einer Annexkompetenz gedeckt. Dagegen kann das Mitbestimmungsrecht über z. B. die vorübergehende Verlängerung der betriebsüblichen Arbeitszeit durch eine **Sonderschicht** (§ 87 Abs. 1 Nr. 3 BetrVG) – unbeschadet des Tarifvorbehalts des § 77 Abs. 3 BetrVG – nicht im Wege der Annexkompetenz auf die **Vergütung der Sonderschicht** erweitert werden.

I. Räumlicher Geltungsbereich

4 **Räumlich** gilt das BetrVG nach dem **Territorialitätsprinzip** für alle in **Inland** gelegenen Betriebe i.S. von § 1 und § 4 BetrVG.[15] Die Staatsangehörigkeit ist ebenso unerheblich wie die Frage, ob es sich bei dem Betriebsinhaber um einen Inländer oder einen Ausländer handelt, um welche Gesellschaftsform oder Unternehmensform es sich handelt oder wo das Unternehmen seinen Sitz hat.[16] Für im Inland liegende Zweigniederlassungen ausländischer Unternehmen gilt das BetrVG, wenn diese Zweigniederlassungen ein Betrieb i. S. d. BetrVG ist.[17] Werden Arbeitnehmer, die einem Inlandsbetrieb zugeordnet sind, vorübergehend im Ausland eingesetzt, so bleibt der Betriebsrat des Inlandsbetriebes für sie zuständig, und zwar auch dann, wenn der Arbeitnehmer vorübergehend in den Auslandsbetrieb eingegliedert wird.[18] Andererseits

---

13 BAG 08.03.1977 – 1 ABR 33/75 - BAGE 29, 40, 45 = EzA § 87 BetrVG 1972 Lohn und Arbeitsentgelt Nr 6.
14 BAG 06.12.1983 – 1 ABR 43/81 - AP Nr. 7 zu § 87 BetrVG 1972 Überwachung.
15 BAG 22.03.2000 – 7 ABR 34/98 - EzA § 14 AÜG Nr 4.
16 BAG 09.11.1977 – 5 AZR 132/76 - EzA § 102 BetrVG 1972 Nr 31.
17 BAG 11.06.2002 – 1 ABR 43/01 - EzA § 99 BetrVG 1972 Nr 139 = AP Nr. 118 zu § 99 BetrVG 1972 m. Anm. *Oetker*.
18 BAG 21.10.1980 – 6 AZR 640/79 - EzA § 102 BetrVG Nr. 43 = AP Nr. 17 zu Internat. Privatrecht m. Anm. *Beitzke*.

hindert das Territorialitätsprinzip die Anwendung des BetrVG auf Auslandsbetriebe und Arbeitnehmer, die nur für einen solchen Auslandsbetrieb eingestellt worden sind, mag die arbeitsvertragliche Bindung auch (nur) mit dem inländischen Betriebsinhaber (Arbeitgeber) bestehen.[19]

Ist auf den Arbeitnehmer im Auslandseinsatz das deutsche BetrVG anzuwenden, so gilt dies grundsätzlich auch für die Geltung des § 87 Abs. 1 Nr. 2 und 3 BetrVG. Insoweit ist allerdings auch zu beachten, dass sich der öffentlich-rechtliche **Arbeitszeitschutz** ebenfalls nach dem **Territorialitätsprinzip** richtet. 5

II. Fachlicher Geltungsbereich

Das BetrVG regelt seinen **fachlichen Geltungsbereich** selbst nur zum Teil. § 1 BetrVG normiert den Betrieb als Anwendungsbereich. § 118 Abs. 2 BetrVG bestimmt die Unanwendbarkeit des Gesetzes auf Religionsgemeinschaften und deren karitative und erzieherische Einrichtungen, § 130 BetrVG normiert dasselbe für den öffentlichen Dienst. Hinzu kommen besondere Regelungen für die Seeschifffahrt (§§ 114 bis 116 BetrVG) und für die Luftfahrt (§ 117 BetrVG) sowie – außerhalb des BetrVG – für die Bundesbahn und die Bundespost und deren Nachfolgeunternehmen sowie für fremde, in Deutschland stationierte Streitkräfte. Schließlich schränkt § 118 Abs. 1 BetrVG die Anwendbarkeit dieses Gesetzes in Tendenzbetrieben ein. Im Zusammenhang mit der Frage der **Mitbestimmung bei Arbeitszeitregelungen** haben die unterschiedlichen Rechtsgrundlagen bei **Übereinstimmung in den wesentlichen Grundzügen** doch **unterschiedliche Detailwirkungen**. 6

1. Grundsatz

Aus der Zusammenschau der vorgenannten Bestimmungen über den fachlichen Geltungsbereich folgt, dass das BetrVG grundsätzlich **für alle Betriebe der Privatwirtschaft** gilt, d. h. Betriebe, deren Inhaber dem Privatrecht zugeordnet sind wie z. B. eine oder mehrere natürliche Personen oder Personengesamtheit oder eine Handelsgesellschaft oder eine juristische Person des Privat- 7

---

19 BAG 21.10.1980 – 6 AZR 640/79 - EzA § 102 BetrVG Nr. 43 = AP Nr. 17 zu Internat. Privatrecht m. Anm. *Beitzke*.

rechts ist. Entscheidend ist die Organisationsform des Betriebsinhabers.[20] Ist sie eine privatrechtliche, so ist unerheblich, ob z.B. die Gesellschaftsanteile, Aktien u.s.w. in privater oder gar vollständig in öffentlicher Hand liegen.[21] Indessen kommt es für die Ausnahmeregelung hinsichtlich der **Religionsgesellschaften** und ihre Einrichtungen gem. § 118 Abs. 2 BetrVG nicht auf die Rechtsform an.

2. Religionsgemeinschaften und ihre karitativen und erzieherischen Einrichtungen,

8 Nach § 118 Abs. 2 BetrVG findet das BetrVG keine Anwendung auf **Religionsgemeinschaften** und **ihre karitativen und erzieherischen Einrichtungen**, und zwar unbeschadet deren Rechtform. Unter Religionsgemeinschaften sind Verbände von Angehörigen ein und derselben Glaubens- oder Kultusgemeinde zu verstehen; dies folgt aus Art. 140 GG, Art. 137 Abs. 3 WRV.[22] Einrichtungen sind solche der Religionsgemeinschaften, wenn diese auf die Einrichtung zumindest in religiösen Fragen einen ordnenden und ggfs. verwaltenden Einfluss hat und die Einrichtung dem Sendungsauftrag unterliegt.[23] Diese Ausnahmeregelung des § 118 Abs. 2 BetrVG stellt nach dem ausdrücklichen Wortlaut des Gesetzes – im Gegensatz zur Abgrenzung gegenüber dem Personalvertretungsrecht – nicht auf die Rechtsform ab, sondern allein darauf, dass es sich um eine karitative oder erzieherische Einrichtung der Religionsgemeinschaft handelt. Eine in der Rechtsform der GmbH betriebene Einrichtung der katholischen Kirche ist nach § 118 Abs. 2 BetrVG vom Geltungsbereich des BetrVG ausgeschlossen, wenn sie karitative oder erzieherische Zwecke verfolgt; ob dies der Fall ist, bestimmt sich nach dem Selbstverständnis der Kirche.[24] Gleiches gilt für ein auf die Verwirklichung des christlichen Auftrags gerichtetes, von einem Mitglied der Diakonischen Werkes betriebenes Krankenhaus.[25]

---

20 Statt vieler: BAG 03.07.1987 – 6 ABR 78/85 -AP Nr. 3 zu § 130 BetrVG; BAG 18.01.1989 – 7 ABR 62/87 - AP Nr. 2 zu § 14 AÜG.
21 HSWGN/*Hess* § 130 BetrVG Rn. 3.
22 BAG 24.07.1991 – 7 ABR 34/90 - EzA § 118 BetrVG 1972 Nr. 58.
23 BAG 05.12.2007 – 7 ABR 72/06 - EzA § 118 BetrVG 2001 Nr 8 = ZMV 2008, 207 m. Anm. *Fey*; BAG 31.07.2002 – 7 ABR 12/01 EzA § 118 BetrVG 1972 Nr. 74.
24 BAG 23.10.2003 – 7 ABR 59/01 - EzA § 118 BetrVG 2001 Nr. 1 m. Anm. *Thüsing* = AP Nr. 72 zu § 118 BetrVG 1972 m. Anm. *Dütz*.
25 BAG 31.07.2002 – 7 ABR 12/01 - EzA § 118 BetrVG 1972 Nr 74 = AP Nr. 70 zu § 118 BetrVG 1972 m. Anm. *Thüsing*.

Als **karitativ** lässt sich eine Einrichtung bezeichnen, die sich den Dienst am 9
körperlich oder seelisch leidenden Menschen zu Ziel gesetzt hat, ohne hierzu
von Gesetzes wegen verpflichtet zu sein und ohne mit seinem Handeln die
Absicht der Gewinnerzielung zu verbinden.[26] Unschädlich für die Karitativität
der Einrichtung ist allerdings, Einnahmen zur Kostendeckung anzustreben.[27]
Erzieherischen Zwecken dient eine Einrichtung, wenn durch planmäßige,
methodische Unterweisung in einer Reihe allgemein- oder berufsbildender
Fächer die Persönlichkeit der Schüler geformt und seine Entwicklung zu
einem Glied der Gesellschaft der Menschen gefördert werden soll; die bloße
Vermittlung technischer oder sprachlicher oder künstlerischer Fähigkeiten
ohne den pädagogischen Auftrag genügt nicht, um die Einrichtung als erzieherische i.S. des § 118 BetrVG zu qualifizieren.[28]

3. Öffentlicher Dienst

Ebenso **keine Anwendung** findet das BetrVG **auf öffentlich-rechtliche** 10
Verwaltungen und Betriebe, nämlich solche des Bundes, der Länder, der
Gemeinden und sonstiger Körperschaften, Anstalten und Stiftungen des
öffentlichen Rechts (§ 130 BetrVG). Für solche Verwaltungen und Betriebe in
der Hand des Bundes gilt das **Bundespersonalvertretungsgesetz** (BPersVG);
liegen sie in der Hand eines Landes oder seiner Gemeinden, so ist das jeweilige **Landespersonalvertretungsrecht** anzuwenden. Die Geltungsbereiche des
BetrVG einerseits und der Personalvertretungsgesetze des Bundes und der
Länder sind ohne Überschneidungen oder Lücken gegeneinander abgegrenzt.
Entscheidend ist insoweit die Organisationsform. Bedient sich ein Körperschaft des öffentlichen Rechts einer privatrechtlichen Organisationsform, z. B.
einer GmbH, deren Gesellschaftsanteile alle von eben dieser Körperschaft
gehalten werden, so unterliegt der von der GmbH unterhaltenen Betrieb
nicht dem Personalvertretungsrecht, sondern dem Betriebsverfassungsrecht.[29]
Umgekehrt ist auf einen Betrieb einer öffentlich-rechtliche Körperschaft
(Brauereibetrieb einer **kirchlichen Ordensgemeinschaft**, der der Staus einer
öffentlich-rechtlichen Körperschaft verliehen worden ist), gem. § 130 BetrVG

---

26 BAG 15.03.2006 – 7 ABR 24/05 - EzA § 118 BetrVG 2001 Nr 5.
27 BAG 29.06.1988 – 7 ABR 15/87 -EzA § 118 BetrVG Nr. 43.
28 Vgl. im Einzelnen: HWK/*Hohenstatt/Dzida* § 118 BetrVG Rn. 7 m. w. N.
29 BAG 07.11.1975 – 1 AZR 74/74 - EzA § 118 BetrVG 1972 Nr. 8 = AP Nr. 1 zu
§ 130 BetrVG 1972 m. Anm. *Mayer-Maly*.

nicht das BetrVG anzuwenden.[30] Für die Arbeitnehmer der **alliierten Streitkräfte** gilt trotz ihrer Exterritorialität kraft ausdrücklicher Regelung in Art. 56 des Zusatzabkommens zum Nato-Truppenstatut (ZA-NTS) das **BPersVG**, allerdings mit starken Abschwächungen hinsichtlich der Intensität der Mitbestimmung. Dagegen findet auf Betriebe **nichtdeutscher Unternehmen wirtschaftlichen Charakters** i. S. d. Art. 72 ZA-NTS das **BetrVG** auch insoweit Anwendung, als die bei diesen Unternehmen beschäftigten Angestellten nach Art. 72 Abs. 5 ZA-NTS die gleichen Befreiungen und Vergünstigungen genießen wie Mitglieder des zivilen Gefolges.[31] Ebenso findet das **BetrVG** Anwendung auf Verwaltungen und Betriebe internationaler oder zwischenstaatlicher Organisationen, soweit sie nicht das Recht der Exterritorialität haben.[32] Auf Zivilbeschäftigte der sowjetischen Streitkräfte auf deutschem Boden findet das BetrVG keine Anwendung.[33]

4. Anwendbarkeit infolge Privatisierung

11 Nach der Umwandlung und Zusammenführung der Deutschen Bundesbahn und der Deutschen Reichsbahn in die neu gegründete **Deutsche Bahn AG (DBAG)** auf Grund des Gesetzes über die Gründung einer Deutschen Bahn AG vom 21.12.1993[34] gilt – von übergangsbedingten Besonderheiten abgesehen – für die Betriebe der DBAG das **BetrVG**, und zwar nicht nur der Arbeiter, Angestellten und Auszubildenden, sondern grundsätzlich auch hinsichtlich der der DBAG zugewiesenen Beamten.[35]

12 Die **Deutsche Bundespost** ist auf Grund des Postneuordnungsgesetzes (PTNeuOG) vom 14.9.1994 (BGBl. I, S. 2325) in Privatunternehmen umgewandelt worden, und zwar im Wesentlichen unter gleichzeitiger Aufspaltung in die **Deutsche Post AG**, die **Deutsche Postbank AG** und die **Deutsche Telekom AG**. Für alle von diesen Unternehmen im Inland geführten Betriebe gilt das **BetrVG**.

---

30 BAG 03.07.1987 – AP Nr. 2 zu § 130 BetrVG 1972.
31 BAG 19.06.1984 – AP Nr. 1 zu Art. 72 ZA-Nato-Truppenstatut.
32 HSWGN/*Hess* § 130 BetrVG R. 4.
33 BAG 28.04.1993 – 10 AZR 391/92 - EzA § 130 BetrVG 1972 Nr 3.
34 BGBl. I, S. 2386.
35 Vgl. im Einzelnen: *C. Meyer* RdA 2001, 157; *Engels/Müller/Mauß* DB 1994, 473; *Engels/Mauß-Trebinger* RdA 1997, 217.

5. Besondere betriebsfassungsrechtliche Organisationsformen

Betriebsräte werden in Betrieben gewählt (vgl. §§ 1, 4 BetrVG). Von diesem 13
Regelfall abweichende Organisationsformen können nach näherer Maßgabe
von § 3 BetrVG durch Tarifvertrag oder Betriebsvereinbarung eingerichtet
werden. Für die **Seeschifffahrt** enthalten die §§ 114 bis 116 BetrVG besondere
Vertretungs- und Organisationsregelungen vor allem für die **Bordvertretung**
und den **Seebetriebsrat**. Grundsätzlich ist auf die Seeschifffahrtsunternehmen
und ihre Betriebe das BetrVG anzuwenden. Dies gilt insbesondere für die
Landbetriebe; für sie gelten die Sonderregelungen nicht.[36] Ähnlich verhält
es sich mit den Regelungen über die Anwendung des BetrVG auf **Luftfahrtunternehmen** in § 117 BetrVG.

III. Mitbestimmungsraum Betrieb

Das Mitbestimmungsrecht des § 87 BetrVG hat der Arbeitgeber in **Betrieben** 14
zu beachten, in denen ein **Betriebsrat** besteht. Die Mitbestimmung des
Betriebsrats ist auf den Betrieb, für den er gewählt worden ist, begrenzt.

1. Betrieb

§ 1 Abs. 1 S. 1 BetrVG bestimmt, dass in Betrieben mit in der Regel fünf ständi- 15
gen wahlberechtigten Arbeitnehmern, von denen drei wählbar sind, Betriebsräte gewählt werden. Dabei setzt das BetrVG setzt den Begriff »Betrieb«
voraus, ohne ihn zu definieren. Ein Betrieb i. S. d. Betriebsverfassungsgesetzes
ist die organisatorische Einheit, innerhalb derer ein Arbeitgeber allein oder
mit seinen Arbeitnehmern mit Hilfe technischer und immaterieller Mittel
bestimmte arbeitstechnische Zwecke fortgesetzt verfolgt.[37] Für **Betriebsteile**
und deren Zuordnung zum **Hauptbetrieb** enthält § 4 BetrVG besondere
Regelungen.[38] Mehrere Unternehmen können auch einen **Gemeinschaftsbetrieb** bilden.[39] Die mit einem Konzernverhältnis verbundene Beherrschung
eines Unternehmens durch ein anderes genügt für das Vorliegen eines gemein-

---

36 HBD/*Lunk* §§ 114–116 BetrVG Rn. 2.
37 St. Rspr., vgl. etwa BAG 22.06.2005 – 7 ABR 57/04 - EzA § 1 BetrVG 2001 Nr. 4
= AP Nr. 23 zu § 1 BetrVG 1972 Gemeinsamer Betrieb.
38 Dazu näher: HSWGN/*Rose* § 4 BetrVG Rn. 26 ff.
39 Vgl. BAG 22.06.2005 – 7 ABR 57/04 EzA § 1 BetrVG 2001 Nr. 4 = AP Nr. 23 zu
§ 1 BetrVG 1972 Gemeinsamer Betrieb.

samen Betriebs nicht. Dies gilt auch, wenn das herrschende Unternehmen dem beherrschten Unternehmen Weisungen erteilt.[40] Die Arbeitszeitregelung ihrerseits braucht sich nicht auf den ganzen Betrieb oder alle ihm zugehörigen Arbeitnehmer zu erstrecken, sondern kann – und wird meistens – nur für einen Teil von ihnen gelten sollen.

16 Regelmäßig ist **für die betriebsverfassungsrechtliche Beteiligung in Arbeitszeitfragen** des § 87 Abs. 1 Nr. 2 und 3 BetrVG der (örtliche) **Betriebsrat zuständig**, und zwar auch dann, wenn der Arbeitgeber einheitliche Regelungen für nicht nur einen, sondern mehrere oder gar alle Betriebe seines Unternehmens anstrebt. Nur ausnahmsweise kommt die Zuständigkeit des **Gesamtbetriebsrats** (§ 50 BetrVG) in Betracht, nämlich nur dann, wenn es sich um eine **überbetriebliche Angelegenheit** handelt und diese nicht durch die einzelnen Betriebsräte innerhalb ihrer Betriebe geregelt werden kann.[41] Für die Festlegung der **täglichen Arbeitszeit** kommt jedoch eine originäre Zuständigkeit des Gesamtbetriebsrats in Betracht, wenn zwischen den Betrieben eine so starke **produktionstechnische Abhängigkeit** besteht, dass eine einheitliche Regelung unausweichlich erforderlich ist.[42] Die Zuständigkeit des Gesamtbetriebsrats kann dabei auch auf der »subjektiven Unmöglichkeit« einzelbetrieblicher Regelungen beruhen. Davon ist auszugehen, wenn der Arbeitgeber im Bereich der freiwilligen Mitbestimmung zu einer Maßnahme, Regelung oder Leistung nur betriebsübergreifend bereit ist. Wenn der Arbeitgeber mitbestimmungsfrei darüber entscheiden kann, ob er eine Leistung überhaupt erbringt, kann er sie von einer überbetrieblichen Regelung abhängig machen und so die Zuständigkeit des Gesamtbetriebsrats für den Abschluss einer entsprechenden Betriebsvereinbarung herbeiführen. Dies ist z. B. der Fall, wenn der Arbeitgeber anders zu einer freiwilligen Regelung über die Bewertung von **Fahrten zu Kunden als Arbeitszeit** nicht bereit ist.[43] Kann die Angelegenheit innerbetrieblich geregelt werden, besteht jedoch für den Betrieb kein Betriebsrat, so ist insoweit auch nicht der Gesamtbetriebsrat zuständig; seine Zuständigkeit für betriebsratslose Betriebe besteht nur, wenn die Voraussetzungen für seine originäre Zuständigkeit auch ansonsten

---

40 BAG 11.12.2007 – DB 2008, 1163 = NZA-RR 2008, 298.
41 BAG 19.06.2012 – 1 ABR 19/11 – NZA 2012, 1237 = FA 2012, 346;.
42 BAG 09.12.2003 – 1ABR 29/02 – EzA § 50 BetrVG 2001 Nr 3.
43 BAG 01.10.2006 – 1 ABR 59/05 - EzA § 77 BetrVG 2001 Nr. 18.

gegeben sind.⁴⁴ Die Zuständigkeit des Gesamtbetriebsrats kann schließlich auch durch einen Auftrag des Betriebsrats nach näherer Maßgabe von § 50 Abs. 2 BetrVG begründet werden. Der **Konzernbetriebsrat** kann – vergleichbar – nach § 58 BetrVG zuständig sein. Allerdings sind die Zuständigkeiten des Gesamtbetriebsrats oder gar des Konzernbetriebsrats in Arbeitszeitfragen i. d. R. nicht gegeben, weil es sich bei diesen Fragen regelmäßig um »örtliche« Angelegenheiten handelt.

2. Bestehen eines Betriebsrats

Die Normen über die betriebliche Mitbestimmung nach § 87 Abs. 1 Nr. 2 und 3 BetrVG sind nur anwendbar, wenn in dem Betrieb, für den eine Regelung i.S. dieser Bestimmungen geschaffen oder geändert oder durch eine andere Regelung ersetzt werden soll, ein **Betriebsrat besteht**. In längst nicht allen Betrieben ist dies der Fall. Insbesondere in kleineren Betrieben werden vielfach keine Betriebsräte gewählt. Besteht in einem Betrieb kein Betriebsrat, so ist für die Anwendung des § 87 BetrVG oder sonstiger Normen über die betriebliche Mitbestimmung kein Raum.⁴⁵

17

Ist ein Betriebsrat gewählt und ist dessen **Wahl angefochten**, so ist bis zur Rechtskraft der gerichtlichen Entscheidung, mit der das Wahlergebnis korrigiert oder gar die Wahl für unwirksam erklärt worden ist, von der Existenz des Betriebsrats auszugehen; bis dahin ist er zu beteiligen; seine bis dahin vorgenommenen Handlungen bleiben von der Wahlanfechtung unberührt.⁴⁶ Wird der Wahlanfechtungsantrag für unzulässig erklärt oder zurückgewiesen, so bleibt die Wahl unangefochten. Daraus folgt, dass der Betriebsrat auch dann gem. § 87 BetrVG zu beteiligen ist, wenn seine Wahl angefochten worden ist. Von der Wahlanfechtung ist die – ohnehin nur bei ganz groben Wahlmängeln zulässige und deshalb äußerst seltene⁴⁷ – **Nichtigerklärung** einer Betriebsratswahl zu unterscheiden. Erklärt das Gericht die Wahl für nichtig, so wird mit der Rechtskraft der Entscheidung die Betriebsratswahl rückwirkend beseitigt, der Betriebsrat hat dann rechtlich nie bestanden, seine Rechtshandlungen

18

---

44 ErfK/*Eisemann* § 50 BetrVG Rn. 2.
45 BAG 12.10.1961 – 5 AZR 423/60 - BAGE 11, 318 = AP Nr. 84 zu § 611 BGB Urlaubsrecht.
46 BAG 29.05.1991 – 7 AR 67/90 - BAGE 68, 74 = EzA § 19 BetrVG 1972 Nr. 31.
47 HSWGN/*Nicolai* § 19 BetrVG Rn. 40 ff.

sind rechtsunwirksam.⁴⁸ Gleichwohl ist es ratsam, den Betriebsrat solange als existent zu behandeln und ihn gem. § 87 BetrVG zu beteiligen, bis dessen Wahl rechtskräftig für nichtig erklärt worden ist. Denn bis dahin bleibt ungewiss, wie das Nichtigkeitsverfahren ausgeht.

IV. Persönlicher Geltungsbereich

19 Die Mitbestimmung in Arbeitszeitfragen nach § 87 Abs. 1 Nr. 2 und 3 BetrVG betrifft grundsätzlich alle in den persönlichen Geltungsbereich des BetrVG fallenden Arbeitnehmer. Dies sind **alle Arbeitnehmer des Betriebs**, gleichgültig, ob es sich um Angestellte, Arbeiter oder Auszubildende handelt, einschließlich der in Heimarbeit Beschäftigten, die in der Hauptsache für den Betrieb arbeiten (§ 5 Abs. 1 BetrVG). Die in § 5 Abs. 2 BetrVG aufgezählten und näher definierten Personen wie **Organmitglieder, Gesellschafter und Geschäftsführer, Personen, deren Tätigkeit nicht in erster Linie ihrem Erwerb dient, und Ehegatten und nahe Verwandte in häuslicher Gemeinschaft** werden vom BetrVG nicht erfasst. Auf **leitende Angestellte** (§ 5 Abs. 3 BetrVG) findet das BetrVG keine Anwendung, soweit in ihm nicht ausdrücklich etwas anderes bestimmt ist; das ist in Arbeitszeitangelegenheiten des § 87 Abs. 1 Nr. 2 und 3 BetrVG nicht der Fall. Insoweit gilt § 30 SprAuG. **Außertarifliche Angestellte**, mithin Angestellte mit einer Tätigkeit, die oberhalb der höchsten vom Tarifvertrag erfassten Tätigkeit liegt und deren Vergütung die höchste Tarifvergütung nach näherer Maßgabe des Tarifvertrags i. d. R. erheblich überschreitet,⁴⁹ werden, wenn sie nicht zugleich leitende Angestellte sind, von der Mitbestimmung in Arbeitszeitangelegenheiten gem. § 87 Abs. 1 Nr. 2 und 3 BetrVG ebenso erfasst⁵⁰ wie lediglich **übertariflich** bezahlte Arbeitnehmer.

1. Arbeitnehmer

20 Der Grundbegriff »**Arbeitnehmer**« ist in § 5 Abs. 1 S. 1 BetrVG als »im Sinne dieses Gesetzes« beschrieben; er stimmt jedoch mit dem Begriff in § 2 Abs. 2 ArbZG – dort ebenfalls nur für jenes Gesetz umschriebenen – Begriff überein (vgl. wegen der Einzelheiten: § 2 ArbZG Rdn. 68–109). Daran ändert nichts,

---

48 BAG 29.04.1998 – 7 ABR 42/97 - EzA § 40 BetrVG 1972 Nr.
49 BAG 21.06.2000 – 4 AZR 793/98 - EzA § 4 TVG Metallindustrie Nr 118.
50 BAG 27.11.1990 – 1 ABR 77/89 - EzA § 87 BetrVG 1972 Arbeitszeit Nr. 40 m. Anm. *Kraft*.

dass sich die Umschreibungen insoweit unterscheiden, als es in der jetzt gültigen Fassung des § 5 Abs. 1 S. 1 BetrVG durch das BetrVerf-RG[51] heißt: »unabhängig davon, ob sie im Betrieb, im Außendienst oder mit Telearbeit beschäftigt werden«. Die Ergänzung nimmt nur die Entwicklung der Rechtsprechung auf,[52] führt aber in der Sache nicht zu einem abweichenden Grundbegriff.[53] Zu den Arbeitnehmern i. S. d. BetrVG zählen auch die Auszubildenden. Mangels **Arbeitsvertrags** als Grundlage ihrer Beschäftigung scheidet die Anwendung des BetrVG auf **Beamte, Berufsrichter und Soldaten ebenso** aus wie auf andere auf öffentlich rechtlicher Grundlage Beschäftigte, ohne dass dies gesondert im Gesetz zu erwähnen war (vgl. § 2 ArbZG Rdn. 74–84).

2. Ausnahmen wegen der Art und wegen des Anlasses der Tätigkeit (§ 5 Abs. 2 BetrVG)

Eine Reihe von **Ausnahmen** aus dem allgemeinen Begriff des Arbeitnehmers fingiert § 5 **Abs. 2 BetrVG**, indem dort bestimmt ist, dass bestimmte Personen **nicht als Arbeitnehmer gelten**. Von daher ist es müßig, darüber zu streiten, ob das BetrVG von einem »engen« oder von einem »weiten« Arbeitnehmerbegriff ausgeht. Entscheiden ist vielmehr, dass das gesamte BetrVG auf die in Abs. 2 genannten Personen »keine Anwendung findet«. Der Sache nach besteht eine weitgehende, aber keine vollständige Deckung mit den Regelungen des ArbZG zu dessen persönlichem Geltungsbereich. Für die die in § 5 Abs. 2 Nr. 1 und 2 BetrVG genannten **Organmitglieder** gilt das ArbZG nicht, sie sind in dieser Eigenschaft keine Arbeitnehmer (vgl. § 2 ArbZG Rdn. 98). Gleiches gilt für die in § 5 Abs. 2 Nr. 2 BetrVG genannten **Gesellschafter** (vgl. § 2 ArbZG Rdn. 86). Die **Rechtsgrundlage** für die Beschäftigung der § 5 Abs. 2 Nr. 3 und 4 BetrVG genannten«, aus **karitativen** oder **religiösen** Gründen oder aus Gründen ihrer **Rehabilitation** Beschäftigten ist i. d. R. kein Arbeitsvertrag, weil die Beschäftigung nicht in erster Linie ihrem Erwerb dient; in diesen Fällen könne sie schon mangels Arbeitsvertrags keine Arbeitnehmer sein (vgl. dazu § 2 ArbZG Rdn. 78–84). Nicht ganz deckungsgleich mit dem ArbZG ist der Ausnahmetatbestand der in **häuslicher Gemeinschaft** mit dem Arbeitgeber lebenden Angehörigen (§ 5 Abs. 2 Nr. 5 BetrVG). Eine solche Ausnahme kennt das ArbZG nicht, vielmehr ist dessen Anwendung

---

51 Vom 27.07.2001 – BGBl. I, S. 1852.
52 BT-Drs. 14/5741, S. 35.
53 Vgl. HSWGN/*Rose* § 5 BetrVG Rn. 2; ErfK/*Eisemann* § 5 BetrVG Rn. 1.

für alle Personen ausgeschlossen, die im häuslicher Gemeinschaft **mit ihnen anvertrauen Personen leben und sie eigenverantwortlich erziehen, pflegen und betreuen** (§ 18 Abs. 1 Nr. 3 ArbZG, vgl. dort Rdn. 24). In aller Regel ist in solchen Fällen bereits das für die Anwendung der BetrVG notwendige Tatbestandsmerkmal des Betriebes nicht gegeben.

3. Leitende Angestellte (§ 5 Abs. 3 BetrVG)

22 § 5 Abs. 3 BetrVG nimmt die dort definierten **leitenden** Angestellten ebenso von der Anwendung des BetrVG ausgenommen wie § 18 Abs. 1 Nr. 1 ArbZG von dessen Anwendbarkeit (vgl. § 18 ArbZG Rdn. 5–7). Auf **Chefärzte** ist das ArbZG ausdrücklich nicht anzuwenden (§ 18 Abs. 1 ArbZG, vgl. dort Rdn. 18 und 19); sie sind jedoch im BetrVG nicht gesondert erwähnt. Unanwendbar ist das BetrVG auf Chefärzte nur, wenn sie leitende Angestellte i.S. des § 5 Abs. 3 BetrVG sind. Die Voraussetzungen des § 5 Abs. 3 S. 2 Nr. 1 BetrVG (Befugnis zu Einstellung und Entlassung von Arbeitnehmern) sind nicht nur dann erfüllt, wenn der Angestellte zur selbstständigen Einstellung und Entlassung aller Arbeitnehmer des Betriebes oder der Betriebsabteilung befugt ist, sondern auch dann, wenn die Befugnisse sich nur auf einen Teil der Belegschaft beziehen. Bei Arbeitnehmern, deren Personalkompetenzen nur von untergeordneter Bedeutung für den Betrieb und damit auch für das Unternehmen sind, liegen diese Voraussetzungen nicht vor. Der Status als leitender Angestellter kann nur begründet werden, wenn die dem Angestellten nachgeordneten Mitarbeiter auch ein für das Unternehmen bedeutsames Aufgabengebiet betreuen Die Ausübung der in § 5 Abs. 3 S. 2 Nr. 1 BetrVG genannten Befugnisse gegenüber noch nicht einmal einem Prozent der Gesamtbelegschaft lässt einen Chefarzt der geriatrischen Abteilung eines Krankenhauses schwerlich als Repräsentanten der Arbeitgeberin gegenüber dem Betriebsrat erscheinen.[54] Ob ein Chefarzt gem. § 5 Abs. 3 S. 2 Nr. 2 (Generalvollmacht, Prokura – wohl selten) oder 3 (Bedeutung der Aufgabe für den Betrieb oder das Unternehmen) als leitender Angestellter zu gelten hat, ist ebenso eine Frage des Einzelfalls wie die, ob in anderen Konstellationen einem Chefarzt hinreichende Personalbefugnisse i. S. d. § 5 Abs. 3 S. 2 Nr. 1 BetrVG zustehen. Die Ausnahmeregelung des § 18 Abs. 1 Nr. 2 für **Leiter öffentlicher Dienststellen** ist für das BetrVG ohne Bedeutung, da sie nur den vom BetrVG nicht erfassten öffentlichen Dienst betrifft.

---

54 BAG 01.10.2007 – 7 ABR 61/06 - EzA § 5 BetrVG 2001 Nr. 3.

4. Jugendliche Arbeitnehmer

Jugendliche Arbeitnehmer sind nach § 18 Abs. 2 ArbZG von dessen Geltung ausgenommen; an Stelle des ArbZG ist das JArbSchG anzuwenden (§ 18 ArbZG Rdn. 26). Im BetrVG gibt es keine entsprechende Regelung. Für die Mitbestimmung in Arbeitszeitangelegenheiten gem. § 87 Abs. 1 Nr. 2 und 3 BetrVG ist bei jugendlichen Arbeitnehmern nicht die Jugend- und Auszubildendenvertretung zuständig (vgl. § 70 BetrVG), sondern, wie bei den anderen unter § 5 Abs. 1 fallenden Arbeitnehmern auch, der Betriebsrat, gleichgültig, ob sich der Jugendliche noch in der Ausbildung befindet oder ob er als Arbeitnehmer beschäftigt wird.

23

5. Leiharbeitnehmer, Fremdarbeitnehmer

Hinsichtlich der Mitbestimmung in Arbeitszeitangelegenheiten der **Leiharbeitnehmer** ist zu unterscheiden, ob der Verleiher als arbeitsvertraglicher Arbeitgeber des Leiharbeitnehmers oder ob der Entleiher die Regelung trifft.[55]

24

Leiharbeitnehmer bleiben auch während der Zeit, in der sie im Betrieb des Entleihers tätig sind, Angehörige des Verleiherbetriebes (§ 14 Abs. 1 AÜG), auch wenn sie gem. § 7 S. 2 BetrVG nach einer Tätigkeit von drei Monaten im selben Betrieb des Entleihers für die dortige Betriebsratswahl wahlberechtigt sind.[56] Für die den Leiharbeitnehmer betreffende **Arbeitszeitregelungen** des **Leiharbeitgebers** (Verleiher), ist der **Betriebsrat** im **Verleihbetrieb** zuständig, insbesondere, wenn der Leiharbeitnehmer in einen Entleihbetrieb entsandt wird, dessen betriebsübliche regelmäßige Arbeitszeit von der regelmäßigen Arbeitszeit abweicht, die – mitbestimmungsfrei[57] – der Leiharbeitgeber (Verleiher) mit dem Leiharbeitnehmer im Arbeitsvertrag vereinbart hat.[58] Indessen ist auch der **Betriebsrat** im **Entleiherbetrieb** für die Mitbestimmung hinsichtlich der Arbeitszeit zuständig, an die der Leiharbeitnehmer nach der Weisung bzw. nach der betrieblichen Regelung im Betrieb des Entleihers gebunden

---

[55] BAG 19.06.2001 – 7 ABR 43/00 - EzA § 87 BetrVG 1972 Arbeitszeit Nr. 63 = AP Nr. 1 zu § 87 BetrVG 1972 Leiharbeitnehmer m. Anm. *Marschall*.
[56] ErfK/*Kania* § 87 BetrVG Rn. 5.
[57] BAG 27.01.1998 – 1 ABR 35/97 - EzA § 87 BetrVG 1972 Arbeitszeit Nr. 58.
[58] BAG 19.06.2001 – 1 ABR 43/00 - EzA § 87 BetrVG 1972 Arbeitszeit Nr. 63 m. Anm. *Hamann*.

ist.⁵⁹ Dies folgt nicht bereits aus der Tatsache, dass der Leiharbeitnehmer nicht nur in den Betrieb des Verleihers, sondern auch in den des Entleihers eingegliedert ist, sondern erst hieraus i. V. m. dem Normzweck des jeweiligen Mitbestimmungsrechts.⁶⁰ Der Normzweck des § 87 Abs. 1 Nr. 2 BetrVG liegt darin, das Interesse der Arbeitnehmer an ihrer Zeitsouveränität zur Geltung zu bringen.⁶¹ Das gilt auch für die Arbeitszeit von Leiharbeitnehmern im Entleiherbetrieb. Deshalb ist der dortige Betriebsrat nach § 87 Abs. 1 Nr. 2 BetrVG (auch) für die Mitbestimmung hinsichtlich der Arbeitszeit der Leiharbeitnehmer zuständig.⁶² Folglich sind für die **Mitbestimmung in Arbeitszeitregelungen**, von der (auch) Leiharbeitnehmer betroffen sind, sowohl der **Betriebsrat des Verleiherbetriebes** als auch der **Betriebsrat des Entleiherbetriebes, ggfs. auch beide** zuständig.

25 Dagegen ist für Arbeitszeitangelegenheiten der **Fremdarbeiter** nicht der Betriebsrat des Betriebes zuständig, in dessen Räumen die Fremdarbeitnehmer tätig sind, sondern der Betriebsrat des Betriebes ihres Arbeitgebers, welchem sie angehören. **Fremdarbeitnehmer** arbeiten in den Räumen oder an technischen Gegenständen und Anlagen des Kunden (Auftraggebers) ihres Arbeitgebers, z. B. eines Industrie-Dienstleistungsunternehmers, Arbeitsaufträge ihres Arbeitgebers ab, z. B. Wartungsarbeiten an technischen Anlagen des Kunden (Aufraggebers). Auch wenn sie – wie bei großen Industriebetrieben üblich – z. B. mit Werksausweisen, Zugangsschlüsseln u. s. w. des Kunden ihres Arbeitgebers versehen werden, sie sind – anders als Leiharbeitnehmer – nicht in den Betrieb des Kunden eingegliedert.

6. Besondere Betriebsarten

26 Für bestimmte **besondere Betriebsarten** gelten im ArbZG und im BetrVG besondere Regelungen. Sie sind nicht völlig aufeinander abgestimmt. Für die **Seeschifffahrt** enthält das BetrVG besondere Regelungen über die Vertretung der nicht im Landbetrieb tätigen Arbeitnehmer in den §§ 114 bis 116 BetrVG. Für die Beschäftigung von Arbeitnehmern als Besatzungsmitglieder auf Kauffahrteischiffen bestimmt § 18 Abs. 3 ArbZG die Geltung des See-

---

59 BAG 15.12.1992 – 1 ABR 38/92 - EzA § 14 AÜG Nr. 3.
60 *Konzen* ZfA 1982, 259, 277.
61 BAG 15.12.1992 – 1 ABR 38/92 - EzA § 14 AÜG Nr. 3.
62 BAG 15.12.1992 – 1 ABR 38/92 - EzA § 14 AÜG Nr. 3; kritisch *Hamann*, Anm. zu BAG 19.06.2001 – 1 ABR 43/00 - EzA § 87 BetrVG 1972 Arbeitszeit Nr. 63.

mannsgesetzes anstelle des ArbZG. Die jeweiligen Personenkreise sind in etwa deckungsgleich. **Kapitäne** können als **leitende Angestellte** gem. § 5 Abs., 3 BetrVG von der Anwendung dieses Gesetzes ausgenommen sein.[63] Für die Besatzungsmitglieder in der **Luftfahrt** gelten anstelle des ArbZG die Bestimmungen der 2. DV zu BO Luft (§ 20 ArbZG); besondere Vertretungsregelungen sind in § 117 BetrVG normiert. Dagegen sind für die **Binnenschifffahrt** in § 1 BetrVG keine besonderen Regelungen für diese Betriebsart im BetrVG vorgesehen. Für das **Fahrpersonal im Straßenverkehr** finden sich besondere Regelungen über deren Arbeitszeit in § 21a und in anderen Bestimmungen des ArbZG; es gibt jedoch keine besonderen Regelungen über die Mitbestimmung über deren Arbeitszeit im BetrVG.

C. Tendenzschutz

Einschränkungen der betrieblichen Mitbestimmung bei Regelungen der Arbeitszeit nach § 87 Abs. 1 Nr. 2 und 3 BetrVG können sich auf Grund des **betriebsverfassungsrechtlichen Tendenzschutzes** ergeben. Nach § 118 Abs. 1 S. 1 BetrVG findet das BetrVG auf **Tendenzunternehmen und -betriebe**, d. h. auf Unternehmen und Betriebe, die unmittelbar und überwiegend 1. politischen, koalitionspolitischen, konfessionellen, karitativen, erzieherischen, wissenschaftlichen oder künstlerischen Bestimmungen dienen oder die 2. Zwecken der Berichterstattung oder Meinungsäußerung, auf die Art. 5 Abs. 1 S. 2 GG Anwendung findet, dienen, **keine Anwendung, soweit die Eigenart des Unternehmens oder des Betriebes dem entgegensteht**. Im Gegensatz zu den Religionsgesellschaften und deren karitativen und erzieherischen Einrichtungen (§ 118 Abs. 2 BetrVG) ist die Anwendung der Mitbestimmungsregelung des § 87 BetrVG auf Tendenzunternehmen und -betriebe indessen nicht völlig ausgeschlossen, sondern nur unter dem Gesichtspunkt des Tendenzschutzes eingeschränkt. Diese **Einschränkung** setzt voraus, dass es sich um ein **Tendenzunternehmen** oder einen **Tendenzbetrieb** handelt, dass die Maßnahme sog. **Tendenzträger** betrifft und sie ihrerseits **tendenzbezogen** ist.

27

---

63 LAG Schleswig-Holstein 07.05.1998 – 4 TaBV 34/97 juris.

I. Zweck der Regelung

28 Die Regelung dient dem **Ausgleich** zwischen dem **Sozialstaatsprinzip** und den **Freiheitsrechten der Tendenzträger**.[54] Dagegen besteht der Normzweck nicht darin, sog. nichtwirtschaftliche Unternehmen zu privilegieren.[65] Vielmehr steht ein **Erwerbs- oder Gewinnstreben** des Unternehmens der Anwendung des § 118 Abs. 1 BetrVG nicht entgegen.[66] **Karitativen Zwecken** i.S. des § 118 Abs. 1 S. 1 Nr. 1 BetrVG dient ein Unternehmen oder Betrieb dagegen nur, wenn die Aufgabe ohne Absicht der Gewinnerzielung und ohne unmittelbare gesetzliche Verpflichtung verfolgt wird.[67]

II. Tendenzcharakter des Unternehmens oder Betriebs

29 Die Unternehmen **oder** Betriebe müssen einem der im Gesetz abschließend aufgezählten **Tendenzzwecke** unmittelbar und überwiegend **dienen**.[68] Die vom BAG ständig verwendete Formulierung, dass das Unternehmen **und** der Betrieb dem Tendenzzweck zu dienen habe,[69] ist unpräzise. Auch ein Tendenzunternehmen kann einen tendenzfreien Betrieb führen wie auch umgekehrt. Unternehmen oder Betrieb müssen der Verwirklichung der Tendenz **unmittelbar** dienen. Die Betätigung muss darauf gerichtet sein, die Tendenz selbst zu verwirklichen; unzureichend ist es, wenn der grundsätzlich tendenzfreie arbeitstechnische oder wirtschaftliche Zweck des Betriebs oder Unternehmens den Erfolg eines Tendenzunternehmens oder -betriebs bei der Verwirklichung der Tendenz lediglich unterstützt.[70] Demgemäß steht der Tendenzschutz eines Zeitungsverlags dem Mitbestimmungsrecht des Betriebsrats über die **Arbeitszeit der Zeitungszusteller** in einem abhängigen Tochterunternehmen nicht entgegen.[71] Des Weiteren müssen Unternehmen oder Betrieb dem Tendenz-

---

64 BVerfG 06.11.1979 – 1 BvR 81/76 - BVerfGE 52, 283 = EzA § 118 BetrVG 1972 Nr 23; BAG 21.06.1989 – 7 ABR 58/87 - EzA § 118 BetrVG 1972 Nr 49; HSWGN/*Hess* § 118 BetrVG Rn. 1; ErfK/*Kania* § 118 BetrVG Rn. 1.
65 A. A. noch GK/*Fabricius* 6. Aufl., § 118 BetrVG Rn. 78 ff.
66 BAG 27.07.1993 – 1 ABR 8/93 - EzA § 118 BetrVG 1972 Nr. 61.
67 BAG 15.03.2006 – 7 ABR 24/05 - EzA § 118 BetrVG 2001 Nr 5.
68 Vgl. ErfK/*Kania* § 118 BetrVG Rn. 5.
69 BAG 27.07.1993 – 1 ABR 8/93 - EzA § 118 BetrVG 1972 Nr. 61.
70 So für eine Zeitungsdruckerei im Verhältnis zum Zeitungsverlag: BAG 31.10.1975 – 1 ABR 64/74 EzA § 118 BetrVG 1972 Nr. 5.
71 BVerfG 29.04.2003 – 1 BvR 62/99 - EzA § 118 BetrVG 2001 Nr 2.

schutz **überwiegend** dienen. Diese Voraussetzung ist ohne weiteres gegeben, wenn das Unternehmen oder der Betrieb nur keinen anderen Zweck verfolgt, als er in § 118 Abs. 1 S. 1 BetrVG genannt ist. Wird dagegen neben einem tendenzgeschützten Zweck auch ein Zweck außerhalb des § 118 Abs. 1 S. 1 BetrVG verfolgt, so besteht der Tendenzschutz nur, wenn die tendenzgeschützte Bestimmung überwiegt; d.h., wenn die personellen und sonstigen Mittel regelmäßig in größerem Umfang zur Verwirklichung der Tendenz als zur Verwirklichung eines nicht tendenziellen Zieles eingesetzt werden.[72] Welche **Tendenzbestimmungen** der Unternehmen oder Betriebe die besonderen Einschränkungen des § 118 Abs. 1 BetrVG auslösen können, ist eben dort abschließend aufgezählt. Nr. 1 listet die **geistig-ideellen Bestimmungen** der Unternehmen oder Betriebe auf, Nr. 2 postuliert für Unternehmen oder Betriebe der **Berichterstattung** oder der **Meinungsäußerung** den Tendenzschutz.

1. Politische Bestimmungen

Politischer Bestimmung dient ein Unternehmen oder Betrieb, wenn es dazu 30
bestimmt ist, bei der Gestaltung des staatlichen politischen Lebens mitzuwirken. Dabei geht es nicht primär um politische Parteien – sie zählen zu den koalitionspolitisch bestimmten Einrichtungen –, sondern ganz allgemein um Vereinigungen, Verbände, Unternehmen und Betriebe, die dazu bestimmt sind, auf das politische Leben Einfluss zu nehmen, seien es sozialpolitische, wirtschaftspolitische und andere politische Ziele und Entwicklungen. Solche Tendenzunternehmen sind z.B. allgemeine und besondere Interessenverbände, Behindertenverbände, Frauenverbände, Jugendverbände und viele, viele andere. Der Begriff »**politisch**« ist weit auszulegen.[73] »Politische Bestimmungen« i.S.d. § 118 Abs. 1 S 1 Nr. 1 BetrVG sind nicht nur solche parteipolitischer Art.[74] Politische Stiftungen, die von politischen Parteien getragen werden, sind aufgrund der von ihnen verfolgten allgemeinen politischen Zielsetzungen grundsätzlich Tendenzunternehmen i.S. der Nr. 1.[75] Dagegen stellt ein **Landes-Sportverband** keinen Tendenzbetrieb dar. Er dient dadurch, dass er den Sportbetrieb seiner Mitgliedsvereine finanziell und organisatorisch

---

72 BAG 15.03.2006 – 7 ABR 24/05 - EzA § 118 BetrVG 2001 Nr. 5.
73 HWK/*Hohenstatt*/*Dzida* § 118BetrVG Rn. 3; HSWGN/*Hess* § 118 BetrVG Rn. 14.
74 BAG 21.07.1998 – 1 ABR 2/98 - EzA § 118 BetrVG 1972 Nr. 68.
75 BAG 28.08.2003 – 2 ABR 48/02 EzA § 118 BetrVG 2001 Nr. 3.

unterstützt, nicht unmittelbar erzieherischen Bestimmungen im § 118 Abs. 1 S. 1 Nr. 1 BetrVG. Die Aufgabe, öffentliche Fördermittel zu beschaffen und an die Mitglieder zu verteilen, ist keine politische Zweckbestimmung im Sinne dieser Vorschrift. Hinsichtlich des Sports besteht hier keine Regelungslücke, die auf dem Wege einer Analogie zu den normierten Tendenzmerkmalen geschlossen werden müsste.

2. Koalitionspolitische Bestimmungen

31 **Koalitionspolitischen** Bestimmungen dient ein Unternehmen, wenn es Ziele verfolgt oder fördert, wie sie in Art. 9 Abs. 3 GG genannt sind, z. B. als **Gewerkschaften** oder **Arbeitgeberverbände** und deren Einrichtungen wie Bildungswerke, Forschungsinstitute u. s. w. Bildungs- oder Schulungseinrichtungen dienen aber nicht schon deshalb koalitionspolitischen Zwecken, weil sie von einer Koalition getragen werden, sondern nur dann wenn sie ihrerseits ein koalitionspolitisches Ziel verfolgen.[76]

3. Konfessionelle Bestimmungen

32 **Konfessionellen** Bestimmungen dienen Unternehmen oder Betriebe, die einerseits nicht unter § 118 Abs. 2 BetrVG fallen, deren Bestimmung jedoch darin besteht, für einen Glauben oder eine Religion oder deren Pflege oder Verbreitung einzustehen und ihn auszuüben, wie z. B. religiös orientierte Verbände, kirchliche Pressedienste und Nachrichtenagenturen. Dient eine Einrichtung zwar (auch) konfessionellen Zwecken, steht dies aber nicht im Vordergrund der Betätigung, so dient sie nicht überwiegend konfessionellen Zwecken und fällt auch nicht unter § 118 Abs. 1 Nr. 1 BetrVG.[77]

4. Karitative Bestimmungen

33 Bei den **karitativen Bestimmungen** dienenden Unternehmen und Betrieben handelt es sich um solche, die sich dem Dienst am leidenden Menschen widmen, ohne hierzu von Gesetzes wegen verpflichtet zu sein und ohne durch seine Betätigung Gewinn erzielen zu wollen (vgl. oben Rdn. 9 m. w. N.) Zu den karitativen Einrichtung i.S. des § 118 Abs. 1 Nr. 1 BetrVG zählen u. a. das Deutsche Rote Kreuz, die Arbeiterwohlfahrt, die Deutsche Gesellschaft zur

---

[76] BAG 03.07.1990 – 1 ABR 36/98 - EzA § 99 BetrVG 1972 Nr 90.
[77] HWK/*Hohenstatt/Dzida* § 118 BetrVG Rn. 5 m. w. N.

Rettung Schiffbrüchiger, der Volksbund deutscher Kriegsgräberfürsorge, das Familienhilfswerk, die Deutsche Krebshilfe, die Deutsche-Multiple-Sklerose-Gesellschaft, Berufsförderungswerke und Rehabilitationseinrichtungen für behinderte Menschen, Heime für Obdachlose, für Drogenabhängige, Beratungsstellen für Suchtabhängige, gemeinnützige Krankenhäuser.[78]

5. Erzieherische Bestimmungen

Erzieherischen Bestimmungen dienen Einrichtungen, wenn sie sich durch pädagogische Methoden dem Ziel widmen, die Persönlichkeit eines Menschen zu formen und ihn dazu zu bringen, in wertvolles Mitglied der Gesellschaft zu sein (vgl. oben Rdn. 9 m. w. N.). Solchen Bestimmungen dienen vor allem allgemein bildende Schulden in privater Trägerschaft, auch Internatsschulen, als Ersatz- oder Ergänzungsschulen,[79] Werkstätten und Rehabilitationseinrichtungen für behinderte Menschen.[80] Ein gewerkschaftlich getragenes Bildungswerk kann erzieherischen Zwecken dienen, auch wenn es sich im Wesentlichen nur an Erwachsene wendet.[81] 34

6. Wissenschaftliche Bestimmungen

Wissenschaftlichen Bestimmungen dienen ein Unternehmen oder Betrieb, wenn es auf Tätigkeiten gerichtet ist, die nach Inhalt und Form als ernsthafter Versuch anzusehen sind, die Wahrheit zu erforschen; dabei ist von einer weiten Fassung des Begriffs »Wissenschaft« auszugehen.[82] Nicht hierzu rechnen allerdings nur kommerziell ausgerichtete Forschungseinrichtungen z. B. der Großindustrie.[83] Das Bundesverfassungsgericht definiert als Wissenschaft »alles, was nach Inhalt und Form als ernsthafter, planmäßiger Versuch zur Ermittlung der Wahrheit anzusehen ist«; dies folge »unmittelbar aus der prinzipiellen Unabgeschlossenheit jeglicher wissenschaftlichen Erkenntnis«.[84] Von 35

---

78 Vgl. die Aufzählungen bei HSWGN/*Hess* § 118 BetrVG Rn. 17 ErfK/*Kania* § 118 BetrVG Rn. 11; HWK/*Hohenstatt*/*Dzida* § 118 BetrVG Rn. 6.
79 BAG 03.12.1987 – 6 ABR 38/86 - EzB BetrVG § 118 Nr 19 = NZA 1988, 507.
80 Vgl. HSWGN/*Hess* § 118 BetrVG Rn. 18, 18a.
81 BAG 03.07.1990 – 1 ABR 36/98 - EzA § 99 BetrVG 1972 Nr 90.
82 BAG 08.05.1990 – 1 ABR 33/98 EzA § 118 BetrVG 1972 Nr 52.
83 BAG, 21.06.1989 – 7 ABR 58/87 EzA § 118 BetrVG 1972 Nr 49.
84 BVerfG 29.05.1973 – 1 BvR 424/71 und 325/72 – BVerfGE 35, 79, 113 = AP Nr. 1 zu Art. 5 Abs. 3 GG Wissenschaftsfreiheit, zu C II 1 der Gründe.

diesem weiten Wissenschaftsbegriff ist auch bei der Anwendung des § 118 Abs. 1 BetrVG auszugehen, weil mit dieser Regelung gerade ein Ausgleich zwischen dem Sozialstaatsprinzip und den verfassungsrechtlich verbürgten Freiheitsrechten der Tendenzträger gefunden werden sollte.[85]

7. Künstlerische Bestimmungen

36 **Künstlerischen** Bestimmungen dienen Unternehmen und Betriebe, die freie schöpferische Gestaltungen, Erfahrungen, Erlebnisse und Eindrücke durch Formensprache zu Ausdruck bringen oder erfahrbar machen.[86] Hierzu rechnen u. a. Symphonieorchester,[87] Theater,[88] Verlage für Bücher,[89] Filme, Tonträger, Revue- und Zirkusunternehmen.[90] Belletristische Buchverlage mit breitem Verlagsprogramm dienen künstlerischen Bestimmungen i. S. v. S. 1 Nr. 1 BetrVG.[91] Dagegen sind Urheberrechtsverwertungs- und -schutzunternehmen wie die GEMA kein künstlerisches Unternehmen i. S. d. § 118 Abs. 1 BetrVG, denn es dient nicht unmittelbar und überwiegend solchen Zielen, sondern unterstützt die wirtschaftlichen Interessen der Autoren.[92]

8. Berichterstattung, Meinungsäußerung

37 Der **Berichterstattung** oder **Meinungsäußerung** dienen alle Unternehmen und Betriebe, deren Betätigung darin besteht, Tatsachen zu verbreiten (Berichterstattung) oder wertende Stellungnahmen abzugeben (Meinungsäußerung). Voraussetzung für den Schutz als Tendenzbetrieb ist nicht nur, dass solche Betätigungen unmittelbar und überwiegend erfolgen, sondern zudem, das auf die Berichterstattung oder Meinungsäußerung Art. 5 Abs. 1 S. 2 GG Anwendung findet. Insoweit ist von dem weiten Verständnis der **Pressefrei-**

---

85 BT-Drs. VI/2729, S. 17; BAG 02.11.1990 – 1 ABR 87/89 - EzA § 118 BetrVG 1972 Nr. 57.
86 BVerfG 24.02.1971 – 1 BvR 435/68 - BVerfGE 30, 173; BAG 15.02.1989 – 7 ABR 12/87 - EzA § 118 BetrVG 1972 Nr 45.
87 BAG 07.11.1975 – 1 AZR 74/74 - EzA § 118 BetrVG 1972 Nr. 8 m. Anm. *Dütz*.
88 BAG 02.10.1986 – 1 ABR 1/85 EzA § 118 BetrVG 1972 Nr. 38.
89 BAG 15.02.1989 – – 7 ABR 12/87 - EzA § 118 BetrVG 1972 Nr 45.
90 HSWGN/*Hess* § 118 BetrVG Rn. 20; a. A. hinsichtlich Revue und Zirkusunternehmen: *Fitting*, § 118 BetrVG Rn. 22.
91 BAG 15.02.1989 – – 7 ABR 12/87 - EzA § 118 BetrVG 1972 Nr. 45.
92 BAG 08.03.1983 – EzA § 118 BetrVG 1972 Nr. 34.

heit und der **Rundfunkfreiheit** des Art. 5 Abs. 1 S. 2 GG und nicht von einem materiellen Begriff der »Presse« i.S. von »Massenmedien« auszugehen.[93] Als Tendenzunternehmen kommen grundsätzlich alle **Presse-, Zeitungs- und Buchverlage** – außer reinen Adressbuch- oder Telefonbuchverlagen[94] – ebenso in Betracht wie grundsätzliche alle **Rundfunk- und Fernsehanstalten**, auch solche, die nur in geringem Umfang Wortbeiträge und überwiegend, z.T. moderierte Musikbeiträge senden.[95] **Druckereien** sind dagegen regelmäßig keine Tendenzunternehmen oder -betriebe.[96]

III. Tendenzträger

Eine Einschränkung der Beteiligungsrechte des Betriebsrats setzt voraus, dass die Maßnahme tendenzbezogen ist und sie sog. **Tendenzträger** betrifft.[97] Dem ist grundsätzlich zu folgen. Diese Rechtsprechung übersieht indessen, dass die Verwirklichung der Tendenz in einem Unternehmen oder Betrieb nicht nur das Tätigwerden der Tendenzträger erfordert, sondern nicht selten auch das solcher Mitarbeiter, die – für sich betrachtet – keine Tendenzträger sein können. Indessen hat sich die Theorie, wonach es für die Beteiligungsrechte des Betriebsrats nach § 118 Abs. 1 BetrVG auch gegenüber Nichttendenzträgern nur darauf ankommt, dass mindesten ein Tendenzträger betroffen ist, nicht durchgesetzt.[98] **Beschäftigte** sind **Tendenzträger**, wenn die Bestimmungen und Zwecke des jeweiligen Tendenzunternehmens oder -betriebs für ihre Tätigkeit prägend sind. Dies setzt voraus, dass der Beschäftigte die Möglichkeit einer entsprechenden inhaltlichen Einflussnahme auf die Tendenzverwirklichung hat. Eine bloße Mitwirkung bei der Tendenzverfolgung genügt dafür nicht.[99] Tendenzträger müssen auf die Tendenzverwirklichung Einfluss haben, müssen diese aber nicht bestimmen. Es ist für ihre Einordnung als Tendenzträger unschädlich, wenn sie im Einzelfall nach gewissen allgemeinen Richtlinien oder Weisungen zu arbeiten haben.[100] Die tendenzbezogene 38

---

93 HSWGN/*Hess* § 118 BetrVG Rn. 20; a.A. *Fitting* § 118 Rn. 23.
94 BAG 27.08.1968 – 1 ABR 3/67 - AP Nr. 10 zu § 81 BetrVG.
95 BAG 27.07.1993 – 1 ABR 8/93 - EzA § 118 BetrVG 1972 Nr. 61 m. Anm. *Dütz*.
96 BAG 30.06.1981 – 1 ABR 30/79 - EzA § 118 BetrVG 1972 Nr 27.
97 BAG in st. Rspr., z. B. 03.05.2006 – 1 ABR 17/05 - EzA § 98 BetrVG 2001 Nr. 2.
98 HSWGN/*Hess* § 118 BetrVG Rn. 28.
99 BAG 13.02.2007 – 1 ABR 14/06 - EzA § 80 BetrVG 2001 Nr. 7.
100 BAG 28.10.1986 – 1 ABR 16/85 - EzA § 118 BetrVG 1972 Nr. 38.

Tätigkeit muss nicht überwiegen; ein Anteil von etwa 30 v. H. an der ganzen Arbeitsleistung reicht aus, um den Arbeitnehmer als Tendenzträger einzuordnen.[101] Haben Arbeitnehmer keine derart tendenzbezogenen Arbeiten in dem Tendenzbetrieb oder -unternehmen zu verrichten, so zählen sie nicht zu den Tendenzträgern.[102]

1. Politische oder koalitionspolitische Tendenzträger

39 Tendenzträger in **politischen** oder in **koalitionspolitischen** Unternehmen oder Betrieben müssen die jeweilige geistig-ideelle Bestimmung entweder selbst definieren (selten) oder aber an deren Verwirklichung maßgeblich mitwirken, z. B. als **Parteisekretär**, als **Arbeitgeberverbandsvertreter**, als **Gewerkschaftssekretär**, jeweils z. B. bei der Beratung der Mitglieder oder im Rechtsschutz.[103] Allgemein anerkannt ist, dass die Funktionsinhaber (hauptamtliche Funktionäre) bei den Parteien und Koalitionen Tendenzträger sind.[104]

2. Konfessionelle, karitative, erzieherische oder wissenschaftliche Tendenzträger

40 In **konfessionellen, karitativen, erzieherischen** oder **wissenschaftlichen** Einrichtungen sind diejenigen Tendenzträger, die an der Tendenzverwirklichung (maßgeblich) mitwirken.[105] Dies betrifft u. a. **Lehrer**,[106] **Betreuer** in Einrichtungen der **Erwachsenenpädagogik**,[107] **Erzieher und Betreuer** in einer **Werkstatt für behinderte Menschen**.[108] **Krankenhausärzte** sind i. d. R. Tendenzträger des **Krankenhauses**, sofern dieses selbst einer karitativen Bestimmung dient (vgl. Rdn. 9). Die in einem Krankenhaus beschäftigten

---

101 BAG 02.11.1990 – 1 ABR 87/89 - EzA § 118 BetrVG 1972 Nr 57.
102 BVerfG 06.11.1979 – 1 BvR 81/76- EzA § 118 BetrVG 1972 Nr. 23.
103 BAG 06.12.1979 – 2 AZR 1055/77 - EzA § 1 KSchG Tendenzbetrieb Nr. 5.
104 BAG 28.08.2003 – 2 ABR 48/02 - BAGE 107, 204 = EzA § 118 BetrVG 2001 Nr. 3.
105 BAG 25.04.1978 – 1 AZR 70/6 - EzA § 1 KSchG Tendenzbetrieb Nr. 4.
106 BAG in st. Rspr., z. B. 31.01.1995 – 1 ABR 35/94 - EzA § 99 BetrVG 1972 Nr. 126.
107 BAG 06.11.1990 – 1 ABR 60/89 - EzA § 92 BetrVG 1972 Nr. 2 = NZA 1991, 358.
108 BAG 31.08.1984 – 1 AZR 174/81 - EzA § 87 BetrVG 1972 Betriebliche Lohngestaltung Nr. 8.

Pfleger haben keinen Spielraum bei ihrer Tätigkeit und können deshalb die Tendenz des Krankenhauses nicht prägend beeinflussen; sie verrichten eine bis ins Detail weisungsgebundene Tätigkeit.[109] Die auf den **Krankenkraftwagen** eingesetzten **DRK-Mitglieder** sind keine Tendenzträger; ihnen kommt kein prägender Einfluss auf die Tendenzverwirklichung zu.[110] Bei den **künstlerischen** Betrieben und Unternehmen sind die **Künstler** die **Tendenzträger**, so die **Bühnenangestellten**[111] oder die **Schauspieler**.[112] Das BAG hat jedoch **Chefmaskenbildner** nicht als Tendenzträger angesehen, weil sie weitgehend den Anweisungen des Regisseurs oder Kostümbildners zu folgen haben[113] oder den **Leiter der Kostümabteilung eines Theaters**.[114] Tendenzträger in wissenschaftlichen unternehmen oder Betrieben sind **Wissenschaftler** mit Forschungsaufgaben.[115]

3. Tendenzträger bei Presse und Medien

In **Presse- und Medienunternehmen** sind in aller Regel die Arbeitnehmer   41
Tendenzträger, die unmittelbar die Berichterstattung oder Meinungsäußerung recherchieren, auswählen oder formulieren, vor allem also **Redakteure**,[116] **Rundfunkredakteure**,[117] **Redaktionsvolontäre**,[118] **Lokalredakteure**[119] oder **Anzeigenredakteure**.[120] Dagegen gehört das **technische** oder sonst mit dem Inhalt des Presseerzeugnisses nicht befasste Personal nicht zu den Tendenzträgern.[121]

---

109 BAG 06.11.1990 – 1 ABR 88/89 - EzA § 87 BetrVG 1972 Nr 15.
110 BAG 12.11.2002 – 1 ABR 60/01 - EzA § 99 BetrVG 2001 Nr. 2.
111 BAG 07.11.1975 – 1 AZR 74/74 - EzA § 118 BetrVG 1972 Nr. 8 m. Anm. *Dütz*.
112 BAG 04.08.1981 – 1 ABR 106/79- EzA § 87 BetrVG 1972 Arbeitszeit Nr 10.
113 BAG 28.10.1986 – 1 ABR 16/85 -EzA § 118 BetrVG 1972 Nr. 38.
114 BAG 13.02.2007 – 1 ABR 14/06 - EzA § 80 BetrVG 2001 Nr. 7.
115 BAG 20.11.1990 – 1 ABR 87/89 - EzA § 118 BetrVG 1972 Nr. 57.
116 BAG 03.05.2006 – 1 ABR 17/05 EzA § 98 BetrVG 2001 Nr. 2.
117 BAG 11.02.1992 – 1 ABR 49/91 EzA § 118 BetrVG 1972 Nr 60.
118 BAG 19.05.1981 – 1 ABR 39/79 - EzA § 118 BetrVG 1972 Nr. 30.
119 BAG 31.10.1975 – 1 ABR 64/74 - EzA § 118 BetrVG 1972 Nr. 5.
120 BAG 20.04.2010 – 1 ABR 78/08 - EzA § 118 BetrVG 2001 Nr 9.
121 BVerfG 06.11.1979 – 1 BvR 81/76 - EzA § 118 BetrVG 1972 Nr. 23.

IV. Tendenzbeschränkungen der Mitbestimmung bei der Arbeitszeit

42 Zwar geht das BAG grundsätzlich davon aus, dass eine **tendenzschutzbedingte Einschränkung** der **Mitbestimmungsrechte** in **sozialen Angelegenheiten** des § 87 Abs. 1 BetrVG i. d. R. nicht in Betracht komme, weil diese Angelegenheiten meist nur den tendenzneutralen Arbeitsablauf beträfen.[122] Die **Tendenz** steht einem Mitbestimmungsrecht nur entgegen, wenn es erforderlich ist, dass der Arbeitgeber zwecks Schutzes der Tendenz allein, d. h. mitbestimmungsfrei entscheidet.[123] Steht der Tendenzschutz grundsätzlich entgegen, so entfällt die Beteiligung des Betriebsrats nicht etwa vollkommen, sondern nur insoweit als der Tendenzschutz dies erfordert; ggfs. muss das **Mitbestimmungsrecht auf Anhörungs-, Beratungs- oder Informationsrechte reduziert** werden.[124]

43 Für die Mitbestimmung bei der **Arbeitszeit** gem. § 87 Abs. 1 Nr. 2 und 3 BetrVG ist zu konstatieren, dass Regelungen über die Lage und Dauer von Arbeitszeit und Pausen durchaus auf die **Tendenzverwirklichung** Einfluss haben können, z. B. hinsichtlich der Arbeitszeit von **Redakteuren** im Hinblick auf Aktualität oder inhaltliche Gestaltung der Berichterstattung. Der Umstand, dass die Aktualität einer Berichterstattung auch von der Lage der Arbeitszeit derjenigen Arbeitnehmer abhängt, die an dieser Berichterstattung mitwirken, führt noch nicht dazu, dass das Mitbestimmungsrecht des Betriebsrates hinsichtlich der Lage der Arbeitszeit dieser Arbeitnehmer völlig entfällt. Erst die konkrete mitbestimmte Regelung über die Lage der Arbeitszeit, die eine aktuelle Berichterstattung ernsthaft gefährdet oder unmöglich macht, ist von diesem Mitbestimmungsrecht des Betriebsrates nicht mehr gedeckt und damit unwirksam.[125] Die Freiheit eines Zeitungsverlegers zur Tendenzverwirklichung wird nicht durch eine Betriebsvereinbarung beeinträchtigt, die für Redakteure Beginn und Ende der täglichen Arbeitszeit sowie die Verteilung der Arbeitszeit auf die einzelnen Wochentage regelt, wenn diese Betriebsvereinbarung die für die Aktualität der Berichterstattung relevanten Entscheidungen des Arbeitgebers (Redaktionsschluss, Lage und Dauer von Redaktionskonferenzen, Besetzung der Redaktionen u. a.) als Vorgabe

---

122 BAG 03.01.1990 – 1 ABR 101/88 - AP Nr. 44 zu § 118 BetrVG 1972.
123 BAG 19.05.1981 – 1 ABR 109/78 - EzA § 99 BetrVG 1972 Nr 32.
124 BAG 31.05.1983 – 1 ABR 57/80 - EzA § 118 BetrVG 1972 Nr. 36 = SAE 1984, 62 m. Anm. *Kraft*.
125 BAG 01.02.1992 – 1 ABR 49/91 - BAGE 69, 302 = EzA § 118 BetrVG 1972 Nr. 60.

zugrunde legt und sichergestellt ist, dass die Arbeitszeitregelung auch künftigen Tendenzentscheidungen nicht entgegensteht.[126] Das BVerfG schließt die betriebliche Mitbestimmung bei Entscheidungen des Arbeitgebers über **Erscheinungstermin, regelmäßige Wochenarbeitszeit ohne deren Verteilung auf die Wochentage, Redaktionsschluss, Einführung und Dauer von Redaktionskonferenzen, Einsatz der Redakteure und Zeitvorgaben für die Berichterstattung über Großereignisse** aus, nicht dagegen bei der **Sollandruckzeit**.[127]

In **erzieherischen Einrichtungen** ist die Einführung von **Nachmittagsunterricht** mitbestimmungsfrei,[128] ebenso die Bestimmung über die **Dauer der Proben** in einem Theaterunternehmen, soweit sonst über die Gesamtdauer der Proben die künstlerische Qualität beeinflusst werden kann.[129]

44

D. Gesetzes- und Tarifvertragsvorrang

Ein **Mitbestimmungsrecht** besteht nach §87 Abs.1 Eingangssatz BetrVG **nur, soweit eine gesetzliche oder tarifvertragliche Regelung nicht besteht.** Dabei muss es sich um eine **zwingende** Regelung handeln, denn nur eine solche führt dazu, dass der Arbeitgeber keinen Entscheidungsspielraum hat und es deshalb an einem der Mitbestimmung durch den Betriebsrat zugänglichen Entscheidungsspielraum des Arbeitgebers fehlt[130] und es keiner den Arbeitnehmer schützenden betrieblichen Mitbestimmung bedarf, weil bereits das Gesetz oder der Tarifvertrag dem Schutzbedürfnis der Arbeitnehmer genügen.[131] Besteht eine solche zwingende vorrangige Regelung, so fällt das **Mitbestimmungsrecht** nicht völlig weg, sondern es **entfällt nur, soweit** die vorrangige Norm eine Entscheidung des Arbeitgebers ausschließt.[132] Eine zunächst nicht gegen §87 Abs.1 Eingangssatz BetrVG verstoßende **Betriebs-**

45

---

126 BAG 14.01.1992 – 1 ABR 35/91 - BAGE 69, 187 = EzA §118 BetrVG 1972 Nr.59.
127 BVerfG 15.12.1999 – 1 BvR 694/90 – AfP 2000, 82.
128 BAG 13.01.1987 – 1 ABR 49/85 - EzA §118 BetrVG 1972 Nr 39.
129 BAG 04.08.1981 – 1 ABR 106/79 - EzA §118 BetrVG 1972 .Arbeitszeit Nr 10.
130 *Löwisch/Kaiser* §87 BetrVG Rn.36.
131 BAG 03.12.1991 – GS 2/90 – EzA §87 BetrVG 1972 Betriebliche Lohngestaltung Nr.30 m. Anm. *Gaul*; BAG 25.01.2000 – 1 ABR 3/99 - EzA §87 BetrVG 1972 Betriebliche Ordnung Nr.26 m. Anm. M. Jacobs.
132 BAG 25.01.2000 – 1 ABR 3/99 - EzA §87 BetrVG 1972 Betriebliche Ordnung Nr.26 m. Anm. M. Jacobs; *Richardi*, §87 BetrVG Rn.144.

vereinbarung verliert ihre Wirkung, wenn **später** eine die Mitbestimmung sperrende **Vorrangregelung** (Gesetz, Tarifvertrag) in Kraft tritt, es sei denn dass die Vorrangregelung die Fortführung der Betriebsvereinbarung gestattet.[133] Das BetrVG regelt nicht, ob das **Mitbestimmungsrecht wieder** auflebt, wenn die **zwingende vorrangige Regelung wegfällt** oder wenn sie ihren zwingenden Charakter verliert. Aus dem Umstand, dass § 87 Abs. 1 Eingangssatz BetrVG das Mitbestimmungsrecht nur beschränkt ausschließt (»soweit ...«) ist zu folgern, dass das Mitbestimmungsrecht nicht vernichtet worden, sondern nur zurückgedrängt worden ist, sodass es wieder auflebt, wenn die zwingende Vorrangregelung entfällt oder sie nicht mehr zwingend gilt.[134] Umgekehrt lebt das Mitbestimmungsrecht nicht wieder auf, wenn der Arbeitgeber gegen eine die Mitbestimmung sperrende Tarifregelung verstößt.[135]

I. Gesetzesvorrang

46 Unter **Gesetz** i.S. des § 87 Abs. 1 Eingangssatz BetrVG ist jedes förmliche oder materielle Gesetz zu verstehen, mithin auch eine Rechtsverordnung.[136] Zu solchen Gesetzen zählen nicht zuletzt auch die gesetzlichen Vorschriften des sozialen **Arbeitsschutzes** wie z. B. zwingende Bestimmungen des ArbZG nebst den **Verordnungen** über die Ausnahmen vom Verbot der Sonn- und Feiertagsarbeit in der Eisen- und Stahlindustrie oder der Papierindustrie, des MuSchG oder des JArbSchG. Dabei muss stets geprüft werden inwieweit die jeweilige gesetzliche Regelung für den Arbeitgeber zwingend ist. So ist z. B. die gesetzliche Regelung über den Nachtarbeitsausgleich in § 6 Abs. 5 ArbZG nicht zwingend, wenn keine den Arbeitgeber zwingende tarifvertragliche Regelung besteht.[137] Arbeitszeitschutzgesetze bestimmen i. d. R. nur Höchstarbeitszeiten, Mindestruhezeiten und Mindestruhepausen. Innerhalb dieser Grenzen regeln sie üblicherweise nichts. Insoweit sind die äußeren Grenzen häufig zwingende, die betriebliche Mitbestimmung ausschließende Regelungen, während die Ausfüllung dieser Rahmen der betrieblichen Mitbestimmung

---

133 Vgl. BAG 29.10.2002 – 1 AZR 573/01 - EzA § 77 BetrVG 1972 Nr. 72.
134 Vgl. für eine nur noch nachwirkende Tarifregelung zu sog. Vorholschichten an Sonnabenden: BAG 27.11.2002 – 4 AZR 660/01 - EzA § 77 BetrVG 2001 Nr. 2 = AP Nr. 34 zu § 87 BetrVG 1972 Tarifvorrang.
135 BAG 05.04.1992 – 1 ABR 69/91 - ZTR 1992, 527.
136 *Richardi* § 87 BetrVG Rn. 145 m. w. N.
137 BAG 26.04.2005 – 1 ABR 1/04 EzA § 87 BetrVG 2001 Gesundheitsschutz Nr. 3.

nach § 87 Abs. 1 Nr. 2 und 3 BetrVG unterliegt.[138] Eine die Mitbestimmung ausschließende zwingende gesetzliche Regelung liegt auch vor, wenn das Gesetz nur eine Öffnungsklausel für Tarifverträge, nicht aber eine solche für Betriebsvereinbarungen oder für die Arbeitsvertragsparteien enthält.[139] Denn auch dann hat der Arbeitgeber von Rechts wegen keinen eigenen Entscheidungsspielraum. **Behördliche Anordnungen** und **Verwaltungsakte**, durch die der Arbeitgeber gezwungen wird, eine bestimmte Maßnahme vorzunehmen oder zu unterlassen, stellen einen Anwendungsfall des zwingenden Gesetzesvorbehalts dar.[140] Gesetz i.S. des § 87 Abs. 1 BetrVG ist auch Satzungsrecht öffentlich-rechtlicher Körperschaften.[141] Auch **gesetzvertretendes Richterrecht** schließt die zwingende Mitbestimmung nach § 87 Abs. 1 Eingangssatz BetrVG aus.[142]

II. Tarifvertragsvorrang

Der **Tarifvertragsvorrang** schließt – gleichermaßen wie der Gesetzesvorrang – 47 die betriebliche Mitbestimmung nach § 87 Abs. 1 Eingangssatz BetrVG **nur** aus, wenn und soweit eine **tarifliche Regelung besteht**, die an sich mitbestimmungspflichtige Angelegenheit **für den Arbeitgeber zwingend** regelt, er also insoweit keinen Entscheidungsspielraum hat.[143] Vom Fall des Ausschlusses der Mitbestimmung ist der gegenteilige Fall der **Erweiterung** des Mitbestimmungsrechts **durch Tarifnormen** zu unterscheiden (dazu Rdn. 3). Ergänzt wird der Tarifvertragsvorrang durch die **Tarifsperre** des § 77 Abs. 3 BetrVG. Hiernach dürfen Arbeitsentgelte und sonstige Arbeitsbedingungen, die durch Tarifvertrag geregelt sind oder üblicherweise geregelt werden, nicht Gegen-

---

138 Vgl. BAG 18.02.2003 – 1 ABR 2/02 - BAGE 105, 32 = EzA § 7 ArbZG Nr. 4 m. Anm. *Steckel*.
139 *Richardi* § 87 BetrVG Rn. 147; HSWGN/*Worzalla* § 87 BetrVG Rn. 48.
140 BAG 26.05.1988 – 1 ABR 9/87 - BAGE 58, 297, 301 = EzA § 87 BetrVG 1972 Nr. 11 m. Anm. *Löwisch/Rieble*; BVerfG 22.08.1994 – 1 BvR 1767/91, 1 BvR 1117/92 - AP Nr. 2 zu § 87 BetrVG 1972 Gesetzesvorbehalt; a. A. DKK/*Klebe* § 87 BetrVG Rn. 28.
141 BAG 25.05.1982 – 1 AZR 1073/79 - AP Nr. 53 zu § 611 BGB Dienstordnungs-Angestellter.
142 *Richardi* § 87 BetrVG Rn. 145; GK/*Wiese* § 87 BetrVG Rn. 58; a. A. ErfK/*Kania* § 87 BetrVG Rn. 11.
143 Vgl. BAG 03.05.2006 – 1 ABR 21/05 - EzA § 4 TVG Chemische Industrie Nr. 9; BAG 03.05.2006 – 1 ABR 14/05 EzA § 87 BetrVG 2001 Arbeitszeit Nr. 9.

stand einer Betriebsvereinbarung sein, es sei denn, dass der Tarifvertrag den Abschluss ergänzender Betriebsvereinbarungen ausdrücklich zulässt. Für die Mitbestimmung nach § 87 Abs. 1 Nr. 2 und 3 BetrVG kommt es jedoch nur auf den Tarifvorrang (Eingangssatz) an.

1. Tarifvertragliche Regelung

48 § 87 Abs. 1 Eingangssatz BetrVG stellt auf **förmliche Tarifverträge** i.S. des TVG ab. Andere Abmachungen der Tarifvertragsparteien haben einen solchen Vorrang nicht. Einer zwingenden Regelung durch eine tarifvertragliche Bestimmung steht die **Festsetzung** durch die **Heimarbeitsausschüsse** nach § 19 HAG[144] gleich.[145] Liegt eine zwingende tarifvertragliche Regelung vor, so besteht – gleichermaßen wie bei einer zwingenden gesetzlichen Regelung – kein Bedarf, die Arbeitnehmer noch zusätzlich durch die betriebsverfassungsrechtliche Mitbestimmung zu schützen. Im Gegensatz zu § 77 Abs. 3 BetrVG hat § 87 Abs. 1 Eingangssatz BetrVG nicht das Ziel, die Gewerkschaften vor einer »beitragsfreien Ersatzgewerkschaft« zu schützen.[146] Die Wirksamkeit einer **Betriebsvereinbarung** über die in § 87 Abs. 1 BetrVG aufgezählten Gegenstände ist nach der sog. **Vorrangtheorie** im Hinblick auf die Sperrwirkung tarifvertraglicher Regelungen nicht an § 77 Abs. 3 BetrVG, sondern nur an § 87 Abs. 1 Eingangssatz BetrVG zu messen.[147] Ein Tarifvertrag **besteht**, wenn er in Kraft getreten ist und seine Normen nicht nur noch gem. § 4 Abs. 5 TVG nachwirken; Tarifnormen, die lediglich nachwirken, schließen die Mitbestimmung nach § 87 BetrVG sowie eine darauf beruhende ablösende oder die Tarifregelung ändernde Betriebsvereinbarung nicht aus.[148] In der Zeit der **Nachgeltung (Nachwirkung)** eines Tarifvertrags abgeschlossene Betriebsvereinbarungen über Arbeitszeitangelegenheiten nach § 87 Abs. 1 Nr. 2 und 3 BetrVG werden allerdings verdrängt, wenn später eine die Mitbestimmung sperrende Tarifregelung unmittelbare und zwingende Geltung erlangt, es sei

---

144 Vgl. dazu BVerfG 27.02.1973 – 2 BvL 27/69 - BVerfGE 34, 307 = AP Nr. 7 zu § 19 HAG.
145 *Richardi* § 87 BetrVG Rn. 150.
146 ErfK/*Kania* § 87 BetrVG Rn. 14.
147 BAG 27.11.2002 – 4 AZR 660/01 - EzA § 77 BetrVG 2001 Nr. 2 = AP Nr. 34 zu § 87 BetrVG 1972 Tarifvorrang.
148 BAG 27.11.2002 – 4 AZR 660/01 - EzA § 77 BetrVG 2001 Nr. 2 = AP Nr. 34 zu § 87 BetrVG 1972 Tarifvorrang.

denn, dass die tarifvertragliche Regelung erlaubt, bestehende betriebliche Regelungen aufrechtzuerhalten.[149]

2. Tarifgeltung

Die Sperrwirkung einer tarifvertraglichen Regelung tritt indessen nur ein, wenn diese Regelung jede abweichende Entscheidung des Arbeitgebers ausschließt. Das setzt voraus, dass der Tarifvertrag **für den Arbeitgeber unmittelbar und zwingend gilt**. Gilt der Tarifvertrag für den Arbeitgeber nicht zwingend, sondern wendet er ihn lediglich an, z. B. stillschweigend, durch eine betriebliche Übung oder durch eine ausdrückliche **arbeitsvertragliche Bezugnahme auf den Tarifvertrag** in Arbeitsverträgen, so tritt die Sperrwirkung des § 87 Abs. 1 Eingangssatz nicht ein.[150]

49

Die Rechtsnomen, die den Inhalt, den Abschluss oder die Beendigung von Arbeitsverhältnissen ordnen, gelten unmittelbar und zwingend zwischen den beiderseits Tarifgebundenen, die unter den Geltungsbereich des Tarifvertrags fallen (§ 4 Abs. 1 S. 1 TVG). Diese Vorschrift gilt entsprechend für Rechtsnormen des Tarifvertrags über betriebliche und betriebsverfassungsrechtliche Fragen (§ 4 Abs. 1 S. 2 TVG). Nach § 3 Abs. 2 BetrVG gelten Rechtsnormen des Tarifvertrags über betriebliche und betriebsverfassungsrechtliche Fragen für alle Betriebe, deren Arbeitgeber tarifgebunden ist. Das BAG lässt im Hinblick darauf, dass die **Sperrwirkung** des § 87 Abs. 1 Eingangssatz BetrVG i. d. R. **nur von tarifvertraglichen Betriebs- oder Betriebsverfassungsnormen** ausgelöst werden kann, die **Tarifgebundenheit des Arbeitgebers** für das Eingreifen des Tarifvertragsvorrangs, in dessen Geltungsbereich der Betrieb des Arbeitgebers fällt, genügen.[151] Dies ist auch die weit überwiegende Ansicht des Schrifttums.[152] Ebenso genügt es, wenn der Arbeitgeber infolge Allgemeinverbindlicherklärung des Tarifvertrags gem. § 4 Abs. 5 TVG oder nach dem AEntG an die Tarifnorm gebunden ist. Sofern ausnahmsweise eine Tarifnorm keine Betriebs- oder Betriebsverfassungsnorm ist und sie gleich-

50

---

149 BAG 02.12.1988 – 1 ABR 57/87 - BAGE 60, 323, 327 = EzA § 87 BetrVG 1972 Nr. 12.
150 BAGE 60, 323, 327= EzA § 87 BetrVG 1972 Nr. 12.
151 BAG 02.12.1988 – 1 ABR 57/87 - BAGE 60, 323, 327 = EzA § 87 BetrVG 1972 Nr. 87.
152 Vgl. statt vieler: *Richardi* § 7 BetrVG Rn. 154 m. w. N.; a. A. GK/*Wiese* § 87 BetrVG Rn. 68.

wohl der Sache nach eine Mitbestimmung des Betriebsrats ausschließt, weil sie dem Arbeitgeber keinen Entscheidungsspielraum belässt, würde konsequenterweise die zwingende Geltung der Norm voraussetzen, dass nicht nur der Arbeitgeber, sondern auch der Arbeitnehmer einschlägig tarifgebunden sind; indessen lässt das BAG die Tarifgebundenheit des Arbeitgebers genügen, weil der Arbeitnehmer jederzeit der einschlägigen Gewerkschaft beitreten und dadurch auch auf seiner Seite die Voraussetzungen für seine Tarifgebundenheit schaffen könne.[153]

3. Regelungsqualität

51 Wie das Gesetz verdrängt auch die tarifvertragliche Regelung das Mitbestimmungsrecht des § 87 BetrVG nur, soweit sie die in den Katalog dieser Norm fallende Angelegenheit zwingend regelt, sodass kein Raum für eine Regelungsentscheidung des Arbeitgebers mehr verbleibt. Denn eine die Mitbestimmung ausschließende **tarifvertragliche Regelung** liegt nur vor, wenn diese die betreffende Angelegenheit selbst **abschließend und zwingend** regelt. Die Sperrwirkung ist nicht auf den Arbeitnehmer begünstigende oder ihn schützende Tarifnormen beschränkt, sondern beruht darauf, dass dem Arbeitgeber grundsätzlich kein Raum für eine einseitige Regelung verbleibt.[154] Gleichwohl muss die Tarifnorm die betreffende Angelegenheit nicht in jeder Hinsicht selbst regeln. Vielmehr dürfen die Tarifvertragsparteien dem Arbeitgeber für im **Tarifvertrag** bestimmte Fälle ein **mitbestimmungsfreies Alleinentscheidungsrecht** in gleichen Umfang einräumen, in welchem auch die Betriebsparteien dies hätten tun können.[155] Das BetrVG erfordert nicht, dass der Arbeitgeber zu jeder einzelnen mitbestimmungspflichtigen Anordnung jewels die Zustimmung des Betriebsrats einholt, sondern der Betriebsrat kann – wenn auch nur in Grenzen – seine Zustimmung im Voraus erteilen.[156] Bei Arbeitszeitregelungen ist relativ häufig zu beobachten, dass neuere Tarifverträge Regelungsräume lassen, die durch betriebliche Regelungen auszufüllen sind. Die Abgrenzung,

---

153 BAG 24.02.1987 – 1 ABR 18/85 - BAGE 54, 191, 207 f. = EzA § 87 BetrVG 1972 Nr. 10 m. Anm. *Geul*.
154 BAG 18.04.1989 – 1 ABR 100/87 - BAGE 61, 296, 302 = EzA § 87 BetrVG 1972 Nr. 13 m. Anm. *Wiese*.
155 BAG 03.05.2006 – 1 ABR 14/05 - EzA § 87 BetrVG 2001 Arbeitszeit Nr. 9.
156 BAG 03.06.2003 – 1 AZR 349/02 - BAGE 106, 204 = EzA § 77 BetrVG 2001 Nr. 5 = AP Nr. 19 zu § 77 BetrVG 1972 Tarifvorbehalt m. Anm. *Lobinger*; a. A. ErfK/*Kania* § 87 BetrVG Rn. 17.

wann eine das Mitbestimmungsrecht verdrängende, abschließende Regelung mit einer mitbestimmungsfreien Entscheidungsmöglichkeit für den Arbeitgeber vorliegt und wann die dem Arbeitgeber eingeräumte Entscheidungsmöglichkeit doch der Mitbestimmung nach § 87 BetrVG unterliegt, ist im Einzelfall schwierig. Ob die Tarifvertragsparteien die an sich mitbestimmungspflichtige Angelegenheit abschließend geregelt haben, ist durch Auslegung des Tarifvertrags zu ermitteln.[157]

4. Tarifvertragskollisionen

Denkbar ist, dass der Arbeitgeber an Betriebs- und Betriebsverfassungsnormen unterschiedlichen Inhalts aus verschiedenen Tarifverträgen gebunden ist, z. B. an solche aus einem Flächentarifvertrag und solche aus einem Firmentarifvertrag, die beide mit derselben Gewerkschaft abgeschlossen worden sind (Tarifkonkurrenz). In einem solchen Fall ist für die Frage, welchen dieser unterschiedlichen Betriebs- und Betriebsverfassungsnormen die Sperrwirkung des § 87 Abs. 1 Eingangssatz BetrVG zukommt, die **Tarifkonkurrenz** nach den Grundsätzen der Spezialität aufzulösen, wenn sich die persönlichen Geltungsbereiche beider Tarifverträge decken.[158] Dann sperren nur die zwingenden Normen des Tarifvertrags, der unter den Tarifverträgen den Vorrang genießt. Betreffen die Tarifverträge ohne Überschneidung unterschiedliche Arbeitnehmergruppen im Betrieb, so scheidet eine Lösung nach dem Spezialitätsprinzip aus und es müssen die unterschiedlichen Sperrwirkungen hinsichtlich der unterschiedlichen Arbeitnehmergruppen beachtet werden. Kritischer ist es, wenn im Betrieb **Tarifpluralität** besteht, d. h. der Arbeitgeber an verschiedene Tarifverträge mit verschiedenen Gewerkschaften gebunden ist. Decken oder überschneiden sich die persönlichen Geltungsbereiche dieser Tarifverträge, so kann es einerseits keine Auflösung der Kollision nach dem Grundsatz der Spezialität geben, weil die Tarifverträge auf der Arbeitnehmerseite von verschiedenen Gewerkschaften abgeschlossen worden sind, aber anderseits muss die Kollision aufgelöst werden, weil anders nicht festgestellt werden kann, welche der unterschiedlichen Betriebs- und Betriebsverfassungsnormen für den Betrieb Geltung zu beanspruchen haben. In einem solchen Fall ist dem Tarifvertrag

---

157 BAG 16.04.2002 – 1 ABR 34/01 - EzA § 87 BetrVG 1972 Leistungslohn Nr. 19 = DB 2003, 212.
158 Vgl. BAG 14.06.1989 – 4 AZR 200/88 - AP Nr. 16 zu § 4 TVG Tarifkonkurrenz m. Anm. *Wiedemann/Arnold*.

Vorrang einzuräumen und damit die mögliche Sperrwirkung zuzusprechen, der von sachnäherer Gewerkschaft angeschlossen worden ist.[159]

5. Freiwillige Betriebsvereinbarung trotz Sperrwirkung?

53 Die Sperrwirkung der zwingenden und abschließenden Tarifregelung lässt nur das Mitbestimmungsrecht des § 87 BetrVG, also die zwingende Mitbestimmung entfallen. Die Sperrwirkung bezieht sich primär auf die Erzwingbarkeit der betrieblichen Mitbestimmung. Das BAG hält jedoch auch eine (freiwillig abgeschlossene) Betriebsvereinbarung über einen in § 87 BetrVG genannten Regelungsbereich für unwirksam, wenn ihr die Sperrwirkung eines Tarifvertrags entgegensteht.[160] Für die freiwillige Betriebsvereinbarung i. S. d. § 88 BetrVG, also einer solchen über andere Gegenstände, als sie in § 87 Abs. 1 BetrVG aufgelistet sind, normiert das BetrVG eine solche Sperrwirkung nicht. Das Schrifttum geht deshalb überwiegend davon aus, das freiwillige Betriebsvereinbarungen i. S. d. § 88 BetrVG von der Sperrwirkung unberührt bleiben, und zwar auch über Gegenstände, die in § 87 Abs. 1 BetrVG aufgeführt sind.[161] Dem vermag ich mich im Hinblick auf die zutreffende Rechtsprechung des BAG nicht anzuschließen, denn dadurch würde die Sperrwirkung des § 87 Abs. 1 Eingangssatz BetrVG letztlich ausgehebelt. Durch solche freiwillig abgeschlossenen Betriebsvereinbarungen über Gegenstände der zwingenden Mitbestimmung würden die Tarifregelungen letztlich völlig unterlaufen.

E. Kollektiver Bezug

54 Im Schrifttum und in der Instanzrechtsprechung ist umstritten, ob Individualmaßnahmen oder Einzelfallregelungen mitbestimmungsfrei bleiben und die betriebliche Mitbestimmung nach § 87 Abs. 1 BetrVG erst einsetzt, wenn es sich um eine **Regelung mit kollektivem Bezug** handelt, soweit das Gesetz nicht ausnahmsweise auch einzelne Individualregelungen (z. B. in § 87 Abs. 1

---

159 Strittig, vgl. *Richardi* § 87 BetrVG Rn. 156; *Wiedemann/Wank* § 4 TVG Rn. 296 ff., 606, jeweils m. w. N.
160 BAG 15.05.1964 – 1 ABR 15/63 - BAGE 16, 31, 36 = AP Nr. 5 zu § 56 BetrVG Akkord m. Anm. *Dietz*.
161 Ausführlich *Richardi* § 87 BetrVG Rn. 168 ff. m. w. N. auch den abweichenden Auffassungen.

Nr. 5 oder 9 BetrVG) der Mitbestimmung unterfallen lässt.[162] Das BAG hatte zunächst davon abgesehen, diese Streitfrage zu entscheiden.[163] Für den Anspruch eines einzelnen Arbeitnehmers auf **Teilzeitarbeit** (§ 8 TzBfG) hat es jedoch angenommen, ein solches Verlangen habe keinen hinreichenden kollektiven Bezug.[164] Für die hier interessierende **Mitbestimmung in Arbeitszeitangelegenheiten** setzt das BAG in ständiger Rechtsprechung voraus, dass ein **kollektiver Bezug** vorliegen muss, so zu § 87 Abs. 1 Nr. 2 BetrVG[165] wie auch zu § 87 Abs. 1 Nr. 3 BetrVG.[166] Ein für die Mitbestimmungspflichtigkeit vorausgesetzter Kollektivbezug liegt regelmäßig vor, wenn sich eine Regelungsfrage stellt, die die kollektiven Interessen der Belegschaft berührt.[167] Die Regelung hat kollektiven Bezug, wenn sie sich auf den ganzen **Betrieb** oder auch nur auf einen **Teil der Belegschaft** oder eine **Gruppe von Arbeitnehmern** bezieht;[168] es kann sogar ausreichen, wenn sich die Arbeitszeitregelung nach abstrakten, auf den Arbeitsplatz und nicht auf den Arbeitsplatzinhaber bezogenen Merkmalen auf eben diesen einzigen bestimmten Arbeitsplatz bezieht,[169] z. B. die regelmäßige Arbeitszeit auf dem einzigen Arbeitsplatz für Datensicherung. Dagegen besteht **kein Mitbestimmungsrecht**, wenn die Arbeitszeit eines oder mehrerer einzelner Arbeitnehmer aufgrund entsprechender Vereinbarung im Arbeitsvertrag oder in Rahmen des Direktionsrechts des Arbeitgebers aufgrund der **individuellen Interessen des jeweiligen**

---

162 Vgl. z. B. die umfangreiche, kritische Darstellung in HSWGN/*Worzalla* § 87 BetrVG Rn. 17–28 m. w. N.
163 BAG 18.11.1980 – 1 ABR 87/78 - EzA § 87 BetrVG 1972 Arbeitszeit Nr. 8 m. Anm. *Klinkhammer* = AP Nr. 3 zu § 87 BetrVG 1972 Arbeitszeit m. Anm. *Meisel*.
164 BAG 16.03.2004 – 9 AZR 323/03 - EzA § 8 TzBfG Nr. 8.
165 Seit BAG 21.12.1982 – 1 ABR 14/81 - BAGE 41, 200, 209 = EzA § 87 BetrVG 1972 Arbeitszeit Nr. 16 = AP Nr. 9 zu § 87 BetrVG 1972 Arbeitszeit m. Anm. *Gast*.
166 Erstmals in BAG 18.11.1980 – 1 ABR 87/78 - EzA § 87 BetrVG 1972 Arbeitszeit Nr. 8 m. Anm. *Klinkhammer* = AP Nr. 3 zu § 87 BetrVG 1972 Arbeitszeit m. Anm. *Meisel*.
167 BAG 12.11.1998 – 1 ABR 12/98 - BAGE 90, 194, 199 = EzA § 87 BetrVG 1972 Arbeitszeit Nr. 59.
168 *Richardi* § 87 BetrVG Rn. 26.
169 HzA/*Etzel* Gr. 19 Rn. 484.

Arbeitnehmers festgelegt wird.[170] Indessen liegt keine mitbestimmungsfreie Individualregelung vor, wenn mit der Regelung – wenn auch auf Wunsch des Arbeitnehmers – nicht (allein) seinem individuellen Interesse, sondern (auch) einem betrieblichen Regelungsbedürfnis Rechnung getragen werden soll.[171] Vereinbaren die Arbeitsvertragsparteien bei Abschluss des **Arbeitsvertrages** die zu diesem Zeitpunkt **im Betrieb geltende Regelung** über Beginn und Ende der **täglichen Arbeitszeit** und die Verteilung der Arbeitszeit auf die einzelnen Wochentage, liegt darin keine individuelle Arbeitszeitvereinbarung, die gegenüber einer späteren Veränderung der betrieblichen Arbeitszeit durch Betriebsvereinbarung Bestand hat. Der Arbeitnehmer, der aus persönlichen Gründen an einer bestimmten, von der betriebsüblichen Arbeitszeit unabhängigen Lage der Arbeitszeit Interesse hat, muss diese Unabhängigkeit mit dem Arbeitgeber auch dann vereinbaren, wenn die zur Zeit des Abschlusses des Arbeitsvertrages geltende betriebliche Arbeitszeit seinen Interessen entspricht.[172]

F. Arbeitszeitmitbestimmung im Arbeitskampf

55 Nach § 74 Abs. 2 S. 1 BetrVG sind einerseits **Maßnahmen des Arbeitskampfes zwischen Arbeitgeber und Betriebsrat unzulässig**, andererseits werden die Arbeitskämpfe tariffähiger Parteien hierdurch nicht berührt. Will oder muss der Arbeitgeber während eines **Streiks in seinem Betrieb** die betriebsübliche Arbeitszeit der arbeitswilligen Arbeitnehmer vorübergehend verlängern oder verkürzen, so unterliegt diese Maßnahme nicht der Mitbestimmung des Betriebsrats. Das **Mitbestimmungsrecht des Betriebsrats entfällt** wegen der **Neutralitätspflicht** (§ 74 Abs. 2 BetrVG), wenn und weil Teile der von dem Betriebsrat vertretenen Belegschaft selbst streiken oder ausgesperrt werden.[173] Zwar sind die **Voraussetzungen** und der Umfang **der Arbeitszeitverkürzung** durch das Recht vorgegeben und nicht von der Zustimmung des Betriebsrats

---

170 GK/*Wiese* § 87 BetrVG Rn. 289.
171 So zur Einrichtung von Rufbereitschaft: BAG 21.12.1982 – 1 ABR 14/81 - BAGE 41, 200, 209 = EzA § 87 BetrVG 1972 Arbeitszeit Nr. 16 = AP Nr. 9 zu § 87 BetrVG 1972 Arbeitszeit m. Anm. *Gast*.
172 BAG 23.06.1992 – 1 AZR 57/92 - EzA § 611 BGB Direktionsrecht Nr. 12.
173 BAG 22.12.1980 – 1 ABR 76/79 - BAGE 34, 355 = EzA § 615 BGB Betriebsrisiko Nr. 8 = AP Nr. 71 zu Art 9 GG Arbeitskampf m. Anm. zu Nr. 70 und 71 *Richardi*.

abhängig.[174] Jedoch muss der Arbeitgeber dem Betriebsrat gem. § 80 BetrVG auch mitteilen, für welche Arbeitnehmer die Arbeitszeit wann und in welchem Umfang vorübergehen verkürzt oder verlängert werden soll; die bloße Möglichkeit, dass der Betriebsrat diese Daten rechtswidrig verwendet oder weitergibt, schließt den Unterrichtungsanspruch des Betriebsrats nicht aus.[175]

Dagegen bleibt das **Mitbestimmungsrecht des Betriebsrats** nach § 87 Abs. 1 Nr. 3 BetrVG trotz dessen Neutralitätspflicht bestehen, wenn der Arbeitgeber lediglich infolge **arbeitskampfbedingter Fernwirkungen** die betriebsübliche Arbeitszeit vorübergehend verkürzen oder verlängern will. Im Fall der **Kurzarbeit** ist das Mitbestimmungsrecht auf die **Modalitäten** der Arbeitszeitverteilung beschränkt, weil die **Voraussetzungen und der Umfang der Arbeitszeitverkürzung** durch das Recht i. S. d. § 87 Abs. 1 Eingangssatz BetrVG vorgegeben und deshalb nicht von der Zustimmung des Betriebsrats abhängig sind.[176]

56

G. Durchführung der Mitbestimmung

Die Mitbestimmung des Betriebsrats in Angelegenheiten des § 87 BetrVG stellt die rechtlich stärkste Form der Beteiligung der Arbeitnehmer des Betriebes an Entscheidungen des Arbeitgebers dar. Hierüber müssen beide Seiten verhandeln. Das BetrVG regelt nicht ausdrücklich, wer Arbeitgeber i.S. dieses Gesetzes ist oder für den Arbeitgeber gegenüber dem Betriebsrat handelt. **Arbeitgeber i. S. d. Mitbestimmungsrechte** ist nicht nur der **Betriebsinhaber** als **natürliche Person** oder das für den Betriebsinhaber handelnde **Organ** (Vorstand, Geschäftsführer u. s. w.), sondern **jede an der Betriebsleitung verantwortlich beteiligte Person**, die der Betriebsinhaber mit seiner Vertretung betraut hat; bei wichtigen Verhandlungen, z. B. abschließenden Verhandlungen über eine Betriebsvereinbarung, muss der Vertreter eine entsprechende **Abschlussbefugnis** (Vertretungsmacht und Vollmacht) besitzen.[177] Für den

57

---

174 BAG 22.12.1980 – 1 ABR 2/79 - BAGE 34, 331 = EzA § 615 BGB Betriebsrisiko Nr. 7 = AP Nr. 70 zu Art 9 GG Arbeitskampf m. Anm. zu Nr. 70 und 71 *Richardi*.
175 BAG 01.12.2002 – 1 ABR 7/02 - BAGE 104, 175 = EzA § 80 BetrVG 2001 Nr. 1 m. Anm. Krause = AP Nr. 59 zu § 80 BetrVG 1972.
176 BAG 22.12.1980 – 1 ABR 2/79 - BAGE 34, 331 = EzA § 615 BGB Betriebsrisiko Nr. 7 = AP Nr. 70 zu Art 9 GG Arbeitskampf m. Anm. zu Nr. 70 und 71 *Richardi*.
177 BAG 11.12.1991 – 1 ABR 16/91 - EzA § 90 BetrVG 1972 Nr. 2 = AP Nr. 2 zu § 90 BetrVG 1972.

Betriebsrat hat dessen **Vorsitzende oder Stellvertreter** (§ 26 Abs. 2 BetrVG) oder – soweit die Mitbestimmung in Arbeitszeitfragen einem **Ausschuss** oder einer Arbeitsgruppe übertragen worden ist (§ 27 Abs. 2, § 28 S. 3, § 28a BetrVG), durch deren Vorsitzenden oder Stellvertreter. Durch betriebsfremde Dritte (Gewerkschaftssekretäre, Verbandsvertreter, Rechtsanwalt u. s. w.) darf sich keine Seite vertreten lassen, wohl aber dürfen solche Personen zur Unterstützung hinzugezogen werden.

I. Initiativrechte

58 Das Gesetz zwingt den **Arbeitgeber**, den Betriebsrat in **mitbestimmungspflichtigen Angelegenheiten** (§ 87 BetrVG), nicht zuletzt in den dort genannten **Arbeitszeitangelegenheiten**, nicht nur zu informieren und anzuhören, sondern die **Entscheidung mit dem Betriebsrat gemeinsam** zu treffen. Hierzu hat er die Angelegenheit mit dem Betriebsrat gem. § 74 Abs. 1 S. 2 BetrVG mit dem Ziel zu erörtern, das Einvernehmen mit dem Betriebsrat herzustellen. Vice versa kann die Initiative aber auch vom **Betriebsrat** ausgehen, er hat – dem Grundgedanken der Mitbestimmung entsprechend[178] – in den Angelegenheiten des § 87 Abs. 1 Nr. 2 und 3 BetrVG ein **Initiativrecht**.[179] Deshalb können beide Betriebspartner die Initiative für eine Regelung oder deren Änderung oder Abschaffung oder Ablösung ergreifen und, wenn sie sich nicht unmittelbar verständigen, nötigenfalls die Einigungsstelle anrufen. Zwar geht das Initiativrecht des Betriebsrats nicht über das zugrunde liegende Mitbestimmungsrecht hinaus.[180] Jedoch kann der Betriebsrat initiativ werden, um eine vor seiner Wahl oder auch danach bisher ohne seine Beteiligung geübte betriebliche Praxis nunmehr im Wege der Betriebsvereinbarung zu regeln.[181] Bei der Mitbestimmung nach § 87 Abs. 1 Nr. 2 und 3 BetrVG kann der Betriebsrat seine **Zustimmung aus letztlich jedem beliebigen Grund verweigern**. Das Gesetz enthält insoweit im Gegensatz zu etwa § 99 BetrVG (Mitbestimmung in personellen Angelegenheiten) keinen Katalog der Zustimmungsverweigerungsgründe. Sog. **Kopplungsgeschäfte**, d. h. Verhandlungen, bei denen die Zustimmung zum Begehren der einen Seite davon

---

[178] BAG 14.11.1974 1 ABR 65/73 - EzA § 87 BetrVG 1972 Initiativrecht Nr. 2 m. Anm. *Birk* = AP Nr. 1 zu § 87 BetrVG 1972 m. Anm. *Richardi*.
[179] BAG 01.10.2006 – 1 ABR 68/05 - EzA § 80 BetrVG 2001 Nr. 6.
[180] HSWGN/*Worzalla* § 87 BetrVG Rn. 46.
[181] BAG 08.08.1989 – 1 ABR 62/88 - EzA § 87 BetrVG 1972 Initiativrecht Nr. 5.

abhängig gemacht, wird, dass die andere Seite einer damit sachlich nicht oder zumindest auf den ersten Blick nicht zusammenhängt, verstoßen als solche nicht gegen das Gebot der vertrauensvollen Zusammenarbeit, sondern sind bis zur Grenze des Rechtsmissbrauchs zulässig. So darf der Arbeitgeber Leistungen der **betrieblichen Altersversorgung** davon abhängig machen, dass eine Betriebsvereinbarung über **Regelungen zur flexibleren Gestaltung der Arbeitszeit** zustande kommt.[182] Das BetrVG setzt dem Betriebsrat im Gegensatz zu §99 BetrVG, §102 BetrVG oder auch zu §69 Abs. 2 BPersVG weder eine Frist noch eine Form für seine Antwort auf ein Zustimmungsbegehren des Arbeitgebers nach §87 Abs. 1 Nr. 2 oder 3 BetrVG.

Die **Mitbestimmung bei Arbeitszeitregelungen** dient dem **Ausgleich des Interesses** des **Arbeitgebers** am möglichst zweckgerichteten und ökonomischen Funktionieren des Betriebes und dem **Interesse** des **Arbeitnehmers** an seiner persönlichen Zeitsouveränität. Dieser Ausgleich wird im Wege der Mitbestimmung durch den Betriebsrat als dem Repräsentanten der Arbeitnehmer des Betriebes gesucht. **Die Verbindlichkeit der vom Arbeitgeber angeordneten Regelungen** der Gegenstände, die in §87 Abs. 1 Nr. 2 und 3 BetrVG umschrieben sind, gegenüber den Arbeitnehmern **hängt davon ab, ob und wie das Mitbestimmungsverfahren** durchgeführt worden ist. Die Wirkungen und Methoden der Durchführung der Mitbestimmung sind im BetrVG nur marginal geregelt. In aller Regel ist es der Arbeitgeber, der ein Mitbestimmungsverfahren nach §87 Abs. 1 BetrVG gegenüber dem Betriebsrat einleitet. Indessen steht dem Betriebsrat seinerseits ebenfalls ein Initiativrecht zu. Die beiden sog. Betriebspartner haben die zu regelnde Angelegenheit mit dem Ziel der Einigung zu erörtern. Als Instrumente zur Durchführung der Mitbestimmung kommen die im Gesetz geregelte **förmliche Betriebsvereinbarung** und die im Gesetz nicht normierte **formlose Regelungsabrede** in Betracht. 59

II. Mitbestimmungsinstrument Betriebsvereinbarung

Das BetrVG überlässt es den Betriebspartnern, ob sie für die Durchführung der Mitbestimmung die **förmliche Betriebsvereinbarung** oder nur die **formlose Regelungsabrede wählen**. Allerdings können Tarifverträge Betriebsvereinbarungen als Form vorschreiben, z.B. der TVöD oder TV-L gerade für Arbeitszeitregelungen (vgl. §75 BPersVG Rdn. 23). **Betriebsvereinbarungen** sind vom Arbeitgeber und vom Betriebsrat gemeinsam zu beschließen und 60

---

182 BAG 18.09.2007 – 3 AZR 63/06 - EzA §1 BetrAVG Gleichbehandlung Nr. 30.

schriftlich niederzulegen; sie sind von beiden Seiten zu **unterzeichnen**, soweit sie nicht auf einem Spruch der Einigungsstelle beruhen (§ 77 Abs. 2 S. 1 und 2 BetrVG). Nach § 77 Abs. 1 S. 1 BetrVG führt der Arbeitgeber die Vereinbarungen – dazu gehören vor allem die Betriebsvereinbarungen, aber auch sonstige Vereinbarungen zwischen Arbeitgeber und Betriebsrat, z. B. Reglungsabreden zwischen ihm und dem Betriebsrat, durch; gleiches gilt für den Spruch der Einigungsstelle. Betriebsvereinbarungen – nicht aber andere Vereinbarungen – gelten (sc. gegenüber den Arbeitnehmern des Betriebes) unmittelbar und zwingend (§ 77 Abs. 4 S. 1 BetrVG). **Betriebsvereinbarungen gelten unmittelbar und zwingend** (§ 77 Abs. 4 S. 1 BetrVG); auf darin eingeräumte Rechte kann der Arbeitnehmer nur mit Zustimmung des Betriebsrat verzichten. Umgekehrt hindert eine abschließende Regelung in einer Betriebsvereinbarung auch den Arbeitgeber, hiervon etwa zugunsten einzelner Arbeitnehmer abweichen zu müssen. Eine Betriebsvereinbarung über die Lage der Arbeitszeit kann den Arbeitgeber berechtigen, das Verlangen des Arbeitnehmers auf wunschgerechte Verteilung der nach § 8 TzBfG verringerten Arbeitszeit abzulehnen.[183]

61 Im Wege von Betriebsvereinbarungen werden in aller Regel die auf unbestimmte oder lange **Dauer angelegten Arbeitszeitregelungen** von Arbeitgeber und Betriebsrat gemeinsam festgelegt. Hinsichtlich der mehr oder weniger spontan auftretenden Bedarfe an **Mehrarbeit oder Überstunden** werden recht häufig im Wege der **Betriebsvereinbarung Rahmenregelungen** geschaffen, nach denen es möglich ist, kurzfristig Regelungen zu **Überstunden** zu schaffen oder, falls die Zeit dafür nicht reicht, dem Arbeitgeber ausnahmsweise zu gestatteten, einseitige Anordnungen in begrenztem Rahmen zu treffen.

III. Einigungsstelle

62 Nach § 87 Abs. 2 S. 1 BetrVG kann in den Angelegenheiten des § 87 Abs. 1 BetrVG die **Einigungsstelle** (§ 76 BetrVG) angerufen werden, und zwar unabhängig davon, wer die Initiative ergriffen hat, sowohl der Arbeitgeber als auch der Arbeitnehmer. Nach § 87 Abs. 2 S. 2 BetrVG ersetzt der **Spruch der Einigungsstelle** die (fehlende) Einigung zwischen Arbeitgeber und Betriebsrat. Die Einigungsstelle ist kein Gericht, sondern ein i. d. R. ad hoc gebildetes Spruchgremium, bestehend aus einem neutralen Vorsitzenden und einer jeweils gleichen Zahl von den Betriebspartnern jeweils benannten Beisitzern.

---

[183] BAG 16.03.2004 – 9 AZR 323/03 -.EzA § 8 TzBfG Nr. 8.

IV. Durchsetzbarkeit

Die Betriebsvereinbarungen wie die Entscheidung der Einigungsstelle sind 63
nicht wie vollstreckbare Urkunden oder Urteile vollstreckbar. Die Durchsetzung kann jedoch mit Hilfe einer gerichtlichen Entscheidung erreicht werden, denn grundsätzlich steht dem Betriebsrat gegen den Arbeitgeber ein einklagbarer **Durchführungsanspruch** nach § 77 Abs. 1 BetrVG zu, der durch einen **Unterlassungsanspruch** ergänzt wird, mit dessen Hilfe regelungswidriges Verhalten des Arbeitgebers notfalls im Wege des arbeitsgerichtlichen Beschlussverfahrens unterbunden werden kann.[184]

V. Regelungsabrede, formlose Einigung

Der Mitbestimmung ist aber auch Genüge getan, wenn sich Arbeitgeber und 64
Betriebsrat nicht auf eine der **Schriftform** bedürftige **Betriebsvereinbarung** (§ 77 Abs. 2 BetrVG) einigen, sondern nur auf eine **formlos** gültige, zuweilen sogar nur konkludent zustande gekommene **Regelungsabrede**. Solch formloses Einverständnis wird vielfach bei einmaligen oder vorübergehenden Regelungen, nicht zuletzt der Arbeitszeit gesucht, z.B. bei einem unvorhergesehenen Bedarf an Mehrarbeit. Auch die Regelungsabrede genügt, um der Mitbestimmung Genüge zu tun; sie bindet Betriebsrat und Arbeitgeber, wirkt jedoch nicht normativ gegenüber den Arbeitnehmern.[185] Weil aber dem Mitbestimmungsrecht Genüge getan ist, kann der Arbeitgeber im Rahmen der Regelungsabrede wirksam von seinem Weisungsrecht gegenüber den Arbeitnehmern im Rahmen der sonstigen rechtlichen Rahmenbedingungen Gebrauch machen, z.B. kurzzeitig Überstunden anordnen. Der Arbeitnehmer kann sich dann nicht darauf zurückziehen, dass er der Weisung nicht zu folgen brauche, weil es keine ihn normative bindende förmliche Betriebsvereinbarung gebe, sondern muss die Überstunden infolge der ihn bindenden, infolge der Wahrung des Mitbestimmungsrechts nicht unwirksamen Weisung leisten.

H. Einmalige Fälle, Eil- und Notfälle

Die Durchführung der Mitbestimmung erfordert Zeit; der Ausgang des Ver- 65
fahrens ist zuweilen ungewiss. Diese Umstände werfen die Frage auf, wie es

---

184 BAG 18.01.2005 – 3 ABR 217/04 - EzA § 77 BetrVG 2001 Nr. 11; BAG 29.04.2004 – 1 ABR 30/02 - EzA § 77 BetrVG 2001 Nr. 8.
185 St. Rspr., z.B. BAG 21.01.2003 – 1 ABR 9/02 - EzA § 77 BetrVG 2001 Nr 3.

um die Mitbestimmung in einmaligen Fällen, in Eilfällen und in Notfällen steht.

I. Einmalige Fälle, Sonderfälle

66 Das Mitbestimmungsrecht des § 87 BetrVG richtet sich primär auf **generelle Regelungen** mit kollektivem Bezug. Indessen entfällt das Mitbestimmungsrecht nicht, wenn es nicht um dauerhafte Regelungen, sondern um eine Regelung für einen **einmaligen Fall** geht, z. B. um die einmalige Verlagerung der Arbeitszeit aus Anlass einer (besonderen) Betriebsfeier.[186] Auch dann, wenn die Regelung nur **zur Erprobung** oder nur **vorübergehend** eingeführt werden soll, steht dem Betriebsrat das Mitbestimmungsrecht zu.[187] Entsprechendes gilt, wenn der Betriebsrat eine Arbeitsfreistellung für einen einzigen Tag, z. B. für den Karnevalsdienstag, erreichen will.[188]

II. Eilfälle

67 Auch in sog. **Eilfällen** bleibt das Mitbestimmungsrecht des Betriebsrats ohne Einschränkung bestehen; es entfällt nicht etwa deshalb, weil die vom Arbeitgeber beabsichtigte Maßnahme eilbedürftig und eine rechtzeitige Zustimmung des Betriebsrats aus Zeitgründen nicht zu erlangen ist.[189] Dem berechtigten Interesse des Arbeitgebers, auf **unerwartet auftretenden Bedarf an Überstunden** rasch reagieren zu können, ist auf andere Weise Rechnung zu tragen. Insoweit können **vorsorgliche Regelungen** etwa darüber getroffen werden, wie zu verfahren ist, wenn der Betriebsrat nicht erreichbar oder sonst zu rechtzeitiger Beschlussfassung nicht in der Lage ist. Einer solchen Vereinbarung darf sich der Betriebsrat nicht versagen; der Arbeitgeber kann sie notfalls

---

[186] BAG 27.01.1998 – 1 ABR 35/97 - EzA § 87 BetrVG 1972 Arbeitszeit Nr. 58.
[187] DKK/*Klebe* § 87 BetrVG Rn. 24.
[188] BAG 26.10.2004 – 1 ABR 31/03 (A) - EzA § 87 BetrVG 2001 Arbeitszeit Nr. 7 = AP Nr. 113 zu § 87 BetrVG 1972 Arbeitszeit m. Anm. *Joussen*.
[189] BAG 17.11.1998 – 1 ABR 12/98 - BAGE 90, 194, 199 = EzA § 87 BetrVG 1972 Arbeitszeit Nr. 59; BAG 19.02.1991 – 1 ABR 31/90 - EzA § 87 BetrVG 1972 Arbeitszeit Nr. 46 = AP Nr. 42 zu § 87 BetrVG 1972 Arbeitszeit; *Fitting* § 87 BetrVG Rn. 23; ErfK/*Kania* § 87 BetrVG Rn. 7; DKK/*Klebe* § 87 BetrVG Rn. 21; HSWGN/*Worzalla* § 87 BetrVG Rn. 29.

mit Hilfe der Einigungsstelle durchsetzen.[190] Eine Betriebsvereinbarung darf für bestimmte Fälle ein Alleinentscheidungsrecht des Arbeitgebers vorsehen, sofern dadurch das Mitbestimmungsrecht nicht in seiner Substanz beeinträchtigt wird.[191] Dementsprechend hat das BAG eine Betriebsvereinbarung als wirksam erachtet, in welcher der Betriebsrat seine Zustimmung zur Anordnung von **Mehrarbeit** für bestimmte, eng **umgrenzte Fallkategorien**, etwa für nicht vorhersehbare und planbare **Verkaufsvorbereitungs-** und **Abschlussarbeiten** vor oder nach **Ladenschluss**, im Voraus erteilt hatte.[192]

III. Notfälle

Im sog. Notfall ist das Mitbestimmungsrecht nach allgemeiner Auffassung im Schrifttum allerdings eingeschränkt.[193] Das BAG hat sich insoweit noch nicht abschließend festgelegt, ist aber davon ausgegangen, dass nur in Extremsituationen ein Ausschluss der Mitbestimmung in Betracht kommen kann. Es muss zumindest eine unvorhersehbare und schwerwiegende Situation vorliegen, in welcher der Betriebsrat entweder nicht erreichbar oder nicht zur rechtzeitigen Beschlussfassung in der Lage ist, der Arbeitgeber aber sofort handeln muss, um vom Betrieb oder den Arbeitnehmern nicht wieder gutzumachende Schäden abzuwenden.[194] 68

I. Nichtbeachtung des Mitbestimmungsrechts

Es hat **kollektivrechtliche** und **individualrechtliche negative Rechtsfolgen**, wenn der Arbeitgeber das Mitbestimmungsrecht des Betriebsrats nicht beachtet. Die sanktionierenden Rechtsfolgen der **Verletzung des Mitbestimmungs-** 69

---

190 BAG 17.11.1998 – 1 ABR 12/98 - BAGE 90, 194, 199 = EzA § 87 BetrVG 1972 Arbeitszeit Nr. 59.
191 So schon BAG 26.07.1988 – 1 AZR 54/87 - AP Nr. 6 zu 87 BetrVG 1972 Provision.
192 BAG 17.11.1998 – 1 ABR 12/98 - BAGE 90, 194, 199 = EzA § 87 BetrVG 1972 Arbeitszeit Nr. 59, BAG 12.01.1988 – EzA § 87 BetrVG 1972 Arbeitszeit Nr. 26 = AP Nr. 8 zu § 81 ArbGG 1979.
193 DKK/*Klebe* § BetrVG 87 Rn. 23; ErfK/*Kania*, § 87 BetrVG Rn. 8; HSWGN/ *Worzalla* § 87 BetrVG Rn. 35; Richardi/*Richardi* § 87 BetrVG Rn. 62.
194 BAG 17.11.1998 – 1 ABR 12/98 - BAGE 90, 194, 199 = EzA § 87 BetrVG 1972 Arbeitszeit Nr. 59 m. w. N.

rechts müssen den Besonderheiten des jeweiligen Mitbestimmungstatbestandes entsprechen.[195]

Welche Rechtsfolgen sich daran knüpfen, dass bei einem mitbestimmungspflichtigen Tatbestand des § 87 BetrVG die Mitbestimmung durchgeführt worden ist oder nicht, regelt das BetrVG nicht ausdrücklich.

70 Nach der sog. **Theorie der Wirksamkeitsvoraussetzung** sind **alle mitbestimmungspflichtigen** einseitigen **Regelungen** und Maßnahmen des Arbeitgebers **rechtsunwirksam**, wenn der Mitbestimmung nicht Genüge getan worden ist. Das ist ständige Rechtsprechung des BAG, bereits zum BetrVG 1952,[196] aber auch zum BetrVG 1972;[197] ebenso des Großen Senats des BAG.[198] Im Schrifttum wird die Theorie der Wirksamkeitsvoraussetzung weitgehend vertreten,[199] während *Richardi*, *Worzalla* und andere mit beachtlichen Argumenten der Ansicht sind, diese Theorie sei rechtsdogmatisch falsch, müsse modifiziert werden, führe zu einer, dem Zweck der Betriebsverfassung widersprechenden Einschränkung der arbeitsvertraglichen Gestaltungsfreiheit.[200]

71 Die besseren Argumente sprechen gegen diese Theorie. Es fehlt an einer Rechtsfolgenanordnung im BetrVG (oder an anderer Stelle im Gesetz). Die Theorie der Wirksamkeitsvoraussetzung bei den Mitbestimmungsregelungen der für den öffentlichen Dienst geltenden Personalvertretungsgesetze ist umstritten und wird überwiegend abgelehnt. Gleichwohl bleibt zu konstatieren, dass die **Praxis** besser beraten ist, sich an die **Rechtsprechung des BAG**

---

195 Richardi/*Richardi* § 87 BetrVG Rn. 118.
196 BAG 07.09.1956 – 1 AZR 646/54 - BAGE 3, 207, 211 = AP Nr. 2 zu § 56 BetrVG.
197 Statt vieler: BAG 11.06.2002 – 1 AZR 390/01 - BAGE 101, 288, 295 = EzA § 87 BetrVG 1972 Betriebliche Lohngestaltung Nr 76; BAG 22.12.1980 – 1 ABR 76/79 - BAGE 34, 331, 354 f. = EzA § 615 BGB Betriebsrisiko Nr. 8 m. gem. Anm. zu Nr. 8 und 9 a. a. O. *Dütz/Ehmann/Schnauder* = AP Nr. 70 zu Art. 9 GG Arbeitskampf m. Anm. *Richardi*; BAG 22.12.1980 – 1 AZR 2/79 - BAGE 34, 355, 364 f. = EzA § 615 BGB Betriebsrisiko Nr. 8 m. gem. Anm. zu Nr. 8 und 9 a. a. O. *Dütz/Ehmann/Schnauder* = AP Nr. 71 zu Art. 9 GG Arbeitskampf m. Anm. *Richardi*.
198 BAG [GS] 03.12.1991 – BAGE 69, 134, 170 = EzA § 87 BetrVG 1972 Betriebliche Lohngestaltung Nr. 30 m. Anm. *Gaul*.
199 Vgl. die ausführlichen Nachweise bei Richardi/*Richardi* § 87 BetrVG Rn. 103.
200 Ausführlich: Richardi/*Richardi* § 87 BetrG Rn. 104 bis 117; HSWGN/*Worzalla* § 87 BetrVG Rn. 80 bis 92a, jeweils m. w. N.

zu halten. Für die hier in Rede stehenden Mitbestimmungstatbestände des § 87 Abs. 1 Nr. 2 und 3 BetrVG ist jedenfalls davon auszugehen, dass es um die Mitbestimmung in einem Bereich der klassischen Weisungsrechte oder des Direktionsrechts des Arbeitgebers geht und dass deshalb einseitig vom Arbeitgeber gegebene Regelungen und Weisungen unwirksam sind, wenn das Mitbestimmungsrecht nicht beachtet worden ist. Dabei beziehen sich die Mitbestimmungsrechte sowohl der Nr. 2 als auch der Nr. 3 des § 87 Abs. 1 BetrVG nur auf die Arbeitszeitregelungen selbst, nicht aber auf die **unternehmerische Entscheidung über z. B. Ladenöffnungszeiten, Betriebslaufzeiten u. s. w.**, aus der dann die **Arbeitszeitregelung** für die Arbeitnehmer **abgeleitet** wird; allerdings lässt das BAG es zu, dass vom Mitbestimmungsrecht auch eine – auf dem Spruch einer Einigungsstelle beruhende – Arbeitszeitregelung gedeckt ist, die eine vom Arbeitgeber beabsichtigte volle Ausschöpfung der möglichen Ladenöffnungszeiten unmöglich macht.[201] Kommt es bei einer mitbestimmungspflichtigen Maßnahme des Arbeitgebers nicht zu einer Verständigung mit dem Betriebsrat oder zu einem diese ersetzenden Spruch der Einigungsstelle, so darf der Arbeitgeber von Rechts wegen die Maßnahme auch **nicht** durch eine **Bündelung von Individualmaßnahmen** durchsetzen.[202] Vielmehr hat die Maßnahme dann insgesamt zu unterbleiben und ist, falls sie schon durchgeführt worden ist, unwirksam; Eine **Aufteilung** in einen **mitbestimmungsfreien** und einen **mitbestimmungspflichtigen** Teil ist wegen des Sanktionscharakters der Theorie der Wirksamkeitsvoraussetzung nicht möglich.[203]

I. Kollektivrechtliche Folgen

Hinsichtlich der kollektiven Folgen ist zwischen betriebsratslosen Betrieben und solchen mit einem Betriebsrat zu unterscheiden. 72

---

201 BAG 31.08.1982 – 1 ABR 27/80 - BAGE 40, 107, 112 = EzA § 87 BetrVG 1972 Arbeitszeit Nr. 13 m. Anm. *Richardi* = AP Nr. 8 zu § 87 BetrVG Arbeitszeit m. Anm. *Rath-Glawatz*.
202 Vgl. BAG 19.09.1995 – 1 AZR 208/95 - BAGE 81, 38, 41= EzA § 76 BetrVG 1972 Nr. 67= DB 1996, 1576.
203 BAG 19.09.1995 – 1 AZR 208/95 - BAGE 81, 38, 41= EzA § 76 BetrVG 1972 Nr. 67 = DB 1996, 1576.

§ 87 BetrVG Mitbestimmungsrechte

1. Betriebsratsloser Betrieb

73 **Solange** in einem Betrieb (noch) **kein Betriebsrat** besteht, sind und bleiben Regelungen i. S. d. § 87 Abs. 1 BetrVG, nicht zuletzt auch Arbeitszeitregelungen (§ 87 Abs. 1 Nr. 2 und 3 BetrVG), die der Arbeitgeber kraft seines Direktions- oder Weisungsrechts im Rahmen der gesetzlichen Bestimmungen (z. B. ArbZG, MuSchG, JArbSchG) und der ihn bindenden tarifvertraglichen Reglungen unter Beachtung der arbeitsvertraglichen Vereinbarungen getroffen hat, **ohne** Beachtung der **Mitbestimmung wirksam**. Der Einhaltung der Regelungen des § 87 BetrVG bedarf es zur rechtlichen Wirksamkeit nur, wenn ein Betriebsrat besteht. Sie bleiben, wenn **später** in dem bisher betriebsratslosen Betrieb ein **Betriebsrat gewählt** wird, solange wirksam, bis sie durch eine mitbestimmte Regelung, sei es desselben, sei es anderen Inhalts abgelöst werden.[204] Die gegenteilige Ansicht, wonach solche Regelungen nach einer – wie auch immer definierten – Übergangszeit unwirksam werden,[205] findet im geltenden Recht keine Grundlage.[206]

74 Wird ein Betrieb **betriebsratslos**, so hat dies nicht die automatische Beendigung der zuvor abgeschlossenen, laufenden Betriebsvereinbarungen zur Folge. Vielmehr bedarf es einer **Beendigungshandlung** des Arbeitgebers, nämlich einer Kündigung der Betriebsvereinbarung. Weil die Kündigung, die in einem Betrieb mit Betriebsrat gegenüber diesem zu erklären wäre, mangels Betriebsrat nicht ihm gegenüber erklärt werden kann, lässt das Schrifttum eine Kündigungserklärung gegenüber allen von der Betriebsvereinbarung betroffenen Arbeitnehmern genügen.[207] Im Gegensatz zur Kündigung einer Betriebsvereinbarung in einem Betrieb mit Betriebsrat, die die Nachwirkung der Betriebsvereinbarung zur Folge hat (§ 77 Abs. 6 BetrVG), entsteht in einem solchen Fall ausnahmsweise **keine Nachwirkung**, weil kein adäquates kollektivrechtliches Instrument zur Verfügung steht, um die Nachwirkung ihrerseits zu beseitigen.[208]

---

[204] BAG 25.11.1981 AP Nr. 3 zu § 9 TVAL II; HWK/*Clemenz*, § 87 BetrVG Rn. 40.
[205] DKK/*Klebe* § 87 BetrVG Rn. 8.
[206] HWK/*Clemenz* § 87 BetrVG Rn. 40.
[207] BAG 18.09.2002 – 1 ABR 54/01 - BAGE 102, 356 = EzA § 613a BGB 2002 Nr. 5.
[208] *Salamon* NZA 2007, 367, 369; HSWGN/*Worzalla* § 77 BetrVG Rn. 235; a. A. *Fitting* § 77 BetrVG Rn. 149, 179.

2. Betrieb mit Betriebsrat

Besteht ein Betriebsrat und hat der Arbeitgeber das Mitbestimmungsrecht 75
des Betriebsrats nicht beachtet, so stehen dem Betriebsrat unterschiedliche
Möglichkeiten zur Verfügung, um einen betriebsverfassungskonformen
Rechtszustand herbeizuführen. Denn die mitbestimmungswidrigen Regelungen des Arbeitgebers, z.B. die Festlegung der täglichen Arbeitszeit, die
Anordnung von Überstunden oder Mehrarbeit, sind zwar nichtig, aber sie
bleiben zunächst faktisch wirksam, auch wenn sich die Arbeitnehmer an diese
mitbestimmungswidrigen Regelungen rechtlich nicht halten müssen. Um diesen unbefriedigten und unbefriedigenden Zustand zu beseitigen, stehen dem
Betriebsrat mehrere Möglichkeiten zur Verfügung.

3. Abhilfe durch Initiative des Betriebsrats

Der Betriebsrat kann von seinem **Initiativrecht** Gebrauch machen, d.h., er 76
kann die mitbestimmungspflichtige Angelegenheit seinerseits zum Inhalt
eines Mitbestimmungsverfahrens machen und seinerseits, wenn es nicht
vorher zum Einvernehmen mit dem Arbeitgeber kommt, die **Einigungsstelle anrufen**. Das Initiativrecht wie auch die Anrufung der Einigungsstelle
stehen dem Betriebsrat aber nicht nur zur Verfügung, wenn der Arbeitgeber
das Mitbestimmungsrecht nicht beachtet hat, sondern auch dann, wenn der
Betriebsrat seinerseits eine mitbestimmte Regelung erstmals oder anders als
die bisherige herbeiführen will (vgl. Rdn. 59).

4. Streit über das Mitbestimmungsrecht

Bei einem Streit über **Bestehen und Umfang eines Mitbestimmungsrechts** 77
kann der Betriebsrat (wie auch der Arbeitgeber) das Arbeitsgericht anrufen
und den Streit im Wege des Beschlussverfahrens durch eine gerichtliche Feststellung, dass das Mitbestimmungsrecht im konkreten Fall besteht, entscheiden lassen (§ 2a Abs. 1 Nr. 1 Abs. 2 i.V.m. § 80ff. ArbGG). Ein solcher **Feststellungsantrag** muss so gefasst und so bestimmt sein, dass die Streitfrage mit
materieller Rechtskraft zwischen den Beteiligten entschieden werden kann,
sonst weist das Arbeitsgericht den Antrag ohne Sachentscheidung als unzulässig ab.[209] Dafür müssen zumindest die Maßnahmen, hinsichtlich derer der

---

209 BAG 15.01.2001 – 1 ABR 13/01 - EzA § 87 BetrVG 1972 Gesundheitsschutz
Nr. 2 = NZA 2002, 995.

Betriebsrat das Mitbestimmungsrecht für sich reklamiert, und die Gruppe der Arbeitnehmer, die von den Maßnahmen betroffen wird, im Antrag aufgeführt werden.[210] Allerdings wird ein solcher Antrag **mangels Feststellungsinteresses** abgelehnt, wenn die umstrittene Maßnahme zur Zeit der Entscheidung über den Antrag bereits abgeschlossen ist.[211] Bei sich wiederholendem gleichgelagertem Streit über Maßnahmen, die vor einer (möglichen) gerichtlichen Entscheidung immer wieder durch Zeitablauf überholt werden, kann der Betriebsrat ebenso wie der Arbeitgeber die Streitfrage allerdings losgelöst vom konkreten Einzelfall zur gerichtlichen Entscheidung stellen, ohne dass dann das **Feststellungsinteresse** verneint werden kann.[212] Allerdings fehlt für einen Antrag auf Feststellung, dass Feiertagsarbeit an Wertpapierbörsen rechtswidrig ist, das allgemeine **Rechtsschutzinteresse**, wenn der Betriebsrat die Anordnung von **Feiertagsarbeit** dadurch verhindern kann, dass er ihr die **Zustimmung** nach § 87 Abs. 1 Nr. 2, Nr. 3 BetrVG **versagt**.[213] Ein sog. **Globalantrag**, z. B. festzustellen, dass der Arbeitgeber ohne Zustimmung des Betriebsrats **keine Überstunden** anordnen darf, ist zwar hinreichend bestimmt, aber insgesamt als unbegründet zurückzuweisen, wenn und weil er mindestens eine Konstellation enthält, für die das beanspruchte Mitbestimmungsrecht nicht gegeben ist.[214] Entsprechendes gilt bei vergleichbaren Streitigkeiten zwischen Betriebsrat und Arbeitgeber, z. B. darüber, ob das Mitbestimmungsrecht wirksam ausgeübt worden ist, ob und mit welchem Inhalt und welcher Reichweite eine betriebliche Regelung, sei es als Betriebsvereinbarung, sei es als Regelungsabrede, besteht und ob die Angelegenheit davon erfasst ist oder ob das Mitbestimmungsrecht nicht zu beachten war oder ist, weil es sich um einen Notfall handelt.

---

210 BAG 31.01.1989 – 1 ABR 60/87 - EzA § 81 ArbGG 1979 Nr. 14 = AP Nr. 12 zu § 81 ArbGG.
211 BAG 18.02.2003 – 1 ABR 17/02 - EzA § 77 BetrVG 2001 Nr. 4.
212 BAG 23.07.1996 – 1 ABR 17/96 - EzA § 87 BetrVG 1972 Arbeitszeit Nr. 55.
213 BAG 27.01.2004 – 1 ABR 5/03 - BAGE 109, 227 = EzA § 256 ZPO 2002 Nr. 6 = NZA 2004, 941.
214 BAG 01.03.1992 – 1 ABR 31/91 - EzA § 77 BetrVG 1972 Nr. 47 = AP Nr. 1 zu 3 77 BetrVG 1972 Regelungsabrede.

5. Verletzung des Mitbestimmungsrechts

Bei einer **Verletzung des Mitbestimmungsrechts** kann der **Betriebsrat** von Arbeitgeber die **Unterlassung** und/oder **Beseitigung** der mitbestimmungswidrigen Maßnahme oder die **Durchführung** der mitbestimmten Regelung verlangen und deswegen notfalls das Arbeitsgericht anrufen. Jedoch gibt es i. d. R. keine Sanktion durch eine Geldbuße.

78

Einen **betriebsverfassungsrechtlichen Unterlassungsanspruch**, Duldungs- oder Handlungsanspruch gewährt § 23 Abs. 3 BetrVG bei einem **groben Verstoß** des Arbeitgebers gegen seine Pflichten aus dem BetrVG, nicht zuletzt auch aus § 87 BetrVG. In einem solchen Fall können der Betriebsrat oder eine im Betrieb vertretene Gewerkschaft sich an das Arbeitsgericht wenden und beantragen, dem Arbeitgeber aufzugeben, die grob rechtwidrige Handlung zu **unterlassen**, die rechtmäßige Handlung des Betriebsrat zu dulden oder eine betriebsverfassungskonforme Handlung vorzunehmen. Einen solchen Unterlassungsanspruch wegen groben Rechtsverstoßes nach § 23 Abs. 3 BetrVG hat die Rechtsprechung gerade auch hinsichtlich der **Mitbestimmung bei Arbeitszeitregelungen** als möglich erachtet, ohne dass eine Wiederholungsgefahr gegeben sein muss,[215] so z. B. bei der **mehrfachen Anordnung oder Duldung von Überstunden** ohne eine Beteiligung des Betriebsrats nach § 87 Abs. 1 Nr. 3 BetrVG,[216] bei der Durchführung von **Überstunden** mit Hilfe eines »**Strohmannes**« trotz mehrfacher gerichtlicher Verfahren hinsichtlich Überstunden,[217] bei einer **Änderung des Dienstplanes** ohne den Betriebsrat anzuhören entgegen einer rechtskräftigen gegenteiligen gerichtlichen Entscheidung.[218] Für die gerichtliche Verfolgung dieses Anspruchs sind die Hinweise für den Feststellungsantrag (allerdings ohne das Feststellungsinteresse als Prozessvoraussetzung), vor allem hinsichtlich der Bestimmtheit des Antrags, entsprechend zu beachten.

79

---

215 BAG 07.02.2012 – 1 ABR 77/10 – EzA § 23 BetrVG 2001 Nr. 6; BAG 18.04.1985 – EzA § 23 BetrVG Nr. 10 m. Anm. *Konzen* = AP Nr. 5 zu § 23 BetrVG 1972 m. Anm. *v. Hoyningen-Huene*.
216 BAG 18.04.1985 6 ABR 19/84 - EzA § 23 BetrVG 1972 Nr. 10 m. Anm. *Konzen* = AP Nr. 5 zu § 23 BetrVG 1972 m. Anm. v. *Hoyningen-Huene*; BAG 27.11.1990 – 1 ABR 77/89 - EzA § 87 BetrVG 1972 Arbeitszeit Nr. 40 m. Anm. *Kraft*.
217 BAG 22.10.1991 – 1 ABNR 29/91 - EzA § 87 BetrVG 1972 Arbeitszeit Nr 49 AP Nr. 48 zu § 87 BetrVG 1972 Arbeitszeit.
218 BAG 08.08.1989 – 1 ABR 59/88 - EzA § 23 BetrVG 1972 Nr. 27.

80 Der **Betriebsrat**, nicht aber die Gewerkschaft, kann an Stelle des Anspruchs aus § 23 Abs. 3 BetrVG auch einen **allgemeinen Unterlassungsanspruch** geltend machen. Die Rechtsprechung hatte die Möglichkeit der Rechtsverfolgung bei mitbestimmungswidrigen Handlungen des Arbeitgebers zunächst auf diesen, hohe Anforderungen (»grober Verstoß«) stellenden Anspruch aus § 23 Abs. 3 BetrVG beschränkt.[219] Es hat diese Rechtsprechung, die Zustimmung, aber auch Ablehnung erfahren hat, durch seinen Beschluss vom 3.5.1994 aufgegeben und erkannt, dass der Unterlassungsanspruch keine grobe Pflichtverletzung des Arbeitgebers i. S. d. § 23 Abs. 3 BetrVG voraussetze[220] und seitdem trotz der Kritik an der Anerkennung eines solchen Anspruchs neben dem aus § 23 BetrVG[221] und der (rechtsdogmatischen) Kritik an der Herleitung des Unterlassungsanspruch aus dem Grundsatz der vertrauensvollen Zusammenarbeit (§ 2 Abs. 1 BetrVG) i[222] beibehalten.[223] Für die **prozessuale Durchsetzung** gelten vergleichbare Regeln wie für den des Feststellungsantrags (allerdings ohne das Feststellungsinteresse als Prozessvoraussetzung) oder für den Unterlassungsanspruch nach § 23 Abs. 3 BetrVG. Im Gegensatz zum betriebsverfassungsrechtlichen Unterlassungsanspruch nach § 23 Abs. 3 BetrVG setzt der allgemeine Unterlassungsanspruch des Betriebsrats die Wiederholungsgefahr voraus.[224] Ist ein Unterlassungsanspruch gerichtlich zuerkannt worden, so kann er mit Hilfe angedrohten Ordnungsgeldes gerichtlich durchgesetzt werden, und zwar nach § 23 Abs. 3 Satz 2 bis 5 BetrVG mit einem Ordnungsgeld oder Zwangsgeld bis zu 10.000 €, wenn der Anspruch auf § 23 BetrVG gestützt ist. Diese Bestimmungen sind lex specialis zu § 890 ZPO. Deshalb ist § 890 ZPO als generellere Norm nicht anzuwenden, sodass

---

219 Grundlegend BAG 17.05.1983 – 1 ABR 27/81 - BAGE 42, 366 = EzA § 23 BetrVG 1972 Nr. 9 m. zust. Anm. *Rüthers/Henssler* = AP Nr. 2 zu § 23 BetrVG 1972 m. zust. Anm. *v. Hoyningen-Huene*.
220 BAG 03.05.1994 – 1 ABR 24/93 - BAGE 76, 364 = EzA § 23 BetrVG 1972 Nr. 36 m. Anm. *Raab* = AP Nr. 23 zu § 23 BetrVG 1972 m. zust. Anm. *Richardi*.
221 HSWGN/*Schlochauer* § 23 BetrVG Rn. 81a – 84.
222 Z. B. Richardi/*Richardi*, § 87 BetrVG Rn. 134.
223 BAG 03.05.2006 – 1 ABR 14/05 - EzA § 87 BetrVG 2001 Arbeitszeit Nr. 9 = DB 2007, 60 ff.; BAG 27.01.2004 – 1 ABR 7/03 - EzA § 87 BetrVG 2001 Kontrolleinrichtung Nr. 1 = AP Nr. 40 zu § 87 BetrVG 1972 Überwachung m. Anm. *Wiese*.
224 BAG 29.02.2000 – 1 ABR 4/99 - EzA § 87 BetrVG 1972 Betriebliche Lohngestaltung Nr. 69 = AP Nr. 105 zu § 87 BetrVG 1972 Lohngestaltung m. Anm. *Raab*.

die dort möglichen Durchsetzungsmittel (Ordnungsgeld bis zu 250.000 €, notfalls sogar Ordnungshaft bis zu 2 Jahren) nicht verhängt werden dürfen.

Die öffentlich-rechtliche Sanktion – Geldbuße bis zu 10.000 € – ist nach § 121 BetrVG nur für die Verletzung der dort näher bezeichneten Aufklärungs- und Auskunftspflichten vorgesehen, nicht dagegen bei Verletzung des Mitbestimmungsrechts nach § 87 BetrVG. 81

II. Rechtsfolgen für das einzelne Arbeitsverhältnis

Das Gesetz regelt nicht ausdrücklich, wie sich die **Missachtung des Mitbestimmungsrechts** auf die rechtlichen **Beziehungen des Arbeitgebers zum Arbeitnehmer** auswirkt. Die Rechtsprechung hat insoweit jedoch die »Theorie der Wirksamkeitsvoraussetzung« entwickelt. Nach dieser Theorie setzt die Wirksamkeit der mitbestimmungspflichtigen Arbeitgeberhandlung die Durchführung des Mitbestimmungsverfahrens bzw. die Zustimmung des Betriebsrats voraus. Allerdings ist eine **mitbestimmungswidrige Regelung** nicht völlig **nichtig**, sondern **nur, soweit sie den Arbeitnehmer belastet**.[225] Dies trifft in aller Regel auf fast alle Tatbestände zu, die von § 87 Abs. 1 Nr. 2 und 3 BetrVG erfasst werden. So haben Arbeitnehmer ein **Leistungsverweigerungsrecht** bei mitbestimmungswidrig angeordneten **Überstunden**.[226] Indessen geht die **individualrechtliche Sanktion nicht über die kollektivrechtliche** hinaus. Deshalb kann der einzelne Arbeitnehmer aus der Verletzung des Mitbestimmungsrechts rechtlich keine Folgen herleiten, wenn der Betriebsrat gegen das möglicherweise mitbestimmungswidrige Verhalten des Arbeitgebers nicht gerichtlich vorgeht oder er vor Gericht unterliegt.[227] Regelungen des Arbeitgebers im Rahmen des § 87 Abs. 2 und 3 BetrVG können aus der Sicht des Arbeitnehmers sowohl belastende als auch begünstigende Wirkungen haben. Der Arbeitgeber kann sich nicht darauf zurückziehen, dass die ganze Regelung mangels Einhaltung der Mitbestimmungsvorschriften unwirksam sei. Vielmehr bleiben etwaige Ansprüche der Arbeitnehmer aus dieser Regelung auf die Gegenleistung für die erbrachte Arbeitsleistung, unberührt, z. B. 82

---

225 BAG [GS] 03.12.1991 – BAGE 69, 134 = EzA § 87 BetrVG 1972 Betriebliche Lohngestaltung Nr. 30 m. Anm. *Gaul*.
226 BAG 05.07.1976 – 5 AZR 264/75 - EzA § 12 AZO Nr. 2 = AP Nr. 10 zu § 12 AZO Nr. 12 m. Anm. *Schlüter*.
227 BAG 10.03.1998 – 1 AZR 658/97 - EzA § 84 ArbGG 1979 Nr. 2 = DB 1999, 2651.

auf die Vergütung einschließlich Zuschlägen für geleistete Überstunden, auch wenn die Überstundenanordnung des Arbeitgebers wegen Verstoßes gegen § 87 Abs. 1 Nr. 3 BetrVG mitbestimmungswidrig war.[228] Ebenso behält der Arbeitnehmer seine Ansprüche auf die **Wechselschichtzulage**, wenn er mitbestimmungswidrig aus der Wechselschicht in die Normalschicht versetzt worden ist.[229] Dagegen können bei Verletzung des Mitbestimmungsrechts keine künftigen Ansprüche, etwa nach den Grundsätzen der Gleichbehandlung entstehen, für die ohne die mitbestimmungswidrige Regelung keine Rechtsgrundlage bestanden hat.[230]

J. Mitbestimmungstatbestände

83 Die für **Arbeitszeitregelungen** maßgeblichen Mitbestimmungstatbestände des § 87 Abs. 1 Nr. 2 und 3 BetrVG betreffen ein **Herzstück der betrieblichen Mitbestimmung**. Der Gesetzgeber hat zum einen die Mitbestimmung des Betriebsrats hinsichtlich Beginn und Ende der Arbeitszeit sowie der Pausen und die Verteilung der Arbeitszeit auf die einzelnen Wochentage normiert (§ 87 Abs. 1 Nr. 2 BetrVG), zum anderen aber auch die Mitbestimmung, wenn der Arbeitgeber die betriebsübliche Arbeitszeit vorübergehend verlängern oder verkürzen will (§ 87 Abs. 1 Nr. 3 BetrVG). Beide Tatbestandsgruppen spielen in der Praxis der Betriebsverfassung eine, wenn nicht die wesentliche Rolle. Dementsprechend ist auch die Zahl der veröffentlichten höchstrichterlichen Entscheidungen außerordentlich hoch. In der AP sind unter § 87 BetrVG 1972 Arbeitszeit 124 Entscheidungen abgelegt, in der EzA sind unter § 87 BetrVG 1972 Arbeitszeit 65 höchstrichterliche Entscheidungen zu finden; hinzu kommen dort weitere 11 solcher Entscheidungen unter § 87 BetrVG 2001 Arbeitszeit (jeweils Stand Juli 2008). Darüber hinaus sind in beiden Entscheidungssammlungen viele weitere Entscheidungen, in denen es auch um die betriebliche Mitbestimmung in Arbeitszeitfragen geht, den Schwerpunkten entsprechend unter anderen Stichworten platziert. Die **Mitbestimmungsrechte nach Nr. 2 und Nr. 3 des § 87 BetrVG können für denselben Sachverhalt nebeneinander** bestehen, z. B. bei einer vorübergehenden Ver-

---

228 BAG 05.07.1976 – 5 AZR 264/75 – EzA § 12 AZO Nr. 2 = AP Nr. 10 zu § 12 AZO Nr. 12 m. Anm. *Schlüter*.
229 HWK/*Clemenz* § 87 BetrVG Rn. 42 m. w. N.
230 BAG 13.02.2003 – 5 AZR 713/00 – EzA § 242 BGB Gleichbehandlung Nr. 87.

längerung der betriebsüblichen Arbeitszeit, deren Durchführung zugleich eine Änderung der Lage der Arbeitszeit zur Folge hat.

I. Mitbestimmung nach § 87 Abs. 1 Nr. 2 BetrVG

Die **grundlegenden Entscheidungen** des Arbeitgebers über die Fragen, **ob und welches Arbeitszeitsystem** eingeführt werden soll, z.B. Schichtarbeit,[231] Nachtarbeit, vollkontinuierliche Arbeit (Betriebslaufzeit rund um die Uhr an allen Tagen wie z.B. in der Eisen- oder Stahlerzeugung), rollierende Heranziehung der Arbeitnehmer, Abrufarbeit, Gleitzeitarbeit, Bereitschaftsdienst, Rufbereitschaft u.s.w., sind nach § 87 Abs. 1 Nr. 2 BetrVG **mitbestimmungspflichtig**, sei es, dass sie eingeführt und **ausgestaltet** werden müssen, sei es, dass sie zu einer **Änderung einer bestehenden Arbeitszeitregelung** und/oder zur **vorübergehenden Verlängerung oder Verkürzung** der betriebsüblichen Arbeitszeit (§ 87 Abs. 1 Nr. 3 BetrVG) führen. **Mitbestimmungspflichtig** sind ebenso alle **Regelungen**, die diese grundlegenden Entscheidungen über die **Lage der Arbeitszeit und der Pausen** ausfüllen oder umsetzen sollen. Der rechtstheoretische Ansatz, dass und inwieweit die Entscheidung für die Einführung eines Arbeitszeitsystems mitbestimmungsfrei sei,[232] hat keine praktische Bedeutung. Ist der Betrieb völlig neu errichtet und besteht deshalb noch kein Betriebsrat, so bedarf es keiner Mitbestimmung. Nach Einführung der Arbeitszeitregelung geht es stets nur noch um deren Änderung, die ihrerseits ohne ausfüllende Regelung nicht denkbar ist. 84

Ob die **Erweiterung der Mitbestimmung durch einen Tarifvertrag** in den sozialen Angelegenheiten des BetrVG rechtlich möglich ist, ist umstritten (s. Rdn. 3). Nach dem Stand der **Rechtsprechung** und weiten Teilen des Schrifttums kann die Mitbestimmung durch Tarifvertrag jedenfalls im Bereich des § 87 Abs. 2 und 3 BetrVG auf betrieblichen Regelung von Dauer und Lage der individuellen regelmäßigen Arbeitszeit **ausgedehnt** werden,[233] nach anderen **Teilen des Schrifttums** dagegen **ausgeschlossen**, weil das 85

---

231 BAG 03.05.2006 – 1 ABR 14/05 - EzA § 87 BetrVG Arbeitszeit Nr. 9 = DB 2007, 60.
232 Vgl. ausführlich HSWGN/*Worzalla* § 87 BetrVG Rn. 64 ff.
233 Grundlegend: BAG 18.08.1987 – 1 ABR 30/86 - BAGE 56, 18 = EzA § 77 BetrVG 1972 Nr. 18 = AP Nr. 23 zu § 77 BetrVG 1972 m. ablehnender Anm. *v. Hoyningen-Huene*.

Gesetz diese Angelegenheiten abschließend aufzählt.[234] Umstritten ist auch, ob der abschließende Katalog der gesetzlichen Mitbestimmungsrechte in § 87 Abs. 1, darunter auch Nr. 2 und 3 BetrVG auf sog. **Annexregelungen** (s. Rdn. 3) erweitert werden darf, d. h. auf in aller Regel materielle, häufig finanzielle Regelungen der Folgewirkungen einer mitbestimmungspflichtigen Angelegenheit.[235] Das Mitbestimmungsrecht über z. B. die vorübergehende Verlängerung der betriebsüblichen Arbeitszeit durch eine **Sonderschicht** (§ 87 Abs. 1 Nr. 3 BetrVG) kann – unbeschadet des Tarifvorbehalts des § 77 Abs. 3 BetrVG – nicht im Wege der Annexkompetenz auf die **Vergütung der Sonderschicht** erweitert werden, die **Einigungsstelle** kann deshalb nicht durch einen Spruch die Sonderschicht gegen Zahlung einer Sondervergütung einführen.

86 Das Mitbestimmungsrecht des § 87 Abs. 1 Nr. 2 BetrVG umfasst jedoch **alle Aspekte der Verteilung der Arbeitszeit**, nämlich deren Beginn und Ende an jedem Arbeitstag (auch Sonn- und Feiertag), Lage, Dauer und Verteilung der Pausen und die Verteilung der Arbeitszeit auf die einzelnen Wochentage. Vom Mitbestimmungsrecht erfasst ist die **Einordnung des einzelnen Arbeitnehmers in das Arbeitszeitschema**, aber **nicht** die **Zuweisung** der von den Arbeitnehmern innerhalb der Arbeitszeit zu verrichtenden **Tätigkeiten**.[236] Arbeitsvertragliche Vereinbarungen über den **Umfang der wöchentlichen Arbeitszeit** selbst werden vom **Mitbestimmungstatbestand nicht** erfasst,[237] ebenso **nicht** sonstige Regelungen über die **Dauer der wöchentlichen Arbeitszeit** der Arbeitnehmer,[238] **sondern nur** über deren Verteilung auf die Wochentage. Mangels **Mitbestimmungsrechts** des Betriebsrats ist die Einigungsstelle für eine Regelung über die im Betrieb **zulässige Höchstarbeitszeit** und die arbeitszeitrechtliche Zuordnung von Bereitschaftsdiensten nicht zuständig.[239] Eine **tarifliche Jahresarbeitszeit** ist in der Regel nicht gleichbedeutend mit

---

234 Richardi/*Richardi* Einl. BetrVG Rn. 136 ff., 139.
235 Bejahend: *Fitting* § 87 BetrVG Rn. 61, MünchArbR/*Matthes* § 324 Rn. 4; differenzierend Richardi/*Richardi* § 87 BetrVG Rn. 39.
236 BAG 29.09.2004 – 1 ABR 29/03 - BAGE 112, 87 = EzA § 87 BetrVG 2001 Arbeitszeit Nr. 6 = NZA 2005, 313.
237 St. Rspr. z. B. BAG 15.05.2007 – 1 ABR 32/06 - EzA § 1 BetrVG 2001 Nr. 5 = AP Nr. 30 zu § 1 BetrVG 1972 Gemeinsamer Betrieb m. Anm. v. *Hoyningen-Huene*.
238 BAG 24.01.2006 – 1 ABR 6/05 - EzA § 87 BetrVG 2001 Arbeitszeit Nr. 8 = AP Nr. 8 zu § 3 ArbZG m. Anm. *Reim*.
239 BAG 22.07.2003 – 1 ABR 28/02 - BAGE 107, 78 = EzA § 87 BetrVG 2001 Arbeitszeit Nr. 4 = DB 2004. 766.

der betriebsüblichen Arbeitszeit i. S. d. § 87 Abs. 1 Nr. 3 BetrVG. Das **Überschreiten** der Jahresarbeitszeit als solches löst deshalb regelmäßig **nicht** das **Mitbestimmungsrecht** des Betriebsrats aus.[240]

1. Arbeitszeit i. S. d. § 87 Abs. 1 Nr. 2 BetrVG

§ 87 Abs. 1 Nr. 2 BetrVG verwendet einen spezifisch **mitbestimmungsrechtlichen Begriff der Arbeitszeit**. Er deckt sich nicht mit den arbeitszeitschutzrechtlichen Begriffen der Arbeitszeit nach § 2 Abs. 1 ArbZG (siehe dort ausführlich Rdn. 5–44) oder nach Art. 2 Nr. 1 RL 2003/88/EG über bestimmte Aspekte der Arbeitszeitgestaltung oder in Vergütungsregelungen.[241] Unter Arbeitszeit i. S. d. § 87 Abs. 1 Nr. 2 BetrVG ist nicht nur die Zeit vom Beginn bis zum Ende der Arbeit ohne die Ruhepausen (§ 2 Abs. 1 S. 1 ArbZG) oder – im Bergbau unter Tage – einschließlich der Ruhepausen (§ 2 Abs. 1 S. 3 ArbZG) einschließlich der zur Arbeitszeit zählenden Unterformen wie **Arbeitsbereitschaft** (§ 2 ArbZG Rdn. 16–20) und **Bereitschaftsdienst** (§ 2 ArbZG Rdn. 21–27) zu verstehen, mithin der **arbeitszeitschutzrechtliche** Begriff, sondern der Zeitraum, in dem der Arbeitnehmer die von ihm geschuldete »Arbeit« tatsächlich erbringen soll; dazu zählen nicht nur die Hauptleistung, sondern auch die Erfüllung sonstiger Pflichten, deren Erfüllung der Arbeitnehmer schuldet und die der Arbeitgeber verlangt, wie die Teilnahme an Schulungen[242] oder die **Rufbereitschaft** (§ 2 ArbZG Rdn. 28–30). Rufbereitschaft zählt zwar als solche weder arbeitszeitschutzrechtlich (§ 2 ArbZG Rdn. 30) noch tarifrechtlich zur Arbeitszeit.[243] Weil sich aber der Arbeitnehmer während der Rufbereitschaft nicht nur zur Arbeit bereitzuhalten habe, sondern verpflichtet sei und damit rechnen müsse, während der Zeit seiner Rufbereitschaft Einsätze und damit Arbeit zu leisten; hält das **BAG** die Einführung und die Einteilung zur Rufbereitschaft, also den **Rufbereitschaftsplan für als Arbeitszeit** i. S. d. § 75 Abs. 3 Nr. 1 BPersVG **mitbestimmungspflichtig**.[244] Dagegen nimmt das **BVerwG** an, dass die **Rufbereitschaft keine Arbeitszeit** i.S. dieser Vor-

87

---

240 BAG 11.12.2001 – 1 ABR 3/01 – EzA § 87 BetrVG 1972 Arbeitszeit Nr. 64 = AP Nr. 93 zu § 87 BetrVG 1972 Arbeitszeit = DB 2002, 2002.
241 BAG 14.11.2006 – 1 ABR 5/06 – EzA § 87 BetrVG 2001 Nr. 10 = AP Nr. 121 zu § 87 BetrVG 1972 Arbeitszeit.
242 BAG 15.04.2008 – 1 ABR 44/07 – EzA § 80 BetrVG 2001 Nr 9.
243 BAG 23.01.2001 – 1 ABR 36/00 – EzA § 75 BPersVG Nr. 1 = NZA 201, 741.
244 BAG 23.01.2001 – 1 ABR 36/00 – EzA § 75 BPersVG Nr. 1 = NZA 201, 741.

schrift und ihre Anordnung deshalb nicht mitbestimmungspflichtig sei, weil der Begriff der Arbeitszeit mit dem des Arbeitszeitschutzrechtes und dem in den Tarifregelungen übereinstimme.[245] Dem BVerwG ist nicht zu folgen; die besseren Argumente sprechen nach Sinn und Zweck der Mitbestimmung dafür, dass auch die Anordnung der und die Einteilung zur Rufbereitschaft mitbestimmungspflichtig sind. Denn es geht bei der Mitbestimmung in Arbeitszeitfragen gerade um den Ausgleich der Freiheits- und Freizeitinteressen des Arbeitnehmers mit den betrieblichen Interessen des Arbeitgebers. Bei der Rufbereitschaft muss sich der Arbeitnehmer zur Arbeit bereithalten; dies schränkt ihn zumindest hinsichtlich der Wahl seines Aufenthaltsortes insoweit ein, als er in angemessen kurzer Zeit die Arbeitsstätte aufzusuchen hat, wenn er aus der Rufbereitschaft zur Arbeit gerufen wird. Dagegen steht dem Betriebsrat bei der Anordnung einer **Dienstreise kein Mitbestimmungsrecht** nach § 87 Abs. 1 Nr. 2 oder 3 BetrVG zu, wenn der Arbeitnehmer während des Reisens keine Arbeitsleistung zu erbringen hat, denn dann zählt die Reisezeit nicht zur Arbeitszeit i. S. d. § 87 Abs. 1 Nr. 2 und 3 BetrVG.[246] Die Rechtsprechung zur Mitbestimmungspflicht beim Rufbereitschaftsplan ist insoweit nicht übertragbar, auch wenn nicht zu verkennen ist, dass die Freiheits- und Freizeitinteressen des Arbeitnehmers auch durch eine Dienstreise in Mitleidenschaft gezogen werden. Das Mitbestimmungsrecht des § 87 Abs. 1 Nr. 2 BetrVG erfasst auch nicht zu Zuweisung der **innerhalb** der maßgeblichen **Arbeitszeit zu verrichtenden Tätigkeiten**.[247] **Umkleidezeit** zählt zur vertraglich geschuldeten Arbeitszeit, wenn das Umkleiden (nur) einem fremden und nicht zugleich einem eigenen Bedürfnis des Arbeitnehmers dient.[248]

2. Beginn und Ende und Verteilung (»Lage«) der täglichen Arbeitszeit

88 **Beginn und Ende** der **täglichen Arbeitszeit** sowie die **Verteilung** der regelmäßigen (wöchentlichen) Arbeitszeit auf die einzelnen Wochentage, mithin also

---

245 BVerwG 02.09.1988 6 P 23/86 – ZfPR 1989, 4; BVerwG 26.04.1988 – 6 P 19/86 - EzBAT SR 2a BAT Rufbereitschaft Nr. 1.
246 BAG 14.11.2006 – 1 ABR 5/06 - EzA § 87 BetrVG 2001 Nr. 10 = AP Nr. 121 zu § 87 BetrVG 1972 Arbeitszeit.
247 BAG 29.09.2004 – 1 ABR 29/03 - EzA § 87 BetrVG 2001 Arbeitszeit Nr. 6.
248 BAG 10.11.2009 – 1 ABR 54/08 – EzA § 87 BetrVG 2001 Arbeitszeit Nr. 14.

die **Lage der Arbeitszeit in der Woche** unterliegt der **Mitbestimmung**.[249] Dies betrifft die Einführung und Änderung von **Dauerregelungen** ebenso wie eine **einmalige Arbeitszeitverlegung**;[250] in allen Fällen werden Beginn und Ende der täglichen Arbeitszeit und/oder deren Verteilung auf Wochentage geregelt. Regelmäßig fällt auch die Arbeitszeitregelung für einen **einzelnen Arbeitnehmer** unter § 87 Abs. 1 Nr. 2 BetrVG, wenn die Regelung nicht nur die Interessen des betroffenen Arbeitnehmers berührt, sondern – wie meistens – auch die anderer Arbeitnehmer des Betriebes.[251] Auch Regelungen über die Modalitäten einer **Vertrauensarbeitszeit, über Gleitzeit oder andere Formen der flexiblen Arbeitszeit** sind unter diesem Gesichtspunkt mitbestimmungspflichtig.

3. Pausen

Das Mitbestimmungsrecht des § 87 Abs. 1 Nr. 2 BetrVG bezieht sich hinsichtlich der **Pausen auf** deren **Lage, Häufigkeit und Dauer**. Dabei geht es darum, zwischen dem Interesse des Arbeitgebers an einem optimalen Betriebslauf und dem der Arbeitnehmer, die Pausen als Arbeitsunterbrechungen möglichst gut für ihre kurzzeitige Erholung von der Arbeit oder zur Einnahme von Mahlzeiten, zum Rauchen oder aus anderen Gründen für sich nutzen zu können, den nötigen Ausgleich zu finden. Der Nutzen der Pausen wird auch durch deren Lage, Häufigkeit und Dauer bestimmt.[252]

89

Der Begriff der **Pause** ist in § 87 Abs. 1 Nr. 2 BetrVG nicht bestimmt, sondern wird dort vorausgesetzt. Pausen sind nach dem allgemeinen sprachlichen Verständnis kurzzeitige Arbeitsunterbrechungen zum Zweck der Erholung des Arbeitnehmers (vgl. Duden, Bd. 5). Zu den Pausen zählen zunächst die **Ruhepausen** i. S. d. § 4 ArbZG (siehe dort). Sie werden in aller Regel nicht bezahlt, wenn und weil sie nicht zur vergütungspflichtigen Arbeitszeit zu rechnen sind. Indessen gehört es nicht zum Begriff der Pause, dass es sich um eine unbezahlte Zeitspane handelt. Auch z. B. auf Grund tarifvertraglicher

90

---

249 St. RSpr., statt vieler: BAG 19.02.1991 – 1 ABR 31/90 - EzA § 87 BetrVG 1972 Arbeitszeit Nr. 46.
250 BAG 26.10.2004 – 1 ABR 31/03 (A) - EzA § 87 BetrVG 2001 Arbeitszeit Nr. 7.
251 Vgl. BAG 21.12.1982 – 1 ABR 14/81 - BAGE 41, 200, 209 = EzA § 87 BetrVG 1972 Arbeitszeit Nr. 16 = AP Nr. 9 zu § 87 BetrVG 1972 Arbeitszeit m. Anm. *Gast*.
252 BAG 01.07.2003 – 1 ABR 20/02 – EzA § 87 BetrVG 2001 Nr. 3.

Bestimmung vergütungspflichtige Kurzpausen zählen zum Begriff der Pause i. S. d. § 87 Abs. 1 Nr. 2 BetrVG, allerdings ist die Mitbestimmung i. d. R. gem. § 87 Abs. 1 Eingangssatz BetrVG auf die Lage der Pausen eingeschränkt, wenn ihre Vergütungspflicht im Tarifvertrag geregelt ist.[253]

4. Verteilung der Arbeitszeit auf die Wochentage

91 Das Mitbestimmungsrecht des § 87 Abs. 1 Nr. 2 BetrVG richtet sich **nicht auf die Dauer der wöchentlichen Arbeitszeit** i.S. einer Festlegung der einzel- oder tarifvertraglich geschuldeten Arbeitszeitmenge,[254] **sondern auf die Verteilung der täglichen Arbeitszeit auf die Wochentage.** Dass mit einer solchen Verteilung nicht unbedingt auch die (regelmäßige durchschnittliche) einzel- oder tarifvertragliche Wochenarbeitszeit festgelegt wird, zeigt sich in den Fällen, in denen die tatsächliche von der vereinbarten regelmäßigen Wochenarbeitszeit abweicht. Ist dagegen die geschuldete Arbeitszeit nicht in Stunden pro Woche, sondern anders, z. B. als Jahresarbeitszeit, definiert, so ist die Festlegung der Wochenarbeitszeit auch als Summe der Verteilung auf die Arbeitstage pro Woche nach § 87 Abs. 1 Nr. 2 mitbestimmungspflichtig, weil es insoweit an einer Bestimmung der Dauer der geschuldeten Arbeitszeit fehlt. Umgekehrt entfällt das Mitbestimmungsrecht, soweit die Arbeitstage einschließlich der an jedem Tag zu leistenden Menge der Arbeitszeit vertraglich vereinbart ist, denn dann hat der Arbeitgeber nichts mehr, was er noch zu regeln hat.[255] Bei Regelungen über eine **flexible Arbeitszeit** (Vertrauensarbeitszeit, Gleitzeit u. s. w.) ist unter Gesichtspunkt der Verteilung der Arbeitszeit auf die einzelnen Wochentage auch mitzubestimmen, wenn es den Arbeitnehmern freigestellt ist, selbst zu entscheiden, ob sie während der Betriebsöffnungszeit ganze Tage arbeitsfrei halten wollen. Mitbestimmungspflichtig ist auch die Regelung von Sonntagsarbeit.[256]

---

253 BAG 01.07.2003 – 1 ABR 20/02 – EzA § 87 BetrVG 2001 Nr. 3.
254 St. Rspr. BAG 22.07.2003 – 1 ABR 28/02 - EzA § 87 BetrVG 2001 Arbeitszeit Nr. 4.
255 Richardi/*Richardi* § 87 BetrVG Rn. 268; GK/*Wiese* § 87 BetrVG Rn. 295.
256 BAG 25.02.1997 – 1 ABR 69/96 - EzA § 87 BetrVG 1972 Arbeitszeit Nr 57 = AP Nr. 72 zu § 87 BetrVG 1872 Arbeitszeit.

II. Einzelfälle zu § 87 Abs. 1 Nr. 2 BetrVG

Die nachfolgende alphabetische Aufstellung erhebt nicht den Anspruch auf Vollständigkeit, sondern dient exemplarischen Zwecken.

Bedarfsarbeit

Der Betriebsrat hat nach § 87 Abs. 1 Nr. 2 BetrVG über die Frage mitzubestimmen, ob Teilzeitkräfte zu festen Zeiten oder nach Bedarf beschäftigt werden sollen.[257]

Bereitschaftsdienst

Ob Bereitschaftsdienst als Form der Arbeitszeit i. S. d. § 87 Abs. 1 Nr. 2 BetrVG eingeführt, geändert oder abgeschafft werden soll oder nicht, unterliegt ebenso wenig der Mitbestimmung[258] wie die Anrechnung des Bereitschaftsdienstes auf die wöchentliche Höchstarbeitszeit.[259] Die Einführung eines Bereitschaftsdienstes außerhalb der regelmäßigen Arbeitszeit führt zu vorübergehenden, nach § 87 Abs. 1 Nr. 3 BetrVG mitbestimmungspflichtigen Verlängerungen der betriebsüblichen Arbeitszeit. Der Betriebsrat hat danach auch mitzubestimmen, ob der entsprechende Arbeitsanfall durch Einrichtung eines Bereitschaftsdienstes abgedeckt werden soll.[260]

Betriebsausflug

Besteht im Betrieb ein System der gleitenden Arbeitszeit, in dessen Rahmen die Arbeitnehmer freie Tage ansparen können, so besteht kein Mitbestimmungsrecht nach § 87 Abs. 1 Nr. 2 oder 3 BetrVG hinsichtlich des durch die Teilnahme an einem Betriebsausflug bedingten und möglicherweise durch Vor- oder Nacharbeit auszugleichenden Arbeitsausfalls.[261]

---

257 BAG 28.09.1988 – 1 ABR 41/87 - EzA § 87 BetrVG 1972 Arbeitszeit Nr. 30 = NZA 1989, 184.
258 Richardi/*Richardi* § 87 BetrVG Rn. 303.
259 BAG 22.07.2003 – 1 ABR 28/02 - EzA § 87 BetrVG 2001 Arbeitszeit Nr. 4.
260 BAG 29.02.2000 – 1 ABR 15/99 - EzA § 87 BetrVG 1972 Arbeitszeit Nr. 61 m. Anm. *Wiese* = AP Nr. 81 zu § 87 BetrVG 1972 Arbeitszeit.
261 BAG 27.01.1998 – 1 ABR 35/97 - EzA § 87 BetrVG 1972 Arbeitszeit Nr. 58 = BB 1998, 1419.

Dauer und Lage der täglichen Arbeitszeit

96 Der Betriebsrat hat bei der Dauer der täglichen Arbeitszeit mitzubestimmen.[262] Diese Mitbestimmung hat allerdings die **Grenzen** zu beachten, die sich aus **arbeitsvertraglichen Vereinbarungen** ergebe.

97 Vereinbaren die Arbeitsvertragsparteien bei **Abschluss des Arbeitsvertrages** die zu diesem Zeitpunkt im Betrieb geltende **arbeitszeitlichen Regelungen** über Beginn und Ende der täglichen Arbeitszeit und die Verteilung der Arbeitszeit auf die einzelnen Wochentage, liegt darin **keine individuelle Arbeitszeitvereinbarung**, die gegenüber einer späteren Veränderung der betrieblichen Arbeitszeit durch Betriebsvereinbarung Bestand hat. Der Arbeitnehmer, der aus persönlichen Gründen an einer bestimmten, von der betriebsüblichen Arbeitszeit unabhängigen Lage der Arbeitszeit Interesse hat, muss diese Unabhängigkeit mit dem Arbeitgeber auch dann vereinbaren, wenn die zur Zeit des Abschlusses des Arbeitsvertrages geltende betriebliche Arbeitszeit seinen Interessen entspricht.[263]

Dauer der wöchentlichen Arbeitszeit

98 Vereinbarungen über den **Umfang oder die Dauer der wöchentlichen Arbeitszeit** selbst werden vom **Mitbestimmungstatbestand** des § 87 Abs. 1 Nr. 2 BetrVG **nicht** erfasst,[264] ebenso **nicht** sonstige Regelungen über die **Dauer der wöchentlichen Arbeitszeit** der Arbeitnehmer.[265] Dagegen ist die **Verteilung der** arbeitsvertraglich oder tarifvertraglich vereinbarten oder geschuldeten **wöchentlichen Arbeitszeit** (Umfang der Arbeitszeit) i. d. R. nach § 87 Abs. 1 Nr. 2 BetrVG mitbestimmungspflichtig.

Dienstplan

99 Sieht eine mitbestimmte Regelung über die Aufstellung von Dienstplänen vor, dass der einzelne Dienstplan der Zustimmung des Betriebsrats in einem gere-

---

262 BAG 13.10.1987 – 1 ABR 10/86 - BAGE 56, 197 = EzA § 87 BetrVG 1972 Arbeitszeit Nr. 25 = NZA 1988, 251 m. Anm. *Goos* NZA 1988, 870.

263 BAG 23.06.1992 – 1 ABR 57/92 - EzA § 611 BGB Direktionsrecht Nr. 12 = SAE 1993, 193 m. Anm. *Danne*.

264 St. Rspr. z. B. BAG 15.05.2007– 1 ABR 32/06 - EzA § 1 BetrVG 2001 Nr. 5 = AP Nr. 30 zu § 1 BetrVG 1972 Gemeinsamer Betrieb.

265 BAG 24.01.2006 – 1 ABR 6/05 - EzA § 87 BetrVG 2001 Arbeitszeit Nr. 8 = AP Nr. 8 zu § 3 ArbZG m. Anm. *Reim*.

gelten Verfahren bedarf und dass die Zustimmung des Betriebsrats notfalls durch eine Einigungsstelle ersetzt werden muss, so gilt ein wirksam beschlossener Dienstplan auch nach Ablauf seiner Geltungsdauer weiter, wenn für den Anschlussdienstplan die Zustimmung des Betriebsrats nicht rechtzeitig durch die Einigungsstelle ersetzt werden kann.[266]

Dienstreise

Dem Betriebsrat steht bei der Anordnung einer **Dienstreise kein Mitbestimmungsrecht** nach § 87 Abs. 1 Nr. 2 oder 3 BetrVG zu, wenn der Arbeitnehmer während des Reisens keine Arbeitsleistung zu erbringen hat.[267]   100

Erhöhung der Arbeitszeit

Die dauerhafte Erhöhung des Umfangs der regelmäßigen wöchentlichen Arbeitszeit eines Arbeitnehmers unterliegt nicht der Mitbestimmung des Betriebsrats nach § 87 Abs. 1 Nr. 2, 3 BetrVG. In der nach Dauer und Umfang nicht unerheblichen Erhöhung der regelmäßigen wöchentlichen Arbeitszeit eines Arbeitnehmers liegt eine Einstellung nach § 99 Abs. 1 S. 1 BetrVG. Die Erhöhung der wöchentlichen Arbeitszeit einer Vollzeitkraft um fünf Stunden ist in der Regel nicht erheblich.[268]   101

Freischichtenregelung

Die zeitliche Festlegung der Freischichten innerhalb einer der bestehenden Freischichtenregelung für flexible Arbeitszeiten unterliegt der Mitbestimmung nach § 87 Abs. 1 Nr. 2 BetrVG.[269]   102

Gleitzeit

Der Arbeitgeber verletzt eine Betriebsvereinbarung, durch die, ohne Ausnahmen zu regeln, die gleitende Arbeitszeit eingeführt worden ist, wenn er im   103

---

266 BAG 18.04.1989 – 1 ABR 2/88 - BAGE 61, 305 = EzA § 76 BetrVG 1972 Nr. 48 m. Anm. *Rotter* = AP Nr. 34 zu § 87 BetrVG 1972 Arbeitszeit m. Anm. *Kraft/Raab*.
267 BAG 14.11.2006 – 1 ABR 5/06 - EzA § 87 BetrVG 2001 Nr. 10 = AP Nr. 121 zu § 87 BetrVG 1972 Arbeitszeit.
268 BAG 15.05.2007 – 1 ABR 32/06 - EzA § 1 BetrVG 2001 Nr. 5 = AP Nr. 30 zu § 1 BetrVG 1972 Gemeinsamer Betrieb.
269 HSWGN § 87 BetrVG Rn. 158; GK/*Wiese* § 87 BetrVG Rn. 308; a. A. *Stege/Weinspach/Schiefer* § 87 Rn. 66.

dienstlichen Interessen liegende Schulungs- und Informationsveranstaltungen für Kundenberater außerhalb der Kernzeit, aber innerhalb der Gleitzeit, ohne Zustimmung des Betriebsrats ansetzt. Dies gilt auch, wenn den Arbeitnehmern das Erscheinen zu der Veranstaltung freigestellt wird.[270]

Besteht im Betrieb ein System der gleitenden Arbeitszeit, in dessen Rahmen die Arbeitnehmer freie Tage ansparen können, so besteht kein Mitbestimmungsrecht nach § 87 Abs. 1 Nr. 2 oder 3 BetrVG hinsichtlich des durch die Teilnahme an einem Betriebsausflug bedingten und möglicherweise durch Vor- oder Nacharbeit auszugleichenden Arbeitsausfalls. Will der Arbeitgeber die Regelung über eine Zeitgutschrift ändern, so kann ausnahmsweise unter dem Gesichtspunkt der betrieblichen Lohngestaltung ein Mitbestimmungsrecht nach § 87 Abs. 1 Nr. 10 BetrVG in Betracht kommen, wenn mit der Gutschrift der Zweck einer Erfolgsprämie verfolgt wird.[271]

Höchstarbeitszeit

104 Es besteht kein **Mitbestimmungsrecht** des Betriebsrats für eine Regelung über die im Betrieb **zulässige Höchstarbeitszeit** und die arbeitszeitrechtliche Zuordnung von Bereitschaftsdiensten; deshalb ist die Einigungsstelle hierfür auch nicht zuständig.[272]

Individuelle regelmäßige variablen Arbeitszeit – IRVAZ

105 **I. Dauer**

Die **Dauer** der individuellen regelmäßigen variablen wöchentlichen Arbeitszeit (IRVAZ) für Betriebe, Gruppen von Arbeitnehmern oder einzelne Arbeitnehmer kann **durch Betriebsvereinbarung** geregelt werden. Die Tarifvertragsparteien können ergänzende Betriebsvereinbarungen mit diesem Gegenstand ausdrücklich zugelassen (vgl. §77 Abs. 3 S. 2 BetrVG). Zur Regelung der individuellen regelmäßigen wöchentlichen Arbeitszeit für Arbeitnehmer sind in erster Linie die Tarifvertragsparteien berufen. Sie können die Bestimmung jedenfalls im Rahmen weiterer Vorgaben Arbeitgeber und Betriebsrat über-

---

[270] BAG 18.04.1989 – 1 ABR 3/88 - EzA § 87 BetrVG 1972 Arbeitszeit Nr. 35 = AP Nr. 33 zu § 87 BetrVG 1972 Arbeitszeit m. Anm. *Schüren/Feuerborn*.
[271] BAG 27.01.1998 – 1 ABR 35/97 - EzA § 87 BetrVG 1972 Arbeitszeit Nr. 58 = NZA 1998, 835.
[272] BAG 22.07.2003 – 1 ABR 28/02 - BAGE 107, 78 = EzA § 87 BetrVG 2001 Arbeitszeit Nr. 4 = DB 2004, 766.

lassen. Betriebsvereinbarungen über die Dauer der individuellen wöchentlichen Arbeitszeit der Arbeitnehmer gelten unmittelbar und zwingend für alle in den Geltungsbereich der Betriebsvereinbarung fallenden Arbeitnehmer des Betriebs. Günstigere Regelungen in einzelnen Arbeitsverträgen gelten weiter. Die negative Koalitionsfreiheit der nicht tarifgebundenen Arbeitnehmer des Betriebs wird durch den Abschluss von Betriebsvereinbarungen über die Dauer der wöchentlichen Arbeitszeit nicht verletzt.[273]

II. Lage 106

1. Betriebsvereinbarungen über die Lage der individuellen regelmäßigen wöchentlichen Arbeitszeit sind nach § 87 Abs. 1 Nr. 2 BetrVG zulässig. Einigen sich Arbeitgeber und Betriebsrat nicht, entscheidet die Einigungsstelle (oder die an ihre Stelle tretende tarifliche Schlichtungsstelle) verbindlich. Sie hat dabei tarifliche Vorgaben zu beachten (§ 87 Abs. 1 Eingangssatz BetrVG).

2. Der Manteltarifvertrag für die gewerblichen Arbeitnehmer in der niedersächsischen Metallindustrie vom 18. Juli 1984 lässt Betriebsnutzungszeiten von 40 Stunden je Woche zu. Die Differenz zwischen Betriebsnutzungszeit und individueller regelmäßiger wöchentlicher Arbeitszeit der Arbeitnehmer kann durch freie Tage ausgeglichen werden (Freischichtenmodell). Dabei braucht diese Differenz nicht innerhalb von zwei Monaten ausgeglichen zu werden.

3. Die Regelung, wonach zunächst die Arbeitnehmer, die das freiwillig wollen, und dann die ältesten Arbeitnehmer des Betriebs verkürzt (37 Stunden je Woche) arbeiten sollen, ist aus Rechtsgründen nicht zu beanstanden.[274]

Kapazitätsorientierte variable Arbeitszeit – KAPOVAZ

Die Beteiligung des Betriebsrats an mitbestimmungspflichtigen Maßnahmen 107 ist zwar grundsätzlich Wirksamkeitsvoraussetzung für ihre Durchführung. Die Festlegung der individuellen kapazitätsorientierten variablen Arbeitszeit (KAPOVAZ) innerhalb des vertraglich vereinbarten Rahmens ist aber nicht mitbestimmungspflichtig gem. § 87 Abs. 1 Nr. 2 BetrVG.[275]

---

273 BAG 18.08.1987 – 1 ABR 30/86 - BAGE 56, 18 = EzA § 77 BetrVG 1972 Nr. 18 = AP Nr. 23 zu § 77 BetrVG 1972 m. Anm. *v. Hoyningen-Huene.*
274 BAG 18.08.1987 – 1 ABR 30/86 - BAGE 56, 18 = EzA § 77 BetrVG 1972 Nr. 18 = AP Nr. 23 zu § 77 BetrVG 1972 m. Anm. *v. Hoyningen-Huene.*
275 BAG 24.05.1989 – 2 AZR 537/88 – n. v.

Leiharbeit

108 Hinsichtlich der Mitbestimmung in Arbeitszeitangelegenheiten der **Leiharbeitnehmer** ist zu unterscheiden, ob der Verleiher als arbeitsvertraglicher Arbeitgeber des Leiharbeitnehmers oder ob der Entleiher die Regelung trifft. Je nach dem ist der Betriebsrat des Verleiherbetriebes oder der des Entleiherbetriebes zuständig.[276]

Nachtarbeit

109 Die **Änderung der Regelung von Nachtarbeit** unterliegt der Mitbestimmung nach §87 Abs.1 Nr.2 BetrVG. Der Betriebsrat hat bei der Ausgestaltung des vom Arbeitgeber gem. §6 Abs.5 ArbZG geschuldeten **Ausgleichs für Nachtarbeit** nach §87 Abs.1 Nr.7 BetrVG mitzubestimmen (vgl. §6 ArbZG Rdn. 84 ff.). Dieses Mitbestimmungsrecht entfällt nur dann, wenn der Tarifvertrag eine abschließende Ausgleichsregelung i. S. v. §6 Abs.5 ArbZG enthält. Eine tarifliche Regelung, die sich darin erschöpft, den Anspruch auf Nachtarbeitszuschlag auszuschließen, ist keine Ausgleichsregelung i. S. d. §6 Abs.5 ArbZG. In diesem Fall reduziert sich die gesetzlich eröffnete Wahlmöglichkeit auf die Gewährung von Freizeitausgleich. Bei dessen Ausgestaltung hat der Betriebsrat mitzubestimmen.[277]

110 Die **Umsetzung** eines Arbeitnehmers von der Tagschicht **in die Nachtschicht** ist keine zustimmungspflichtige Versetzung, wenn sich dadurch lediglich die Lage der Arbeitszeit des betroffenen Arbeitnehmers ändert.[278]

Pausen

111 Der Betriebsrat hat nach §87 Abs.1 Nr.2 BetrVG bei der Festlegung der zeitlichen Lage vergütungspflichtiger tariflicher Kurzpausen mitzubestimmen.[279]

---

[276] BAG 19.06.2001 – 1 ABR 43/00 - BAGE 98, 60 = EzA §87 BetrVG 1972 Arbeitszeit Nr. 63 = AP Nr. 1 zu §87 BetrVG 1972 Leiharbeitnehmer m. Anm. *Marschall*.

[277] BAG 26.04.2005 – 1 ABR 1/04 - BAGE 114, 272 = EzA §87 BetrVG 2001 Gesundheitsschutz Nr. 3 = NZA 2005, 884.

[278] BAG 23.11.1993 – 1 ABR 38/93 - BAGE 75, 97 = EzA §95 BetrVG 1972 Nr. 28.

[279] BAG 01.07.2003 – 1 ABR 20/02 - BAGE 107, 1 = EzA §87 BetrVG 2001 Arbeitszeit Nr. 3 = AP Nr. 107 zu §87 BetrVG 1972 Arbeitszeit = NZA 2004, 620.

Bei den in BetrVG § 87 Abs. 1 Nr. 2 angesprochenen Pausen handelt es sich 112
um Ruhepausen, durch die die Arbeitszeit unterbrochen wird, die also selbst
nicht zur Arbeitszeit gehören und deshalb auch nicht vergütet werden müssen.
Bezahlte Lärmpausen sind daher keine Pausen im Sinne dieser Vorschrift.[280]

Redakteure

Der Umstand, dass die **Aktualität einer Berichterstattung** auch von der Lage 113
der Arbeitszeit derjenigen Arbeitnehmer abhängt, die an dieser Berichterstattung mitwirken, führt noch nicht dazu, dass das Mitbestimmungsrecht des
Betriebsrates hinsichtlich der Lage der Arbeitszeit dieser Arbeitnehmer entfällt. Erst die **konkrete mitbestimmte Regelung** über die Lage der Arbeitszeit,
die eine aktuelle Berichterstattung ernsthaft gefährdet oder unmöglich macht,
ist von diesem Mitbestimmungsrecht des Betriebsrates nicht mehr gedeckt
und damit unwirksam.[281]

Die Freiheit eines Zeitungsverlegers zur Tendenzverwirklichung wird nicht 114
durch eine **Betriebsvereinbarung** beeinträchtigt, die für Redakteure **Beginn
und Ende der täglichen Arbeitszeit** sowie die Verteilung der Arbeitszeit auf
die einzelnen Wochentage regelt, wenn diese Betriebsvereinbarung die für die
Aktualität der Berichterstattung relevanten **Entscheidungen des Arbeitgebers**
(Redaktionsschluss, Lage und Dauer von Redaktionskonferenzen, Besetzung
der Redaktionen u. a.) als Vorgabe zugrunde legt und sichergestellt ist, dass die
Arbeitszeitregelung auch künftigen Tendenzentscheidungen nicht entgegensteht.[282]

Rollierendes System

Der Betriebsrat hat ein Mitbestimmungsrecht bei der **Ausgestaltung der** 115
5-Tage-Woche in einem Betrieb, der an allen sechs Werktagen geöffnet ist.
Dieses Mitbestimmungsrecht beschränkt sich nicht auf die Entscheidung, ob
die Arbeitnehmer den freien Tag stets an dem gleichen Wochentag oder nach
einem rollierenden System erhalten. Dem Mitbestimmungsrecht unterliegt

---

280 BAG 28.07.1981 – 1 ABR 65/79 - BAGE 36, 138 = EzA § 87 BetrVG 1972
 Arbeitszeit Nr. 9 m. Anm. *Kraft* = AP Nr. 3 zu § 87 BetrVG 1972 Arbeitssicherheit
 m. Anm. *Richardi*.
281 BAG 11.02.1992 – 1 ABR 41/91 - BAGE 69, 302 = EzA § 118 BetrVG 1972
 Nr. 60 m. Anm. *P. Hanau/Kania* = NZA 1992, 705.
282 BAG 14.01.1992 – 1 ABR 35/91 - BAGE 69, 187 = EzA § 118 BetrVG 1972
 Nr. 59.

vielmehr auch die Ausgestaltung des rollierenden Systems. Von dem Mitbestimmungsrecht ist auch ein Verlangen des Betriebsrats gedeckt, bestimmte Tage aus dem rollierenden System herauszunehmen.[283]

116 Einer **tariflichen Regelung,** nach der von der **regelmäßigen wöchentlichen Arbeitszeit** von 38,5 Stunden durch Betriebsvereinbarung abgewichen werden kann, sofern eine im Voraus festgelegte Freizeit (z. B. rollierendes Freizeitsystem oder feste Wochenfreizeittage) vereinbart wird und dabei der **Durchschnitt** von 52 Wochen 38,5 Stunden pro Woche ergibt, trägt ein Spruch der Einigungsstelle Rechnung, nach dem der pro Woche anfallende freie Tag drei Wochen vorher festgelegt wird und die Arbeitszeit im Durchschnitt von 52 Wochen wöchentlich 38,5 Stunden beträgt.[284]

117 Der Mitbestimmung des Betriebsrats bei der Ausgestaltung von **rollierenden Freizeitsystemen** unterliegt auch die Frage, ob Freizeittage, die auf einen Wochenfeiertag fallen würden, auf einen anderen Tag gelegt werden sollen. Zur Ausgestaltung eines rollierenden Freizeitsystems im Einzelhandel gehört auch die Festlegung der Jahres-Soll- und der Jahres-Ist-Arbeitszeit. Urlaubstage sind Teil der effektiven Jahresarbeitszeit i. S. d. Jahres-Ist-Arbeitszeit.[285]

Rufbereitschaft

118 Zeiten einer **Rufbereitschaft sind Arbeitszeiten** i. S. d. § 87 Abs. 1 Nr. 2 BetrVG; deshalb besteht für den Rufbereitschaftsplan ein Mitbestimmungsrecht.[286]

119 Das Mitbestimmungsrecht des Betriebsrates zur **Regelung von Mehrarbeit,** die durch Störfälle außerhalb der normalen Arbeitszeit notwendig wird, umfasst auch die Frage, ob die Leistung solcher Mehrarbeit durch die Einrichtung von Rufbereitschaft ermöglicht werden soll. Zeiten einer Rufbereitschaft sind Arbeitszeiten i. S. v. § 87 Abs. 1 Nr. 2 BetrVG. Der Betriebsrat hat daher

---

283 BAG 31.01.1989 – 1 ABR 69/87 - BAGE 61, 57 = EzA § 87 BetrVG 1972 Arbeitszeit Nr. 32 m. Anm. *Streckel* = ArbuR 1990, 133-135 m. Anm. *Buschmann.*
284 BAG 31.01.1989 – 1 ABR 67/87 - EzA § 87 BetrVG 1972 Arbeitszeit Nr. 31 = NZA 1989, 604.
285 BAG 25.07.1989 – 1 ABR 46/88 - EzA § 87 BetrVG 1972 Arbeitszeit Nr. 38.
286 BAG 21.12.1982 – 1 ABR 14/81 - BAGE 41, 200, 209 = EzA § 87 BetrVG 1972 Arbeitszeit Nr. 16 = AP Nr. 9 zu § 87 BetrVG 1972 Arbeitszeit m. Anm. *Gast*; a. A. zu § 75 Abs. 3 Nr. 1 BPersVG: BVerwG 02.09.1988 – 6 P 23/86 - ZfPR 1989, 4; BVerwG 26.04.1988 - 6 P 19/86 – EzBAT SR 2a BAT 1 Rufbereitschaft.

bei der Aufstellung eines Rufbereitschaftsplanes ein Mitbestimmungsrecht. Das Mitbestimmungsrecht des Betriebsrates entfällt nicht deswegen, weil einem Regelungsbedürfnis mit kollektivem Bezug durch einzelvertragliche Vereinbarung mit einem oder mehreren Arbeitnehmern bereits Rechnung getragen worden ist. Eine mitbestimmungsfreie einzelvertragliche Regelung liegt dann nicht vor, wenn mit dieser – wenn auch auf Wunsch des Arbeitnehmers – nicht individuellen Besonderheiten, sondern einem betrieblichen Regelungsbedürfnis Rechnung getragen werden soll.[287]

Ein **Lohnanspruch** für die bei **angeordneter Rufbereitschaft** infolge der Heranziehung zur Arbeit und der deshalb nötigen Ruhezeit (vgl. § 5 ArbZG) **ausgefallenen Arbeitsstunden** ist nicht deshalb begründet, weil der Arbeitgeber bei der Einteilung der Rufbereitschaft das Mitbestimmungsrecht des Betriebsrats verletzt hat.[288] 120

Schichtarbeit

Die Mitbestimmung nach § 87 Abs. 1 Nr. 2 BetrVG bei der **Erstellung von Schichtplänen** schützt das Interesse der Arbeitnehmer an einer sinnvollen Abgrenzung zwischen Arbeitszeit und der für die Gestaltung des Privatlebens verfügbaren Zeit. Sie dient dagegen nicht dem Schutz vor einer erhöhten Arbeitsbelastung, die darauf beruht, dass andere nach einem Jahresschichtplan für eine bestimmte Wochenschicht eingeplante Arbeitnehmer im Betrieb nicht anwesend sind und deshalb für die Ableistung der Schicht nicht zur Verfügung stehen.[289] 121

Das Mitbestimmungsrecht nach § 87 Abs. 1 Nr. 2 BetrVG erfasst **nicht nur die Frage, ob im Betrieb** in mehreren Schichten gearbeitet werden soll, sondern auch die Festlegung der **zeitlichen Lage der einzelnen Schichten** und die Abgrenzung des **Personenkreises**, der Schichtarbeit zu leisten hat. Mitbestimmungspflichtig ist auch der Schichtplan und dessen nähere Ausgestaltung bis hin zur Zuordnung der Arbeitnehmer zu den einzelnen Schichten. Der Betriebsrat hat ferner darüber mitzubestimmen, ob, unter welchen Vorausset- 122

---

[287] BAG 21.12.1982 – 1 ABR 14/81 - BAGE 41, 200 = EzA § 87 BetrVG 1972 Arbeitszeit Nr. 16 = AP Nr. 9 zu § 87 BetrVG 1972 Arbeitszeit m. Anm. *Gast*.
[288] BAG 07.05.1976 – 5 AZR 264/75 - EzA § 12 AZO Nr. 2.
[289] BAG 28.05.2002 – 1 ABR 40/01 - EzA § 87 BetrVG 1972 Arbeitszeit Nr. 65 = DB 2002, 2385.

zungen und in welcher Weise von bereits aufgestellten Schichtplänen abgewichen werden kann.[290]

123 Der Betriebsrat hat bei der **Einführung von Schichtarbeit** mitzubestimmen. Inhalt dieses Mitbestimmungsrechts ist, dass alle **Fragen der Schichtarbeit** von Arbeitgeber und Betriebsrat gemeinsam zu regeln sind. Die Betriebspartner können sich dabei darauf beschränken, **Grundsätze** festzulegen, denen die einzelnen Schichtpläne entsprechen müssen, und die Aufstellung der einzelnen Schichtpläne entsprechend diesen Grundsätzen dem Arbeitgeber überlassen.[291]

124 Der Betriebsrat hat nach § 87 Abs. 1 Nr. 2 und 3 BetrVG mitzubestimmen, wenn der Arbeitgeber in Abweichung von einem Jahresschichtplan eine oder mehrere Schichten ersatzlos streichen will.[292]

125 Ordnet der Arbeitgeber ohne Zustimmung des Betriebsrats **vorzeitig die Rückkehr von Wechselschicht zu Normalarbeitszeit** an, hat er die bei Wechselschicht fälligen Zeitzuschläge in der Regel wegen Annahmeverzugs fortzuzahlen.[293]

126 Die **Umsetzung** eines einzigen Arbeitnehmers von der Tagschicht **in die Nachtschicht** ist keine zustimmungspflichtige Versetzung, wenn sich dadurch lediglich die Lage der Arbeitszeit des betroffenen Arbeitnehmers ändert.[294]

127 Wird in einem Betrieb im Schichtbetrieb gearbeitet, so unterliegt auch die abstrakte Regelung der Frage, ob und unter welchen Voraussetzungen die **Umsetzung** der Arbeitnehmer **von einer Schicht in die andere** zu erfolgen hat, dem Mitbestimmungsrecht des Betriebsrats nach § 87 Abs. 1 Nr. 2 BetrVG.[295]

---

290 BAG 29.09.2004 - 5 AZR 559/03 – EzA § 87 BetrVG 2001 Arbeitszeit Nr. 5 = AP Nr. 111 zu § 87 BetrVG 1972Arbeitszeit.
291 BAG 28.10.1986 – 1 ABR 11/85 - EzA § 87 BetrVG 1972 Arbeitszeit Nr. 20 = AP Nr. 20 zu § 87 BetrVG 1972 Arbeitszeit m. Anm. *Rath-Glawatz*.
292 BAG 01.07.2003 – 1 ABR 22/02 - BAGE 107, 9 = EzA § 87 BetrVG 2001 Arbeitszeit Nr. 2 = AP Nr. 103 zu § 87 BetrVG 1972 Arbeitszeit.
293 BAG 18.09.2002 – 1 AZR 668/01 - EzA § 87 BetrVG 2001 Arbeitszeit Nr. 1 = BB 2003, 740.
294 BAG 23.11.1993 – 1 ABR 38/91 - BAGE 75, 97 = EzA § 95 BetrVG 1972 Nr. 28.
295 BAG 27.06.1989 – 1 ABR 33/88 - BAGE 62, 202 = EzA § 87 BetrVG 1972 Arbeitszeit Nr. 36 = AP Nr. 35 zu § 87 BetrVG 1972 Arbeitszeit m. Anm. *Misera*.

Der Unterschied der beiden Fälle liet darin, dass im ersteren keine »abstrakte« 128
Regelung aufgestellt wurde und nur ein Inividuelfall vorlag, während letztere
einen kollektiven Bezug aufweist.

Die **vorübergehende Verkürzung** der in einem **Schichtplan** vorgesehenen **täg-** 129
lichen Arbeitszeit unterfällt auch dann der Mitbestimmung nach § 87 Abs. 1
Nr. 2 und 3 BetrVG, wenn die Höhe der Vergütung unverändert bleibt.[296]

Schulunterricht

Eine **Privatschule** ist ein **Tendenzunternehmen** i. S. d. § 118 Abs. 1 BetrVG. 130
Die Entscheidung des Schulträgers, im Rahmen eines Ganztagsschulbetriebes
Lehrer an den **Nachmittagen zu Unterrichts- und Betreuungsstunden** heranzuziehen, ist eine tendenzbezogene Entscheidung, die nicht der Mitbestimmung des Betriebsrats unterliegt.[297]

Der Betriebsrat hat grundsätzlich mitzubestimmen bei der **Festlegung der** 131
Unterrichtsstunden von Lehrern.[298]

Sonntagsarbeit, einmaliger Einsatz

Werden anlässlich eines **Sonntagsverkaufs** Arbeitnehmer für lediglich einen 132
Tag im Betrieb beschäftigt, so hat der Betriebsrat bei der Festlegung von
Beginn und Ende ihrer Arbeitszeit nach § 87 Abs. 1 Nr. 2 BetrVG **mitzube-**
stimmen. Das gilt auch dann, wenn es sich um Arbeitnehmer handelt, die aus
anderen Betrieben desselben Arbeitgebers herangezogen werden. Hingegen
bedeutet ein Sonntagsverkauf in dieser Form keine Verlängerung der betriebsüblichen Arbeitszeit i. S. v. § 87 Abs. 1 Nr. 3 BetrVG.[299]

---

296 BAG 03.05.2006 – 1 ABR 14/05 - EzA § 87 BetrVG Arbeitszeit Nr. 9 = DB 2007, 60.
297 BAG 13.01.1987 – 1 ABR 9/85 - EzA § 118 BetrVG 1972 Nr. 39 = AP Nr. 33 zu § 118 BetrVG 1972.
298 BAG 23.06.1992 – 1 ABR 53/91 - EzA § 87 BetrVG 1972 Arbeitszeit Nr. 50 = AP Nr. 51 zu § 87 BetrVG 1972 Arbeitszeit m. Anm. *Berger-Delhey* = NZA 1992, 1098.
299 BAG 25.02.1997 – 1 ABR 69/96 - BAGE 85, 185 = EzA § 87 BetrVG 1972 Arbeitszeit Nr. 57.

Teilzeitarbeit

133 Der Betriebsrat hat mitzubestimmen bei der Regelung der **Arbeitszeit teilzeitbeschäftigter Arbeitnehmer**. Sein Mitbestimmungsrecht besteht **in demselben Umfang wie bei** der Regelung der Arbeitszeit **vollzeitbeschäftigter Arbeitnehmer**. Der Betriebsrat hat nicht mitzubestimmen über die Dauer der von den teilzeitbeschäftigten Arbeitnehmern geschuldeten wöchentlichen Arbeitszeit.[300] Der Betriebsrat hat mitzubestimmen bei der Festlegung der **Mindestdauer der täglichen Arbeitszeit**, bei der Festlegung der **Höchstzahl der Arbeitstage**, d. h. der Tage in der Woche, an denen teilzeitbeschäftigte Arbeitnehmer beschäftigt werden sollen, bei der Festlegung der **Mindestzahl arbeitsfreier Samstage**, bei der Regelung der Frage, ob die **tägliche Arbeitszeit in** ein oder mehreren **Schichten** geleistet werden soll und bei der Festlegung der **Dauer der Pausen** für teilzeitbeschäftigte Arbeitnehmer. Diese Regelungen betreffen die Lage der zuvor – mitbestimmungsfrei – vereinbarten wöchentlichen Arbeitszeit. Der Betriebsrat hat auch darüber mitzubestimmen, ob und in welchem Umfang sich die Arbeitszeit der teilzeitbeschäftigten Arbeitnehmer mit den Ladenöffnungszeiten decken soll oder nicht. Grundrechte des Arbeitnehmers aus Art 12 Abs. 1 GG werden bei diesem Verständnis des § 87 Abs. 1 Nr. 2 BetrVG nicht verletzt. Das Grundrecht lässt Raum dafür, durch Einschaltung einer Einigungsstelle eine Übereinstimmung zwischen gegenläufigen Interessen der Arbeitgeber und Arbeitnehmer, die sich ebenfalls auf die Berufsfreiheit nach Art 12 Abs. 1 GG berufen können, herbeizuführen.[301] Die dem Betriebsrat zustehenden Mitbestimmungsrechte entfallen nicht deshalb, weil Arbeitnehmer in vielen Fällen individuelle Arbeitszeiten wünschen.[302]

134 Der Betriebsrat hat nach § 87 Abs. 1 Nr. 2 BetrVG über die Frage mitzubestimmen, ob **Teilzeitkräfte** zu **festen Zeiten oder nach Bedarf** beschäftigt werden sollen.[303]

---

300 BAG 18.08.1987 – 1 ABR 30/86 = DB 1987, 2257.
301 BVerfG 18.12.1985 – 1 BvR 143/83 = AP Nr. 15 zu § 87 BetrVG 1972 Arbeitszeit; BAG 31.08.1982 – 1 ABR 27/80 = BAGE 40, 107 = AP Nr. 8 zu § 87 BetrVG 1972 Arbeitszeit.
302 BAG 13.10.1987 – 1 ABR 10/86 - BAGE 56, 197 = EzA § 87 BetrVG 1972 Arbeitszeit Nr. 25 = NZA 1988, 251 m. Anm. *Goos* NZA 1988, 870.
303 BAG 29.01.1988 – 1 ABR 41/87 - EzA § 87 BetrVG 1972 Arbeitszeit Nr. 30 = SAE 1990, 74-76 m. Anm. *Peterek*.

Eine **Betriebsvereinbarung** über die Lage der Arbeitszeit kann den Arbeit- 135
geber berechtigen, das Verlangen des Arbeitnehmers auf **wunschgerechte Verteilung der nach § 8 TzBfG verringerten** Arbeitszeit **abzulehnen**.³⁰⁴

Der Betriebsrat hat mitzubestimmen a) bei der Festlegung der **Mindestzahl** 136
arbeitsfreier Samstage für Teilzeitbeschäftigte, b) bei der Festlegung einer
Höchstzahl der Arbeitstage, d. h. der Tage in der Woche, an denen teilzeitbeschäftigte Arbeitnehmer beschäftigt werden dürfen und c) bei der **Aufteilung**
der vertraglich vereinbarten **täglichen Arbeitszeit** der teilzeitbeschäftigten
Arbeitnehmern.³⁰⁵

Theaterproben

Für die vom Normalvertrag-Solo erfassten Bühnenangestellten ist die Zeit der 137
Proben für die einzelnen Aufführungen Teil ihrer Arbeitszeit. Die zeitliche
Festlegung der Proben unterliegt daher nach BetrVG § 87 Abs. 1 Nr. 2 der
Mitbestimmung des Betriebsrates. Dieses Mitbestimmungsrecht des Betriebsrates entfällt nur insoweit, als durch eine Mitbestimmung über die zeitliche
Lage der einzelnen Proben zwangsläufig die Gesamtdauer der Proben für eine
Aufführung und damit die künstlerische Qualität der Aufführung beeinflusst
wird. Das Mitbestimmungsrecht entfällt ferner, wenn künstlerische Gesichtspunkte eine bestimmte zeitliche Lage oder eine bestimmte Mindestdauer der
einzelnen Probe erfordern.³⁰⁶

Verteilung der Arbeitszeit auf Wochentage

Der Betriebsrat hat nicht nur darüber mitzubestimmen, an welchen Wochen- 138
tagen gearbeitet wird, sondern auch an wie vielen Tagen in der Woche die
vertraglich geschuldete Arbeitsleistung zu erbringen ist. Er hat daher mitzubestimmen bei der Festlegung einer Höchstzahl von Tagen, an denen Teilzeitarbeitnehmer in einer Woche beschäftigt werden dürfen.³⁰⁷

---

304 BAG 16.03.2004 – 9 AZR 323/03 - BAGE 110, 45 = EzA § 8 TzBfG Nr. 8 = NZA 2004, 1047.
305 BAG 14.03.1989 1 – ABR 77/87 n. v., Bestätigung von BAG 13.10.1987 1 ABR 10/86 - BAGE 56, 197 = EzA § 87 BetrVG 1972 Arbeitszeit Nr. 25 = NZA 1988, 251 m. Anm. *Goos* NZA 1988, 870.
306 BAG 04.08.1981 – 1 ABR 106/79 - BAGE 36, 161 = EzA § 87 BetrVG 1972 Arbeitszeit Nr. 10 = AP Nr. 5 zu § 87 BetrVG 1972 Arbeitszeit m. Anm. *Herschel*.
307 BAG 13.10.1987 – 1 ABR 69/86 – n. v.; dazu *Goos* NZA 1988, 870.

III. Mitbestimmung bei der Änderung der betriebsüblichen Arbeitszeit (§ 87 Abs. 1 Nr. 3 BetrVG)

139 Die **vorübergehende Verlängerung oder Verkürzung des betriebsüblichen Arbeitszeit** ist Gegenstand der Mitbestimmung nach § 87 Abs. 1 Nr. 3 BetrVG. Meistens wird durch die vorübergehende Verkürzung oder Verlängerung der betriebsüblichen Arbeitszeit nicht nur das Mitbestimmungsrecht der Nr. 3, sondern auch der Nr. 2 des § 87 Abs. 1 BetrVG ausgelöst, denn für die verkürzte oder verlängerte Arbeitszeit müssen Beginn und Ende, Pausen und Verteilung auf die Wochentage geregelt werden.[308]

140 Der **Zweck des Mitbestimmungsrechts** nach § 87 Abs. 1 Nr. 3 BetrVG liegt in der Teilhabe der Arbeitnehmer bei der gerechten Verteilung der mit der vorübergehenden Veränderung der betriebsüblichen Arbeitszeit verbundenen Vorteile und Belastungen.[309] Der **Begriff der Arbeitszeit** ist derselbe wie in § 87 Abs. 1 Nr. 2 BetrVG.[310] Eine **vorübergehende Veränderung** der betriebsüblichen Arbeitszeit i. S. v. § 87 Abs. 1 Nr. 3 BetrVG liegt vor, wenn für einen überschaubaren Zeitraum von dem allgemein geltenden Zeitvolumen abgewichen wird, um anschließend zur betriebsüblichen Dauer der Arbeitszeit zurückzukehren.[311] Schlagwortartig verkürzt bedeuten Verkürzung der betriebsüblichen Arbeitszeit **Kurzarbeit** und Verlängerung **Überstunden**.[312] **Betriebsüblich** ist die im Betrieb regelmäßig zu leistende Arbeitszeit; bei Teilzeitbeschäftigten ist dies ihre regelmäßige individuelle Arbeitszeit.[313]

---

308 Vgl. BAG 01.07.2003 – 1 ABR 22/02 - BAGE 107, 9 = EzA § 87 BetrVG 2001 Arbeitszeit Nr. .2 = SAE 2004, 106 m. Anm. *Joussen*.

309 BAG 01.07.2003 – 1 ABR 22/02 - BAGE 107, 9 = EzA § 87 BetrVG 2001 Arbeitszeit Nr. 2 = SAE 2004, 106 m. Anm. *Joussen*.

310 BAG 14.11.2006 – 1 ABR 106/79 - EzA § 87 BetrVG 2001 Arbeitszeit Nr. 10 = AP Nr. 121 zu § 87 BetrVG Arbeitszeit.

311 Vgl. zur vorübergehenden **Verlängerung** der betriebsüblichen Arbeitszeit: BAG 03.06.2003 1 AZR 349/02 – BAGE 106, 204 = EzA § 77 BetrVG 2001 Nr. 5 = AP Nr. 19 zu § 77 BetrVG 1972 Tarifvorbehalt m. Anm. *Lobinger*, vgl. zur vorübergehenden **Verkürzung** der betriebsüblichen Arbeitszeit: BAG 01.07.2003 1 ABR 22/02 - BAGE 107, 9 = EzA § 87 BetrVG 2001 Arbeitszeit Nr. 2 = SAE 2004, 106 m. Anm. *Joussen*.

312 *Fitting* § 87 BetrVG Rn. 130.

313 BAG 24.04.2007 – 1 ABR 14/05 - EZA § 87 BetrVG 2001 Arbeitszeit Nr. 9 = AP Nr. 124 zu § 87 BetrVG 1972.

1. Vorübergehende Verkürzung der betriebsüblichen Arbeitszeit

a) Die (vorübergehende) Verkürzung der betriebsüblichen Arbeitszeit besteht 141
darin, dass der Arbeitgeber die Arbeitnehmer nicht im betriebsüblichen,
sondern einem kleineren Zeitvolumen beschäftigt, dies allerdings nicht auf
Dauer, sondern mit dem Ziel, zur betriebsüblichen Arbeitszeit zurückzukehren. Hierzu bedient er sich in aller Regel des Mittels der **Kurzarbeit**. Sie
ist in aller Regel mit der Zahlung von **Kurzarbeitergeld** gem. den §§ 169 ff.
SGB III verbunden, um den mit der Kurzarbeit verbundenen Entgeltverlust
wenigstens teilweise auszugleichen. Der Arbeitgeber hat die Kurzarbeit gem.
§ 173 SGB III bei der Agentur für Arbeit anzuzeigen und eine Stellungnahme
des Betriebsrat beizufügen; der Betriebsrat hat seinerseits auch das recht, die
Kurzarbeit anzuzeigen (§ 173 Abs. 1 SGB III). Unter § 87 Abs. 1 Nr. 3 BetrVG
fällt allerdings nicht die **Transferkurzarbeit**, sie ist nicht auf die Rückkehr
zur Normalarbeitszeit gerichtet, sondern auf das endgültige Ausscheiden des
Arbeitnehmers aus den bisherigen Arbeitsverhältnis und dessen Transfer in ein
anderes Arbeitsverhältnis. Unter § 87 Abs. 1 Nr. 3 fällt aber nicht nur die regelmäßig mit einer Kürzung des Arbeitsentgeltes verbundene **Kurzarbeit** i. S. d.
§ 169 SGB III, sondern auch die Verkürzung der betriebsüblichen Arbeitszeit
ohne Entgeltkürzung. So stellen z. B. die für einen Zeitraum von jeweils etwa
einem Monat vorgenommenen Verschiebungen des täglichen Schichtbeginns
um eine halbe Stunde später bei gleich bleibendem Schichtende eine vorübergehende Verkürzung der betriebsüblichen Arbeitszeit i. S. v. § 87 Abs. 1 Nr. 3
BetrVG dar. Dabei kommt es auch bei einer Verkürzung des Zeitvolumens
nicht darauf an, ob sich diese Veränderung in einer entsprechend verringerten Vergütung oder nur im Stand des Arbeitszeitkontos niederschlägt. Eine
Änderung der betriebsüblichen Arbeitszeit i. S. d. § 87 Abs. 1 Nr. 3 BetrVG
setzt nicht voraus, dass sich zugleich auch die Vergütung ändert.[314] Durch
das Mitbestimmungsrecht soll die Last der Kurzarbeit gerecht verteilt werden;
der Arbeitnehmer soll vor Verdiensteinbußen möglichst geschützt werden.[315]
Es erstreckt sich gleichwohl nicht auf die Regelung der finanziellen Milde-

---

314 BAG 03.05.2006 – 1 ABR 14/05 - EzA § 87 BetrVG 2001 Arbeitszeit Nr. 9; vgl.
BAG 01.07.2003 – BAGE 107, 9 = EzA § 87 BetrVG 2001 Arbeitszeit Nr. .2 =
SAE 2004, 106 m. Anm. *Joussen*.
315 BAG 21.11.1978 – 1 ABR 67/76 - EzA § 87 BetrVG 1972 Arbeitszeit Nr 7 = AP
Nr. 2 zu § 87 BetrVG 1972 Arbeitszeit.

rung.³¹⁶ Im **Arbeitskampf** ist das Mitbestimmungsrecht des § 87 Abs. 1 Nr. 3 BetrVG begrenzt (Rdn. 55 f.).

142 b) Die **Einführung von Kurzarbeit** bedarf einer besonderen normativen (Tarifvertrag, Betriebsvereinbarung) oder einzelvertraglichen **Rechtsgrundlage**.³¹⁷ Ob die **Ermächtigung** des Arbeitgebers durch die Agentur für Arbeit, **Kurzarbeit während der Dauer einer Entlassungssperre** (§ 18 KSchG) anordnen zu dürfen (§ 19 KSchG), als Rechtsgrundlage gegenüber den Arbeitnehmern ausreicht, ist umstritten.³¹⁸ Ebenso ist umstritten, ob die Anordnung des Arbeitgebers, eine nach § 19 KSchG gestattete Kurzarbeit der Mitbestimmung durch den Betriebsrat unterliegt.³¹⁹ Dem Betriebsrat steht für die Einführung von Kurzarbeit ein Initiativrecht zu.³²⁰ Die **Beendigung der Kurzarbeit** mit der Folge der Rückkehr zur betriebsüblichen Arbeitszeit unterliegt. Auch wenn dies vorzeitig geschieht, nicht der betrieblichen Mitbestimmung.³²¹

143 c) Das **Direktionsrecht** des Arbeitgebers ist **kein geeignetes Instrument**, um die vertraglich eingegangene Beschäftigungs- und Vergütungspflicht einzuschränken, und zwar auch dann nicht, wenn ansonsten die Voraussetzungen für Kurzarbeit und Kurzarbeitsgeld vorliegen.³²² **Tarifvertragliche Normen** können, wenn und weil sie normativ gelten oder infolge arbeitsvertraglicher Vereinbarung anwendbar sind, eine **Rechtsgrundlage** bilden; darin sind zuweilen auch Modalitäten der Einführung von Kurzarbeit geregelt, z. B. eine

---

316 *ErfK/Kania* § 87 BetrVG Rn. 37; *Fitting*, § 87 BetrVG Rn. 153.
317 BAG 01.10.2006 – 1 AZR 811/05 - BAGE 119, 366 = EzA § 75 BPersVG Nr. 3 = NZA 2007, 637.
318 Bejahend: KR/*Weigand* § 19 KSchG Rn. 20, 21; ablehnend *Fitting* § 87 BetrVG Rn. 155.
319 Bejahend: *Fitting* § 87 BetrVG Rn. 155; *Richardi*, § 87 BetrVG Rn. 355; verneinend HSWGN/*Worzalla* § 87 BetrVG Rn. 196.
320 BAG 08.03.1986 – 1 ABR 15/84 – BAGE 51, 187 = EzA § 87 BetrVG 1972 Arbeitszeit Nr. 17 = AP Nr. 3 zu § 87 BetrVG 1972 Kurzarbeit m. Anm. *Wiese*.
321 BAG 21.11.1978 – 1 ABR 67/76 – EzA § 87 BetrVG 1972 Arbeitszeit Nr 7 = AP Nr. 2 zu § 87 BetrVG 1972 Arbeitszeit.
322 BAG 14.02.1991 – 2 AZR 415/90 - EzA § 87 BetrVG 1972 Kurzarbeit Nr 1 = AP Nr. 4 zu § 615 BGB Kurzarbeit.

sog. **Ansagefrist**.[323] Dann setzen die Entscheidungsmöglichkeiten des Arbeitgebers und damit auch das Mitbestimmungsrecht des Betriebsrats erst und nur insoweit ein, als die zwingenden tarifvertraglichen Voraussetzungen erfüllt sind. Eine **Betriebsvereinbarung** i. S. v. § 87 Abs. 1 Nr. 3 BetrVG bildet für die Wirksamkeit der Anordnung von jedweder Kurzarbeit durch den Arbeitgeber eine **Rechtsgrundlage**, die infolge ihrer normativen Geltung (§ 77 Abs. 4 BetrVG) auch auf den Inhalt der Arbeitsverhältnisse auch durch vorübergehende Herabsetzung des vereinbarten Arbeitszeitumfangs und durch die damit verbundene Kürzung des Arbeitsentgeltes einwirkt.[324] Eine **Regelungsabrede** wahrt zwar das Mitbestimmungsrecht des Betriebsrats, sie wirkt jedoch nicht normativ auf die betroffenen Arbeitsverhältnisse ein; das hat zur Folge, dass die Entgeltansprüche der Arbeitnehmer trotz Kurzarbeit erhalten bleiben.[325]

2. Vorübergehende Verlängerung der betriebsüblichen Arbeitszeit

a) Gegenstand dieses Mitbestimmungsrechts nach § 87 Abs. 1 Nr. 3, Alt. 2 BetrVG ist die Entscheidung, ob zusätzlicher Arbeitsbedarf durch eine **vorübergehende Erhöhung der betriebsüblichen** (regelmäßigen) **Arbeitszeit** abgedeckt werden soll und welche Arbeitnehmer oder -gruppen hierzu in welchem Umfang herangezogen werden sollen.[326] Die Anordnung von **Überstunden** bildet den wesentlichen Anwendungsfall. Unter **Überstunde** wird die Arbeitszeit verstanden, die zusätzlich zu der regelmäßigen täglichen Arbeitszeit erbracht wird oder werden soll, die nach dem Arbeitsvertrag oder nach dem Tarifvertrag oder – selten – nach einer Betriebsvereinbarung oder auf Grund betrieblicher Übung oder nach Treu und Glauben auf Weisung des Arbeitgebers erbracht werden soll. Ob und inwieweit die Leistung von Überstunden für den einzelnen Arbeitnehmer (zusätzliche) **Vergütungsansprüche** auslöst, ist **für** die Frage, ob die Anordnung oder Duldung von Überstunden dem **Mitbestimmungsrecht** nach § 87 Abs. 1 Nr. 3 BetrVG unterliegt, **ohne Bedeutung**. Bei flexibler Arbeitszeit, vor allem bei Gleitzeit, fallen Über-

144

---

323 Vgl. BAG 18.10.1994 – 1 AZR 503/93 - AP Nr. 11 zu § 615 BGB Kurzarbeit = EzA BGB § 615 Kurzarbeit Nr. 2 m. w. N.
324 BAG 14.02.1991 – 2 AZR 415/90 - AP Nr. 4 zu § 615 BGB § 615 Kurzarbeit = EzA § 87 BetrVG 1972 Kurzarbeit Nr 1.
325 BAG 12.10.1994 – 1 AZR 398/93 - EzA § 87 BetrVG 1972 Kurzarbeit Nr. 2 = AP Nr. 66 zu § 87 BetrVG 1972 Arbeitszeit.
326 BAG 24.04.2007 – 1 ABR 14/05 - EZA § 87 BetrVG 2001 Arbeitszeit Nr. 9 = AP Nr. 124 zu § 87 BetrVG 1972.

stunden an, wenn die Arbeitszeit den für den jeweiligen Zeitraum gesetzten Rahmen überschreitet. Ist die regelmäßige Arbeitszeit in einem Dienstplan festgelegt, so handelt es sich bei **geringfügigen Überschreitungen der Festsetzung** nicht um mitbestimmungspflichtige Überstunden.[327] Das Mitbestimmungsrecht wird nicht nur ausgelöst, wenn der Arbeitgeber die Leistung von Überstunden anordnet, sondern auch, wenn er sie duldet.[328] Die **Rückkehr von Überstundenarbeit** zur regelmäßigen betriebsüblichen Arbeitszeit unterliegt **nicht** dem **Mitbestimmungsrecht**, und zwar auch dann nicht, wenn sie vorzeitig erfolgt oder wenn die Überstunden über einen langen Zeitraum geleistet wurden.[329]

145 b) Für die **Anordnung** von Überstunden durch den Arbeitgeber bedarf es einer entsprechenden **Rechtsgrundlage**, an die auch der Arbeitnehmer gebunden sein muss. Ausdrücklich geregelt ist die Pflicht der Arbeitnehmer, Überstunden zu leisten, häufig in **Tarifverträgen**. Auch **Betriebsvereinbarungen** können eine solche Rechtsagrundlage bilden. Gegenüber beiden Rechtsgrundlagen haben jedoch arbeitsvertragliche Regelungen Vorrang, die die Pflicht des Arbeitnehmers, Überstunden auf Anordnung des Arbeitgebers leisten zu müssen. ausschließen oder begrenzen.[330] Eine Verpflichtung zur Leistung von Überstunden kann auch im **Arbeitsvertrag** ausdrücklich vereinbart sein, sie kann sich aber auch aus einer **betrieblichen Übung** oder aus **Treu und Glauben** (§ 242 BGB) ergeben. Zuweilen wird in Arbeitsverträgen die »(betriebs-)übliche Arbeitszeit« vereinbart. Dann ist durch Auslegung zu ermitteln, ob damit die Verpflichtung des Arbeitnehmers, Überstunden leisten zu müssen, begründet oder – mit Rücksicht auf den Wortlaut des § 87 Abs. 1 Nr. 3 BetrVG – gerade ausgeschlossen sein soll. Eine **behördliche Ausnahmeregelung** zur Leistung von Mehrarbeit etwa nach dem ArbZG, MuSchG oder JArbSchG, bildet als solche keine Rechtsgrundlage, die den Arbeitnehmer verpflichtet, dementsprechend Überstunden leisten zu müssen; sie schließen als solche auch das Mitbestimmungsrecht nicht aus. Eine **Regelungsabrede** kann

---

327 BAG 23.03.1999 – 1 ABR 33/98 - EzA § 87 BetrVG 1972 Arbeitszeit Nr. 60 = AP Nr. 80 zu § 87 BetrVG Arbeitszeit; *Fitting* § 87 BetrVG Rz. 140.
328 BAG 27.11.1990 – 1 ABR 77/89 - EzA § 87 BetrVG 1972 Arbeitszeit Nr. 40 = AP Nr. 41 zu § 87 BetrVG Arbeitszeit.
329 BAG 25.10.1977 – 1 AZR 452/74 - EzA § 615 BGB Nr. 34 = AP Nr. 1 zu § 87 BetrVG 1972 Arbeitszeit m. Anm. *Wiedemann/Moll.*
330 BAG 03.06.2003 – 1 AZR 349/02 - BAGE 106, 204 = EzA § 77 BetrVG 2001 Nr. 5 = AP Nr. 19 zu § 77 BetrVG 1972 Tarifvorbehalt m. Anm. *Lobinger.*

zwar dem Mitbestimmungsrecht genügen, sie ist aber keine den Arbeitnehmer bindende Rechtsgrundlage für dessen Pflicht zur Listung von Überstunden.

c) Besonders bei der Anordnung oder Duldung der Überschreitung der betriebsüblichen regelmäßigen Arbeitszeit ist daran zu denken, das die **öffentlich rechtlichen Arbeitszeitschutznormen, insbesondere die dortigen Mehrarbeitsgrenzen**, eingehalten werden. Diese dürfen durch die Anordnung oder Duldung des Arbeitgebers nicht überschritten werden. Geschieht dies gleichwohl, so führt dies nicht etwa dazu, dass das Mitbestimmungsrecht des Betriebsrats wieder auflebt. Vielmehr kann auch dieses nur in den Grenzen von Recht und Gesetz bestehen. Zu **Mehrarbeit** i.S. dieser Bestimmungen werden Überstunden aber nur dann, wenn die dortigen Arbeitszeitgrenzen, z.B. die **werktägliche Arbeitszeit von 8 Stunden** § 3 S. 1 ArbZG (vgl. § 3 ArbZG Rdn. 22 ff.), überschritten werden. Mehrarbeitsgrenzen und insoweit -verbote finden sich in nicht nur im ArbZG, sondern auch in anderen gesetzlichen Bestimmungen wie dem MuSchG, dem JArbSchG, dem Ladenschlussrecht und in den Vorschriften über die Lenkzeiten des Fahrpersonals im Straßenverkehr. 146

d) Die **Durchführung der Mitbestimmung** richtete sich nach den allgemeinen Regeln. Ein Alleinentscheidungsrecht des Arbeitgebers sieht das Gesetz außer für Notfälle nicht vor. Auch wenn der Betriebsrat über lange Zeit Verstöße gegen sein Mitbestimmungsrecht hinnimmt, verliert dieses Recht nicht. Abgesehen von der geringfügigen Überschreitung der im Dienstplan festgelegten Arbeitszeit, die nicht als Überstunden zu werten ist und deshalb kein Mitbestimmungsrecht auslöst (vgl. Rdn. 144) unterliegt **jede Anordnung** der Überschreitung der betriebsüblichen (regelmäßigen) Arbeitszeit der **Mitbestimmung**. Sie kann dann in jeweiligen Einzelfall ausgeübt werden. Dies hat sich für die Praxis als häufig undurchführbar erwiesen, vor allen in sog. **Eilfällen**. Vor allem der Bedarf, Arbeiten im Wege von Überstunden durch eben die Arbeitnehmer erledigen zu lassen, die ohnehin mit dieser Arbeit befasst sind oder die sich ohnehin im Betrieb aufhalten, tritt in vielfältiger Art immer wieder auf; indessen ist oft nicht voraussehbar, wann mit welchem Bedarf im Einzelfall zu rechnen ist. Insbesondere für diese Fallkonstellationen können **Betriebsvereinbarungen** geschlossen werden, die vorsorgliche Regelungen (»Rahmenregelungen«) enthalten (vgl. Rdn. 67 m.w.N.). Vor allem kann in für solche Fälle vereinbart werden, dass der **Arbeitgeber** unter Einhaltung bestimmter, in der Betriebsvereinbarung aufgeführter Bedingungen und Grenzen ohne erneute Beteiligung des Betriebsrats **Überstunden anordnen** 147 darf;³³¹ Allerdings darf die Betriebsvereinbarung dem Arbeitgeber nicht in einem solchen Maß die Freiheit zur Anordnung von Überstunden einräumen, dass das Mitbestimmungsrecht des § 87 Abs. 1 Nr. 3 BetrVG völlig ausgehöhlt wird. Umgekehrt kann eine Betriebsvereinbarung die Arbeit in Zeiten außerhalb der regelmäßigen betrieblichen Arbeitszeit, z. B. die Rufbereitschaft, begrenzen.³³²

IV. Initiativrecht des Betriebsrats

148 Dem Betriebsrat steht das **Initiativrecht** sowohl hinsichtlich der vorübergehenden Verlängerung als auch hinsichtlich der vorübergehenden Verkürzung³³³ der betriebsüblichen regelmäßigen Arbeitszeit zu. Im Gegensatz zur Auffassung des BAG³³⁴ wird das Initiativrecht des Betriebsrats durch eine **tarifvertragliche Regelung**, unter welchen Bedingungen die Arbeitnehmer Kurzarbeit oder Überstunden zu leisten haben, nicht eingeschränkt.³³⁵

V. Einzelfälle zu § 87 Abs. 1 Nr. 3 BetrVG

149 Die nachfolgend aufgeführten Einzelfälle zu § 87 Abs. 1 Nr. 3 BetrVG bieten kein vollständiges Bild, sondern exemplarische Hinweise. Stets ist zu beachten, dass ein Fallgeschehen, welches als vorübergehende Regelung unter § 87 Abs. 1 Nr. 3 BetrVG fällt, in aller Regel **zugleich** einen **Mitbestimmungstatbestand** nach Nr. 2 auslöst.

Arbeitskampf

150 Die Grundsätze des Arbeitskampfrisikos lassen normalerweise einen nicht unerheblichen Regelungsspielraum in Bezug auf die Modalitäten einer etwaigen Arbeitszeitverkürzung. Insoweit besteht ein Mitbestimmungsrecht des

---

331 BAG 03.06.2003 – 1 AZR 349/02 - BAGE 106, 204 = EzA § 77 BetrVG 2001 Nr. 5 = AP Nr. 19 zu § 77 BetrVG 1972 Tarifvorbehalt m. Anm. *Lobinger*; einschränkend DKK/*Klebe* § 87 BetrVG Rn. 39.
332 BAG 02.03.1982 – 1 ABR 74/79 - BAGE 38, 96 = EzA § 87 BetrVG 1972 Arbeitszeit Nr. 11 = AP Nr. 6 zu § 87 BetrVG 1972 Arbeitszeit Nr. 6.
333 BAG 01.10.2006 – 1 AZR 811/05 - BAGE 119, 366 = EzA § 75 BPersVG Nr. 3 = NZA 2007, 637; a. A. HSWGN/*Worzalla* § 87 BetrVG Rn. 200 m. w. N.
334 BAG 04.03.1986 – 1 ABR 15/84 - BAGE 51, 187 = EzA § 87 BetrVG 1972 Arbeitszeit Nr. 17 = AP Nr. 3 zu § 87 BetrVG 1972 Kurzarbeit m. Anm. *Wiese*.
335 HSWGN/*Worzalla* § 87 BetrVG Rn. 199.

Betriebsrats gem. BetrVG § 87 Abs. 1 Nr. 2 und BetrVG § 87 Abs. 1 Nr. 3, wenn der Betrieb nur von Dritt- oder Fernwirkungen betroffen ist, die Arbeitnehmer des Betriebs jedoch nicht selbst am Arbeitskampf teilnehmen. Das **Mitbestimmungsrecht** des Betriebsrats **entfällt** wegen der Neutralitätspflicht (BetrVG § 74 Abs. 2) dann, wenn Teile der von dem Betriebsrat vertretenen Belegschaft selbst streiken oder ausgesperrt werden.[336]

Bereitschaftsdienst

Die Einführung eines Bereitschaftsdienstes **außerhalb der regelmäßigen Arbeitszeit** führt zu vorübergehenden, nach § 87 Abs. 1 Nr. 3 BetrVG mitbestimmungspflichtigen Verlängerungen der betriebsüblichen Arbeitszeit. Der Betriebsrat hat danach auch mitzubestimmen, ob der entsprechende Arbeitsanfall durch Einrichtung eines Bereitschaftsdienstes abgedeckt werden soll.[337]

151

Betriebsausflug

Besteht im Betrieb ein System der gleitenden Arbeitszeit, in dessen Rahmen die Arbeitnehmer freie Tage ansparen können, so besteht kein Mitbestimmungsrecht nach § 87 Abs. 1 Nr. 2 oder 3 BetrVG hinsichtlich des durch die Teilnahme an einem Betriebsausflug bedingten und möglicherweise durch **Vor- oder Nacharbeit** auszugleichenden Arbeitsausfalls.[338]

152

Jahresarbeitszeit

Eine **tarifliche Jahresarbeitszeit** ist in der Regel nicht gleichbedeutend mit der betriebsüblichen Arbeitszeit i. S. d. § 87 Abs. 1 Nr. 3 BetrVG. Das **Überschreiten** der Jahresarbeitszeit als solches löst deshalb regelmäßig **nicht** das **Mitbestimmungsrecht** des Betriebsrats aus.[339]

153

---

336 BAG 22.12.1980 – 1 ABR 76/79 - BAGE 34, 355 = EzA § 615 BGB Betriebsrisiko Nr. 8 = AP Nr. 71 zu Art 9 GG Arbeitskampf m. Anm. zu Nr. 70 und 71 *Richardi*.
337 BAG 29.02.2000 – 1 ABR 15/99 - EzA § 87 BetrVG 1972 Arbeitszeit Nr. 61 m. Anm. *Wiese* = AP Nr. 81 zu § 87 BetrVG 1972 Arbeitszeit.
338 BAG 27.01.1998 – 1 ABR 35/97 v- EzA § 87 BetrVG 1972 Arbeitszeit Nr. 58 = BB 1998, 1419.
339 BAG 11.12.2001 – 1 ABT 3/01 - EzA § 87 BetrVG 1972 Arbeitszeit Nr. 64 = AP Nr. 93 zu § 87 BetrVG 1972 Arbeitszeit = DB 2002, 2002.

Sonntagsarbeit, einmaliger Einsatz

154 Werden anlässlich eines Sonntagsverkaufs Arbeitnehmer für lediglich einen Tag im Betrieb beschäftigt, so hat der Betriebsrat bei der Festlegung von Beginn und Ende ihrer Arbeitszeit mitzubestimmen. Das gilt auch dann, wenn es sich um Arbeitnehmer handelt, die aus anderen Betrieben desselben Arbeitgebers herangezogen werden. Hingegen bedeutet ein Sonntagsverkauf in dieser Form **keine Verlängerung** der **betriebsüblichen Arbeitszeit** i. S. v. § 87 Abs. 1 Nr. 3 BetrVG.[340]

Schichtarbeit

155 Der Betriebsrat hat nach § 87 Abs. 1 Nr. 2 und 3 BetrVG mitzubestimmen, wenn der Arbeitgeber in **Abweichung** von einem **Jahresschichtplan** eine oder mehrere **Schichten ersatzlos streichen** will[341].

156 Die für einen Zeitraum von jeweils etwa einem Monat vorgenommenen Verschiebungen des täglichen **Schichtbeginns auf eine halbe Stunde später** bei gleich bleibendem Schichtende stellen eine vorübergehende Verkürzung der betriebsüblichen Arbeitszeit i. S. v. § 87 Abs. 1 Nr. 3 BetrVG dar. Dabei kommt es auch bei einer Verkürzung des Zeitvolumens nicht darauf an, ob sich diese Veränderung in einer entsprechend verringerten Vergütung oder nur im Stand des Arbeitszeitkontos niederschlägt. Eine Änderung der betriebsüblichen Arbeitszeit i. S. d. § 87 Abs. 1 Nr. 3 BetrVG setzt nicht voraus, dass sich zugleich auch die Vergütung ändert.[342]

Teilzeit

157 Die Überschreitung der für eine Teilzeitkraft maßgeblichen Arbeitszeit durch Anordnung zusätzlicher Arbeit ist nach § 87 Abs. 1 Nr. 3 BetrVG mitbestimmungspflichtig[343].

---

340 BAG 25.02.1997 – 1 ABR 69/96 - BAGE 85, 185 = EzA § 87 BetrVG 1972 Arbeitszeit Nr. 57.
341 BAG 01.07.2003 – 1 ABR 22/02 - BAGE 107, 9 = EzA § 87 BetrVG 2001 Arbeitszeit Nr. 2 = SAE 2004, 106 m. Anm. *Joussen*.
342 BAG 03.05.2006 – 1 ABR 14/05 - EzA § 87 BetrVG 2001 Arbeitszeit Nr. 9 = AP Nr. 119 zu § 87 BetrVG 1972 Arbeitszeit = DB 2007, 60.
343 BAG 23.07.1996 – 1 ABR 13/96 - EzA § 87 BetrVG 1972 Arbeitszeit Nr. 56 m. Anm. *Katharina Gamillscheg* = AP Nr. 68 zu § 87 BetrVG 1972 Arbeitszeit m. Anm. *Heinze*.

Überschreitung der täglichen durchschnittlichen Arbeitszeit durch die dienstplanmäßige Arbeitszeit

Legt ein mit dem Betriebsrat vereinbarter **Dienstplan für Postzusteller** das Ende der täglichen Arbeitszeit fest, so ist mangels anderer Anhaltspunkte davon auszugehen, dass dieses Dienstende entsprechend den im Betrieb angewandten Arbeitszeitrichtlinien nur einen Durchschnittswert markiert. Die Überschreitung des dienstplanmäßigen Endes der Arbeitszeit ist von der mitbestimmten Arbeitszeitregelung gedeckt und stellt keine Verlängerung der betriebsüblichen Arbeitszeit i. S. d. § 87 Abs. 1 Nr. 3 BetrVG dar. Gegen eine solche Regelung bestehen keine Bedenken, wenn der Arbeitgeber nach den gewählten Verfahrensgrundsätzen das Ende der tatsächlichen Arbeitszeit nicht durch Veränderung der Zustellbezirke beliebig beeinflussen kann.[344]

158

Überstunden

Die **Duldung freiwillig geleisteter Überstunden** unter liegt dem Mitbestimmungsrecht nach § 87 Abs. 1 Nr. 3 BetrVG.[345]

159

Auch wenn Überstunden in einem Betrieb **über einen längeren Zeitraum** Überstunden geleistet werden, liegt darin jedenfalls dann **keine Änderung der regelmäßigen betriebsüblichen Arbeitszeit**, wenn je nach Auftragslage auf die betriebsübliche Arbeitszeit zurückgegangen wird.[346]

160

Der **Fortfall der Überstunden** unterliegt **nicht** dem **Mitbestimmungsrecht** des Betriebsrats nach BetrVG § 87 Abs. 1 Nr. 3. Der Arbeitgeber gerät deshalb nicht in Annahmeverzug (BGB § 615), wenn der Arbeitnehmer nach Anordnung des Fortfalls der Überstunden unter Hinweis auf ein seines Erachtens bestehendes Mitbestimmungsrecht weiter bereit ist, Überstunden zu leisten und seine Arbeit anbietet.[347]

161

---

344 BAG 23.03.1999 – 1 ABR 33/98 - EzA § 87 BetrVG 1972 Arbeitszeit Nr. 60. = AP Nr. 80 zu § 87 BetrVG 1972 Arbeitszeit.
345 BAG 27.11.1990 – 1 ABR 77/89 - EzA § 87 BetrVG 1972 Arbeitszeit Nr. 40 m. Anm. *Kraft* = AP Nr. 41 zu § 87 BetrVG Arbeitszeit.
346 BAG 25.10.1977 – 1 AZR 452/74 - EzA § 615 BGB Nr. 34 = AP Nr. 1 zu § 87 BetrVG 1972 Arbeitszeit m. Anm. *Wiedemann/Moll*.
347 BAG 25.10.1977 – 1 AZR 452/74 - EzA § 615 BGB Nr. 34 = AP Nr. 1 zu § 87 BetrVG 1972 Arbeitszeit m. Anm. *Wiedemann/Moll*.

162 Auch eine **für mehrere Jahre unkündbare Betriebsvereinbarung zu Überstunden** ist vom Mitbestimmungsrecht nach § 87 Abs. 1 Nr. 3 BetrVG gedeckt und verstößt nicht gegen die Tarifsperre des § 77 Abs. 3 BetrVG, wenn die in ihr vorgesehenen Verlängerungen der betriebsüblichen Arbeitszeit als solche jeweils nur vorübergehend sind. Der Betriebsrat verzichtet mit dem Abschluss einer solchen Betriebsvereinbarung nicht in unzulässiger Weise auf sein Mitbestimmungsrecht, wenn in ihr zwar keine Voraussetzungen für die Anordnung von Überstunden im Einzelfall, aber detaillierte Regelungen zu deren Umfang und Verteilung vorgesehen sind. Eine Betriebsvereinbarung kann eine ausreichende Grundlage für die Anordnung von Überstunden sein.[348]

Verkürzung der Arbeitszeit durch Tarifvertrag

163 Haben die Betriebsparteien sich über die Umsetzung einer tariflicher Änderung der regelmäßigen wöchentlichen Arbeitszeit bis zum Inkrafttreten des Tarifvertrags nicht geeinigt, so ist der Arbeitgeber nicht berechtigt, Anfang und Ende der täglichen Arbeitszeit einschließlich der Pausen sowie der Verteilung der wöchentlichen Arbeitszeit auf die einzelnen Wochentage ohne Zustimmung des Betriebsrats einseitig festzulegen, solange die bisherige Verteilung der Arbeitszeit nach dem neuen Tarifvertrag beibehalten werden kann.[349]

Verlängerung der Arbeitszeit auf Grund Tarifvertrags

164 Ein Tarifvertrag (z. B. der Tarifvertrag Deutsches Rotes Kreuz) kann dem Arbeitgeber erlauben, die tägliche und wöchentliche **Arbeitszeit durch einseitige Erklärung** zu verlängern.[350]

Verlängerung der Arbeitszeit bei Teilzeitkräften

165 Der Betriebsrat hat bei der vorübergehenden Verlängerung der Arbeitszeit von Teilzeitbeschäftigten nach § 87 Abs. 1 Nr. 3 BetrVG mitzubestimmen. Dieses Mitbestimmungsrecht wird nicht durch eine tarifliche Regelung ausgeschlossen, wonach Mehrarbeit der Teilzeitbeschäftigten nur diejenige Arbeitszeit

---

348 BAG 03.06.2003 – 1 AZR 349/02 - BAGE 106, 204 = EzA § 77 BetrVG 2001 Nr. 5 = AP Nr. 19 zu § 77 BetrVG 1972 Tarifvorbehalt = NZA 2003, 1155.
349 BAG 19.02.1991 – 1 ABR 31/90 - EzA § 87 BetrVG 1972 Arbeitszeit Nr. 46 = DB 1991, 2043 m. Anm. *Droste* DB 1992, 138.
350 BAG 31.01.1996 – 3 AZR 1030/94 - EzA § 4 TVG Rotes Kreuz Nr. 2 = NZA 1996, 1164 = ZTR 1996, 461.

sein soll, die über die regelmäßige Arbeitszeit vergleichbarer Vollzeitbeschäftigter hinausgeht.[351]

Der Betriebsrat hat bei der vorübergehenden Verlängerung der Arbeitszeit von Teilzeitbeschäftigten auch dann nach § 87 Abs. 1 Nr. 3 BetrVG mitzubestimmen, wenn für diese **unterschiedliche Wochenarbeitszeiten** gelten.[352] 166

Die Verlängerung (oder Verkürzung) der Wochenarbeitszeit eines Arbeitnehmers stellt **keine Versetzung** i. S. v. § 95 Abs. 3 BetrVG dar, die der Zustimmung des Betriebsrats nach § 99 BetrVG bedarf. Das gilt auch hinsichtlich der Verlängerung (oder Verkürzung) der Mindestwochenarbeitszeit von Teilzeitkräften mit variabler Arbeitszeit.[353] 167

Soll die jahrelang praktizierte **Arbeitsfreistellung am Karnevalsdienstag** für die Zukunft **aufgehoben** werden, liegt darin jedenfalls keine vorübergehende Verlängerung der betriebsüblichen Arbeitszeit i. S. d. § 87 Abs. 1 Nr. 3 BetrVG.[354] 168

---

351 BAG 23.07.1996 – 1 ABR 13/96 - EzA § 87 BetrVG 1972 Arbeitszeit Nr. 56 = ArbuR 1997, 171.
352 BAG 16.07.1991 – EzA § 87 BetrVG 1972 Arbeitszeit Nr. 48 = AP Nr. 44 zu § 87 BetrVG Arbeitszeit 1972.
353 BAG 16.09.1991 – 1 ABR 71/90 - BAGE 68, 155 = EzA § 95 BetrVG 1972 Nr. 25 m. Anm. *Peterek*.
354 BAG 26.10.2004 – 1 ABR 31/03 (A) - BAGE 112, 227 = EzA § 87 BetrVG 2001 Arbeitszeit Nr. 7 = NZA 2005, 538.

Teil C.3 Mitbestimmung in Arbeitszeitangelegenheiten - Bundespersonalvertretungsgesetz (BPersVG)

Bundespersonalvertretungsgesetz v. 15. 03. 1974, BGBl. I S. 693, zuletzt geändert durch Art. 7 G v. 05.02.2009 (BGBl. I S. 160).

– Auszug –

§ 75 Mitbestimmung in Angelegenheiten der Angestellten und Arbeiter und in sonstigen allgemeinen Angelegenheiten

(1) ...

(2) ...

(3) Der Personalrat hat, soweit eine gesetzliche oder tarifliche Regelung nicht besteht, gegebenenfalls durch Abschluss von Dienstvereinbarungen mitzubestimmen über
1. Beginn und Ende der täglichen Arbeitszeit und der Pausen sowie die Verteilung der Arbeitszeit auf die einzelnen Wochentage,
2. ...

(4) Muss für Gruppen von Beschäftigten die tägliche Arbeitszeit (Abs. 3 Nr. 1) nach Erfordernissen, die die Dienststelle nicht voraussehen kann, unregelmäßig und kurzfristig festgesetzt werden, so beschränkt sich die Mitbestimmung auf die Grundsätze für die Aufstellung der Dienstpläne, insbesondere für die Anordnung von Dienstbereitschaft, Mehrarbeit und Überstunden.

A. Inhalt und Zweck der Regelung

§ 75 Abs. 3 Nr. 1 BPersVG bildet in der Praxis einen, wenn nicht **den wesent-** 1
lichen Punkt der Mitbestimmung des Personalrats, nämlich die über **Beginn und Ende der täglichen Arbeitszeit und der Pausen sowie die Verteilung der Arbeitszeit auf die einzelnen Wochentage**. Der Wortlaut der Norm entspricht in etwa dem in § 87 Abs. 1 Nr. 2 BetrVG. Eine dem § 87 Abs. 1 Nr. 3 BetrVG entsprechende Regelung über die Mitbestimmung bei der vorübergehenden

Verkürzung oder Verlängerung der üblichen (regelmäßigen) Arbeitszeit ist im BPersVG nicht enthalten. Stattdessen beschränkt § 75 Abs. 4 BetrVG das Mitbestimmungsrecht auf die **Grundsätze** für die Aufstellung der Dienstpläne, insbesondere für die Anordnung von **Dienstbereitschaft, Mehrarbeit und Überstunden** in den Fällen, in denen für Gruppen von Beschäftigten die tägliche Arbeitszeit nach Erfordernissen, die die Dienststelle nicht voraussehen kann, unregelmäßig und kurzfristig festgesetzt werden muss. Der **Zweck des Mitbestimmungsrechts** liegt darin, dass der Personalrat auf die **Einhaltung** der dem Schutz der Bediensteten **dienenden arbeitszeitrechlichen Schutznormen** achtet und er die Interessen der Bediensteten an einer vorausschauenden, **gleichmäßigen Verteilung der Arbeitszeit** gegenüber dem Interesse des Arbeitgebers oder Dienststellenleiters an der sachgerechten Durchführung der Arbeit ins Feld führt und damit seinerseits zu einem gerechten Ausgleich der Interessen beiträgt[1] sowie bei der Anordnung **überplanmäßiger Arbeit** wie Überstunden, Rufbereitschaft der Schutz der Beschäftigter vor einem Übermaß und deshalb die Gesundheit beeinträchtigenden Inanspruchnahme oder unzumutbarer Freizeitverluste.[2]

B. Geltungs- und Anwendungsbereich

2 Der Geltungsbereich der Mitbestimmung in Arbeitszeitfragen richtet sich nach dem **allgemeinen Anwendungs- und Geltungsbereich** des BPersVG. Das Gesetz bestimmt diesen Bereich **abschließend**.[3] Durch Tarifvertrag kann das Personalvertretungsrecht nicht abweichend vom BPersVG geregelt werden (§ 3 BPersVG). Weder können die Mitbestimmungsrechte sonst außergesetzlich oder auch im Rahmen der vertrauensvollen Zusammenarbeit (§ 2 Abs. 1 BPersVG) erweitert werden[4] noch kann der Personalrat auf das ihm zustehende gesetzliche Mitbestimmungsrecht für die Zukunft verzichten.[5]

---

1 BVerwG 09.10.1991 – 6 P 12/90 - *Buchholz* 250 § 75 BPersVG Nr. 74 = ZTR 1992, 171.
2 BVerwG 06.10.1992 – 6 P 25/90 - AP Nr. 1 zu § 79 LPVG Berlin.
3 So schon zum PersVG 1955: BVerwG 28.08.1958 – VIII P 19.57 - BVerwGE 6, 220, vgl. RDW/*Richardi*, Einl. Rn. 92; *Ilbertz/Widmaier* § 75 BPersVG Rn. 1.
4 BVerwG 06.12.1978 – 6 P 2/78 - BVerwGE 57, 151 = ZBR 1979, 240.
5 BVerwG 16.09.1977 – VII P 10.75 - PersV 1979, 63.

I. Räumlicher Geltungsbereich

Für den **räumlichen Geltungsbereich** gelten grundsätzlich dieselben Erwägungen wie zu § 87 Abs. 1 Nr. 2 und 3 BetrVG (vgl. dort Rdn. 4). Nach dem **Territorialitätsprinzip** gilt das BPersVG im **Inland**. Für **Dienststellen des Bundes im Ausland** gilt das BPersVG nach näherer Maßgabe des § 91 BPersVG mit – für Mitbestimmung in Arbeitszeitfragen nicht relevanten – Abweichungen.

II. Fachlicher Geltungsbereich

Fachlich gilt das BPersVG für alle im Inland gelegenen **Verwaltungen des Bundes** und **bundesunmittelbaren Körperschaften, Anstalten und Stiftungen des öffentlichen Rechts**. Dies schließt auch die **Gerichte und Gerichtshöfe** des Bundes ein. Zu den Verwaltungen pp. gehören auch die sog. **Eigenbetriebe, Regiebetriebe, öffentlich-rechtlichen Zweckverbände und sonstige Organisationsteile und Unterorganisationen**, soweit sie nicht privatrechtlich organisiert sind.

Für die **Abgrenzung** des Anwendungsbereichs des **BPersVG** wie auch der entsprechenden Ländergesetze gegenüber dem Anwendungsbereich des **Betriebsverfassungsgesetzes** kommt es auf die **Organisationsform** an. Öffentlich-rechtlich verfasste säkulare Körperschaften und Einrichtungen fallen unter das Personalvertretungsrecht, privatrechtlich verfasste Personen dagegen unter das Betriebsverfassungsrecht. Die Inhaberschaft der Gesellschaftsanteile ist für diese Abgrenzung ohne rechtliche Bedeutung. Lässt der Bund in einer **privatrechtlichen Organisationsform** handeln, z. B. durch eine bundeseigene Aktiengesellschaft, so ist auf diese AG nicht das BPersVG anzuwenden, sondern das BetrVG sowie ggfs. des SprAuG und das privatwirtschaftliche Mitbestimmungsrecht. Dies betrifft nicht zuletzt die durch **Privatisierung** umgewandelten bundeseigenen Verwaltungen und bundeseigenen Betriebe wie die **Bundesbahn** (G zur Neuordnung des Eisenbahnwesens v. 17.12.1993, BGBl. I, S. 2378), **Bundespost** (G zur Neuordnung des Postwesens und der Telekommunikation v. 14.9.994, BGBl. I, S. 2325), wobei in beiden Normierungen für die dort tätigen Beamten Sonderregelungen bestehen, die ihrerseits für die Frage der Mitbestimmung in Arbeitszeitfragen keine, für die Frage, nach der individuell geschuldeten Arbeitszeit jedoch durchaus Bedeutung haben können (siehe auch § 87 BetrVG Rdn. 11, 12).

Auch gegenüber den **Religionsgemeinschaften** wird der Anwendungsbereich des BPersVG in § 112 Hs. 1 BPersVG abgegrenzt. Auf Religionsgemeinschaften und ihre karitativen und erzieherischen Einrichtungen ohne Rücksicht auf deren Rechtsform findet des BPersVG keine Anwendung. Diese Bestimmung stimmt mit § 118 Abs. 2 BetrVG inhaltlich überein. Die unterschiedlichen Strukturmerkmale des BPersVG und des BetrVG gebieten keine unterschiedliche Interpretation. Der Hs. 2 des § 112 BPersVG verdeutlicht eine **Erwartungshaltung** des Gesetzgebers im Hinblick auf das grundgesetzlich garantierte **Selbstbestimmungsrecht** der Religionsgemeinschaften (Art. 140 GG, Art. 137 Abs. 3 WRV). Die großen Kirchen haben hiervon Gebrauch gemacht und ihr kirchliches Mitbestimmungsrecht jeweils in Kirchengesetzen geordnet.

7 Für die **Verwaltungen der Länder**, die nicht bundesunmittelbaren, sondern ihnen zugeordneten und Körperschaften, Anstalten und Stiftungen des öffentlichen Rechts, für die Gemeinden und öffentlich-rechtlichen Gemeindeverbände, die sonstigen öffentlich-rechtlichen Verbände, die Gerichte der Länder gilt das jeweilige **Personalvertretungsgesetz** (in Schleswig-Holstein: Mitbestimmungsgesetz genannt) des betreffenden **Landes**. Die Gesetzgebungskompetenz des Bundes für **Rahmenvorschriften** (§§ 94 bis 106 BPersVG), die für das **Landespersonalvertretungsrecht** bestimmte Grundzüge normieren, ergab sich bis zur **Förderalismusreform 2006** aus Art. 75 Abs. 1 S. 1 Nr. 1 GG a. F.[6] Diese Kompetenz des Bundes ist weggefallen; er hat die Kompetenz zur konkurrierenden Gesetzgebung (Art. 74 Abs. 1 Nr. 27 GG) nur noch hinsichtlich der Statusrechte und -pflichten der Beamten, die keine Bundesbeamten sind, und der Richter der Länder, dies jedoch ohne Kompetenz für Regelungen über die Laufbahn, Besoldung und Versorgung. Jedoch sind die – auf die Mitbestimmung in Arbeitszeitangelegenheiten nicht unmittelbar wirkenden – **Rahmenregelungen** der §§ 94 bis 106 BPersVG nach der **Übergangsbestimmung des Art. 125b GG** solange als Bundesrecht gültig, bis sie durch Landesrecht abgelöst oder ersetzt werden. Dagegen sind die in der Gesetzgebungskompetenz des Bundes stehenden **unmittelbar in den Ländern geltenden** Schutzvorschriften für Personalratsmitglieder des §§ 107 bis 109 BPersVG von der Föderalismusreform 2006 unberührt geblieben.[7]

8 Auf ausländische Dienststellen des Bundes findet das BPersVG nach näherer Maßgabe des § 91 Anwendung. Dagegen sind auf andere **nicht inländische öffentlich-rechtliche Verwaltungen, Körperschaften u. s. w.** grundsätzlich

---

6 RDW/*Kersten* § 94 BPersVG Rn. 3 m. w. N.
7 DRW/*Richardi* Einl. Rn. 56.

nicht die deutschen Personalvertretungsgesetze anzuwenden, weil es sich dabei weder um bundesunmittelbare Einrichtungen noch um solche der Länder handelt. Daraus ist indessen nicht zu folgern, dass die Voraussetzungen für die Ausnahmeregelung des § 130 BetrVG nicht erfüllt seien und deshalb das BetrVG anzuwenden sei.[8] Für die Arbeitnehmer der **alliierten Streitkräfte** gilt jedoch trotz ihrer Exterritorialität kraft ausdrücklicher Regelung in Art. 56 des Zusatzabkommens zum Nato-Truppenstatut (ZA-NTS) das **BPersVG**, allerdings mit starken Abschwächungen hinsichtlich der Intensität der Mitbestimmung. Für Verwaltungen und Betriebe der **Europäischen Union** in Deutschland gilt weder das BPersVG noch das BetrVG, sondern nur das EU-Recht.[9]

Für **besondere Verwaltungszweige** und für die Behandlung von **Verschlusssachen** enthält das BPersVG in seinem siebenten Kapitel (§§ 85 bis 93) spezielle Vorschriften.

III. Mitbestimmungsraum Dienststelle

Die **Mitbestimmung** des Personalrats in Arbeitszeitfragen bezieht sich grundsätzlich auf die **Dienststelle, für die der Personalrat** gewählt worden ist. Nach § 12 Abs. 1 BPersVG werden in allen **Dienststellen**, die i. d. R. mindestens fünf Wahlberechtigte beschäftigen, von denen drei wählbar sind, Personalräte gebildet. Dienststellen, die diese Voraussetzungen nicht erfüllen, werden gem. § 12 Abs. 2 BPersVG einer benachbarten Dienststelle zugeteilt. Zwar ist die Bildung eines Personalrats – ähnlich wie in § 1 BetrVG – trotz der kategorischen Formulierung nicht zwingend vorgeschrieben. Jedoch geht die Mitwirkungspflicht des Dienststellenleiters zwecks Bildung eines Personalrats (§ 20 Abs. 2, § 21, § 22 BPersVG) erheblich weiter als die Duldungspflicht des Arbeitgebers bei der Bildung eines Betriebsrats. Im Gegensatz zum Betriebsverfassungsgesetz, das den Begriff des Betriebes voraussetzt, definiert § 6 Abs. 1 BPersVG den **Begriff der Dienststelle**: »Dienststellen im Sinne dieses Gesetzes sind die einzelnen Behörden, Verwaltungsstellen und Betriebe der in § 1 genannten Verwaltungen sowie die Gerichte«. Allerdings werden die Begriffe Behörde, Verwaltungsstelle, Betriebs und Gericht ihrerseits vorausgesetzt. Inwieweit die einer **Mittelbehörde** unmittelbar nachgeordnete Behörde mit dieser zusammen eine Dienststelle bildet oder nicht, richtet sich nach § 6

9

---

8 BAG 28.04.1993 – 10 AZR 391/92 - AP Nr. 24 zu § 113 BetrVG.
9 HSWGN/*Hess* § 130 BetrVG Rn. 5 m. w. N.

Abs. 2 BPersVG. **Nebenstellen** und **Teile einer Dienststelle**, die räumlich weit von dieser entfernt liegen, gelten als selbstständige Dienststellen, wenn die Mehrheit der wahlberechtigten Beschäftigten dies beschließt (§ 6 Abs. 3 S. 1 BPersVG). In **gemeinsamen Dienststellen** des Bundes und anderer Körperschaften gelten nur die Bundesbediensteten als zur Dienststelle gehörig (§ 6 Abs. 4 BPersVG). Fehlt es an der Dienststelleneigenschaft, so kann in der organisatorischen Einheit kein Personalrat gebildet werden.[10]

IV. Persönlicher Geltungsbereich

10   Die Mitbestimmung in Arbeitszeitfragen (§ 75 Abs. 3 Nr. 1, Abs. 4 BPersVG) erfasst grundsätzlich **alle Beschäftigten der betreffenden Dienststelle**. Für die Beschäftigten in sog. Job-Centern gilt eine Sonderregelung (§ 44 h SGB II).

1. Beamte, Arbeitnehmer und Richter

11   Nach § 4 Abs. 1 BPersVG sind Beschäftigte die **Beamten** und **Arbeitnehmer einschließlich der zu ihrer Berufsausbildung Beschäftigten**, ebenso die **Richter**, die an eine der in § 1 genannten Verwaltungen oder zur Wahrnehmung nichtrichterlicher Tätigkeiten, z. B. als wissenschaftliche Mitarbeiter, an ein Gericht des Bundes abgeordnet worden sind. Wer **Beamter** ist, bestimmen die **Beamtengesetze** (§ 4 Abs. 2 BPersVG). Wer **Arbeitnehmer** ist, bestimmt § 4 Abs. 3 BPersVG in einer eigentümlichen Weise. Es stellt nicht etwa auf den Rechtsakt ab, der der Beschäftigung zu Grund liegt, also auf den Arbeitsvertrag, sondern darauf, dass die Beschäftigten »nach dem für die Dienststelle maßgebenden Tarifvertrag oder nach der Dienstordnung Arbeitnehmer sind« oder dass sie »als übertarifliche Arbeitnehmer« beschäftigt werden. Gleichwohl ist auch für das BPersVG der **Arbeitnehmerbegriff** zu Grunde zu legen, der auch für das **BetrVG** und im **ArbZG** verwendet wird (vgl. § 87 BetrVG Rdn. 20, § 2 ArbZG Rdn. 68–109).[11]

2. Ausnahmen

12   Nach § 4 Abs. 5 BPersVG gelten als **Beschäftigte** im Sinne dieses Gesetzes **nicht** »1. Personen, deren Beschäftigung überwiegend durch **Beweggründe**

---

10 So für Offiziersheime der Bundeswehr: BVerwG 02.03.1993 – 6 P 34/91 - ZTR 1993, 388.
11 RDW/*Benecke*, § 4 BPersVG Rn. 26.

Mitbestimmung **§ 75 BPersVG**

karitativer oder religiöser Art bestimmt ist«, und »2. Personen, die überwiegend zu ihrer **Heilung, Wiedereingewöhnung, sittlichen Besserung oder Erziehung** beschäftigt werden«. Diese Ausnahmen vom Geltungsbereich des BPersVG entsprechen denen des BetrVG (§ 5 Abs. 2 Nr. 3 und 4 BetrVG) und des ArbZG (vgl. § 2 ArbZG Rdn. 78–84). **Dienststellenleiter**, deren **ständige Vertreter** und die anderen in § 7 BPersVG benannten Beschäftigten sowie solche, die zu selbstständigen Entscheidungen in Personalangelegenheiten der Dienststelle befugt sind, können zwar nicht gewählt werden (§ 14 Abs. 3 BPersVG); jedoch ist das Mitbestimmungsrecht hinsichtlich der diese Personen betreffenden Arbeitszeitregelungen nicht eingeschränkt, sondern nach näherer Maßgabe des § 77 BPersVG nur die Beteiligung des Personalrats in Personalangelegenheiten der in § 14 Abs. 3 BPersVG aufgezählten Beschäftigten. Dagegen nimmt § 18 ArbZG die Leiter öffentlicher Dienststellen, deren ständige Vertreter sowie Arbeitnehmer im öffentlichen Dienst, die zu selbstständigen Entscheidungen in Personalangelegenheiten der Dienststelle befugt sind, von seinem Anwendungsbereich aus (vgl. § 18 ArbZG Rdn. 20 bis 23). **Jugendliche Arbeitnehmer** sind zwar nach § 18 Abs. 2 ArbZG von dessen Geltungsbereich ausgenommen; an Stelle des ArbZG ist das JArbSchG anzuwenden (§ 18 ArbZG Rdn. 26). Die Mitbestimmung in Arbeitszeitfragen nach § 75 Abs. 3 Nr. 1, Abs. 4 BPersVG erfasst auch Jugendliche, insoweit ist jedoch nicht die Jugend- und Auszubildendenvertretung (§ 57, § 60 BPersVG) zuständig, sondern der Personalrat. Für (unechte) **Leiharbeitnehmer** liegt das Mitbestimmungsrecht in Arbeitszeitangelegenheiten grundsätzlich bei der **Dienststelle, in der die Leiharbeitnehmer tätig** sind, wenn und soweit dort die konkreten Bedingungen der Arbeit, nicht zuletzt die tägliche Arbeitszeit, festlegt und überwacht.[12] Fehlt der organisatorischen Einheit die Dienststelleneigenschaft, so verbleibt es bei der Zuständigkeit des Personalrats der »Stammdienststelle«.[13]

C. Mitbestimmungsschranken

Das Mitbestimmungsrecht nach § 75 BPersVG wird durch das **Demokratieprinzip** und durch das **Haushaltsrecht** beschränkt; insoweit sind den zwingenden Entscheidungen der Einigungsstelle **Grenzen** gesetzt, die ihrerseits als

13

---

[12] BVerwG 18.06.2002 – 6 P 12/01 - NZA-RR 2003, 223 = EzBAT § 4 BAT Gestellungsvertrag Nr. 2.
[13] BVerwG 02.03.1993 – 6 P 34/91 - ZTR 1993, 388.

Reflex das Mitbestimmungsrecht hinsichtlich seiner zwingenden Wirkung oder inhaltlich begrenzen.

I. Demokratieprinzip

14 Das **Demokratieprinzip**, wie es in Art. 20 Abs. 2, Art. 28 Abs. 1 GG verankert ist, setzt den **Mitbestimmungsrechten** aus § 75 Abs. 3 BPersVG allgemein und dem nach § 75 Abs. 3 Nr. 1 BPersVG im besonderen **Schranken**, indem es beim **Letztentscheidungsrecht der Dienststellenleitung** und nicht der Einigungsstelle verbleiben muss. Das BVerfG hat zum Personalvertretungsrecht des Landes Schleswig-Holstein[14] erkannt, dass sich alles amtliche **Handeln mit Entscheidungscharakter** als eine der **demokratischen Legitimation** bedürftige Ausübung von Staatsgewalt darstelle dass dem Gesetzgeber deshalb bei der personalvertretungsrechtlichen Mitbestimmung Grenzen gesetzt seien und dass es deshalb in bestimmten Angelegenheiten **kein Letztentscheidungsrecht der Einigungsstelle** geben dürfe.[15] Dabei hat es diejenigen Angelegenheiten, die wegen ihres innerdienstlichen Bezuges einer Mitbestimmung der Personalräte prinzipiell zugänglich sind, in drei Gruppen eingeteilt. Eine Gruppe umfasst die Angelegenheiten, die in ihrem Schwerpunkt die Beschäftigten in ihrem Beschäftigungsverhältnis treffen, typischerweise aber nicht oder nur unerheblich die Wahrnehmung von Amtsaufgaben gegenüber dem Bürger berühren. Hierzu rechnen – von drei für Arbeitszeitangelegenheiten nicht relevanten Ausnahmen abgesehen – die Angelegenheiten nach § 75 Abs. 2 und 3 BPersVG mithin auch das **Mitbestimmungsrecht in Arbeitszeitangelegenheiten** (§ 75 Abs. 3 Nr. 1 BPersVG). Bei diesen Angelegenheiten ist grundsätzlich ein Entscheidungsrecht der Einigungsstelle nach dem Demokratieprinzip zulässig. Jedoch müssen Entscheidungen, die im Einzelfall wegen ihrer Auswirkungen auf das Gemeinwohl wesentlicher Bestandteil der Regierungsgewalt sind, einem parlamentarisch verantwortlichen Amtsträger vorbehalten bleiben (vgl. § 104 S. 3 BPersVG). Hiervon ausgehend nimmt das BVerwG Regelungen, die die Regierungsverantwortung berühren, nicht vom Mitbestimmungsrecht des Personalrats aus, sondern es gesteht dem Personalrat das **Mitbestimmungsrecht** gerade auch in den Fällen des § 75 Abs. 3

---

14 MitbestimmungsG SH vom 11.12.1990 – GVOBl. SH S. 577.
15 BVerfG 24.05.1995 – 2 BvF 1/92 - BVerfGE 93, 37, 69 ff. = ZTR 1995, 566 = DVBl 1995, 1291.

Nr. 1 BPersVG zu, beschränkt allerdings die **Entscheidungskompetenz der Einigungsstelle** analog § 69 Abs. 4 S. 3 BPersVG auf eine **Empfehlung**.[16]

II. Haushaltsrecht

Die Mitbestimmungsrechte aus § 75 Abs. 3 BPersVG werden zudem inhaltlich durch das **Haushaltsrecht** begrenzt. Nach § 71 Abs. 3 S. 4 BPersVG muss sich der Spruch der Einigungsstelle im Rahmen der geltenden Rechtsvorschriften, insbesondere des Haushaltsrechts, halten. Die wesentlichen Haushaltsentscheidungen müssen vom Haushaltsgesetzgeber getroffen werden (Art. 110 GG), die übrigen sind der Verwaltung vorbehalten, die hierzu demokratisch legitimiert sein muss. Es wäre weder mit der Finanzverfassung des GG noch mit den Regelungen der BundeshaushaltsO und des HaushaltsgrundsätzeG vereinbar, könnte der Personalrat auf dem Weg des Mitbestimmungsrechts Regelungen erzwingen, für die es keine haushaltsrechtliche Rechtsgrundlage gibt.[17] Zum Haushaltsrecht gehört nicht nur der Haushaltsplan, sondern auch alle ihn ausfüllenden Rechtsvorschriften einschließlich der einschlägigen, den Arbeitgeber bindenden tarifvertraglichen Regelungen. Die Grenzen des § 71 Abs. 3 S. 4 BPersVG gelten sowohl für Regelungen, die zugunsten der Beschäftigten vom geltenden Recht abweichen, als auch für solche, die zu ihren Lasten die geltenden Rechtsvorschriften nicht einhalten. Hiermit unvereinbar wäre es, sollte mit Hilfe der Mitbestimmung nach § 75 Abs. 3 Nr. 1 BPersVG erreicht werden, dass die tatsächliche Arbeitszeit der Beschäftigten hinter der zurückbleibt, die sie nach den entsprechenden gesetzlichen oder zwingend geltenden tarifvertraglichen Regelungen schulden, indem die regelmäßige Arbeitszeit in der verkürzender Weise festgesetzt würde.

15

D. Gesetzes und Tarifvorrang

Nach § 75 Abs. 3 Einleitungssatz ist die Mitbestimmung des Personalrats über die in diesem Absatz aufgeführten Angelegenheiten nur eröffnet, »soweit eine gesetzliche oder tarifliche Regelung nicht besteht«. Diese Normierung des **Gesetzes- oder Tarifvertragsvorrangs** entspricht wortgleich der in § 87 Abs. 1 Eingangssatz BetrVG. In § 75 Abs. 5 BPersVG ist des Weiteren – wortgleich

16

---

16 BVerwG 03.06.2005 – 6 P 9/04 - BVerwGE 124, 34 = EzBAT § 17 BAT Nr 25 = ZTR 2005, 545.
17 BVerfG 27.04.1959 – 2 BvF 2/58 - BVerfGE 9, 268 = AP Nr. 1 zu § 59 PersVG Bremen.

wie in § 77 Abs. 3 BetrVG – eine **Tarifsperre** normiert. Deshalb wird zunächst auf die entsprechenden Erläuterungen zum BetrVG (§ 87 BetrVG Rdn. 45–52) verwiesen. Ergänzend ist zu § 75 Abs. 3 Nr. 1 zu bemerken: Gesetz ist auch die autonome **Satzung** einer öffentlich-rechtlichen Körperschaft.[18] Auch **interne Verwaltungsanweisungen** schließen das Mitbestimmungsrecht nach § 75 Abs. 3 Eingangssatz BPersVG aus.[19]

E. Kollektiver Bezug

17 Die Mitbestimmung in Arbeitszeitangelegenheiten (§ 75 Abs. 3 Nr. 1, Abs. 4 BPersVG) setzt voraus, dass es sich um eine **Maßnahme mit kollektivem Bezug** handelt, d. h., wenn die abstrakte, nicht auf die Person eines Beschäftigten gerichtete Arbeitszeitregelung alle Beschäftigten, eine nach objektiven Kriterien abgrenzbare Gruppe der Beschäftigten,[20] bestimmte oder zumindest einen bestimmten Arbeitsplatz betrifft, mag sie letztlich auch nur für einen Beschäftigten von Bedeutung sein, nicht dagegen, wenn die Regelung nur das individuelle Interesse des Beschäftigten betrifft.[21] Dies stimmt mit dem Erfordernis des kollektiven Bezugs für die Mitbestimmung in Arbeitszeitfragen nach § 87 Abs. 1 Nr. 2 und 3 BetrVG überein (vgl. dort Rdn. 54).

F. Durchführung der Mitbestimmung

18 Die Mitbestimmung des Personalrats bei Maßnahmen i. S. d. § 75 Abs. 3 Nr. 1, Abs. 4 BPersVG bildet große Teile des personalvertretungsrechtlichen Alltags. Die mit diesen Regelungen bezweckte Teilhabe der Beschäftigten an sie in ihrer Zeitgestaltung treffende Festlegungen von **Arbeitszeit und Pausen bildet ein Kernstück der Mitbestimmung**. Die Durchführung der Mitbestimmung ist gesetzlich geordnet. Nach § 69 Abs. 1 BPersVG kann eine

---

18 BVerwG 06.02.1987 – 6 P 8/84 - BVerwGE 75, 365= NVwZ 1988, 69; BAG 25.05.1982 – 1 AZR 1073/79 - AP Nr. 53 zu § 611 BGB Dienstordnungs-Angestellter.
19 BVerwG 13.02.1976 – VII P 4/75 - BVerwGE 50, 186; a. A. *Lorenzen/Rehak* § 75 BPersVG Rn. 109b.
20 BVerwG 12.08.2002 – 6 P 17/01 - AP Nr. 25 zu § 72 LPVG NW.
21 BVerwG 03.06.2005 – 6 P 9/04 - EzBAT § 17 BAT Nr 25 = NZA-RR 2005, 665; anders noch für »individuell ausgesuchte« Beschäftigte: BVerwG 02.06.1992 – 6 P 14/90 - AP Nr 34 zu § 75 BPersVG = ZTR 1992, 346.

Maßnahme, soweit sie der **Mitbestimmung des Personalrats** unterliegt, nur mit seiner **Zustimmung** getroffen werden.

I. Repräsentanten

Im Gegensatz zum BetrVG (vgl. § 87 BetrVG Rdn. 57) regelt das BPersVG ausdrücklich, **wer für die Dienststelle** gegenüber dem Personalrat **handelt**, nämlich der **Dienststellenleiter, bei Verhinderung sein ständiger Vertreter** (§ 69 Abs. 2 S. 1, § 7 S. 1 und 2 BPersVG). Bei obersten Dienstbehörden kann auch der Leiter der Abteilung für Personal- und Verwaltungsangelegenheiten, bei Bundesoberbehörden ohne nachgeordnete Dienststellen und bei Behörden der Mittelstufe kann auch der entsprechende Abteilungsleiter zum Vertreter des Dienststellenleiters bestimmt werden (§ 7 S. 3 BPersVG). Das Gleiche gilt für sonstige Beauftragte, sofern der Personalrat mit der Beauftragung einverstanden ist (§ 7 S. 4 BPersVG). Den **Personalrat** vertritt im Rahmen der von ihm gefassten Beschlüsse der **Vorsitzende**; in Angelegenheiten nur einer Beschäftigtengruppe vertritt der Vorsitzende den Personalrat zusammen mit dem dieser Gruppe zugehörigen Vorstandsmitglied, sofern der Vorsitzende nicht selbst der Gruppe angehört (§ 32 Abs. 3 BPersVG). Als Mitbestimmungsinstrumente kommen die förmliche **Dienstvereinbarung** und die formlose **Dienstabsprache** in Betracht.

19

II. Initiativrechte

Das BPersVG zwingt nicht nur dazu, den Personalrat in den Angelegenheiten des § 75 Abs. 3 Nr. 1 und Abs. 4 BPersVG zu informieren und ihn anzuhören, sondern die **Entscheidung mit dem Personalrat gemeinsam** zu treffen. Denn soweit eine Maßnahme der Mitbestimmung des Personalrats unterliegt, kann sie nur mit seiner Zustimmung getroffen werden (§ 69 Abs. 1 BPersVG). Dies erfordert eine entsprechende **Initiative des Dienststellenleiters** oder seines nach Maßgabe von § 7 BPersVG bestellten Vertreters. Er hat den Personalrat zu von der beabsichtigten Maßnahme zu unterrichten und seine Zustimmung zu beantragen (§ 69 Abs. 2 S. 1 BPersVG). Auf Verlangen des Personalrats hat der Dienststellenleiter die beabsichtigte Maßnahme mündlich oder – außer in hier nicht in Rede stehenden Personalangelegenheiten – sogar schriftlich zu begründen (§ 69 Abs. 2 S. 2 BPersVG).

20

Umgekehrt kann aber auch der **Personalrat** die **Initiative** zur Regelung von Arbeitszeitfragen nach § 75 Abs. 3 Nr. 1 BPersVG ergreifen (§ 70 Abs. 1 BPersVG). Ob der Personalrat auch hinsichtlich der unter § 75 Abs. 4

21

BPersVG fallenden Maßnahmen das »stärkere«, notfalls der Entscheidung der Einigungsstelle unterliegende (§ 69 Abs. 4 BPersVG) Initiativrecht nach § 70 Abs. 1 BPersVG hat oder nur das »schwächere« des § 70 Abs. 2 BPersVG, ist umstritten.[22] Das Initiativrecht schließt einen Anspruch auf Vorlage zum Zweck der Fortführung des Mitbestimmungsverfahrens (Vorlagerecht) ein, aufgrund dessen der Personalrat nicht nur vom Leiter seiner Dienststelle die Mitwirkung an der Vorlage auf dem Dienstweg, sondern auch vom Leiter der übergeordneten Dienststelle die Entgegennahme der Vorlage und die Einleitung des Stufenverfahrens durch Einschaltung der Stufenvertretung beanspruchen kann. Eine Stufenvertretung ist jedoch im Falle einer Erstzuständigkeit der örtlichen Personalräte nicht befugt, bei der übergeordneten Dienststelle, der sie zugeordnet ist, durch erstmalige Ausübung des Initiativrechts eine für alle Dienststellen des Bezirks verbindliche Arbeitszeitregelung zu beantragen.[23]

III. Zustimmungsverfahren

22 Nach § 75 Abs. 3 Eingangssatz hat der Personalrat »gegebenenfalls durch Abschluss von **Dienstvereinbarungen**« mitzubestimmen. Diese Formulierung lässt ebenso wie § 75 Abs. 4 BPersVG offen, welches Mitbestimmungsinstrument – förmlich **Dienstvereinbarung** oder formlose **Dienstabsprache** – gewählt werden soll.[24] Auch die Regelungen über die Einholung der Zustimmung des Personalrats (§ 69 BPersVG) schreiben für die Zustimmung keine bestimmte Form vor, sondern bestimmen nur, dass eine Maßnahme, die der Zustimmung des Personalrats unterliegt, nur mit seiner Zustimmung getroffen werden kann (§ 69 Abs. 1 BPersVG).

1. Tarifvertragliches Formgebot

23 Allerdings können **tarifvertragliche Normen** für deren Ausfüllung oder Ergänzung oder Umsetzung in den Dienststellen die **Form der Dienstvereinbarung** gebieten. Die allgemeinen Teile des TVöD wie auch des TV-L bestimmen dies z. B. in § 6 Abs. 4 (Abweichungen gem. § 7 Abs. 1 und 2, § 12 ArbZG),

---

22 Unklar: BVerwG 09.10.1991 – 6 P 12/90 - *Buchholz* 250 § 75 BPersVG Nr. 74 = ZTR 1992, 171; bejahend RDW/*Kaiser* § 75 BPersVG Rn. 258; ablehnend *Haas* ZTR 1992, 443.
23 BVerwG 02.01.1993 – 6 P 21/90 - BVerwGE 91, 346 = AP Nr. 1 zu § 69 BPersVG.
24 RDW/*Kaiser*, § 75 BPersVG Rn. 225, 259.

§ 6 Abs. 6 (Arbeitszeitkorridor), § 6 Abs. 7 (tägliche Rahmenzeit), § 10 Abs. 1, 2 und 5 (Arbeitszeitkonto); nach § 9 Abs. 2 (Bereitschaftszeiten) bedarf es sogar nicht nur einer Dienstvereinbarung, sondern diese muss zudem Einvernehmlich geschlossen sein und darf deshalb nicht durch einen Spruch der Einigungsstelle herbeigeführt worden sein (§ 38 Abs. 3 TVöD/TVL).

2. Verfahrensregelungen

Das Verfahren ist – im Gegensatz zum BetrVG – im BPersVG stärker formalisiert. Vor allem sieht das Gesetz neben Vorschriften für die Unterrichtung und den Antrag eine Äußerungsfrist für den Personalrat vor, nach deren fruchtlosem Ablauf seine Zustimmung als erteilt gilt. Die Einigungsstelle wird erst zuständig, nachdem das sog. Stufenverfahren fruchtlos verlaufen ist. Ihr Entscheidungsrecht ist in bestimmten Angelegenheiten eingeschränkt. Für eilbedürftige Maßnahmen hat der Dienststellenleiter das Recht, vorläufige Regelungen zu treffen.   24

a) Zustimmungsbedürftige Maßnahme

Geht die Initiative von Dienststellenleiter aus, so hat er zunächst zu **prüfen, ob** es sich bereits um eine **zustimmungsbedürftige Maßnahme** i. S. d. § 69 Abs. 1 BPersVG handelt oder um eine noch nicht der Mitbestimmung des Personalrats unterliegende Vorbereitung und sonstige, die Arbeitsbedingungen oder Rechtsstellung der Beschäftigten nicht berührende Handlung. Die Maßnahme muss auf die Veränderung eines bestehenden Zustandes abzielen. Nach Durchführung der Maßnahme müssen die Beschäftigungsverhältnisse oder die Arbeitsbedingungen eine Änderung erfahren haben.[25] Der Dienststellenleiter kann den **Zustimmungsantrag** jederzeit **zurücknehmen** und von der geplanten Maßnahme absehen.[26] Will der Personalrat gleichwohl die Maßnahme durchgeführt wissen, so ist er auf sein **Initiativrecht** verwiesen. Bloße Untätigkeit des Dienststellenleiters oder der Behörde stellt, weil dies nicht zu einer Veränderung führt, schon deshalb keine Maßnahme dar; die Untätigkeit kann der Personalrat nur in Rahmen des ihm zustehenden Initiativrechts überwinden.   25

---

25 BVerwG 29.01.2003 – 6 P 15/01 - ZTR 2003, 201.
26 Hess. VGH 14.12.1988 – HPV TL 544/86 - ZfPR 1989, 145.

b) Unterrichtung, Zustimmungsantrag

26 Beabsichtigt der Dienststellenleiter, eine mitbestimmungsbedürftige Maßnahme durchzuführen, so hat er den Personalrat hiervon zu unterrichten und seine Zustimmung zu beantragen (§ 69 Abs. 2 S. 1 BPersVG). **Form und Inhalt der Unterrichtung** sind – auch für die Fälle des § 69 Abs. 1[27] – in § 68 Abs. 2 BPersVG als Grundsätze normiert, die durch § 69 Abs. 2 S. 2 ergänzt werden. Die Unterrichtung kann schriftlich oder mündlich erfolgen; sie muss aber stets **rechtzeitig und umfassend** vorgenommen werden, erforderliche Unterlagen sind vorzulegen. Welche Unterlagen erforderlich sind, richtet sich danach, was bei verständiger Würdigung für den Personalrat bedeutsam ist, damit er seine Mitbestimmungsentscheidung sachgerecht treffen kann.[28] Es genügt nicht, dem Personalrat nur die Unterlagen vorzulegen, die er angefordert hat.[29] **Personalakten** dürfen nicht vorgelegt werden; in sie darf nur mit Zustimmung des Beschäftigten und auch nur von den vom Personalrat dazu bestimmten Personalratsmitgliedern eingesehen werden (§ 68 Abs. 2 S. 2 BPersVG). Nach § 68 Abs. 2 S. 2 muss der Dienststellenleiter die Unterlagen **vorlegen**. In der vergleichbaren Regelung in § 80 Abs. 2 S. 2 BetrVG ist nicht von »Vorlegen«, sondern dort die Rede, vielmehr von den **Unterlagen zur Verfügung zu stellen**. Dies ist im BPersVG ebenfalls angeordnet, und zwar in § 61 Abs. 3 S. 2 (Unterlagen des Personalrats an die Jugend- und Auszubildendenvertretung) und in § 101 Abs. 3, wonach der Personalvertretung die zur Durchführung ihrer Aufgaben erforderlichen Unterlagen zur Verfügung zu stellen sind. Generell sind dem Personalrat die Unterlagen so zugänglich zu machen, dass er seine Aufgaben erfüllen kann. Dazu kann es – je nach den Umständen des Einzelfalls – ausreichen, ihm Einblick zu gewähren; es kann aber auch geboten sein, ihm die Unterlagen auf Dauer zu überlassen.[30] Enthalten die Unterlagen persönliche Daten eines Beschäftigten, darf in diese aus Gründen des Schutzes des Persönlichkeitsrechts nur innerhalb der Dienststelle Einsicht genommen werden, wobei sich das Personalratsmitglied Notizen machen darf, nicht aber die Unterlage kopieren oder vollständig abschreiben.[31] Über § 68 Abs. 2 S. 1 BPersVG hinaus kann der Personalrat in den Verfahren des Mitbestimmung

---

27 BVerwG 26.01.1994 – 6 P 21/92 - AP Nr. 5 zu § 68 BPersVG.
28 BVerwG 26.01.1994 – 6 P 21/92 - AP Nr. 5 zu § 68 BPersVG.
29 RDW/*Weber* § 69 BPersVG Rn. 18 m. w. N.
30 BVerwG 23.01.2002 – 6 P 5/01 - AP Nr. 7 zu § 68 BPersVG.
31 RDW/*Weber* § 69 BPersVG Rn. 19 m. w. N.

und Mitwirkung vom Dienststellenleiter verlangen, die beabsichtigte **Maßnahme zu begründen** und zudem dass dies – außer in Personalangelegenheiten – **schriftlich** geschieht (§ 69 Abs. 2 S. 2 BPersVG).

c) Äußerungsfrist des Personalrats

Der Personalrat hat dem Dienststellenleiter seinen Beschluss über den Zustimmungsantrag innerhalb der **Äußerungsfrist von zehn Arbeitstagen** mitzuteilen; **in dringenden Fällen** kann der Dienststellenleiter die Frist auf **drei Arbeitstage** abkürzen. Dabei gilt die Maßnahme als gebilligt, wenn nicht der Personalrat **innerhalb der Frist die Zustimmung unter Angabe der Gründe schriftlich** verweigert (§ 69 Abs. 3 S. 3 bis 5 BPersVG). 27

Weder die Unterrichtung allein noch der Zustimmungsantrag als solcher setzen die **Äußerungsfrist** des § 69 Abs. 3 und 4 BPersVG für den Personalrat in Lauf. Vielmehr müssen hierfür **Unterrichtung und Zustimmungsantrag** ordnungsgemäß beim Personalrat gestellt worden sein.[32] Eine auf andere Weise erlangte Kenntnis des Personalrats oder seines Vorsitzenden genügt nicht, um die Frist beginnen zu lassen. Der Dienststellenleiter darf den **Zustimmungsantrag zugleich mit der Unterrichtung** beim Personalrat stellen; es ist nicht geboten, zunächst die Personalvertretung zu unterrichten und den Antrag später zu stellen.[33] Der Antrag bedarf ebenfalls keiner besonderen Form; er kann auch – dies ist allerdings unzweckmäßig – konkludent gestellt werden; die konkludente Antragstellung muss allerdings eindeutig erkennbar sein, um die Äußerungsfrist des § 69 Abs. 3 S. 3 und 4 BPersVG in Lauf zu setzen.[34] Hält der Personalrat die Unterrichtung oder den Zustimmungsantrag für nicht ordnungsgemäß, so hat er dies dem Dienststellenleiter innerhalb der Äußerungsfrist mitzuteilen, anderenfalls verliert er das Recht, dies zu rügen.[35] Jedoch setzt eine **offensichtlich unvollständige Unterrichtung** die Äußerungsfrist nicht in Lauf.[36] Die Berechnung der Frist erfolgt entsprechend § 187 Abs. 1, § 188 BGB. Für den Zugang von Unterrichtung und Zustimmungsersuchen einerseits und Antwort des Personalrats andererseits gelten die allgemeinen Grundsätze. Für die Fristwahrung genügt es, wenn die schriftliche 28

---

32 BVerwG 01.08.1987 – 6 P 22/84 - BVerwGE 78, 65.
33 BAG 31.03.1983 – 2 AZR 384/81 - AP Nr. 1 zu § 8 LPVG Hessen.
34 VGH BW 04.06.1991 – 15 S 3176/90 - PersV 1992, 352.
35 BVerwG 26.08.1987 – 6 P 11/86 - BVerwGE 78, 72.
36 RDW/*Weber* § 69 BPersVG Rn. 39.

Zustimmungsverweigerung nach dem (allgemeinen) Dienstschluss zugeht.[37] Für die Wahrung der Schriftform genügt die Übermittlung per Telefax.[38] Auch die entsprechende elektronische Übertragung einer Textdatei mit eingescannter Unterschrift dürfte im Hinblick auf die Rechtsprechung des GmS-OGB[39] die Form des § 69 Abs. 3 S. 5 BPersVG wahren, denn es handelt sich bei der Zustimmungsverweigerung nicht um eine Willenserklärung oder rechtsgeschäftsähnlich Handlung mit der strikten Formfolge des § 126 BGB, sondern lediglich um eine (interne) Erklärung. Es genügt, wenn die Unterschrift die Identität des Unterzeichners erkennen lässt und sie den Text abschließt. Die Zustimmungsverweigerung und deren Begründung brauchen nicht in derselben Urkunde enthalten sein; beides muss dem Dienststellenleiter jedoch innerhalb der Äußerungsfrist zugehen. Das **Nachschieben** der Begründung der Zustimmungsverweigerung ist nicht zulässig, wohl aber das Vertiefen bereits mitgeteilter Zustimmungsverweigerungsgründe.

29 Die **regelmäßige Äußerungsfrist** des **Personalrats** beträgt **zehn Arbeitstage** (§ 69 Abs. 2 S. 3 BPersVG. Ist – was in Fragen der Mitbestimmung nach § 75 Abs. 3 Nr. 1 und Abs. 4 äußerst selten vorkommt – nicht der Personalrat zuständig, sondern die **Stufenvertretung** oder der **Gesamtpersonalrat** zuständig, so **verdoppeln sich die Fristen** des § 69 BPersVG (§ 81 Abs. 2 und 3 BPersVG). Der Dienststellenleiter kann die **Äußerungsfrist in dringenden Fällen auf drei Arbeitstage** abkürzen (§ 69 Abs. 2 S. 4 BPersVG). Als dringend ist es anzusehen, wenn die Maßnahme auf Grund außergewöhnlicher Umstände keinen längeren Aufschub duldet.[40] Der Dienststellenleiter muss die Fristabkürzung seinerseits gegenüber dem Personalrat begründen, damit dieser prüfen kann, ob ein solcher dringender Fall vorliegt; hält er die Dringlichkeit für nicht gegeben, so muss der Personalrat innerhalb der abgekürzten Frist deswegen widersprechen.[41] Der Wunsch des Personalrats, die Angelegenheit mit dem Dienststellenleiter zu erörtern, führt für sich allein nicht zur **Verlängerung der Äußerungsfrist**. Verlangt der Personalrat vom Dienst-

---

37 OVG NW 10.02.1999 – 1 A 800/97.PVL - PersR 1999, 316.
38 Vgl. zur Zustimmungsverweigerung des Betriebsrats nach § 99 Abs. 3: BAG 11.06.2002 – 1 ABR 43/01 - EzA § 99 BetrVG 1972 Nr. 139 = AP Nr. 118 zu § 99 BetrVG 1972 m. Anm. *Rudolph*.
39 GmS OGB 05.04.2000 GmS-OGB 1/98 – NJW 2000, 2340.
40 BVerwG 15.11.1995 – 6 P 4/94 - PersV 1996, 326.
41 BVerwG 15.11.1995 – 6 P 4/94 - PersV 1996, 326.

stellenleiter, die beabsichtigte Maßnahme zu begründen oder gar, eine solche Begründung schriftlich vorzunehmen, so hat auch dies auf den Beginn oder Lauf der Äußerungsfrist für sich allein keinen Einfluss. Höchst umstritten ist, ob die Dienststellenleitung rechtlich zur **Fristverlängerung** in der Lage ist.[42] Das **BVerwG** hat diese Frage unentschieden gelassen, es aber dem Dienststellenleiter untersagt, sich ohne vorherige Ankündigung von der ständigen Praxis der Dienststelle zu lösen, aufgrund falscher Fristberechnungen der Dienststellenleitung verfristete Erklärungen des Personalrats als fristgemäß zu behandeln.[43] Dagegen lässt das **BAG** die Verlängerung der für den Betriebsrat geltenden Zustimmungsverweigerungsfrist des § 99 Abs. 3 S. 1 BetrVG zu.[44] Die überzeugenderen Gründe sprechen dafür, dementsprechend auch für die Regelfrist des § 69 BPersVG zu verfahren; jedoch muss in der Abwägung berücksichtigt werden, dass es hierzu noch keine bundesgerichtliche Entscheidung gibt.

d) Beschlussfassung des Personalrats

Der Antwort des Personalrats muss ein entsprechender **Beschluss des Personalrats** (§ 37, § 38 BPersVG) zugrunde liegen. Fehlt es daran, so ist die gegenüber dem Dienststellenleiter abgegebene Erklärung rechtsunwirksam. Der Beschluss muss in einer **Sitzung des Personalrats** gefasst werden; betrifft die Angelegenheit nur eine Gruppe der Beschäftigten, so sind nach gemeinsamer Beratung aller Personalratsmitglieder nur die gruppenzugehörigen Personalratsmitglieder berufen, es sei denn, dass die Gruppe nicht im Personalrat vertreten ist (§ 38 Abs. 2, 3 BPersVG). Der Personalrat darf die Beschlussfassung in Mitbestimmungsangelegenheiten nicht seinem Vorsitzenden oder Vorstand übertragen, weil die Beschlussfassung über Maßnahmen, die der Mitbestimmung unterliegen, nicht zu den laufenden Geschäften zählt.[45] Verlangten eine Gruppe, die Jugend- und Auszubildendenvertretung oder der Vertrauensmann der schwer behinderten Beschäftigten gem. § 39 BPersVG,

30

---

42 Vgl. statt vieler: DRW/*Weber* § 69 BPersVG Rn. 41 m. zahlreichen Nachweisen zum Meinungsstand.
43 BVerwG 09.12.1992 – 6 P 16/91 - AP Nr. 41 zu § 75 BPersVG.
44 BAG 16.11.2004 – 1 ABR 43/03 - EzA § 99 BetrVG 2001 Einstellung Nr. 2 = AP Nr. 44 zu § 99 BetrVG 1972; BAG 17.05.1983 – 1 ABR 5/80 - AP Nr. 18 zu § 99 BetrVG 1972.
45 Vgl. des Näheren RDW/*Jacobs* § 32 BPersVG rn. 60 ff.

die Beschlussfassung auszusetzen, so hat dies auf den Lauf der Äußerungsfrist des Personalrats keinen Einfluss. Richtet sich das Aussetzungsbegehren gegen Verweigerung einer Zustimmung, so kann die Zustimmung auch noch nachträglich beschlossen und erteilt werden; richtet sie sich gegen eine Erteilung der Zustimmung, so gilt diese nach fruchtlosem Ablauf der Äußerungsfrist als erteilt (§ 69 Abs. 2 S. 5 BPersVG). Ebenso hat es keinen Einfluss auf den Lauf der Frist, dass nach näherer Maßgabe von § 69 Abs. 2 S. 6 BPersVG einem Beschäftigten bei für ihn möglicherweise negativen Beschwerden oder Tatsachenbehauptungen eine Gelegenheit zur Äußerung gegeben werden muss.

Fehler des Personalrats bei den Förmlichkeiten der Beschlussfassung, z. B. bei der Ladung, Mitteilung der Tagesordnung u. s. w. sind für den Dienststellenleiter grundsätzlich unbeachtlich. Es handelt sich um Vorgänge in der Sphäre des Personalrats; der Dienststellenleiter darf grundsätzlich darauf vertrauen, dass der Beschluss des Personalrats ordnungsgemäß zustande gekommen ist, er hat nicht die Pflicht, die Ordnungsmäßigkeit des Personalratsbeschlusses zu prüfen, sondern darf sich auf den Beschluss verlassen.[46] Dies gilt allerdings nicht, wenn dem Dienststellenleiter die Fehlerhaftigkeit der Äußerung des Personalrats so rechtzeitig bekannt war, dass er den Personalratsvorsitzenden noch innerhalb der Äußerungsfrist hierauf hätte aufmerksam machen können.

e) Zustimmung des Personalrats

31 Die **Erteilung der Zustimmung** ist – im Gegensatz zur Zustimmungsverweigerung – nicht an Förmlichkeiten gebunden; sie braucht auch nicht mit einer Begründung versehen zu werden. Die Zustimmung kann auch vor der Einleitung eines förmlichen Mitbestimmungsverfahrens erklärt werden,[47] allerdings nicht generell für eine unbestimmte Vielzahl künftiger Fälle.[48] Jedoch kann der Personalrat eine Vorabzustimmung für formal und inhaltlich gleich liegende, immer wiederkehrende Fälle erteilen, z. B. bei Beschäftigten auf Abruf vor Aufnahme in die Abrufliste.[49] Die Zustimmungserklärung **bindet den Personalrat** gegenüber dem Dienststellenleiter, ohne dass dieser deshalb ver-

---

46 BVerwG 21.04.1992 – 6 P 8/90 - *Buchholz* 250 § 32 BPersVG Nr. 6 = PersV 1992, 434; BVerwG 14.07.1986 – 6 P 27/83 - PersV 1987, 199.
47 BAG 06.03.1985 – 4 AZR 22/83 - AP Nr. 13 zu § 75 BPersVG.
48 RDW/*Weber* § 69 BPersVG Rn. 55.
49 BVerwG 03.02.1993 – 6 P 28/91 - AP Nr. 43 zu § 75 BPersVG; wohl weitergehend: Hess. VGH 29.03.1989 – BPV TK 3821/87 - PersV 1990, 176.

pflichtet wäre, die Maßnahme durchzuführen.[50] Dagegen kann die Zustimmungsverweigerung ihm gegenüber jederzeit zurückgenommen werden.

f) Dienstvereinbarung, Dienstabrede

Personalrat und Dienststellenleitung haben die **Wahl**, ob sie das Mitbestimmungsverfahren nach §75 Abs. 3 Nr. 1, Abs. 4 BPersVG formlos durch eine **Dienstabrede** oder **Dienstabsprache** oder mit einer **förmlichen Dienstvereinbarung** abschließen wollen. Nach §73 Abs. 1 S. 1 BPersVG sind Dienstvereinbarungen zulässig, soweit sie dieses Gesetz ausdrücklich zulässt. In Gegensatz zum BetrVG (§ 88) sind freiwillige, d.h., außerhalb der ausdrücklichen Zulassung liegende Dienstvereinbarungen dem BPersVG fremd und wegen §73 Abs. 1 S. 1 BPersVG unwirksam.[51] §75 Abs. 3 Eingangssatz lässt Dienstvereinbarungen zu, schreibt sie jedoch nicht zwingend vor. Eine Regelung gem. §75 Abs. 4 BPersVG kann (und wird in aller Regel) ebenfalls im Wege der Dienstvereinbarung erfolgen. Zwar ist die Dienstvereinbarung in §75 Abs. 4 BPersVG nicht erwähnt; das ändert aber nicht an der Statthaftigkeit einer Dienstvereinbarung, denn §75 Abs. 4 modifiziert nur das Mitbestimmungsrecht des §75 Abs. 3 Nr. 1 BPersVG.[52] Wie die förmliche Betriebsvereinbarung ist auch die **Dienstvereinbarung von Dienststellenleitung und Personalrat** gemeinsam zu beschließen, schriftlich niederzulegen und von beiden Seiten zu unterzeichnen sowie in geeigneter Weise in der Dienststelle bekanntzumachen (§73 Abs. 1 S. 2 BPersVG). Die **Dienstvereinbarung** gilt in ihrem Geltungsbereich normativ, d.h. **unmittelbar und zwingend** (vgl. zur Betriebsvereinbarung: §87 BetrVG Rdn. 60, 61). Das **Konkurrenzverhältnis** zwischen sich überschneidenden Dienstvereinbarungen ist dahingehend gelöst, dass die Dienstvereinbarungen für einen größeren Bereich denen für einen kleineren Bereich vorgehen (§73 Abs. 2 BPersVG). Die formlose **Dienstabsprache** hat keine normative Wirkung, sie genügt jedoch für die Wahrung des Mitbestimmungsrechts des Personalrats.

32

---

50 BVerwG 15.11.1995 – 6 P 2/94 - EzA BAT SR2 Y BAT Mitbestimmung Nr. 8 = PersV 1996, 453; RDW/*Weber* §69 BPersVG Rn. 58; a. A. *Ilbertz/Widmaier*, §69 BPersVG Rn. 15.
51 Vgl. BAG 01.10.2006 – 1 AZR 811/05 - EzA §75 BPersVG Nr. 3 = AP Nr. 85 zu §75 BPersVG.
52 BAG 01.10.2006 – 1 AZR 811/05 - EzA §75 BPersVG Nr. 3 = AP Nr. 85 zu §75 BPersVG.

g) Zustimmungsverweigerung des Personalrats

33 Die Zustimmungsverweigerung muss der Personalrat ordnungsgemäß beschließen und form- und fristgerecht erklären, sonst ist sie unwirksam (Rdn. 27–30). Die Wirksamkeit der Zustimmungsverweigerung setzt aber nicht nur die **Einhaltung der Formalien** voraus, sondern auch, dass die **Zustimmungsverweigerung schriftlich begründet** wird. Ohne schriftliche Begründung ist eine Zustimmungsverweigerung unwirksam.[53] Auch die Begründung muss – zumindest inhaltlich – vom Personalrat beschlossen worden sein. Für die Zustimmungsverweigerung in Angelegenheiten des § 75 Abs. 3 Nr. 1, Abs. 4 BPersVG ist der Personalrat nicht auf einen Katalog von Verweigerungsgründen verwiesen (vgl. § 77 Abs. 2 und 3 BPersVG), sondern er kann die Zustimmung aus jedwedem relevanten Grund nach pflichtgemäßem Ermessen verweigern; dabei müssen die Gründe sachbezogen sein und einen konkreten Bezug zu beabsichtigten Maßnahme haben.[54] Er muss allerdings – über das Demokratieprinzip hinaus – nach dem Grundsatz der vertrauensvollen Zusammenarbeit (§ 2 Abs. 1 BPersVG) auch auf die Belange der Dienststelle und deren dienstliche Bedürfnisse Rücksicht nehmen.[55] Haben die Gründe, auf die der Personalrat seine Zustimmungsverweigerung stützt, offensichtlich mit dem Mitbestimmungstatbestand keinen Zusammenhang, so ist die Zustimmungsverweigerung unbeachtlich.[56] Allerdings ist die Angabe konkreter Tatsachen nur in den Fällen des Katalogs der Verweigerungsgründe (§ 77 Abs. 2 und 3 BPersVG) erforderlich, nicht aber in den Fällen des § 75 Abs. 3 Nr. 1 Abs. 4 BPersVG.[57]

h) Übergeordnete Dienststelle, Stufenvertretung

34 Bei einer rechtlich beachtlichen Zustimmungsverweigerung des Personalrats kann der Dienststellenleiter **erneut versuchen**, eine **Einigung mit dem Personalrat** herbeizuführen, **oder** aber – dem hierarchischen Aufbau der Behörden entsprechend – die Angelegenheit **binnen sechs Arbeitstagen** seiner **übergeordneten Dienststelle, bei der eine** Stufenvertretung **besteht**, auf dem

---

53 BVerwG 02.06.1986 – 6 P 4/83 - BVerwGE 74, 273 = PersV 1987, 63.
54 BVerwG 09.12.1992 – 6 P 16/91 - BVerwGE 91, 276 = AP Nr. 41 zu § 75 BPersVG.
55 BVerwG 20.01.1993 – 6 P 18/90 - AP Nr. 6 zu § 79 LPVG BW; *Ilbertz/Widmaier* § 75 BPersVG Rn. 81; RDW/*Kaiser* § 75 BPersVG Rn. 235.
56 BVerwG 03.04.2001 – 6 P 9/00 - ZTR 2001, 433 = PersV 2001, 411.
57 RDW/*Weber* § 69 BPersVG Rn. 48.

Dienstweg **vorlegen** (§ 69 Abs. 3 S. 1 BPersVG). Besteht keine übergeordnete Dienststelle, so bleibt neben dem erneuten unmittelbaren Einigungsversuch nur die Anrufung der Einigungsstelle nach näherer Maßgabe des § 69 Abs. 4 BPersVG. Ebenso **kann** der **Personalrat** die Angelegenheit **auf dem Dienstweg vorlegen**. Sein Initiativrecht schließt einen Anspruch auf Vorlage zum Zweck der Fortführung des Mitbestimmungsverfahrens (Vorlagerecht) ein, aufgrund dessen der Personalrat nicht nur vom Leiter seiner Dienststelle die Mitwirkung an der Vorlage auf dem Dienstweg, sondern auch vom Leiter der übergeordneten Dienststelle die Entgegennahme der Vorlage und die Einleitung des Stufenverfahrens durch Einschaltung der Stufenvertretung beanspruchen kann.[58] Legt der Dienststellenleiter vor, so hat er dies dem Personalrat unter Angabe der Gründe mitzuteilen. Für das Verfahren mit der Stufenvertretung gilt Abs. 2 entsprechend (§ 69 Abs. 3 S. 4 BPersVG). Dieses Verfahren kann sich bis zur höchsten übergeordneten Dienststelle fortsetzen, wenn die Stufenvertretung der Maßnahme nicht zustimmt.[59]

3. Einigungsstelle

Ergibt sich zwischen der obersten Dienstbehörde und der bei ihr bestehenden zuständigen Personalvertretung keine Einigung, so entschiedet die **Einigungsstelle** (§ 69 Abs. 4 S. 1 Hs. 1 BPersVG). Die gem. § 71 Abs. 1 BPersVG gebildete Einigungsstelle wird nicht von Amts wegen sondern nur **auf Antrag** tätig. **Antragsberechtigt** ist der Dienststellenleiter der obersten Dienstbehörde. In den Fällen, in denen dem Personalrat das Initiativrecht nach § 70 Abs. 1 BPersVG zusteht, ist die **Personalvertretung antragsberechtigt**, die im vorangegangenen Mitbestimmungsverfahren vor der obersten Dienstbehörde zuständig war. Es gibt **keine Antragsfrist**; allerdings kann das Antragsrecht verwirkt werden.[60] Die **Verhandlung** vor der Einigungsstelle ist nicht öffentlich; der obersten Dienstbehörde und der zuständigen Personalvertretung ist Gelegenheit zur mündlichen Äußerung zu geben; sie kann jedoch im Einvernehmen mit den Beteiligten auch mündlich erfolgen (§ 71 Abs. 2 BPersVG). Im Verfahren vor der Einigungsstelle soll wiederum versucht werden, eine Einigung der Beteiligten herbeizuführen. Gelingt dies nicht, so **entscheidet** die

35

---

58 BVerwG 02.01.1993 – 6 P 21/09 - BVerwGE 91, 346 = AP Nr. 1 zu § 69 BPersVG.
59 RDW/*Weber* § 69 BPersVG Rn. 87, 89.
60 OVG NW 29.11.2000 – 1 A 2014/98.PVL - NZA-RR 2001, 615 = PersV 2001, 471.

Einigungsstelle durch einen mit Stimmenmehrheit zu fassenden **Beschluss**. Die **Entscheidungskompetenz** der Einigungsstelle ist in Verfahren nach § 75 Abs. 3 Nr. 1, Abs. 4 BPersVG allerdings – wie oben ausgeführt (Rdn. 14) – mit Rücksicht auf das **Demokratieprinzip** analog § 69 Abs. 4 S. 3 BPersVG auf eine **Empfehlung** begrenzt, wenn sie dem Antrag der Dienststellenleitung nicht folgt.[61]

IV. Durchführung der mitbestimmten Angelegenheit

36 Nach § 74 Abs. 1 BPersVG führt die Dienststelle die Entscheidungen durch, an denen der Personalrat beteiligt war, es sei denn, dass im Einzelfall etwas anderes vereinbart worden ist. Aus der Zustimmung des Personalrats zu einer mitbestimmungspflichtigen Maßnahme folgt gleichwohl nicht, dass die Dienststelle dem Personalrat gegenüber verpflichtet ist, diese Maßnahme auch durchzuführen. Das **Unterlassen der beabsichtigten Maßnahme** unterliegt nicht der Mitbestimmung.[62]

G. Einmalige Fälle, Eil- und Notfälle

37 Das Mitbestimmungsrecht des Personalrats gem. § 75 Abs. 3 Nr. 1 BPersVG erfasst auch **einmalige und Einzelfälle** wie die Regelung über die zeitliche Lage einer Überstunde, die nur für einen einzelnen Tag und eine bestimmte Uhrzeit angeordnet worden ist, wenn zeitliche Dispositionsmöglichkeiten bestehen und die Anordnung generell, d. h. auf alle Beschäftigte oder eine Gruppe von Beschäftigten bezogen, ist.[63] Insoweit unterscheidet sich § 75 Abs. 3 Nr. 1 BPersVG nicht von § 87 Abs. 1 Nr. 3 BetrVG. Mitbestimmungspflichtig ist auch die Veränderung der Arbeitszeit an nur einem einzigen Tag[64] oder die Regelung der Vor- und Nacharbeit für sog. Brückentage.[65]

38 Im Gegensatz zum BetrVG gesteht § 69 Abs. 5 BPersVG dem Dienststellenleiter für **Eilfälle** (und für **Notfälle**) das Recht zu, bei Maßnahmen, die der

---

61 BVerwG 03.06.2005 – 6 P 9/04 – BVerwGE 124, 34 = EzBAT § 17 BAT Nr 25.
62 Bay. VGH 03.11.1994 – 18 P 94.2121 - PersR 1995, 219, OVG HH 05.04.1982 – Bs PB 12/81 - PersV 1984, 245; vgl. Hess.VGH 14.01.1993 – HPV TL 1217/90 - ZBR 1993, 255.
63 BVerwG 02.06.1992 – 6 P 14/90 - AP Nr 34 zu § 75 BPersVG = ZTR 1992, 34.
64 BVerwG 02.01.1993 – 6 P 21/90 - AP Nr. 1 zu § 69 BPersVG.
65 BVerwG 31.08.1962 – VII P 14/61 - BVerwGE 15, 31.

Natur der Sache keinen Aufschub dulden, eine vorläufige Regelung zu treffen; er muss dann allerdings dem Personalrat die vorläufige Regelung mitteilen und begründen und hat unverzüglich das Mitbestimmungsverfahren nach § 69 Abs. 2 bis 4 BPersVG einzuleiten oder fortzusetzen. Um von diesem Recht Gebrauch machen zu dürfen, muss die Maßnahme so dringend zu vollziehen sein, dass auch die Abkürzung der Äußerungsfrist auf drei Arbeitstage (§ 69 Abs. 2 S. 4 BPersVG) nicht mehr genügt. Mit der vorläufigen Regelung darf die mitbestimmte Maßnahme nicht vorweggenommen werden, z. B. nicht durch die zeitliche Festlegung von **Überstunden**.[66] Jedoch ist im Einzelfall abzuwägen, welche vorläufige Regelung erforderlich ist; sie ist auf das Minimum zu beschränken. Für den häufig als Einfall auftretenden Bedarf an Überstunden ist das Mitbestimmungsrecht des Personalrats ohnehin auf die **Aufstellung von Grundsätzen** beschränkt (§ 75 Abs. 4 BPersVG), sodass sich die Notwendigkeit, Überstunden ohne vorherige Beteiligung des Personalrats wegen der Dringlichkeit der Maßnahme anordnen zu »müssen«, weitgehend nicht stellt, wenn eine Beteiligung des Personalrats nach § 75 Abs. 4 BPersVG erfolgt ist. Ist eine solche Beteiligung unterblieben, obwohl sie hätte erfolgen können, so ist eine Anordnung von Überstunden auch dann rechtswidrig, wenn sie als vorläufige Regelung auf § 69 Abs. 5 BPersVG gestützt wird.[67]

H. Nichtbeachtung des Mitbestimmungsrechts

Nach § 69 Abs. 1 BPersVG kann eine Maßnahme wirksam nur mit Zustimmung des Personalrats getroffen werden, soweit sie seiner Mitbestimmung unterliegt. Auf bloße **Fehler im Mitbestimmungsverfahren** stellt § 69 Abs. 1 BPersVG hinsichtlich der rechtlichen Durchführbarkeit der Maßnahme erkennbar nicht ab, sondern auf das **Fehlen der Zustimmung des Personalrats**. Verletzt ist § 69 Abs. 1 BPersVG, wenn die mitbestimmungspflichtige Maßnahme durchgeführt wird, ohne dass die Zustimmung des zuständigen Personalrats erteilt worden ist, als erteilt gilt oder durch den Spruch der Einigungsstelle ersetzt worden ist. Für vorläufige Regelungen (§ 69 Abs. 5 BPersVG) fehlt es an jedweder ausdrücklichen gesetzlichen Regelung ihrer Wirksamkeit, wenn die in einem solchen Fall geltenden Verfahrensregelungen

39

---

66 BVerwG 02.07.1984 – 6 P 16/83 - PersV 1985, 71 insoweit in BVerwGE 70, 1-4 nicht abgedruckt.
67 Vgl. RDW/*Kaiser* § 75 BPersVG Rn. 262; a. A. BVerwG 09.10.1991 – 6 P 12/90 - PersV 1992, 166 = ZTR 1992, 171.

nicht eingehalten worden sind oder wenn sie, z. B. mangels Dringlichkeit, überhaupt nicht hätte ergehen dürfen.[68]

40 Die Formulierung des § 69 Abs. 1 BPersVG lässt unklar, welche Rechtsfolge eintreten soll, wenn und weil die Maßnahme nur mit Zustimmung des Personalrats getroffen werden kann. Zum einen kann damit gemeint sein, dass die Maßnahme nach der Theorie der Wirksamkeitsvoraussetzung (vgl. zum BetrVG: § 87 BetrVG Rdn. 69 ff.) als Verwaltungsakt anfechtbar oder als Rechtsgeschäft rechtsunwirksam sei.[69] Zum anderen kann damit gemeint sein, dass die Maßnahme lediglich rechtswidrig sei.[70] Aus dem Umstand, dass das BPersVG die Unwirksamkeitsfolge expressis verbis nur für den Fall angeordnet worden ist, dass der Dienststellenleiter die (bloße) Mitwirkung des Personalrats unterlassen hat (§ 79 Abs. 4 BPersVG), lässt sich nichts herleiten. Der Rechtfolgenanordnung des § 79 Abs. 4 BPersVG bedurfte es schon deshalb, weil es sich bei der Beteiligung des Personalrats bei Kündigungen lediglich um ein Mitwirkungsrecht und nicht um ein von § 69 BPersVG erfasste Mitbestimmungsrecht handelt. Die **Rechtsprechung des BAG** ist mit ihrem Grundansatz der **Theorie der Wirksamkeitsvoraussetzung** und dem **Unterlassungsanspruch des Betriebsrats** (vgl. ausführlich § 87 BetrVG Rdn. 79–82) erheblich **strenger als die des BVerwG**, welche nicht von dieser Theorie ausgeht, sondern lediglich von der **Rechtswidrigkeit** einer zu Unrecht nicht mitbestimmten Maßnahme[71] und deren **Beseitigung für die Zukunft** ausgeht[72] und dem **Personalrat** statt eines Unterlassungsanspruchs **nur** einen **Feststellungsanspruch** zubilligt. Angesichts des Umstandes, dass sich Arbeitszeitregelungen in einer Dienststelle in aller Regel sowohl auf Beamte als auch auf Arbeitnehmer beziehen, wird sich die Praxis hinsichtlich der Mitbestimmung in Arbeitszeitfragen auf die strengere Rechtsprechung des BAG einstellen dürfen und müssen.

---

68 A. A. wohl DRW/*Weber* § 69 BPersVG Rn. 118.
69 Ausführlich für alle Mitbestimmungsfälle: DRW/*Weber* § 69 BPersVG Rn. 119 bis 128 m. w. N. der unterschiedlichen Meinungen.
70 So für § 75 Abs. 3 BPersVG: DRW/*Kaiser* § 75 BPersVG Rn. 228, 261 jeweils m. w. N. der unterschiedlichen Meinungen.
71 Für Verwaltungsakte: BVerwG 01.12.1982 – 2 C 59/81 - BVerwGE 66, 291.
72 BVerwG 20.01.1993 – – 6 P 18/90 - AP Nr. 6 zu § 79 LPVG BW.

I. Kollektivrechtliche Folgen

Führt die Dienststelle eine mitbestimmungspflichtige Maßnahme ohne Zustimmung der Personalvertretung durch, so steht dieser – anders als dem Betriebsrat – **kein Unterlassungsanspruch** zu. Eine dem § 23 Abs. 3 BetrVG entsprechende Vorschrift ist im Personalvertretungsrecht des Bundes nicht enthalten. Eine Verpflichtung der Dienststelle, eine bestimmte Maßnahme zu unterlassen, kann vom Personalrat im Beschlussverfahren nicht begehrt werden.[73] Zur **Wahrung der Mitbestimmungsrechte** der Personalvertretung reicht ein **feststellender Beschluss des Gerichts** aus, wenn der Dienststellenleiter das Mitbestimmungsrecht der Betriebsvertretung bisher nicht bestritten hat. Das Bundesverwaltungsgericht erkennt in ständiger Rechtsprechung einen Unterlassungsanspruch nicht an.[74] Dagegen hat das BAG ausdrücklich offen gelassen, ob ein solcher Unterlassungsantrag generell ausgeschlossen ist, weil in der dort vorliegenden Fallkonstellation die Betriebsvertretung (NATO-Truppe) ihr Verfahrensziel bereits mit der gerichtlichen Feststellung erreichen könne. Ein solches Feststellungsbegehren sei in dem Unterlassungsantrag enthalten und trage dem Vorrang des Feststellungsantrags bei Verstößen gegen das Mitbestimmungsrecht Rechnung.[75] Allerdings hat das BVerwG den Dienststellenleiter im Fall einer **mitbestimmungswidrig angeordneten Arbeitszeitregelung** für verpflichtet gehalten, diese Regelung für die Zukunft zu **beseitigen**.[76]

41

II. Individualrechtliche Folgen

An eine mangels Zustimmung des Personalrats gegen § 69 Abs. 1 BPersVG verstoßende, nach § 75 Abs. 3 Nr. 1, Abs. 4 BPersVG mitbestimmungspflichtige, aber insoweit **rechtswidrige Arbeitszeitregelung** braucht sich der Beschäftigte nicht zu halten; hält er sich aber daran, so bleiben ihm die damit verbundenen Vorteile und Recht erhalten (vgl. § 87 BetrVG Rdn. 82).

42

---

73 BVerwG 15.12.1978 – 6 P 13/78 -PersV 1980, 145.
74 St. Rspr. des BVerwG, z. B. 15.03.1995 6 P 31/93 - BVerwGE 98, 77 m. w. N.
75 BAG 02.01.2001 – 1 ABR 19/00 - AR-Blattei ES 1500 Nr. 72 m. w. N.
76 BVerwG 20.01.1993 – – 6 P 18/90 - AP Nr. 6 zu § 79 LPVG BW.

I. Mitbestimmungstatbestände

43 Das Mitbestimmungsrecht des § 75 Abs. 3 Nr. 1 BPersVG betrifft Beginn und Ende der täglichen Arbeitszeit und der Pausen sowie die Verteilung der Arbeitszeit auf die einzelnen Wochentage. Der Wortlaut diese Bestimmung entspricht der Mitbestimmungsregelung des § 87 Abs. 1 Nr. 2 BetrVG. Trotz der **Regelungsübereinstimmung** gibt es **Divergenzen zwischen** der **Rechtsprechung des BAG** vor allem zu § 87 Abs. 1 Nr. 2 BetrVG und der des **BVerwG** zu § 75 Abs. 3 Nr. 1 BPersVG, vor allem **beim Begriff der Arbeitszeit**. Während das **BAG** von einem spezifisch **mitbestimmungsrechtlichen Begriff der Arbeitszeit** ausgeht und deshalb auch den **Rufbereitschaftsdienstplan** für mitbestimmungspflichtig erachte, geht das **BVerwG** von einem **einheitlichen Begriff der Arbeitszeit** aus und erachtet die Anordnung von Rufbereitschaft als mitbestimmungsfrei, weil diese weder arbeitszeitschutzrechtlich (§ 2 Abs. 1 ArbZG) noch vergütungsrechtlich zur Arbeitszeit zähle (vgl. im Einzelnen: § 87 BetrVG Rdn. 87 m. w. N.). Abgesehen von diesem Unterschied umfasst die Mitbestimmung nach § 75 Abs. 3 Nr. 1 BPersVG alle Aspekte, die auch von § 87 Abs. 1 Nr. 2 BetrVG gedeckt sind. Da sachliche Gründe keine unterschiedliche Auslegung bedingen, sind beide Bestimmungen im Grundsatz übereinstimmend auszulegen.[77] Deshalb wird hier zunächst auf die entsprechenden Ausführung zu § 87 BetrVG einschließlich der dort genannten Einzelfälle Bezug genommen (§ 87 BetrVG Rdn. 83–138). Mitbestimmungsfrei ist nach ständiger Rechtsprechung auch des BVerwG, ob ein bestimmter Zeitaufwand des Beschäftigten vergütungsrechtlich als Arbeitszeit zu bewerten ist, z. B. **Vorbereitungs- und Abschlussdienste**[78], **Wegezeit** zwischen Wohnung und Arbeitsstätte[79] oder zwischen Krankenhauspforte und dem eigentlichen Arbeitsplatz auf der Krankenstation.[80]

44 **Regelungsunterschiede** gibt es hinsichtlich **Mehrarbeit und Kurzarbeit**. Eine dem § 87 Abs. 1 Nr. 3 BetrVG – Mitbestimmung bei der vorübergehenden Verlängerung oder Verkürzung der betriebsüblichen Arbeitszeit – entsprechende Bestimmung fehlt im BPersVG. Umgekehrt gibt es im BetrVG keine dem § 75 Abs. 4 BPersVG – Beschränkung auf Grundsätze bei unvorher-

---

77 *Altvater* § 75 BPersVG B Rn. 39; *Lorenzen/Rehak* § 75 BPersVG Rn. 114; RDW/*Kaiser*, § 75 BPersVG Rn. 237.
78 BVerwG 14.06.1968 – VII P 9/66 - AP Nr 5 zu § 67 PersVG = PersV 1968, 264.
79 BVerwG 12.05.1993 – 6 P 8/92 - AP Nr 6 zu § 76 BPersVG.
80 BVerwG 04.03.1994 – 6 PB 14/93 - *Buchholz* 251.0 § 79 BaWüPersVG Nr. 15.

sehbarem Veränderungsbedarf – entsprechende Norm. Trotz Fehlens einer Norm wie § 87 Abs. 1 Nr. 3 BetrVG sieht das BVerwG die Entscheidung, **ob Überstunden oder** Mehrarbeit **angeordnet werden soll, für nach § 75 Abs. 3 Nr. 1 BPersVG mitbestimmungspflichtig.**[81] Allerdings schränkt das BVerwG die Mitbestimmung auch nach § 75 Abs. 1 Nr. 3 BPersVG auf die Grundsätze des § 75 Abs. 4 BPersVG ein. Soweit Maßnahmen, die dem Katalog der uneingeschränkten Mitbestimmung nach § 75 Abs. 3 BPersVG unterfallen, die **Regierungsverantwortung** berühren, ist das **Modell der eingeschränkten Mitbestimmung nach § 69 Abs. 4 Sätze 3 und 4 BPersVG analog** anzuwenden.[82] Das **Mitbestimmungsrecht** des Personalrats nach § 75 Abs. 3 Nr. 1 BPersVG erstreckt sich **nicht** auf die **Einführung von Kurzarbeit**. Ohne das Vorliegen eines gesetzlichen Mitbestimmungstatbestands kommen einer Dienstvereinbarung keine Rechtswirkungen zu. Gem. § 73 Abs. 1 BPersVG sind Dienstvereinbarungen nur zulässig, soweit das Gesetz dies ausdrücklich vorsieht. Das ist nur in § 75 Abs. 3 und § 76 Abs. 2 BPersVG der Fall. Wegen § 3 BPersVG ist eine Erweiterung der gesetzlichen Mitbestimmungstatbestände durch Tarifvertrag nicht möglich. Das schließt allerdings nicht aus, dass die Tarifparteien bei Regelungen, die den Inhalt des Arbeitsverhältnisses betreffen, eine Beteiligung des Personalrats vorsehen. Notwendig ist aber, dass sie den materiellen Gehalt der betreffenden Regelung selbst vorgeben und die inhaltliche Gestaltung der Arbeitsverhältnisse nicht Arbeitgeber und Personalrat überlassen. § 3 und § 73 BPersVG verstoßen nicht gegen Art. 9 Abs. 3 GG. Die Ausgestaltung des Personalvertretungsrechts gehört nicht zum Inhalt der verfassungsrechtlich garantierten Tarifautonomie. Die durch die kollektive Koalitionsfreiheit nach Art. 9 Abs. 3 GG geschützte Gestaltung von Arbeitsbedingungen wird den Tarifparteien durch §§ 3, 73 BPersVG nicht genommen. Diese müssen nur selbst von ihr Gebrauch machen.[83]

---

81 BVerwG 03.06.2005 – 6 P 9/04 – BVerwGE 124, 34 = EzBAT § 17 BAT Nr 25; RDW/*Kaiser* § 75 BPersVG Rn. 250 m N. des Meinungsstandes und Kritik an der dogmatischen Herleitung.
82 BVerwG 03.06.2005 – 6 P 9/04 – BVerwGE 124, 34 = EzBAT § 17 BAT Nr 25.
83 BAG 01.10.2006 – 1 AZR 811/05 - BAGE 119, 366 = EzA § 75 BPersVG Nr. 3.

J. Einzelfälle

45 **Beschäftigungsdienststelle innerhalb einer Dienststelle**

Erlässt eine organisatorisch nicht verselbstständigte Beschäftigungsstelle, die keine Dienststelle im personalvertretungsrechtlichen Sinne ist, eine dienstliche Maßnahme, so bleibt der Personalrat der »Stammdienststelle«, die die fachliche Letztentscheidungsbefugnis hat, beteiligungsberechtigt. Eine »Beteiligungslücke« im personalvertretungsrechtlichen Sinne ist nicht dann gegeben, wenn innerhalb eines Organisationszweigs einer Behörde auf nachgeordnete Stellen, ohne dass diese sich personalvertretungsrechtlich verselbstständigen, Befugnisse delegiert werden.[84]

Dienstplan

46 **Dienststundenpläne** unterliegen der Mitbestimmung des Personalrats.[85]

47 Die Regelung des normalen, **täglich wiederkehrenden Streifendienstes** des Bundesgrenzschutzes an den Grenzen des Bundesgebietes stellt keine Anordnung des »Einsatzes« von Polizeivollzugsbeamten i. S. d. § 85 Abs. 1 Nr. 6 Buchst. a) BPersVG dar. Die Bundesgrenzschutzpersonalvertretungen sind demnach gem. § 75 Abs. 3 Nr. 1 BPersVG an der Festlegung des Beginns und Endes der täglichen Arbeitszeit und der Pausen sowie an der Verteilung der Arbeitszeit auf die einzelnen Wochentage zu beteiligen.[86]

Dienststundenverlegung, vorläufige Regelung

48 Zu den Voraussetzungen und Grenzen vorläufiger Regelungen nach § 69 Abs. 5 BPersVG bei mitbestimmungspflichtigen Maßnahmen (hier: **Verlegung der Dienststunden** von Dienstkräften für die Handverteilung einer Briefabgangsstelle eines Postamts).[87]

(Vor)gerichtliche Geltendmachung von Beteiligungsrechten durch den Personalrat

49 Ein Beteiligungsrecht (hier: Mitbestimmung bei Einführung von Dienststundenplänen), welches vom Personalrat im Mitbestimmungsverfahren nicht

---

84 BAG 03.09.1993 – 6 P 34/91 - ZTR 1993, 388.
85 BVerwG 02.08.1992 – 6 PB 6/92 - *Buchholz* 250 § 83 BPersVG Nr 60.
86 BVerwG 02.12.1988 – 6 P 16/85 - BVerwGE 81, 122 = AP Nr. 26 zu § 75 BPersVG.
87 BVerwG 14.03.1989 – 6 P 4/86 - ZTR 1989, 290.

geltend gemacht worden und daher »nicht im Streit« ist, bleibt im verwaltungsrechtlichen Beschlussverfahren unberücksichtigt.[88]

Gleitzeit

Zutreffend ist das Beschwerdegericht davon ausgegangen, dass sich die Mit- 50
bestimmung des Antragstellers auch auf Regelungen der gleitenden Arbeitszeit erstreckt. Hierbei fallen die Festlegung der Kernarbeitszeit, in der alle Beschäftigten anwesend sein müssen, und die der Gleitzeiten unter die Mitbestimmung.[89]

Initiativrecht zum Abschluss einer Dienstvereinbarung

Verhältnis zum Vorlagerecht; Zuständigkeitsverteilung zwischen Personalrat 51
und Bezirkspersonalvertretung: Das **Initiativrecht** schließt einen Anspruch
auf Vorlage zum Zweck der Fortführung des Mitbestimmungsverfahrens
(Vorlagerecht) ein, aufgrund dessen der Personalrat nicht nur vom Leiter
seiner Dienststelle die Mitwirkung an der Vorlage auf dem Dienstweg, sondern auch vom Leiter der übergeordneten Dienststelle die Entgegennahme
der Vorlage und die Einleitung des Stufenverfahrens durch Einschaltung
der Stufenvertretung beanspruchen kann. Eine Stufenvertretung ist im Falle
einer Erstzuständigkeit der örtlichen Personalräte nicht befugt, bei der übergeordneten Dienststelle, der sie zugeordnet ist, durch erstmalige Ausübung
des Initiativrechts eine für alle Dienststellen des Bezirks verbindliche Arbeitszeitregelung zu beantragen.[90]

Lehrerstundenplan

Die Mitbestimmung nach § 79 Abs. 1 Nr. 1 PersVG BW bezieht sich nach 52
ihrem Sinngehalt nur auf generelle Regelungen, die für die Beschäftigten einer
Dienststelle insgesamt oder für eine Gruppe von Beschäftigten die tägliche
Arbeitszeit festlegen und dabei ihre Verteilung auf die Wochentage vornehmen. Der Lehrerstundenplan enthält hingegen eine solche generelle Regelung
nicht; er ist vielmehr ein Bündel von individuellen Festsetzungen.[91]

---

88 BVerwG 02.08.1992 – 6 PB 6/92 - *Buchholz* 250 § 83 BPersVG Nr 60.
89 BVerwG 09.10.1991 – 6 P 21/89 - ZTR 1992, 126.
90 BVerwG 02.01.1993 – 6 P 21/90 - BVerwGE 91, 346 = AP Nr. 1 zu § 69 BPersVG.
91 BVerwG 23.12.1982 – 6 P 36/79 - *Buchholz* 238.31 § 79 PersVG BW Nr. 2.

Nebenzeitenverkürzung

53 Die Verkürzung von sog. Nebenzeiten für Dienstunterricht, für das Lesen von Vorschriften u. ä. im Rahmen eines Dienstplans der Deutschen Bundespost ist keine »Maßnahme zur Hebung der Arbeitsleistung« i. S. v. § 76 Abs. 2 S. 1 Nr. 5 BPersVG und unterliegt daher nicht der Mitbestimmung nach dieser Vorschrift.[92]

Kurzarbeit

54 Das Mitbestimmungsrecht des Personalrats nach § 75 Abs. 3 Nr. 1 BPersVG erstreckt sich nicht auf die Einführung von Kurzarbeit.[93]

55 Der Personalrat hat bei der Frage, ob Kurzarbeit eingeführt werden soll, kein Mitbestimmungsrecht gem. § 75 Abs. 3 Nr. 1 BPersVG und BPersVGAnwG. § 15 Abs. 5 BAT-O, wonach der Arbeitgeber einseitig Kurzarbeit einführen kann, verstößt gegen tariflich unabdingbares Kündigungsschutzrecht und ist deshalb unwirksam.[94]

Kurzpausen während der Bildschirmarbeit

56 Die Regelung über die Gewährung bezahlter Kurzpausen während der Tätigkeit an Bildschirmgeräten unterliegt nicht der Mitbestimmung nach § 75 Abs. 3 Nr. 1 BPersVG. Eine solche Regelung ist jedoch – auch mit Blick auf § 5 BildscharbV – als Maßnahme zur Verhütung von Gesundheitsschädigungen nach § 75 Abs. 3 Nr. 11 BPersVG mitbestimmungspflichtig.[95]

Rufbereitschaft

57 Durch die **Anordnung von Rufbereitschaft** werden für die betroffenen Beschäftigten nicht Dauer, Beginn und Ende der Arbeitszeit i. S. d. § 75 Abs. 1 Nr. 1 Nds.PersVG festgelegt.[96]

---

92 BVerwG 31.07.1992 – 6 P 20/90 - ZTR 1993, 84.
93 BAG 01.10.2006 – 1 AZR 811/05 - BAGE 119, 366 = EzA § 75 BPersVG Nr. 3.
94 BAG 18.10.1994 – 1 AZR 503/93 - EzA § 615 BGB Kurzarbeit Nr. 2 = AP Nr. 11 zu § 615 BGB Kurzarbeit.
95 BVerwG 08.01.2001 – 6 P 6/00 - AP Nr. 79 zu § 75 BPersVG = NZA 2001, 570.
96 BVerwG 26.04.1988 – 6 P 19/86 - AP Nr. 1 zu § 75 LPVG Niedersachsen.

Die **Anordnung** von **Rufbereitschaft oder Schneebereitschaft** unterliegt **nicht** 58
der Mitbestimmung des Personalrats.[97]

Wird für Gruppen von Beschäftigten einer Dienststelle eine **Rufbereitschaft** 59
außerhalb der regelmäßigen Arbeitszeit eingerichtet, so hat die Personalvertretung insoweit nach § 75 Abs. 4 BPersVG hinsichtlich der **Grundsätze** für die Aufstellung der Dienstpläne **mitzubestimmen.** Das Mitbestimmungsrecht nach § 75 Abs. 3. Nr. 1 BPersVG bei der Festlegung der regelmäßigen Arbeitszeit bleibt hiervon unberührt.[98]

Vorläufige Regelung

Zu den Voraussetzungen und Grenzen einer »vorläufigen Regelung« gem. § 69 60
Abs. 5 BPersVG, durch die Dienstpläne für den Bahnpostbegleitdienst vorläufig angeordnet werden.[99]

Überstunden

Das **Mitbestimmungsrecht** des Personalrats nach § 75 Abs. 3 Nr. 1 BPersVG 61
erstreckt sich auf die **Entscheidung, ob und in welchem Umfang Mehrarbeit oder Überstunden** angeordnet werden. Deklariert der Dienststellenleiter in der Überstundenanordnung die Ableistung der Überstunden als freiwillig, so wird damit der in § 75 Abs. 3 Nr. 1 BPersVG vorausgesetzte kollektive Tatbestand nicht infrage gestellt. Soweit Maßnahmen, die dem Katalog der uneingeschränkten Mitbestimmung nach § 75 Abs. 3 BPersVG unterfallen, die **Regierungsverantwortung** berühren, ist das **Modell der eingeschränkten Mitbestimmung nach § 69 Abs. 4 Sätze 3 und 4 BPersVG analog** anzuwenden.[100]

Das Mitbestimmungsrecht des Personalrats gem. § 75 Abs. 3 Nr. 1 BPersVG 62
erfasst auch die Regelung über die **zeitliche Lage von Überstunden, die nur für einen einzelnen Tag** und eine bestimmte Uhrzeit angeordnet worden sind. Voraussetzung ist u. a., dass die Anordnung generell, d. h. auf alle Beschäftigten oder eine Gruppe von Beschäftigten bezogen, ist. Es fehlt am Merkmal einer »Gruppe« von Beschäftigten, wenn von der Bestimmung des Tages und der Uhrzeit für die Ableistung der angeordneten Überstunden zwar eine Mehrzahl

---

97 BVerwG 02.09.1988 – 6 P 23/86 – ZfPR 1989, 44.
98 BAG 23.01.2001 – 1 ABR 36/00 – EzA § 75 BPersVG Nr. 1 = ZTR 2001, 379.
99 BVerwG 22.08.1988 – 6 P 27/85 – ZfPR 1989, 69.
100 BVerwG 03.06.2005 – 6 P 9/04 – BVerwGE 124, 34 = EzBAT § 17 BAT Nr 25.

von Beschäftigten betroffen ist, diese aber allein unter dem Gesichtspunkt ihrer auf entsprechende Anfrage erklärten Bereitschaft zur Ableistung der Überstunden vom Dienststellenleiter individuell ausgewählt worden sind.[101]

63 § 86 Abs. 1 Nr. 1 **HmbPersVG** ist im Hinblick auf § 104 S. 3 BPersVG verfassungskonform eingrenzend dahin auszulegen, dass der Personalrat **nicht bei der Anordnung von Überstunden mitzubestimmen** hat; diese unterliegt als organisatorische Angelegenheit der Direktionsbefugnis des Dienststellenleiters. Das gilt auch für die Anordnung von Überstunden zur **Aufrechterhaltung des Krankentransports innerhalb eines Krankenhausbetriebes**. Bei der generell **mitbestimmungspflichtigen Umsetzung** der Anordnung von Überstunden hinsichtlich der Arbeitszeit der einzelnen Dienstkräfte ist die Mitbestimmung gem. § 86 Abs. 3 HmbPersVG auf den Abschluss von Dienstvereinbarungen über **Grundsätze für die Aufstellung von Dienstplänen** beschränkt, wenn die Dienstzeit für einen bestimmten Kreis von Dienstkräften nach nicht vorauszusehenden Erfordernissen – z. B. bei Krankheitsfällen – unregelmäßig und kurzfristig festgesetzt werden muss.[102]

64 Das Mitbestimmungsrecht des Personalrats gem. § 75 Abs. 3 Nr. 1 BPersVG erfasst auch die Regelung über die zeitliche Lage einer Überstunde, die nur für einen einzelnen Tag und eine bestimmte Uhrzeit angeordnet worden ist. Voraussetzung ist, dass zeitliche Dispositionsmöglichkeiten bestehen und die Anordnung generell, d. h. auf alle Beschäftigte oder eine Gruppe von Beschäftigten bezogen, ist. Das Mitbestimmungsrecht gem. § 75 Abs. 3 Nr. 1 BPersVG für die Anordnung von Überstunden wird durch § 75 Abs. 4 BPersVG auf die **Aufstellung von Grundsätzen** beschränkt, wenn sie für Gruppen von Beschäftigten nach Erfordernissen, die die Dienststelle in den näheren Einzelheiten nicht voraussehen kann, unregelmäßig und kurzfristig festgesetzt werden müssen.[103]

65 Der Mitbestimmungstatbestand »**Hebung der Arbeitsleistung**« erfasst nicht die Anordnung von **Überstunden**.[104]

---

101 BVerwG 02.06.1992 – 6 P 14/90 - AP Nr. 34 zu § 75 BPersVG = ZTR 1992, 34.
102 BVerwG 08.05.1992 – 6 P 22/91 - AP Nr. 33 zu § 75 BPersVG = ZTR 1992, 394.
103 BVerwG 09.10.1991 – 6 P 12/90 - *Buchholz* 250 § 75 BPersVG Nr 74 = ZTR 1992, 171.
104 BVerwG 23.01.1996 – 6 P 54/93 - AP Nr. 68 zu § 75 BPersVG = ZTR 1996, 284.

K. Landespersonalvertretungsrecht

Alle **Landespersonalvertretungsgesetze** regeln die Mitbestimmung des Personalrats bei **Arbeitszeitregelungen** in Rahmen ihrer jeweiligen **Dienststellenverfassung**.

66

I. Mitbestimmungstatbestände in den Landespersonalvertretungsgesetzen

Die einzelnen **Gegenstände der Mitbestimmung in** (kollektiven) **Arbeitszeitfragen** sind in einzelnen Ländern abweichend von § 75 Abs. 3 Nr. 1 BPersVG geregelt, teils ausführlicher, teils aber ohne inhaltlich Erweiterung gegenüber § 75 Abs. 3 Nr. 1, Abs. 4 BPersVG, selten mit Einschränkungen. Alle Regelungen in den Ländern stehen aber unter dem Vorbehalt, soweit keine gesetzliche oder tarifliche Regelung besteht.

67

II. Mitbestimmung bei individueller Arbeitszeit

Im Gegensatz zum BPersVG bestimmen einzelne Landespersonalvertretungsgesetze, dass sogar die **Änderung der individuellen Arbeitszeit** der Mitbestimmung des Personalrats unterliege, nämlich in **Baden-Württemberg** § 79 Abs. 3 Nr. 15 Buchst. d LPVG BW und **in** Rheinland-Pfalz § 78 Abs. 2 Satz 1 Nr. 8 LPVG RP.

68

Nach *Kaiser*[105] gilt dies auch für die Länder mit einem alle Aspekte der Arbeitszeitregelungen erfassenden Mitbestimmungsrecht.

---

105 RDW/*Kaiser* § 75 BPersVG Rn. 268.

Teil C.4 Mitbestimmung in Arbeitszeitangelegenheiten - Gesetz über Sprecherausschüsse der leitenden Angestellten (Sprecherausschussgesetz – SprAuG)

Sprecherausschussgesetz (SprAuG) in der Fassung vom 02.12.1988, BGBl. I, S. 2312, geändert durch Art. 222 VO vom 31.10.2006, BGBl. I, S. 2407.

– Auszug –

§ 30 Arbeitsbedingungen und Beurteilungsgrundsätze

¹Der Arbeitgeber hat den Sprecherausschuss rechtzeitig in folgenden Angelegenheiten der leitenden Angestellten zu unterrichten:
1. Änderung der Gehaltsgestaltung und sonstiger Arbeitsbedingungen
2. ...

²Er hat die vorgesehenen Maßnahmen mit dem Sprecherausschuss zu beraten.

A. Geltungsbereich

In Betrieben mit **mindestens 10** der gem. § 5 Abs. 3 BetrVG vom persönlichen Geltungsbereich des Betriebsverfassungsgesetzes ausgenommenen **leitenden Angestellten** können nach näherer Maßgabe des § 1 SprAuG **Sprecherausschüsse** der leitenden Angestellten gewählt werden. Der **räumliche Geltungsbereich** entspricht dem des BetrVG (vgl. § 87 BetrVG Rdn. 4). Der **persönliche Geltungsbereich** des SprAuG betrifft die **leitenden Angestellten** i.S. des § 5 Abs. 3 BetrVG (vgl. § 18 Abs. 1 Nr. 1 ArbZG und dort Rdn. 5–17). Sie sind von den Bestimmungen des ArbZG ausgenommen. Chefärzte (vgl. § 18 Abs. 1 Nr. 1 ArbZG und dort Rdn. 18, 19 sowie § 87 BetrVG Rdn. 22) sind i. d. R. leitende Angestellte, wenn sie ein ganzes Krankenhaus leiten; aber nicht, wenn sie nur Leiter einer Krankenhausabteilung sind. Der **fachliche Geltungsbereich** beschränkt sich auf Betriebe und Unternehmen der Privatwirtschaft (vgl. § 87 BetrVG Rdn. 7). Für Verwaltungen und Betriebe des Bundes, der Länder und der Kommunen oder sonstigen Körperschaften des öffentlichen Rechts gilt das SprAuG ebenso wenig wie für Religionsgemein-

1

schaften und ihre karitativen und erzieherischen Einrichtungen unbeschadet deren Rechtreform (§ 1 Abs. 3 SprAuG). Das entspricht dem Geltungsbereich des BetrVG.

B. Unterrichtungs- und Mitberatungsrecht

2 An die Stelle des zwingenden Mitbestimmungsrechts der Betriebsräte sieht § 30 SprAuG nur vor, dass der Sprecherausschuss in allen dort aufgeführten Angelegenheiten vom Arbeitgeber **rechtzeitig unterrichtet** wird und der Arbeitgeber die **vorgesehenen Maßnahmen** mit ihm **berät**. Das **Unterrichtungsrecht** entsteht nach allgemeiner Ansicht, sobald der Arbeitgeber die konkrete Absicht hat, eine der in § 30 Satz 1 SprAuG genannten Maßnahmen durchzuführen.[1] Unter **Beratung** ist zu verstehen, dass der Arbeitgeber dem Sprecherausschuss Gelegenheit zur Stellungnahme gibt und die wechselseitigen Ansichten erörtert werden.[2]

C. Arbeitszeit als Gegenstand der Unterrichtung und Mitberatung

3 Dieses **Unterrichtungs- und Mitberatungsrecht** bezieht sich nach § 30 Satz 1 Nr. 1 (auch) auf **sonstige Arbeitsbedingungen**, wenn sie als abstrakt generelle Regelungen getroffen werden sollen. Insoweit ist der kollektive Bezug entscheidend;[3] unerheblich ist dagegen die Zahl der konkret betroffenen leitenden Angestellten.[4] Gegenständlich sind unter den sonstigen Arbeitsbedingungen auch die betrieblichen Regelungen der **Arbeitszeit** zu verstehen (allg. Ansicht, statt vieler ErfK/*Oetker* § 30 SprAuG Rn. 7 m. w. N.). Mangels abweichender Definition im SprAuG selbst ist davon auszugehen, dass der gegenständliche Umfang der Unterrichtung und Mitberatung in Arbeitszeitfragen nach § 30 SprAuG dem der Beteiligung des Betriebsrats nach § 87 Abs. 1 Nr. 2 und 3 BetrVG entspricht.

D. Rechtsfolgen

4 Die Verletzung der Unterrichtungspflicht des § 30 Abs. 1 SprAuG kann nach § 36 SprAuG als **Ordnungswidrigkeit** verfolgt und mit einer Geldbuße von

---

1 Erfk/*Oetker* § 30 SprAuG Rn. 12 m. w. N.
2 Erfk/*Oetker* § 30 SprAuG Rn. 12 m. w. N.
3 ErfK/*Oetker* § 30 SprAuG, Rn. 2.
4 ErfK/*Oetker* § 28 SprAuG, Rn. 10.

bis zu 10.000 Euro belegt werden. Gleichwohl hat die Pflichtverletzung nicht die Unwirksamkeit der getroffenen generellen Regelung zur Folge.[5]

---

5 *Oetker* BB 1990, 2181; HWK/*Annuß/Girlich* § 30 SprAuG Rn. 5.

Teil C.5 Mitbestimmung in Arbeitszeitangelegenheiten - Kirchliche Mitbestimmungsrechte

I. Mitarbeitervertretungsrechte der Kirchen

In beiden Kirchen und ihren Einrichtungen in Diakonie und Caritas unter- 1
liegen u. a. die Festlegung von Beginn und Ende der täglichen Arbeitszeit und
der Pausen und die Arbeitszeitverteilung auf die Wochentage und die Aufstellung von Dienstplänen jedoch der Mitbestimmung durch die Mitarbeitervertretungen.

II. Staatkirchenrechtliche Grundlage

In der evangelischen Kirche in Deutschland und in deren Gliedkirchen sowie 2
in der katholischen Kirche und deren Diözesen in Deutschland bestehen auf
der Grundlage deren Selbstbestimmungsrechts (Art. 140 GG i. V. m. Art. 137
Abs. 3 WRV) zahlreiche Kirchengesetze.[1] Zu den kirchengesetzlichen Regelungen gehören die über die kirchenrechtlichen Mitarbeitervertretungsrechte.
Diese gelten sowohl für die verfasste(n) Kirche(n) als auch für die ihr zugeordneten Einrichtungen in Diakonie und Caritas.[2] Betriebsverfassungsrecht oder
Personalvertretungsrecht gelten insoweit nicht (§ 118 Abs. 2 BetrVG; § 112
BPersVG; § 1 Abs. 3 Nr. 2 SprAuG; § Einzelheiten bei § 87 Rdn. 8). Ebenso
haben beide Kirchen Gerichtsbarkeiten errichtet, die für Streitigkeiten über

---

[1] Textzugang für die evangelische Kirche: www.kirchenrecht-ekd.de; Textzugang für die katholische Kirche www.dbk.de.
[2] Grundlegend zu den Zuordnungsmerkmalen: BVerfG 11.10.1977 - 2 BvR 209/76 - »Goch« – BVerfGE 46, 73 = EzA § 118 BetrVG 1972 Nr. 15.

Kirchliche Mitbestimmungsrechte

das kirchrechtliche Mitbestimmungsrecht zuständig sind.[3] Der Rechtsweg zu den staatlichen Gerichten ist insoweit nicht eröffnet.

III. Evangelische Kirche

1. Innerkirchliche Gesetzgebungskompetenzen und Verbindlichkeit

3   In der evangelischen Kirche in Deutschland besteht das Kirchengesetz über Mitarbeitervertretungen (MVG.EKD).[4] Es gilt unmittelbar für die verfasste evangelische Kirche und für die ihr zugeordneten Einrichtungen, vor allem der in ihrer Diakonie. Die evangelischen Landeskirchen und evangelischen Gliedkirchen haben ihrerseits kirchengesetzlich entweder das MVG.EKD mit oder ohne Änderungen oder Ergänzungen »übernommen« oder es für »anwendbar« erklärt oder selbst ein entsprechendes Gesetz wie das MVG.EKD geschaffen, und zwar sowohl für die verfasste Kirche als auch für die ihr zugeordneten Einrichtungen.[5] Die Abweichungen zum MVG.EKD sind im hier interessierenden Zusammenhang – Mitbestimmung bei der Arbeitszeit – marginal. Für die als Vereine organisierten Diakonischen Verbände und die privatrechtlich verfassten Einrichtungen gilt das MVG.EKD bzw. das jeweilige gliedkirchliche Mitarbeitervertretungsrecht normativ.

---

3   Evangelische Kirche: Art. 32 Grundordnung der Evangelischen Kirche in Deutschland (GO.EKD) vom 13.07.1948 (ABl. EKD, S. 233), zuletzt geändert durch Kirchengesetz vom 10.11.2005 (ABl. EKD 2005 S. 549); Kirchengerichtsgesetz der Evangelischen Kirche in Deutschland (KiGG.EKD) vom 06.11.2003 (ABl. EKD, S. 408), zuletzt geändert durch Kirchengesetz vom 09.11.2011 ABl. EKD, S. 340); Verfahrensrecht im MVG.EKD; (vgl. *Schliemann*, Die neue Ordnung der Kirchengerichtsbarkeit in der Evangelischen Kirche in Deutschland, NJW 2005, 393; *Richardi*, Arbeitsrecht in der Kirche[6], § 22 Abschnitt III).
Katholische Kirche: Kirchliche Arbeitsgerichtsordnung (KAGO) i. d. F. des Beschlusses der Vollversammlung der Deutschen Bischofskonferenz vom 25.02.2010, ergangen auf Grund apostolischen Mandats (recognitio des Obersten Gerichtshofes der apostolischen Signatur vom 31.01.2005 - Einzelheiten bei *Richardi*, Arbeitsrecht in der Kirche6, § 22 Abschnitt II).

4   Kirchengesetz über Mitarbeitervertretung in der Evangelischen Kirche in Deutschland (Mitarbeitervertretungsgesetz – MVG) vom 6. November 1992 (ABl. EKD, S. 445), zuletzt geändert durch G v. 09.11.2011 (ABl. EKD, S. 339).

5   Vgl. die Zusammenstellung in *Fey/Rehren*, MVG.EKD, Einl. K 15 sowie die dortigen Textwiedergaben.

Kirchliche Mitbestimmungsrechte

Ähnlich wie im staatlichen öffentlichen Dienst werden in den Dienststellen (§ 3 MVG.EKD) durch Wahl (§ 11 MVG.EKD) Mitarbeitervertretungen gebildet, gleichgültig, ob die Dienststelle kirchenrechtlich öffentlich-rechtlich oder privatrechtlich verfasst ist. 4

2. Gesetzliche Regelung des Mitbestimmungsrechts bei der Arbeitszeit

Zur Mitbestimmung in Fragen der Regelung der Arbeitszeit sind vor allem folgende Bestimmungen des MVG.EKD zu beachten: 5

MVG.EKD

Auszug

§ 36 MVG.EKD Dienstvereinbarungen

(1) Mitarbeitervertretung und Dienststellenleitung können Dienstvereinbarungen abschließen. Dienstvereinbarungen dürfen Regelungen weder erweitern, einschränken noch ausschließen, die auf Rechtsvorschriften, insbesondere Beschlüssen der Arbeitsrechtlichen Kommission, Tarifverträgen und Entscheidungen des Schlichtungsausschusses nach dem Arbeitsrechtsregelungsgesetz oder allgemeinverbindlichen Richtlinien der Kirche beruhen. Arbeitsentgelte und sonstige Arbeitsbedingungen, die durch die in Satz 2 genannten Regelungen vereinbart worden sind oder üblicherweise vereinbart werden, können nicht Gegenstand einer Dienstvereinbarung sein, es sei denn, die Regelung nach Satz 2 lässt eine Dienstvereinbarung ausdrücklich zu.

(2) Dienstvereinbarungen sind schriftlich niederzulegen, von beiden Partnern zu unterzeichnen und in geeigneter Weise bekannt zu geben.

(3) Dienstvereinbarungen gelten unmittelbar und können im Einzelfall nicht abbedungen werden.

(4) Wenn in der Dienstvereinbarung Rechte für die Mitarbeiter und Mitarbeiterinnen begründet werden, ist darin in der Regel festzulegen, inwieweit diese Rechte bei Außerkrafttreten der Dienstvereinbarung fortgelten sollen. Eine darüber hinausgehende Nachwirkung ist ausgeschlossen.

(5) Dienstvereinbarungen können, soweit nichts Anderes vereinbart ist, mit einer Frist von drei Monaten zum Ende eines Monats gekündigt werden.

Kirchliche Mitbestimmungsrechte

§ 38 MVG.EKD *Mitbestimmung*

(1) Soweit eine Maßnahme der Mitbestimmung der Mitarbeitervertretung unterliegt, darf sie erst vollzogen werden, wenn die Zustimmung der Mitarbeitervertretung vorliegt oder kirchengerichtlich ersetzt worden ist. Eine der Mitbestimmung unterliegende Maßnahme ist unwirksam, wenn die Mitarbeitervertretung nicht beteiligt worden ist. Abweichend von Satz 2 ist ein Arbeitsvertrag wirksam; die Mitarbeitervertretung kann jedoch verlangen, dass der Mitarbeiter oder die Mitarbeiterin solange nicht beschäftigt wird, bis eine Einigung zwischen Mitarbeitervertretung und Dienststellenleitung erzielt ist oder die fehlende Einigung kirchengerichtlich ersetzt wurde.

(2) Die Dienststellenleitung unterrichtet die Mitarbeitervertretung von der beabsichtigten Maßnahme und beantragt deren Zustimmung. Auf Verlangen der Mitarbeitervertretung ist die beabsichtigte Maßnahme mit ihr zu erörtern.

(3) Die Maßnahme gilt als gebilligt, wenn die Mitarbeitervertretung nicht innerhalb von zwei Wochen die Zustimmung schriftlich verweigert oder eine mündliche Erörterung beantragt. Die Dienststellenleitung kann die Frist in dringenden Fällen bis auf drei Arbeitstage abkürzen. Die Frist beginnt mit dem Zugang der Mitteilung an den Vorsitzenden oder die Vorsitzende der Mitarbeitervertretung. Die Dienststellenleitung kann im Einzelfall die Frist auf Antrag der Mitarbeitervertretung verlängern. Die Mitarbeitervertretung hat eine Verweigerung der Zustimmung gegenüber der Dienststellenleitung schriftlich zu begründen. Im Fall der Erörterung gilt die Zustimmung als erteilt, wenn die Mitarbeitervertretung die Zustimmung nicht innerhalb einer Woche nach dem Abschluss der Erörterung schriftlich verweigert. Die Erörterung ist abgeschlossen, wenn dies durch die Mitarbeitervertretung oder die Dienststellenleitung schriftlich mitgeteilt wird.

(4) Kommt in den Fällen der Mitbestimmung keine Einigung zu Stande, kann die Dienststellenleitung innerhalb von zwei Wochen nach Eingang der schriftlichen Weigerung das Kirchengericht anrufen.

(5) Die Dienststellenleitung kann bei Maßnahmen, die keinen Aufschub dulden, bis zur endgültigen Entscheidung vorläufige Regelungen treffen. Vorläufige Regelungen dürfen die Durchführung einer anderen endgültigen Entscheidung nicht hindern. Die Dienststellenleitung hat der Mitarbeitervertretung eine beabsichtigte vorläufige Maßnahme mitzuteilen, zu begründen und unverzüglich das Verfahren der Absätze 1 und 2 einzuleiten oder fortzusetzen.

Kirchliche Mitbestimmungsrechte

§ 40 MVG.EKD Fälle der Mitbestimmung in organisatorischen und sozialen Angelegenheiten

Die Mitarbeitervertretung hat in folgenden Fällen ein Mitbestimmungsrecht:
a) ...
d) Beginn und Ende der täglichen Arbeitszeit und der Pausen, Verteilung der Arbeitszeit auf die einzelnen Wochentage sowie Festlegung der Grundsätze für die Aufstellung von Dienstplänen,
e) ...

3. Regelungsmechanismus und -gegenstand

Der Regelungsmechanismus und der Regelungsgegenstand ähneln dem des BPersVG. 6

a) Regelungsinstrumente

Wesentliches Regelungsinstrument ist die Dienstvereinbarung; möglich ist aber auch eine Dienstabrede. Für die förmliche, normativ wirkende Dienstabrede ist der in § 36 Abs. 1 Satz 2 MVG.EKD geregelte Vorbehalt höherrangiger Rechtsvorschriften zu beachten. Er ist umfassender als der in § 87 Abs. 1 BetrVG, indem er auch die Beschlüsse der Arbeitsrechtlichen Kommission, Entscheidungen der arbeitsrechtlichen Schiedsstelle – diese Stellen generieren die sonst in Tarifverträgen normierten materiellen Arbeitsbedingungen auf dem Dritten Weg[6] - und die allgemeinverbindlichen Richtlinien der Kirche umfasst. Zu den die Mitbestimmung ausschließenden Regelungen gehören auch die des staatlichen Arbeitszeitschutzes, vor allem auch das ArbZG und die entsprechenden Bestimmungen im MuSchG und im JArbSchG. Diese Gesetze sind für alle geltende Bestimmungen i.S. des Art. 137 Abs. 3 WRV. 7

b) Beteiligungsverfahren

Die Dienststellenleitung hat die Mitarbeitervertretung zur beabsichtigten Festlegung oder Durchführung arbeitszeitrechtlicher Maßnahme rechtzeitig und umfassend anzuhören und die Maßnahme auf deren Verlangen zu 8

---

[6] Vgl. dazu und zu den Abweichungen in der Nordkirche und in der Ev. Kirche von Berlin-Brandenburg-schlesische Oberlausitz: *Richardi*, Arbeitsrecht in der Kirche6, Viertes Kapitel.

erörtern.[7] Dies betrifft nicht zuletzt die Dienstpläne.[8] Die Mitarbeitervertretung ist nicht auf bestimmte Gründe verwiesen, wenn sie ihre Zustimmung verweigern will, wohl aber muss sie die Förmlichkeiten der fristgerechten Zustimmungsverweigerung einhalten, sonst ist die Zustimmungsverweigerung rechtlich wirkungslos.

c) Gegenstände der Mitbestimmung

9 Vor der Aufstellung von **Dienstplänen** ist die Mitarbeitervertretung anzuhören.[9] Die **Änderung** der bisherigen Anordnung der Kombination von Bereitschaftsdienst und Rufbereitschaft in die Anordnung ausschließlicher Rufbereitschaft ist mitbestimmungspflichtig.[10] Ebenso mitbestimmungspflichtig ist die **Festsetzung neuer Dienstzeiten** im Hinblick auf geänderte Arbeitsbedingungen.[11]

Mitbestimmungspflichtig ist auch die Festlegung der **Grundsätze für die Aufstellung von Dienstplänen**.

d) Eilfälle

10 Anders als BetrVG, aber ähnlich wie im BPersVG (dort § 69 Abs. 5), berechtigt § 38 Abs. 5 MVG.EKD die Dienststellenleitung bei Maßnahmen, die keinen Aufschub dulden, vorläufige Regelungen zu treffen.

IV. Katholische Kirche

1. Innerkirchliche Gesetzgebungskompetenzen

11 Das Mitarbeitervertretungsrecht der katholischen Kirche in ihren deutschen Diözesen beruht auf der Rahmenordnung für eine Mitarbeitervertretungsord-

---

7 KGH.EKD 24.01.2010 - 0124/S20-10.
8 KGH.EKD 20.04.2009 – I-0124/P47-08 – NZA 2010, S. 303.
9 KGH.EKD 24.01.2010 - 0124/S20-10; KGH.EKD 20.04.2009 – I-0124/P47-08 – NZA 2010, S. 303.
10 KGH.EKD 08.12.2008 – I-0124/P16-08 – ZMV 2009, S. 1000 = KuR 2009, S. 139.
11 KGH.EKD 08.12.2008 – II-0124/N69-07.

Kirchliche Mitbestimmungsrechte

nung.[12] Diese Rahmenordnung gilt unmittelbar für den Verband der Diözesen Deutschlands. Für die verfasste Kirche gilt die Fassung der Rahmenordnung, die der jeweilige Diözesanbischof ihr gegeben hat.[13]

Die MAVO soll aber nicht nur für die verfasste katholische Kirche bzw. deren jeweiliger Diözese, sondern auch für die ihr zugeordneten, aber rechtlich selbstständigen Einrichtungen vor allem in der Caritas gelten. Diese Einrichtungen sind privatrechtlich organisiert. Ausgehend von der These, autonomes kirchliches Recht könne der Bischof nur für den Bereich der verfassten Kirche als einer öffentlich-rechtlichen Körperschaft setzen,[14] wird daher angenommen, dass das kirchengesetzliche katholische Mitarbeitervertretungsrecht für den deutschen Caritasverband und die sonstigen privatrechtlichen Einrichtungen, die der katholischen Kirche zugeordnet sind, allein durch satzungsautonome Selbstverpflichtung Verbindlichkeit erlangen könne. Dieser Zustand wird sich ändern. Die Diözesanbischöfe haben durch ihren Beschluss vom 20. Juni 2011 festgelegt, dass die MAVO bei den kirchlichen Rechtsträgern anzuwenden ist, wenn sie bis zum 31.12.2013 die »Grundordnung des kirchlichen Dienstes im Rahmen kirchlicher Arbeitsverhältnisse«[15] qua eigenen Statutes verbindlich übernommen haben; anderenfalls nähmen sie nicht am Selbstbestimmungsrecht der Kirche gemäß Art. 140 GG i. V. m. Art. 137 Abs. 3 WRV teil; sie unterfielen dann dem staatlichen Betriebsverfassungsrecht. *Richardi* möchte dagegen die auch ohne solche Satzungsbestimmung bestehende Verbindlichkeit der MAVO aus der bestehenden staatskirchenrechtlichen Rechtslage herleiten[16] Dieser Gedanke mag zwar rechtspolitisch nachvollziehbar sein; indessen ist nicht zu übersehen, dass die MAVO selbst davon ausgeht, dass die MAVO von nichtöffentlich-rechtlichen Rechtsträger »übernommen« werden muss, weil sie selbst keine unmittelbare Geltung beansprucht.

12

---

12 Rahmenordnung für eine Mitarbeitervertretungsordnung (Beschluss der Vollversammlung der Diözesen Deutschlands vom 20.11.1995, zuletzt geändert durch Beschluss der Vollversammlung der Diözesen Deutschlands vom 20.06.2010).
13 Vgl. zu den einzelnen Legislationen: *Richardi*, Arbeitsrecht in der Kirche6, § 18 Rdn. 3 Fn. 5.
14 *Bietmann*, MAVO. § 1 Anm. 2.2.
15 »Grundordnung des kirchlichen Dienstes im Rahmen kirchlicher Arbeitsverhältnisse« (Beschluss der Vollversammlung der Deutschen Bischofskonferenz vom 22.09.1993), *Dütz*, NJW 1994, S. 1369; *Richardi*, NZA 1994, S. 19.
16 Ausführlich: *Richardi*, Arbeitsrecht in der Kirche6, § 18 I 3 b Rdn. 7 bis 12.

Kirchliche Mitbestimmungsrechte

13 Für katholische **Orden** kommt es darauf an, ob sie dem Bischof oder dem Papst unterstehen. Im ersteren Fall unterstehen sie der bischöflichen MAVO, im letzteren Fall kann das Mitarbeitervertretungsrecht nur vom apostolischen Stuhl geregelt werden (arg. ca. 539 CIC).

14 Vergleichbar dem öffentlichen Dienst werden in den Dienststellen durch Wahl Mitarbeitervertretungen gebildet.

2. Gesetzliche Regelung des Mitbestimmungsrechts bei der Arbeitszeit

15 Zur Mitbestimmung in Fragen der Regelung der Arbeitszeit sind vor allem folgende Bestimmungen des § 36 MAVO zu beachten:

MAVO (Rahmenordnung)

Auszug

§ 28 MAVORO Formen der Beteiligung, Dienstvereinbarung

(1) Die Beteiligung der Mitarbeitervertretung an Entscheidungen des Dienstgebers vollzieht sich im Rahmen der Zuständigkeit der Einrichtung nach den §§ 29 bis 37. Formen der Beteiligung sind
- *Anhörung und Mitberatung*
- *Vorschlagsrecht*
- *Zustimmung*
- *Antragsrecht.*

(2) Dienstvereinbarungen sind im Rahmen des § 38 zulässig

.§ 33 MAVORO Zustimmung

(1) In den Angelegenheit der §§ 34 bis 36 ....kann der Dienstgeber die von ihm beabsichtigte Maßnahme oder Entscheidung nur mit Zustimmung der Mitarbeitervertretung treffen.

(2) Der Dienstgeber unterrichtet die Mitarbeitervertretung von der beabsichtigten Maßnahme oder Entscheidung und beantragt ihre Zustimmung. Die Zustimmung gilt als erteilt, wenn die Mitarbeitervertretung nicht binnen einer Woche nach Eingang des Antrags bei ihr Einwendungen erhebt. Auf Antrag der Mitarbeitervertretung kann der Dienstgeber die Frist um eine weitere Woche verlängern. Wenn Entscheidungen nach Ansicht des Dienstgebers eilbedürftig sind, kann er die

Kirchliche Mitbestimmungsrechte

Frist auf drei Tage, bei Anstellungen und Einstellungen auch bis zu 24 Stunden unter Angabe der Gründe verkürzen.

(3) Erhebt die Mitarbeitervertretung Einwendungen, so haben Dienstgeber und Mitarbeitervertretung mit dem Ziel der Einigung zu verhandeln, falls nicht der Dienstgeber von der beabsichtigten Maßnahme oder Entscheidung Abstand nimmt. Der Dienstgeber setzt den Termin für die Verhandlung fest und lädt dazu ein. Die Mitarbeitervertretung erklärt innerhalb von drei Tagen nach Abschluss der Verhandlung, ob sie die Zustimmung erteilt oder verweigert. Äußert sie sich innerhalb dieser Frist nicht, gilt die Zustimmung als erteilt.

(4) Hat die Mitarbeitervertretung die Zustimmung verweigert, so kann der Dienstgeber in den Fällen ... des § 36 die Einigungsstelle anrufen.

(5) Der Dienstgeber kann in Angelegenheiten der §§ 34 bis 36, di der Natur nach keinen Aufschub dulden, bis zur endgültigen Entscheidung vorläufige Regelung treffen. Er hat unverzüglich der Mitarbeitervertretung die vorläufige Regelung mitzuteilen und zu begründen und das Verfahren nach den Absätzen 2 bis 4 einzuleiten oder fortzusetzen. § 36 MAVORO Zustimmung bei Angelegenheiten der Dienststelle (1) Die Entscheidung bei folgenden Angelegenheiten der Dienststelle bedarf der Zustimmung der Mitarbeitervertretung, soweit nicht eine kirchliche Arbeitsvertragsordnung oder sonstige Rechtsnorm Anwendung findet: 1. Änderung von Beginn und Ende der täglichen Arbeitszeit einschließlich der Pausen sowie der Verteilung der Arbeitszeit auf die einzelnen Wochentage, 2.... (2) Absatz 1 findet keine Anwendung auf Mitarbeiterinnen und Mitarbeiter für pastorale Dienste oder religiöse Unterweisung, die zu ihrer Tätigkeit der ausdrücklichen bischöflichen Sendung oder Beauftragung bedürfen, sowie auf Mitarbeiterinnen und Mitarbeiter im liturgischen Dienst.

(3) Muss für eine Einrichtung oder für einen Teil der Einrichtung die tägliche Arbeitszeit gemäß Abs. 1 Nr. 1 nach Erfordernissen, die die Einrichtung nicht voraussehen kann, unregelmäßig oder kurzfristig festgesetzt werden, ist die Beteiligung der Mitarbeitervertretung auf die Grundsätze für die Aufstellung der Dienstpläne, insbesondere für die Anordnung von Arbeitsbereitschaft, Mehrarbeit und Überstunden beschränkt.

Kirchliche Mitbestimmungsrechte

3. Regelungsmechanismus und -gegenstand

a) Regelungsinstrumente

16 Mitbestimmungsrechtlich erfordert jede Arbeitszeitregelung die Zustimmung der Mitarbeitervertretung (§ 36 i. V. m. §§ 34 Abs. 1, 28 Abs. 1 MAVO), soweit es sich nicht um unvorhersehbare Regelungsfälle i.S. des § 36 Abs. 3 MAVO handelt. Das Regelungsinstrument der Dienstvereinbarung steht für Arbeitszeitregelungen i.S. des § 36 MAVO nicht zur Verfügung (§ 28 Abs. 2 MAVO). Der Vorrang höherrangiger Rechtsnormen kommt in § 36 MAVO Eingangssatz zum Ausdruck. Zu den die Mitbestimmung ausschließenden normativen Regelungen gehören auch die des staatlichen Arbeitszeitschutzes, vor allem auch das ArbZG und die entsprechenden Bestimmungen im MuSchG und im JArbSchG. Diese Gesetze sind für alle geltende Bestimmungen i.S. des Art. 137 Abs. 3 WRV.

b) Beteiligungsverfahren

17 Der Dienstgeber hat die Mitarbeitervertretung über die beabsichtigte Arbeitszeitregelung oder -maßnahme zu unterrichten und ihre Zustimmung einzuholen. Die regelmäßige Frist für die Entscheidung der Mitarbeitervertretung über einen Zustimmungsantrag des Dienstgebers beträgt eine Woche. Sie kann auf Antrag der Mitarbeitervertretung verlängert werden, der Dienstgeber kann sie aber auch verkürzen.. Die Zustimmungsverweigerung ist zwar an die Fristeneinhaltung, nicht aber an eine Form oder gar schriftliche Begründung gebunden.

c) Gegenstände der Mitbestimmung

18 Die Gegenstände der Mitbestimmung in Arbeitszeitangelegenheiten entsprechen cum grano salis bei den Grundsätzen für eine Dienstvereinbarung denen im MVG.EKD bzw. BPersVG.

d) Eilfälle

19 Für die Einschätzung, ob ein das Mitbestimmungsrecht auf Grundsätze für Dienstpläne zurückdrängender Eilfall vorliegt, ist die Ansicht des Dienstgebers maßgeblich.

Teil D Anhänge

Anhang 1

Richtlinie 2003/88/EG des Europäischen Parlaments und des Rates vom 4. November 2003 über bestimmte Aspekte der Arbeitszeitgestaltung

DAS EUROPÄISCHE PARLAMENT UND DER RAT DER EUROPÄISCHEN UNION -

gestützt auf den Vertrag zur Gründung der Europäischen Gemeinschaft, insbesondere auf Artikel 137 Absatz 2,

auf Vorschlag der Kommission,

nach Stellungnahme des Europäischen Wirtschafts- und Sozialausschusses,[1]

nach Anhörung des Ausschusses der Regionen,

gemäß dem Verfahren des Artikels 251 des Vertrags,[2]

in Erwägung nachstehender Gründe:
(1) Die Richtlinie 93/104/EG des Rates vom 23. November 1993 über bestimmte Aspekte der Arbeitszeitgestaltung[3], die Mindestvorschriften für Sicherheit und Gesundheitsschutz bei der Arbeitszeitgestaltung im Hinblick auf tägliche Ruhezeiten, Ruhepausen, wöchentliche Ruhezeiten, wöchentliche Hoechstarbeitszeit, Jahresurlaub sowie Aspekte der Nacht- und der Schichtarbeit und des Arbeitsrhythmus enthält, ist in wesentlichen Punkten geändert worden. Aus Gründen der Übersichtlichkeit und Klarheit empfiehlt es sich deshalb, die genannten Bestimmungen zu kodifizieren.

---

1 Amtl. Anm.: ABl. C 61 vom 14.3.2003, S. 123.
2 Amtl. Anm.: Stellungnahme des Europäischen Parlaments vom 17. Dezember 2002 (noch nicht im Amtsblatt veröffentlicht) und Beschluss des Rates vom 22. September 2003.
3 Amtl. Anm.: ABl. L 307 vom 13.12.1993, S. 18. Geändert durch die Richtlinie 2000/34/EG des Europäischen Parlaments und des Rates (ABl. L 195 vom 1.8.2000, S. 41).

(2) Nach Artikel 137 des Vertrags unterstützt und ergänzt die Gemeinschaft die Tätigkeit der Mitgliedstaaten, um die Arbeitsumwelt zum Schutz der Sicherheit und der Gesundheit der Arbeitnehmer zu verbessern. Richtlinien, die auf der Grundlage dieses Artikels angenommen werden, sollten keine verwaltungsmäßigen, finanziellen oder rechtlichen Auflagen vorschreiben, die der Gründung und Entwicklung von kleinen und mittleren Unternehmen entgegenstehen.
(3) Die Bestimmungen der Richtlinie 89/391/EWG des Rates vom 12. Juni 1989 über die Durchführung von Maßnahmen zur Verbesserung der Sicherheit und des Gesundheitsschutzes der Arbeitnehmer bei der Arbeit[4] bleiben auf die durch die vorliegende Richtlinie geregelte Materie - unbeschadet der darin enthaltenen strengeren und/oder spezifischen Vorschriften - in vollem Umfang anwendbar.
(4) Die Verbesserung von Sicherheit, Arbeitshygiene und Gesundheitsschutz der Arbeitnehmer bei der Arbeit stellen Zielsetzungen dar, die keinen rein wirtschaftlichen Überlegungen untergeordnet werden dürfen.
(5) Alle Arbeitnehmer sollten angemessene Ruhezeiten erhalten. Der Begriff »Ruhezeit« muss in Zeiteinheiten ausgedrückt werden, d. h. in Tagen, Stunden und/oder Teilen davon. Arbeitnehmern in der Gemeinschaft müssen Mindestruhezeiten - je Tag, Woche und Jahr - sowie angemessene Ruhepausen zugestanden werden. In diesem Zusammenhang muss auch eine wöchentliche Hoechstarbeitszeit festgelegt werden.
(6) Hinsichtlich der Arbeitszeitgestaltung ist den Grundsätzen der Internationalen Arbeitsorganisation Rechnung zu tragen; dies betrifft auch die für Nachtarbeit geltenden Grundsätze.
(7) Untersuchungen zeigen, dass der menschliche Organismus während der Nacht besonders empfindlich auf Umweltstörungen und auf bestimmte belastende Formen der Arbeitsorganisation reagiert und dass lange Nachtarbeitszeiträume für die Gesundheit der Arbeitnehmer nachteilig sind und ihre Sicherheit bei der Arbeit beeinträchtigen können.
(8) Infolgedessen ist die Dauer der Nachtarbeit, auch in Bezug auf die Mehrarbeit, einzuschränken und vorzusehen, dass der Arbeitgeber im Fall regelmäßiger Inanspruchnahme von Nachtarbeitern die zuständigen Behörden auf Ersuchen davon in Kenntnis setzt.
(9) Nachtarbeiter haben vor Aufnahme der Arbeit - und danach regelmäßig - Anspruch auf eine unentgeltliche Untersuchung ihres Gesundheits-

---

4 Amtl. Anm.: ABl. L 183 vom 29.6.1989, S. 1.

zustands und müssen, wenn sie gesundheitliche Schwierigkeiten haben, soweit jeweils möglich auf eine für sie geeignete Arbeitsstelle mit Tagarbeit versetzt werden.

(10) In Anbetracht der besonderen Lage von Nacht- und Schichtarbeitern müssen deren Sicherheit und Gesundheit in einem Maß geschützt werden, das der Art ihrer Arbeit entspricht, und die Schutz- und Vorsorgeleistungen oder -mittel müssen effizient organisiert und eingesetzt werden.

(11) Die Arbeitsbedingungen können die Sicherheit und Gesundheit der Arbeitnehmer beeinträchtigen. Die Gestaltung der Arbeit nach einem bestimmten Rhythmus muss dem allgemeinen Grundsatz Rechnung tragen, dass die Arbeitsgestaltung dem Menschen angepasst sein muss.

(12) Eine europäische Vereinbarung über die Regelung der Arbeitszeit von Seeleuten ist gemäß Artikel 139 Absatz 2 des Vertrags durch die Richtlinie 1999/63/EG des Rates vom 21. Juni 1999 zu der vom Verband der Reeder in der Europäischen Gemeinschaft (European Community Shipowners‹ Association ECSA) und dem Verband der Verkehrsgewerkschaften in der Europäischen Union (Federation of Transport Workers‹ Unions in the European Union FST) getroffenen Vereinbarung über die Regelung der Arbeitszeit von Seeleuten[5] durchgeführt worden. Daher sollten die Bestimmungen dieser Richtlinie nicht für Seeleute gelten.

(13) Im Fall jener »am Ertrag beteiligten Fischer«, die in einem Arbeitsverhältnis stehen, ist es Aufgabe der Mitgliedstaaten, gemäß dieser Richtlinie die Bedingungen für das Recht auf und die Gewährung von Jahresurlaub einschließlich der Regelungen für die Bezahlung festzulegen.

(14) Die spezifischen Vorschriften anderer gemeinschaftlicher Rechtsakte über zum Beispiel Ruhezeiten, Arbeitszeit, Jahresurlaub und Nachtarbeit bestimmter Gruppen von Arbeitnehmern sollten Vorrang vor den Bestimmungen dieser Richtlinie haben.

(15) In Anbetracht der Fragen, die sich aufgrund der Arbeitszeitgestaltung im Unternehmen stellen können, ist eine gewisse Flexibilität bei der Anwendung einzelner Bestimmungen dieser Richtlinie vorzusehen, wobei jedoch die Grundsätze des Schutzes der Sicherheit und der Gesundheit der Arbeitnehmer zu beachten sind.

(16) Je nach Lage des Falles sollten die Mitgliedstaaten oder die Sozialpartner die Möglichkeit haben, von einzelnen Bestimmungen dieser Richtlinie

---

5 Amtl. Anm.: ABl. L 167 vom 2.7.1999, S. 33.

abzuweichen. Im Fall einer Abweichung müssen jedoch den betroffenen Arbeitnehmern in der Regel gleichwertige Ausgleichsruhezeiten gewährt werden.

(17) Diese Richtlinie sollte die Pflichten der Mitgliedstaaten hinsichtlich der in Anhang I Teil B aufgeführten Richtlinien und deren Umsetzungsfristen unberührt lassen -

HABEN FOLGENDE RICHTLINIE ERLASSEN:

KAPITEL 1 ANWENDUNGSBEREICH UND BEGRIFFSBESTIMMUNGEN

Gegenstand und Anwendungsbereich

(1) Diese Richtlinie enthält Mindestvorschriften für Sicherheit und Gesundheitsschutz bei der Arbeitszeitgestaltung.

(2) Gegenstand dieser Richtlinie sind
a) die täglichen und wöchentlichen Mindestruhezeiten, der Mindestjahresurlaub, die Ruhepausen und die wöchentliche Höchstarbeitszeit sowie
b) bestimmte Aspekte der Nacht- und der Schichtarbeit sowie des Arbeitsrhythmus.

(3) Diese Richtlinie gilt unbeschadet ihrer Artikel 14, 17, 18 und 19 für alle privaten oder öffentlichen Tätigkeitsbereiche im Sinne des Artikels 2 der Richtlinie 89/391/EWG.

Diese Richtlinie gilt unbeschadet des Artikels 2 Nummer 8 nicht für Seeleute gemäß der Definition in der Richtlinie 1999/63/EG.

(4) Die Bestimmungen der Richtlinie 89/391/EWG finden unbeschadet strengerer und/oder spezifischer Vorschriften in der vorliegenden Richtlinie auf die in Absatz 2 genannten Bereiche voll Anwendung.

Art. 2 Begriffsbestimmungen

Im Sinne dieser Richtlinie sind:
1. Arbeitszeit: jede Zeitspanne, während der ein Arbeitnehmer gemäß den einzelstaatlichen Rechtsvorschriften und/oder Gepflogenheiten arbeitet, dem Arbeitgeber zur Verfügung steht und seine Tätigkeit ausübt oder Aufgaben wahrnimmt;
2. Ruhezeit: jede Zeitspanne außerhalb der Arbeitszeit;

3. Nachtzeit: jede, in den einzelstaatlichen Rechtsvorschriften festgelegte Zeitspanne von mindestens sieben Stunden, welche auf jeden Fall die Zeitspanne zwischen 24 Uhr und 5 Uhr umfasst;
4. Nachtarbeiter:
    a) einerseits: jeder Arbeitnehmer, der während der Nachtzeit normalerweise mindestens drei Stunden seiner täglichen Arbeitszeit verrichtet;
    b) andererseits: jeder Arbeitnehmer, der während der Nachtzeit gegebenenfalls einen bestimmten Teil seiner jährlichen Arbeitszeit verrichtet, der nach Wahl des jeweiligen Mitgliedstaats festgelegt wird:
        i) nach Anhörung der Sozialpartner in den einzelstaatlichen Rechtsvorschriften oder
        ii) in Tarifverträgen oder Vereinbarungen zwischen den Sozialpartnern auf nationaler oder regionaler Ebene;
5. Schichtarbeit: jede Form der Arbeitsgestaltung kontinuierlicher oder nicht kontinuierlicher Art mit Belegschaften, bei der Arbeitnehmer nach einem bestimmten Zeitplan, auch im Rotationsturnus, sukzessive an den gleichen Arbeitsstellen eingesetzt werden, so dass sie ihre Arbeit innerhalb eines Tages oder Wochen umfassenden Zeitraums zu unterschiedlichen Zeiten verrichten müssen;
6. Schichtarbeiter: jeder in einem Schichtarbeitsplan eingesetzte Arbeitnehmer;
7. mobiler Arbeitnehmer: jeder Arbeitnehmer, der als Mitglied des fahrenden oder fliegenden Personals im Dienst eines Unternehmens beschäftigt ist, das Personen oder Güter im Straßen- oder Luftverkehr oder in der Binnenschifffahrt befördert;
8. Tätigkeiten auf Offshore-Anlagen: Tätigkeiten, die größtenteils auf oder von einer Offshore-Plattform (einschließlich Bohrplattformen) aus direkt oder indirekt im Zusammenhang mit der Exploration, Erschließung oder wirtschaftlichen Nutzung mineralischer Ressourcen einschließlich Kohlenwasserstoffe durchgeführt werden, sowie Tauchen im Zusammenhang mit derartigen Tätigkeiten, entweder von einer Offshore-Anlage oder von einem Schiff aus;
9. ausreichende Ruhezeiten: die Arbeitnehmer müssen über regelmäßige und ausreichend lange und kontinuierliche Ruhezeiten verfügen, deren Dauer in Zeiteinheiten angegeben wird, damit sichergestellt ist, dass sie nicht wegen Übermüdung oder wegen eines unregelmäßigen Arbeitsrhythmus sich selbst, ihre Kollegen oder sonstige Personen verletzen und weder kurzfristig noch langfristig ihre Gesundheit schädigen.

Anhang 1 Richtlinie 2003/88/EG

KAPITEL 2 MINDESTRUHEZEITEN - SONSTIGE ASPEKTE DER ARBEITSZEITGESTALTUNG

Art. 3 Tägliche Ruhezeit

Die Mitgliedstaaten treffen die erforderlichen Maßnahmen, damit jedem Arbeitnehmer pro 24-Stunden-Zeitraum eine Mindestruhezeit von elf zusammenhängenden Stunden gewährt wird.

Art. 4 Ruhepause

Die Mitgliedstaaten treffen die erforderlichen Maßnahmen, damit jedem Arbeitnehmer bei einer täglichen Arbeitszeit von mehr als sechs Stunden eine Ruhepause gewährt wird; die Einzelheiten, insbesondere Dauer und Voraussetzung für die Gewährung dieser Ruhepause, werden in Tarifverträgen oder Vereinbarungen zwischen den Sozialpartnern oder in Ermangelung solcher Übereinkünfte in den innerstaatlichen Rechtsvorschriften festgelegt.

Art. 5 Wöchentliche Ruhezeit

Die Mitgliedstaaten treffen die erforderlichen Maßnahmen, damit jedem Arbeitnehmer pro Siebentageszeitraum eine kontinuierliche Mindestruhezeit von 24 Stunden zuzüglich der täglichen Ruhezeit von elf Stunden gemäß Artikel 3 gewährt wird.

Wenn objektive, technische oder arbeitsorganisatorische Umstände dies rechtfertigen, kann eine Mindestruhezeit von 24 Stunden gewählt werden.

Art. 6 Wöchentliche Höchstarbeitszeit

Die Mitgliedstaaten treffen die erforderlichen Maßnahmen, damit nach Maßgabe der Erfordernisse der Sicherheit und des Gesundheitsschutzes der Arbeitnehmer:
a) die wöchentliche Arbeitszeit durch innerstaatliche Rechts- und Verwaltungsvorschriften oder in Tarifverträgen oder Vereinbarungen zwischen den Sozialpartnern festgelegt wird;
b) die durchschnittliche Arbeitszeit pro Siebentageszeitraum 48 Stunden einschließlich der Überstunden nicht überschreitet.

Art. 7 Jahresurlaub

(1) Die Mitgliedstaaten treffen die erforderlichen Maßnahmen, damit jeder Arbeitnehmer einen bezahlten Mindestjahresurlaub von vier Wochen nach Maßgabe der Bedingungen für die Inanspruchnahme und die Gewährung erhält, die in den einzelstaatlichen Rechtsvorschriften und/oder nach den einzelstaatlichen Gepflogenheiten vorgesehen sind.

(2) Der bezahlte Mindestjahresurlaub darf außer bei Beendigung des Arbeitsverhältnisses nicht durch eine finanzielle Vergütung ersetzt werden.

KAPITEL 3 ACHTARBEIT - SCHICHTARBEIT - ARBEITSRHYTHMUS

Art. 8 Dauer der Nachtarbeit

Die Mitgliedstaaten treffen die erforderlichen Maßnahmen, damit:
a) die normale Arbeitszeit für Nachtarbeiter im Durchschnitt acht Stunden pro 24-Stunden-Zeitraum nicht überschreitet;
b) Nachtarbeiter, deren Arbeit mit besonderen Gefahren oder einer erheblichen körperlichen oder geistigen Anspannung verbunden ist, in einem 24-Stunden-Zeitraum, während dessen sie Nachtarbeit verrichten, nicht mehr als acht Stunden arbeiten.

Zum Zweck von Buchstabe b) wird im Rahmen von einzelstaatlichen Rechtsvorschriften und/oder Gepflogenheiten oder von Tarifverträgen oder Vereinbarungen zwischen den Sozialpartnern festgelegt, welche Arbeit unter Berücksichtigung der Auswirkungen der Nachtarbeit und der ihr eigenen Risiken mit besonderen Gefahren oder einer erheblichen körperlichen und geistigen Anspannung verbunden ist.

Art. 9 Untersuchung des Gesundheitszustands von Nachtarbeitern und Versetzung auf Arbeitsstellen mit Tagarbeit

(1) Die Mitgliedstaaten treffen die erforderlichen Maßnahmen, damit:
a) der Gesundheitszustand der Nachtarbeiter vor Aufnahme der Arbeit und danach regelmäßig unentgeltlich untersucht wird;
b) Nachtarbeiter mit gesundheitlichen Schwierigkeiten, die nachweislich damit verbunden sind, dass sie Nachtarbeit leisten, soweit jeweils möglich auf eine Arbeitsstelle mit Tagarbeit versetzt werden, für die sie geeignet sind.

(2) Die unentgeltliche Untersuchung des Gesundheitszustands gemäß Absatz 1 Buchstabe a) unterliegt der ärztlichen Schweigepflicht.

(3) Die unentgeltliche Untersuchung des Gesundheitszustands gemäß Absatz 1 Buchstabe a) kann im Rahmen des öffentlichen Gesundheitswesens durchgeführt werden.

Art. 10 Garantien für Arbeit während der Nachtzeit

Die Mitgliedstaaten können die Arbeit bestimmter Gruppen von Nachtarbeitern, die im Zusammenhang mit der Arbeit während der Nachtzeit einem Sicherheits- oder Gesundheitsrisiko ausgesetzt sind, nach Maßgabe der einzelstaatlichen Rechtsvorschriften und/oder Gepflogenheiten von bestimmten Garantien abhängig machen.

Art. 11 Unterrichtung bei regelmäßiger Inanspruchnahme von Nachtarbeitern

Die Mitgliedstaaten treffen die erforderlichen Maßnahmen, damit der Arbeitgeber bei regelmäßiger Inanspruchnahme von Nachtarbeitern die zuständigen Behörden auf Ersuchen davon in Kenntnis setzt.

Art. 12 Sicherheits- und Gesundheitsschutz

Die Mitgliedstaaten treffen die erforderlichen Maßnahmen, damit:
a) Nacht- und Schichtarbeitern hinsichtlich Sicherheit und Gesundheit in einem Maß Schutz zuteil wird, das der Art ihrer Arbeit Rechnung trägt;
b) die zur Sicherheit und zum Schutz der Gesundheit von Nacht- und Schichtarbeitern gebotenen Schutz- und Vorsorgeleistungen oder -mittel denen für die übrigen Arbeitnehmer entsprechen und jederzeit vorhanden sind.

Art. 13 Arbeitsrhythmus

Die Mitgliedstaaten treffen die erforderlichen Maßnahmen, damit ein Arbeitgeber, der beabsichtigt, die Arbeit nach einem bestimmten Rhythmus zu gestalten, dem allgemeinen Grundsatz Rechnung trägt, dass die Arbeitsgestaltung dem Menschen angepasst sein muss, insbesondere im Hinblick auf die Verringerung der eintönigen Arbeit und des maschinenbestimmten Arbeitsrhythmus, nach Maßgabe der Art der Tätigkeit und der Erfordernisse der Sicherheit und des Gesundheitsschutzes, insbesondere was die Pausen während der Arbeitszeit betrifft.

KAPITEL 4 SONSTIGE BESTIMMUNGEN

Art. 14 Spezifischere Gemeinschaftsvorschriften

Die Bestimmungen dieser Richtlinie gelten nicht, soweit andere Gemeinschaftsinstrumente spezifischere Vorschriften über die Arbeitszeitgestaltung für bestimmte Beschäftigungen oder berufliche Tätigkeiten enthalten.

Art. 15 Günstigere Vorschriften

Das Recht der Mitgliedstaaten, für die Sicherheit und den Gesundheitsschutz der Arbeitnehmer günstigere Rechts- und Verwaltungsvorschriften anzuwenden oder zu erlassen oder die Anwendung von für die Sicherheit und den Gesundheitsschutz der Arbeitnehmer günstigeren Tarifverträgen oder Vereinbarungen zwischen den Sozialpartnern zu fördern oder zu gestatten, bleibt unberührt.

Art. 16 Bezugszeiträume

Die Mitgliedstaaten können für die Anwendung der folgenden Artikel einen Bezugszeitraum vorsehen, und zwar
a) für Artikel 5 (wöchentliche Ruhezeit) einen Bezugszeitraum bis zu 14 Tagen;
b) für Artikel 6 (wöchentliche Höchstarbeitszeit) einen Bezugszeitraum bis zu vier Monaten.
 Die nach Artikel 7 gewährten Zeiten des bezahlten Jahresurlaubs sowie die Krankheitszeiten bleiben bei der Berechnung des Durchschnitts unberücksichtigt oder sind neutral;
c) für Artikel 8 (Dauer der Nachtarbeit) einen Bezugszeitraum, der nach Anhörung der Sozialpartner oder in Tarifverträgen oder Vereinbarungen zwischen den Sozialpartnern auf nationaler oder regionaler Ebene festgelegt wird.

Fällt die aufgrund von Artikel 5 verlangte wöchentliche Mindestruhezeit von 24 Stunden in den Bezugszeitraum, so bleibt sie bei der Berechnung des Durchschnitts unberücksichtigt.

KAPITEL 5 ABWEICHUNGEN UND AUSNAHMEN

Art. 17 Abweichungen

(1) Unter Beachtung der allgemeinen Grundsätze des Schutzes der Sicherheit und der Gesundheit der Arbeitnehmer können die Mitgliedstaaten von den Artikeln 3 bis 6, 8 und 16 abweichen, wenn die Arbeitszeit wegen der besonderen Merkmale der ausgeübten Tätigkeit nicht gemessen und/oder nicht im Voraus festgelegt wird oder von den Arbeitnehmern selbst festgelegt werden kann, und zwar insbesondere in Bezug auf nachstehende Arbeitnehmer:
a) leitende Angestellte oder sonstige Personen mit selbstständiger Entscheidungsbefugnis;
b) Arbeitskräfte, die Familienangehörige sind;
c) Arbeitnehmer, die im liturgischen Bereich von Kirchen oder Religionsgemeinschaften beschäftigt sind.

(2) Sofern die betroffenen Arbeitnehmer gleichwertige Ausgleichsruhezeiten oder in Ausnahmefällen, in denen die Gewährung solcher gleichwertigen Ausgleichsruhezeiten aus objektiven Gründen nicht möglich ist, einen angemessenen Schutz erhalten, kann im Wege von Rechts- und Verwaltungsvorschriften oder im Wege von Tarifverträgen oder Vereinbarungen zwischen den Sozialpartnern gemäß den Absätzen 3, 4 und 5 abgewichen werden.

(3) Gemäß Absatz 2 dieses Artikels sind Abweichungen von den Artikeln 3, 4, 5, 8 und 16 zulässig:
a) bei Tätigkeiten, die durch eine Entfernung zwischen dem Arbeitsplatz und dem Wohnsitz des Arbeitnehmers - einschließlich Tätigkeiten auf Offshore-Anlagen - oder durch eine Entfernung zwischen verschiedenen Arbeitsplätzen des Arbeitnehmers gekennzeichnet sind;
b) für den Wach- und Schließdienst sowie die Dienstbereitschaft, die durch die Notwendigkeit gekennzeichnet sind, den Schutz von Sachen und Personen zu gewährleisten, und zwar insbesondere in Bezug auf Wachpersonal oder Hausmeister oder Wach- und Schließunternehmen;
c) bei Tätigkeiten, die dadurch gekennzeichnet sind, dass die Kontinuität des Dienstes oder der Produktion gewährleistet sein muss, und zwar insbesondere bei
   i) Aufnahme-, Behandlungs- und/oder Pflegediensten von Krankenhäusern oder ähnlichen Einrichtungen, einschließlich der Tätigkeiten von Ärzten in der Ausbildung, Heimen sowie Gefängnissen,
   ii) Hafen- und Flughafenpersonal,

iii) Presse-, Rundfunk-, Fernsehdiensten oder kinematografischer Produktion, Post oder Telekommunikation, Ambulanz-, Feuerwehr- oder Katastrophenschutzdiensten,
iv) Gas-, Wasser- oder Stromversorgungsbetrieben, Hausmüllabfuhr oder Verbrennungsanlagen,
v) Industriezweigen, in denen der Arbeitsprozess aus technischen Gründen nicht unterbrochen werden kann,
vi) Forschungs- und Entwicklungstätigkeiten,
vii) landwirtschaftlichen Tätigkeiten,
viii) Arbeitnehmern, die im regelmäßigen innerstädtischen Personenverkehr beschäftigt sind;
d) im Fall eines vorhersehbaren übermäßigen Arbeitsanfalls, insbesondere
  i) in der Landwirtschaft,
  ii) im Fremdenverkehr,
  iii) im Postdienst;
e) im Fall von Eisenbahnpersonal
  i) bei nichtständigen Tätigkeiten,
  ii) bei Beschäftigten, die ihre Arbeitszeit in Zügen verbringen, oder
  iii) bei Tätigkeiten, die an Fahrpläne gebunden sind und die die Kontinuität und Zuverlässigkeit des Verkehrsablaufs sicherstellen;
f) unter den in Artikel 5 Absatz 4 der Richtlinie 89/391/EWG aufgeführten Bedingungen;
g) im Fall eines Unfalls oder der Gefahr eines unmittelbar bevorstehenden Unfalls.

(4) Gemäß Absatz 2 dieses Artikels sind Abweichungen von den Artikeln 3 und 5 zulässig:
a) wenn bei Schichtarbeit der Arbeitnehmer die Gruppe wechselt und zwischen dem Ende der Arbeit in einer Schichtgruppe und dem Beginn der Arbeit in der nächsten nicht in den Genuss der täglichen und/oder wöchentlichen Ruhezeit kommen kann;
b) bei Tätigkeiten, bei denen die Arbeitszeiten über den Tag verteilt sind, insbesondere im Fall von Reinigungspersonal.

(5) Gemäß Absatz 2 dieses Artikels sind Abweichungen von Artikel 6 und von Artikel 16 Buchstabe b) bei Ärzten in der Ausbildung nach Maßgabe der Unterabsätze 2 bis 7 dieses Absatzes zulässig.

In Unterabsatz 1 genannte Abweichungen von Artikel 6 sind für eine Übergangszeit von fünf Jahren ab dem 1. August 2004 zulässig.

Anhang 1 Richtlinie 2003/88/EG

Die Mitgliedstaaten verfügen erforderlichenfalls über einen zusätzlichen Zeitraum von höchstens zwei Jahren, um den Schwierigkeiten bei der Einhaltung der Arbeitszeitvorschriften im Zusammenhang mit ihren Zuständigkeiten für die Organisation und Bereitstellung von Gesundheitsdiensten und medizinischer Versorgung Rechnung zu tragen. Spätestens sechs Monate vor dem Ende der Übergangszeit unterrichtet der betreffende Mitgliedstaat die Kommission hierüber unter Angabe der Gründe, so dass die Kommission nach entsprechenden Konsultationen innerhalb von drei Monaten nach dieser Unterrichtung eine Stellungnahme abgeben kann. Falls der Mitgliedstaat der Stellungnahme der Kommission nicht folgt, rechtfertigt er seine Entscheidung. Die Unterrichtung und die Rechtfertigung des Mitgliedstaats sowie die Stellungnahme der Kommission werden im *Amtsblatt der Europäischen Union* veröffentlicht und dem Europäischen Parlament übermittelt.

Die Mitgliedstaaten verfügen erforderlichenfalls über einen zusätzlichen Zeitraum von höchstens einem Jahr, um den besonderen Schwierigkeiten bei der Wahrnehmung der in Unterabsatz 3 genannten Zuständigkeiten Rechnung zu tragen. Sie haben das Verfahren des Unterabsatzes 3 einzuhalten.

Die Mitgliedstaaten stellen sicher, dass die Zahl der Wochenarbeitsstunden keinesfalls einen Durchschnitt von 58 während der ersten drei Jahre der Übergangszeit, von 56 während der folgenden zwei Jahre und von 52 während des gegebenenfalls verbleibenden Zeitraums übersteigt.

Der Arbeitgeber konsultiert rechtzeitig die Arbeitnehmervertreter, um - soweit möglich - eine Vereinbarung über die Regelungen zu erreichen, die während der Übergangszeit anzuwenden sind. Innerhalb der in Unterabsatz 5 festgelegten Grenzen kann eine derartige Vereinbarung sich auf Folgendes erstrecken:
a) die durchschnittliche Zahl der Wochenarbeitsstunden während der Übergangszeit und
b) Maßnahmen, die zur Verringerung der Wochenarbeitszeit auf einen Durchschnitt von 48 Stunden bis zum Ende der Übergangszeit zu treffen sind.

In Unterabsatz 1 genannte Abweichungen von Artikel 16 Buchstabe b) sind zulässig, vorausgesetzt, dass der Bezugszeitraum während des in Unterabsatz 5 festgelegten ersten Teils der Übergangszeit zwölf Monate und danach sechs Monate nicht übersteigt.

Art. 18 Abweichungen im Wege von Tarifverträgen

Von den Artikeln 3, 4, 5, 8 und 16 kann abgewichen werden im Wege von Tarifverträgen oder Vereinbarungen zwischen den Sozialpartnern auf nationaler oder regionaler Ebene oder, bei zwischen den Sozialpartnern getroffenen Abmachungen, im Wege von Tarifverträgen oder Vereinbarungen zwischen Sozialpartnern auf niedrigerer Ebene.

Mitgliedstaaten, in denen es keine rechtliche Regelung gibt, wonach über die in dieser Richtlinie geregelten Fragen zwischen den Sozialpartnern auf nationaler oder regionaler Ebene Tarifverträge oder Vereinbarungen geschlossen werden können, oder Mitgliedstaaten, in denen es einen entsprechenden rechtlichen Rahmen gibt und innerhalb dessen Grenzen, können im Einklang mit den einzelstaatlichen Rechtsvorschriften und/oder Gepflogenheiten Abweichungen von den Artikeln 3, 4, 5, 8 und 16 durch Tarifverträge oder Vereinbarungen zwischen den Sozialpartnern auf geeigneter kollektiver Ebene zulassen.

Die Abweichungen gemäß den Unterabsätzen 1 und 2 sind nur unter der Voraussetzung zulässig, dass die betroffenen Arbeitnehmer gleichwertige Ausgleichsruhezeiten oder in Ausnahmefällen, in denen die Gewährung solcher Ausgleichsruhezeiten aus objektiven Gründen nicht möglich ist, einen angemessenen Schutz erhalten.

Die Mitgliedstaaten können Vorschriften vorsehen
a) für die Anwendung dieses Artikels durch die Sozialpartner und
b) für die Erstreckung der Bestimmungen von gemäß diesem Artikel geschlossenen Tarifverträgen oder Vereinbarungen auf andere Arbeitnehmer gemäß den einzelstaatlichen Rechtsvorschriften und/oder Gepflogenheiten.

Art. 19 Grenzen der Abweichungen von Bezugszeiträumen

Die in Artikel 17 Absatz 3 und in Artikel 18 vorgesehene Möglichkeit der Abweichung von Artikel 16 Buchstabe b) darf nicht die Festlegung eines Bezugszeitraums zur Folge haben, der länger ist als sechs Monate.

Den Mitgliedstaaten ist es jedoch mit der Maßgabe, dass sie dabei die allgemeinen Grundsätze der Sicherheit und des Gesundheitsschutzes der Arbeitnehmer wahren, freigestellt zuzulassen, dass in den Tarifverträgen oder Vereinbarungen zwischen Sozialpartnern aus objektiven, technischen oder

Anhang 1 Richtlinie 2003/88/EG

arbeitsorganisatorischen Gründen längere Bezugszeiträume festgelegt werden, die auf keinen Fall zwölf Monate überschreiten dürfen.

Der Rat überprüft vor dem 23. November 2003 anhand eines Vorschlags der Kommission, dem ein Evaluierungsbericht beigefügt ist, die Bestimmungen dieses Absatzes und befindet über das weitere Vorgehen.

Art. 20 Mobile Arbeitnehmer und Tätigkeiten auf Offshore-Anlagen

(1) Die Artikel 3, 4, 5 und 8 gelten nicht für mobile Arbeitnehmer.

Die Mitgliedstaaten treffen jedoch die erforderlichen Maßnahmen, um zu gewährleisten, dass die mobilen Arbeitnehmer - außer unter den in Artikel 17 Absatz 3 Buchstaben f) und g) vorgesehenen Bedingungen - Anspruch auf ausreichende Ruhezeiten haben.

(2) Vorbehaltlich der Einhaltung der allgemeinen Grundsätze der Sicherheit und des Gesundheitsschutzes der Arbeitnehmer und sofern die betreffenden Sozialpartner konsultiert wurden und Anstrengungen zur Förderung aller einschlägigen Formen des sozialen Dialogs - einschließlich der Konzertierung, falls die Parteien dies wünschen - unternommen wurden, können die Mitgliedstaaten aus objektiven, technischen oder arbeitsorganisatorischen Gründen den in Artikel 16 Buchstabe b) genannten Bezugszeitraum für Arbeitnehmer, die hauptsächlich Tätigkeiten auf Offshore-Anlagen ausüben, auf zwölf Monate ausdehnen.

(3) Die Kommission überprüft bis zum 1. August 2005 nach Konsultation der Mitgliedstaaten sowie der Arbeitgeber und Arbeitnehmer auf europäischer Ebene die Durchführung der Bestimmungen für Arbeitnehmer auf Offshore-Anlagen unter dem Gesichtspunkt der Gesundheit und Sicherheit, um, falls erforderlich, geeignete Änderungen vorzuschlagen.

Art. 21 Arbeitnehmer an Bord von seegehenden Fischereifahrzeugen

(1) Die Artikel 3 bis 6 und 8 gelten nicht für Arbeitnehmer an Bord von seegehenden Fischereifahrzeugen, die unter der Flagge eines Mitgliedstaats fahren.

Die Mitgliedstaaten treffen jedoch die erforderlichen Maßnahmen, um zu gewährleisten, dass jeder Arbeitnehmer an Bord von seegehenden Fischereifahrzeugen, die unter der Flagge eines Mitgliedstaats fahren, Anspruch auf eine ausreichende Ruhezeit hat, und um die Wochenarbeitszeit auf 48 Stunden im Durchschnitt während eines Bezugszeitraums von höchstens zwölf Monaten zu begrenzen.

(2) Innerhalb der in Absatz 1 Unterabsatz 2 sowie den Absätzen 3 und 4 angegebenen Grenzen treffen die Mitgliedstaaten die erforderlichen Maßnahmen, um zu gewährleisten, dass unter Berücksichtigung der Notwendigkeit der Sicherheit und des Gesundheitsschutzes der betroffenen Arbeitnehmer
a) die Arbeitsstunden auf eine Höchstarbeitszeit beschränkt werden, die in einem gegebenen Zeitraum nicht überschritten werden darf, oder
b) eine Mindestruhezeit in einem gegebenen Zeitraum gewährleistet ist.

Die Höchstarbeits- oder Mindestruhezeit wird durch Rechts- und Verwaltungsvorschriften, durch Tarifverträge oder durch Vereinbarungen zwischen den Sozialpartnern festgelegt.

(3) Für die Arbeits- oder Ruhezeiten gelten folgende Beschränkungen:
a) die Höchstarbeitszeit darf nicht überschreiten:
  i) 14 Stunden in jedem Zeitraum von 24 Stunden und
  ii) 72 Stunden in jedem Zeitraum von sieben Tagen,
  oder
b) die Mindestruhezeit darf nicht unterschreiten:
  i) zehn Stunden in jedem Zeitraum von 24 Stunden und
  ii) 77 Stunden in jedem Zeitraum von sieben Tagen.

(4) Die Ruhezeit kann in höchstens zwei Zeiträume aufgeteilt werden, von denen einer eine Mindestdauer von sechs Stunden haben muss; der Zeitraum zwischen zwei aufeinander folgenden Ruhezeiten darf 14 Stunden nicht überschreiten.

(5) In Übereinstimmung mit den allgemeinen Grundsätzen für die Sicherheit und den Gesundheitsschutz der Arbeitnehmer und aus objektiven, technischen oder arbeitsorganisatorischen Gründen können die Mitgliedstaaten, auch bei der Festlegung von Bezugszeiträumen, Ausnahmen von den in Absatz 1 Unterabsatz 2 sowie den Absätzen 3 und 4 festgelegten Beschränkungen gestatten. Diese Ausnahmen haben so weit wie möglich den festgelegten Normen zu folgen, können aber häufigeren oder längeren Urlaubszeiten oder der Gewährung von Ausgleichsurlaub für die Arbeitnehmer Rechnung tragen. Diese Ausnahmen können festgelegt werden
a) durch Rechts- oder Verwaltungsvorschriften, vorausgesetzt, dass - soweit dies möglich ist - die Vertreter der betroffenen Arbeitgeber und Arbeit-

nehmer konsultiert und Anstrengungen zur Förderung aller einschlägigen Formen des sozialen Dialogs unternommen werden, oder
b) durch Tarifverträge oder Vereinbarungen zwischen den Sozialpartnern.

(6) Der Kapitän eines seegehenden Fischereifahrzeugs hat das Recht, von Arbeitnehmern an Bord die Ableistung jeglicher Anzahl von Arbeitsstunden zu verlangen, wenn diese Arbeit für die unmittelbare Sicherheit des Schiffes, von Personen an Bord oder der Ladung oder zum Zweck der Hilfeleistung für andere Schiffe oder Personen in Seenot erforderlich ist.

(7) Die Mitgliedstaaten können vorsehen, dass Arbeitnehmer an Bord von seegehenden Fischereifahrzeugen, bei denen einzelstaatliches Recht oder einzelstaatliche Praxis während eines bestimmten, einen Monat überschreitenden Zeitraums des Kalenderjahres den Betrieb nicht erlauben, ihren Jahresurlaub gemäß Artikel 7 während dieses Zeitraums nehmen.

Art. 22 Sonstige Bestimmungen

(1) Es ist einem Mitgliedstaat freigestellt, Artikel 6 nicht anzuwenden, wenn er die allgemeinen Grundsätze der Sicherheit und des Gesundheitsschutzes der Arbeitnehmer einhält und mit den erforderlichen Maßnahmen dafür sorgt, dass
a) kein Arbeitgeber von einem Arbeitnehmer verlangt, im Durchschnitt des in Artikel 16 Buchstabe b) genannten Bezugszeitraums mehr als 48 Stunden innerhalb eines Siebentagezeitraums zu arbeiten, es sei denn der Arbeitnehmer hat sich hierzu bereit erklärt;
b) keinem Arbeitnehmer Nachteile daraus entstehen, dass er nicht bereit ist, eine solche Arbeit zu leisten;
c) der Arbeitgeber aktuelle Listen über alle Arbeitnehmer führt, die eine solche Arbeit leisten;
d) die Listen den zuständigen Behörden zur Verfügung gestellt werden, die aus Gründen der Sicherheit und/oder des Schutzes der Gesundheit der Arbeitnehmer die Möglichkeit zur Überschreitung der wöchentlichen Höchstarbeitszeit unterbinden oder einschränken können;
e) der Arbeitgeber die zuständigen Behörden auf Ersuchen darüber unterrichtet, welche Arbeitnehmer sich dazu bereit erklärt haben, im Durchschnitt des in Artikel 16 Buchstabe b) genannten Bezugszeitraums mehr als 48 Stunden innerhalb eines Siebentagezeitraums zu arbeiten.

Vor dem 23. November 2003 überprüft der Rat anhand eines Vorschlags der Kommission, dem ein Evaluierungsbericht beigefügt ist, die Bestimmungen dieses Absatzes und befindet über das weitere Vorgehen.

(2) Für die Anwendung des Artikels 7 ist es den Mitgliedstaaten freigestellt, eine Übergangszeit von höchstens drei Jahren ab dem 23. November 1996 in Anspruch zu nehmen, unter der Bedingung, dass während dieser Übergangszeit

a) jeder Arbeitnehmer einen bezahlten Mindestjahresurlaub von drei Wochen nach Maßgabe der in den einzelstaatlichen Rechtsvorschriften und/oder nach den einzelstaatlichen Gepflogenheiten vorgesehenen Bedingungen für dessen Inanspruchnahme und Gewährung erhält und

b) der bezahlte Jahresurlaub von drei Wochen außer im Fall der Beendigung des Arbeitsverhältnisses nicht durch eine finanzielle Vergütung ersetzt wird.

(3) Sofern die Mitgliedstaaten von den in diesem Artikel genannten Möglichkeiten Gebrauch machen, setzen sie die Kommission unverzüglich davon in Kenntnis.

KAPITEL 6 SCHLUSSBESTIMMUNGEN

Art. 23 Niveau des Arbeitnehmerschutzes

Unbeschadet des Rechts der Mitgliedstaaten, je nach der Entwicklung der Lage im Bereich der Arbeitszeit unterschiedliche Rechts- und Verwaltungsvorschriften sowie Vertragsvorschriften zu entwickeln, sofern die Mindestvorschriften dieser Richtlinie eingehalten werden, stellt die Durchführung dieser Richtlinie keine wirksame Rechtfertigung für eine Zurücknahme des allgemeinen Arbeitnehmerschutzes dar.

Art. 24 Berichtswesen

(1) Die Mitgliedstaaten teilen der Kommission den Wortlaut der innerstaatlichen Rechtsvorschriften mit, die sie auf dem unter diese Richtlinie fallenden Gebiet erlassen oder bereits erlassen haben.

(2) Die Mitgliedstaaten erstatten der Kommission alle fünf Jahre Bericht über die Anwendung der Bestimmungen dieser Richtlinie in der Praxis und geben dabei die Standpunkte der Sozialpartner an.

Anhang 1 Richtlinie 2003/88/EG

Die Kommission unterrichtet darüber das Europäische Parlament, den Rat, den Europäischen Wirtschafts- und Sozialausschuss sowie den Beratenden Ausschuss für Sicherheit, Arbeitshygiene und Gesundheitsschutz am Arbeitsplatz.

(3) Die Kommission legt dem Europäischen Parlament, dem Rat und dem Europäischen Wirtschafts- und Sozialausschuss nach dem 23. November 1996 alle fünf Jahre einen Bericht über die Anwendung dieser Richtlinie unter Berücksichtigung der Artikel 22 und 23 und der Absätze 1 und 2 dieses Artikels vor.

Art. 25 Überprüfung der Durchführung der Bestimmungen für Arbeitnehmer an Bord von seegehenden Fischereifahrzeugen

Die Kommission überprüft bis zum 1. August 2009 nach Konsultation der Mitgliedstaaten und der Sozialpartner auf europäischer Ebene die Durchführung der Bestimmungen für Arbeitnehmer an Bord von seegehenden Fischereifahrzeugen und untersucht insbesondere, ob diese Bestimmungen vor allem in Bezug auf Gesundheit und Sicherheit nach wie vor angemessen sind, um, falls erforderlich, geeignete Änderungen vorzuschlagen.

Art. 26 Überprüfung des Durchführungsstands der Bestimmungen für Arbeitnehmer, die im regelmäßigen innerstädtischen Personenverkehr beschäftigt sind

Die Kommission überprüft bis zum 1. August 2005 nach Konsultation der Mitgliedstaaten sowie der Arbeitgeber und Arbeitnehmer auf europäischer Ebene den Stand der Durchführung der Bestimmungen für Arbeitnehmer, die im regelmäßigen innerstädtischen Personenverkehr beschäftigt sind, um, falls erforderlich, im Hinblick auf die Gewährleistung eines kohärenten und angemessenen Ansatzes für diesen Sektor geeignete Änderungen vorzuschlagen.

Art. 27 Aufhebung

(1) Die Richtlinie 93/104/EG in der Fassung der in Anhang I Teil A genannten Richtlinie wird unbeschadet der Pflichten der Mitgliedstaaten hinsichtlich der in Anhang I Teil B genannten Umsetzungsfristen aufgehoben.

(2) Bezugnahmen auf die aufgehobene Richtlinie gelten als Bezugnahmen auf die vorliegende Richtlinie und sind nach Maßgabe der Entsprechungstabelle in Anhang II zu lesen.

Art. 28 Inkrafttreten

Diese Richtlinie tritt am 2. August 2004 in Kraft.

Art. 29 Adressaten

Diese Richtlinie ist an alle Mitgliedstaaten gerichtet.

Anhang 2

Verordnung (EG) Nr. 561/2006 des Europäischen Parlaments und des Rates vom 15. März 2006 zur Harmonisierung bestimmter Sozialvorschriften im Straßenverkehr und zur Änderung der Verordnungen (EWG) Nr. 3821/85 und (EG) Nr. 2135/98 des Rates sowie zur Aufhebung der Verordnung (EWG) Nr. 3820/85 des Rates

DAS EUROPÄISCHE PARLAMENT UND DER RAT DER EUROPÄISCHEN UNION -

gestützt auf den Vertrag zur Gründung der Europäischen Gemeinschaft, insbesondere auf Artikel 71,

auf Vorschlag der Kommission[1],

nach Stellungnahme des Europäischen Wirtschafts- und Sozialausschusses[2],

nach Anhörung des Ausschusses der Regionen,

gemäß dem Verfahren des Artikels 251 des Vertrags[3], im Hinblick auf den vom Vermittlungsausschuss am 8. Dezember 2005 gebilligten Gemeinsamen Entwurf,

in Erwägung nachstehender Gründe:
(1) Durch die Verordnung (EWG) Nr. 3820/85 des Rates vom 20. Dezember 1985 über die Harmonisierung bestimmter Sozialvorschriften im Straßenverkehr[4] sollten die Wettbewerbsbedingungen zwischen Binnenverkehrsträgern, insbesondere im Straßenverkehrsgewerbe, harmonisiert und die Arbeitsbedingungen und die Sicherheit im Straßenverkehr ver-

---

1 ABl. C 51 E vom 26.2.2002, S. 234.
2 ABl. C 221 vom 17.9.2002, S. 19.
3 Stellungnahme des Europäischen Parlaments vom 14. Januar 2003 (ABl. C 38 E vom 12.2.2004, S. 152), Gemeinsamer Standpunkt des Rates vom 9. Dezember 2004 (ABl. C 63 E vom 15.3.2005, S. 11) und Standpunkt des Europäischen Parlaments vom 13. April 2005 (ABl. C 33 E vom 9.2.2006, S. 425). Legislative Entschließung des Europäischen Parlaments vom 2. Februar 2006 und Beschluss des Rates vom 2. Februar 2006.
4 ABl. L 370 vom 31.12.1985, S. 1. Geändert durch die Richtlinie 2003/59/EG des Europäischen Parlaments und des Rates (ABl. L 226 vom 10.9.2003, S. 4).

bessert werden. Die in diesen Bereichen erzielten Fortschritte sollten gewahrt und ausgebaut werden.
(2) Nach der Richtlinie 2002/15/EG des Europäischen Parlaments und des Rates vom 11. März 2002 zur Regelung der Arbeitszeit von Personen, die Fahrtätigkeiten im Bereich des Straßentransports ausüben[5], sind die Mitgliedstaaten verpflichtet, Maßnahmen zur Beschränkung der wöchentlichen Höchstarbeitszeit des Fahrpersonals zu erlassen.
(3) Es hat sich als schwierig erwiesen, gewisse Bestimmungen der Verordnung (EWG) Nr. 3820/85 über Lenkzeiten, Fahrtunterbrechungen und Ruhezeiten von Fahrern im nationalen und grenzüberschreitenden Straßenverkehr innerhalb der Gemeinschaft in allen Mitgliedstaaten einheitlich auszulegen, anzuwenden, durchzusetzen und zu überwachen, weil die Bestimmungen zu allgemein gehalten sind.
(4) Eine wirksame und einheitliche Durchführung dieser Bestimmungen ist wünschenswert, damit ihre Ziele erreicht werden und ihre Anwendung nicht in Misskredit gerät. Daher sind klarere und einfachere Vorschriften nötig, die sowohl vom Straßenverkehrsgewerbe als auch den Vollzugsbehörden leichter zu verstehen, auszulegen und anzuwenden sind.
(5) Durch die in dieser Verordnung vorgesehenen Maßnahmen in Bezug auf die Arbeitsbedingungen sollte das Recht der Sozialpartner, im Zuge von Tarifverhandlungen oder in anderer Weise günstigere Bedingungen für die Arbeitnehmer festzulegen, nicht beeinträchtigt werden.
(6) Es ist wünschenswert, den Geltungsbereich dieser Verordnung klar zu bestimmen, indem die Hauptarten der von ihr erfassten Fahrzeuge aufgeführt werden.
(7) Diese Verordnung sollte für Beförderungen im Straßenverkehr, die entweder ausschließlich innerhalb der Gemeinschaft oder aber zwischen der Gemeinschaft, der Schweiz und den Vertragsstaaten des Abkommens über den Europäischen Wirtschaftsraum getätigt werden, gelten.
(8) Das Europäische Übereinkommen über die Arbeit des im internationalen Straßenverkehr beschäftigten Fahrpersonals (im Folgenden »AETR« genannt) vom 1. Juli 1970 in seiner geänderten Fassung sollte weiterhin Anwendung finden auf die Beförderung von Gütern und Personen im Straßenverkehr mit Fahrzeugen, die in einem Mitgliedstaat oder einem Staat, der Vertragspartei des AETR ist, zugelassen sind, und zwar für die gesamte Strecke von Fahrten zwischen der Gemeinschaft und einem

---

5 ABl. L 80 vom 23.3.2002, S. 35.

Drittstaat außer der Schweiz und der Vertragsstaaten des Abkommens über den Europäischen Wirtschaftsraum oder durch einen solchen Staat hindurch. Es ist unabdingbar, dass das AETR so schnell wie möglich, im Idealfall innerhalb von zwei Jahren nach Inkrafttreten dieser Verordnung, geändert wird, um dessen Bestimmungen an diese Verordnung anzupassen.

(9) Bei Beförderungen im Straßenverkehr mit Fahrzeugen, die in einem Drittstaat zugelassen sind, der nicht Vertragspartei des AETR ist, sollte das AETR für den Teil der Fahrstrecke gelten, der innerhalb der Gemeinschaft oder innerhalb von Staaten liegt, die Vertragsparteien des AETR sind.

(10) Da der Gegenstand des AETR in den Geltungsbereich dieser Verordnung fällt, ist die Gemeinschaft für die Aushandlung und den Abschluss dieses Übereinkommens zuständig.

(11) Erfordert eine Änderung der innergemeinschaftlichen Regeln auf dem betreffenden Gebiet eine entsprechende Änderung des AETR, so sollten die Mitgliedstaaten gemeinsam handeln, um eine solche Änderung des AETR nach dem darin vorgesehenen Verfahren so schnell wie möglich zu erreichen.

(12) Das Verzeichnis der Ausnahmen sollte aktualisiert werden, um den Entwicklungen im Kraftverkehrssektor im Laufe der letzten neunzehn Jahre Rechnung zu tragen.

(13) Alle wesentlichen Begriffe sollten umfassend definiert werden, um die Auslegung zu erleichtern und eine einheitliche Anwendung dieser Verordnung zu gewährleisten. Daneben muss eine einheitliche Auslegung und Anwendung dieser Verordnung seitens der einzelstaatlichen Kontrollbehörden angestrebt werden. Die Definition des Begriffs »Woche« in dieser Verordnung sollte Fahrer nicht daran hindern, ihre Arbeitswoche an jedem beliebigen Tag der Woche aufzunehmen.

(14) Um eine wirksame Durchsetzung zu gewährleisten, ist es von wesentlicher Bedeutung, dass die zuständigen Behörden bei Straßenkontrollen nach einer Übergangszeit in der Lage sein sollten, die ordnungsgemäße Einhaltung der Lenk- und Ruhezeiten des laufenden Tages und der vorausgehenden 28 Tage zu kontrollieren.

(15) Die grundlegenden Vorschriften über die Lenkzeiten müssen klarer und einfacher werden, um eine wirksame und einheitliche Durchsetzung mit Hilfe des digitalen Fahrtenschreibers nach der Verordnung (EWG) Nr. 3821/85 des Rates vom 20. Dezember 1985 über das Kontrollgerät

im Straßenverkehr[6] und der vorliegenden Verordnung zu ermöglichen. Außerdem sollten sich die Vollzugsbehörden der Mitgliedstaaten in einem Ständigen Ausschuss um Einvernehmen über die Durchführung dieser Verordnung bemühen.

(16) Nach den Vorschriften der Verordnung (EWG) Nr. 3820/85 war es möglich, die täglichen Lenkzeiten und Fahrtunterbrechungen so zu planen, dass Fahrer zu lange ohne eine vollständige Fahrtunterbrechung fahren konnten, was zu Beeinträchtigungen der Straßenverkehrssicherheit und schlechteren Arbeitsbedingungen für die Fahrer geführt hat. Es ist daher angebracht, sicherzustellen, dass aufgeteilte Fahrtunterbrechungen so angeordnet werden, dass Missbrauch verhindert wird.

(17) Mit dieser Verordnung sollen die sozialen Bedingungen für die von ihr erfassten Arbeitnehmer sowie die allgemeine Straßenverkehrssicherheit verbessert werden. Dazu dienen insbesondere die Bestimmungen über die maximale Lenkzeit pro Tag, pro Woche und pro Zeitraum von zwei aufeinander folgenden Wochen, die Bestimmung über die Verpflichtung der Fahrer, mindestens einmal in jedem Zeitraum von zwei aufeinander folgenden Wochen eine regelmäßige wöchentliche Ruhezeit zu nehmen, und die Bestimmungen, wonach eine tägliche Ruhezeit unter keinen Umständen einen ununterbrochenen Zeitraum von neun Stunden unterschreiten sollte. Da diese Bestimmungen angemessene Ruhepausen garantieren, ist unter Berücksichtigung der Erfahrungen mit der praktischen Durchführung in den vergangenen Jahren ein Ausgleichssystem für reduzierte tägliche Ruhezeiten nicht mehr notwendig.

(18) Viele Beförderungen im innergemeinschaftlichen Straßenverkehr enthalten Streckenabschnitte, die mit Fähren oder auf der Schiene zurückgelegt werden. Für solche Beförderungen sollten deshalb klare und sachgemäße Bestimmungen über die täglichen Ruhezeiten und Fahrtunterbrechungen festgelegt werden.

(19) Angesichts der Zunahme des grenzüberschreitenden Güter- und Personenverkehrs ist es im Interesse der Straßenverkehrssicherheit und einer besseren Durchsetzung von Straßenkontrollen und Kontrollen auf dem Betriebsgelände von Unternehmen wünschenswert, dass auch die in anderen Mitgliedstaaten oder Drittstaaten angefallenen Lenkzeiten, Ruhezeiten und Fahrtunterbrechungen kontrolliert werden und festge-

---

6 ABl. L 370 vom 31.12.1985, S. 8. Zuletzt geändert durch die Verordnung (EG) Nr. 432/2004 der Kommission (ABl. L 71 vom 10.3.2004, S. 3).

stellt wird, ob die entsprechenden Vorschriften in vollem Umfang und ordnungsgemäß eingehalten wurden.

(20) Die Haftung von Verkehrsunternehmen sollte zumindest für Verkehrsunternehmen gelten, die juristische oder natürliche Personen sind, ohne jedoch die Verfolgung natürlicher Personen auszuschließen, die Verstöße gegen diese Verordnung begehen, dazu anstiften oder Beihilfe leisten.

(21) Fahrer, die für mehrere Verkehrsunternehmen tätig sind, müssen jedes dieser Unternehmen angemessen informieren, damit diese ihren Pflichten aus dieser Verordnung nachkommen können.

(22) Zur Förderung des sozialen Fortschritts und zur Verbesserung der Straßenverkehrssicherheit sollte jeder Mitgliedstaat das Recht behalten, bestimmte zweckmäßige Maßnahmen zu treffen.

(23) Nationale Abweichungen sollten die Änderungen im Kraftverkehrssektor widerspiegeln und sich auf jene Elemente beschränken, die derzeit keinem Wettbewerbsdruck unterliegen.

(24) Die Mitgliedstaaten sollten Vorschriften für Fahrzeuge erlassen, die zur Personenbeförderung im Linienverkehr dienen, wenn die Strecke nicht mehr als 50 km beträgt. Diese Vorschriften sollten einen angemessenen Schutz in Form von erlaubten Lenkzeiten und vorgeschriebenen Fahrtunterbrechungen und Ruhezeiten bieten.

(25) Im Interesse einer wirksamen Durchsetzung dieser Verordnung ist es wünschenswert, dass alle inländischen und grenzüberschreitenden Personenlinienverkehrsdienste unter Einsatz eines Standardkontrollgeräts kontrolliert werden.

(26) Die Mitgliedstaaten sollten Sanktionen festlegen, die bei Verstößen gegen diese Verordnung zu verhängen sind, und deren Durchsetzung gewährleisten. Diese Sanktionen müssen wirksam, verhältnismäßig, abschreckend und nicht diskriminierend sein. Die Möglichkeit, ein Fahrzeug bei einem schweren Verstoß stillzulegen, sollte in das gemeinsame Spektrum möglicher Maßnahmen der Mitgliedstaaten aufgenommen werden. Die in dieser Verordnung enthaltenen Bestimmungen über Sanktionen oder Verfahren sollten nationale Beweislastregeln unberührt lassen.

(27) Im Interesse einer klaren und wirksamen Durchsetzung dieser Verordnung sind einheitliche Bestimmungen über die Haftung von Verkehrsunternehmen und Fahrern bei Verstößen gegen diese Verordnung wünschenswert. Diese Haftung kann in den Mitgliedstaaten gegebenenfalls strafrechtliche, zivilrechtliche oder verwaltungsrechtliche Sanktionen zur Folge haben.

(28) Da das Ziel dieser Verordnung, nämlich die Festlegung eindeutiger gemeinsamer Vorschriften über Lenk- und Ruhezeiten, auf Ebene der Mitgliedstaaten nicht ausreichend erreicht werden kann und daher wegen der Notwendigkeit koordinierter Maßnahmen besser auf Gemeinschaftsebene zu erreichen ist, kann die Gemeinschaft im Einklang mit dem in Artikel 5 des Vertrags niedergelegten Subsidiaritätsprinzip tätig werden. Entsprechend dem in demselben Artikel genannten Verhältnismäßigkeitsprinzip geht diese Verordnung nicht über das für die Erreichung dieses Ziels erforderliche Maß hinaus.

(29) Die zur Durchführung dieser Verordnung erforderlichen Maßnahmen sollten gemäß dem Beschluss 1999/468/EG des Rates vom 28. Juni 1999 zur Festlegung der Modalitäten für die Ausübung der der Kommission übertragenen Durchführungsbefugnisse[7] erlassen werden.

(30) Da die Bestimmungen zum Mindestalter der Fahrer in der Richtlinie 2003/59/EG[8] geregelt worden sind und bis 2009 umgesetzt werden müssen, braucht diese Verordnung lediglich Übergangsbestimmungen für das Mindestalter des Fahrpersonals zu enthalten.

(31) Die Verordnung (EWG) Nr. 3821/85 sollte geändert werden, um die besonderen Verpflichtungen der Verkehrsunternehmen und der Fahrer klar herauszustellen sowie um die Rechtssicherheit zu fördern und die Durchsetzung der maximalen Lenk- und Ruhezeiten durch Straßenkontrollen zu erleichtern.

(32) Die Verordnung (EWG) Nr. 3821/85 sollte auch geändert werden, um die Rechtssicherheit hinsichtlich der neuen Termine für die Einführung digitaler Fahrtenschreiber und für die Verfügbarkeit von Fahrerkarten zu fördern.

(33) Mit der Einführung des Aufzeichnungsgeräts gemäß Verordnung (EG) Nr. 2135/98 und somit der elektronischen Aufzeichnung der Tätigkeiten des Fahrers auf seiner Fahrerkarte über einen Zeitraum von 28 Tagen und

---

7 ABl. L 184 vom 17.7.1999, S. 23.
8 Richtlinie 2003/59/EG des Europäischen Parlaments und des Rates vom 15. Juli 2003 über die Grundqualifikation und Weiterbildung der Fahrer bestimmter Kraftfahrzeuge für den Güter- oder Personenkraftverkehr und zur Änderung der Verordnung (EWG) Nr. 3820/85 und der Richtlinie 91/439/EWG des Rates sowie zur Aufhebung der Richtlinie 76/914/EWG des Rates (ABl. L 226 vom 10.9.2003, S. 4). Geändert durch die Richtlinie 2004/66/EG des Rates (ABl. L 168 vom 1.5.2004, S. 35).

des Fahrzeugs über einen Zeitraum von 365 Tagen wird in Zukunft eine schnellere und umfassendere Kontrolle auf der Straße ermöglicht.
(34) Die Richtlinie 88/599/EWG[9] schreibt für Kontrollen auf der Straße lediglich die Kontrolle der Tageslenkzeiten, der täglichen Ruhezeit sowie der Fahrtunterbrechungen vor. Mit der Einführung eines digitalen Aufzeichnungsgeräts werden die Daten des Fahrers und des Fahrzeuges elektronisch gespeichert und erlauben eine elektronische Auswertung der Daten vor Ort. Dies sollte mit der Zeit eine einfache Kontrolle der regelmäßigen und reduzierten täglichen Ruhezeiten und der regelmäßigen und reduzierten wöchentlichen Ruhezeiten sowie der Ausgleichsruhepausen ermöglichen.
(35) Die Erfahrung zeigt, dass eine Einhaltung der Bestimmungen dieser Verordnung und insbesondere der vorgeschriebenen maximalen Lenkzeit über einen Zeitraum von zwei Wochen nur durchgesetzt werden kann, wenn wirksame und effektive Kontrollen des gesamten Zeitraums durchgeführt werden.
(36) Die Anwendung der gesetzlichen Vorschriften betreffend digitale Tachografen sollte im Einklang mit dieser Verordnung erfolgen, um eine optimale Wirksamkeit bei der Überwachung und Durchsetzung bestimmter Sozialvorschriften im Straßenverkehr zu erreichen.
(37) Aus Gründen der Klarheit und Rationalisierung sollte die Verordnung (EWG) Nr. 3820/85 aufgehoben und durch diese Verordnung ersetzt werden -

HABEN FOLGENDE VERORDNUNG ERLASSEN:

KAPITEL I EINLEITENDE BESTIMMUNGEN

Durch diese Verordnung werden Vorschriften zu den Lenkzeiten, Fahrtunterbrechungen und Ruhezeiten für Kraftfahrer im Straßengüter- und -personenverkehr festgelegt, um die Bedingungen für den Wettbewerb zwischen Landverkehrsträgern, insbesondere im Straßenverkehrsgewerbe, anzugleichen und die Arbeitsbedingungen sowie die Straßenverkehrssicherheit zu verbes-

---

9 Richtlinie 88/599/EWG des Rates vom 23. November 1988 über einheitliche Verfahren zur Anwendung der Verordnung (EWG) Nr. 3820/85 über die Harmonisierung bestimmter Sozialvorschriften im Straßenverkehr und der Verordnung (EWG) Nr. 3821/85 über das Kontrollgerät im Straßenverkehr (ABl. L 325 vom 29.11.1988, S. 55).

Verordnung (EG) Nr. 561/2006 **Anhang 2**

sern. Ziel dieser Verordnung ist es ferner, zu einer besseren Kontrolle und Durchsetzung durch die Mitgliedstaaten sowie zu einer besseren Arbeitspraxis innerhalb des Straßenverkehrsgewerbes beizutragen.

(1) Diese Verordnung gilt für folgende Beförderungen im Straßenverkehr:
a) Güterbeförderung mit Fahrzeugen, deren zulässige Höchstmasse einschließlich Anhänger oder Sattelanhänger 3,5 t übersteigt, oder
b) Personenbeförderung mit Fahrzeugen, die für die Beförderung von mehr als neun Personen einschließlich des Fahrers konstruiert oder dauerhaft angepasst und zu diesem Zweck bestimmt sind.

(2) Diese Verordnung gilt unabhängig vom Land der Zulassung des Fahrzeugs für Beförderungen im Straßenverkehr
a) ausschließlich innerhalb der Gemeinschaft oder
b) zwischen der Gemeinschaft, der Schweiz und den Vertragsstaaten des Abkommens über den Europäischen Wirtschaftsraum.

(3) Das AETR gilt anstelle dieser Verordnung für grenzüberschreitende Beförderungen im Straßenverkehr, die teilweise außerhalb der in Absatz 2 genannten Gebiete erfolgen,
a) im Falle von Fahrzeugen, die in der Gemeinschaft oder in Staaten, die Vertragsparteien des AETR sind, zugelassen sind, für die gesamte Fahrstrecke;
b) im Falle von Fahrzeugen, die in einem Drittstaat, der nicht Vertragspartei des AETR ist, zugelassen sind, nur für den Teil der Fahrstrecke, der im Gebiet der Gemeinschaft oder von Staaten liegt, die Vertragsparteien des AETR sind.

Die Bestimmungen des AETR sollten an die Bestimmungen dieser Verordnung angepasst werden, damit die wesentlichen Bestimmungen dieser Verordnung über das AETR auf solche Fahrzeuge für den auf Gemeinschaftsgebiet liegenden Fahrtabschnitt angewendet werden können.

Diese Verordnung gilt nicht für Beförderungen im Straßenverkehr mit folgenden Fahrzeugen:
a) Fahrzeuge, die zur Personenbeförderung im Linienverkehr verwendet werden, wenn die Linienstrecke nicht mehr als 50 km beträgt;
b) Fahrzeuge mit einer zulässigen Höchstgeschwindigkeit von nicht mehr als 40 km/h;
c) Fahrzeuge, die Eigentum der Streitkräfte, des Katastrophenschutzes, der Feuerwehr oder der für die Aufrechterhaltung der öffentlichen Ordnung zuständigen Kräfte sind oder von ihnen ohne Fahrer angemietet werden,

sofern die Beförderung aufgrund der diesen Diensten zugewiesenen Aufgaben stattfindet und ihrer Aufsicht unterliegt;
d) Fahrzeuge - einschließlich Fahrzeuge, die für nichtgewerbliche Transporte für humanitäre Hilfe verwendet werden -, die in Notfällen oder bei Rettungsmaßnahmen verwendet werden;
e) Spezialfahrzeuge für medizinische Zwecke;
f) spezielle Pannenhilfefahrzeuge, die innerhalb eines Umkreises von 100 km um ihren Standort eingesetzt werden;
g) Fahrzeuge, mit denen zum Zweck der technischen Entwicklung oder im Rahmen von Reparatur- oder Wartungsarbeiten Probefahrten auf der Straße durchgeführt werden, sowie neue oder umgebaute Fahrzeuge, die noch nicht in Betrieb genommen worden sind;
h) Fahrzeuge oder Fahrzeugkombinationen mit einer zulässigen Höchstmasse von nicht mehr als 7,5 t, die zur nichtgewerblichen Güterbeförderung verwendet werden;
i) Nutzfahrzeuge, die nach den Rechtsvorschriften des Mitgliedstaats, in dem sie verwendet werden, als historisch eingestuft werden und die zur nichtgewerblichen Güter- oder Personenbeförderung verwendet werden.

Im Sinne dieser Verordnung bezeichnet der Ausdruck
a) »Beförderung im Straßenverkehr« jede ganz oder teilweise auf einer öffentlichen Straße durchgeführte Fahrt eines zur Personen- oder Güterbeförderung verwendeten leeren oder beladenen Fahrzeugs;
b) »Fahrzeug« ein Kraftfahrzeug, eine Zugmaschine, einen Anhänger oder Sattelanhänger oder eine Kombination dieser Fahrzeuge gemäß den nachstehenden Definitionen:
   – »Kraftfahrzeug«: jedes auf der Straße verkehrende Fahrzeug mit Eigenantrieb, das normalerweise zur Personen- oder Güterbeförderung verwendet wird, mit Ausnahme von dauerhaft auf Schienen verkehrenden Fahrzeugen;
   – »Zugmaschine«: jedes auf der Straße verkehrende Fahrzeug mit Eigenantrieb, das speziell dafür ausgelegt ist, Anhänger, Sattelanhänger, Geräte oder Maschinen zu ziehen, zu schieben oder zu bewegen, mit Ausnahme von dauerhaft auf Schienen verkehrenden Fahrzeugen;
   – »Anhänger«: jedes Fahrzeug, das dazu bestimmt ist, an ein Kraftfahrzeug oder eine Zugmaschine angehängt zu werden;
   – »Sattelanhänger«: ein Anhänger ohne Vorderachse, der so angehängt wird, dass ein beträchtlicher Teil seines Eigengewichts und des

Gewichts seiner Ladung von der Zugmaschine oder vom Kraftfahrzeug getragen wird;
c) »Fahrer« jede Person, die das Fahrzeug, sei es auch nur kurze Zeit, selbst lenkt oder sich in einem Fahrzeug befindet, um es - als Bestandteil seiner Pflichten - gegebenenfalls lenken zu können;
d) »Fahrtunterbrechung« jeden Zeitraum, in dem der Fahrer keine Fahrtätigkeit ausüben und keine anderen Arbeiten ausführen darf und der ausschließlich zur Erholung genutzt wird;
e) »andere Arbeiten« alle in Artikel 3 Buchstabe a der Richtlinie 2002/15/EG als »Arbeitszeit« definierten Tätigkeiten mit Ausnahme der Fahrtätigkeit sowie jegliche Arbeit für denselben oder einen anderen Arbeitgeber, sei es inner- oder außerhalb des Verkehrssektors;
f) »Ruhepause« jeden ununterbrochenen Zeitraum, in dem ein Fahrer frei über seine Zeit verfügen kann;
g) »tägliche Ruhezeit« den täglichen Zeitraum, in dem ein Fahrer frei über seine Zeit verfügen kann und der eine »regelmäßige tägliche Ruhezeit« und eine »reduzierte tägliche Ruhezeit« umfasst;
- »regelmäßige tägliche Ruhezeit« eine Ruhepause von mindestens 11 Stunden. Diese regelmäßige tägliche Ruhezeit kann auch in zwei Teilen genommen werden, wobei der erste Teil einen ununterbrochenen Zeitraum von mindestens 3 Stunden und der zweite Teil einen ununterbrochenen Zeitraum von mindestens 9 Stunden umfassen muss;
- »reduzierte tägliche Ruhezeit« eine Ruhepause von mindestens 9 Stunden, aber weniger als 11 Stunden;
h) »wöchentliche Ruhezeit« den wöchentlichen Zeitraum, in dem ein Fahrer frei über seine Zeit verfügen kann und der eine »regelmäßige wöchentliche Ruhezeit« und eine »reduzierte wöchentliche Ruhezeit« umfasst;
- »regelmäßige wöchentliche Ruhezeit« eine Ruhepause von mindestens 45 Stunden;
- »reduzierte wöchentliche Ruhezeit« eine Ruhepause von weniger als 45 Stunden, die vorbehaltlich der Bedingungen des Artikels 8 Absatz 6 auf eine Mindestzeit von 24 aufeinander folgenden Stunden reduziert werden kann;
i) »Woche« den Zeitraum zwischen Montag 00.00 Uhr und Sonntag 24.00 Uhr;
j) »Lenkzeit« die Dauer der Lenktätigkeit, aufgezeichnet entweder:
- vollautomatisch oder halbautomatisch durch Kontrollgeräte im Sinne der Anhänge I und I B der Verordnung (EWG) Nr. 3821/85, oder

- von Hand gemäß den Anforderungen des Artikels 16 Absatz 2 der Verordnung (EWG) Nr. 3821/85;
k) »Tageslenkzeit« die summierte Gesamtlenkzeit zwischen dem Ende einer täglichen Ruhezeit und dem Beginn der darauf folgenden täglichen Ruhezeit oder zwischen einer täglichen und einer wöchentlichen Ruhezeit;
l) »Wochenlenkzeit« die summierte Gesamtlenkzeit innerhalb einer Woche;
m) »zulässige Höchstmasse« die höchstzulässige Masse eines fahrbereiten Fahrzeugs einschließlich Nutzlast;
n) »Personenlinienverkehr« inländische und grenzüberschreitende Verkehrsdienste im Sinne des Artikels 2 der Verordnung (EWG) Nr. 684/92 des Rates vom 16. März 1992 zur Einführung gemeinsamer Regeln für den grenzüberschreitenden Personenverkehr mit Kraftomnibussen[10];
o) »Mehrfahrerbetrieb« den Fall, in dem während der Lenkdauer zwischen zwei aufeinander folgenden täglichen Ruhezeiten oder zwischen einer täglichen und einer wöchentlichen Ruhezeit mindestens zwei Fahrer auf dem Fahrzeug zum Lenken eingesetzt sind. Während der ersten Stunde des Mehrfahrerbetriebs ist die Anwesenheit eines anderen Fahrers oder anderer Fahrer fakultativ, während der restlichen Zeit jedoch obligatorisch;
p) »Verkehrsunternehmen« jede natürliche oder juristische Person und jede Vereinigung oder Gruppe von Personen ohne Rechtspersönlichkeit mit oder ohne Erwerbszweck sowie jede eigene Rechtspersönlichkeit besitzende oder einer Behörde mit Rechtspersönlichkeit unterstehende offizielle Stelle, die Beförderungen im Straßenverkehr gewerblich oder im Werkverkehr vornimmt;
q) »Lenkdauer« die Gesamtlenkzeit zwischen dem Zeitpunkt, zu dem ein Fahrer nach einer Ruhezeit oder einer Fahrtunterbrechung beginnt, ein Fahrzeug zu lenken, und dem Zeitpunkt, zu dem er eine Ruhezeit oder Fahrtunterbrechung einlegt. Die Lenkdauer kann ununterbrochen oder unterbrochen sein.

KAPITEL II FAHRPERSONAL, LENKZEITEN, FAHRTUNTERBRECHUNGEN UND RUHEZEITEN

(1) Das Mindestalter für Schaffner beträgt 18 Jahre.

---

10 ABl. L 74 vom 20.3.1992, S. 1. Zuletzt geändert durch die Beitrittsakte von 2003.

Verordnung (EG) Nr. 561/2006 **Anhang 2**

(2) Das Mindestalter für Beifahrer beträgt 18 Jahre. Die Mitgliedstaaten können jedoch das Mindestalter für Beifahrer unter folgenden Bedingungen auf 16 Jahre herabsetzen:
a) Die Beförderung im Straßenverkehr erfolgt innerhalb eines Mitgliedstaats in einem Umkreis von 50 km vom Standort des Fahrzeugs, einschließlich des Verwaltungsgebiets von Gemeinden, deren Zentrum innerhalb dieses Umkreises liegt,
b) die Herabsetzung erfolgt zum Zwecke der Berufsausbildung und
c) die von den arbeitsrechtlichen Bestimmungen des jeweiligen Mitgliedstaates vorgegebenen Grenzen werden eingehalten.

(1) Die tägliche Lenkzeit darf 9 Stunden nicht überschreiten.

Die tägliche Lenkzeit darf jedoch höchstens zweimal in der Woche auf höchstens 10 Stunden verlängert werden.

(2) Die wöchentliche Lenkzeit darf 56 Stunden nicht überschreiten und nicht dazu führen, dass die in der Richtlinie 2002/15/EG festgelegte wöchentliche Höchstarbeitszeit überschritten wird.

(3) Die summierte Gesamtlenkzeit während zweier aufeinander folgender Wochen darf 90 Stunden nicht überschreiten.

(4) Die tägliche und die wöchentliche Lenkzeit umfassen alle Lenkzeiten im Gebiet der Gemeinschaft oder im Hoheitsgebiet von Drittstaaten.

(5) Der Fahrer muss die Zeiten im Sinne des Artikels 4 Buchstabe e sowie alle Lenkzeiten in einem Fahrzeug, das für gewerbliche Zwecke außerhalb des Anwendungsbereichs der vorliegenden Verordnung verwendet wird, als andere Arbeiten festhalten; ferner muss er die seit seinen letzten täglichen oder wöchentlichen Ruhezeiten verbrachten Bereitschaftszeiten im Sinne des Artikels 15 Absatz 3 Buchstabe c der Verordnung (EWG) Nr. 3821/85 festhalten. Diese Zeiten sind entweder handschriftlich auf einem Schaublatt oder einem Ausdruck einzutragen oder manuell in das Kontrollgerät einzugeben.

Nach einer Lenkdauer von viereinhalb Stunden hat ein Fahrer eine ununterbrochene Fahrtunterbrechung von wenigstens 45 Minuten einzulegen, sofern er keine Ruhezeit einlegt.

Diese Unterbrechung kann durch eine Unterbrechung von mindestens 15 Minuten, gefolgt von einer Unterbrechung von mindestens 30 Minuten, ersetzt werden, die in die Lenkzeit so einzufügen sind, dass die Bestimmungen des Absatzes 1 eingehalten werden.

Anhang 2 Verordnung (EG) Nr. 561/2006

(1) Der Fahrer muss tägliche und wöchentliche Ruhezeiten einhalten.

(2) Innerhalb von 24 Stunden nach dem Ende der vorangegangenen täglichen oder wöchentlichen Ruhezeit muss der Fahrer eine neue tägliche Ruhezeit genommen haben.

Beträgt der Teil der täglichen Ruhezeit, die in den 24-Stunden-Zeitraum fällt, mindestens 9 Stunden, jedoch weniger als 11 Stunden, so ist die fragliche tägliche Ruhezeit als reduzierte tägliche Ruhezeit anzusehen.

(3) Eine tägliche Ruhezeit kann verlängert werden, so dass sich eine regelmäßige wöchentliche Ruhezeit oder eine reduzierte wöchentliche Ruhezeit ergibt.

(4) Der Fahrer darf zwischen zwei wöchentlichen Ruhezeiten höchstens drei reduzierte tägliche Ruhezeiten einlegen.

(5) Abweichend von Absatz 2 muss ein im Mehrfahrerbetrieb eingesetzter Fahrer innerhalb von 30 Stunden nach dem Ende einer täglichen oder wöchentlichen Ruhezeit eine neue tägliche Ruhezeit von mindestens 9 Stunden genommen haben.

(6) In zwei jeweils aufeinander folgenden Wochen hat der Fahrer mindestens folgende Ruhezeiten einzuhalten:
– zwei regelmäßige wöchentliche Ruhezeiten oder
– eine regelmäßige wöchentliche Ruhezeit und eine reduzierte wöchentliche Ruhezeit von mindestens 24 Stunden. Dabei wird jedoch die Reduzierung durch eine gleichwertige Ruhepause ausgeglichen, die ohne Unterbrechung vor dem Ende der dritten Woche nach der betreffenden Woche genommen werden muss.

Eine wöchentliche Ruhezeit beginnt spätestens am Ende von sechs 24-Stunden-Zeiträumen nach dem Ende der vorangegangenen wöchentlichen Ruhezeit.

(7) Jede Ruhepause, die als Ausgleich für eine reduzierte wöchentliche Ruhezeit eingelegt wird, ist an eine andere Ruhezeit von mindestens 9 Stunden anzuhängen.

(8) Sofern sich ein Fahrer hierfür entscheidet, können nicht am Standort eingelegte tägliche Ruhezeiten und reduzierte wöchentliche Ruhezeiten im Fahrzeug verbracht werden, sofern das Fahrzeug über geeignete Schlafmöglichkeiten für jeden Fahrer verfügt und nicht fährt.

(9) Eine wöchentliche Ruhezeit, die in zwei Wochen fällt, kann für eine der beiden Wochen gezählt werden, nicht aber für beide.

(1) Legt ein Fahrer, der ein Fahrzeug begleitet, das auf einem Fährschiff oder mit der Eisenbahn befördert wird, eine regelmäßige tägliche Ruhezeit ein, so kann diese Ruhezeit abweichend von Artikel 8 höchstens zwei Mal durch andere Tätigkeiten unterbrochen werden, deren Dauer insgesamt eine Stunde nicht überschreiten darf. Während dieser regelmäßigen täglichen Ruhezeit muss dem Fahrer eine Schlafkabine oder ein Liegeplatz zur Verfügung stehen.

(2) Die von einem Fahrer verbrachte Zeit, um zu einem in den Geltungsbereich dieser Verordnung fallenden Fahrzeug, das sich nicht am Wohnsitz des Fahrers oder der Betriebsstätte des Arbeitgebers, dem der Fahrer normalerweise zugeordnet ist, befindet, anzureisen oder von diesem zurückzureisen, ist nur dann als Ruhepause oder Fahrtunterbrechung anzusehen, wenn sich der Fahrer in einem Zug oder auf einem Fährschiff befindet und Zugang zu einer Koje oder einem Liegewagen hat.

(3) Die von einem Fahrer verbrachte Zeit, um mit einem nicht in den Geltungsbereich dieser Richtlinie fallenden Fahrzeug zu einem in den Geltungsbereich dieser Verordnung fallenden Fahrzeug, das sich nicht am Wohnsitz des Fahrers oder der Betriebsstätte des Arbeitgebers, dem der Fahrer normalerweise zugeordnet ist, befindet, anzureisen oder von diesem zurückzureisen, ist als andere Arbeiten anzusehen.

KAPITEL III HAFTUNG VON VERKEHRSUNTERNEHMEN

(1) Verkehrsunternehmen dürfen angestellten oder ihnen zur Verfügung gestellten Fahrern keine Zahlungen in Abhängigkeit von der zurückgelegten Strecke und/oder der Menge der beförderten Güter leisten, auch nicht in Form von Prämien oder Lohnzuschlägen, falls diese Zahlungen geeignet sind, die Sicherheit im Straßenverkehr zu gefährden und/oder zu Verstößen gegen diese Verordnung ermutigen.

(2) Das Verkehrsunternehmen organisiert die Arbeit der in Absatz 1 genannten Fahrer so, dass diese die Bestimmungen der Verordnung (EWG) Nr. 3821/85 sowie des Kapitels II der vorliegenden Verordnung einhalten können. Das Verkehrsunternehmen hat den Fahrer ordnungsgemäß anzuweisen und regelmäßig zu überprüfen, dass die Verordnung (EWG) Nr. 3821/85 und Kapitel II der vorliegenden Verordnung eingehalten werden.

(3) Das Verkehrsunternehmen haftet für Verstöße von Fahrern des Unternehmens, selbst wenn der Verstoß im Hoheitsgebiet eines anderen Mitgliedstaates oder eines Drittstaates begangen wurde.

Unbeschadet des Rechts der Mitgliedstaaten, Verkehrsunternehmen uneingeschränkt haftbar zu machen, können die Mitgliedstaaten diese Haftung von einem Verstoß des Unternehmens gegen die Absätze 1 und 2 abhängig machen. Die Mitgliedstaaten können alle Beweise prüfen, die belegen, dass das Verkehrsunternehmen billigerweise nicht für den begangenen Verstoß haftbar gemacht werden kann.

(4) Unternehmen, Verlader, Spediteure, Reiseveranstalter, Hauptauftragnehmer, Unterauftragnehmer und Fahrervermittlungsagenturen stellen sicher, dass die vertraglich vereinbarten Beförderungszeitpläne nicht gegen diese Verordnung verstoßen.

(5)
a) Ein Verkehrsunternehmen, das Fahrzeuge einsetzt, die unter die vorliegende Verordnung fallen und die mit einem Kontrollgerät ausgestattet sind, das dem Anhang I B der Verordnung (EWG) Nr. 3821/85 entspricht, stellt Folgendes sicher:
   i) Alle Daten werden von dem Bordgerät und der Fahrerkarte so regelmäßig heruntergeladen, wie es der Mitgliedstaat vorschreibt; diese relevanten Daten werden in kürzeren Abständen heruntergeladen, damit sichergestellt ist, dass alle von dem Unternehmen oder für das Unternehmen durchgeführten Tätigkeiten heruntergeladen werden;
   ii) alle sowohl vom Bordgerät als auch von der Fahrerkarte heruntergeladenen Daten werden nach ihrer Aufzeichnung mindestens zwölf Monate lang aufbewahrt und müssen für einen Kontrollbeamten auf Verlangen entweder direkt oder zur Fernabfrage von den Geschäftsräumen des Unternehmens zugänglich sein.
b) Im Sinne dieses Absatzes wird der Ausdruck »heruntergeladen« entsprechend der Begriffsbestimmung in Anhang I B Kapitel I Buchstabe s der Verordnung (EWG) Nr. 3821/85 ausgelegt.
c) Die Kommission entscheidet nach dem in Artikel 24 Absatz 2 genannten Verfahren über den Höchstzeitraum für das Herunterladen der relevanten Daten gemäß Buchstabe a Ziffer i.

KAPITEL IV AUSNAHMEN

Ein Mitgliedstaat kann für Beförderungen im Straßenverkehr, die vollständig in seinem Hoheitsgebiet durchgeführt werden, längere Mindestfahrtunterbrechungen und Ruhezeiten oder kürzere Höchstlenkzeiten als nach den Artikeln 6 bis 9 festlegen. In einem solchen Fall muss der Mitgliedstaat die relevanten kollektiven oder anderen Vereinbarungen zwischen den Sozialpartnern berücksichtigen. Für Fahrer im grenzüberschreitenden Verkehr gilt jedoch weiterhin diese Verordnung.

Sofern die Sicherheit im Straßenverkehr nicht gefährdet wird, kann der Fahrer von den Artikeln 6 bis 9 abweichen, um einen geeigneten Halteplatz zu erreichen, soweit dies erforderlich ist, um die Sicherheit von Personen, des Fahrzeugs oder seiner Ladung zu gewährleisten. Der Fahrer hat Art und Grund dieser Abweichung spätestens bei Erreichen des geeigneten Halteplatzes handschriftlich auf dem Schaublatt des Kontrollgeräts oder einem Ausdruck aus dem Kontrollgerät oder im Arbeitszeitplan zu vermerken.

(1) Sofern die Verwirklichung der in Artikel 1 genannten Ziele nicht beeinträchtigt wird, kann jeder Mitgliedstaat für sein Hoheitsgebiet oder mit Zustimmung der betreffenden Mitgliedstaaten für das Hoheitsgebiet eines anderen Mitgliedstaats Abweichungen von den Artikeln 5 bis 9 zulassen und solche Abweichungen für die Beförderung mit folgenden Fahrzeugen an individuelle Bedingungen knüpfen:

a) Fahrzeuge, die Eigentum von Behörden sind oder von diesen ohne Fahrer angemietet sind, um Beförderungen im Straßenverkehr durchzuführen, die nicht im Wettbewerb mit privatwirtschaftlichen Verkehrsunternehmen stehen;

b) Fahrzeuge, die von Landwirtschafts-, Gartenbau-, Forstwirtschafts- oder Fischereiunternehmen zur Güterbeförderung im Rahmen ihrer eigenen unternehmerischen Tätigkeit in einem Umkreis von bis zu 100 km vom Standort des Unternehmens benutzt oder ohne Fahrer angemietet werden;

c) land- und forstwirtschaftliche Zugmaschinen, die für land- oder forstwirtschaftliche Tätigkeiten eingesetzt werden, und zwar in einem Umkreis von bis zu 100 km vom Standort des Unternehmens, das das Fahrzeug besitzt, anmietet oder least;

d) Fahrzeuge oder Fahrzeugkombinationen mit einer zulässigen Höchstmasse von nicht mehr als 7,5 t,

- die von Universaldienstanbietern im Sinne des Artikels 2 Absatz 13 der Richtlinie 97/67/EG des Europäischen Parlaments und des Rates vom 15. Dezember 1997 über gemeinsame Vorschriften für die Entwicklung des Binnenmarktes der Postdienste der Gemeinschaft und die Verbesserung der Dienstequalität[11] zum Zweck der Zustellung von Sendungen im Rahmen des Universaldienstes benutzt werden, oder
- die zur Beförderung von Material, Ausrüstungen oder Maschinen benutzt werden, die der Fahrer zur Ausübung seines Berufes benötigt. Diese Fahrzeuge dürfen nur in einem Umkreis von 50 km vom Standort des Unternehmens und unter der Bedingung benutzt werden, dass das Lenken des Fahrzeugs für den Fahrer nicht die Haupttätigkeit darstellt;
e) Fahrzeuge, die ausschließlich auf Inseln mit einer Fläche von nicht mehr als 2300 km2 verkehren, die mit den übrigen Teilen des Hoheitsgebiets weder durch eine Brücke, eine Furt oder einen Tunnel, die von Kraftfahrzeugen benutzt werden können, verbunden sind;
f) Fahrzeuge, die im Umkreis von 50 km vom Standort des Unternehmens zur Güterbeförderung mit Druckergas-, Flüssiggas- oder Elektroantrieb benutzt werden und deren zulässige Höchstmasse einschließlich Anhänger oder Sattelanhänger 7,5 t nicht übersteigt;
g) Fahrzeuge, die zum Fahrschulunterricht und zur Fahrprüfung zwecks Erlangung des Führerscheins oder eines beruflichen Befähigungsnachweises dienen, sofern diese Fahrzeuge nicht für die gewerbliche Personen- oder Güterbeförderung benutzt werden;
h) Fahrzeuge, die von den zuständigen Stellen für Kanalisation, Hochwasserschutz, Wasser-, Gas- und Elektrizitätsversorgung, von den Straßenbauämtern, der Hausmüllabfuhr, den Telegramm- und Telefonanbietern, Radio- und Fernsehsendern sowie zur Erfassung von Radio- bzw. Fernsehsendern oder -geräten eingesetzt werden;
i) Fahrzeuge mit 10 bis 17 Sitzen, die ausschließlich zur nichtgewerblichen Personenbeförderung verwendet werden;
j) Spezialfahrzeuge, die Ausrüstungen des Zirkus- oder Schaustellergewerbes transportieren;
k) speziell ausgerüstete Projektfahrzeuge für mobile Projekte, die hauptsächlich im Stand zu Lehrzwecken dienen;

---

[11] ABl. L 15 vom 21.11.1998, S. 14. Zuletzt geändert durch die Verordnung (EG) Nr. 1882/2003 (ABl. L 284 vom 31.10.2003, S. 1).

l) Fahrzeuge, die zum Abholen von Milch bei landwirtschaftlichen Betrieben und zur Rückgabe von Milchbehältern oder von Milcherzeugnissen für Futterzwecke an diese Betriebe verwendet werden;
m) Spezialfahrzeuge für Geld- und/oder Werttransporte;
n) Fahrzeuge, die zur Beförderung von tierischen Abfällen oder von nicht für den menschlichen Verzehr bestimmten Tierkörpern verwendet werden;
o) Fahrzeuge, die ausschließlich auf Straßen in Güterverteilzentren wie Häfen, Umschlaganlagen des Kombinierten Verkehrs und Eisenbahnterminals benutzt werden;
p) Fahrzeuge, die innerhalb eines Umkreises von bis zu 50 Kilometern für die Beförderung lebender Tiere von den landwirtschaftlichen Betrieben zu den lokalen Märkten und umgekehrt oder von den Märkten zu den lokalen Schlachthäusern verwendet werden.

(2) Die Mitgliedstaaten teilen der Kommission die Ausnahmen mit, die sie nach Absatz 1 gewähren, und die Kommission unterrichtet die übrigen Mitgliedstaaten hiervon.

(3) Sofern die Verwirklichung der in Artikel 1 genannten Ziele nicht beeinträchtigt wird und ein angemessener Schutz der Fahrer sichergestellt ist, kann ein Mitgliedstaat mit Genehmigung der Kommission in seinem Hoheitsgebiet in geringem Umfang Ausnahmen von dieser Verordnung für Fahrzeuge, die in zuvor festgelegten Gebieten mit einer Bevölkerungsdichte von weniger als 5 Personen pro Quadratkilometer eingesetzt werden, in folgenden Fällen zulassen:
– Bei inländischen Personenlinienverkehrsdiensten, sofern ihr Fahrplan von den Behörden bestätigt wurde (in diesem Fall dürfen nur Ausnahmen in Bezug auf Fahrtunterbrechungen zugelassen werden) und
– im inländischen Werkverkehr oder gewerblich durchgeführten Güterkraftverkehr, soweit sich diese Tätigkeiten nicht auf den Binnenmarkt auswirken und für den Erhalt bestimmter Wirtschaftszweige in dem betroffenen Gebiet notwendig sind und die Ausnahmebestimmungen dieser Verordnung einen Umkreis von höchstens 100 km vorschreiben.

Eine Beförderung im Straßenverkehr nach dieser Ausnahme kann eine Fahrt zu einem Gebiet mit einer Bevölkerungsdichte von 5 Personen pro Quadratmeter oder mehr nur einschließen, wenn damit eine Fahrt beendet oder begonnen wird. Solche Maßnahmen müssen ihrer Art und ihrem Umfang nach verhältnismäßig sein.

(1) Sofern die Verwirklichung der in Artikel 1 genannten Ziele nicht beeinträchtigt wird, können die Mitgliedstaaten nach Genehmigung durch die Kommission Ausnahmen von den Artikeln 6 bis 9 für unter außergewöhnlichen Umständen durchgeführte Beförderungen zulassen.

(2) Die Mitgliedstaaten können in dringenden Fällen eine vorübergehende Ausnahme für einen Zeitraum von höchstens 30 Tagen zulassen, über die die Kommission sofort zu unterrichten ist.

(3) Die Kommission teilt den übrigen Mitgliedstaaten alle nach diesem Artikel gewährten Ausnahmen mit.

Die Mitgliedstaaten stellen sicher, dass Fahrer der in Artikel 3 Buchstabe a genannten Fahrzeuge unter nationale Vorschriften fallen, die in Bezug auf die erlaubten Lenkzeiten sowie die vorgeschriebenen Fahrtunterbrechungen und Ruhezeiten einen angemessenen Schutz bieten.

KAPITEL V ÜBERWACHUNG UND SANKTIONEN

(1) Verfügt ein Fahrzeug nicht über ein mit der Verordnung (EWG) Nr. 3821/85 übereinstimmendes Kontrollgerät, so gelten die Absätze 2 und 3 des vorliegenden Artikels für:
a) nationale Personenlinienverkehrsdienste und
b) grenzüberschreitende Personenlinienverkehrsdienste, deren Endpunkte in der Luftlinie höchstens 50 km von einer Grenze zwischen zwei Mitgliedstaaten entfernt sind und deren Fahrstrecke höchstens 100 km beträgt.

(2) Das Verkehrsunternehmen erstellt einen Fahrplan und einen Arbeitszeitplan, in dem für jeden Fahrer der Name, der Standort und der im Voraus festgelegte Zeitplan für die verschiedenen Zeiträume der Lenktätigkeit, der anderen Arbeiten und der Fahrtunterbrechungen sowie die Bereitschaftszeiten angegeben werden.

Jeder Fahrer, der in einem Dienst im Sinne des Absatzes 1 eingesetzt ist, muss einen Auszug aus dem Arbeitszeitplan und eine Ausfertigung des Linienfahrplans mit sich führen.

(3) Der Arbeitszeitplan muss
a) alle in Absatz 2 aufgeführten Angaben mindestens für den Zeitraum der vorangegangenen 28 Tage enthalten; diese Angaben sind in regelmäßigen Abständen von höchstens einem Monat zu aktualisieren;

b) die Unterschrift des Leiters des Verkehrsunternehmens oder seines Beauftragten tragen;
c) vom Verkehrsunternehmen nach Ablauf des Geltungszeitraums ein Jahr lang aufbewahrt werden. Das Verkehrsunternehmen händigt den betreffenden Fahrern auf Verlangen einen Auszug aus dem Arbeitszeitplan aus; und
d) auf Verlangen einem dazu befugten Kontrollbeamten vorgelegt und ausgehändigt werden.

(1) Die Mitgliedstaaten übermitteln der Kommission unter Verwendung des in der Entscheidung 93/173/EWG[12] vorgesehenen Berichtsmusters die notwendigen Informationen, damit diese alle zwei Jahre einen Bericht über die Durchführung der vorliegenden Verordnung und der Verordnung (EWG) Nr. 3821/85 und über die Entwicklungen auf dem betreffenden Gebiet erstellen kann.

(2) Diese Angaben müssen bei der Kommission spätestens am 30. September des Jahres nach Ende des betreffenden Zweijahreszeitraums mitgeteilt werden.

(3) In dem Bericht wird zugleich angegeben, inwieweit von den Ausnahmeregelungen gemäß Artikel 13 Gebrauch gemacht wird.

(4) Die Kommission leitet den Bericht innerhalb von 13 Monaten nach Ende des betreffenden Zweijahreszeitraums dem Europäischen Parlament und dem Rat zu.

Die Mitgliedstaaten ergreifen die zur Durchführung dieser Verordnung erforderlichen Maßnahmen.

(1) Die Mitgliedstaaten legen für Verstöße gegen die vorliegende Verordnung und die Verordnung (EWG) Nr. 3821/85 Sanktionen fest und treffen alle erforderlichen Maßnahmen, um deren Durchführung zu gewährleisten. Diese Sanktionen müssen wirksam, verhältnismäßig, abschreckend und nicht diskriminierend sein. Ein Verstoß gegen die vorliegende Verordnung und gegen die Verordnung (EWG) Nr. 3821/85 kann nicht mehrmals Gegenstand von Sanktionen oder Verfahren sein. Die Mitgliedstaaten teilen der Kommission diese Maßnahmen und die Regeln bezüglich Sanktionen bis zu dem in Artikel 29 Absatz 2 genannten Datum mit. Die Kommission informiert die Mitgliedstaaten entsprechend.

---

12 ABl. L 72 vom 25.3.1993, S. 33.

Anhang 2 Verordnung (EG) Nr. 561/2006

(2) Ein Mitgliedstaat ermächtigt die zuständigen Behörden, gegen ein Unternehmen und/oder einen Fahrer bei einem in seinem Hoheitsgebiet festgestellten Verstoß gegen diese Verordnung eine Sanktion zu verhängen, sofern hierfür noch keine Sanktion verhängt wurde, und zwar selbst dann, wenn der Verstoß im Hoheitsgebiet eines anderen Mitgliedstaats oder eines Drittstaats begangen wurde.

Dabei gilt folgende Ausnahmeregelung: Wird ein Verstoß festgestellt,
– der nicht im Hoheitsgebiet des betreffenden Mitgliedstaats begangen wurde und
– der von einem Unternehmen, das seinen Sitz in einem anderen Mitgliedstaat oder einem Drittstaat hat, oder von einem Fahrer, der seinen Arbeitsplatz in einem anderen Mitgliedstaat oder einem Drittstaat hat, begangen wurde,

so kann ein Mitgliedstaat bis zum 1. Januar 2009, anstatt eine Sanktion zu verhängen, der zuständigen Behörde des Mitgliedstaats oder des Drittstaats, in dem das Unternehmen seinen Sitz oder der Fahrer seinen Arbeitsplatz hat, den Verstoß melden.

(3) Leitet ein Mitgliedstaat in Bezug auf einen bestimmten Verstoß ein Verfahren ein oder verhängt er eine Sanktion, so muss er dem Fahrer gegenüber angemessene schriftliche Belege beibringen.

(4) Die Mitgliedstaaten stellen sicher, dass ein System verhältnismäßiger Sanktionen, die finanzielle Sanktionen umfassen können, für den Fall besteht, dass Unternehmen oder mit ihnen verbundene Verlader, Spediteure, Reiseveranstalter, Hauptauftragnehmer, Unterauftragnehmer und Fahrervermittlungsagenturen gegen die vorliegende Verordnung oder die Verordnung (EWG) Nr. 3821/85 verstoßen.

(1) Der Fahrer muss alle von einem Mitgliedstaat zu Sanktionen oder zur Einleitung von Verfahren beigebrachten Belege so lange aufbewahren, bis derselbe Verstoß gegen diese Verordnung nicht mehr in ein zweites Verfahren oder eine zweite Sanktion gemäß dieser Verordnung münden kann.

(2) Der Fahrer hat die in Absatz 1 genannten Belege auf Verlangen vorzuweisen.

(3) Ein Fahrer, der bei mehreren Verkehrsunternehmen beschäftigt ist oder mehreren Verkehrsunternehmen zur Verfügung steht, verschafft jedem Unter-

nehmen ausreichende Informationen, um diesem die Einhaltung der Bestimmungen des Kapitels II zu ermöglichen.

In Fällen, in denen ein Mitgliedstaat der Auffassung ist, dass ein Verstoß gegen diese Verordnung vorliegt, der die Straßenverkehrssicherheit eindeutig gefährden könnte, ermächtigt er die betreffende zuständige Behörde, das betreffende Fahrzeug so lange stillzulegen, bis die Ursache des Verstoßes behoben ist. Die Mitgliedstaaten können dem Fahrer auferlegen, eine tägliche Ruhezeit einzulegen. Die Mitgliedstaaten können ferner gegebenenfalls die Zulassung eines Unternehmens entziehen, aussetzen oder einschränken, falls es seinen Sitz in diesem Mitgliedstaat hat, oder sie können die Fahrerlaubnis eines Fahrers entziehen, aussetzen oder einschränken. Die Kommission entwickelt nach dem in Artikel 24 Absatz 2 genannten Verfahren Leitlinien, um eine harmonisierte Anwendung dieses Artikels zu erreichen.

(1) Die Mitgliedstaaten leisten einander Beistand bei der Anwendung dieser Verordnung und bei der Überwachung ihrer Einhaltung.

(2) Die zuständigen Behörden der Mitgliedstaaten tauschen regelmäßig alle verfügbaren Informationen aus über
a) die von Gebietsfremden begangenen Verstöße gegen die Bestimmungen des Kapitels II und die gegen diese Verstöße verhängten Sanktionen;
b) die von einem Mitgliedstaat verhängten Sanktionen für Verstöße, die seine Gebietsansässigen in anderen Mitgliedstaaten begangen haben.

(3) Die Mitgliedstaaten übermitteln der Kommission regelmäßig relevante Informationen über die nationale Auslegung und Anwendung dieser Verordnung; die Kommission stellt diese Informationen den anderen Mitgliedstaaten in elektronischer Form zur Verfügung.

(4) Die Kommission unterstützt durch den in Artikel 24 Absatz 1 genannten Ausschuss den Dialog zwischen den Mitgliedstaaten über die einzelstaatliche Auslegung und Anwendung dieser Verordnung.

Die Gemeinschaft wird mit Drittländern die Verhandlungen aufnehmen, die zur Durchführung dieser Verordnung gegebenenfalls erforderlich sind.

(1) Die Kommission wird von dem durch Artikel 18 Absatz 1 der Verordnung (EWG) Nr. 3821/85 eingesetzten Ausschuss unterstützt.

(2) Wird auf diesen Absatz Bezug genommen, so gelten die Artikel 3 und 7 des Beschlusses 1999/468/EG unter Beachtung von dessen Artikel 8.

(3) Der Ausschuss gibt sich eine Geschäftsordnung.

(1) Auf Antrag eines Mitgliedstaates oder von sich aus
a) prüft die Kommission die Fälle, in denen die Bestimmungen dieser Verordnung, insbesondere bezüglich der Lenkzeiten, Fahrtunterbrechungen und Ruhezeiten, unterschiedlich angewandt und durchgesetzt werden;
b) klärt die Kommission die Bestimmungen dieser Verordnung, um einen gemeinsamen Ansatz sicherzustellen.

(2) In den in Absatz 1 genannten Fällen trifft die Kommission eine Entscheidung über einen empfohlenen Ansatz nach dem in Artikel 24 Absatz 2 genannten Verfahren. Die Kommission übermittelt ihre Entscheidung dem Europäischen Parlament, dem Rat und den Mitgliedstaaten.

KAPITEL VI SCHLUSSBESTIMMUGEN

(hier nicht abgedruckt)

Diese Verordnung tritt am 11. April 2007 in Kraft, ausgenommen Artikel 10 Absatz 5, Artikel 26 Absätze 3 und 4 und Artikel 27, die am 1. Mai 2006 in Kraft treten.

Diese Verordnung ist in allen ihren Teilen verbindlich und gilt unmittelbar in jedem Mitgliedstaat.

Anhang 3

Richtlinie 2002/15/EG des Europäischen Parlaments und des Rates vom 11. März 2002 zur Regelung der Arbeitszeit von Personen, die Fahrtätigkeiten im Bereich des Straßentransports ausüben

DAS EUROPÄISCHE PARLAMENT UND DER RAT DER EUROPÄISCHEN UNION -

gestützt auf den Vertrag zur Gründung der Europäischen Gemeinschaft, insbesondere auf Artikel 71 und Artikel 137 Absatz 2,

auf Vorschlag der Kommission[1],

nach Stellungnahme des Wirtschafts- und Sozialausschusses[2],

nach Anhörung des Ausschusses der Regionen,

gemäß dem Verfahren des Artikels 251 des Vertrags[3], aufgrund des vom Vermittlungsausschuss am 16. Januar 2002 gebilligten gemeinsamen Entwurfs,

in Erwägung nachstehender Gründe:
(1) Durch die Verordnung (EWG) Nr. 3820/85 des Rates vom 20. Dezember 1985 über die Harmonisierung bestimmter Sozialvorschriften im Straßenverkehr[4] wurden gemeinsame Regeln für die Lenk- und Ruhezeiten von Fahrern festgelegt. Andere Aspekte der Arbeitszeit im Straßenverkehr werden von der genannten Verordnung nicht erfasst.
(2) Die Richtlinie 93/104/EG des Rates vom 23. November 1993 über bestimmte Aspekte der Arbeitszeitgestaltung[5] ermöglicht die Annahme

---

1 Amtl. Anm.: ABl. C 43 vom 17.2.1999, S. 4.
2 Amtl. Anm.: ABl. C 138 vom 18.5.1999, S. 33.
3 Amtl. Anm.: Stellungnahme des Europäischen Parlaments vom 14. April 1999 (ABl. C 219 vom 30.7.1999, S. 235), bestätigt am 6. Mai 1999 (ABl. C 279 vom 1.10.1999, S. 270), Gemeinsamer Standpunkt des Rates vom 23. März 2001 (ABl. C 142 vom 15.5.2001, S. 24) und Beschluss des Europäischen Parlaments vom 14. Juni 2001 (noch nicht im Amtsblatt veröffentlicht). Beschluss des Europäischen Parlaments vom 5. Februar 2002 und Beschluss des Rates vom 18. Februar 2002.
4 Amtl. Anm.: ABl. L 370 vom 31.12.1985, S. 1.
5 Amtl. Anm.: ABl. L 307 vom 13.12.1993, S. 18. Richtlinie zuletzt geändert durch die Richtlinie 2000/34/EG des Europäischen Parlaments und des Rates (ABl. L 195 vom 1.8.2000, S. 41).

spezifischerer Vorschriften für die Arbeitszeitgestaltung. Angesichts ihres sektorspezifischen Charakters haben die Bestimmungen der vorliegenden Richtlinie nach Artikel 14 der Richtlinie 93/104/EG Vorrang vor jener Richtlinie.
(3) Trotz intensiver Verhandlungen zwischen den Sozialpartnern konnte keine Einigung hinsichtlich des im Straßenverkehr tätigen Fahrpersonals erzielt werden.
(4) Daher muss eine Reihe spezifischerer Vorschriften zur Arbeitszeit im Straßenverkehr erstellt werden, die darauf abzielen, die Straßenverkehrssicherheit sowie den Schutz von Sicherheit und Gesundheit der betreffenden Personen zu gewährleisten.
(5) Da die Ziele der in Betracht gezogenen Maßnahmen auf Ebene der Mitgliedstaaten nicht ausreichend erreicht werden können und daher wegen ihres Umfangs oder ihrer Wirkungen besser auf Gemeinschaftsebene erreicht werden können, kann die Gemeinschaft im Einklang mit dem in Artikel 5 des Vertrags niedergelegten Subsidiaritätsprinzip tätig werden. Im Einklang mit dem in demselben Artikel niedergelegten Verhältnismäßigkeitsprinzip geht diese Richtlinie nicht über das zur Erreichung dieser Ziele notwendige Maß hinaus.
(6) Der Anwendungsbereich dieser Richtlinie erfasst ausschließlich das von einem Verkehrsunternehmen mit Sitz in einem Mitgliedstaat beschäftigte Fahrpersonal, das Straßenverkehrstätigkeiten im Sinne der Verordnung (EWG) Nr. 3820/85 oder ansonsten des Europäischen Übereinkommens über die Arbeit des im internationalen Straßenverkehr beschäftigten Fahrpersonals (AETR) nachgeht.
(7) Es ist klarzustellen, dass Fahrpersonal, das vom Anwendungsbereich der vorliegenden Richtlinie ausgeschlossen ist, mit Ausnahme der selbständigen Kraftfahrer, den Mindestschutz genießt, der in der Richtlinie 93/104/EG vorgesehen ist. Dieser Mindestschutz umfasst die bestehenden Bestimmungen über ausreichende Ruhezeiten, die durchschnittliche wöchentliche Höchstarbeitszeit, den Jahresurlaub und bestimmte grundlegende Vorschriften für Nachtarbeit, insbesondere Untersuchungen des Gesundheitszustandes.
(8) Da selbständige Kraftfahrer vom Anwendungsbereich der Verordnung (EWG) Nr. 3820/85 erfasst, vom Anwendungsbereich der Richtlinie 93/104/EG jedoch ausgenommen sind, sollten diese Kraftfahrer gemäß den Bestimmungen von Artikel 2 Absatz 1 vom Anwendungsbereich der vorliegenden Richtlinie vorläufig ausgenommen werden.

(9) Die Begriffsbestimmungen dieser Richtlinie dürfen andere gemeinschaftsrechtliche Regelungen der Arbeitszeit nicht präjudizieren.
(10) Zur Verbesserung der Sicherheit im Straßenverkehr, zur Vermeidung von Wettbewerbsverzerrungen und zur Gewährleistung der Sicherheit und Gesundheit des unter diese Richtlinie fallenden Fahrpersonals sollten diese Personen genau wissen, welche Zeiten für Tätigkeiten im Straßenverkehr als Arbeitszeiten gelten und welche Zeiten hiervon ausgenommen sind und als Pausen, als Ruhezeiten oder als Bereitschaftszeiten gelten. Diesem Personenkreis sollten tägliche und wöchentliche Mindestruhezeiten sowie angemessene Ruhepausen gewährt werden. Ferner muss eine Höchstgrenze für die wöchentliche Arbeitszeit festgelegt werden.
(11) Untersuchungen zeigen, dass der menschliche Organismus während der Nacht besonders empfindlich auf Störungen in seiner Umgebung und auf bestimmte belastende Formen der Arbeitsorganisation reagiert und dass über lange Zeit während Nachtarbeit für die Gesundheit der Arbeitnehmer nachteilig sein und ihre Sicherheit sowie die Straßenverkehrssicherheit ganz allgemein gefährden kann.
(12) Infolgedessen müssen die Zeiten, in denen Nachtarbeit geleistet wird, eingeschränkt werden, und es ist dafür zu sorgen, dass Berufskraftfahrer, die Nachtarbeit leisten, einen angemessen Ausgleich für ihre Tätigkeit erhalten und in ihren beruflichen Weiterbildungsmöglichkeiten nicht benachteiligt werden.
(13) Die Arbeitgeber sollten Aufzeichnungen über Überschreitungen der durchschnittlichen wöchentlichen Höchstarbeitszeit für Fahrpersonal führen.
(14) Die Bestimmungen der Verordnung (EWG) Nr. 3820/85 in Bezug auf die Lenkzeiten im innerstaatlichen und grenzüberschreitenden Personenverkehr, mit Ausnahme des Linienverkehrs, sollten weiterhin gelten.
(15) Die Kommission sollte die Umsetzung dieser Richtlinie überwachen, die Entwicklungen auf diesem Gebiet in den Mitgliedstaaten verfolgen und dem Europäischen Parlament, dem Rat, dem Wirtschafts- und Sozialausschuss und dem Ausschuss der Regionen einen Bericht über die Anwendung der Vorschriften sowie über die Auswirkungen der Bestimmungen zur Nachtarbeit vorlegen.
(16) Die Mitgliedstaaten oder, je nach Lage des Falls, die Sozialpartner müssen die Möglichkeit haben, Ausnahmen von einzelnen Bestimmungen dieser Richtlinie zu beschließen. Im Falle einer Ausnahme sollten jedoch den betroffenen Arbeitnehmern in der Regel Ausgleichsruhezeiten gewährt werden -

Anhang 3 Richtlinie 2002/15/EG

HABEN FOLGENDE RICHTLINIE ERLASSEN:

Art. 1 Zweck

Zweck dieser Richtlinie ist es, Mindestvorschriften für die Gestaltung der Arbeitszeit festzulegen, um die Sicherheit und die Gesundheit der Personen, die Fahrtätigkeiten im Bereich des Straßentransports ausüben, verstärkt zu schützen, die Sicherheit im Straßenverkehr zu erhöhen und die Wettbewerbsbedingungen einander stärker anzugleichen.

Art. 2 Anwendungsbereich

(1) Diese Richtlinie gilt für das Fahrpersonal von Unternehmen mit Sitz in einem Mitgliedstaat, das im Straßenverkehr im Sinne der Verordnung (EWG) Nr. 3820/85 oder ansonsten des AETR-Übereinkommens tätig ist.

Unbeschadet der Bestimmungen im folgenden Unterabsatz findet die vorliegende Richtlinie auf die selbständigen Kraftfahrer ab dem 23. März 2009 Anwendung.

Spätestens 2 Jahre vor diesem Datum legt die Kommission dem Europäischen Parlament und dem Rat einen Bericht vor. Dieser Bericht untersucht die Auswirkungen des Ausschlusses selbständiger Kraftfahrer vom Geltungsbereich der Richtlinie auf die Straßenverkehrssicherheit, die Wettbewerbsbedingungen und die Berufsstruktur sowie soziale Aspekte. Die Bedingungen in jedem einzelnen Mitgliedstaat mit Blick auf die Struktur des Transportgewerbes und Arbeitsbedingungen der im Straßentransport Tätigen werden berücksichtigt. Auf der Grundlage dieses Berichts legt die Kommission einen Vorschlag mit dem Ziel vor, um gegebenenfalls entweder
– die Bedingungen für die Einbeziehung selbständiger Kraftfahrer in den Geltungsbereich dieser Richtlinie mit Blick auf bestimmte selbständige Kraftfahrer festzulegen, die nicht im Straßenverkehr in anderen Mitgliedstaaten tätig sind und die aus objektiven Gründen lokalen Beschränkungen unterliegen, beispielsweise Standort in Randlage, große Inlandsentfernungen und ein besonders starker Wettbewerb, oder
– die selbständigen Kraftfahrer nicht in den Anwendungsbereich dieser Richtlinie aufzunehmen.

(2) Für das Fahrpersonal, das vom Anwendungsbereich dieser Richtlinie ausgeschlossen ist, gilt die Richtlinie 93/104/EG.

(3) Soweit diese Richtlinie spezifischere Vorschriften für das Fahrpersonal im Straßenverkehr enthält, hat sie gemäß Artikel 14 der Richtlinie 93/104/EG Vorrang vor den einschlägigen Bestimmungen jener Richtlinie.

(4) Diese Richtlinie ergänzt die Bestimmungen der Verordnung (EWG) Nr. 3820/85 und erforderlichenfalls des AETR-Übereinkommens, die Vorrang vor den Bestimmungen dieser Richtlinie haben.

Art. 3 Begriffsbestimmungen

Für die Zwecke dieser Richtlinie bezeichnet der Ausdruck
a) »Arbeitszeit« ist
1. bei Fahrpersonal: die Zeitspanne zwischen Arbeitsbeginn und Arbeitsende, während der der Beschäftigte an seinem Arbeitsplatz ist, dem Arbeitgeber zur Verfügung steht, und während der er seine Funktion oder Tätigkeit ausübt, d. h.
   – die Zeit sämtlicher Tätigkeiten im Straßenverkehr. Diese Tätigkeiten umfassen insbesondere Folgendes:
   i) Fahren,
   ii) Be- und Entladen,
   iii) Hilfe beim Ein- und Aussteigen der Fahrgäste,
   iv) Reinigung und technische Wartung,
   v) alle anderen Arbeiten, die dazu dienen, die Sicherheit des Fahrzeugs, der Ladung und der Fahrgäste zu gewährleisten bzw. die gesetzlichen oder behördlichen Formalitäten die einen direkten Zusammenhang mit der gerade ausgeführten spezifischen Transporttätigkeit aufweisen, zu erledigen; hierzu gehören auch: Überwachen des Beladens/Entladens, Erledigung von Formalitäten im Zusammenhang mit Polizei, Zoll, Einwanderungsbehörden usw.;
   – die Zeiten, während deren das Fahrpersonal nicht frei über seine Zeit verfügen kann und sich an seinem Arbeitsplatz bereithalten muss, seine normale Arbeit aufzunehmen, wobei es bestimmte mit dem Dienst verbundene Aufgaben ausführt, insbesondere während der Zeit des Wartens auf das Be- und Entladen, wenn deren voraussichtliche Dauer nicht im Voraus bekannt ist, d. h. entweder vor der Abfahrt bzw. unmittelbar vor dem tatsächlichen Beginn des betreffenden Zeitraums oder gemäß den allgemeinen zwischen den Sozialpartnern ausgehandelten und/oder durch die Rechtsvorschriften der Mitgliedstaaten festgelegten Bedingungen.

2. bei selbständigen Kraftfahrern gilt die gleiche Definition: Zeitspanne zwischen Arbeitsbeginn und Arbeitsende, in der sich der selbständige Kraftfahrer an seinem Arbeitsplatz befindet, dem Kunden zur Verfügung steht, und während deren er seine Funktionen oder Tätigkeiten ausübt; dies umfasst nicht allgemeine administrative Tätigkeiten, die keinen direkten Zusammenhang mit der gerade ausgeführten spezifischen Transporttätigkeit aufweisen.
Nicht zur Arbeitszeit gerechnet werden die Ruhepausen gemäß Artikel 5, die Ruhezeiten gemäß Artikel 6 sowie unbeschadet der Rechtsvorschriften der Mitgliedstaaten oder der Vereinbarungen der Sozialpartner, nach denen derartige Zeiten ausgeglichen oder begrenzt werden, die Bereitschaftszeit gemäß Buchstabe b) des vorliegenden Artikels.

b) »Bereitschaftszeit«
andere Zeiten als Ruhepausen und Ruhezeiten, in denen das Fahrpersonal nicht verpflichtet ist, an seinem Arbeitsplatz zu bleiben, in denen es sich jedoch in Bereitschaft halten muss, um etwaigen Anweisungen zur Aufnahme oder Wiederaufnahme der Fahrtätigkeit oder zur Ausführung anderer Arbeiten Folge zu leisten. Als Bereitschaftszeit gelten insbesondere die Zeiten, in denen das Fahrpersonal ein Fahrzeug während der Beförderung auf einer Fähre oder mit einem Zug begleitet sowie Wartezeiten an den Grenzen und infolge von Fahrverboten.
Diese Zeiten und ihre voraussichtliche Dauer müssen dem Fahrpersonal im Voraus bekannt sein, d. h. entweder vor der Abfahrt bzw. unmittelbar vor dem tatsächlichen Beginn des betreffenden Zeitraums oder gemäß den allgemeinen zwischen den Sozialpartnern ausgehandelten und/oder durch die Rechtsvorschriften der Mitgliedstaaten festgelegten Bedingungen;
für Fahrpersonal, das sich beim Fahren abwechselt, die Zeit, die während der Fahrt neben dem Fahrer oder in einer Schlafkabine verbracht wird;

c) »Arbeitsplatz«
den Standort der Hauptniederlassung des Unternehmens, für das die Personen, die Fahrtätigkeiten im Bereich des Straßentransports ausüben, tätig sind, und seine verschiedenen Zweigniederlassungen, ob sie nun mit seinem Geschäftssitz oder seiner Hauptniederlassung zusammenfallen oder nicht;
das Fahrzeug, das die Personen, die Fahrtätigkeiten im Bereich des Straßentransports ausüben, bei ihrer Tätigkeit benutzen und
jeden anderen Ort, an dem die mit der Beförderung verbundenen Tätigkeiten ausgeführt werden;

d) »Fahrpersonal« alle Arbeitnehmer, einschließlich Praktikanten und Auszubildende, die im Dienst eines Unternehmens, das auf Rechnung Dritter oder auf eigene Rechnung Fahrgäste oder Waren im Straßenverkehr befördert, eine Fahrtätigkeit ausüben;
e) »selbständiger Kraftfahrer« alle Personen, deren berufliche Tätigkeit hauptsächlich darin besteht, mit Gemeinschaftslizenz oder einer anderen berufsspezifischen Beförderungsermächtigung gewerblich im Sinne des Gemeinschaftsrechts, Fahrgäste oder Waren im Straßenverkehr zu befördern, die befugt sind, auf eigene Rechnung zu arbeiten, und die nicht durch einen Arbeitsvertrag oder ein anderes arbeitsrechtliches Abhängigkeitsverhältnis an einen Arbeitgeber gebunden sind, die über den erforderlichen freien Gestaltungsspielraum für die Ausübung der betreffenden Tätigkeit verfügen, deren Einkünfte direkt von den erzielten Gewinnen abhängen und die die Freiheit haben, als Einzelne oder durch eine Zusammenarbeit zwischen selbständigen Kraftfahrern Geschäftsbeziehungen zu mehreren Kunden zu unterhalten.

Für die Zwecke dieser Richtlinie unterliegen Fahrer, die diese Kriterien nicht erfuellen, den gleichen Verpflichtungen, und genießen die gleichen Rechte, wie sie diese Richtlinie für Fahrpersonal vorsieht.

f) »Personen, die Fahrtätigkeiten im Bereich des Straßentransports ausüben Fahrpersonal« oder selbständige Kraftfahrer;
g) »Woche« den Zeitraum von Montag 00.00 Uhr bis Sonntag 24.00 Uhr;
h) »Nachtzeit« jede in den einzelstaatlichen Rechtsvorschriften festgelegte Zeitspanne von mindestens vier Stunden in der Zeit zwischen 00.00 Uhr und 7.00 Uhr;
i) »Nachtarbeit« jede Arbeit, die während der Nachtzeit ausgeführt wird.

Art. 4 Wöchentliche Höchstarbeitszeit

Die Mitgliedstaaten treffen die erforderlichen Maßnahmen, damit Folgendes gewährleistet ist:

a) Die durchschnittliche wöchentliche Arbeitszeit darf 48 Stunden nicht überschreiten. Die wöchentliche Höchstarbeitszeit kann bis zu 60 Stunden betragen, sofern der Wochendurchschnitt in einem Zeitraum von vier Monaten 48 Stunden nicht übersteigt. Artikel 6 Absatz 1 Unterabsätze 4 und 5 der Verordnung (EWG) Nr. 3820/85 oder erforderlichenfalls Artikel 6 Absatz 1 Unterabsatz 4 des AETR-Übereinkommens haben Vorrang vor den Bestimmungen dieser Richtlinie, sofern die betroffenen Fahrer

eine durchschnittliche Arbeitszeit von 48 Stunden pro Woche in einem Zeitraum von vier Monaten nicht überschreiten.
b) Die Arbeitszeiten bei verschiedenen Arbeitgebern werden zusammengerechnet. Der Arbeitgeber fordert das Fahrpersonal schriftlich auf, ihm eine Aufstellung der bei einem anderen Arbeitgeber geleisteten Arbeitszeit vorzulegen. Das Fahrpersonal legt diese Angaben schriftlich vor.

Art. 5 Ruhepausen

(1) Unbeschadet des Schutzes, der durch die Verordnung (EWG) Nr. 3820/85 oder ansonsten durch das AETR-Übereinkommen gewährleistet wird, treffen die Mitgliedstaaten die erforderlichen Maßnahmen, damit Personen, die Fahrtätigkeiten im Bereich des Straßentransports ausüben, unbeschadet der Bestimmungen von Artikel 2 Absatz 1 auf keinen Fall länger als sechs Stunden hintereinander ohne Ruhepausen arbeiten. Die Arbeit ist durch eine Ruhepause von mindestens 30 Minuten bei einer Gesamtarbeitszeit von sechs bis neun Stunden und von mindestens 45 Minuten bei einer Gesamtarbeitszeit von mehr als neun Stunden zu unterbrechen.

(2) Die Ruhepausen können in Pausen von einer Mindestdauer von je 15 Minuten aufgeteilt werden.

Art. 6 Ruhezeit

Für die Zwecke dieser Richtlinie unterliegen Auszubildende und Praktikanten in Bezug auf die Ruhezeit denselben Bestimmungen wie das übrige Fahrpersonal gemäß der Verordnung (EWG) Nr. 3820/85 oder ansonsten dem AETR-Übereinkommen.

Art. 7 Nachtarbeit

(1) Die Mitgliedstaaten treffen die erforderlichen Maßnahmen, damit Folgendes gewährleistet ist:
– Wenn Nachtarbeit geleistet wird, darf die tägliche Arbeitszeit in einem Zeitraum von jeweils 24 Stunden zehn Stunden nicht überschreiten.
– Es erfolgt ein Ausgleich für Nachtarbeit nach den einzelstaatlichen Rechtsvorschriften, Tarifverträgen, Vereinbarungen zwischen den Sozialpartnern und/oder einzelstaatlichen Gepflogenheiten, sofern dieser Ausgleich die Sicherheit im Straßenverkehr nicht gefährdet.

(2) Die Kommission beurteilt bis zum 23. März 2007 im Rahmen des von ihr nach Artikel 13 Absatz 2 zu erstellenden Berichts die Auswirkungen der in Absatz 1 des vorliegenden Artikels vorgesehenen Bestimmungen. Die Kommission fügt diesem Bericht gegebenenfalls entsprechende Vorschläge bei.

(3) Die Bestimmungen über die Ausbildung der Berufskraftfahrer, einschließlich solcher, die Nachtarbeit leisten, werden Gegenstand eines Richtlinienvorschlags der Kommission sein, in dem die allgemeinen Grundsätze dieser Ausbildung festgelegt werden.

Art. 8 Abweichende Regelungen

(1) Von Artikel 4 und 7 abweichende Regelungen können aus objektiven oder technischen Gründen oder aus Gründen im Zusammenhang mit der Arbeitsorganisation durch Tarifverträge, Vereinbarungen zwischen den Sozialpartnern, oder wenn dies nicht möglich ist, durch Rechts- oder Verwaltungsvorschriften getroffen werden, sofern die Vertreter der betroffenen Arbeitgeber und Arbeitnehmer konsultiert und Anstrengungen zur Förderung aller einschlägigen Formen des sozialen Dialogs unternommen werden.

(2) Die Möglichkeit, eine von Artikel 4 abweichende Regelung zu treffen, darf nicht dazu führen, dass für die Berechnung des Durchschnitts der wöchentlichen Höchstarbeitszeit von 48 Stunden ein Bezugszeitraum von mehr als sechs Monaten festgelegt wird.

Art. 9 Informationspflicht und Aufzeichnungen

Die Mitgliedstaaten tragen dafür Sorge, dass
a) das Fahrpersonal unbeschadet der Bestimmungen der Richtlinie 91/533/ EWG des Rates vom 14. Oktober 1991 über die Pflicht des Arbeitgebers zur Unterrichtung des Arbeitnehmers über die für seinen Arbeitsvertrag oder sein Arbeitsverhältnis geltenden Bedingungen[6] über die maßgeblichen einzelstaatlichen Rechtsvorschriften, die Betriebsordnung und die Vereinbarungen zwischen den Sozialpartnern, insbesondere die Tarifverträge und die etwaigen Betriebsvereinbarungen, die aufgrund dieser Richtlinie festgelegt werden, unterrichtet wird;
b) über die Arbeitszeit von Personen, die Fahrtätigkeiten im Bereich des Straßentransports ausüben, unbeschadet der Bestimmungen von Artikel

---

6 Amtl. Anm.: ABl. L 288 vom 18.10.1991, S. 32.

2 Absatz 1 Buch geführt wird. Die Aufzeichnungen sind mindestens zwei Jahre nach Ablauf des betreffenden Zeitraums aufzubewahren. Die Arbeitgeber sind für die Aufzeichnung der Arbeitszeit des Fahrpersonals verantwortlich. Der Arbeitgeber ist gehalten, dem Fahrpersonal auf Anfrage eine Kopie der Aufzeichnung der geleisteten Stunden auszuhändigen.

Art. 10 Günstigere Vorschriften

Diese Richtlinie berührt nicht die Befugnis der Mitgliedstaaten, die Sicherheit und die Gesundheit von Personen, die Fahrtätigkeiten im Bereich des Straßentransports ausüben, besser schützende Rechts- oder Verwaltungsvorschriften anzuwenden oder einzuführen, oder die Anwendung von Tarifverträgen oder sonstigen Vereinbarungen zwischen den Sozialpartnern, die die Sicherheit und die Gesundheit des Fahrpersonals besser schützen, zu fördern oder zu gestatten. Die Umsetzung dieser Richtlinie darf nicht als Begründung dafür herangezogen werden, das generelle Schutzniveau der Arbeitnehmer gemäß Artikel 2 Absatz 1 zu senken.

Art. 11 Sanktionen

Die Mitgliedstaaten legen für Verstöße gegen die gemäß dieser Richtlinie erlassenen innerstaatlichen Rechtsvorschriften Sanktionen fest und ergreifen alle notwendigen Maßnahmen, um die Anwendung dieser Sanktionen zu gewährleisten. Die Sanktionen müssen wirksam, verhältnismäßig und abschreckend sein.

Art. 12 Verhandlungen mit Drittländern

Im Hinblick auf die Anwendung einer dieser Richtlinie inhaltlich gleichwertigen Regelung auf Fahrpersonal von Unternehmen mit Sitz in einem Drittland wird die Gemeinschaft nach dem Inkrafttreten dieser Richtlinie Verhandlungen mit den betreffenden Drittländern aufnehmen.

Art. 13 Bericht

(1) Die Mitgliedstaaten erstatten der Kommission alle zwei Jahre über die Durchführung dieser Richtlinie Bericht und teilen hierbei die Standpunkte der Sozialpartner mit. Der Bericht muss spätestens am 30. September nach Ablauf des betreffenden Zweijahreszeitraums bei der Kommission eingehen. Der Zweijahreszeitraum entspricht dem in Artikel 16 Absatz 2 der Verordnung (EWG) Nr. 3820/85 genannten Zeitraum.

(2) Die Kommission erstellt alle zwei Jahre einen Bericht über die Durchführung dieser Richtlinie durch die Mitgliedstaaten und die Entwicklung auf dem betreffenden Gebiet. Die Kommission legt diesen Bericht dem Europäischen Parlament, dem Rat, dem Wirtschafts- und Sozialausschuss und dem Ausschuss der Regionen vor.

Art. 14 Schlussbestimmungen

(1) Die Mitgliedstaaten erlassen die erforderlichen Rechts- und Verwaltungsvorschriften, um dieser Richtlinie bis zum 23. März 2005 nachzukommen, oder sorgen dafür, dass die Sozialpartner bis zu diesem Zeitpunkt im Wege einer Vereinbarung die erforderlichen Vorkehrungen getroffen haben; dabei haben die Mitgliedstaaten alles zu unternehmen, damit sie jederzeit gewährleisten können, dass die durch diese Richtlinie vorgeschriebenen Ergebnisse erreicht werden.

Wenn die Mitgliedstaaten die Vorschriften nach Unterabsatz 1 erlassen, nehmen sie in diesen Vorschriften selbst oder durch einen Hinweis bei der amtlichen Veröffentlichung auf diese Richtlinie Bezug. Die Mitgliedstaaten regeln die Einzelheiten dieser Bezugnahme.

(2) Die Mitgliedstaaten teilen der Kommission den Wortlaut der innerstaatlichen Rechtsvorschriften mit, die sie auf dem unter diese Richtlinie fallenden Gebiet bereits erlassen haben oder noch erlassen.

(3) Die Mitgliedstaaten sorgen dafür, dass die Frachtführer, Verlader, Spediteure, Hauptauftragsunternehmer, Subunternehmer und Unternehmen, die Fahrpersonal beschäftigen, die entsprechenden Vorschriften dieser Richtlinie einhalten.

Art. 15 Inkrafttreten

Diese Richtlinie tritt am Tag ihrer Veröffentlichung im *Amtsblatt der Europäischen Gemeinschaften* in Kraft.

Art. 16 Adressaten

Diese Richtlinie ist an alle Mitgliedstaaten gerichtet.

Anhang 4

Übersicht über die gesetzlichen Feiertage

Aus der nachfolgenden Tabelle ergeben sich die Tage, die durch Bundes oder Landesgesetze zu gesetzlichen Feiertagen erklärt wurden.

Feiertage	BW	BY[1)]	BE	BB	HB	HH	HE	MV	NI	NW	RB	SL	SN	ST	SH	TH
Neujahrstag (01.01.)	x	x	x	x	x	x	x	x	x	x	x	x	x	x	x	x
Hl. Drei Könige (06.01.)	x	x											x			
Karfreitag	x	x	x	x	x	x	x	x	x	x	x	x	x	x	x	x
Ostermontag	x	x	x	x	x	x	x	x	x	x	x	x	x	x	x	x
1. Mai	x	x	x	x	x	x	x	x	x	x	x	x	x	x	x	x
Christi Himmelfahrt	x	x	x	x	x	x	x	x	x	x	x	x	x	x	x	x
Pfingstmontag	x	x	x	x	x	x	x	x	x	x	x	x	x	x	x	x
Fronleichnam	x	x					x			x	x	x	[2)]			[3)]
Mariä Himmelfahrt (15.08.)		k										x				
Tag der dt. Einheit (03.10.) x		x	x	x	x	x	x	x	x	x	x	x	x	x	x	x
Reformationstag (31.10.)			x				x				x	x		x		
Allerheiligen (01.11.)	x	x							x	x	x					
Buß- und Bettag													x			
1. u. 2. Weihnachtstag (25./26.12.)	x	x	x	x	x	x	x	x	x	x	x	x	x	x	x	x

x bedeutet gesetzlicher Feiertag

k bedeutet gesetzlicher Feiertag in Gemeinden mit überwiegend katholischer Bevölkerung

Länderabkürzungen			
BW	Baden-Württemberg	NI	Niedersachsen
BY	Bayern	NW	Nordrhein-Westfalen
BE	Berlin	RP	Rheinland-Pfalz
BB	Brandenburg	SL	Saarland
HB	Bremen	SN	Sachsen
HH	Hamburg	ST	Sachsen-Anhalt

| HE | Hessen | SH | Schleswig-Holstein |
| MV | Mecklenburg-Vorpommern | TH | Thüringen |

Erläuterungen:
1) In der Stadt Augsburg ist außerdem der 8. August (Friedensfest) gesetzlicher Feiertag.
2) Fronleichnam ist gesetzlicher Feiertag nur in den vom Staatsministerium des Inneren durch Rechtsverordnung bestimmten Gemeinden im Landkreis Bautzen und im Westlausitzkreis.
3) Der Innenminister kann durch Rechtsverordnung für Gemeinden mit überwiegend katholischer Bevölkerung Fronleichnam als gesetzlichen Feiertag festlegen. Bis zum Erlass dieser Rechtsverordnung gilt der Fronleichnamstag in denjenigen Teilen Thüringens, in denen er 1994 als gesetzlicher Feiertag begangen wurde, als solcher fort.

Anhang 5
Verordnung über die Arbeitszeit bei Offshore-Tätigkeiten (Offshore-Arbeitszeitverordnung – Offshore-ArbZV)

vom 5. Juli[1]

Auf Grund des § 15 Absatz 2a des Arbeitszeitgesetzes, der durch Artikel 3 Absatz 6 Nummer 2 des Gesetzes vom 20. April 2013 (BGBl. I S. 868) eingefügt worden ist, verordnet die Bundesregierung und auf Grund des § 55 Satz 1 Nummer 3 des Seearbeitsgesetzes vom 20. April 2013 (BGBL. I S. 868) verordnet das Bundesministerium für Arbeit und Soziales im Einvernehmen mit dem Bundesministerium für Verkehr, Bau und Stadtentwicklung:

Abschnitt 1 Allgemeine Vorschriften

§ 1 Geltungsbereich

Diese Verordnung gilt im Küstenmeer sowie in der ausschließlichen Wirtschaftszone der Bundesrepublik Deutschland sowie auf Schiffen, von denen aus Offshore-Tätigkeiten im Sinne des § 15 Absatz 2a des Arbeitszeitgesetzes oder des § 55 Satz 1 Nummer 3 des Seearbeitsgesetzes durchgeführt werden für
1. Arbeitnehmerinnen und Arbeitnehmer, die Offshore-Tätigkeiten im Sinne des § 15 Absatz 2a des Arbeitszeitgesetzes durchführen,
2. Besatzungsmitglieder im Sinne des § 3 Absatz 1 des Seearbeitsgesetzes.

Abschnitt 2 Vorschriften für Arbeitnehmerinnen und Arbeitnehmer, die Offshore Tätigkeiten durchführen

§ 2 Anwendung des Arbeitszeitgesetzes

Für die Beschäftigung von Arbeitnehmerinnen und Arbeitnehmern im Sinne von § 1 Nummer 1 ist das Arbeitszeitgesetz anzuwenden, soweit im Folgenden nichts anderes geregelt ist.

---

[1] BGBl. I S. 2228.

§3 Arbeitszeit

(1) Die tägliche Arbeitszeit darf abweichend von den §§ 3, 6 Absatz 2 und § 11 Absatz 2 des Arbeitszeitgesetzes auf bis zu zwölf Stunden verlängert werden.

(2) Unterfallen die an einem Tag geleisteten Tätigkeiten nicht ausschließlich dem Geltungsbereich dieser Verordnung, darf die Gesamtarbeitszeit die nach Absatz 1 zulässige Höchstarbeitszeit nicht überschreiten.

§4 Ruhepausen

Unbeschadet des §4 Satz 1 des Arbeitszeitgesetzes muss die Ruhepause bei einer Arbeitszeit von mehr als zehn Stunden mindestens 60 Minuten betragen.

§5 Sonntags- und Feiertagsbeschäftigung

Abweichend von §9 des Arbeitszeitgesetzes dürfen Arbeitnehmerinnen und Arbeitnehmer an Sonntagen und Feiertagen beschäftigt werden.

§6 Zeitraum der Offshore-Tätigkeit

(1) Arbeitgeber haben dafür zu sorgen, dass Arbeitnehmerinnen und Arbeitnehmer nicht mehr als 21 unmittelbar aufeinander folgende Tage auf See verbringen. Dabei dürfen Arbeitnehmerinnen und Arbeitnehmer an nicht mehr als an sieben Tagen, davon jeweils höchstens zwei unmittelbar aufeinander folgende Tage, mit einer verlängerten täglichen Arbeitszeit nach §3 Absatz 1 über zehn Stunden hinaus mit Offshore-Tätigkeiten beschäftigt werden. Arbeitgeber haben sicherzustellen, dass die tägliche Arbeitszeit im Zeitraum nach Satz 1 im Durchschnitt zehn Stunden nicht überschreitet.

(2) Wird die tägliche Arbeitszeit nach §3 Absatz 1 über zehn Stunden hinaus an mehr als sieben Tagen verlängert, dürfen Arbeitnehmerinnen und Arbeitnehmer beginnend mit dem ersten Tag der Offshore-Tätigkeit höchstens 14 unmittelbar aufeinander folgende Tage mit Offshore-Tätigkeiten beschäftigt werden.

§7 Ausgleich von Mehrarbeit und für Sonntags- und Feiertagsbeschäftigung

(1) Jede Arbeitszeitverlängerung bei Offshore-Tätigkeiten über acht Stunden täglich hinaus (Mehrarbeit) ist durch freie Tage auszugleichen. Für jeweils volle acht Stunden Mehrarbeit ist ein freier Tag zu gewähren.

(2) Wird die Arbeitszeit nach § 3 Absatz 1 an mehr als zwei Tagen über zehn Stunden hinaus verlängert, ist den Arbeitnehmerinnen und Arbeitnehmern unmittelbar im Anschluss an die Zeiträume nach § 6 eine ununterbrochene Freistellungsphase zu gewähren. In der Freistellungsphase sind die Ersatzruhetage für Sonntagsbeschäftigung in den Zeiträumen nach § 6 zu gewähren sowie mindestens die über zehn Stunden täglich hinausgehende Mehrarbeit als freie Tage auszugleichen.

(3) Der Beginn der Freistellungsphase nach Absatz 2 darf um bis zu zwei Tage verschoben werden, wenn an Land erforderliche Nacharbeiten erledigt werden müssen, die in unmittelbarem Zusammenhang mit der Offshore-Tätigkeit stehen.

(4) Im Übrigen ist der Ersatzruhetag für die Beschäftigung an einem Sonntag abweichend von § 11 Absatz 3 des Arbeitszeitgesetzes innerhalb von drei Wochen nach dem Beschäftigungstag zu gewähren.

(5) Freie Tage zum Ausgleich von Mehrarbeit oder Ersatzruhetage für die Beschäftigung an Sonntagen und Feiertagen sind an Land zu gewähren.

(6) Insgesamt darf die Arbeitszeit abweichend von §§ 3, 6 Absatz 2 und § 11 Absatz 2 des Arbeitszeitgesetzes wöchentlich 48 Stunden im Durchschnitt von zwölf Kalendermonaten nicht überschreiten.

§ 8 Arbeitszeitnachweise

Der Arbeitgeber ist abweichend von § 16 Absatz 2 Satz 1 des Arbeitszeitgesetzes verpflichtet, die gesamte Arbeitszeit sowie den Ausgleich der Mehrarbeit über acht Stunden und die Ersatzruhetage für Sonntags- und Feiertagsbeschäftigung täglich aufzuzeichnen.

§ 9 Transportzeiten

(1) Werden Arbeitnehmerinnen oder Arbeitnehmer von Land zu ihrem Einsatzort transportiert, beginnt die Transportzeit an dem vom Arbeitgeber festgelegten Sammelpunkt zum festgelegten Sammelzeitpunkt. Beim Rücktransport endet die Transportzeit mit der Rückkehr zum Sammelpunkt. Diese Transportzeiten sind wie Arbeitszeiten bei § 6 zu berücksichtigen sowie durch Freizeit auszugleichen und aufzuzeichnen. § 6 Absatz 1 Satz 2 und 3 und Absatz 2 sowie §§ 7 und 8 sind entsprechend anzuwenden.

(2) Arbeitgeber haben sicherzustellen, dass an einem Tag mit Transportzeit die Arbeitszeit und die Transportzeit zusammen 14 Stunden nicht überschreiten. Dieser Zeitraum darf nur überschritten werden, wenn sich die planmäßige Transportzeit bei der Rückfahrt zum Land auf Grund außergewöhnlicher, nicht vom Arbeitgeber zu vertretender Umstände verlängert. An Tagen nach Satz 1 darf die tägliche Ruhezeit abweichend von § 5 Absatz 1 des Arbeitszeitgesetzes um die Dauer der Transportzeit, aber höchstens um zwei Stunden verkürzt werden. Fallen an einzelnen Tagen nur Transportzeiten an, so können die Zeiträume nach § 6 um diese Tage verlängert werden.

(3) Die Absätze 1 und 2 sind nicht anzuwenden, wenn die ununterbrochene Transportzeit mindestens sechs Stunden beträgt und den Arbeitnehmerinnen oder Arbeitnehmern während der an Bord eines Schiffes verbrachten Transportzeit geeignete Schlafplätze in einer Schlafkabine zur Verfügung stehen.

§ 10 Weitere Arbeitsschutzmaßnahmen

(1) Arbeitnehmerinnen und Arbeitnehmer, die an mindestens 48 Tagen im Kalenderjahr mit Offshore-Tätigkeiten beschäftigt werden, sind berechtigt, sich vor Beginn der Beschäftigung und danach in regelmäßigen Zeitabständen von nicht weniger als drei Jahren arbeitsmedizinisch untersuchen zu lassen. Nach Vollendung des 50. Lebensjahres steht ihnen dieses Recht in Zeitabständen von einem Jahr zu. Die Kosten der Untersuchungen hat der Arbeitgeber zu tragen, sofern er die Untersuchungen nicht kostenlos durch eine Betriebsärztin oder einen Betriebsarzt oder einen überbetrieblichen betriebsärztlichen Dienst anbietet.

(2) Der Arbeitgeber hat eine Arbeitnehmerin oder einen Arbeitnehmer auf Verlangen auf einen geeigneten Arbeitsplatz an Land umzusetzen, wenn nach arbeitsmedizinischer Feststellung die weitere Beschäftigung mit Offshore-Tätigkeiten die Gesundheit der Arbeitnehmerin oder des Arbeitnehmers gefährdet, sofern dem nicht dringende betriebliche Erfordernisse entgegenstehen. Stehen der Umsetzung nach Auffassung des Arbeitgebers dringende betriebliche Erfordernisse entgegen, so ist der Betriebsrat zu hören. Der Betriebsrat kann dem Arbeitgeber Vorschläge für eine Umsetzung unterbreiten.

(3) Diese Verordnung lässt sonstige Arbeitsschutzvorschriften unberührt. Bei der Gefährdungsbeurteilung nach § 5 des Arbeitsschutzgesetzes hat der Arbeitgeber insbesondere die Belastungen durch eine Arbeitszeitverlängerung unter Einbeziehung der erschwerten Arbeitsbedingungen bei Offshore-Tätigkeiten zu berücksichtigen.

– **Anhang 5** Offshore-Arbeitszeitverordnung

Abschnitt 3 Vorschriften für Besatzungsmitglieder von Schiffen, von denen aus Offshore-Tätigkeiten durchgeführt werden

§ 11 Anwendung des Seearbeitsgesetzes

Für die Beschäftigung von Besatzungsmitgliedern im Sinne des § 1 Nummer 2 sind die Arbeitszeitvorschriften des Seearbeitsgesetzes anzuwenden, soweit im Folgenden nichts anderes geregelt ist.

§ 12 Arbeitszeit

(1) Die Arbeitszeit darf abweichend von den §§ 43 und 48 Absatz 1 Nummer 1 des Seearbeitsgesetzes auf bis zu zwölf Stunden täglich und bis zu 84 Stunden wöchentlich verlängert werden. Dabei kann auch von den Vorschriften zur Lage der Arbeitszeit, zum Wachsystem und zur Sonntags- und Feiertagsbeschäftigung abgewichen werden. Die Sätze 1 und 2 gelten nicht für die Fahrt zum oder vom Einsatzort, sofern die Fahrt mehr als 48 Stunden beträgt.

(2) § 48 Absatz 1 Nummer 2 des Seearbeitsgesetzes ist einzuhalten.

§ 13 Ruhepausen

Unbeschadet des § 45 Absatz 2 Satz 2 des Seearbeitsgesetzes muss die Ruhepause bei einer Arbeitszeit von mehr als zehn Stunden mindestens 60 Minuten betragen.

§ 14 Ausgleich von Mehrarbeit und für Sonntags- und Feiertagsbeschäftigung

(1) Soweit Mehrarbeit nicht auf Grund des § 47 des Seearbeitsgesetzes erfolgt, ist die nach § 12 Absatz 1 über die zulässigen Arbeitszeiten nach § 43 des Seearbeitsgesetzes hinaus geleistete Mehrarbeit auszugleichen. Für jeweils volle acht Stunden Mehrarbeit ist ein freier Tag zu gewähren. Freie Tage zum Ausgleich von Mehrarbeit sind innerhalb von zwölf Kalendermonaten zu gewähren. Die Ausgleichstage sind an Land oder in einem Hafen, in dem Landgang zulässig und möglich ist, zu gewähren.

(2) Für den Sonntags- und Feiertagsausgleich ist § 52 des Seearbeitsgesetzes anzuwenden.

§ 15 Weitere Arbeitsschutzmaßnahmen

Diese Verordnung lässt sonstige Arbeitsschutzvorschriften unberührt. Bei der Gefährdungsbeurteilung nach § 114 des Seearbeitsgesetzes in Verbindung mit § 5 des Arbeitsschutzgesetzes hat der Reeder insbesondere die Belastungen durch eine Arbeitszeitverlängerung unter Einbeziehung der erschwerten Arbeitsbedingungen bei Offshore-Tätigkeiten zu berücksichtigen.

Abschnitt 4 Schlussvorschriften

§ 16 Bewilligung durch die Aufsichtsbehörde

Die Aufsichtsbehörde kann auf Antrag im Einzelfall weitergehende Ausnahmen zulassen, soweit sie auf Grund besonderer Umstände erforderlich werden, und die zur Sicherheit und zum Schutz der Gesundheit der Beschäftigten erforderlichen Maßnahmen bestimmen.

§ 17 Evaluierung

Diese Verordnung wird nach Ablauf von drei Jahren evaluiert, um zu prüfen, ob die Ausgleichsmaßnahmen für die vorgenommenen Ausnahmeregelungen nach Art und Umfang angemessen sind und das Niveau des allgemeinen Arbeits- und Gesundheitsschutzes, den das Arbeitszeitgesetz garantieren soll, auch tatsächlich eingehalten wird.

§ 18 Ordnungswidrigkeiten

Ordnungswidrig im Sinne des § 22 Absatz 1 Nummer 4 des Arbeitszeitgesetzes handelt, wer als Arbeitgeber vorsätzlich oder fahrlässig
1. entgegen § 6 Absatz 1 Satz 1 nicht dafür sorgt, dass eine Arbeitnehmerin oder ein Arbeitnehmer nicht mehr als 21 unmittelbar aufeinander folgende Tage auf See verbringt,
2. entgegen § 6 Absatz 1 Satz 2 oder Absatz 2, jeweils auch in Verbindung mit § 9 Absatz 1 Satz 4, eine Arbeitnehmerin oder einen Arbeitnehmer beschäftigt,
3. entgegen § 6 Absatz 1 Satz 3, auch in Verbindung mit § 9 Absatz 1 Satz 4, nicht sicherstellt, dass die tägliche Arbeitszeit zehn Stunden nicht überschreitet,
4. entgegen § 7 Absatz 1 Satz 2, Absatz 2, 4 oder Absatz 5, jeweils auch in Verbindung mit § 9 Absatz 1 Satz 4, einer Arbeitnehmerin oder einem

Arbeitnehmer den vorgeschriebenen Ausgleich nicht, nicht richtig, nicht vollständig oder nicht rechtzeitig gewährt,
5. entgegen §8, auch in Verbindung mit §9 Absatz 1 Satz 4, eine Aufzeichnung nicht, nicht richtig oder nicht rechtzeitig erstellt oder
6. entgegen §9 Absatz 2 Satz 1 nicht sicherstellt, dass der dort genannte Zeitraum nicht überschritten wird.

§19 Hinweis auf Straf- und Bußgeldvorschriften des Seearbeitsgesetzes

Zuwiderhandlungen gegen §48 Absatz 1 des Seearbeitsgesetzes in Verbindung mit §14 Absatz 1 Satz 2, 3 oder Satz 4 dieser Verordnung werden nach §145 Absatz 1 Nummer 6 oder §146 Absatz 2 Nummer 1 oder Nummer 2 des Seearbeitsgesetzes geahndet.

§20 Inkrafttreten

Diese Verordnung tritt am 1. August 2013 in Kraft.

Stichwortverzeichnis

Halbfett gedruckte Ziffern verweisen auf den Paragraph und mager gedruckte Ziffern auf die Randnummer der Kommentierung.

Abfallentsorgung ArbZG **10** 37
Abwasserentsorgung ArbZG **10** 37
Abweichungsmöglichkeiten
  JArbSchG **8** 7
Acht-Stunden-Tag ArbZG Vorbemerkung 9, ArbZG **3** 5 ff.
AETR ArbZG Vorbemerkung 20 ff.
– Fahrpersonal ArbZG **21a** 6
Altenheime ArbZG **5** 28,
  JArbSchG **16** 4
Altersdiskriminierung JArbSchG **1** 1
Annexregelungen BetrVG **87** 85
Arbeit
– Beginn ArbZG **2** 45 ff.
– Begriff ArbZG **2** 8 ff.
– Ende ArbZG **2** 45 ff.
Arbeitnehmer
– Begriff ArbZG **2** 68 ff.
– Definition (BAG) ArbZG **2** 72
– in häuslicher Gemeinschaft
  ArbZG **18** 24
– im liturgischen Bereich der Kirchen
  ArbZG **18** 25
– Nachtarbeitnehmer *s. dort*
  ArbZG **2**
– Zustimmung zur Arbeitszeitverlängerung ohne Ausgleich ArbZG **7** 86 ff.
Arbeitnehmerähnliche Personen
  ArbZG **2** 103
Arbeitnehmerbegriff BetrVG **87** 20 ff.
– Auszubildende ArbZG **2** 107 ff.
– Beamte ArbZG **2** 75
– Berufssportler ArbZG **2** 90
– Diakone ArbZG **2** 83
– Ein-Euro-Job ArbZG **2** 79

– Familienangehörige ArbZG **2** 91
– freier Mitarbeiter ArbZG **2** 93
– Freiwilliges soziales Jahr ArbZG **2** 78
– Geschäftsführer ArbZG **2** 98
– Gesellschafter ArbZG **2** 86
– Handelsvertreter ArbZG **2** 94
– Heimarbeitnehmer ArbZG **2** 104
– persönliche Abhängigkeit
  ArbZG **2** 93 ff.
– Pfarrer ArbZG **2** 83
– privatrechtlicher Vertrag
  ArbZG **2** 74 ff.
– Rehabilitanden ArbZG **2** 81
– Rote-Kreuz-Schwestern ArbZG **2** 89
– Soldaten ArbZG **2** 75
– Sportler ArbZG **2** 90
– Strafgefangene ArbZG **2** 80
– Verpflichtung zur Leistung von Arbeit
  ArbZG **2** 73
– Vorstandsmitglieder ArbZG **2** 98
– Wehr- und Zivildienstleistende
  ArbZG **2** 77
– Weisungsgebundenheit *s.a. dort*
  ArbZG **2**, ArbZG **2** 97 ff.
– wirtschaftliche Abhängigkeit
  ArbZG **2** 96
Arbeitsbeginn *s.a. Arbeitszeitbeginn*,
  ArbZG **2** 45 ff.
Arbeitsbeginn
– Bergbau ArbZG **2** 66 f.
Arbeitsbereitschaft ArbZG **15** 10,
  ArbZG **2** 16 ff., ArbZG **5** 8,
  ArbZG **7** 39 ff.
– Ruhezeiten ArbZG **7** 67 ff.
Arbeitsende ArbZG **2** 45 ff.

Stichwortverzeichnis

- Bergbau **ArbZG 2** 66 f.
Arbeitsergebnisse
- Verhütung des Misslingens **ArbZG 10** 59 ff.
Arbeitsmedizinische Untersuchung **ArbZG 6** 43 ff.
- Durchführung **ArbZG 6** 53 f.
- Kosten **ArbZG 6** 55
- Zeitpunkte **ArbZG 6** 48 ff.
- Ziel **ArbZG 6** 44
Arbeitsschutz
- zusätzlicher **ArbZG 18** 29
Arbeitsverbot **JArbSchG 1** 1
Arbeitsverhältnis
- Begriff **MuSchG 1** 3
Arbeitsvertragsrichtlinien **ArbZG 7** 81
Arbeitswissenschaftliche Erkenntnisse **ArbZG 6** 12 ff.
- Mitbestimmung des Betriebsrats **ArbZG 6** 23
- Verstoß gegen - **ArbZG 6** 16 ff.
Arbeitszeit
- Arbeitsbereitschaft **ArbZG 2** 20
- Aufzeichnung **ArbZG 21a** 25
- Aufzeichnungspflicht des Arbeitgebers **ArbZG 16** 5 ff.
- Beginn **ArbZG 2** 49
- Begriff **ArbZG Vorbemerkung** 8, **ArbZG Vorbemerkung** 9, **ArbZG 2** 1, **ArbZG 2** 5 ff.
- Bereitschaftsdienst **ArbZG Vorbemerkung** 34, **ArbZG Vorbemerkung** 41, **ArbZG 2** 26 f.
- Bergbau *s.a. dort* **ArbZG 2**, **ArbZG 2** 60 ff.
- Dauer **JArbSchG 8** 1
- Dienstreisen **ArbZG 2** 41 f.
- Ende **ArbZG 2** 49
- Fahrpersonal **ArbZG 21a** 22 ff.
- gefährliche Arbeiten **ArbZG Vorbemerkung** 29, **ArbZG 8** 1 ff.
- Gleitzeit *s. dort*

- Guthaben **ArbZG 3** 60
- Höchstarbeitszeit *s. dort*
- **JArbSchG** **ArbZG 2** 5
- Jugendliche **ArbZG Vorbemerkung** 11 ff.
- Luftfahrt **ArbZG Vorbemerkung** 24
- Mehrarbeit **ArbZG 3** 2
- mehrere Arbeitsverhältnisse **ArbZG 2** 51 ff.
- menschengerechte Gestaltung **ArbZG 6** 9 ff.
- modifizierter A.-Begriff **ArbZG 21a** 21
- Mütter **ArbZG Vorbemerkung** 15 f.
- Nachtarbeitnehmer **ArbZG 7** 61 f.
- Nebentätigkeit *s.a. dort*, **ArbZG 2** 51
- regelmäßige **ArbZG 3** 2
- Reisetätigkeit **ArbZG 2** 43 f.
- RL 2003/88/EG **ArbZG 2** 5
- Rufbereitschaft **ArbZG 2** 30
- Schifffahrt **ArbZG Vorbemerkung** 25 f.
- Selbständige **ArbZG 2** 52
- Sonn- und Feiertage **ArbZG 3** 17 f.
- tarifliche *s. tarifliche Arbeitszeit*
- Umkleide- und Waschzeit **ArbZG 2** 31 ff.
- im vergütungsrechtlichen Sinn *s.a. Vergütungsrechtliche Arbeitszeit* **ArbZG 2** 1
- Verlängerung an bis zu 60 Tagen **ArbZG 7** 50
- Verteilung auf Wochentage **BetrVG 87** 91
- Vollarbeit **ArbZG 2** 13 ff.
- Wegezeit *s. dort*
- werktägliche *s. Werktägliche Arbeitszeit*
Arbeitszeitausgleich **ArbZG 3** 23
- bei neuem Arbeitgeber **ArbZG 3** 96
- Ausgleichszeiten **ArbZG 3** 89 f.
- Ausgleichszeiträume **ArbZG 5** 22 f.

Stichwortverzeichnis

- bei Ende des Arbeitsverhältnisses **ArbZG 3** 94 ff.
- Erholungsurlaub **ArbZG 3** 86 ff.
- Fahrpersonal **ArbZG 21a** 20
- krankheitsbedingte Arbeitsunfähigkeit **ArbZG 3** 86 ff.
- mehrere Arbeitsverhältnisse **ArbZG 3** 91 ff.
- durch Nichtarbeit **ArbZG 3** 82 ff.
- bei verkürzter Ruhezeit **ArbZG 5** 14, **ArbZG 5** 16 ff., **ArbZG 5** 2

Arbeitszeitbeginn
- Rückwärtswechsel **ArbZG 3** 11, **ArbZG 3** 14 ff.
- Vorverlegung **ArbZG 3** 14 ff.
- Vorwärtswechsel **ArbZG 3** 11
- wechselnder **ArbZG 3** 10 ff.

Arbeitszeiterfassung **ArbZG 2** 49

Arbeitszeitgesetz
- Anwendungsbereich **ArbZG 3** 104 ff.
- Aushangpflicht **ArbZG 16** 2 ff.
- Ausnahmen *s. dort*
- behördliche Zulassung von Abweichungen **ArbZG 7** 83
- Betriebsvereinbarung **ArbZG 7** 22 ff.
- Durchführung des A. **ArbZG 16** 1 ff.
- Geltungsbereich **ArbZG 1** 13 ff.
- Geschichte **ArbZG Vorbemerkung** 30 ff.
- Kollektivvereinbarung **ArbZG 7** 2 ff.
- Rechtsverordnung *s.a. dort*, **ArbZG 7** 84 f.
- Sonderregelungen **ArbZG 18** 1 ff.
- Übergangsregelung **ArbZG Vorbemerkung** 36
- Zweck *s. Normzwecke*
- Zweckbestimmung **ArbZG 1** 1

Arbeitszeitguthaben **ArbZG 3** 60

Arbeitszeitmitbestimmung
- im Arbeitskampf **BetrVG 87** 55 f.

Arbeitszeitnachweis
- Aufzeichnungspflicht des Arbeitgebers **ArbZG 16** 5 ff.

Arbeitszeitrecht
- Weiterentwicklung **ArbZG Vorbemerkung** 2

Arbeitszeitrichtlinie
- Bereitschaftsdienst **ArbZG 2** 25
- Bezugszeitraum **ArbZG 3** 4
- Kollektivvereinbarungen **ArbZG 7** 1
- Normzweck des **ArbZG** **ArbZG 1** 12
- personeller Geltungsbereich **ArbZG Vorbemerkung** 1
- Ruhepausen **ArbZG 4** 5
- Ruhezeit **ArbZG 5** 1
- Seeleute **ArbZG Vorbemerkung** 1
- und tarifliche Arbeitszeit **ArbZG Vorbemerkung** 3
- werktägliche Arbeitszeit **ArbZG 3** 1

Arbeitszeitschutz **JArbSchG 1** 1
- mutterschutzrechtlicher **MuSchG 1** 1
- an Sonn- und Feiertagen **LadÖffR** 32
- tabellarische Übersicht zum ladenöffnungsrechtlichen - **LadÖffR** 33

Arbeitszeitverlagerung
- innerhalb der Woche **JArbSchG 8** 5

Arbeitszeitverlängerung **ArbZG 3** 22 ff.
- Anlass **ArbZG 3** 24 f.
- für Bau- und Montagestellen **ArbZG 15** 4 ff.
- durchschnittliche werktägliche Arbeitszeit **ArbZG 3** 27 f.
- Höchstgrenze **ArbZG 3** 23 f.
- für kontinuierliche Schichtbetriebe **ArbZG 15** 4 ff.
- in der Landwirtschaft **JArbSchG 8** 6
- und Nichtarbeit **ArbZG 3** 81
- für Saison- und Kampagnebetriebe **ArbZG 15** 8 f.

Aufenthaltsräume JArbSchG 11 1
Aufführungen JArbSchG 16 10
Aufsichtsbehörde ArbZG 22 15
– Aufgaben und Berechtigungen ArbZG 17 1
– Auskunftspflicht gegenüber - ArbZG 17 16 ff.
– Befugnisse der - ArbZG 15 1 ff., ArbZG 17 7 ff.
– der Länder ArbZG 17 3 ff.
– örtliche Zuständigkeit ArbZG 17 5
– Verfolgung von Ordnungswidrigkeiten ArbZG 17 14
– Vorlagepflicht von Unterlagen gegenüber - ArbZG 17 20 ff.
– Zugangs- und Besichtigungsrechte ArbZG 17 23 ff.
– Zuständigkeiten ArbZG 17 6
Aufsichtspflichtverletzung ArbZG 22 12
Ausbildungsmaßnahmen
– außerbetriebliche JArbSchG 16 11
Ausgleichszeitraum ArbZG 15 25, ArbZG 3 32 ff., JArbSchG 8 4
– 24 Wochen ArbZG 3 41
– Aufzeichnungspflicht ArbZG 3 78
– Beginn ArbZG 3 42 ff.
– Dauer ArbZG 3 72 f.
– und EG-Recht ArbZG 3 30 f.
– Entscheidung über Beginn ArbZG 3 75 ff.
– Fahrpersonal ArbZG 21a 32
– Festlegung durch Arbeitgeber ArbZG 3 49 ff.
– gesetzlicher ArbZG 3 29
– Gleitzeit ArbZG 3 60
– Höchstgrenzen der Verlängerung ArbZG 7 90
– Kopplung mehrerer A. ArbZG 3 63 ff.
– Lage ArbZG 3 53 ff.

– Mitbestimmung des Betriebsrats ArbZG 3 79
– Nachtarbeit ArbZG 6 32 ff., ArbZG 6 38 ff., ArbZG 7 61 f.
– persönlicher ArbZG 3 70 f.
– Ruhezeit ArbZG 7 58 f.
– sechs »Kalendermonate« ArbZG 3 32 ff.
– Unterrichtung der Arbeitnehmer ArbZG 3 80
– Wahl ArbZG 3 74
– werktägliche Arbeitszeit ArbZG 3 4, ArbZG 7 38 ff., ArbZG 7 45 ff.
– wöchentliche Höchstarbeitszeit ArbZG Vorbemerkung 8, ArbZG Vorbemerkung 9
Aushangpflicht
– des Arbeitgebers ArbZG 16 2 ff.
Auskunftspflicht
– des Arbeitgebers ArbZG 17 1
Auskunftsverweigerungsrecht
– des Arbeitgebers ArbZG 17 28 ff.
Ausnahmebewilligung ArbZG 14 9
– für bestimmte Beschäftigungsbereiche ArbZG 15 3
– des Bundesministeriums der Verteidigung ArbZG 15 22 ff.
– nach Ermessen der Aufsichtsbehörde ArbZG 15 2
– im öffentlichen Interesse ArbZG 15 15 ff.
– Inhalt und Umfang ArbZG 15 20
– Sonn- und Feiertagsbeschäftigung ArbZG 13 30 ff.
– Verfahren ArbZG 13 91 ff.
Ausnahmen
– Bau- und Montagestellen ArbZG 14 27
– Behandlung und Pflege von Tieren ArbZG 14 22
– Behandlung, Pflege, Betreuung von Personen ArbZG 14 21

Stichwortverzeichnis

- besondere Fälle **ArbZG 14** 1 ff.
- Forschung und Lehre **ArbZG 14** 18
- Jugendliche **ArbZG 14** 28
- Saison- und Kampagnebetrieb **ArbZG 14** 27
- unaufschiebbare Arbeiten **ArbZG 14** 17 ff.
- unverhältnismäßiger Schaden **ArbZG 14** 15
- Vor- und Abschlussarbeiten **ArbZG 14** 20
- vorübergehende Mehrarbeit **ArbZG 14** 13

Ausnahmeregelung
- behördliche **BetrVG 87** 147

Außergewöhnliche Fälle **ArbZG 14** 1 ff.

Äußerungsfrist
- des Personalrats **BPersVG 75** 26

Ausstellungen **ArbZG 10** 29 f.
Auszubildende **ArbZG 2** 107 ff., **JArbSchG 9** 1

Bäckereien **ArbZG 10** 77
Bäckereien und Konditoreien **JArbSchG 14** 8
Bau- und Montagestellen **ArbZG 15** 4 ff., **JArbSchG 12** 3
Beamte **ArbZG 19** 5, **ArbZG 19** 5, **ArbZG 2** 75, **BPersVG 75** 11
Begriffsbestimmungen
- **ArbZG** **ArbZG 2** 1 ff.
- Umfang **ArbZG 2** 4
- Zweck **ArbZG 2** 2 f.

Benachteiligungsverbot **ArbZG 7** 89
Bereithaltezeiten
- Fahrpersonal **ArbZG 21a** 27 ff.

Bereitschaftsdienst **ArbZG Vorbemerkung** 34, **ArbZG Vorbemerkung** 41, **ArbZG 15** 10, **ArbZG 2** 21 ff., **ArbZG 5** 8, **ArbZG 7** 39 ff.
- Begriff **ArbZG 2** 21

- in Krankenhäusern **ArbZG 5** 47
- Ruhezeiten **ArbZG 7** 67 ff.

Bergbau **JArbSchG 12** 3, **JArbSchG 4** 2
- Arbeitsbeginn und –ende **ArbZG 2** 66 f.
- Arbeitszeit **ArbZG 2** 60 ff.
- Ruhepausen **ArbZG 2** 64 f.

Berufsausbildung **JArbSchG 1** 3
Berufsbildung
- Beschäftigung zur - **ArbZG 2** 107 ff.

Berufsschulunterricht **JArbSchG 9** 1
- Anrechnung auf die Arbeitszeit **JArbSchG 9** 11

Berufsschulwoche **JArbSchG 9** 6
Berufssportler **ArbZG 2** 90
Besatzungsmitglied **ArbZG 20** 2
Beschäftigungsverbot **JArbSchG 14** 2, **JArbSchG 16** 2
- Ausnahmeregelungen der Aufsichtsbehörde **MuSchG 8** 29
- von Kindern **JArbSchG 5**
- Mutterschutz **MuSchG 1** 2
- Rechtsfolgen der Verletzung **MuSchG 8** 30
- an Sonn- und Feiertagen **ArbZG 9** 3 ff.
- volljährige Auszubildende **JArbSchG 9** 10

Beschäftigungsverbote
- begrenzte **MuSchG 8** 1 ff.
- Entwicklung der - **MuSchG 8** 2
- Rechtscharakter **MuSchG 8** 3
- Wirkung **MuSchG 8** 4

Beschäftigungszeiten *s.a. Arbeitszeit*, **ArbZG 2** 52

Beschlussfassung **BPersVG 75** 29
Besondere Arbeitnehmergruppen **ArbZG Vorbemerkung** 10 ff.
Besondere Wirtschaftsbereiche **ArbZG Vorbemerkung** 10 ff.
Betreuung Angehöriger

Stichwortverzeichnis

– Anspruch auf Tagesarbeitsplatz
  ArbZG 6 71
Betreuungseinrichtungen
  ArbZG 10 15 f.
Betrieb BetrVG 87 14 ff.
Betriebsarten
– besondere BetrVG 87 26
Betriebsrat
– Bestehen eines B. BetrVG 87 17 ff.
Betriebsteil BetrVG 87 15
Betriebsvereinbarung BetrVG 87 137, BetrVG 87 60
– Abweichung vom ArbZG aufgrund Tarifvertrags ArbZG 12 1 ff., ArbZG 7 22 f.
– Binnenschifffahrt ArbZG 21 5
– Eindeutigkeit ArbZG 7 30
– Einigungsstelle ArbZG 7 28
– Ermächtigung ArbZG 7 24 ff.
– Form ArbZG 7 27
– Nachwirkung ArbZG 7 31 ff.
– Sonn- und Feiertagsruhe
  ArbZG 9 18
– Übernahme tariflicher Regelungen
  ArbZG 7 78 ff.
Betriebszeit
– im Ausland ArbZG 13 74 ff.
– Begriff ArbZG 13 67 f.
– Umfang ArbZG 13 69
Bewachung ArbZG 10 40 ff.
Bezugszeitraum s. Ausgleichszeitraum
Bilaterale Verträge ArbZG 24 3
Binnenschifffahrt ArbZG Vorbemerkung 26, ArbZG 21 1 ff., ArbZG 3 106, JArbSchG 1 3, JArbSchG 2 1 f.
– Ruhezeiten ArbZG 21 1 f.
Binnenschifffahrt
– Tarifvertrag ArbZG 21 2
Blockunterricht JArbSchG 9 7
Brückentage JArbSchG 8 4
Bundesbahn BPersVG 75 5

Bundespersonalvertretungsgesetz
– Anwendungsbereich
  BPersVG 75 2 ff.
– persönlicher Geltungsbereich
  BPersVG 75 10 ff.
– Zweckbestimmung BPersVG 75 1
Bundespost BPersVG 75 5
Bußgeldvorschriften ArbZG 22 1 ff.
– Ordnungswidrigkeit ArbZG 22 2 f.

Caritas KirchR Mitbest 1 ff., KirchR Mitbest 11 ff., ArbZG 7 82
Chefärzte ArbZG 18 18 f., ArbZG 3 105

Datennetze
– Aufrechterhaltung der Funktionsfähigkeit ArbZG 10 52 f.
Dauernachtschichten ArbZG 6 34
Demokratieprinzip BPersVG 75 14, BPersVG 75 35
Devisenhandel ArbZG 10 78
Diakone ArbZG 2 83
Diakonie KirchR Mitbest 1 ff., ArbZG 7 82
Dienstabsprache BPersVG 75 19
Dienstbehörde ArbZG 19 6
Dienstplan BPersVG 75 46
Dienstreisezeit ArbZG 2 41 f.
Dienststelle
– übergeordnete BPersVG 75 34
Dienststellenleiter ArbZG 18 20 ff., ArbZG 3 105
Dienststundenpläne BPersVG 75 47
Dienststundenverlegung
  BPersVG 75 48
Dienstvereinbarung ArbZG 7 35, ArbZG 7 74, BPersVG 75 19
– nach kirchlichem Recht
  ArbZG 7 81

Stichwortverzeichnis

– Übernahme tariflicher Regelungen **ArbZG 7** 78 ff.
Direktionsrecht BetrVG 87 145
– Beginn und Ende der Arbeit **ArbZG 2** 48
Dokumentationspflichten
– Fahrpersonal **ArbZG 21a** 39 f.
Doppelschichten ArbZG 5 11 f.
Druckluftverordnung ArbZG Vorbemerkung 29, **ArbZG 18** 29

Eckdaten
– Arbeitszeitrichtlinie **ArbZG Vorbemerkung** 8
– ArbZG **ArbZG Vorbemerkung** 9
EG-Recht JArbSchG 1 1
– Anwendungsvorrang **ArbZG Vorbemerkung** 3
– Ausgleichszeitraum **ArbZG 3** 30 f.
– Auslegungsvorrang **ArbZG Vorbemerkung** 3
– Bedeutung **ArbZG 1** 3
– Umsetzung **ArbZG Vorbemerkung** 1, **ArbZG Vorbemerkung** 5 f., **ArbZG 1** 12
EG-Richtlinie *s.a. Arbeitszeitrichtlinie*
– 2002/15/EG (Fahrpersonal) **ArbZG Vorbemerkung** 1, **ArbZG Vorbemerkung** 20, **ArbZG Vorbemerkung** 41, **ArbZG 21** 1, **ArbZG 21** 3
– 2003/88/EG **ArbZG 1** 12
– 93/104/EG **ArbZG Vorbemerkung** 40, **ArbZG 1** 12
– horizontale Wirkung **ArbZG Vorbemerkung** 4
– vertikale Wirkung **ArbZG Vorbemerkung** 4
EG-Sozialvorschriften ArbZG 21a 11
EG-Verordnung
– 561/2006 **ArbZG Vorbemerkung** 20 ff.
Eigenbetriebe BPersVG 75 4

Eilfälle BPersVG 75 38
Eilzahlungsverkehr ArbZG 10 78
Ein-Euro-Job ArbZG 2 79
Einigungsstelle BPersVG 75 35, **BetrVG 87** 62, **BetrVG 87** 85
Einwilligung ArbZG 22 8
– zur Arbeitszeitverlängerung ohne Ausgleich **ArbZG 7** 87
Eisen- und Stahlindustrie ArbZG Vorbemerkung 27
Energieversorgung ArbZG 10 35 f., **ArbZG 13** 19
Entgeltausfall JArbSchG 10 1
– Verbot **JArbSchG 9** 14
Entlassungssperre BetrVG 87 144
Erholungseinrichtungen ArbZG 10 21 f.
Erholungsurlaub
– Arbeitszeitausgleich **ArbZG 3** 86 ff.
– als Ruhezeit **ArbZG 5** 13
Erlaubnistatbestände JArbSchG 8 1
Ersatzruhetag ArbZG 3 24, **JArbSchG 16** 16
– Gewährungsfrist **ArbZG 11** 18
– bei mehreren Arbeitsverhältnissen **ArbZG 2** 58
– Ruhezeit **ArbZG 11** 20 ff.
– für Sonn- und Feiertagsbeschäftigung **ArbZG 11** 14 ff.
Europäische Gemeinschaft ArbZG 24 4
Europäischer Gerichtshof
– Jaeger-Entscheidung **ArbZG Vorbemerkung** 34, **ArbZG Vorbemerkung** 41, **ArbZG 2** 6 f., **ArbZG 7** 76
– SIMAP-Entscheidung **ArbZG Vorbemerkung** 34, **ArbZG Vorbemerkung** 41, **ArbZG 2** 23, **ArbZG 2** 6 f., **ArbZG 5** 47
Evangelische Kirche KirchR Mitbest 1 ff.

Stichwortverzeichnis

Fahrlässigkeit
- Bußgeldvorschriften ArbZG 22 9 f.

Fahrpersonal ArbZG Vorbemerkung 1, ArbZG Vorbemerkung 20 ff., ArbZG Vorbemerkung 7, ArbZG 21 2, ArbZG 21a 1 ff., ArbZG 3 106, ArbZG 3 110 ff.
- Inlandsverkehr ArbZG Vorbemerkung 21, ArbZG Vorbemerkung 23
- Kurzpausen ArbZG 7 53
- Ruhepausen ArbZG 4 32, ArbZG 4 41
- Ruhezeit ArbZG 5 55, ArbZG 5 56, ArbZG 5 57
- Sonn- und Feiertagsruhe ArbZG 9 14
- Vorschriften ArbZG Vorbemerkung 20
- Wartezeiten ArbZG 4 11

Fahrpersonalgesetz ArbZG 21a 7
FahrpersonalVO ArbZG 21a 7
Fahrtkosten JArbSchG 9 2
Familienangehörige ArbZG 2 91 f.
Familienhaushalt JArbSchG 1 3, JArbSchG 16 8
Fehler BPersVG 75 30
Feiertage JArbSchG 8 4
Feiertagsarbeit *s.a. Sonn- und Feiertagsbeschäftigung*, ArbZG 1 9
- Eisen- und Stahlindustrie ArbZG Vorbemerkung 27
- Ersatzruhetag *s.a. dort*, ArbZG 3 24
- Höchstarbeitszeit ArbZG 3 17 f.
- Papierindustrie ArbZG Vorbemerkung 28

Feiertagsruhe *s. Sonn- und Feiertagsruhe*
Fernsehen ArbZG 10 23 ff., ArbZG 5 38
Feststellungsanspruch BPersVG 75 40
Feststellungsbescheid
- Zulässigkeit von Sonn- und Feiertagsbeschäftigung ArbZG 13 27 f.

Feuerwehr ArbZG 10 12
Filmvorführungen ArbZG 10 18
Flexible Arbeitszeit ArbZG 3 3
- Begriff ArbZG 1 6
- Gleitzeit *s. dort*
- Jahresarbeitszeitkonten ArbZG 1 8
- KAPOVAZ ArbZG 1 7
- Rahmenbedingungen ArbZG 1 6 ff.
- Vertrauensarbeitszeit ArbZG 1 7

Flugdienst ArbZG 20 2
Formgebot
- tarifvertragliches BPersVG 75 22

Freiheitsentziehung JArbSchG 1 3
Freistellung
- Umfang JArbSchG 10 4 f.

Freistellungspflicht JArbSchG 9 2
- arbeitsvertraglich begründet JArbSchG 10 2
- öffentlich-rechtlich begründet JArbSchG 10 2

Freistellungsverpflichtung JArbSchG 10 1
Freistunden JArbSchG 9 2
Freiwilliges soziales Jahr ArbZG 2 78
Freizeit *s.a. Ruhezeit*, ArbZG 5 61, JArbSchG 13 1
Freizeiteinrichtungen ArbZG 10 21 f.
Fremdenverkehr ArbZG 10 21 f.
Fünf-Tage-Woche JArbSchG 15 1 ff.

Gaststätten ArbZG 10 17, ArbZG 5 29 ff., JArbSchG 12 3, JArbSchG 14 4, JArbSchG 16 9
Gefährliche Arbeiten ArbZG 18 29, ArbZG 8 1 ff.
Gefahrstoffverordnung ArbZG Vorbemerkung 29, ArbZG 18 29
Geldbußen ArbZG 22 13
Geltungsbereich
- räumlicher ArbZG 1 13 ff.

Gesamtpersonalrat BPersVG 75 28
Geschäftsführer ArbZG 2 98

Stichwortverzeichnis

Gesellschafter **ArbZG 2** 86 f.
– nicht geschäftsführende **ArbZG 2** 87
Gesetzesvorrang **BPersVG 75** 16,
  BetrVG 87 45 f.
Gesetzeszweck
– **ArbZG** s.a. *Normzwecke*,
  ArbZG 1 3 ff.
Gesetzgebungsaufträge **ArbZG**
  Vorbemerkung 38 ff.
Gesundheitsgefährdung
– Anspruch auf Tagesarbeitsplatz
  ArbZG 6 65 f.
– Bußgeldvorschriften **ArbZG 22** 16
– Strafvorschriften **ArbZG 23** 4
Gesundheitsschutz
– bei Abweichungen vom **ArbZG**
  ArbZG 7 64 ff.
– Harmonisierung (EG) **ArbZG 1** 12
– Nacht- und Schichtarbeit
  ArbZG 6 1
– Normzweck des **ArbZG** **ArbZG 1** 4
– werktägliche Arbeitszeit **ArbZG 3** 3
Gesundheitsvorsorge
– Nachtarbeitnehmer **ArbZG 6** 43 ff.
Gleitzeit **ArbZG 1** 7, **ArbZG 3** 57 ff.,
  BPersVG 75 50
– Ausgleichszeitraum **ArbZG 3** 60
– Begriff **ArbZG 3** 57
– einfache **ArbZG 3** 58 f.
– qualifizierte **ArbZG 3** 60 ff.
– rollierendes System **ArbZG 3** 62
– Ruhepausen **ArbZG 3** 60
– Typen **ArbZG 3** 58 ff.
Güterbeförderung s.a. *Fahrpersonal*,
  ArbZG Vorbemerkung 20

Handelsgewerbe
– Begriff **ArbZG 13** 40
– Sonn- und Feiertagsbeschäftigung
  ArbZG 13 39 ff.
Handelsvertreter **ArbZG 2** 94
Hauptbetrieb **BetrVG 87** 15

Haushaltsrecht **BPersVG 75** 15
Hebung der Arbeitsleistung
  BPersVG 75 65
Heimarbeit **ArbZG 2** 104,
  MuSchG 1 5, **MuSchG 8** 28
Hitzebetriebe **JArbSchG 14** 12
Höchstarbeitszeit
– Ausgleichszeitraum **ArbZG**
  Vorbemerkung 8
– Ausnahmen **ArbZG 3** 97 ff.
– Fahrpersonal **ArbZG 21a** 2
– jährliche **ArbZG 3** 20 f.
– für Jugendliche **ArbZG**
  Vorbemerkung 14
– an Sonn- und Feiertagen
  ArbZG 11 8 ff.
– tägliche s.a. *Werktägliche Arbeitszeit*,
  ArbZG 3 1
– Überschreitung (mehrere Arbeits-
  verhältnisse) **ArbZG 2** 53 ff.
– wöchentliche **ArbZG** Vorbemer-
  kung 8, **ArbZG 3** 19
Hoheitliche Aufgaben **ArbZG 19** 1 ff.
Höhere Gewalt **ArbZG 14** 5
Hotels **ArbZG 10** 17

Initiativrecht **BetrVG 87** 171,
  BPersVG 75 20, **BetrVG 87** 58
Instandhaltung
– von Betriebseinrichtungen
  ArbZG 10 45 ff.
Internationaler Wettbewerb
  ArbZG 13 57 ff.
Inventur **ArbZG 13** 51 f.
IRVAZ **BetrVG 87** 105

Jaeger
– EuGH-Entscheidung **ArbZG** Vorbemerkung 34, **ArbZG** Vorbemerkung 41, **ArbZG 2** 6 f.

801

Stichwortverzeichnis

Jahresarbeitszeitkonten ArbZG 1 8, ArbZG 3 63
Jahreshöchstarbeitszeit ArbZG 3 20 f.
Jugendarbeitsschutz
– Binnenschifffahrt **JArbSchG 20** 1 f.
– Feiertagsruhe **JArbSchG 18** 1 f.
– Notfall **JArbSchG 21** 2
– Sonntagsruhe **JArbSchG 17** 1 f.
Jugendarbeitsschutzgesetz ArbZG Vorbemerkung 11 ff.
– Abweichende Regelungen **JArbSchG 21a** 1
– Arbeitszeitverlagerung **JArbSchG 8** 3
– außerbetriebliche Ausbildungsmaßnahmen **JArbSchG 10** 1
Jugendarbeitsschutzgesetz
– Begriff Arbeitszeit **JArbSchG 4** 1
Jugendarbeitsschutzgesetz
– Bereitschaftsdienst **JArbSchG 14** 2
– Berufsausbildung **JArbSchG 1** 3
– betriebliche Ausbildungsveranstaltung **JArbSchG 9** 9
– Binnenschifffahrt **JArbSchG 1** 3
– Feiertag **JArbSchG 9** 12
– flankierende Beschäftigungsverbote **JArbSchG 9** 3
– Höchstarbeitszeit **JArbSchG 8** 2
– Nachtruhe **JArbSchG 14** 1
– Ordnungswidrigkeit **JArbSchG 9** 15
– Pausen **JArbSchG 9** 2
– Persönlicher Geltungsbereich **JArbSchG 1** 2
– Räumlicher Geltungsbereich **JArbSchG 1** 5
– Rufbereitschaft **JArbSchG 14** 2
– Ruhepausen **JArbSchG 11** 1
– Sachlicher Geltungsbereich **JArbSchG 1** 3
– Straftat **JArbSchG 9** 15
– Wegezeit **JArbSchG 9** 12
– Zweckbestimmung **JArbSchG 1** 1 ff.
Jugendheime ArbZG 5 28

Jugendliche ArbZG Vorbemerkung 11 ff., ArbZG 18 27, ArbZG 3 106, JArbSchG 1 1, JArbSchG 8 1
– Beschäftigung im öffentlichen Dienst ArbZG 19 8
– Landwirtschaft ArbZG 10 38 f.
– Nachtarbeitsverbot ArbZG 6 94
– Ruhepausen ArbZG 4 4, ArbZG 4 40
– Ruhezeit ArbZG 5 61
– Sonn- und Feiertagsruhe ArbZG 9 20 f.
– vollzeitschulpflichtige **ArbZG Vorbemerkung** 13
Jugendliche Arbeitnehmer BetrVG 87 23

KAPOVAZ ArbZG 1 7, BetrVG 87 109
Karneval BetrVG 87 170
Katholische Kirche KirchR Mitbest 1 ff., **KirchR Mitbest** 11 ff.
Kauffahrteischiffe ArbZG 18 28, JArbSchG 1 3
Kernarbeitszeit ArbZG 3 58, ArbZG 3 60
Kinder JArbSchG 1 1
Kinder JArbSchG 8 1
Kinderarbeit ArbZG Vorbemerkung 13
Kinderbetreuung
– Anspruch auf Tagesarbeitsplatz ArbZG 6 67 ff.
Kinderheime ArbZG 5 28, JArbSchG 16 4
Kirche
– evangelische **KirchR Mitbest** 1 ff.
– katholische **KirchR Mitbest** 1 ff., **KirchR Mitbest** 11 ff.
Kirchen ArbZG 10 20, ArbZG 7 81 f.

Stichwortverzeichnis

Kirchliche Arbeitnehmer
ArbZG 3 105
Kollektivvereinbarung *s.a. Tarifvertrag*
– *s.a. Betriebsvereinbarung*
– werktägliche Arbeitszeit
ArbZG 7 38 ff.
Konditoreien ArbZG 10 77
Konkurrenzfähigkeit ArbZG 13 80 ff.
Kontinuierliche Forschungsarbeiten
ArbZG 10 66 f.
Körperschaften
– des öffentlichen Rechts
BPersVG 75 4
Krankenanstalten JArbSchG 16 4
Krankenhäuser ArbZG 10 15 f.,
ArbZG 5 25 ff.
– Bereitschaftsdienst ArbZG 5 47
– Rufbereitschaft ArbZG 5 46 ff.
Krankheit ArbZG 14 6
Krankheitsbedingte Arbeitsunfähigkeit
– Arbeitszeitausgleich ArbZG 3 86 ff.
Kulturelle Veranstaltungen
JArbSchG 14 13
Kurzarbeit BPersVG 75 44,
BPersVG 75 54 f.
– Mitbestimmung des Betriebsrats
BetrVG 87 143
Kurzpausen ArbZG 7 51 ff.
– während Bildschirmarbeit
BPersVG 75 56
– Fahrpersonal ArbZG 7 53
– Länge ArbZG 7 55

Ladenöffnungsrecht
– allgemeine Regelungen LadÖffR 25
– für Apotheken LadÖffR 30
– Baden-Württemberg LadÖffR 3
– Bäderregelungen LadÖffR 29
– Bayern LadÖffR 4
– Berlin LadÖffR 6
– für besondere Verkaufsstellen
LadÖffR 30 f.

– Brandenburg LadÖffR 7
– Bremen LadÖffR 8
– Feiertage LadÖffR 28
– Funktionsweise LadÖffR 21
– Gesetzgebungszuständigkeit
LadÖffR 1
– Hamburg LadÖffR 9
– Hessen LadÖffR 10
– Mecklenburg-Vorpommern
LadÖffR 11
– Niedersachsen LadÖffR 12
– Nordrhein-Westfalen LadÖffR 13
– Regelungskompetenz der Länder
LadÖffR 22
– Regelungstechnik LadÖffR 21
– Rheinland-Pfalz LadÖffR 14
– Saarland LadÖffR 15
– Sachsen LadÖffR 16
– Sachsen-Anhalt LadÖffR 17
– Schleswig-Holstein LadÖffR 18
– Schutz des Sonntags und der gesetzlichen Feiertage LadÖffR 1
– Schutz gegen Überforderung
LadÖffR 1
– Schutz personalschwächerer Wettbewerber LadÖffR 1
– Sonnabende LadÖffR 27
– Sonntage LadÖffR 28
– Strukturmerkmale und Eckdaten
LadÖffR 24
– tabellarische Übersicht LadÖffR 34
– für Tankstellen LadÖffR 31
– Thüringen LadÖffR 19
– Verhältnis zum Arbeitsschutzrecht
LadÖffR 23
– Werktage LadÖffR 26
Ladenschluss ArbZG
Vorbemerkung 17 ff.
Landbetriebe
– Binnenschifffahrt ArbZG 21 2
Landespersonalvertretungsrecht
BPersVG 75 66 ff., BPersVG 75 7

Stichwortverzeichnis

Landwirtschaft ArbZG 10 38 f.,
  ArbZG 5 40 ff., ArbZG 7 70 f.,
  JArbSchG 12 3, JArbSchG 14 7,
  JArbSchG 16 7
– Begriff ArbZG 5 42
Legalitätsprinzip
– Strafvorschriften ArbZG 23 10
Lehrerstundenplan BPersVG 75 52
Leiharbeitnehmer BPersVG 75 12,
  BetrVG 87 24
Leitende Angestellte ArbZG 18 5 ff.,
  ArbZG 3 105, BetrVG 87 22,
  SprAuG 30 1
– aufgrund ihrer Aufgaben
  ArbZG 18 12 ff.
– Auslegungsregeln ArbZG 18 16
– formale Arbeitgeberstellung
  ArbZG 18 6 f.
– aufgrund Vollmacht ArbZG 18 8 ff.
Lenkzeitrecht
– Vorrang des L. ArbZG 21a 16
Luftfahrt ArbZG Vorbemerkung 24,
  ArbZG 20 1 f., ArbZG 3 107,
  BetrVG 87 13

Märkte ArbZG 10 29 f.
Medien ArbZG 10 23 ff.
Mehrarbeit ArbZG 3 2,
  MuSchG 8 1 ff.
Mehrarbeitsverbot MuSchG 8 6 ff.
– Frauen ab dem 18. Lebensjahr
  MuSchG 8 9
– Frauen bis zum 18. Lebensjahr
  MuSchG 8 10 ff.
Mehrere Arbeitsverhältnisse
  ArbZG 2 51 ff.
– Arbeitszeitausgleich ArbZG 3 91 ff.
– Ersatzruhetag ArbZG 2 58
– Nachtarbeitnehmer ArbZG 2 138 f.
– Rechtsfolgen ArbZG 2 53 ff.
Mehrfachbeschäftigung JArbSchG 4 4

Mehrschichtbetrieb *s.a. Schichtbetrieb*
  ArbZG 9
– Sonn- und Feiertagsruhe
  ArbZG 9 10 ff.
Mehrschichtige Betriebe
  JArbSchG 14 6
Messen ArbZG 10 29 f.
Mindestruhezeit
– Dauer ArbZG 5 2
– Verkürzung ArbZG 5 14 ff.,
  ArbZG 5 16 ff., JArbSchG 5 2
– Zeitausgleich ArbZG 5 2
Mitbestimmung des Betriebsrats
  BetrVG 87 1 ff.
– Änderung der betriebsüblichen
  Arbeitszeit BetrVG 87 141 ff.
– Arbeitskampf BetrVG 87 151
– arbeitswissenschaftliche Erkenntnisse
  ArbZG 6 23
– Arbeitszeitsystem BetrVG 87 84
– Ausgleichszeitraum ArbZG 3 79
– Ausnahmebewilligung
  ArbZG 13 92 ff.
– Bedarfsarbeit BetrVG 87 93
– Begriff Arbeitszeit BetrVG 87 87
– Bereitschaftsdienst BetrVG 87 152,
  BetrVG 87 94
– Betriebsausflug BetrVG 87 153,
  BetrVG 87 95
– Betriebsvereinbarung (Abweichung
  vom ArbZG) ArbZG 7 28 f.
– bezahlte Lärmpausen
  BetrVG 87 114 ff.
– Brückentage JArbSchG 8 4
– Dienstplan BetrVG 87 99
– Dienstreise BetrVG 87 100,
  BetrVG 87 87
– Durchführung BetrVG 87 57 ff.
– in Eilfällen BetrVG 87 67
– Entlassungssperre BetrVG 87 144
– Erhöhung der Arbeitszeit
  BetrVG 87 101

Stichwortverzeichnis

- fachlicher Geltungsbereich
  BetrVG 87 6 ff.
- Fortfall Überstunden
  BetrVG 87 163
- Freischichtenregelung
  BetrVG 87 102
- freiwillig geleistete Überstunden
  BetrVG 87 161
- Gleitzeit **BetrVG 87** 103
- Höchstarbeitszeit **BetrVG 87** 104
- Jahresarbeitszeit **BetrVG 87** 154
- Kurzarbeit **BetrVG 87** 143,
  BetrVG 87 155
- Lage der täglichen Arbeitszeit
  BetrVG 87 88
- Leiharbeit **BetrVG 87** 110
- Nachtarbeit **BetrVG 87** 111
- in Notfällen **BetrVG 87** 68
- Pausen **BetrVG 87** 84,
  BetrVG 87 89
- persönlicher Geltungsbereich
  BetrVG 87 19 ff.
- räumlicher Geltungsbereich
  BetrVG 87 4 f.
- Rechtsfolgen der Nichtbeachtung
  durch Arbeitgeber **BetrVG 87** 69 ff.
- Rufbereitschaft **BetrVG 87** 120 ff.,
  BetrVG 87 87
- Ruhepausen **ArbZG 4** 28
- Schichtarbeit **BetrVG 87** 123 ff.,
  BetrVG 87 157
- Schulunterricht **BetrVG 87** 132 f.
- Sonderschicht **BetrVG 87** 85
- Sonn- und Feiertagsruhe
  ArbZG 9 15
- Sonntagsarbeit **BetrVG 87** 134
- Sonntagsarbeit, einmaliger Einsatz
  BetrVG 87 156
- Tagesarbeitsplatz **ArbZG 6** 80 ff.
- tarifliche Jahresarbeitszeit
  BetrVG 87 86
- Teilzeit **BetrVG 87** 159

- Teilzeitarbeit **BetrVG 87** 135
- Theaterprobe **BetrVG 87** 139
- Transferkurzarbeit **BetrVG 87** 143
- Überstunden **BetrVG 87** 149
- Verkürzung der Arbeitszeit
  BetrVG 87 165
- Verlängerung der Arbeitszeit
  BetrVG 87 166
- Wechselschichtzulage **BetrVG 87** 82
- zulässige Höchstarbeitszeit
  BetrVG 87 87

Mitbestimmungsraum
- Dienststelle **BPersVG 75** 9

Mitbestimmungsschranken
- Demokratieprinzip **BPersVG 75** 14
- Haushaltsrecht **BPersVG 75** 15

Mitbestimmungtatbestand
ArbZG 19 10

Mitbestimmungtatbestände
BPersVG 75 43

Multilaterale Übereinkommen
ArbZG 24 3

Musikaufführungen **ArbZG 10** 18

Mütter **ArbZG Vorbemerkung** 15 f.,
ArbZG 3 109, **ArbZG 5** 60
- Nachtarbeitsverbot **ArbZG 6** 95

Müttergenesungsheime **ArbZG 5** 28

Mutterschutz **ArbZG 18** 29
- faktisches Arbeitsverhältnis
  MuSchG 1 4
- geschützter Personenkreis
  MuSchG 1 6 f.
- Heimarbeit **MuSchG 1** 5 ff.
- leitende Angestellte **MuSchG 1** 3
- Mehrarbeit **MuSchG 8** 1 ff.
- Nacht- und Sonntagsarbeit
  MuSchG 8 1 ff.
- Sonn- und Feiertagsruhe
  ArbZG 9 19

Mutterschutzgesetz *s.a. Mutterschutz*
- *s.a. Stillzeit*, **ArbZG**
  Vorbemerkung 15 f.

Stichwortverzeichnis

- nicht geschützte Frauen **MuSchG 1** 8 ff.
- räumlicher Geltungsbereich **MuSchG 1** 11
- Zweck **MuSchG 1** 1

Nacht- und Sonntagsarbeit MuSchG 8 1 ff.
Nachtarbeit ArbZG 2 111, **ArbZG 6** 1 ff.
- Ausgleich **ArbZG 6** 84 ff.
- Ausgleichszeitraum **ArbZG 6** 32 ff., **ArbZG 6** 38 ff., **ArbZG 7** 61 f.
- Ausnahmebestimmungen **ArbZG 6** 90 ff.
- Begriff **ArbZG 2** 117 ff.
- Betriebsvereinbarung **ArbZG 6** 93
- bezahlte freie Tage **ArbZG 6** 84 ff.
- Gesundheitsschutz **ArbZG 6** 6
- Jugendliche **ArbZG 6** 94
- Mütter **ArbZG 6** 95
- Nachtzeitraum **ArbZG 2** 113 ff.
- an Sonn- und Feiertagen **ArbZG 11** 11
- Tarifvertrag **ArbZG 6** 93
- in Wechselschicht **ArbZG 2** 125 ff.
- Zuschlag **ArbZG 6** 84 ff.

Nachtarbeitnehmer ArbZG 2 124 ff.
- Arbeitszeit **ArbZG 7** 61 f.
- Begriff **ArbZG 6** 10
- Gesundheitsvorsorge **ArbZG 6** 43 ff.
- mehrere Arbeitsverhältnisse **ArbZG 2** 138 f.
- Nachtarbeit mindestens 48 Tage im Jahr **ArbZG 2** 128, **ArbZG 2** 134 ff.
- Tagesarbeitsplatz *s.a. dort*, **ArbZG 6** 57 ff.
- Weiterbildung **ArbZG 6** 89
- werktägliche Arbeitszeit **ArbZG 6** 24 ff.
- Zurückbehaltungsrecht **ArbZG 6** 19 ff., **ArbZG 6** 78 f.

Nachtarbeitsverbot MuSchG 8 14
- Ausnahmebereiche **MuSchG 8** 15

Nachtruhe JArbSchG 14 1
- Ausnahmen **JArbSchG 14** 3

Nachtzeitraum ArbZG 2 113 ff.
- Verlegung **ArbZG 2** 122, **ArbZG 7** 63

Nahrungsmittel und Rohstoffe
- Verhütung des Verderbens **ArbZG 10** 55 ff.

Nebentätigkeit
- Unterrichtungs- und Auskunftsanspruch **ArbZG 2** 57

Nebenzeitenverkürzung BPersVG 75 53

Nicht gewerbliche Aktionen ArbZG 10 19 f.

Nichtarbeit
- als Arbeitszeitausgleich **ArbZG 3** 82 ff.
- und Arbeitszeitverlängerung **ArbZG 3** 81

Normzwecke
- Arbeitsmarktsteuerung **ArbZG 3** 3
- ArbZG **ArbZG 1** 3 ff.
- und Auslegung **ArbZG 1** 1, **ArbZG 1** 3
- BPersVG **BPersVG 75** 1
- flexible Arbeitszeiten **ArbZG 1** 6 ff.
- gefährliche Arbeiten **ArbZG 8** 2
- Gesundheitsschutz **ArbZG 1** 4
- MuSchG **MuSchG 1** 1
- nicht erwähnte **ArbZG 1** 11
- nicht genannte **ArbZG 1** 2
- Rangfolge der - **ArbZG 1** 10
- Rechtsverordnungen **ArbZG 13** 4 ff.
- Sicherheit **ArbZG 1** 4
- Sonn- und Feiertagsruhe **ArbZG 1** 9, **ArbZG 9** 2
- Umsetzung von EG-Recht **ArbZG 1** 12

Notdienst

Stichwortverzeichnis

– ärztlicher   JArbSchG 16 13
Notdienste   ArbZG 10 12
Notfall   BPersVG 75 38
– Bußgeldvorschriften   ArbZG 22 8
– höhere Gewalt   ArbZG 14 1
– Krankheit   ArbZG 14 6
– Naturereignis   ArbZG 14 5
– plötzliche Auftragshäufung
  ArbZG 14 6
– Störungen der EDV-Anlage
  ArbZG 14 6
– Streik   ArbZG 14 5
– Tod   ArbZG 14 6

Öffentlicher Dienst   ArbZG 15 10 ff.,
  ArbZG 19 1 ff., ArbZG 7 35,
  ArbZG 7 73 f.
– Bundespersonalvertretungsgesetz
  BetrVG 87 10
– Landespersonalvertretungsrecht
  BetrVG 87 10
– tarifvertragliche Regelung
  ArbZG 19 4
Offshore-Arbeit   ArbZG Vorbemerkung 25, ArbZG 1 13
Opportunitätsprinzip   ArbZG 22 16
Ordnungswidrigkeit   JArbSchG 8 8
– Verletzung der Unterrichtspflicht
  SprAuG 30 4

Papierindustrie   ArbZG
  Vorbemerkung 28 f.
Partyservice   ArbZG 10 17
Pausen   *s. Ruhepausen*
Pausenaufenthalt   JArbSchG 11 4
Pausenräume   ArbZG 4 31
Personalakten   BPersVG 75 25
Personalrat   BPersVG 75 19
Personenbeförderung   ArbZG
  Vorbemerkung 20, ArbZG
  Vorbemerkung 20

Pfarrer   ArbZG 2 83
Pflegeeinrichtungen   ArbZG 10 15 f.,
  ArbZG 5 25 ff., ArbZG 7 72
– Rufbereitschaft   ArbZG 5 46 ff.
Pflegeheime   JArbSchG 16 4
Presse   ArbZG 10 23 ff., ArbZG 5 37
Privatisierung
– Anwendbarkeit des **BetrVG**
  BetrVG 87 11 f.
Produktionseinrichtungen
– Vermeidung einer Zerstörung/
  Beschädigung   ArbZG 10 68 ff.
Prüfungen   JArbSchG 10 1

Rahmenvorschriften   BPersVG 75 7
Rechnersysteme
– Aufrechterhaltung der Funktionsfähigkeit   ArbZG 10 52 f.
Rechtfertigender Notstand
  ArbZG 22 8
Rechtfertigungsgrund   ArbZG 22 8
Rechtsverordnung
– Bundesregierung   ArbZG 13 3 ff.
– Landesregierungen   ArbZG 13 21 ff.
– über Sonn- und Feiertagsbeschäftigung   ArbZG 13 10 ff.
– Zwecke   ArbZG 13 4 ff.
Rechtsverordnungen
– EG   ArbZG 24 1
Rechtswidrigkeit
– Bußgeldvorschriften   ArbZG 22 8
Redakteure   BetrVG 87 115 f.
Regelungsabrede   BetrVG 87 145
Regiebetriebe   BPersVG 75 4
Rehabilitanden   ArbZG 2 81
Reinigung
– von Betriebseinrichtungen
  ArbZG 10 45 ff.
Reisetätigkeit   ArbZG 2 43 f.
Reisezeit   ArbZG 2 40 ff., ArbZG 5 7

Religionsgemeinschaften
ArbZG 10 20, ArbZG 18 25,
BPersVG 75 6, BetrVG 87 8
Religionsgesellschaften ArbZG 7 81 f.
Reparaturwerkstatt JArbSchG 16 14
Repräsentanten BPersVG 75 19
Rettungsdienste ArbZG 10 12
Rheinschifffahrt ArbZG 21 3
Rheinschiffs-Untersuchungsverordnung
ArbZG 21 3
Richter BPersVG 75 11
Richtlinien
– EG ArbZG 24 4
Rollierendes System BetrVG 87 117
– Gleitzeit ArbZG 3 62
Rote-Kreuz-Schwestern ArbZG 2 89
Rückwärtswechsel
– Arbeitszeitbeginn ArbZG 3 11,
ArbZG 3 14 ff.
Rufbereitschaft ArbZG 15 10,
ArbZG 2 28 ff., BPersVG 75 57
– Begriff ArbZG 2 28
– in Krankenhäusern ArbZG 5 46 ff.
– mehrere Inanspruchnahmen
ArbZG 5 51 f.
– Mitbestimmung des Betriebsrats
BetrVG 87 87
– in Pflegeeinrichtungen
ArbZG 5 46 ff.
– Ruhezeit ArbZG 5 9
– an Sonn- und Feiertagen
ArbZG 11 15, ArbZG 9 6
Rufbereitschaftsplan BPersVG 75 43
Ruhepausen JArbSchG 11 1
– Abgrenzung ArbZG 4 7 ff.
– Aufenthalt ArbZG 4 29 ff.
– Begriff ArbZG 4 6, JArbSchG 11 2
– Bergbau ArbZG 2 64 f.
– und Betriebsvereinbarung
ArbZG 4 42
– Dauer ArbZG 4 1, ArbZG 4 22 ff.,
JArbSchG 11 2

– Fahrpersonal ArbZG 4 32,
ArbZG 4 41
– Feststehen im Voraus ArbZG 4 18 ff.
– Gewährung ArbZG 4 12 ff.
– Gleitzeit ArbZG 3 60
– Jugendliche ArbZG Vorbemerkung 14, ArbZG 4 4, ArbZG 4 40
– Kurzpausen s. dort
– Lage ArbZG 4 1, ArbZG 4 26 f.,
JArbSchG 11 2
– Mitbestimmung des Betriebsrats
ArbZG 4 28
– Pausenräume ArbZG 4 31
– an Sonn- und Feiertagen
ArbZG 11 12
– und Tarifvertrag ArbZG 4 38,
ArbZG 4 42
– Überlagezeiten ArbZG 4 11
– Wartezeiten im Güterverkehr
ArbZG 4 11
– Wendezeiten ArbZG 4 11
Ruhezeit ArbZG 2 7, ArbZG 3 13,
ArbZG 3 15, ArbZG 4 8,
ArbZG 7 56 ff.
– bei Arbeitsbereitschaft
ArbZG 7 67 ff.
– Arbeitszeitausgleich ArbZG 5 13
– Ausnahmebewilligungen
ArbZG 15 12 ff.
– Ausnahmen ArbZG 5 58 f.
– Begriff ArbZG 5 1, ArbZG 5 4 ff.
– bei Bereitschaftsdienst
ArbZG 7 67 ff.
– nach Betriebsvereinbarung
ArbZG 5 58
– Binnenschifffahrt ArbZG 21 1 ff.
– Dauer ArbZG 5 10
– Erholungsurlaub ArbZG 5 13
– Ersatzruhetag ArbZG 11 20 ff.
– Fahrpersonal ArbZG 21a 33 f.,
ArbZG 5 55, ArbZG 5 56,
ArbZG 5 57

Stichwortverzeichnis

- Gewährung **ArbZG 5** 10 ff.
- Jugendliche **ArbZG 5** 61
- bei Krankheit **ArbZG 5** 13
- Lage **ArbZG 5** 11 f.
- Mindestruhezeit *s. dort*
- für Mütter **ArbZG 5** 60
- im öffentlichen Dienst **ArbZG 15** 10 ff.
- Reisezeit **ArbZG 5** 7
- Rufbereitschaft **ArbZG 5** 9
- an Sonn- und Feiertagen **ArbZG 11** 12
- Sonn- und Feiertagsruhe **ArbZG 11** 20 ff.
- Strafvorschriften wg. Nichtgewährung **ArbZG 23** 1
- tägliche **ArbZG Vorbemerkung** 8
- tägliche **ArbZG Vorbemerkung** 8
- nach Tarifvertrag **ArbZG 5** 58
- Unterbrechungen **ArbZG 5** 10
- Urlaub **ArbZG 5** 13
- nach verlängerter Arbeitszeit **ArbZG 7** 91
- Verlegung zwecks Schichtwechsels **ArbZG 15** 13
- Wegezeit **ArbZG 5** 6
- wöchentliche **ArbZG Vorbemerkung** 8

Rundfunk **ArbZG 10** 23 ff., **ArbZG 5** 37 ff.

Saison- und Kampagnebetriebe **ArbZG 15** 8 f.
Samstagsruhe **JArbSchG 16** 1 ff.
Sanatorien **ArbZG 5** 26
Schadensersatzpflicht
- gegenüber Nacht- und Schichtarbeitnehmern **ArbZG 6** 22

Schaustellergewerbe **JArbSchG 14** 5
Schaustellungen **ArbZG 10** 18
Schichtarbeit **ArbZG 6** 1 ff.
Schichtarbeitnehmer
- Begriff **ArbZG 6** 11
- Zurückbehaltungsrecht **ArbZG 6** 19 ff.

Schichtbetrieb
- Arbeitszeitverlängerung bei kontinuierlichem - **ArbZG 15** 4 ff.
- Begriff **ArbZG 7** 52
- Kurzpausen **ArbZG 7** 51 ff.
- vollkontinuierlicher **ArbZG 12** 14 f.

Schichtsysteme **ArbZG 2** 131
Schichtzeit **JArbSchG 12** 1 ff., **JArbSchG 4** 2
- Begriff **ArbZG 2** 126
- Höchstdauer **JArbSchG 12** 2

Schülervertreter **JArbSchG 9** 2
Schwangere **ArbZG Vorbemerkung** 16, **ArbZG 3** 109, **ArbZG 5** 60
- Beschäftigung im öffentlichen Dienst **ArbZG 19** 8
- Nachtarbeitsverbot **ArbZG 6** 95

Schwellenwerte **JArbSchG 9** 8
Sechs-Tage-Woche **ArbZG Vorbemerkung** 9
Seeschifffahrt **ArbZG Vorbemerkung** 25, **ArbZG 12** 13, **ArbZG 3** 106, **BetrVG 87** 13

Sicherheit
- Harmonisierung (EG) **ArbZG 1** 12
- Normzweck des **ArbZG** **ArbZG 1** 4

SIMAP
- EuGH-Entscheidung **ArbZG Vorbemerkung** 34
- EuGH-Entscheidung **ArbZG Vorbemerkung** 41
- EuGH-Entscheidung **ArbZG 2** 23
- EuGH-Entscheidung **ArbZG 2** 6 f.
- EuGH-Entscheidung **ArbZG 5** 47

Soldaten **ArbZG 15** 23, **ArbZG 19** 5, **ArbZG 2** 75
Sonn- und Feiertagsbeschäftigung **ArbZG 10** 1 ff.
- Abfallentsorgung **ArbZG 10** 37

Stichwortverzeichnis

- Abwasserentsorgung   ArbZG 10 37
- Ausgleich   ArbZG 11 1 ff.
- Ausgleich   ArbZG 12 10 ff.
- Ausnahmebereiche   MuSchG 8 22 ff.
- Ausnahmen bei Produktionsarbeiten ArbZG 10 73 ff.
- Ausstellungen   ArbZG 10 29 f.
- Bäckereien   ArbZG 10 77
- Befriedigung täglicher Bedürfnisse ArbZG 13 15 ff.
- behördliche Ausnahmebewilligungen ArbZG 13 30 ff.
- behördliche Zulässigkeitsfeststellung ArbZG 13 25 ff.
- Bereiche erlaubter -   ArbZG 10 11 ff.
- beschäftigungsfreie Sonntage ArbZG 11 2 ff.
- beschäftigungsfreie Sonntage ArbZG 12 5 ff.
- zur Beschäftigungssicherung ArbZG 13 20
- zur Beschäftigungssicherung ArbZG 13 57 ff.
- zur Beschäftigungssicherung ArbZG 13 89 ff.
- Betreuungseinrichtungen ArbZG 10 15 f.
- Bewachung   ArbZG 10 40 ff.
- Datennetze   ArbZG 10 52 f.
- Energieversorgung   ArbZG 10 35 f.
- Energieversorgung   ArbZG 13 19
- Erfordernis ununterbrochener Arbeit ArbZG 13 18 ff.
- zum Erhalt der Konkurrenzfähigkeit ArbZG 13 57 ff.
- Erholungseinrichtungen ArbZG 10 21 f.
- Ersatzruhetag   ArbZG 11 11
- Ersatzruhetag   ArbZG 11 14 ff.
- Fernsehen   ArbZG 10 23 ff.
- Festlegung   ArbZG 10 10
- Feuerwehr   ArbZG 10 12
- Filmvorführungen   ArbZG 10 18
- Freizeiteinrichtungen ArbZG 10 21 f.
- Fremdenverkehr   ArbZG 10 21 f.
- Gaststätten   ArbZG 10 17
- Gemeinwohl   ArbZG 13 20
- Handelsgewerbe   ArbZG 13 39 ff.
- Höchstarbeitszeit   ArbZG 11 8 ff.
- Hotels   ArbZG 10 17
- Inventur   ArbZG 13 51 f.
- Kirchen   ArbZG 10 20
- Konditoreien   ArbZG 10 77
- kontinuierliche Forschungsarbeiten ArbZG 10 66 f.
- Krankenhäuser   ArbZG 10 15 f.
- Landwirtschaft   ArbZG 10 38 f.
- Märkte   ArbZG 10 29 f.
- Medien   ArbZG 10 23 ff.
- Messen   ArbZG 10 29 f.
- Misslingen von Arbeitsergebnissen ArbZG 10 59 ff.
- Musikaufführungen   ArbZG 10 18
- Nachtarbeit   ArbZG 11 11
- aus naturwissenschaftlichen Gründen ArbZG 13 53 ff.
- Nicht gewerbliche Aktionen ArbZG 10 19 f.
- Notdienste   ArbZG 10 12
- Notfälle   ArbZG 10 80
- im öffentlichen Interesse ArbZG 10 13 f.
- Partyservice   ArbZG 10 17
- Pflegeeinrichtungen   ArbZG 10 15 f.
- Presse   ArbZG 10 23 ff.
- Rechnersysteme   ArbZG 10 52 f.
- Rechtsverordnungen ArbZG 13 10 ff.
- rechtswidrige -   ArbZG 23 1
- Reinigung und Instandhaltung von Betriebseinrichtungen ArbZG 10 45 ff.

Stichwortverzeichnis

- Religionsgemeinschaften **ArbZG 10** 20
- Rettungsdienste **ArbZG 10** 12
- Ruhepausen **ArbZG 11** 12
- Ruhezeit **ArbZG 11** 12
- Rundfunk **ArbZG 10** 23 ff.
- Schaustellungen **ArbZG 10** 18
- Sport **ArbZG 10** 21 f.
- aus technischen Gründen **ArbZG 13** 53 ff.
- Theatervorstellungen **ArbZG 10** 18
- Tierhaltung **ArbZG 10** 38 f.
- Transport und Kommissionieren verderblicher Waren **ArbZG 10** 31 ff.
- Umfang **ArbZG 10** 9
- Umweltschutz **ArbZG 13** 19
- Verbot der - **MuSchG 8** 20 ff.
- Verderben von Nahrungsmitteln und Rohstoffen **ArbZG 10** 55 ff.
- Vergnügungseinrichtungen **ArbZG 10** 21 f.
- zur Verhütung unverhältnismäßigen Schadens **ArbZG 13** 44 ff.
- Verkehrsbetriebe **ArbZG 10** 31 ff.
- Volksfeste **ArbZG 10** 29 f.
- Voraussetzungen **ArbZG 10** 6 ff.
- Vorbereitung des werktägigen Betriebs **ArbZG 10** 51
- Wasserversorgung **ArbZG 10** 35 f.
- Wasserversorgung **ArbZG 13** 19
- Wissenschaftliche Präsenzbibliotheken **ArbZG 10** 21 f.

Sonn- und Feiertagsruhe ArbZG 9 3 ff.
- Abweichungen **ArbZG 9** 15
- Ausnahmen durch Rechtsverordnung **ArbZG 13** 12 ff.
- Ausnahmeregelungen **ArbZG 9** 16 f.
- Fahrpersonal **ArbZG 9** 14
- Jugendliche **ArbZG 9** 20 f.
- Mehrschichtbetriebe **ArbZG 9** 10 ff.
- Mitbestimmung des Betriebsrats bei Abweichungen **ArbZG 9** 15

- Mutterschutz **ArbZG 9** 19
- Ruhezeit **ArbZG 11** 20 ff.
- zeitlicher Umfang **ArbZG 9** 8 f.
- Zweck **ArbZG 9** 2

Sonntagsarbeit ArbZG 1 9
- beschäftigungsfreie Sonntage **ArbZG 11** 2 ff.
- Eisen- und Stahlindustrie **ArbZG Vorbemerkung** 27
- Ersatzruhetag *s.a. dort*
- Ersatzruhetag **ArbZG 3** 24
- Höchstarbeitszeit **ArbZG 3** 17 f.
- Papierindustrie **ArbZG Vorbemerkung** 28

Sonntagsruhe *s.a. Sonn- und Feiertagsruhe*, **ArbZG Vorbemerkung** 9

Sonntgsarbeit
- beschäftigungsfreie Sonntage **ArbZG 12** 5 ff.

soziale Einrichtungen ArbZG 5 28
Sport ArbZG 10 21 f., **ArbZG 2** 90, **JArbSchG 16** 12

Sprecherausschuss
- Unterrichtungs- und Mitberatungsrecht **SprAuG 30** 2

Sprecherausschussgesetz
- Geltungsbereich **SprAuG 30** 1

Stationierungsstreitkräfte ArbZG 15 23

Stillende
- Beschäftigung im öffentlichen Dienst **ArbZG 19** 8

Stillzeit ArbZG 4 39, **MuSchG 7** 2 ff., **MuSchG 7** 7, **MuSchG 7** 9
- Anspruchsvoraussetzungen **MuSchG 7** 3 ff.
- Aufsichtsbehördliche Regelungen **MuSchG 7** 16
- Entgeltschutz **MuSchG 7** 13
- erforderliche - **MuSchG 7** 6 ff.
- Geltendmachung des Anspruchs **MuSchG 7** 11

811

Stichwortverzeichnis

- bei Heimarbeit MuSchG 7 17
- Rechtsfolgen bei Nichtgewährung MuSchG 7 18
- Schutzfolgen der - MuSchG 7 12 ff.
- bei Teilzeitarbeit MuSchG 7 10
- Verbot der Anrechnung auf Ruhepausen MuSchG 7 15
- Verbot der Vor- oder Nacharbeit MuSchG 7 14

Strafgefangene ArbZG 2 80

Straftatbestände
- fahrlässige Begehung ArbZG 23 5
- vorsätzliche Begehung ArbZG 23 2 ff.

Straßentransport *s. Fahrpersonal*, ArbZG 21a 1 ff.

Straßenverkehrstätigkeiten ArbZG 21a 10

Streik ArbZG 14 5

Streitkräfte
- alliierte BPersVG 75 8

Stufenvertretung BPersVG 75 34

Tagesarbeitsplatz
- Anspruch auf - ArbZG 6 57 ff.
- entgegenstehende betriebliche Erfordernisse ArbZG 6 72 ff.
- geeigneter ArbZG 6 61 ff.
- Mitbestimmung des Betriebsrats ArbZG 6 80 ff.
- Umsetzung ArbZG 6 59 f.
- Umsetzungsgründe ArbZG 6 64 ff.

Tägliche Arbeitszeit *s.a. Werktägliche Arbeitszeit*
- Sonn- und Feiertage ArbZG 3 17 f.

TARGET ArbZG 10 78

Tarifbindung
- des Arbeitgebers ArbZG 7 13 ff.

Tarifliche Arbeitszeit
- und Arbeitszeitrichtlinie ArbZG Vorbemerkung 3
- Doppelschichten ArbZG 5 12
- jährliche ArbZG 3 21
- wöchentliche ArbZG 3 21

Tarifregelung
- Sperrwirkung BetrVG 87 53

Tarifvertrag ArbZG 7 10 ff.
- Begriff ArbZG 7 10
- Betriebsvereinbarung aufgrund T. ArbZG 7 22 ff.
- Binnenschifffahrt ArbZG 21 5
- Eindeutigkeit ArbZG 7 19
- Form ArbZG 7 11
- Geltungsbereich ArbZG 7 12
- Nachwirkung ArbZG 7 20 f.
- öffentlicher Dienst ArbZG 7 35
- Sonn- und Feiertagsruhe ArbZG 9 18
- Tarifbindung des Arbeitgebers ArbZG 7 13 ff.
- Übergangsregelungen ArbZG 25 1
- Übernahme ArbZG 7 78 ff.
- Zulassung von Abweichungen im - ArbZG 12 1 ff.
- Zulassung von Abweichungen im - ArbZG 7 18

Tarifvertragskollision BetrVG 87 52

Tarifvorrang BPersVG 75 16, BetrVG 87 47 ff.
- Geltung BetrVG 87 49 f.
- vertragliche Regelung BetrVG 87 48

Täter
- Bußgeldvorschriften ArbZG 22 4 ff.
- Strafvorschriften ArbZG 23 7

Technischer Arbeitsschutz ArbZG 18 29, JArbSchG 1 1

Teilzeitkräfte
- Arbeitszeitverlängerung BetrVG 87 167

Tendenzbeschränkungen
- der Mitbestimmung bei Arbeitszeit BetrVG 87 42 ff.

Tendenzbetriebe BetrVG 87 29 ff.

Tendenzschutz BetrVG 87 27 ff.

812

Stichwortverzeichnis

- Zweck der Regelung BetrVG 87 28
Tendenzträger BetrVG 87 39 ff.
- konfessionelle, karitative, erzieherische, wissenschaftliche BetrVG 87 40
- politische, koalitionspolitische BetrVG 87 39
- bei Presse und Medien BetrVG 87 41
Tendenzzwecke BetrVG 87 29 ff.
Territorialitätsprinzip ArbZG 1 13, BPersVG 75 3
Theaterproben BetrVG 87 139
Theatervorstellungen ArbZG 10 18
Theorie der Wirksamkeitsvoraussetzung BPersVG 75 40
Tierhaltung ArbZG 10 38 f., ArbZG 5 44 f., JArbSchG 12 3, JArbSchG 16 7
Tod ArbZG 14 6
Transferkurzarbeit
- Mitbestimmung des Betriebsrats BetrVG 87 143
Treu und Glauben BetrVG 87 147

Überforderung JArbSchG 10 1
Übergangsregelungen
- für Tarifverträge ArbZG 25 1
Überlagezeiten ArbZG 4 11
Übermüdung
- Gesundheitsgefährdung ArbZG 23 4
Überschreitung
- der Höchstarbeitszeit ArbZG 2 59
Überstunden BPersVG 75 61
Übertragungsakt
- Beschäftigung im öffentlichen Dienst ArbZG 19 7
Umkleidezeit ArbZG 2 31 ff.
Umsetzung
- auf Tagesarbeitsplatz ArbZG 6 59 f.
Unterlassungsanspruch BPersVG 75 40 f.

Unterrichtung BPersVG 75 25
- Arbeitszeit als Gegenstand der
- SprAuG 30 3
- Rechtsfolgen bei Verletzung der U.-Pflicht SprAuG 30 4
- des Sprecherausschusses SprAuG 30 2
Urlaub
- Ruhezeit ArbZG 5 13

Verbotstatbestände JArbSchG 8 1
Verderbliche Waren
- Transport und Kommissionieren ArbZG 10 31 ff.
Verfolgung
- Bußgeldvorschriften ArbZG 22 14
- Strafvorschriften ArbZG 23 9
Verfolgungsbehörde ArbZG 22 15
Vergnügungseinrichtungen ArbZG 10 21 f.
Vergütungsrechtliche Arbeitszeit ArbZG 2 1
- Arbeitsbereitschaft ArbZG 2 20
- Umkleide- und Waschzeit ArbZG 2 32 f.
- Wegezeit ArbZG 2 39
Verjährung
- Bußgeldvorschriften ArbZG 22 14
- Strafvorschriften ArbZG 23 8
Verkaufsstellen
- offene JArbSchG 16 5
Verkehrsbetriebe ArbZG 10 31 ff., ArbZG 5 32 ff.
- Begriff ArbZG 5 33 ff.
- Kurzpausen ArbZG 7 51 ff.
Verkehrswesen JArbSchG 16 6
Verordnungsermächtigung s. *Rechtsverordnung*
Versuch
- Bußgeldvorschriften ArbZG 22 11
- Strafvorschriften ArbZG 23 7
Vertrauensarbeitszeit ArbZG 1 7

Stichwortverzeichnis

Verwaltungen
– Länder **BPersVG 75** 7
Volksfeste **ArbZG 10** 29 f.
Vollarbeit **ArbZG 2** 13 ff.
Vorbereitungs- und Abschlussdienste
  BPersVG 75 43
Vorsatz
– Bußgeldvorschriften **ArbZG 22** 9 f.
Vorstandsmitglieder **ArbZG 2** 98
Vorwärtswechsel
– Arbeitszeitbeginn **ArbZG 3** 11

Wartezeiten
– Fahrpersonal **ArbZG 4** 11
Waschzeit **ArbZG 2** 31 ff.,
  JArbSchG 9 2
Wasserversorgung **ArbZG 10** 35 f.,
  ArbZG 13 19
Wechselfahrer **ArbZG 21a** 31
Wechselschicht **ArbZG 2** 125 ff.,
  ArbZG 6 11
Wegezeit **ArbZG 2** 34 ff.,
  BPersVG 75 43, **JArbSchG 9** 12,
  JArbSchG 9 2
– im Betrieb **ArbZG 2** 37 ff.
– als Ruhezeit **ArbZG 5** 6
– zwischen Wohnung und Betrieb
  ArbZG 2 35
Wehr- und Zivildienstleistende
  ArbZG 2 77
Weisungsgebundenheit **ArbZG 2** 97 ff.
– fachliche **ArbZG 2** 102
– örtliche **ArbZG 2** 101
– zeitliche **ArbZG 2** 99
Wendezeiten **ArbZG 4** 11
Werksverkehr **ArbZG 5** 36
Werktag
– Begriff **ArbZG 3** 6 ff.
Werktägiger Betrieb
– Vorbereitung an Sonn- und Feiertagen **ArbZG 10** 51
Werktägliche Arbeitszeit **ArbZG 3** 1 ff.

– Acht-Stunden-Tag **ArbZG 3** 5 ff.
– Anwendungsbereich **ArbZG 3** 104 ff.
– und Arbeitsvertrag **ArbZG 3** 115
– Arbeitszeitausgleich **ArbZG 3** 23
– Ausnahmen **ArbZG 3** 97 ff.
– Beginn **ArbZG 3** 7 f.
– Betriebsvereinbarung
  ArbZG 3 101 ff.
– und Betriebsvereinbarung
  ArbZG 3 115
– Durchschnitt pro Woche
  ArbZG 3 19
– flexible Arbeitszeiten **ArbZG 3** 3
– Kollektivvereinbarung
  ArbZG 7 38 ff.
– Nachtarbeitnehmer **ArbZG 6** 24 ff.
– Rufbereitschaft **ArbZG 5** 54
– Ruhezeit **ArbZG 3** 13
– Ruhezeit **ArbZG 3** 15
– Sonn- und Feiertage **ArbZG 3** 17 f.
– Tarifvertrag **ArbZG 3** 101 ff.
– und Tarifvertrag **ArbZG 3** 115
– Verlängerung *s.a.*
  Arbeitszeitverlängerung
– Verlängerung **ArbZG 3** 1
– Verlängerung **ArbZG 3** 22 ff.
– Verlängerung **ArbZG 3** 4
– Verlängerung ohne Ausgleich
  ArbZG 7 75 ff.
– Verlängerung ohne Ausgleich
  ArbZG 7 86 ff.
– wechselnder Beginn **ArbZG 3** 10 ff.
– Zeitraum **ArbZG 3** 9
– Zweck **ArbZG 3** 3
Wertpapierhandel **ArbZG 10** 78
Widerruf
– der Zustimmung zur Arbeitszeitverlängerung **ArbZG 7** 88
Wiederholung
– beharrliche **ArbZG 23** 6
Wissenschaftliche Präsenzbibliotheken
  ArbZG 10 21 f.

Stichwortverzeichnis

Wochenarbeitszeit *s.a. Höchstarbeitszeit, wöchentliche*, **ArbZG 3** 24, **JArbSchG 4** 3

Zahlungsverkehr ArbZG 10 78
Zeitdefizit
– Ausgleich **JArbSchG 16** 17
Zeiterfassung *s. Arbeitszeiterfassung*

Zustimmung BPersVG 75 31
– zur Arbeitszeitverlängerung ohne Ausgleich **ArbZG 7** 87
Zustimmungsantrag BPersVG 75 25
Zustimmungsverfahren BPersVG 75 21
Zustimmungsverweigerung BPersVG 75 33